Georg Pfleiderer

Karl Barths
praktische Theologie

Zu Genese und Kontext eines paradigmatischen
Entwurfs systematischer Theologie
im 20. Jahrhundert

Mohr Siebeck

GEORG PFLEIDERER, geboren 1960; 1980–1987 Studium der evangelischen Theologie in München, Tübingen und Heidelberg; 1991 Promotion; 1998 Habilitation; seit 1999 Professor für Systematische Theologie / Ethik an der Universität Basel

Als Habilitationsschrift auf Empfehlung der Evangelisch-Theologischen Fakultät der Ludwig-Maximilian-Universität München gedruckt mit Unterstützung der Deutschen Forschungsgemeinschaft.

Die Deutsche Bibliothek – CIP-Einheitsaufnahme

Pfleiderer, Georg:
Karl Barths praktische Theologie : zu Genese und Kontext eines paradigmatischen Entwurfs systematischer Theologie im 20. Jahrhundert / Georg Pfleiderer. – Tübingen : Mohr Siebeck, 2000
   (Beiträge zur historischen Theologie ; 115)
   ISBN 3-16-147300-0

© 2000   J.C.B. Mohr (Paul Siebeck) Tübingen.

Das Buch wurde von Martin Fischer in Reutlingen aus der Bembo-Antiqua gesetzt, von Gulde-Druck in Tübingen auf alterungsbeständiges Werkdruckpapier der Papierfabrik Niefern gedruckt und von der Großbuchbinderei Heinr. Koch in Tübingen gebunden.

ISSN 0304-6741

Beiträge zur historischen Theologie

Herausgegeben von

Johannes Wallmann

115

Vorwort

Vorliegende Untersuchung ist die gestraffte Form einer Habilitationsschrift, die im Sommersemester 1998 von der Evangelisch-Theologischen Fakultät in München angenommen wurde.

Dafür, und insbesondere für die Schnelligkeit der Durchführung des Habilitationsverfahrens, danke ich der Fakultät sehr.

Zu großem Dank weiß ich mich namentlich Herrn Prof. Dr. Dr. h. c. mult. Trutz Rendtorff verpflichtet. Er hat das Projekt über Jahre fachwissenschaftlich und auch gutachterlich begleitet und dadurch viel zu seinem Gelingen beigetragen. Nicht minder großen Dank schulde ich Herrn Prof. Dr. Gunther Wenz. Während einer insgesamt achtjährigen Assistentenzeit habe ich durch ihn eine in jeder Hinsicht vorbildliche Förderung erfahren.

Sehr dankbar bin ich auch Herrn Verleger Georg Siebeck und Herrn Prof. Dr. Dr. h. c. Johannes Wallmann dafür, daß auch diese Arbeit wieder in den „Beiträgen zur historischen Theologie" erscheinen darf. Ihnen und den Mitarbeiterinnen und Mitarbeitern des Mohr Siebeck Verlags in Tübingen danke ich für die gute und sehr erfreuliche Zusammenarbeit.

Die Arbeit an der vorliegenden Untersuchung ist fast zwei Jahre lang von der Deutschen Forschungsgemeinschaft mit einem Habilitandenstipendium unterstützt worden. Darin eingeschlossen war auch ein mehrmonatiges Auslandsstipendium in London. Dafür, sowie für den Druckkostenzuschuß, danke ich der DFG und ihren Gutachtern sehr.

Dem Karl Barth-Archiv in Basel, im besonderen seinem Leiter, Herrn Dr. Hans-Anton Drewes, danke ich für die Möglichkeit der Einsichtnahme in einige unveröffentlichte Texte Karl Barths.

Um Korrekturarbeiten und mühevolles Überprüfen der Zitate haben sich verdient gemacht: Franziska Barth, Kerstin Greifenstein, Juliane Duß, Tabitha Walther und Christian Röhring. Uta Engelmann verdanke ich vor allem nützliche stilistische Hinweise. Florence Develey hat in der heißen Endphase der Arbeit vielfältige Unterstützung gegeben; sie hat insbesondere auch die Register erstellt. Allen Genannten danke ich herzlich.

Aufgrund der Umstände, die eine zweigleisige, akademisch-theologische und kirchliche Ausbildung mit sich bringt, hat mich diese Arbeit in unterschiedlichen Formen und Intensitäten fast durch die ganzen neunziger Jahre des ‚letzten Jahrhunderts' begleitet. Darum sei die Arbeit der Frau gewidmet, die mit mir durch dieses Jahrzehnt gegangen ist.

Basel, am Neujahrstag des Jahres 2000   Georg Pfleiderer

Inhaltsverzeichnis

Einleitung

Modernisierungskrisen, protestantische Identität und die Theologie Karl Barths

Teil I

Die Abschaffung des Zuschauers. Zur radikalen antimodernen Modernisierung der Kulturwissenschaften in den zwanziger Jahren

Teil II

Gott ist Gott:
Karl Barths praktische Theologie

Resümee

Theologie als systematisch-praktische Theologie?

Einleitung:
Modernisierungskrisen, protestantische Identität und die Theologie Karl Barths

1. Zum Horizont der Untersuchung

Der Protestantismus muß sein Verhältnis zur modernen Gegenwartskultur immer wieder neu bestimmen. Die Notwendigkeit dazu liegt im Wesen des Protestantismus und gleichermaßen im Wesen der Moderne.[1] Oft gründen die entsprechenden Versuche in Wahrnehmungen einer spannungsreichen Krisenhaftigkeit dieses Verhältnisses. Nicht immer haben die protestantischen Selbstverständigungsdebatten dieses Verhältnis explizit thematisiert. Dogmatische Grund- und Einzelprobleme, wie die Entmythologisierungsdebatte, die Frage nach der Historizität der Auferstehung Jesu, die Gott-ist-tot-Theologie oder ethische Großthemen, wie die Ökologieproblematik, das atomare Wettrüsten, die zivile Nutzung der Kernenergie oder die Ethik des Geschlechterverhältnisses haben über viele Jahre und Jahrzehnte die protestantischen Modernitäts- und Selbstverständigungsdebatten kodiert. Für die letzten Jahre ist festzustellen, daß die entsprechenden Debatten innerhalb und außerhalb der akademischen Theologie dieses Verhältnis zunehmend direkt und als solches thematisieren. In einer Moderne, deren Veränderungsgeschwindigkeit in den neunziger Jahren seit dem Ende des Kalten Krieges als stark beschleunigt erfahren wird, wird die kulturelle Identität des protestantischen Christentums, wie es scheint, stärker als zuvor zum Problem. Waren in den sechziger und siebziger Jahren die theologischen Selbstverständigungsdebatten eher auf die ‚Öffnung der Kirche zur Welt' und in diesem Sinne auf das Verhältnis von Kirche und Öffentlichkeit bezogen, so wird gegenwärtig die „protestantische Identität heute"[2] selbst auf den Prüf-

---

[1] Zum Krisenbegriff und seinem Verhältnis zur Moderne vgl. Reinhart Koselleck: [Art.] Krise. In: HWP 4, 1235–1240; ders.: [Art.] Krise. In: GG 3, 617–650.

[2] Vgl. Friedrich Wilhelm Graf, Klaus Tanner (Hrsg.): Protestantische Identität heute. Gütersloh 1992; Falk Wagner: Zur gegenwärtigen Lage des Protestantismus. Gütersloh 1995; Trutz Rendtorff: Die permanente Revolution. Protestantismus als neuzeitliches Bildungsprogramm, in: EvKo 31 (1998), 31–34; Dietrich Korsch: Religion mit Stil. Protestantismus in der Kulturwende, Tübingen 1997; Martin Honecker: Profile – Krisen – Perspektiven. Zur Lage des Protestantismus (BenshH 80), Göttingen 1997; Arnulf von Scheliha, Markus Schröder (Hrsg.): Das Protestantische Prinzip. Historische und systematische Studien zum Protestantismusbegriff, Stuttgart – Berlin – Köln 1998. Vgl. in diesem Zusammenhang auch das liberaltheologische Interesse an einer

stand gestellt.[3] Hat 1985 eine Denkschrift der EKD programmatisch das Verhältnis der „Evangelische[n] Kirche ..." zur „... freiheitliche[n] Demokratie"[4]
einer öffentlichen Bestimmung zugeführt und damit – vor allem ‚nach innen' –
die Affinität und Fähigkeit des Protestantismus zu demokratischen Legitima-
tions- und Ordnungsmechanismen des politischen Lebens zu demonstrieren
versucht, so hat die demselben Thema gewidmete „Erklärung" des Rates der
EKD von 1997 zu „Christentum und politische[r] Kultur"[5] erkennbar die umgekehrte Zielrichtung, nämlich diejenige, der politischen Öffentlichkeit und
zumal ihren Eliten einzuschärfen, daß der *„freiheitliche, säkularisierte Staat von
Voraussetzungen* [lebt], *die er selbst nicht garantieren kann."*[6] Dieses Ansinnen, das
insbesondere auch durch die neuere Rechtsprechung des Bundesverfassungsge-
richts motiviert ist,[7] spiegelt auf seine Weise die offenbar fragiler werdenden
Konsensbedingungen, auf denen die institutionelle Präsenz der Kirchen in der
gesellschaftlichen Öffentlichkeit ruht. Unverkennbar geht in interessierten Kreisen eine Sorge um die Zukunft des Protestantismus,[8] näherhin um die volks-
kirchliche Verfaßtheit des Protestantismus um, die markant etwa als Erkundung
der ‚Religionsfähigkeit' der Volkskirche formuliert werden kann.[9] Solche Erkundungen sind offenbar notwendig, denn auch innerhalb der Volkskirche, und
gerade unter ihren professionellen Vertretern, scheinen nicht wenige darauf zu
warten, die Gelegenheit beim Schopfe zu ergreifen und nun endlich von der
ungeliebten Volkskirche „Abschied ..." zu nehmen als von einer „... Illusion"[10].
Die spezifische, auf die Weimarer Reichsverfassung zurückgehende Gestaltung

---

Revitalisierung bzw. Wiederbewußtmachung des modernen Protestantismus als Kulturprotestantismus, vgl. z. B. RICHARD ZIEGERT (Hrsg): Protestantismus als Kultur. Bielefeld 1991.
    [3] In diesen Zusammenhang gehört auch die von der „Gemeinsame[n] Erklärung zur Recht-
fertigungslehre" 1997 ausgelöste umfangreiche Theologendiskussion.
    [4] Evangelische Kirche und freiheitliche Demokratie. Der Staat des Grundgesetzes als Ange-
bot und Aufgabe. Eine Denkschrift der Evangelischen Kirche in Deutschland (hrsg. v. Kirchenamt im Auftrage des Rates der Evangelischen Kirche in Deutschland), Gütersloh 1985.
    [5] Christentum und politische Kultur. Über das Verhältnis des Rechtsstaates zum Christen-
tum. Eine Erklärung des Rates der Evangelischen Kirche in Deutschland (EKD Texte 63; hrsg. v.
Kirchenamt der Evangelischen Kirche in Deutschland), Hannover 1997.
    [6] AaO., 21. Vgl. ERNST-WOLFGANG BÖCKENFÖRDE: Die Entstehung des Staates als Vorgang
der Säkularisation. In: Ders.: Staat, Gesellschaft, Freiheit. Studien zur Staatstheorie und zum
Verfassungsrecht, Frankfurt/M.1976, 42–64, hier: 60.
    [7] Vgl. die sogenannte „Kruzifix-Entscheidung" des Bundesverfassungsgerichts. Darauf und
auf die dadurch ausgelöste Debatte nimmt die Erklärung „Christentum und politische Kultur"
intensiv Bezug, vgl. aaO., 9ff.
    [8] WILHELM GRÄB: Auf den Spuren der Religion. Notizen zur Lage und Zukunft der Kirche,
in: ZEE 39 (1995), 43–56. Daß protestantische Zukunftsorientierung mit der Erschließung der
ästhetischen Potentiale des Protestantismus zu tun haben solle, kündigen H. Timms Beiträge
schon in ihrem Titel an: HERRMANN TIMM: Sprachenfrühling. Perspektiven evangelisch-protestantischer Religionskultur, Stuttgart 1996.
    [9] Vgl. VOLKER DREHSEN: Wie religionsfähig ist die Volkskirche? Sozialisationstheoretische
Erkundungen neuzeitlicher Christentumspraxis, Gütersloh 1994.
    [10] WOLFRAM KOPERMANN: Abschied von einer Illusion. Volkskirche ohne Zukunft, Wiesbaden
1990.

des Verhältnisses von Kirche und Staat, welche Staat und Kirchen zwar getrennt, aber diesen dennoch großen Einfluß im öffentlichen Leben institutionell sichert, scheint unter den Bedingungen der vollzogenen politischen Einigung Deutschlands und des sich vollziehenden europäischen Einigungsprozesses einer fundamentalen Belastungsprobe ausgesetzt. Die „Friedensdividende" der deutsch-deutschen Einigung kommt dem Protestantismus nicht so zugute, wie es die aktive Rolle hoffen ließ, die Protestanten im Auflösungsprozeß der DDR gespielt haben. Gesamtdeutschland ist nach 1989 per saldo nicht, wie es sich zunächst abzuzeichnen schien, ‚protestantischer' geworden.

Aber diese Belastungsprobe wird ganz offensichtlich nicht nur von den Veränderungen der politischen Großwetterlage ausgelöst. Sie ist durch gesamtgesellschaftliche, kulturelle und nicht zuletzt ökonomische Verschiebungen eines beschleunigten Modernisierungsschubes mitbedingt, dem sich die westlichen Industriegesellschaften seit den achtziger Jahren und zumal seit dem Ende des Kalten Krieges verstärkt ausgesetzt sehen. Auch die seit bald drei Jahrzehnten beobachtete ‚Wiederkehr der Religion' in Form vielgestaltiger religiöser Subkulturen innerhalb und vor allem außerhalb des traditionellen Christentums[11] kann zwar als „Herausforderung an das Christentum"[12] beschrieben werden, aber die Chancen, daß der Protestantismus sie besteht, erscheinen nicht wenigen als fraglich. Die Affinität des Protestantismus zur Moderne, die diesen über zwei Jahrhunderte lang ausgezeichnet hat, scheint sich gegenwärtig als kontraproduktive Angebundenheit des Protestantismus an ein Stadium der Neuzeit zu erweisen, das nach der Wahrnehmung vieler im Prozeß der Antiquierung begriffen zu sein scheint. Das klassisch-moderne Selbstverständnis des Protestantismus als Religion autonom-selbstgesteuerter, vernünftig-selbstdurchsichtiger, individueller Subjektivität scheint dem Fragmentierungsprozeß zum Opfer zu fallen, der die postmodernen Patchwork-Identitäten kennzeichnet.[13] An die bildorientierte Erlebnisgesellschaft der Gegenwart[14] ist der korporale Katholizismus offenbar anschlußfähiger als die individualistische Schrift- und Bildungskultur des neuzeitlichen Protestantismus. Auch den Personalisierungsbedürfnissen der Mediengesellschaft kommen Papstreisen eher entgegen als aufwendige demokratische Meinungsbildungsprozesse von EKD-Synoden.

---

[11] Vgl. dazu z.B. WOLFGANG GREIVE und RAUL NIEMANN (Hrsg.): Neu glauben? Religionsvielfalt und neue religiöse Strömungen als Herausforderung an das Christentum, Gütersloh 1990; GEORG SCHMID: Im Dschungel der neuen Religiosität. Esoterik, östliche Mystik, Sekten, Islam, Fundamentalismus, Volkskirchen, Stuttgart 1992.

[12] Vgl. in dieser Perspektive die Beiträge in: Neu glauben? AaO.

[13] Zum Begriff vgl. HEINER KEUPP: Riskante Chancen. Das Subjekt zwischen Psychokultur und Selbstorganisation. Sozialpsychologische Studien, Heidelberg 1988, 145; und daran theologisch anschließend: KLAUS TANNER: Von der liberalprotestantischen Persönlichkeit zur postmodernen Pachwork-Identität? In: Ders., Friedrich Wilhelm Graf (Hrsg.): Protestantische Identität heute, 96–104, sowie mein Aufsatz: Protestantisches Christentum in der postmodernen Moderne. Versuch einer Identitätsbeschreibung, in: ThPr 31 (1996), 3–19.

[14] Vgl. GERHARD SCHULZE: Die Erlebnisgesellschaft. Kultursoziologie der Gegenwart, Frankfurt/M. – New York 1993.

Der volkskirchlich verfaßte deutsche Protestantismus befindet sich gegenwärtig zweifellos in einer intensivierten Modernisierungskrise, in einer „Umformungskrise"[15]. Aber diese Umformungs- und ‚Identitätskrise' ist mit der Umformungkrise, welche die Gesellschaft insgesamt durchmacht, offensichtlich eng verflochten. Darüber hinaus läßt sich in der Tat vermuten, daß der als krisenhaft empfundene Umformungsprozess mit dem Wesen und Gang der Moderne selbst und insgesamt zu tun hat.[16] Zum spezifischen Gesichtsausdruck der Moderne im zwanzigsten Jahrhundert gehört ja, daß sie ihr gespiegeltes Konterfei mit gemischten Gefühlen betrachtet. Wenn es eine prinzipielle Signatur der Moderne im zwanzigsten Jahrhundert gibt, dann dürfte es ihre Ambivalenz sein, ihre „antagonistische Grundstruktur"[17]. Daß die Neuzeit einerseits Freiheitschancen für den einzelnen in zuvor ungeahntem Ausmaß eröffnet, daß sie andererseits neue, ebenfalls unabsehbare Risiken, Bedrohungen und Abhängigkeitsverhältnisse erzeugt, ist die Grundeinsicht der großen gesellschaftstheoretischen Entwürfe seit dem Ende des letzten Jahrhunderts, in der Forscher wie E. Durkheim, M. Weber, E. Troeltsch und G. Simmel übereinkommen; und in gewisser Weise hat diese Grundeinsicht die darauf gerichtete Forschung, die moderne Soziologie, selbst hervorgebracht.[18] In der Theologie ist diese Ambivalenzerfahrung (mit einem halben Jahrhundert Verspätung) als „Verhängnis und Hoffnung der Neuzeit"[19] beschrieben worden. Für die Selbsterhaltung von Institutionen, die sich der Sicherung individueller Freiheit verschrieben haben, und dazu wollen sich die protestantischen Kirchen in der Regel zählen, bietet die Moderne konstitutive Entfaltungschancen, aber sie enthält auch unzweifelhaft Bedrohungselemente.

In ein breites kulturelles Bewußtsein eingedrungen ist die strukturelle Ambivalenz der Moderne in Deutschland erstmals im Verlauf der umfassenden Kultur-, Staats- und Gesellschaftskrise, die sich im zeitlichen Umfeld des Ersten Weltkriegs ereignet hat. Als tendenziell bruchartige Veränderung hat sich das Krisenbewußtsein jener Jahre bekanntlich außer im Bereich der Politik vor allem im kulturellen Bereich, also in Literatur, Theater, Musik, bildender Kunst, auch der Architektur etc. ausgewirkt. Hier wurde es auch schon vor dem Krieg deutlich antizipiert.[20]

---

[15] FALK WAGNER: Zur gegenwärtigen Lage des Protestantismus, 52. Vgl. unter diesem Gesichtspunkt den Titel: WOLFGANG HUBER: Kirche in der Zeitenwende. Gesellschaftlicher Wandel und Erneuerung der Kirche, Gütersloh 1998.

[16] F. Wagner mit E. Hirsch, vgl. FALK WAGNER: Zur gegenwärtigen Lage des Protestantismus, 52.

[17] FRIEDRICH WILHELM GRAF: Religion und Individualität. Bemerkungen zu einem Grundproblem der Religionstheorie Ernst Troeltschs, in: Troeltsch-Studien Bd. 3, Protestantismus und Neuzeit, hrsg. v. Horst Renz und dems., Gütersloh 1984, 207–230, hier: 212.

[18] S. für Max Weber dazu u. S. 47ff.

[19] FRIEDRICH GOGARTEN: Verhängnis und Hoffnung der Neuzeit. Die Säkularisierung als theologisches Problem (1953), Gütersloh 1987. Gogarten war Schüler von Ernst Troeltsch.

[20] Das ist nicht zuletzt auch daran zu erkennen, daß das Substantiv „die Moderne" als Epochenbezeichnung erstmals in diesem Zeitraum, um die Jahrhundertwende, auftritt. 1890 wird von Hermann Bahr und Eduard Michael Kafka die Zeitschrift „Die Moderne" gegründet. Vgl. dazu TRUTZ RENDTORFF: Theologie in der Moderne. Über Religion im Prozeß der Aufklärung (Troeltsch-Studien, Bd. 5), Gütersloh 1991, 273–290, hier: 282f.

Aber auch die Kulturwissenschaften selbst, und insbesondere die protestantische Theologie, haben ihrerseits auf jene Gesellschaftskrise durch eine Umformung reagiert, die das Profil dieser Wissenschaften für die folgenden Jahrzehnte bestimmt hat. Die zumindest formale Parallele, welche die damaligen wissenschaftlich- und kirchlich-theologischen Debatten mit den derzeitigen Selbstverständigungsdebatten über die „protestantische Identität heute" verbindet, ist darin zu sehen, daß in ihnen die Reflexion gesamtgesellschaftlicher Umformungsprozesse und der protestantischen Identitätsbestimmung eng verbunden sind.

Wenn das zutreffen sollte, dann darf auch vermutet werden, daß die theologischen Problemlösungsmodelle, die im Umfeld der Kulturkrise von Weimar und in Reaktion auf sie entwickelt worden sind, zumindest hintergründig von aktueller Bedeutung sein könnten. Auf dieser Vermutung basiert die Hoffnung, daß vorliegende Untersuchung, die sich in exemplarischer Konzentration mit damaligen theologischen (und außertheologischen) Krisensteuerungsversuchen beschäftigt, von nicht nur theologiegeschichtlichem, sondern auch aktuellem theologischem Interesse sein könnte. Die Frage, ob an jene damals entwickelten Entwürfe heute eher positiv oder eher negativ anzuknüpfen sei, ist mit der Feststellung ihrer möglichen Aktualität noch nicht beantwortet, sondern erst gestellt.

Eine dezidierte Antwort auf diese Frage hat Falk Wagner in seiner Studie „Zur gegenwärtigen Lage des Protestantismus"[21] gegeben. Nach Wagner befinde sich der „gegenwärtige Protestantismus in einer ebenso zwiespältigen wie unübersichtlichen Lage"[22], weil „das Verhältnis des Protestantismus zur Moderne …" in der Gegenwart selbst „… zwiespältig"[23] sei. Für Wagner ist die Umformungskrise des Protestantismus in der Gegenwart weniger als Epiphänomen gesamtgesellschaftlicher Veränderungsdynamik zu betrachten; die von ihm diagnostizierte innere Zwiespältigkeit des Protestantismus ist nicht so sehr die Abspiegelung der Zwiespältigkeit der Moderne selbst, als vielmehr eine hausgemachte, innere Zwiespältigkeit des Protestantismus in seinem Verhältnis zur Moderne. Diese Ambivalenz des protestantischen Neuzeitverhältnisses ist aus Wagners Sicht die Folge der Modernitätsverweigerung, mit welcher die „neuevangelische Wendetheologie des Wortes Gottes"[24] – damit ist vor allem die dialektische Theologie Karl Barths, seiner Sympathisanten und Schüler gemeint – auf die Moderne und ihre Umformungskrise in der Zeit um und nach dem Ersten Weltkrieg reagiert habe. Die Wort-Gottes-Theologie habe nämlich die „ebenso kritische wie krisenreiche ‚Umformung des christlichen Denkens in der Neuzeit' (E. Hirsch) …", auf welche sich der Protestantismus bis dato „… zutiefst eingelassen"[25] hatte, abgebrochen. „[D]ieser Umformungsprozeß ist

---

[21] FALK WAGNER: Zur gegenwärtigen Lage des Protestantismus, Gütersloh 1995.
[22] AaO., 51.
[23] AaO., 52.
[24] Ebd.
[25] Ebd.

durch die neuevangelische Wendetheologie des Wortes Gottes gestoppt worden."[26] Indem K. Barth die Theologie von einem wissenschaftlich anschlußfähigen, modernen Religionsbegriff auf den theologischen Glaubensbegriff und seine Begründung auf ein nur immanent-theologisch zugängliches „Wort Gottes" umkodiert habe, habe der Protestantismus seine lebendige Interferenz mit der Moderne in der Moderne abgebrochen und eine Selbstghettoisierung betrieben, deren petrifizierenden Spätfolgen er nun zu erliegen drohe. Das von Autoritätsansprüchen beherrschte „hermetisch-esoterisch geschlossene Beziehungsgefüge"[27], zu dem der Protestantismus unter dialektisch-theologischen Einflüssen geworden sei, stehe der offenen, neuzeitlichen Religions- und Freiheitskultur zumindest im Ergebnis theoretisch diametral und praktisch hilflos gegenüber.

Wie plausibel die Wagners These zugrundeliegenden Erwartungen sind, die er an die normativ-theologische Selbststeuerungsfähigkeit des Protestantismus der Gegenwart stellt, kann hier offen bleiben.[28] Vorliegende Arbeit folgt jedoch F. Wagner zumindest insoweit, als sie die Theologie Karl Barths für besonders aussagekräftig im Hinblick auf eine Beantwortung der Frage hält, wie die protestantische Theologie mit der Umformungskrise der Moderne in den ersten drei Jahrzehnten unseres Jahrhunderts umgegangen ist.

Die Theologie Karl Barths ist *die* exemplarische Krisentheologie der ersten Hälfte des zwanzigsten Jahrhunderts.[29] So verschieden die Kulturkrise der zwanziger Jahre von der Globalisierungskrise ist, deren Auswirkungen der volkskirchlich organisierte Protestantismus gegenwärtig zu spüren bekommt, so wenig wird man Ergebnisse einer Analyse der Barthschen Theologie unmittelbar für die Gegenwart fruchtbar machen können. Aber die Vermutung, von der sich die vorliegende Untersuchung leiten läßt, ist diejenige, daß der Theologie K. Barths nicht nur aus den faktisch kontigenten Gründen ihrer Wirkungsgeschichte, sondern aus inneren systematischen Gründen – eben weil und insofern sie konstitutiv Krisentheologie ist – paradigmatische Bedeutung für den theologischen Umgang mit den strukturellen Bedingungen zukommt, unter denen theologische Steuerungsversuche von Modernisierungskrisen insgesamt stehen.

Auf den ersten Blick scheint die paradigmatische Bedeutung der Theologie K. Barths für aktuelles theologisches Krisenmanagement – mit F. Wagner – eine rein negative zu sein. Die innere Logik der gegenwärtigen Umformungskrise des Protestantismus und der aus ihr erwachsende Handlungsdruck scheint den inneren Tendenzen der dogmatischen Krisentheologie K. Barths genau entgegengesetzt zu sein. Denn die Frage nach der „protestantischen Identität heute"

---

[26] Ebd.

[27] Ebd.

[28] Den tatsächlichen Einfluß solcher Steuerungsversuche auf die protestantische Religiosität könnte man nur im Rahmen einer empirischen, wirkungsgeschichtlichen Untersuchung zu erheben versuchen, die hier nicht beabsichtigt ist.

[29] Dieses Urteil wird in der vorliegenden Untersuchung ausdrücklich auch auf die dogmatische Phase der Theologie Barths bezogen, also auf den Zeitraum seit 1924/25.

läßt sich offenbar in moderner Marketingsprache als das Problem der ‚corporate identity' des Protestantismus, respektive der evangelischen Kirchen bestimmen. Mit dem Begriff verbindet sich die Forderung einer Umstellung des Selbstverständnisses kirchlicher Leitungsfunktion von derjenigen einer sich aus abstrakt-dogmatischen Quellen speisenden, normativen Steuerungsfunktion zu einer sich an den tatsächlichen Bedürfnissen ihrer intentionalen Adressaten orientierenden, und insofern rezeptiven Steuerungsfunktion. Die rationale Selbststeuerung einer religiösen Institution scheint unter den Bedingungen der ökonomisch radikalisierten Moderne ihr Rationalitätskriterium wie alle anderen Institutionen genau darin zu haben, daß sie sich an dem Bild von Identität orientiert, das ihre tatsächlichen und intendierten ‚Kunden' sich von ihr machen. Die Institution Kirche müsse sich, so heißt es nicht selten, unternehmensförmig organisieren.[30] Dies jedenfalls impliziert eine Orientierung kirchlichen Handelns am Begriff ‚corporate identity'. Die Identität einer sich nach Maßgabe dieses Begriffs verstehenden Institution ist das Profil der Identitätszuschreibungen, die diese Institution in dem für sie relevanten Segment ihrer öffentlichen Wahrnehmung hat. Kirchenleitung scheint unter diesem Gesichtspunkt als die Technik der Beeinflussung solcher Identitätszuschreibungen bestimmt werden zu können. Wo der „Zwang zur Häresie"[31] allgemein geworden ist, scheint dann aber eine an dogmatischer Orthodoxie – sprich: an einem von ihr aus rein inneren, ‚substantiellen' Gründen für richtig erkannten Selbstbild – orientierte praktisch-theologische Handlungsstrategie obsolet, ja für die Bestandserhaltung der Institution gefährlich kontraproduktiv geworden zu sein.[32]

Damit hätte gegenwärtiges kirchenleitendes Krisenmanagement gegenüber den ekklesiologischen Vorgaben der Theologie Karl Barths eine exakte 180°-Wende vorzunehmen. Denn nach gängigem theologiegeschichtlichem Urteil hat die Theologie K. Barths ihr zentrales Anliegen in einer theologisch-dogmatischen Selbststeuerung der Kirche, die gerade nicht an den empirischen Prozessualitätsbedingungen gelebter Religion, sondern an einer ihr normativ vor-

---

[30] Vgl. in diesem Zusammenhang z. B.: Das Evangelische Münchenprogramm. Evangelisch-Lutherische Kirche in Bayern. Dekanat München, überarbeitete Fassung zum Stand der Umsetzung im Juli 1998, basierend auf der Zusammenfassung der Ergebnisse vom 22. Juli 1996.

[31] Vgl. Peter L. Berger: Der Zwang zur Häresie. Religion in der pluralistischen Gesellschaft, Frankfurt/M. 1980.

[32] Dieser Alternative versuchen sich Kirchenleitungen heute freilich in der Regel – und, wie ich meine, mit Recht – zu entziehen. Als Beispiel des Versuchs einer Kirchenleitung, eine an der Barmer Theologischen Erklärung ausgerichtete barthianische Ekklesiologie volkskirchlich und rezipientenorientiert zu übersetzen, kann die vom Evangelischen Oberkirchenrat in Karlsruhe herausgegebene Studie gelten: Profil der Vielfalt. Zu Theorie und Praxis der Volkskirche, Karlsruhe o. J. (1992). Hier wird in einem systemtheoretischen Jargon postuliert: „Die entscheidende Frage ist, wie sie [sc. die Kirche] von innen heraus, also in Orientierung an dem ihr gegebenen Auftrag ihre Selbststeuerung organisiert. Ihre innere Logik, ihre ‚corporate identity' muß auch außerhalb des Systems Kirche in den anderen gesellschaftlichen Teilsystemen erkennbar sein." (AaO., 42) Der betreffende Abschnitt steht unter der Überschrift „Erkennbare Kirche". Wie sich der systemtheoretische Jargon mit dem dogmatischen Postulat reimt, das hier formuliert wird, wäre freilich zu prüfen.

gegebenen, substantiellen Voraussetzung orientiert ist, für die der Name Jesus Christus steht. Eine an ihrer funktionalen Wirksamkeit, eine am religiösen Individuum und dessen jeweiligen Bedürfnissen orientierte praktische und systematische Theologie scheint das genaue Gegenteil von dem zu sein, was K. Barth theologisch und kirchenpolitisch gewollt hat. Der keines Belegs bedürftige, breite theologiegeschichtliche Konsens über die Barthsche Theologie, in dem unversöhnliche Kritiker wie emphatische Befürworter dieses Programms übereinstimmen, dürfte darin bestehen, daß Wirkungsreflexivität, nämlich ein konstitutiv durch die Reflexion auf seine intentionalen Rezipienten und deren gegebene Religiosität vermitteltes und insofern intersubjektiv ausgerichtetes theologisches Denken und kirchliches Handeln, ungefähr das Letzte ist, was man mit Barths Theologie in Verbindung zu bringen habe. „Offenbarung", nicht „Religion", das Wort Gottes, nicht religiöse Rede, dogmatische Theologie ,von innen' oder ,von oben', nicht empirisch-historische Religionswissenschaft ,von außen' oder ,natürliche Theologie' von unten, als Grundproblem der Theologie nicht die Frage „wie *macht* man das?", nämlich predigen, Theologie anwenden, sondern „wie *kann* man das?"[33], abstrakt gesprochen: „Bestimmtheit" nicht, (jedenfalls vor): „Vollzug"[34]. In genau dieser Antithetik scheint die Theologie K. Barths ganz offensichtlich ihre charakteristische Signatur zu haben.

Die hier vorgelegte Untersuchung will dieses Urteil zwar nicht völlig stürzen, aber doch in bestimmter Hinsicht entscheidend modifizieren. Sie möchte den Nachweis führen, daß Barths scheinbar ganz auf rezipientenindifferente ,Objektivität' abgestellte Theologie tatsächlich eine sehr bestimmte Form des Umgangs mit der für die Neuzeit und insbesondere für das 20. Jahrhundert typischen Differenzwahrnehmung von normativ-theologischen Geltungsansprüchen und ,empirischer' Religion darstellt. Eine strukturelle und zugleich historisch-genetische Analyse der Barthschen Theologie kann an den Tag bringen, daß in dieser ,das religiöse Andere' der Theologie nicht einfach verdrängt, sondern in gewisser und allerdings sehr sublimen Weise geradezu zum Orientierungsprinzip der Theologie geworden ist. Barths Theologie soll hier als der Versuch verstanden werden, rezipientenorientierte, pragmatische Religions-Theologie *als* agentenorientierte, normativ-dogmatische Theologie zu entwerfen. Ob dies, wenn es sich so verhält, Barths Theologie aus kritischer Sicht mehr oder weniger anschlußfähig macht für eine am aktuellen Problemstand orientierte Theologie, ist eine Frage, die zumindest zunächst offen bleiben muß.

---

[33] Vgl. KARL BARTH: Not und Verheißung der christlichen Verkündigung. Erstmals in: ZZ 2 (1923), 3–25; jetzt in: Ders.: Vorträge und kleinere Arbeiten 1922–1925. Hrsg. v. Holger Finze [Karl Barth Gesamtausgabe, im Auftrag der Karl Barth-Stiftung hrsg. v. Hinrich Stoevesandt, III. Vorträge und kleinere Arbeiten], Zürich 1990, 65–97, hier: 72.

[34] Mit dieser Unterscheidung als einer kategorialen arbeitet JÖRG DIERKEN: Glaube und Lehre im modernen Protestantismus. Studien zum Verhältnis von religiösem Vollzug und theologischer Bestimmtheit bei Barth und Bultmann sowie Hegel und Schleiermacher (BHTh 91), Tübingen 1996. Vgl.: „Barth sieht in dem allein durch Gott selbst bestimmten Wort diejenige Instanz, durch die aller dem vorgängigen Gotteswort stets nachgängige Glaubensvollzug normiert ist." AaO., 14.

Von Wagners scharfer Kritik an der Wort-Gottes-Theologie insgesamt und im besonderen der Theologie K. Barths unterscheidet sich die vorliegende Untersuchung durch die Vermutung, daß auch der Aufbau eines ‚hermetischen Beziehungsgefüges' unter bestimmten Umständen eine produktive theologische Leistung sein kann. Barths Theologie stellt den wohl maßgeblichsten und repräsentativsten Versuch dar, das protestantische Bewußtsein an eine Moderne anschlußfähig zu machen, die mit den fundamentalen Voraussetzungen ihrer eigenen wissenschaftlichen Erkenntnis- und kulturellen Lebensbedingungen in Konflikt geraten ist. Barths Theologie stellte zumindest in den drei bis vier Jahrzehnten, die kulturell, politisch und existenziell von den desaströsen Kollektivexperimenten einer mit sich zerfallenen Moderne entscheidend betroffen waren, die – in Kritik und Affirmation vermutlich einflußreichste – theologische Orientierungsgröße für den deutschsprachigen Protestantismus dar. Will man nicht mit Verblendungshypothesen oder anderen hermeneutisch fragwürdigen Konstruktionen von Nachgeborenen zu Werke gehen, dann muß man, wie ich meine, einräumen, daß darin eine historische Leistung liegt, die es anzuerkennen und auf ihre produktiven Implikationen für die eigene Gegenwart hin auszuleuchten gilt.

Die religiös-theologische und darin auch kulturelle Produktivität der Barthschen Theologie, ihr Potential zur Bearbeitung der kulturellen Modernisierungskrise in der ersten Hälfte dieses Jahrhunderts dürfte damit zusammenhängen, daß sie einen bestimmten und in gewisser Weise durchaus pragmatischen Ausweg aus dieser Krise zu weisen wußte. In unvoreingenommener, ‚phänomenologischer' Betrachtung wird man urteilen können, daß Barths Theologie einen zu großer Homogenität gebrachten Versuch der Synthetisierung von modernen theologischen Reflexionskategorien, Lehrbegriffen und Inhalten der klassischen, vor- oder frühneuzeitlichen Dogmatik, von biblischer Sprache und biblischen Geschichten, aber auch traditioneller Frömmigkeitssprache, etwa des Gesangbuchs, darstellt. Und diese religiös-theologische Synthese hat in hohem Maße ethisch-politische und darin kulturelle Orientierungsleistungen produziert und ermöglicht.[35] Man mag in der bestimmten Synthese, die hier vorgenommen ist, eine spezifische theologische und kirchenpolitische Engführung sehen. Aber *daß* Barths Theologie wie kein anderer wissenschaftlich-theologischer Entwurf seiner Zeit eine solche Synthese geleistet hat, scheint doch unverkennbar zu sein. Zwar ist die Wirkungsgeschichte der Barthschen Theologie insgesamt noch nicht geschrieben,[36] und in der vorliegenden Untersuchung wird das auch nicht ge-

---

[35] Das würde selbst dann gelten, wenn Michael Murrmann-Kahl Recht hat mit seiner These: „Aus dem ‚System' Barth geht überhaupt keine eindeutige empirische Option hervor!" MICHAEL MURRMANN-KAHL: „Mysterium trinitatis"? Fallstudien zur Trinitätslehre in der evangelischen Dogmatik des 20. Jahrhunderts (TBT 79), Berlin – New York 1997, 94f.

[36] Teilstudien dazu liegen vor, vgl. z. B. RALPH P. CRIMMANN: Karl Barths frühe Publikationen und ihre Rezeption. Mit einem pädagogisch-theologischen Anhang (BSHST 45), Bern–Frankfurt/M.–Las Vegas 1980; MICHAEL MURRMANN-KAHL: Ein Prophet des wahren „Sozialismus"? Zur Rezeption Karl Barths in der ehemaligen DDR, in: ZNThG/JHMTh 1 (1994), 139–166;

schehen. Daß Barths Theologie gerade in ihrer kritischen Wendung gegen den modernen Kulturprotestantismus[37] selbst ein maßgebliches Kapitel zur Vernetzungsgeschichte von Protestantismus und moderner Kultur beigesteuert hat, dürfte auch dann nicht zu bestreiten sein, wenn man die Art des Umgangs, den diese Theologie mit der modernen Kultur insgesamt und mit der protestantischen im besonderen pflegt, als Ghettoisierung, als den Aufbau einer „kognitiven Minderheit"[38], werten will. Denn selbst dann scheint doch eingeräumt werden zu müssen, daß sich solche Selbstabgrenzung – zumindest der Absicht nach – konstitutiv in diskursiver Auseinandersetzung mit den maßgeblichen Positionen der wissenschaftlichen Tradition neuprotestantischer Theologie vollzogen hat und nicht in einem fundamentalistischen Jenseits von ihnen.[39]

Wie vermutlich kein anderer einzelner theologischer Entwurf dieses Jahrhunderts dürfte K. Barths Theologie unter ihren Rezipienten das Bewußtsein einer ‚corporate identity' erzeugt haben. Dieses hat sich offenbar eingestellt, weil diese Theologie ihren Rezipienten den Eindruck zu vermitteln wußte, mit ihr über eine plausible und plausibilisierungsfähige, den Problemen und Verwerfungen der kulturellen Gegenwart insgesamt gewachsene und angemessene, reflektierte, handlungsorientierte und handlungsorientierende Form ihrer Religiosität zu verfügen. Genau dies macht Barths Theologie im Rahmen des aktuellen Modernisierungsdiskurses der protestantischen Theologie interessant. Es stünde m. E. der Geschichtsvergessenheit, die man der Barthschen Theologie vorwerfen kann, kaum nach, würden die gegenwärtigen Bemühungen systematisch- und praktisch-theologischer Art, die Möglichkeitsbedingungen des Aufbaus protestantischer ‚corporate identity' zu erkennen und zu strukturieren, ein Projekt wie das der Barthschen Theologie nicht auf diese aktuelle Fragestellung hin auszuwerten suchen.

Daß die unter den Bedingungen der Kulturkrise der zwanziger Jahre formulierten Versuche theologischen Krisenmanagements für entsprechende gegenwärtige Versuche, wie sie unter den Bedingungen kultureller, politischer und ökonomischer Globalisierungsprozesse und ihrer krisenhaften Begleitumstände nun im 21. Jahrhundert zu unternehmen sind, nicht gleichgültig sein können, könnte auch damit zusammenhängen, daß jene älteren Unternehmungen ihre entwicklungsgeschichtliche Brunnenstube in Diskurszusammenhängen und de-

---

ANNE-KATHRIN FINKE: Karl Barth in Großbritannien. Rezeption und Wirkungsgeschichte, Neukirchen 1995; vgl. dazu meine Rezension in: ThRv 93 (1997), 65–68.

[37] Zum Begriff vgl. FRIEDRICH WILHELM GRAF: Kulturprotestantismus. Zur Begriffsgeschichte einer theologiepolitischen Chiffre, in: Kulturprotestantismus. Beiträge zu einer Gestalt des modernen Christentums, hrsg. v. Hans Martin Müller, Göttingen 1992, 21–77.

[38] PETER L. BERGER: Zur Dialektik von Religion und Gesellschaft. Elemente einer soziologischen Theorie, aus dem Amerikanischen von Monika Plessner, Frankfurt 1988, 155.

[39] Vgl. z. B. Barths Theologiegeschichte, die allerdings zugleich im Vorwort auf den „sachliche[n] Grund dieser Veröffentlichung …" hinweist, die in der von ihm empfundenen Theologiegeschichtsvergessenheit der „… heute Jüngeren und Jüngsten unter den protestantischen Theologen" bestehe. KARL BARTH: Die protestantische Theologie im 19. Jahrhundert. Ihre Geschichte und Vorgeschichte (1947), 5. Aufl. Zürich 1981, VI.

ren kulturellen Hintergrundsbedingungen hatten, die mit den gegenwärtigen vielfältige Ähnlichkeiten besitzen. Das gilt gerade für Barths Theologie. Es ist die liberale Theologie um und nach der Jahrhundertwende, in der erstmals die theoretischen und praktischen Probleme und Chancen ausgelotet wurden, die sich mit einer Einstellung der Theologie auf die Selbstwahrnehmung empirischer religiöser Individuen verbinden.[40] Barths Theologie hat sich im Laufe ihrer Entwicklung als antihistoristische, antiempiristische Gegenposition zu den liberaltheologischen Entwürfen jener Zeit und später positioniert. Aber gerade in dieser Gegenwendung ist sie, wie nachzuweisen sein wird, auf jene Problemstellung bleibend bezogen.

2. Systematische Theologie als pragmatische Theologie. Zum Projekt der Untersuchung (I)

Wenn gezeigt werden soll, daß und inwiefern der spezifische Lösungsversuch des modernen Praxisproblems, den die Barthsche Theologie entwirft, darin besteht, daß sie eine rezipientenorientierte, pragmatische Theologie *als* agentenorientierte, normativ-dogmatische Theologie zu entwickeln unternimmt, dann muß es der darauf gerichteten Untersuchung erstens gelingen nachzuweisen, daß es eine solche pragmatische Orientierung der Barthschen Theologie überhaupt gibt. Zweitens muß gezeigt werden, daß Barths Theologie auf eine solche ihr implizite Pragmatik nicht nur befragbar ist, sondern daß diese Frage ins Zentrum der Barthschen Theologie führt. Auf den Versuch dieses doppelten Nachweises beschränkt sich diese Arbeit. Sie bietet also, wie gesagt, keine wirkungsgeschichtliche Analyse. Der Rezipientenbezug kommt nicht (oder höchstens beiläufig) als der Bezug tatsächlicher, historischer Rezipienten auf die Theologie Barths ins Blickfeld, sondern nur in der umgekehrten, theologieimmanenten Weise: als der Rezipientenbezug, den die Theologie Barths selbst intendiert. Die Untersuchung ist keine wirkungsgeschichtliche, sondern eine – im Sinne der entsprechenden literaturwissenschaftlichen Terminologie – rezeptionsanalytische,[41] und das soll eben heißen: eine auf die Rezeptions*absichten* des

---

[40] Vgl. zu diesem Begriff meine Dissertation: Theologie als Wirklichkeitswissenschaft. Studien zum Religionsbegriff bei Georg Wobbermin, Rudolf Otto, Heinrich Scholz und Max Scheler (BHTh 82), Tübingen 1992, 24ff.; zur Sache vgl. VOLKER DREHSEN: Neuzeitliche Konstitutionsbedingungen der Praktischen Theologie. Aspekte der theologischen Wende zur sozialkulturellen Lebenswelt christlicher Religion, Gütersloh 1988, vgl. hier besonders das 7. Kapitel: „Die integrative Funktion der Volkskirche im Prozeß moderngesellschaftlicher Differenzierung. Zur empirisch-pragmatischen Ekklesiastik P. Drews'", aaO., 349ff. Als Studie zu einem Teilbereich und bestimmten Programm der Hinwendung der liberalen praktischen Theologie zur empirischen Lebenswelt der Religion vgl. WOLFGANG STECK: Das homiletische Verfahren. Zur modernen Predigttheorie (APTh 13), Göttingen 1974.

[41] Vgl. WOLFGANG ISER: Der Akt des Lesens. Theorie ästhetischer Wirkung (1976, 1984) (UTB 636), 4. Aufl. München 1994; DERS.: Die Appellstruktur der Texte. Unbestimmtheit als Wirkungsbedingung literarischer Prosa (Konstanzer Universitätsreden, hrsg. v. Gerhard Hess,

Werkes gerichtete Analyse. Auf solche Absichten hin, mithin auf seine Pragmatik, dürfte jeder Text befragbar sein. Jeder Text ist auf das ihm inhärente Konzept seines „impliziten Lesers" hin auslegbar.[42] Die vorliegende Untersuchung will aber darüber hinaus zeigen, daß für die Texte K. Barths die Orientierung am Leser eine besondere, eine signifikante Bedeutung hat. Sie wird in Barths Theologiebegriff in bestimmter Weise reflexiv. Gezeigt werden soll, daß Barths Theologiebegriff in einer spezifischen, *reflexiven* Weise rezeptionsästhetisch oder pragmatisch verfaßt ist.[43]

Die in der Literaturwissenschaft ja schon nicht mehr ganz taufrische Rezeptionsästhetik beginnt in der Theologie erst allmählich an Boden zu gewinnen.[44] In der Erforschung der modernen Theologie haben rezeptionsästhetische Fragestellungen, so weit ich sehe, bislang noch keine Rolle gespielt. Ein Indiz dafür, daß die Spur nicht gänzlich in die Irre führt, mögen vorläufig zwei Fündlein aus der Theoriegeschichte der Rezeptionsästhetik belegen. So wenig die systematische Theologie sich bislang um diese literaturwissenschaftliche Forschungsrichtung gekümmert hat, so sehr hat umgekehrt in der Entwicklung der

---

28), Konstanz 1970; GUNTER GRIMM: Rezeptionsgeschichte. Grundlegung einer Theorie, mit Analysen und Bibliographie, München 1977; HANS ROBERT JAUSS: Literaturgeschichte als Provokation der Literaturwissenschaft (1967). In: Ders.: Literaturgeschichte als Provokation. Frankfurt 1970, 144–207; DERS.: Die Theorie der Rezeption – Rückschau auf ihre unerkannte Vorgeschichte (Konstanzer Universitätsreden, begründet von Gerhard Hess, fortgeführt von Horst Sund, 166), Konstanz 1987; SUSAN R. SULEIMAN, INGE CROSMAN (Hrsg.): The Reader in the Text. Essays on Audience and Interpretation, Princeton 1980.

[42] Der „implizite Leser ... verkörpert ..." im Rahmen von Wolfgang Isers Theorie „... die Gesamtheit der Vororientierungen, die ein fiktionaler Text seinen möglichen Lesern als Rezeptionsbedingungen anbietet. Folglich ist der implizite Leser nicht in einem empirischen Substrat verankert, sondern in der Struktur der Texte selbst fundiert." (WOLFGANG ISER: Der Akt des Lesens, 60). Das Konzept des „impliziten Lesers" ist also zunächst natürlich ein literaturwissenschaftliches Konzept, das grundsätzlich auf jeden Text anwendbar sein will: „Wenn wir davon ausgehen, daß Texte erst im Gelesenwerden ihre Realität gewinnen, so heißt dies, daß dem Verfaßtsein der Texte Aktualisierungsbedingungen eingezeichnet sein müssen, die es erlauben, den Sinn des Textes im Rezeptionsbewußtsein des Empfängers zu konstituieren." (AaO., 60f.) Iser unterscheidet von dieser „dem Text eingezeichnete[n] Leserrolle" die „Leserfiktion des Textes ..." (aaO., 62), durch welche „... der Autor einen angenommenen Leser der Welt des Textes aussetzt" (ebd.). Ist jene, die „Leserrolle[,] die den Empfängern der Texte vorgezeichnete Konstitutionsaktivität", so ist diese „das Bild des Lesers, das dem Autor vorschwebte" (aaO., 62). Diese Unterscheidung basiert auf der Überlegung, daß die „Leserrolle" aus dem Ganzen des Textes zu ermitteln ist und nicht allein aus den Passagen, die den Leser explizit oder erkennbar direkt in den Blick nehmen. Die Textstruktur der Leserrolle zielt auf die Übernahme des in ihr liegenden Rollenangebots durch den Leser. Darum gilt: „Textstruktur und Akstruktur der Leserrolle hängen ... eng zusammen." AaO., 63.

[43] Auch damit stehen Barths Texte selbstverständlich nicht allein. Schon F. Schiller fordert in seiner Rezension von Matthissons Gedichten (1794) „der Dichter müsse die Assoziationen des Lesers vorausberechnen, um bei scheinbarer Freiheit doch die intendierte Wirkung zu erreichen" (GUNTER GRIMM: Rezeptionsgeschichte, 19). Und ähnliche Überlegungen und darauf aufgebaute Techniken finden sich etwa bei Goethe und besonders bei Klopstock (vgl. aaO., 20).

[44] Vgl. z.B. HANS-ULRICH GEHRING: Schriftprinzip und Rezeptionsästhetik. Rezeption in Martin Luthers Predigt und bei Hans Robert Jauss, Neukirchen-Vluyn 1999; GERTRUD YDE IVERSEN: Wolfgang Iser og Romerbrevet. En receptionsaestetisk eksegese af Romerbrevets indledning, in: Dansk Teologisk Tidsskrift 62 (1999), 63–80; CHRISTINA KURTH: „Die Stimme der Propheten erfüllt." – Jesu Geschick und die Juden nach der Darstellung des Lukas [Diss. masch.], Basel 1999.

literaturwissenschaftlichen Rezeptionsästhetik die Analyse eines (früh-)neuzeitlich-theologischen Textes eine markante Rolle gespielt: Stanley Eugene Fishs Untersuchung von J. Miltons „Paradise Lost".[45] Daß dieses Buch für die Ausbildung von Barths theologischer Methode von Belang war, soll nicht behauptet werden. Daß Barth wissenschaftlich-rezeptionsästhetische Fragestellungen nicht gänzlich unvertraut waren, läßt sich jedoch sehr wahrscheinlich machen. Am 7. August 1920 meldet Barth an seinen Freund Eduard Thurneysen den Erwerb eines nichttheologischen Buches:[46] Ernst Bertrams 1918 erschienenes Werk „Nietzsche. Versuch einer Mythologie"[47]. Der Text, in dem Bertram eine an seinen Helden angelehnte rezeptionsästhetische Methodik entwirft und benutzt, gilt in der modernen literaturwissenschaftlichen Rezeptionsästhetik als klassisches Dokument.[48]

Damit steht zugleich indirekt die Frage im Raum: Karl Barth im Gefolge Friedrich Nietzsches? Niklaus Peter ist der erste, der der, wie Friedrich-Wilhelm Graf bemerkt hat,[49] zwar früh schon beobachteten, aber nie systematisch verfolgten[50] Spur nachgegangen ist. Er hat sie allerdings als Holzweg identifiziert, zumindest, was eine Beeinflussung des theologischen Ansatzes von Barth durch Nietzsche angeht.[51] Eine Nietzscherezeption Barths läßt sich erst für 1920 feststellen; der Erwerb von Bertrams Nietzschebuch gehört dazu.[52] Sie ist dann allerdings bemerkenswert intensiv.[53] Ihr greifbarstes Resultat in der frühen Phase der Barthschen Theologie sind die umfangreichen Nietzsche-Zitate und Nietzsche-Paraphrasen, die in den zweiten ‚Römerbrief', speziell in die Auslegung von Röm 4, eingehen.

In der vorliegenden Untersuchung liegt auf dem Verhältnis Barths zu Nietzsche kein selbständiges Augenmerk, weil sich über dessen Rekonstruktion die Funktions*mechanismen* der Barthschen Theologie m. E. nicht analytisch erschließen lassen. Beschreiben aber lassen sich die Funktions*weisen* der Barthschen Theologie durch den Seitenblick auf

---

[45] Vgl. STANLEY EUGENE FISH: Surprised by Sin: The Reader in Paradise Lost, Berkeley – Los Angeles – London 1971.

[46] KARL BARTH: Brief an Thurneysen vom 7.8.1920; in: Eduard Thurneysen (Hrsg.): Karl Barth – Eduard Thurneysen. Briefwechsel Bd. 1, 1913–1921, bearb. und hrsg. v. E. T. (Karl Barth Gesamtausgabe V. Briefe), Zürich 1973, 419. Künftig abgekürzt: „Ba-Th I".

[47] ERNST BERTRAM: Nietzsche. Versuch einer Mythologie, Berlin 1918.

[48] Vgl. KARL ROBERT MANDELKOW: Rezeptionsgeschichte als Erfahrungsgeschichte. Vorüberlegungen zu dem Versuch einer Wirkungsgeschichte Goethes in Deutschland, in: Studien zur Goethezeit. Erich Trunz zum 75. Geburtstag, hrsg. v. Hans-Joachim Mähl und Eberhard Mannack, Heidelberg 1981, 153–176, hier: 164; HANS ROBERT JAUSS: Die Theorie der Rezeption, 24f.

[49] FRIEDRICH WILHELM GRAF: Die „antihistoristische Revolution" in der protestantischen Theologie der zwanziger Jahre. In: Vernunft des Glaubens. Wissenschaftliche Theologie und kirchliche Lehre, Festschrift zum 60. Geburtstag von Wolfhart Pannenberg, mit einem bibliographischen Anhang, hrsg. v. Jan Rohls und Gunther Wenz, Göttingen 1988, 377–405, hier: 387.

[50] Vgl. PAUL ALTHAUS: Theologie und Geschichte. In: ZSTh 1 (1923), 741–786, hier: 746; GUSTAV KRÜGER: Die Theologie der Krisis. In: Schriften der Bremer Wissenschaftlichen Gesellschaft. Reihe D: Abhandlungen und Vorträge I/1926, 83–111, hier: 93; WILHELM KOEPP: Die gegenwärtige Geisteslage und die „dialektische" Theologie. Eine Einführung, Tübingen 1931, 71; CHRISTOF GESTRICH: Neuzeitliches Denken und die Spaltung der dialektischen Theologie. Zur Frage der natürlichen Theologie (BHTh 52), Tübingen 1977, 290f.

[51] Vgl. NIKLAUS PETER: Karl Barth als Leser und Interpret Nietzsches. In: ZNThG/JHMTh 1 (1994), 251–264.

[52] Vgl. Ba-Th I, 395 (Brief an Thurneysen, 7. Juni 1920); 398 (Brief an Thurneysen, 14. Juni 1920), 426 (Brief an Thurneysen, 1. Oktober 1920).

[53] Vgl. NIKLAUS PETER: Karl Barth als Leser und Interpret Nietzsches, 258f.

Nietzsche in einem gewissen Umfang durchaus. Nur exkursweise und im Vorgriff auf
später zu Erläuterndes sei gesagt: die für Barths Texte um 1920 in hohem Maße charakteristische Verbindung von hermeneutischem Antihistorismus und persuasiver Pragmatik
weist in der Tat große Affinität zu der entsprechenden Verbindung bei Friedrich Nietzsche auf. Nicht nur bei Karl Barth, sondern eben auch schon bei Nietzsche, insbesondere
im *Zarathustra*, wird die literarische Gattung der religiösen Rede, der Predigt, verwendet
und philosophisch funktionalisiert. Beide Autoren benutzen die Gattung der Predigt zur
literarisch-philosophischen, bzw. literarisch-theologischen Erzeugung von intellektueller ‚Gegenreligion'. Bei beiden Autoren wird genau diejenige Rezipientenhaltung durch
Verbote verdeckt, auf die der persuasive Druck ihrer Texte gleichwohl zielt: auf eine
multiplikatorische Anhängerschaft; in diesem (nicht polemisch, sondern beschreibend
gemeinten) Sinne: auf Jüngerschaft.

Im Unterschied zu den entsprechenden literaturwissenschaftlichen Verfahren
wird die hier unternommene Barth-Interpretation hinsichtlich des vom Autor
intendierten „impliziten Lesers" jedoch von allen empirischen Bezügen in hohem Maß abstrahieren. Die kulturpsychologischen und rhetorischen Instrumente, mit denen etwa Barths zweiter ‚Römerbrief'[54] arbeitet, und die entsprechenden Effekte, die er dort oder in sonstigen Werken zu erzielen sucht, bleiben als
solche weitgehend außerhalb der Untersuchung. Nur mittelbar geht es also um
die Analyse persuasiver rhetorischer Techniken. Die Untersuchung konzentriert
sich vielmehr auf die argumentative und näherhin auf die *erkenntnistheoretische*
Struktur der Barthschen Theologie. Sie blendet dabei die sprachliche, rhetorische
Gestalt der Barthschen Texte zwar nicht völlig aus, aber sie nimmt sie nur an
exemplarischen Stellen[55] und nur so weit in den Blick, wie sie im Rahmen der
erkenntnistheoretischen Fragestellung von Belang ist. Gezeigt werden soll, und
das ist der im engeren Rahmen der neueren Barthforschung virulente Kern der
These der vorliegenden Untersuchung, daß die erkenntnistheoretische Struktur
der Barthschen Theologie und deren Entwicklungsgang sich allererst im Rahmen einer textpragmatischen Analyse erschließen. Barths theologischer Erkenntnisbegriff und sein theologischer Reflexionsvollzug müssen im spezifischen
Sinne pragmatisch, und das heißt grundsätzlich: als Handlungsvollzug, als intentionaler Akt interpretiert werden, für den mithin gilt, daß für ihn die Differenz
von Intention und Realisation konstitutiv ist, und der vor allem konstitutiv auf
Adressaten bezogen ist. Und zwar kann er nicht nur – wie jedes Denken –
(zumindest auch) als Handlung beschrieben und aufgefaßt werden; sondern
Barths Theologie hat im reflexiven Verhältnis zu ihrem eigenen Handlungscharakter ihre spezifische Signatur. Die Spezifizität dieser Signatur besteht darin, daß sie sich zum Handlungscharakter ihres theologischen Reflexionshandelns in ein kritisches Verhältnis setzt.

Zwei Hinweise auf die metaphorische Selbstverschlüsselung der Barthschen Theologie sollen diese Thesen und Andeutungen vorläufig illustrieren. Der erste Hinweis gilt

---

[54] Karl Barth: Der Römerbrief (Zweite Fassung) 1922, 15. Aufl., 40.–43. Tsd., Zürich 1989.
[55] Das wird exemplarisch insbesondere bei der Analyse des Tambacher Vortrags geschehen. S.
u. S. 319ff.

den Metaphern, in denen Barth sein theologisches Tun und das der Theologie überhaupt
von früh an beschrieben hat: Dazu zählt die Rede vom „Loch" in der Mitte der Theologie, die Barth mit der Lao-Tse zugeschriebenen Metapher vom Wagenrad und dem
„Loch in der Mitte"[56] veranschaulichen kann,[57] oder das Bild vom Vogel, den es im Fluge
zu zeichnen gelte,[58] und insbesondere die am häufigsten verwendete Bild-Metapher des
ausgestreckten Zeigefingers Johannes des Täufers auf dem Isenheimer Altarbild von
Matthias Grünewald.[59] Diese Bildmetapher ist für Barth selbst geradezu zum Synonym
seiner eigenen Theologie geworden. Zum andern hat Ulrich H. J. Körtner Barths Rede
vom „Handeln Gottes"[60] als „absolute Metapher", die Barths Theologiebegriff zur Zeit
seiner Ausarbeitung in der *Kirchlichen Dogmatik* und diese strukturierend zugrunde liegt,
plausibel gemacht.

Wenn es mithin in dieser Untersuchung im Blick auf K. Barths Theologie um
„Pragmatik" geht, dann meint dieser Begriff hier also, wie gesagt: Wirkungsreflexivität, mithin ein konstitutiv durch die Reflexion auf seine intentionalen
Rezipienten vermitteltes reflexives Tun. Pragmatik in diesem Sinne *ist* die Logizität des Handlungsbegriffs, wie Max Weber sie bestimmt hat, wenn er Handeln
bestimmt als „,soziales' Handeln ..., welches seinem von dem oder den Handelnden gemeinten Sinn nach auf das Verhalten *anderer* bezogen wird und daran in
seinem Ablauf orientiert ist."[61] Entscheidend für die Verwendung des Prag-
matikbegriffs in dieser Untersuchung ist, daß bei ihr strukturell offen bleibt, *wie*
der intentionale Adressat des als pragmatisch bezeichneten Reflektierens und
Handelns aus der Sicht von dessen Agenten in den Blick genommen wird. Pragmatisch ist ein reflektierendes Handeln im Sinne dieser Bestimmung dann, wenn
der *reflexive* Bezug auf seinen intentionalen Rezipienten *überhaupt* für seinen
Vollzug konstitutiv ist. Es wird also – im Sinne dieser Begriffsbildung – mit der
(begrifflichen) Möglichkeit einer *nichtempirischen, normativen* Pragmatik gerechnet, deren systematische Möglichkeitsbedingungen es allerdings zu prüfen gilt.

---

[56] Vgl. EDUARD THURNEYSEN (Hrsg.): Karl Barth – Eduard Thurneysen. Briefwechsel Bd. 2,
1921–1930 (Karl Barth Gesamtausgabe V. Briefe), Zürich 1974 (Rundbrief v. 16.10.1922), 113,
vgl. 56. Zitate aus diesem Band des Briefwechsels werden im Folgenden abgekürzt: „Ba-Th II".
[57] Vgl. KARL BARTH: Der Christ in der Gesellschaft (1919). In: Jürgen Moltmann (Hrsg.):
Anfänge der dialektischen Theologie, Teil I (ThB 17/1), München (1962), 4. Aufl. 1977, 3–37,
hier: 11; vgl. den Brief Barths an Thurneysen vom 18.3.21, Ba-Th I, 477.
[58] Vgl. ebd.
[59] Vgl. z. B.: KARL BARTH: Biblische Fragen, Einsichten und Ausblicke [Vortrag für die Aarauer
Studenten-Konferenz April 1920], in: Jürgen Moltmann (Hrsg.): Anfänge der dialektischen
Theologie. Teil I, 49–76, hier: 59; KARL BARTH: „Unterricht in der christlichen Religion".
1. Bd.: Prolegomena 1924, hrsg. v. Hannelotte Reiffen (Karl Barth Gesamtausgabe, im Auftrag
der Karl Barth-Stiftung hrsg. v. Hinrich Stoevesandt, II, Akadem. Werke 1924), Zürich 1985,
186; vgl. dazu die Monographie von REINER MARQUARD: Karl Barth und der Isenheimer Altar.
Stuttgart 1995.
[60] ULRICH H. J. KÖRTNER: Der handelnde Gott. Zum Verständnis der absoluten Metapher vom
Handeln Gottes bei Karl Barth, in: NZSTh 31 (1989), 18–40; vgl. dazu auch: GEORG LÄMMLIN:
Individualität und Verständigung. Das Kirchenverständnis nach Schleiermachers „Glaubenslehre"
(Theologische Studien), Aachen 1998, 61.
[61] MAX WEBER: Wirtschaft und Gesellschaft. Grundriss der verstehenden Soziologie (1922),
5., rev. Aufl. besorgt von Johannes Winckelmann, Studienausg., 14.–18. Tsd., Tübingen 1980, 1.

Indem die vorliegende Untersuchung nachzuweisen versucht, daß und inwiefern der Theologiebegriff K. Barths konstitutiv (und im umrissenen Sinne) pragmatisch verfaßt ist, soll zugleich gezeigt werden, inwiefern aus der Sicht des Autors diese pragmatische Konzeption der systematischen Theologie diese insgesamt – und in sehr spezifischer Weise – zur „praktischen Theologie"[62] macht. Die Parole der praktischen Theologie, wie K. Barth sie verstanden und konzipiert hat, und zugleich die Antwort auf die Frage nach ihrem Funktionsprinzip, steht kurz und knapp in der zweiten Auflage von Barths Römerbriefkommentar: „Die Leser selbst sind die Antwort"[63].

In der vorliegenden Untersuchung wird die kritische Selbstdistanzierung der Barthschen Theologie von ihrem eigenen Handlungscharakter als entscheidendes Indiz für ihr Reflexions- und Handlungsprofil zu entschlüsseln versucht. Zu zeigen wird sein, daß die bei Barth vorgenommene Selbstunterscheidung des theologischen Reflexionshandelns von sich selbst die Funktion hat, an der Stelle der intentionalen Rezipientinnen und Rezipienten der Theologie eine analoge Selbstunterscheidung hervorzurufen: die Selbstunterscheidung von theologischer Reflexion und religiösem Vollzug, die sich aber genau so und mit dem Zweck vollziehen soll, daß die Rezipienten die theologische Reflexion (des Autors K. Barth) als ihre eigene religiös-theologische Selbstauslegung vollziehen, sprich: als denjenigen Reflexionsvollzug, der allen ihren Handlungsvollzügen als Bedingung ihrer Möglichkeit immer schon zugrunde liegt.

Die Differenz, in deren Bearbeitung und Überwindung die Theologie Karl Barths insgesamt begriffen ist, ist die Differenz zwischen dem religiösen Bewußtsein als dem allen Handlungsvollzügen zugrunde liegenden Bewußtsein ihrer Möglichkeit und dem bewußten Bewußtsein davon, das die Theologie sein will. Im (zumindest subjektiven) Unterschied zur Bewußtseinstheologie des

---

[62] Eine in diesem allgemeinen Sinne pragmatische Theologie ist keineswegs notwendig eine „praktische Theologie" im Sinne einer Theorie handlungsleitenden Wissens. Der Titel dieser Untersuchung „Karl Barths praktische Theologie" bedient sich vielmehr einer programmatischen Selbstbeschreibung Barths, müßte also – im Sinne der hier vorgenommenen Begriffsbestimmungen – eigentlich in Anführungszeichen stehen oder korrekt lauten: „Karl Barths intentional pragmatische Theologie"; aber das wäre nicht so prägnant. Die polemisch-programmatische Perspektivität, die der Obertitel der Arbeit transportiert, sollte durch die in den Untertitel eingerückte Kennzeichnung der Barthschen Theologie als systematischer Theologie angezeigt werden. Der Titel der Arbeit „Karl Barths praktische Theologie" will also eine Problemstellung signalisieren und gerade nicht deren Lösung. Das trifft auch für den Gebrauch zu, der in der Untersuchung vom Begriff praktische Theologie gemacht ist. Sofern nicht ausdrücklich anders vermerkt, wird er im Sinne jenes Begriffs von Pragmatik verwendet und hat im Blick auf Barths Theologiebegriff einen deskriptiv-funktionalen Sinn. Um dies zu kennzeichnen, verwende ich darum in der Untersuchung auch die Bezeichnung „systematisch-praktische Theologie". Mit allen diesen Begriffen soll die für Barths Theologiebegriff m. E. entscheidende Intention markiert werden, die, wie sich zeigen wird, darauf hinausläuft, die moderne Ausdifferenzierung der Theologie in historische, systematische und praktische Theologie in einen integralen Vollzug aufzuheben, dessen Eigenart und mit ihm verbundene Absicht es zugleich ist, die genuin moderne Trennung von Theologie und Religion einzuziehen bzw. umzubestimmen.

[63] KARL BARTH: Der Römerbrief (Zweite Fassung) 1922, 565.

19. Jahrhunderts, im (intententionalen) Unterschied insbesondere zu Schleiermacher, ist Barth der Meinung, daß die Differenz zwischen dem theologischen Bewußtsein des religiösen Bewußtseins und dem religiösen Bewußtsein selbst zugleich konstitutiv und notwendig zu überwinden sei. Denn das religiöse Bewußtsein kann sich nicht als gewissermaßen zuständliches, sondern nur als bewußt vollzogenes, als seines Handlungscharakters bewußtes und darum als theologisches Bewußtsein haben; es kann sich nur haben als das andere seiner selbst. Als seiner selbst als Handlung bewußtes Bewußtsein kann sich das religiös-theologische Bewußtsein aus Barths Sicht aber nur dann durchsichtig sein, wenn es sich als solche Handlung tatsächlich vollzieht, und das geschieht, indem es sich bewußt als sprachliches Mitteilungshandeln zwischen Subjekten vollzieht, als Predigt. Nur indem die theologische Reflexion sich als derjenige sprachliche Handlungsvollzug tatsächlich vollzieht und begreift, dessen Intention es ist, an der Stelle seiner intentionalen Rezipientinnen und Rezipienten die Selbstunterscheidung von Religion und Theologie zu initiieren, vermag sie sich mit sich selbst als religiös-theologisches Bewußtsein zusammenzuschließen. Darum und in dieser Weise ist – wenn diese vorläufigen (und an dieser Stelle vermutlich etwas änigmatisch wirkenden) Überlegungen zutreffen – die theologische Erkenntnistheorie K. Barths konstitutiv pragmatisch verfaßt und auf die ihr eingelagerte Pragmatik hin zu interpretieren.

Wenn sich das nachweisen oder plausibilisieren läßt, dann kann man sagen: Barths Theologie will die seit Schleiermacher als Funktion kirchenleitenden Handelns[64] bestimmte, moderne praktische Aufgabe der Theologie prinzipialisieren, die sich aktuell als die Aufgabe der Erzeugung intersubjektiv anschlußfähiger ,corporate identity' beschreiben läßt. Schon in einem seiner ersten religionsphilosophischen Entwürfe hat Karl Barth sein theologisches Projekt pointiert als „praktische Theologie"[65] bezeichnet. Er zielte damit auf eine Theorie, *im Vollzug von deren Aneignung* die Selbstdurchsicht des religiösen Individuums als des Grundes ihrer Handlungsfreiheit bewußter individueller Subjektivität erfolgen soll. Die systematische Theologie oder die Theologie als ganze soll in diesem Sinne „praktische Theologie" sein, bei der es also vornehmlich nicht um ein bestimmtes, empirisches Handlungswissen gehe, sondern um den Aufbau von Handlungsgewißheit überhaupt.

In einer indirekten Weise hat Barth selbst diesen, seinem Anspruch nach praktischen und näherhin spezifisch pragmatischen Sinn der erkenntnistheoretischen Struktur seines Theologiebegriffs zu erkennen gegeben, indem er wiederholt erklärt hat, für seinen Neueinsatz gegenüber der liberalen Theologie seiner

---

[64] Vgl. Friedrich Schleiermacher: Kurze Darstellung des theologischen Studiums zum Behuf einleitender Vorlesungen. Kritische Ausgabe, hrsg. v. Heinrich Scholz (1910), 4. Aufl. Hildesheim 1977, 2.

[65] Karl Barth: Ideen und Einfälle zur Religionsphilosophie (1910). In: Ders.: Vorträge und kleinere Arbeiten 1909–1914 in Verbindung mit Herbert Helms und Friedrich-Wilhelm Marquardt hrsg. v. Hans-Anton Drewes und Hinrich Stoevesandt (Karl Barth Gesamtausgabe III. Vorträge und kleinere Arbeiten), Zürich 1993, 126–138, hier: 130.

theologischen Väter habe das „spezifische *Pfarrer*problem der *Predigt*"[66] eine Schlüsselrolle gespielt.[67] In seinem ersten öffentlichen Rückblick auf seine ‚Abwendung von der liberalen Theologie' – 1922 vor einer Pfarrerversammlung in Schulpforta – behauptet Barth: „Die bekannte Situation des Pfarrers am Samstag an seinem Schreibtisch, am Sonntag auf der Kanzel verdichtete sich bei mir zu jener Randbemerkung zu aller Theologie"[68]. Und unisono heißt es noch in den 1969 erschienenen „letzten Zeugnissen": „Meine ganze Theologie ... ist im Grund eine Theologie für den Pfarrer. Sie ist herausgewachsen aus meiner eigenen Situation, wo ich unterrichten, predigen und ein wenig Seelsorge üben mußte."[69] Der Ursprungsimpuls und ursprüngliche Anspruch der Theologie Karl Barths wäre demnach ein praktisch-theologischer; genauer gesagt: der Anspruch, eine Theologie zu initiieren, die *als solche* praktisch-theologische Kompetenz besitzt, und die in ihrer *unmittelbaren* praktisch-theologischen Kompetenz ihren spezifischen Innovations- und Überlegenheitsanspruch gegenüber der von ihr zu verdrängen versuchten liberalen Theologie der Vätergeneration begründet. Genau so argumentiert Barth in seinem ersten Entwurf systematischer Theologie, den er in der Göttinger Dogmatikvorlesung von 1924 ausarbeitet.[70]

Treffen diese Überlegungen zu, dann ist mit Barths Theologiebegriff aufs engste ein Programm religiös-intersubjektiven – und in diesem Sinne: kirchlichen – Handelns verbunden. Denn dann ist Theologie nicht gewissermaßen irgendeine „Funktion der Kirche"[71], bei welcher das Kirchesein und kirchliches Handeln als konstituiertes bereits vorausgesetzt und durch die Theologie sozusagen lediglich quantitativ verbessert werden soll, sondern dann muß Theologie als der bewußte Reflexionsvollzug desjenigen (Reflexions-)Handelns begriffen werden, das kirchliches Handeln an sich selbst ist.[72] Theologie zielt dann aber

---

[66] KARL BARTH: Not und Verheißung der christlichen Verkündigung, 70.

[67] Vgl. insbesondere die diesem Thema gewidmete Monographie von AXEL DENECKE: Gottes Wort als Menschenwort. Karl Barths Predigtpraxis – Quelle seiner Theologie, Hannover 1989. Denecke stellt die entsprechenden Selbst- und eine Reihe von Fremddeutungen Barths zusammen, vgl. 19–25. Vgl. ferner die einflußreiche Darstellung von EBERHARD BUSCH: Karl Barths Lebenslauf. 3. Aufl. München 1978, 101–103. Busch zitiert allerdings die stark von der kritisch-dialektischen Theologie der zweiten ‚Römerbrief'-Zeit beeinflußten Passagen des Rückblicks von 1922; vgl. ihm folgend z. B. HERBERT ANZINGER: Glaube und kommunikative Praxis. Eine Studie zur ‚vordialektischen' Theologie Karl Barths (BEvTh 110), München 1991, 100; kritisch dazu schon: FRIEDRICH-WILHELM MARQUARDT: Theologie und Sozialismus. Das Beispiel Karl Barths, 3. erw. Aufl. München 1985, 27.

[68] KARL BARTH: Not und Verheißung der christlichen Verkündigung, 70f.

[69] KARL BARTH: Letzte Zeugnisse, Zürich 1969, 19.

[70] Vgl. KARL BARTH: „Unterricht in der christlichen Religion". 1. Bd., 35f. u. ö.; s. dazu u. S. 394ff. bes. S. 402.

[71] KARL BARTH: Die Kirchliche Dogmatik. 1. Bd.: Die Lehre vom Wort Gottes, 1. Halbbd. (1932), 10. Aufl. Zürich 1981, 1. Zum grundsätzlichen Zusammenhang von Kirchen- und Theologiebegriff in der Neuzeit vgl.: TRUTZ RENDTORFF: Kirche und Theologie. Die systematische Funktion des Kirchenbegriffs in der neueren Theologie, 2. Aufl. Gütersloh 1970. Vgl. dort zu Schleiermacher 115ff., zu Barth 169ff.

[72] Von daher läßt sich das Projekt dieser Untersuchung, so weit es sich auf die Rekonstruktion von K. Barths Theologie bezieht, in bestimmter Weise als eine Auslegung von T. Rendtorffs

immer schon und an sich selbst auf den Aufbau von ‚Kirche‘, d. h. auf den Aufbau desjenigen intersubjektiven Reflexionshandlungszusammenhangs, der durch sich selbst als sich selbst durchsichtige religiös-theologische Subjektivität bestimmt ist. Wenn das Reflexionshandeln der Theologie faktisch immer nur als zeitliche Folge von Reflexionsakten zu denken ist, dann ist aber auch der von ihm intendierte und initiierte intersubjektive Reflexionshandlungszusammenhang als ein partikulares Kollektiv-Subjekt zu begreifen. Denn dann ist Kirche die Summe aller „Predigt"-Handlungen, die faktisch als solche intendierten Akte stattfinden. Damit ist ‚Kirche‘ als Reflexions- und zugleich als Handlungsagent, in diesem doppelten Sinne: als kollektives Geschichtssubjekt, näherhin als *das* Geschichtssubjekt par excellence bestimmt; als das kollektive Subjekt nämlich, in dessen Aufbau die Realisierung von Handlungsfreiheit und ihre Selbstdurchsichtigkeit (Handlungsgewißheit) gleichermaßen eingelagert sein sollen. Barths Theologie kann dann – im Hinblick auf ihr Selbstverständnis – als der Mobilisierungsversuch dieses Kollektivsubjekts beschrieben werden.

Vielleicht belegt nichts die tatsächlich konstitutive Bedeutung der Pragmatik für die theologische Erkenntnistheorie und Methodik K. Barths besser als die Tatsache, daß Barth diese Bedeutung rundweg bestritten hat: „Sofern Thurneysen, Gogarten und ich wirklich im bekannten Sinn des Worts ‚Schule machen‘ sollten, sind wir erledigt."[73] Ein Spezifikum der dialektischen Theologie K. Barths besteht genau darin, daß sie es ablehnt, die ‚praktische‘ Theologie, die sie – wie zu zeigen sein wird – tatsächlich ist, in irgendeinem Sinne als Praktische Theologie, nämlich als Handlungsanleitung für empirisches Handeln und als Ausdruck solchen Handelns verstehbar zu machen. Barths Theologie ist sozusagen eine „Parallelaktion"[74] zum Projekt einer empirischen praktischen Theologie. Sie ist gewissermaßen der Versuch, „Wirkung eines Mannes ohne Eigenschaften auf einen Mann mit Eigenschaften"[75] zu erzeugen, will heißen: durch Abzug aller Empirie („Eigenschaften") Empirie hervorzubringen, nämlich dadurch, daß der Leser, der Mann mit Eigenschaften, die theologische Theorie, die ihm der Autor, der ein Mann ohne Eigenschaften ist, weil er sich ganz in die ‚Tathandlung‘ seiner Theorieproduktion zurückzieht, als seine Selbstauslegung übernimmt. Indem die Theorie ganz Theologie, Nachvollzug der Handlung Gottes als der absoluten Subjektivität und gar nicht mehr Religion, Vollzug empirischer Subjektivität werden und sein soll, soll Theologie an der Stelle des Lesers als Vollzug von Religion möglich werden. So soll die genuin neuzeitliche Differenzierung von Theologie und Religion[76] aufgehoben und in

---

These lesen, nach der sich in Barths Theologie die „Reduktion des Christentums auf Theologie" vollziehe. Vgl. TRUTZ RENDTORFF: Kirche und Theologie, 179.

[73] KARL BARTH: Not und Verheißung der christlichen Verkündigung, 67f.

[74] ROBERT MUSIL: Der Mann ohne Eigenschaften. Roman, hrsg. v. Adolf Frisé, neu durchges. und verb. Ausgabe 1987, Hamburg 1989, 87.

[75] AaO., 60.

[76] Vgl. dazu BOTHO AHLERS: Die Unterscheidung von Theologie und Religion. Ein Beitrag zur Vorgeschichte der Praktischen Theologie im 18. Jahrhundert, Gütersloh 1980.

dieser Aufhebung neu begründet werden, indem sie an ihren handlungspraktischen und darin genetischen Entstehungsort zurückverfolgt und dort rekapituliert wird: in den Akt der intersubjektiven, sprachlichen Mitteilung von Religion, für den bei Barth ‚die Predigt' steht.[77]

Die systematische Grundunterscheidung, welche die hier vorliegende Untersuchung in Bezug auf Barths Theologie demnach trifft, ist die Unterscheidung
zwischen dem Vollzug der „Gotteserkenntnis", der nach Barth der Glaube sein
soll, und dem Vollzug der „Erkenntnis der Gotteserkenntnis", welcher nach
Barth die Theologie sein soll. Die Untersuchung wird sich darum und in diesem
Sinne speziell der Herausarbeitung des Theologiebegriffs bei Barth widmen. Es
soll zu zeigen versucht werden, daß eine methodisch strikt an der Logizität des
Theologiebegriffs orientierte Interpretation der Theologie K. Barths in deren
systematisches und historisch-genetisches Zentrum führt.

3. Prinzipielle Pragmatik als Konstituierung eines kollektiven Handlungssubjekts. Zum Projekt der Untersuchung (II)

Als Projekt der intentionalen Konstitutierung eines kollektiven Geschichtssubjekts, das als solches die transzendentale Möglichkeitsbedingung der Realisierung von Freiheit her- und darstellen soll,[78] steht Barths Theologie in den
zwanziger Jahren nun aber keineswegs einsam auf weiter Flur. Vielmehr ist
genau dies das Ziel etlicher zeitgenössischer Entwürfe innerhalb wie außerhalb
der Theologie, deren gemeinsames phänotypisches Kennzeichen ihr Antihistorismus ist.[79] „Zur unmittelbaren Realisierung der Theorie bedarf es …" im
Sinne solcher Entwürfe, wie F. W. Graf feststellt, „… eines starken empirischen
Handlungssubjekts. In dieser Hinsicht weisen die antihistoristischen Theologien

---

[77] F. W. Graf stellt in Bezug auf Barth und ihm verwandte Theologen fest, „die theologischen
Antihistoristen …" verstünden sich „… als Repräsentanten einer religiösen Avantgarde, welche
einen Ausweg aus der Krise der modernen Kultur zu weisen vermag." (FRIEDRICH WILHELM GRAF:
Die „antihistoristische Revolution" in der protestantischen Theologie der zwanziger Jahre, 387).
Damit ist die Interpretationsaufgabe, welche die frühe dialektische Theologie stellt, genau bezeichnet. Graf stellt außerdem fest, daß es den theologischen Antihistoristen darum gegangen sei, „eine
neue *praktische* Identität des Menschen jenseits der Geschichte zu gewinnen." (AaO., 388; Hvhbg.
v. mir; G. P.). Der praktische Charakter dieser Identität ist für ihn ein „Ausstieg aus der Geschichte"
(ebd.). Graf weist ferner auch schon auf die Gegenwartsorientierung des antihistoristischen Geschichtsbegriffs hin und darauf, daß diese Orientierung einer „direkten Mediatisierung …" der
Geschichte „… auf die eigene Theologie hin sich fügt." (AaO., 391) Damit sind genau diejenigen
Zusammenhänge benannt, denen in dieser Untersuchung systematisch nachgegangen wird.

[78] „Transzendental" wird diese Möglichkeitsbedingung hier genannt, weil sie zugleich die
Forderung enthält, daß um sie gewußt werden muß.

[79] Zur Historismusdebatte in der Weimarer Republik vgl. jetzt: WOLFGANG BIALAS/GÉRARD
RAULET (Hrsg.): Die Historismusdebatte in der Weimarer Republik (Schriften zur politischen
Kultur der Weimarer Republik, hrsg. v. dens., Bd. 2), Frankfurt/M. u. a. 1996; zum Begriff und
zur Begriffsgeschichte vgl. ANNETTE WITTKAU: Historismus. Zur Geschichte des Begriffs und des
Problems, Göttingen 1992.

der zwanziger Jahre zahlreiche strukturelle Affinitäten zu den politischen Elite-
theorien der Zeit auf, d. h. zu solchen Theorien, die geschichtlichen Fortschritt
mit der praktischen Durchsetzung eines gesamtkulturellen Führungsanspruches
jener Gruppen identifizieren, die einen exklusiven Zugang zur Wahrheit reklamieren."[80] Ob die Rede vom „empirischen Handlungssubjekt" für Barth zutreffend ist, muß vorläufig offenbleiben.[81]

Festzuhalten ist aber ganz allgemein, daß die zwanziger Jahre im Sinne von
F. W. Grafs Beschreibung als die Epoche der Konstruktion von „Gegenmodernen"[82] bezeichnet werden können. ‚Gegenmodern' sind die entsprechenden
Entwürfe, weil und insofern sie auf die in die Krise geratene Moderne durch
einen kritischen Überbietungsversuch reagieren, der in der Regel so verfaßt ist,
daß er zwischen der Intention der Moderne und ihrer faktischen Realisierung in
der politischen Wirklichkeit der Weimarer Republik unterscheidet und zwecks
Schließung dieser Differenz eine Gegenmoderne als ein kollektives Handlungssubjekt aufbaut. Im Unterschied zu den klassisch-modernen Agentenkonstruk-
tionen der Aufklärung und des Deutschen Idealismus, auch noch des Marxismus, besteht die systematische Eigenart der Entwürfe der zwanziger Jahre in der
Regel darin, daß die Autoren ihre Theorie als Instrument der politisch-geschichtlichen Durchsetzung des Geschichtssubjekts zu konzipieren suchen. Das
ist – in äußerster Abbreviatur und vorgreifend auf das in der Untersuchung zu
Entwickelnde gesagt – die nietzscheanische Wende, welche die neoidealistischen
Geschichtsphilosophien der zwanziger Jahre strukturell kennzeichnet.

Ulrich Beck hat den Begriff der „Gegenmoderne" als *„hergestellte, herstellbare
Fraglosigkeit"*[83] definiert. „Genauer: Tilgung, *Entsorgung der Frage*, in die die Moderne zerfällt."[84] Und zwar werde diese Fraglosigkeit wesentlich dadurch hergestellt, daß mit bestimmten Grundbegriffen gearbeitet wird, denen ein quasi-
naturaler und zugleich kategorial-normativer Stellenwert zugeschrieben wird
wie „Nation, Volk, Natur, Frau, Mann"[85]. Daß mit solchen Zuschreibungen in
den zwanziger Jahren allenthalben, wenn auch gerade bei K. Barth nur sehr
bedingt, gearbeitet wird, dürfte nicht zu bestreiten sein; das pejorative Urteil von

---

[80] Friedrich Wilhelm Graf: Die „antihistoristische Revolution" in der protestantischen
Theologie der zwanziger Jahre, 404.

[81] Damit ist der Zusammenhang, dessen Interpretation sich die vorliegende Untersuchung
widmet, exakt benannt. Sie gründet in der Meinung, daß die funktionale Beschreibung Grafs
durch eine genaue systematische Innenrekonstruktion dieses Zusammenhangs ergänzt werden
muß, weil nur auf diese Weise das Funktionsprinzip der entsprechenden Theorien herausgearbeitet werden kann. Auf Grafs funktionaler Außenbeschreibung jener Theorien basiert auch seine
Betonung ihres antimodernen Charakters, die aus der Perspektive dieser Untersuchung eine
Überbetonung ist.

[82] Ulrich Beck: Das Zeitalter der Nebenfolgen und die Politisierung der Moderne. In: Ders.,
Anthony Giddens, Scott Lash: Reflexive Modernisierung. Eine Kontroverse, Frankfurt 1996, 19–
112, hier: 29.

[83] Ulrich Beck: Die Erfindung des Politischen. Zu einer Theorie reflexiver Modernisierung,
Frankfurt/M. 1993, 101f.

[84] AaO., 102.

[85] AaO., 101.

einer damit eodem actu verbundenen, „hergestellte[n], herstellbare[n] Fraglosigkeit" ist aber in seiner Pauschalität problematisch. Der Zug zum Autoritären,
der den gegenmodernen Entwürfen der zwanziger Jahre oft unverkennbar eigen
ist, sollte nicht zum Anlaß einer letztlich moralisch gelagerten Pauschalkritik
genommen werden, welche die qualitativen Ansprüche jener Theorien ignoriert.
In der Weimarer Zeit ist eine Anzahl von theologischen und nichttheologischen
Entwürfen entstanden, die in einer nicht selten hochreflektierten Weise ein kollektives geschichtliches Handlungssubjekt aufzubauen suchen, dessen Geltungs-
und Totalitätsansprüche nicht in willkürlich positivierten Fraglosigkeiten begründet sind, sondern in einer (jeweils) bestimmten Logizität der Verhältnisbestimmung von Selbstdurchsichtigkeit (Reflexion) und Handlungsmächtigkeit.
Verallgemeinerungsfähig soll dieser Agent gerade darum sein, weil in ihm eine
spezifische Selbstdurchsichtigkeit in Anschlag gebracht werden kann. Der
Überbietungsanspruch der entsprechenden Theorien gegenüber der liberalen
Weimarer Demokratie und damit der Moderne gründet in der kritischen Behauptung, daß in der Weimarer Demokratie diese Selbstdurchsichtigkeit, die
allein das Realisierungskriterium von Freiheit sein könne, nicht erreicht werde.
Der antimoderne Überbietungsanspruch dieser Theorien steht mithin der Sache
oder wenigstens der Intention nach selbst auf modernem Boden.

Die intentionale gegenmoderne Modernität entsprechender Entwürfe hat
Norbert Bolz in einer instruktiven Studie zu Walter Benjamin, Gottfried Benn,
Ernst Bloch, Martin Heidegger, Ernst Jünger, Georg Lukács, Carl Schmitt u. a.
nachgewiesen. Es gibt, wie Bolz zeigt, werkinterne Anhaltspunkte dafür, daß
sich alle diese Autoren auf die Modernitätsanalysen Max Webers bezogen sehen
und diese kritisch und konstruktiv weiterzuentwickeln versuchen.[86] Diesem
Verfahren schließt sich die vorliegende Untersuchung im Grundzug an. Auch
hier wird M. Webers Werk zur Kartographierung der Problemlage benutzt, auf
welche als Lösungsversuche die antimodernen Modernisierungsprojekte der
Weimarer Krisentheoretiker abzubilden sind. Dabei werden stärker als bei N.
Bolz systematisch-analytische Interessen verfolgt. Der vorliegenden Untersuchung kommt es auf die Herausarbeitung einer bestimmten Theoriestruktur an,
die bereits angedeutet wurde, und die, wie zu zeigen versucht werden wird,
auch für Barths Theologie bestimmend ist. Diese Theoriestruktur und ihre
Varianten werden in vier exemplarischen Fallstudien zu erheben versucht, die
sich aus noch zu erläuternden Gründen Georg Lukács, Carl Schmitt, Emanuel
Hirsch und Friedrich Gogarten widmen.

Wenn Karl Barths Theologie in den Umkreis solcher Entwürfe einer radikal-
modernen Gegenmoderne gestellt wird, dann werden damit keine denunziato-
rischen Absichten verfolgt. Es geht nicht um eine Neuauflage der These vom
totalitären, latent faschistischen Charakter der Barthschen Theologie.[87] Viel-

---

[86] Vgl. Norbert Bolz: Auszug aus der entzauberten Welt. Philosophischer Extremismus
zwischen den Kriegen, München 1989.

[87] Vgl. Falk Wagner: Theologische Gleichschaltung. Zur Christologie bei Karl Barth, in: Die
Realisierung der Freiheit. Beiträge zur Kritik der Theologie Karl Barths, von Falk Wagner, Walter

mehr sollen die im Ergebnis und im Duktus unzweifelhaft und charakteristisch autoritären Züge jener Theorien auf die sie leitenden Theoriemotive hin durchsichtig gemacht werden. Daß die autoritären Züge der Theorie unter Umständen von den damit verbundenen politischen Optionen unterschieden werden müssen, dürfte zumindest für die Theologie Karl Barths gelten.[88]

Der Theorietyp, um dessen Struktur es hier zu tun ist, kann (vorläufig und titulatorisch) als praktisch gewendete (und darum methodisch) invertierte Transzendentaltheorie bezeichnet werden, insofern er die Lösung der Probleme, die sich einer transzendentalen Theorie individueller Freiheit stellen, durch den Aufbau eines kollektiven Geschichtssubjekts zu lösen sucht, das in seiner Konstitution die Realisierungsbedingungen individueller Freiheit selbst enthalten soll. Die Pragmatik, welche diese Theorien leitet, ist demnach eine prinzipielle oder transzendentale Pragmatik.

Die anspruchsvollen gegenmodernen Entwürfe der zwanziger Jahre, um die es sich hier handelt, verstehen sich als Entwürfe einer zweiten, radikalisierten Aufklärung. Theoriegeschichtlich entstehen sie aus der Rezeption der klassisch-modernen Transzendentalphilosophie namentlich Kants und Fichtes, die für die hier untersuchten Autoren in starkem Maße durch den Marburger Neukantianismus vermittelt ist. Darum ist der „Auszug aus der entzauberten Welt", den diese radikalen Intellektuellen in den Weimarer Jahren antreten, kein (pseudo-)intellektueller Eskapismus, was zumindest im Hinblick auf die genannten Autoren die Beschreibungskraft dieser Metapher relativiert. Die Welt wird in ihren kulturkritischen Entwürfen nicht wiederverzaubert, sondern unter den Bedingungen der entzauberten Welt – und auch gegen diese – soll an der modernen Grundidee einer ursprünglichen Mächtigkeit des Menschen über seine Lebensverhältnisse festgehalten werden, deren Realisierungsbedingungen es freilich angesichts der wirksam gewordenen selbstzerstörerischen Folgen solcher Machtausübung allererst wiederzugewinnen und zu sichern gelte. Ihrem Selbstverständnis nach beruhen diese Entwürfe auf der Überzeugung, daß der kulturelle

---

Sparn, Friedrich Willhelm Graf und Trutz Rendtorff, hrsg. v. Trutz Rendtorff, München 1975, 10–43, 41. Ihm hat sich angeschlossen FRIEDRICH WILHELM GRAF: Die Freiheit der Entsprechung zu Gott. Bemerkungen zum theozentrischen Ansatz der Anthropologie Karl Barths, in: Die Realisierung der Freiheit, hrsg. v. Trutz Rendtorff, 76–118, hier: 116. Allerdings ist ausdrücklich festzuhalten, daß Wagner der erste war, der solche funktionalen Theorievergleiche in Bezug auf die Theologie vorgenommen hat. Insofern schließt das hier geübte Verfahren an ihn an, wie auch insbesondere an die Einzelstudien F. W. Grafs. Die untersuchten Theorien werden jedoch hier nicht vor das Hohe Gericht einer Theorie des Absoluten gefordert (was bei Graf auch nicht der Fall ist); vielmehr soll eine eher detektivische Spurensuche betrieben werden, die – mit der Eingangsszene von Umberto Ecos „Der Name der Rose" zu sprechen – aus umgeknickten Ästen, Spuren am Wegrand und der Aufregung der entgegenkommenden Mönche auf den entlaufenen Rappen des Abtes zu schließen sucht. (Vgl. UMBERTO ECO: Der Name der Rose. [Dt. Übersetzung] München–Wien 1982, 33f.) Daß diese Spurensuche mit der Meisterschaft eines William von Baskerville betrieben werde, soll ebenso wenig behauptet werden, wie gehofft werden darf, daß ihre Darstellung für den Leser ebenso spannend zu verfolgen wäre wie diejenige Ecos.

[88] Ein sehr ausgewogenes Urteil bietet dazu GUNTHER WENZ: Geschichte der Versöhnungslehre in der evangelischen Theologie der Neuzeit. Bd. 2, München 1986, 200–203, bes. 202.

und politische Liberalismus der bürgerlichen Moderne seinerseits auf einer romantischen Verzauberung der Natur des Menschen und der gesellschaftlichen Verhältnisse basiere, die nur durch eine radikale, theoretische und praktische Entzauberung zu überwinden sei. Die ‚stahlharten Gehäuse der modernen kapitalistischen Welt' sind für sie die Folge der strukturellen Selbsttäuschung, die der ‚romantische' bürgerliche Liberalismus aus ihrer Sicht impliziert und die er als seine kontraproduktive Folge hervorgebracht habe. Die extremistischen Intellektuellen von Weimar wollen Max Webers Programm einer Kultur- als „Wirklichkeitswissenschaft"[89] auf gleichsam potenzierte Weise zur Durchsetzung bringen.

Die Rekonstruktion jener der Barthschen Theologie an die Seite gestellten Entwürfe soll dem Zweck dienen, die paradigmatische Bedeutung der Barthschen Theologie im Rahmen dieses Theorieensembles plausibel zu machen und damit ihren Ort im Gang der neueren Theologie- und Geistesgeschichte besser erfassen zu können. Jene anderen Entwürfe werden also in gewissem Sinn aus heuristischen Interessen eingeführt und nur so weit rekonstruiert, wie es nötig ist, um die hier interessierenden Theoriestrukturen freizulegen. Diese erschließen sich allerdings teilweise wiederum nur in einer diachronen Skizze, welche von den frühen, häufig explizit transzendentalphilosophischen oder neoidealistischen Theoriestadien zu den späteren Stadien fortschreitet, die einem anderen theoretischen Phänotypus angehören, ohne freilich das Anspruchsniveau der früheren einfach preiszugeben.

Im Anschluß an diese skizzenhaften Fallstudien wird im zweiten Hauptteil der Arbeit eine genaue historisch-genetische Nachzeichnung der Theologie Karl Barths in ihren ersten Phasen unternommen. Diese ist nötig, um zeigen zu können, daß und inwiefern sich Barths selbständige theologische Position, die er im Lauf des Ersten Weltkriegs grundsätzlich entwickelt, als konsequente und im wesentlichen kontinuierliche Weiterentwicklung seiner frühen Rezeption moderner liberaler Theologie erweisen läßt. Dies ist, werkgeschichtlich gewendet, die These der hier versuchten modernisierungstheoretischen Barthdeutung. Damit steht sie formal, wenn auch nicht methodologisch, in der Nachfolge der klassischen Interpretation Hans Urs von Balthasars, der auf den bei Barth zwar theologisch modifizierten, aber sich doch in allen Werkphasen hintergründig durchhaltenden, modernen „philosophischen Idealismus"[90] hinweist.

Die vielleicht etwas penibel erscheinende Genauigkeit der hier vorgelegten Rekonstruktion ist von der leitenden Interpretationsthese gefordert, nach wel-

---

[89] Den kulturhermeneutischen Charakter der Weberschen „Wirklichkeitswissenschaft" macht die folgende programmatische Aufstellung deutlich: „Die Sozialwissenschaft, die *wir* treiben wollen, ist eine *Wirklichkeitswissenschaft*. Wir wollen die uns umgebende Wirklichkeit des Lebens, in welches wir hineingestellt sind, *in ihrer Eigenart* verstehen – den Zusammenhang und die Kultur-*bedeutung* ihrer einzelnen Erscheinungen in ihrer heutigen Gestaltung einerseits, die Gründe ihres geschichtlichen So-und-nicht-anders-Gewordenseins andererseits." Max Weber: Die ‚Objektivität' sozialwissenschaftlicher und sozialpolitischer Erkenntnis (1904). In: Ders.: Gesammelte Aufsätze zur Wissenschaftslehre. Hrsg. v. J. Winckelmann, 7. Aufl. Tübingen 1988, 146–214, hier: 170f.

[90] Hans Urs von Balthasar: Karl Barth. Darstellung und Deutung seiner Theologie, 2. Aufl. Köln 1967, 251, vgl. 228f.

cher es der Theologiebegriff selbst, das theologische Procedere als solches ist, das es in seinem konstruktiven Gehalt und in seinem werkgeschichtlichen Progress zu entschlüsseln gilt. Damit hängt zusammen, daß die Rekonstruktion des Entwicklungsgangs der Barthschen Theologie nur bis in den ersten dogmatischen Entwurf, bis zur Göttinger Dogmatikvorlesung von 1924/25, hinein durchgeführt wird. Natürlich soll nicht behauptet werden, daß mit diesem Entwurf das Denken Barths zu einem Abschluß gekommen sei. In der *Christlichen Dogmatik*[91], in den Prolegomena der *Kirchlichen Dogmatik*[92], aber auch wieder in den einzelnen Bänden der Versöhnungslehre finden sich bekanntlich jeweils wichtige Weiterentwicklungen seines theologischen Ansatzes. Auf die *Kirchliche Dogmatik* kann nur noch in Form einer Stichprobe verwiesen werden, die zeigen soll, daß die an den früheren Phasen von Barths Theorieentwicklung aufzuweisen versuchte systematische Grundstruktur mit der *Kirchlichen Dogmatik* nicht abgelegt ist, sondern in ihr auf modifizierte Weise präsent bleibt. Dennoch erfolgt der Abbruch der Rekonstruktion der Entwicklung bei der Göttinger Dogmatik nicht nur aus Platzgründen und Erschöpfung. Da es hier um den Nachweis der (antimodernen) Modernität der Barthschen Theologie als – in *ihrem* (!) Sinne – praktischer, näherhin systematisch-praktischer Theologie zu tun ist, kann dieser Nachweis als erbracht gelten, sobald diejenige Form der Theologie rekonstruiert ist, welche faktisch die finale Form der Barthschen Theologie ist: die des dogmatischen Systems. Was danach kommt, sind für die hier verfolgten methodologischen Interessen in der Tat Binnenmodifikationen des dogmatischen Systems, die auf der Grundlage der getroffenen prinzipiellen Entscheidungen erfolgen, aber diese nicht mehr substantiell verändern.[93]

---

[91] KARL BARTH: Die Christliche Dogmatik im Entwurf. 1. Bd.: Die Lehre vom Worte Gottes, Prolegomena zur christlichen Dogmatik (1927), hrsg. v. Gerhard Sauter (Karl Barth Gesamtausgabe, im Auftrag der Karl Barth-Stiftung hrsg. v. Hinrich Stoevesandt, II. Akademische Werke), Zürich 1982.

[92] KARL BARTH: Die Kirchliche Dogmatik, 1. Bd., erster Halbbd. (1932).

[93] Die so projektierte Untersuchung schließt an meine beiden früheren Arbeiten „Theologie als Wirklichkeitswissenschaft" und „Theologische Fragmente eines Nicht-Theologen. Heinrich Scholz' Beitrag zu einer kulturprotestantischen Theorie des Christentums (Waltrop 1995)" an. Die den drei Arbeiten gemeinsame Vermutung ist, daß sich die systematische Theologie im 20. Jahrhundert insgesamt durch ihr Verhältnis zur Selbst-, nämlich zur Eigenwahrnehmung empirischer religiöser Individuen bestimmen und typisierend erfassen lassen dürfte.

Teil I
Die Abschaffung des Zuschauers.
Zur radikalen antimodernen Modernisierung der Kulturwissenschaften in den zwanziger Jahren

1. Der moderne Antimodernismus der radikalen Krisenintellektuellen von Weimar. Eine Umrißskizze[1]

Eine antihistoristische Selbstüberbietung der Moderne ist das Projekt, das so unterschiedliche theologische Ansätze wie die von Karl Barth (geboren 1886),[2] Friedrich Gogarten (1887), Rudolf Bultmann (1884), Paul Tillich (1886), Erik Peterson (1890), aber auch von Emanuel Hirsch (1888) und etwa Paul Althaus (1888) miteinander verbindet.[3] Ähnliches gilt für viele Altersgenossen dieser Theologen aus anderen Geistes- und Gesellschaftswissenschaften, für Georg Lukács (1885), für Ernst Bloch (1885), mutatis mutandis selbst für Martin Heidegger (1889), und wiederum anders auch für Carl Schmitt (1888) und Ernst Jünger (1895). Ungeachtet der im einzelnen heftigen Divergenzen, Positionskämpfe und der unterschiedlich bis gegensätzlich gezogenen politischen Konsequenzen ist diese gemeinsame Signatur – wenn auch nicht immer auf den ersten Blick – unverkennbar das Bestreben, die essentielle Thematik der Moderne, nämlich die Freiheit, unter der Bedingung der Einsicht in ihre radikal krisenhaften Folgen in reflexiver Aufhebung zur Durchsetzung zu bringen.[4] „Das Reflexivwerden der Modernisierung"[5], näherhin die Ausbildung von Theorien, welche die kritisch gewordene Erfahrung der Moderne produktiv zu verarbeiten und praktisch zu bewältigen erlauben,[6] ist das gemeinsame Ziel im einzelnen divergierender Theorien jener (und anderer) Autoren der zwanziger Jahre.[7]

---

[1] Im Folgenden soll der historische und systematische Horizont der Untersuchung abgesteckt werden. Das geschieht in der Form einer auf die eigentliche Untersuchung vorgreifenden Skizze, die darum auf Einzelnachweise vielfach verzichtet. Selbstverständlich können die teilweise weitreichenden Interpretationsthesen zum Gang der Theologie- und Geistesgeschichte in den zwanziger Jahren und in ihrem zeitlichen Umkreis durch die nachfolgenden Fallstudien nur für die dort jeweils untersuchten Autoren zu decken versucht werden. Es bleibt also ein Überhang des Anspruchs gegenüber den Nachweisen, der nur durch weitere Fallstudien abgetragen werden könnte.

[2] Vgl. zu Karl Barths Stellung im Rahmen der im Folgenden zu erörternden kultur- und geistesgeschichtlichen Konstellation: GUNTHER WENZ: Zwischen den Zeiten. Einige Bemerkungen zum geschichtlichen Verständnis der theologischen Anfänge Karl Barths, in: NZSTh 28 (1986), 284–295.

[3] Vgl. FRIEDRICH WILHELM GRAF: Die „antihistoristische Revolution" in der protestantischen Theologie der zwanziger Jahre.

[4] Für K. Barth hat diese These prominent vertreten TRUTZ RENDTORFF: Radikale Autonomie Gottes. Zum Verständnis der Theologie Karl Barths und ihrer Folgen, in: Ders.: Theorie des Christentums, Gütersloh 1972, 161–181, hier: 166 u. ö.

[5] STEFAN BREUER: Anatomie der konservativen Revolution. 2. durchges. und korr. Aufl., Darmstadt 1995, 16.

[6] Vgl.: „Da Krise und Modernisierung zusammengingen, wurde die Erfahrung der Moderne kritisch." DETLEV J. PEUKERT: Die Weimarer Republik. Krisenjahre der klassischen Moderne (es N. F. Bd. 282), Frankfurt 1987, 89.

[7] Als vorläufige Kennzeichnung mag der Ausdruck „Extremismus" dienen, wie ihn etwa N.

Gerade in der Theologie geht der sich in den zwanziger Jahren vollziehende
Aufstieg jener Theologen als bruchartiger Generationswechsel vonstatten, in
dem die – grob gesprochen – 1880er Jahrgänge in mehr oder weniger polemischer Gegenwendung gegen ihre theologischen Väter aus dem Kaiserreich – die
1840er bis 1860er Jahrgänge[8] – diesen mehr und mehr die Meinungsführer-
schaft abnehmen. Auch diese Jahrgänge, insbesondere die 1860er Generation,
waren bereits mit einem manifesten Bewußtsein von den Ambivalenzen der
Moderne aufgewachsen. Ihre Jugendzeit fällt in die politischen und wirtschaft-
lichen Krisenjahre des Kaiserreichs. Aber die Versäulung der akademischen
Institutionen, die verhältnismäßig große Impermeabilität der gesellschaftlichen
und politischen Verhältnisse des Kaiserreichs[9] verhindert es häufig, daß diese
Gelehrtengeneration ihr krisendiagnostisches Potential in adäquaten gesellschaftlichen Steuerungsfunktionen umzusetzen vermag.[10] Damit dürfte es vor allem
zusammenhängen, daß viele Spätwilhelminer der Generation von M. Weber
und E. Troeltsch sich seit ihrer intellektuellen Jugend als „Übergangsmenschen"[11]
erfahren haben, als Epigonengeneration.[12]

Demgegenüber macht die Kriegsgeneration der 1880er Jahrgänge ihre menta-
litätsbestimmenden intellektuellen Jugenderfahrungen in der jugend(stil)beweg-
ten Aufbruchsstimmung der ersten Jahre des neuen Jahrhunderts. Biographisch ist

---

Bolz für eine ähnliche Reihe von Intellektuellen verwendet (vgl. NORBERT BOLZ: Auszug aus der
entzauberten Welt). Einseitig den Antimodernismus der entsprechenden Theologen betont K.
Nowak. Vgl. KURT NOWAK: Entartete Gegenwart. Antimodernismus als Interpretament für die
Begegnung von Protestantismus und Nationalsozialismus in der Weimarer Zeit, in: ThZ 35
(1979), 102–119, vgl. hier z. B. bzgl. Paul Althaus, aaO., 110.

[8] Wilhelm Herrmann ist 1846, Adolf von Harnack 1851, Ernst Troeltsch 1865 geboren.

[9] Vgl. zu diesen Zusammenhängen insgesamt: FRITZ K. RINGER: Die Gelehrten. Der Niedergang der deutschen Mandarine 1890–1933, Stuttgart 1983.

[10] Gerade die fortschrittlichsten Theologen, die Vertreter der Religionsgeschichtlichen Schule,
haben sich mit ihren akademischen Karrieren oft schwer getan. Ernst Troeltsch bildet die Ausnahme von dieser Regel. Vgl. dazu MICHAEL MURRMANN-KAHL: Die entzauberte Heilsgeschichte.
Der Historismus erobert die Theologie 1880–1920, Gütersloh 1992, 476ff. Zu Murrmann-Kahls
Studie vgl. meine Rezension in: ZNThG/JHMTh 1 (1994), 318–323.

[11] MARTIN DOERRY: Übergangsmenschen. Die Mentalität der Wilhelminer und die Krise des
Kaiserreichs, ein Haupt- und ein Ergänzungsbd., Weinheim – München 1986.

[12] Vgl. Max Webers programmatische Freiburger Antrittsrede: „Heute sind wir nüchtern
geworden, es ziemt uns der Versuch, den Schleier der Illusionen zu lüften, der uns die Stellung
unserer Generation in der historischen Entwicklung des Vaterlandes verhüllt […] An unserer
Wiege stand der schwerste Fluch, den die Geschichte einem Geschlechte … als Angebinde mit
auf den Weg zu geben vermag: das harte Schicksal des politischen *Epigonentums*." (MAX WEBER:
Der Nationalstaat und die Volkswirtschaftspolitik. Akademische Antrittsrede [1895], in: Ders.:
Gesammelte politische Schriften. Hrsg. v. Johannes Winckelmann [1921], 5. Aufl. Tübingen
1988, 1–25, hier: 21). Allerdings ist die Gesamteinschätzung Webers zu diesem Zeitpunkt durchaus von einer offenen Ambivalenz gekennzeichnet, vgl.: „Es wird uns nicht gelingen, den Fluch
zu bannen, unter dem wir stehen: Nachgeborene zu sein einer politisch großen Zeit, – es müßte
denn sein, daß wir verstünden, etwas anderes zu werden: Vorläufer einer größeren." (AaO., 24).
Ein ähnliches Bewußtsein signalisiert mitunter Ernst Troeltsch, darauf verweist: JOHANN HINRICH
CLAUSSEN: Die Jesus-Deutung von Ernst Toeltsch im Kontext der liberalen Theologie (BHTh
99). Tübingen 1997, 9; Anm. 18.

sie eigentlich keine Kriegs-, sondern die letzte Vorkriegsgeneration. Die Frustration der jugendlichen Aufbruchsstimmung bleibt vielen von ihren Vertretern, so paradox das klingt, in gewisser Weise erspart, weil sie diese im „Kriegserlebnis" – das allerdings häufig kein persönliches Erlebnis ist[13] – aufheben, entgrenzen, totalisieren, nach außen wenden können. Zwar verstehen sich auch etwa Barth und Gogarten in den Kriegs- und Nachkriegsjahren als Angehörige einer Übergangsgeneration, die „zwischen den Zeiten" lebt, aber diese (a-)historische Selbstverortung ist hier bereits in ein theologisch-kulturpolitisches Programm eingebunden.[14] Die Totalisierung des Krisenbewußtseins, das der Krieg für viele Intellektuelle dieser Altersgruppe mit sich bringt, macht sie nahezu automatisch zu privilegierten intellektuellen ‚Krisenmanagern'.[15] So unterschiedlich, ja gegensätzlich etwa K. Barth und E. Hirsch den Weltkrieg mit seinen Folgen für die Kultur ‚erleben', so sehr etwa für Barth der Kriegsausbruch das bestimmende Ereignis ist, für Hirsch demgegenüber das Kriegsende, die deutsche Niederlage, so sehr verstehen es beide, die Weltkriegserfahrung in gewisser Weise produktiv aufzuarbeiten. Bei beiden wird sie zum – im einzelnen allerdings höchst unterschiedlich akzentuierten – Kristallisationskern ihrer theologischen Arbeit.[16] Beide verdanken dieser theologischen Weltkriegsverarbeitung auch ihre ersten akademischen Berufungen.[17]

---

[13] Viele von den genannten Autoren waren nicht oder nur kurz Kriegsteilnehmer; Ernst Jüngers Vita ist nicht typisch. Als 1895 Geborener, der demzufolge bei Kriegsausbruch 19 Jahre alt ist, gehört allein Jünger zu jener Altersgruppe, für die das Kriegserlebnis *die* prägende Jugenderfahrung ist; darin unterscheidet er sich deutlich von den rund zehn Jahre älteren Intellektuellen.

[14] Vgl. für Barth seine Rede von „unsere[m] vorreformatorischen Zeitalter": KARL BARTH: Unerledigte Anfragen an die heutige Theologie (1920). In: Ders.: Die Theologie und die Kirche. Gesammelte Vorträge, 2. Bd., Zürich 1928, 1–25, hier: 3; vgl. zur Funktion dieser Reklamation: FRIEDRICH WILHELM GRAF: Die „antihistoristische Revolution" in der protestantischen Theologie der zwanziger Jahre, 401, Anm. 68.

[15] Vgl. dazu: DIETRICH KORSCH: Die Moderne als Krise. Zum theologischen Begriff einer geschichtsphilosophischen Kategorie, in: Ders.: Dialektische Theologie nach Karl Barth. Tübingen 1996, 23–40. Vgl. zu diesem Buch meine Rezension in: ZNThG/JHMTh 5 (1998), 160–164.

[16] Allerdings ist E. Hirsch wenigstens zu Beginn der Weimarer Republik mit Abstand der melancholischste unter den hier verglichenen Autoren. Anders als etwa F. Gogarten und C. Schmitt, mit denen er gewisse material-politische Anschauungen teilt, stellen für ihn die Weimarer Jahre eine ausgesprochene Leidenszeit dar. (Vgl. im Rückblick: EMANUEL HIRSCH: Die gegenwärtige geistige Lage im Spiegel philosophischer und theologischer Besinnung. Akademische Vorlesungen zum Verständnis des deutschen Jahres 1933, Göttingen 1934, 3f.). Anders als die anderen zeigt Hirsch Züge einer depressiv gewendeten ‚Übergangsmenschen'-Mentalität. Schon Anfang der zwanziger Jahre zählt er sich zu den ‚reiferen' Jahrgängen, die ihre Hoffnung statt auf die eigene intellektuelle Lebensleistung eher auf ‚die Jugend' setzen. Über die psychologischen Hintergründe dieser Mentalität braucht hier nicht spekuliert zu werden; sie hängen aber sicherlich auch mit Hirschs bedrohlicher Augenkrankheit zusammen, die ihn Anfang der zwanziger Jahre fast schon erblinden ließ. Ein nicht unähnliches Persönlichkeits- (und Krankheits-)Profil findet sich übrigens bei H. Scholz. Vgl. dazu meine Arbeit: Theologische Fragmente eines Nicht-Theologen, 11.

[17] Bei Barth ist es: Der Römerbrief (erste Fassung) 1919. Hrsg. v. Hermann Schmidt (Karl Barth Gesamtausgabe, im Auftrag der Karl Barth-Stiftung hrsg. v. Hinrich Stoevesandt, II. Akademische Werke 1919), Zürich 1985. Bei Hirsch handelt es sich namentlich um seine Schrift: Deutschlands Schicksal. Staat, Volk und Menschheit im Lichte einer ethischen Geschichtsansicht

Die vom Krieg ausgelösten Erfahrungen einer umfassenden Kultur- und Gesellschaftskrise fallen bei den Intellektuellen der 1880er Generation auf einen bereits gelegten und ausgearbeiteten, aber noch wandlungs- und anpassungsfähigen theoretischen Grund. Sie haben das Schul- und Hochschulsystem des Kaiserreichs durchlaufen und sehr häufig noch in den letzten Vorkriegsjahren oder während des Krieges ihre akademischen Qualifizierungsarbeiten geschrieben. Jene Krisenerfahrungen werden von diesen Intellektuellen nun (zumindest der Gesamttendenz nach) als weitreichende Infragestellung ihrer erlernten intellektuellen Kulturdeutungs- und Ordnungsmuster selbst begriffen. Die Korrektur- und Orientierungsversuche, die sie demzufolge unternehmen, lassen sich beschreiben als kritische Konterkarierungen von grundlegenden Parametern dieser Deutungs- und Ordnungsmuster: als Antihistorismus, aber auch als ‚Antimethodismus', will heißen: als Infragestellung der insbesondere vom philosophischen Neukantianismus zur Perfektion getriebenen Trennung von Methodenreflexion und materialem Denken, auch als Antiszientismus, im Sinne der breiten Überzeugung, daß die, insbesondere vom Marburger Neukantianismus betriebene und verschärfte Trennung von wissenschaftlicher Reflexion und politischen, ästhetischen oder religiösen Urteilen und Stellungnahmen, zu überwinden sei. Die Kulturwissenschaften werden ästhetisch überformt und strukturell politisiert. Konkret-politisch entspricht dieser kulturkritischen Wendung ein Antiliberalismus, näherhin ein Antiparlamentarismus, der mit der Aufwertung autoritärer und kommunitärer Sozialverhältnisse einhergeht.[18] So soll versucht werden, der ihren Selbstwidersprüchen antagonistisch verfallenen Moderne eine „ersehnte Totalität"[19] entgegenzustellen.

Solcher „Hunger nach Ganzheit"[20] liegt im allgemeinen Kulturkrisenbewußtsein der Nachkriegszeit des Ersten Weltkriegs gewissermaßen in der Luft; er ist alles andere als gruppenspezifisch. In der Luft liegt auch, daß die aus solchem Ganzheitshunger gespeisten Theorieansätze sich gerne Versatzstücke vormoderner Denkfiguren bedienen. Die protestantischen Theologen unter den radikalen Krisenintellektuellen greifen bevorzugt auf die – gegen den Neuprotestantismus ausgespielte – reformatorische Theologie, etwa auf das an ihre theonomen[21] Interessen anschlußfähig erscheinende Theologumenon des „Wortes Gottes"

(1920), 3. Aufl., fast unveränderter Abdruck der 2., durchges. und um ein Nachwort verm. Aufl., Göttingen 1925.

[18] Die klassische und immer noch einschlägige Studie zum antiliberalen Denken in der Weimarer Republik ist: KURT SONTHEIMER: Antidemokratisches Denken in der Weimarer Republik (1962), 2. Aufl. (der Taschenbuchausg.) München 1983.

[19] GVOZDEN FLEGO, WOLFDIETRICH SCHMIED-KOWARZIK (Hrsg.): Georg Lukács – Ersehnte Totalität. Bd. I des Bloch-Lukács Symposions 1985 in Dubrovnik (Studien zur Philosophie der Praxis, hrsg. v. der Interdisziplinären Arbeitsgruppe Philosophische Grundlagenprobleme der Gesamthochschule Kassel), Bochum 1985.

[20] PETER GAY: Hunger nach Ganzheit. In: Die Weimarer Republik. Belagerte Civitas, hrsg. v. Michael Stürmer, 2., erw. Aufl., Königstein/Ts. 1985, 224–236.

[21] FRIEDRICH WILHELM GRAF: Theonomie. Fallstudien zum Integrationsanspruch neuzeitlicher Theologie, Gütersloh 1987.

zurück[22] und zielen in diesem Sinne auf eine „Luther-Renaissance"[23]. Für C. Schmitt kann man zeigen, daß sich in seine der Sache nach transzendental-theoretischen Denkvoraussetzungen schon vor dem Krieg Elemente der katholischen Ekklesiologie einlagern.[24] Häufig werden antimoderne Strömungen der Moderne selbst zu beerben versucht,[25] oder es wird auf die altprotestantische Orthodoxie (K. Barth), die Scholastik (E. Peterson) oder antiliberal wendbare Theoreme wie den Volksbegriff (F. Gogarten, E. Hirsch, C. Schmitt) oder auf F. Tönnies' Entgegensetzung von „Gemeinschaft" und „Gesellschaft"[26] zurückgegriffen.

Gleichwohl ist die Sammelbezeichnung der politisch Rechtsgerichteten unter den radikalen Weimarer Krisenintellektuellen als „Konservative Revolution"[27] für viele unter ihnen, wenn nicht überhaupt, problematisch. Wenn man den neuzeitlichen Konservatismus generell als „Reflexivwerden des Traditionalismus"[28] bezeichnen will, dann ist für sehr viele radikale Krisenintellektuelle von Weimar dieser Begriff keine wirklich sinnvolle Beschreibung ihrer Projekte.[29]

---

[22] Darin berühren sich die Weimarer Radikalen mit Troeltschs These vom „*Gegensatz des Protestantismus gegen die moderne Kultur*". ERNST TROELTSCH: Die Bedeutung des Protestantismus für die Entstehung der modernen Welt (HB 24). Neudr. der Ausg. 1911, Aalen 1963, 32.

[23] Vgl. dazu HEINRICH ASSEL: Der andere Aufbruch. Die Lutherrenaissance – Ursprünge, Aporien und Wege: Karl Holl, Emanuel Hirsch, Rudolf Hermann (1910–1935), Göttingen 1994.

[24] Vgl. ARMIN ADAM: Rekonstruktion des Politischen. Carl Schmitt und die Krise der Staatlichkeit, 1912 – 1933, Weinheim 1992, 9f. Für C. Schmitt trifft dies schon mindestens seit seiner Habilitationsschrift von 1914 zu (vgl. CARL SCHMITT: Der Wert des Staates und die Bedeutung des Einzelnen. Tübingen 1914, 82 u. ö.); dann besonders für: DERS.: Die Sichtbarkeit der Kirche. Eine scholastische Erwägung, in: Summa. Eine Vierteljahresschrift, 1917, 71–80; und DERS.: Römischer Katholizismus und politische Form, München 1925. Vgl. dazu ARMIN ADAM: Rekonstruktion des Politischen, 9f.

[25] Vgl. C. Schmitts Rekurs auf die katholische Staatsrechtslehre der Restaurationszeit (Donoso Cortes etc.). CARL SCHMITT-DOROTIC: Die Diktatur. Von den Anfängen des modernen Souveränitätsgedankens bis zum proletarischen Klassenkampf, München – Leipzig 1921, 139 u. ö.

[26] FERDINAND TÖNNIES: Gemeinschaft und Gesellschaft. Grundbegriffe der reinen Soziologie (1887, 8. Aufl 1935), Darmstadt 1988..

[27] Der Ausdruck geht – zumindest in seiner breiten öffentlichen Wahrnehmung – zurück auf Hugo von Hofmannsthals Vortrag „Das Schrifttum als geistiger Raum der Nation" (Rede, gehalten im Auditorium Maximum der Universität München am 10. Januar 1927; in: ders.: Reden und Aufsätze III, 1925 – 1929, Frankfurt/M. 1980, 24–41; vgl. dazu SEVERIN PERRIG: Hugo von Hofmannsthal und die Zwanziger Jahre. Eine Studie zur späten Orientierungskrise [Analysen und Dokumente Bd. 33], Frankfurt/M. u. a. 1994, 195ff.). Als wissenschaftlich-historischer Begriff wurde er eingeführt von Armin Mohler (ARMIN MOHLER: Die Konservative Revolution in Deutschland 1918–1932. Ein Handbuch, 3., um einen Ergänzungsbd. erw. Aufl., Darmstadt 1989). Zur aktuellen Debatte vgl. insbesondere: ROLF PETER SIEFERLE: Die konservative Revolution. Fünf biographische Skizzen (Paul Lensch, Werner Sombart, Oswald Spengler, Ernst Jünger, Hans Freyer), Frankfurt 1995; STEFAN BREUER: Anatomie der konservativen Revolution.

[28] KARL MANNHEIM: Konservativismus. Ein Beitrag zur Soziologie des Wissens, hrsg. v. David Kettler u. a. (stw 478), Frankfurt/M. 1984, 111. Mit Kondylis u. a. ist der Begriff sinnvoll nur an die „alteuropäische *societas civilis*, die Welt des *homo hierarchicus*" (STEFAN BREUER: Anatomie der konservativen Revolution, 10) zu binden, die in der frühen Neuzeit überholt wird.

[29] Das meint auch S. Breuer, der im Anschluß an Kondylis klar feststellt: „Was uns in Gebilden wie der Konservativen Revolution begegnet, ist keine neue Variante des Konservatismus …, son-

Zumindest für Intellektuelle wie E. Hirsch, F. Gogarten, C. Schmitt oder auch E. Jünger ließe sich zeigen, daß diese zwar mit Traditionalismen arbeiten, aber nicht eigentlich diese werden hier – dem Anspruch nach – reflexiv, sondern Modernismen.[30] Gegen die typologische Beschreibungskraft der Rede von einer „konservativen Revolution" sprechen insbesondere auch die ideologischen „Austauscheffekte"[31], die zwischen politisch gegensätzlichen Positionen zu beobachten sind. Solche Austauscheffekte finden mitunter auch innerhalb der biographischen Entwicklung eines einzelnen Intellektuellen statt.[32] Intensive Debatten und Freundschaften zwischen politisch in entgegengesetzten Lagern stehenden Intellektuellen sind in der Weimarer Republik, zumindest in den Anfangsjahren, keine Seltenheit.[33] Auch die der dialektischen Theologie zuzu-

---

dern eine Erscheinungsform eigener Art: ein Ensemble von Orientierungsversuchen und Suchbewegungen *in* der Moderne, die zwar dem von Aufklärung und Liberalismus geprägten *mainstream* opponieren, dabei aber so tief von dem für die Moderne typischen Voluntarismus und Ästhetizismus durchdrungen sind, daß von Konservatismus im historisch-spezifischen Sinne keine Rede mehr sein kann" (STEFAN BREUER: Anatomie der konservativen Revolution, 5). Für die hier in Fallstudien zu untersuchenden Autoren wird zu zeigen versucht werden, daß es nicht nur diese eher literarisch-kulturellen Charakteristika sind, die jene Autoren klar als moderne Autoren ausweisen, sondern ihre Argumentationsstrukturen als solche. Zum strukturellen Problem von Begriff und Sache des „Konservativismus" vgl.: MARTIN GREIFFENHAGEN: Das Dilemma des Konservativismus. In: Konservativismus. Hrsg. v. Hans-Gerd Schumann, 2. erw. Aufl. Königstein/Ts. 1984, 156–198.

[30] Ein zeitgenössischer Autor, der damit affirmative Interessen verbindet, hat den Begriff folgendermaßen bestimmt: „Konservative Revolution nennen wir die Wiederinachtsetzung all jener elementaren Gesetze und Werte, ohne welche der Mensch den Zusammenhang mit der Natur und mit Gott verliert und keine wahre Ordnung aufbauen kann. An Stelle der Gleichheit tritt die innere Wertigkeit, an Stelle der sozialen Gesinnung der gerechte Einbau in die gestufte Gesellschaft, an Stelle der mechanischen Wahl das organische Führerwachstum, an Stelle bürokratischen Zwangs die innere Verantwortung echter Selbstverwaltung" (Edgar J. Jung: Deutschland und die konservative Revolution. In: Ders.: Deutsche über Deutschland. Die Stimme des unbekannten Politikers, München 1932, 369ff., hier: 380; zit. n. JEAN PIERRE FAYE: Theorie der Erzählung. Einführung in die ‚totalitären Sprachen', Kritik der narrativen Vernunft/Ökonomie, Frankfurt 1977, 117). Man sieht auch an diesem Zitat, wie sich antimoderne, ‚konservative' Motive mit einer intentional hypermodernen Überbietungsstrategie und der typischen an M. Weber abgelesenen und kritisch gewendeten These von der entpersonalisierenden Bürokratisierungstendenz der Moderne verbinden. Wie problematisch es ist, aus dieser in der Weimarer Republik in allen erdenklichen Mischungsverhältnissen grassierenden, modernitätskritischen Motivverbindung einen stabilen typologischen Begriff abzuleiten, dürfte deutlich sein.

[31] Vgl. HARTMUT RUDDIES: Flottierende Versatzstücke und ideologische Austauscheffekte. Theologische Antworten auf die Ambivalenz der Moderne, in: Intellektuellendiskurse in der Weimarer Republik. Zur politischen Kultur einer Gemengelage, hrsg. v. Manfred Gangl u. Gérard Raulet, Frankfurt – New York – Paris 1994, 19–35.

[32] F. Gogarten beispielsweise hat sich noch 1919 emphatisch für die Schweizer Religiösen Sozialisten und für die Sozialdemokratie insgesamt ausgesprochen und ist erst in späteren Jahren auf eine ‚völkische' Position eingeschwenkt (vgl. MATTHIAS KROEGER: Friedrich Gogarten. Leben und Werk in zeitgeschichtlicher Perspektive – mit zahlreichen Dokumenten und Materialien, Bd. 1, Stuttgart – Berlin – Köln 1997, 117ff.). Außerdem bekundet Gogarten auch im Rahmen dieser späteren Position durchaus noch Sympathien für den Sozialismus, vgl. FRIEDRICH GOGARTEN: Politische Ethik. Versuch einer Grundlegung, Jena 1932, 157f.

[33] Vgl. z.B. zur Freundschaft von Hirsch und Tillich: HANS-WALTER SCHÜTTE (Hrsg. u. Nachwort): Emanuel Hirsch – Paul Tillich. Briefwechsel 1917–1918, Berlin – Schleswig-Hol-

rechnenden Autoren sind politisch eine alles andere als homogene Gruppe, und das gilt sowohl für die Anfangszeit, wie für die Zeit des Auseinanderbrechens dieser Gruppierung Anfang der dreißiger Jahre.[34] Und bei diesen Beziehungen und Austauscheffekten zwischen unterschiedlichen politischen Lagern und Interessen handelt es sich auch nicht nur um Affinitäten, welche durch die gemeinsamen antimodernen, näherhin antiliberalen Interessen ausreichend zu erklären wären. Vielmehr reichen diese Affinitäten in die konstruktiven Fundamente der Theorieformationen hinein, die von den radikalen Antimodernisten konzipiert werden.[35]

Die von der Erfahrung der Kulturkrise der Kriegs- und Nachkriegszeit genährten Grundlagendebatten, wie sie von den radikalen modern-antimodernen Intellektuellen geführt werden, und ihre jeweiligen Konstruktionsversuche haben ex- oder implizit ein gemeinsames Thema: den Geschichtsbegriff. Darum ist „Antihistorismus" in der Tat, zumindest nach der negativen Seite hin, eine besonders prägnante Kennzeichnung der Weimarer Radikalen.[36] Viele ihrer Entwürfe sind der Sache nach als geschichtsphilosophische Entwürfe anzusprechen.[37] Die Radikalisierung der Geschichtsphilosophie, welche die radikalen Krisenintellektuellen von Weimar gegenüber der insbesondere durch Ernst Troeltsch repräsentierten liberalen Vorgängergeneration beabsichtigen, geht sehr oft mit einer Umbestimmung der disziplinären Fachgrenzen der Geschichtsphilosophie einher, die aus einer philosophischen Spezialdisziplin zur kulturwissenschaftlichen Grunddisziplin überhaupt, ja zur wissenschaftlichen Fundamentaltheorie schlechthin wird und darum im einzelnen sehr unterschiedliche Gestalt annehmen kann – etwa die eines Kommentars zum Römerbrief des Apostels Paulus.[38] In diesem Zusam-

---

stein 1973; sowie: JAMES A. REIMER: Emanuel Hirsch und Paul Tillich. Theologie und Politik in einer Zeit der Krise, Berlin – New York 1995.

[34] Zum Freundeskreis Barths gehört auch Georg Merz, der verantwortliche Herausgeber von „Zwischen den Zeiten". Er ist „ein prominentes Mitglieder der DNVP [und] hat 1930 darauf hingewiesen, daß die Arbeit der Zeitschrift [sc. Zwischen den Zeiten"] vornehmlich in der politischen Wochenschrift ‚Der Ring', dem führenden Organ der konservativen Revolution aufgenommen werde" (FRIEDRICH WILHELM GRAF: Der Weimarer Barth – ein linker Liberaler? In: EvTh 47 [1987], 555–566, hier: 565). Als Barth-Schüler hat sich auch Alfred de Quervain verstanden, der seinen politischen Auffassungen nach in den Umkreis von Carl Schmitt gehört.

[35] Das ließe sich an den teilweise auch materialiter im Briefwechsel mit Thurneysen dokumentierten Debatten zeigen, die Hirsch und Barth in den Göttinger Anfangsjahren miteinander führen. Vgl. Ba-Th II, 40–46 u. ö.

[36] Vgl.: FRIEDRICH WILHELM GRAF: Die „antihistoristische Revolution" in der protestantischen Theologie der zwanziger Jahre.

[37] Daß das allgemeine Krisenbewußtsein eine Intensivierung der geschichtsphilosophischen Interessen, wie auch deren Popularisierung mit sich bringt, liegt in der Natur der Sache. Für solche Popularisierung ist das prominente Beispiel: OSWALD SPENGLER: Der Untergang des Abendlandes. Umrisse einer Morphologie der Weltgeschichte (1923), 8. Aufl. München 1986; vgl. zum Thema insgesamt: HELMUT FAHRENBACH: Die Weimarer Zeit im Spiegel ihrer Philosophie. Philosophie, Zeitanalyse und Politik insbesondere bei Spengler, Heidegger, Bloch, in: Hubert Cancik (Hrsg.): Religions- und Geistesgeschichte der Weimarer Republik. Düsseldorf 1982, 230–260.

[38] R. Koselleck hat in seiner Dissertation den „Zusammenhang zwischen der Entstehung der modernen Geschichtsphilosophie und dem Beginn der Krise, die seit 1789 ... das politische

menhang erklärt sich die Favorisierung der Eschatologie und Apokalyptik, die weit über die theologischen Fachgrenzen hinaus das sichtbare Signal des Phänotyps der radikalen Krisenintellektuellen von Weimar ist.[39] Zugleich verweist die Favorisierung des Apokalyptischen auf die Art des Umgangs mit der Geschichte und der Geschichtsphilosophie, die für die Weimarer Radikalen charakteristisch ist. Nicht die Überschau des Kontinuums interessiert sie an der Geschichte, nicht die Rückschau, sondern die Vorschau;[40] ja nicht einmal eigentlich die Vorschau, denn der ‚prophetische‘ Gestus, der nicht selten eingenommen wird, zielt nicht darauf, die Zukunft zu erkunden, sondern die Gegenwart. Aber auch die Gegenwart interessiert wiederum nicht in einem empirisch-kulturdiagnostischen Sinn, sondern gewissermaßen als absolute Gegenwart. Das platonische „ἐξαίφνης", häufig vermittelt über Kierkegaards Konzeption des „Augenblicks", wird zum intellektuellen Faszinosum, an das sich die unterschiedlichsten Theoriekonzepte anlagern können.[41] Solche Tendenzen zur geradezu mathematischen Punktualisierung der Zeit, die mit einer existentialistischen Reduktion von Intersubjektivität einhergehen, können den geschichtsphilosophischen Reflexionszusammenhang, dem sie sich verdanken, leicht übersehen machen.

Das gilt in ähnlicher Weise für die kategoriale Bedeutung, die in den unterschiedlichsten Entwürfen dem Begriff der „Entscheidung" zuwächst. In seiner nachgerade klassischen Studie „Die Entscheidung"[42] hat Christian Graf von Krockow gezeigt, daß sich darüber die ihren Sachgebieten nach mit ganz unterschiedlichen Themen beschäftigten Werke von Ernst Jünger, Carl Schmitt und

---

Geschehen bestimmt, ... in den Blick gerückt." (REINHART KOSELLECK: Kritik und Krise. Eine Studie zur Pathogenese der modernen Welt (1959) [stw 36], Frankfurt 1973, 2). Es liegt auf dieser Linie, wenn die Radikalisierung des neuzeitlichen Krisenbewußtseins in der Nachkriegszeit des Ersten Weltkriegs zu einer Radikalisierung der Geschichtsphilosophie geführt hat. Um diese geht es in der vorliegenden Untersuchung. F. W. Graf ist also zuzustimmen, wenn er mit Blick auf den theologischen Antihistorismus feststellt: „Die Repräsentanten dieser Revolution haben keineswegs nur einen neuen Methodenstreit über die Bedeutung geschichtlichen Denkens in der Theologie führen wollen. Ihr antihistoristischer Protest hat gerade deshalb eine so breite Wirkung zu entfalten vermocht, weil sie nichts Geringeres als das Verhältnis von Theologie und Kirche zur modernen pluralistischen Kultur grundlegend neu zu gestalten verlangt haben." (FRIEDRICH WILHELM GRAF: Die „antihistoristische Revolution" in der protestantischen Theologie der zwanziger Jahre, 378f.). Diese Feststellung darf aber nicht übersehen machen, daß sich das systematische Innovationspotential der Vertreter der „antihistoristischen Revolution" nur erschließen läßt, wenn man ihre geschichtstheologische Methodologie aufarbeitet.

[39] Vgl. z. B. und besonders ERNST BLOCH: Geist der Utopie. Erste Fassung (1918) (Ernst Bloch Werkausgabe, Bd. 16), Frankfurt 1985. Vgl. zur hier verhandelten Problematik insgesamt und zur Bedeutung der Eschatologie in ihrem Zusammenhang: GUNTHER WENZ: Eschatologie als Zeitdiagnostik. Paul Tillichs Studie zur religiösen Lage der Gegenwart von 1926 im Kontext ausgewählter Krisenliteratur der Weimarer Ära, in: New Creation or Eternal Now/Neue Schöpfung oder ewiges Jetzt. Hat Paul Tillich eine Eschatologie? Beiträge des III. Paul-Tillich-Symposions in Frankfurt/M. 1990, hrsg. v. Gert Hummel (TBT 54), Berlin – New York 1991, 57–126.

[40] Vgl. OSWALD SPENGLER: Der Untergang des Abendlandes.

[41] Kierkegaardrezipienten sind insbesondere F. Gogarten, K. Barth, C. Schmitt und M. Heidegger.

[42] CHRISTIAN GRAF VON KROCKOW: Die Entscheidung. Eine Untersuchung über Ernst Jünger, Carl Schmitt, Martin Heidegger, Stuttgart 1958.

Martin Heidegger auf eine gemeinsame Grundproblematik und eine gemeinsame Lösungsstrategie dieser Grundproblematik beziehen lassen. Allerdings hat von Krockow den aus der Totalisierung des Entscheidungsbegriffs abgeleiteten (und im Anschluß an C. Schmitt so genannten) „Dezisionismus" als eine „Denkstruktur"[43] aufgefaßt, die von den von ihm untersuchten Autoren strategisch benutzt werde, um aus dem rationalen, wissenschaftlichen Projekt der Moderne in ein irrationales Jenseits auszusteigen und diesen Ausstieg als wissenschaftlichen reklamieren zu können. Der „Dezisionismus" der radikalen Weimarer Intellektuellen ist für von Krockow in erster Linie Ausdruck eines strategischen Denkverbots, das jene Intellektuellen sich selbst und ihren Lesern auferlegen, ein Zerhauen des gordischen Knotens neuzeitlicher Rationalitätsbegründung mit moralisch und intellektuell unzureichenden Mitteln. Mit dieser Auffassung von Krockows hängt zusammen, daß er der Frage, ob mit diesem „Dezionismus" ein Rationalitätsrahmen verbunden sein könnte, nur sehr begrenzt nachgeht. Der der Sache nach geschichtsphilosophische Charakter dieses Rahmens kommt bei ihm nur als ein „Aspekt"[44] in den Blick. Interpretatorische Versuche, die geschichtsphilosophischen Denkmuster und Basistheoreme der radikalen Weimar Krisenintellektuellen auf das ihnen immanente Reflexionspotential hin systematisch zu durchleuchten und typologisch zu bestimmen, sind nach dem Vorstoß von von Krockow, so weit ich sehe, kaum noch unternommen worden,[45] was daran liegen mag, daß die Wahrnehmung des antimodernen Impetus jener Entwürfe in der Forschung stark überwog.

Einen wichtigen Einzelbeitrag zur interdisziplinären Aufhellung des für die radikalen Weimarer Krisenintellektuellen charakteristischen geschichtsphilosophischen Denkrahmens und zur kategorialen Deutung ihrer Ansätze überhaupt hat nach meinem Urteil Falk Wagner in seinem Aufsatz über „Gehlens radikalisierte[n] Handlungsbegriff"[46] geliefert. Zwar gehört der 1904 geborene Arnold Gehlen selbst nicht mehr unmittelbar zu den hier betrachteten radikalen Weimarer Krisenintellektuellen. Aber die Verwandtschaft von Gehlens Denken mit demjenigen von zumindest einem wichtigen Repräsentanten jener Denker, nämlich mit Karl Barth, hat Wagner selbst aufgezeigt, und in diesem Nachweis liegt die eigentliche Absicht dieses „Beitrag[s] zur interdisziplinären Forschung" (213). Darum ist er hier von Bedeutung. Der für Barths Theologie

---

[43] AaO., 2.

[44] AaO., 3.

[45] Sowohl die Studie von N. Bolz („Auszug aus der entzauberten Welt"), als auch die beiden neueren Arbeiten zur „Konservativen Revolution" von R. P. Sieferle („Die konservative Revolution") und S. Breuer („Anatomie der konservativen Revolution") bewegen sich auf einer wissenschaftssoziologischen Ebene, die zu einer eindringlichen Analyse der Reflexionsgebäude der von ihnen untersuchten Autoren und deren Voraussetzungen nicht vordringt. Solche Analysen liegen natürlich in zahlreichen monographischen Einzelstudien zu den betreffenden Autoren vor, bleiben aber der jeweiligen partikularen Perspektive verhaftet.

[46] FALK WAGNER: Gehlens radikalisierter Handlungsbegriff. Ein theologischer Beitrag zur interdisziplinären Forschung, in: ZEE 17 (1973), 213–229. Seitenzahlen im Text beziehen sich im Folgenden auf diesen Aufsatz.

in ihrer dogmatischen Phase grundlegende Gedanke der „unbedingte[n] Selbstbestimmung ...", die Barth „... mit der Selbstbestimmung der absoluten Subjektivität – Gottes" (215) identifiziere, habe eine strukturelle Parallele in der in
der Entwicklung von Gehlens Philosophie zu beobachtenden, fortschreitenden
„Radikalisierung ..." des für sie grundlegenden Handlungsbegriffs, „... die
schließlich auf ein Handeln führt, das sich selbst zum Inhalt hat" (216). In
Gehlens Anthropologie werde der Begriff des Menschen durchgängig durch den
Handlungsbegriff bestimmt: „Indem die Person auf die Gegenstände hin tätig
ist, bringt sie sich selbst erst als handelnde Person hervor. So sind die Gegenstände nur dadurch, daß eine Person auf sie hin handelt, und die handelnde Person
ist nur dadurch, daß sie sich im Handeln auf die Gegenstände gewinnt. Entspre-
chendes gilt auch für das Denken und Erkennen." (217) Eben darin zeige sich
die Radikalität des Gehlenschen Handlungsbegriffs. „Weil Gehlen mit aller
Deutlichkeit herausstellt, daß jeder Gedanke an den Akt und tätigen Vollzug des
Denkens unabdingbar gebunden ist, gelingt es ihm, innerhalb der theoretischen
Einstellung das Moment des tätigen Handelns zur Geltung zu bringen." (Ebd.)
Indem Wagner Gehlens Anthropologie als radikale Handlungstheorie entschlüs-
selt, läßt er zugleich den Theorierahmen zumindest anklingen, in Bezug auf den
die Radikalisierung, die er hier erkennt, eigentlich stattfindet. Er stellt nämlich
fest, daß Gehlen „die Selbstbestimmung der individuellen Subjektivität, die sich
im Medium der Geschichte fortschreitend realisieren will, auf das Handeln des
Handelns als auf die Selbstbestimmung schlechthin zurück[nimmt]" (227). Abstrahiert man von der logisch-kategorialen Kritik, die in diese Beschreibung
einfließt, dann wird erkennbar, daß Wagner Gehlens Anthropologie als auf den
Handlungsbegriff zusammengezogene Geschichtsphilosophie interpretiert. Die
Eigenart dieser so zusammengezogenen Geschichtsphilosophie ist, daß in ihr
Denken und Handeln, Erkenntnistheorie und auf die Realisierung von Freiheit
bezogene Theorie individuellen Handelns zugleich thematisiert werden und
zwar so, daß dieses Zugleich in der Tat ein aktuales Zugleich ist: „Es ist der Akt
des sich selbst setzenden Ich, durch den das Ich im Sichlosreißen von seinen
Trieben und Triebgegenständen den Standpunkt der Freiheit gewinnt." (218)
Gehlens Handlungsbegriff läßt sich, wie Wagner feststellt, auf diese Weise als
eigenständige Reformulierung des „idealistische[n] Begriff[s] des Denkens ..."
deuten, „... wie ihn ...", aus Wagners Sicht, „... Hegel zur Vollendung gebracht
hat" (217). Ob man hier an Hegel denken will, oder an den – den aktualistischen
Sinn des Gehlenschen Handlungsbegriffs vielleicht eher transportierenden –
Fichteschen Begriff der „Thathandlung"[47], oder – theoriegeschichtlich vielleicht am wahrscheinlichsten – an Hermann Cohens Konzeption des Denkens

---

[47] Vgl. den Einsatz von Fichtes Wissenschaftslehre, der als die Suche nach derjenigen „*Thathandlung* ..." bestimmt wird, „... welche unter den empirischen Bestimmungen unseres Bewusst-
seyns nicht vorkommt, noch vorkommen kann, sondern vielmehr allem Bewusstseyn zum Grunde liegt, und allein es möglich macht." (JOHANN GOTTLIEB FICHTE: Grundlage der gesamten
Wissenschaftslehre. Als Handschrift für seine Zuhörer [1794] [Fichtes Werke hrsg. v. Immanuel
Hermann Fichte, Bd. I, Zur theoretischen Philosophie I], Berlin 1971, 83–328, hier: 91). Ob
diese Assoziation fichte-exegetisch befriedigend ist, kann und muß hier nicht interessieren.

als „Erzeugung"[48] und die darin angelegte Einheit von theoretischer und praktischer Vernunft, muß an dieser Stelle nicht diskutiert werden. Für die hier
verfolgten Zusammenhänge ist wichtig, daß mit Wagners Gehlen-Interpretation
ein Vorschlag gemacht ist, wie ein radikalisierter Handlungsbegriff als logisch-
kategorialer Grundbegriff des theoretischen und praktischen Selbstvollzugs geschichtlicher Subjektivität rekonstruiert werden kann, *ohne* explizit auf eine
idealistische Vernunfttheorie rekurrieren zu müssen. Wie erhellend dieser Vorschlag für die Deutung der Grundbegrifflichkeit zumindest einiger Weimarer
Krisenintellektueller ist, wird sich (hoffentlich) an den Analysen, die nachstehend im einzelnen vorzunehmen sind, erweisen. Es dürfte keine unplausible
Vermutung sein, daß zwischen einem so verfaßten Handlungsbegriff und dem
Entscheidungsbegriff, wie ihn C. Schmitt, M. Heidegger, E. Jünger und einige
andere verwenden, ein Zusammenhang bestehen könnte.

Daß einem dergestalt radikalisierten Handlungsbegriff auch methodologische
Bedeutung in einschlägigen Entwürfen der Weimarer Krisenintellektuellen und
damit hermeneutische Bedeutung für deren Interpretation zukommen könnte,
ist eine Hypothese, die in dieser Untersuchung zu stützen versucht werden
wird, und mit der die einleitend vorgestellte funktionale Charakterisierung des
Theologiebegriffs von K. Barth in engem Zusammenhang steht. Ebenfalls vorläufig nur als Vermutung einzuführen ist, daß der häufig mit der Prinzipialisierung der Geschichtsphilosophie einhergehende charakteristische Affront
vieler jener Intellektuellen gegen selbständige (geschichts-)methodologische
Debatten auch mit dem ihren Theorien zugrundeliegenden, solchermaßen
radikalisierten Handlungsbegriff zu tun haben könnte.

Jener Affront gegen selbständige erkenntnistheoretische und methodologische Reflexionen ließe sich an vielen Systementwürfen der radikalen Weimarer
Kriegsgeneration, etwa an Heideggers *Sein und Zeit* oder an Barths Hauptwer-
ken im einzelnen illustrieren. Die Einziehung selbständig methodologischer
Reflexionen ist bis in die *Kirchliche Dogmatik* das bestimmende formale Kennzeichen der Barthschen Theologie. Es ist für die beiden Auflagen des ‚Römerbriefs' ebenso konstitutiv wie für alle kleineren Arbeiten, die der Sache nach
methodologische Absichten verfolgen, namentlich etwa für das Anselmbuch.
„Ein wenig gefährlich ...", bemerkt Barth einmal kritisch zu einem Aufsatz
seines Freundes Thurneysen, sei „... der Versuch *als solcher*, sich selbst in seinem
Tun zum Betrachtungsthema zu machen und – nolens volens – eine kleine
Methodik zu geben."[49]

---

[48] HERMANN COHEN: Logik der reinen Erkenntnis. Einleitung v. Helmut Holzhey (Hermann
Cohen Werke, hrsg. v. Hermann-Cohen-Archiv am Philosophischen Seminar der Universität
Zürich unter der Leitung von Helmut Holzhey, Bd. 6, System der Philosophie, 1. Teil), 4. Aufl.
Hildesheim – New York 1977, 29 u. ö. Die strukturelle Analogie von Cohens Begriff des Den-
kens und Gehlens Handlungsbegriff erhellt aus Cohens Bestimmung: *„Die Erzeugung selbst ist das
Erzeugnis."* (Ebd.). Darin gründet Cohens Konzeption des *„Denken[s] ..."* als *„Denken[s] des
Ursprung[s]"*. AaO., 36.
[49] Karl Barth an Eduard Thurneysen, 6.12.1920, in: Ba–Th I, 451. Vgl. auch die Bemerkung
im nächsten Brief vom 8.12.1920: „Dein Predigtaufsatz beschäftigt mich immer noch. Etwas

Die Einziehung des selbständigen erkenntnistheoretischen Methodendiskurses bringt eine prinzipialisierte Geschichtsphilosophie auf den Weg, die sich zur Geschichte nicht distant als zu einem Vergangenen verhält, sondern radikal dem „Selbstgespräch des Gleichzeitigen"[50] dienen will. Auf den Begriff gebracht hat dieses Verständnis von Geschichtswissenschaft K. Barth in der Neuauflage seines Römerbriefkommentars: „Sie schaut Geschichte, indem sie Geschichte schreibt, und sie schreibt Geschichte, indem sie Geschichte macht."[51] Die Radikalisierung des Handlungsbegriffs, auf den Geschichte zusammengezogen wird, führt vor allem dazu, daß die Texte selbst als intentionale Handlungen verstanden und konzipiert werden, die einen mehr oder weniger intensiv agitatorischen Charakter und polemischen Duktus haben. Den polemischen Impetus seiner Grundbegriffe hat insbesondere etwa C. Schmitt offen ausgesprochen.[52] Er äußert sich bei ihm wie bei anderen literarisch in der „Broschürenform wichtiger Publikationen", die „… also eine Art Flugschriftcharakter"[53] annehmen und teilweise in hohen Auflagen publiziert werden. Der radikalisierte Handlungsbegriff kodiert das Feld wissenschaftlicher Reflexion um und entgrenzt es zum Politischen. Wissenschaft ist nun die Fortsetzung der Politik mit anderen Mitteln.[54] Deren Matrix wiederum ist dasjenige Tun, in dem der radikalisierte Handlungsbegriff – die auf Erzeugung oder Vernichtung gerichtete Aktion – ihren

---

Gefährliches, Zweideutiges liegt wohl schon im Thema, das fast notwendig ein – Ausplaudern bedeutet. Die Deutschen und die Schweizer werden meinen, nun hinter den Vorhang gesehen zu haben […] Wir sollten vielleicht gar nichts sagen von dem, was wir tun, vielleicht es nicht einmal wissen, schlimm genug, daß wir es wagen, es tatsächlich zu tun." AaO., 452.

[50] KARL BARTH: Der Römerbrief (1922), 133.

[51] Ebd. „[D]aß das Programm einer Überwindung des Historismus gleichbedeutend mit der Preisgabe eines spezifisch modernen Verständnisses von Wissenschaft als Forschung" sei, erklärt F. W. Graf im Anschluß an O. G. Oexle (FRIEDRICH WILHELM GRAF: Die „antihistoristische Revolution" in der protestantischen Theologie der zwanziger Jahre, 384; vgl. OTTO GERHARD OEXLE: „Historismus". Überlegungen zur Geschichte des Phänomens und des Begriffs, in: Braunschweigische Wissenschaftliche Gesellschaft. Jahrbuch 1986, Göttingen 1986, 119–155). Aber diese „Preisgabe" hat, wie die vorliegende Untersuchung zu zeigen versucht, zumindest bei herausragenden Vertretern ihrerseits Methode, und dieser methodische Charakter ist es, der wiederum dagegen spricht, zumindest diese Form des Antihistorismus einseitig als antimodern aufzufassen.

[52] Vgl. z. B. schon den Titel der Aufsatzsammlung: Positionen und Begriffe im Kampf mit Weimar – Genf – Versailles 1923–1939, Hamburg 1940. Darauf wird in der Forschung oft hingewiesen. Erstaunlich selten wird wenigstens in der mir bekannten Forschung nach dem innertheoretischen Grund für diesen Sachverhalt gefragt. Die Entsprechung zwischen der polemischen Form und der inhaltlichen Orientierung des Politischen am Polemos scheint weitere Nachfragen nach ihren systematischen Hintergründen überflüssig zu machen. Aber die Logik dieses Zusammenhangs ist bei näherer Betrachtung doch keineswegs so zwingend, wie sie zu sein suggeriert. Über polemische Verhältnisse könnte auch unpolemisch, deskriptiv reflektiert werden.

[53] So Hasso Hofmann bezogen auf Carl Schmitt: HASSO HOFMANN: Legitimität gegen Legalität. Der Weg der politischen Philosophie Carl Schmitts, 3. Aufl. Berlin 1995, VIII.

[54] Gleichwohl können und sollen die realpolitischen Interessen, Handlungen und Verwicklungen der Autoren in der vorliegenden Untersuchung bestenfalls mittelbar in den Blick kommen. Zu welcher historischen Genauigkeit entsprechende Recherchen inzwischen verpflichtet sind, zeigt sehr eindrücklich etwa die gewichtige Arbeit von ANDREAS KOENEN: Der Fall Carl Schmitt. Sein Aufstieg zum „Kronjuristen des Dritten Reiches", Darmstadt 1995.

ursprünglichen Ort zu haben scheint: der Krieg. Kein Basistheorem der radikalen Intellektuellen von Weimar spiegelt darum deren wissenschaftstheoretisches Axiom so genau wider wie Carl Schmitts politische – und ihrerseits polemische – Grundunterscheidung von Freund und Feind.[55]

Das an dieser Formel ablesbare Spezifikum des radikalen Handlungsbegriffs der Weimarer Krisenintellektuellen ist die Gleichursprünglichkeit von Selbstverabsolutierung und Anerkennung von Intersubjektivität. Diese Gleichursprünglichkeit ist theoretisch, gewissermaßen im Selbstgespräch des Autors mit sich selbst, nicht auflösbar, sondern nur praktisch in dem als agitatorische, intersubjektiv adressierte Handlung gedachten Vollzug der Reflexion. Darin unterscheidet sich der latente Idealismus vieler Weimarer Radikalen vom Idealismus des 19. Jahrhunderts: Er ist – in diesem Sinne – pragmatisch gewendeter Idealismus. So wird das Paradigma des Bewußtseins abgelöst vom Paradigma des als intentionale Handlung verstandenen Paradigmas der Geschichte. In Bezug auf die Philosophiegeschichte des 20. Jahrhunderts hat Helmut Peukert im Anschluß an Karl Rahner und Jürgen Habermas die kategoriale Bedeutung von Intersubjektivität, bzw. „kommunikativem Handeln", herausgearbeitet, die für ihn das strukturelle – hintergründige oder explizite – Spezifikum aller einschlägigen Neuansätze des 20. Jahrhunderts gegenüber der klassisch modernen Bewußtseinsphilosophie darstellt und die Rede von einem Paradigmenwechsel rechtfertigt.[56] Ob diese umfassende These zu halten ist, kann hier nicht überprüft werden; für die Weimarer Radikalen, namentlich für die hier in der Form von Fallstudien Untersuchten, wird sie sich als im Kern zutreffend erweisen.

Damit verbindet sich bei diesen ein – an sich selbst allerdings erkenntnistheoretisch und methodologisch kaum reflektiertes – Verständnis von wissenschaftlicher Reflexion, nach dem diese nicht mehr als Aufzeigen von der Vernunft allgemein zugänglichen Sachverhalten gedeutet wird, sondern als handelnde Übermittlung von Information, die im Akt ihrer Übermittlung die Bedingungen der Möglichkeit ihres Verstandenwerdens mittransportieren soll. So konvergieren diese metadiskursiv nicht oder kaum thematisierten Verschiebungen der Konzipierung von Vernunft und Wissenschaft in der Tat der Sache nach auf

---

[55] Vgl. CARL SCHMITT: Der Begriff des Politischen. Text von 1932 mit einem Vorwort und drei Corollarien, Berlin 1987, 26.

[56] Vgl.: „Meine *These* ist, … daß die *innere Wende zur ,Pragmatik'*, also zu einem umfassenderen Rationalitätsbegriff, der auf einem umfassenderen Begriff von intersubjektiv verbindlichem kommunikativem Handeln beruht, den Kern einer veränderten Gesprächssituation ausmacht, von der aus die Frage nach einem Ansatz von fundamentaler Theologie neu gestellt werden muß (HELMUT PEUKERT: Wissenschaftstheorie – Handlungstheorie – Fundamentale Theologie. Analysen zu Ansatz und Status theologischer Theoriebildung, Frankfurt 1978, 76f.). Der wichtigste protestantisch-theologische Gewährsmann für Peukerts These ist R. Bultmann (vgl. aaO., 23ff.). – Natürlich ließe sich auch für die großen Systemphilosophien des 19. Jahrhunderts, insbesondere für Hegel und Fichte, aber auch für Kant und Schelling zeigen, daß in ihnen der Aufbau von Subjektivität bzw. Identität sich stets im Rekurs auf Anderes vollzieht. Das dürfte aber an der kategorialen Prävalenz des Identitätsmoments, sofern dieses durch ein Bewußtsein überhaupt bestimmt ist, nichts ändern.

eine Art „Transzendentalpragmatik"[57], deren Eigenart es aber ist, daß sie, wie gesagt, als solche gerade nicht grundlagentheoretisch und vor allem auch nicht sprachtheoretisch ausgearbeitet, sondern ihrerseits praktiziert wird.[58] Erkennbar manifestiert sich zwar diese Wendung in der Hinwendung zur Sprache als basalem Bezugssystem von Intersubjektivität. Insbesondere die Grundbegrifflichkeit der dialektischen Theologen – „Wort Gottes", „Anrede" etc. – ist ja evidentermaßen sprachlich kodiert. Gleichwohl ist es nicht die Sprachlichkeit als solche,[59] um die es den Weimarer Radikalen zu tun ist, sondern wiederum der *Handlungs*charakter der Sprache, der für die genannten Theorien kennzeichnend ist.[60] Das ließe sich beispielsweise an der Funktion der Polemik in C. Schmitts staatsrechtlichen Texten der Weimarer Zeit zeigen.

Der philosophische Personalismus Martin Bubers[61], Eberhard Grisebachs[62] und Ferdinand Ebners[63] ist ein markanter Exponent dieser Tendenzen, mit dessen Hilfe einige der Weimarer Radikalen sich auf gewissen Wegstrecken ihrer Entwicklung zu explizieren suchen, aber keineswegs deren ausschließlicher Repräsentant.[64] Er kann dies schon deswegen nicht sein, weil in seiner grundlagentheoretischen Reflexion die agitatorische, appellative, pragmatische Charakteristik des Wissenschaftsverständnisses der ‚transzendentalpragmatisch' orientierten Weimarer Krisenintellektuellen wiederum zum Stillstand kommt. Und diese ist, wie in der vorliegenden Untersuchung gezeigt werden soll, gerade nicht als eine expressionistische Äußerlichkeit zu betrachten, die auf die Sturm-und-Drang-Phase der unmittelbaren Nachkriegszeit beschränkt wäre. Die in der Tat bei den meisten Krisenintellektuellen in den mittleren zwanziger Jahren eintretende Versachlichung bringt nicht die Preisgabe des radikalisierten Handlungsbegriffs und des auf ihm ruhenden ‚transzendentalpragmatischen' Wissenschaftsbegriffs mit sich, sondern diese werden nun ihrerseits prinzipiell auszuarbeiten versucht.

---

[57] Vgl. Karl-Otto Apel: Pragmatische Sprachphilosophie in transzendentalsemiotischer Begründung. In: Herbert Stachowiak (Hrsg.): Pragmatik. Handbuch pragmatischen Denkens, Bd. 4, Sprachphilosophie, Sprachpragmatik und formative Pragmatik, Hamburg 1993, 38–61.

[58] Darum wird der Begriff im Folgenden in einfache Anführungszeichen gesetzt.

[59] Das unterscheidet die ‚Transzendentalpragmatik' der hier in Rede stehenden Krisenintellektuellen von Apels Konzeption einer Transzendentalpragmatik. Die Dominanz des zwar konstitutiv sprachlich vermittelten, aber gerade nicht auf diese Vermitteltheit hin reflektierten radikalisierten Handlungsbegriffs jener Intellektuellen ist selbst Beleg dafür, wie diese einer – von ihnen überwiegend abgelehnten – tendenziell monologischen Bewußtseinsphilosophie der Sache nach verhaftet bleiben.

[60] Die Strukturaffinität der Wort-Gottes-Theologie zur Sprachphilosophie John L. Austins (Zur Theorie der Sprechakte [How to do things with Words], Dt. Bearb. v. Eike v. Savigny, 2. Aufl. Stuttgart 1979) und John R. Searles (Speech acts. An essay in the philosophy of language, Cambridge 1995) ist wenig beachtet worden.

[61] Vgl. Martin Buber: Ich und Du (1923). 11. durchges. Aufl. Darmstadt 1983.

[62] Vgl. Eberhard Grisebach: Gegenwart. Eine kritische Ethik, Halle 1928.

[63] Vgl. Ferdinand Ebner: Das Wort und die geistigen Realitäten. Pneumatologische Fragmente, Innsbruck 1921.

[64] Einige Querverbindungen zwischen theologischem und philosophischem Personalismus verfolgt Michael Weinrich: Der Wirklichkeit begegnen. Studien zu Buber, Grisebach, Gogarten, Bonhoeffer und Hirsch, Neukirchen 1980.

Die begriffliche – und ihrer Intention entsprechend: polemische – Chiffre nun, in der sich die bei den Weimarer Krisenintellektuellen statthabende ‚transzendentalpragmatische' Umkodierung des Wissenschaftsbegriffs signalhaft spiegelt und zentriert, ist die metaphorische Rede vom Rezipienten als „Zuschauer", den es abzuschaffen gelte. „Wenn es Leute gibt …", so heißt es im Vorwort von Friedrich Gogartens Aufsatzsammlung „Die religiöse Entscheidung" (1921), „… die als Zuschauer mit uns sympathisieren oder uns kritisieren wollen, so sei ihnen gesagt, daß uns auch an ihrer überlegensten Kritik nichts liegt, weil sie uns nichts helfen kann. Denn ich will ihnen verraten, daß sie, solange sie Zuschauer bleiben, für diese Szene stockblind sind. Und auch ihre sorgende Zuschauersympathie ist hier wenig angebracht. Denn wer sich auf dieser Szene bewegt, sucht eines Anderen ‚Sympathie'"[65]. Die Belege ließen sich beliebig vermehren. Es ist die „Kontemplation"[66], der die Weimarer Radikalen den Kampf ansagen, der kontemplativen – nämlich ästhetisch oder wissenschaftlich distanzierten – Haltung bei den Rezipienten ihrer Texte.[67]

Die kultursoziologische Stoßrichtung dieser Polemik gegen den „Zuschauer" bezeichnet am besten Walter Benjamins Analyse der Figur des „Flaneurs" im „Passagen-Werk".[68] Der Flaneur und die (Pariser) Passagen sind die sich wechselseitig explizierenden Exponenten der bürgerlichen Moderne. Aus der Sicht der Weimarer Krisenradikalen ist der bürgerliche Flaneur das gewissermaßen freigesetzte, nämlich arbeitslose Ausstoßprodukt der Moderne, Inbegriff ihres ethisch-normativen Steuerungsverlustes. Diese Steuerungsfunktion zurückzugewinnen, ist die zentrale Absicht der antimodernen Modernisierung der Moderne, welche die radikale Weimarer Kriegsgeneration betreibt. Aus der Intention auf ‚Abschaffung des Zuschauers' können und müssen etwa auch die Grundzüge der systematischen Theologie K. Barths verstanden werden.

Die Intention der Abschaffung des Zuschauers setzt aber seine Entdeckung voraus. „Die Entdeckung des Zuschauers" findet in den zwanziger Jahren nicht nur in den kulturphilosophischen Schriften der radikalen Krisenintellektuellen von Weimar, sondern auch dort statt, wo diese Metapher ihren ursprünglichen Ort hat: im Theater.[69] Sie fand dort, wie Erika Fischer-Lichte herausgearbeitet

---

[65] Vgl. FRIEDRICH GOGARTEN: Die religiöse Entscheidung. 1.–2. Tsd., Jena 1921.

[66] Vgl. GEORG LUKÁCS: Geschichte und Klassenbewußtsein. Studien über marxistische Dialektik (1922), 10. Aufl. Darmstadt 1988, 110 u. ö.

[67] Kierkegaard ist bei den Krisenintellektuellen wohl auch nicht zuletzt darum so populär, weil er die polemische Ersetzung der ästhetischen Zuschauerhaltung durch die ethische des Entscheidungsträgers – damit des ganz als Handlungsagenten verstandenen Subjekts – vorweggenommen und auch im Genus und Gestus seiner Texte bereits praktiziert zu haben scheint. Vgl. etwa die ihrerseits literarisch-ästhetische Präsentationsform der Prävalenz des dezisionistisch verstandenen Ethischen über das Ästhetische in: SÖREN KIERKEGAARD: Entweder – Oder, 2 Teile, unter Mitwirkung von Niels Thulstrup und der Kopenhagener Kierkegaard-Gesellschaft hrsg. v. Hermann Diem und Walter Rest, München 1975.

[68] Vgl. WALTER BENJAMIN: Das Passagen-Werk. Hrsg. v. Rolf Tiedemann, Bd. 1, Frankfurt 1983, 54, 83, 524ff.

[69] Vgl. ERIKA FISCHER-LICHTE: Die Entdeckung des Zuschauers. Paradigmenwechsel auf dem Theater des 20. Jahrhunderts, Tübingen – Basel 1997. S. dazu u. S. 441f. In Bezug auf die

hat, sogar schon früher, schon vor dem Krieg statt und spiegelt sich in einer Reihe von neuartigen Inszenierungstechniken. Als solche lassen sich die Veränderungen des Wissenschaftsbegriffs, der Textstrukturen, die das Werk der Weimarer Radikalen im Vergleich zu demjenigen ihrer wissenschaftlichen Lehrer kennzeichnet, gut beschreiben. Die Texte selbst folgen häufig der Logik reflektiert rezeptionsästhetischer Verfahren. Darum sind sie auch rezeptionsanalytisch, nämlich im Hinblick auf den von ihnen intendierten „impliziten Leser", zu erschließen. Aber im Unterschied zu literarischen Texten verfolgen diese kultur- und geschichtsphilosophischen Texte prinzipielle Ansprüche. Sie prinzipialisieren die Rezeptionsästhetik zu einer pragmatischen Konstituierung ihrer Adressaten als dem Agenten, der sich selbst als partizipierend an *dem* Geschichtssubjekt par excellence begreifen soll. Die „Mobilmachung", auf die sie aus sind, ist eine „totale Mobilmachung"[70], der es um den Aufbau desjenigen Agenten geht, der als Repräsentant des radikalen Handlungsbegriffs Erkenntnissubjekt und politisches Handlungssubjekt in einem sein soll. Denn darauf zielt der radikalisierte Handlungsbegriff mit innerer Notwendigkeit: auf den Aufbau desjenigen Handelns, das sich selbst zum Inhalt hat, auf den Aufbau desjenigen Subjekts, das sich in seinem Handeln erkennt, und das erkennt, indem es handelt. Eben das meint hier die Kennzeichnung der Pragmatik der radikalen Krisenintellektuellen von Weimar als einer ‚Transzendentalpragmatik'. Dabei kann der Aufbau des starken Geschichtssubjekts, in dem die Moderne zugleich überwunden und zu sich selbst kommen soll, prinzipiell von zwei Seiten aus erfolgen: von der Seite des Handelns oder von der Seite des Erkennens. Ersteres wird in den politischen Wissenschaften versucht, letzteres in der Theologie. In der Problemstellung, in den Problemlösungsstrategien und in den wesentlichen Resultaten konvergieren diese Versuche.

Allerdings findet in beiden Fällen die „totale Mobilmachung" auf dem Papier statt. Die polemischen Mobilisierungsappelle, die den Leser als Zuschauer abschaffen und zum Kombattanten machen wollen, nehmen ihn, als Leser nämlich

---

Theologie Karl Barths sind solche Zusammenhänge von Theatralik, Dramatik und theologischer „Denkform" jetzt in der neu erschienenen Dissertation von H.-W. Pietz abgebildet (vgl. Hans-Wilhelm Pietz: Das Drama des Bundes. Die dramatische Denkform in Karl Barths Kirchlicher Dogmatik [Neukirchener Beiträge zur Systematischen Theologie, hrsg. v. Wolfgang Huber u. a., Bd. 12], Neukirchen 1998). Pietz hat den Zusammenhang von ‚dramatischer Denkform' und Theater (aaO., 29) erkannt und damit auch denjenigen mit der Polemik Barths gegen die „‚Zuschauertheologie'" (vgl. aaO., 18; das Zitat stammt aus dem Barth-Harnack-Briefwechsel von 1923). Ihm entgeht ferner auch nicht die besondere Bedeutung, welche der Erwählungslehre im „Bundesdrama" (aaO., 25ff.) zukommt. Freilich nimmt Pietz alle diese Zusammenhänge aus der dogmatischen Innenperspektive wahr; der Regisseur der dramatischen Inszenierung ist nicht der Theologe Karl Barth, sondern Gott. Der Theologe ist der Zuschauer; und es ist dieser Zuschauer, dem man beim (allerdings eben doch sehr aktiven!) Zuschauen offenbar nicht zuschauen darf.

[70] Ernst Jünger: Die totale Mobilmachung. In: Ders. (Hrsg.): Krieg und Krieger. Sammelwerk, Berlin 1930, 9–30, hier: 13f. u. ö. Bei Jünger beschreibt dieser Begriff in der dem Autor eigenen Mischung aus Pathos und Nüchternheit die im Ersten Weltkrieg offenbar gewordene Tendenz, alle gesellschaftlichen Bereiche in den Dienst der Kriegsmaschinerie zu stellen. Der Aufsatz endet mit der Forderung nach einer „Mobilmachung des Deutschen". AaO., 30.

in Anspruch, setzen ihn als solchen voraus und tendieren dazu, ihn letztlich auch in dieser Rolle festzuhalten. Die Ersetzung der Ästhetik durch bellizistische Politik ist hintergründig selbst ästhetisch. Darin kann man das (meist zu verdekken versuchte) romantische Erbe der radikalen Antiromantiker von Weimar sehen. Und zwar ist der hintergründige Ästhetizismus darin begründet, daß das Andere dieser ‚transzendentalpragmatischen‘ Entwürfe gar nicht eigentlich die „Praxis“, welche die Texte nicht beschreiben, sondern erzeugen wollen, ist, sondern die beschreibende Theorie der Praxis, handlungsanleitende Theorie. Den Wirklichkeitsvorsprung empirischer Handlungstheorien bestreiten die ‚transzendentalpragmatischen‘ Entwürfe der Weimarer Krisenintellektuellen, indem sie ihnen vorwerfen, konstitutionstheoretisch auf tönernen Füßen zu stehen, weil sie das Subjekt, dessen Handeln diese Theorien beschreiben wollen, immer schon voraussetzen, statt es zu konstituieren. Genau dies gilt ihnen als „liberal“. Den Konkretionsvorsprung, den empirische Handlungstheorien aber gleichwohl mitbringen, suchen die Weimarer Radikalen auszugleichen durch reflexive Selbstüberholungen. Konkretionsgewinne suchen sie darin, daß sie das aufzubauende Handlungssubjekt im Durchgang durch seinen theoretischen Aufbau immer genauer erkennen und identifizieren wollen. Dieser Prozeß sich steigernder Selbstidentifikation ist zugleich die Wurzel für die rasanten Selbstüberbietungsvorgänge, welche die Theorieentwicklungen der radikalen Krisenintellektuellen weit über die Weimarer Jahre hinaus kennzeichnet. Der Theoriefluß kann nicht in der ‚Praxis‘ zur Ruhe kommen, weil er als solcher die ‚Praxis‘ sein will. Zugleich aber wird die Entwicklungsdynamik von dem Interesse geleitet, die eigene Reflexionspraxis eben doch in einer theorieexternen Handlungspraxis zu verorten und zwar in der Weise, daß sie als Selbstreflexion eines in der politischen Geschichte agierenden Handlungssubjekts zu identifizieren versucht wird. Bei den politischen Theorien steht diese Identifikation bereits am Anfang der Theorie, bei den theologischen Theorien erfolgt sie sukzessive.

Aus Gründen der Symmetrie werden für die Fallstudien zwei politologische und zwei theologische Entwürfe ausgewählt, die der Rekonstruktion von K. Barths theologischer Entwicklung vorangestellt werden. Dabei handelt es sich, wie gesagt, um die Entwürfe von Georg Lukács, Carl Schmitt, Emanuel Hirsch und Friedrich Gogarten. Auswahlkriterium war erstens die erkennbare Orientierung an einem Kollektivsubjekt. Damit rücken politologische und theologische Entwürfe von vornherein bevorzugt ins Blickfeld. Zweites Kriterium ist der erkennbare, aber zugleich nicht als solcher (oder doch zumindest in kritischer Wendung gegen sie) ausgearbeitete Bezug auf die klassisch transzendentalphilosophischen Theoriebildungen des 19. Jahrhunderts, wobei solchen Autoren eine Präferenz zukommt, bei denen dieser Bezug eine erkennbar erkenntnistheoretische Struktur hat, mithin (wenn auch nicht unbedingt zwingend und ausschließlich) durch den Neukantianismus vermittelt ist.[71] Drittes

---

[71] Eine Analyse von Ernst Blochs ästhetischem Neohegelianismus hätte sehr viel größere Abstraktionsleistungen erfordert, als etwa G. Lukács’ Theoriebildung. Das gilt mutatis mutandis auch für Martin Heidegger.

Kriterium ist die inhaltlich-politische Unterschiedlichkeit der Entwürfe, die es erlaubt, die für die Weimarer Krisenintellektuellen typischen „Austauscheffekte" und deren theoretische Bedingungen zu studieren. Die Zusammenstellung von G. Lukács und C. Schmitt als ungleiche „Zwillingsbrüder" findet sich auch schon bei Wolfgang Eßbach.[72] Das vierte Kriterium ist ebenfalls ein solches Divergenzkriterium, nämlich die übliche Wahrnehmungsweise der Theologie-geschichtsschreibung, nach der etwa E. Hirsch und K. Barth weiter auseinan-dergerückt werden als etwa Tillich und Barth, was die Aufnahme Hirschs reiz-voller erscheinen läßt als diejenige Tillichs. Vom Theorietyp her wäre Tillich selbstverständlich ebenfalls ein guter Kandidat gewesen. Die ‚Fertigungstiefe' der einzelnen Fallstudien ist unterschiedlich. Sie richtet sich grundsätzlich nach dem analytischen Aufwand, den man treiben muß, damit die hier interessieren-de Fragestellung samt deren jeweiliger Lösung deutlich wird. Und sie richtet sich damit im besonderen nach der Zahl und der Komplexität der diachronen Theoriekatarakte, die man im Untersuchungszeitraum, der bis in die frühen dreißiger Jahre angesetzt ist, verfolgen muß.

Die antimodern-moderne Agentenkonstituierung, in welcher das gemein-same Signum der radikalen Weimarer Kriegsgeneration hier gesehen wird, läßt sich verstehen als Lösungsversuch eines Problems, das von der historistischen Generation als das Problem der ambivalenten Effekte der Moderne für die Konstitution individueller Subjektivität beschrieben worden ist.[73] Als eine be-sonders klare und besonders gut greifbare Problembeschreibung kann man Max Webers berühmte Studie „Die protestantische Ethik und der ‚Geist' des Kapi-talismus"[74] lesen. Zwar verdanken sich die theoriekonstitutiven Bemühungen der Weimarer Krisenintellektuellen um den Aufbau des kollektiven Moder-nisierungsagenten, so weit ich sehe, bei keinem von ihnen unmittelbar der

---

[72] Vgl. WOLFGANG ESSBACH: Radikalismus und Modernität bei Jünger und Bloch, Lukács und Schmitt. In: Intellektuellendiskurse in der Weimarer Republik, hrsg. v. Manfred Gangl, Gérard Raulet, 145–160. Die Zusammenstellung von „Zwillingsbrüdern" ist das sehr überzeugende Verfahrensmuster des Bands zur Illustration seiner These anhand von Fallstudien (vgl. aaO., 125ff.). Die konkreten „Austauscheffekte" zwischen Lukács und Schmitt werden von Eßbach allerdings nur umrissen und nicht auf ihre systematische Struktur hin durchsichtig gemacht: „Im Resultat haben wir bei Lukács die Wiedergeburt eines absolutistischen Subjekts und bei Schmitt die Wiedergeburt absoluter Homogenität." AaO., 155.

[73] So etwa sehr klar bei Ernst Troeltsch; vgl. seine Analysen der „depersonifizierend[en]" Kraft des modernen Kapitalismus (ERNST TROELTSCH: Das Wesen des modernen Geistes [1907]. In: Aufsätze zur Geistesgeschichte und Religionssoziologie [Gesammelte Schriften, 4. Bd., hrsg. v. Hans Baron], Tübingen 1925, 297–338). Vgl. dazu: FRIEDRICH WILHELM GRAF: Rettung der Persönlichkeit. Protestantische Theologie als Kulturwissenschaft des Christentums, in: Kultur und Kulturwissenschaft um 1900. Krise der Moderne und Glauben an die Wissenschaft, hrsg. v. Rüdiger von Bruch, dems. und Gangolf Hübinger, Wiesbaden, Stuttgart 1989, 103–131; vgl. auch meine Arbeit: Theologie als Wirklichkeitswissenschaft, 43–48.

[74] MAX WEBER: Die protestantische Ethik und der „Geist" des Kapitalismus. Textausgabe auf der Grundlage der 1. Fassung von 1904/05 mit einem Verzeichnis der wichtigsten Zusätze und Veränderungen aus der 2. Fassung von 1920, hrsg. u. eingel. v. Klaus Lichtblau und Johannes Weiß, Bodenheim 1993. Seitenzahlen im Text ohne nähere Bezeichnung beziehen sich im Folgenden auf diese Ausgabe der Protestantischen Ethik.

Lektüre von Webers *Protestantischer Ethik*. Gleichwohl dürften sie seinen Ergebnissen strukturell – nicht notwendig materiell –[75] im wesentlichen zugestimmt haben.[76] Webers Text eignet sich als prismatischer Bezugspunkt[77] für die Präsentation des Fallstudientableaus darum so gut, weil er die kapitalistische Moderne einem bestimmten ausgezeichneten empirischen Agenten als Träger, näherhin einer bestimmten ethischen Lebensführung, zuordnet. Darum wird eine Analyse dieses Textes an den Anfang dieser Untersuchung gestellt.

Die Autoren der radikalen Weimarer Kriegsgeneration sind von Webers Text und seinem Verfahren zwar durch einen methodischen Graben getrennt. Keiner von ihnen versteht sich als empirischer Kultursoziologe[78] oder ist als solcher anzusprechen. Die Suche nach einem Agenten der Modernisierung ist bei ihnen vorrangig keine empirisch-deskriptive, sondern eine in hohem Maße normative. Der Agent, um dessen theoretisch-praktische Konstituierung es ihnen zu tun ist, ist ein kollektiver Agent, der aber, wie angedeutet, seinerseits für individuelle Selbstauslegung offen ist und zugleich als Bedingung von deren Möglichkeit gedacht werden soll. Geradezu idealtypisch heißt es in einer programmatischen Einleitung zu der 1928 erschienenen Aufsatzsammlung „Glaube und Wirklichkeit" von Friedrich Gogarten: „Heute nun ist uns das Problem nicht mehr als ein privates, als ein Problem des persönlichen Lebens aufgegeben, sondern durchaus als ein öffentliches."[79]

2. Gespenst im Gehäuse: Max Webers Theorie der prekären Konstitution des starken Agenten der Moderne

Soziologie ist im Sinne der berühmten Definition Max Webers „eine Wissenschaft, welche soziales Handeln deutend verstehen und dadurch in seinem Ablauf und seinen Wirkungen ursächlich erklären will"[80]. Methodisch kontrol-

---

[75] Nämlich nicht notwendig im Hinblick auf die substantielle Rolle, die Weber dem Protestantismus, resp. dem calvinistischen Protestantismus, für die Genese der Moderne zuschreibt.

[76] Das Verfahren, die Theoriekonstellation der radikalen Weimarer Kriegsgeneration von der Neuzeitdiagnose Max Webers her durchsichtig zu machen, entleihe ich, wie gesagt, der bereits erwähnten Studie von Norbert Bolz. Allerdings bleibt die systematische Bestimmung dieses prismatischen Ausgangspunktes bei Bolz eigentümlich undeutlich. Wohl um die Perspektivenvielfalt der Bezugnahmen, die durch die Mehrzahl der Autoren gegeben ist, nicht zu präjudizieren, beschränkt sich die gemeinsame Perspektive auf die metaphorische Gegenüberstellung von ‚stahlhartem Gehäuse' und den unterschiedlich akzentuierten Ausbruchs- bzw. Auszugsversuchen aus ihm, also auf die der Studie ihren Titel gebenden „Exodus-Impuls, das schicksalhaft geschlossene ‚stahlharte Gehäuse' der entzauberten Welt zu sprengen." Norbert Bolz: Auszug aus der entzauberten Welt, 7.

[77] Vgl. D. Korschs anregenden Vorschlag einer „prismatische[n] Theologiegeschichtsschreibung", den er an H. Cohen exemplifiziert. Dietrich Korsch: Dialektische Theologie nach Karl Barth. Tübingen 1996, 41ff.

[78] Mit Ausnahme höchstens von Georg Lukács.

[79] Friedrich Gogarten: Glaube und Wirklichkeit. Jena 1928, 3.

[80] Max Weber: Wirtschaft und Gesellschaft, 1.

liert vollzieht sich Soziologie nach Weber dann, wenn sie mit Begriffen, „Ide-
altypen", arbeitet, die sie bewußt selbst erzeugt, deren rein konstruktiven Charakter sie darum durchschaut, deren Qualität sich allein in ihrer operativen
Leistung zeigt, Wirklichkeit zu strukturieren. Diese Strukturierungsleistung des
Sozialwissenschaftlers, das wechselseitige Hin-und-Her der Bildung normativer
Begrifflichkeit einerseits, des Messens und Vergleichens historischer Daten mit
ihr andererseits, ist ein potentiell unendlicher Vorgang, in dessen Vollzug die
konstruktive Gewalttätigkeit, das Moment der Setzung, die im Bilden der normativen Begriffe liegt, wieder ausgeglichen wird.[81] Das Spannende an Max
Webers berühmter Studie „Die protestantische Ethik und der ‚Geist' des Kapitalismus" ist, daß sie sich, ohne diesen Modus der sozialwissenschaftlichen Arbeit preiszugeben, an dessen Ränder begibt. Denn das Vorhandene, das sie
thematisiert, ist ein im Verschwinden Begriffenes. Der Versuch seiner Bestands-
aufnahme ist genau genommen eine Momentaufnahme. Gegenstand, und zwar
systematisch betrachtet alleiniger Gegenstand der Untersuchung, ist der „‚Geist'
des Kapitalismus", d. h. die der Moderne entsprechende Mentalität, die „Lebensführung"[82] des betreffenden „*Menschentums*"[83], wie Weber auch sagen
kann.[84] Voraussetzung dieser Überlegung ist, daß das kapitalistische Wirtschaftssystem der Moderne als komplexes Gefüge interaktiver Handlungen aufgefaßt
werden kann, so daß es sinnvoll ist, die handlungsleitenden Motivationen ihrer
Agenten zu untersuchen. So sehr Weber sich gegen Deutungen seiner Kritiker
verwahrt, die Beziehung von Handlungsmotivationen und modernem kapitali-

---

[81] Vgl.: „*Idealtypus*. Er wird gewonnen durch einseitige *Steigerung eines* oder *einiger* Gesichtspunkte und durch Zusammenschluß einer Fülle von diffus und diskret … vorhandenen *Einzel*erscheinungen, die sich jenen einseitig herausgehobenen Gesichtspunkten fügen, zu einem in sich
einheitlichen *Gedanken*bilde. In seiner begrifflichen Reinheit ist dieses Gedankenbild nirgends in
der Wirklichkeit empirisch vorfindbar, es ist eine *Utopie*, und für die *historische* Arbeit erwächst die
Aufgabe, in jedem *einzelnen* Falle festzustellen, wie nahe oder wie fern die Wirklichkeit jenem
Idealbilde steht". Vgl. auch die Rede vom „Gedankenbild …, welches die Bedeutung eines rein
idealen *Grenz*begriffes hat, an welchem die Wirklichkeit zur Verdeutlichung bestimmter bedeutsamer Bestandteile ihres empirischen Gehaltes *gemessen*, mit dem sie *verglichen* wird." MAX WEBER:
Die ‚Objektivität' sozialwissenschaftlicher und sozialpolitischer Erkenntnis, 191, 194.

[82] Im Folgenden wird nicht der faktisch präsentierte Argumentationsgang der Schrift nachge-
zeichnet, sondern der Aufbau des ihr zugrundeliegenden Reflexionsgebäudes zur rekonstruieren
versucht. Dessen Fundamente werden erst vom Textende der Schrift aus erkennbar. Dieses
teleologische Gefälle muß in einer systematischen Reflexion umgekehrt werden. Ein nicht un-
umstritten gebliebener, aber eindrucksvoller Versuch, Webers Theorie der Moderne von diesem
Begriff als Zentralbegriff her zu interpretieren, findet sich bei WILHELM HENNIS: Max Webers
Fragestellung. Studien zur Biographie des Werks, Tübingen 1987, vgl. 9, 12 u. ö.

[83] MAX WEBER: Antikritisches Schlußwort zum „Geist des Kapitalismus". In: Ders.: Die
protestantische Ethik II. Kritiken und Antikritiken, hrsg. v. Johannes Winckelmann, 4., erneut
durchges. und hinsichtlich der Bibliographie erw. Aufl., Gütersloh 1982, 283–345, hier: 303.

[84] In seiner Replik auf kritische Einwände stellt Weber selbstkritisch fest, er hätte die systematische Absicht der Studie deutlicher machen müssen, indem er, statt mit historischen Beobachtungen einzusetzen, „gleich an die Spitze der Erörterung vor allem eine *Definition* dessen [hätte]
stellen müssen, was alles der komplexe Begriff: ‚Geist des Kapitalismus' enthalten kann." MAX
WEBER: Antikritisches Schlußwort zum „Geist des Kapitalismus", 303.

stischem Wirtschaftssystem als eine einlinig funktionale Beziehung bestimmen zu wollen,[85] so sehr gilt es festzuhalten, daß er unter den verschiedenen Handlungsantrieben, die unter kapitalistischen Wirtschaftsbedingungen denkbar sein könnten, auf der Suche ist nach genau demjenigen Antrieb, dem seiner immanenten Logik nach, also der Möglichkeit nach, eine ursächliche Beziehung zum kapitalistischen Wirtschaftssystem zugeschrieben werden kann. Diejenige Handlungsmotivation soll ausfindig gemacht werden, die den Kapitalismus aus sich selbst heraus hervorgebracht haben *könnte*, in Bezug auf welche die Bedingungen kapitalistischen wirtschaftlichen Handelns adäquate Bedingungen sind, mithin solche, bei denen innere Motivationsstruktur und äußere kapitalistische Verhältnisse zur vollkommenen Deckung kommen. Damit hängt zusammen, daß die Suche nach dieser Handlungsmotivation als historische Spurensuche veranstaltet wird. Hinzu kommt aber, daß Weber die Konstitution jener den

---

[85] In der Bestimmung des Zuordnungsverhältnisses von modernem Kapitalismus und einem bestimmten Typus ethischer Lebensführung ist Weber vorsichtig; ein einliniges kausales Begründungsverhältnis von bestimmter Lebensführung und Wirtschafts- bzw. Gesellschaftsordnung bringt er nicht in Anschlag; statt dessen spricht er – zumindest in den präzisierenden antikritischen Nachgängen zu seiner Abhandlung – von einem „Wahlverwandtschaftsverhältnis" zwischen beiden (MAX WEBER: Antikritisches zum „Geist" des Kapitalismus. In: Ders.: Die protestantische Ethik II, hrsg. v. Johannes Winckelmann, 149–187, hier: 171; vgl. MAX WEBER: Die protestantische Ethik und der „Geist" des Kapitalismus, 50f.). Allerdings ist diese Kautele ihrerseits nicht wenig interpretationsbedürftig, da man sie auch als eine solche lesen kann, die gar nicht spezifisch für das in Anschlag gebrachte Verhältnis ist, sondern ganz allgemein aus den methodologischen Voraussetzungen der Weberschen Historik folgt, wie er sie im Objektivitätsaufsatz von 1904, also in unmittelbarer Nähe zur Protestantismusschrift niedergelegt hat (vgl. MAX WEBER: Die ‚Objektivität' sozialwissenschaftlicher und sozialpolitischer Erkenntnis, 197f.). Dieser Lesart empfiehlt es sich schon aus dem Grund zu folgen, weil Weber im Methodenaufsatz sogar ausdrücklich mit dem Beispiel des „Prädestinationsglaubens Calvins" operiert und an ihm und seinen Derivaten die Nötigung zur Unterscheidung zwischen idealtypisch-begrifflicher und historischer, „*psycho-logisch[er]*" (aaO., 198) Betrachtungsweise vorführt. Ein Vergleich des Inhalts historischer Begriffe, so ist dann zu urteilen, bewegt sich von vornherein auf der Ebene der Begriffe, nicht der Phänomene, so daß von historisch-kausalen Zuordnungen ohnehin, nämlich schon qua methodologischer Beschränkung, zu abstrahieren ist. Wenn das aber gilt, dann ist die Reichweite der Kautele darauf begrenzt; *innerhalb* des auf der Begriffsebene vorgenommenen Vergleichs kann sie nicht mehr geltend gemacht werden. Hier werden vielmehr einfach systematische Strukturen miteinander verglichen, was zur Folge hat, daß durchaus eindeutige Ergebnisse erzielt werden können. Die Doppelgleichung, resp. der syllogistische Schluß der drei Begriffe: Kapitalismus = Berufsmenschentum = protestantischer ‚Geist' kann also auf der Begriffsebene durchaus aufgehen. Das heißt: der so durchbestimmte Kapitalismus ist der *idealtypische* Kapitalismus. Weiter kompliziert wird die Zuordnung nun aber durch den Sachverhalt, daß Weber die Gleichheitszeichen nicht als (einlinige) Funktionsbestimmungen, sondern als Relationsbestimmungen verstanden wissen möchte. Die Gleichung ist Gleichung in Bezug auf einen bestimmten Aspekt des zu bestimmenden Ausgangsphänomens (Kapitalismus). Dieser Aspekt muß dann aber seinerseits typisiert werden: nämlich etwa als der ‚mentale' Aspekt des Kapitalismus. Wie sich der ‚mentale' Aspekt zum Ganzen des ökonomischen Ensembles, das „Kapitalismus" genannt wird, genau verhält, d. h. wie er sich zu etwaigen anderen Bedingungsfaktoren verhält, kann dann zwar offen bleiben; gelten muß allerdings, wenn die Zuordnungen nicht ganz unscharf werden sollen, daß *im Hinblick* auf den ‚mentalen' Aspekt des idealtypischen Kapitalismus die Durchbestimmung systematisch strikt gilt. Davon wird im Folgenden ausgegangen.

kapitalistischen Systembedingungen entsprechenden „Lebensführung" als eine ausgesprochen prekäre erachtet.[86]

Erstens setzt die Rede vom „Geist", von einer bestimmten Mentalität, eine Differenz voraus, nämlich die Differenz zwischen sozialen Lebensformen und individueller Partizipationsmotivation. Diese Differenz kann nur in Erscheinung treten, sofern differenten Partizipationsmotivationen auch differente Lebensformen entsprechen. Diese Differenz ist bei Weber binär kodiert, nämlich als die Differenz von „traditional" und „rational"[87]. Traditionale Gesellschaften negieren die Differenz abstrakt. Abweichender „Geist" wird als deviant bestraft oder mißachtet. Seine Lebensformen sind die heterotopischen Orte Gefängnis, Bordell, Scheiterhaufen, etc. Die moderne kapitalistische Gesellschaft, sofern von ihr im strikten Sinne die Rede sein kann, wenn und sobald sie völlig durchrationalisiert ist, kennt diese Differenz auch nicht mehr. Der äußeren Rationalität der Lebensformen entspricht dann die innere Rationalität einer „rationalen Lebensführung" vollständig. In dieser Entsprechung aber ist die Differenz, das ist Webers These, wiederum aufgehoben. Rationalität, selbstbestimmte Gestaltung von Lebensführung, schlägt um in Zwang. Nichtrationales Verhalten wird nun als deviant bestraft. Auftreten kann die Differenz somit nur unter Bedingungen, in denen traditionale und rationale Lebensführung und Verhältnisse in wie immer proportionierten Mischungsverhältnissen auftreten. Als inhaltliche Näherbestimmung „rationaler Lebensführung" spricht Weber von einer Lebensführung gemäß einer „Berufspflicht"[88]. Damit ist die selbstbestimmte – in diesem Sinne: moralische – ‚Ganzhingabe' des Individuums an eine – rational – als notwendig erkannte Lebensaufgabe gemeint. Wo die Durchrationalisierung der Gesellschaft eine vollständige ist, wird der Begriff der „Berufspflicht" hinfällig; die Differenz, von der er lebt, ist dann eingezogen.

Zweitens: der Zeitpunkt, auf den sich Webers Momentaufnahme bezieht, ist der Zeitpunkt, zu dem der Prozeß der kapitalistischen Durchrationalisierung aller Lebensformen in einem prekären Stadium angelangt ist. Es ist der Zeitpunkt, für den gilt: „[W]ir müssen es [sc. Berufsmensch] sein." (153) Das Phänomen des modernen ‚Berufsmenschentums'[89] birgt mithin an sich selbst eine im Verschwinden begriffene Restdifferenz. In ihm klingt ein traditionaler Rest nach. Der Rest liegt in der moralischen Konsistenz des Phänomens von selbstbestimmter ‚Ganzhingabe' an wirtschaftliche, d. h. zweckrationale, Arbeit. These und Ausgangsbeobachtung Webers ist also, daß die methodisch-rationale Lebensführung der Moderne einen tendenziellen inneren Widerspruch enthält. Der moderne Mensch setzt sich als Zweck die Selbstzweckhaftigkeit, die reine

---

[86] Das signalisieren bereits die Anführungszeichen um den Begriff „Geist" (des Kapitalismus).

[87] Vgl. z. B. „Das Charisma ist *die* große revolutionäre Macht in traditional gebundenen Epochen. Zum Unterschied von der ebenfalls revolutionierenden Macht der ‚ratio'". Max Weber: Wirtschaft und Gesellschaft, 142.

[88] Max Weber: Antikritisches zum ‚Geist' des Kapitalismus, 173.

[89] Zur Begrifflichkeit des Menschentums bei Weber vgl. Wilhelm Hennis: Max Webers Fragestellung, 9ff.

Eigengesetzlichkeit seines Tuns. Dieses widerspruchsvolle Tun ist der Gehalt des modernen Berufsbegriffs: die Ganzhingabe an einen an sich partikularen, eigengesetzlichen Lebensbereich. In dem nüchternen Vorgang steckt ein ethisches Moment, das der Ausdruck „Berufspflicht" (154) an den Tag bringt. Nur wenn und solange diese Hingabe an das an sich Zwecklose als Funktion einer „geschlossenen Einheit der ethischen Selbstrechtfertigung"[90] gedeutet zu werden vermag, ist sie psychologisch plausibel und damit stabil.

Die von Weber erst in den späteren Debattenbeiträgen kenntlich gemachte Grundüberlegung ist somit die, daß die moderne rationale Lebensführung ihrerseits eines *„Fundament[s]* im *persönlichen* Leben"[91] bedürfe. Nur wo dieses gegeben sei, könne der Kapitalismus, mithin die Moderne, „als äußerer Ausdruck eines in einer letzten, geschlossenen und angebbaren Einheit der Persönlichkeit fundierten Lebensstils"[92] erscheinen. Zwar ist diese Beziehung für das kapitalistische System der Moderne selbst und als solches keine notwendige. Der Kapitalismus kann ohne sie „selbstredend ... recht bequem existieren"[93]. Gleichwohl entscheidet sich an der Möglichkeit dieser Beziehung, bzw. an dem Maße ihrer Möglichkeit, ob und inwiefern der moderne Kapitalismus als Humanisierungs- oder Dehumanisierungspotenz der modernen Gesellschaft bewertet werden muß.[94] Es entscheidet sich an ihr die ethische Bewertung der Moderne. Dabei ist „Ethik" diesen Bestimmungen entsprechend zu verstehen als die Beziehbarkeit von Handlungen auf die „Einheit der Persönlichkeit". Da diese Beziehbarkeit eine solche aus der Perspektive empirischer Subjekte ist, ist sie zwar grundsätzlich eine psychologische, keine abstrakt ethisch-normative Größe. Gleichwohl wird der von Weber ins Auge gefaßte motivationale Komplex kapitalistischen Handelns, wenn dabei von einem „in einer letzten, geschlossenen und angebbaren Einheit der Persönlichkeit fundierten Lebensstil" die Rede ist, mit einem beträchtlichen ethischen Selbstanspruch ausgestattet. Die motivationale Struktur, deren genetische Ursprünge Weber aufzuhellen bemüht ist, gehört zu einem Agenten, der an sein Handeln außerordentlich hohe, ja maximale Konsistenzanforderungen stellt. Im Gewand psychologischer Beschreibung wird unverkennbar ein ethisch-normativer Maximalbegriff eingeführt. Maximale ethische Selbstdurchsichtigkeit ihrerseits gedacht als suisuffizienter Motivationsgrund des Handelns – damit ist ein ausgesprochen starker Agent in Anschlag gebracht. Die historische Spurensuche ist eine Suche nach der starken Triebfeder dieses Agenten. Mit dieser Zielbestimmung führt die

---

[90] MAX WEBER: Antikritisches Schlußwort zum „Geist" des Kapitalismus, 297. Den kantischen Hintergrund des Weberschen Ethikbegriffs betont mit Recht HARVEY GOLDMAN: The Problem of the Person in Weberian Social Theory. In: Murray Milgate und Cheryl B. Welch (Hrsg.): Critical Issues in Social Thought. New York 1989, 59–73, hier: 63, vgl. 65.

[91] MAX WEBER: Antikritisches Schlußwort zum „Geist" des Kapitalismus, 296.

[92] AaO., 297.

[93] Ebd.

[94] Vgl.: „[E]s wäre ein erheblicher Irrtum, zu glauben, daß dieser Umstand für die Stellung des Kapitalismus innerhalb der Gesamtkultur: seine Kultur*wirkungen* zunächst, ebenso aber: sein eigenes inneres Wesen und schließlich auch: sein Schicksal, gleichgültig bleiben müsse." Ebd.

Protestantismusschrift ins Zentrum der Soziologie Max Webers, als deren weit-
gespanntes Interesse die Aufklärung der Entstehungs-, Prozedierungs- und
Kontinuierungsbedingungen der Moderne gelten kann. Es läßt sich zeigen, daß
der Agent, dessen Handlungskonstitution die Protestantismusstudie benennt, in
der Religions- und Kultursoziologie Webers insgesamt als ‚normativer' Idealtypus der abendländischen Moderne fungiert.[95]

Systematisch betrachtet lautet die Ausgangshypothese der Protestantismusschrift, die sich im Gang der Studie als ihr Resultat bestätigt: „[A]ls ein Gespenst
ehemals religiöser Glaubensinhalte geht der Gedanke der ‚Berufspflicht' in unserm Leben um." (154) Daß sich die betreffenden religiösen Glaubensinhalte
sehr genau bestimmen lassen, ist Webers Überzeugung. Einen „‚ideal-typischen'
Begriff, ein Gedankengebilde, her[zu]stellen, dem sich die *faktischen* Durch-
schnittsinhalte des Historischen in sehr verschiedenem Grade *annähern*"[96], ist
nicht nur die Aufgabe historischer Begriffsbildung überhaupt, sondern muß hier
auch als möglich gedacht werden. Unverkennbar geht mit dem methodischen
Präzisierungsinteresse die religionspsychologische Auffassung eng einher, daß
dogmatisch formulierte religiöse Vorstellungsgehalte so stark affektiv besetzt
werden können,[97] daß sie für die „Ermittelung der psychologischen *Antriebe, …*

---

[95] Das geht aus typischen Formulierungen hervor, die davon reden, daß die spezifisch verhal-
tensrationalen Folgerungen aus den metaphysischen Vexierfragen des Lebens in „voller Konsequenz" allein die innerweltliche Askese des Puritanismus mit ihrem „Prädestinationsglauben"
gezogen habe (Max Weber: Die Wirtschaftsethik der Weltreligionen. Vergleichende religionssoziologische Versuche, in: Ders: Gesammelte Aufsätze zur Religionssoziologie I [1920] UTB
Studienausgabe, Tübingen 1988, 237–573, hier: 572). Typische superlativische Formulierungen
bezüglich des Puritanismus finden sich auch in Max Weber: Wirtschaft und Gesellschaft, 347.
Vgl. ferner weitere Feststellungen in „Wirtschaft und Gesellschaft" wie: „[D]er rationale ‚Berufs-
mensch', der typische Repräsentant, die rationale Versachlichung und Vergesellschaftung der
sozialen Beziehungen [sind] die spezifische Folge der okzidentalen innerweltlichen Askese im
Gegensatz zu aller anderen Religiosität der Welt." (Max Weber: Wirtschaft und Gesellschaft,
337); vgl. auch bezüglich des modernen Staatsverständnisses: „Wirklich innerlich adäquat ist der
Versachlichung der Gewaltherrschaft – mit ihren rationalen ethischen Vorbehalten … – nur die
Berufsethik der innerweltlichen Askese." (AaO., 362). In Bezug auf das für die Erlösungs-
religionen konstitutive moralische Spannungsverhältnis zu Politik und Wirtschaft stellt Weber
fest: „Der Spannung prinzipiell und *innerlich* zu entgehen, gab es nur zwei konsequente Wege.
Einmal die Paradoxie der puritanischen Berufsethik, welche, als Virtuosenreligiosität, auf den
Universalismus der Liebe verzichtete, alles Wirken in der Welt als Dienst in Gottes, in seinem
letzten Sinn ganz unverständlichen, aber nun einmal allein erkennbaren positiven Willen und
Erprobung des Gnadenstandes rational versachlichte und damit auch die Versachlichung des mit
der ganzen Welt … entwerteten ökonomischen Kosmos als gottgewollt und Material der Pflicht-
erfüllung hinnahm […] Eine eigentliche ‚Erlösungsreligion' war dieser Standpunkt in Wahrheit
nicht mehr. Für eine solche gab es nur die Uebersetzung der Brüderlichkeit zu jener … Mystik".
Max Weber: Die Wirtschaftsethik der Weltreligionen, 546.

[96] Max Weber: Antikritisches Schlußwort zum „Geist" des Kapitalismus, 304.

[97] Weber unterscheidet sich hier von wichtigen Vertretern der zeitgenössischen Religionsphilosophie. Ausdrücklich grenzt er sich von W. James ab; vgl. seine Erklärung, es sei gerade „der
Gedankengehalt einer Religion … von *weitaus* größerer Bedeutung, als z. B. William *James* …
zuzugestehen geneigt ist" (Max Weber: Die protestantische Ethik und der „Geist" des Kapitalismus, 75, Anm. 114). „[Die] Irrationalität …" des Erlebnisses im allgemeinen, des religiösen
Erlebnisses im besonderen, „… hindert nicht, daß es gerade praktisch von der allerhöchsten

welche der Lebensführung die Richtung wiesen und das Individuum in ihr festhielten"[98], eine zentrale Rolle spielen. Wenngleich Weber nicht einmal in den methodologischen Reflexionen seiner Antikritiken dies deutlich genug zu erkennen gibt, so ist doch festzuhalten, daß seine Bestimmung des Umrisses der „betreffenden religiösen Glaubensinhalte" als des gesuchten „‚ideal-typischen' Begriff[s]" systematisch den Begriff der modernen „Berufspflicht" (mit Webers spezifischen Füllungen) voraussetzt. Zwar werden die Einzelzüge des gesuchten religiös-dogmatischen Settings nicht aus ihm deduziert, aber diese Elemente werden so zusammengesucht oder arrangiert, daß sie den funktionalen Bedürf- nissen jenes Leitbegriffs optimal entsprechen. Den in der Protestantismusschrift gegebenen etymologischen Analysen des Berufsgedankens, die diesen auf die lutherische Reformation zurückführen, kommt damit eine grundlegende Funk- tion zu.[99] Auch die Näherbestimmung des gesuchten religiös-dogmatischen Komplexes geschieht anhand der Leitlinie des Gedankens der „Berufspflicht". Sie führt Weber zum „Puritanismus"[100] als dem asketischen Typus des Prote- stantismus. Dabei ist zu beachten, daß dieser Begriff nicht mit der historischen Selbstbezeichnung identisch ist, sondern ebenfalls ein idealtypischer Begriff ist, der sich einer historiographischen Systematisierungsleistung verdankt, die sich an gleichartigen „Erscheinungen der *sittlichen* Lebensführung" (54) orientiert. In wiederum idealtypischer Zuspitzung gelangt Weber zur calvinistischen Prä- destinationslehre als der funktionsadäquaten dogmatischen Selbstauslegungs-

---

Wichtigkeit ist, von welcher *Art* das *Gedanken*system ist, welches das unmittelbar religiös ‚Erlebte' nun für sich, sozusagen, konfisziert und in seine Bahnen lenkt". AaO., 76, Anm. 114.

[98] MAX WEBER: Die protestantische Ethik und der „Geist" des Kapitalismus, 55. Denn religiö- se Vorstellungen, namentlich der religiöse Grundgedanke „an das *Jenseits*" (ebd.), sind mit einer „alles überragende[n] Macht" hinsichtlich der „Lebenspraxis" (ebd.) besetzt. Allerdings können „ähnliche ethische Maximen mit verschiedenen dogmatischen Unterlagen verknüpft" (aaO., 54) sein. Um dies festzustellen, sind allerdings die entsprechenden „dogmatischen Unterlagen" zu rekonstruieren. Der Rekurs auf allgemeine Bestimmungen des religiösen Bewußtseins genügt also nicht. Vgl.: „Es zeigt sich, daß die bloße Tatsache der *Kirchlichkeit* und Gläubigkeit für die Gesamtlebensführung noch nicht von irgend wesentlicher Bedeutung ist: es sind viel *konkretere* religiöse Lebensinhalte, deren Wirkung in der Zeit des Werdens des Kapitalismus ihre Rolle gespielt haben und – in beschränkterem Maße – noch spielen." AaO., 46, Anm. 59.

[99] Vgl.: „Nun ist unverkennbar, daß schon in dem deutschen *Worte* ‚Beruf' ebenso wie in vielleicht noch deutlicherer Weise in dem englischen ‚calling', eine religiöse Vorstellung – die einer von *Gott* gestellten *Aufgabe* – wenigstens *mit*klingt" (MAX WEBER: Die protestantische Ethik und der „Geist" des Kapitalismus, 34). Den religiösen Ursprungsort dieser Konnotation findet Weber in Luthers Bibelübersetzung. Die theologische Qualifikation weltlicher Berufsarbeit ergibt sich aus der Rechtfertigungslehre, aus der die Aufhebung der mittelalterlichen Zweistufenethik folge.

[100] Luthers Berufsbegriff bleibe nämlich „traditionalistisch gebunden" (aaO., 45). Er könne das Potential tätiger Selbstrealisierung des Subjekts, das in ihm steckt, nicht entwickeln, weil die Verhältnisse, in denen sich die Berufsarbeit vollzieht, als gottgegeben gedacht werden. Das ändere sich erst bei den späteren Gestaltungen des Protestantismus, die Weber unter dem Begriff des „asketischen Protestantismus" faßt: „1. der Calvinismus *in der Gestalt*, welche er in den Hauptge- bieten seiner Herrschaft im Lauf insbesondere des 17. Jahrhunderts annahm; 2. der Pietismus; 3. der Methodismus; 4. die aus der täuferischen Bewegung hervorgewachsenen Sekten." (AaO., 53) Diese Gruppierungen kann Weber zusammenfassend auch „Puritanismus" nennen. Vgl. aaO., 54, Anm. 65; vgl. aber 62, 78, 120.

formel des asketischen Protestantismus. Ungeachtet ihrer historisch partikularen Verbreitung sei in der calvinistischen Prädestinationslehre das asketischprotestantische „Schema der Verknüpfung von Glauben und Sittlichkeit ..." in „... der konsequentesten Form" (85f.) gegeben. Weber behauptet also, daß der Prädestinationslehre weniger eine historische, als vielmehr eine systematischlogische Bedeutung für die Reflexionsstruktur des asketischen Protestantismus zukomme.

Diese These von der systematischen Bedeutung der Prädestinationslehre kann Weber nun aber nur aufstellen, weil er eine gedankliche Form des asketisch-protestantischen „Schema[s] der Verknüpfung von Glauben und Sittlichkeit ..." zu benennen vermag, die der prädestinationstheologischen Ausformulierung ihrerseits zugrunde liege: den *Bewährungs*gedanke[n] ...". Dieser Gedanke sei „... als psychologischer Ausgangspunkt der methodischen Sittlichkeit ..." des ‚Puritanismus' zu verstehen und in seiner inneren Logik an der calvinistischen Prädestinationslehre „... in ‚Reinkultur' zu studieren" (ebd.). Mit der Abfolge von Bewährungsgedanken und Prädestinationslehre bringt Weber somit eine zweistufige Gliederung der asketisch-protestantischen Verhältnisbestimmung von Glauben und Handeln in Anschlag. Der Bewährungsgedanke als die innere Reflexionsebene ist als handlungsleitende, praktische Maxime zu denken, deren subjektive Plausibilität auf der äußeren Reflexionsebene dogmatisch bestimmter religiöser Vorstellungszusammenhänge hergestellt wird.

Hier kommt eine religionspsychologische Zusatzüberlegung ins Spiel. Weber nimmt nämlich nicht an, daß jene Vorstellungszusammenhänge den Bewährungsgedanken gewissermaßen von selbst hervorzubringen vermögen. Dies geschieht vielmehr erst dann, wenn zu ihnen ein psychologischer Faktor hinzutritt: das Interesse des Glaubenden am eigenen Heil. Das affektiv besetzte Heilsinteresse erst stattet den Bewährungsgedanken sozusagen mit der Energie aus, die ihn zur praktischen Maxime macht. Allerdings tritt dieses Heilsinteresse des Glaubenden nicht einfach nur abstrakt von außen zur religiös-dogmatischen Reflexion hinzu. Es bezeichnet vielmehr eine bestimmte Weise der subjektiven Rezeption der dogmatischen Gehalte. Die Bestimmtheit dieser subjektiven Rezeption resultiert *zugleich* aus der Bestimmtheit der dogmatischen Inhalte und aus der psychologischen Prädisposition des Subjekts. So sehr diese Prädisposition des Subjekts in der Lehre selbst thematisch werden kann, so wenig kann sie auf den Inhalt der Lehre reduziert werden. Aus dem Wechselspiel von Lehrinhalt und subjektiver Prädisposition resultiert die Bestimmtheit der faktischen, je individuellen religiösen Vollzugspraxis. Diesen Gesichtspunkt der Irreduzibilität der praktischen Selbsttätigkeit des Subjekts bringt Weber in der Form zur Geltung, daß er auf die religionspsychologische Unterscheidung von religiösen Virtuosen und religiösen „Alltagsmenschen"[101] zurückgreift.[102]

Die Faktizität irreduzibel individueller und darin selbsttätiger Aneignung dogmatischer Gehalte ist der präzise Grund, aus dem die Rekonstruktion von dogmatischen Handlungsantrieben sich nicht auf die Rekonstruktion theologischer Lehren, mithin auf Dogmengeschichtsschreibung, beschränken kann, sondern deren Rezeption durch hi-

---

[101] Vgl. aaO., 69.

[102] Harry Liebersohn beklagt den ‚Naturalismus' dieser Erklärung und möchte ihn durch eine eigene ‚historische' Deutung ersetzen. Dabei wird allerdings das für Webers Argumentation entscheidende systematische Argument der notwendigen Unterscheidung von Selbst- und Fremdtätigkeit religiöser Synthesen übergangen. Vgl. HARRY LIEBERSOHN: Fate and Utopia in German Sociology. 1870–1923, Cambridge Mass. 1988, 107.

storische religiöse Individuen zu untersuchen hat. Die Perspektive von Webers Analyse des asketischen Protestantismus ist somit als eine rezeptionsanalytische zu beschreiben.[103] Ihre inhaltliche Durchführung läßt sich nunmehr kurz skizzieren.

Weber setzt ein mit einer Rekonstruktion der calvinistischen Prädestinationslehre. Er nimmt sie auf in der Fassung, die sie in der „Westminster Confession" von 1647 erhalten hat, interpretiert sie dabei aber zugleich unter Rückgriff auf die Theologie Calvins. Die Rekonstruktion als solche ist nicht originell; Weber greift auf seinen dogmengeschichtlichen Gewährsmann M. Schneckenburger zurück.[104] Grundgedanke und systematisches Prinzip der calvinistischen Theologie ist der Gedanke der absoluten Transzendenz und Souveränität Gottes.[105] Aus diesem entwickeln sich – mittels des Anschlußgedankens „finitum non capax infiniti" (72) – die einzelnen Bestimmungen der calvinistischen Theologie: handlungsbestimmter Gottesbegriff, Abwertung der Kreatur, Ausschaltung aller Heilsmittel,[106] darum: Gottunmittelbarkeit[107] und zugleich unendliche Gottesdistanz des Einzelnen, unpersönlich-sachlicher Charakter des Weltumgangs[108] etc. In der Prädestinationslehre reflektiert sich das dunkle Verhältnis des Einzelnen zu Gott: Gott hat jedem einzelnen sein Schicksal vor aller Zeit zugeteilt, läßt ihn aber darüber in einer letzten Unklarheit.

Die Bewährung des Glaubens in den Werken ist für den Glaubenden selbst notwendige Folge, aber nicht objektives Zeichen des Glaubens. Das „für uns entscheidende Problem …" ist dann aber: „… wie wurde diese Lehre *ertragen*"?[109] Der religiöse Virtuose Calvin hat damit kein Problem. „Er fühlte sich als ‚Rüstzeug' und war [sich] seines Gnadenstandes sicher." (69) Bei ihm als dem Produzenten ist die Lehre Explikation seines religiösen Selbstvollzugs. Dem entspricht der dogmatische Gedanke: „Die Gemeinschaft Gottes mit seinen Begnadeten kann … nur so stattfinden und zum Bewußtsein kommen,

---

[103] Darin besteht das Recht der Antikritik von Kaspar von Greyerz und Guy Oakes an Malcolm H. MacKinnon (vgl. MALCOLM H. MACKINNON: Part: I: Calvinism and the Infallible Assurance of Grace. In: British Journal of Sociology 39 (1988), 143–177; DERS.: Part II: Weber's Exploration of Calvinism. AaO., 178–210; DERS.: The Longevity of the Thesis: A Critique of the Critics. In: Hartmut Lehmann, Guenther Roth (Hrsg.): Weber's Protestant Ethic. Origins, Evidence, Contexts (Publications of the German Historical Institute, Washington D. C.), Cambridge 1993, 211–243; vgl. KASPAR VON GREYERZ: Biographical Evidence on Predestination, Covenant, and Special Providence. In: Weber's Protestant Ethic, 273–284, hier: 275; GUY OAKES: The Thing That Would Not Die. Notes on Refutation, in: Weber's Protestant Ethic, 285–294, hier: 290f.

[104] Vgl. MATTHIAS SCHNECKENBURGER: Vergleichende Darstellung des lutherischen und reformierten Lehrbegriffs. Aus dem handschriftlichen Nachlass zusammengestellt und hrsg. v. Eduard Güder, in zwei Theilen, Stuttgart 1855. Vgl. zur Schneckenburgerrezeption Webers: FRIEDRICH WILHELM GRAF: The German Theological Sources and Protestant Church Politics. In: Weber's Protestant Ethic, 27–49, hier: 34ff. Graf weist darauf hin, daß Schneckenburger die kontroverstheologische Dogmengeschichtsschreibung auch schon in einer religionspsychologischen Perspektive biete. Aber die dem zugrundeliegende Einsicht – „theological dogma is only a secondary abstraction of Christian life" (aaO., 37) – ist von der rezeptionstheoretischen Perspektive Webers zu unterscheiden. Gerade der Vergleich mit Schneckenburger kann also deutlich machen, daß in dieser Perspektive das Proprium Webers liegt.

[105] Vgl. MAX WEBER: Die protestantische Ethik und der „Geist" des Kapitalismus, 61.

[106] Vgl. aaO., 62.

[107] Vgl. aaO., 63.

[108] Vgl. aaO., 66f.

[109] AaO., 68. Vgl.: „Die eine Frage mußte ja alsbald für jeden einzelnen Gläubigen entstehen und alle anderen Interessen in den Hintergrund drängen: Bin *ich* denn erwählt? Und wie kann *ich* dieser Erwählung sicher werden?" AaO., 69f.

daß Gott in ihnen wirkt ('operatur') und daß sie sich dessen bewußt werden" (72f.).[110] Für Calvin kann darum feststehen, daß „wir uns an der Kenntnis des Beschlusses Gottes und an dem durch den wahren Glauben bewirkten beharrlichen Zutrauen auf Christus begnügen lassen sollen."[111] „Anders ganz naturgemäß die Epigonen ... und vor allem die breite Schicht der Alltagsmenschen. Für sie mußte die ‚certitudo salutis' im Sinn der *Erkenn*barkeit des Gnadenstandes zu absolut überragender Bedeutung aufsteigen." (69)[112] Denn für sie ist die Lehre nicht Ausdruck ihres Selbstvollzugs, sondern eine Forderung, und eben darum eine Forderung von „pathetische[r] Unmenschlichkeit" (62).

Die bei Calvin als Explikation religiöser Selbstgewißheit gedachte Prädestinationslehre schlage um in deren Gegenteil. Bei den religiösen „Alltagsmenschen" sei die Folge das „Gefühl einer unerhörten inneren *Vereinsamung des einzelnen Individuums*" (ebd.) und daraus resultierend ein kolossaler Heilsegoismus: „die Stimmung des im Grunde allein mit sich selbst beschäftigten, allein an sein eigenes Heil denkenden puritanischen Gläubigen" (64f.). Auf diesen aus der Wirkung der *incertitudo salutis* resultierenden Druck reagiere nun die Lehrbildung bei den „Epigonen". Die Prädestinationslehre wird signifikant korrigiert. „[R]astlose Berufsarbeit" wird „als hervorragendstes Mittel", „um jene Selbstgewißheit zu *erlangen*, ... eingeschärft. Sie und sie allein verscheuche den religiösen Zweifel und gebe die Sicherheit des Gnadenstandes." (71) „Nur ein durch *konstante Reflexion* geleitetes Leben ... kann als Überwindung des status naturalis gelten." (78)

Damit sind der „Realgrund" und der „Erkenntnisgrund"[113] der Heilsgewißheit reflexionstheoretisch auseinandergerückt; praktisch werden sie jedoch identisch. Die Autonomie des Subjekts in einer psychologischen Füllung als „unbedingte Selbstbeherrschung" (ebd.) wird zum bestimmenden Prinzip von dessen Selbstvollzug. „Descartes'

---

[110] In der 2. Auflage hat Weber diese im Medium des Handelns sich ausarbeitende Heilsbewährung als „Werkzeug"-gefühl beschrieben und dieses typologisch einem – tendenziell das Luthertum kennzeichnenden – „mystischen" „Gefäß"-Bewußtsein entgegengesetzt, vgl. aaO., 183, vgl. 190, Anm. 303, 315.

[111] AaO., 69, vgl. 70.

[112] Zum Bild des religiösen Virtuosen in der Urfassung der *Protestantischen Ethik* vgl. auch: „Der religiöse Genius, wie Luther, lebte in dieser Luft freier Weltoffenheit unbefangen und, – solange die Kraft seiner Schwingen reichte! – ohne Gefahr des Versinkens in den ‚status naturalis'." (AaO., 87) Später hat Weber den Virtuosenbegriff etwas anders besetzt selbst auch verwendet. Der religiöse Virtuose ist in der 2. Auflage der *Protestantischen Ethik* der idealtypische religiöse Praktikant, vgl.: „Der religiöse Virtuose kann seines Gnadenstandes sich versichern *entweder*, indem er sich als Gefäß, *oder*, indem er sich als Werkzeug göttlicher Macht fühlt. Im ersten Fall neigt sein religiöses Leben zu mystischer Gefühlskultur, im letzteren zu asketischem *Handeln*. Dem ersten Typus stand Luther näher, dem letzteren gehörte der Calvinismus an." (MAX WEBER: Die protestantische Ethik und der „Geist" des Kapitalismus, 183) Die hier eingebrachte Unterscheidung zwischen religiösen Ursprungsvirtuosen und gewissermaßen sekundärreligiösen Rezipienten ist als der Ursprung von Webers späterer Charismalehre und etwa auch als der seines (späteren) Begriffs der Prophetie anzusehen. Zum Epigonenbegriff vgl. auch aaO., 140, Anm. 277; 142, Anm. 282.

[113] Die Terminologie von Real- und Erkenntnisgrund findet sich in Webers *Antikritischem Schlußwort* (aaO., 307) in folgendem Zusammenhang: Von grundsätzlicher Bedeutung sei, daß „der Calvinismus in seiner Entwicklung seit der letzten Zeit des 16. Jahrhunderts (und ähnlich das Täufertum) in dem Gedanken der Notwendigkeit asketischer *Bewährung*, im Leben überhaupt und speziell auch im Berufsleben, als subjektiver Verbürgung der certitudo salutis (also nicht als *Realgrund*, sondern als einer der wichtigsten *Erkenntnis*gründe der eigenen Bestimmung zur Seligkeit) eine sehr spezifische ... psychische Prämie für die asketische Lebensmethodik, die er forderte, schuf."

‚cogito ergo sum' wurde in *dieser ethischen* Umdeutung von den zeitgenössischen Puritanern übernommen." (Ebd.) Dabei wird die Autonomie des Subjekts als Zielbestimmung von dessen Selbstvollzug gedacht und zugleich dafür praktisch immer schon in Anspruch genommen. Im Medium seiner „methodischen Erfassung" (79) unternimmt es das Handlungssubjekt, sich „zu einer ‚Persönlichkeit' in *diesem* formal-psychologischen Sinne zu *erziehen.*" (Ebd.) Dies geschieht, indem es die Materialien heteronomer Lebensführung, die Triebe, die Sinnlichkeit, das Gefühl wegzuarbeiten sucht. Die „Vernichtung der *Unbefangenheit* des triebhaften Lebensgenusses" (ebd.) ist das Ziel dieser Praxis, die eben darum „ihren spezifisch *asketischen* Zug" (78) bekommt. Da diese asketische Praxis, wie Weber im Schlußkapitel seiner Studie zeigt, mit der Handlungslogik kapitalistisch-zweckrationalen Handelns phänomenologisch und psychologisch identisch ist, kann sie als diejenige Handlungslogik zu stehen kommen, aus der das moderne Berufshandeln die ihm entsprechende Antriebsstruktur empfängt.

In diese Argumentationsfigur werden nun die übrigen Denominationen des asketischen Protestantismus durch ein Analogieargument eingeschlossen. Weber geht ja, wie gesagt, davon aus, daß der Bewährungsgedanke, der das Ethos des asketischen Protestantismus bestimmt, nicht notwendig das reflexive Resultat der Prädestinationslehre sein muß. An ihre Stelle könne ein funktionales Äquivalent treten, „eine Art Surrogat"[114]. Insbesondere leitet das Täufertum den Bewährungsgedanken nicht aus der Prädestinationslehre ab, sondern aus einer bestimmten Fassung des Offenbarungsbegriffs. Darüber hinaus entwickelt die einmal etablierte Lebensform in Webers Augen eine solche Plausibilität, daß sie auch dort kontinuiert, wo ihre dogmatische Begründung aus dem Blick verloren ist, wo mithin von einem „Absterben des Prädestinationsdogmas"[115] zu sprechen ist. Der Surrogatgedanke ermöglicht es damit aber gerade, daß die idealtypisch rekonstruierte Prädestinationslehre ihre systematische Spitzenstellung innerhalb der Funktionslogik des Idealtypus behält, auch wenn der historische Befund ein anderes lehrt.

Die genaue Rekonstruktion des inneren Funktionsmechanismus der „innerweltliche[n] Askese"[116], dessen Idealtypus der Webersche „Puritanismus" ist, zeitigt ein überraschendes Resultat. Die Konstitution der rationalen Lebensführung, mithin des Agenten der Moderne, basiert auf einer strukturellen Diskrepanz. Außen- und Innenbild stimmen in bestimmter Hinsicht nicht zusammen. Die Stärke des Agenten nach außen, nämlich seine Fähigkeit zur ‚rationalen

---

[114] MAX WEBER: Die protestantische Ethik und der „Geist" des Kapitalismus, 108, vgl. 97. Diese für die argumentative Linienführung der *Protestantischen Ethik* m. E. zentrale Beobachtung wird, wenn ich recht sehe, von der neueren Forschung weithin übersehen (vgl. aber GIANFRANCO POGGI: Historical Viability, Sociological Significance, and Personal Judgment. In: Weber's Protestant Ethic, 295–304, hier: 295f.). K. von Greyerz' historischer Nachweis, daß neben der Prädestinationslehre die Vorsehungslehre von mindestens ebenso großer praktischer Bedeutung für die in Rede stehenden religiösen Praktikanten war, trifft somit nicht den Nerv von Webers Argumentation (vgl. KASPAR VON GREYERZ: Biographical Evidence on Predestination, Covenant, and Special Providence, 276; vgl. DERS.: Vorsehungsglaube und Kosmologie. Studien zu englischen Selbstzeugnissen des 17. Jahrhunderts [Veröffentlichungen des Deutschen Historischen Instituts London, Vl. 25], Göttingen – Zürich 1990). Allerdings ist zuzugeben, daß Weber den systematischen Sinn und die systematische Position der Prädestinationslehre in seinem Begriff des Puritanismus nicht deutlich offen gelegt hat.

[115] MAX WEBER: Die protestantische Ethik und der „Geist" des Kapitalismus, 105, Anm. 189; vgl. 108.

[116] MAX WEBER: Wirtschaft und Gesellschaft, 332, 726 u. ö.

Lebensführung', ist Funktionsprodukt einer fundamentalen inneren Schwäche: der Heilsangst. Die nach außen hin starken Agenten sind von innen her gesehen schwache Epigonen. Daß im Ursprungsagenten der Moderne, wie Max Weber ihn konstruiert, ein epigonales Bewußtsein steckt und zwar als dessen geheime Triebfeder, ist ein, so weit ich sehe, in der Weberforschung noch zu wenig beachteter Sachverhalt. Nicht der starke religiöse Individualvirtuose – Calvin – ist der Ursprungsagent der Moderne, sondern die ihre innere Schwäche kompensierenden *Epigonen* sind es. Die innerweltliche Askese der ‚Puritaner' ist ein epigonales Kompensationsprodukt; die systematische Wurzel der „rationalen Lebensführung" der Moderne liegt in einer hochprekären Kompensationsleistung.[117]

Genuin moderne Subjektivität, so läßt sich Webers Theorem zusammenfassen, ist sich unendlich an ihrer Selbstkonstitution abarbeitende Subjektivität. Sie entsteht aus einem – psychologischen – Vergleich ihres empirischen Seins mit ihrem kategorischen Sollen. Es sind unverkennbar kantische Kategorien, in denen hier gedacht wird. Die Epigonen unterscheiden sich vom Ursprungsvirtuosen eben darin, daß sie auf jene Differenz reflektieren und sich an ihr in virtueller Unendlichkeit abarbeiten.

In dieser virtuell unendlichen Abarbeitung zeigt sich nun aber eine hintergründige Strukturanalogie zum methodischen Tun des Sozialwissenschaftlers. Die Daueraufgabe, der sich beide unterziehen, ist die Schließung der Differenz von Normbegriff und historisch-psychologischer Wirklichkeit. Sozialwissenschaftliche Begriffsarbeit ist der Inbegriff jener inneren Totalvergesellschaftung des Subjekts, des genuin modernen Ethos, das alle Lebensbereiche des Individuums unter die Vollzugslogik von „Berufspflicht" subsummiert;[118] dessen Konstitutionslogik hat die *Protestantische Ethik* aufgedeckt. Nicht erst in den dezisionistischen Gesellschaftstheorien der zwanziger und dreißiger Jahre, sondern schon bei Max Weber ist für den Agenten der Moderne die „totale Mobilmachung"[119] kennzeichnend, die der kontemplativen Haltung des Zuschauers den Krieg erklärt. Der durchaus signifikante Unterschied zwischen Max Weber und den Theoretikern der radikalen Weimarer Kriegsgeneration ist allerdings darin zu sehen, daß bei Weber das Bewußtsein um den prekären Zustand moderner Handlungssubjektivität präsent bleibt. Die wissenschaftlich-deskriptive Interpretation kultureller Wirklichkeit und ihre normativ-praktische Kontinuierung in Gestalt kultureller Wertsetzungen, letztlich von Politik, bleiben methodisch scharf getrennt. So sehr wissenschaftliche Arbeit selbst unter die Kategorien der

---

[117] Nur festzustellen, aber nicht näher zu erörtern, ist hier der schon terminologische Zusammenhang zwischen Webers Selbsteinschätzung seiner Generation als Epigonengeneration und dieser Innenstruktur seines Moderne-Agenten.

[118] Die psychopathologischen Folgen dieses Arbeitsethos sind an Webers Biographie gut ablesbar. Die mehrjährige Depression, die er um die Jahrhundertwende erleidet, ist eine Krise, die zumindest der Schilderung Marianne Webers nach sehr eng mit dem „Gefühl …" zu tun hat, „… daß uns allen … nur der *Beruf*smensch für voll gälte." MARIANNE WEBER: Max Weber. Ein Lebensbild, mit einem Essay von Günther Roth, München – Zürich 1989, 274.

[119] ERNST JÜNGER: Die totale Mobilmachung, 13f.

Dauermobilisierung fällt, so wenig geschieht sie im Glauben, den Agenten der Moderne erzeugen zu können. Der Agent der Moderne, auf den Weber reflektiert, ist vielmehr, wie gesagt, einer, der von der voll ausgebildeten Moderne zum Verschwinden bestimmt ist. Im Unterschied zu der radikalen Weimarer Kriegsgeneration hat Weber diese Einsicht aber gerade nicht daran gehindert, die begrenzten Gestaltungsräume der modernen Weimarer Demokratie zu nutzen. Die verdeckte Kontemplativität, nämlich die demokratische Passivität, die dem pathetischen Heroismus so vieler Vertreter der Weimarer Kriegsgeneration eigen ist, findet sich bei ihm noch nicht.

3. Radikale politische Konstruktionen des starken Agenten der Moderne: Georg Lukács und Carl Schmitt

Außer ihrer Gegnerschaft zur liberalen Demokratie von Weimar scheinen Georg Lukács und Carl Schmitt auf den ersten Blick nicht viel miteinander gemein zu haben. Unternimmt Georg Lukács eine geschichtsphilosophische Legitimierung der kommunistischen Partei, so zielt C. Schmitt auf eine verfassungstheoretische Überwindung der Weimarer Republik gleichsam mit ihren eigenen Mitteln, und die Ersetzung der parlamentarischen Demokratie durch eine Präsidialdiktatur,[120] nach 1933 dann durch den nationalsozialistischen Führerstaat.[121] Läßt sich der Theorieapparat des einen – Lukács – umrißweise als eine marxistisch filtrierte Neuauflage der großen geschichtsphilosophischen Emanzipationstheorien der Moderne, insbesondere Hegels, bezeichnen,[122] so beruft sich der andere auf eine konservative Gegenlinie zum säkularisierten Chiliasmus der Neuzeit. Wechselseitig beurteilen sie die Zielsetzung des jeweils anderen nicht etwa schlicht als divergierende Option, sondern als Projekt, das den eigenen fundamentalen Absichten zerstörerisch entgegenwirkt.[123] Unbeschadet dessen lassen nun aber beide auch deutlich theoretische Sympathien

---

[120] Vgl. schon die frühen Überlegungen Schmitts zu § 48 der Weimarer Reichsverfassung, aus dem Schmitt ableitet: „Der Reichspräsident kann danach *alle* erforderlichen Maßnahmen treffen, wenn sie nur, seinem Ermessen gemäß, nach Lage der Sache erforderlich sind." (CARL SCHMITT-DOROTIC: Die Diktatur [1921], 201) Grundgedanke ist dabei die Unterscheidung von Parlamentarismus als Kind des „Liberalismus" einerseits und Demokratie andererseits. Vgl.: CARL SCHMITT: Der Gegensatz von Parlamentarismus und moderner Massendemokratie (1926). In: Ders.: Positionen und Begriffe im Kampf mit Weimar – Genf – Versailles 1923–1939. Berlin (1940), Nachdr. 1988, 52–66, hier: 59.

[121] Einschlägig ist in diesem Zusammenhang die Schrift, in der Schmitt die Maßnahmen der NSDAP-Führung gegen den „Röhm-Putsch" rechtfertigt: CARL SCHMITT: Der Führer schützt das Recht (1934). In: Ders.: Positionen und Begriffe im Kampf mit Weimar – Genf – Versailles 1923–1939, 199–203.

[122] Diese Theorietradition wird bei Lukács allerdings, wie zu zeigen sein wird, charakteristisch zugespitzt und zugleich gebrochen.

[123] Vgl. Lukács' Einordnung Schmitts in: GEORG LUKÁCS: Die Zerstörung der Vernunft (1952). Georg Lukács Werke Bd. 9, o. O. 1962, 567ff. Vgl. umgekehrt für C. Schmitt die These, daß „marxistische Sozialisten" sich maßgeblich am „Kampf gegen das Politische" beteiligten. CARL

füreinander erkennen.[124] Zu einem guten Teil beruht die Sympathie auf gemeinsamen Gegnerschaften. Überein kommen sie in wesentlichen Grundzügen
ihrer Diagnose der Moderne, alias der bürgerlich-liberalen Gesellschaft. Beide
beziehen sich dabei auf Max Weber.[125] Beide sind politisch antiparlamentarisch,
antiliberal eingestellt. Beide sehen im politischen Liberalismus die Frucht eines
abstrakt-technizistischen Denkens, betrachten den Weimarer Verfassungsstaat
als die Realisierung der von Weber beschriebenen Mutation des Staates zum
ökonomisch-kapitalistischen „Betrieb".[126] Beide halten die gesellschaftlich-po-
litische Wirklichkeit von Weimar für den Inbegriff und das sichtbare Zeichen
eines Prozesses von Mechanisierung und Entpersonalisierung, in welchem sich
die Moderne gegen sich selbst, wenigstens gegen den von ihr selbst proklamier-
ten Anspruch wendet, und in dem Freiheitsinteressen in den mechanischen
Abhängigkeitsgefügen von Großmaschinen stillgestellt werden. Gegen die aus
beider Sicht in der Weimarer Demokratie manifest gewordene Tendenz der Moderne zur Totalisierung einer rein zweckrationalen, darum mechanischen Vernunft sucht Lukács wie Schmitt eine Gegenkonzeption zu entwickeln, die nicht
auf Modifikation oder gar Akzeptanz der ideellen und politisch-rechtlichen
Grundoptionen der liberalen Weimarer Demokratie hinausläuft, sondern auf
deren strukturelle Überwindung. In dieser der Sache und Tendenz nach revolutionären Haltung gegenüber einer (aus ihrer Sicht) in die Krise geratenen
Moderne gründet der radikal-polemische Zug, der den Theorien beider anhaftet, ihre Neigung zur Bildung von polemischen Begriffen. Freilich verstehen
sich beide Autoren zugleich dezidiert als politische Denker, deren gesellschafts-
politische Programme zwar revolutionäre Absichten verfolgen, die aber doch
zugleich auch evolutionär an die nun einmal gegebenen politischen Verhältnisse
der Weimarer Republik Anschluß zu gewinnen suchen.

   Genau dies ist das den beiden so verschiedenen Denkern gemeinsame Grund-
muster: beide versuchen praktisch-politische Optionen aus Theoriestrategien
abzuleiten, die an geschichtsphilosophischen oder gesellschaftstheoretischen
Letztbegründungen orientiert sind. Beide zielen in ihrem wissenschaftlichen
Œuvre, kurz gesagt, auf die ebenso theoretisch anspruchsvolle wie mit konkreten
praktischen Realisierungsansprüchen ausgestattete Gründung eines kollektiven

---

SCHMITT: Politische Theologie. Vier Kapitel zur Lehre von der Souveränität (1922), 6. Aufl.
Berlin 1993, 68.
   [124] Vgl. unter diesem Gesichtspunkt die Darstellung Schmitts in Lukács' „Die Zerstörung der
Vernunft". AaO.
   [125] Zum Verhältnis Max Weber – Georg Lukács, vgl. die Beiträge von Dirk Käsler, Eva Karádi
und Michael Th. Greven in: UDO BERMBACH, GÜNTER TRAUTMANN (Hrsg.): Georg Lukács. Kultur
– Politik – Ontologie, Opladen 1987, 74–123; zum persönlichen Verhältnis vgl. besonders den
Beitrag von DIRK KÄSLER: Max Weber und Georg Lukács'. Episoden zum Verhältnis von ‚bürgerlicher' und ‚marxistischer' Soziologie, aaO., 86–96, vgl. auch: PAUL HONIGSHEIM: Erinnerungen
an Max Weber. In: KZSS 1963, Sonderheft 7: Max Weber zum Gedächtnis, 161–272, hier: 186f.
   [126] Vgl.: „Der moderne Staat scheint wirklich das geworden zu sein, was Max Weber in ihm
sieht: ein großer Betrieb." CARL SCHMITT: Politische Theologie (1922), 69. Vgl. GEORG LUKÁCS:
Geschichte und Klassenbewußtsein, 187.

revolutionären Handlungssubjekts. Beide erheben für ihr jeweiliges Handlungssubjekt den absoluten Geltungsanspruch, das einzig denkbare und realitätsfähige Handlungssubjekt der Moderne zu repräsentieren. Grundbegriffliche Reflexion und praktisch-politischer Anspruch kommen darin zusammen, daß der Bedingungszusammenhang allen Handelns, auf den die grundlagentheoretische Reflexionsarbeit zielt, und das praktische Handeln des Subjekts der Moderne selbst gleichursprünglich konzipiert werden. Das Handlungssubjekt der Moderne *erzeugt* seinen eigenen Realisierungszusammenhang. Beide Theorien können von daher und in diesem Sinne als transzendental-praktische Theorien bezeichnet werden. Das ist, wie behauptet wurde und sich zeigen wird, die radikalmoderne Theoriestruktur aller fünf in dieser Untersuchung analysierten Entwürfe. Daß sich ‚das Politische' als Kodierung von Gesellschaft wie kein anderes partielles Segment dazu eignet, als Matrix solcher transzendental-praktischer Theorien zu fungieren, dürfte evident sein. Darum eignen sich die eminent politischen Entwürfe von Lukács und Schmitt besonders gut, hier den Anfang des Theorietableaus zu machen. Die formale Gemeinsamkeit beider Theorien besteht dieser Theoriekonstellation entsprechend darin, daß beide ihren politischen Agenten genau so konstruieren, daß in ihm Innenverhältnisse, mithin sein ‚Bewußtsein', und Außenverhältnisse, nämlich seine politische Handlungspotenz, zur Deckung gebracht sein sollen.[127] Durch diese Deckungsgleichheit von Bewußtsein und Handlungspotenz ist das starke Subjekt der Moderne in beiden Fällen konstitutiv ausgezeichnet. Und eben darin unterscheiden sich beide Theoretiker von ihrem modernitätstheoretischen Gewährsmann Max Weber.

---

[127] Klaus Tanner hat im Hinblick auf maßgebliche Staatsrechtslehren der zwanziger Jahre, namentlich für R. Smend und H. Heller, das grundlegende Interesse an einem Staatsbegriff herausgearbeitet, nach welchem der Staat „zum starken Subjekt" von „Einheitsstiftung und Festlegung substantieller Verbindlichkeit" werden sollte (vgl. KLAUS TANNER: Die fromme Verstaatlichung des Gewissens. Zur Auseinandersetzung um die Legitimität der Weimarer Reichsverfassung in Staatsrechtswissenschaft und Theologie der zwanziger Jahre [Arbeiten zur kirchlichen Zeitgeschichte, hrsg. v. Georg Kretschmar und Klaus Scholder; Reihe B: Darstellungen, Bd. 15], Göttingen 1989, 124). Damit suchen die Staatsrechtslehrer nach Tanner zu reagieren auf das „aus dem Ausdifferenzierungsprozeß der modernen Kultur resultierende Krisenbewußtsein und die Klage über den zersetzenden Pluralismus und Individualismus" (ebd.). Dem diagnostischen Gehalt dieser Beschreibung schließt sich die hier vorgelegte Studie an; was deren analytische Begrifflichkeit angeht, setzt sie jedoch einen anderen Akzent. Für die hier untersuchten Autoren ist die Rede von einem Interesse an der „Festlegung substanzieller Verbindlichkeit" zu problematisieren (vgl. etwa E. Hirschs präskriptive Behauptung, der „Staat verwirklich[e] einen bestimmten geschichtlich-sittlichen Gehalt" [EMANUEL HIRSCH: Staat und Kirche im 19. und 20. Jahrhundert. Göttingen 1929, 45, vgl. 39]). Solche Auskünfte sind bei den hier untersuchten Autoren aus meiner Sicht gerade nicht als schlichte konservative Substanzaffirmationen gegen eine individualistisch-pluralistische Handlungssubjektivität der Moderne zu lesen. Vielmehr soll zumindest für die hier untersuchten Theoretiker gezeigt werden, daß sich solche Redeweisen und Interessen einer der Sache und dem Anspruch nach ‚transzendentalen' Suchbewegung nach den bedingenden Voraussetzungen individueller Handlungssubjektivität im gesellschaftlichen Raum verdanken. Allerdings führt diese Suche, – darin ist Tanner im Ergebnis völlig recht zu geben – bei allen hier im Vorfeld der eigentlichen Studie untersuchten Autoren zu einem Ausspielen des ‚transzendentalen', kollektiven Handlungssubjekts gegen die individuellen Subjekte.

3.1. Die Erzeugung der Erzeugung: Georg Lukács' Theorie des proletarischen Klassenbewußtseins

Der theoretische Anspruch von Georg Lukács' unter dem Titel „Geschichte und Klassenbewußtsein" gesammelten „Studien über marxistische Dialektik"[128] von 1922 reicht hinab in die Tiefen transzendentalphilosophischer Letztbegründung. Ausdrücklich soll es „[l]etzten Endes ..." um nichts Geringeres gehen als darum, „... das Subjekt des ‚Erzeugers' zu erzeugen"[129]. Das so ins Auge gefaßte Programm stellt sich ausdrücklich in die Nachfolge Kants und Fichtes und kann als eine durch Emil Lask beeinflußte politisch-praktische Wendung neukantianischer Philosophie gelesen werden.[130] Es zielt darauf ab, „das Subjekt der ‚Tathandlung'" [im Sinne Fichtes] aufzuzeigen" (228). Gleichwohl ist der hier mindestens implizit erhobene Systemanspruch wiederum charakteristisch gebrochen. Das zeigt schon die literarische Form des Werkes, das eine Aufsatzsammlung darstellt. Der Gelegenheitscharakter der Schriften paßt besser zu den − wenigstens seinem Selbstanspruch nach praktisch-politischen Absichten des Sammelwerkes, dessen Reflexionen in einem Aufsatz gipfeln, der überschrieben ist: „Methodisches zur Organisationsfrage" (452) − gemeint ist: zur Organisation der kommunistischen Partei. Daß dieser Aufsatz das eigentliche Ziel des Gesamtbandes enthält, geht auch daraus hervor, daß er eigens für den Sammelband verfaßt wurde. Beides − transzendentalphilosophischer Aufweis des ‚Subjekts des Erzeugers' und Reflexion auf die praktische Organisationsfrage der kommunistischen Partei − gehört zusammen. „Denn die Einheit von Subjekt und Objekt, von Denken und Sein, die die ‚Tathandlung' nachzuweisen und aufzuzeigen unternahm, hat tatsächlich ihren Erfüllungsort und ihr Substrat in der Einheit von Genesis der Gedankenbestimmungen und von Geschichte des Werdens der Wirklichkeit. Diese Einheit kann aber nur dann als begriffene Einheit gelten, wenn in der Geschichte nicht bloß auf den methodischen Ort der Auflösbarkeit all dieser Probleme hingewiesen wird, sondern das ‚Wir', das Subjekt der Geschichte, jenes ‚Wir', dessen Handlung die Geschichte wirklich ist, *konkret* aufgezeigt werden kann." (262)

Das Erscheinungsjahr von Schlußaufsatz und Sammelband − 1922 − ist selbst von Bedeutsamkeit für Gestus und Gestalt der hier gebotenen Theorie. Unter dem nicht von der Hand zu weisenden Eindruck, daß die Revolution fürs Erste gescheitert ist, sammelt Lukács seine während und unmittelbar nach den Umsturzversuchen verfaßten Texte und formiert sie damit neu. „Geschichte und Klassenbewußtsein" ist seinem Selbstanspruch nach das Programm eines kom-

---

[128] GEORG LUKÁCS: Geschichte und Klassenbewußtsein. Es handelt sich dabei um Aufsätze, die zwischen 1919 und 1922 entstanden sind.

[129] GEORG LUKÁCS: Geschichte und Klassenbewußtsein, 254. Die in den Text eingefügten Seitenzahlen beziehen sich im Folgenden auf dieses Werk.

[130] Die theoriegeschichtliche Abkunft von Emil Lask betont im Anschluß an Karl Korsch: URSULA APITZSCH: Gesellschaftstheorie und Ästhetik bei Georg Lukács bis 1933 (problemata 50), Stuttgart-Bad Cannstatt 1977, 92.

munistischen ‚Marsches durch die Institutionen' der inzwischen etablierten Weimarer Republik. Gemessen an diesem Anspruch allerdings fällt auf, daß das Buch sich mit den empirischen Verhältnissen der Weimarer Demokratie und mit den konkreten politischen Verhaltensoptionen einer kommunistischen Partei unter ihren Bedingungen so gut wie überhaupt nicht beschäftigt. Unbeschadet ihrer pragmatisch-politischen Zielsetzung und der Tatsache, daß sie den Begriff des geschichtlich Konkreten, näherhin der „konkreten Totalität"[131], geradezu wie eine Monstranz vor sich herträgt, ist Lukács' Aufsatzsammlung eine von ihren konkreten geschichtlichen und politischen Rahmenbedingungen in hohem Maße abstrahierende Theorie. Genau darum geht es aber dem Autor: Das ins Auge stechende Defizit empirisch-praktischer Orientierung soll gerade als bloß vermeintliches Defizit, nämlich als Produkt des ‚falschen Bewußtseins' erkannt und durch eine Theorie ersetzt werden, die den Anspruch erhebt, zugleich theoretisch tiefgründiger und praktisch perspektivenreicher als eine ‚bloß' empirische, an den „Tatsachen des gesellschaftlichen Lebens" (69) orientierte Theorie zu sein. Der intentionale Agent soll damit von allen reaktiven Verhaltensmustern und den ihnen inhärenten Resignationstendenzen befreit und zu wahrhaft aktivem Verhalten – nämlich (wie gesagt): mit dem eigenen Handeln zugleich die Bedingungen der Möglichkeit dieses Handelns setzendem Verhalten – befreit werden. Der für Lukács' Theorie konstitutive intentionale Ausgriff auf die „Totalität" (ebd.) von Geschichte und Gesellschaft ist somit im Rahmen des Projekts zu sehen, die geschichtlich-gesellschaftliche Wirklichkeit insgesamt als Raum handelnder Selbstauslegung des intendierten Agenten der Moderne zu begreifen.

Prägnanter als der Titel der Aufsatzsammlung es selbst tut, kann man ihre Absicht nicht formulieren; theoretisch und praktisch synthetisiert werden sollen „Geschichte und Klassenbewußtsein". Bedingung der Möglichkeit dieser Synthese ist ihre Einheit. Das soll heißen, es ist zu zeigen, daß selbstdurchsichtiges Handeln, das allein geschichtsmächtig genannt zu werden verdient, nur als Klassenbewußtsein, näherhin als proletarisches Bewußtsein zu denken und zu praktizieren sei. Wenn die (Re-)Konstruktion des proletarischen Klassenbewußtseins somit auf eine Klasse zielt, die „zugleich Subjekt und Objekt der Erkenntnis" (60) ist, dann wird hier eine Theorie zu entwickeln versucht, die als Geschichtsphilosophie zugleich transzendentale Handlungs- und Erkenntnistheorie sein will. Intendiert wird mit dem proletarischen Klassenbewußtsein ein Handlungsbewußtsein, nämlich ein „Akt des Bewußtwerdens[, der] mit dem Handeln selbst wesentlich und wirklich verknüpft" (ebd.) ist. Indem dieses Handlungsbewußtsein konstruiert wird, soll „eine Einheit von Theorie und Praxis möglich" (ebd.) werden. Die Theorie selbst, näherhin „die dialektische Methode ...", soll in ihrem „... praktische[n] Wesen" (59) durchsichtig und so zum „Vehikel der Revolution" (ebd.) werden können.[132] Illustrativer Gegenbegriff

---

[131] GEORG LUKÁCS: Geschichte und Klassenbewußtsein, 69, 71f., 126 u. ö.
[132] Vgl.: „Die materialistische Dialektik ist eine revolutionäre Dialektik [...] Es handelt sich dabei um die Frage von Theorie und Praxis." AaO., 59.

dieser ihrem impliziten Anspruch nach praktisch-transzendentalphilosophischen Bemühung, „das Subjekt des ‚Erzeugers‘ zu erzeugen" (254), ist der Begriff der „Kontemplation"[133]. Die kapitalistische Moderne, um deren Aufhebung es geht, produziere „den *kontemplative[n]* Charakter des kapitalistischen Subjektverhaltens" (191); sie macht sowohl die ‚Herren‘, als auch die ‚Knechte‘ zum „einflußlosen Zuschauer" (180). Und auch die fortgeschrittensten Theoriegestalten der bürgerlichen Philosophie, Kants praktische Philosophie, selbst Fichte, leiden aus Lukács’ Sicht noch an ihrem „theoretisch-kontemplativen" (232) Charakter, d. h. an der unaufgehobenen Differenz von philosophischer Reflexion und gesellschaftlicher Wirklichkeit.[134] So wird Webers Schwellendiagnose der Moderne nach Inhalt und Form von Lukács sozusagen über die Schwelle geschoben; die Tür des ‚stahlharten Gehäuses‘ fällt ins Schloß.

In einer gewissen Spannung zu dem revolutionären Anspruch, den diese Theorie erhebt, steht der Sachverhalt, daß ihr Autor seine Überlegungen weniger als revolutionäre Neuerung, denn als bestimmte Fortschreibung einer Theorietradition präsentiert, nämlich der Philosophie von Karl Marx. Daß er diesen unter starker Bezugnahme auf Hegel liest (und theoriegeschichtlich geurteilt: in wesentlichen Zügen von diesem her korrigiert), verschlägt nichts gegenüber diesem, wie es scheint, interpretativen und epigonalen Gestus, den sich die Theorie gibt. Aber dieser Gestus kann durchaus als Teil des Programms und seiner revolutionären theoretischen Innovationsansprüche verstanden werden. Das gewissermaßen positivistische Moment in der Bezugnahme auf die Marxsche Philosophie stellt die theoretische Entsprechung zu dem Grundgedanken dar, daß sich die Theorie als intentionale Selbstdurchsicht eines empirischen Trägersubjekts, eben des Proletariats, präsentieren möchte. Die marxistische Philosophie (und diese als Weiterentwicklung der Hegelschen Dialektik) fungiert als das geschichtlich-reflexive Bewußtsein des proletarischen Klassenbewußtseins, das der Agent der Moderne sein soll. Umgekehrt gesagt: die Hegel-Marxsche Philosophietradition kommt als der genetische Entstehungszusammenhang desjenigen Bewußtseins zu stehen, dessen aktuelle theoretisch-praktische Präsentation Lukács in seiner Aufsatzsammlung bieten will. So wird auch in dieser Hinsicht versucht, das epigonale Bewußtsein der Weberschen Moderne positivprogrammatisch zu wenden und darin zu überbieten.

Marx’ Hegelkritik schließt Lukács sich erklärtermaßen an. Unbeschadet aller gegenteiligen Bemühungen seien bei Hegel philosophische Reflexion und geschichtlich-politische Praxis nicht wahrhaft zur Deckung gebracht; darum werde in der Hegelschen Philosophie auch keine wirkliche Durchsicht der Bedingungen geschichtlich-handelnder Subjektivität erreicht.[135] Gegenüber dieser

---

[133] Vgl. aaO., 110, 179, 194, 229–232 u. ö.

[134] Vgl. aaO., 229f.

[135] Vgl. die von Lukács zitierte Hegelkritik von Marx: „Der Philosoph erscheint ... nur als Organ, in dem der absolute Geist, der die Geschichte macht, nach Ablauf der Bewegung nachträglich zum Bewußtsein kommt ...[,] die wirkliche Bewegung vollbringt der absolute Geist unbewußt. Der Philosoph kommt also post festum." (AaO., 81; vgl. Karl Marx, Friedrich Engels: Die heilige Familie oder Kritik der kritischen Kritik. Gegen Bruno Bauer und Konsorten, 1845, Karl Marx, Friedrich Engels Werke, hrsg. v. Institut für Marxismus-Leninismus beim ZK der SED, Bd. 2, Berlin 1974, 5–223, hier: 90). Vgl.: „Hegel vermochte nicht zu den wirk-

doch prinzipiellen Hegelkritik, gibt sich Lukács' Marxkritik eher graduell. Marx habe es lediglich versäumt, seine sachlich völlig zutreffenden Analysen konsequent zu Ende zu denken. Den in Anschlag gebrachten Reflexionsabbruch der Marxschen Theorie zeichnet Lukács freilich in dramatischen Farben: „In einer für Theorie und Praxis des Proletariats gleich verhängnisvollen Weise bricht das Hauptwerk Marx' gerade dort ab, wo es auf das Bestimmen der Klassen losgeht." (119) Dieses „Bestimmen der Klassen" ist aber der eigentliche Inhalt und Vollzug von „Klassenbewußtsein" (ebd.). „Das Wesen des wissenschaftlichen Marxismus …", so stellt Lukács fest, „… besteht … in der Erkenntnis der Unabhängigkeit der wirklichen bewegenden Kräfte der Geschichte von dem (psychologischen) Bewußtsein der Menschen darüber." (120) So sehr dieser Erkenntnis Recht zu geben sei, so sehr also zwischen den objektiven geschichtlichen Abläufen und dem tatsächlichen – psychologischen – Bewußtsein seiner historischen Subjekte zu unterscheiden sei, so wenig sei damit die gnoseologische Frage nach der Möglichkeitsbedingung der Erkenntnis der „Totalität der aktuellen Gesellschaft" (128) und damit von Handlungsbewußtheit erledigt. Diese Kritik stammt aber unverkennbar aus dem genetischen Zentrum von Lukács' eigener Theorie. Und seine Einlassung, Marx habe die „dialektische … Einheit von Theorie und Praxis … in dem Befreiungskampf des Proletariats erkannt und bewußt gemacht" (113), wird so zu lesen sein, daß Marx zwar diesen Sachverhalt als solchen erkannt habe, aber die entscheidende theoretische Aufgabenstellung, die diese Erkenntnis beinhaltet, nicht erkannt habe oder jedenfalls nicht angegangen sei. Indem Lukács diese Problematik zum Ausgangspunkt seiner Theorie macht, die Frage nämlich, „in welcher Lage der Dinge ein wirkliches Durchschauen des Scheines … überhaupt im Bereich des Möglichen liegt" (128), beansprucht er für seine Theorie gegenüber der Marxschen tatsächlich eine gnoseologische Metastellung; und dies signalisiert einen gegenüber der Marxschen Theorie signifikant veränderten Theoriestatus.

Konstruiert wird das Proletariat so als dasjenige Kollektivsubjekt, dessen Identität, mithin dessen geschichtlich-partikulare Bestimmtheit, mit der „Erkenntnis der gesellschaftlichen Wirklichkeit" insgesamt identisch ist. Das „*konkrete …* *Wesen* dieses identischen Subjekt-Objekts" (229), die Selbsterkenntnis des Proletariats, vollzieht sich darin, daß es sich als Ware, nämlich als durch den Warenbegriff durch und durch bestimmt erkennt: Als Bedingung der Möglichkeit solcher Durchbestimmung muß die Ware als „Universalkategorie des gesamten gesellschaftlichen Seins" (174) und als Grundbestimmung gesellschaftlichen Seins die Kategorie der „Verdinglichung" (170) erkannt werden. Der Dreh- und Angelpunkt der Lukács'schen Argumentation ist nun aber, daß sich mit dem Vollzug dieser Erkenntnis eodem actu die Überwindung dieses Zustandes als solchem vollziehen soll. Im Akt der Erkenntnis liegt der Akt der Selbstbefreiung des Proletariats. Der Vollzug der Erkenntnis ist selbst geschichtlich-politische ‚Praxis'. „Die Einheit von Theorie und Praxis ist also nur die andere Seite der

---

lichen treibenden Kräften der Geschichte durchzudringen." GEORG LUKÁCS: Geschichte und Klassenbewußtsein, 83.

geschichtlich-gesellschaftlichen Lage des Proletariats, daß von seinem Standpunkt Selbsterkenntnis und Erkenntnis der Totalität zusammenfallen, daß es
zugleich Subjekt und Objekt der eigenen Erkenntnis ist." (87) Das setzt jedoch
wiederum und andererseits voraus, daß der Erkenntnisvollzug nur als praktische, tatsächliche Aufhebung der Totalverdinglichung, welche die Existenz des
Proletariats bestimmt, gedacht werden könne. „Die Selbsterkenntnis des Arbei-
ters als Ware ist aber bereits als Erkenntnis: praktisch. D.h. *diese Erkenntnis
vollbringt eine ... struktive Veränderung am Objekt ihrer Erkenntnis.*" (296) Erkenntnis
und politisch-emanzipatorische Praxis sind gleich ursprünglich und koextensiv.
Dabei kommt der autogenetische Anspruch des Erkenntnis- und Praxisbegriffs
darin zum Ausdruck, daß beide gegenüber der empirischen Wirklichkeit nur als
vermittlungsloser Einbruch des ‚Ganz Anderen' in Anschlag gebracht werden
können; wofür bei Lukács – ganz ähnlich wie beim jungen Karl Barth – die
Metapher des „Durchbruch[s]"[136] steht. Ohne Partizipation an der revolutionären
Praxis gibt es demnach keine Wirklichkeitserkenntnis. Das ist Georg Lukács'
Variante der Abschaffung des „völlig passiven Zuschauer[s]" (164).

Genau hier liegt der neuralgische Punkt der Argumentation.[137] Die Erkenntnis, welche die Lukács'sche Metatheorie als Universaltheorie der Gesellschaft
und des Subjekt-Objekts ihrer Erkenntnis bietet, ist eine Erkenntnis, die einerseits nur „die – freie – Tat des Proletariats selbst sein" (355) kann, die diesem
konstruierten Erkenntnissubjekt aber andererseits offenbar von außen „zugerechnet" (157) werden muß, weil sie sich nicht einfach unmittelbar an seiner
Stelle explizieren läßt. In der Durchführung der Theorie kommt es darum zu
einer Ersetzung ihres referentiellen Erkenntnis- und Handlungssubjekts: an die
Stelle des intendierten Trägersubjekts des „Klassenbewußtseins" tritt als dessen
intentionaler Repräsentant die kommunistische Partei als „*politische Führerin ...
der Bewegung*" (462). Die Notwendigkeit der Partei als organisatorisch selbständigem Agenten soll eine rein funktionale, und keine eigentlich repräsentative sein. Die kommunistische Partei soll nicht „*statt* der Klasse selbst *für* die
Interessen der Klasse kämpfen" (495); sie soll also nicht „stellvertretend für das
Proletariat" (497) tätig werden, sondern ausschließlich als Anreger der Selbsttätigkeit des Proletariats fungieren, als Agitator des Agenten. Diese Agitations-
funktion erfülle die Partei aber nun wiederum gerade dadurch, daß in ihr „das
Proletariat sein eigenes Klassenbewußtsein, als geschichtliche Gestalt, unmittelbar erblicken könne ...", also dadurch, daß „... in jedem Ereignis des alltäg-
lichen Lebens jene Stellungnahme, die das Interesse der Gesamtklasse erfordert,
klar und für jeden Arbeiter verständlich in Erscheinung trete; damit für die

---

[136] AaO., 339, vgl. 351.
[137] Das hat der Sache nach auch so gesehen: FERENC L. LENDVAI: Zur Problematik von Geschichte und Klassenbewußtsein. In: Udo Bermbach, Günter Trautmann (Hrsg.): Georg Lukács.
Kultur – Politik – Ontologie, Opladen 1987, 145–155, hier: 152. Lendvai erkennt freilich den
systematischen, nämlich erkenntnistheoretischen Charakter des Problems nicht richtig, sondern
faßt es als ein ‚tatsächliches' auf, dem er deshalb mit theologischen Anleihen namentlich von P.
Tillich beikommen möchte, vgl. ebd.

ganze Klasse das eigene Dasein als Klasse ins Bewußtsein gehoben werde" (495). Die Einheit des Proletariats als Handlungssubjekts konstituiert sich nach Lukács also offenbar genau in diesem Spiegelungsvorgang. Der Kollektivagent wird seiner Selbstmächtigkeit als kollektives Handlungssubjekt ansichtig durch die gespiegelte Selbsterkenntnis im nukleiden konkreten Andern seiner selbst, das die Partei ist.

Damit erfährt der Zentralbegriff der 'Konkretion' eine Steigerung. Die zentrale Frage nach den Konstitutionsbedingungen des konkreten Subjekt-Objekts wird in die noch konkretere Frage nach der „Organisation" der kommunistischen Partei überführt. „Denn die Organisation ist die Form der Vermittlung zwischen Theorie und Praxis" (457). Sie hat demnach zugleich eine politisch-praktische (koordinierende) und autogenetisch-gnoseologische Doppelfunktion. Denn „die kommunistische Partei, als revolutionäre Bewußtseinsform des Proletariats" (482) betätigt sich als „ein Bewußtmachen, [als] eine klare Führung ..., um das Handeln selbst auf dem richtigen Wege weiterzuführen" (464). Die Tätigkeit der Partei steht konstitutionstheoretisch genau an der Stelle des „Durchbruchs", der Überwindung der Diastase von Objekt und Subjekt, die den kollektiven Agenten als solchen erzeugt. Sie hilft dem Proletariat buchstäblich auf die Sprünge: „[S]o ist die kommunistische Partei ihrerseits die organisatorische Form für den bewußten Ansatz zu diesem Sprung und auf diese Weise der erste *bewußte* Schritt dem Reiche der Freiheit entgegen." (479) Die kommunistische Partei ist 'die Erzeugerin des Erzeugers'.

Unter der inneren „Organisation" der Partei als des eigentlich 'konkreten' Kollektivagenten der Moderne versteht Lukács darum keineswegs die praktische Organisation der Parteiarbeit im demokratischen Staat. Die Binnenstruktur der Partei, das Verhältnis von Partei (als Kollektivsubjekt) und Mitgliedern (als Individualsubjekten) wird von ihm nicht unter organisationsrationalen, sondern unter einem strikt moralischen (und darin zugleich erkenntnistheoretischen) Gesichtspunkt bestimmt. „Organisation" heiße nichts anderes, als daß die Mobilisierung der Individuen, die Unterbindung des 'Zuschauerstatus' eine totale sein müsse: „Die wirklich aktive Teilnahme an allen Ereignissen, das wirklich praktische Verhalten aller Mitglieder einer Organisation ist nur durch Einsatz der Gesamtpersönlichkeit zu leisten." (485) Die Partei dürfe in ihrer inneren Struktur keine Trennung in aktive, führende Mitglieder und passive „*Zuschauer*" (ebd.) erlauben. Und diese moralische Totalmobilisierung aller beteiligten Individuen ist der eigentliche systematische Grund, aus dem 'die Partei' als strukturelle Überwindung des Verdinglichungsgefängnisses der kapitalistischen (Anti-)Moderne gelten könne.[138] Die „Disziplin der kommunistischen Partei, das bedingungslose Aufgehen der Gesamtpersönlichkeit eines jeden

---

[138] Vgl.: „Erst wenn das Handeln in einer Gemeinschaft zur zentralen persönlichen Angelegenheit eines jeden einzelnen Beteiligten wird, kann die Trennung von Recht und Pflicht, die organisatorische Erscheinungsform der Abtrennung des Menschen von seiner eigenen Vergesellschaftung, seiner Zerstückelung durch die gesellschaftlichen Mächte, die ihn beherrschen, aufgehoben werden." GEORG LUKÁCS: Geschichte und Klassenbewußtsein, 485.

Mitgliedes in der Praxis der Bewegung [ist] der einzig mögliche Weg zur Verwirklichung der echten Freiheit" (486)[139]. Denn nur so bildet sich der „Gesamtwille" (488), mithin das Kollektivsubjekt, das als eigentlicher, ‚konkreter' Agent der Moderne gelten kann.

Als spiegelungsproduktiver Kristallisationsagent des Kollektivagenten vermag die Partei demnach zu fungieren, weil und indem sie qua ihrer inneren Struktur diejenige Formierungsleistung erbringt, durch die der Kollektivagent erzeugt wird. Der Elitestatus der kommunistischen Partei als „*bewußte[r] Vorhut*" (500) des proletarischen Klassenbewußtseins gründet sich also recht eigentlich auf ihrem moralischen Potential.[140] Gegen die Verdinglichung der Moderne wird die freiwillige ‚Ganzhingabe' der Person an die Partei gestellt, die das Wesen ihrer „Organisation" ist. Der Prozess der Entlassung verdinglichter Verhältnisse aus der Selbsthingabe der Person an ihr anderes, die Max Weber in seiner Protestantismusschrift beschrieben hatte, wird so umgekehrt: Die autonome Selbsthingabe des ‚Berufsrevolutionärs' rollt die heteronomen Verhältnisse wieder auf. Auf ihrem moralischen Selbstwert gründet die „*Berufenheit* ..." des Proletariats zur „… Herrschaft" (148). Da diese ‚Berufenheit' eine rein moralische Größe ist, die auf dem moralischen Akt der freiwilligen individuellen Selbsthingabe des Individuums an die Organisation beruht, läßt sich der Sieg des Proletariats nicht sicher aus mechanischen ökonomischen Prozessgesetzen ableiten. Wenn die Geschichte eine Geschichte von Klassenkämpfen ist, so bedeutet das auf der Interpretationslinie von Georg Lukács, daß ihr Ausgang offen ist.[141] Er ist abhängig von der Plausibilität und von der Durchsetzungsfähigkeit derjenigen – in ihrem eigentlichen Kern – moralischen Einsicht, die der Autor mit seiner Theorie propagiert.

Es liegt in der inneren Logik dieser Theorie, daß ihr Autor nicht als „Zuschauer" seiner eigenen Theorie auftreten kann, sondern nur als ihr Agitator. Im März 1919 war Lukács verantwortlicher Volkskommissar für das Unterrichtswesen in der Ungarischen Räterepublik geworden und anschließend politischer Kommissar der Fünften Roten Division. „Geschichte und Klassenbewußtsein" ist das politisch-moralische Agitationsprogramm eines zum Kommunisten mutierten (neu-)kantianischen Bildungsprotestanten – jüdischer Konfession.[142] Weniger in

---

[139] Vgl.: „Das entscheidende organisatorische Kampfmittel kann nur die Heranziehung der Parteimitglieder *in ihrer Gesamtpersönlichkeit* zur Parteitätigkeit sein." AaO., 508.

[140] Das wird nicht widerlegt, sondern bestätigt dadurch, daß Lukács in das Führungsverhältnis der Partei gegenüber dem Proletariat auch Momente einer kritischen Wechselbeziehung einzeichnen kann: „Handlungsfähigkeit und Fähigkeit zur Selbstkritik, zur Selbstkorrektur, zur theoretischen Weiterentwicklung stehen also in unlösbarer Wechselwirkung. Auch theoretisch handelt die kommunistische Partei nicht stellvertretend für das Proletariat." AaO., 497.

[141] Vgl.: Die „Macht des Proletariats ist die Folge objektiv-ökonomischer ‚Gesetzmäßigkeiten'. Die Frage jedoch, wie diese mögliche Macht zur Wirklichkeit wird, wie das Proletariat, das heute tatsächlich ein bloßes Objekt des Wirtschaftsprozesses ist und nur potentiell, nur latent auch sein mitbestimmendes Subjekt, in Wirklichkeit als sein Subjekt hervortritt, ist von diesen ‚Gesetzmäßigkeiten' nicht mehr automatisch-fatalistisch bestimmt." AaO., 468.

[142] Lukács hat eine kulturprotestantische Erziehung genossen, der das elitäre Bewußtsein gleich mehrfach in die Wiege gelegt war: „Am evangelischen Gymnasium war die Leopoldstadt

ihrer inhaltlichen Bestimmtheit, als vielmehr in dieser theoriekonstitutiv pragmatischen Wendung ist Georg Lukács ein paradigmatischer Repräsentant der theoriegeschichtlichen Wende, die das frühe 20. Jahrhundert vom 19. Jahrhundert trennt und die es zugleich mit ihm verbindet. Erkennbar ist an Lukács auch, daß und inwiefern diese pragmatische Wende die Folge der Einsicht in die prinzipielle Offenheit der Geschichte und damit ihres radikalen Zukunftsrisikos ist.

Systematisch interessant am Feinaufbau von Lukács' Theorie ist vor allem der Gedanke, der ihren Schlußstein bildet: die nukleide Spiegelungsfunktion der Partei für das Proletariat, über die sich dessen Klassenbewußtsein bilden soll. Lukács selbst hat im Umkreis dieses Zusammenhangs die Analogie von Partei und religiöser Sekte ins Spiel gebracht.[143] Damit ist die religiöse Konnotation der grundsätzlich moralischen Struktur der Theorie angezeigt, aber der Spiegelungsvorgang in ihrem Zentrum ist so noch nicht erfaßt. Das Moment der *gegen*ständlichen Veranschaulichung, das im Gegenüber der Partei zum Proletariat liegt, ist tatsächlich eine funktional christologische. Denn im Akt der Beziehung auf dieses andere ihrer selbst soll sich für die proletarische Bewegung die Umkehrung ihres verdinglichten Objektstatus in die Konstituierung ihres Status als Subjekt, als Handlungssubjekt ereignen. In diesem Akt, der ein Erzeugungsakt, eine Neuschöpfung ist, wird sie aus der massa perditionis zum Subjekt. Diese Konversion setzt als Bedingung ihrer Möglichkeit den konstituierten moralischen Nukleus, die organisierte Partei, bereits voraus. Der funktionale ‚Christus' ist in sich selbst rein moralisch (durch den Akt der ‚Ganzhingabe') strukturiert. Dem entspricht, daß die offene Schlußfrage nach der ‚soteriologischen' Bedingung der Möglichkeit jenes moralischen Kollektivaktes (der die kommunistische Partei als die moralische Größe, die sie bei Lukács sein muß, konstituiert), durch die ‚Ganzhingabe' beantwortet werden soll, die der Autor im intellektuell–politischen Ganzvollzug seiner ‚Existenz' paradigmatisch leistet. Er und er allein ist am Ende die intentional selbstdurchsichtige Vorbildexistenz, in welcher Theorie und Praxis, Sein und Sollen, vereinigt sein sollen. Genau das kann man mit M. Weber deskriptiv als protestantische Berufsethik, jedenfalls als ihre starke Außenseite, bezeichnen. Der Versuch der Überwindung der prekären Konstitution des neuzeitlichen Handlungssubjekts, den man in Lukács' Werk sehen mag, kann als der Versuch gelesen werden, an die Stelle der heilsunsicheren Epigonen den autoproduktiven, nämlich *zugleich* religiös bzw. politisch–praktischen und dogmatisch explikativen, d. h. theoretisch-selbstdurchsichtigen Ursprungsvirtuosen zu setzen. Daß diese tatsächliche ‚Letztbegründung' der Theorie auf das Berufsethos ihres Autors unausgesprochen (und von

---

die Aristokratie. Ich spielte dort nie als Jude eine Rolle, sondern als Leopoldstädter Jüngling, der an dieser Schule als Aristokrat galt. Folglich tauchten die Fragen des Judentums nicht auf. Daß ich Jude bin, wußte ich immer, doch hatte das niemals wesentlichen Einfluß auf meine Entwicklung." Gelebtes Denken (Georg Lukács im Gespräch über sein Leben). In: GEORG LUKÁCS: Gelebtes Denken. Eine Autobiographie im Dialog. Red.: István Eörsi. Aus dem Ungarischen von Hans-Henning Paetzke, Frankfurt 1981, 35–238, hier: 45.

[143] Vgl. GEORG LUKÁCS: Geschichte und Klassenbewußtsein, 499.

diesem wohl auch unbemerkt) bleibt, liegt in der Logik der Sache: der Virtuose überwindet die prekäre Konstitution seiner Subjektivität, indem er seine Epigonen belehrt. Die verborgene Rückseite dieser Belehrung freilich besteht darin, daß er im Akt der Belehrung zugleich seine prekäre Konstitution delegiert. Der Virtuose braucht Epigonen, Zuhörer, Zuschauer; aber was er ihnen beibringt, ist nichts anderes, als daß sie genau dies nicht sein dürfen.

Der rekonstruktive Aufwand, der zu treiben war, um die vorgeführte Theoriestruktur aufzudecken, ist im Falle von Georg Lukács' Theorie – verglichen mit den drei nachstehend untersuchten Autoren – relativ gering. ‚Transzendentalpraktische' Fragestellung und Lösungsmodell werden hier zwischen zwei Buchdeckeln und ganz explizit geliefert; signifikante Weiterführungen finden im Untersuchungszeitraum nicht mehr statt. Lukács eignet sich darum für eine gewissermaßen aktuale Stichprobe, wie sie hier gemacht wurde; denn er bietet die Grund- und Idealform des Theorietypus, dessen Strukturen das Interesse der Untersuchung gilt.

3.2. Die Entscheidung über die Entscheidung: Carl Schmitts Theorie des Politischen

In einem erstaunlich hohen Maße lassen sich die für den Zweck dieser Untersuchung wichtigen theoretischen Festlegungen Carl Schmitts schon in seiner ersten größeren Monographie herausarbeiten, die sich mit rechts- und staatsphilosophischen Grundlagenfragen beschäftigt, seiner im Jahr des Kriegsausbruchs erschienenen Habilitationsschrift „Der Wert des Staates und die Bedeutung des Einzelnen"[144]. In ihr versucht Schmitt einen Begriff des Staates so zu konstruieren, daß die quaestio juris und die quaestio facti, Recht und Macht, an sich selbst strikt getrennt bleiben,[145] aber im Begriff des Staates dialektisch aufeinander bezogen sind. Der Staat soll genau als die Schnittstelle von Recht und Macht entwickelt werden. In der Übernahme des neukantianischen „Dualismus von Sein und Sollen, Wirklichkeit und Wert"[146] und im Versuch seiner Überwindung besteht der programmatische staatsrechtstheoretische Ansatz von C. Schmitt, in dem er sich zugleich mit und gegen Hans Kelsen positioniert. Schmitt zielt auf eine genuin moderne Staatstheorie, die maximale Legitimierungsleistungen erbringen soll,[147] will heißen: aus der Sicht vernunftfähiger

---

[144] Um die genannte hermeneutische These wirklich zu belegen, wäre eine genaue entwicklungsgeschichtliche Interpretation des Schmittschen Gesamtwerkes nötig, wie sie in prominenter Form von Hasso Hofmann (Legitimität gegen Legalität, aaO.) durchgeführt worden ist. Eine solche Rekonstruktion kann hier nur ansatzweise geleistet werden.

[145] Vgl.: „Wenn es ein Recht geben soll, dann darf es nicht aus der Macht abgeleitet werden, denn die Verschiedenheit von Recht und Macht ist schlechthin nicht zu überbrücken." CARL SCHMITT: Der Wert des Staates und die Bedeutung des Einzelnen, 29.

[146] Das zeigt HASSO HOFMANN: Legitimität gegen Legalität, 50.

[147] Diesen Gedanken stellt Hasso Hofmann zu Recht in den Mittelpunkt seiner Rekonstruktion des Schmittschen Denkens.

Bürger als rational-durchsichtiger Staatsbegriff erkannt werden kann, als „Rechtsstaat"[148]. Ausgegangen wird somit vom „Primat des Rechts", vom Gedanken, *„daß höchste Gewalt nur das sein kann, was vom Rechte ausgeht."*[149] Es ist eine strikt normative Staatslehre, die Schmitt programmiert.[150] Und diese normative Staatslehre soll so entwickelt werden, daß der Begriff des Staates nicht auf den vernünftig-sittlichen Überzeugungen und Zuschreibungen seiner Bürger, sondern auf seiner eigenen reinen Funktionalität beruht.

Diese reine Funktionalität wird nun nach Schmitt allein dann konsequent erfaßt, wenn Recht als Ordnung intersubjektiver Verhältnisse verstanden wird, darin als eine Sphäre höchsteigener Validität, die von der Sphäre individueller Sittlichkeit streng zu unterscheiden ist. „Der Einzelne kann für das juristische Denken höchstens ‚Gegenstand' sein, mit dem Subjekt des juristischen Denkens, der transzendentalen Einheit der juristischen Apperzeption, ist er nicht zu verwechseln." (67) Diese Restriktion soll gerade die Apotheose des Staates verhindern, welche die notwendige Folge einer Ableitung des Rechts aus der Sittlichkeit sei.[151] Solle demgegenüber die transzendentale Reinheit des Rechtsbegriffs gewahrt bleiben, so müsse systematischer Ausgangspunkt ein Begriff des Rechts sein, der als „abstrakter Gedanke …" gedacht werden soll, was nur der Fall sei, wenn er „… nicht aus Tatsachen abgeleitet und nicht auf Tatsachen einwirken kann" (38), der insofern als reine „Norm" (37) gedacht ist.[152] Als reine Normativität werde Recht nur dann gedacht, wenn alle Zweckorientierung von ihm ferngehalten werde. „Die Norm kann nicht Subjekt einer Einwirkung, oder Verwirklichung und somit nicht Subjekt eines Wollens, nicht Träger eines Zweckes sein; das Recht ist nicht Wille, sondern Norm, nicht ein Befehl, sondern Gebot, demgegenüber der einzelne Mensch als Gegenstand der Welt der Wirklichkeit später kommt." (Ebd.)

Das will zugleich mit der Kantischen Rechtslehre und sie verschärfend gegen sie gesagt sein.[153] Wenn nämlich wie bei Kant Recht selbst schon als „eine äußere Handlung" (58) gedacht werde, dann könne deren inhaltlich-normative Bestimmtheit nur „aus dem empirischen, konkreten Inhalt der Norm" (ebd.)

---

[148] CARL SCHMITT: Der Wert des Staates und die Bedeutung des Einzelnen, 50. Vgl.: „Es obwaltet eine begriffliche Verwandtschaft zwischen Recht und Staat, wenn nur aus diesem jenes hervorgehen kann und beide in einer Beziehung stehen, die so innig ist, daß deswegen sich nicht einmal über die Priorität des einen vor dem andern etwas ausmachen läßt. Eine solche Wesensverwandtschaft kann aber durch rein tatsächliche Feststellungen nie bewiesen werden. Keine empirische Beobachtung kann dartun, daß etwas, was der Staat in bestimmter Form befiehlt, Recht ist und zwar nur deshalb, weil es der Staat ist, der befiehlt." AaO., 46f.

[149] AaO., 48.

[150] Vgl. aaO., 40f. Die Stellenangaben im folgenden Text ohne nähere Bezeichnung beziehen sich auf dieses Werk.

[151] „Die Vermengung der beiden Gebiete des Rechts und der Sittlichkeit führt zu einer unbeschreiblichen Verwirrung der Anschauungen über den Staat, dem bei einer Verschmelzung von Recht und Sittlichkeit göttlicher Charakter zugeschrieben werden muß." AaO., 67.

[152] Vgl.: „Für Inhalt, Form oder Richtigkeit der Rechtsnorm ist es gleichgültig, wie es faktisch in der Welt aussieht." AaO., 56.

[153] Vgl. aaO., 56f.

hergeleitet werden, was das „Postulat der Reinheit" (59) verletze. Darum müsse der Zwang zum Recht äußerlich, heterogenetisch, aber gleichwohl berechtigt hinzugedacht werden.[154] Dem Recht muß ein „Träger" (34) an die Seite gestellt werden, der seine „Aufgabe in der ‚Verwirklichung' des Rechtes" (ebd.) sieht, der aber gerade „deswegen vom Rechte, soweit vom Zweck die Rede ist, begrifflich streng zu trennen ist." (Ebd.) Das ist der normative Begriff des Staates. Er soll zugleich durch diese seine Funktion der Rechtsverwirklichung und ausschließlich durch sie bestimmt gedacht werden: „*Der Staat ist danach das Rechtsgebilde, dessen Sinn ausschließlich in der Aufgabe besteht, Recht zu verwirklichen*" (52). Der Staat nimmt mithin ontologisch eine Doppelstellung ein; er ist als rechtlich-normatives Gebilde ein Agent in der empirisch-‚realen' Wirklichkeit; und er ist letzteres, ohne dabei seine rein rechtliche Funktionalität zu verlieren. Denn zwar ist der Staat „die einzige Konstruktion des Rechts[, die] einen Zweck in seinen Begriff aufnimmt" (53), aber „dieser Zweck ist nicht ein zufälliger, einzelner, sondern das Recht selbst, das den Begriff des Staates ganz ausfüllt und den Staat in eine Funktion des Rechts verwandelt." (Ebd.) Der Staat kann auf diese Weise verstanden werden als die Funktion dialektischer Selbstrealisierung des an sich selbst rein normativ gedachten Rechts in der empirischen Welt.[155] Trotzdem bringt der Staat – das ist der Dreh- und Angelpunkt der ganzen Systematik – in dieser Funktion etwas vom Recht strikt Verschiedenes zu diesem hinzu, nämlich: „den Imperativ" (55). „Zum Begriffe des Staates gehört daher die Macht, so daß nur die empirische Erscheinung Staat genannt werden darf, die solche Macht bewährt […] Die Autorität des Staates liegt trotzdem nicht in der Macht, sondern im Recht" (68f.).

Der Staat tritt somit als „Mittler des Rechts … handelnd in die Welt ein" (74). Indem er das aber tut, „muß [er] sich dort nach deren Mechanismus von Zweck und Mittel einrichten." (Ebd.) Somit kommt es in der Existenz des Staates faktisch zu einer Teilung des Rechts. Auf der einen Seite „steht … das Recht, das vor dem Staate da war und als Gedanke unabhängig von ihm ist …", das auch „… als abstraktes Recht bezeichnet werden kann; auf der anderen Seite das staatliche Recht, als dienendes, zweckbestimmtes, vermittelndes Recht" (75). Der Übergang von abstraktem zu konkretem Recht ist begrifflich nicht zu vermitteln;[156] er wird durch den Begriff des Staates, näherhin: im Handlungsvollzug staatlicher Machtausübung geschlossen; die Schließung wird in jedem Akt positiven staatlichen Handelns und staatlicher Rechtsprechung in einem „Akt souveräner Entscheidung *gesetzt*" (78).

---

[154] Vgl. aaO., 59.

[155] Vgl.: „Die Rechtsnorm geht nie eine Verbindung mit der Wirklichkeit ein, ihr kann daher nicht ein Zwang oder eine Erzwingbarkeit als Begriffsmerkmal zugeschrieben werden. Die richtige Stelle, an die der Zwang und die Wirkung gehört, ist der Staat als der Mittler des Rechts, dessen Sinn darin liegt, Recht zu verwirklichen." AaO., 68.

[156] Vgl.: „Zwischen jedem Konkretum und jedem Abstraktum liegt eine unüberwindliche Kluft, die durch keinen allmählichen Uebergang geschlossen wird." AaO., 79.

Diese Zuspitzung läßt gut erkennen, daß Schmitts Staatsbegriff tatsächlich von einem radikalisierten Handlungsbegriff her gedacht ist, der Wert und Wirklichkeit, Geltung und Genesis, aktual vermittelt, so daß dem Staat als dem Träger dieses Handlungsbegriffs eine ontologische Exklusivstellung zufällt, die des „exactor[s]" (80) von Recht und Sittlichkeit par excellence. Diese ‚Exactor'-Position wird exekutiert, indem Schmitt feststellt, daß der Staat das „einzige Subjekt des rechtlichen Ethos [sei], der Einzige, der eine Pflicht zum Recht im eminenten Sinne hat" (85). Das „konkrete Individuum dagegen wird vom Staate gezwungen, und seine Pflicht wie seine Berechtigung sind nur der Reflex eines Zwanges" (ebd.). „Für den Staat ist das Individuum als solches der zufällige Träger der allein wesentlichen Aufgabe, der bestimmten Funktion, die es zu erfüllen hat." (86) Tatsächlich formuliert Schmitt mit seiner Staatslehre eine der Funktion und Absicht nach transzendentale Handlungstheorie der Subjektivität, respektive Intersubjektivität, die das ontologisch-exklusive Handlungssubjekt Staat als Bedingung der Möglichkeit jedweden legitimen individuellen Handelns zu positionieren sucht. Aus der „Souveränetät [sic] der transzendentalen Einheit der Apperzeption vor dem konkreten Bewußtsein als psychologischem Faktum" (88) leitet Schmitt letztlich vergleichsweise umstandslos die geltungstheoretisch-ontologische Inferiorität des empirischen Individuums ab, das „im Staate ..." schlechterdings „... gleichgültig" (89) ist. Individuelle Sittlichkeit geht demzufolge in ihrer Funktion für die Staatsrechtsethik völlig auf. Nur wenn und insofern der Einzelne sich die Bestimmung des „Funktionärs, der fungiblen Persönlichkeit ...", des „... Beamten" (86), zu eigen macht, wird er seiner Rolle innerhalb des Staates und damit zugleich seiner ethischen Bestimmung gerecht. „Nur die Identifikation mit der Aufgabe, die maßlose Hingabe an die Sache, das Aufgehen in der Aufgabe, der Stolz, Diener des Staates und somit einer Aufgabe zu sein" (90), qualifiziert das sittlich vorbildliche Individuum, das vorzüglich im Politiker, im Staatsmann seine Vollendung findet.

Wenn aber der Staat als exklusives Handlungssubjekt zu stehen kommen soll, dann besteht eine zentrale Theorieaufgabe darin, den sich hier einstellenden Anschein, die staatliche Handlungsmächtigkeit könne sich in concreto der sittlichen Selbsthingabe der Individuen verdanken, mithin den Anschein, die „große, überpersönliche Organisation ..." könne womöglich „... von Einzelnen als ihr Werk geschaffen" (93) sein, abzuwehren. Diesem Anschein sucht Schmitt zu wehren, indem er die sittliche Hingabe der Einzelnen seinerseits noch einmal als Handeln des Staates deutet: „Der Staat ergreift das Individuum und fügt es in seinen Rhythmus ein" (94). Dieser Akt staatlichen ‚Ergreifens' ist zugleich als konstitutiv, als Möglichkeitsbedingung für den Selbstaufbau individueller Subjektivität zu verstehen: „Um eine Umschmelzung [!] des Einzelnen handelt es sich also immer, um eine Neuformung auf einem Gebiet, nicht um eine Abstraktion von bloßen Einzelheiten, auch nicht um eine ‚Einengung' der natürlichen Person oder eine ‚Freiheit im Rahmen der Gesetze'" (ebd.).

Die bürgerlich-modernen Kardinalunterscheidungen von Privatsphäre und Öffentlichkeitssphäre, von Gesellschaft und Staat, sind damit selbstredend eingezogen: „Von einer Freiheit des Individuums zu sprechen, an der der Staat eine Grenze habe, ist mißverständlich." (99) Schon 1914 ist der neoidealistische Staat Carl Schmitts strukturell ein radikaler, ein totaler Staat. Der moderne Autonomiegedanke soll damit freilich gerade nicht preisgegeben sein; er wird umbesetzt: „Es gibt eine Autonomie im Recht, aber ihr Träger ist nur der Staat als das einzige Subjekt des ‚Ethos im Recht'[…] Kein Individuum hat im Staate Autonomie. Es wäre nicht denkbar, daß in die Welt des Rechts ein fremdes Wesen hereingesprungen käme und sich auf nur in ihm selbst, in seiner rein empirischen Einzigkeit ruhende Werte und Würden beriefe" (101f.).

Man kann die solchermaßen skizzierte frühe Staatsrechtslehre C. Schmitts, die verblüffend viele Grundmotive seines späteren Denkens enthält, als paßgenaue Antwort auf Max Webers Neuzeitdiagnose lesen, wie sie die Protestantismusschrift bietet; als die paßgenaue Umkehrung ihrer Leitgedanken nämlich, die allerdings nur möglich ist, indem Schmitt wesentliche Grundbedingungen Weberschen Denkens, insbesondere die strikte kantisch-neukantianische Trennung von quaestio iuris und quaestio facti und die damit parallelisierte Diastase von Recht und Sittlichkeit auf der einen Seite, politische Macht auf der anderen Seite fortschreibt. An die Stelle der von Weber rekonstruierten Verbindung von Moderne und individuellem Berufsethos tritt eine normative Gegenkonstruktion, die individuelles Berufsethos als Funktionsmoment der Selbstverwirklichung des Staates als einzigem Megasubjekt erkennen und darin zur Aufhebung bringen will. Die Diastase zwischen sittlich-individueller Innenleitung und sittlichkeitsresistenten Gesellschaftsverhältnissen wird nicht mehr durch die heroische Dezision des religiös-moralischen Individuums geschlossen, sondern durch die dezisionistischen Akte des Megasubjekts Staat. So wird die Webersche Urfrage, inwieweit die Interaktionsgefüge der rationalen modernen Welt noch subjekthaften Handlungen zuschreibungsfähig seien, von Carl Schmitt einer radikalen Beantwortung zugeführt: Es ist das Politische, welches den Exodus aus den stahlharten Gehäusen der tragisch-anankastischen Moderne eröffnet. Da die Funktionalität der Individuen im Rahmen des Politischen von ihren sittlichen Selbstdeutungen abgelöst ist, kann ihre Integration eine gewaltsame sein; sie kann sich der Mittel polemischer Manipulation bedienen.

Dies freilich basiert seinerseits auf einer unausgeprochenen Möglichkeitsbedingung, nämlich darauf, daß zumindest an der funktions-hierarchischen Spitze des Staates um dessen Funktionalität gewußt wird. Die Autorität, von der der Staat seine Legitimität empfängt, muß präsent – will heißen: intendiert – sein und zwar genau (und zumindest) an der Spitze der Funktionshierarchie; denn nur, wenn um den auf Rechtsverwirklichung ausgerichteten Befehlscharakter staatlichen Handelns gewußt wird, kann solches Handeln überhaupt diese Form, und damit staatliche Form, annehmen. Schmitt unterläßt es freilich, diesen Sachverhalt ausdrücklich zu reflektieren. In die Stelle dieser Funktionslücke tritt jedoch ein anderer Reflexionszusammenhang ein, nämlich die durch die gesamte Habilitationsschrift laufenden Verweise auf die katholische Kirche als das paradigmatische institutionelle Beispiel, an welchem Schmitt die konstitutiven

Bestimmungen des mit dem Staat identifizierten Megasubjekts abzulesen sucht.[157] An die Stelle von Webers protestantischer Individualrealisierung der modernen Handlungssubjektivität setzt Schmitt die katholische Alternative.[158]

Und zwar setzt er an deren Stelle den Verweis auf die katholische Kirche in derjenigen kirchenrechtlich-institutionellen Form, die sie sich mit dem Ersten Vatikanum gegeben hat. Mit dem päpstlichen Infallibilitätsdogma sei in der katholischen Kirche genau jene Reflexivität Wirklichkeit geworden, um die es Schmitt systematisch zu tun sein muß. Denn in Bezug auf jenes Dogma wird erklärt: „[D]er absolute Herrscher ist über alle Relativitäten des Zeitlichen erhaben, er kommt als Mensch überhaupt nicht mehr in Betracht, ... er ist eben ganz ‚Gesetz' geworden [...] [D]er infallible Papst, ... in diesem Sinne das Absoluteste, was auf der Erde nur zu denken ist, ist nichts für seine Person, ist nur Instrument, Statthalter Christi auf Erden, servus servorum Dei." (95) Das Infallibilitätsdogma, und es allein, garantiert, daß die katholische Kirche durch ein „wahres jus und keine Ethik" (81) konstituiert, also strikt von oben nach unten organisiert ist; es erfüllt so für die Institution der katholischen Kirche genau die Funktion einer reflexiven Begründung absoluter Funktionalität; es bildet die Bedingung dessen, was Schmitt nun insgesamt „Sichtbarmachung und Säkularisierung" (ebd.) nennen kann. Sichtbar gemacht und darin (!) säkularisiert wird nichts anderes als die absolute Autorität Gottes. Die befehls-funktionale ‚Exactor'-Existenz des normativen Staates, dessen Begriff in der katholischen Kirche zur Anschauung kommt, ist insgesamt das Organ der „Sichtbarmachung und Säkularisierung" (ebd.) absoluter Autorität. Schmitts spätere berühmte These, „[a]lle prägnanten Begriffe der modernen Staatslehre sind säkularisierte theologische Begriffe"[159], hat hier ihren Ursprung und Sitz im Leben der staatsrechtlichen Systematik.

Damit aber steht der Begriff der katholischen Kirche beim frühen Schmitt, systematisch betrachtet, genau an derjenigen Funktionsstelle, die bei Georg Lukács die kommunistische Partei einnimmt. In der Katholischen Kirche kommt das Bildungsprinzip der modernen Handlungs-Megasubjektivität zur Anschauung. Allerdings unterscheidet sich Schmitt von Lukács systematisch darin, daß er dieses – funktional-christologische – Zentrum seiner Theorie nicht explizit auf den Reflexionsprozess der empirischen Aktanten, nämlich der Individuen, die sich als Funktionsträger verhalten sollen, bezieht. Zu dem erkenntnis- und

---

[157] Vgl. aaO. 45, 68, 81f., 95, 103.

[158] In der Tradition solcher normativer katholischer Gegenlektüren von Webers Protestantismusschrift steht jetzt auch: Michael Novak: Die katholische Ethik und der Geist des Kapitalismus. Trier 1996. Inhaltlich allerdings verfolgt Novak, anders als Schmitt, in wesentlichen Zügen gegenüber Weber weniger eine Konterkarierungsstrategie als vielmehr eine Strategie, die darauf aus ist, die katholische Soziallehre als modernitätskonforme Erfüllung der von Weber mit der ‚protestantischen Ethik' besetzten Funktionsstelle zu erweisen. Vgl. dazu die Besprechung von Christian Watrin: Im Zentrum steht der schöpferische Mensch. Max Webers protestantische Ethik von einem Amerikaner aus katholischer Sicht erweitert, in: Süddeutsche Zeitung Nr. 26 (2.2.1998), 26.

[159] Carl Schmitt: Politische Theologie, 43.

konstitutionstheoretischen Begriff des Klassen*bewußtseins* bei Georg Lukács gibt es bei Schmitt kein direktes Pendant. Die ethische Wendung, die Lukács' Theorie in ihrer Spitze annimmt, unterbleibt hier. Anders als Lukács möchte Schmitt den Repräsentationsakt der absoluten Handlungsmacht, um deren Konstituierung es ihm zu tun ist, ausdrücklich *als* Repräsentationsakt denken. Um dies leisten zu können, macht er sich auf die Suche nach einer dem katholischen Infallibilitätsdogma funktionsäquivalenten Rechtsfigur. Ihrer Durchbestimmung widmet er einen Großteil seiner späteren staatsrechtlichen Grundlagenreflexionen.

„Die Einheit Gottes ..."" – so heißt es in dem 1917 erschienenen kleinen, aber wichtigen Aufsatz „Die Sichtbarkeit der Kirche"[160] – „... nimmt in der Geschichtlichkeit einer Vermittlung durch sterbliche Menschen die Form einer Rechtsnachfolge an, nur so kann sie sich in der Zeitlichkeit sichtbar machen. Ein Gott, Eine Kirche."[161] Es ist die rechtliche Ordnung, und zwar die bestimmte rechtliche Ordnung, an welcher die „Unterscheidung von wahrer Sichtbarkeit und nur faktischer Konkretheit"[162] allein vorgenommen werden kann.[163] Um diese Unterscheidung, an der sich die Legitimität der Institution entscheidet, leisten zu können, muß die Rechtsordnung aber genau so verfaßt sein, daß sie eine wahrhaft konstitutive Leerstelle enthält, die ihre autoritative Geltung und damit die Exactor-Potenz ihres Trägers begründet. Bedingt offensichtlich durch den Eindruck des Weltkrieges haben sich aber nun die Bedingungen, die Schmitt an eine solche Rechtsfigur stellt, verschärft. Angesichts der „Sünde der Menschen"[164] genügt es nicht (mehr), daß eine entsprechende Figur einfach als gegeben gedacht wird; sie muß nun vielmehr so verfaßt gedacht werden, daß sie ihre eigene Geltung permanent sicherzustellen vermag. Die Sichtbarmachung absoluter Autorität ist eine „Aufgabe ..., die von Sekunde zu Sekunde neu erfüllt werden muß"[165]. Die vom Weltkrieg ausgelösten Bedrohungs- und Unordnungsempfindungen steigern, so scheint es, den Aktuositätsdruck, den Schmitts ‚Exactor'-Subjekt Staat ohnehin schon internalisiert hat, noch einmal beträchtlich und zwar prinzipiell. Ein ähnlicher Effekt wird sich übrigens, das sei kurz vorgreifend bemerkt, insbesondere bei Karl Barth beobachten lassen.[166]

Die Steigerung der Aktuosität besteht genau darin, daß sie das innere Reflexionsdefizit des Infallibilitätsdogmas reflektiert und zu kompensieren sucht. Schmitt gibt nun nämlich dem jesuitischen Einwand gegen die Logik bzw. die

---

[160] CARL SCHMITT: Die Sichtbarkeit der Kirche, 71–80.

[161] AaO., 79. Armin Adam hat zu zeigen unternommen, daß sich dieser Aufsatz als Nukleus staatsrechtlicher Theoriebildung bei Carl Schmitt verstehen läßt, der wesentliche Grundmotive seines politischen Denkens insgesamt enthält. Das leuchtet vor dem systematischen Hintergrund der Habilitationsschrift unmittelbar ein. Vgl. ARMIN ADAM: Rekonstruktion des Politischen, 9ff.

[162] CARL SCHMITT: Die Sichtbarkeit der Kirche, 76.

[163] Diese These wird getragen von einem – auch schon in der Habilitationsschrift spürbaren, aber nun explizit gemachten – antiprotestantischen Affront, vgl. aaO., 77.

[164] AaO., 76.

[165] AaO., 76.

[166] S. dazu u. S. 263ff., 337ff.

Suffizienz des Infallibilitätsdogmas recht, der lautet, „der Papst sei zwar unfehlbar, ob aber der einzelne Papst auch wirklich rechtmäßiger Papst sei, könne er nicht selbst unter Berufung auf seine Unfehlbarkeit entscheiden."[167] Damit ist die Frage nach der rechtlichen Formulierung der Legitimität des absolut-autoritativen Entscheidungsträgers reflexiv geworden. Nun stellt sie sich als das Problem der Entscheidung über die absolute Entscheidung. Aus dem „quis judicabit?" wird gewissermaßen ein ‚quis judicat de eo, qui judicabit?' Die adäquate Beantwortung dieser Frage ist für Schmitt der Nagel, an dem die Rechtsordnung insgesamt hängen muß; denn sie entscheidet über Legitimität und Illegitimität des Staates, welche aber keine sozusagen äußerlich-moralische Legitimität ist, sondern nichts anderes repräsentiert als die Handlungspotentialität des Staates selbst.

In dieser potenzierten Form stellt sich für Schmitt die Legitimitätsfrage des Staates genau in dem Moment, als der demokratische Staat von Weimar formiert ist. Und die Formulierung der Legitimitätsfrage ist selbst Teil einer polemischen Delegitimierungstrategie gegenüber der Verfassungswirklichkeit der Weimarer Republik. Integraler Bestandteil dieser Strategie ist die Behauptung, die Republik habe als moderne „Massendemokratie"[168] „noch keine eigene Form gefunden"[169]. Der wissenschaftlichen Herausarbeitung und zugleich politischen Durchsetzung dieser „Form" dienen die Arbeiten Schmitts aus den ersten Jahren der Weimarer Republik.[170] Sie beruhen auf der – ebenfalls polemischen – These,[171] daß von der „heutigen Massendemokratie …" die „… Herrschaft des liberalen Bürgertums und seiner Bildung …" bereits faktisch „… beseitigt wurde"[172]. Absicht der beiden in etwa zeitgleich mit Lukács' politischem Hauptwerk erschienenen Schriften „Die Diktatur" (1921) und „Politische Theologie" (1922) ist dementsprechend der Nachweis, daß eine moderne demokratische Verfassung wie die von Weimar einen absoluten, näherhin diktatorischen Legitimationsgrund habe oder haben müsse, dessen es ansichtig zu

---

[167] AaO., 77.

[168] CARL SCHMITT: Politische Romantik (1919), 2. Aufl. München–Leipzig 1925, 17.

[169] AaO., 18.

[170] Vgl. neben „Politische Romantik" vor allem: CARL SCHMITT-DOROTIC: Die Diktatur; CARL SCHMITT: Politische Theologie. Vier Kapitel zur Lehre von der Souveränität (1922), 6. Aufl. Berlin 1993; DERS.: Römischer Katholizismus und politische Form. München 1925.

[171] Die Polemik liegt hier erkennbarerweise in der suggestiven Behauptung eines politischen Vakuums, das allererst durch politisch-wissenschaftliche „Form"-Gebungsakte zu füllen sei. Die rhetorische Strategie ist der Versuch einer self-fulfilling prophecy.

[172] CARL SCHMITT: Politische Romantik, 17. Diese Schrift zielt insgesamt auf die Diskreditierung des bürgerlichen Liberalismus als apolitisch-ästhetische „politische Romantik", die sich zu wahrhaft politischer Gestaltung unfähig erweise. Vgl. die These von der romantischen „Suspendierung jeder Entscheidung" (aaO., 83), die Behauptung, „[d]aß es zur romantischen Situation gehört, sich zwischen mehreren Realitäten – Ich, Volk, Staat, Geschichte – zu reservieren und sie gegeneinander spielen zu lassen" (aaO., 131) und diejenige: „Die substanzlosen Formen lassen sich zu jedem Inhalt in Beziehung setzen; in der romantischen Anarchie kann jeder sich seine Welt gestalten" (aaO., 112). Auch diese Polemiken sind mit einer kontroverstheologischen Spitze verknüpft: „Der Zusammenhang von Protestantismus und Romantik drängt sich auf." AaO., 34.

werden gelte, damit die Rechtsordnung als solche in Geltung treten und damit die Staatlichkeit des Staates zur Realisierung kommen könne.[173] Genau wie Lukács verfolgt auch Schmitt mit seinen beiden Schriften ein aktuelles politisches Interesse, das in den politischen Formierungsprozess der Weimarer Republik, näherhin in den Auslegungsprozess der Weimarer Verfassung, präskriptiv-politisch einzugreifen sucht. Während aber in Lukács' politischer Theorie dem geschichtlichen Faktum der Etablierung einer demokratischen Verfassung letztlich doch nur eine äußere, aber keine innere theoriekonstitutive Bedeutung zukommt, hat das Inkrafttreten der Reichsverfassung und deren Auslegung bei Schmitt eine wichtige Bedeutung im Theorieaufbau. Spätestens an Schmitts Verfassungslehre von 1927 wird deutlich, daß für ihn die Weimarer Reichsverfassung geradezu einen politisch-geschichtlichen Paradigmenwechsel darstellt: Mit ihr ist – und zwar erstmals – in Deutschland das Handlungssubjekt der Moderne, der demokratische Nationalstaat, prinzipiell konstituiert. Die Revolution von 1919 und die verfassungsgebende Nationalversammlung realisieren aus Schmitts Sicht den genetischen Ursprungsakt der Moderne, dessen geschichtlicher Entstehungszusammenhang die Französische Revolution ist. Das moderne Megasubjekt, dessen Bildung Schmitt, wie im Folgenden zu zeigen ist, mit seinen staatsrechtlichen Grundlagenschriften auf der im wesentlichen ungebrochenen Theorielinie der Habilitationsschrift zu befördern versucht, kann aus Schmitts Sicht nur ein Subjekt sein, das sich – wie sich insbesondere an seinem Hauptwerk jener Jahre, seiner Verfassungslehre von 1927, erkennen läßt – vermittels einer bestimmten Auslegung der demokratischen Verfassung von Weimar konstitutiert und seine Handlungswirklichkeit im politischen Vollzug dieser Auslegung hat. Ihrem eigenen Anspruch nach wollen Schmitts Texte aus den zwanziger Jahren nicht die demokratische Verfassung als solche, wohl aber den Parlamentarismus und zwar teils aus prinzipiellen, teils aus historischen Gründen, nämlich seiner vermeintlichen Selbstpervertierung, delegitimieren.[174] Die Rede von der angeblich noch fehlenden „Form" der demokratischen Gesellschaft soll also den verfassungsrechtlichen Interpretationsspielraum eröffnen, der es plausibel erscheinen läßt, die demokratische Verfassung in die Selbstauslegung eines Megasubjekts zu überführen, das allein als sich selbst durchsichtiges und darum geschichtsmächtiges Subjekt gelten könne. Dieses Interesse an einem Verständnis des Staates als Handlungssubjektivität scheint durch, wenn Schmitt 1924 behauptet, Demokratie als solche beantworte noch nicht die Frage nach der „bestimmte[n] Art [von] Identität"[175], welche die demokratische Gesellschaft anzunehmen habe. Mit dem

---

[173] Am deutlichsten ausgesprochen ist der Zusammenhang allerdings in der Verfassungslehre von 1927, wo Schmitt die verfassungsgebende Nationalversammlung als „‚souveräne Diktatur'" bezeichnet. CARL SCHMITT: Verfassungslehre, 59.

[174] So ist die gewiß berechtigte und auch hier vertretene These, Schmitts politische Theoriebildung der zwanziger Jahre ziele auf eine ‚Delegitimierung der Weimarer Verfassung' zu präzisieren. Vgl. KLAUS TANNER: Die fromme Verstaatlichung des Gewissens, 51ff.

[175] CARL SCHMITT: Der Begriff der modernen Demokratie in seinem Verhältnis zum Staatsbegriff (1924). In: Ders.: Positionen und Begriffe im Kampf mit Weimar – Genf – Versailles 1923–1939, 19–25, hier: 24.

Versuch einer normativen Antwort auf diese selbstgestellte Frage sucht Schmitt programmatisch ein großes Erbe anzutreten. Die ersten drei Kapitel der Kampf- und Programmschrift „Politische Theologie" erscheinen erstmals in der „Erinnerungsgabe für Max Weber". Wenn Säkularisierung die Usurpierung eines Erbes ist, dann hat die berühmte These, die Schmitt hier vertritt, „alle prägnanten Begriffe der modernen Staatslehre sind säkularisierte theologische Begriffe"[176], in diesem nur scheinbar äußeren Sachverhalt eine signifikante Entsprechung.

Aus der grundlegenden Bedeutung, die das Datum der Weimarer Reichsverfassung für Schmitt hat, erklären sich die formalen grundlagentheoretischen Verschiebungen seit der Habilitationsschrift, nämlich die Preisgabe einer Begrifflichkeit, die – zumindest dem Wortlaut und dem Anspruch nach – explizit transzendentalphilosophisch argumentiert hatte. Mit dem Gegebensein des demokratischen Verfassungsstaates verschwindet die für die Habilitationsschrift charakteristische Unterscheidung von „abstraktem", ‚intelligiblem' Recht, das für den Staatsbegriff als sein Legitimationsgrund vorausgesetzt ist, einerseits und „konkretem" Recht andererseits, das der Staat setzt. An die Stelle dieser Unterscheidung tritt nun eine andere, die aber systematisch funktionsäquivalent ist: die Unterscheidung von Rechtsordnung bzw. Norm und der von ihr angeblich immer schon vorausgesetzten und sie bedingenden „normale[n] Situation" (19): „Die Norm braucht ein homogenes Medium. Diese faktische Normalität … gehört … zu ihrer immanenten Geltung. Es gibt keine Norm, die auf ein Chaos anwendbar wäre. Die Ordnung muß hergestellt sein, damit die Rechtsordnung einen Sinn hat." (Ebd.) Dieser Gedanke ist nicht einfach nur empirisch gemeint, sondern konstitutionstheoretisch; er basiert auf dem – seiner Herkunft nach transzendentalphilosophischen – Gedanken der Logik der Selbstkonstitution von Subjektivität: Recht kann nur dann als Funktionsmoment von „Selbstregierung"[177] gedacht werden, wenn es auf einen Akt ursprünglicher Selbsterzeugung, Selbstsetzung, zurückzuführen ist, auf die ‚Tathandlung' eines Handlungssubjekts; eine solche ist aber nur dann in Anschlag gebracht, wenn das Recht auf diese ursprüngliche Tathandlung hin permanent durchsichtig, wenn es insgesamt als deren Funktion begriffen werden kann. Das Recht muß in Schmitts Terminologie auf der ursprünglichen Tathandlung eines „Souveräns" (ebd.) beruhen. „Der Souverän schafft und garantiert die Situation als Ganzes in ihrer Totalität." (Ebd.) Diese Koinzidenz von Totalität und Begründung signalisiert den der Sache nach transzendentalphilosophischen Anspruch der Theorie. Ihm entspricht, daß der „Souverän" seinerseits begrifflich-funktional durchbestimmt wird als „derjenige, der definitiv darüber entscheidet, ob dieser normale Zustand wirklich herrscht" (ebd.). Die Tathandlung des Souveräns ist eine „Entscheidung", d.h. ein Urteil, und zwar das universal-konstitutive, faktisch transzendentale Urteil, das ‚konkretes' rechtliches Urteilen überhaupt

---

[176] CARL SCHMITT: Politische Theologie, 43. Stellenangaben im Text ohne nähere Bezeichnung beziehen sich im Folgenden auf diesen Text.

[177] CARL SCHMITT: Der Begriff der modernen Demokratie in seinem Verhältnis zum Staatsbegriff, 24.

möglich macht. „Der Souverän ... hat das Monopol dieser letzten Entscheidung. Darin liegt das Wesen der staatlichen Souveränität, die also richtigerweise nicht als Zwangs- oder Herrschaftsmonopol, sondern als Entscheidungsmonopol juristisch zu definieren ist" (ebd.). In dieser faktisch transzendentalen Bedeutung ist dieses Urteil, diese „letzte" (genauer gesagt: erste) Entscheidung, zugleich ein theoretischer und ein praktischer Akt.[178] Die theoretische Beurteilung der „Situation" soll zugleich praktisch die Möglichkeit von ‚konkreten' Urteilen überhaupt konstituieren.

Die herausragende Stellung des – bezeichnenderweise ja auch schon in der Habilitationsschrift präsenten – Begriffs der Entscheidung und insgesamt die ‚dezisionistische' Wende, die Schmitts Denken in den frühen zwanziger Jahren nach gängiger Auffassung nimmt,[179] ist demnach als Umformulierung des ursprünglichen transzendentalphilosophischen Anliegens zu verstehen, bei der die Grundintention gewahrt bleiben soll. Nicht um den Gegensatz von rationalem Recht und irrationalem Entscheidungsakt geht es Schmitt, sondern um die transzendentale Begründung und Legitimierung des rationalen Rechts. Das gegenüber der frühen Schrift Neue besteht darin, daß Schmitt die transzendentale Legitimation des Rechts nunmehr konkret am Rechtsbegriff selbst festzumachen versucht. Diese Wende zu einer „Philosophie des konkreten Lebens" (21) ist als Vorgang der (intendierten) Internalisierung der Legitimationsstruktur im positiven staatlichen Rechtsvollzug selber zu verstehen. Die transzendentale Begründung des Rechts darf nicht nur von der Rechtstheorie *für* das staatliche Recht, mithin sozusagen von außen, sondern sie muß auch zugleich ‚von innen', an dessen Vollzugslogik selbst aufzuweisen sein. Der Rechtsstaat, das intendierte Megahandlungssubjekt der Moderne, muß in diesem Sinne autoreflexiv und autoproduktiv gedacht werden. Damit versucht Schmitt, die in den Kriegsjahren noch an der Katholischen Kirche aufgewiesene Selbstbegründungsstruktur des Handlungssubjekts nun verfassungsinterpretatorisch einzuholen. Das ist die Absicht, die hinter Schmitts – in hohem Maße politischer – Theorie des demokratischen Souveräns steht.

Für die der Sache nach transzendentalphilosophische Staatsrechtstheorie wird nun ein anderes Gewand geschneidert, das den Titel „Politische Theologie" trägt. Freilich bleibt der normative Anspruch hinter diesem Titel eigentümlich verdeckt. Vorgeführt werden in dem entsprechenden Kapitel Reflexionen zu einer historischen „Soziologie von Begriffen" (50), deren theologischer Gehalt in der Neuzeit in eine Latenzphase eintrete.[180] Der tatsächlich transzendental-

---

[178] Vgl.: „Denn jede Ordnung beruht auf einer Entscheidung [...] Auch die Rechtsordnung ... beruht auf einer Entscheidung und nicht auf einer Norm." CARL SCHMITT: Politische Theologie, 16.

[179] Für Hofmann dauert die Phase eines „politische[n] Existenzialismus" von 1923 bis 1933. Vgl. HASSO HOFMANN: Legitimität gegen Legalität, 85ff.

[180] Vgl. die These, seit der Aufklärung dringe „die Konsequenz des ausschließlich naturwissenschaftlichen Denkens auch in den politischen Vorstellungen durch und verdrängt das wesentlich juristisch-ethische Denken, das in der Aufklärung noch vorherrschte." CARL SCHMITT: Politische Theologie, 52.

philosophische Theorieanspruch kleidet sich in das Gewand theologischer ‚Anamnesis‘[181], einer polemischen theologischen Gegensäkularisierung. Schmitt folge, so hat vielleicht als erster Emanuel Hirsch in einer Doppelrezension von „Die geistesgeschichtliche Lage des heutigen Parlamentarismus“[182] und „Römischer Katholizismus und politische Form“[183] festgestellt, „als Autor überhaupt einer *indirekten* Methode: das letzte Ergebnis muß der Leser selber ziehen.“ Und Hirsch konkretisiert diese Beobachtung durch eine auf die beiden Schriften bezogene waschecht rezeptionsanalytische Feststellung: „Hat er [sc. Schmitt] in der ersten Schrift unterwühlt, damit beim Leser etwas einstürze, so plaudert er in der zweiten in geistreicher Lässigkeit, damit der Leser frei den Affekt der Bewunderung und Liebe erzeuge.“[184] Akklamation ist für Schmitt, wie noch zu zeigen sein wird, nicht nur ein wesentliches Moment seiner expliziten staatsrechtlichen Reflexion, sondern auch ein durch Einsatz literarisch-rhetorischer Techniken wie Überkodierung, Pseudohistorizität etc. sorgfältig instrumentiertes strategisches Ziel seiner literarischen Kriegsführung in der Weimarer Demokratie und gegen sie.[185]

Konkret sucht Schmitt in seiner Schrift „Politische Theologie“ seine präskriptive Theorie des demokratischen Souveräns durch seine berühmt-berüchtigte Theorie vom „Ausnahmezustand“[186] zu plausibilisieren, deren pragmatisch-politische Absicht nur richtig erfaßt ist, wenn sie als politisch-polemische Interpretation von § 48, bzw. § 48 und § 76, der Weimarer Reichsverfassung erkannt wird. Der „Ausnahmezustand“ ist für Schmitt in den frühen zwanziger Jahren nicht aus juristisch-praktischen Gründen von Interesse; er beruht keineswegs auf konkreten – innen- oder außenpolitischen – Bedrohungsempfindungen. Unbeschadet entsprechend klingender Formulierungen wird man den strikt rechtsbegründungstheoretischen Absichten Schmitts auch nicht gerecht, wenn man den Rekurs auf den politischen Ausnahmezustand als Ausdruck eines vitalistischen Romantizismus deutet.[187] Vielmehr soll der Ausnahmezu-

---

[181] Vgl. diesbezüglich die treffende Feststellung von Armin Adam: „Die Fixierung auf den Ausnahmefall hat insofern präskriptive Funktion, als sie das Weltbild erzeugt, vor dessen Hintergrund die Rekonstruktion der Staatlichkeit als Restauration der Souveränität versucht wird. Diese programmatische Perspektive des Werkes hat zugleich anamnetischen Charakter: die ‚Entdeckung‘ der Souveränität und des Politischen geben sich als die Versuche, verschüttetes Wissen zu bergen, das den liberalen Tendenzen der ‚Neutralisierung und Entpolitisierung‘ zum Opfer gefallen sei.“ ARMIN ADAM: Rekonstruktion des Politischen, 3.

[182] CARL SCHMITT: Die geistesgeschichtliche Lage des heutigen Parlamentarismus (1923), 5. Aufl. Berlin 1979.

[183] EMANUEL HIRSCH: [Rez.:] Carl Schmitt: Die geistesgeschichtliche Lage des heutigen Parlamentarismus. München … 1923; ders.: Römischer Katholizismus und politische Form. Hellerau … 1923, in: ThLZ Nr. 9 (1924), 185–187, hier: 185.

[184] Ebd.

[185] Leider erlaubt es die Knappheit des hier zur Verfügung stehenden Raumes nicht, diese Inszenierungstechniken im einzelnen zu analysieren.

[186] CARL SCHMITT: Politische Theologie, 13, 18.

[187] Dafür sprechen freilich Formulierungen wie die folgende: „In der Ausnahme durchbricht die Kraft des wirklichen Lebens die Kruste einer in Wiederholung erstarrten Mechanik“. AaO., 21.

stand als der konstitutionslogische Ursprung rechtlichen *Handelns* überhaupt, d. h. aber des Staates, gedacht werden können. Er ist der Raum für die Handlung, durch welche „die Situation geschaffen werden muß, in der Rechtssätze gelten können" (19). Aus der logischen Konsistenz des Ausnahmezustands muß sich beides, der Begriff des Staates und der des Rechts, herleiten lassen, und zwar in der Weise, daß der Staat als das exklusive Rechtssubjekt, und damit als das Handlungssubjekt überhaupt, zu stehen kommt. Das sind, wie man sieht, genau die Grundbestimmungen, die Schmitt in der Habilitationsschrift auf dem Weg transzendentalphilosophischer Reflexion herzuleiten versucht hatte; nun sollen sie sich als logische Bestimmungsgründe der bestimmten, konkreten Rechtssituation des Ausnahmezustandes deduzieren lassen. In seiner konstitutionstheoretischen Bedeutung repräsentiert der Ausnahmezustand an der Grenze der demokratischen Verfassung deren genetischen Grund, der die „Revolution" ist.[188] Unter modernen Bedingungen kann Legitimität allein aus der autogenetischen Aktion der Revolution herstammen, in welcher sich das exklusive Rechtssubjekt, das das exklusive Megasubjekt des Handelns überhaupt ist, selbst erzeugt.

Der Ausnahmezustand, so legt Schmitt fest, könne aus dem Grunde in die konstitutionslogische Position des Absoluten einrücken, weil und insofern er als der ausgezeichnete Fall konstruiert werden kann, „in welchem das Recht *sich selbst* suspendiert." (20) Der Ausnahmezustand wird also *zugleich* als Zustand des Rechts und als außerrechtlicher Zustand definiert.[189] Denn einerseits wird der Ausnahmezustand durch das Recht gesetzt, andererseits wird er genau als solcher Zustand gesetzt, in welchem das Recht nicht ist, wenn nämlich der „Ausnahmezustand, der in der geltenden Rechtsordnung nicht umschriebene Fall ..." sein soll, der „... höchstens als Fall äußerster Not, Gefährdung der Existenz des Staates oder dergleichen bezeichnet, nicht aber tatbestandmäßig umschrieben werden" (13f.) könne. Daß beides zusammengeht, basiert auf der logischen Doppelbestimmtheit des Rechts, näherhin des Urteilens oder Entscheidens, insofern Urteilen, Entscheiden *zugleich* der praktische Akt des Setzens ist – und somit „ein Moment inhaltlicher Indifferenz ..." enthält, „... weil der juristische Schluß nicht bis zum letzten Rest aus seinen Prämissen ableitbar ist" (36) – und der theoretisch-logische Akt des Schließens, nämlich des Subsummierens. Der doppelte Rechtsbegriff, die Unterscheidung von abstraktem und konkretem Recht, mit der die Habilitationsschrift arbeitete, wird also keineswegs preisgegeben, sondern diese Unterscheidung tritt nun als Interpretament eines als gegeben vorgestellten Falles auf.[190] Der Ausnahmezustand wird somit konstru-

---

[188] Vgl. die These der Verfassungslehre: „Mit einer erfolgreichen Revolution ist ... ohne weiteres ein neuer *Status* und *eo ipso* eine neue Verfassung gegeben." CARL SCHMITT: Verfassungslehre. München–Leipzig 1928, 5.

[189] Vgl. die These, der Souverän stehe „außerhalb der normal geltenden Rechtsordnung und gehört doch zu ihr". CARL SCHMITT: Politische Theologie, 14.

[190] In dieser positivistischen Wende liegt, wie sich zeigen wird, die funktionale Analogie zur entsprechenden offenbarungstheologischen Wendung, die Karl Barths Theologie mit seiner ersten Dogmatikvorlesung 1924/25 nimmt. S. dazu u. S. 394ff.

iert – bzw. postuliert – als derjenige Fall, der ausschließlich durch das praktische Moment des Setzens, als reine, absolute ‚Tathandlung' bestimmt ist. Dieser Fall muß aus Schmitts Sicht konstruiert werden können; es muß mit anderen Worten im Begriff des Rechts (des Urteils, der Entscheidung) die Prävalenz des Handlungsmoments gegenüber dem theoretischen Moment der Subsumption angenommen werden.

Die Stelle *innerhalb* der Rechtsordnung, an der die konstitutive Prävalenz des Handlungsmoments gegenüber dem Schlußmoment zu stehen kommt, kann nun nicht der Ausnahmezustand selbst sein, denn dieser ist als solcher per definitionem bereits rechtlich exempt, sondern das (und der) Moment der „Entscheidung über die Ausnahme" (13). Diese Entscheidung ist „im eminenten Sinne Entscheidung. Denn eine generelle Norm, wie sie der normal geltende Rechtssatz darstellt, kann eine absolute Ausnahme niemals erfassen und daher auch die Entscheidung, daß ein echter Ausnahmefall gegeben ist, nicht restlos begründen." (Ebd.) In dieser Konstruktion der Entscheidungsgewalt über die Entscheidung liegt die eigentliche Pointe der Schmittschen Argumentation. Die Entscheidung über die Entscheidung, das genau ist die ins Juridisch-Aktuale übersetzte transzendentale Figur, das Begründungsmoment, auf das es Schmitt ankommt; denn als solches setzt und beinhaltet es die Bedingung der Möglichkeit von Entscheidung überhaupt, will heißen: den Handlungscharakter rechtlich-staatlichen Handelns. Die ‚eminente' Entscheidung über die Entscheidung ist die – dem sachlichen Anspruch nach – transzendentale Selbstkonstituierungshandlung des Handlungssubjekts: „Souverän ist, wer über den Ausnahmezustand entscheidet." (Ebd.)

Systematisch wird man nun allerdings gegen diese Konstruktion vom Ausnahmezustand, bzw. der Entscheidung, über ihn einwenden müssen, daß sie elementare Widersprüche nicht verdecken kann. Schon sprachlich verwickelt sich ja die Behauptung, daß das – normative – Recht eine „normale Situation" (19) voraussetze, in einen Widerspruch: „Weil der Ausnahmezustand immer noch etwas anderes ist als eine Anarchie und ein Chaos, besteht im juristischen Sinne immer noch eine Ordnung, wenn auch keine Rechtsordnung." (18) Die Begriffe der Ordnung bzw. Rechtsordnung und des Normalen sind hier sichtlich äquivok gebraucht. Worin könnte – unter modernen, Schmittschen Bedingungen – eine Ordnung bestehen, die nicht Rechtsordnung ist; worin eine ‚Normalität', die nicht rechtlich normiert ist? Um den Ausnahmezustand als rechtlich-außerrechtlichen Zustand befestigen zu können, muß Schmitt ganz offensichtlich ein Loch in die Trennwand zwischen der quaestio iuris und der quaestio facti schlagen. Der konstitutionslogische Universalanspruch des Rechtsbegriffs wird stillschweigend zurückgenommen, Recht also nicht als Norm von Handeln überhaupt gedacht, sondern als partikulares Handlungsgebiet. Nur indem also der transzendentale, konstitutionslogische Totalitätsanspruch, den Schmitt eigentlich mit dem Rechtsbegriff verbindet, positivistisch reduziert wird, stellt sich, so scheint es, Plausibilität für die These ein, auf deren Durchsetzung es Schmitt ankommt: „Die Existenz des Staates bewährt hier eine

zweifellose Überlegenheit über die Geltung der Rechtsnorm." (Ebd.) Hier soll
sich zeigen, daß alle rechtliche Ordnung letztlich „auf einer Entscheidung [be-
ruht] und nicht auf einer Norm." (16) Der Verweis auf den Staat als Antwort auf
die Frage, „[w]oher schöpft das Recht diese Kraft, und wie ist es logisch möglich, daß eine Norm gilt mit Ausnahme eines konkreten Falles, den sie nicht
restlos tatbestandsmäßig erfassen kann?" (20), scheint eher affirmativ als argu-
mentativ gesichert.

Dagegen gilt es nun allerdings daran zu erinnern, daß Schmitt den Ausnahmezustand nicht einfach als rechtsfreien Handlungsraum beliebigen Inhalts bestimmt, sondern als einen Handlungszusammenhang, der durchaus bestimmt
ist, nämlich genau durch die Intention auf (Wieder-)Aufrichtung der Rechtsordnung. Durch das Handeln des Souveräns im Ausnahmezustand soll ja eben
„die Situation geschaffen werden …, in der Rechtssätze gelten können" (19).
Die Handlung des Souverän im Ausnahmezustand zielt also darauf, „ihn [sc.
den Ausnahmezustand] zu beseitigen." (13) Durch dieses Handlungsziel ist der
Ausnahmezustand schlechterdings bestimmt, d. h. aber normiert. Interessant ist,
daß Schmitt, so weit ich sehe, keine Reflexionen auf die Art dieser Normierung
anstellt. Vielmehr kommt es ihm gerade umgekehrt darauf an zu zeigen, daß der
Souverän, konkret der „Reichspräsident … *alle* erforderlichen Maßnahmen
treffen [könne], wenn sie nur, seinem Ermessen gemäß, nach Lage der Sache
erforderlich sind […] Eine Begrenzung besteht hier ebensowenig wie in irgend
einem andern Hinweis auf das, was zur Erreichung eines Zweckes nach Lage
der Sache erforderlich ist."[191] Wenn in diesem Zusammenhang ausdrücklich
von der Möglichkeit der Giftgasbombardierung eigener Städte gesprochen wird,
dann ist die Neigung des Autors unverkennbar, romantische Gewaltphantasien
zweckrational zu legitimieren. Aber dieses libertinistisch-libidinöse Moment
basiert, systematisch betrachtet, wiederum auf der für die ganze Argumentation
kennzeichnenden Doppeldeutigkeit des Rechtsbegriffs. Ein Recht nämlich,
das (im Sinne des abstrakten Moments im Rechtsbegriff) prinzipiell als die
Form subjekthaften Handelns überhaupt gedacht sein soll, ist ein anderes Wort
für ‚Ethik'! Die latent ethische Potentialität des Schmittschen Rechtsbegriffs
zeigt sich – der Sache, nicht der inhaltlichen Durchführung nach – genau an der
Stelle des Handelns des Souveräns im Ausnahmezustand. Hier ist ein Handeln
in Anschlag gebracht, das als reine Selbstbindung, nämlich als die Bindung an
das Erreichen eines bestimmten Zwecks, gedacht ist. Über die Adäquanz von
Zweck und Mitteln entscheidet in autonomer Weise das Handlungssubjekt
selbst. Damit aber ist die Urteilsfindung, die rechtliches Handeln überhaupt
konstituiert, keineswegs einfach suspendiert, wie Schmitt will, sondern lediglich vom Megasubjekt Staat auf ein es aktual repräsentierendes Individuum
verlegt, nach innen verlegt sozusagen. Und daß es für dieses nach innen verlegte
Handeln durchaus Kriterien gibt, zeigt Schmitt selbst, indem er es auf die
(Wieder-)Aufrichtung der Rechtsordnung abzielen läßt. Tatsächlich sind dann

---

[191] Carl Schmitt-Dorotic: Die Diktatur, 201.

aber, was Schmitt unterschlägt, aus genau diesem Zweck auch kriteriologische Bestimmungen ableitbar. Der individuelle Agent kann nämlich nur dann den kollektiven Agenten repräsentieren, wenn er zugleich auch dasjenige repräsentiert, was dessen formative Bestimmtheit ausmacht, eben das Recht. Das stellvertretende Handeln des individuellen Agenten muß sich also tatsächlich durch die – gewissermaßen antizipierte – Rechtsordnung auch inhaltlich bestimmt wissen, die es (wieder-)aufzurichten gedenkt. Andernfalls hätte dieser Agent seinen Repräsentantenstatus verwirkt. Der vermeintliche Ausnahmezustand, für dessen Handeln gelten müßte ,nulla lex – nulla poena‘, ist also eigentlich eine Fiktion. Sie entspringt in paradox verdrehter Weise aus dem latent ethischen Sinn des Schmittschen Rechtsbegriffs, der in der Wendung vom „wesentlich juristisch-ethische[n] Denken, das in der Aufklärung noch vorherrschte" (52), und das Schmitt wieder institutionalisieren will, auch explizit gemacht wird. Der Reichspräsident ist der Berufsrevolutionär, das auf nichts als auf seine – ethische (!) – Selbstbindung gestellte autonome Subjekt im rechtsfreien Raum, der Heros der Moderne, der seiner Berufspflicht entspricht. Ungeachtet der blutig-voluntaristischen Grausamkeitsphantasien, die es einfärben, ist der kantisch-Webersche Kern dieses Ethos durchaus erkennbar. Offengelegt wird das freilich nicht.

Die Theorie von der Konstituierung des Staates als Handlungssubjekts über die (meta-)rechtliche Figur des Ausnahmezustandes hat nun freilich sichtlich ein grundsätzliches Problem. So sehr der Ausnahmezustand, respektive die Entscheidung über den Ausnahmezustand, die Genese des Staates aus der Revolution repräsentiert, so sehr handelt es sich dabei um eine Repräsentation, die unter den Bedingungen des bereits existierenden (Rechts-)Staates erfolgt. Die Ausnahme setzt die Regularität immer schon voraus. Sie ist eben doch ,nur‘ ein Legitimierungsakt[192] und nicht eigentlich ein Konstituierungsakt. Die Frage nach dem konkreten Zustandekommen rechtlicher Ordnung ist durch den Rekurs auf den Ausnahmezustand eigentlich nicht beantwortet. Der Königsweg neuzeitlichliberaler Staatsrechtslehre seit Th. Hobbes, dieses Zustandekommen als Folge eines kollektiven Delegationsaktes individueller Handlungsmächtigkeit zu denken, verbietet sich für C. Schmitt seit seinen neoidealistischen Anfängen gewissermaßen von selbst. Ihn zu vermeiden und dennoch einen genuin modernen, nämlich sich selbst in praxi durchsichtigen Begriff politischer Einheit aufzubauen, ist das kardinale Ziel Schmitts in allen Phasen seines Denkens bis mindestens in die dreißiger Jahre. Den Ausweg, den Schmitt ansatzweise in den Arbeiten der frühen zwanziger Jahre wählt und der dann durchschlagend wird in der Verfassungslehre von 1927, ist der Rekurs auf den Begriff des Volkes.

Die systematische Grundschwierigkeit, die daraus freilich resultiert, ist schon 1930 von Margit Kraft-Fuchs beobachtet worden und wird bündig formuliert von Hasso Hofmann: „[D]er Staat erscheint bei Schmitt einerseits als die politische Einheit *eines* Volkes, andererseits ist er aber zugleich das Wesen, das diese

---

[192] Näherhin und kritisch gesagt: ein Akt der Hyperlegitimation.

Einheit erst durch seine Entscheidung erzeugt."[193] Der Staat, so heißt es in der
Verfassungslehre ausdrücklich, „*hat* nicht eine Verfassung, ... sondern der Staat
ist Verfassung, d. h. ein seinsmäßig vorhandener Zustand, ein *status* von Einheit
und Ordnung. Der Staat würde aufhören zu existieren, wenn diese Verfassung,
d. h. diese Einheit und Ordnung, aufhörte."[194] Gleichwohl soll aber gelten: „Die
Einheit des Deutschen Reiches beruht nicht auf jenen 181 Artikeln und ihrem
Gelten, sondern auf der politischen Existenz des deutschen Volkes. Der Wille
des deutschen Volkes, also etwas Existenzielles, begründet ... die politische und
staatsrechtliche Einheit." (10) In wünschenswerter Deutlichkeit wird hier bereits das Volk (vor seiner rechtsstaatlichen Formierung) als ein „handlungsfähiges Subjekt" (21) bezeichnet, als die „politische ... Einheit, deren Bestehen
vorausgesetzt wird" (ebd.). Und die Verfassung als Inbegriff der Rechtsordnung
„enthält nur die bewußte Bestimmung der besonderen Gesamtgestalt, für welche die politische Einheit [!] sich entscheidet" (ebd). Dementsprechend können
„fundamental neue Formen eingeführt werden, ohne daß der Staat, d. h. die
politische Einheit des Volkes aufhört" (ebd.).

Konkret denkt sich Schmitt die Einführung einer Verfassung als einen Akt der
„Akklamation" (83): „Die natürliche Form der unmittelbaren Willensäußerung
eines Volkes ist der zustimmende oder ablehnende Zuruf der versammelten
Menge, die *Akklamation.*" (Ebd.) Jegliche verfahrenstechnische Regelung des
Konstitutionsaktes soll hier ausgeschlossen werden, denn sie würde aus Schmitts
Sicht die Rekonstruktion des regelerzeugenden Subjekts in den infiniten Re-
gress treiben: „Ein geregeltes Verfahren, durch welches die Betätigung der verfassunggebenden Gewalt gebunden wäre, kann es nicht geben." (82) Der Verweis auf die „öffentliche Meinung" (84), welche in „modernen Großstaaten"
den direktdemokratischen Urakt der Akklamation ersetzen soll,[195] macht besonders deutlich, daß die hier behauptete Unvermitteltheit des Legitimationsuraktes
rein fiktiv ist. Daß sich der Verfassungsentwurf, zu dem das Volk „nur Ja oder
Nein sagen" (ebd.) können soll, seinerseits „[i]n der modernen Demokratie ...
einer demokratischen, d. h. nach den Grundsätzen des allgemeinen und gleichen
Wahlrechts gewählten, sog. verfassunggebenden Nationalversammlung" (ebd.)
verdankt, wird von Schmitt zwar festgestellt, aber systematisch geht dieser Sachverhalt in seine Rekonstruktion des legitimatorischen Uraktes nicht ein.

Wenn jegliche Form kollektiver „Akklamation" unabhängig von ihrem konkreten rechtsstaatlichen Inhalt die Konstituierung politischer Identität zuwege
bringt, dann ist die zirkuläre Bestimmungssequenz, die für die Größen von
Staat, Volk und Recht bei Schmitt seit seiner Habilitationsschrift kennzeichnend war, aufgebrochen. Dem scheint zu widerstreiten, daß Schmitt in der
Verfassungslehre den Akt der demokratischen Verfassungsgebung als den Vor-

---

[193] Hasso Hofmann: Legitimität gegen Legalität, 9. Vgl. Margit Kraft-Fuchs: Prinzipielle
Bemerkungen zu Carl Schmitts Verfassungslehre. In: ZöR 9 (1930), 511–541, hier: 514.
[194] Carl Schmitt: Verfassungslehre, 4. Stellenangaben im Text ohne nähere Bezeichnung
beziehen sich im Folgenden auf dieses Werk.
[195] Vgl.: „*Die öffentliche Meinung ist die moderne Art der Akklamation.*" AaO., 246.

gang verstanden wissen will, in dem das Volk „sich seiner Eigenschaft als handlungsfähiges Subjekt *bewußt*" (50) werde. Das sich seiner selbst als politische Einheit bewußte Volk nennt Schmitt „Nation" (ebd.). Aber diesem Akt der Bewußtmachung wird sogleich die eigentlich subjektkonstitutive Bedeutung wiederum ausdrücklich abgesprochen.[196] Das politische Subjektsein des Staates soll ontologisch vor dem sich als „Nation" bewußten Subjektsein rangieren. In diesem Substanzialismus liegt ohne Zweifel das konservative Moment des konservativ-revolutionären Staatsrechtstheoretikers C. Schmitt.

Die Bildungsprinzipien staatlicher Identität sind nun im politischen Lebensvollzug des Staates zu identifizieren; ein „*[s]tändiges Vorhandensein (Permanenz) der verfassunggebenden Gewalt*" (91) muß angenommen und gedacht werden. Gemäß der Dualität von politisch-völkischer und rechtsstaatlich-nationaler Einheit kann diese Permanenz wiederum nur im Medium von „*zwei Prinzipien ...*" in Anschlag gebracht werden: „*... Identität und Repräsentation*" (204). Mit „Identität" meint Schmitt die Möglichkeit einer unmittelbaren Präsenz des Volkes als „politisch aktionsfähig[en]" (205) Handlungssubjekts, als „realgegenwärtige[r] Größe" (ebd.). „Das entgegengesetzte Prinzip geht von der Vorstellung aus, daß die politische Einheit des Volkes als solche niemals in realer Identität anwesend sein kann und daher immer durch Menschen *repräsentiert* werden muß" (ebd.). Zwar sollen diese „beiden Möglichkeiten, Identität und Repräsentation ..." nun als prinzipiell gleichwertige „... entgegengesetzte Orientierungspunkte für die konkrete Gestaltung der politischen Einheit" (206) zu stehen kommen, die sich in concreto nicht ausschließen, gleichwohl ist unverkennbar, daß Schmitt das Repräsentationsmoment dem Identitätsmoment von vornherein unterordnet, da dieses diejenige Gestaltung darstellt, in welcher das Handlungssubjekt mit sich selbst eben unmittelbar identisch ist: „Die Nation *ist* da; sie braucht und kann nicht repräsentiert werden." (205) Andererseits gelte wiederum: „Es gibt ... keinen Staat ohne Repräsentation, weil es keinen Staat ohne Staatsform gibt und zur Form wesentlich Darstellung der politischen Einheit gehört." (207)

Sowohl im Hinblick auf den Konstitutionsakt des verfassungsrechtlich organisierten Staates als auch im Hinblick auf seine vitalen Persistenzformen zeigt sich also, daß die demokratisch-rechtliche Verfaßtheit des Staates einen konstitutionstheoretisch unklaren Status für den Aufbau politischer Identität bekommt. Dieser ist darin begründet, daß Schmitt die Funktion der demokratischen Verfassung für die politische Identität des Staates letztlich im Muster von Handlungssubjektivität und Selbstdurchsichtigkeit denkt. Und es ist diese gnoseologische Größe der Selbstdurchsichtigkeit, deren ontologischer Status ungeklärt ist. Dabei entwickelt genau diese, in ihrem ontologischen Status ungeklärte gnoseologische Interpretation der Verfassung als Bewußtheit der politischen Einheit des kollektiven Handlungssubjekts nun gewissermaßen hinterrücks wiederum eine Potenz, welche den Geltungsanspruch der Schmittschen Theo-

---

[196] Vgl.: „Das politische Sein ging der Verfassunggebung voraus. Was nicht politisch vorhanden ist, kann sich auch nicht bewußt entscheiden." (AaO., 50) Der Akt, „durch den das Volk sich selbst eine Verfassung gibt, [ist] von der Konstituierung des Staates zu unterscheiden." (Ebd.)

rie selbst enorm steigert: „Mit der Umwälzung vom November 1918 setzt sich in Deutschland die demokratische Lehre von der verfassunggebenden Gewalt des Volkes praktisch durch. Theoretisch allerdings blieb die Verfassungslehre bis heute (1927) noch ganz in den Gedankengängen der Vorkriegszeit." (57) Erst Schmitts eigene Theorie – man bedenke diesen Anspruch angesichts der außerordentlich reichen verfassungsrechtlichen Debatte der Weimarer Republik –[197] soll also die adäquate Theorie der Weimarer Demokratie, will heißen: die Bewußtmachung der Bewußtheit des Handlungssubjekts der Moderne, bieten. Damit ist, wie gesagt, gewissermaßen hinterrücks, zwischen der Geltungsbehauptung einer gleichsam naturwüchsigen Kollektividentität und einer ganz bestimmten staatsrechtlichen Theorie (nämlich derjenigen von C. Schmitt) ein stabiles Verhältnis hergestellt, das dem sublimen Anspruch nach selbst sozusagen staatstragend sein will. Die für Schmitts Schriften aus den späten zwanziger Jahren typische Tendenz zur Substanzialisierung und ein hintergründiger Konstruktivismus, der mit dem polemischen Charakter der Schriften in engem Zusammenhang steht, scheinen sich offenbar wechselseitig zu bedingen.

Das gesamte Setting dieser Theorie steht nun aber im Dienst eines ebenso erklärten wie konkreten politischen Ziels: der Delegitimierung des Parlaments und des Parlamentarismus als Repräsentationsform der Demokratie. Diese Delegitimierungsstrategie argumentiert einerseits systematisch, indem Parlament und Parlamentarismus auf die bürgerlich-liberale Absicht der Schaffung eines „System[s] eines labilen Gleichgewichts politischer Formen" (305) zurückgeführt wird, mithin auf die einseitige Vorordnung verfahrenstechnischer Regelungen vor der Durchsetzung politischer Macht. Zwar räumt Schmitt ein, daß sich das Parlament auf diese Weise gerade als die repräsentative Institutionalisierung „öffentlicher Diskussion" (316) profiliert, also desjenigen Moments, das er in Massendemokratien als Äquivalent zum Akklamationsgedanken betrachtet. Gleichwohl versucht er nun aber auf historisch-empirischem Wege zu zeigen, daß genau diese systematisch legitime Funktion des Parlaments „in der heutigen Demokratie" (318) nicht mehr gegeben sei. Tatsächlich sei das Parlament nicht Ort der Diskussion und damit Repräsentation der öffentlichen Meinung des Volkes, sondern nur noch vorgeschobene, theatralische Bühne von Interessenkämpfen, deren wahre Abgleichung hinter den Kulissen stattfinde. Somit gelte: „*Die Diskussion entfällt* [...] *Die Öffentlichkeit entfällt*" (319) und daraus folgt: „*Der repräsentative Charakter des Parlaments und des Abgeordneten entfällt*" (ebd.).

Schmitts Kritik am Parlament ist motiviert durch die von M. Weber übernommene Einschätzung, daß der moderne Staat dazu tendiere, „Betrieb" zu werden: „Die wesentlichen Entscheidungen werden außerhalb des Parlaments getroffen. Das Parlament fungiert dabei als Bureau für eine technische Umschaltung in den Behördenapparat." (Ebd.) Faktisch entpolitisiere das Parlament den Staat, es mache ihn führungslos, bzw. es verdecke die tatsächlichen Führungs-

---

[197] Einen Eindruck davon kann man sich verschaffen bei KLAUS TANNER: Die fromme Verstaatlichung des Gewissens, 37–59.

mächte, die durch ökonomische und sonstige Partikularinteressen bestimmt seien. Schmitts Delegitimierung des Parlaments ist unmittelbare Funktion seiner präskriptiven Konzeption des Politischen als Theorie von Handlungssubjektivität. Deren polemischer und aggressiver Charakter resultiert aus der Defensivstellung, in die sie sich durch den sich in der Weimarer Republik vermeintlich ereignenden Prozess der Ökonomisierung, Bürokratisierung und Technisierung des Politischen gedrängt sieht. Sie ist deren reaktives Gegenbild. Darum neigt diese Theorie dazu, die politische Steuerungsfunktion des von ihr konstruierten intentionalen Megasubjekts letztlich exklusiv in ein individuelles Einzelsubjekt zu verlegen. In der Verfassungslehre ist das der Reichspräsident;[198] er ist, wie es 1929 heißt, der „Hüter der Verfassung"[199]; nach 1933 ist es dann „der Führer ...", der das „... Recht [schützt]".[200]

Carl Schmitt hat eine Theorie des Politischen entwickelt, die in allen ihren hier skizzierten Theoriephasen an den Konstitutionsproblemen eines sich selbst durchsichtigen, kollektiven Handlungssubjekts orientiert ist. Die ‚Legitimierung' des Politischen, auf die sie zielt, ist Interpretation des Politischen in diesem Sinne. Ein Verständnis des Politischen als der Kunst gesellschaftlichen Interessenausgleichs ist ihr schon im Ansatz fremd. ‚Legitimität durch (demokratisches) Verfahren' wird hier immer schon unter den Verdacht Handlungssubjektivität destruierender Technizität gestellt. Und der Aufbau kollektiver Handlungssubjektivität, an dem sie orientiert ist, ist letztlich an einem für sich stehenden, individuellen Subjekt abgelesen. Intersubjektivität und deren Regeln sind ihr im Ansatz fremd. Der andere ist ihr grundsätzlich nicht der Konfliktpartner, sondern der „Feind", den es theoretisch wegzuarbeiten, praktisch zu vernichten gilt.[201] Die Alternative zur Politik als Interessenausgleich ist Politik als Krieg.[202] In diesem Krieg darf die ‚politische' Theorie nicht die Position des neutralen Zuschauers besetzen wollen. „Die Möglichkeit richtigen Erkennens und Verstehens und damit auch die Befugnis mitzusprechen und zu urteilen ist ... nur durch das existenzielle Teilhaben und Teilnehmen gegeben. Den extremen Konfliktsfall können nur die Beteiligten selbst unter sich ausmachen".[203] Das dem theoretischen Krieg, dem polemos, adäquate und legitime Verfahren ist offene oder verdeckte Polemik. Der Leser ist die Beute des Autors – oder sein Feind.

---

[198] Vgl. CARL SCHMITT: Verfassungslehre, 220.
[199] CARL SCHMITT: Der Hüter der Verfassung (1929). 2. Aufl. Berlin 1931, vgl. bes. 132ff.
[200] Vgl. CARL SCHMITT: Der Führer schützt das Recht, 199.
[201] Vgl. CARL SCHMITT: Der Begriff des Politischen, 26.
[202] Vgl. aaO., 36.
[203] AaO., 27.

4. Radikale theologische Konstruktionen des starken Agenten der Moderne: Emanuel Hirsch und Friedrich Gogarten

4.1. Der Souverän des Souveräns: Emanuel Hirschs ethisch-theologische Geschichtsphilosophie

Für Emanuel Hirsch markieren die Jahre 1918/19, Kriegsniederlage und Beginn der Weimarer Republik, einen eminent und durchgängig negativ gewerteten, desaströs-krisenhaften Ereigniszusammenhang. Das unterscheidet ihn nicht nur grundlegend von ‚linken' Kritikern der Weimarer Republik wie G. Lukács, P. Tillich oder – mutatis mutandis – K. Barth, sondern auch von ‚rechten' Intellektuellen wie sie hier durch Carl Schmitt oder auch Friedrich Gogarten repräsentiert werden.[204] Erst in der Spätphase der Weimarer Republik schwenkt Hirsch auf die von C. Schmitt von Anfang an vertretene Linie ein, nach der die Weimarer Reichsverfassung zumindest prinzipiell als der endlich auch in Deutschland nachgeholte entscheidende Schritt der gesellschaftlichen Modernisierung zu sehen sei; und anders als F. Gogarten gehört Hirsch nicht zu denjenigen, welchen 1919 irgendetwas, und sei es das „Spenglersche Buch", Anlaß zum „Jubel"[205] böte. Im kreischend laut Dur-Konzert der jungen Radikalen wirkt Hirschs, die ganzen zwanziger Jahre hindurch auf Molltöne gestimmte Stimme scheinbar deplaziert, ja dissonant. Hirsch gibt sich zumindest in den ersten Weimarer Jahren als politisch konservativer, kulturprotestantischer Vorkriegstheologe, der also „noch von der Zeit vor 1914 [lebt]"[206] und der „deutschesten Staatsform ...", der „... Monarchie" (149), nachtrauert. In seiner politisch-theologischen Programmschrift „Deutschlands Schicksal" will er zwar auch „die nun einmal gegebene Staatsform fortbilden" (150) und, darin ähnlich wie C. Schmitt, das parlamentarische System zugunsten einer gestärkten präsidialen Autorität schwächen.[207] „Wichtiger ..." aber sei wenigstens vorläufig die Wiedergewinnung internationalen Ansehens durch kulturelle und wissenschaftliche Leistungen[208] und als deren Basis vor allem „... etwas Seelisches: wir müssen unsern Staat und sein Gesetz wieder heilig halten lernen" (150). Hirschs Erneuerungsprogramm, das er den anderen nach der Revolution verfaßten philosophisch-politischen Entwürfen an die Seite stellt, hat eine ausgesprochen innerliche, sittlich-religiöse Spitze: „Wir Deutsche müssen ein frommes Volk werden, ein Volk, in dem das Evangelium Macht hat über

---

[204] Auf die solche Kennzeichnungen relativierenden „Austauscheffekte" wurde einleitend hingewiesen; sie gelten insbesondere, wie dort vermerkt wurde, für Friedrich Gogarten.

[205] Friedrich Gogarten: Zwischen den Zeiten. In: Anfänge der dialektischen Theologie. Teil II, hrsg. v. Jürgen Moltmann (ThB 17/II), 3. Aufl. München 1977, 95–101, hier: 98.

[206] Emanuel Hirsch: Deutschlands Schicksal. Staat, Volk und Menschheit im Lichte einer ethischen Geschichtsansicht (1920/1925), 143. Stellenangaben im Text ohne nähere Bezeichnung beziehen sich im Folgenden auf dieses Werk.

[207] Vgl. aaO., 151.

[208] Vgl. aaO., 151–153.

die Gewissen." (153) Der politisch-souveräne Nationalstaat, das starke Subjekt der Moderne – aus Hirschs Weimarer Sicht liegt es gefesselt darnieder. „Uns fehlt die Souveränität" (141) heißt es 1920 lapidar. Und Aussicht auf Wiedergewinnung seiner verlorenen Stärke werde erst bestehen, wenn „wir … uns in zwei oder drei Menschenaltern von allen Leistungen an die Entente losgekauft haben." (151)[209] Insofern und in diesem Sinne kann Hirschs Konzeption des starken Subjekts der Moderne, wie er sie zu Beginn der zwanziger Jahre entwirft, mit seiner eigenen, allerdings späteren Formulierung als Konzept eines latenten, eines „verborgenen Suverän[s]"[210] beschrieben werden. 1932/33, als sich aus Hirschs Sicht in einem Ereigniszusammenhang, dem er nachgerade epiphanische Qualitäten zuschreibt, das unverhofft frühe Ende der Subjektschwäche abzeichnet und dann ereignet, reagiert seine Theorie durch den Entwurf einer prinzipiellen, aber dialektisch verfaßten Verborgenheit des Souveräns. Die Verborgenheit des „verborgenen Suverän[s]", die Hirsch 1933 zeichnet, hat ihre praktisch-politische Spitze in dem Gedanken, daß der Souverän eben aufgrund seines im empirisch-politischen Wirklichkeit prinzipiell verborgenen Subjektstatus einer starken, sichtbaren Repräsentation bedürfe.[211]

Diese konzeptionelle Entwicklung gilt es im Folgenden kurz zu skizzieren.[212] Dabei soll deutlich werden, daß bei Hirsch – wie bei den anderen hier unter-

---

[209] Vgl. aaO., 146.

[210] Emanuel Hirsch: Vom verborgenen Suverän. In: Glaube und Volk 2 (1933), 4–13.

[211] Wenn ich diesen programmatischen Titel auf die frühen zwanziger Jahre zurückbeziehe, will ich also Heinrich Assels luzide herausgearbeitete These, daß dieses Theorem die Position Hirschs nach seiner politisch-theologischen Wende von 1932 beschreibt, nicht bestreiten, sondern die innere Konsistenz dieses Zusammenhangs sichtbar machen. Vgl. Heinrich Assel: Der andere Aufbruch, 258f.

[212] Angesichts der Differenziertheit und Reflektiertheit, welche gerade Hirschs philosophische Theologie auszeichnet, kann die rekonstruktive Einlösung dieser These im hier gegebenen Rahmen nur sehr skizzenhaft erfolgen. Insbesondere können die in der Auseinandersetzung mit Fichte entwickelten transzendentalphilosophischen Wurzeln von Hirschs Theorie hier nur sehr unzureichend rekonstruiert werden. Zu verweisen ist für diese Grundlagenfragen auf die neueren Arbeiten: Heinrich Assel: Der andere Aufbruch, 164ff.; Eilert Herms: Die Umformungskrise der Neuzeit in der Sicht Emanuel Hirschs. Zugleich ein Studie zum Problem der theologischen Sozialethik in einer posttraditionalen Welt, in: Hans Martin Müller (Hrsg.): Christliche Wahrheit und neuzeitliches Denken. Zu Emanuel Hirschs Leben und Werk, Tübingen–Goslar 1984, 87–141; ders.: Emanuel Hirsch – zu Unrecht vergessen? In: Luther: Zeitschrift der Luther-Gesellschaft 59 (1988) und 60 (1989), 111–121, 28–48; Ulrich Barth: Gott – Die Wahrheit? Problemgeschichtliche und systematische Anmerkungen zum Verhältnis Hirsch/Schleiermacher, in: Joachim Ringleben (Hrsg.): Christentumsgeschichte und Wahrheitsbewußtsein. Studien zur Theologie Emanuel Hirschs (TBT 50), Berlin – New York 1991, 98–157; vgl. auch das Referat bei Arnulf von Scheliha: Emanuel Hirsch als Dogmatiker. Zum Programm der „christlichen Rechenschaft" im „Leitfaden zur christlichen Lehre" (TBT 53), Berlin – New York 1991, 9–103. Zum Problem der politischen Ethik bei Hirsch vgl. neben den genannten Arbeiten auch: Gunda Schneider-Flume: Die politische Theologie Emanuel Hirschs 1918–1933 (EHS, Reihe XXIII Theologie Bd. 5) Bern – Frankfurt 1971; Jens Holger Schjoerring: Theologische Gewissensethik und politische Wirklichkeit. Das Beispiel Eduard Geismars und Emanuel Hirschs (Arbeiten zur kirchlichen Zeitgeschichte, Reihe B: Darstellungen, Bd. 7, hrsg. v. Georg Kretschmar und Klaus Scholder), Göttingen 1979; A. James Reimer: Emanuel Hirsch und Paul Tillich; Matthias Lobe: Die Prinzipien der Ethik Emanuel Hirschs (TBT 68), Hamburg 1996.

suchten Autoren – die Souveränitätsproblematik des kollektiven Handlungssubjekts ins Zentrum der Theoriebildung insgesamt führt. Diesbezüglich ist
Hirschs besondere Stellung im Rahmen dieses Gruppenbildes dadurch bestimmt, daß er, wie bereits angedeutet, anders als alle anderen die Souveränitätsproblematik in der geschichtsphilosophisch-politischen Deutungsperspektive
von Verlust und Wiedergewinn wahrnimmt. In diesem Sinn ist Hirsch der kon-
servativste der hier untersuchten Denker. Theoretisch ist seine Stellung durch die
spannungsvolle Konstellation bestimmt, daß er auf der einen Seite dezidierter als
alle anderen (und zwar zeitlebens) an den transzendentalphilosophischen Theorieformationen des 19. Jahrhunderts festgehalten hat, daß er andererseits das
radikale Krisenbewußtsein insbesondere der dialektischen Theologen durchaus
teilt;[213] er ist mit „den meisten Altersgenossen … auch darin einig gewesen, daß
in der als Epochenbruch erfahrenen geschichtlichen Lage die Theologie vor die
Aufgabe eines Neubeginns gestellt sei"[214]. Theologiegeschichtlich positiviert
gesprochen bedeutet dies, daß Hirsch wie viele seiner Altersgenossen, namentlich
die hier nebeneinander gestellten Autoren, seine wissenschaftliche Laufbahn in
der Auseinandersetzung mit transzendentalphilosophischer Systemphilosophie,
in seinem Fall insbesondere mit Fichte, beginnt, diese dann aber durch die
Beschäftigung mit antisystemischen Fragmentarizitätstheoretikern, zu denen in
diesem Fall Nietzsche, Overbeck und – als der für Hirsch weitaus wichtigste –
S. Kierkegaard zu zählen sind, metakritisch zu brechen und damit krisenstabil zu
machen sucht.

Im Kreis der hier nebeneinander gestellten Autoren zeichnet sich Hirsch
näherhin dadurch aus, daß in seinem Werk die theologisch-philosophische
Bearbeitung der Kulturkrise nicht durch ein Latentwerden der in den Frühschriften explizit transzendentalphilosophischen Grundlegung erfolgt, sondern
durch deren modifizierende Weiterbearbeitung. Das bei den Altersgenossen
häufig erst durch eine systematische Analyse ihrer Theorieentwürfe zutage zu
fördernde fundamentale Interesse an einer geschichtsphilosophischen Begründung ihrer wissenschaftlichen Gesamtperspektive in einer normativen, ethisch-
handlungstheoretischen Perspektive wird bei Hirsch offen und an hervorge-
hobener Stelle programmatisch ausgesprochen: „[I]m Lichte einer ethischen
Geschichtsansicht" soll die Kulturkrise bearbeitet, soll „Deutschlands Schicksal" reflektiert werden. So sehr Hirsch sich zwar bei seiner Konstruktion des
starken Subjekts der Moderne an J. G. Fichtes Konzeption vom sittlichen Natio-

---

[213] Daß E. Hirsch das radikale Krisenbewußtsein der dialektischen Theologen – unbeschadet
aller Differenzen im einzelnen – grundsätzlich teilt, zeigt das Nachwort zur 2. Auflage von
„Deutschlands Schicksal" von 1922. Vgl. hier die Affirmation der krisentheologischen Rede von
der „Neuschöpfung der Menschheit zu wahrem Leben. So vertieft sich die Kritik am gegenwärtigen Weltzustand zu einer Kritik am irdischen Menschenwesen überhaupt […] Es ist, unter den
Jungen, in den letzten zwei Jahren eine fast zu selbstverständliche Wahrheit geworden, daß
Geschichte und Gemeinschaft mit Gottes Augen, im Licht der Ewigkeit, gesehn werden müssen,
sollen sie recht gesehen werden." EMANUEL HIRSCH: Deutschlands Schicksal, 155.
[214] HANS-JOACHIM BIRKNER: [Art.:] E. Hirsch. In: TRE 15, 390–394, hier: 392.

nalstaat als geschichtsmächtigem Handlungssubjekt orientieren kann,[215] so sehr will Hirsch seinen Realisierungsagenten der Freiheit von demjenigen Fichtes unterschieden wissen. Die Faktizität geschichtlicher Freiheit, deren Agent der souveräne Nationalstaat sein soll, lasse sich gerade nicht aus dem sittlichen Begriff von Freiheit deduzieren. „*Die Geschichte ist immer auch verschieden gut lösbare Aufgabe an die Freiheit und nicht bloß ein Prozeß.*"[216] Auf den Geschichtsbegriff gewendet: „Ist die Geschichte wirklich ein unberechenbarer individueller Lebensprozeß, so bleibt es ein unmögliches Beginnen, das geheimnisvolle Dunkel, das über ihrer Gegenwart und Zukunft liegt, aufzuhellen." (33)[217]

Die in der Krise der Moderne anstehende Aufgabe der „‚Organisation'" (28) des Gemeinwesens, die Aufgabe, „unser Gemeinschaftsleben [zu] rationalisieren, d.h. das zufällig Gewordene den allgemeinen Ideen der Vernunft untertänig [zu] machen" (ebd.)[218], könne sich darum nicht als abstrakt-theoretische, spekulative Konstruktion der „Verwirklichung der Herrschaft der Idee" (31) vollziehen; die Bestimmtheit des geschichtsmächtigen Handlungssubjekts sei nicht „einfach an einer allgemeinen Idee ab[zu]lesen" (33), sondern die theoretische Begriffsbildung sei selbst nur möglich als geschichtlich-praktischer Akt kontingenter Realisierung von Freiheit, als ein theoretisch-praktisches „Wagnis" (ebd.), das es erfordere, „das Dasein kühn an eine Überzeugung zu setzen, die nicht beweisbar ist." (Ebd.)[219] Das ist Emanuel Hirschs existenzialphilosophische Variante der ‚Abschaffung des Zuschauers'.[220]

Sie zielt auf eine ethische Theorie der „Lebensinnerlichkeit …" als der „… Wurzel all unsers Tuns" (50), also auf eine Theorie individual-innengeleiteter, geschichtlicher Freiheit, welche deren geschichtsphilosophische Möglichkeitsbedingungen ausarbeiten will, aber so, daß sie dabei an die Perspektivität des

---

[215] Vgl. EMANUEL HIRSCH: Deutschlands Schicksal, 32f. Zum Thema vgl. HEINRICH ASSEL: Der andere Aufbruch, 198f., 248f.

[216] EMANUEL HIRSCH: Deutschlands Schicksal, 46. Vgl: „[D]ie *freie Tat* [ist] genau so Kategorie geschichtlichen Erkennens … wie der Notwendigkeit gründende Entwicklungsbegriff." AaO., 45.

[217] Hier gründet die in dem wichtigen Aufsatz „Die idealistische Philosophie und das Christentum" (Grundlegung einer christlichen Geschichtsphilosophie, in: Ders.: Gesammelte Aufsätze [SASW 14], Gütersloh 1926, 1–35) ausgearbeitete Idealismuskritik Hirschs. Er versucht dort zu zeigen, daß der idealistische Freiheitsbegriff immer nur in Bezug auf das Handlungsbewußtsein des empirischen Individuums zu formulieren sei und dieses darum als „Entscheidungsleben" (aaO., 11) zu bestimmen sei.

[218] Im Organisations- und Rationalisierungsbegriff klingen bei Hirsch deutlich Webersche Begriffe an.

[219] Vgl. die im Aufsatz von 1926 geäußerte idealismuskritische These, daß man „die Vollendung in Gott nicht als Endziel der Geschichte setzen kann. Sie liegt jenseits ihrer. Dann hat aber die Geschichte überhaupt kein Endziel." (AaO., 15). „Damit fällt alles teleologische Denken über die Geschichte als Ganzes dahin." AaO., 16.

[220] Vgl. die 1929 formulierte These: „Der Historiker versteht nur, sofern er unter die Lage des Handelnden tritt. Die bestimmte Zeit, … der bestimmte Augenblick werden ihm nicht lebendig, es sei denn, er suche mit ihnen aus ihrem Schicksal ihre Pflicht zu erkennen und durchlebe also selber sich entscheidend ihre Entscheidungen." EMANUEL HIRSCH: Staat und Kirche im 19. und 20. Jahrhundert. Göttingen 1929, 6.

geschichtlichen Individuums wiederum strikt rückgebunden bleibt.[221] In eben dieser perspektivischen Bindung zeigt sich das Doppelverhältnis von Kontinuität und radikalisierender Kritik, in welches sich Hirschs geschichtsphilosophische Freiheitstheorie zur klassisch neuzeitlichen Tradition, namentlich zur „idealistische[n] Philosophie"[222] stellen will. Gegen die aufklärerische „geschichtsphilosophische Idee der Endgemeinde als der Vollendung, auf die unsre Erdgeschichte hinzielt ...", wird geltend gemacht, sie halte „... vor dem Gericht der Ethik nicht stand" (52). Indem so jeder idealistischen Positivierung des Freiheitsprozesses zu widerstehen versucht wird, wird die Konstitutionslogik neuzeitlicher Freiheitsthematik radikalisiert; der theoretische Entwurf von Freiheit und ihre praktisch-ethische Realisierung sollen koextensiv werden.

Man würde demnach Hirschs geschichtsphilosophische Freiheitstheorie insgesamt unterschätzen, wenn man sie einfach nur als Repristination eines romantischen Individualitätsaxioms läse. Nach Eilert Herms ist Hirschs Theorie als programmatischer Konzeptionsversuch eines „prinzipiellen Historismus"[223] zu verstehen, bei dem versucht werde, „durch eine transzendentale Reflexion auf die Möglichkeitsbedingungen historischen Erkennens und Verstehens"[224] den „historische[n] ... Relativismus ... zum Stehen [zu] bringen"[225]. „Auf diesem Wege gelang es ihm schon in den 20er Jahren, die Grundzüge einer Theorie von Intersubjektivität zu fixieren, die es ihm erlaubte, das historische Verstehen nur als den methodisch kontrollierten Fall von intersubjektivem Sinnverstehen überhaupt zu erfassen und insofern als ein Medium, in dem bindende Gewißheit nicht nur permanent aufgelöst wird, sondern auch zustandekommt."[226] In der Tat ist erkennbar, daß in dieser Geschichtsmetaphysik „Handlungstheorie, Erkenntnistheorie und Hermeneutik"[227] charakteristisch ineinander verschmolzen sind.[228] Das freilich hat Hirschs Theorieansatz mit den anderen hier untersuchten Ansätzen gemeinsam.

In der Logik dieser Formation gründet, daß die Frage schwierig und nur differenziert zu beantworten ist, ob bei Hirsch tatsächlich „Grundzüge einer Theorie von Intersubjektivität"[229] erkennbar werden, bzw. wie sich diese zu der Tatsache verhalten, daß Konstruktionen eines starken Megasubjekts der Sache

---

[221] Vgl. die These in: EMANUEL HIRSCH: Die idealistische Philosophie und das Christentum: „Die Geschichte ist an jedem Punkte durchsetzt mit persönlichen Entscheidungen, die jedem auf genetische Notwendigkeit zielenden Begreifenwollen gegenüber spröde bleiben. Geschichte kann immer nur wahrgenommen werden." AaO., 22.

[222] Vgl. EMANUEL HIRSCH: Die idealistische Philosophie und das Christentum.

[223] EILERT HERMS: Emanuel Hirsch – zu Unrecht vergessen? 116.

[224] AaO., 113.

[225] Ebd.

[226] Ebd.

[227] AaO., 113, Anm. 7.

[228] Das stellt in ähnlicher Weise auch Arnulf von Scheliha fest, wenn er davon spricht, daß „der Geschichtsphilosophie ... in Hirschs opus der Rang einer Integrationswissenschaft zukommt." ARNULF VON SCHELIHA: Emanuel Hirsch als Dogmatiker, 29f.

[229] EILERT HERMS: Emanuel Hirsch – zu Unrecht vergessen? 113.

und der Tendenz nach immer an einem ins Kollektive – und insofern ins Intersubjektive – projizierten Individualsubjekt abgelesen sind. Daraus erklärt sich auch, daß Herms' Intersubjektivitätsthese in der Forschung auf Widerspruch gestoßen ist. Ulrich Barth hat mit einer seinem Kontrahenten nicht nachstehenden Dezidiertheit festgestellt: „Hirschs Lehre vom Gewissen fällt disziplinmäßig in den Bereich der Subjektivitätstheorie"[230]. Diesen Interpretationsstreit hat Heinrich Assel zu schlichten versucht, indem er unter Inanspruchnahme von M. Theunissens Typisierung sozialontologischer Entwürfe der zwanziger Jahre[231] erklärt, daß Hirschs „Intersubjektivitätsbegriff"[232] wegen seiner Zugehörigkeit zu „dem transzendentalphilosophischen Typus dieser Sozialontologie ... latent *subjektivitätstheoretisch*"[233] bleibe.

Diese Interpretation dürfte zwar mit einer verengenden Interpretation transzendentalphilosophischer Theoriebildung einhergehen; sie ist aber im Falle von E. Hirschs Rezeption wohl insofern im Recht, als Hirschs ethische Theorie darauf zielt, den Aufbau aller „äußeren irdischen Organisationen" (61) normativ vom Gewissen her zu konzipieren, dessen physischer Träger nur ein Individuum sein kann.[234] Andererseits vollzieht sich die Konstituierung individueller Subjektivität, die im Gewissen aufgrund des „Bedürfnis[ses] nach Gestaltung eines Eigentümlichen" (55) geschieht, gerade wiederum als die Überschreitung und Negation der Unmittelbarkeit individueller Subjektivität. Im Gewissen bezieht sich das Individuum immer schon und also als es selbst auf Intersubjektivität, auf „Gemeinschaft" (59). Darum und in diesem Sinne kann Hirsch dann 1934 vom „wesentlich politischen Verfaßtsein des Menschen"[235] reden. Diese Selbstbeziehung des Individuums im Gewissen auf Gemeinschaft ist als solche zugleich eine prinzipielle und eine geschichtlich-konkrete.[236]

Die Prinzipialität der Selbstbeziehung auf anderes, nämlich auf andere individuelle Subjekte, repräsentiert der Begriff und die Vorstellung einer „*Gemeinschaft der Gewissen*, der Seelen" (ebd.). Die geschichtlich-konkrete Dimension dieser Beziehung wird formuliert in der Forderung: „die Gemeinschaft der

---

[230] ULRICH BARTH: Gott – Die Wahrheit? 132; Anm. 103. Ihm schließt sich an: ARNULF VON SCHELIHA: Emanuel Hirsch als Dogmatiker, 13.

[231] Vgl. MICHAEL THEUNISSEN: Der Andere. Studien zur Sozialontologie der Gegenwart, Berlin 1965.

[232] HEINRICH ASSEL: Der andere Aufbruch, 188.

[233] AaO., 188f. Aus diesem Sachverhalt folgen für Assel schließlich mehr oder weniger direkt auch die horriblen material-politischen Urteile Hirschs in den dreißiger Jahren. Vgl. aaO., 254, 302f.

[234] Vgl. die Rede von der „individuelle[n] Gewissenhaftigkeit". EMANUEL HIRSCH: Deutschlands Schicksal, 55.

[235] EMANUEL HIRSCH: Die gegenwärtige geistige Lage im Spiegel philosophischer und theologischer Besinnung, 122.

[236] Von daher interpretiert Hirsch auch Fichtes Wissenschaftslehre. Vgl.: „[D]ie W.L. [sc. Wissenschaftslehre] [ist] von Anfang an nach ihrer einen Seite hin Geschichtsphilosophie gewesen." Vgl. die anschließende Rede vom „Ich, das in unendlichem Streben gegen das Nicht-Ich seine Ichheit wiederherstellt. Und damit ist der philosophische Ort der Geschichte gefunden." EMANUEL HIRSCH: Christentum und Geschichte in Fichtes Philosophie, Tübingen 1920, 3.

Gewissen [ist] auch auf die äußeren irdischen Organisationen bezogen [...] Wir dürfen uns von diesen nicht abschließen in unsere Individualität hinein. Es ist eine uns vielmehr von Gott ins Gewissen geschriebne Pflicht, daß wir ihnen und den von ihnen ausgehenden Forderungen uns hingeben" (61). Die erste, prinzipielle Dimension von Gemeinschaftsbezogenheit ist die, den Akten geschichtlich-konkreter Selbstbeziehungen auf geschichtlich-konkrete Gemeinschaften immer schon, aber immer schon nur logisch, nicht zeitlich zugrundeliegende und insofern transzendentale Möglichkeitsbedingung. Sie hat aber gerade, das ist der entscheidende Spitzengedanke Hirschs, diesen konkreten Akten gegenüber keine eigene Subsistenzform. Es ist prinzipiell die *„unsichtbare ... Kirche,* deren geistiges Haupt Christus ist" (59), die hier konstituiert wird. Sie ist gleichwohl eine „wirkliche Gemeinschaft, keine bloße abstrakte Übereinstimmung atomarer einzelner" (ebd.). Entscheidend für ihren Begriff ist jedoch, daß sie *als solche* keine geschichtlich-konkrete Realisierung haben kann; sie ist eine „Gemeinschaft, die durch alle Völker und Zeiten sich erstreckt, eine einzige Gotteskirche für die ganze Menschheit" (60).[237] Wie sich dieser ‚transzendentale‘ Begriff der unsichtbaren Gewissens-Kirche zu der Wirklichkeit geschichtlich-partikularer Kirchen verhält, und wie dementsprechend das Verhältnis der empirischen Kirche(n) zum Staat und zu anderen gesellschaftlichen Organisationen zu denken und zu gestalten ist, bleibt in dieser, in gewisser Weise an moderne transzendentalpragmatische Handlungstheorien erinnernden ethischen Gesellschaftstheorie offen.[238] Zwar wird die – moderne – Differenz von Gesellschaft und Staat begrifflich affirmiert und nicht einfach umstandslos eingezogen.[239] Da aber soziale Körperschaften bei Hirsch immer schon und immer nur in einer normativ-ethischen Perspektive zugelassen werden, und das heißt hier konkret: unter den Gesichtspunkt gestellt werden, inwiefern sie dem Individuum Anhalt zu sittlicher Identifizierung, geschichtlicher Bestimmtheit und Bestimmung bieten, wird der Begriff der Gesellschaft von vornherein ethisch disqualifiziert: „Es gibt nichts Loseres, nichts Vieldeutigeres als diese Gesellschaft. Sie ist lediglich eine Scheingemeinschaft, bedeutet nichts als ein rein formales Zusammen-

---

[237] Damit etabliert Hirsch ein direktes Gegenmodell zu C. Schmitts katholischer Kirchentheorie: „Alles was die katholische Kirche nur scheinbar ist, hat in dieser geistigen Menschheitskirche, in dieser Gemeinschaft der Gewissen in Gott, wahrhaft Gestalt und Wirklichkeit gewonnen. In ihr ist mir der abstrakte Gedanke der Beziehung des Menschengeistes in jedem auf Gott als in einer konkreten Anschauung lebendig da." (EMANUEL HIRSCH: Deutschlands Schicksal, 60). Ob Hirsch zu diesem Zeitpunkt Schmitts Aufsatz über die Sichtbarkeit der Kirche gekannt hat, muß hier offen bleiben. Die Symmetrie des Gegensatzes zeigt allerdings zugleich, daß sie auf einer durchaus gemeinsamen modernen, näherhin Fichteschen Voraussetzung beruht. In beiden Ekklesiologien wird die Faktizität geschichtlich-organisatorischer Partikularität und Pluralität von Kirchen weggearbeitet. Kirche ist – ob sichtbar oder nicht – transparent für die projizierte Einheitsorganisation des starken Subjekts der Moderne.

[238] Die „unsichtbare Kirche" Hirschs hat Züge eines Apelschen „Apriori der Kommunikationsgemeinschaft". Vgl. KARL-OTTO APEL: Transformation der Philosophie. Bd. 2, das Apriori der Kommunikationsgemeinschaft, Frankfurt 1973, bes. 358ff. Diese Verwandtschaft hat auch schon Eilert Herms festgestellt, vgl.: EILERT HERMS: Emanuel Hirsch – zu Unrecht vergessen? 117.

[239] Vgl. EMANUEL HIRSCH: Deutschlands Schicksal, 55, 62.

wirken ... der Menschheit. Ein bestimmter Geist, eine bestimmte Gesinnung, irgend etwas, was die einzelnen innerlich zusammenbinden könnte, ist ihr nicht gegeben." (56) Mit dem solchermaßen als ‚westlich' diffamierten Gesellschaftsbegriff wird allen gesellschaftlichen Institutionen, Gruppierungen, sozialen Körpern (neben dem Staat und außerhalb seiner) von vornherein die ethische Legitimation entzogen – und genau dies ist offenbar der Sinn von Hirschs „ethisch-theologischer" Begründung des Politischen im Gedanken der ‚unsichtbaren Kirche'. Als legitimer Sozialkörper der geschichtlichen Wirklichkeit wird allein der Staat als innerlich-ethische Vergemeinschaftung der Individuen zugelassen: „Darum ist schließlich alles gesellschaftliche Wirken ein rein äußeres, ein Wirken in Geschäft, Beruf und Stand. Der Staat ist eine viel wahrere, viel vollkommenere Gemeinschaft diesem Gebilde gegenüber." (Ebd.) Damit ist das Megasubjekt, der starke Agent der Moderne, positioniert. Der Staat ist – und zwar faktisch exklusiv – „die irdische Gemeinschaft" (62).

Die Exklusivität des Staates als umfassender – und der Sache nach – totaler „irdischer Gemeinschaft" sucht Hirsch damit zu begründen, daß er den Staatsbegriff gleich dreifach konstituiert: als sittliche, rechtliche und völkisch-organische Einheit, wobei die beiden letzteren Momente als Konkretionsformen von Sittlichkeit unter den Bedingungen des natürlich-leiblichen, geschichtlichen Lebens zu verstehen gegeben werden. Unter der Ägide dieses Gedankens, der Konkretion von Sittlichkeit im geschichtlichen Leben, steht Hirschs Konstruktion des Staates. Zu dessen Realisierung freilich, und das ist theoretiestrategisch der entscheidende Punkt, bedarf es einer moralischen Elite, die sich den so verfaßten sittlichen Staat zum politischen Projekt macht.[240] Auf deren Bildung und Förderung zielt „Deutschlands Schicksal" primär. Ähnlich wie bei Georg Lukács ist auch Hirschs Text pragmatisch als Programm einer – in seinem Falle: moralisch-politischen – Elitebildung zu lesen, die sich dementsprechend ausdrücklich an einen Leserkreis auch jenseits der Wissenschaft und Fachwissenschaft wendet.[241] Die angezielte sittliche Ausrichtung der intendierten Elite auf den (so konzipierten) Staat funktioniert der Logik des Gedankens nach als selffulfilling-prophecy: „Je ernster die einzelnen ihre Hingabe an die irdische Gemeinschaft nehmen, desto stärker wird sich nun auch eine vertiefende Rückwirkung auf die Gemeinschaft der Gewissen einstellen." (Ebd.)

---

[240] Vgl.: „Diejenigen Individuen, denen die höhere Sittlichkeit aufgegangen ist, können ihre Kraft daran setzen, daß die Einrichtungen und Gesetze des Staats, die Tätigkeiten der Gesellschaft gebessert und den großen Leitideen der Gerechtigkeit, der persönlichen Freiheit ... mehr und mehr angenähert werden [...] In dem Maße ..., als die aufbauenden [sc. Kräfte] sich durchsetzen, werden sie den Menschen, die in diesem Staat und dieser Gesellschaft leben, es leichter machen, den Zugang zur persönlichen Sittlichkeit zu finden [...] So wird von der Gemeinschaft der Gewissen her das natürlich irdische Gemeinschaftsleben mehr oder weniger durchgeistigt und durchdrungen." AaO., 61f.

[241] Vgl. die Vorbemerkung in: EMANUEL HIRSCH: Die Reich-Gottes-Begriffe des neueren europäischen Denkens. Ein Versuch zur Geschichte der Staats- und Gesellschaftsphilosophie, Göttingen 1921, 3.

Im Staat als sittlicher, aber eben „irdischer Gemeinschaft" konkretisiert sich
Sittlichkeit unter den Bedingungen naturwüchsigen Andersseins; und zwar in
zweifacher Weise. Zum einen institutionalisiert sich Sittlichkeit im Staat als
Recht. Recht stellt immer schon die an ihm selbst paradoxe Vermittlung von
sittlicher Autonomie und heteronomem Zwang dar. „Das Recht schafft befeh-
lend eine Gemeinschaft freier Menschen" (66). Ähnlich wie C. Schmitt sucht
zwar auch Hirsch den Staat als ‚Exactor' des Rechts und insofern zugleich
konstitutiv und funktional zu bestimmen,[242] aber bei ihm wird die absolute,
nämlich religiös-sittliche Legitimation der Rechtsordnung nicht wie bei Schmitt
auf die Geltungs- und Verfahrenslogik des Rechts, näherhin der Verfassung,
selbst bezogen.[243] „[D]as wirkliche Recht und die Idee des Rechts [wollen] sich
niemals decken." (68) So werden die heteronomen Züge des Rechts und der
Staatsgewalt bei Hirsch anders als bei Schmitt gerade nicht als Momente dialektischer Durchsetzung von staatsrechtlicher Souveränität gedeutet, sondern im
Sinne der lutherischen Tradition als koerzitive Zwangsordnung. Eine „reinliche
Scheidung …" sei also vorzunehmen „… zwischen der Rechtsordnung des
Staates einerseits, der Liebesordnung des Reiches Gottes andrerseits […] Staat
und Recht gehören ins irdisch-natürliche Leben, das Reich Gottes dagegen ist
eine geistliche Größe, ist die als lebendig-wirkende Macht empfundene Gemeinschaft der Gewissen in Gott."[244] Recht und Sittlichkeit sind demgemäß
„zwei ganz getrennte geistige Welten" (72).[245] Damit ist aber der Bezug des

---

[242] Vgl. Emanuel Hirsch: Deutschlands Schicksal, 67.

[243] Gleichwohl lobt Hirsch Schmitt, weil dessen „Definition der Souveränität …" durch die
Entscheidungshoheit über den Ausnahmezustand „… tatsächlich einen entscheidenden Punkt für
die Auseinandersetzung mit der aufgeklärten und Kantischen Rechtslehre an[gebe]": Emanuel
Hirsch [Rez.:] Schmitt, Prof. Carl: Politische Theologie. Vier Kapitel zur Lehre von der Souveränität, München 1922, in: ThLZ Nr. 24 (1923), 524–525, hier: 524.

[244] Vgl. Emanuel Hirsch: Deutschlands Schicksal, 71f. Vgl.: „Es ist völlig verfehlt, den Staat
und sein Recht dadurch rechtfertigen zu wollen, daß man zeigt, wie man ihn doch noch zum
Reiche Gottes umbilden könne. Entweder, man kann ihn gerade auch in seinen der Sittlichkeit
widersprechenden Zügen als notwendige Ordnung unsers irdischen Daseins begreifen, oder, man
hat ihn als eine zu überwindende niedere Stufe menschlichen Gemeinschaftslebens zu beseitigen." AaO., 72; vgl. Emanuel Hirsch: Die Reich-Gottes-Begriffe des neueren europäischen
Denkens, 24.

[245] Hirschs Schrift „Die Reich-Gottes-Begriffe des neueren europäischen Denkens" hat in
diesem Gedanken ihr argumentatives Zentrum. Die „werdende moderne Staatsrechtslehre" habe
mit dem Reich-Gottes-Gedanken Probleme gehabt. „Er machte ihr gewisse Not. Denn er war
nicht so einfach zu säkularisieren wie der Persönlichkeitsgedanke." (Emanuel Hirsch: Die Reich-
Gottes-Begriffe des neueren europäischen Denkens, 7). Nur hinzuweisen ist auf den Sachverhalt,
daß dieser Gedanke Hirschs in zwei Debattenzusammenhängen steht; einmal im Zusammenhang
von C. Schmitts Säkularisierungstheorem, das dieser zwar wie angesprochen auch schon in seiner
Habilitationsschrift von 1914 anklingen läßt, aber erst 1922, ein Jahr nach Hirschs Schrift, an
prominenter Stelle thematisiert. Hirsch hat die Übereinstimmung mit Schmitt an dieser Stelle
nicht ohne Stolz notiert in seiner Besprechung von Schmitts Politischer Theologie (in: ThLZ
Nr. 24 [1923], 524–525, hier: 524). Zum anderen gehört dieser Gedanke Hirschs ins Vorfeld der
zwischen P. Althaus und K. Barth geführten Debatte um die Zwei-Reiche-Lehre Luthers (Karl
Barth: Grundfragen der christlichen Sozialethik. Auseinandersetzung mit Paul Althaus, in: Ders.:
Vorträge und kleinere Arbeiten 1922–1925, 39–57). Das Stichwort „Lutherische … Lehre von

Rechts auf die Sittlichkeit keineswegs preisgegeben; er wird lediglich als ein vermittelter gesetzt. Denn daß die „wilde rohe Selbstsucht … gebändigt werde durch harten Zwang …", das ist selbst ein sittlicher Vorgang, nämlich „… die Voraussetzung für alles höhere Leben, für alle Gemeinschaft unter den Menschen." (Ebd.) Die „Rechtsordnung des Staates ist geschieden vom Reich der Sittlichkeit, und sie ist doch eine notwendige Voraussetzung alles sittlichen Lebens." (75) Gerade in ihrer Unterschiedenheit von der Sittlichkeit werden Recht und Staat funktional auf Sittlichkeit ausgerichtet.[246]

Gleichwohl, und damit kommt allererst die Pointe der Argumentation vor Augen, sucht Hirsch nun genau dieses dialektisch funktionale Verhältnis von Recht und Staat auf der einen Seite, Sittlichkeit auf der anderen, noch einmal als einheitliches zu denken, mit der Absicht, den Staat als das realexistierende Subjekt konkreter, weil geschichtlich-vermittelter Sittlichkeit zu bestimmen.[247] Der (Rechts-) Staat wird als – sittliches und zugleich geschichtlich konkretes – Handlungssubjekt, und das heißt bei Hirsch: als (kollektives) Individuum, als „Persönlichkeit" (80) bestimmt. Und zwar ergibt sich diese Sichtweise in der vergleichenden Außenansicht des Staates: „Da steht er auf einmal als lebendiges Wesen, als eine große Individualität neben anderen Individualitäten da. Er erscheint als ein reicher und vielseitiger Organismus von bestimmtem Charakter und seine Rechtsordnung nur als Moment an ihm, nur als das seine mannigfaltigen Lebensfunktionen verknüpfende Band." (79) Die Übertragung des Individualitäts- oder Persönlichkeitsbegriffs auf den Staat wird über den Volksbegriff legitimiert, wobei „Volk" als zugleich naturwüchsige und sittlich-kulturelle Einheit gedacht ist: „Dieses Land und diese Menschen sind in einer Einheit des Lebens und Wollens zu einem selbständigen Ganzen zusammengefaßt, das sich als Gebilde von Eigenart und innerer Geschlossenheit abhebt gegen fremde Einheiten gleichen Ranges. Erst wer den Staat konkret als solches Ganzes sieht, sieht sein eigentliches Wesen." (Ebd.) Im Volksbegriff wird also genau jene Einheit von Sittlichkeit und Naturwüchsigkeit gedacht, welche die Bedingung der Möglichkeit der vermittelten Beziehung von Sittlichkeit und staatlichem Zwangsrecht darstellt. „Staatseinheit ist ohne Nationaleinheit nicht denkbar." (80) „Diese Durchdringung von Staatseinheit und Nationaleinheit ist so notwendig, weil in ihr der Staat eine freiwillig bejahte Lebensgemeinschaft wird und aufhört, reine Zwangsgewalt zu sein." (81)

---

den zwei Reichen" fällt bei Barth, aaO., 46; vgl. entsprechende inhaltliche Formulierungen, jedoch nicht der Begriff bei Althaus, vgl. PAUL ALTHAUS: Religiöser Sozialismus. Grundfragen der christlichen Sozialethik (SASW 5), Gütersloh 1921, 80, 90.

[246] Vgl.: „Recht und Staat … sind auch eine Vorbereitung und Erziehung zum Sittlichen hin." EMANUEL HIRSCH: Deutschlands Schicksal, 75.

[247] Insofern ist im Ergebnis Hirsch aus K. Tanners Feststellung auszunehmen, nach welcher „die lutherischen Theologen der zwanziger Jahre …" keinen „… Etatismus [vertreten], der auf eine Totalisierung des Staates als der einzigen bzw. umfassenden Ordnung des Lebens hinausläuft." (KLAUS TANNER: Die fromme Verstaatlichung des Gewissens, 237). Genau das ist per saldo bei Hirsch der Fall.

Es ist also der so verfaßte Volksbegriff, der bei Hirsch die Vermittlung von Sittlichkeit und rechtlich geordnetem Staat leistet. Damit ersetzt dieser Volksbegriff eine verfassungsrechtliche Konstituierung von Recht und Staat. „Wir sind in unserm Denken und Fühlen nicht frei, sondern durch eine von unserm Dasein unablösliche Notwendigkeit national gebunden [...] Darum führt uns ein natürlicher Zug unsers Herzens zur Hingabe an den Staat, in dem die Eigenart unsers Volks Gestalt gewonnen hat." (Ebd.)[248] Über den Volksbegriff als geschichtlich-konkreter Formatierung von Sittlichkeit wird so die Vergemeinschaftung der Individuen zum starken Handlungssubjekt der Moderne herzustellen versucht. Um dessen Aufbau geht es Hirsch: Der Nationalstaat soll gedacht werden als „verantwortliche[s] und handelnde[s] Wesen" (82).

Freilich wird für den Staat als Großindividuum[249] nun eine ganz andere ethische Handlungslogik in Anschlag gebracht als für die Individuen. Gilt diesen als kategorischer Imperativ die Hingabe an das Kollektiv des Staates, so ist das sittliche Handeln des Staates selbst vom Endzweck seiner Selbstbehauptung geleitet, also davon, sich „kämpfend zu behaupten" (95): „Der Mächtigere wird seinen Willen durchsetzen, nötigenfalls mit Gewalt. Das ist die Wurzel des Kriegs. Durch den Krieg tragen suveräne Mächte unvereinbare Gegensätze in ihren Lebensnotwendigkeiten aus." (84f.) Hirschs ethisch-theologische Theorie ist auch in den Jahren der Weimarer Republik und nach der Kriegsniederlage unverändert eine Theorie, die Sittlichkeit und Politik über die Matrix des Krieges verschaltet: „Es fällt einem Deutschen heute schwer, es zuzugeben, aber es ist doch wahr: durch den Krieg wird entschieden im Sinne der geschichtlichen Gerechtigkeit [...] Die Völker werden in seine Wagschale [sic] gelegt mit allem, was sie sind und haben [...] Letztlich kommt es auf das Maß staatsbildender und sittlich-aufbauender Kräfte an, die in einem Volke schlummern."[250] Religiös grundierte Sittlichkeit und politische Durchsetzung des so konzipierten völkischen Machtstaates gehen damit außen- wie innenpolitisch eine unauflöslich enge programmatische Liaison ein.

Das Verhältnis dieses ethisch-politischen Programms zu der realpolitischen Situation, in der es verfaßt wird, ist in gleichem Maße prekär wie explosiv. Unter der Ägide seines ethisch-machtstaatlichen Staatsbegriffs kann Hirsch den beste-

---

[248] Zum Staat, so heißt es, hätten wir „ein innerliches Verhältnis ... wie eine kleine Individualität zu einer sie nährenden mütterlichen großen ...", und der Staat sei „... als eine Einheit des Lebens und der Gesinnung jedem einzelnen in ihm eine geistige Heimat und Voraussetzung alles eignen Lebens" (EMANUEL HIRSCH: Deutschlands Schicksal, 54). Hirsch bezieht sich hier auf Hegels Staatsphilosophie, die er aber nicht nur romantisch aufflädt, sondern auch sachlich verändert, insofern der Staat bei ihm nicht als Funktion des objektiven Geistes verstanden wird, sondern ethisch aus der unmittelbar-sittlichen Selbstüberschreitung der Individuen hergeleitet wird.

[249] Vgl.: „[D]er Staat [hat] als in sich vollendet einen individuellen Gehalt und einen autonomen Willen ... und [steht] mit seinesgleichen in Wechselbeziehungen, ... die mit denen zwischen durchaus freien Menschen einige Ähnlichkeiten haben." AaO., 80.

[250] AaO., 102f. Vgl.: „Erste Voraussetzung für kriegerischen Erfolg ist unbeugsame Entschlossenheit, die den Sieg will [...] Je klarer man die sittlichen Bedingungen eines Siegs sich macht, desto deutlicher wird einem, daß der Krieg den zur Herrschaft Berufenen voran bringt." AaO., 103.

henden Weimarer Verfassungsstaat nur gewissermaßen als flackerndes Flämmchen staatlicher Souveränität wahrnehmen, das bei ihm einen theoretisch unsicheren Status einnimmt.[251] Darum ist staatliche Einheit bei Hirsch letztlich präsent allein im Modus eines Postulats bestimmten ethisch-politischen Handelns: „Der Staat muß wieder ein geschlossener Wille, eine geschlossene Persönlichkeit werden." (149) Staatliche Einheit in diesem Sinn wird zum aufgegebenen Ziel ethisch-politischer Einflußnahmen erklärt, zum Handlungsziel einer moralischen Elite, die der Sache nach als revolutionäre Elite gedacht ist, weil und insofern ihr intentionaler Staatsbegriff in seiner ethischen Absolutheit so gedacht ist, daß nach Anknüpfungsmöglichkeiten in Verfassung und politischer Kultur von Weimar gar nicht erst gesucht wird. „Weimar" fällt nach diesen beiden Seiten unter das Verdikt „Gesellschaft"; der Staat existiert allein im pragmatischen Modus der intendierten Bildung einer revolutionären Gegenelite.[252]

Expressiv wird der religiös-moralische Duktus und werden die damit verbundenen pragmatischen Absichten von Hirschs in „Deutschlands Schicksal" entworfener Staatstheorie, wo der Text direkt in die Sprache der Predigt konvertiert: „Wir dürfen uns hier des Gesichtes erinnern, an dem der Profet Ezechiel seinen Glauben an eine Zukunft des vernichteten und verschleppten Volkes Israel aufrichtete, des Gesichtes vom Feld voller Totengebeine, die lebendig werden durch den Geist des Herrn Herrn [sic]. Der unsichtbare Odem des Geistes wird auch heut und morgen seine belebende Kraft erweisen. Nur freilich, er muß dazu wehen, wehen durch unsre Herzen." (146) Wo die politische Gegenwart nur als ein „Feld voller Totengebeine" wahrgenommen werden kann, wird der Gottesmann herbeigesehnt, der sie zum Leben erweckt. Hirschs politische Theologie, wie er sie zu Beginn der zwanziger Jahre konzipiert, hat das „deutsche Jahr 1933" sozusagen herbeikonstruiert.

In den späten zwanziger Jahren macht Hirschs politische Theologie freilich eine die frühere Position modifizierende Besinnungsphase durch. Sie hängt mit einer gewissen zeitlichen Verzögerung, ähnlich wie bei G. Lukács und C. Schmitt, mit einer Neubewertung des Weimarer Verfassungsstaates zusammen. Diese nimmt Hirsch in der 1929 verfaßten Schrift „Staat und Kirche im 19. und 20. Jahrhundert"[253] vor. Der früher gegen die Weimarer Reichsverfassung aufge-

---

[251] Einerseits heißt es strikt und lapidar: „Wir haben den Staat als das höchste irdische Gut einer Nation erkannt [...] Ein Staat in diesem Sinne sind wir nicht mehr. Uns fehlt die Suveränität." (AaO., 141) Andererseits sei der gegenwärtige politische Zustand dennoch nicht einfach durch Nichtstaatlichkeit gekennzeichnet – eine Behauptung, die angesichts der in Geltung und Kraft stehenden Weimarer Reichverfassung ja auch merkwürdig wäre –, sondern durch die allerdings akute Gefahr des Verlusts souveräner Staatlichkeit: „Geht uns Deutschen heute unser Staat verloren, so ist die Geschichte der deutschen Nation zu Ende." AaO., 82.

[252] Vgl.: „Das Ziel steht fest. Es muß jedem Deutschen ins Herz geschrieben und überliefert werden von Geschlecht zu Geschlecht. In dem Willen auf dieses Ziel hin ruht heute das ganze übrig gebliebene Leben der Nation. Solange es deutsche Männer und Frauen gibt, die ihn nicht aus der Seele lassen, so lange ist das deutsche Volk noch nicht zum Tode verurteilt." AaO., 146.

[253] Stellenangaben im Text ohne nähere Bezeichnung beziehen sich im Folgenden auf diesen Text.

botene Souveränitätsgedanke wird nun als deren eigentliches Movens erkannt. „Der neue Staatsbegriff hat seinen Ursprung in der großen französischen Revolution" (21). Der moderne Staat sei „suveräner Gesamtwille, der sich jeden Augenblick neu bildet aus den suveränen Einzelwillen seiner gegenwärtigen Bürger." (Ebd.) Die Formulierung zeigt eine charakteristische Irritation; sie spiegelt zugleich das Erstaunen ihres Autors über die Konsolidierung eines demokratischen Staates wie auch ein Mißtrauen gegenüber den Mechanismen der Demokratie. Indem Hirsch, wie die aktualistische Formulierung zeigt, sein eigenes völkisch-voluntatives Souveränitätskonzept, welches Souveränität als unmittelbaren Ausfluß der „lebendige[n] Einheit des Geistes und Willens" (22) eines Volkes deutet, in die Weimarer Verfassungsdemokratie hineinprojiziert, kann er diese grundsätzlich anerkennen, meint sie aber zugleich als eine in hohem Maße kritische Realisierung von politischer Souveränität beschreiben zu müssen. Im demokratischen Staat werde „die Krisis zum dauernden Lebenselement des öffentlichen Lebens gemacht, sofern der alles zusammenhaltende Gesamtwille sich ständig aus dem Widerstreit der einzelnen Willen erzeugen muß." (25) Hirsch sieht hier gewissermaßen einen abstrakt-cartesischen Mechanismus am Werk, der die geschichtlich-konkreten Gewachsenheiten individueller und kollektiver Individualität permanent unterpflüge.[254] An die Stelle der früheren Rede von der im modernen Staat von Weimar verloren gegangenen Souveränität tritt nun die – auf den ersten Blick nachgerade gegenläufige – Rede von der „eigentümliche[n] Selbststeigerung des neuen Staats" (ebd.). Der moderne Staat wird nun – ungeachtet des ihm zugebilligten demokratischen Machterzeugungsverfahrens – geradezu als eine totalitäre Machtmaschine beschrieben, die sich gegen die Individuen und gegen alle gewachsenen Bindungen in je aktualer absoluter Selbstsetzung durchsetze.[255] Aber dieser tendenziell totalitäre, tendenziell diktatorische[256] Staat steht seinerseits aus Hirschs Sicht auf tönernen Füßen, da die Verfassung lediglich eine äußerliche, formale Kontinuität zu verbürgen vermöge.[257] Tatsächlich verschleiere der prozesshaft diskursorische Charakter des öffentlichen Meinungsbildungsprozesses, in welchem sich die politische Entscheidungsfindung und Machtbildung vollzieht, dessen wahre Agenten.[258] „Der Staat wird der Wirtschaft hörig" (27). Subversive Ökonomisierung des Staates und Totalisierungstendenz des Staates sind zwar gegenläufige Tendenzen; aber beide Prozesse kommen aus Hirschs Sicht in ein und

---

[254] Vgl. EMANUEL HIRSCH: Staat und Kirche im 19. und 20. Jahrhundert, 21f.

[255] Vgl.: „Der Staat ist so frei geworden, in alle Verhältnisse durchzugreifen als ein von verständigen Zwecken geleiteter Wille und hat so neue früher nicht gekannte Bindungen, Bindungen durch die vom Mehrheitswillen bestimmte Zentralgewalt geschaffen. Man denke an allgemeine Wehrpflicht, allgemeine Schulpflicht, Seuchenschutz, Sozialversicherung, Prohibition usw. usw." AaO., 23.

[256] Vgl. aaO., 26.

[257] Vgl.: „Das Dauernde am Staate ist also grundsätzlich allein seine Form, die Verfassung". AaO., 22.

[258] Vgl. aaO., 25f.

demselben Effekt überein: „die Verschlingung aller individuellen Lebensgestaltung durch eine alle erfassende Hörigkeit unter Staat und Wirtschaft" (ebd.).

Beide Tendenzen, – das ist für die Beurteilung von Hirschs Position wichtig zu sehen – erkennt Hirsch als Formen der Modernisierung der Gesellschaft; und in dieser Erkenntnis liegt auch ein Moment ihrer Anerkennung. Liberale Demokratie und liberale, kapitalistische Wirtschaft werden als „des Geistes Tat" (38) anerkannt. Aber die vom neuzeitlichen Geist betriebene Modernisierung der Gesellschaft, im besonderen die kapitalistische Wirtschaft ist, wiewohl „vom neuen Freiheitsgedanken entfesselt, mit ihren neuen Notwendigkeiten [dennoch] dem Geist zum bedrohlichen Schicksal geworden, das ihn erwürgen will. Der Staat also wird durch sein Verflochtensein mit der Wirtschaft ... ebensosehr zum Scharfrichter des Geistes wie er sein Vollbringer ist" (ebd.).

Hirsch spiegelt, wie sich hier zeigt, seine ambivalenten Empfindungen angesichts der Konsolidierung des Weimarer Verfassungsstaates auf die Koordinaten seiner neoidealistischen Geschichtsphilosophie zurück, die dadurch eine Veränderung erfahren. Die in der Frühschrift „Deutschlands Schicksal" angepeilte ethisch-elitäre Steuerung der Demokratie wird nun problematisch. „Wir sehen eine Grenze der Wirklichkeitsmacht des Geistes, die der Idealismus noch nicht gekannt. Wir finden darum zum idealistischen Lebensgefühl nicht mehr zurück" (ebd.). Die „tiefe Entzweiung von Freiheit und Wahrheit, die uns die Geschichte des 19. Jahrhunderts gebracht ... hat ...", lasse sich – das eben markiere das unabänderliche Vergangensein dieses ‚Wirklichkeitsgefühls' – „... nicht mehr als ein ... von uns in der Einheit beherrschbare[r] ... Übergang in der Geschichte des Geistes ... verstehen." (39) Symptom des gleichsam geistlos gewordenen Geistes der Moderne ist für Hirsch die weitgehende Trennung von Staat und Kirche, die den „Staat religionslos gemacht" (12) und zur „Entfremdung des öffentlichen und geistigen Lebens von Kirche und Religion" (15) geführt habe. Diese Entfremdung ist aber aus Hirschs Sicht auf institutionellem Wege, durch eine stärkere Wiedereinbindung der Kirchen in den Weimarer Staat, nicht zu heilen. Dem „entchristlichten Staat" (18) gegenüber habe das „neuerwachte ... Selbständigkeitsbewußtsein auch der evangelischen Kirchen gegenüber dem Staate" (ebd.) durchaus seine Berechtigung. Zu dem Graben, durch den Hirsch die eigene Gegenwart vom 19. Jahrhundert getrennt sieht, gehört die Einsicht in die Fiktionalität einer Kultursynthese, welche „die geistige und religiöse Entwicklung der Menschheit in einem entschränkten evangelischen Christentum zur Einheit schon zusammengehn" (39) sehen zu können glaubte. Der Einflußgewinn der katholischen Kirche im Weimarer Staat ist für Hirsch Indiz dafür, „daß die Menschheit im Tiefsten, im Verstehen des Heiligen auseinandergebrochen ist und uns ein Jahrhundert erbitterten religiösen Ringens bevorsteht" (ebd.). Die Kirchen fallen demnach als Trägerinnen der intendierten ethischen Steuerung der modernen Gesellschaft aus.

„Damit ist der Staat entgeistet." (Ebd.) Dieser Sachverhalt ist für Hirsch, wie sich abzeichnet, von grundlagentheoretischer Relevanz, in zweifacher Hinsicht. Erstens ist der Staat nicht mehr oder weniger unmittelbar als Funktions-

produkt sittlicher Selbstentäußerung von Individuen zu denken, weil der „Bruch
… durch die Gewissen der Menschen geht" (44).[259] Zweitens aber wird umgekehrt die praktisch-transzendentale Funktion des Staates als Möglichkeitsbedingung für die Realisierung individueller Sittlichkeit, die Hirsch diesem nach
wie vor zuschreibt, einerseits problematischer,[260] andererseits praktisch umso
notwendiger. Der Staat „soll uns alle, die wir hier miteinander entzweit sind,
zusammenhalten. So kann er nicht mehr in einem konkreten sittlich-religiösen
Gehalte als dem der vernünftigen Einsicht sich notwendig darbietenden sein
geistiges Band haben, und wir können uns nicht mehr in ihm und seinem Leben
wiedererkennen mit unserm letzten Ja zur Wahrheit, zum Guten, zu Gott."[261]
    Auf diesen steigenden Druck reagiert Hirsch durch eine naturalistische Tiefer-
legung der völkischen Grundlage seines Staatsbegriffs: „Das die Glieder eines
Volks im Staate trotz alles Streits innerlich Verbindende, die Nationalität, verstehn
wir nicht mehr als eine Einheit des Geistes und der Gesinnung, sondern als eine
vor Geist und Gesinnung liegende natürliche Gemeinschaft, aus Blut und Schicksal gewoben, eine Grenze der Freiheit in ihrem natürlichen Grunde." (39) Eben
dieser so verfaßte, von heteronomen Momenten durchzogene Nationbegriff soll
nun aber wiederum jene sittliche Größe sein, welche die ihr zugeschriebene
praktisch-transzendentale Funktion zu erfüllen vermag. Die Nation soll über
jenen „lebendigen Geist" (47) verfügen, der „eine Größe voll geschichtlicher
Besonderheit, in jedem Volksgeist sich anders brechend und sich auswirkend in
einer Fülle einzelner Entscheidungen" (48) ist. Damit werden die in „Deutschlands Schicksal" noch als universale „Gemeinschaft der Gewissen" gedachten
Bestimmungen des sittlichen Geistes nun definitiv auf den „Volksgeist" (ebd.)
übertragen, weil die „Idee der Gerechtigkeit nichts Allgemeines und Begriffliches ist, das man eindeutig und überall gleich auslegen könnte" (ebd.).
    Auf der Basis dieser geschichtsphilosophischen Hintergrundstheorie kann
sich Hirsch dann auch Sinn und Funktion der Weimarer Verfassung zurecht-
legen. Mit E. Kaufmann und R. Smend will er nun nämlich die „in der neuen
Reichsverfassung aufgestellten Grundrechte der Deutschen …" interpretieren
als die „… Bindung des Staats unter einen bestimmten geistigen Gehalt, unter
eine bestimmte vom deutschen Geist in seiner Geschichte geschaffene Lebens-
ordnung" (45). In der Verfassung, also im Recht, nehme der Staat demgemäß
eine „Selbstbegrenzung … gegen etwas, das über ihm ist" (48), vor. „Dadurch
wird das Gebiet der gegenwärtigen Entscheidung der Verantwortung für einen
über dem Willen des Ganzen wie der einzelnen waltenden Geiste unterworfen." (45) Der im Staat rechtlich verfaßte und organisierte Gesamtwille …"
macht sich so „… nicht zum Herrn … über den lebendigen Geist der in ihm
zusammengefaßten geschichtlich gewordenen Nation" (47f.). In dieser selbst-

---

[259] Vgl. aaO., 37f.
[260] Vgl.: „Hört er [sc. der Staat] auf, … frei und unabhängig zu sein, … dann hören auch seine
Bürger auf, frei und unabhängig zu sein." AaO., 47.
[261] AaO., 39. Vgl.: „In diesen Bruch hinein haben wir zu treten. Er ist die Wirklichkeit, der
wir ins Auge zu sehen haben". AaO., 44.

beschränkenden Beziehung auf den Volkswillen liegt die Quelle der Souveränität des Staates. Durch sie wird er auf vermittelte Weise zum ethischen Handlungssubjekt, indem er sich aus der „Freiwilligkeit und Liebe seiner Bürger stets neu" (47) aufbaut.[262] Rechtsstaatlichkeit wird mithin funktional bezogen auf die ihm zugrundeliegende kollektive naturwüchsig-sittliche Potenz, die „Nation"[263], die ihm gegenüber den konstitutiven Vorrang und zugleich ein Eigenleben behält. Die Schließung dieser Differenz bildet den eigentlichen politisch-praktischen Impetus von Hirschs politischer Theologie in dieser Phase. Wie in der Fassung von 1921 so bildet auch in derjenigen von 1929 der Nationbegriff die Legitimationsbasis für die im demokratischen Staat gegen ihn agitierende moralische Elite. Auffallend ist, daß die konkreten institutionellen Konturen dieser politischen Elite genauso unscharf und vorläufig ‚verborgen' bleiben wie der Souverän, den sie repräsentieren soll.

Das theoretisch Problematische und politisch Brisante dieser ungesättigten ethisch-politischen Elitetheorie zeichnet sich schon zwei Jahre später ab, wenn Hirsch nun endlich meint das „Geisthafte …" identifizieren zu können „… an einer sehr erdhaften Erscheinung des heutigen deutschen Lebens …", nämlich an „… der nationalsozialistischen Sturmabteilung".[264] In der 1931 veröffentlichten Schrift „Schöpfung und Sünde in der natürlich-geschichtlichen Wirklichkeit des einzelnen Menschen" kommt die ganze Brisanz, die von Hirschs Variante des Junktims von praktisch-transzendentalem Theorieanspruch und Theoriedruck einerseits, praktisch-politischer Elitetheorie andererseits ausgeht, zu einem neuen und klaren theoretischen Ausdruck. Mit dem Aufstieg der nationalsozialistischen Partei kommt Hirsch eine politische Elite ins Visier, die genau den Bedingungen zu entsprechen scheint, die er an eine solche Elite stellt.[265] Hirsch adoptiert die Nationalsozialisten als seinen politischen Hand-

---

[262] Vgl.: „Nur soweit sie [sc. die Bürger] ihre Pflicht gegen ihn [sc. den Staat] als ihr Vorrecht empfinden, ist sein Machtzweck im Ernste verwirklicht." AaO., 47.

[263] Vgl.: „Wohl haben wir die Nation verstanden als eine aus Blut und Schicksal geschmiedete natürliche Gemeinschaft, die über die Zerrissenheit des geistigen Lebens, den Gegensatz der Gesinnung hinweg uns zusammenbindet, weil sie da ist *vor* der Freiheit und dem Geiste. Aber eine geschichtlich wirksame Macht wird sie nur als Quelle und Bewegung tieferen Schaffens […] Darum ist sie offen gegen das höhere Leben, wie der Staat es heute nicht mehr ist. Sie streckt sich den Gesinnungen und Geistern, die in ihr erstehen, entgegen, und diese ihr. So bildet sich die nationale Eigenheit ständig fort durch das Ringen der Gesinnungen und Geister um Gestaltung und Durchformung eines Volkstums." AaO., 58.

[264] EMANUEL HIRSCH: Schöpfung und Sünde in der natürlich-geschichtlichen Wirklichkeit des einzelnen Menschen. Versuch einer Grundlegung christlicher Lebensweisung, Tübingen 1931, 5.

[265] Hirschs Verhältnis zum Nationalsozialismus und insbesondere auch der genaue Ablauf seiner Hinwendung zu ihm ist immer noch nicht im einzelnen erforscht. Die bislang beste Darstellung gibt Heinrich Assel, der auch über die Gründe und Hintergründe dieses Desiderats informiert (Vgl. HEINRICH ASSEL: Der andere Aufbruch, 255ff.) Klar ist, daß sich diese Hinwendung schon vor der nationalsozialistischen ‚Machtergreifung' vollzieht, nämlich im Frühjahr 1932. Assel betont auch völlig zu Recht, daß Hirschs Hinwendung zum Nationalsozialismus eine konsequente Weiterentwicklung seiner Theologie impliziert, die jedoch genau in der Fluchtlinie der früheren Überlegungen liegt und nicht als unbewußter „*Rückfall* ‚zum traditionellen Ideal des

lungsträger, indem er seine eigene politische Theorie gewissermaßen als die
Selbstreflexion dieses Agenten präsentiert. Das schließt nicht aus, sondern, wie
gleich zu zeigen sein wird, gerade ein, daß dieses Verhältnis ein institutionell
vermitteltes ist und sich Hirsch nicht direkt als Parteitheologe profiliert, sondern als Chefideologe der Deutschen Christen.

Theoretisch ermöglicht wird diese politische Hinwendung zu den Nationalsozialisten von Hirschs neuer Lehre vom „verborgenen Suverän"[266]. Mit diesem
Begriff hypostasiert Hirsch Souveränität nun definitiv im Volksbegriff und löst
diesen aus der noch (und gerade) 1929 ausgearbeiteten Bindung an den Rechtsstaat weitgehend heraus.[267] Zwar wird am Grundgedanken des rechtlich organisierten Staates als eigentlichem Handlungsträger auch jetzt noch festgehalten.
Die Lehre vom verborgenen Souverän schafft jedoch Platz für einen politischen
Agenten, der sich nicht mehr verfassungsrechtlich zu legitimieren braucht und
Staatlichkeit aus eigener Machtvollkommenheit heraus – wenn auch unter Inanspruchnahme eines „Notrecht[s]"[268] – definiert. Er soll „jenseits der in der
Krise und im Kampf stehenden Staatlichkeit"[269] stehen, weil er sich auf eine den
verfassungsrechtlichen Legitimierungsinstrumenten entzogene, überlegene Legitimationsbasis stützt, auf das Arkanum des individuellen sittlich-religiösen
Gewissensentscheid[s].[270] Auf der Basis dieser Lehre vom verborgenen Souverän und seinen vorläufig staatlich-institutionell ebenfalls noch verborgenen politischen Agenten wird so ein neuer Staatsbegriff theoretisch inszeniert,[271] der

---

Gemeinschaftslebens' zu interpretieren" (aaO., 257; gegen E. Herms u. a.) ist. Klarer als es bei
Assel deutlich wird, ist lediglich herauszustellen, daß die sozialethischen Entscheidungen Hirschs
zwar mit politischen Enttäuschungserfahrungen als „*Mitglied der akademischen, nationalen Führungs-
elite*" (aaO., 257) in den späten zwanziger Jahren zusammenhängen; aber das Gewicht, das diesen
Erfahrungen zukommt, resultiert daraus, daß das Interesse an solcher Elitebildung bei Hirsch, wie
bei allen hier untersuchten Autoren, im Zentrum des Theorieinteresses selbst liegt.

[266] EMANUEL HIRSCH: Vom verborgenen Suverän, 4–13.

[267] Darin kann man, wie Heinrich Assel, einen „Bruch" (Der andere Aufbruch, 259; mit
GUNDA SCHNEIDER-FLUME: Die politische Theologie Emanuel Hirschs 1918–1933, 153–159) mit
den früheren Theoriestadien sehen; zugleich liegt hier aber auch eine konsequente Weiterentwicklung vor. – H. Assel ist darin Recht zu geben, daß diese wichtige Differenz zwischen Hirsch
und anderen Vertretern des ‚jungen nationalen Luthertums' zu beachten sei (vgl. HEINRICH ASSEL:
Der andere Aufbruch, 260). Daß diese Beobachtung auch Hirschs Selbsteinschätzung entspricht,
läßt sich mit Assel aus der Korrespondenz Hirschs mit W. Stapel begründen (aaO., 261). Daß es
sich hier „nicht um einfache Wiederholung der reformatorischen Staatslehre, sondern um Neu-
bildung auf Grund der reformatorischen Staatslehre gemäß der gegenwärtigen Lage handele",
spricht Hirsch auch in „Vom verborgenen Souverän" (aaO., 12) selbst aus.

[268] Vgl.: „Gerade *weil* ein Volk nur durch seinen Staat entscheidend handeln kann und Volk
ohne Staat untergeht, gerade darum gibt es im äußersten Falle ein Notrecht, gegebene Staatsform
zu zerbrechen, wenn es einen andern Weg, dem Volke zur Erfüllung seines Lebens und seiner
Sendung zu helfen, nicht gibt." EMANUEL HIRSCH: Vom verborgenen Suverän, 7.

[269] AaO., 11.

[270] AaO., 7.

[271] Vgl.: „[N]icht die Sicherung vor dem Chaos, sondern Aufbau und Erfüllung des Lebens
und der Sendung unsers Volks ist der Dienst, der dem Staate die eigentliche Hoheit gibt. Uns vor
dem Chaos zu sichern und Ordnung unter uns zu halten würden gegen gute Bezahlung auch die
Franzosen bereit sein". AaO., 12.

einerseits ausdrücklich auf die Delegitimierung der Weimarer Demokratie[272] gerichtet ist und deren revolutionäre Überwindung[273], der andererseits dennoch genuin moderne Prinzipien sozialer Vergemeinschaftung für sich reklamieren können soll und nicht lediglich affirmativ auf traditionelle Bindungsmuster rekurriert.

Dieser doppelten Anforderung an eine ethische Theorie des Politischen sucht Hirsch in seiner Schrift über Schöpfung und Sünde mittels eines entsprechend instrumentierten Begriffs der politischen „Führung" gerecht zu werden. Damit will Hirsch dasjenige Begriffsfeld aufgreifen, in welchem sich „der verborgene Souverän", um dessen bestimmte Elaborierung es ihm theoretisch und politisch-praktisch zugleich geht, in der politischen Wirklichkeit bereits gewissermaßen selbst elaboriere. In diesem Sinn verweist Hirsch darauf, daß „heute bei uns die Worte Führung und Führer in aller Munde sind, die früher allein dem Berufssoldaten geläufig gewesen"[274] seien. „Führung" in diesem sich selbst elaborierenden Sinn soll nach Form und Inhalt ein Begriff sein, der politische Organisation gewissermaßen zwanglos aus der ethischen Selbststeuerung von Individuen, aus deren „Lebensführung"[275] hervorgehen läßt. Der Modernitätsanspruch, den Hirsch mit diesem, unter die Ägide des „Führungsgedanken[s]" (5) gestellten Konzept verbindet, wird durch die sich einstellenden Assoziationen zu Theoriebegriffen Max Webers unterstrichen.[276] Dementsprechend soll der „lebendige ... Geist, der der wahrhaft Führende ist und so gnädig ist, durch den Führer zu sprechen" (ebd.), auch nicht durch einen supranaturalen Gewaltstreich ermittelt werden. Das Zustandekommen ‚geistbegabter Führung' bleibt vielmehr an die Perspektive der Zuschreibung durch die sich ihr freiwillig unterwerfenden ‚Geführten' gebunden; sie entsteht im „Umschluß einer Gemeinschaft" (ebd.), wie Hirsch sich ausdrückt.[277] Dieses konsensuelle Führungskonzept soll sich mithin von traditional-heteronomen Ordnungsmustern des Politischen unterscheiden, die Hirsch mit dem Begriff der „Bindung" (4) be-

---

[272] Vgl. aaO., 6f.

[273] Vgl. unter diesem Gesichtspunkt die zitierte Rede vom „Notrecht, gegebene Staatsform zu zerbrechen" (aaO., 7) und die auf Brünings Politik mit § 48 WRV bezogene Bemerkung: „Es scheint ein Gesetz unsrer abendländischen Geschichte zu sein, daß Revolutionsstaaten 12 bis 14 Jahre nach der Revolution eine Wendung zur Diktatur durchmachen". AaO., 9.

[274] EMANUEL HIRSCH: Schöpfung und Sünde in der natürlich-geschichtlichen Wirklichkeit des einzelnen Menschen, 3. Stellenangaben im Text ohne nähere Bezeichnung beziehen sich im Folgenden auf diesen Text.

[275] AaO., 4. Hirsch benützt hier diesen prominent bei M. Weber präsenten Begriff. Ob er sich dabei bewußt auf Weber bezieht, kann hier offen bleiben.

[276] Vgl. den von M. Weber im Rahmen seiner typologischen Lehre von der charismatischen Herrschaft entwickelten Begriff des „charismatisch qualifizierten *Führer*[s]". (MAX WEBER: Wirtschaft und Gesellschaft, 124 u. ö.) Vgl.: „,,*Charisma*' soll eine außeralltäglich ... geltende Qualität einer Persönlichkeit heißen, um derentwillen sie als mit übernatürlichen oder übermenschlichen oder mindestens spezifisch außeralltäglichen, nicht jedem andern zugänglichen Kräften oder Eigenschaften [begabt; d. Hrsg.] oder als gottgesandt oder als vorbildlich und deshalb als ‚*Führer*' gewertet wird." AaO., 140.

[277] Man kann das als Aufnahme von Webers Charismakonzept lesen: „Ueber die Geltung des Charismas entscheidet die ... Anerkennung durch die Beherrschten". Ebd.

legt. Dabei soll der Führungsgedanke freilich genau von der Art sein, daß er in die Krise der Moderne geratene traditionale ,Bindungen' modernitätskonform zu legitimieren vermag.[278] So denkt sich Hirsch die „neue Gestaltwerdung" (6) des politischen Gemeinwesens als die ethische Selbstkonstituierung des sozialen („Volks"-) Körpers als eines gegliederten, aber insgesamt homogenen Handlungssubjekts, das seine staatlich-rechtliche Form aus jenem es begründenden gemeinschaftlichen Führungsethos hervorgehen läßt. Der Logik des Führungsgedankens fällt die Ausgestaltung des Rechts der politischen Führung zu, die im Medium hierarchischer Gliederung die Gesellschaft zum gesteuerten und steuerungsfähigen Handlungssubjekt machen soll.

Die zentrale Schwierigkeit dieser geschichtsphilosophischen Theorie des Politischen liegt in ihrer systematischen Struktur: Sie will ethisch-normativ und zugleich kulturdiagnostisch-deskriptiv sein. Der „Umschluß ..." der „... Geistesgemeinschaft" (5), in welcher „Führer und Geführte" (ebd.) miteinander stehen sollen, läßt sich zwar fordern und gegebenenfalls als bestehende konstatieren, aber nicht eigentlich herstellen. Die theoriekonstitutive Begeisterung für die ,deutsche Stunde' vermag das systematische Problem nicht zu unterdrücken: Um des genuin modernen Interesses an der religiös-sittlichen Autonomie des Einzelnen willen muß das Gewissen der Einzelnen gegenüber den sozialen Vergesellschaftungsformen, die ihm zugleich mit selbständigem Recht gegenübertreten sollen, als selbständig gedacht werden.[279] Der Lösung dieses Problems ist die ganze für die Führungstheorie insgesamt maßgebliche Schrift gewidmet. Zu lösen versucht wird das Problem an der Stelle des Individuums.[280] Die Differenz zwischen Faktizität und Normativität wird, wie schon der Titel der Schrift programmatisch anzeigt, als religiös-ethische Differenz von „Schöpfung und Sünde in der natürlich-geschichtlichen Wirklichkeit des einzelnen Menschen" festgemacht. Indem das christlich-religiöse Individuum seine eigene und die gesellschaftliche Wirklichkeit unter der Doppelbestimmung von Schöpfung und Sünde zu deuten instandgesetzt wird, soll sich ihm die Leistung politischer Führung als schöpfungsgemäßer Handlungsermöglichung unter den Bedingungen sündhaften Verwirktseins von Handlungsfreiheit klären. Näherhin soll diese Unterscheidung es ermöglichen, die Differenzen zwischen der konkreten politischen Führungslehre, die Hirsch im Auge hat, der nationalsozialistischen Rassenideologie, und evangelisch-christlicher Ethik als unvermeidliche Implikationen der Realisierung von Freiheit unter den Bedingungen der Faktizität der Sünde zu erklären.

Das politische Ziel von Hirschs Schrift ist somit die ethisch-theologische Gleichschaltung von Individuen, die sich gegenüber dem Nationalsozialismus

---

[278] Vgl. die angeblich wieder neu entdeckten Werte „Generation und Kameradschaft ..., Berufs- und Werkgemeinschaft ..., Volksgemeinschaft und Staat". EMANUEL HIRSCH: Schöpfung und Sünde in der natürlich-geschichtlichen Wirklichkeit des einzelnen Menschen, 6.

[279] Vgl. den Hinweis auf den möglichen Gewissenskonflikt bei evangelischen Pfarrern. AaO., 9f.

[280] Vgl.: „[Um] Führungsweisung und Führungsverwirklichung zu finden" (aaO., 11), gilt es „*am einzelnen der natürlich-geschichtlichen Wirklichkeit zugehörigen Menschen das Verhältnis von Schöpfung und Sünde zu durchgrübeln.*" AaO., 10f.

distant verhalten; und zwar auf zwei Ebenen. Die direkte intentionale Adressatenschaft sind Theologen, insbesondere praktizierende Pfarrer,[281] die indirekte die von diesen Pfarrern als intellektueller Elite zu steuernde, evangelische Christenheit. Die in „Schöpfung und Sünde" geleistete dogmatische Grundlegung wird in mehreren Schriften der Folgezeit ethisch und politisch konkretisiert.[282] In ihnen wird gemäß dem Universalitätsanspruch von Hirschs politischer Theologie als Theorie der Wirklichkeit der „christliche[n] Lebensführung" (6) des Einzelnen, der Kirche als Institution und der Theologie jeweils ein Sitz im (politischen) Leben zugewiesen. Dabei werden die noch 1929 geäußerten Einsichten in die Ausdifferenzierung der modernen Gesellschaft zugunsten der Konstruktion eines auch religiös und konfessionell einheitlichen Volkskörpers zurückgenommen. „Man kann deutsches Volkstum und evangelischen Glauben nicht auseinanderscheiden, ohne den Boden des Geschichtlichen unter den Füßen zu verlieren."[283]

Die Radikalität, die Hirschs politische Theologie 1933/34 erreicht, zeigt am besten seine Rede von der „Volkswerdung"[284], die sich für ihn in der „gegenwärtigen deutschen Stunde"[285] ereignet. Im Vorgang der politischen Durchsetzung der nationalsozialistischen „Führung" vollziehe sich im strikten Sinne die (Selbst-)Konstituierung des kollektiven souveränen Handlungssubjekts. Im Führer wird der verborgene Souverän zum offenbaren; der Führer ist der Souverän des Souveräns. Damit kann dann Hirschs Theorie endlich auch selbst einen Ort innerhalb der politischen Wirklichkeit einnehmen und braucht ihre damit verbundene Partikularisierung nicht mehr zu scheuen; sie wird intentional zur Parteidoktrin der Kirchenpartei der Deutschen Christen. Wer sich dieser nicht fügt, dialektische Theologen, Juden[286] etc. wird als „lieblos"[287] beiseite stehender ‚Zuschauer' ethisch oder rassenbiologisch[288] disqualifiziert und zumindest – wenn und soweit es nach Hirsch geht – aus jeder öffentlich einflußreichen Position „entlassen"[289].

---

[281] Vgl. unter diesem Gesichtspunkt die Bezugnahme auf die mögliche „Notlage des evangelischen Pfarrers". AaO., 9f.

[282] EMANUEL HIRSCH: Das kirchliche Wollen der Deutschen Christen. 3. Aufl. 9.–14. Tsd., Berlin-Steglitz 1933; DERS.: Deutsches Volkstum und evangelischer Glaube. Hamburg 1934; DERS.: Die gegenwärtige geistige Lage im Spiegel philosophischer und theologischer Besinnung.

[283] EMANUEL HIRSCH: Deutsches Volkstum und evangelischer Glaube, 5.

[284] EMANUEL HIRSCH: Die gegenwärtige geistige Lage im Spiegel philosophischer und theologischer Besinnung, 61; EMANUEL HIRSCH: Das kirchliche Wollen der Deutschen Christen, 22.

[285] EMANUEL HIRSCH: Vom verborgenen Suverän, 6.

[286] Vgl.: „[V]erantwortliche und führende Stellung des Juden, der Jude bleibt, [ist] im gemeinsamen Leben schlechterdings unmöglich". EMANUEL HIRSCH: Die gegenwärtige geistige Lage im Spiegel philosophischer und theologischer Besinnung, 23.

[287] Vgl. die auf Barths Kirchenbegriff gemünzte Rede von der „lieblosen Kirche". EMANUEL HIRSCH: Das kirchliche Wollen der Deutschen Christen, 7f.

[288] Hirsch übernimmt die nationalsozialistische Rassenbiologie nach 1933 in Grundzügen. Vgl. EMANUEL HIRSCH: Die gegenwärtige geistige Lage im Spiegel philosophischer und theologischer Besinnung, 34–36.

[289] Vgl. HEINRICH ASSEL: „Barth ist entlassen". Neue Fragen im Fall Barth, in: Zeitworte. Der

4.2. Das Wort des Wortes: Friedrich Gogartens
onto-personalistische Geschichtstheologie

Wenn man das generationstypische gemeinsame Interesse aller hier näher betrachteten Autoren mit der Formel ‚Überwindung des Historismus‘[290] beschreiben kann, so trifft dies vielleicht am meisten und intensivsten auf Friedrich Gogarten zu. Zwar spielt, wie noch zu zeigen sein wird, auch bei Barth die Auseinandersetzung mit E. Troeltsch eine zentrale Rolle. Aber im Unterschied zu Barth hat Gogarten nicht nur bei Troeltsch studiert,[291] sondern er vollzieht auch den Aufbau seiner eigenen selbständigen[292] Position in ausdrücklicher Anknüpfung an Troeltsch und expliziter Auseinandersetzung mit ihm.[293] Mit seinem Lehrer verbindet Gogarten die Einsicht in die konstitutive Bedeutung des (neu-)zeitdiagnostischen Bezugs der Theologie.[294] Wenn Gogarten in seinem Sturm- und Drangfanal „Zwischen den Zeiten" den Lehrern sein „Heute sehen wir Eure Welt zu Grunde gehen"[295] entgegenschleudert, dann wird das Goethesche Prometheuspathos des Vatermörders, das den Duktus der Schrift kennzeichnet, sublim gebrochen durch den subtextuellen Sachverhalt, daß die ebenso emphatisch wie pathetisch vorgetragene ahistorische Selbstpositionie-

---

Auftrag der Kirche im Gespräch mit der Schrift, Festschrift für Friedrich Mildenberger zum 65. Geburtstag, hrsg. v. dems. u. a., Nürnberg 1994, 77–99.

[290] Die Formel geht wohl auf Friedrich von Hügel zurück, der damit fünf späte Vorträge von Ernst Troeltsch überschreibt. Das ist Begriffspolitik, die Troeltschs Position – selbst in seinen letzten Lebensjahren – kaum gerecht werden dürfte. Vgl. ERNST TROELTSCH: Der Historismus und seine Überwindung. Fünf Vorträge, eingel. von Friedrich von Hügel, 2. Neudr. der Ausg. Berlin 1924, Aalen 1979.

[291] Vgl. dazu jetzt MATTHIAS KROEGER: Friedrich Gogarten, 48ff.

[292] Darin unterscheidet sich Gogartens theologische Entwicklung von derjenigen Karl Barths, bei der die intensive Auseinandersetzung mit Ernst Troeltsch in ihre frühe Phase fällt, später aber stark zurücktritt.

[293] Vgl. FRIEDRICH GOGARTEN: Wider die romantische Theologie. Ein Kapitel vom Glauben, in: Jürgen Moltmann (Hrsg.): Anfänge der dialektischen Theologie. Teil II [ThB 17/II], 3. Aufl. München 1977, 140–153, hier: 141, 149; DERS.: Historismus (1924). In: Jürgen Moltmann (Hrsg.): Anfänge der dialektischen Theologie, Teil II, 171–190. Diesen Bezug hat schon vor über dreißig Jahren Hermann Fischer in seiner Hamburger Habilitationsschrift sorgfältig aufgearbeitet. Vgl. HERMANN FISCHER: Christlicher Glaube und Geschichte. Voraussetzungen und Folgen der Theologie Friedrich Gogartens, Gütersloh 1967. Der „Einheit von Glaube und Geschichte" als *dem* „Thema der systematischen Theologie" (aaO., 236; vgl. schon: FRIEDRICH GOGARTEN: Wider die romantische Theologie, 146; vgl. dazu DOROTHEE SÖLLE: Friedrich Gogarten. In: Tendenzen der Theologie im 20. Jahrhundert. Eine Geschichte in Porträts, hrsg. v. H.J. Schultz, Stuttgart – Berlin 1966, 292) ist H. Fischer mit seinen eigenen systematischen und theologiegeschichtlichen Arbeiten in der Folgezeit treu geblieben. Seine „Systematische Theologie" (Konzeptionen und Probleme im 20. Jahrhundert [Grundkurs Theologie, hrsg. v. Georg Strecker, Bd. 6], Stuttgart – Berlin – Köln 1992) ist m. E. die beste historisch-systematische Einführung in die Theologie des 20. Jahrhunderts, die es derzeit gibt. Zu Gogartens Biographie vgl. jetzt die Studie von MATTHIAS KROEGER: Friedrich Gogarten.

[294] Vgl. aaO., 51, 58, 61.

[295] FRIEDRICH GOGARTEN: Zwischen den Zeiten, 96.

rung „zwischen den Zeiten" ihrerseits durchaus als zeitdiagnostische Deskription funktioniert.[296] Das kairotische „Heute"[297], das die Schriften der frühen zwanziger Jahre ansagen, ist zwar die krisentheologische Betätigung des Schleudersitzes heraus aus dem Fluxus der Geschichte, hinein in die Sphäre des überzeitlichen „Augenblick[s]"[298]. Doch auch die Ansage des ‚Stillstands der Zeit'[299], der Zeitlosigkeit,[300] ist eine Zeitansage; das „Heute" ist kein Heute ohne ein Gestern und ein Morgen. Um eine solche Theologie des eschatologischen Augenblicks, des „absoluten Neue[n]"[301], die zugleich sublim Zeitansage ist, geht es F. Gogarten, als er 1920 in die theologische Kampfgemeinschaft mit Karl Barth und Eduard Thurneysen eintritt.[302]

In der zu dieser Zeit (1920/21) geführten ahistorischen, apsychologischen Rede vom „Augenblick" klingt das religiöse „Erlebnis" noch nach, von dem Gogarten 1917 in normativer Absicht begrifflich Gebrauch gemacht hatte.[303] 1920/21[304] befindet Gogarten sich in einer Übergangsphase, in welcher er den Religionsbegriff zwar noch gebraucht, aber bereits kritisch gegen sich selbst zu wenden versucht. Darum ist diese Theoriephase für Gogartens Denken und dessen Entwicklung besonders instruktiv und als Einsatzpunkt der Darstellung besonders geeignet. „Man kann die religiöse Betrachtungsweise, die wir hier ausüben, nur in dieser ihr eigentümlichen … Dialektik haben. Das heißt genauer: man kann sie eigentlich nicht haben, sondern man kann sie eben nur in aller Konkretheit ausüben".[305] Die ‚konkrete Ausübung', als welche sich Theologie für Gogarten 1920 vollziehen soll, impliziert die Absage an jedwede historisch-deskriptive Geschichtstheorie und an eine geschichtsphilosophische Begrün-

---

[296] Auf die Verbindung von Zwischenzeit-Ansage und pragmatischem Theorieinteresse weist F. W. Graf hin, wenn er feststellt, der „Grundsinn des Begriffs [sc. Zwischenzeit] ist in Theologie wie Politik identisch: er beinhaltet kritische Distanz gegenüber der Gegenwart, so wie sie tatsächlich ist, zugunsten einer wahren, absoluten Gegenwärtigkeit, die erst einer Elite bzw. Avantgarde der Veränderung sich erschlossen habe." Friedrich Wilhelm Graf: Die „antihistoristische Revolution" in der protestantischen Theologie der zwanziger Jahre, 402, Anm. 68.

[297] Friedrich Gogarten: Zwischen den Zeiten; ders.: Die Krisis unserer Kultur. In: Jürgen Moltmann (Hrsg.): Anfänge der dialektischen Theologie, Teil II, 101–121, hier: 101f., 112, 121; ders.: Die religiöse Entscheidung. Jena 1921, 13 u.ö.

[298] Friedrich Gogarten: Die Krisis unserer Kultur, 102; ders.: Die religiöse Entscheidung, 10 u.ö.

[299] Vgl: „Die Zeiten fielen auseinander[,] und nun steht die Zeit still". Friedrich Gogarten: Zwischen den Zeiten, 100.

[300] Vgl.: „*Wir* haben jetzt keine Zeit. *Wir* stehen zwischen den Zeiten." AaO., 101.

[301] Friedrich Gogarten: Die Krisis unserer Kultur, 105.

[302] Als potentiellen Mitstreiter nimmt Barth Gogarten erstmals im Januar 1920 wahr. Vgl. den Brief an Thurneysen, vom 31.1.1920; Ba-Th I, 366. Im Juni nach der Lektüre von „Zwischen den Zeiten" schickt Barth ihm „sofort eine Begrüßung" zu (Brief an Thurneysen vom 16.6.1920, Ba-Th I, 399). Erstmals besucht Gogarten E. Thurneysen Anfang Oktober 1920 (vgl. den Brief Thurneysens an Barth vom 11.10.1920, Ba-Th I, 431f.) und dann Barth Ende Oktober, der euphorisch reagiert. Vgl. den Brief an Thurneysen vom 27.10.1920; Ba-Th I, 435.

[303] Friedrich Gogarten: Religion weither. Jena 1917, 13.

[304] Vgl. Friedrich Gogarten: Die Krisis unserer Kultur; ders.: Die religiöse Entscheidung.

[305] AaO., 109.

dung der Theologie. Abgeschnitten werden soll so jede Möglichkeit, den eschatologischen Augenblick „als einen unter anderen zu betrachten, sich aus ihm zu heben und ihn mit der ganzen unabsehbaren Reihe der vor ihm und der nach ihm unter sich zu lassen zur meditierenden oder beurteilenden Schau."[306]

Gogarten versucht, den Religionsbegriff vom Gottesgedanken her aufzuschließen. Dieser, „sobald man ihn wirklich zu denken versucht"[307], zwinge dazu, die Reflexionsdistanz des wissenschaftlichen Autors und Rezipienten seinem Gegenstand gegenüber als illegitime Spielerei zu erkennen. „Wer noch meint, die Verhältnisse und Bedingtheiten als Mitspieler auftreten lassen oder auch nur als erklärende und deutende Kulissen aufstellen zu können, spielt vielleicht ein religiöses Stück auf dem Menschentheater, aber mit Gott hat er nichts zu tun […] Auf der Szene, auf der wir mit Gott zu tun haben, gibt es … weder Kulissen, hinter die man sich zurückziehen kann, noch Mitspieler, die einen aus der Situation, in die man da gerät, so oder so retten könnten." (3) Kaum irgendwo ist das metaphorische Bilderarsenal der für die hier untersuchten Autoren so charakteristischen Intention, die ‚Abschaffung des Zuschauers‘ zu betreiben, plastischer entfaltet als in Gogartens programmatischem Vorwort zu „Die religiöse Entscheidung"; es ist darum eingangs der Untersuchung auch schon zitiert worden: „Wenn es Leute gibt, die als Zuschauer mit uns sympathisieren oder uns kritisieren wollen, so sei ihnen gesagt, daß uns auch an ihrer überlegensten Kritik nichts liegt, weil sie uns nichts helfen kann. Denn ich will ihnen verraten, daß sie, solange sie Zuschauer bleiben, für diese Szene stockblind sind. Und auch ihre sorgende Zuschauersympathie ist hier wenig angebracht. Denn wer sich auf dieser Szene bewegt, sucht eines Anderen ‚Sympathie‘." (4) Jegliche pragmatische Absicht des Autors, das ist die dialektische Pointe dieses Arguments, soll hier aufgehoben werden in die absolute Pragmatik Gottes, in eine Theologie, die „Gott als den allein Handelnden erkennt."[308] An die Stelle der „Betrachtung" (9) soll der „nie zur Ruhe kommende … Kampf …", das „Entweder/Oder" (ebd.) treten.

Deutlicher und expliziter als etwa bei C. Schmitt und E. Hirsch steht die Alternativsetzung von ‚ästhetischer Betrachtung‘ und ‚ethischer Entscheidung‘ bei Gogarten im Zusammenhang einer Kierkegaard-Rezeption.[309] Gegen die ästhetisch-spielerische Vieldeutigkeit wird die harsche ethische Eindeutigkeit in der alternativisch bestimmten Situation gesetzt.[310] Dabei trifft die aufgemachte duale Logik der Alternative zwischen ästhetischer und ethischer Haltung selbst immer schon die Vorentscheidung zugunsten der letzteren. Schon E. Troeltsch hat freilich darauf hingewiesen, daß Gogartens Aufnahme des Kierkegaardschen

---

[306] AaO., 103.

[307] FRIEDRICH GOGARTEN: Die religiöse Entscheidung, 3. Stellenangaben im Text ohne nähere Bezeichnung beziehen sich im Folgenden hierauf.

[308] FRIEDRICH GOGARTEN: Die Krisis unserer Kultur, 105.

[309] Das hat vermutlich als erster Ernst Troeltsch bemerkt. Vgl. ERNST TROELTSCH: Ein Apfel vom Baume Kierkegaards. In: Jürgen Moltmann (Hrsg.): Anfänge der dialektischen Theologie, Teil II, 134–140.

[310] Vgl. SÖREN KIERKEGAARD: Entweder – Oder, Teil II, 716f.

Entweder/Oder unbeschadet der strikten Prävalidierung des Ethischen ihre sublime ästhetische Qualität und Rezipierbarkeit nicht verschweigen kann. Die emphatisch programmierte Abschaffung des Zuschauers, das hat Ernst Troeltsch sensibel notiert, geht faktisch mit einer Aufwertung der ästhetischen Effekte der Theologie einher, die sich zwar gleichsam im Rücken der ausgesprochenen Absichten ihres Autors vollzieht, pragmatisch und rezeptionsästhetisch aber von zentraler Bedeutung ist.[311] Gogartens Polemik gegen die Theologie als ‚ästhetisch' distanzierende, historische Inszenierung funktioniert faktisch nicht als Aufhebung der szenischen Effekte der Theologie, sondern als deren emphatische Neuinszenierung. Ein bemerkenswertes Charakteristikum von Gogartens Theologie ist, daß ihr Autor diesen Sachverhalt bis ins Sprachliche hinein präzise deutlich macht, wenn er proklamiert, die Theologie habe den „Schauplatz …" zu entwerfen, „… auf dem die beiden Kontrahenten ihr hartes Aneinander und ihr schroffes Gegeneinander auskämpfen" (6).

Freilich nimmt Gogarten die hier proklamierte Inszenierungsleistung der Theologie sogleich wieder zurück. Nicht als neutraler „Vermittler" solle sie sich verstehen, sondern als „Mittler" (ebd.). Die sprachlich etwas gewollte Unterscheidung[312] soll Theologie als eine Reflexionstätigkeit kennzeichnen, die sich von der Religion, vom „Christentum" (5), zugleich unterscheidet und als deren Funktion begreift. „[D]as Greifen nach der Ewigkeit, nach der Gottestat selbst …", als welches sie sich vollziehen soll, vollziehe sich als „… das Sich-in-die-Mitte-Stellen zwischen sich selbst und Gott, wo man aber nicht mehr Dritter ist, auch nicht neben sich und Gott" (11). Die Formulierung macht deutlich, daß Gogartens Theologieverständnis mit einer charakteristischen Selbstunterscheidung des Theologiebegriffs bzw. der Gotteserkenntnis einsetzt, nämlich mit der Unterscheidung von faktisch vollzogener Gotteserkenntnis („Christentum") und kritisch-theologisch reflektierter Gotteserkenntnis („Theologie"). Damit repliziert Gogarten faktisch die neuzeitliche Unterscheidung von Religion und Theologie. Er nimmt sie auf, indem er den Gottesgedanken zugleich als positive Voraussetzung[313] der Theologie und als Negat, nämlich als das „allem übrigen Geschehen..", also auch der religiösen Gotteserkenntnis „… gegenüber … absolut andere"[314] einführt. Die Theologie löst diese Spannung auf, indem sie Gotteserkenntnis als „radikale … Erkenntnis" bestimmt, als durch Gott selbst ermöglichte, geoffenbarte Gotteserkenntnis, als „Bewegung von Gott her" (83), die als solche allerdings die Erkenntnis der faktischen Nicht-Erkenntnis Gottes ist.[315] Damit wird Theologie als Theorie positioniert, welche die Möglichkeitsbedingung religiöser Gotteserkenntnis thematisiert, mithin und

---

[311] Vgl. ERNST TROELTSCH: Ein Apfel vom Baume Kierkegaards, 134.

[312] Sie hat eine (etwas anders akzentuierte) Parallele in Barths späterer Rede von seiner Theologie „als eine[r] Art *Randbemerkung* und Glosse", „als *Korrektiv*" zum konstruktiven Tun anderer Theologen. Vgl. KARL BARTH: Not und Verheißung der christlichen Verkündigung, 67f.

[313] Vgl. die Erklärung: „Wir stehen drin im Unbedingten". FRIEDRICH GOGARTEN: Die religiöse Entscheidung, 25.

[314] FRIEDRICH GOGARTEN: Die religiöse Entscheidung, 81, vgl. 77.

[315] Vgl. aaO., 83.

insofern als transzendentale Theorie des religiösen Bewußtseins; zugleich aber thematisiert sie diese Möglichkeitsbedingung im kritischen Gegenzug gegen die gegebene religiöse Gotteserkenntnis. Wenn aber das theologische Denken „die Kluft zwischen uns und Gott …" stets erneut „… wieder aufreißen"[316] will, dann heißt das nichts anderes, als daß es sich selbst via negationis an der Stelle des religiösen Vollzugs zu explizieren sucht. Der theologische Theorievollzug wird auf diese Weise zugleich als praktischer Lebensvollzug, näherhin als Handlungsvollzug bestimmt.

Damit verbindet sich zugleich ein weitreichender wissenschaftstheoretischer, näherhin meta-historistischer Anspruch. In Auseinandersetzung mit seinem Lehrer Troeltsch reklamiert Gogarten für die Theologie als „*ihre* Aufgabe: die eigentlich und letztlich Norm begründende Wissenschaft zu sein."[317] Die Theologie soll die Funktionsstelle einer geschichtsphilosophischen Letztbegründungstheorie übernehmen. Sie soll dies tun, indem sie nachweist, daß eine Geschichtsphilosophie im Sinne von E. Troeltsch zwar die „allgemeine … Historisierung des Denkens" (181) proklamiere – und zwar aus Gogartens Sicht zu Recht –, diese dann aber doch wieder durch die Konstruktion des Individuums als eines Bezugspunktes zu unterlaufen suche, welcher als „Ineinander von Sein und Sollen, Historisch-Relativem und Normativ-Geltendem" (183), von dieser allgemeinen Historizität ausgenommen gedacht werde. Damit schlage alle geschichtlich-endliche Faktizität hinterrücks um in Partizipation am göttlichen Alleben, „[s]o daß also die Bewegtheit, das Werden der Geschichte im letzten Grund die Bewegtheit des göttlichen Lebens selbst ist."[318] Indem Troeltschs Geschichtsphilosophie auf die Konstruktion dieses Bezugspunktes ziele, nehme sie für sich selbst de facto einen der geschichtlichen Vergänglichkeit überhobenen Standpunkt in Anspruch. Damit abstrahiere sie aber von ihrem eigenen – endlichen – Handlungscharakter, davon, daß sie sich de facto als ein Akt normativer, aber gleichwohl endlicher Setzung, als „Entscheidung" (181) vollziehe. „Denn diese letzte, nicht mehr zu begreifende Einheit der Gedanken …" wie Troeltsch sie konstruiere, werde von diesem in Anspruch genommen als „der Ort der schlechthinnigen Ruhe und nicht etwa [als] der Ort der grundlegenden Entscheidung, und es ist mit ihr, trotz Troeltschs energischer Leugnung, die durchaus kontemplative Art dieses Denkens unwiderruflich gesetzt." (Ebd.) So entsteht aus Gogartens Sicht bei Troeltsch, dem es – wie Gogarten einräumt und worin er ihn unterstützt – gerade „nicht um die bloße kontemplative Geschichtsbetrachtung zu tun ist, sondern der aus der Geschichte heraus ein ‚gegenwärtiges und die nächste Zukunftsrichtung bestimmendes Kultursystem‘ gewinnen und damit eine ‚historische Tat‘ tun will …, der also nicht nur

---

[316] FRIEDRICH GOGARTEN: Die religiöse Entscheidung, 81.

[317] FRIEDRICH GOGARTEN: Historismus, 180. Stellenangaben im Text ohne nähere Bezeichnung beziehen sich im Folgenden hierauf.

[318] AaO., 184. Vgl: „Damit hat dann die Individualität aufgehört, etwas nur Tatsächliches zu sein. Sie nimmt nun teil am ‚Wert‘ des Absoluten, freilich nur als das Relative, das sie als historische Individualität ist." AaO., 183.

Geschichte schreiben, sondern selbst Geschichte bestimmen will" (187), ein fundamentaler Widerspruch. Er basiere darauf, daß der normative Akt geschichtsphilosophischer Werturteilsbildung als ein rein theoretischer Akt mißverstanden wird, der einem abstrakt-allgemeinen Ich zugerechnet wird, statt ihn als praktischen Akt, als Handlungsvollzug eines empirisch-geschichtlichen Individuums zu begreifen, als Moment der Orientierung und Selbstpositionierung dieses Individuums in der Auseinandersetzung, in der „Begegnung" (188) mit anderen. Normative Geschichtsdeutung wird nach Gogarten also nur dann richtig vollzogen, wenn sie sowohl ihren Gegenstand, Geschichte, als auch sich selbst als „Handlung" (ebd.) denke.

Als Handlung kann Geschichtsdeutung nach Gogarten nun aber nur dann begriffen werden, wenn sie die Norm absoluter geschichtlicher Werturteilsbildung selbst prinzipiell unter der Handlungskategorie denkt, nämlich unter der Ägide des Handelns Gottes. „Geschichte ist eine Handlung, die aus einer *doppelten*, einer zweideutigen Begegnung besteht: der mit einem anderen Menschen und der mit Gott. Und die eine Begegnung ist der anderen gleich, insofern als keine ohne die andere tatsächlich möglich ist. Denn eine Begegnung mit einem Menschen, die nicht zugleich eine Begegnung mit Gott und also nur ein naturhafter, den Gesetzen und Notwendigkeiten der Physis folgender Vorgang wäre, wäre gar keine wirkliche Begegnung mit einem Menschen. Geschichte ist also immer eine Handlung, an der drei beteiligt sein müssen: Gott und du und ich." (Ebd.) In einem unter die Ägide des absoluten Handelns Gottes gestellten Geschichtsbegriff will Gogarten alle normativen und hermeneutischen Probleme der Geschichtstheorie auf einmal lösen. Er soll zugleich die Bedingung der Möglichkeit von geschichtlicher Interaktion als „tatsächliche[r] Begegnung mit dem anderen Menschen, dem Du" (187), enthalten, wie auch diejenige deren adäquaten Verständnisses als „... Fremdseelische[m]", und er soll darüber hinaus zu „verantwortungsvolle[m]" (ebd.) Handeln führen. Die fundamentalhistorische Aufgabe der Theologie besteht dann darin, die „Haltung des Glaubenden ...", die dem Handlungsbegriff entsprechen soll, weil sie Gott als absolut Handelnden anerkennt, der des „Denkenden und Wissenden"[319] gegenüber herauszuarbeiten, die Gott zum Objekt des Denkens mache. Die „Aufgabe der Theologie ..." ist näherhin „... keine andere ..." als diejenige, „... diese Verwechselung immer wieder aufzudecken"[320].

Freilich fragt sich, wie diese bloße Gegenüberstellung den Überbietungsanspruch einlösen will, den sie erhebt. Gogartens Rede von der „Dreidimensionalität der wirklichen Geschichte ...", die einer „zweidimensionale[n] ...", bloß „... deutende[n] Darstellung" (188) kategorial überlegen sein soll, ist selbst einer religiös-gegenständlichen Metaphorik verhaftet, in welcher göttliche und menschliche Interaktivität sprachlich auf derselben Ebene stattfinden. Statt als Bedingung der Möglichkeit intersubjektiven Handelns scheint das göttliche

---

[319] FRIEDRICH GOGARTEN: Wider die romantische Theologie, 143.
[320] Ebd.

Handeln als ein drittes zu stehen zu kommen, das der endlichen Interaktion offenbar entweder rein transzendent oder auf allerdings ungeklärte Weise immanent ist. Daran krankt Gogartens in den frühen zwanziger Jahren unternommener Versuch, Troeltschs „Bewußtseinsphilosophie" (189) durch eine theologische Intersubjektivitätstheorie zu ersetzen.[321]

Dieser Ansatz basiert auf der Abwendung Gogartens von seiner eigenen frühen Theologie, die eine Begründung der Religionsphilosophie in Gestalt einer Fichterezeption zu unternehmen versuchte.[322] Im Medium bewußtseinsphilosophischer Rahmenbedingungen lassen sich aber auch in den Frühschriften schon ganz ähnliche systematische Interessen identifizieren, wie Gogarten sie dann in den zwanziger Jahren jenseits einer solchen Grundlegung verfolgt. Diese sollen darum hier kurz rekapituliert werden.

In seiner als Dissertation bei Ernst Troeltsch geplanten Arbeit über Fichte, die 1914 im Eugen Diederichs-Verlag erschienen war,[323] ist es der Mystikbegriff, der als konstruktiver Leitbegriff einer modernen theologischen Religionsphilosophie fungiert.[324] In den zwanziger Jahren wird der Mystikbegriff durch den Offenbarungsbegriff ersetzt und konterkariert – eine für die dialektischen Theologen insgesamt typische Maßnahme.[325] Der konstitutive Bezug auf „Geschichte und Gemeinschaft"[326] wird jetzt zur differentia specifica von „Offenbarung" gegenüber einer ‚abstrakten', ‚geschichtslos-individualistischen' „Mystik"[327] erklärt. In der Fichtearbeit von 1914 hatte Gogarten der Mystikbegriff dazu gedient, die Religionsphilosophie Fichtes als Reflexion eines ihr zugrundeliegenden individuellen religiösen Lebensvollzugs zu explizieren, und zwar so, daß die Logik dieses Vollzugs gerade von solchen ‚geschichtslos-individualistischen' As-

---

[321] Er geht einher mit einer – allerdings kennzeichnenderweise beiläufig – vorgenommenen Hinwendung zu einem erkenntnistheoretischen Realismus, der den Grundsatz kantisch-moderner Erkenntnistheorie, „[a]lle Objektivität könne nur eine gedachte Objektivität" sein, nunmehr von vornherein als subjektivistischen Wirklichkeitsverlust deutet. FRIEDRICH GOGARTEN: Protestantismus und Wirklichkeit. Nachwort zu Martin Luthers „Vom unfreien Willen" (1924); in: Jürgen Moltmann (Hrsg.): Anfänge der dialektischen Theologie, Teil II, 191–218; hier: 202f.

[322] Die Dissertation war zuerst mit E. Troeltsch vereinbart gewesen, vgl. MATTHIAS KROEGER: Friedrich Gogarten, 64.

[323] Da Gogarten die rasche Publikation seines Manuskripts wichtiger war als die Promotion, verzichtete er auf diese, vgl. dazu aaO., 75f.

[324] Vgl. FRIEDRICH GOGARTEN: Fichte als religiöser Denker. Jena 1914, 3 u.ö.

[325] Für die zeittypische Polemik gegen den Mystikbegriff und die sich damit verbindendende theologiegeschichtliche und theologiepolitische Zielsetzung vgl. vor allem EMIL BRUNNER: Die Mystik und das Wort. Der Gegensatz zwischen moderner Religionsauffassung und christlichem Glauben dargestellt an der Theologie Schleiermachers, Tübingen 1924.

[326] FRIEDRICH GOGARTEN: Die religiöse Entscheidung, 54.

[327] Vgl.: „Von daher ist es, daß alles Denken und alles Tun der Mystik nichts ist als ein Abstrahieren vom Menschlichen und ein Sich-lösen-von-der-Welt." (AaO., 67) Zum Mystikbegriff bei Ernst Troeltsch und dessen Indikatorfunktion für die genuin neuzeitliche Gestalt des Christentums vgl. meine Arbeit: Theologie als Wirklichkeitswissenschaft, 62; vgl. dazu ausführlich jetzt die Studie von ARIE L. MOLENDIJK: Zwischen Theologie und Soziologie. Ernst Troeltschs Typen der christlichen Gemeinschaftsbildung: Kirche, Sekte, Mystik (Troeltsch-Studien, hrsg. v. Horst Renz und Friedrich Wilhelm Graf, Bd. 9), Gütersloh 1996, 57ff., 117ff.

soziationen freigehalten werden sollte.[328] „Mystik" sollte Religion als den grund-legenden Lebensvollzug bezeichnen, in welchem das Individuum seine individu-elle Selbsttätigkeit wahrnimmt und betätigt,[329] aber gerade nicht in solipsistische Verengung verfällt. „Mystik" steht hier gerade für diejenige Form von Religion, in welcher das Zusammensein mit anderen, Intersubjektivität, an der Stelle der Selbstentfaltung des Individuums ursprünglich angelegt ist und zwar sowohl nach der (passiven) Seite der Faktizität hin (als Geschichte)[330], wie auch nach der (aktiv-autonomen) Seite der moralischen Normativität hin (als Sittlichkeit[331]).[332]

---

[328] Der Mystikbegriff tritt hier weitgehend an die Stelle, die in den zeitgenössischen religions-philosophischen Entwürfen üblicherweise der Erlebnisbegriff besetzt. Vgl. FRIEDRICH GOGARTEN: Fichte als religiöser Denker, 4.

[329] Vgl. aaO., 47ff.

[330] Vgl. aaO., 80ff.

[331] Vgl. aaO., 21ff.

[332] Zwar hat Theodor Strohm mit seiner Feststellung Recht, daß mit dieser von vornherein das empirische Individuum in den Blick nehmenden Übersetzung der Fichteschen Transzenden-talphilosophie eine charakteristische (zeittypische) Umbildung des von Fichte gerade in der Wissenschaftslehre entwickelten Ich-Bewußtseins vorgenommen wird (vgl. THEODOR STROHM: Theologie im Schatten politischer Romantik. Eine wissenschafts-soziologische Anfrage an die Theologie Friedrich Gogartens [GT. S 2], München 1970, 65). Man darf aber nicht verkennen, daß diese Umbildung sich unter ausdrücklicher Affirmation des transzendentalphilosophischen Basistheorems vollzieht: „Alle Welt, die innere und die äußere, sowohl das, was ist, als auch das, was werden soll, ist nicht etwas, das absolut wäre, unabhängig vom Bewußtsein des Menschen existierte, sondern sie ist nichts als Wissen, geistige Tätigkeit, Bewußtseinsinhalt." (FRIEDRICH GOGARTEN: Fichte als religiöser Denker, 8). Insofern verkürzt die Behauptung Strohms Gogartens Grundlagenreflexionen zumindest: „Gogartens ‚Ich' ist im Grunde nichts. Alles muß ihm gege-ben werden, und erst daraufhin wird das Gegebene durch das ‚Ich' etwas." (THEODOR STROHM: Theologie im Schatten politischer Romantik, 65) Strohms Arbeit leidet an ihrer Absicht, Go-garten einen „Irrationalismus" (aaO., 64) nachweisen zu wollen, der sich einer politischen Ro-mantik verdanken soll, die wiederum eine konservative Sozialethik zur Folge haben müsse, welche ihrerseits mit innerer Notwendigkeit in die Nähe zur politischen Ideologie des National-sozialismus führen müsse. Dagegen wird man geltend zu machen haben, daß „Irrationalismus" ein allzu unscharfes Interpretament ist, das selbst auf einem sehr bestimmten Begriff von Rationalität beruhend, der Bestimmtheit des Gogartenschen Denkens, seinen Motiven und bestimmenden Überlegungen, nicht gerecht wird. Das gilt mutatis mutandis auch für die beiden anderen Leit-begriffe der Interpretation Strohms, für „Romantik" und „Konservativismus". So macht Strohm, was den ersten Begriff angeht, von seiner von C. Schmitt übernommenen wissenssoziologischen Einsicht, daß dieser Begriff ein polemisch-perspektivischer Kampfbegriff ist, letztlich keinen Gebrauch, wenn er ihn dann – wiederum unter Berufung auf Carl Schmitt, „dessen Analyse der [!] romantischen Geisteshaltung noch heute Gültigkeit besitzt" (aaO., 39), – als okkasionalistisches Denken bestimmt. Die Schwierigkeiten einer deskriptiven Anwendung des Romantikbegriffs auf Gogartens Theologie zeigen sich schon daran, daß dieser 1922 selbst einen Aufsatz „Wider die romantische Theologie" schreibt. Ähnliches gilt für Strohms Interpretation des Konservativis-musbegriffs. Auch hier übernimmt er zwar von K. Mannheim und A. von Martin die wissenssozio-logische Einsicht, daß die „bewußte Vertretung des konservativen Prinzips ... ja immer eine Gegenbewegung" (aaO., 28) in der Moderne gegen die Moderne darstellt, die historisch konkret einsetzt, „als die Bedrohung durch die politischen Träger des Liberalismus und Sozialismus bereits unübersehbar wurde" (aaO., 26). Aber der genuin moderne Bezugsrahmen des Konservativismus geht dann gleichwohl in Strohms Analyse der Position Gogartens nicht ein. Diese arbeitet letztlich mit der einfachen Unterscheidung von moderner Rationalität = Aufklärung versus antimoderner Irrationalität = konservativer Romantik. Eine explizit differenzierende Bestimmung des Neuzeit-

Ganz ähnlich hatte Gogarten auch noch in „Religion weither" von 1917 –
nunmehr am Religions- und Erlebnisbegriff – zu zeigen versucht, daß Religion
diejenige Funktion des Ichs sei, in der das Beisichselbstsein des individuellen
Subjekts – „das Atmen des Allerindividuellsten im Menschen …" – und zugleich sein Zusammensein mit anderen – „… eine tiefe Gemeinsamkeit mit
allem Lebendigen"[333] – gleichursprünglich angelegt sind. In der späteren Werk-
phase übernimmt der Rekurs auf das Handeln Gottes diese Einheitsfunktion,
deren wesentliche systematische Grundintentionen aber ansonsten durchaus
erhalten bleiben.

In der – beide Theoriephasen verbindenden – Absicht, Intersubjektivität und
Subjektivität gleichursprünglich absolut begründet am Ort von individueller
Subjektivität zu denken und die Wahrnehmung dieser Begründung als Religion
bzw. Glaube zu fassen, stimmt Gogarten mit E. Hirsch durchaus überein. Beide
versuchen darum auch, die so bestimmte Selbsterfassung individueller Subjektivität gewissermaßen an sich auf intersubjektive Gemeinschaftsformen hin zu
öffnen. Bei Hirsch geschieht dies Anfang der zwanziger Jahre, wie gezeigt,
in seiner Konzeption von einer universalen „Gemeinschaft der Gewissen in
Gott"[334]. Zu diesem neoidealistischen Gedanken einer ‚unsichtbaren Kirche'
kann es bei Gogarten in den zwanziger Jahren naturgemäß nur noch eine funktionale, aber keine inhaltliche Entsprechung geben. Die Sozialität des Glaubens,
also Kirche, wird bei Gogarten – seiner Umstellung von Bewußtseins- auf Handlungskategorien gemäß – aktualistisch konzipiert. „Überall …", wo sich mani-
festiere, „… daß Gott der Sinn der Kirche ist, … ist die Kirche. Es [sc. dieses
Geschehen] wird aber offenbar in dem lebendigen, in dem glaubenden Wort, das
von ihm redet […] [D]ie Kirche ist überall, wo dieses Wort ist."[335] ‚Kirche' wird
von Gogarten mithin sprechakttheoretisch eingeführt, nämlich als „der Ort, an
dem das Wort gesprochen wird, da das göttliche Geschehen verkündigt und das
das Wesen der Kirche ist."[336] Zu dieser sprachtheoretischen Grundierung der
Theologie gehört neben der Metaphorik des Wortes auch die in den frühen
Texten häufig verwendete Metaphorik von „Frage"[337] und „Antwort"[338].

Ob diese de facto sprach- und näherhin sprechakttheoretische Bestimmung
des Kirchenbegriffs eine originale Leistung Gogartens ist, kann und muß hier
nicht erforscht werden.[339] Wahrscheinlich ist, daß es sich um eine unter Aufnah-

---

verhältnisses der Theologie, wie Gogarten sie nach dem Krieg in „Verhängnis und Hoffnung der
Neuzeit" vornimmt, kann unter dieser Deutungsperspektive nur als „systematische[r] Neuansatz"
wahrgenommen werden. AaO., 174.

[333] FRIEDRICH GOGARTEN: Religion weither, 9.

[334] EMANUEL HIRSCH: Deutschlands Schicksal, 60, 72.

[335] FRIEDRICH GOGARTEN: Die religiöse Entscheidung, 79.

[336] AaO., 86.

[337] AaO., 18, vgl. 24.

[338] FRIEDRICH GOGARTEN: Die Krisis unserer Kultur, 112.

[339] F. Ebners Buch „Das Wort und die geistigen Realitäten" erscheint zwar auch 1921; aber
Einflüsse sind hier, so weit ich sehe, noch nicht erkennbar. Allerdings liegt diese sprachtheologische Wendung, wie sich nicht nur an Barth, sondern zugleich ja auch etwa bei Rudolf

me reformatorischer Theologumena vollzogene funktionale Adhoc-Bildung handelt, die sich im Schnittpunkt von Handlungskategorialität und personaler Ich-Du-Konzeption[340] ja nahezu von selbst aufdrängt. Indem der Begründungsvorgang von Glaube im Medium interpersonaler Kommunikation gedacht und diese unter die Ägide des Handlungsbegriffs gestellt wird, ist er gewissermaßen schon als „Sprechakt"[341] gedeutet; und zwar eben als ein solcher Sprechakt, der eine konstitutive Veränderung an seinem Rezipientensubjekt vollbringen können soll.[342] Damit ist Gogarten in der Reihe der hier bislang untersuchten Autoren der erste, bei dem die für alle Ansätze nachgewiesene theoriekonstitutive Bedeutung der Pragmatik eine eigene kategoriale Fassung im elementaren Begründungszusammenhang der Theorie selbst bekommt.[343]

Daß es die an die Handlungskategorie gehefteten Interessen einer theologischen Letztbegründung geschichtlicher Subjektivität und ihrer Selbstdurchsichtigkeit sind, welche das Sprechakttheorem leiten und bestimmen, zeigt sich

---

Hermann zeigt, in den frühen zwanziger Jahren in der Luft. Zu einer entsprechenden Deutung der Theologie R. Hermanns vgl. HEINRICH ASSEL: Der andere Aufbruch, 305ff.

[340] Gogartens Rezeption des philosophischen Personalismus M. Bubers und der Philosophie E. Grisebachs braucht hier nicht untersucht zu werden, da es hier (wie in dieser Untersuchung insgesamt) nicht um die Herkunft der Gedanken, sondern um eine grobe Skizze ihrer systematischen Funktion in der theologischen Theorie und Theorieentwicklung bei Gogarten selbst geht. Vgl. dazu MICHAEL WEINRICH: Der Wirklichkeit begegnen. Studien zu Buber, Grisebach, Gogarten, Bonnhoeffer und Hirsch, Neukirchen 1980.

[341] Der Begriff stammt bekanntlich von JOHN L. AUSTIN: Zur Theorie der Sprechakte.

[342] Vgl: „Wo dieses Wort gesprochen wird, da ist der Kampf gewonnen, denn es ist der Ursprung selbst, der da kämpft. Aber noch ist der Kampf nicht beendigt. Denn wer das Wort nun spricht, ist noch ein Mensch, ist noch ein irdischer, zeitlicher Mensch und darum im Kampf [...] Es kann immer nur ein Mensch dieses Wort sprechen und hören. Spricht und hört er aber Dieses Wort, so ist er jedenfalls der Mensch nicht mehr, der er vorher war." FRIEDRICH GOGARTEN: Die religiöse Entscheidung, 87.

[343] Schon in „Die religiöse Entscheidung" werden aber auch die problematischen Implikationen dieses Modells für die materiale Ekklesiologie erkennbar. Wenn der Sprechakt der Verkündigung empirisch identifiziert und so unmittelbar in die materiale Ekklesiologie übernommen wird, dann erzeugt er eine Kirche, die „in der Hauptsache aus Theologen besteht" (aaO., 88). Die Beschreibung erfüllt zwar in ihrem unmittelbaren Zusammenhang eine kritische Funktion; sie kann aber aus der Logik des weiteren Kontextes auf Gogartens eigenen Kirchenbegriff angewendet werden. Die empirische Kirchenfrömmigkeit droht dann immer mit einem „inoffiziellen Kirchentum ..." gleichgesetzt zu werden, das „... aus den Tiefen der Lebenserfassung [stammt], die wir Aberglauben zu nennen pflegen." (AaO., 90) Aber unbeschadet der Tendenz zur Diskriminierung des volkstümlichen religiösen Bewußtseins läßt Gogartens Reflexion darauf zugleich ein Bewußtsein des Autors davon erkennen, welchen praktischen Problemdimensionen ein theologisches Bildungsprogramm sich ausgesetzt sieht, das sich mit Gogartens Bestimmung des Theologie- und Kirchenbegriffs notorisch verbinden muß. Jenes „inoffizielle Kirchentum ... [zeige] in seiner eigenen Art auch deutlich, wie tief man die Grundsteine legen muß, wenn man nicht nur einen Saal für Volksbildung und Volksveredelung bauen will, sondern eine Kirche, auf deren Altar geehrfürchtete und gesuchte Geheimnisse thronen und in der ein anderes als das Alltagsbewußtsein seine Gedanken formen will." (AaO., 92) Nicht zuletzt in einer solchen, auf die Durchsetzungsbedingungen und -chancen der eigenen Theologie reflektierenden Überlegung lassen sich die Spuren und Nachwirkungen von E. Troeltschs Theologie im Denken Gogartens erkennen.

auch an der Näherbestimmung des intersubjektiven Handlungszusammenhangs der Kirche als autoritärer Gemeinschaft. Diese nimmt Gogarten in seiner 1923 erschienenen Schrift „Gemeinschaft oder Gemeinde?"[344] vor.[345] „Zwischen dem Ich und dem Du ...", so heißt es hier, „... gibt es eine Verbindung, die sich über das Maß des ganz Momentanen, ganz Zufälligen erheben soll, nur durch ein Drittes. Und dieses Dritte kann nur ein der Subjektivität und Individualität so Entnommenes sein, wie es die Autorität ist." (165) Damit verbindet Gogarten eine typologische Unterscheidung von „Gemeinschaft" und „Gemeinde". „[E]s gibt zwischen Ich und Du keine unmittelbare Gemeinschaft, sondern nur eine mittelbare. Und eine mittelbare Gemeinschaft, in der also ein Mittel den Gegensatz, den bleibenden und trennenden Gegensatz vermittelt, nenne ich Gemeinde." (166) In ihrer antiliberalen Zuspitzung erinnert diese typologische Differenzierung an F. Tönnies' Unterscheidung von „Gemeinschaft und Gesellschaft"[346]. Die durch den Sprechakt des Wortes Gottes konstituierte Kirche soll demnach als Exemplar des soziologischen Typs „autoritäre ... Gemeinde"[347] zu stehen kommen, der Glaube an Gott und sein „Wort" als bestimmte Form von Autoritätsglauben überhaupt.[348]

Allerdings soll es sich bei der Kirche als autoritärer Gemeinschaft gerade um eine solche Form von Autoritätsgemeinschaft handeln, die des entscheidenden Konstitutionsproblems dieses Vergemeinschaftungstyps eingedenk ist, das darin besteht, daß Autorität auch und gerade textpragmatisch nicht erzeugt, sondern nur plausibel gemacht werden kann und von unverfügbarer Anerkennung abhängig ist und bleibt: „[M]an wird ganz sicher nicht daran denken, seine Leser einzuladen, an die Gründung einer autoritären Gemeinde heranzugehen. Denn das würde ja in Wirklichkeit, da man solche Gemeinden gerade nicht gründen kann, bedeuten, eine Gemeinschaft und zwar eine Gesinnungsgemeinschaft gründen zur Propagierung einer objektiven Gemeinde und zur Bekämpfung der Gesinnungsgemeinschaft. Womit man aber klar bewiese, daß man nicht wüßte, was man sagt und was man will." (157f.) Unbeschadet seiner antiliberalen Interessen will Gogartens Autoritätsverständnis mithin die Auseinandersetzung mit der theologischen und soziologischen Moderne nicht irrationalistisch und autoritär abbrechen, sondern gerade eröffnen.[349] Die differentia

---

344 Vgl. FRIEDRICH GOGARTEN: Gemeinschaft oder Gemeinde? In: Jürgen Moltmann (Hrsg.): Anfänge der dialektischen Theologie, Teil II, 153–171. Stellenangaben im Text ohne nähere Bezeichnung beziehen sich im Folgenden auf diese Schrift.
345 Vgl.: „Es kann nur ein Hören seines Wortes geben. Denn das Wort ist die einzige Form der Mitteilung zwischen dem Ich und dem Du [...] Dieses Wort kann nur ein äußeres Wort sein. Und dieses göttliche Wort ist Gottes Autorität." FRIEDRICH GOGARTEN: Gemeinschaft oder Gemeinde? 167f.
346 FERDINAND TÖNNIES: Gemeinschaft und Gesellschaft.
347 FRIEDRICH GOGARTEN: Gemeinschaft oder Gemeinde? 168.
348 Vgl. aaO., 170f.
349 Vgl. die programmatische Feststellung: „Die Auseinandersetzung zwischen dem Protestantismus und dem modernen Geist, die einmal kommen muß, nachdem man ihren Gegensatz so scharf erkannt hat, wie es heute geschehen ist, ist also noch zu führen." FRIEDRICH GOGARTEN: Protestantismus und Wirklichkeit, 194.

specifica der Kirche als autoritärer Gemeinschaft besteht in seinem Verständnis gerade darin, daß sie die Unverfügbarkeit von Autorität und damit deren Ursprungskonstitution zu ihrem ureigenen Thema macht: Letztlich und eigentlich „kann ... nur Gottes Du Autorität sein. Denn Gott allein ist das reine, das absolute Du, dem wir uns auf keinerlei Weise gleichstellen können" (167). Der Kirche konstituierende Sprechakt des Wortes Gottes ist genau diejenige Handlung (und sie ist es allein), die absolute Handlung sein soll, weil und insofern sie in ihrem Vollzug die Bedingung der Möglichkeit ihrer Anerkennung und ihres Verständnisses mitsetzt. Sie besteht letztlich und eigentlich in der Beantwortung der erkenntnistheoretischen Frage: „[W]ie kann ich ... von Gott wissen?" (Ebd.)

Der Denkbarkeit dieser absoluten Handlungskategorie, die Intersubjektivität und Bewußtsein autogenetisch erzeugen soll, ist die Ausarbeitung der Theologie Gogartens seit den mittleren zwanziger Jahren gewidmet. In seinem Buch „Ich glaube an den dreieinigen Gott"[350] von 1926 hat Gogarten eine (in seinem Sinne) geschichtstheologische Grundlegung und Skizze der Dogmatik vorgelegt, die er in der Aufsatzsammlung „Glaube und Wirklichkeit"[351] von 1928 in einzelnen Aspekten ergänzt. Charakteristisch für den Ansatz, den Gogarten in seinem Dreieinigkeitsbuch vorlegt, ist der Versuch, seine Autoritätstheologie als Offenbarungstheologie mit ontologischem[352] Bezug so zu enwickeln, daß die metahistoristischen Ansprüche, die er mit ihr verknüpft, eingelöst werden können.

Dem autoritätstheoretischen Ansinnen entspricht der Einsatz beim Offenbarungsbegriff, näherhin bei einem Verständnis von Offenbarungserkenntnis als auf die kontingente Faktizität der Selbstoffenbarung Gottes bezogene Erkenntnis.[353] Doch die Bestimmtheit der Glaubenserkenntnis ergibt sich für Gogarten nicht aus der Reflexion auf die inhaltliche Bestimmtheit des Offenbarungsinhalts,[354] sondern aus den formalen Bedingungen, die einer auf kontingente Faktizität als Medium absoluter Autoritätsdurchsetzung bezogenen Erkenntnis zu unterstellen sind. Und solche Erkenntnis sucht Gogarten nun als Erkenntnisart auszulegen, die unbeschadet der Positivität ihrer Gehalte dem geschichtlichen Sein des Menschen, den tatsächlichen Verhältnissen unseres Lebens (11), wahrhaft entsprechen soll. Die schon in den Schriften Anfang der zwanziger Jahre gegen Troeltsch gewendete Kategorialunterscheidung von ‚Handlung' versus ‚Kontemplation' wird nun als die Antithese zweier Erkenntnisarten ausgearbeitet, die Lebens- und geschichtsphilosophische Theorievollzüge in einem sein sollen. Dem Erkenntnismodus „Deutung eines Geschehens" (17), das

---

[350] Friedrich Gogarten: Ich glaube an den dreieinigen Gott. Eine Untersuchung über Glauben und Geschichte, Jena 1926.

[351] Friedrich Gogarten: Glaube und Wirklichkeit. Jena 1928.

[352] Vgl. in diesem Zusammenhang die Karriere, die in Gogartens Denken der zweiten Hälfte der zwanziger Jahre der Wirklichkeitsbegriff macht. Vgl. Friedrich Gogarten: Protestantismus und Wirklichkeit; ders.: Glaube und Wirklichkeit.

[353] Vgl. Friedrich Gogarten: Ich glaube an den dreieinigen Gott, 1f. Stellenangaben im Text ohne nähere Bezeichnung beziehen sich im Folgenden auf dieses Werk.

[354] Darin unterscheidet er sich von der zeitgenössischen Theologie K. Barths.

Gogarten als Erkenntnismodus der modernen Geschichtsphilosophie (im Sinne Troeltschs) versteht, stellt er die theologische Glaubenserkenntnis, als „Anerkenntnis" (57) der geschichtlichen Offenbarung und ihrer situativen Selbstauslegung gegenüber.

Im Verhältnis zu den früheren Schriften ist die hier geleistete Weiterentwicklung vor allem darin zu sehen, daß Gogarten die Unterscheidung im Erkenntnisakt nun konsequent auf die ihr zugrundeliegende subjektivitätstheoretische Unterscheidung hin durchsichtig zu machen sucht. Jedwedes deutende Sichverhalten zur geschichtlichen Wirklichkeit basiere, so argumentiert er nun, auf einem Abstraktionsakt, bei dem das deutende Subjekt sich aus seiner kontingenten, durch interaktive Verhältnisse bestimmten geschichtlichen Situation herausreflektiere und Geschichte immer schon als Funktion dieses Deutungsaktes des Ichs erfasse: „Der moderne Geschichtsbegriff geht wie alles moderne Denken auf die Analyse des Bewußtseins zurück, ist Entfaltung des Gedankens des Ich. Darum ist die Geschichte, wie sie dieser Begriff meint, immer Geschichte des Ich, … des zu sich selbst kommenden, sich befreienden Ich." (34) Die universale Superiorität des Ichs habe aber die Depotenzierung aller geschichtlichen Wirklichkeit zum „Nur-Geschichtliche[n] …", zur „… vergängliche[n], zeitliche[n] … Erscheinung, die das Ich bei seinem Durchgang durch die Zeit annimmt" (ebd.), zur Folge. Letztlich wisse die geschichtsphilosophische Geschichtserkenntnis also nur „von Einem handelnden Subjekt, das die Geschichte trägt" (35). Demgegenüber soll die theologische Geschichtserkenntnis von der Art sein, daß sie erstens nicht selbst unter diesen Begriff philosophischer Geschichtserkenntnis fällt[355] und zweitens „durch alle philosophische Deutung der menschlichen Existenz zu ihr selbst, dieser Existenz hinzuführen" (38) in der Lage sein soll. Ein solches nicht-deutendes, theologisches Sichverhalten zur Geschichte bezeichnet Gogarten als „Glauben an die Schöpfung" (43). „Zwischen … dem Glauben an die Schöpfung und jedem Versuch, die Wirklichkeit denkend zu verstehen, gibt es keine Vergleichung, sondern nur den ausschließenden Gegensatz." (Ebd.) Soll dieser Gegensatz gedacht werden können, dann muß sich vom „Glaube[n] an die Schöpfung …" zeigen lassen, daß er selbst … kein Deutungsprinzip (97), sondern ein deutungsfreier Akt des Sichverhaltens, ein Akt der „Anerkenntnis" (57) ist.[356]

Diesen Anerkennungsakt entfaltet Gogarten in dreifacher Weise, nämlich als Akt der „Begegnung mit Gott …", als „… Entscheidung" und „Verantwortung" (46). Anerkennung, Begegnung, Entscheidung sind also per definitionem als „deutungsfreie" (79) Akte, bzw. Aktaspekte gedacht. Als deutungsfreier Gesamtakt könne Schöpfungsglaube gedacht werden, weil es in ihm um die Anerkennung „unsere[r] konkrete[n] zeitliche[n] Situation" (104) gehe, zu deren Grundbestimmtheit gnoseologische und praktische Distanznahmen nur um den Preis der Selbstverfehlung möglich sind. Das Sichverhalten des Individuums

---

[355] Vgl: „Nicht eine philosophische Grundlegung zu geben, … ist die Aufgabe." AaO., 38.

[356] Vgl.: „[M]an kann Gott, den Schöpfer, nicht … erkennen, sondern man kann ihn nur anerkennen, man kann an die Schöpfung nur glauben." AaO., 44, vgl. 51, 57f., 67, 79.

zur Faktizität seines Daseins und dessen kontingent bestimmten Bedingungen ist, so lautet die doppelte Grundthese Gogartens, immer schon erstens prinzipiell ein ethisch-normativer Akt insofern dieses Sichverhalten der Bestimmtheit der Situation selbst ursprünglich als „Anspruch" (79) inhäriert.[357] Damit ist zweitens auch von dieser ethischen Wahrnehmung der geschichtlichen Situiertheit des Menschen behauptet, daß sie zwar Erkenntnis- und Deutungsmomente freisetzen soll, selbst aber gerade nicht als deutende Erkenntnis bestimmt sei.[358] Die ethische Auslegung der Situation als Schöpfungsglaube, die „Anerkenntnis der bestimmten Situation, in der ich mich gerade befinde, als zur Schöpfung gehörig, als mir gerade so und nicht anders von Gott bereitet" (57), sei nicht als Deutung, sondern lediglich als Explikation des Anspruchscharakters der Situation selbst zu verstehen. „Damit ist gesagt, daß es Glauben nur gibt als Anerkenntnis und nicht als Erkenntnis" (ebd.). Und umgekehrt gelte dann auch: „Glauben und Entscheidung gibt es also nur ohne den Rahmen einer Weltanschauung und nur einer nicht gedeuteten Welt und einem geschichtsphilosophisch unverstandenen Geschehen gegenüber." (61)

‚Schöpfungsglaube' soll ein unmittelbares Verhalten des Individuums zu seiner Endlichkeit sein und damit „das konstituierende Element der Geschichte" (65) selbst, das allem deutenden Verhalten als − transzendentale und zugleich ontologische − Bedingung seiner Möglichkeit immer schon zugrunde liegen soll. Zugleich aber soll dieses unmittelbare Verhalten des Individuums als ein bestimmtes Verhalten gedacht werden, das, wiewohl es allem deutenden Verhalten zugrunde liege, offenbar auch unterlassen, nicht praktiziert werden kann, das man „verfehlen" (ebd.) kann.[359] Als verfehlbares Verhalten kann Gogarten den Schöpfungsglauben aber wieder nur darstellen, indem er ihn als Gegenstand eines Wissens konzipiert: „[N]ur indem wir uns als Geschöpf Gottes wissen, wissen wir auch von unserer Wirklichkeit, die eben die Wirklichkeit des Geschöpfes und keine andere ist." (58) Der ‚deutungsfreien Anerkennung' wird mithin „die aus ihr stammende Erkenntnis" (73) beigeordnet. Und zwar sollen beide, jene wie diese, in demselben Offenbarungsakt begründet sein. „Offenbarung" (111) wird von Gogarten als die „Begegnung …" bestimmt, „… die ausdrücklich als solche qualifiziert ist" (ebd.). „[B]ei der als solcher qualifizierten Begegnung werden du und ich jedes in seiner Duhaftigkeit und Ichhaftigkeit qualifiziert: ich bin dann so unausweichlich als Ich gestellt, daß die Entscheidung, die die einzige wirkliche Entscheidung ist, nämlich die: ob ich oder du, in voller Eindeutigkeit und Klarheit zu fällen ist." (Ebd.)

Daß sich ein solcher Entscheidungsakt, dessen Bezogenheit auf Wissen ausdrücklich festgestellt worden ist, von einem Akt der Deutung dennoch katego-

---

[357] Vgl. AaO., 57, 63, 73, 78f. u. ö.

[358] Vgl. die Rede von der „deutungsfreien Verantwortlichkeit gegen eine bestimmte Situation und ihren Anspruch". AaO., 79.

[359] Vgl.: „Ohne an Gott den Schöpfer zu glauben, kann man die Geschichte nie als Geschichte verstehen, sondern man wird sie immer nur als Entwicklung verstehen können und sie dann gerade verfehlen." AaO., 65.

rial unterscheiden soll,[360] versucht Gogarten im Gesamtgang der Argumentation seiner programmatischen „Untersuchung über Glauben und Geschichte"
nachzuweisen. Sein Ziel dabei ist, zu einem Verständnis von der „wirklichen
Geschichte …", vom „wirkliche[n], existentielle[n] Problem der Geschichte"
(92) zu gelangen, welche die „Geschichtslosigkeit" (84), die er als Ergebnis der
„moderne[n] Geschichtsforschung" (92) identifiziert, zu überwinden vermöge.
Dazu setzt er das unmittelbare Innesein des Schöpfungsbewußtseins als Produkt
spezifisch qualifizierter Akte, die „einzig und allein …" als „… das Werk Gottes" (112) zu beschreiben seien. „So bleibt also dem Du, und das heißt: Gott,
dem Schöpfer, vorbehalten, welche Begegnungen als solche qualifiziert werden
und damit zu wirklichen Begegnungen und Entscheidungen werden." (113)
Kennzeichnend für diese Akte ist, daß sie für den Menschen nur im anerken-
nenden Mitvollzug als solche erkennbar sein sollen: „Ob ein Wort wirklich ein
Wort ist, … kann ich auf keine andere Weise wissen als so, daß ich es höre und
mich in die Beziehung hinein ziehen lasse." (117)

Es ist dieser sprachtheologische Gedanke, der das Rückgrat der Argumentation in „Ich glaube an den dreieinigen Gott" bildet. Sprache, näherhin das Wort
Gottes, soll als diejenige Handlung bestimmt werden, welche sowohl ihre eigene Wirklichkeit, wie auch ihre eigene Erkennbarkeit mitsetzt.[361] Dogmatisch
ausgeführt wird dieser Gedanke, indem Gogarten ihn christologisch perspek-
tiviert. In der Christologie soll das zentrale Problem von Gogartens Geschichtstheologie gelöst werden, nämlich „… das Problem der wirklichen Geschichte
im Unterschied von der gedeuteten Geschichte" und zwar als die Frage, „[w]ie
nämlich Jesus selbst in seiner eigenen geschichtlichen Wirklichkeit und nicht
nur in einer Deutung gegenwärtig sein kann." (130) Er kann dies aus Gogartens
Sicht dann, wenn Jesu geschichtliche Wirklichkeit ‚an ihr selbst' so bestimmt
werden kann, daß sie immer schon ihre sich selbst entsprechende Deutung
mitsetzt. Dazu bestimmt Gogarten Jesu Person und geschichtliche Tätigkeit
erstens durchgehend durch den Begriff des Wortes bzw. der Predigt. „Zwischen
dem Worte Jesu und Jesus selbst ist kein Unterschied. Das Wort Jesu ist Jesus
selbst, und Jesus ist das Wort, das er spricht." (146)[362] Und Jesus ist zugleich
„selbst der einzige Inhalt seines Wortes" (147).

---

[360] Vgl. aaO., 66.

[361] Vgl.: „Wenn irgend etwas nicht Gleichnis ist, sondern … nichts anderes als eben das, was
es ist, dann ist es das Wort Gottes." FRIEDRICH GOGARTEN: Glaube und Wirklichkeit, 119.

[362] Theologiegeschichtlich steht dieser Gedanke in der Erbfolge des wirkungsgeschichtlichen
Grundgedankens von Martin Kählers Christologie: „*[D]er wirkliche Christus ist der gepredigte Christus.* Der gepredigte Christus, das ist aber eben der geglaubte" (MARTIN KÄHLER: Der sogenannte
historische Jesus und der geschichtliche, biblische Christus [1892]. Neu hrsg. v. Ernst Wolf [TB
2] München 1969, 44). Im Unterschied zu Gogarten wird bei Kähler aber dieser Gedanke unter
ausdrücklicher Bezugnahme auf die Rezipientenperspektive und damit auf die Frage nach der
Bedingung der Möglichkeit des Wissenkönnens präsentiert, wenn er nämlich von einem „Bild
Jesu" (aaO., 45) spricht, als dessen „*Urheber*" (aaO., 68) dann allerdings „*er* [sc. Jesus] *selbst*" gesetzt
wird. Demgegenüber läßt Gogarten die Reflexion auf diese Vermittlung durch das Bild Jesu,
mithin durch Deutung, gar nicht erst zu.

In der Aufsatzsammlung „Glaube und Wirklichkeit" ergänzt Gogarten die notwendige Fortbestimmung dieses Gedankens, indem er „in ... ausschließlicher Weise Jesu ganze Existenz ...", als „... Gehorsam"[363] bestimmt, in Jesus also die Realisierung deutungslosen Vom-Andern-her-Seins festmacht.[364] In Christus wird so der Gedanke deutungslosen Schöpfungsglaubens als realisiert gesetzt; darum soll der Bezug auf diese Realisierung als Bedingung der Möglichkeit der Aufhebung der Differenz von Glaube und Deutung fungieren können. „Das ist der Gehorsam Jesu Christi, durch den er der Herr über die Menschen wird. Und dieser Gehorsam Christi ... ist der Gegenstand des protestantischen Glaubens. Dieser Gehorsam Christi selbst, nicht etwa nur das Sprechen von diesem Gehorsam."[365] Jesu geschichtliche Existenz wird somit insgesamt als Sprechakt, als sich selbst explizierende Handlung bestimmt: „Jesu Predigt ist nicht etwa eine Predigt *von* der Entscheidung oder *über* die Entscheidung, sondern sie stellt den Menschen *in* die Entscheidung." (141)[366] Die systematische Pointe dieser christologischen Überlegungen liegt jenseits von ihnen, in der Ekklesiologie, die als dritter Teil, „Heiligung" überschrieben, die wort-trinitarische Dogmatik Gogartens zum Abschluß bringt: „Nur im Hören auf das Wort Jesu Christi gibt es eine wirkliche Erkenntnis des Anderen und ein wirkliches Hören seines Anspruches; und darum gibt es nur im Hören auf das Wort Jesu Christi ein wirklichkeitsgemäßes, das heißt ein wirkliches geschichtliches Handeln." (164) „[W]irkliches geschichtliches Handeln" wird damit zum exklusiven Proprium der „christliche[n] Gemeinde ...", die „... in ihrer ganzen irdischen Gegebenheit als eine durchaus zeitliche, irdische Größe die Trägerin des göttlichen Wortes von Jesus Christus, des Evangeliums ist." (165)

Damit ist das moderne Handlungssubjekt der Geschichte in der Version Friedrich Gogartens begründet. In einer Deutlichkeit, wie sie unter den hier vorgestellten Entwürfen sonst nur noch bei Georg Lukács erreicht wird, handelt es sich bei diesem Agenten um denjenigen, in dessen Konstitution als Handlungsagent zugleich die Möglichkeitsbedingung geschichtlichen Seins und Erkennens überhaupt eingegossen sein soll. An die Funktionsstelle des Lukácsschen Klassenbewußtseins tritt bei Gogarten – mit ausdrücklichem Seitenblick auf Hegel – das Geschichtsbewußtsein. „Und dieses ‚Geschichtsbewußtsein', das das Hören auf

---

[363] FRIEDRICH GOGARTEN: Glaube und Wirklichkeit, 108.

[364] Vgl.: „Sein Leben, seine Existenz ist ganz und nur auf den Anderen gerichtet und in diesem Auf-den-Anderen-gerichtet-sein ist sie durch den Anderen bestimmt. Da ist auch wieder das eine durch das andere bedingt und keins von beiden ohne das andere zu verstehen [...] Es ist also nicht so, daß Jesus Christus sich auf den Anderen hin richtete und daß er dann erst durch den Anderen bestimmt würde." AaO., 109.

[365] AaO., 110.

[366] Allerdings läßt sich die kognitive Differenz auch an der Stelle der Predigt Jesu doch nicht ganz unterdrücken; denn Gogarten muß einräumen: „Sie ist zwar auch eine Predigt *von* der Entscheidung." (FRIEDRICH GOGARTEN: Ich glaube an den dreieinigen Gott, 141) Doch „... die Entscheidung, von der die Predigt Jesu spricht, ist derart, daß der Mensch auf jeden Fall, wie er sich auch entscheiden mag, durch die Tatsache, daß er sich so oder so entscheidet, unter die Herrschaft eines Anderen gerät". Ebd.

das Wort der Kirche zu geben vermag, ist das einzige wirkliche ‚Geschichtsbewußtsein', das es gibt. Nur im Hören auf das Wort der Kirche ... gibt es
‚geschichtsbewußtes' Handeln und Denken. In diesem Glauben wird aber auch
alles, was ein Mensch denkt und tut, ‚geschichtsbewußt'. Er weiß sich dann bei
all seinem Tun im Zusammenhang mit allem, was auf Erden geschieht, das heißt
in Wahrheit: mit allem was Gott auf Erden tut." (180)

Deutlicher als in diesen Sätzen hätte Gogarten den implizit transzendentaltheoretischen Anspruch seiner Geschichtstheologie nicht formulieren können.
Von daher ist Friedrich Wilhelm Grafs vorzügliche Rekonstruktion von „Friedrich Gogartens Deutung der Moderne"[367] inhaltlich zu modifizieren: Bei Gogarten wird die „Suche nach einem alternativen Geschichtssubjekt ..." keineswegs ersetzt durch „... die Suche nach ... ontologischen Tiefenstrukturen"[368];
sondern die systematische Pointe von Gogartens Theologie liegt genau in der
Ineinsblendung beider Suchbewegungen.[369] Das von Gogarten eben doch konstruierte „alternative Geschichtssubjekt" ist allerdings – zumindest 1926 – nicht
der Staat, sondern die solchermaßen konstruierte Kirche. F. W. Graf ist darin
Recht zu geben, daß bei Gogarten – wiederum zumindest 1926 – der Ton
gerade nicht auf der institutionellen Identifizierung seines Geschichtssubjekts
liegt. Insofern sollen „durch Theologie ..." in der Tat „... keine Sonderwelten
oder geschichtsmächtigen Sondersubjekte konstruiert werden."[370] Gleichwohl
ist Gogartens Projekt, im Gegenzug gegen die bürgerlich-liberale Gesellschafts-
wirklichkeit die „wahre Wirklichkeit des Menschen"[371] zur Darstellung zu bringen, wie Graf selbst sieht, keineswegs einfach ein Rekurs auf eine abstrakte
„Ontologie", sondern „diese Ontologie soll ... zugleich Ethik sein"[372], und
zwar eine solche, die zuhöchst gegenwartsorientiert und handlungsorientierend
sein will, indem sie „Potentiale geschichtlicher Veränderung erschließen"[373]
möchte. Dieses aber kann sie nur, indem sie im rekonstruierten Sinne ein ethisches Handlungssubjekt aufbaut.[374]

---

[367] FRIEDRICH WILHELM GRAF: Friedrich Gogartens Deutung der Moderne. Ein theologiegeschichtlicher Rückblick, in: ZKG 100 (1989), 169–230.

[368] AaO., 192.

[369] Vgl. aaO., 189.

[370] Ebd.

[371] Ebd.

[372] AaO., 192.

[373] AaO., 193.

[374] Die Differenz zwischen der hier unternommenen Gogartendeutung und derjenigen von
F. W. Graf beruht also auf der unterschiedlichen Näherbestimmung dessen, was „alternatives
Geschichtssubjekt" heißen soll. Graf läßt dafür, so scheint es, von vornherein nur einen institutionell organisierten Kandidaten gelten, was zur Folge hat, daß das „alternative ... Geschichtssubjekt" immer schon und immer nur ein partikulares, eben ein „Sondersubjekt" ist, dem dann
das Allgemeine der Kultur oder demokratischen Gesellschaft in kritischer Absicht entgegengestellt wird. Damit trifft Graf das entscheidende Durchführungsproblem der Theorie nicht nur
Gogartens, sondern aller hier untersuchten Autoren. Aber dieser Identifizierungsdruck verein-
seitigt das zentrale theoretische Interesse aller dieser Theorien und unterläuft es damit, insofern
dieses in der Ineinanderblendung von funktional transzendentaler und ethisch-praktischer, insofern

Dieses Handlungssubjekt wird so aufgebaut, daß es ‚nach innen' eine Vergemeinschaftungsleistung erbringt, die für die Individuen, die von ihr erfaßt sind, schlechterdings konstitutiv ist. Allererst in der Vermittlung durch die kirchliche Predigt soll es beim Individuum nämlich zu jener Anerkennung seiner kontingent-faktischen Situation kommen, die der Schöpfungsglaube ist und ausspricht.[375] Die Situationsdeutung, die das kirchliche Verkündigungswort dem Individuum bietet, darf dann aber selbst nicht unter die Deutungskategorie fallen; sie soll vielmehr nur „Anspruch" sein, will heißen: Aufforderung, diesem Anspruch zu entsprechen und darin Aufforderung zur Selbstdeutung, „Wort ..." ist hier „... Tat" (145). Dieser Handlungsförmigkeit kirchlicher Rede muß die Selbstauslegung des Individuums entsprechen, indem sie sich ebenfalls immer schon handlungsförmig, also intersubjektiv aufbaut als „Beziehung zwischen Menschen" (177). Inhalt und Sinn dieser Handlung ist aber wiederum nichts anderes als ‚Verkündigung'. Im Hören des Wortes soll der Hörer eodem actu zum Verkündiger werden.[376] Darum kann man sich zu diesem handlungslogisch bestimmten Kirchenbegriff qua Definition nicht als distanter Theoretiker, als Zuschauer verhalten.[377] Denn ‚Zuschauen' wäre ein über die Bedingung der Möglichkeit seines eigenen Handelns unaufgeklärtes und insofern uneigentliches Tun, insofern gar kein Tun, sondern ein Verfallensein an die Sünde. Außerhalb des Handlungzusammenhangs der Kirche gibt es kein selbstdurchsichtiges Handeln.

Darum funktioniert kirchliches Handeln/Reden so, daß es eodem actu nach innen die Individuen vergemeinschaftet, indem sein Vollzug als ‚transzendentale' Bedingung der Möglichkeit ihrer adäquaten Selbstauslegung zu stehen kommen soll; zugleich treten die Individuen in solcher Selbstauslegung immer schon als Elemente des Kollektivs verkündigend nach außen. So kann gelten: Nur „das

---

(tendenziell) institutioneller Subjektivität liegt. – Diese Modifikation von Grafs Gogarteninterpretation soll aber dem keinen Abbruch tun, daß Graf nach meiner Wahrnehmung eigentlich nahezu der einzige ist, der ein begriffliches Instrumentarium entwickelt, das eine systematisch-funktionale Analyse der hier interessierenden Theorien ermöglicht. Grafs politischer Funktionalismus setzt allerdings die theologisch-philosophischen Begründungsanstrengungen, die hier in Rede stehen, einem Konkretisierungsdruck aus, dem sie nicht standhalten und der das spezifische Modernitätspotential, das diesen Begründungsanstrengungen inhäriert, mitzukassieren droht.

[375] Vgl.: „Das, wovon wir im ersten Kapitel gesprochen haben, bekommt hier erst seinen vollen Sinn." FRIEDRICH GOGARTEN: Ich glaube an den dreieinigen Gott, 176.

[376] Vgl.: „Dieses Wort, das Jesus Christus nicht nur spricht, sondern das er ist, und das darum nichts anderes ist als Beziehung, kann darum auch immer nur als Beziehung zwischen Menschen sein; das heißt: es kann sein, was es ist, nur wenn es von einem Menschen zum Anderen gesprochen wird. Nur auf diese Weise behält dieses Wort seinen Inhalt, der ja kein anderer ist als der, daß es als das Wort, das Jesus Christus selbst ist, in der ausschließlichsten Weise zum Andern gesprochen wird." AaO., 177f.

[377] Vgl.: „[D]as Wort [ist] zunächst von jeder ästhetischen Auffassung gründlich [zu] säubern. Das bedeutet, daß man sich darüber klar werden muß, daß das Wort Gottes nicht Mitteilung über eine metaphysische, über- oder hinterirdische Welt oder Wirklichkeit ist [...] Aber Gottes Wort entreißt uns jeder, aber auch jeder betrachtenden, schauenden Haltung dieser irdischen Welt gegenüber, die aus ihr ... gerne eine andere überirdische Wirklichkeit wahrnehmen möchte." AaO., 120.

Wort der Kirche [kann] ein wirkliches, geschichtliches Wort sein" (174f.). Vermittels des kirchlichen Wortes übt Gott seinen Herrschaftsauftrag über die Welt aus.[378] Die inhaltliche Bestimmtheit solchen selbstdurchsichtigen Handelns jenseits seiner christologischen (Meta-)Bestimmtheit bleibt freilich offen und muß offen bleiben. Das „Gesetz ..." ist nicht „... als eine Vorschrift für praktisches Handeln zu gebrauchen" (187). Nicht an der Verbesserung kultureller Lebensqualität, am „Kulturfortschritt und an der ‚religiös-sittlichen' Besserung ..." der Gesellschaft und des Einzelnen arbeitet die Kirche, sondern „... ihre Sorge [darf] keine andere sein ... als die, daß das Wort Gottes lauter und rein gepredigt werde." (204) Unbeschadet der handlungstheoretisch-ethischen Durchbestimmung aller Gehalte der Dogmatik, die Gogarten in seiner Theologie vollzieht, ist die Ethik, um die es ihm zu tun ist, theologische Meta-Ethik, ‚transzendentale' Ethik, die kein anderes Ziel hat als die Klärung der Bedingung der Möglichkeit von Handeln überhaupt, Handeln wiederum, das mit der geschichtlichen Wirklichkeit insgesamt koextensiv sein soll. Damit wird bei Gogarten das Geschichtssubjekt der Moderne als reines Handlungssubjekt konstruiert, dessen Konstitution darin besteht, alle Deutungsvollzüge in Handlungsvollzüge zu übersetzen – et vice versa! Vermittels der Kirche als des Megaagenten der Moderne soll die Welt, die Gesellschaft, zu dem Feld werden, in dem handelnde Selbstauslegung möglich ist. Die Kirche soll die Welt aufschließen für die handelnde Selbstauslegung der Individuen, die allein „Freiheit" (205) genannt zu werden verdient.

Charakteristisch für die solchermaßen nicht soziologisch ...", sondern von innen" (114) als aktuales[379] geschichtliches Handlungssubjekt aufgebaute Kirche ist also gerade, daß ihr Verhältnis zu ihrer empirischen institutionellen Trägersubstanz nicht wirklich geklärt ist. Diese Ungeklärtheit wird sich als die Wurzel für die entscheidende Theoriewendung erweisen, die Gogartens Theologie mit der *Politischen Ethik* von 1932 nimmt. Schon 1926 allerdings sieht Gogarten, daß die der Kirche so zugeschriebene transzendental-praktische Leistung nicht ohne Vermittlungsinstanzen funktionieren kann. Schon in „Ich glaube an den dreieinigen Gott" beginnt Gogarten im Rückgriff auf Luther eine Lehre von den Schöpfungsordnungen zu entwickeln,[380] die er in den späten zwanziger und frühen dreißiger Jahren ausbaut.[381] Die *Politische Ethik*, die Gogarten 1932 veröffentlicht,[382] läßt sich als systematisch konsequente Weiterentwicklung einer Lösung dieses Vermittlungsproblems

---

[378] Vgl. aaO., 176.

[379] Vgl.: „Für protestantischen Glauben ist ... die Kirche da, wo das Wort Jesu Christi gesprochen und gehört wird, und wo in diesem Hören auf das Wort Jesu Christi auch das Wort des Bruders gehört wird." FRIEDRICH GOGARTEN: Glaube und Wirklichkeit, 115.

[380] Vgl. FRIEDRICH GOGARTEN: Ich glaube an den dreieinigen Gott, 206ff.

[381] Vgl. FRIEDRICH GOGARTEN: Die Schuld der Kirche gegen die Welt (1928), 2. Aufl. Jena 1930; DERS.: Wider die Ächtung der Autorität, Jena 1930; vgl. dazu HERMANN FISCHER: Christlicher Glaube und Geschichte, 108ff.; FRIEDRICH WILHELM GRAF: Friedrich Gogartens Deutung der Moderne, 192ff.

[382] FRIEDRICH GOGARTEN: Politische Ethik. Versuch einer Grundlegung, Jena 1932. Stellenangaben im Text beziehen sich im Folgenden auf dieses Werk.

verstehen, die hier aber im Rahmen einer systematischen Weiterentwicklung der Theorie insgesamt vorgetragen wird. Zum einen thematisiert die *Politische Ethik* nun explizit die bislang im Rahmen der Verhältnisbestimmung von Glaube und Geschichte und somit in einer hermeneutischen Perspektive vorgetragene Theorie direkt als das, was sie immer schon (auch) sein wollte, nämlich eine ethisch-normative Theorie von Intersubjektivität. Der Glaube, der als Selbstdurchsichtigkeit ethischen Handelns die innere Konstitutionsbedingung des ethischen Subjekts darstellt, gerät dadurch keineswegs aus dem Blick; sondern er wird systematisch in genau dieser Funktion (der Selbstdurchsichtigkeit) positioniert.

Die Explikation dieser allgemeinen ethischen Intersubjektivitätstheorie führt zu einigen Verschärfungen der früheren Bestimmungen. Außerdem nimmt Gogarten nun eine folgenreiche materiale Verschiebung vor. Der Lehre von den Schöpfungsordnungen als Theorie der Strukturen, innerhalb derer sich die Selbstauslegung des Geschichtssubjekts Kirche vollziehen soll, wird eine weitere Konkretion zuteil, indem als Trägersubjekt dieser Schöpfungsordnungen der Staat identifiziert wird.

Die zentrale Frage, die jede Interpretation von Gogartens *Politischer Ethik* beantworten muß, richtet sich auf die Art der Verhältnisbestimmung von Staat und Kirche. Handelt es sich hier um eine innere, homogene oder um eine äußere, heterogene Beziehung? Drängt der Kirchenbegriff aus sich selbst heraus zu einer Konkretisierung im Staat, oder stammt die Funktionalität des Staates für die Kirche aus Gründen, die mit den kontingenten äußeren Bedingungen zu tun haben, innerhalb derer sich kirchliches Handeln realisieren soll? Im ersten Fall würde Gogartens *Politische Ethik* unbeschadet vieler Differenzen nahe an einen idealistischen Staatsbegriff im Sinne Hegels heranrücken, nach welchem der Staat „... die Wirklichkeit der sittlichen Idee"[383] ist. Konsequent verfochten würde diese Lesart Gogartens *Politische Ethik* als eine zwar autoritär gewendete, im Kern aber durchaus moderne philosophisch-theologische Sozialethik erkennbar machen.[384] Im anderen Fall würde Gogartens Ethik als Remake eines konservativen lutherischen Staatsbegriffs – respektive eines Zerrbildes davon – verstanden werden müssen, der den Staat als koerzitive Obrigkeit begreift, welche die äußeren Ordnungen und Bindungen bereitstellt und repräsentiert, an die eine ethische Selbstauslegung der Individuen in der gesellschaftlichen Öffentlichkeit nicht anschlußfähig wäre.[385]

---

[383] GEORG WILHELM FRIEDRICH HEGEL: Grundlinien der Philosophie des Rechts oder Naturrecht und Staatswissenschaft im Grundrisse. Mit Hegels eigenhändigen Notizen und den mündlichen Zusätzen (Georg Wilhelm Friedrich Hegel Werke 7; Redaktion Eva Moldenhauer und Karl Markus Michel), Frankfurt 1970, 398.

[384] Daß sie in der Forschung in dieser Weise, so weit ich sehe, nicht vertreten und als mögliche Lesart nicht einmal gesehen wird, dürfte mit der antimodernen Attitüde, mit den konservativ-autoritären Affekten und Effekten zu tun haben, die Gogartens politische Theologie dieser Jahre kennzeichnen. Demgegenüber wird im Folgenden zu zeigen sein, daß diese Lesart ein partielles Recht durchaus hat.

[385] Daß mit dieser Beschreibung die ursprüngliche Position M. Luthers getroffen wäre, soll

Aus meiner Sicht hat Gogartens *Politische Ethik* ihre systematische Pointe darin, daß sie genau diese Alternative zu überwinden versucht. Jenseits von traditional-heteronomer Bindungswelt und der neuzeitlichen Kultur autonomer Individualität sucht sie einen dritten Weg. Die funktionale Zuordnung von Staat und Kirche, die Gogarten hier vorführt, soll, wie in den früheren Schriften, dem Aufbau ethisch-gelungener Verhältnisse wechselseitiger Anerkennung von Individuen dienen, die er jetzt als „eigentliche … Beziehung der Menschen zueinander" (15) beschreibt. Wie in den früheren Schriften hält Gogarten an seinem Grundgedanken fest, daß solches eigentliches Menschsein, mithin „Freiheit" (16), als Folge praktisch-ethischer Anerkennungsvollzüge beschrieben werden müsse und nicht für das Individuum als solches oder im Hinblick auf seine unmittelbare Selbstwahrnehmung ausgesagt werden dürfe. Für die Stelle des Individuums und dessen Selbstwahrnehmung bedeute die anerkennungspraktische Realisierung der Freiheit, daß dieses sich ganz vom andern her auszulegen habe; in Gogartens Sprache: „Denn nur indem sie einander gehören, indem sie … einander hörig sind, haben Menschen eigentlich mit Menschen zu tun." (15) Allein der Aufbau von Verhältnissen der „Hörigkeit" verhindere somit die Verdinglichung des Menschen. Geschichte, personale Intersubjektivität und „Hörigkeit" stehen Natur, Verdinglichung und abstraktem Individualismus gegenüber.[386]

Deutlicher als in den früheren Texten legt Gogarten nun den der Sache nach transzendentaltheoretischen Anspruch dieses Grundgedankens offen. Der abstrakte Individualismus scheitere nämlich genau an der Frage der transzendentalen Begründung der Freiheit. Wo Freiheit als Inhalt unmittelbaren Bewußtseins des individuellen Ichs von sich verstanden werde, gelte: „[I]ch, der weiß, kann mich immer noch auf irgendeine Weise unterscheiden von dem, um den ich weiß, von meinem Selbst. Und solange das der Fall ist, weiß ich noch nicht eigentlich um mich." (21) Das solchermaßen um sich wissende und sich in solchem Wissen von sich unterscheidende Ich bleibe, so lautet das Argument, der allein ethischen, weil verallgemeinerungsfähigen Konstituierung von sittlicher Freiheit äußerlich; soziale Anerkennung werde so immer schon als Vollzugsmoment naturwüchsig-unmittelbarer Selbstbehauptung des Individuums depotenziert. Demgegenüber muß das Gesetz wechselseitiger Anerkennung genau

---

hier nicht nur nicht behauptet, sondern ausdrücklich bestritten werden. Der Sinn der Unterscheidung zwischen den beiden Reichen bei Luther ist nicht zuletzt darin zu sehen, die relative Selbständigkeit des Politischen an der Stelle des glaubenden Bewußtseins und für dieses zu legitimieren. Der Christ kann den guten Sinn staatlicher Obrigkeit einsehen, und in diesem Einsichtsvermögen besteht seine vornehmste politische Leistung. Vgl. zu Luthers Zwei-Reiche-Lehre meinen Aufsatz: „Wer Christo wil anhangen, dem ist die gantze welt feind". Feindschaft im Denken Martin Luthers, in: Armin Adam/Martin Stingelin (Hrsg.): Übertragung und Gesetz. Gründungsmythen, Kriegstheater und Unterwerfungstechniken von Institutionen, Berlin 1995, 113–132, hier: 125ff.

[386] Vgl. den Fortgang des im Text zuletzt wiedergegebenen Zitats: „Sonst haben sie [sc. die Menschen] immer nur mit den Dingen zu tun, die zwischen ihnen sind, oder aber, was noch schlimmer ist, es hat jeder nur mit sich zu tun. Friedrich Gogarten: Politische Ethik, 15.

an der Stelle des wissenden Bewußtseins zur Geltung gebracht werden, und zwar eben als Bewußtsein von „Hörigkeit".[387]

Allerdings wird man hier kritisch anzumerken haben, daß es Gogarten auch in der *Politischen Ethik* nicht gelingt, die Struktur eines ‚ursprünglichen Herseins des Ichs vom Du' tatsächlich als transzendentale Struktur, d. h. am Ort des von sich wissenden Bewußtseins zu explizieren. Vielmehr wird diese Struktur abgelesen an einer bestimmten Klasse interpersonaler Verhältnisse, nämlich eben an Ich-Du-Verhältnissen, also an Nahbereichs- oder Intimverhältnissen. Wie in den Arbeiten der zwanziger Jahre wird das als anthropologische Norm betrachtete Intimitätsverhältnis als „unmittelbares Verhältnis zwischen den Menschen" (26) stilisiert, dem immer schon ein ethischer Anspruch – „dem Andern in Verantwortung hörig sein ist mein Frei-sein" (33) – inhäriere. Aber nicht einmal aus solchen Intimverhältnissen ist die Vermittlung durch Bewußtheit auszutreiben.[388] Wenn irgendwo, dann steckt genau in dieser Unmittelbarkeitsbehauptung der romantische Kern von Gogartens Theologie.

Freilich wird man Gogarten wiederum zugute halten müssen, daß ihn eine solche Kritik nicht unvorbereitet trifft. Sein Gegenargument besteht in der angedeuteten These, daß in jedem Vollzug von Selbstbewußtsein ein Moment der Selbstvergegenständlichung, der Selbstbemächtigung, enthalten sei, das dem Grundsinn von Autonomie insgeheim zuwiderlaufe.[389] Die Annahme eines unmittelbaren Freiheitswissens des Individuums unter Abstraktion von seinen Sozialbezügen wird somit nicht einfach etwa mit antiwestlichen Ressentiments belegt oder durch romantische Gemeinschaftssehnsüchte konterkariert, sondern dagegen wird eine Argumentation aufgeboten, die sich ihrem Duktus und Anspruch nach durchaus innerhalb der modernen Theoriegeschichte der Freiheit bewegen will und auch bewegt.[390] Wenn Gogarten an dieser Tradition und ihrer theologischen Rezeption – in seiner *Politischen Ethik* steht dafür exemplarisch die Ethik Wilhelm Herrmanns – die Kritik übt, sie verkenne die Radika-

---

[387] Vgl.: „Erst wo einer in diesem Sinn um sich selbst weiß, weiß er auch um die unmittelbare, die eigentliche Beziehung zum andern Menschen. Er weiß dann eben um sich selbst in der eigentlichen Beziehung zum Andern […] In dieser Beziehung hat das eigentliche ethische Phänomen seinen Platz. Als den, der in einer solchen Beziehung zum Andern um sich weiß, trifft den Menschen die ethische Forderung in ihrem ‚Du sollst'-Sinn. Sie trifft ihn dann als den selbst, der er ist, und nicht nur in Bezug auf das Selbst, das er hat. Er selbst ist durch sie gefordert und nicht nur sein Selbst." AaO., 21.

[388] Auch die Unmittelbarkeit der Erotik und der Religion ist, wie sich mit Rekurs auf das Zeugnis des jungen Schleiermacher zeigen ließe, als präsent zu denken nur im Modus des Vergehens, im „Bild der sich entwindenden Geliebten im aufgeschlagenen Auge des Jünglings" (FRIEDRICH SCHLEIERMACHER: Über die Religion. Reden an die Gebildeten unter ihren Verächtern (1799), hrsg. v. Günter Meckenstock, Berlin – New York 1999, 90). Vgl. dazu wiederum kritisch: FRIEDRICH WILHELM GRAF: Ursprüngliches Gefühl unmittelbarer Koinzidenz des Differenten. In: ZThK 75 (1978), 147–186.

[389] Vgl. FRIEDRICH GOGARTEN: Politische Ethik, 21f.

[390] Exemplarisch auch für diese positive Anknüpfung ist das Lob, das Herrmanns Ethik zuteil wird, vgl. aaO., 22.

lität des Bösen,[391] dann darf dies – unbeschadet ihres Gestus – gerade nicht einfach als dogmatisch-autoritative Behauptung gewertet werden, die von einer aus der neuzeitlichen Tradition herausgelösten Position aus erfolgt. Vielmehr muß der Vorwurf der Sündenvergessenheit in dem präzisen Sinne verstanden werden, daß eine wahrhaft ethische Konstituierung von Subjektivität kein ethisch-neutrales Wissen-Können von der Sünde behaupten dürfe, sondern dieses gerade am Ort des konkreten Selbstbewußtseins zu explizieren sei.

Antimodern, antiliberal ist das Insistieren auf subjektkonstitutiven Hörigkeitsverhältnissen allerdings in jedem Fall. Die moderne Theoriekonstellation wird jedoch nur an solchen einzelnen Stellen unterboten, wo die in Anschlag gebrachten Hörigkeitsverhältnisse mit traditionalen Bindungswelten in Zusammenhang gebracht werden. Aber dies geschieht eher aus dem zeitdiagnostischen Interesse heraus, die inhumanen Potentiale der modernen kapitalistischen Massengesellschaft plastischer zu identifizieren,[392] mithin nachzuweisen, „daß es gerade der moderne, frei über sich verfügende … Mensch ist, der auf so entsetzliche und totale Weise geknechtet ist." (142) Wie alle hier vorgestellten Theoretiker ist auch F. Gogarten Max Webers Einsicht in die Dialektik der Aufklärung verpflichtet, nach welcher die „systemisch-funktionale Rationalität der bürokratisch verwalteten … Welt … ihre Selbsterhaltung ohne Rücksicht auf die Freiheit und Selbstbestimmung der Individuen durch[setze]"[393]. Dabei ist es für Gogarten – in charakteristischem Unterschied zu E. Hirsch und auch anders als bei C. Schmitt – die Erfahrung mit der in die Agonie treibenden Weimarer Republik, die ihn zur begründungstheoretisch wie politisch radikalsten Ausarbeitung seiner Theorie treibt.[394] Für E. Hirsch ist 1929 „[d]as Wort von der Kulturkrise …" schon so sehr „… in aller Mund, … daß man es fast nicht mehr

---

[391] Vgl.: „Der Mensch … ist nach dieser Auffassung eigentlich nie wirklich böse, sondern er hat nur mit dem Bösen zu tun. Bekommt das Böse wirklich Gewalt über ihn, so ist er eben kein Mensch mehr. Er wird dann zu einem naturhaften Wesen, das keiner sittlichen Verantwortung mehr fähig ist. Der Mensch als solcher ist nach dieser Auffassung grundsätzlich gut." (AaO., 31) Daß dieser Vorwurf des „nondum considerasti quanti ponderis sit peccati" in der neuzeitlichen Theologie zum Vehikel kritisch-positioneller Überbietungsstrategien avanciert, ließe sich theologiegeschichtlich gut begründen, steht hier aber nicht zur Debatte. Exemplarisch hingewiesen sei auf den klassischen Zeugen für diese These, auf Julius Müller, dessen antispekulatives Grundmotiv in dem Argument besteht, das „religiöse Grauen" vor der Sünde, dürfe nicht vernichtet werden durch eine „rein spekulative Erkenntnis aus Begriffen." (JULIUS MÜLLER: Vom Wesen und Grund der Sünde. Eine theologische Untersuchung (1839), 1. Bd., 4. Aufl. Breslau 1858, VI; zit. n. CHRISTINE AXT-PISCALAR: Ohnmächtige Freiheit. Studien zum Verhältnis von Subjektivität und Sünde bei August Tholuck, Julius Müller, Sören Kierkegaard und Friedrich Schleiermacher [BHTh 94], Tübingen 1996, 26) Auch bei W. Herrmann selbst ist das ‚pondus peccati' ein gewichtiges Argument seiner Idealismuskritik, vgl. WILHELM HERRMANN: Ethik (GT 5/2). 5. Aufl. Tübingen 1913, 83f.

[392] Vgl. die Polemik gegen die „mechanische[n] Organisationen" (FRIEDRICH GOGARTEN: Politische Ethik, 139) und die moderne Zerstörung des „Syndesmos", soll heißen der „Verbundenheit der Menschen, in der sie von Natur, und zwar aus der Natur des menschlichen Wesens heraus miteinander" (aaO., 140) stünden.

[393] FALK WAGNER: Zur gegenwärtigen Lage des Protestantismus, 18.

[394] Damit soll nicht bestritten werden, daß Gogarten zu denen gehört, die diese Agonie, die Aushebelung der parlamentarischen Demokratie, mit herbeischreiben.

hören mag"[395], und in der politischen Krise der Weimarer Republik wittert Hirsch endlich Morgenluft.[396] Demgegenüber ist Gogarten weit entfernt davon, aus der politischen Agonie der Republik Kapital schlagen oder sie ignorieren zu wollen. Die sublime ästhetische Distanz, die Gogartens theologische Kulturkritik in der expressionistischen Phase von „Zwischen den Zeiten" gekennzeichnet hatte, weicht nun ganz aus den Texten. Die „Verantwortlichkeit", um die in Gogartens *Politischer Ethik* von 1932 sein Denken kreist, entspricht einer durch die theoretischen Konstruktionen an vielen Stellen durchscheinenden persönlichen Einstellung ihres Autors. Mit nicht geringerem Recht als es Carl Schmitt für sich in Anspruch genommen hat, wäre Gogartens *Politische Ethik* in die Tradition von Hobbes' Leviathan zu stellen. Der autoritäre Staat, den sie konstruiert, ist als der Versuch eines dramatischen Krisenmanagements zu verstehen, das der politisch aktualisierten Erfahrung „radikale[n] Bedrohtsein[s] des menschlichen Lebens in dieser Welt" (58) zu wehren sucht.

Die Radikalität dieses Bedrohtseins ergibt sich aus der angezeigten doppelten Grundthese Gogartens, daß die Freiheit des Individuums konkret nur in intersubjektiven (Ich-Du-)Anerkennungsverhältnissen realisiert werden kann, daß zugleich aber eben diese Anerkennung faktisch immer schon verweigert wird. Den Staatsbegriff baut Gogarten dementsprechend in einer charakteristischen Doppelung auf:[397] er geht einerseits gewissermaßen durch Multiplikation aus jener Struktur „eigentliche[r] Beziehung zum andern Menschen" (21), also der „Hörigkeit" (16) genannten Struktur ‚ursprünglichen Herseins des Ichs vom Du' hervor. Diesen ‚eigentlichen' Staatsbegriff belegt Gogarten (in der Regel, aber nicht durchgängig) mit dem Begriff Polis. „In der Polis ‚gibt' es den Menschen immer nur als hörigen […] [A]ls Glied der Polis ist er nicht für sich, sondern ist er je vom Andern her." (59) Neben diese ‚eigentliche' Funktionsbegründung des Staates tritt die koerzitive Begründung der „Polis oder de[s] Staat[es] … als derjenigen … Ordnung, mit der sich der Mensch zu sichern sucht gegenüber dem Chaos und gegenüber den zerstörenden Gewalten, von denen seine Existenz in der Welt bedroht ist" (58). Und zwar seien dies „die Gewalten und die Zerstörung, die aus seinem eigenen Wesen entspringen." (Ebd.) Aus dieser in beiden Hinsichten prinzipiellen Begründung folgt eine Auffassung vom Staat als der umfassenden Organisation des sozialen Lebens. Die Staatstheorie, die politische Ethik, ist Fundamentalethik.[398] Dabei kehrt Gogarten das neuzeitliche Begründungsgefälle von Gesellschaft und Staat um. Zwar wird eingeräumt: „[d]ie Gesellschaft ist Produkt und Form des menschlichen Tuns" (173); aber: „Das politische Sein des Menschen dagegen liegt vor … allem Tun des Menschen." (174) Der Staat ist „die autoritative Macht, die dem Menschen die

---

[395] EMANUEL HIRSCH: Staat und Kirche im 19. und 20. Jahrhundert, 32.

[396] Vgl. EMANUEL HIRSCH: Vom verborgenen Suverän, 7.

[397] Ihr entspricht auch eine terminologische Doppelung von „Staat" und „Polis".

[398] Vgl.: „[E]s ist … so, daß alle anderen ethischen Probleme allein von dem politischen Problem aus ihre ethische Relevanz erhalten." FRIEDRICH GOGARTEN: Politische Ethik, 118.

Möglichkeit der Existenz gibt" (165) und die Bedingung der Möglichkeit der Realisierung individueller sittlicher Freiheitsvollzüge beinhaltet.[399]

Die Polis/der Staat soll also – und zwar gleichursprünglich – die dem schöpfungsmäßigen Sein des Menschen entsprechende soziale Gestaltung des Menschseins und die Funktion der Erhaltung des Menschseins unter den Bedingungen seines radikalen Bedrohtseins durch sündhafte Selbstzerstörung sein. Der Staat ist *zugleich* sittlicher und koerzitiver Staat; Funktion moderner autonomer (wenn auch vermittelter) sittlicher Selbstbestimmung und traditionaler, heteronomer Obrigkeitsstaat.[400] Als letzterer ist der Staat geprägt von „Sitte und Konvention" (62); Gogarten nennt das die „Man-Forderungen" (ebd.)[401], in deren Konventionalität eigentlich-sittliche und koerzitiv-heteronome Elemente amalgamiert sind.

Entscheidend für Gogartens *Politische Ethik* ist nun aber, daß genau diese Doppelbestimmung des Staates die Frage nach der konkreten Instanz, welche um sie weiß, außerordentlich dringlich macht. Denn sowohl die eigentliche (sozialisierende) wie auch die uneigentliche (koerzitive) Funktion des Staates sind nur einem philosophisch-theologischen Wissen zugänglich, das um die grundsätzliche Verfaßtheit des konkreten Daseins jenseits seiner empirisch-konventionellen Zuständlichkeiten weiß. Anders gesagt: nur wenn im Bereich des Politischen selbst eine Instanz benannt werden kann, welche die von Gogarten aufgebaute Begründung des Staates präsent hält, kann verhindert werden, daß der Staat utopisch überfordert oder heteronomisch-konventionalistisch verbogen wird.

Die Instanz, die allein um die rechte theologisch-philosophische Begründung des Staates weiß, ist die Kirche: „Der christliche Glaube erhält das eigentliche ethische Phänomen in seiner Eigentlichkeit; in der Erkenntnis der unbedingten Forderung Gottes an den Menschen, ohne die es den Glauben nicht gibt, liegt die Erkenntnis des ‚Du sollst'[…] Dadurch wird das uneigentliche ethische Phänomen der ‚Man tut das und das'-Forderung in seiner ethischen Uneigentlichkeit erhalten und so zu seiner politischen Eigentlichkeit gebracht." (115) Die Wiedergabe des traditionellen lutherischen Gedankens, „[n]ur der Glaube kann erkennen, daß Obrigkeit, wo sie ist, von Gott verordnet ist" (109), hat in Gogartens *Politischer Ethik* also einen präzisen fundamentalpolitischen Sinn. Es ist die Erkenntnis des Staates als Staat, die tatsächlich seine ethische Begründung leistet und damit seine wahre Subjekthaftigkeit begründet und in

---

[399] Vgl.: „[I]n demselben Maß, in dem ich durch den Staat frei bin von der Macht des Bösen, kann ich auch dem Anderen in Freiheit hörig sein. Und so macht mich der Staat dadurch, daß er mir Freiheit gibt gegenüber der Macht des Bösen, auch im Verhältnis je zu dem Anderen frei, und er macht, daß je die Anderen im Verhältnis zu mir frei sind, bzw. frei sein können." AaO., 197.

[400] Hier ist eine unverkennbare Nähe zu Th. Hobbes' Theorie des modernen, absolutistischen Staates gegeben.

[401] Hier klingt Heideggers „Sein und Zeit" an. Vgl. MARTIN HEIDEGGER: Sein und Zeit. 15., an Hand der Gesamtausgabe durchges. Aufl. mit den Randbemerkungen aus dem Handexemplar des Autors im Anhang, Tübingen 1979, 114ff.

dieser Begründung herstellt. Die Kirche ist im Sinne dieser Ethik im eminenten Sinne staatstragend. Der Staat muß „[e]ntarten ..., wenn seine Souveränität angegriffen wird. Das aber geschieht notwendigerweise, wenn er nicht in der rechten Weise begründet wird." (209) Im rechten Wissen der Kirche um den Staat gründet die Souveränität des Staates als des – nach außen hin – starken Handlungssubjekts der Moderne. „Ohne die Erkenntnis des Bösen und seiner radikalen Macht über die Menschen, so wie sie in dem ‚Du sollst‘ gegeben ist, gibt es ... keine Erkenntnis des Staates. Was man ohne diese Erkenntnis ‚Staat‘ nennt, ist in Wahrheit nur Gesellschaft. Und zwar eine Gesellschaft, die unrettbar in Auflösung geraten muß, da sie des Staates entbehrt."[402] Der Staat „*lebt* ..." demnach bei Gogarten im präzisen Sinn „*... von Voraussetzungen, die er selbst nicht garantieren kann*"[403].

Der eigentliche Souverän des Staates ist demnach bei Gogarten – ähnlich wie bei E. Hirsch – ein verborgener Souverän. Aber im Unterschied zu Hirsch ist bei Gogarten dieser Sachverhalt selbst verborgen; sowohl in der Theorie, wie in der von ihr intendierten Praxis. Denn die zugleich physisch und sittlich existenzielle Bedeutung des Staates als der Grundordnung des menschlichen Lebens ist an die ethische Erkenntnis des Glaubens, der Kirche, gebunden. Und im Vollzug dieser Erkenntnis liegt die eigentliche politische Bedeutung und das eigentliche politische Interesse, das Gogarten mit seiner *Politischen Ethik* verficht. Nicht die Existenz des Staates als solche ist der Ausweg aus der Krise der Moderne, sondern das rechte Wissen von ihm: „Es ist ... heute, wo die eigentliche ethische Aufgabe ist, wieder zu einem echten Staatsbewußtsein zu kommen, nicht damit getan, auf den Staat, und zwar auf einen starken Staat, als das, was uns nottut, mit allen Kräften hinzuweisen und hinzuarbeiten. Sondern es gilt vor allem, zu erkennen, woher der Staat seine ihm eigentümliche Stärke und das heißt seine Begründung hat, worin seine ihm eigentümliche Würde liegt." (208f.) Genau dieses Angewiesensein des tendenziell totalitären Staates auf eine Instanz, die um sein Wesen weiß, enthält aber auch zugleich ein – und zwar letztlich das einzige – Moment seiner *institutionellen* Begrenzung. „[D]er Staat [bedarf], um Staat sein und bleiben zu können, der Kirche" (218).[404]

---

[402] Friedrich Gogarten: Politische Ethik, 117. Vgl. auch: „Sanktionieren kann ... der Staat nur, wenn er selbst zu einem ‚Sanktum‘ in Beziehung steht. Das heißt, wenn er der ist und wenn man um ihn weiß als um den, der jene dämonische, die menschliche Existenz bedrohende Macht bannt. Denn nur dadurch hat der Staat Gewalt über die menschliche Existenz, daß er den Menschen durch die Bannung jener Macht die Existenz ermöglicht." AaO., 204.

[403] Ernst-Wolfgang Böckenförde: Die Entstehung des Staates als Vorgang der Säkularisation, 60.

[404] Vgl.: „Die Hoheit des Staates bedarf keiner Sanktionierung durch die Kirche. Sie ist in ihr selbst sanktioniert. Aber damit ihr Sanktum sichtbar und erkannt wird, ihre die Macht des Bösen bannende Gewalt, dazu bedarf sie allerdings der Kirche. Denn es ist nur da sichtbar, wo die Erkenntnis des Bösen offen bleibt. Und diese Erkenntnis wird durch die Kirche offen gehalten, wenn anders die Kirche den Glauben verkündigt und weckt." Friedrich Gogarten: Politische Ethik, 218.

Die institutionelle Differenzierung und Begrenzung des Staates, die Gogarten hier anlegt, steht der fünften These der Barmer Theologischen Erklärung[405] sachlich durchaus nicht nach. Gogarten hat nicht wahrgenommen, daß dieser Gedanke eine Sprengkraft für die Grundlagen seiner *Politischen Ethik* entfaltet: Wo erkannt ist, daß das ethisch-theologische Wissen als die Bedingung der Möglichkeit rechter Staatlichkeit selbst einer institutionellen Sicherung bedarf, da ist die Einsicht nicht weit, daß als primärer Träger solchen Wissens die individuellen Subjekte zu gelten haben; um deren rechtliche Sicherung hätte es Gogarten aus seinen eigenen Theorievoraussetzungen heraus selbst zu tun sein müssen. Für eine solche Sicherung ist Gogartens ethische Theologie nach ihren systematischen Voraussetzungen der Sache nach immerhin aufgeschlossen.

Gogartens Theorie des starken Handlungssubjekts der Moderne ist also unter den hier untersuchten Theorie bislang die erste und einzige, die aus der Differenz von funktional transzendentaler Begründung des starken Handlungssubjekts der Moderne und seiner Handlungsvollzugslogik wenigstens ansatzweise institutionelle Folgerungen zieht. Das fügt dem starken Agenten der Moderne praktisch eine empfindliche Schwächung zu; genau das wird man jedoch als die theoretische Stärke von Gogartens *Politischer Ethik* ansehen können.

---

[405] Vgl.: „Wir verwerfen die falsche Lehre, als solle und könne der Staat über seinen besonderen Auftrag hinaus die einzige und totale Ordnung menschlichen Lebens werden und also auch die Bestimmung der Kirche erfüllen". Alfred Burgsmüller, Rudolf Weth (Hrsg.), Geleitwort von Eduard Lohse: Die Barmer Theologische Erklärung. Einführung und Dokumentation, Neukirchen 1983, 38.

Teil II
Gott ist Gott:
Karl Barths praktische Theologie

A. Die Entstehung des Programms einer systematischen Theologie als systematisch-praktischer Theologie (1909–1915)

Phase 1. Inversive Explikation: Theologische Reflexion und religiös-ethischer Vollzug

1.0. Einleitung

1.0.1. Prinzipialisierte invertierte praktische Transzendentaltheorie: Eine Interpretationshypothese

Wenn die vier vorgeführten Fallstudien zu G. Lukács, C. Schmitt, E. Hirsch und F. Gogarten nicht in die Irre gehen, dann sollten sie eine diesen Entwürfen gemeinsame Theorieabsicht und auch eine darauf bezogene gemeinsame theoretische Grundstruktur an den Tag gebracht haben. Aufzubauen versucht wird von allen vier Entwürfen ein starkes Geschichtssubjekt als kollektives Handlungssubjekt, das die Möglichkeitsbedingungen individueller Realisierung von Freiheit enthalten soll. Und zwar muß dieses Kollektivsubjekt aufgebaut werden, weil Freiheit aufgrund ihres empirischen Immer-schon-Gescheitert-Seins oder ihres Noch-nicht-Realisiert-Seins sich nicht aus sich selbst zu erzeugen vermöge. Das Kollektivsubjekt kommt damit in einer transzendental-empirischen Doppelfunktion zu stehen. Darin besteht die Schwierigkeit der Konstruktion. Denn damit das kollektive Handlungssubjekt die Bedingung der Möglichkeit individueller Freiheitsvollzüge leisten kann, muß gezeigt werden, inwiefern es diesen Vollzügen immer schon in irgendeiner Weise zugrundeliegt; sein Aufbau muß zumindest als freie Anerkennungsleistung individueller Subjekte verstanden werden können. Das Kollektivsubjekt muß sich somit an und aus der Logik individueller Freiheitsvollzüge genetisieren lassen und soll diesen dennoch zugleich vorausgesetzt sein. Alle vier Theorien können dieses Problem nur lösen mittels einer autoritären Setzung. Zwar wird das Kollektivsubjekt unter Bezugnahme auf die konstitutive Bedeutung der Selbsttätigkeit der individuellen Subjekte eingeführt und theoretisch genetisiert. Nachdem aber das Kollektivsubjekt hergestellt ist, wird die Leiter dieser Genetisierung weggeworfen, und dieses tritt den Individuen nun tendenziell abstrakt, koerzitiv gegenüber. Nur auf dem Weg der Einsicht in die theoretische Konstitution des

Agenten können sich die Individuen an der Stelle des Allgemeinen, des Kollektivsubjekts, sittlich explizieren, in der Praxis begegnet ihnen dieses als koerzitives abstraktes Anderes. Diese Diskrepanz suchen alle diese Entwürfe wegzuarbeiten, indem sie ihre Rezipienten dazu auffordern, die theoretische Einsicht in die Konstitutionslogik des Kollektivsubjekts zu übernehmen. Alle Entwürfe lösen die Diskrepanz damit durch den Versuch der appellativen Erzeugung einer kognitiven Elite. Nur für diese Elite ist die Einsicht in die Notwendigkeit der Unterwerfung unter das starke Machtsubjekt gegeben; nur an ihrer Stelle ‚funktioniert' das Konzept.

Den Theorietypus geschichtsphilosophischer Handlungstheorie, mit dem wir es in allen diesen Fällen zu tun haben, sei hier bezeichnet als den Typus einer invertierten praktischen Transzendentaltheorie.[1] In der Durchführung der Theorie wird der transzendentaltheoretische Anspruch der Theorie invers;[2] er verschwindet in dem von der Theorie aufgebauten Handlungssubjekt und seine Leistung ist nur für diejenigen präsent, die diese Inversion selbst bewußt mitvollziehen. Allerdings ist dieser Sachverhalt wiederum nur beobachtbar in der Außenperspektive einer funktionalen Analyse der Theorie.

Genau dieses ‚Theoriedesign' ist nun auch kennzeichnend für die Theologie Karl Barths.[3] Das ist, wie eingangs angedeutet, eine Hauptthese der vorliegenden Untersuchung. Und zwar kommt dieses Theoriemuster in Barths Theologie sukzessive in besonders reiner Form zur Ausführung. Barth verzichtet nämlich auf jegliche empirische Positivierung seines starken Handlungssubjekts und ver-

---

[1] Die Formulierung ist etwas gedrechselt, aber, wie mir scheint, der Sache angemessen.

[2] Von einer „Inversion" in Bezug auf die Herausbildung von Barths ‚postliberaler' Theorie spricht erstmals Friedrich-Wilhelm Marquardt; bei ihm handelt es sich jedoch um eine *„Inversion des Sozialismus in die Theologie Barths"* (FRIEDRICH-WILHELM MARQUARDT: Theologie und Sozialismus, 37). Implizit findet sich das methodologische Potential dieses Begriffs auch bei H. Anzinger, wenn er ihn über Marquardts Interpretation hinaus auch auf diejenige von T. Rendtorff ausdehnt und zusammenfassend von den Deutungshypothesen einer „Inversion von Liberalismus und Sozialismus" (HERBERT ANZINGER: Glaube und kommunikative Praxis, 12) spricht, die er beide überwinden will.

[3] Ausgeführte Quervergleiche der betreffenden Autoren unter dieser Perspektive gibt es bislang nicht. M. Eichhorns Vergleich von Karl Barth und Carl Schmitt beschränkt sich auf den Begriff des Staates und wird der prinzipiellen Problematik nicht ansichtig (vgl. MATHIAS EICHHORN: Es wird regiert! Der Staat im Denken Karl Barths und Carl Schmitts in den Jahren 1919 bis 1938 [Beiträge zur Politischen Wissenschaft, Bd. 78], Berlin 1993); Peter Langes Vergleich von Barth und Gogarten „im Blick auf die Praxis theologischen Verhaltens" dringt entgegen dieser Ankündigung nicht zu einer systematischen Deutung vor (vgl. PETER LANGE: Konkrete Theologie? Karl Barth und Friedrich Gogarten „Zwischen den Zeiten" [1922–1933], eine theologiegeschichtlich-systematische Untersuchung im Blick auf die Praxis theologischen Verhaltens [BSHST 19], Zürich 1972). In einzelnen Wendungen hat F.-W. Marquardt das hier generell wie im besonderen auch für Barth für zentral erachtete Thema der Konstituierung des Geschichtssubjekts anklingen lassen, wenn er für Barths Theologie im Zeitraum zwischen 1917 und 1920 feststellt: „Aber ‚Zuschauer Gottes gibt es nicht', und darin kommt nun Barth dem Leninismus nahe, daß er die Auferstehung als Konstitution des revolutionären Subjektes, ‚Faktor der praktischen Lebensrechnung' versteht." (FRIEDRICH-WILHELM MARQUARDT: Theologie und Sozialismus, 109) Aber hier wie generell verschenkt Marquardt (aus meiner Sicht) den prinzipiellen Deutungsgewinn, den diese Perspektive ermöglichen würde, durch die politische Engführung seiner Interpretation.

legt dessen Aufbau rein in das Bewußtsein der Rezipienten seiner Theologie. Die für die bislang untersuchten Entwürfe kennzeichnende Restdifferenz zwischen starkem Geschichtssubjekt und elitärem Bewußtsein, das um seine Konstitution weiß, wird bei Barth eingezogen, bzw. einzuziehen versucht. Die Einziehung dieser Differenz wird bei Barth selbst noch einmal zum Thema der Theorie. Darin ist Barths Theologie den anderen Entwürfen systematisch überlegen.

Jedoch handelt es sich bei dem Lösungsversuch, den die Barthsche Theologie unternimmt, um einen solchen, der die Inversion, welche den Theorietyp kennzeichnet, gerade nicht aufheben will. Die Lösung wird nicht auf dem Weg einer metatheoretischen Außenreflexion auf den theoriekonstitutiven Zusammenhang versucht, sondern durch seine Radikalisierung,[4] genauer: durch seine Prinzipialisierung. Barths Theologie ist dementsprechend – ebenfalls etwas gedrechselt, aber m. E. sachgerecht – zu beschreiben als eine *prinzipialisierte invertierte praktische Transzendentaltheorie*. Die Prinzipialisierung ist eine theologische; und sie wird signalisiert durch das den vier anderen Basissignaturen an Prinzipialität überlegene: ‚Gott ist Gott‘.

Es entspricht dieser Interpretationsthese, daß sie nur auf einem metatheoretischen Wege verifizierbar oder falsifizierbar ist. Ferner ist sie am besten zu verifizieren, wenn man zeigen kann, daß diese Inversion in der reifen Theologie Karl Barths nicht nur faktisch vorliegt, sondern daß diese Inversion im historischen Entwicklungsgang dieses Denkens auch faktisch vorgenommen worden ist, daß sich der Gang dieses Denkens m. a. W. als Prozeß einer Invertierung beschreiben läßt. Das ist abrißartig und teilweise auch nur andeutungsweise bei den vier vorangestellten Fallstudien auch schon versucht worden. Bei Barth muß die Studie wesentlich detaillierter vorgehen. Denn nur durch eine genaue Nachzeichnung des historischen Entwicklungsgangs von Barths Denken kann gezeigt werden, daß jene prinzipialisierende Invertierung in der Tat dasjenige Motiv darstellt, das die Theorieentwicklung Barths in allen ihren Stadien voran-

---

[4] Die – im betreffenden Fall als Vorwurf gemeinte – Beobachtung, daß Barths Theologie sich nicht nur zur liberalen Tradition, sondern auch zu Entwürfen wie den hier bislang vorgeführten im Modus einer „Radikalisierung" verhält, hat einen prominenten Zeugen aus dem Kreis jener Autoren selbst – Friedrich Gogarten: „[W]as Barth unternimmt, ist im Grunde nichts anderes als der Versuch, dieses Problem, das die liberale Theologie nicht lösen konnte, mit Hilfe einer ungeheuren Radikalisierung zu lösen. Er macht aus der Not eine Tugend, indem er den Relativismus, den die moderne Geschichtswissenschaft und eine historisierte Theologie nicht überwinden konnten, und der ihnen verbot, den Gedanken der Offenbarung ernst zu nehmen, radikalisiert. Damit scheint Barth den Gedanken der Offenbarung zu retten. In Wahrheit löst er ihn auf in die spekulative Idee einer Identität des Relativen und Absoluten." (Friedrich Gogarten: Gericht oder Skepsis. Eine Streitschrift wider Karl Barth, Jena 1937, 57; vgl. Dietrich Korsch: Christologie und Autonomie. Zur dogmatischen Kritik einer neuzeittheoretischen Deutung der Theologie Karl Barths, in: Ders.: Dialektische Theologie nach Karl Barth. Tübingen 1996, 146–177, hier: 149). Vgl. dazu auch das auf den Zusammenhang von politischem und theologischem Radikalismus abhebende Urteil von Gunther Wenz: „Barth verweigert sich dem in den beginnenden und ausgehenden Zwanziger Jahren des Jahrhunderts angetroffenen Radikalismus nicht etwa deshalb, weil er ihm zu radikal, sondern weil er ihm nicht radikal genug erschien." Gunther Wenz: Geschichte der Versöhnungslehre in der evangelischen Theologie der Neuzeit. Bd. 2, 202.

treibt. Genauigkeit ist ferner auch aufgrund der inhaltlichen Eigenart jener nach-
zuweisenden Grundabsicht verlangt. Denn wenn die Bildung der kognitiven
Elite das eigentliche Ziel und Thema der Barthschen Theologie sein soll, dann
muß sich das an der *Argumentationsstruktur* der einzelnen Texte ausweisen lassen.
Die Untersuchung kann sich also gerade nicht darauf beschränken, in abstrakter
Weise Kerngedanken der jeweils erreichten Entwicklungsstufe zu identifizie-
ren, sondern sie muß nachzeichnen, wie versucht wird, durch den jeweiligen
Argumentationszusammenhang hindurch jene Erkenntniselite zu erzeugen.

Derjenige Entwicklungsabschnitt des Barthschen Denkens, der der bevorzugte Untersuchungsgegenstand für die Rekonstruktion jenes Invertierungs-
vorgangs ist, ist selbstverständlich derjenige Vorgang, den man gewöhnlich und
vorläufig als Barths Abwendung von der liberalen Theologie bezeichnet, wie er
sich nach verbreiteter Meinung im Verlauf des Ersten Weltkriegs vollzieht. Aber
damit kann die Untersuchung nicht unmittelbar einsetzen, sondern sie muß
zeigen, wie es zu dieser ,Wende‘ kommt. Wenn die Interpretationshypothese
stimmt, ist es unwahrscheinlich, daß die Theorieinvertierung sich in Gestalt
eines abstrakten Umschlags vollzieht. Vielmehr ist es gemäß der Prinzipialisie-
rungshypothese wahrscheinlich, daß die ,Wende‘ die dramatisch-aktualisierte
Form der Logizität einer Gesamtentwicklung darstellt. Um dies herausarbeiten
zu können, muß eine Rekonstruktion der Barthschen Theologie sozusagen ab
ovo unternommen werden.

Bevor diese in Angriff genommen werden kann, gilt es jedoch, den Ort
dieses Interpretationsunternehmens und insbesondere seines Ansatzpunktes in
der reich bewachsenen Landschaft der aktuellen Barthforschung zu bestimmen.
Das geschieht im Folgenden in drei konzentrischen Kreisen. Ich setze ein mit
der aktuellen systematischen Barthinterpretation, gehe dann über zur historischen Barth-Forschung, die ich wiederum zuerst in einer methodisch-systematischen und dann ihrerseits in einer materialen, historischen Perspektive unter-
suche und zwar in Bezug auf das Thema der liberalen Anfänge der Theologie
Karl Barths. Ingesamt ist bei diesem forschungsgeschichtlichen Überblick keine
,Totale‘ beabsichtigt, sondern eine kritische Skizze der aus meiner Sicht derzeit
methodisch am weitesten entwickelten Interpretationen. Sie dient auch dazu,
die folgende eigene Rekonstruktion der Barthschen Theologie von der Nötigung zur permanenten Einzelauseinandersetzung mit der Literatur zu entlasten.

1.0.2. Zum Ort der Untersuchung
im Rahmen der systematischen Barthinterpretation

Forschungsgeschichtlich knüpft die hier versuchte Interpretation, wie eingangs erwähnt, an Hans Urs von Balthasars These vom latenten Idealismus der
Barthschen Theologie an.[5] Von Balthasar hat allerdings kein Interpretations-

---

[5] Hans Urs von Balthasar: Karl Barth, 227f.

modell entwickelt, das die mit dieser These behauptete hintergründige Kontinuität der Gesamtentwicklung von Barths Denken seit seinen liberaltheologischen Anfängen zu explizieren erlaubte. Das könnte der Sache nach nur ein metatheoretisches Modell sein. Metatheoretische Modelle der Barthdeutung sind in den letzten Jahrzehnten verschiedentlich entwickelt worden.

Den Startschuß gab Trutz Rendtorff mit seinem 1969 entstandenen Aufsatz: „Radikale Autonomie Gottes. Zum Verständnis der Theologie Karl Barths und ihrer Folgen"[6]. Mit Rendtorffs These, daß Barths Theologie „den Prozeß der Aufklärung noch einmal aufrolle, aber nicht als historischen, sondern in einem radikalen und systematischen Sinne"[7], ist die modernitäts- und darin metatheoretische Phase der Barthforschung eröffnet worden. Zeitgleich mit Rendtorffs Aufsatz erschien Friedrich-Wilhelm Marquardts in der Folgezeit heiß diskutiertes Buch „Theologie und Sozialismus"[8]. Dieser politischen Barthinterpretation sind neben H. Gollwitzer[9] Autoren wie U. Dannemann[10] und P. Winzeler[11] gefolgt. Aus dem Münchner Oberseminar von T. Rendtorff entsprang 1975 die in der Folgezeit nicht minder heiß diskutierte Gemeinschaftsarbeit: „Die Realisierung der Freiheit"[12]. Den beiden früheren metatheoretischen Thesen – Barth als radikaler Aufklärer und Barth als Sozialist[13] – fügten F. Wagner und in Anschluß an ihn F. W. Graf die These vom strukturell totalitären Barth hinzu.[14]

---

[6] TRUTZ RENDTORFF: Radikale Autonomie Gottes.
[7] AaO., 164. M. Murrmann-Kahl hat die innere Logik dieses Gedankens mit dem Argument kritisiert, man könne den neuzeitlichen Prozeß der Aufklärung so wenig radikalisieren wie den ihm zugrundeliegenden Autonomiebegriff im Sinne Kants (vgl. MICHAEL MURRMANN-KAHL: „Mysterium trinitatis"? 95). Dem ist aus einer strikt geltungstheoretischen Perspektive natürlich zuzustimmen; aber so ist der Gedanke bei Rendtorff auch nicht gemeint. Wenn Rendtorff seiner These hinzufügt, der „Zielpunkt ..." dieser von Barth intendierten Radikalisierung der Aufklärung sei „... nicht die Freiheit und Autonomie des Menschen, sondern die Freiheit und Autonomie Gottes" (TRUTZ RENDTORFF: Radikale Autonomie Gottes, 164), dann ist dieses Urteil selbstverständlich ein deskriptives und näherhin ein kritisches Urteil. Das Argument, Barth nehme beim Trägersubjekt des Autonomiegedankens eine Vertauschung vor, kann durchaus als „Radikalisierung" beschrieben werden, in dem Sinne nämlich, daß Autonomie im Gottesgedanken exklusiv und insofern abstrakt verortet und gedacht werde. Solche abstrakte Exklusion kann man als Einkehr in die Wurzel, in die „radix", des Prinzips beschreiben, die aber allerdings ihrerseits eine abstrakte Einkehr ist. Aus dieser Wurzel kann – aus der Sicht Rendtorffs von 1969 – nichts Produktives hervorgehen. Darin ist er sich mit seinem Metakritiker einig.
[8] Vgl. FRIEDRICH-WILHELM MARQUARDT: Theologie und Sozialismus.
[9] HELMUT GOLLWITZER: Reich Gottes und Sozialismus bei Karl Barth (TEH 169). 2. Aufl. München 1978.
[10] ULRICH DANNEMANN: Theologie und Politik im Denken Karl Barths (GT. S 22). München–Mainz 1977.
[11] PETER WINZELER: Widerstehende Theologie. Karl Barth 1920 bis 1935, Stuttgart 1982.
[12] TRUTZ RENDTORFF (Hrsg.): Die Realisierung der Freiheit. Beiträge zur Kritik der Theologie Karl Barths, von Falk Wagner, Walter Sparn, Friedrich Wilhelm Graf und Trutz Rendtorff, Gütersloh 1975.
[13] Vgl. FRIEDRICH-WILHELM MARQUARDT: Theologie und Sozialismus, 39.
[14] Vgl. TRUTZ RENDTORFF (Hrsg.): Theologische Gleichschaltung. Zur Christologie bei Karl

Dietrich Korsch hat 1981 diese Interpretation zu dekonstruieren unternommen und an ihre Stelle die metatheoretische Kennzeichnung von Barths Theologie als „Theorie des prinzipiellen (singulären) Faktums"[15] gesetzt. Diese ontologisch klingende These basiert ihrerseits auf einer explizit gemachten, spezifisch modern-erkenntnistheoretischen Interpretation der Barthschen Theologie, wie sie etwa auch von I. U. Dalferth[16] vertreten wird. Und diese erkenntnistheoretische Perspektive hat sich seither in mehreren historischen Untersuchungen als die ihrem Gegenstand angemessenste herausgestellt. Die neuere Forschung konvergiert nämlich in der Einsicht, daß Barths philosophischer Herkunft aus dem Marburger Neukantianismus die weitaus größte formative Kraft bei der Entstehung seiner eigenen Theologie zuzuschreiben sei.

Mehr oder weniger ohne Verbindung mit dieser Deutungsrichtung, die Barth auf den Prüfstand einer kantisch-nachkantischen Erkenntnistheorie stellt, bewegen sich die vorwiegend aus dem angelsächsischen Sprachraum stammenden Entwürfe einer narrativen Barthinterpretation,[17] die in der letzten Zeit in Richtung auf postmoderne Barthdeutungen ausgezogen worden sind.[18] Auf einen solchen modern-postmodernen, pluralismusoffenen ‚Barth' zielt auch die am Beispiel der Erwählungslehre in der *Kirchlichen Dogmatik* gearbeitete Studie von T. Gundlach,[19] die anders als die Mehrzahl jener angelsächsischen Interpretationen mit den aktuellen Instrumenten der neueren deutschsprachigen Forschung arbeitet.[20]

Für die hier vorgelegte Interpretation ist die erkenntnistheoretische, und darum vorrangig an Barths Verhältnis zum Marburger Neukantianismus orien-

---

Barth. In: Ders. (Hrsg.): Die Realisierung der Freiheit, 10–43, hier: 41; Friedrich Wilhelm Graf: Die Freiheit der Entsprechung zu Gott, 116.

[15] Dietrich Korsch: Christologie und Autonomie, 170. G. Wenz sieht darin eine sinnvolle Beschreibung des Unternehmens der *Kirchlichen Dogmatik*, zeigt dann aber, daß in der Durchführung „das christologische Subjekt ..." sich als so „... verfaßt ..." erweist, „... daß seine geschichtliche Faktizität eben doch eingezogen" werde. Gunther Wenz: Geschichte der Versöhnungslehre in der evangelischen Theologie der Neuzeit. Bd. 2, München 1986, 229, vgl. 224, 227f.

[16] Ingolf Ulrich Dalferth: Theologischer Realismus und realistische Theologie bei Karl Barth. In: EvTh 46 (1986), 402–422; vgl. auch Graham White: Karl Barth's Theological Realism. In: NZSTh 26 (1984), 54–70.

[17] Vgl. Hans Freis These „Barth's theology proceeds by narrative and conceptually descriptive statement rather than by argument". Hans Frei: An Afterword. Eberhard Busch's Biography of Karl Barth, in: Karl Barth in Re-View. Hrsg. v. Hans Martin Rumscheidt. Pittsburgh 1981, 95–116, hier: 113; vgl. David Ford: Barth and God's Story (Studien zur interkulturellen Geschichte des Christentums, Bd. 27), 2. Aufl. Frankfurt/M. – Berlin – New York 1985.

[18] Vgl. Graham Ward: Barth, Derrida and the Language of Theology. Cambridge 1995; Isolde Andrews: Deconstructing Barth. A Study of the Complementary Methods in Karl Barth and Jacques Derrida (Studien zur interkulturellen Geschichte des Christentums, 99), Birmingham 1995.

[19] Thies Gundlach: Selbstbegrenzung Gottes und die Autonomie des Menschen. Karl Barths Kirchliche Dogmatik als Modernisierungsschritt evangelischer Theologie (EHS.T 471), Frankfurt/M. u. a. 1992.

[20] Zum Stand der Diskussion von 1986 vgl. Trutz Rendtorff: Karl Barth und die Neuzeit. Fragen zur Barth-Forschung, in: EvTh 46 (1986), 298–314.

tierte Perspektive grundlegend; denn sie ist aus meiner Sicht die am weitesten vorangetriebene Linie der modernitätstheoretischen Barthforschung. Alle entsprechenden Interpretationen kommen darin überein, daß sie in der Frage nach der Bedingung der Möglichkeit der „Gotteserkenntnis"[21], der *„Erkennbarkeit Gottes"*[22], das zentrale Thema der Barthschen Theologie erblicken.

Die dieser Perspektive inhärente Gefahr liegt nun nach meinem Urteil aber gerade in ihrer analytischen Konzentration. Indem sich die erkenntnistheoretische Barthinterpretation ganz auf die Logik der theologischen Erkenntnismethode Barths konzentriert, droht ihr eine entscheidende Differenz aus dem Blick zu geraten, nämlich die – eingangs der Untersuchung erwähnte – Differenz zwischen der Logik der theologischen Erkenntnismethode, welche die Barthsche Theologie *selbst ist* oder anwendet und dem praktischen Vollzug von Gotteserkenntnis, den sie *beschreiben will.* Indem die Theologie die Selbstauslegung des Glaubens sein will, ist sie als Vollzug solcher Selbstauslegung etwas anderes als der (von ihr zu beschreiben intendierte) Vollzug des Glaubens selbst. In der erkenntnistheoretischen Barthinterpretation liegt die Gefahr einer – unbemerkten – Interpretation der Barthschen Theologie als *spekulativer Theologie.* Darin liegt tendenziell der blinde Fleck dieser Methode. Wo dies geschieht, ist faktisch eine weitreichende methodische Entscheidung getroffen worden, die verantwortet sein will. Die bewußte Wahrnehmung dieser Entscheidung und jener Differenz ist für die methodologisch korrekte Ausführung einer erkenntnistheoretischen Barthinterpretation m.E. schlechterdings entscheidend. Die Untersuchung wird zu zeigen versuchen, daß die Unterscheidung der Gotteserkenntnis, die der Glaube sein soll, von der Erkenntnis der Gotteserkenntnis, welche die Theologie sein will, diejenige Differenz ist, die für Barths Theologie und ihre Interpretation von fundamentaler Bedeutung ist und aus der tatsächlich ihr sie vorantreibendes Entwicklungspotential stammt. Die Interpretation muß beobachten können, wie Barth selbst mit dieser Differenz umgeht.

Aus dieser Perspektive der vorliegenden Untersuchung sollen im Folgenden einige der m.E. am weitesten entwickelten erkenntnistheoretischen Barthinterpretationen, die derzeit vorliegen, kurz und ohne Vollständigkeit zu beabsichtigen, skizzieren werden. Dabei kann es nicht um eine analytische Totalrekonstruktion und -kritik der teilweise sehr anspruchsvollen Interpretationen gehen, sondern nur um die Markierung von Anschluß- und Abgrenzungspunkten der hier vorzulegenden Deutung. Mit dieser Maßgabe wende ich mich zunächst den systematischen Barthinterpretationen zu, die sich nicht oder nur am Rande einer historisch-genetischen Rekonstruktion der Barthschen Theologie wid-

---

[21] So der programmatische Titel der Studie von I. Spieckermann. Vgl. Ingrid Spieckermann: Gotteserkenntnis. Ein Beitrag zur Grundfrage der neuen Theologie Karl Barths (BEvTh 97), München 1985.

[22] Johann Friedrich Lohmann: Karl Barth und der Neukantianismus. Die Rezeption des Neukantianismus im „Römerbrief" und ihre Bedeutung für die weitere Ausarbeitung der Theologie Karl Barths (ThBT 72), Berlin–New York 1995, 365.

men, sondern in eher abstrakt-systematischer Weise ihrer ‚Denkform', was im Hinblick auf die Textauswahl bedeutet, daß diese Interpretationen sich überwiegend auf eine Analyse der *Kirchlichen Dogmatik*, namentlich der Prolegomena, konzentrieren. Die Fragestellung, der sich die entsprechenden Interpretationen verpflichtet sehen, lautet: Gelingt es Barth, auf dem von ihm beschrittenen theologischen Weg eine der transzendentalphilosophischen Grundfrage nach der Bedingung der Möglichkeit menschlicher Selbstdurchsichtigkeit adäquate theologische Erkenntnis aufzubauen?[23] Gelingt es Barth, um mit Jörg Dierken zu reden, zu zeigen, „wie ein strikt *jenseits* menschlichen Denkens und Wissens vollzogener Selbstbeweis Gottes überhaupt gewußt werden kann, da alles Gewußte zumindest unter der im methodischen Zweifel begründeten Bedingung des Wissen-Könnens steht."[24] So läßt sich auf dem gegenwärtigen Stand der Forschung die Grundfrage identifizieren, die zugleich als der harte systematische Problemkern der langen Reihe aller vorwiegend an der *Kirchlichen Dogmatik* exponierten materialdogmatischen Anfragen gelten kann, die Kritik üben an deren Triumphalismus der Gnade[25], an deren ‚Christomonismus', oder die eine momentane Selbständigkeit des Gesetzes gegenüber dem Evangelium,[26] das Eigenrecht des Menschen[27] etc. einfordern.

Explizit erkenntnistheoretische, systematische Barthinterpretationen bieten vor allem F. Wagner, F. W. Graf, D. Korsch, M. Murrmann-Kahl und J. Dierken. Dabei haben F. Wagner und D. Korsch zwei einander gegenüberliegende Positionen bezogen, die in jüngster Zeit einerseits von D. Korsch selbst und andererseits von M. Murrmann-Kahl und J. Dierken noch einmal modifizierend weitergeführt worden sind.

Nach Wagners[28] Auffassung beinhaltet die Grundlegung der Theologie bei Barth einen klar aufweisbaren genetischen Defekt. Die „Barthsche Theologie …" ziele „… auf die Selbstexplikation des allgemeinen und absoluten Subjekts, so müssen Aufbau und Grund dieses Subjekts in eins zusammenfallen; insofern kann die Konstruktion dieses Subjekts nur von solchen Bedingungen abhängig gemacht werden, die es selbst als bedingte Bedingungen und damit als Unbedingtes hervorbringt." (13)

---

[23] Die analoge Struktur von Barths theo-logischer Rekonstruktion der absoluten Subjektivität Gottes und einer transzendentalen Theorie des Selbstbewußtseins im Sinne J. G. Fichtes hat zuerst F. W. Graf nachzuweisen versucht. Vgl. Friedrich Wilhelm Graf: Die Freiheit der Entsprechung zu Gott. In: Trutz Rendtorff (Hrsg.): Die Realisierung der Freiheit, 88–91.

[24] Jörg Dierken: Glaube und Lehre im modernen Protestantismus, 35, Anm. 29.

[25] Gerrit Cornelis Berkouwer: Der Triumph der Gnade in der Theologie Karl Barths. Neukirchen 1957. Bei Berkouwer verbindet sich damit allerdings überwiegend Zustimmung. Vgl. als kritisches Urteil über die Christologie noch einmal die genaue, ausgewogene Darstellung bei Gunther Wenz: Geschichte der Versöhnungslehre in der evangelischen Theologie der Neuzeit. Bd. 2, 229, vgl. 224, 227f.

[26] Vgl. Gerhard Gloege: Heilsgeschehen und Welt. Theologische Traktate. 1. Bd., Göttingen 1965.

[27] Friedrich Wilhelm Graf: Die Freiheit der Entsprechung zu Gott, 104 u. ö.

[28] Vgl. Falk Wagner: Theologische Gleichschaltung. Zur Christologie bei Karl Barth, 13 u. ö. Seitenzahlen im Text beziehen sich im Folgenden hierauf.

Barth ziehe von Anfang an die „*Differenz von Prinzip und Prinzipiatum* ein" (14), verfahre nach der Maxime des „sich in allen Inhalten auslegende[n] Konstruktionsprinzip[s] der unbedingten Selbstbestimmung Gottes" (40), das tatsächlich als das Exekutionsprinzip aller Inhalte der Dogmatik erkannt werden könne. „Vermittels dieser Funktion dienen die Inhalte dem Zweck, die Selbstbestimmung Gottes als den einen und durchgehenden Gedanken der Dogmatik in allen ihren Lehrstücken zum Zuge zu bringen." (Ebd.) Und zwar ist das vorzügliche Instrument, das die „*Gleichschaltung* des anderen mit Gottes Selbstbestimmung" (22) bewirkt, die Christologie. „Die Barthsche Christologie ist daher die Wiederholung und Bestätigung der Theo-Logie im Medium vollzogener Gleichschaltungen." (32) Tatsächlich gelinge diese Gleichschaltung aber nur unter „Abstraktion des wirklichen Andersseins des Menschen Gott gegenüber" (36). Was die systematische Bewertung dieser Gesamtkonstruktion angeht, so ist es nicht der Einsatzpunkt bei einem allen übrigen Inhalten enthoben gedachten Konstruktionsprinzip, das Wagner kritisiert, sondern lediglich dessen Durchführungsbestimmung. Dem Anspruch Barths, ein nichtpositionelles, d. h. von aller Partikularität befreites Bestimmungsprinzip in Anschlag zu bringen, stimmt Wagner durchaus zu.[29] In gewisser Übereinstimmung mit Barth will Wagner Theologie als eine „Theorie der absoluten Subjektivität" (42f.) entwickeln, die aber „so mit dem Begriff der *Entwicklung* als Selbstexplikation im anderen zu verbinden [ist], daß das Allgemeine zwar an der Stelle des Partikularen zur Darstellung gebracht, aber nicht selbst in ein Partikulares verkehrt werden kann."[30]

Wagners These lebt von der Unterscheidung zwischen einem starken und einem schwachen Anderssein; wobei, wie Wagners Gegenvorschlag zeigt, starkes Anderssein – als wahres – gerade als vermitteltes Anderssein zu denken sei. Die christologische Vermittlung, wie Barth sie vornimmt, ist aus Wagners Sicht eine uneigentliche Vermittlung, die tatsächlich die einseitige Aufhebung, die Negation von Anderssein, eben dessen „Gleichschaltung" bedeute.[31] Andererseits macht Wagner aber geltend, daß diese Gleichschaltung unter „Abstraktion des wirklichen Andersseins des Menschen Gott gegenüber" (36) sich vollziehe. Damit wird ein Wissen um solches Anderssein ins Spiel gebracht, dessen Nichtwissen und systematisches Ignorieren als das eigentliche Defizit des Barthschen Systems zu gelten habe. Aber jenes „wirkliche Anderssein" bleibt nach Wagners eigener Analyse nun dennoch nicht ohne Spuren innerhalb des Barthschen Systems. Es macht sich nämlich insofern bemerkbar, als „die göttliche Selbstkundgebung der Versöhnung nur unmittelbar an den ‚wirklichen' Menschen appellieren kann." (Ebd.) Allerdings richte sich dieser Appell nur wiederum „an den Menschen, der als der andere des anderen Gottes Herrschaft entspricht" (ebd.). „Von diesem Appell bleibt somit das andere als solches, das Gott

---

[29] Das bezieht sich allerdings auf Wagners Position von 1975; sie ist inzwischen an dieser Stelle einschneidend korrigiert.

[30] FALK WAGNER: Theologische Gleichschaltung. Zur Christologie bei Karl Barth, 42. Eine solche Theorie hat Wagner inzwischen mehrfach skizziert, vgl. z. B. die propädeutischen Bemerkungen in FALK WAGNER: Was ist Religion? Gütersloh 1986, 555ff. und DERS.: Was ist Theologie? Studien zu ihrem Begriff und Thema in der Neuzeit, Gütersloh 1989; DERS.: Religion und Gottesgedanke. Philosophisch-theologische Beiträge zur Kritik und Begründung der Religion (Beiträge zur rationalen Theologie, hrsg. v. dems., Bd. 7), Frankfurt/M. – Berlin u. a. 1996.

[31] Vgl. dazu auch DIETRICH KORSCH: Christologie und Autonomie, 152.

gegenüber Widersetzliche ausgeschlossen; dieses wird nur mit ‚Verachtung' gestraft." (Ebd.) Konkret bezieht sich Wagner hier auf Barths Lehre vom prophetischen Amt, wie dieser sie in KD IV/3 unter der Überschrift „Jesus Christus, der wahrhaftige Zeuge"[32] entwickelt. Es geht dabei um das „Formalproblem"[33], daß die in Christus geschehene Versöhnung auch als die Bedingung der Möglichkeit ihrer eigenen Erkenntnis zu stehen kommen soll, daß sie als „ein transeuntes, ein kommunikatives Geschehen"[34] zu denken sei. Damit ist innerhalb der Versöhnungslehre das in den Prolegomena erörterte und – dort dann offenbar nur vorläufig gelöste – Problem der Bedingung der Möglichkeit der Gotteserkenntnis wieder eingeholt. In KD IV/3 wird nun aber, so könnte man Wagner zu denken geben, dieses Problem gerade nicht, zumindest nicht einseitig durch Systemabschließungstechniken, sondern durch Systemöffnungstechniken zu lösen versucht. Ein „Appell" ist kein Befehl, und schon gar nicht ein Determinierungsversuch. Appelle appellieren an – als momentan selbständig vorausgesetztes – Anderssein, das hier gerade das individuelle Subjekt ist. Inhalt des Appells ist außerdem genau der selbsttätige Vollzug der Selbstunterscheidung des Individuums als Glaubenden von sich selbst als Sünder. Die Pointe der „Verachtung", mit der der Sünder gestraft wird, ist diejenige, daß diese Verachtung die Negativseite des Appells ist. In der Form des Appells wird die Aufgabe der Selbst- und Gotteserkenntnis ethisch, vollzugspraktisch gewendet. Indem sie appellative Form annimmt, verhält sich das Prinzip-Prinzipiat zu sich selbst, und wendet seine eigene Struktur eben so ethisch. Die Selbstexplikation des Allgemeinen an der Stelle des Einzelnen bringt das Gegenüber des Einzelnen offenbar nicht in Wegfall, sondern will als die selbstdurchsichtige Logik des ethischen Vollzugs der Selbstexplikation an der Stelle des Anderen verstanden werden. Wenn das richtig ist, dann könnte es plausibel sein, die in der Versöhnungslehre eingeholte Erkenntnistheorie im besonderen, und darauf basierend die Dogmatik insgesamt, als das Unternehmen einer progressiven theologischen Selbstdurchsichtigmachung des Selbstvollzugs von individuell-sittlicher Subjektivität zu verstehen, als theologische Rekonstruktion des kategorischen Imperativs.[35] Das Thema des ‚starken Anderen' könnte dann Barth-immanent als das „Formalproblem" seiner Theologie begriffen werden, d.h. es wäre im praktisch-ethischen Vollzugscharakter seiner dogmatischen Theologie insgesamt versteckt. Barths semantisch-dogmatisch sehr geschlossenes System wäre dann hintergründig, nämlich ethisch-praktisch als sehr offenes System zu verstehen.

---

[32] Karl Barth: Die Kirchliche Dogmatik. 4. Bd., Die Lehre von der Versöhnung, 3. Teil, 1. Hälfte [1959], 3. Aufl. Zürich 1979, 1ff.

[33] KD IV/3, 7.

[34] Ebd.

[35] Nur am Rande sei vermerkt, daß bei Wagner diese Abblendung des ethisch-praktischen Charakters der Verifikationsstruktur der *Kirchlichen Dogmatik* sich schon in dem kleinen Detail niederschlägt, daß er Barths ethische Bezeichnung Jesu Christi als des „wahrhaftigen Zeugen" offenbar unbemerkt in die ontologische Bezeichnung Jesu Christi als des „wahre[n] Zeugen" (Falk Wagner: Theologische Gleichschaltung, 35) überführt.

Genau diese Möglichkeit wird de facto, wenn auch nicht ausdrücklich, von der in der Nachfolge F. Wagners stehenden Interpretation Michael Murrmann-Kahls emphatisch bestritten. Denn Murrmann-Kahl deutet auf der Basis einer an N. Luhmann angelehnten systemtheoretischen Hermeneutik Barths Dogmatik als „*intellektuelles System*"[36], das „geschlossen über Leitunterscheidungen [operiert], denn über seine hohe Selektivität der ‚Welt' oder ‚Wirklichkeit' kann es durch komplizierte *Eigenberechnungen* relativ *ungestört* eigene Komplexität aufbauen, die es ihm dann ermöglicht, eine *Konstruktion der Umwelt* anzufertigen, an der es die eigene Autopoiesis orientieren kann" (3f.).

Auf den ersten Blick scheint sich an Barths Dogmatik ein solcher systemtheoretischer Interpretationsansatz als sehr produktiv zu erweisen. Eine von der Methode verlangte „Letztunterscheidung" (8) ist bei Barth leicht in der Formel „Gott ist Gott" (34) ausfindig zu machen. Diese Formel wird mittels der Trinitätslehre als organisatorischem Prinzip „fortlaufend sachlich und zeitlich entparadoxiert" (ebd.). Sachlich betrachtet Murrmann-Kahl wie F. Wagner Barths Rede von der „unaufhebbaren Subjektivität" (34) Gottes als inhaltliche Ausführung der paradoxen Grundformel, die dies aber nur dadurch sein könne, daß sie unter der Hand eine „Zweitcodierung …" einführe, nämlich das Schema von „… Herr/Knecht" (75f.). Indem Murrmann-Kahl den trinitarischen Konstruktionsaufbau der Dogmatik dekonstruiert, sucht er den „ungeheuren systemischen Zwang des angeblich alle Systeme verachtenden Theologen" (71) ans Licht zu bringen. „[B]is zur Ermüdung …" führe die *Kirchliche Dogmatik* durch alle materialdogmatischen Loci immer dasselbe „… analytische Urteil durch, das seit der Neuorientierung Barths …" gegenüber der liberalen Theologie „… Pate stand: ‚Gott ist Gott'." (75) Erkenntnistheoretisch betrachtet versage Barth dabei freilich gegenüber seinem eigentlichen Ziel, „die eigene Denktätigkeit als eine ‚gehorsame' ganz dem Nachvollzug der aktualen Offenbarung [zu] unterstellen" (83). Die Vermittlung seiner Denkbewegung durch die „noetische Ebene" (85) des Konstruiertseins könne gerade nicht in Wegfall gebracht werden und werde von der Dogmatik selbst auch nicht reflexiv eingeholt. Anders als F. Wagner ist Murrmann-Kahl der Auffassung, daß die tautologische Grundformel keinerlei Anschlußmöglichkeiten und Präferenzen für eine bestimmte Ethik beinhalte; allen politischen Optionen stehe sie ihrer immanenten Logik nach gleichermaßen erratisch und distant gegenüber. „Modernität", im Sinne von systemischer Durchorganisation und „Antimodernismus", im Sinne eines gegen die neuzeitliche Transzendentalphilosophie eingestellten Denkens, halten sich nach der Auffassung Murrmann-Kahls die Waage.[37]

Diese im einzelnen konzise systemtheoretische Interpretation erzeugt nun freilich gewissermaßen aus sich selbst die Anfrage, wer für den dem Autor vorgeworfenen Systemzwang tatsächlich verantwortlich ist. Wäre die systemtheoretische Deutungsperspektive denn überhaupt imstande und bereit, Differenzwahrnehmungen des von ihr beobachteten ‚intellektuellen Systems' *als* Differenzwahrnehmungen zu akzeptieren? Die Prozessualität, die sie dem beobachteten System einzig zubilligt, ist eine Prozessualität, die von vornherein

---

[36] MICHAEL MURRMANN-KAHL: „Mysterium trinitatis"? Fallstudien zur Trinitätslehre in der evangelischen Dogmatik des 20. Jahrhunderts [TBT 79], Berlin – New York 1997, 2. Seitenzahlen im Text beziehen sich im Folgenden hierauf.

[37] Vgl. aaO., 78, 82.

unter der Maxime der Exekution des Systemzwangs stehen zu müssen scheint. Indem die Interpretation die Stelle des Beobachters selbst exklusiv besetzt,[38] scheint sie etwaige Bezugnahmen des Autors auf seine Beobachter systematisch depotenzieren zu müssen. Der Systembegriff selbst vernichtet diese Differenz.

Damit nimmt, wie es scheint, die systemtheoretisch ausgeführte „Beobachtung zweiter Ordnung" (11) genau jene überpositionelle Position ein, die sie keiner anderen, vor allem nicht der Barthschen Theologie und – im Unterschied zu F. Wagner auch nicht momentan[39] – zubilligt. Zwar wird ausdrücklich eingeräumt, daß die bestimmten Leitunterscheidungen, die der Beobachter für das von ihm beobachtete intellektuelle System rekonstruiert, von Gnaden des Beobachters sind,[40] fraglich bleibt aber, ob der konstruktivistische Vorbehalt sich auch an der Stelle der systemtheoretischen Methode selbst durchführen läßt. Ist diese kritische Überlegung stichhaltig, dann könnte hier zugleich eine hintergründige Affinität zwischen Beobachtungssystem und beobachtetem System erkennbar werden. Sie könnte auch der eigentliche Grund sein für die Barth zugeschriebene ethische Indifferenz. Das ‚System Barth' würde dann gewissermaßen als der paradigmatische Fall der Selbstauslegung des Meta-Systems Systemtheorie fungieren, und der damit gegebene interpretative Systemzwang müßte dazu führen, daß dem beobachteten System alle inhaltliche Bestimmtheit, damit auch alle Außenbezüge ausgetrieben, bzw. als kontingente Funktionen des ‚psychischen Systems' Karl Barth depotenziert würden. Kurzum, zu fragen wäre, ob eine solche systemtheoretische Analyse, wie Murrmann-Kahl sie an Barths Dogmatik durchführt, eigentlich noch ansprechbar ist auf die neuzeitliche Kardinalfrage: ‚Aber woher bin denn ich?' Daß in dem in der Tat nicht ermüdigungsfreien dogmatischen System Karl Barths diese Frage immerhin noch identifizierbar und lokalisierbar ist, könnte ein Argument sein für eine gewisse Restresistenz dieses Systems gegenüber überzogenen Systemzwängen. In diesen könnte tatsächlich ein appellatives Potential verborgen sein, das gegenüber demjenigen Barths den Nachteil hat, nicht ausgesprochen zu sein.

In einer ähnlichen Weise hat Dietrich Korsch gegen Falk Wagners „Christologie als exemplarische Theorie des Selbstbewußtseins"[41] argumentiert, die von Wagner als konstruktives Gegenmodell zu Barths christologischer Gleichschaltung aufgeboten wurde. Da Wagner aus Korschs Sicht den exemplarisch gelungenen Fall christologischen Selbstbewußtseins als Faktizität einziehe, lasse seine christologische Selbstbewußtseinstheorie die Frage nach der konkreten Bedingung ihrer Möglichkeit, daß individuelle Subjekte sich selbst nach den Maßgaben dieser Theorie explizieren, offen. „Faktisch enthält die Theorie also lediglich die Aufforderung an Subjekte von der Struktur Selbstbewußtseins, sich nach Maßgabe des exemplarischen Selbstbewußtseins zu verstehen: sie ist spekulatives Kerygma. Die Forderung, sich so zu verstehen, taucht aber nicht als Element der Theorie auf. Ihre eigenen Folgen liegen … außerhalb ihrer selbst."[42]

---

[38] Vgl. aaO., 10f.

[39] Vgl. aaO., 78.

[40] Vgl. aaO., 6.

[41] FALK WAGNER: Christologie als exemplarische Theorie des Selbstbewußtseins. In: Die Realisierung der Freiheit. Hrsg. v. Trutz Rendtorff, 135–167. Dazu DIETRICH KORSCH: Christologie und Autonomie, 162ff., bes. 166.

[42] DIETRICH KORSCH: Christologie und Autonomie, 166. Seitenzahlen im Text beziehen sich im Folgenden hierauf.

Gegen eine von den Münchner Theologen vorgenommene Interpretation der *Kirchlichen Dogmatik*, die – ausgehend insbesondere von der Trinitätslehre der Prolegomena – in dieser nur das alles andere gleichschaltende Prinzip unmittelbarer Selbstdurchsetzung erblickt und darin die *Kirchliche Dogmatik* auf das Stadium des zweiten ‚Römerbriefs‘ zurückwerfe,[43] unternimmt Korsch einen Auslegungsversuch, der sich auf das in den Bänden der Versöhnungslehre erreichte Stadium Barthscher Theologieentwicklung stützt.[44] Seine hieran explizierte These ist, daß „die Doppelheit von faktischem und prinzipiellem Moment, von ‚Offenbarung in Jesus Christus‘ und ‚Struktur Selbstbegründung‘ ... bei Barth eine unauflösbare prinzipielle Einheit" (170) bilde. Barths Theologie dürfe demzufolge nicht als Theorie absoluter Selbstdurchsetzung, sondern sie könne als eine „Theorie des prinzipiellen (singulären) Faktums" (ebd.) verstanden werden, als „begriffliche Auslegung des Eigennamens" (172) Jesu Christi, die „ihre erkenntnistheoretische Voraussetzung ..." in der „... Selbstbezeugung Jesus Christi" (173) hat. Die dogmatische Theorie unterscheide sich also selbst von der „Bewegung der Selbstbezeugung" (175) Jesu Christi, auf die sie sich zugleich konstitutiv beziehe. „Die Theologie Karl Barths begreift demnach ihren Ort im Horizont von und unter Bezug auf die Selbstbezeugung Jesu Christi. Sie verhält sich insofern als reine Theorie, als sie die Realisierung ihrer selbst von sich ausschließt, obwohl bzw. gerade indem sie deren Bedingungen zu erkennen gibt." (Ebd.).

Die Stärke der Theorie Karl Barths besteht nach Korsch demnach gerade darin, daß sie den Prozeß der Realisierung der Freiheit gerade nicht in sich aufhebe und darin zum Verschwinden bringe, vielmehr vermöge sie „ihren eigenen Ort in der Geschichte der Freiheit zu bestimmen" (176). Für Barths Theologie wird damit eine konstitutive Selbstunterscheidung geltend gemacht; sie wisse sich gerade so als Bedingung der Möglichkeit der Einsicht von Freiheit, daß sie sich in diesem Wissen von der praktischen Realisierung der Freiheit und deren Möglichkeitsbedingung unterscheide. Barths Theorie sei also, das ist die nur angedeutete Folgerung aus dieser These, „in hohem Maße entwicklungsfähig" (177) als Theorie der Realisierung erfahrener individueller Freiheit, für die unter neuzeitlichen Bedingungen der (normative) Religionsbegriff steht. Anzufragen wäre hier, wie sich die als nichtgesetzt gesetzte Faktizität des christologischen Faktums verhält zu der gesetzten Nichtgesetztheit individueller Freiheitsvollzüge. Kann es eine Selbstauslegung individueller Freiheitsvollzüge jenseits der ihnen dogmatisch vorgeschriebenen Selbstauslegung geben? Anders gefragt: vermag sich die dogmatisch-christologische Selbstauslegung an der Stelle der faktischen Selbstauslegungsvollzüge der Individuen zu explizieren?

Damit ist die Fragestellung erreicht, die Jörg Dierken auf den Prüfstand seiner kritischen Barthinterpretation stellt.[45] Diese stellt bei Dierken eine von vier exemplarischen Fallstudien (Barth, Bultmann, Hegel, Schleiermacher) seiner Gesamtuntersuchung dar, die insgesamt der Klärung der Frage gewidmet ist, wie

---

[43] Vgl. aaO., 168.

[44] Von hier aus wertet Korsch die Prolegomena als „noch nicht vollständig präzisierte Strukturlehre der Dogmatik". AaO., 174.

[45] Vgl. JÖRG DIERKEN: Glaube und Lehre im modernen Protestantismus, 24–49. Seitenzahlen im Text beziehen sich im Folgenden hierauf.

in der modernen protestantischen Theologie die Bestimmung des Verhältnisses des Vollzugs praktisch-ethischer Realisierung der Freiheit – „Glaube" – zu ihrer theoretischen Selbsterkenntnis – „Lehre" – vorgenommen wird. „Die abstraktere Terminologie expliziert die Relation von Glaube und Lehre als Verhältnis von *religiösem Vollzug* und *theologischer Bestimmtheit.*" (11) Damit bringt Dierken die Frageperspektive auf einen bündigen Begriff, die in modifizierter Weise auch die vorliegende Untersuchung leitet. Aus seiner Basisunterscheidung leitet Dierken zugleich Gesichtspunkte einer typologisch-schematischen Einteilung der untersuchten Entwürfe ab. So fehle bei Barth und Bultmann anders als bei Schleiermacher und Hegel eine ausgearbeitete philosophische Theorie der Relation von religiösem Vollzug und theologischer Bestimmtheit,[46] und die Kritik an einer solchen metareflexiven Rahmung artikuliere sich bei diesen „nicht als Meta-Kritik …, sondern [sie nimmt] die Gestalt einer beabsichtigt-einfältigen Konzentration auf das eine theologische Thema [an]" (15). Barth komme wiederum mit Hegel darin überein, daß beide „Bestimmtheitstheoretiker" (ebd.) seien, die sich in der kategorialen Vorordnung von ‚Bestimmtheit' gegenüber ‚Vollzug' von den „vollzugsorientierten Denker[n]" (ebd.) unterscheiden.

‚Vollzug' muß bei Barth demnach als Funktionsmoment von ‚Bestimmtheit' begriffen werden. Das erklärt, warum Dierken sich in ungleich höherem Maße als Wagner und Murrmann-Kahl auf einen rekonstruierenden Nachvollzug der Gesamtargumentation von Barths Denken in der *Kirchlichen Dogmatik* einläßt. In vier Abschnitten – „Religion" (24), „Theologie" (49), „Christologie" (76), „Pneumatologie" (91) – unterwirft Dierken Barths Denken einer Prozessanalyse, die sich schon dadurch von jenen eher abstrakt grundbegrifflichen Zugriffen unterscheidet. Zwar folgt Dierken Wagner darin, daß er Barth in ähnlicher Weise den genetischen Ursprungsfehler attestiert, kategorial der unmittelbaren Selbstbestimmung des Absoluten das Wort zu reden; aber etwa die Tatsache, daß die *Kirchliche Dogmatik* von Barth nicht zu Ende geführt wurde, daß der dritte, der pneumatologisch-eschatologische Gesamtteil unausgeführt blieb, wird bei Dierken im Unterschied zu jenen Interpreten, ausdrücklich reflektiert.[47]

Die Heuristik der Unterscheidung von Glaube und Lehre führt dazu, daß Dierken (hierin dem Beispiel Korschs folgend) im Unterschied zu Wagner und Murrmann-Kahl die Frage nach dem erkenntnistheoretischen Präsenzmodus des theo-logischen Inhalts der Dogmatik ausdrücklich stellt. Indem er diese Frage methodologisch reflektiert stellt, geht er über Korschs Aufsatz von 1981 darin hinaus, daß er die dort noch dem dogmatischen Diskurs Barths selbst entstammende Rede von der Selbstbezeugung Jesu Christi in eine methodisch reflektierte systematische Deskription überführt, indem er den damit angesprochenen Modus der Selbstpräsentation des Glaubensinhalts grundsätzlich als „Religion" (24ff.) bestimmt. Indem Dierken erkennt, daß bei Barth „der Glaube von der gleichen modalen Verfaßtheit ist wie sein göttlicher Gegenstand – [f]ür beide gilt …, daß sie im Zeichen von *Wirklichkeit* oder *Aktualität* verstanden sind" (19) – kann Dierken im Unterschied zu Wagner und Murrmann-Kahl das Bezogensein der Barthschen Theologie auf das Vollzugsmoment der Theologie zumindest für ihren Gegenstand, das Aufeinanderbezogensein von Gott und Glaube, wahrnehmen, das er theologiegeschichtlich als die von Barth selbst allerdings eher verdeckte latente Nähe zu Schleiermachers Glaubenslehre

---

[46] Vgl. aaO., 15.
[47] Vgl. aaO., 91.

identifiziert.[48] Damit ist die Differenzierung von Glaube und Lehre, d. h. von Beobachtetem (die Relation von Glaubensvollzug und Glaubensinhalt als normativem Religionsbegriff) und Beobachter (Theologie) als Interndifferenz des theologischen Systems Barths konzediert, die Wagner und Murrmann-Kahl diesem gerade nicht zugestehen. Allerdings, und das mache Barth nun zum „Bestimmtheitstheoretiker", wolle Barth nach Dierken jenes Vollzugsmoment ganz aus der Subjektivität Gottes heraus explizieren.[49] Zu dieser Explikation diene, wie Dierken unter Aufnahme von Korschs Terminologie feststellt, die „mit dem Offenbarungsgedanken verbundene Figur einer Einheit von Prinzip und Faktum" (21). Genau dies, also der Versuch, die einseitige Vorgängigkeit des Bestimmtheitsmoments, sprich: des Gottesgedankens, zu sichern, führe nun aber zu jenem genetischen Fehler der Barthschen Theologie, die Faktizität als Faktizität behaupten zu müssen, ohne diese Behauptung auf ihr Gedachtsein zu reflektieren. Weil Barth es strikt ablehne, einen „*aus Gott* gewonnene[n] Begriff ..." zu entwickeln, „... der den *prinzipiellen* Charakter der Wirklichkeit Gottes zu erfassen erlaubt" (22), erschleiche er faktisch ihre Bestimmtheit durch die „polemische Unterscheidung von Glaube und Sünde, von einem gegen Gott gestellten anderen und einem allein der göttlichen Selbstrealisierung dienstbaren anderen. Damit werden diese Unterscheidungen und mithin das ‚Außen' allerdings zu konstitutiven Faktoren für die Prinzipialität der Theo-logie." (ebd.) Verweigert werde von Barth die Anerkennung der „*konstitutive[n] Funktion der Außenbeziehung* des absolut selbst-identischen Gottes" (23). Damit ist im Ergebnis genau Wagners und Murrmann-Kahls Kritik reformuliert.

Nun kennzeichnet Dierken alle diese Reflexionen ihrerseits als hermeneutisch-methodologische Vorüberlegungen, vor deren „Hintergrund ... im Folgenden Barths *Kirchliche Dogmatik* analysiert werden" (ebd.) soll. Trifft das zu, dann wären, wenn der Vorhang zum ersten Akt des theologischen Quartetts aufgeht, nur der Vorhang auf, doch alle Fragen im Grunde schon beantwortet. Das Barth-Stück Dierkens scheint mit dem Tod des Helden zu beginnen ...„[W]ie es Barth ..." jetzt noch „... geling[en] ..." soll, „... den religiösen Vollzug aus der Bestimmtheit Gottes abzuleiten" (ebd.), ist schwer ersichtlich.

Als Resultat des rekonstruktiven Durchgangs durch die Barthsche Theologie, der hier nicht nachvollzogen werden kann, hält Dierken fest: „Die angeblich alle Bestimmtheit tragende Theologie bedarf schon zur Kompensation ihrer tatsächlichen Abstraktheit eines von ihr potentiell differenten religiösen Vollzuges, der in dem auf Dauer gestellten Kampf kulminiert. Da aber das Differenzmoment des religiösen Vollzuges nicht *aus* der absoluten Positivität Gottes hergeleitet werden kann, sondern *vorausgesetzt* werden muß, ist das Resultat eines Durchganges durch die Barthsche Dogmatik ihr Selbstwiderspruch." (99)

Die Frage, die man an das Ergebnis von Dierkens Durchgang durch die Barthsche Dogmatik stellen kann, ist, ob es tatsächlich das Ergebnis dieses Durchgangs ist oder nicht doch vielmehr schon dessen Voraussetzung. Wie dem auch sei: Dierkens Analyse führt jedenfalls in ihrer Weise paradigmatisch vor, daß man sich der von Barth intendierten Abschaffung des Zuschauers offenbar nur entziehen kann, indem man diesem Vorgang in allen einzelnen Akten, Aufzügen und Szenen bis zum Ende zuschaut. Dann aber ist die Absicht, welche die

---

[48] Vgl. aaO., 18f.
[49] Vgl. aaO., 21.

,beabsichtigt-einfältige' Theologie Karl Barths verfolgt, vielleicht systematisch ernster zu nehmen, als es bei Dierken der Fall ist. Und die an die neueren systematischen Interpretationen zu stellende Grundfrage muß lauten, ob die mit dieser Absicht verbundene Methode in diesen eine angemessene methodische Explikation erfahren hat.

Die Bestimmtheit, als deren Theoretiker Dierken Barth ansieht, ist offenbar Bestimmtheit, der ihr Vollzogen- und Nachvollzogenwerden nicht so äußerlich ist, wie es die Bestimmtheit dieser Bestimmtheit (absolute Selbstbestimmung Gottes) auf den ersten Blick vermuten läßt. Die Negation des Vollzogenwerdens, die dieser Bestimmtheit inhaltlich inhäriert, setzt selbst die Möglichkeit zweier gegenläufiger Vollzüge frei: Mitvollzug oder kritische Vollzugsverweigerung. „Entscheidung" ist seitens des Adressaten verlangt; nicht nur als Entreebillett zum System, sondern gewissermaßen permanent. Die Permanenz des Theorievollzugs, der Zwang zu seiner Fortsetzung, könnte selbst auf der Einsicht des Autors basieren, daß die Entscheidung des Rezipienten der Theorie permanent wieder gegen diese ausgefallen sein könnte.

Die „Bewegung der Gotteserkenntnis"[50], als welche Barth Glaube und Theologie gleichermaßen schon früh bezeichnet, ist dann aber offenbar als ein theoretisch-praktisches, theologisch-religiöses Doppelunternehmen zu begreifen, das theoretisch-theologische Freiheitsreflexion und praktischen, religiös-ethischen Freiheitsvollzug gleichschaltet oder wenigstens eng aneinander koppelt. Auf Entscheidung, und insofern auf Reflexionsabbruch beruhendes Handeln und die permanente Fortsetzung der Reflexion als Theorie wären dann ineinander überführt oder aber aneinander angenähert. Die Negation, die im Reflexionsprozeß immer wieder als unvermittelte auftritt, könnte das Signal des Handlungscharakters der Theorie sein, die das mit momentanem dezisionistischem Reflexionsabbruch verbundene Nachaußentreten des Handelns in sich selbst abbildet – und darin aufzuheben sucht. Dogmatik hätte dann einen „ethischen Sinn"[51] und darin einen praktischen. In jedem Fall bedarf offenbar die genaue Bestimmung des Theologiebegriffs, der für Barths theologisches Denken leitend ist, näherer Klärung. Sie dürfte erreicht werden, wenn die – vor allem bei J. Dierken ins Blickfeld getretene – Unterscheidung zwischen Theologie und Religion, zwischen dem Vollzug der Gotteserkenntnis („Glaube") und dem Vollzug der Erkenntnis der Gotteserkenntnis („Theologie"), konsequent zum Gegenstand der Untersuchung gemacht wird. So läßt sich im Anschluß an wichtige neuere systematische Barth-Interpretationen die Aufgabe der vorliegenden Untersuchung bestimmen und bestätigen.

---

[50] KARL BARTH: Der Christ in der Gesellschaft, 9.
[51] TRUTZ RENDTORFF: Der ethische Sinn der Dogmatik – Zur Reformulierung des Verhältnisses von Dogmatik und Ethik, in: Ders.: Theologie in der Moderne. Über Religion im Prozeß der Aufklärung (Troeltsch-Studien Bd. 5), Gütersloh 1991, 167–182.

1.0.3. Zum Ort der Untersuchung im Rahmen der historischen Barthforschung: ,Theologizität' als Forschungsaufgabe

Seit es sie gibt, hat sich die historische Barthforschung mit der Deutung zweier ins Auge fallender phänotypischer Veränderungen ihres Gegenstandes beschäftigt: zum einem mit der von Barth während des Ersten Weltkriegs vollzogenen Abwendung von der liberalen Theologie, zum andern mit dem (mehrstufigen) Übergang von der kritisch-dialektischen ,Römerbrief'-Theologie zur ,positiven' Dogmatik. Neuen Schwung in diese einige Zeit ohne fundamentale Erkenntniszuwächse gebliebene Spezialforschung hat die Publikation neuer Quellen gebracht. So hat neben der Entdeckung und Herausgabe des Barth-Rade-Briefwechsels durch Chr. Schwöbel[52] insbesondere die Veröffentlichung der ersten beiden Teile von Barths erster Dogmatikvorlesung (Göttingen 1924/25)[53] zu einem neuen ertragreichen Forschungsschub geführt.[54] Für die Erforschung der Anfänge von Barths Theologie, also seiner Rezeption der ,liberalen Theologie' in den Jahren von etwa 1908 bis 1915, könnte dies nun auch zutreffen, denn dank der regen Publikationstätigkeit des Karl Barth-Archivs in den letzten rund zehn Jahren ist die Materialbasis, über die wir nun verfügen, beträchtlich vergrößert.[55]

---

[52] CHRISTOPH SCHWÖBEL (Hrsg.): Karl Barth – Martin Rade. Ein Briefwechsel, mit einer Einleitung, Gütersloh 1981. Der Barth-Rade-Briefwechsel wurde bislang insbesondere zur Klärung von Barths Stellungnahme zum Ausbruch des Ersten Weltkriegs herangezogen, wofür er in der Tat unentbehrlich ist. Vermittels dessen leistet er auch eine entscheidende Hilfe zur Aufklärung des berühmten ,Bruchs' mit der liberalen Theologie. Vgl. dazu alle neueren Arbeiten zu diesem Zeitraum bes. CHRISTOPH SCHWÖBEL: Einleitung. In: Christoph Schwöbel (Hrsg.): Karl Barth – Martin Rade, 9–56; HARTMUT RUDDIES: Karl Barth und Martin Rade. Ein theologisch-politischer Briefwechsel, in: EvTh 44 (1984), 298–306; WILFRIED HÄRLE: [Art.:] Dialektische Theologie. In: TRE 8 (683–696); JÖRG ZENGEL: Erfahrung und Erlebnis. Studien zur Genese der Theologie Karl Barths (EHS. T 163), Frankfurt/M. – Bern 1981.

[53] Bislang sind allerdings erst die ersten beiden Teile veröffentlicht; die des dritten, pneumatologischen Teils der Materialdogmatik steht noch aus. Vgl. KARL BARTH: „Unterricht in der christlichen Religion". 1. Bd.: Prolegomena 1924, hrsg. von Hannelotte Reiffen (Karl Barth Gesamtausgabe, im Auftrag der Karl Barth-Stiftung hrsg. v. Hinrich Stoevesandt, II Akademische Werke 1924), Zürich 1985; KARL BARTH: „Unterricht in der christlichen Religion". 2. Bd.: Die Lehre von Gott, die Lehre vom Menschen 1924/1925 (Karl Barth Gesamtausgabe, im Auftrag der Karl Barth-Stiftung hrsg. v. Hinrich Stoevesandt, II Akademische Werke 1924/25), Zürich 1990.

[54] Vgl. insbesondere INGRID SPIECKERMANN: Gotteserkenntnis; BRUCE L. McCORMACK: Karl Barth's Critically Realistic Dialectical Theology. Its Genesis and Development 1909–1936, Oxford 1995; JOHANN FRIEDRICH LOHMANN: Karl Barth und der Neukantianismus (1995); HERBERT ANZINGER: Glaube und kommunikative Praxis (1991); CORNELIS VAN DER KOOI: Anfängliche Theologie. Der Denkweg des jungen Karl Barth (1909–1927) (BEvTh 103), München 1987; MICHAEL BEINTKER: Die Dialektik in der ,dialektischen Theologie' Karl Barths. Studien zur Entwicklung der Barthschen Theologie und zur Vorgeschichte der ,Kirchlichen Dogmatik' (BEvTh 101), München 1987.

[55] I. Spieckermann und H. Anzinger konnten in ihren Arbeiten noch nicht auf das nun in den beiden ersten Bänden der „Vorträge und kleinere Arbeiten" veröffentlichte Material in seiner Gesamtheit zurückgreifen. B. McCormack war der erste Band zugänglich; er wertet ihn jedoch nur teilweise aus.

Seit 1987 sind vier Bände der Werkausgabe publiziert worden, die diesen Zeitraum betreffen: neben dem „Konfirmandenunterricht 1909–1921" (1987) vor allem die beiden Bände mit „Vorträge[n] und kleinere[n] Arbeiten" von 1905–1909 (1992)[56] bzw. 1909–1914 (1993)[57]. Zuletzt erschien der Band mit Predigten von 1915.[58] Bereits seit Anfang der siebziger Jahre sind die beiden Bände mit Predigten von 1913[59] und 1914[60], sowie der Briefwechsel mit E. Thurneysen[61] veröffentlicht. Ausstehend sind jetzt neben den vor 1913 gehaltenen 148 Predigten Barths vor allem noch die zwischen April 1914 und 1921 entstandenen „Vorträge und kleineren Arbeiten",[62] und hier wiederum vor allem die sogenannten „Sozialistischen Reden".

Für den Zeitraum bis zum Frühjahr 1914 ist jetzt die Zeichnung eines sehr viel genaueren Bildes von Barths theologischer Entwicklung möglich als bisher, auch wenn das hinzugekommene Material die Schlüsselbedeutung der früher veröffentlichten Texte[63] insgesamt eher unterstreichen als in Frage stellen dürfte. Speziell für die hier ins Auge gefaßte und als grundlegend erachtete Frage nach der Entwicklung von Barths Theologieverständnis bildet, wie sich zeigen wird, die in den letzten Jahren erfolgte Verbesserung der Quellenlage einen großen Gewinn. Denn nun ist erkennbar, daß und inwiefern die Motive, die im Verlauf des Ersten Weltkriegs bei Barth zu einer Neuorientierung seiner Theologie

---

[56] Vgl. KARL BARTH: Vorträge und kleinere Arbeiten 1905–1909. In Verbindung mit Herbert Helms hrsg. von Hans-Anton Drewes und Hinrich Stoevesandt (Karl Barth Gesamtausgabe, im Auftrag der Karl Barth-Stiftung hrsg. v. Hinrich Stoevesandt, III. Vorträge und kleinere Arbeiten), Zürich 1992.

[57] KARL BARTH: Vorträge und kleinere Arbeiten 1909–1914, in Verbindung mit Herbert Helms und Friedrich-Wilhelm Marquardt hrsg. v. Hans-Anton Drewes und Hinrich Stoevesandt (Karl Barth Gesamtausgabe, im Auftrag der Karl Barth-Stiftung hrsg. v. Hinrich Stoevesandt, III. Vorträge und kleinere Arbeiten), Zürich 1993.

[58] KARL BARTH: Predigten 1915. Hrsg. v. Hermann Schmidt (Karl Barth Gesamtausgabe, im Auftrag der Karl Barth-Stiftung hrsg. v. Hinrich Stoevesandt, I. Predigten), Zürich 1996. Solange der dritte Band der Vorträge und kleineren Arbeiten noch nicht vorliegt, sind die Predigtbände von 1914 und 1915 neben den Briefwechseln die wichtigste Quelle für diese wichtige Phase der Barthschen Theologie.

[59] KARL BARTH: Predigten 1913. Hrsg. v. Nelly Barth und Gerhard Sauter (Karl Barth Gesamtausgabe. I. Predigten), Zürich 1976.

[60] KARL BARTH: Predigten 1914. Hrsg. v. Ursula und Jochen Fähler (Karl Barth Gesamtausgabe I. Predigten), Zürich 1974.

[61] EDUARD THURNEYSEN (Hrsg. u. Bearb.): Karl Barth – Eduard Thurneysen Briefwechsel. Bd. 1, 1913–1921 (Karl Barth Gesamtausgabe V. Briefe), Zürich 1973.

[62] Sie sollen im dritten Band der Abteilung III. der Werkausgabe veröffentlicht werden, vgl. den entsprechenden Hinweis im Herausgebervorwort (X) im zweiten Band (1909–1914) dieser Abteilung.

[63] Dazu zählen insbesondere die Aufsätze: KARL BARTH: Moderne Theologie und Reichsgottesarbeit. In: ZThK 19 (1909), 317–321; jetzt in: Ders.: Vorträge und kleinere Arbeiten 1905–1909, 334–347; DERS.: Der christliche Glaube und die Geschichte (1910). In: Schweizerische Theologische Zeitschrift Jg. 29 (1912), 1–18, 49–72; jetzt in: Ders.: Vorträge und kleinere Arbeiten 1909–1914, in Verbindung mit Herbert Helms und Friedrich-Wilhelm Marquardt hrsg. v. Hans-Anton Drewes und Hinrich Stoevesandt (Karl Barth Gesamtausgabe, III. Vorträge und kleinere Arbeiten), Zürich 1993, 149–212; DERS.: [Rez.:] „Die Hilfe" 1913. In: ChW 28 (1914), Sp. 774–778; DERS.: Der Glaube an den persönlichen Gott. In: ZThK 24 [1914], 21–32, 65–95; jetzt in: Ders.: Vorträge und kleinere Arbeiten 1909–1914, 494–554.

führen, sich bis in die Anfänge seiner theologischen Entwicklung zurückverfolgen lassen.

Diese deutliche Verbesserung der Quellenlage dürfte die Einsicht in die entscheidende Bedeutung von Barths Rezeption der liberalen Theologie für den gesamten Gang seiner intellektuellen Biographie noch weiter festigen. Die Rezeption der liberalen, näherhin neukantianischen Marburger Theologie und die mit ihrer Hilfe wahrgenommenen klassisch modernen Theorien, insbesondere Kants und Schleiermachers, bildet die entscheidende Folie, auf deren Hintergrund die sonstigen Einflüsse, die in Barths Denken erkennbare Spuren hinterlassen, bis wenigstens in die Zeit des zweiten ‚Römerbriefs‘ erklärt werden müssen. Die Ergebnisse der neueren Forschung konvergieren in der Einsicht, daß in Barths Marburger philosophisch-theologischem Liberalismus nicht nur die Rezeptionsbedingungen, sondern weitgehend auch die Motive für die Verarbeitung von sonstigen intellektuellen Einflüssen wie etwa H. Kutters,[64] allgemein der religiösen Sozialisten, des Sozialismus insgesamt,[65] der beiden Blumhardts, Kierkegaards,[66] Overbecks etc. zu suchen seien. Aber auch Barths theologische Verarbeitung kultureller, sozialer, politischer, allgemein: geschichtlicher Erfahrungen und seine Deutung von Geschichte selbst, insbesondere die Bedeutung, die der Ausbruch des Ersten Weltkriegs für die Entwicklung von Barths Denken hat, sind nur auf diesem Hintergrund zu verstehen.

Das bedeutet, daß die – wie immer im einzelnen theologisch zu bestimmende und zeitlich zu fixierende – Abwendung Barths von einer expliziten liberaltheologischen Grundlegung seiner Theologie im Rahmen einer kritischen Wendung seiner Rezeption dieser Tradition erklärt werden muß. Als überholt können grundsätzlich solche, gegenwärtig, so weit ich sehe, allerdings auch gar nicht mehr vertretene Barthdeutungen angesehen werden, die Barths Theologie als unmittelbare Repristinierung eines ursprünglichen ‚biblischen‘ Denkens, ‚Paulinismus‘ etc. betrachten.[67] Auch Erklärungsmodelle, die von einer einfachen Ablösung jenes liberaltheologischen Denkmusters durch einen ‚ganz anderen‘

---

[64] Vgl. Hans-Anton Drewes: Das Unmittelbare bei Hermann Kutter. Eine Untersuchung im Hinblick auf die Theologie des jungen Karl Barth (Diss. masch.), Tübingen 1987.

[65] Vgl. Friedrich-Wilhelm Marquardt: Theologie und Sozialismus. Allerdings hat gerade Marquardt zu den Ersten gehört, die auf die zentrale Bedeutung der neukantianischen Einflüsse für Barths Entwicklung hingewiesen haben, vgl. aaO., 207ff.

[66] So vor allem Eberhard Jüngel: Von der Dialektik zur Analogie. Die Schule Kierkegaards und der Einspruch Petersons, in: Ders.: Barth-Studien (Ökumenische Theologie. Hrsg. von dems. u. a., Bd. 9), Zürich, Köln 1982, 127–179, hier: 151; dagegen Michael Beintker: Die Dialektik in der ‚dialektischen Theologie‘ Karl Barths, 233; Cornelis Van der Kooi: Anfängliche Theologie, 125, 127, 242, Bruce L. McCormack: Karl Barth’s Critically Realistic Dialectical Theology, 217, 235ff.

[67] So spricht z.B. E. Hübner davon, daß mit der dialektischen Theologie Karl Barths die „biblische Botschaft selber wieder beherrschend in den Mittelpunkt getreten“ sei (Eberhard Hübner: Evangelische Theologie in unserer Zeit. Thematik und Entfaltung in Darstellung und Dokumentation, ein Leitfaden, Bremen 1966, 51). Damit ist natürlich über die so beschriebene Intention Barths wie auch über ihr etwaiges Erreichen nichts gesagt; kritisiert wird nur die systematische Insuffizienz einer solchen Interpretation.

Denktyp ausgehen, bei dessen Ausbildung sich Barth an einen oder mehrere der oben genannten Autoren angelehnt hätte, also an Kutter, die beiden Blumhardts, Kierkegaard, den religiösen Sozialismus oder F. Overbeck, entsprechen nicht mehr dem Stand der gegenwärtigen Forschung. Auf der anderen Seite leugnet auch niemand die Erklärungsbedürftigkeit dieser Entwicklung, d. h. die einschneidende phänotypische Veränderung, die Barths Theologie im Lauf des Ersten Weltkriegs durchmacht. Alle gegenwärtig einschlägigen Interpretationen, die von der normativen Bedeutung des Marburger Neukantianismus für Barths theologische Entwicklung ausgehen, suchen diese Veränderung als Folge einer einschneidenden Verschiebung der erkenntnistheoretischen Voraussetzungen von Barths Theologie zu erklären. Schematisch gesprochen geht Barths Entwicklung aus der Sicht aller relevanten Interpretationen weg von einer explizit bewußtseinstheoretischen Grundlegung der Theologie, mithin einem erkenntnistheoretischen Kritizismus, hin zu einem erkenntnistheoretischen Realismus, der allerdings, und das ist das eigentliche Explikandum, nicht einfach nur als Negation, sondern als kritische Aufhebung der früheren bewußtseinstheoretischen Fundierung der Theologie verstanden werden will.

Innerhalb der genetisch-erkenntnistheoretischen Barthinterpretation stehen sich derzeit zwei Modellvarianten gegenüber. Das eine Modell basiert auf der These von einer dominanten Diskontinuität in Barths früher Entwicklung, die in der Forschungsgeschichte bekanntlich den traditionellen common sense darstellt.[68] Als genetisch-erkenntnistheoretisches wurde dieses Modell erstmals von I. Spieckermann entwickelt; ihr schlossen sich nahezu vollständig B. McCormack[69] und mit Abstrichen auch C. Van der Kooi[70] und H. Anzinger[71] an.[72]

Die Gegenposition dazu, welche durch den phänotypischen Wandel hindurch das Moment der Kontinuität gegenüber dem Moment der Diskontinuität stärker bewahrt sieht, ist bislang noch eher eine Außenseiterthese, obwohl sie auf den ersten Blick die plausiblere Konsequenz aus der Einsicht in die Prävalenz des erkenntnistheoretischen Neukantianismus in der Entwicklungsgeschichte des frühen Barth zu ziehen scheint. Der einzig konsequente Vertreter dieser These ist bisher Johann Friedrich Lohmann[73]. Auch Lohmann leugnet nicht die phänotypische Wandlung der Barthschen Theologie im Verlauf des

---

[68] Allerdings war dieser common sense, wie bereits erwähnt, schon nahezu immer relativiert durch Beobachtungen, die auch für seine ‚postliberale' Phase eine unausgesprochene Nähe zum modernen Idealismus nachzuweisen suchten. Vgl. klassisch dazu Hans Urs von Balthasar: Karl Barth, 251, vgl. 228f.

[69] Bruce L. McCormack: Karl Barth's Critically Realistic Dialectical Theology, 43ff.

[70] Vgl. Cornelis Van der Kooi: Anfängliche Theologie, 38.

[71] Vgl. Herbert Anzinger: Glaube und kommunikative Praxis, 38ff.

[72] Insbesondere I. Spieckermann und B. McCormack verfolgen mit ihrer Interpretation ausgesprochen affirmative Interessen einer Stärkung des ‚Barthianismus', was jedoch der inneren Konzisität der Argumentation keinen Abbruch tut.

[73] Vgl. Johann Friedrich Lohmann: Karl Barth und der Neukantianismus. Berlin – New York 1995.

Ersten Weltkriegs; er erklärt sie aber mit einer inneren systematischen Entwicklungsfähigkeit der neukantianischen Denkkonzeption, an die Barth sich anschließe.[74] In der Sache, gerade nicht in dieser Wertung, nimmt Lohmann hier eine These von Jan Rohls[75] auf, der davon ausgeht, daß „speziell der Gedanke des Transzendenten des Ursprungs … nur verständlich [ist] auf dem Hintergrund der Zersetzung des transzendentalphilosophischen Ansatzes, den der Neukantianismus mit der Phänomenologie Husserls teilte"[76]. Gegen das in Rohls' wertendem Urteil von einer „Zersetzung" angelegte heterogenetische Deutungsschema[77] bietet Lohmann die geballte Kraft einer philosophiegeschichtlich gut informierten, konzisen vierhundertseitigen Monographie auf. Allerdings verwendet Lohmann im Unterschied zu Spieckermann kein historisch-genetisches, sondern ein rezeptionsgeschichtliches Verfahren, das die neukantianischen Elemente in Barths Theologie des zweiten ‚Römerbriefs' zu identifizieren sucht.[78] Unbeschadet dieses verfahrenstechnischen Unterschieds markieren Ingrid Spieckermann und Johann Friedrich Lohmann zwei miteinander gut vergleichbare Alternativpositionen auf dem m. E. derzeit höchsten Niveau der historisch-genetischen Barthforschung.

Spieckermanns These von Barths „Bruch mit der liberalen Theologie"[79] basiert auf einem Deutungsmodell, das man ein Modell dialektischer Emergenz nennen könnte. Sie geht davon aus, daß Barth das ‚liberale Paradigma' „in bisher nicht dagewesener Radikalität und Schärfe"[80] verfolgt und so die „Aporie der liberalen Theologie"[81] herausgearbeitet habe; dann habe er im Medium eines unableitbaren, emergenten grundbegrifflichen Umschlags eine Reformulierung der theologischen Grundlagen auf einer „neue[n], eine[r] andere[n] Ebene theologischen Nachdenkens"[82] vorgenommen. Die diesem Modell sublim innewohnende Konkurrenz von (dialektischer) Kontinuität und emergentem Umschlag wird von Spieckermann so zu bewältigen versucht, daß sie mit der Unterscheidung von (formaler) Problemstellung und (materialen) Lösungen

---

[74] AaO., 195, 204.

[75] JAN ROHLS: Credo ut intelligam. Karl Barths theologisches Programm und sein Kontext, in: Vernunft des Glaubens. Wissenschaftliche Theologie und kirchliche Lehre, Festschrift zum 60. Geburtstag von Wolfhart Pannenberg, mit einem bibliographischen Anhang, hrsg. v. Jan Rohls und Gunther Wenz, Göttingen 1988, 406–435, hier: 414, 417f.

[76] AaO., 417.

[77] Rohls geht davon aus, daß bei Cohen, Natorp und H. Barth nach dem Ersten Weltkrieg der Spätneukantianismus aus einer „Transzendentalphilosophie …" in eine „Philosophie des Transzendenten" (aaO., 417) mutiere, die eine „Achsendrehung des Geistes vom Subjekt zum Objekt …" vollziehe „… die eine Wende zum Realen, zum Sein, zur Person, zur Existenz oder eben zum transzendenten Gott sein kann" (aaO., 418), und als „Absage an die idealistische Vernunft" (ebd.) interpretiert werden müsse.

[78] Diese Identifizierung erfolgt auf der Basis einer vorangestellten Analyse der virulenten neukantianischen Entwürfe von H. Cohen, P. Natorp und Heinrich Barth.

[79] INGRID SPIECKERMANN: Gotteserkenntnis, 56.

[80] AaO., 64.

[81] AaO., 63.

[82] AaO., 64.

arbeitet. In der liberalen Phase habe Barth das Problem adäquater „Gotteserkenntnis", immer klarer und prinzipieller herausgearbeitet, und in dieser Herausarbeitung bestehe genau die geltend gemachte Radikalisierung des Paradigmas; in ihrer systematischen Problemstruktur erkannt führe diese Thematik
dann aber gewissermaßen eo ipso über die im Rahmen des liberalen Paradigmas
möglichen Lösungen prinzipiell hinaus.

Demgegenüber basiert J.F. Lohmanns Interpretation auf der Herausarbei-
tung einer Entwicklungstendenz des späten Neukantianismus selbst, namentlich bei Heinrich Barth Anfang der zwanziger Jahre, hin zu einer „nicht im
Subjektiv-Endlichen verbleibenden Transzendenz"[83], für die der zentrale Begriff des Ursprungs stehe.[84] „Mit der Forderung nach einer Verortung des
‚Ursprungs' in einer ‚echten' und nicht im Subjektiv-Endlichen verbleibenden
Transzendenz nimmt Heinrich Barth ein originäres Anliegen Cohens und
Natorps auf."[85] Die bei Heinrich Barth in Anschlag gebrachte konstitutions-
logische Vorgängigkeit des reinen Ursprungs, des Absoluten, vor der denken-
den Vernunft – aber doch zugleich auch für sie und in ihr – verlange sodann „als
Konsequenz danach, daß ‚Reinheit' nur noch vom Absoluten ausgesagt wird,
nicht aber vom Denken, Wollen und Erkennen des endlichen Subjekts – eine
Konsequenz, die … Karl Barth gezogen hat."[86]

Bemerkenswert ist nun, daß sowohl Spieckermann als auch Lohmann ihre
(dem Anspruch nach) immanent erkenntnistheoretische Rekonstruktion der
Barthschen Theologie noch einmal einer Deutung, gewissermaßen einer Zweit-
deutung unterziehen, die bei Spieckermann als Interesse am Nachweis einer
spezifischen „Theologizität"[87] der Theologie K. Barths, ähnlich bei Lohmann
als Rede von einem „Prae des theologischen Motivs bei Barth"[88] firmiert.
Dieser Bezug ist entsprechend den unterschiedlichen Deutungsmodellen unterschiedlich konnotiert. So erklärt Spieckermann, bei der von Barth verfolgten „Frage der Gotteserkenntnis …" handle es sich nicht um einen „… philosophiegeschichtlichen Rückschritt, sondern um einen kritisch-theologischen
Schritt über die Philosophiegeschichte hinaus."[89] Ähnlich und zugleich im
Unterschied dazu meint Lohmann, Barths philosophisch-theologischem Denken ein es in allen seinen Entwicklungsschritten bestimmendes Interesse daran
nachweisen zu können, „die Souveränität Gottes zur Geltung zu bringen"[90].

---

[83] Johann Friedrich Lohmann: Karl Barth und der Neukantianismus, 195.

[84] Vgl. Lohmanns These: „Mit der Forderung nach einer Verortung des ‚Ursprungs' in einer
‚echten' und nicht im Subjektiv-Endlichen verbleibenden Transzendenz nimmt Heinrich Barth
ein originäres Anliegen Cohens und Natorps auf." Ebd.

[85] Ebd.

[86] AaO., 197. Lohmann erklärt dazu, Barth führe nicht „nur deren … Anti-Subjektivismus
fort, sondern er trifft auch die Pointe des ‚Ursprung'-Gedankens Cohens. Cohen selbst schreibt:
‚Die continuirliche Einheit muss als *Ursprung* gedacht werden. *Das Unendliche muss dem Endlichen
entrückt werden, um aus sich das Endliche erzeugen zu können.*'" AaO., 195.

[87] Ingrid Spieckermann: Gotteserkenntnis, 63, 120.

[88] Johann Friedrich Lohmann: Karl Barth und der Neukantianismus, 387, Anm. 51.

[89] Ingrid Spieckermann: Gotteserkenntnis, 17, Anm. 30.

[90] Johann Friedrich Lohmann: Karl Barth und der Neukantianismus, 399.

Mit dem Hinweis auf die tatsächliche oder intendierte ‚Theologizität' der Barthschen Theologie wird von beiden Interpreten eine normative Deutungsperspektive ins Spiel gebracht. An diese ist nun aber die Frage zu richten, wie sie sich zu der – mit den Seitenblicken auf die zeitgenössischen neukantianischen Systeme vollzogenen – Rekonstruktion der erkenntnistheoretischen Struktur der Barthschen Theologie verhält. Worin eigentlich besteht die ‚Theologizität' der Barthschen Theologie, respektive wie weist sich das Interesse an der Souveränität Gottes jenseits ihrer neukantianischen Denkkonstruktion aus? In der immanent erkenntnistheoretischen Rekonstruktion, wie Spieckermann und Lohmann sie paradigmatisch unternehmen, kann diese Frage, so scheint es, nicht mehr beantwortet werden.[91] Wenn Spieckermann die ‚theozentrische' Wende der Barthschen Theologie als „Emanzipation der in ihr intendierten Theologizität von der sie umgreifenden Religiosität"[92] beschreibt, dann verweist der Designator ‚Theologizität' hier auf ein höherstufiges Deutungsschema, das aber als solches methodologisch nicht reflektiert wird; es tritt faktisch selbst wiederum als religiöse Deutung in Erscheinung.

Von diesem Einwand scheint die insbesondere an I. Spieckermann anschließende Barthinterpretation von D. Korsch nicht betroffen zu sein. Zwar beschreibt auch Korsch Barths Theologie ähnlich wie Spieckermann und Lohmann (in der Phase des zweiten ‚Römerbriefs') als „christliche Entsprechung zu Cohens Philosophie"[93]. Wie bei jenen Autoren wird auch bei Korsch ein philosophischer Interpretationsrahmen eingeführt, im Verhältnis zu welchem Barths Stellung mit einem theologischen Designator „christlich" bezeichnet wird. Aber anders als jene Autoren macht Korsch diesen theologischen Operator noch einmal einer religionsphilosophischen Interpretation zugänglich, wenn er „die Grundfunktion der Religion …" darin sieht, daß in ihr der „… Ursprung als Verwirk-

---

[91] Sieht man auf ihren normativen systematisch-theologischen Rahmen, dann stellt sich Lohmanns konzise erkenntnistheoretische Untersuchung der Barthschen Theologie selbst in ein eigenartiges Zwielicht. Als Leitfrage seiner Untersuchung formuliert Lohmann nämlich die Frage, ob der „Anspruch der Barthschen Auslegung [sc. des Römerbriefs] auf Biblizität durch einen eventuellen Rekurs auf den Neukantianismus durchkreuzt" (aaO., 4) werde. Wahrgenommen wird dieses normative Interesse in der Weise, daß die mit großem philosophischem Scharfsinn rekonstruierten Denkfiguren Barths immer wieder unvermittelt mit einer kaum näher spezifizierten ursprünglichen „Stimme des Paulus" (aaO., 221) konfrontiert werden, deren jeweilige Inhalte als objektive Daten gehandhabt werden, über deren Aneignungsbedingungen aber nichts mitgeteilt wird. So ist das Ergebnis der Studie Lohmanns ausgesprochen ambivalent: Einerseits kommt heraus, daß Barths Abhängigkeit vom Neukantianismus seine vermeintlich theologischen Entscheidungen bis in ihre Wurzeln und durch alle Phasen seines Denkens präge, auch noch in der *Kirchlichen Dogmatik*. Diese Tatsache zeige die Abhängigkeit Barths vom „Zeitgeist", die eo ipso im Widerspruch zu der intendierten biblischen Ursprungstreue – „Paulus" – stehe (vgl. bes. die Problembeschreibung aaO., 221 und das Resümee der Lösung, aaO., 328, außerdem aaO., 223f., 225, 228, 241f., 279, 289, 299, 310). Gleichwohl soll aber andererseits, wie gesagt, Barths Hinwendung zum ‚neukantianischen Zeitgeist' seinerseits durch das offenbar als ‚genuin theologisch' erachtete Motiv des Interesses an der Souveränität Gottes vermittelt sein.

[92] INGRID SPIECKERMANN: Gotteserkenntnis, 63.

[93] DIETRICH KORSCH: Hermann Cohen und die protestantische Theologie seiner Zeit. In: Ders.: Dialektische Theologie nach Karl Barth. Tübingen 1996, 41–71, hier: 71.

lichung"[94] zu denken sei, woraus wiederum der „Quasi-Objektivismus der religiösen Sprache"[95] des zweiten ‚Römerbriefs' zu erklären sei. Damit ist, wie mir scheint, in der Tat die abstrakt und immanent erkenntnistheoretische Interpretation der Barthschen Theologie in Richtung auf eine höherstufige funktionale Deutung aufgeschlossen. Das diesen Sachverhalt kennzeichnende Signal ist die reflektierte Einführung des Religionsbegriffs in die Barthinterpretation, die Korsch mit Dierken teilt.

Wo dies nicht geschieht, scheint – um die oben aufgestellte Hypothese aufzunehmen – die phänotypische Abwendung der Barthschen Theologie von ihrer bewußtseinstheoretischen Frühform notwendig als eine – dem Interpreten allerdings als solche verborgene – Wendung der Barthschen Theologie zu einer spekulativen Theologie gedeutet zu werden. Zwar hat die Barthsche Theologie, wie gezeigt werden soll, nach ihrer ‚Wende' unverkennbar einen religiös-spekulativen Zug, aber die Eigenheit dieses Zuges zu *beschreiben* ist die eigentliche Aufgabe der Interpretation. Wo diese Beschreibungsaufgabe als solche unreflektiert bleibt, kann die Differenz der Barthschen Theologie zu einer spekulativen Theologie im Sinne etwa des theologischen Rechtshegelianismus des 19. Jahrhunderts nur durch ein Signal angedeutet werden – „Theologizität" – dessen Funktion methodologisch aber nicht mehr einholbar ist.

Darum gilt es, ein strikt funktionales, methodologisch am Theologiebegriff, näherhin am theologischen Argumentations*vollzug* Barths orientiertes Interpretationsschema einzuführen, das die immanent und abstrakt erkenntnistheoretische Interpretation integriert und gegen eine kryptospekulative Fehldurchführung schützt. Sein Explikandum ist – auf der Basis der Einsicht in ihre erkenntnistheoretische Struktur – kurz und bündig die „Theologizität" der Barthschen Theologie. Diese Interpretationsperspektive dürfte am besten geeignet sein, um die beiden phänotypischen Veränderungen, um deren Deutung es einer historischen Barthforschung von jeher gegangen ist, zu erklären.

Auch und vor allem in die Interpretation der zweiten Wende der Barthschen Theologie, also der Wende zur ‚positiven' Dogmatik ist, wie gesagt, durch eine Neuedition, nämlich durch die Edition der ersten beiden Teile von Barths Göttinger Dogmatikvorlesung von 1924/25 neuer Schwung gekommen. Nicht zuletzt unter dem Eindruck dieses Textes haben etwa I. Spieckermann und J. F. Lohmann die nachgerade klassische These von H. U. von Balthasar stark relativiert, nach welcher ein entscheidender Schnitt zwischen dem zweiten ‚Römerbrief' und der *Christlichen Dogmatik* bzw. dem Anselmbuch als den Prolegomena der Prolegomena der *Kirchlichen Dogmatik*, anzusetzen sei,[96] – ein Schnitt, der in der Ersetzung der dialektischen Methode durch eine analogische und eine entsprechende erkenntnistheoretische Umorientierung der Theologie bestehe. Spieckermann gibt diese Epochentrennung zwar nicht ganz auf, sondern

---

[94] AaO., 72.
[95] Ebd.
[96] Vgl. Hans Urs von Balthasar: Karl Barth, 101, 116f.

reproduziert sie durch eine Schachtelung ihrer Interpretationsmatrix.[97] Lohmann klammert die ‚dialektische' Phase des Barthschen Denkens ein und zieht die Hauptlinie seiner Interpretation vergleichsweise unmittelbar von der liberalen zur kirchlich-dogmatischen Phase des Barthschen Denkens.[98] Spieckermann und Lohmann stehen mit dieser Relativierung des von Balthasarschen Schemas nicht allein. Ansatzweise findet sie sich schon bei M. Beintker.[99]

Nach dem übereinstimmenden Urteil der neueren Forschung sind die Ähnlichkeiten zwischen der Göttinger Vorlesung von 1924/25 und der *Christlichen Dogmatik im Entwurf* sehr groß. Dadurch würde, hielte man denn ungebrochen an ihm fest, der von Balthasarsche Schnitt in eine große zeitliche Nähe zum zweiten ‚Römerbrief' rücken. Die Sachverhalte, um deren Deutung es geht, fallen jetzt im Grunde zeitlich zusammen mit Barths Eintritt in das akademische Lehramt und mit seiner wissenschaftlich-dogmatischen Ausarbeitung der Theologie als solcher. Genau dies haben diese neueren Untersuchungen, insbesondere diejenige von Bruce McCormack bestätigt. Es ist eines der Verdienste dieser Arbeit, die neue Problemstellung der historischen Barthforschung – nämlich die brüchig gewordene von Balthasarthese – zum Ausgangspunkt ihrer Untersuchung gemacht zu haben[100] und einem originellen Lösungsangebot zugeführt zu haben.[101]

Die von ihm selbst als Paradigmenwechsel in der Barthforschung[102] proklamierte Neuperiodisierung der Barthschen Theologieentwicklung bei McCormack besteht darin, daß er an die Stelle des methodologisch-erkenntnistheoretischen Schemas bei von Balthasar ein – nimmt man es im Wortlaut – dogmatisches Deutungsmuster setzt. McCormack sieht Barth 1924/25 von einer „Process Eschatology" (1915–1920)[103], bzw. einer „Consistent Eschatology" (1920–1924)[104] zu einer „Anhypostatic-Enhypostatic Christology"[105] übergehen, als

---

[97] Vgl.: „Es lassen sich … generell [sc. in Barths Denken] zwei große Etappen unterscheiden: diejenige einer (noch eher durch eine Absetzbewegung vom alten liberalen Denkschema gekennzeichneten) vorrangigen Wahrnehmung der in der theologischen Materialität (dieser Frage) enthaltenen Formalität (Gottes reines Gottsein, sein Subjektsein) (bis 1930) sowie diejenige einer (in ihrer Eigenbedeutung noch evidenteren) prävalenten Wahrnehmung der diese theologische Formalität allererst bestimmenden Materialität (seit ‚Fides quaerens intellectum', 1931). Ihre Unterscheidung darf jedoch nicht als Gegensatz oder gar Widerspruch aufgefaßt werden". Ingrid Spieckermann: Gotteserkenntnis, 19.

[98] Johann Friedrich Lohmann: Karl Barth und der Neukantianismus, 332.

[99] Michael Beintker: Die Dialektik in der ‚dialektischen Theologie' Karl Barths, 255ff.

[100] Vgl. Bruce L. McCormack: Karl Barth's Critically Realistic Dialectical Theology, IXf.,1f., 15ff., 20f.

[101] Vgl. aaO., 19, 327ff.; Ingrid Spieckermann: Gotteserkenntnis, 19, 140ff. Spieckermann hält allerdings gleichwohl an der Bedeutung des Anselmbuches fest, vgl. aaO., 19; Michael Beintker: Die Dialektik in der ‚dialektischen Theologie' Karl Barths, 148, 161; Barbara Nichtweiss: Erik Peterson, 567.

[102] Vgl. Bruce L. McCormack: Karl Barth's Critically Realistic Dialectical Theology, 20.

[103] AaO., 129.

[104] AaO., 205.

[105] AaO., 325, vgl.: „The decisive ‚turn' from the theology of *Romans* II occurred in 1924 and when it did the major influence was not Anselm of Canterbury but Heinrich Heppe's *Reformed*

einer Phase des Barthschen Denkens, die dann mit gewissen inneren Variationen bis 1936 reiche. So sehr McCormack seinerseits die erkenntnistheoretische Deutungsperspektive I. Spieckermanns aufnimmt und weiterführt und gerade dem Einfluß des Neukantianismus auf Barth großes Gewicht beimißt,[106] so sehr neigt er, wie sein Periodisierungschema anzeigt, andererseits wiederum dazu, die fundamentalen theologischen Entscheidungen Barths der erkenntnistheoretischen und methodologischen Analytik zu entziehen. So erklärt er etwa von Barths „‚analogy of faith‘ …“, daß sie zwar „..methodological *implications* …“ beinhalte; [b]ut it was not itself a method.“[107] Im Versuch, dogmatischen Kategorien einen gewissermaßen meta-gnoseologischen Stellenwert zuzuschreiben, zeigt sich bei McCormack das innerhalb des abstrakt-erkenntnistheoretischen Interpretationsverfahrens ungelöste Deutungsproblem der ‚Theologizität‘ der Barthschen Theologie.

Nun billigt auch die vorliegende Untersuchung materialdogmatischen Topoi eine illustrative Bedeutung für die jeweilige Orientierung der Barthschen Theologie in ihren unterschiedlichen Phasen zu. Man kann, wie ich meine, die Entwicklung der Barthschen Theologie von ihren Anfängen bis zur *Kirchlichen Dogmatik* durchaus unter die Ägide materialdogmatischer Loci stellen. Diese Entwicklung wird in der vorliegenden Untersuchung als Entwicklung von der Providenz- über die Erwählungs- zur Trinitätslehre beschrieben werden. Aber mit diesen Beschreibungen sind nur Signale bezeichnet; die Gründe für die jeweilige Dominanz eines bestimmten materialdogmatischen Topos, die bestimmte Art ihrer Funktionalisierung, sind damit noch nicht erklärt.

Eine abstrakte, immanent erkenntnistheoretische Interpretation der Entwicklung der Barthschen Theologie kann also, wie ich meine, die Motive nicht klären, die jeweils für die phänotypischen Verwandlungen dieser Theologie verantwortlich sind. Was Barth etwa nach der Fertigstellung des zweiten ‚Römerbriefs‘ theologisch weitertreibt, läßt sich nicht zureichend als noch eindringlichere Reflexion auf die Logizität göttlicher Offenbarung erklären. Genau wie 1914/15 ist auch die phänotypische Wendung, die sich nach Fertigstellung des zweiten ‚Römerbriefs‘ ab 1922 und im ersten Resultat 1924/25 greifbar als Hinwendung zur dogmatischen Theologie vollzieht, in ihrer erkenntnistheoretischen Struktur nur zu erfassen, wenn sie als eine methodische Wendung der Theologie, als eine Veränderung ihres Aussagenstatus beschrieben wird. Ein immanent erkenntnistheoretisches Verfahren vermag diese Veränderung nicht adäquat abzubilden.

Da mit der Göttinger Dogmatik das Ende des in der vorliegenden Untersuchung betrachteten Zeitraums erreicht ist, kann diese sich an der historischen Überprüfung der These von Balthasars nur insofern beteiligen, als sie mit Mc-

---

Dogmatics […] Whatever changes occurred in Barth's method were simply a reflex of decisions made in the areas of eschatology, christology, and the doctrine of election. From a genetic point of view, those material questions have to be regarded as having decisive importance.“ AaO., 23.

[106] S. dazu u. S. 172–174.

[107] AaO., 18.

Cormack und Spieckermann untersuchen kann, ob und inwiefern die metho-
disch-erkenntnistheoretische Weichenstellung, die von Balthasar für die späteren Werke annimmt, tatsächlich auch schon in der Göttinger Dogmatik erfolgt
ist. Sollte sie zu einer Bestätigung der Auffassung jener beiden Forscher kommen, dann dürfte sich die Möglichkeit abzeichnen, diesen Sachverhalt noch
einmal anders als unter den immanent erkenntnistheoretischen Bedingungen
jener Arbeiten zu interpretieren. Es steht zu vermuten, daß mit einer an der
Entwicklung des Theologiebegriffs orientierten Interpretationsperspektive genau diejenige Optik gegeben ist, welche die zeitliche Koinzidenz von ‚an-
alogischer‘ Methode und der Umformulierung der Barthschen Theologie als
innerakademischer, dogmatischer Theologie *als* die eigentliche Interpretationsaufgabe dieses Zeitabschnitts wahrzunehmen vermag. Im Rahmen dieser Fragestellung dürfte sich auch der jüngst von Barbara Nichtweiß durchrecherchierte
und plausibel gemachte Einfluß Erik Petersons auf die Umbildung von Barths
Theologie zur trinitarisch strukturierten Dogmatik klären lassen.[108]
    Für die methodische Erweiterung der immanent erkenntnistheoretischen
Barthdeutung durch eine am Theologie- statt am Erkenntnisbegriff orientierte
Perspektive dürfte nicht zuletzt der Sachverhalt sprechen, daß jenes immanent
erkenntnistheoretische Modell systematisch Mühe hat, die Implizität der Erkenntnistheorie nach der (während des Ersten Weltkriegs erfolgenden) Wende
des Barthschen Denkens zu erklären.

    Die Tatsache, daß Barth zumindest in der für die Entstehung seiner Theologie ent-
scheidenden Phase zwischen 1914 und 1924 nicht eine einzige Schrift verfaßt, geschweige
denn publiziert hat, die sich der erkenntnistheoretischen Methodik als solcher widmet,
müßte den Vertretern der entsprechenden Deutungsperspektive eigentlich zu denken
geben. Die in einem Brief an Thurneysen vom 17.12.1917 beschriebene Aufgabe der
„uns schon lange obliegende[n] Auseinandersetzung mit Cohen und Natorp …“ – „…
wir müßten auf die tiefsten Voraussetzungen, von denen die Leute herkommen, eingehen
und zeigen, warum wir gerade von dort her, vom νόμος im reinsten Sinne, das Ärgernis
und die Torheit … behaupten müssen“[109] – hat Barth während der hier in Rede stehenden
Phase seines Denkens nicht geleistet. Sobald er sich von einer explizit bewußtseinstheoretischen Grundlegung der Theologie entfernt hatte, hat er jene „tiefsten Voraussetzungen“ der neukantianischen Schulhäupter nicht mehr explizit rekonstruiert; er hat seine
eigene theologische Grundlagenarbeit gerade nicht auf dem Boden explizit erkenntnis-
theoretisch-philosophischer Arbeit und insofern „von dort her“ betrieben.[110] Die entsprechenden philosophischen Gestalten „sieht man …“, wie Barth in der ihm eigenen
markant-metaphorischen Diktion gegenüber Thurneysen bemerkt, in seiner phänotypisch postliberalen Phase ganz überwiegend nur noch „im Hintergrund über die Bühne
schreiten“[111]. Als Schrift, die unmittelbar und als ganze einer erkenntnistheoretischen
Thematik gewidmet ist, kann man erst das Anselmbuch von 1931 werten.

---

[108] Vgl. Barbara Nichtweiss: Erik Peterson. Neue Sicht auf Leben und Werk, Freiburg –
Basel – Wien 1992, 499ff.

[109] Ba-Th I, 252.

[110] Vgl. auch die Metapher von der „philosophischen Polizei“. Brief an Thurneysen vom
28.12.1920, in: Ba-Th I, 455.

[111] Brief an Thurneysen vom 23.5.1921 (Ba-Th I, 492).

Wie im Falle der systematischen Barthforschung, so stellen auch im Falle der historischen Barthforschung die erkenntnistheoretisch orientierten Arbeiten den am weitesten entwickelten Stand der Wissenschaft dar. In beiden Bereichen zeigen sich jedoch auch die Grenzen einer einseitig an der formalen Denkstruktur der Barthschen Theologie – nämlich an ihren gnoseologischen Prinzipien – orientierten Interpretation. Beide Forschungsstände machen deutlich, daß eine Interpretation der Barthschen Theologie deren Phänotypik (und ihrer Entwicklung) ein eigenes Interesse zuwenden muß.

Der Gewinn einer solchen Neuorientierung der Barthinterpretation gegenüber einem abstrakt-erkenntnistheoretischen Verfahren dürfte auch darin liegen, daß sich so jene tendenziell funktionalen Deutungsperspektiven der Barthschen Theologie wieder in ihr relatives Recht einsetzen lassen, die in jener (gnoseologischen) Perspektive abgeblendet worden sind. Dazu zählt erstens der politisch-ethische, zweitens der religiöse Typ der Barthinterpretation.[112]

Der politisch-ethische Typ der Barthinterpretation ist klassisch, wie erwähnt, von F. W. Marquardt vertreten worden. Der oft notierte Nachteil dieser innovativen Arbeit, den sie mit den ihr folgenden Arbeiten von Dannemann und Winzeler teilt, liegt darin, daß sie mit einem der Absicht nach normativ-inhaltlich bestimmten Begriff des Politischen arbeitet, dem Begriff des Sozialismus, und so das funktionale Deutungspotential, das in dieser Perspektive liegen könnte, wieder verspielt.[113]

Dieses Defizit ist als ein prinzipielles der religiösen Barthdeutung in die Wiege gelegt. Denn sie hat sich als solche bisher weder überhaupt begriffen, geschweige denn durchgängig ausgearbeitet. Es gibt sie im Grunde überhaupt nur in der Form von abbreviaturhaften Kennzeichnungen der Barthschen Theologie, die ihrerseits auf zwei entgegengesetzten Betrachtungsweisen dieser Theologie im besonderen, der Theologie im allgemeinen beruhen. Die klassische Kennzeichnung von Barths Theologie als religiöser Produktion stammt von Adolf von Harnack. Sein 1923 erhobener Vorwurf, Barths Theologie „verwandel[e] den theologischen Lehrstuhl in einen Predigtstuhl"[114], ist methodisch nicht ausgearbeitet worden und konnte im Sinne seines Urhebers auch nicht methodisch ausgearbeitet werden, weil er ja genau dieses Verdikt – Nichtausarbeitbarkeit – zum Inhalt hat. Gewissermaßen als eine Abbreviatur der – kritisch oder zustimmend gemeinten – religiösen Deutung der Barthschen Theologie können Prädikationen Barths als „theologischer Existenz"[115], als „Propheten",

---

[112] Diese Ansätze hätten der Sache nach natürlich genau so gut im ersten, systematischen Teil des Forschungsüberblicks verhandelt werden können. Da sich aber insbesondere die politischen Barthinterpretation sehr stark an historischen Sachverhalten abgearbeitet haben, passen sie auch in diesen Abschnitt.

[113] An die immanent erkenntnistheoretische Barthdeutung grundsätzlich anschlußfähig gemacht worden ist eine solche politisch-ethische Perspektive bei H. Anzinger. Vgl. HERBERT ANZINGER: Glaube und kommunikative Praxis.

[114] ADOLF VON HARNACK: Offener Brief an Herrn Professor K. Barth. In: Jürgen Moltmann (Hrsg.): Anfänge der dialektischen Theologie, Teil I, 329–333, hier: 330.

[115] Vgl. EBERHARD JÜNGEL: Einführung in Leben und Werk Karl Barths. In: Ders.: Barth-

bzw. seiner Theologie als „prophetischer" Theologie gelten.[116] Ist das aus der Sicht liberaler Wissenschaftsmethodiker in der Regel als Vorwurf gemeint, so fungiert diese Kennzeichnung bei vielen Barthschülern in der Regel als Ehrentitel, der Barths Theologie historischer, insbesondere neuzeithistorischer Kontextualisierung entheben soll. Dieser Perspektive soll hier nicht das Wort geredet werden. Barth soll nicht im affirmativen Sinne als „prophetischer" Theologe, seine Theologie nicht als „Verkündigung"[117] beschrieben werden, auch und gerade dann nicht, wenn zumindest die ersteren Beschreibungen an (frühen) Selbstbeschreibungen Barths Anhalt haben. Daß dieser Betrachtungsweise gleichwohl eine von der aktuellen, immanent erkenntnistheoretischen Barthforschung unterschätzte, nicht reflektierte *particula veri* zukommen könnte,[118] zeigt sich daran, daß Barths Theologie sie von Anfang an, und zwar gerade auch aus

Studien (Ökumenische Theologie, hrsg. von dems. u.a., Bd. 9), Zürich – Köln 1982, 22–126, hier: 22; vgl. auch DERS.: Karl Barth. In: Ders.: Barth-Studien, 15–21, hier: 20.

[116] Vgl. Barths antikritisch gemeinte Bemerkung von der „Prophetengebärde, … der Haltung des Durchbruchs" als dem Eindruck, dessen er sich mit der Christlichen Dogmatik entledigen möchte (KARL BARTH: Die Christliche Dogmatik im Entwurf, 8); ([anti-]kritisch ebenfalls:) WOLF-DIETER MARSCH: „Gerechtigkeit im Tal des Todes". Christlicher Glaube und politische Vernunft im Denken Karl Barths, in: Theologie zwischen Gestern und Morgen, Interpretationen und Anfragen zum Werk Karl Barths, hrsg. v. Wilhelm Dantine und Kurt Lüthi, München 1968, 167–191, hier: 168; in derselben Richtung als „Mißverständnis" auch für die frühe Phase ablehnend: INGRID SPIECKERMANN: Gotteserkenntnis, 79f., 144f.; vorsichtig affirmativ: EBERHARD BUSCH: Karl Barth und die Pietisten. Die Pietismuskritik des jungen Karl Barth und ihre Erwiderung (BEvTh 82), München 1978, 121; affirmativ: RALPH P. CRIMMANN: Karl Barths frühe Publikationen und ihre Rezeption, 43f.; Prophetische Zeitgenossenschaft: Karl Barth und die Geschichte; ein Tagungsbericht, hrsg. v. Max J. Suda. Evangelische Akademie, Wien (Veröffentlichungen der Evangelischen Akademie, Wien], Wien 1988, 7); ERNST-HEINZ AMBERG: Das Prophetische bei Karl Barth. In: Wissenschaftliche Zeitschrift der Karl-Marx-Universität Leipzig (Gesellschafts- und sprachwissenschaftliche Reihe, 30. Jg.), Leipzig 1981, 526–534; historisch urteilend, bezogen auf den Einfluß E. Hirschs: WOLFGANG TRILLHAAS: Aufgehobene Vergangenheit. Aus meinem Leben, Göttingen 1976; das Prophetieattribut spielt auch in der englischsprachigen Barthforschung von jeher eine wichtige Rolle, vgl. M. CHANING-PEARCE: Karl Barth as a Post-war Prophet. In: HibJ 35 (1936/37), 365–379; WILHELM PAUCK: Karl Barth: Prophet of a New Christianity. New York 1931; W.L.WOOD: Karl Barth, Prophet and Theologian. In: AThR 14 (1932), 13–33.

[117] Vgl. RALPH P. CRIMMANN: Karl Barths frühe Publikationen und ihre Rezeption, 43f. MICHAEL BEINTKER: Die Dialektik in der ,dialektischen Theologie' Karl Barths, 144 (kritisch!); EBERHARD BUSCH: Karl Barth und die Pietisten, 121 (problematisierend, aber nicht analysierend); problematisierend auch: GÜNTER MECKENSTOCK: Karl Barths Prolegomena zur Dogmatik. Entwicklungslinien vom „Unterricht in der christlichen Religion" bis zur „Kirchlichen Dogmatik", in: NZSTh 28 (1986), 296–310, hier: 308.

[118] Diese Unterschätzung betrifft nur die methodische Aufgabenstellung, die sich damit verbindet. Daß Barths Theologie faktisch als religiöse Theologie beschrieben wird, ist im Gegenteil auch in der aktuellen Barthforschung weit verbreitet. Ein besonders instruktives Beispiel dafür ist C. Van der Koois Deutung des theologischen Neueinsatzes von Barth während des 1. Weltkriegs und insbesonderen den 1. ,Römerbrief'. Vgl. Van der Koois These, der erste ,Römerbrief' könne „als Versuch umschrieben werden, mit der Christuswirklichkeit Ernst zu machen, und ist religiös als eine Einübung in diese zu betrachten." (CORNELIS VAN DER KOOI: Anfängliche Theologie, 75). Eine latent religiöse Deutung ist auch Wolfgang Greives Interpretation des zweiten ,Römerbriefs' Barths: „In diesem Werk schreit die Seele Barths". WOLFGANG GREIVE: Die Kirche als Ort der Wahrheit. Das Verständnis der Kirche in der Theologie Karl Barths (Forschungen zur systemati-

liberaler, akademischer Sicht provoziert hat. So hat schon Adolf Jülicher erkannt, daß, was als erbauliche, „praktische … Schriftauslegung"[119] erscheinen mag, sich tatsächlich im Binnenraum wissenschaftlicher Theologie explizieren will,[120] woraus man den von Jülicher allerdings nicht gezogenen Schluß ziehen muß, daß diesem Moment eine methodische Bedeutung abzugewinnen sein könnte. Bestätigt wird diese Vermutung fürs Erste durch den bemerkenswerten Sachverhalt, daß Barth dieser Vorwurf nicht erst in seiner phänotypisch postliberalen Phase gemacht wurde, sondern schon sehr viel früher. Bereits im Jahr 1909 hat der liberale Theologe Paul Drews Barth die „Verkennung des Unterschieds von Wissenschaft und Religion"[121] vorgeworfen. Aber die religiösen Deutungen der Barthschen Theologie sind aus liberaler Sicht keineswegs immer mit pejorativen Urteilen verbunden. „Ich rechne Dich mit vollem Ernst unter die Propheten", schreibt Martin Rade ohne ironischen Unterton an K. Barth 1927.[122] Und der Hauptvertreter der Theorie der „modernen Predigt", Friedrich Niebergall, kann 1931 folgendermaßen urteilen über die dialektische Theologie K. Barths und seiner Kombattanten: „[H]ier kam etwas aus der Tiefe der Dinge hervor, hier geschah der Durchbruch einer neuen Einsicht in das Christentum; also wenn man will: hier geschah eine Art von Offenbarung, es begann eine neue Periode des evangelischen Verständnisses unserer christlichen Religion"[123]. Der vorliegenden Untersuchung geht es nicht um eine unmittelbare Verifizierung oder Falsifizierung solcher Urteile, sondern um eine Deutung, die deren heuristisches Recht durchsichtig machen kann.

1.0.4. Barths Rezeption der liberalen Theologie. Zum Forschungsstand

Die immanent erkenntnistheoretische Rekonstruktion von Barths theologischer Entwicklung hat dazu geführt, daß Barths Rezeption der liberalen Theologie im Zeitraum von etwa 1908[124] bis etwa 1914 gesteigerte Aufmerksamkeit zuteil wurde. Bevor eine eigene Rekonstruktion dieser Anfangsphase

---

schen und ökumenischen Theologie, hrsg. v. Wolfhart Pannenberg und Reinhard Slenczka, 61), Göttingen 1991, 200.

[119] ADOLF JÜLICHER: Ein moderner Paulus-Ausleger. In: Jürgen Moltmann (Hrsg.): Anfänge der dialektischen Theologie, Teil I, 87–98, hier: 88.

[120] Vgl. AaO., 90ff.

[121] Das Zitat stand in der Erstfassung einer Replik zu einer Rezension Barths; in der Druckfassung dieser Replik wurde es getilgt. Jener Entwurf selbst ist offenbar nicht mehr erhalten; das Zitat findet sich wiedergegeben in einem Brief Barths an seinen Vater vom 23.9.1909, vgl. KARL BARTH: Vorträge und kleinere Arbeiten 1905–1909, 338.

[122] Brief vom 15.12.1927, in: Christoph Schwöbel (Hrsg.): Karl Barth – Martin Rade. Ein Briefwechsel, 226.

[123] FRIEDRICH NIEBERGALL: Moderne und modernste Theologie. In: Wartburg 30 (1931), 107–110; 141–144; 175–179; 287–290, hier: 107; zit. n. WOLFGANG STECK: Das homiletische Verfahren, 72 (Anm. 14). Niebergall bezeichnet die Predigtpraxis der dialektischen Theologie allerdings als „nachmoderne" Predigt. Vgl. WOLFGANG STECK: Das homiletische Verfahren, ebd.

[124] Wenn man nicht schon die Studienarbeiten beginnend 1905/6 miteinbeziehen will.

versucht wird, sind die wichtigsten inhaltlichen Ergebnisse der bisherigen Forschung zu notieren.

„Herrmann war *der* theologische Lehrer meiner Studienzeit."[125] Dieses spätere durch die Optik des „umgekehrte[n] Fernglas[es]"[126] getroffene Urteil Barths über seine theologischen Anfänge ist durch die neuere Forschung insgesamt bestätigt worden. Allerdings darf man es gerade nicht als exklusive Feststellung lesen. Herrmanns Theologie fungiert vielmehr für den jungen Barth als Plattform, von der aus er von Anfang an selbständige philosophisch-theologische Reflexionen und Studien anstellt und die er weiterzuentwickeln sucht. Dies bringt ein Brief an die Eltern vom 22. Mai 1909 zum Ausdruck, in dem er seine erste, einen programmatisch-systematischen Zweck verfolgende Arbeit, nämlich einen Vortrag über den „Kosmologischen Beweis für das Dasein Gottes"[127], nicht wenig selbstbewußt kommentiert: „Für über der Sache Stehende muß es ein eigentümliches Spektakel sein, zu sehen, wie ich die Kodices Kant, Schleiermacher, Herrmann, Cohen, Natorp ineinander gearbeitet habe. Mir ist die Hauptsache, daß ichs einmal zu einem ausführlicheren und, wenngleich in den Resultaten mit Herrmann zusammentreffend, doch selbständig begründeten philosophischen Credo gebracht habe."[128]

Ingrid Spieckermann, an der sich die nachfolgende Forschung orientiert, geht auf der Quellenbasis von drei „relevanten liberal-theologischen Arbeiten Barths"[129] davon aus, daß der Grundgedanke, den Barth von Herrmann übernehme, „der eigentümliche, *radikal-selbständige Wirklichkeitscharakter* des die moderne Theologie kennzeichnenden *religiösen Individualismus*"[130] sei.

Sowohl der Individualitäts- als auch der Religionsbegriff werde, das meint die etwas verklausulierte Formulierung, zwar in Bezug auf eine Theorie des Bewußtseins formuliert, zugleich werde aber die „Selbständigkeit der Religion in *qualitativer Differenz* zu allen Bewußtseinsmöglichkeiten" (25) gesetzt, und damit werde bei Barth wie bei Herrmann „nicht bei der allgemeinen religionsphilosophischen Prinzipialität, sondern bei der individuell erlebten, konkret geschichtlichen und d.h. christlichen *Faktizität* der Religion" (ebd.) eingesetzt. Allerdings soll nun gerade dieses individuelle Subjekt als sittlich allgemeines, nämlich als das „*reale … rein[e] Subjekt der apriorischen Vernunftwahrheiten*"

---

[125] Vgl. die ganze Passage als Eloge auf W. Herrmann (vgl. Karl Barth: Die dogmatische Prinzipienlehre bei Wilhelm Herrmann [1925]. In: Ders.: Vorträge und kleinere Arbeiten 1922–1925, 545–603, hier: 551, vgl. 551f.). Vgl. dazu Dietrich Korsch: Fraglichkeit des Lebens und Evidenz des Glaubens. Karl Barth und Wilhelm Herrmann im Gespräch über Offenbarung und menschliche Subjektivität, in: Ders.: Dialektische Theologie nach Karl Barth, 130–145.

[126] Karl Barth: Rundbrief vom 15.2.1925, in: Ba-Th II, 303.

[127] Karl Barth: Vorträge und kleinere Arbeiten 1905–1909, 373–409.

[128] Einleitung der Hrsg. In: Karl Barth: Kosmologischer Beweis für das Dasein Gottes. In: Ders.: Vorträge und kleinere Arbeiten 1905–1909, 374. Ob der hier artikulierte Selbständigkeitsanspruch von Barths liberaltheologischer Position in der neueren Forschung schon genügend zur Geltung gebracht ist, kann man fragen.

[129] Ingrid Spieckermann: Gotteserkenntnis, 21. Die drei Arbeiten sind: Karl Barth: Moderne Theologie und Reichsgottesarbeit; Ders.: Der christliche Glaube und die Geschichte; Ders.: Der Glaube an den persönlichen Gott.

[130] AaO., 22. Seitenzahlen im Text beziehen sich im Folgenden hierauf.

(30) ausgearbeitet werden, als der „,Träger' sittlicher Autonomie" (ebd.). Damit suche
Barth ein empirisch-psychologisches Mißverständnis der religiösen individuellen Subjektivität zu vermeiden und knüpfe darum theoriegeschichtlich gewissermaßen durch Herrmann hindurchgreifend an (den so verstandenen) Schleiermacher an. Die Religion komme als die Funktion der Individualität für das Individuum zu stehen, weil und indem sie
„dem Gesamtbereich der apriorischen Bewußtseinsformen als aktualisierendes Prinzip
und insofern ihrer nur *abstrakten Möglichkeit* als *konkrete Wirklichkeit* gegenüber[tretend]"
(ebd.) gedacht werde. Das von Herrmann übernommene Interesse an der Begründung
der „Apriorität individueller Subjektivität" (32) werde von Barth dadurch einer Begründung zugeführt, daß er „den von Herrmann nur behauptete[n] Primat der radikal selbständigen, unmittelbar individuellen Wirklichkeit der Religion ... in ihrer synthetischen
Funktion gegenüber dem nur thetischen Bereich der apriorischen Möglichkeit des Menschen" (33) zu denken versuche. „Die in ihrer prinzipiell-synthetischen Funktion wahre
qualitative Differenz der konkret-individuellen Religion und die im Ganz andern dieser
religiös-individuellen Voraussetzung wirkliche synthetische Funktion der Religion – das
ist die Lösung, die das theologische Problem der Relation von Vernunft und Offenbarung
im ... noch einmal in die Anfänge der liberalen Theologie zurückfragenden Denken
Barths erfahren hat [...] In ihrem Einheitspunkt der ,*synthetischen Individualität des lebendigen religiösen Menschen*', ist beides zusammenzudenken: der allererst Subjekt-bedingende
Voraussetzungscharakter der Gottesbeziehung und ihre – allgemein unausweisbare – indi-
viduell-konkrete Kontingenz, ihre synthetische Wirklichkeit und ihre subjektive Erleb-
barkeit, ihre Apriorität und Geschichtlichkeit" (34). Auf dieser Linie würden dann
„,Glaube und Geschichtlichkeit zu Synonymen'" (37). Theoriegeschichtlich deutet
Spieckermann diesen Ansatz Barths insgesamt als den Versuch einer von Herrmann ausgehenden „Vertiefung Kants durch Schleiermacher" (51).
    In einer „nunmehr vorsichtig kritischen Wendung gegen Schleiermacher" (43) the-
matisiere Barth dann seit 1912 das Problem, wie die Inhalte des religiösen Bewußtseins,
namentlich der Gottesgedanke, diesem so als „unmittelbare ... synthetische ... göttliche ...
Wirklichkeit" (48) präsent gedacht werden könnten, daß sie dem Feuerbachschen Pro-
jektionsvorwurf entzogen seien. Dieses werde nun mithilfe des Persönlichkeitsbegriffs zu
denken versucht.[131] Was zuvor über den Erlebnisbegriff zu leisten versucht worden sei,
nämlich die Explikation einer „nicht dem (objektiven) Wesen des Menschen immanente[n], sondern theologische Externität implizierende[n] subjektiv-synthetische[n],
individuell-ursprüngliche[n], geschichtliche[n] Wirklichkeit" (50) werde nun mittels des
Persönlichkeitsbegriffs zu leisten versucht. Der Persönlichkeitsbegriff werde an sich selbst
als auf den Gottesgedanken bezogen gedacht, durch den Bezug auf welchen im Medium
einer „Realitätsbeziehung" (54) sich die Einheit des individuellen Subjekts für dieses
selbst eben als „Person" konstituiere. Damit sei es Barth gelungen, dem „spätliberalen
Denken noch einmal theologischen Glanz [zu] verleih[en]" (ebd.).
    Der „Bruch mit der liberalen Theologie" (56) sei von Barth dann dadurch eingeleitet
worden, daß die Verknüpfung von „individuellem religiösem Erlebnis" (63) und „Gottesfrage" (ebd.) sukzessive gelöst worden sei, indem Barth die „theologische Sachfrage der
realen Erkenntnis Gottes" (ebd.) gestellt habe. Und zwar liege der Grund für jenen Bruch
„im Fraglichwerden der *religiösen Voraussetzung selber*, in der in ihr erkannten theologischen

---

[131] Vgl.: „Es ist die nicht dem (objektiven) Wesen des Menschen immanente, sondern theologische Externität implizierende subjektiv-synthetische, individuell-ursprüngliche, geschichtliche Wirklichkeit des religiösen Erlebens, die ... nun ... im Persönlichkeitsbegriff selber geltend
gemacht werden muß." INGRID SPIECKERMANN: Gotteserkenntnis, 50.

Aporie, ja, wenn man so will, in der Emanzipation der in ihr intendierten Theologizität von der sie umgreifenden Religiosität." (Ebd.) Zwar räumt Spieckermann ein, daß sich diese Entwicklung in einer gewissen Nähe zu H. Cohens idealistischem Gedanken vollzieht, nach welchem „,das Denken über Gott zur Grundlage empfängt das Denken Gottes'" (65), aber dieser Gedanke werde eben noch umgriffen vom Denken der Vernunft, wohingegen bei Barth die „Frage der Erkenntnis Gottes" (71) als „Wahrnehmung der allererst Beziehung schaffenden Umkehrung des ganzen Menschen und mit ihm seiner Denkrichtung durch ihren sich darin – als ,Apriori alles ... ,Vertretens" – selbstvoraussetzenden Gegenstand selbst" (ebd.) vollziehe. Dies sei dementsprechend als „scharfe[r] Schnitt zwischen dem frühen liberalen und dem neuen Denken Barths ..." zu werten, als „... ein Schnitt, der keinerlei linearen Kontinuitätsaufweis zwischen beiden zuläßt, weder materialer noch formaler Art." (Ebd.)

Spieckermanns Rekonstruktion von Barths liberal-theologischer Theologie und ihrer Preisgabe basiert mithin auf einer der Absicht nach strikt erkenntnistheoretischen – und das heißt eben theoretisch-philosophischen – Rekonstruktion dieses Denkzusammenhangs. Rekonstruiert wird die Wendung vom individuellen religiösen Erlebnis zu „*theologischer Objektivität*" (73). Dabei sind aber, wie ihre Ausführungen zeigen, näherhin drei Unterscheidungen miteinander verbunden und gekreuzt: erstens die erkenntnistheoretisch-ontologische Unterscheidung von Subjektivität und Objektivität; zweitens die onto- bzw. modallogische Unterscheidung von Möglichkeit und Wirklichkeit, und drittens die thematische Unterscheidung von Religion und Theologie, die ihrerseits wiederum offensichtlich eine methodische Unterscheidung impliziert. Die vermeintlich einlinige Umstellung vom religiösen Erlebnis auf eine ,theologische' Selbstexplikation des Gottesgedankens impliziert tatsächlich ein komplexes methodisches Bündel, das der Interpretation als solches jedoch nicht in den Blick kommt.

Indem I. Spieckermann die Wende der Barthschen Theologie opak als Wende von der Subjektivität des religiösen Individuums zur Objektivität theologischer *Gottes*erkenntnis darstellt, kann die Konstituierungsleistung, welche diese theologische Objektivität für den praktisch-religiösen Lebensvollzug des Individuums erbringen soll, nicht mehr abgebildet werden. Der mit dem Namen W. Herrmanns verbundene Grundimpuls der Theorieentwicklung Barths scheint damit einlinig konterkariert. Die Spieckermann zur Verfügung stehenden Texte lassen noch nicht deutlich genug erkennen, daß es entscheidend die Aufnahme des Begriffs des Kulturbewußtseins von H. Cohen[132] ist, die bei Barth dazu dient, die Vollzugslogik der Selbstexplikation des Individuums in seinem absoluten Grund einzuholen. Aus der Abblendung dieser Vollzugslogik erklärt sich auch die Abblendung, die Spieckermann Barths sozialethischer Theorieentwicklung dieser Jahre – die Bedeutung seiner Rezeption des religiösen Sozialis-

---

[132] Das Stichwort verweist auf H. Cohens Ethik und wird später von Barth weiter ausgebaut. Vgl. Hermann Cohen: System der Philosophie II: Ethik des reinen Willens (Ders.: Werke 7, hrsg. v. H. Holzhey), 5. Aufl. Hildesheim–New York 1981, 637 (Originalpag. 603).

mus – zuteil werden läßt.[133] All dies ist deutlicher präsent in den Interpretationen von Bruce McCormack und Herbert Anzinger.

Genauer als Spieckermann erkennt McCormack insbesondere den Einfluß H. Cohens auf den jungen Barth.[134] Aber wie bei Spieckermann bildet auch bei ihm die Grundlage der Barthschen Rezeption aller philosophischen Theoriebildung die Theorie W. Herrmanns. Und stärker (und ungeschützter) als Spieckermann verbindet McCormack mit diesem Hinweis die Feststellung: „He was first and last a theologian" (42). ‚Herrmann' ist für McCormack der Name für die hintergründige Kontinuität der ‚Theologizität' des Barthschen Denkens, die von ihm aber nur designatorisch beschrieben wird,[135] nämlich als religiöse: „In Barth's sigh ‚Veni creator spiritus' we do indeed catch sight of an enduring element in Barth's theology through all the years. The prayer which is uttered in that sigh is the prayer of a person who possesses nothing which might provide a precognition for doing theology." (32) Die von McCormack im Gefolge Spieckermanns unternommene, der Absicht nach immanent erkenntnistheoretische Rekonstruktion der Barthschen Theologie basiert bei ihm ihrerseits auf einer religiösen Beschreibung von deren Grundintention, die als solche aber nicht noch einmal reflektiert wird.[136]

McCormacks Interpretation bringt die religiöse Hintergrundimplikation dessen ans Licht, was bei I. Spieckermann (und mutatis mutandis auch bei Lohmann) als die genuine „Theologizität" der Barthschen Theologie bezeichnet wird.

Innerhalb der immanent erkenntnistheoretischen Interpretation McCormacks wird die Differenz zwischen theologischer und religiöser Selbstauslegung als die Differenz von kantischem Erkenntnisdualismus[137] und neukantianischem Monismus oder Idealismus ausgelegt, der wie McCormack an H. Cohen zeigt, die Zweistämmigkeit der Erkenntnis in seiner „doctrine of *Ursprung*" (45) einzieht. „But there is nothing to prevent a later theological realist from taking up this description of originary thinking and using it to describe the creative functions of an objectively existing God." (46) Der funktionale religiöse Sinn der Theologie wird als deskriptive Funktionalisierung der Cohenschen Ursprungsphilosophie auf der Grundlage der Annahme eines „objectively existing God" gefaßt. Erkenntnistheoretisch sucht McCormack dies im Rahmen eines „critical realism" plausibel zu machen, dessen Konstitution zugleich die Grundstruktur von Barths früher liberaler Theologie erkläre wie auch die Abkehr von ihr: „The ‚given' … is the product

---

[133] Vgl. INGRID SPIECKERMANN: Gotteserkenntnis, 48.

[134] BRUCE L. MCCORMACK: Karl Barth's Critically Realistic Dialectical Theology, 44f. Seitenzahlen im Text beziehen sich im Folgenden hierauf.

[135] Vgl. aaO., 68, Anm. 71.

[136] Diese Kritik kann man m. E. auch der Arbeit von Gabriele Obst nicht ersparen, welche mit McCormacks Arbeit (vgl. aaO., 32), die sie nicht rezipiert, im Titelsignal wörtlich übereinstimmend „[d]ie Bitte um den Heiligen Geist …", „Veni Creator Spiritus!", „… als Einführung in die Theologie Karl Barths" auszulegen sucht. Der methodologische Sinn solcher dogmatischer Selbstvoraussetzung kann in einer Perspektive nicht abgebildet werden, welche den „Heilige[n] Geist …" als „… die die Theologie tragende *Macht*" immer nur bezeichnen, aber solches Reden nicht noch einmal als *theologisches* und darum eben als methodisch-konstruktives Reden begreifen will. GABRIELE OBST: Veni Creator Spiritus! Die Bitte um den Heiligen Geist als Einführung in die Theologie Karl Barths, Gütersloh 1998, 37.

[137] Vgl. BRUCE L. MCCORMACK: Karl Barth's Critically Realistic Dialectical Theology, 44.

of the knowing activity of the human subject. The word ‚realism‘ is meant to suggest, however, that after the break Barth would always insist that the divine being was real, whole, and complete in itself apart from the knowing activity of the human subject; indeed, the reality of God precedes all human knowing. But the only way to secure this theological realism against idealistic constructivism was by *consistently* starting with it [...] The result would be a completely new framework of theological thinking. Barth would seek to ground theological reflection in the objectively real ‚self-presupposing divine subjectivity‘ (Spieckermann, 72–82) in revelation; i. e. to start from the reality of God.“ (67)

An die Stelle von Spieckermanns differenzierter Rekonstruktion der eigenständigen Religionstheorie des jungen Barth und ihrer Intentionen tritt bei McCormack im wesentlichen die Beschreibung der erkenntnistheoretischen Position Barths, die er zudem eher als passiven Rezeptionsvorgang zeichnet, bei welchem immerhin der Einfluß von „Cohen's epistemology“ (76) stärker als bei Spieckermann betont wird. Klarer als bei Spieckermann wird sodann die Bedeutung, die der Einfluß des religiösen Sozialismus in den Jahren 1911 bis 1914 auf Barths Theorieentwicklung gewinnt.[138] Da McCormack aber an der abstrakt erkenntnistheoretischen Deutungsperspektive Spieckermanns festhält, sieht er in Barths Rezeption des religiös-sozialen Reich-Gottes-Gedankens lediglich eine Steigerung des realistisch-objektiven Moments von Barths theologischer Erkenntnistheorie, über die sich die dann auch in den Predigten des Jahres 1913 zunehmend deutlicher werdende „‚wholly otherness‘ of God“ (100) allmählich herausbilde. Zwar arbeitet McCormack die parallele Entwicklung von Barths sozialethischer Öffnung seiner religiösen Individualitätstheorie, die Religionskritik und die zunehmend ‚objektivistischer‘ werdende Rede von Gott in den Vorkriegsjahren deutlich heraus, aber die beiden ersten Linien werden allein von der dritten, der theoretisch-erkenntnistheoretischen Perspektive, her zu deuten versucht. „The primary subjective *locus* of revelation for Barth was still the conscience of the individual.“ (103) – „Barth's *break* with his early theology lies here: in the abandonment of the liberal axiom of a ‚god in us‘ in favour of new conception of the speaking of God which was better calculated to protect the sovereign freedom of the divine subject in the process of revelation.“ (107)

Den von Spieckermann, aber auch von McCormack tendenziell abgeblendeten Aspekt der ethisch-praktischen Vollzugslogik der Konstitution des religiösen Individuums stellt Herbert Anzinger ins Zentrum seiner Rekonstruktion der ‚liberalen‘ Vorkriegstheologie Karl Barths. Damit nimmt er gegenüber jenen Arbeiten zweifellos eine thematische und methodische Erweiterung vor.

Die Frage „nach Religion und Moral, nach Subjektivität und christlichem Handeln, nach Glaube und kommunikativer Praxis“[139] wird von Anzinger von vornherein als *ein* Problemkomplex eingeführt. Darum zieht er im Unterschied zu den genannten Autoren zur Interpretation auch einschlägige ethische Theorietexte der Marburger Neukantianer heran, insbesondere H. Cohens *Ethik des reinen Willens*.[140] Von Cohen rezipiert Anzinger exkursweise den Gedanken der konstitutiven Bedeutung von Intersubjektivität im praktischen Aufbau individueller Subjektivität. „Interessanterweise bedarf es dazu nach Cohen

---

[138] Vgl. aaO., 78ff.

[139] Herbert Anzinger: Glaube und kommunikative Praxis, 12. Seitenzahlen im Text beziehen sich im Folgenden hierauf.

[140] Hermann Cohen: System der Philosophie II: Ethik des reinen Willens.

des Begriffs des Mitmenschen: ‚Der Andere, der alter ego ist der Ursprung des Ich' (Ethik des reinen Willens, 212). Denn der reine Wille ‚vollzieht sich in der Handlung. Und zur Handlung gehören zwei Subjekte' (ebd). Das sittliche Selbst erzeuge sich in der Handlung allerdings nur, sofern diese mit dem ‚im Staat und in der Menschheit als dem Staatenbunde' (ebd. 485) repräsentierten Gesamtwillen der Menschheit, dem Sittengesetz, in freier Unterordnung übereinstimme." Aber diese „Erzeugung des Selbst aus dem Prinzip der Autonomie ... bleibt eine ewige sittliche Aufgabe des Menschen" (39).

Religion solle nun, so gibt Anzinger Barths Intention wieder, als „Aktualisierung des apriori bloß Möglichen" (45) zu stehen kommen; das heißt, der Religionsbegriff wird eingeführt in Bezug auf das Bewußtsein überhaupt, aber seine Stellung dazu ist wiederum diejenige der Aktualisierung, näherhin der Realisierung, in welchem Akt das Individuum sich seiner Individualität bewußt wird. Damit hätte Anzinger sich im Prinzip die Ausgangslage verschafft, um nun nach dem Verhältnis von sittlicher und religiöser Aktualisierung von individueller Subjektivität bei Barth zu fragen. Daß sich ihm diese Frage dann doch so nicht stellt, scheint die Folge dessen zu sein, daß er die der Religion von Barth zugewiesene Aktualisierungsfunktion als Effekt der „Intention ..." deutet, „... den Glauben als nicht im Begriff des Menschen mitgesetztes, sondern dem Menschen von außen zukommendes Geschehen zu erweisen" (ebd.). Wie nach ihm McCormack sieht auch Anzinger diesen Gedanken bei Barth durch einen kantischen Anschauungsbegriff gedeckt.[141] Die Problematik der Konstitutionslogik der Religion sieht Anzinger für Barth dann in dem Problem gegeben, wie gezeigt werden könne, daß die „Offenbarung in nobis selber auf ein extra nos als ihren Ursprung verweist" (53). Mit dieser Beschreibung wird die Konstitutionsproblematik der Religion wieder rein ins theoretische Bewußtsein verlegt und überdies im Medium von Gegenstanderkenntnis gefaßt.

„Glaube und kommunikative Praxis" kommen in Anzingers Perspektive dann doch nur als logisches Nacheinander zu stehen und nicht als integraler religiös-sittlicher Vollzug der Selbstkonstituierung individueller Subjektivität. Dies hängt wiederum mit einer psychologischen Interpretation von Barths Religionsbegriff zusammen,[142] die zwischen religiös-sittlicher „Gesinnung" und sittlich-sozialem Handeln einen Bruch annimmt. Das Interesse an einer theoretisch befriedigenden Begründung von „Intersubjektivität" kann so als Vehikel der selbstkritischen Wendung Barths gegen seine eigenen theologischen Anfänge erklärt werden, die auf diese kritisch zurückblickt, weil sie in ihnen nur noch die „individualistische ... Engführung einer Persönlichkeitsethik" (126) zu erkennen vermag, die „kommunikative Praxis [nicht] begründen" (ebd.) konnte. Eine solche durchgeführte theologische Begründbarkeit der „kommunikative[n] Praxis des Christen" (135) zeichne sich dann erstmals im ersten ‚Römerbrief' ab.

Aufgrund ihrer psychologischen Engführung scheint Anzingers ethisch-theologische Rekonstruktion der Anfänge Barths das interpretative Potential, das in dieser Deutungsperspektive steckt, wieder zu verschenken. Methodologisch ist dieser an den Vollzugsformen der Konstitution individueller Subjektivität orientierte Ansatz gleichwohl der abstrakt erkenntnistheoretischen Perspektive überlegen, die Spieckermann und McCormack einnehmen.

---

[141] Vgl.: „Glaube und Sittlichkeit entstehen gleichursprünglich ..." in dem „... Erlebnis einer Kraft, die dem Menschen neues Selbstbewußtsen schenkt und ihm so Mut macht, in Übereinstimmung mit seiner apriorischen Bestimmung zu leben". HERBERT ANZINGER: Glaube und kommunikative Praxis, 94.

[142] Vgl. aaO., 49.

1.1. „Praktische Theologie" als Problem und Programm

1.1.1. Praktische Theologie als Signatur wissenschaftlicher Theologie. Heuristische Beobachtungen

„Seit seiner Studienzeit …", so stellt Christoph Schwöbel fest, „… kreiste Barths theologisches Denken um die Frage nach dem Verhältnis von theologischer Wissenschaft und kirchlicher und gesellschaftlicher Praxis."[143] Nicht umsonst findet sich diese Feststellung in der Einleitung zum Briefwechsel von Karl Barth und Martin Rade. Den 23. Jahrgang der *Christlichen Welt* 1909 hatte Rade mit einem Artikel eröffnet, der unter der Überschrift „Vergeblich?" feststellt, die „Brücken zwischen Theologen und Laien" seien „auf weite Strecken hin (abgebrochen)"[144]. Die Problemwahrnehmung ist typisch für den Umkreis der liberalen Theologie, in dem Barths theologische Anfänge zu verorten sind. In ihr gründen Versuche gerade der fortschrittlichen unter den liberalen Theologen, die Kluft zwischen moderner wissenschaftlicher Theologie und Gemeindefrömmigkeit durch populärwissenschaftliche Editionsprogramme und Vortragsreihen zu schließen.[145]

Mit diesem Bewußtseinsstand und den entsprechenden Lösungsversuchen tritt die moderne liberale Theologie der Jahrhundertwende in eine reflexive Phase ein. Unter dem Druck der vor allem durch die „Religionsgeschichtliche Schule" vorangetriebenen Modernisierung der Theologie als historischer Wissenschaft[146] scheint die auf Schleiermacher zurückgehende klassisch moderne Bestimmung der Theologie als Funktion zur „Leitung der christlichen Kirche"[147] ein gesteigertes Maß an Vermittlungsleistungen zu verlangen. Insbesondere Schleiermachers Begriff einer „philosophischen"[148], d. h. systematischen Theologie, mit dem er auf die Grundlegung einer Theorie des Christentums zielt, die methodisch als Synthese von empirisch-historischer und vernünftig-prinzipieller Betrachtungsweise prozediert, wird angesichts der vorangeschrittenen Historisierung der Wissenschaft einer verschärften Zerreißprobe ausgesetzt.[149] „Theologie

---

[143] CHRISTOPH SCHWÖBEL: Einleitung. In: Ders. (Hrsg.): Karl Barth – Martin Rade. Ein Briefwechsel, 33. Schwöbel zieht aus dieser Beobachtung allerdings keine Konsequenzen für die Interpretation.

[144] MARTIN RADE: Vergeblich? In: ChW 23 (1909), Sp. 3–7, hier: 3.

[145] Vgl. dazu: NITTERT JANSSEN: Popularisierung der theologischen Forschung. Breitenwirkung durch Vorträge und „gemeinverständliche" Veröffentlichungen, in: Die Religionsgeschichtliche Schule in Göttingen. Eine Dokumentation von Gerd Lüdemann, Martin Schröder, mit 80 Abbildungen, Göttingen 1987, 109–136.

[146] Dazu MICHAEL MURRMANN-KAHL: Die entzauberte Heilsgeschichte. Der Historismus erobert die Theologie 1880–1920, Gütersloh 1992.

[147] FRIEDRICH SCHLEIERMACHER: Kurze Darstellung des theologischen Studiums zum Behuf einleitender Vorlesungen, 2.

[148] AaO., 13.

[149] Vgl. dazu allgemein die um die Jahrhundertwende geführte Debatte über die Wissenschaftlichkeit (bzw. Kirchlichkeit) der Theologie. Dazu WOLFHART PANNENBERG: Wissenschafts-

unter den Bedingungen der Moderne …", so hat den Sachverhalt M. Murrmann-Kahl in seiner Studie zur Religionsgeschichtlichen Schule formuliert, „…
muß sich angesichts der aufklärerischen Traditionskritik in der Dopplung von
historischer und systematischer Theologie ausdifferenzieren, die beide irreduzi-
ble Erkenntnisinteressen repräsentieren: Genesis und Geltung treten auseinander."[150] Zwar fließt in diese generelle Feststellung ein ausgesprochen normativer
Begriff der Moderne ein, der in dieser Schärfe seinen bestimmten theologiegeschichtlichen Ort im Marburger Neukantianismus der Jahrhundertwende
hat[151] und theologiegeschichtlich allenfalls als Hintergrundsbeschreibung des
Problembewußtseins der modernisierungstheoretisch fortschrittlichsten Theologie der Jahrhundertwende, eben der Religionsgeschichtlichen Schule und ihres
systematisch-theologischen Umfelds, gelten kann, aber genau in diesem theo-
logie- und philosophiegeschichtlichen Umfeld vollzieht sich die anfängliche
Entwicklung der Theologie des jungen Karl Barth.

Für die systematische Theologie stellt sich unter diesen Bedingungen die
Aufgabe einer Theorie religiöser (geschichtlicher) Individualität, die das Ge-
wißheitsbedürfnis des Glaubens unter den Bedingungen moderner Vernunft-
bestimmungen ausarbeitet. Anzuvisieren ist eine Theorie der Religion bzw. des
Christentums als Theorie der Selbsterfassung des „individuellen Allgemeinen"[152]; darin sind sich die fortschrittlichsten theologischen Systematiker der
Zeit einig, als welche um die Jahrhundertwende Wilhelm Herrmann und Ernst
Troeltsch gelten können. Beide versuchen das Interesse an der Selbständigkeit
der Religion und damit die Traditionslinie Schleiermachers mit dem Nachweis
der Funktion der Religion für das allgemein-sittliche Selbstbewußtsein – und
damit die Traditionslinie Kants – zu verbinden.

So jedenfalls stellt sich die Lage für den jungen Karl Barth dar, und darum
sind es die zwischen diesen beiden Theologen und die jeweils mit ihren philosophischen, insbesondere neukantianischen Gewährsmännern geführten Debatten,[153] die das Problemniveau bestimmen, auf dem Barth seine ersten eigenen Bemühungen um eine aufs Praktische zielende systematische Theologie
unternimmt. Dabei hat er sich, was die Murrmann-Kahlsche Scheidemünze

---

theorie und Theologie. Frankfurt/M. 1977, 255ff. (Literatur) und meine Dissertation: Theologie
als Wirklichkeitswissenschaft, 18f. Anm. 78 (Literatur).

[150] MICHAEL MURRMANN-KAHL: Die entzauberte Heilsgeschichte, 316.

[151] Den hohen Ansprüchen an die historiographische Methodologie, die sich bei Murrmann-
Kahl mit diesem Urteil verbinden, wird aus seiner Sicht im zeitlichen Umfeld der Jahrhundertwende nur Max Webers Idealtypenbildung gerecht. Vgl. dazu aaO., 205ff.

[152] MANFRED FRANK: Das individuelle Allgemeine. Textstrukturierung und -interpretation
nach Schleiermacher, Frankfurt/M. 1977.

[153] Vgl. für Herrmann die Auseinandersetzung mit Cohen und Natorp: WILHELM HERRMANN:
Herrmann Cohens Ethik (1907). In: Ders.: Schriften zur Grundlegung der Theologie. Hrsg. von
P. Fischer-Appelt, Teil II (ThB 36/II), München 1967, 88–113; DERS.: Die Auffassung der Religi-
on in Cohens und Natorps Ethik (1909), aaO., 206–232. Für Troeltsch vgl. die Auseinanderset-
zung mit H. Rickert: ERNST TROELTSCH: Moderne Geschichtsphilosophie. In: Ders.: Zur religiösen
Lage, Religionsphilosophie und Ethik (Gesammelte Schriften, 2. Bd.), Tübingen 1913, 673–728.

angeht, strikt auf der Geltungsseite der Alternativformel verortet. Die um die Jahrhundertwende und danach intensiv und mit fruchtbaren Ergebnissen geführte Fachdebatte innerhalb der Praktischen Theologie,[154] die unter dem Einfluß des neuen empirisch-historischen Methoden- und Problembewußtseins Kritik am „unpraktischen …" Charakter der üblicherweise gelehrten „… praktischen Theologie"[155] übt, hat er nicht erkennbar rezipiert.

Dieses Interesse am Aufbau einer normativen systematischen Theologie, die als solche praktische Interessen befriedigen können soll, ist Signum schon der allerersten selbständigen theologischen Arbeiten des (ganz) jungen Barth; dies zeigt sich schon an deren Thematik. Es gibt von ganz wenigen kleinen Traktaten und den nach den allerersten Jahren sehr selten werdenden Rezensionen bei Barth, von seiner Studienzeit angefangen und bis in die zwanziger Jahre hinein eigentlich keine einzige theologiegeschichtliche Studie, d. h. keine Arbeit, die sich explizit monographisch und historisch mit den Autoren beschäftigt, in Auseinandersetzung mit welchen Barth selbst seine eigenen systematisch-theologischen Grundlagen tatsächlich erarbeitet hat.[156]

Sobald Barth theologisch schreibt, schreibt er programmatisch-konstruktiv. Sobald er die Qualifikationsarbeiten des Studiums hinter sich gelassen hat,[157]

---

[154] Vgl. z. B. ALFRED KRAUSS: Lehrbuch der Praktischen Theologie. 1. Bd., Freiburg 1890, 2. Bd., Freiburg 1993; PAUL DREWS: Das Problem der praktischen Theologie. Zugleich ein Beitrag zur Reform des theologischen Studiums, Tübingen 1910; ERNST CHRISTIAN ACHELIS: Lehrbuch der Praktischen Theologie, 3 Bde. (1890), 3. Aufl. Leipzig 1911. Achelis bestimmt hier programmatisch die „ganze Theologie als praktische Theologie" (aaO., Bd. 1, 2); FRIEDRICH NIEBERGALL: Wie predigen wir dem modernen Menschen? 1. Teil: Eine Untersuchung über Motive und Quietive, 3. Aufl. Tübingen 1909; 2. Teil: Eine Untersuchung über den Weg zum Willen, 1. u. 2. Aufl. Tübingen 1906; 3. Teil: Predigten, Andachten, Reden, Vorträge, Tübingen 1921.

[155] W. Bornemann, 1886, zit. n. DIETRICH RÖSSLER: Grundriß der Praktischen Theologie. Berlin – New York 1986, 42.

[156] Mit Ausnahme einer einzigen Seminararbeit über Zwingli („67 Schlußreden". Vgl.: Karl Barth: Vorträge und kleinere Arbeiten 1905–1909, 104–119) hat Barth nicht einmal während seines Studiums eine Arbeit über einen neuzeitlichen theologischen Theoretiker verfaßt. Beschäftigt hat Barth sich jedoch mit den Klassikern des Neuprotestantismus sehr intensiv; er gilt später seinem Freund E. Thurneysen „wie schon in Marburg bekannt war und gelegentlich ehrfurchtsvoll herumgeboten wurde …", als derjenige, der „… die drei großen Kritiken Kants ganz durchgearbeitet hat" (EDUARD THURNEYSEN: Brief an Karl Barth vom 30.10.1914, Ba-Th I, 18). Herrmanns Ethik und Schleiermachers Reden notiert Barth später als Bildungserlebnisse. Bei H. Cohen hat Barth im Wintersemester 1908/09 eine Vorlesung gehört. Vgl. dazu DIETRICH KORSCH: Hermann Cohen und die protestantische Theologie seiner Zeit, 66ff.

[157] Für Harnacks Seminar in Berlin, also an der gewissermaßen ersten Adresse historisch-theologischer Gelehrsamkeit nach der Jahrhundertwende, verfaßt Barth im Winter 1906/07 eine im Druck der Werkausgabe knapp neunzigseitige Seminararbeit über die Apostelgeschichte und ein Jahr später läßt er in Tübingen seine kaum weniger dicke „Acceßarbeit" folgen, welche „Die Vorstellung vom Descensus Christi ad inferos in der kirchlichen Literatur bis Origines" (In: Karl Barth: Vorträge und kleinere Arbeiten 1905–1909, 244–312) behandelt. In einem sich auf die zweite Arbeit beziehenden Brief an die Eltern vom 28.1.1908 erklärt Barth ausdrücklich, die Studie sei „nicht etwa als eine Art Bekenntnis gemeint […] Von eigener Dogmatik ist nämlich von A bis Z keine Silbe darin, sogar die gelegentlichen Ausfälle, die im Conzept standen (ähnlich wie bei der Harnack-Arbeit) habe ich gestrichen, weil sie die sonstige rein geschichtliche Ein-

präsentiert er sich als Selbstdenker, der die Denkprodukte anderer, auch und gerade seiner maßgeblichen theologischen Lehrer, ausschließlich – der ironische Ausdruck teilt es präzise mit – als „Kodices"[158] verwertet, die ebenso ehrwürdig wie ‚antiquiert' sind, weil, insofern und solange sie nicht in die eigene theologische Konstruktion umgeschmolzen worden sind. Während die allermeisten Altersgenossen, ob sie nun F. Gogarten, E. Hirsch, P. Tillich oder H. Scholz heißen, die Grundlagen ihres eigenen systematischen Denkens zu gewinnen suchen, indem sie sich in monographischen (und wenigstens dem Anspruch nach) historischen Studien intensiv meist jeweils einem Großdenker der Moderne zuwenden, legt Barth seine Vorarbeiten zu einer bei W. Herrmann geplanten Lizentiatendissertation[159] in einer Schreibtischmappe ab mit der Aufschrift: „Ideen und Einfälle zur Religionsphilosophie"[160]. Von Anfang an strebt Barth gewissermaßen umwegslos zu einem „selbständig begründeten philosophischen Credo"[161]. Schon im Hinblick auf das ihn ursprünglich leitende Theologieverständnis hat Barth ab ovo als ‚Antihistorist' zu gelten, bei dem die Diastase von Genesis und Geltung gewissermaßen in Fleisch und Blut übergegangen ist.

Dazu paßt auch ein ebenfalls von Anfang an bei Barth zu beobachtendes Charakteristikum seines Wissenschafts- näherhin seines Rezeptionsssstils. Rezeption wird von Barth – ungeachtet des jeweiligen zeitlichen Abstandes – als Auseinandersetzung unter intellektuell Anwesenden betrieben. Stets und von früh an sucht Barth die direkte, am besten mündliche Auseinandersetzung, gewissermaßen den offenen Schlagabtausch.[162] Umso mehr muß es auffallen, wenn Barth einem Denker gegenüber, mit dem er in den frühen Jahren in ausgesprochen intensiver Auseinandersetzung steht, auf solche direkte persönliche Kommunikation verzichtet. Das ist gegenüber E. Troeltsch der Fall; und schon in diesem äußerlichen Sachverhalt spiegelt sich der Versuch Barths, seine eigene Position als Alternative zu Troeltschs Modernisierungsprogramm der Theologie aufzubauen.

Barth ist Troeltsch erstmals 1911 begegnet. Er hat ihn nie aufgesucht, auch nicht, was von Marburg aus ja möglich gewesen wäre, eine Vorlesung bei ihm besucht. Aber Barth hat sich Vorlesungsmitschriften von Troeltsch nicht nur besorgt, sondern diese auch

---

heitlichkeit nur störten. Auch einen dogmatischen Schlußabschnitt habe ich mir geschenkt, weil ich ohne Herbeiziehung der ganzen oder halben übrigen Dogmatik doch nur hätte behaupten können." Einleitung der Hrsg., 247.

[158] KARL BARTH: Brief an die Eltern vom 22. Mai 1909, zit. n.: Einleitung der Hrsg. in: KARL BARTH: Kosmologischer Beweis für das Dasein Gottes. In: Ders.: Vorträge und kleinere Arbeiten 1905–1909, 373–409, hier: 374.

[159] Vgl. EBERHARD BUSCH: Karl Barths Lebenslauf. Nach seinen Briefen und autobiographischen Texten, 3. Aufl. München 1978, 69.

[160] (1910). In: KARL BARTH: Vorträge und kleinere Arbeiten 1909–1914, 126–138.

[161] KARL BARTH: Brief an die Eltern vom 22. Mai 1909, zit. n.: Einleitung der Hrsg. in: KARL BARTH: Kosmologischer Beweis für das Dasein Gottes, 374.

[162] Aus dem Genfer Vikariat schickt Barth seinen Marburger Lehrern und Freunden offenbar nahezu jede von ihm gedruckte Zeile, bishin zum Gemeindebrief.

abgeschrieben.[163] Von seinem ersten größeren Aufsatz „Der christliche Glaube und die Geschichte", der teils explizit und noch mehr implizit als durchgängige Auseinandersetzung mit Troeltsch zu lesen ist, schickt Barth sofort ein Druckexemplar an diesen. Barth schreibt gewissermaßen nicht über Troeltsch, sondern gegen ihn; und er erwartet eine Reaktion.[164] Die Gründe für die Zurückhaltung Barths Troeltsch gegenüber könnten damit zusammenhängen, daß Barth sich schon sehr früh, schon in seinen allerersten Arbeiten, in einer grundsätzlichen Antipodenstellung zu Troeltsch gewußt und in eine solche zu bringen versucht hat. Diese Vermutung wird durch die Beobachtung bestätigt, daß Barth in seinen frühen Jahren ein hochgradig ambivalentes Verhältnis zu Troeltsch gehabt zu haben scheint, indem er diesem eine ganz eigentümliche, so keinem anderen Denker von ihm zuteilwerdende Mischung aus Bewunderung und Verachtung[165] entgegenbringt.[166] Zu Troeltsch setzt sich Barth von Anfang an in ein Konkurrenzverhältnis, bei dem es für ihn ums Ganze der Theologie geht.[167]

Von früh, ja von Anfang an und auch längst schon unter den liberalen Denkbedingungen ist es im Grunde ein alternativer Stil moderner wissenschaftlicher Theologie, auf dessen Herausbildung Barth zielt, ein Stil, der alternativ nämlich zu der durch den Namen Ernst Troeltsch definierten historisch-deskriptiv-analytischen Ausrichtung moderner wissenschaftlicher Theologie steht. Wissenschaftliche systematische Theologie, wie sie Barth von Anfang an vorschwebt, ist eine Theologie, die auch ihre Rezeptionsleistungen als Konstruktionsleistungen bestimmt und die darin praktisch sein will, daß sie ihre Wirkungen mitzukonstruieren und mitzubestimmen versucht. „Erzeugung" als der logisch-kategoriale Grundbegriff des Marburger Neukantianismus wird bei Barth, das ist in einem Wort die These dieser Untersuchung, – in diesem prägnanten Sinne – praktisch gewendet.[168] Dietrich Rösslers, auf Barths Theologie insgesamt bezo-

---

[163] Vgl. WILFRIED GROLL: Ernst Troeltsch und Karl Barth. Kontinuität im Widerspruch (BEvTh 72), München 1976; HARTMUT RUDDIES: Karl Barth und Ernst Troeltsch. Aspekte eines unterbliebenen Dialogs, in: Troeltsch-Studien, Bd. 4. Umstrittene Moderne, die Zukunft der Neuzeit im Urteil der Epoche Ernst Troeltschs, hrsg. v. Horst Renz und Friedrich Wilhelm Graf, Gütersloh 1987, 230–258; DERS: Karl Barth und Ernst Troeltsch. Ein Literaturbericht, in: VF 34 (1989), 2–20.

[164] Diese kam zwar, blieb jedoch – weil nur in Postkartenform – sicher hinter Barths Erwartungen zurück. Abgedruckt ist sie erstmals bei WILFRIED GROLL: Ernst Troeltsch und Karl Barth, 34.

[165] S. dazu u. S. 202, Anm. 259.

[166] Von Freunden, u. a. von E. Thurneysen, bekommt Barth 1913 Troeltschs Soziallehren zur Hochzeit geschenkt, vgl. den Hinweis der Hrsg. in KARL BARTH: Vorträge und kleinere Arbeiten 1909–1914, 730.

[167] Die Bedeutung, die Ernst Troeltsch für den Aufbau der frühen theologischen Entwicklung Karl Barths gehabt hat, konzentriert sich für Barth im Rückblick von 1927 auf die Jahre 1908/09: „Der damals im Mittelpunkt unserer Diskussion stehende Name Troeltsch bezeichnete die Grenze, diesseits derer ich der damals herrschenden Theologie die Gefolgschaft verweigern zu müssen meinte." Autobiographische Skizzen K. Barths aus den Fakultätsalben der Ev.-Theol. Fakultät in Münster (1927) und der Ev.-Theol. Fakultät in Bonn (1935 und 1946). In: Karl Barth – Rudolf Bultmann Briefwechsel 1911–1966, 2. rev. u. erw. Aufl. hrsg. v. Bernd Jaspert (Karl Barth – Gesamtausgabe Ausgabe, V. Briefe, Bd. 1–2), überarb. u. erw. Aufl., Zürich 1994, 290–302, hier: 294.

[168] Dabei wird die Selbsttätigkeit des Rezipienten, des religiösen Bewußtseins, nicht negiert, sondern gerade vorausgesetzt, und insofern ist die von B. L. McCormack (Karl Barth's Critically

genes Urteil, Barth habe „die Praktische Theologie … aus dem Begriff der Theologie selbst abgeleitet"[169], trifft, wie im Folgenden gezeigt werden soll, in einem umfassenden Sinne zu. Barths Verständnis von praktischer Theologie konterkariert bereits in seiner liberal-theologischen Phase in der Tat ein an der empirischen Wirklichkeit von Religion orientiertes Verständnis von praktischer Theologie. Der Versuch einer normativen Prinzipialisierung der praktischen Theologie ist der durchlaufende Grundzug von Barths Theologie. Und es ist von daher, wie Rössler mit Recht notiert, kein Zufall, daß „ein Lehrbuch der ganzen Praktischen Theologie aus der Schule Barths nicht hervorgegangen"[170] ist.

Da im Folgenden nicht eigentlich eine objektive historisch-genetische Rekonstruktion der ideengeschichtlichen Position Barths im Geflecht liberaler Theorieentwürfe der Jahrhundertwende geplant ist, sondern lediglich eine immanente Rekonstruktion der Theorieentwicklung Barths selbst, verzichtet die Darstellung weitgehend auf solche externen Bezugnahmen. Sie haben, wo sie doch vorgenommen werden, lediglich einen explikativen Sinn. Der konstruktiv-autodidaktische Umgang, den der junge Barth mit seinen Referenztheorien pflegt, kommt solcher Abstraktion entgegen.

1.1.2. ‚Theologische Existenz heute!' Das Kommunikationsproblem der modernen Religion als Kompetenzproblem der Theologie

Der biographische Entstehungszeitraum von Karl Barths erster selbständiger Theologie ist der Übergang vom akademischen Studium ins Vikariat. „Ich denke kaum der Einzige zu sein, der an der Grenze zwischen Universität und Pfarramt schmerzlich die Schwierigkeit empfindet, aus der Theologie heraus – und doch mit Theologie an das Denken und Empfinden der Andern heranzukommen."[171] Die Rezeption einer Herrmann-Schleiermacherschen Theologie des individuellen religiösen Erlebnisses mit ihrer Diastase von Glaubensgrund und Glaubensgedanken[172] ist hier vorausgesetzt; und das Problem, dessen Bearbeitung Barths erste wissenschaftliche Arbeiten gewidmet sind, ist das fundamentale Folge- und Rezeptionsproblem dieser Theologie: die Frage, wie die

---

Realistic Dialectical Theology, 32) als Motto der Barthschen Theologie eingestufte Bitte „Veni creator spiritus!" nicht zu eliminieren, allerdings auch nicht als religiöses Motto zu affirmieren, sondern zu methodisieren.

[169] DIETRICH RÖSSLER: Grundriß der Praktischen Theologie, 45.

[170] Ebd.

[171] KARL BARTH: [Rez.:] Fr. A. Voigt: Was sollen wir tun?. Barths Rezension erschien in der *Christlichen Welt* am 4.3.1909, 23. Jg. Nr. 10 (1909), Sp. 236f., jetzt in: Karl Barth: Vorträge und kleinere Arbeiten 1905–1909, 324–328, hier: 328. Soweit die früher veröffentlichten Texte Barths inzwischen in die Werkausgabe aufgenommen sind, werden sie im Folgenden, wenn nicht ausdrücklich anders vermerkt, stets nach dieser zitiert.

[172] Vgl. WILHELM HERRMANN: Der geschichtliche Christus der Grund unseres Glaubens (1892). In: Ders.: Schriften zur Grundlegung der Theologie, Teil I, mit Einleitung und Anmerkungen hrsg. von Peter Fischer-Appelt (TB 36/I), München 1966, 149–185, hier: 162ff.

solchermaßen modern-individualisierte Religiosität kommuniziert werden kann.[173] Die Kommunikation der Religion ist zugleich wissenschaftlich-theologischer Reflexionsgegenstand und praktische Aufgabe der Theologie.

Der Posten des Redaktionshelfers bei der *Christlichen Welt*, den Barth im Winter 1908/09 innehat, erlaubt es ihm, die eigene praktische Erfahrung dieses Problems theoretisch zu antizipieren,[174] die aktuelle kulturprotestantische Theologieproduktion auf diese Frage hin zu sichten und diese Reflexion zugleich wiederum öffentlich zu kommunizieren. Eine der ersten kleinen Publikationen, die Barth in der *Christlichen Welt* unterbringen darf, ist die am 4. März 1909 abgedruckte Rezension eines zunächst anonym erschienenen „Laienvotums zur gegenwärtigen Krisis in der evangelischen Kirche"[175].

Dabei handelt es sich um die gegen die moderne Theologie in toto (vor allem gegen E. Troeltsch) gerichtete Philippika des Berliner Philologen und Gemeinschaftschristen Friedrich Adolf Voigt. Der junge Redaktionshelfer nimmt diese Kritik zum Anlaß einer nicht unraffinierten Metakritik: sich inhaltlich gar nicht auf sie einlassend zeigt er an den programmatischen Gegenvorschlägen des Autors, daß diese sich ihrerseits tatsächlich, wenn auch eben entgegen der Selbstwahrnehmung des Autors, auf dem Boden befänden, den die moderne Theologie seit Schleiermacher bereitet habe.[176] Dieses Ergebnis spiegelt Barth an die Adresse der wissenschaftlichen Theologie zurück. Er faßt es auf als Symptom des von Rade und anderen diskutierten Vermittlungsproblems der modernen Theologie, das er am Beispiel des rezensierten Werks zugleich spezifiziert. Es ist ihm symptomatisch für die Tatsache, daß Religiosität und moderne wissenschaftliche Theologie auch und gerade in zeitgenössischen protestantischen Bildungsmilieus parallelen Modernisierungsbewegungen unterliegen, die ihren Bezug zueinander verloren hätten. Aus der Sicht des Redaktionshelfers ist es Sache der Theologie, diese wechselseitige Isolierung zu überwinden, und zwar dadurch, daß sie die Aufgabe praktischer Kommunikation von Religion besser beherzigt: „Wenn ich mir zu Handen der Träger der ‚modernen' Theologie ein Desiderium erlauben darf, so wäre es das: Mehr persönliche Berührung und Beschäftigung mit den Problemen und Aufgaben der Praxis der Evangeliumsverkündigung, zu der doch die akademische Theologie normalerweise die Vorbereitung sein will."[177]

„Das größte Problem der modernen Theologie …", so resümmiert C. Van der Kooi die Problemwahrnehmung des jungen Barth, „ist … die Frage, wie er

---

[173] Barths selbständige Theologie setzt also gewissermaßen mit dem Thema der dritten und vierten Rede von Schleiermachers Reden über die Religion ein. Vgl. FRIEDRICH SCHLEIERMACHER: Über die Religion: „Dritte Rede. Über die Bildung zur Religion", 116–133; „Vierte Rede. Über das Gesellige in der Religion oder über Kirche und Priesterthum", 134–160.

[174] Allererste praktische Erfahrungen hatte Barth zuvor in zwei kurzen Sommervikariaten gemacht, die er im August 1907 in Meiringen und Sommer 1908 in Pruntrut im Berner Jura absolviert hatte. Vgl. EBERHARD BUSCH: Karl Barths Lebenslauf, 54, 57.

[175] FRIEDRICH ADOLF VOIGT: Was sollen wir tun? (Anonym Leipzig 1908, mit Verfassernennung: Neumünster 1909). Barths Rezension erschien in der *Christlichen Welt* am 4.3.1909, 23. Jg. Nr. 10 (1909), Sp. 236f., abgedruckt in: KARL BARTH: Vorträge und kleinere Arbeiten 1905–1909, 324–328, hier: 324.

[176] Vgl. aaO., 326.

[177] AaO., 328.

[sc. der Theologe] den Glauben, der per definitionem eine rein innere und strikt individuelle Sache ist, an andere zu übertragen vermag [...] Vorgreifend ... kann hier konstatiert werden, daß Predigt und systematische Theologie für Barth eng miteinander verbunden sind."[178] Abgesehen von der unscharfen Rede von einer Übertragung des Glaubens trifft diese Beschreibung genau zu. Die berühmte „Predigtnot", die Barth nach eigener Darstellung und in der Literatur verbreiteter Ansicht im Verlauf des Ersten Weltkriegs aus der liberalen Theologie herausgeführt haben soll,[179] steht tatsächlich schon am Anfang seiner Rezeption der liberalen Theologie. Zu keinem Zeitpunkt handelt es sich dabei für ihn um ein psychologisches oder praktisch-technisches Problem, sondern um das Kommunikationsproblem moderner individualisierter Religion selbst, und damit um den Theologiebegriff.[180]

Diese spezifisch systematische, fundamentaltheologische Wahrnehmung des Problems signalisiert auf seine Weise der völlige Ausfall praktisch-technischer Reflexionen in der ebenfalls im Winter 1908/09 verfaßten Rezension von O. Pfisters Buch „Religionspädagogisches Neuland"[181]. Gründe für diese Fehlanzeige finden sich wiederum in der dritten im Winter 1908/09 entstandenen Rezension Barths zu diesem Thema, einer Besprechung von Gustav Mix' Buch „Zur Reform des theologischen Studiums. Ein Alarmruf."[182]

Hier bezieht der Rezensent eine scheinbar in sich widersprüchliche Position: so sehr der „Hiatus" zwischen den „Ideale[n] der Wissenschaft ..." und den „... Anforderungen des Pfarramts"[183] ein für alle Beteiligten und insbesondere für die akademische Theologie grundlegendes Problem darstelle, so sehr transzendiere die Aufgabe seiner Überschreitung den Kompetenzbereich der Wissenschaft. Wissenschaft ist aus der Sicht des Rezensenten entweder Wissenschaft des Allgemeinen, Prinzipientheorie[184] oder empirische Wissenschaft, „Kasuistik"[185]. In beiden Funktionen, m. a. W. sowohl als systematische wie als praktische Theologie, könne sie zum Selbstaufbau individuellen religiösen Bewußtseins aber keine methodisierte Anleitung geben. Die Überwindung des Theorie-Praxis-

---

[178] CORNELIS VAN DER KOOI: Anfängliche Theologie, 24. Sowenig wie Chr. Schwöbel zieht Van der Kooi allerdings aus dieser Beobachtung systematische Konsequenzen für die Interpretation von Barths Rezeption der liberalen Theologie.

[179] Vgl. KARL BARTH: Not und Verheißung der christlichen Verkündigung, 70.

[180] Die konkrete Debatte, auf die der Einsatz von Barths Theologie bezogen werden kann, an der er sich aber gerade *nicht* selbst beteiligt hat, ist die Debatte um die „moderne Predigt", wie sie maßgeblich durch Friedrich Niebergall bestimmt ist (vgl. insbesondere: FRIEDRICH NIEBERGALL: Wie predigen wir dem modernen Menschen?). Zu dieser „homiletischen Bewegung" zählen auch Otto Baumgarten, Paul Drews, Theodor Häring, Alfred Uckeley, Heinrich Bassermann u. a.; vgl. dazu und insgesamt: WOLFGANG STECK: Das homiletische Verfahren, 68.

[181] Eine Untersuchung über das Erlebnis- und Arbeitsprinzip im Religionsunterricht, Zürich 1909. Barths Rezension findet sich jetzt in: Ders.: Vorträge und kleinere Arbeiten 1905–1909, 330f.

[182] München 1908.

[183] KARL BARTH: [Rez.:] G. Mix. Zur Reform des theologischen Studiums. Ein Alarmruf, in: Ders.: Vorträge und kleinere Arbeiten 1905–1909, 313–320, hier: 317.

[184] Darum könne es „auf diese Frage eine wissenschaftliche Antwort, ein Allerweltsrezept nicht [geben]." AaO., 319.

[185] Ebd.

Hiatus sei aus prinzipiellen Gründen allein Aufgabe individueller Kunstfertigkeit: „Der Student und angehende Geistliche muß sich im Amt seine Reime selber machen."[186] Der „Hiatus von Theorie und Praxis [entspricht] dem Wesen der Sache und [ist] daher niemals ganz zu beseitigen"[187].

Die Pointe der Argumentation des jungen Rezensenten ist eine doppelte: So wenig die methodische Vermittlung religiösen Lebens selbst ein möglicher Gegenstand der Wissenschaft sein könne, so sehr sei gerade diese Einsicht selbst wiederum von hoher wissenschaftlicher wie auch praktischer Relevanz. Diesen Grundgedanken hat Barth Anfang Februar, also kurz nach der Abfassung der drei Rezensionen, in einem kleinen Aufsatz weiter ausgearbeitet, der unter dem Titel „Moderne Theologie und Reichsgottesarbeit" im Juli 1909 als erste konstruktiv-systematische Publikation Barths in der ZThK erscheint.[188]

Das stilistisch Auffällige an dem Aufsatz ist, daß Barth sich hier zum Sprecher einer „Wir"-Gruppe macht, nämlich der jungen „modernen" Theologen, die sich, wie er selbst, im Übergang von der Universität zum Pfarramt befinden. Unbeschadet des subjektivistischen Anscheins sei, so schreibt Barth am 17. Juni 1909 an seinen Vater, aber der „Sinn des Aufsatzes ... keineswegs ein subjektives Bekenntnis ... von mir. Ich glaube im Namen einer ganzen großen Schicht junger Theologen geredet zu haben."[189] Die reflektierte Wahrnehmung des Wissenschafts-Praxis-Hiatus wird nun als das partikulare Problem dieser Gruppe eingeführt; andere – Orthodoxe, Pietisten, Rationalisten, Katholiken[190] – hätten entsprechende Vermittlungsprobleme nicht. Es handle sich dabei um eine spezifische „Schwäche" (347), „‚Unreife'" (346) der ‚modernen' Theologen, die bei „Herrmann oder Harnack" (ebd.) gelernt haben. Auf diese pejorativ klingende Adressierung an eine bestimmte empirische Referenzgruppe (der sich der Autor freilich selbst zurechnet), scheinen die liberalen Antikritiker, die Ritschlianer P. Drews und E. C. Achelis vor allem reagiert zu haben.[191]

---

[186] AaO., 319f.

[187] AaO., 320.

[188] In: ZThK 19 (1909), 317–321, jetzt in: KARL BARTH: Vorträge und kleinere Arbeiten 1905–1909, 334–347.

[189] KARL BARTH: Moderne Theologie und Reichsgottesarbeit [Einleitung der Hrsg.], 335f.

[190] Vgl. KARL BARTH: Moderne Theologie und Reichsgottesarbeit, 347. Seitenangaben im Text beziehen sich im Folgenden hierauf.

[191] Die beiden replizierenden Ritschlianer empfinden Barths These, die moderne Theologie mache praxisschwach, als unstatthafte Verzagtheit eines jungen Berufsanfängers, der sie als akademische Lehrer meinen wehren zu sollen. Vgl. Achelis' Rede von einer notwendigen „Abwehr von Mißverständnissen, die ihn [sc. Barth] und Andere auf falsche Bahnen führen könnten" (ERNST CHRISTIAN ACHELIS: Noch einmal: Moderne Theologie und Reichsgottesarbeit, in: ZThK 19 [1909], 406–410; jetzt in: Karl Barth: Vorträge und kleinere Arbeiten 1905–1909, 347–351, hier: 347). Im Unterschied zu Achelis und Drews, die sich als theologische Lehrer von Barth angegriffen und in die Pflicht genommen fühlen, reagiert Martin Rade, seiner Mehrfachfunktion als Journalist, Bildungspolitiker und Theologe entsprechend moderater und problembezogener. Er teilt Barths Beobachtung von der Praxisverdrossenheit der jungen ‚modernen' Theologen und will sie als Anregung für diejenige von ihm immer wieder angeschobene Debatte gewertet wissen, in die sie diskurspraktisch betrachtet gehöre: in eine Studienreformdiskussion, vgl. MARTIN RADE: Redaktionelle Schlußbemerkung. In: ZThK 19 (1909), 486–488; jetzt in: KARL BARTH: Vorträge und kleinere Arbeiten 1905–1909, 365f.

Sachlich gründe die diagnostizierte Praxisschwäche der modernen Theologen darin, daß ihnen anders als allen jenen anderen Gruppen keine „normative[n] Begriffe und Vorstellungen" (346) zur Verfügung stünden, auf deren Basis religiöse Kommunikation verbindlich hergestellt werden könne. Der zu Ende gedachte „religiöse ... Individualismus und historische ... Relativismus" (344) ihrer theologischen Überzeugung entlasse sie in die Praxis religiöser Kommunikation mit historischen Kenntnissen und daneben mit nichts anderem als „ihrem eigene[n] religiöse[n] Leben" (ebd.). Der Besitz eines solchen sei nun aber keineswegs die notwendige Folge des modern-theologischen Studiums.[192] Individuell gestaltete Religiosität ist von der Theologie, die sich als deren Reflexion betätigt, strikt zu unterscheiden. Die „individuelle Religion, die wir predigen wollen ...", ist als solche zunächst „... ein Theologumenon ... wie andre" (345). Zwar könne eine theologische Theorie des religiösen Erlebnisses den Zusammenhang von Glaubensgedanken und Glaubensgrund erfassen und beschreiben und sei im Unterschied zur dogmatischen Theologie jener anderen Gruppen reflektierte Theorie der Religion; aber gegenüber dem religiösen Leben und seiner Kommunikation als solchen bedeute diese reflexive Position keinen praktischen Annäherungsgewinn. Allererst wenn und insofern dem praktizierenden modernen Theologen das Basistheologumenon individueller Religiosität „persönliche lebendige Wirklichkeit" (ebd.) werde, vermöge er den intentionalen Gehalt seiner Theologie zu realisieren. Die Pointe der modernen Theologie im Hinblick auf die von ihr geleitete professionelle Praxis bestehe demgemäß darin, daß in dieser Praxis theoretische Reflexionskompetenz und unverfügbar individuell-religiöses Leben praktisch zusammenfallen müssen, wenn sie gelingen soll: „Wer sich zur ‚modernen' Theologie hält, der mag sich gesagt sein lassen, daß Sein oder Nichtsein hier die Frage ist." (ebd.)

Dies ist gewissermaßen der Programmansatz einer modernen „*theologische[n] Existenz heute*", die Barth in seiner ersten systematischen Publikation als Lösung des behaupteten Theorie-Praxis-Hiatus der modernen Religionstheologie skizziert. Ihre Eigentümlichkeit besteht in einer prinzipiellen Selbstrelativierung der theologischen Kompetenz, die aber zugleich auch wiederum mit einer eigentümlichen Bedeutungssteigerung ihrer selbst einhergeht. Denn unbeschadet dessen, daß individuelle Religiosität der theologischen Reflexionskompetenz unverfügbar vorgegeben ist, ist deren Kommunikation, dann nämlich wenn diese adäquat, nämlich basierend auf adäquater Selbsterfassung sein soll, nur möglich als theologisch-reflexive Kommunikation. Wenn Religion als der einheitsstiftende Grund individueller Subjektivität vermittelt werden soll, kann dies nur geschehen in Form einer Auseinandersetzung mit dem „menschlichen Kulturbewußtsein nach seiner wissenschaftlichen Seite" (347). Damit das religiöse Erlebnis als solches, nämlich als einheitsstiftender Grund individueller sittlicher Persönlichkeit, auch schon dem Individuum selbst präsent sein kann,

---

[192] Vgl. KARL BARTH: Moderne Theologie und Reichsgottesarbeit, 344.

müsse es diesen – und zwar explizit, und das heißt: theologisch – als diesen Grund ausarbeiten.

Diese Ausarbeitung geschieht materialiter konkret in der Auseinandersetzung mit dem „ganze[n] historische[n] Apparat von Vorstellungen und Begriffen, der der Vergangenheit", wie Barth in Anspielung an F. Niebergalls Homiletik sagt,[193] „‚Motiv und Quietiv' ihres Glaubenslebens" (345) gewesen sei. Denn so sehr dem Theologen diese Vorstellungen aufgrund des historischen Bewußtseins der modernen Wissenschaft als solche in ihrer Selbstverständlichkeit genommen sind, so sehr sind sie dadurch nicht einfach irrelevant. Vielmehr sind sie als das Material des Aufbaus einer individuell-autonomen, reflexiv-theologischen Selbstdurchsichtigkeit zu erkennen. Der Theologe ist also „rücksichtslos genötigt …" zu jenen Inhalten „… selber Stellung … zu nehmen, d.h. sich selber vor die Frage zu stellen, ob und inwiefern sie Ausdruck auch seines Glaubens sind." (Ebd.) Als individuell-autonomer, reflexiv-theologischer Akt hat diese Prüfung der theologischen Traditionsbestände mit dem Ziel des Aufbaus eines dem aktuellen „menschlichen Kulturbewußtseins" adäquaten Bewußtseins einen praktisch-theoretischen, religiös/sittlich-theologischen Doppelcharakter; die Aufgabe ist insofern „keine theoretische, sie wird ihm geradezu ins Gewissen geschoben, weil sie nur in innigstem Zusammenhang mit seiner eigenen sittlich-persönlichen Entwicklung lösbar ist." (Ebd.)

Der unausgesprochene Sinn dieses Gedankens ist, daß so erstens die individuelle Selbsterfassung des religiösen Bewußtseins, zweitens die Kommunikation von Religion und drittens die professionelle Berufsaufgabe des praktizierenden Theologen als ein und derselbe Sachzusammenhang identifiziert werden können.[194] Der praktizierende Theologe tut ex professo und methodisch kontrolliert genau das, was jeder Christ auch immer schon tut, respektive tun muß: er sucht sein individuelles religiöses ‚Erlebnis' als Grund eines homogenen individuellen Lebensvollzugs zu explizieren. Diese Explikation impliziert aber ihrerseits den Ausgriff auf einen überindividuellen, vernünftig-allgemeinen Bezugsrahmen, den Barth in seinem Aufsatz zunächst noch sehr vage als „menschliches Kulturbewußtsein" bezeichnet bzw. mit dem Verweis auf den sittlichen Vollzugssinn individueller Religiosität markiert hatte.

Die vermeintliche ‚Schwäche' der partikularen Gruppe der modernen Theologen ist also tatsächlich ihre Stärke. Um genau dieser reflexiven Umkehrung willen wird von einer ‚Schwäche' überhaupt nur geredet; und der kleine Aufsatz ist also gerade nicht als ein nur „subjektives Bekenntnis" und noch viel weniger als ein, wie es Barths Vater deutet, „*betrübtes* Bekenntnis"[195] zu verstehen. Er enthält vielmehr ein Programm, das aufgrund seiner religiös-theologi-

---

[193] FRIEDRICH NIEBERGALL: Wie predigen wir dem modernen Menschen? 1. Teil: Eine Untersuchung über Motive und Quietive.

[194] Das hat in gewisser Weise auch Jörg Zengel in diesem Zusammenhang festgestellt, wenn er erklärt, daß Barth „die fehlende Einheit von Theorie und Praxis als theologisches Problem begreift". JÖRG ZENGEL: Erfahrung und Erlebnis, 27.

[195] KARL BARTH: Moderne Theologie und Reichsgottesarbeit, 335 [Einleitung der Hrsg.].

schen Doppelbestimmtheit zugleich nach wissenschaftlicher Ausarbeitung und praktischer Erprobung verlangt. Beides hat Barth in den folgenden Jahren dann auch geleistet. Zugleich enthält dieses Programm ein Bewußtsein von der Partikularität seiner empirischen Referenzgruppe, um deren Stärkung, nämlich reflexiven Selbstvergewisserung willen der Aufsatz eigentlich geschrieben wurde: „Wie wir der Orthodoxie, dem Pietismus, dem Rationalismus, aber auch der katholischen Kirche ihre Charismen in ihrer besonderen Art der Durchsetzung des Glaubens zuerkennen, so wird es sich wohl auch bei uns verhalten. Wir sind nicht das Christentum κατ᾽ ἐξοχήν, aber wir bemühen uns, die unerschöpflichen Kräfte der christlichen Religion nach den Seiten, die uns besonders wichtig geworden sind, energisch zum Ausdruck zu bringen." (347) Die Theorie religiös-theologischer Kommunikation, auf die der junge Barth 1909 zu zielen scheint, ist eine Professionalitätstheorie mit kulturavantgardistischem Anspruch, die von Anfang an von einem zumindest relativen Selbstständigkeitsbewußtsein gegenüber den Vätern, dem leiblichen wie den geistigen, getragen ist.[196] Das einzige empirisch-technische Moment dieser intentional praktischen Theorie steckt in ihrem Adressatenbezug.

Die – inbesondere im Hinblick auf das Verhältnis von Individualität und intentionaler Allgemeinheit noch schwach konturierte – religionstheoretische Basis dieses Programmansatzes hat Barth in einer Duplik skizziert,[197] mit der er auf die Repliken der beiden Ritschlianer P. Drews und E. C. Achelis reagiert. Eine solche wenigstens skizzenhafte Ausarbeitung ist vor allem aus dem Grund erforderlich geworden, weil P. Drews Barth, wie schon erwähnt, die „Verkennung des Unterschieds von Wissenschaft und Religion"[198] vorgeworfen hatte. Diskursstrategisch verfolgt Barth in dieser Duplik eine Art Ad-fontes-Strategie, die sich gegen Ritschl auf den Ahnherrn neuzeitlicher Religionstheorie, auf Schleiermacher zurückbeziehen will, indem sie eine ursprüngliche „Entdeckung" (355), eine „fundamentale ... Erkenntnis" (356) Schleiermachers gegen die „Geschichte der Abwendung" (ebd.) von ihr – nämlich bei Ritschl und seinen Schülern – auszuspielen sucht.

Inhaltlich bestehe die „Entdeckung *Schleiermachers* ..." darin „..., daß es keine Exemplare, sondern nur Individuen der Religion gibt." (355) Religiöse Individualität im Sinne Schleiermachers führt Barth – diesen zitierend – auf eine „,Affektion ..." durch Christus zurück, auf die „... wirksame, d.h. auf eine bestimmte Art affizierende Erscheinung Christi ..." als die „... wahre

---

[196] Barth meldet am 2.8.1909 den Eltern nicht ohne Stolz: „Ja sogar Herrmann hat mir erst nach einigen Explikationen recht gegeben. Er hatte wegen des Relativismus Bedenken. Das ist mir natürlich eine ironische Sache, aber für mich immerhin eine befriedigende Bescheinigung, daß meine theologische Auffassung nicht einfach ein Abklatsch ist von der typisch marburgischen." KARL BARTH: Moderne Theologie und Reichsgottesarbeit, 337 [Einleitung der Hrsg.].

[197] KARL BARTH: Antwort an E. Chr. Achelis und D. Drews, in: ZThK 19 (1909), 479–486; jetzt in: KARL BARTH: Vorträge und kleinere Arbeiten 1905–1909, 354–365. Seitenzahlen im Text beziehen sich im Folgenden hierauf.

[198] KARL BARTH: Vorträge und kleinere Arbeiten 1905–1909, 338.

Offenbarung und das Objektive'".[199] Die Christusaffektion „dieses inneren Erlebnisses" (361) wird von Barth an sich selbst als das allein „Normative, Objektive, Ewige ..." in Anspruch genommen und gegen „... Alles, was in Gedanken und Worte tritt" (ebd.), als bloß Historisch-Relatives ausgespielt. Mit W. Herrmann als aus seiner Sicht hierin kongenialem Interpreten Schleiermachers unterscheidet Barth entsprechend scharf den „aller adäquaten gedanklichen Gestaltung unzugänglichen Glaubensakt" (362) von seinen gedanklichen Objektivationen.

Die Christusaffektion des religiösen Erlebnisses ist an sich selbst also das principium individuationis und zugleich das Allgemein-Normative. Als solches erkennen und entfalten lasse es sich freilich nur, wenn als „ihr transszendentales [sic] Prinzip, ihre ratio cognoscendi" (358f.), das Sittengesetz im Sinne Kants eingeführt wird. Darin stimmt Barth seinen Gegnern völlig zu. Nur beharrt er ihnen gegenüber darauf, daß wiederum als dessen „Träger ... nicht Exemplare, sondern Individuen" (359) gedacht werden müssen. Barth versucht hier also, Sittlichkeit und Individualität gleichursprünglich zu denken. Das Normative des Sittengesetzes soll genau in der „energische[n] Konzentration auf die individuelle ‚Affektion' als auf das allein Normative" (360) zum Zuge kommen.

Darin knüpft Barth an seinen Lehrer W. Herrmann an, unterscheidet sich aber doch auch darin charakteristisch von ihm, daß jede auch nur momentan selbständige und vorgängige, gewissermaßen abstrakt-allgemeine Ethik als Grundlage der Theologie und des individuellen religiösen Bewußtseins verabschiedet wird.[200] Die Selbsterfassung des religiösen Bewußtseins wird bei Barth nicht an die Erfahrung des Scheiterns sittlicher Selbstrealisierung, an das Schuldbewußtsein, angeschlossen,[201] sondern die Faktizität der Selbstgewißheit des Individuums als sittlichen Individuums und dessen sittlicher Lebensvollzug insgesamt wird gewissermaßen an ihm selbst als die Struktur religiös-individueller Gewißheit auszulegen versucht: „‚Sofern ein Handeln seinen Grund [!] hat in der Individualität des Menschen' ..." zitiert Barth Schleiermachers „Christliche Sitte", „... ‚insofern kann kein Anderer es richten, als er selbst.'" (359) „Die Affektion ..." des Ursprungserlebnisses selbst *ist* als „... das Normative, Objektive, Ewige" zugleich der Quellpunkt des Sittlich-Allgemeinen, mithin die Möglichkeitsbedingung aller Wertsetzungen.

Barth ist sich über den tatsächlichen theologiegeschichtlichen Innovationsgehalt dieser von ihm hier vorgenommenen Ineinsblendung von individuellreligiösem Ursprungserleben und sittlichem Selbstvollzug des Individuums zu diesem Zeitpunkt offenbar noch nicht im Klaren. Sie muß vor allem Folgen

---

[199] KARL BARTH: Antwort an E. Chr. Achelis und D. Drews, 359. Barth zitiert hier Schleiermachers Brief vom 9.4.1825 an K.H. Sack. Vgl. WILHELM DILTHEY (Hrsg.): Aus Schleiermacher's Leben. In Briefen. 4. Bd. Berlin 1863, photomechan. Nachdr. Berlin 1974, 333–335, hier: 335.

[200] Herrmanns Interesse an einer Grundlegung der Theologie in der Ethik und sein Festhalten an einer zumindest momentanen Vorgängigkeit des Sittlichen gegenüber der Religion – „[d]as sittliche Denken bringt den Menschen notwendig auf den Weg zur Religion" (WILHELM HERRMANN: Ethik, 93) – ist bei seinem Schüler nicht mehr präsent.

[201] Vgl. aaO., 85ff., 88ff.

haben im Hinblick auf das Verhältnis der theologischen Reflexion zur religiös-sittlichen Praxis. Diese Folgen werden von Barth weiter reflektiert in einer ersten kleinen literarischen Auseinandersetzung mit E. Troeltsch.

1.1.3. Praktisch-normative Theologie als Bedingung der Möglichkeit historischer Theologie. Ein Versuch

Die Gelegenheit dazu bietet sich, als Martin Rade Barth im März 1909 zwei Hefte des laufenden Jahrgangs der *Zeitschrift für wissenschaftliche Theologie* zur Besprechung überläßt,[202] die Troeltschs „Rückblick auf ein halbes Jahrhundert der theologischen Wissenschaft"[203] enthalten. Mit seinen programmatischen Absichten hält der vernehmlich selbst- und machtbewußter gewordene junge Redaktionshelfer keinen Moment hinter dem Berg. Für die „Leser aus dem engeren Interessenkreis der Christlichen Welt" müsse, so heißt es gleich im ersten Satz, Troeltschs Aufsatz die „Pièce de résistance"[204] sein. Die Auseinandersetzung mit Troeltsch ist für Barths im Aufbau befindlichen Begriff systematisch-praktischer Theologie essentiell, denn gegenüber Troeltsch als dem „Systematiker der Religionsgeschichtlichen Schule"[205] muß sich zeigen, ob ein solcher Theologiebegriff sich produktiv zu der prinzipiellen Historisierung der modernen Theologie verhalten kann oder aber auf ein eskapistisches kirchliches Jenseits der wissenschaftlichen Moderne verwiesen ist.

Der entsprechenden historiographischen Diagnose Troeltschs, nach welcher die neuere Theologiegeschichte als Historisierungsprozeß zu beschreiben sei, stimmt Barth genauso zu wie dem Urteil, daß dieser Prozeß für sich genommen zur Auflösung der Theologie als „normative[r] Wissenschaft ...", und das heißt für Barth bezeichnenderweise eodem actu: zu ihrer „... ,Unbrauchbarkeit' ... für die Praxis" führen müsse, weil sie als solchermaßen historisch objektivierende nicht mehr zur „... dogmatische[n] Darstellung der Religion"

---

[202] Vgl. Karl Barth: [Rez.:] Zeitschrift für wissenschaftliche Theologie, 51. Jg, 1. u. 2. Heft (1909), in: Ders., Vorträge und kleinere Arbeiten 1905–1909, 367–372. Seitenzahlen im Text beziehen sich im Folgenden hierauf.

[203] In: Zeitschrift für wissenschaftliche Theologie 51 (1909), 97–135. Leicht verändert in Ernst Troeltsch: Zur religiösen Lage, Religionsphilosophie und Ethik (Gesammelte Schriften, Bd. 2), Tübingen 1913, 193–226.

[204] Karl Barth: [Rez.:] Zeitschrift für wissenschaftliche Theologie, 368. Anders als sein Redaktionshelfer hatte freilich der Herausgeber der *Christlichen Welt* zwar an der Inszenierung von Richtungsdebatten innerhalb der modernen Theologie lebhaftes Interesse – weshalb er seine Zeitschrift schon früh für die Vertreter der Religionsgeschichtlichen Schule geöffnet hatte – darum aber gerade nicht an deren konfrontativ-dezisionistischer Zuspitzung, insbesondere wenn diese als Parteinahme der Redaktion gegen die von Troeltsch vertretene Richtung gewertet werden könnte. Das dürfte, wie Barth selbst mutmaßt, der Grund dafür gewesen sein, daß der Artikel damals nicht erschienen ist. Vgl. Karl Barth: [Rez.:] G. Mix, 316f.

[205] Zu dieser Titulierung vgl. Ernst Troeltsch: Die Dogmatik der ,religionsgeschichtlichen Schule' (1913). In: Ders: Zur religiösen Lage, Religionsphilosophie und Ethik, Gesammelte Schriften, Bd. 2, Tübingen 1913, 500–524, hier: 500.

(368f.) in der Lage sei. Gerade unter der Bedingung der Einsicht, daß der „von Troeltsch markierte Konflikt zwischen geschichtlicher und systematischer Theologie in voller und tatsächlich gesteigerter Schärfe besteht" (371), sei zu fragen, ob Troeltschs Versuch, die normativ-theologische Begründung der Religion durch die Konstruktion eines religiösen Apriori zu sichern, einer „Religion im Allgemeinen ...", eines „... objektiven Wert[es] des Christentums ..." im besonderen, „... die Bedeutung eines Fortschritts habe" (371f.). „Formal ..." stelle Troeltschs Philosophie des religiösen Apriori „... eine Repristination analoger Positionen des älteren Liberalismus" (372) dar. Aus Barths Sicht liegt die Schwäche dieser Position darin, daß sie die Geltungsvergewisserung als rein wissenschaftlich-theoretische vornehme, welche den Selbstvergewisserungsvollzügen religiöser Individuen abstrakt gegenüberstehe und sich mit diesen nicht vermitteln lasse. Diese Überlegung steht hinter Barths als Kritik an Troeltschs Religionsphilosophie gemeinter Frage, „ob es die Aufgabe der Theologie sein kann, den Konflikt zwischen dem Geschichtlichen und dem Gegenwärtigen in der Religion für den Einzelnen zu lösen." (371) Auf diese kritische These von der Unfähigkeit einer abstrakten geltungstheoretischen Sicherung der Religion, sich an der Stelle des religiös-sittlichen Individuums und als dessen reflexiver Selbstvollzug zu explizieren, in diesem Sinne: in der Verweigerung einer ‚praktischen' Konzipierung systematischer Theologie, gründet der Vorwurf, Troeltsch sei ein „Metaphysiker" (372), der hinter die Logik der Realisierungsbedingungen neuzeitlicher Freiheit zurückfalle.

Positiv sucht Barth die Möglichkeit einer solchen praktisch-normativen Theologie angesichts des neuzeitlichen Historisierungsprozesses dadurch zu begründen, daß er ein sich solchermaßen theologisch durchsichtiges religiöses Bewußtsein als die faktische Voraussetzung des wissenschaftlich-historischen Bewußtseins der Moderne plausibel zu machen sucht. Eine „wirklich voraussetzungslose ... historische ... Wissenschaft ..." sei, so seine These, „... prinzipiell" (370) erst durch Ritschl geschaffen worden. Erst Ritschl[206] habe nämlich durch seinen „Rückgang auf den kantisch-schleiermacherschen ‚Agnosticismus' ... das religiöse Individuum der Geschichte gegenüber *prinzipiell* auf eigene Füße [gestellt] ..." und ihm so „... die Möglichkeit [gegeben], ein von religiösen Normen unabhängiges wissenschaftliches Verhältnis zur Geschichte zu gewinnen."[207] Dieser Zusammenhang von religiöser Individualitätstheorie als Möglichkeitsbedingung voraussetzungslosen historischen Bewußtseins sieht Barth dann bei W. Herrmann ausgearbeitet. Entsprechend dürfe Herrmanns Position nicht als eine Rückzugsposition, nicht als ein „dogmatischer Zufluchtswinkel ..." pejorisiert werden, sie müsse vielmehr als „... die konsequente *innerlich*

---

[206] Ritschl kommt hier nun sehr viel besser weg als in der Duplik gegen die Ritschlianer. Barth gleicht diese Spannung nicht aus.

[207] KARL BARTH: [Rez.:] Zeitschrift für wissenschaftliche Theologie, 370. Barth fährt fort: „An Ritschl's Position sind doch dogmatisch gerade die typisch modernen theologischen Historiker orientiert – ... nicht nur *Harnack*, ebensosehr die sog. ‚Linksritschlianer', *Bousset*, *Wernle* u. A. – nicht zuletzt *Troeltsch* selber." AaO., 370f.

notwendige Durchsetzung des von *Schleiermacher* und *Ritschl* angebahnten streng individualistischen Verständnisses der Religion" (371) gewertet werden. Damit ist dem Anspruch nach und allererst andeutungsweise eine programmatische Überbietung von Troeltschs Religionsphilosophie angekündigt. Theologie soll die praktisch-systematische, nämlich zugleich vernünftig-allgemeine und praktisch kommunizierte Selbstexplikation des individuellen religiösen Bewußtseins leisten und damit und als solche die Möglichkeitsbedingung neuzeitlichen Geschichtsbewußtseins bieten.

1.2. Theologie als praktische Religionsphilosophie. Erste programmatische Skizzen (1909–1911)

1.2.1. Religion als individuelle Selbstgewißheit

Eine Explikation der Religion als Bedingung der Möglichkeit eines individuellen Bewußtseins vom geschichtlich-kulturellen Ganzen der Wirklichkeit ist ein Unternehmen, das sich theologiegeschichtlich als der Versuch interpretieren ließe, Troeltschs Fragestellung auf einer Herrmannschen Basis zu lösen; will heißen: das religiöse Erlebnis im Sinne W. Herrmanns oder Schleiermachers, also die als unmittelbare Koinzidenz des Allgemeinen mit dem Besonderen für das Besondere präsente Evidenzerfahrung, muß sich als aufschließungsfähig für die erfahrene Wirklichkeit im Ganzen erweisen, aber wiederum zugleich so, daß diese Wirklichkeit im Ganzen als der Raum der Selbstauslegung sittlich-individueller Selbsttätigkeit gedacht werden kann. Herrmanns Verbindung von Individualität und Sittlichkeit als autonomer Selbsttätigkeit soll also keineswegs preisgegeben werden; gleichwohl aber kann für den jungen Barth der Aufbau des individuellen Bewußtseins nicht exklusiv im Rahmen der Ethik als der Theorie sittlichen Handelns erfolgen. Gerade um des Interesses an der selbstdurchsichtigen Selbsttätigkeit des Individuums willen muß der Theorierahmen der Theologie auf eine transzendentale Theorie der Einheit des individuellen Bewußtseins überhaupt hin erweitert werden.[208] Eine solche Theorie hat Barth insbesondere bei H. Cohen, näherhin in dessen Theorem von der *„Einheit des Kultur-Bewußtseins"*[209], gefunden. Insofern trifft es grundlegende Motive von Barths Denken in seiner Frühphase, wenn D. Korsch mit I. Spieckermann feststellt, „daß es Barth um eine Systematisierung und Prinzipialisierung der Theologie Herrmanns auf den Spuren Cohens gegangen ist"[210]. [D]er junge Barth …"

---

[208] So kann die Bemerkung Barths gelesen werden, seine erste religionsphilosophische Skizze sei „in den Resultaten mit Herrmann zusammentreffend". Brief an die Eltern vom 22.5.1909, zit. n. Einleitung der Hrsg. von: KARL BARTH: Der kosmologische Beweis für das Dasein Gottes (1909), 373–417, hier: 374.

[209] HERMANN COHEN: System der Philosophie II: Ethik des reinen Willens, 637 (Originalpaginierg. 603).

[210] DIETRICH KORSCH: Hermann Cohen und die protestantische Theologie seiner Zeit, 67.

hat in der Tat „… seine Aneignung der Theologie Herrmanns und den Versuch ihrer eigenständigen Weiterbildung über Grundeinsichten und Kategorien Cohens … laufen lassen."[211] Den ersten Versuch Barths der Skizzierung eines „selbständig begründeten philosophischen Credo" stellt das jetzt in der Werkausgabe veröffentlichte Vortragsmanuskript von Ende Mai 1909 über den „Kosmologische[n] Beweis für das Dasein Gottes"[212] dar.

Barth sucht hier den kosmologischen Gottesbeweis und seine Kritik in den Bahnen von Kants „Kritik der reinen Vernunft" zu rekonstruieren. Das schließt ein, daß er die kantische Zweistämmigkeit der Vernunfterkenntnis beibehält; ausdrücklich wird zwischen „Erscheinung …" und dem „… Ding an sich"[213] unterschieden und Erkenntnis auf die erstere beschränkt. Ganz im Sinne Kants werden die kosmologischen Gottesbeweise in ihrer Urteilsstruktur auf den ontologischen zurückgeführt, dessen Fehlschlüssigkeit Barth darin sieht, daß er lediglich die „Erläuterung eines schon vorher gedachten Begriffs"[214] darstelle. Die kosmologischen Gottesbeweise im Sinne des Thomas von Aquin scheitern für Barth demzufolge schlicht daran, daß sie die von der Vernunft vorgenommene Setzung „eine[r] letzte[n] und freie[n] Ursache der Welt, eine[r] Notwendigkeit in der Welt …" in ihrem Setzungscharakter verkennen und mit dem „… *Ding an sich*"[215] verwechseln.[216]

Mit seiner Übernahme der kantischen Zweistämmigkeit der Erkenntnis unterscheidet sich Barth allerdings von der von H. Cohen in seiner „Logik der

---

[211] Ebd. Allerdings beschränken sich die expliziten Bezugnahmen Barths auf H. Cohen – seinem autodidaktisch-konstruktiven Wissenschaftsstil entsprechend – auf gewissermaßen grundbegriffliche Anleihen oder Assoziationen. Ein hier nicht unternommener Versuch, Barths Verhältnis zu Cohen objektiv historisch-genetisch zu rekonstruieren, setzt darum seinerseits ein beträchtliches Maß an Konstruktionsbereitschaft beim Interpreten voraus.

[212] KARL BARTH: Der kosmologische Beweis für das Dasein Gottes, 373–417. Barth schickte das Vortragsmanuskript zur kritischen Begutachtung seinem Bruder Heinrich, zu diesem Zeitpunkt Philosophiestudent im 2. Semester, dessen „Adnotationes criticae" erhalten und jetzt in der Werkausgabe im Anschluß an Karl Barths Referat abgedruckt sind, vgl. 410–413. Eine Replik Karl Barths auf die Kritik seines Bruders ist allerdings offenbar nicht erfolgt. Gleichwohl ist hier zu erkennen, daß Karl Barth seine eigene philosophisch-theologische Position von Anfang an in kritischer Auseinandersetzung auch und gerade mit seinem Bruder Heinrich entwickelt hat.

[213] KARL BARTH: Der kosmologische Beweis für das Dasein Gottes, 396.

[214] AaO., 402, zur Erläuterung vgl. aaO., 389f. Dazu die „Adnotationes criticae" von Heinrich Barth zu Nr. II. 1, 411.

[215] AaO., 393.

[216] Nur am Rande sei erwähnt, daß der junge Barth hier an einer beliebten Lesart von Kants Kritik der Gottesbeweise partizipiert, deren mangelnde Differenziertheit Dieter Henrich herausgearbeitet hat (vgl. DIETER HENRICH: Der ontologische Gottesbeweis. Sein Problem und seine Geschichte in der Neuzeit, 2. unveränderte Aufl. Tübingen 1967, 139, vgl. 139ff.) – Heinrich Barth läßt in seinen Adnotationes criticae (aaO., 411) hier schon seine Affinität zum Marburger Neukantianismus erkennen, wenn er gegen seinen Bruder (bezüglich dessen Deutung des 100-Taler-Gleichnisses) einwendet: „[Ü]berhaupt handelt es sich hier gar nicht um die Bedingungen der Wirklichkeit eines Gegenstandes, sondern nur darum zu konstatieren, daß in unserem Denken ein Gegenstand entweder als hypothetisch oder als real gesetzt wird. Daß durch ein analytisches Urteil eine hypothetische Tatsache nie zu einer realen wird, erscheint selbstverständlich."

reinen Erkenntnis"[217] niedergelegten Vernunftkonzeption an entscheidender Stelle. Indem er Cohens idealistische[218] Wendung nicht mitmacht, scheint Barth hinsichtlich eines konstruktiven theologischen Anschlusses an Kant auf dessen Vorgaben festgelegt zu sein. Aber Barths Bestimmung des Gottesgedankens als „regulative[r] Idee"[219] zeigt schon formaliter, daß dieser Schein trügt. Inhaltlich versteht Barth darunter „die regulative Idee einer letzten Einheit der gesetzlichen Verknüpfung von Wahrnehmungen ...", den „... *als regulative Idee gedachte[n] Grundsatz der dynamischen Gemeinschaft der Substanzen*"[220]. Dieser etwas änigmatischen Formel ist immerhin zu entnehmen, daß Barth sowohl Kants postulatorische Bestimmung des Gottesbegriffs, als auch insgesamt dessen Funktionsbegrenzung auf den Bereich der praktischen Vernunft in Abgrenzung zur theoretischen zurücknimmt und gegen Kant auf einen „konstitutive[n] Gebrauch"[221] des Gottesbegriffs für die Begründung des Bewußtseins selbst zielt. Die Pointe dieser Entgrenzung ist jedoch, daß der Gottesgedanke strikt auf ein ihn denkendes Trägerbewußtsein bezogen wird.

Funktionaler Träger der Vernunftkritik im allgemeinen ist „[d]ie Wissenschaft"[222]; diese aber ist ihrerseits eine Funktion des – wie Barth im Anschluß an H. Cohen sagt – „Kulturbewußtseins"[223]. Dieses Kulturbewußtsein jedoch ist für Barth wiederum eine rein funktionale Zurechnungsgröße; es existiert nicht als solches, sondern immer nur in mannigfaltig individualisierter Form. Eigentlicher Träger eines je „individuellen Kulturbewußtseins ..." – und damit dieses selbst – ist das individuelle Subjekt, die „Persönlichkeit" (406).

Für das Kulturbewußtsein, dessen Bestandteil die Wissenschaft ist, fällt nun, das ist die entscheidende von Barth mit Cohen vorgenommene interpretative Weichenstellung, die Kantische Zweistämmigkeit der Vernunfterkenntnis nicht an. Denn dieses existiert nur und gerade als das Prozedieren der Vernunft nach Gesetzen. Es organisiert die Welt nach „Setzungen und Ausdrucksformen" (407). Für das Kulturbewußtsein ist alles ‚gemacht‘, nichts ‚gegeben‘. Die Unterscheidung von ‚gegeben‘ und ‚gemacht‘ fällt allein in den Bereich des individuellen Bewußtseins, das durch das Auftreten dieser Differenz vom Kulturbewußtsein unterschieden ist. Eben diese Differenz ist es, die, und zwar in der Form positiver Schließung, für das individuelle Bewußtsein präsent ist als Reli-

---

[217] Vgl.: „*Dem Denken darf nur dasjenige als gegeben gelten, was es selbst aufzufinden vermag.*" HERMANN COHEN: Logik der reinen Erkenntnis. Einleitung von Helmut Holzhey (Ders.: Werke, hrsg. vom Hermann-Cohen-Archiv am Philosophischen Seminar der Universität Zürich unter der Leitung von Helmut Holzhey, Bd. 6, System der Philosophie, 1. Teil), 4. Aufl. Hildesheim, New York 1977, 82.

[218] Zum Idealismusbegriff bei Cohen, vgl. aaO., 594ff.

[219] KARL BARTH: Der kosmologische Beweis für das Dasein Gottes (1909), 406. Zum Begriff der regulativen Idee vgl. IMMANUEL KANT: Kritik der reinen Vernunft. Nach der 1. u. 2. Original-Ausg. neu hrsg. von Raymund Schmidt (PhB 37a), Hamburg 1971, 604ff.

[220] KARL BARTH: Der kosmologische Beweis für das Dasein Gottes (1909), 406.

[221] IMMANUEL KANT: Kritik der reinen Vernunft, 606.

[222] KARL BARTH: Der kosmologische Beweis für das Dasein Gottes (1909), 406. Seitenzahlen im Text beziehen sich im Folgenden hierauf.

[223] AaO., 407. Vgl. HERMANN COHEN: System der Philosophie II: Ethik des reinen Willens, 603.

gion.[224] Religiöse Gewißheit ist nicht als Funktion des vernunftgesetzlichen Kulturbewußtseins, nicht als Apriori zu begreifen, sondern sie komme zustande „durch eine miteinander aktive und passive Aufgeschlossenheit des Individuellsten im Menschen einer Macht gegenüber, die sich in keinen Setzungen und Ausdrucksformen des Kulturbewußtseins erschöpfen läßt" (ebd.). In dem gegenständlich strukturierten Deutungs- und Vergewisserungsakt des religiösen Bewußtseins kommt selbst nichts anderes zur Anschauung als das Gegebensein des Kulturbewußtseins für das individuelle Bewußtsein; zugleich erfährt sich das individuelle Bewußtsein in der Religion als das Trägersubjekt des Kulturbewußtseins. Das ist gemeint, wenn Barth erklärt, die „religiöse Betrachtung der Welt steht ... in intimster Analogie zum regulativen Gebrauch der Idee in der Wissenschaft. In den Ereignissen der empirischen Welt sieht der religiöse Mensch nach *Schleiermachers* Wort Handlungen Gottes." (408)

So sehr es Religion auf diese Weise mit dem Für-Bezug des Allgemein-Gesetzlichen, des Kulturbewußtseins, zum ‚empirischen' Individuum als dessen Trägersubjekt zu tun hat, so sehr hat sie dies wiederum gerade im allgemeinen. Das „religiöse Erlebnis" darf nicht auf einzelne zeitausfüllende Akte beschränkt werden, sondern es muß als allen Akten des Kulturbewußtseins, weil und insofern diese Akte eines individuellen Subjekts sind, immer schon zugrundeliegend gedacht werden. Freilich stellt die Religion eine bewußte, eine explizit deutende Wahrnehmung dieses Beziehungsverhältnisses dar: „[D]em, der von ihr [sc. der absoluten Macht] ergriffen ist, wird sie Kern und Stern seines individuellen Kulturbewußtseins, sie folgt ihm als die Trägerin seiner *Persönlichkeit* in alle Richtungen der Kultur und giebt ihnen – *nicht* neue Formen – aber einen persönlichen inhaltlichen *Wert*, den sie an sich für das Individuum niemals haben." (407)

Wie man sieht, versucht Karl Barth in dieser seiner ersten systematischen Konstruktionsskizze Religion als die Weise des praktisch-konkreten Vollzugs der Aktualisierung des vernünftig-allgemeinen Bewußtseins zu konzipieren, als die Weise, wie das Individuum diesen Bezug zugleich vollzieht und sich präsent macht. Sein Bruder Heinrich Barth hat freilich dieser Unternehmung sofort die rote Karte gezeigt: „Die Transcendentalphilosophie schlägt plötzlich in Persönlichkeitskultus um."[225] Karl Barth hat auf diese Kritik seines Bruders zwar offenbar nicht schriftlich geantwortet; aber in seinem Sinne wäre zu sagen, daß es

---

[224] Diesen differenzierten Zusammenhang verkennen diejenigen Deutungen, die nur die Wiederaufnahme des zweistämmigen Vernunftbegriffs Kants bei Barth sehen. Vgl. z. B. BRUCE L. McCORMACK: Karl Barth's Critically Realistic Dialectical Theology, 77.

[225] Vgl. die ganze Kritik: „Dieser Versuch einer Einführung der Religion in die philosophische Weltanschauung fällt von vornherein aus dem Rahmen des kantischen Denkens. Charakterisch ist einmal die plötzliche Geringschätzung der theoretischen Erkenntniß, zugunsten einer ‚individuellsten Gewißheit' eines überweltlichen Gottes. Anstatt wenigstens an die praktische Vernunft mit ihrer ideellen Allgemeinheit und Einheit anzuknüpfen, wird das, was als das Höchste gewertet wird, dem psychologisch-bedingten-zufälligen Zustand des Individuums anheimgestellt [...] Die Transcendentalphilosophie schlägt plötzlich um in Persönlichkeitskultus." HEINRICH BARTH: Adnotationes criticae, 412.

ihm gerade nicht um einen solchen ‚Umschlag' zu tun ist, nämlich, wie gesagt, nicht darum, die selbstdurchsichtige Letztbegründung des Bewußtseins in einen theoretisch opaken zeitlich-psychologischen Einzelakt eines religiösen Erlebnisses hineinzuverlegen. Das religiöse Bewußtsein sei vielmehr zu denken als „eine Aufgabe …, deren Besitz wir in fortwährendem Kampf *durchzusetzen* haben." (409) Religion ist als dieser Durchsetzungsvorgang selbst zu verstehen: „Christlicher Gottesglaube ist da, wo ein Mensch die ihm einmal aufgegangene Gewißheit Gottes in seinem beschränkten oder weiten Kulturdasein durchzusetzen sucht." (408)

Religion soll also nichts anderes als die Weise sein, in der dem Individuum der Grund seiner – verstehenden, weltauslegenden wie weltbeeinflussenden – Selbsttätigkeit, seines Lebensvollzugs insgesamt, präsent und gewiß ist. In der Religion erfährt sich das Individuum als sich selbst gegebener Akteur seines Lebensvollzugs.[226] Da Aktivität, Handeln aber wiederum die partikulare Domäne der sittlichen Vernunft ist, hat die Religion eine besondere Affinität zum sittlichen Bewußtsein und dessen Ausarbeitung, zur Ethik.[227] Religion ist als die das Handeln ermöglichende und begleitende Selbstgewißheit des Individuums zu beschreiben. „Im Erlebnis der Religion wird der persönlichste Kern des Menschen erfaßt von der *Aufgabe*, die Welt als die Welt Gottes zu verstehen. Und dieses Verstehen ist nicht müßige Reflexion[,] sondern *Tat*. Aber die an dieser Aufgabe tätig sind, wissen davon zu sagen, daß die *Gabe* in der Aufgabe enthalten ist, daß sie laufen und nicht matt werden" (409). Religion ist also die nur am und im sittlichen Lebensvollzug des Individuums und so nur für dieses erfahrbare Bedingung der Möglichkeit dieses Lebensvollzugs als *seines Handelns*. Darin kommt Barth mit seinem Lehrer W. Herrmann im Ergebnis wiederum überein. In der Religion wird dieses Sich-Gegebensein des Handlungsgrundes

---

[226] In dieser Beschreibung der Religion kann man den Grundgedanken der Religionsphilosophie von P. Natorp sich spiegeln sehen. Danach ist die Religion als Gefühl die Bedingung der Möglichkeit, alle Inhalte des Bewußtseins auf die Selbstgewißheit der Selbsttätigkeit des Subjekts, auf seine „Individuität" (PAUL NATORP: Religion innerhalb der Grenzen der Humanität. Ein Kapitel zur Grundlegung der Sozialpädagogik [1894], 2. durchges., um ein Nachwort verm. Aufl., Tübingen 1908, 33) zu beziehen. Allerdings geht diese Funktionsbestimmung der Religion bei Natorp einher mit einer gänzlichen Ausscheidung des Anschauungsmoments im Religionsbegriff. Zu den gegenständlichen Selbstbeschreibungen des empirischen religiösen Bewußtseins, zu seinem „*Transzendenzanspruch*" (aaO., 46), verhält sich dieser transzendentalphilosophische Religionsbegriff „innerhalb der Grenzen der Humanität" ausschließlich kritisch. Dies wiederum zu vermeiden und den religionsphilosophischen Begriff der Religion an die Selbstbeschreibung empirischen religiösen Bewußtseins anschlußfähig zu halten, ist die erklärte Absicht Barths. Damit nimmt er eine entscheidende theologische Kritik W. Herrmanns an Natorp auf, nach welcher man das „„innerste Leben' des Subjekts … nur aufsuchen [kann] in seinen Beziehungen zum Objekt" (WILHELM HERRMANN: Die Auffassung der Religion in Cohens und Natorps Ethik, 228). Zu Natorps Religionsphilosophie vgl. meine Arbeit: Theologie als Wirklichkeitswissenschaft, 32–35.

[227] Vgl.: „Das [sc. die Durchsetzung des christlichen Gottesglaubens] wird vor Allem geschehen in der Richtung des *sittlichen* Wollens, das durch die Religion nicht eine neue Form[,] aber neue Intensität und Kraft gewinnt." KARL BARTH: Der kosmologische Beweis für das Dasein Gottes, 408.

als Passivitätserfahrung präsent, als „Bewußtsein von etwas, was in keines Menschen Herz gekommen ist von selber, und darum steht sie zur Kultur immer im Verhältnis des salto … mortale"[228]. Das Paradox der Religion ist, daß sich solche Passivitätserfahrung und der Vollzug von Selbsttätigkeit wechselseitig voraussetzen.

Die fünf „Kodices" Kant, Schleiermacher, Herrmann, Cohen und Natorp sind in diesem ersten religionsphilosophischen Entwurf zu deutlich unterschiedlichen Anteilen verarbeitet. ‚Kant' und ‚Schleiermacher' geben die kategorialen Bedingungen vor, hinter die nicht zurückgegangen werden darf. Theologie ist danach nur auf der Basis einer Theorie der Religion möglich, die den Autonomiebedingungen der theoretischen und praktischen Vernunft Rechnung zu tragen hat (Kant). Dies soll aber so geschehen, daß Religion – mit Schleiermacher – grundsätzlich als selbständige Funktion des Bewußtseins zu stehen kommt und zwar als diejenige, in der das individuelle Subjekt die Einheit seines Selbst- und Weltbewußtseins als „unmittelbares Selbstbewußtsein"[229] präsent hat.[230] Aber anders als bei Schleiermacher soll die Selbständigkeit der Religion strikt aus ihrer Einheitsfunktionalität heraus entwickelt werden. Das ist der Gedanke, den Barth von P. Natorp aufnimmt.[231] Ausgearbeitet wird diese Theorie dann aber, wie gezeigt, nicht mit den Schleiermacherschen (oder Natorpschen) Begriffsmitteln einer Theorie des religiösen Gefühls, da eine solche Theorie aus Barths Sicht entgegen ihrer eigentlichen Absicht mit der nichtwissenschaftlichen, religiösen Selbstwahrnehmung des individuellen Subjekts, will heißen: mit dem Vollzugssinn der Religion, nicht ausreichend vermittelbar ist. Die zur Ausarbeitung der Theorie verwendeten begrifflichen und gedanklichen Mittel sind Anleihen, die Barth insbesondere bei W. Herrmann und H. Cohen macht, deren wechselseitige Kritik er auf der Basis einer eigenen Konstruktion aufzuheben sucht. Insofern zeigt sich schon dieser erste Entwurf vom Interesse einer „bewußte[n] Copulation von Cohen und Herrmann"[232] bestimmt, die als solche ausdrücklich auf ein Tertium mit prinzipiellem Anspruch zielt. Mit Herrmann will Barth eine Theorie entwickeln, die Religion als den bewußten Vollzug der Lebenseinheit des Individuums begreift und aus diesem selbst heraus entwickelt. Diese Orientierung am Lebensvollzug des Individuums soll aber nun zugleich nicht unter den von H. Cohen gegen Herrmann stets geltend gemachten Psychologismusvorwurf fallen.[233]

Exakt als Versuch der Lösung des Problems der zwischen Cohen und Herrmann strittigen Weise der Gegebenheit der Einheit des individuellen Bewußtseins für dieses selbst kann Barths frühe Religionsphilosophie theoriegeschichtlich eingeordnet werden.

---

[228] Brief an den Vater vom 9.6.1909, zit. nach KARL BARTH: Der kosmologische Beweis für das Dasein Gottes [Einleitung der Hrsg.], 375.

[229] Vgl. FRIEDRICH SCHLEIERMACHER: Der christliche Glaube. Nach den Grundsätzen der evangelischen Kirche im Zusammenhange dargestellt, 1. Bd., 2. Aufl. [1830], 7. Aufl. hrsg. v. Martin Redeker, Berlin 1960, 16f.

[230] Vgl. die von Schleiermacher positiv aufgenommene Rede vom Gefühl als der „unmittelbare[n] Gegenwart des ganzen ungeteilten Daseins". AaO., 17.

[231] Die Einheitsfunktion der Religion für das individuelle Selbstbewußtsein soll also nicht wie bei Schleiermacher im Medium einer Zuordnung der Religion zu einem partikularen Funktionsbereich der Vernunft neben anderen Bereichen, sondern aus dieser Einheitsfunktion selbst heraus entwickelt werden.

[232] Brief an Wilhelm Loew vom 21.7.1910, in: KARL BARTH: Ideen und Einfälle zur Religionsphilosophie (1910) [Einleitung der Hrsg.], 127.

[233] Vgl. HERMANN COHEN: System der Philosophie II: Ethik des reinen Willens, 351.

Für Cohen läßt sich die Einheit des individuellen Bewußtseins nur als Zurechnungspunkt der Funktionseinheit des Bewußtseins verstehen. Als funktionale Einheit ist das Selbst strikt „Aufgabe". Und die Selbstbestimmung des individuellen Subjekts ist ausschließlich als der „*Zusammenhang der Aufgabe des Selbst mit der Aufgabe der Gesetzgebung in Bezug auf das einzelne Gesetz*, und in Bezug auf die Entfaltung des Selbst in der einzelnen Handlung"[234] zu konzipieren. Demgegenüber macht Herrmann geltend, daß die „Gesetzgebung des Willens …" nicht „… ohne das Selbst gedacht werden"[235] könne. „Ist die Gesetzgebung die Obliegenheit jedes sittlichen Menschen, so hat dieser Mensch doch dabei auch die Vorstellung seines Selbst, das sich in der Stellung der Aufgabe betätigt."[236] Als solche Theorie von dem „Bewußtsein des in uns werdenden Selbst"[237] sucht Herrmann die Religionstheorie zu entwickeln, mithin in diesem Sinne als Theorie des religiösen Erlebnisses. Für Cohen ist dieser Ansatz immer schon dem „sensualistische[n] … psychologische[n] Vorurteil" verpflichtet, aufgrund dessen das werdende Selbst „flugs zu einem Individuum gestempelt …" werde, „… dem Erlebnisse zukommen, auf Grund deren es ein eigenes Leben, eine alleinige Selbständigkeit, und somit ein vollkommenes Selbst gewinnt."[238] Eben damit trete eine solche Theorie „der Aufgabe des Selbst hemmend in den Weg"[239].

Barths erster religionsphilosophischer Entwurf kann verstanden werden als der Versuch, Herrmanns Interesse an der Selbstgewißheit des individuellen Selbstbewußtseins an dem mit Cohen bestimmten Selbstvollzug von Subjektivität überhaupt selbst, und zwar als dessen immer schon in Anspruch genommene und zumindest latent mitthematisierte Voraussetzung, festzumachen. Vermieden werden soll so einerseits der von Herrmann erweckte Anschein, Religion habe es mit einem psychischen Arkanum zu tun, das zum sittlichen Handlungsvollzug in einem unklaren Verhältnis stehe, und andererseits die Tendenz Cohens, die Einheit des individuellen Selbstbewußtseins in ihrer konstitutiven Funktion für die jeweiligen sittlichen Selbstvollzüge zugunsten einer bloßen Zurechnungseinheit, die lediglich momentan ins aktuelle Bewußtsein tritt, unterzubestimmen.

1.2.2. Theologie als transzendental-praktische Theorie selbstdurchsichtig-individueller Subjektivität

Im Juli 1910 – also ein gutes Jahr nach jener Vortragsausarbeitung zum kosmologischen Gottesbeweis – verfaßt Barth zum zweiten Mal eine programmatische Skizze seines philosophisch-theologischen Ansatzes.[240] Bei dem entspre-

---

[234] HERMANN COHEN: Ethik des reinen Willens, 348.
[235] WILHELM HERRMANN: Hermann Cohens Ethik, 99.
[236] Ebd.
[237] AaO., 100.
[238] HERMANN COHEN: Ethik des reinen Willens, 351.
[239] Ebd.
[240] Zu diesem Zeitpunkt befindet sich Barth seit gut einem dreiviertel Jahr als Vikar in Genf. Aktuell ist die Niederschrift ausgelöst durch einen Besuch in Marburg. Vgl. den Brief an Wil-

chenden Manuskript „Ideen und Einfälle zur Religionsphilosophie"[241] handelt es sich um die Vorarbeit zu einer geplanten Licentiaten-Dissertation bei W. Herrmann, mit der ihr Autor einen nicht geringen Innovationsanspruch verbindet: „Etwas Neues innerhalb der jetzigen Theologie ist es auf alle Fälle und toll und barock sieht es auch aus auf dem Papier, insofern wäre es nicht ungeeignet, Sensation zu machen."[242] Barth versucht in diesen Blättern, die Grundgedanken seines Vortragsentwurfs vom Vorjahr als Skizze eines religionsphilosophischen „System[s]"[243] auszuarbeiten. Dem erweiterten Reflexionsrahmen entsprechend wird hier nun mit dem Religionsbegriff zugleich die Eigenart seiner Reflexion, die Genetisierung des Theologiebegriffs thematisch.

Religionsphilosophie müsse, so lautet der Titel des ersten Paragraphen, *„Prinzipienlehre der Religionswissenschaft"*[244] sein. Und zwar erfülle sie diese Aufgabe dann, wenn sie sich als „wissenschaftl.[iche] ... d.h. methodische Besinnung über das dem wissenschaftl.[ichen] Bewußtsein irgendwie vorliegende Faktum der *Religion"* (129f.) präsentiere. Damit rezipiert Barth die Schleiermachersche Grundeinsicht von der Positivität der Religion.[245] Die religionsphilosophische „Besinnung richtet sich *nicht* auf irgendwelche Objekte der Religion, sie hat es weder mit der Metaphysik noch mit der Moral der Rel.[igion] als solcher zu thun, sondern mit den gleich der Wissenschaft, der Moral, der Kunst irgendwo empirisch-geschichtlich vorliegenden d.h. ins Bewußtsein aufgenommenen Faktoren der Rel.[igion]." (130) Es geht also, wie die etwas unscharfe Unterscheidung von Objekten und Faktoren anzeigen will, um eine Analyse der prinzipiellen Vollzugsformen von empirisch-geschichtlicher Religion im allgemeinen, die Barth – auch hierin Schleiermacher folgend – als *„Einleitung zur Glaubenslehre"* (131) einer positiven Religion für erforderlich hält. Da aber Glaubenslehre eben immer Glaubenslehre „einer bestimmten Rel.[igion] ..." sei, gelte dies „... daher auch ..." für die Religionsphilosophie, „... die jene begründet" (ebd.). Religionsphilosophie, so heißt es in der Überschrift des dritten Paragraphen, sei *„nur möglich auf dem Boden einer bestimmten Religion"* (ebd.). Die einzige Vorschrift, die Barth in seiner gesamten Skizze zur methodischen Durchführung einer solchen positiven Religionsphilosophie macht, lautet: „Der Rel.[igions][p]hil.[osoph] betrachtet das *allgemeine* Faktum der Rel.[igion] unter dem besondern Gesichtspunkt seiner *besondern*[,] d.h. aber er stellt seine eigene *neben* jene." (131f.)

---

helm Loew vom 21.7.1910, zit. n. KARL BARTH: Ideen und Einfälle zur Religionsphilosophie [Einleitung der Hrsg.], 127. Die Einleitungstexte im betreffenden Band der Werkausgabe stammen ausweislich des Vorworts von H.-A. Drewes, vgl. aaO., XIII.

[241] (1910). In: Karl Barth: Vorträge und kleinere Arbeiten 1909–1914, 126–138.

[242] Brief an Wilhelm Loew vom 21.7.1910, zit. n. KARL BARTH: Ideen und Einfälle zur Religionsphilosophie (1910) [Einleitung der Hrsg.], 127.

[243] Ebd.

[244] KARL BARTH: Ideen und Einfälle zur Religionsphilosophie (1910), 129. Seitenzahlen im Text beziehen sich im Folgenden hierauf.

[245] Vgl. FRIEDRICH SCHLEIERMACHER: Der christliche Glaube, 1. Bd., 41ff.

Die Aufgabe der wissenschaftlich-methodischen Selbsterfassung und Selbstexplikation dieser ‚eigenen Religion' des Religionsphilosophen ist die Aufgabe der partikularen Disziplin einer wahrheits- und geltungstheoretisch orientierten Dogmatik: „Relig.[ions-]Wissensch.[aft] od.[er] wissenschaftl.[iche] Theol.[ogie] im strengen Sinn ist von den dreien [sc. Glaubenslehre/Dogmatik, praktische Theologie, historische Theologie] nur die Glaubenslehre, *da es sich nur in ihr um die erkenntnismäßige Deutung des Objektes in seinem gegenwärtigen reinen Bestande handeln kann*, während histor.[ische] u.[nd] prakt.[ische] Theologie es mit der vergangenen u.[nd] zukünftigen Geschichte der Rel.[igion] zu thun haben, d. h. aber mit der Rel.[igion,] sofern sie mit gewissen geschichtlich gegebenen od.[er] vorausgesetzten Setzungen des theoret.[ischen], sittl.[ichen], äesthet.[ischen] Bewußtseins bereits unauflöslich kombiniert ist." (131) Auf diese Weise soll durch die methodologisch-hermeneutische Reflexion des Begriffs positiver Religion die Aufgabe einer empirischen „Religionswissenschaft" (129) gewissermaßen unmittelbar in die Aufgabe der „Theologie", und zwar näherhin in die Aufgabe der „Glaubenslehre" oder „Dogmatik" (130), überführt werden, die als solche wiederum allgemeine geltungstheoretische Ansprüche erhebt, also Religionsphilosophie sein will.

Das Argument, mit dem diese Aufhebung religionswissenschaftlicher Empirie in die dogmatische Geltungstheorie steht und fällt, bildet der Gedanke: „Die Rel.[igion] kann … *als Objekt* nur vorhanden sein im rel.[igiösen] Bewußtsein des Religionsphilosophierenden, *da in allem historischen Bestand nur die Schlacken lebendiger Rel.[igion] vorliegen*." (131) Religion ist gewissermaßen an sich selbst wissenschaftlich nur erfaßbar als „lebendige Religion"; „lebendige Religion" expliziert sich theologisch-dogmatisch als „die erkenntnismäßige Deutung des Objektes in seinem gegenwärtigen reinen Bestande" (ebd.). Kurzum: Religion, das religiöse Bewußtsein, ist wissenschaftlich nur präsent und nur präsentierbar *als* der Vollzug dogmatisch-theologisch-geltungstheoretischer Reflexion. Für die historische und systematische Beurteilung dieser grundlegenden These Barths ist entscheidend, daß sie sich aus einer methodologischen Reflexion auf die wissenschaftliche Erfaßbarkeit von positiver Religion, also aus der von Schleiermacher aufgenommenen Fragestellung ergibt.

Ebenfalls in enger Anlehnung an Schleiermacher, näherhin an die bekannte Formulierung in § 5 der ‚Kurzen Darstellung'[246], insistiert Barth auf dem praktischen Charakter der Theologie, die „immer wissenschaftl.[ich-] (methodische) Darstellung einer *bestimmten* Rel.[igion] in Hinsicht auf die Vorbereitung zur Kirchenleitung in der frommen Gemeinschaft der Bekenner dieser best[immten] Rel.[igion]" (130) sein soll. Wenn Barth von daher Theologie insgesamt, Dogmatik im besonderen, als „ihrem Wesen nach *praktische* Theologie" (ebd.) bestimmt, dann ist dies nicht als äußerliche Funktionszuschreibung zu verstehen, sondern diese Charakteristik beschreibt den inneren Sinn dogma-

---

[246] Vgl. FRIEDRICH SCHLEIERMACHER: Kurze Darstellung des theologischen Studiums zum Behuf einleitender Vorlesungen, 2.

tischer Theologie *als* jenen Reflexions*vollzug* ‚lebendiger Religion'. Damit scheinen freilich Schleiermachers differenzierte Zuordnungen von historischen, normativen und praktischen Reflexionen der Theologie zugunsten der Prävalenz einer normativ-vollzugspraktischen Dogmatik eingezogen zu werden; bei Barth ist Theologie normative und darum eodem actu und in sehr bestimmtem Sinne praktische Wissenschaft, weil und insofern sie gerade nicht historische Wissenschaft, nicht „geschichtliche Kenntnis von dem gegenwärtigen Zustande des Christentums"[247] ist.

Theoriegeschichtlich geurteilt führen die „religionsphilosophischen Ideen und Einfälle" die auch schon in jener ersten Skizze erkennbare „bewußte Copulation von Cohen und Herrmann"[248] weiter. Dabei machen sich verstärkt Einflüsse H. Cohens geltend, die von einer zwischenzeitlich vertieften Lektüre von Cohens „Ethik des reinen Willens" herrühren dürften.[249] Insbesondere geht darauf offensichtlich die für den intendierten Systemcharakter der skizzierten Theorie entscheidende erkenntnistheoretische Verschiebung zurück, die darin zu sehen ist, daß Barth die für das System zentrale Zuordnung von regulativer Idee und Religionsbegriff neu bestimmt. Die in der früheren Studie noch als bloße ontologische Reserve eingeführte kantische Diastase von ‚Ding an sich' und Erscheinung wird nun in eine – wohl durch die Cohenlektüre vermittelte – platonisierende Deutung des Ideebegriffs überführt, der auf diese Weise aus der Funktion eines reinen Grenzbegriffs in die eines noetisch-ontologischen Grundbegriffs einrückt. Durch solche Prinzipialisierung wird die für den ersten Entwurf noch kennzeichnende Differenz von zweistämmigem Erkenntnisvollzug und ‚einstämmigem' Kulturbewußtsein höherstufig vermittelt. Und zwischen diesem nun auch erkenntnistheoretisch als Systemabschluß gedachten platonischen Ideebegriff und der Religion als Individualisierungsfunktion sucht Barth eine stabile Brücke herzustellen. So soll Herrmanns Interesse nun im kardinalen Zentrum eines an Cohen angelehnten Systems zur Durchsetzung gebracht werden.

Die Brücke von noetisch-ontologischem Ideebegriff und Religion stellt Barth dadurch her, daß er das gesetzliche Bewußtsein überhaupt jetzt als „a priori vorhandene ... u.[nd] notwendige ... Zuständlichkeit" (133) deutet, von welcher ihre „Aktualisierung" (134) modalkategorisch strikt zu unterscheiden sei. Und zwar soll es nämlich zur „Aktualisierung des log.[ischen], eth.[ischen], ästhet.[ischen] [A]priori ..." allererst kommen durch den Selbstbezug der Vernunft auf die Idee, wobei Barth diesen Bezug als einen solchen auf „... das

---

[247] AaO., 73. Vgl. die Feststellung Schleiermachers in der Glaubenslehre, daß „der Lehrbegriff unserer Kirche überall nicht etwas durchaus Feststehendes ist, sondern im Werden, und daß wohl behauptet werden kann, das Eigentümliche derselben sei in der Lehre noch nicht vollständig zur Erscheinung gekommen". FRIEDRICH SCHLEIERMACHER: Der christliche Glaube, 1. Bd., 144.

[248] Brief an Wilhelm Loew vom 21.7.1910, 127.

[249] Vgl. die in der Herausgebereinleitung zitierte Stelle im Brief an die Eltern vom 3.7.1910: „Auch bin ich an Cohens Ethik, einem *guten* Buch, das für die Religionsphilosophie kanonisch werden müßte, aber sie suchen viele Künste und kommen weiter von dem Ziel." KARL BARTH: Ideen und Einfälle zur Religionsphilosophie (1910) [Einleitung der Hrsg.], 126.

Auftreten eines der Methodik jener Bewußtseinsrichtungen ebenso inkommensurablen wie unentbehrlichen Elements" (ebd.) bestimmt. Der Gedanke der Regulativität der Idee wird somit nicht preisgeben, aber, wie der Terminus „Auftreten" zeigt, wird nun ihr Verhältnis zu den regulären Funktionsformen des Bewußtseins als aus diesen gerade nicht ableitbar, sondern zu diesen kontingent hinzutretend bestimmt. Dabei soll die Rede vom kontingenten „Auftreten" gleichwohl nicht aus der transzendentalen Konstruktion herausführen. „Als konstitutive transzendente Erkenntnis verstanden, führt ihr Gebrauch zu den bekannten vorkritischen Antinomieen [...] Als regulatives heuristisches Prinzip dagegen bedeutet sie für Log.[ik], Eth.[ik], Aesthet.[ik] die *Realitätsbeziehung. Die Idee in diesem Sinn ist das Ding an sich.*" (Ebd.) Die gnoseologische Basis dieses Begriffs eines „(kritisch verstanden!) Dings an sich" deutet der allerdings nur abbreviaturhaft gegebene Verweis auf den Gedanken der „μέθεξις des Plato" (136) an. „[K]raft Aufleuchtens der Idee" (ebd.) nehme das Subjekt teil an der „,Realität' des ... Dings an sich". (Ebd.)

Und zwar soll – und das ist der eigentliche Brückengedanke – diese „*Realitätsbeziehung*" des Bewußtseins, die dem Subjekt im Bezug auf die Idee erwächst, immer nur als konkret, und das heißt: als individuell und aktual vollzogen gedacht werden können. „Wahrheit suchen u.[nd] Wahrheit selbst ist identisch." (134) „Welches ist das *Subjekt der Idee*? Das normale Kulturbewußtsein? Nein [...] Wie die *Universalität* Subjekt des abstrakt möglichen, so ist die *Individualität*, kraft der μέθεξις an der Dignität der Idee, Subjekt des konkret wirklichen Kulturbewußtseins. *Subjekt der Idee, des wirklichen Kulturbewußtseins, der tatsächlichen Lebensgestaltung ist das Individuum.*" (136) Das setzt voraus, daß, wie Barth mit Herrmann gegen Cohen[250] meint behaupten zu können, „*realitätsbezügliche Lebensgestaltung*" durch „normmäßiges (gesetzlich-transzendentales) Denken, Wollen etc. an u.[nd] für sich noch ... nicht zu Stande" (ebd.) komme.

Der Begriff der Realitätsbeziehung ist in dieser Konstruktion insofern zentral, als ihm, wie er schon terminologisch signalisiert, eine theoretisch-praktische Doppelbestimmtheit zugeschrieben wird. Der *praktisch-sittliche Vollzug* des mit ihm bezeichneten Aktualisierungsaktes wird *zugleich als erkenntnistheoretischer* Grundakt der *Verifikation* der Bewußtseinsinhalte überhaupt in Anschlag gebracht. Dabei soll dieser Akt der Aktualisierung zwar als der zu den apriorischen Funktionen des Bewußtseins kontingent hinzutretende Akt ihres Vollzugs, aber dennoch nicht als „empirisch-psycholog.[ischer]" (ebd.) Akt verstanden werden.

Als diesen Realisierungsakt selbst versucht Barth den Religionsbegriff zu denken, der zugleich diesen Akt als Akt des individuellen Subjekts diesem selbst durchsichtig machen soll. Zu diesem Zweck wird Religion als „das *unmittelbare Selbstbewußtsein*, kraft dessen es ein Einzelnes ist" (ebd.), bestimmt, und so auf das „individuelle Erleben" (137) bezogen gedacht. Dieses soll als solches „nicht eine Bewußtseinsfunktion (Troeltsch), sondern ein Erleben des Individuums

---

[250] Vgl. aaO., 135.

(Herrmann) ...“ sein, „... d. h. eine nicht transszendental notwendige[,] sondern *geschichtlich* mögliche u.[nd] wirkliche Bezogenheit des individuellen Subjektes der Kultur.“ (Ebd.) Religion, so verstanden, äußere sich nämlich „innerhalb der Kultur, niemals als ein einzelner konstitutiver Faktor ..., wohl aber als das *ewige Richtungsgefühl,* durch das die Kultur erst in lebendigen Menschen Kultur wird.“ (134)

Wie im ersten Entwurf geht diese vollzugspraktische Prinzipialisierung des Religionsbegriffs einher mit einer Kritik an der psychologischen Tendenz oder dem psychologischen Anschein von Herrmanns Erlebnisbegriff. „*Herrmanns* Theorie des rel.[igiösen] Erlebnisses ...“, so heißt es auf einem jener Skizze beigelegten Blatt, sei „... dahin zu korrigieren resp.[ektive] zu verdeutlichen, daß das ‚Erlebnis der Person Jesu‘ nicht als einmaliger[,] überhaupt nicht als einzelner zeitlicher Akt zu verstehen ist, sondern als unzeitliches resp. kontinuierliches Gewißwerden der Wahrheit u.[nd] Wirklichkeit im Zusammenhang der lebendigen Überlieferung von Jesus.“ (137)[251] Die Pointe dieser Argumentation ist dann darin zu sehen, daß es gerade die Religion ist, welche der „Methodik des Kulturbewußtseins ... durch u.[nd] in diesem Richtungsgefühl die Realitätsbeziehung [gibt], ohne welche jene als bloßer psycholog.[ischer] Ablauf zu betrachten sein würde [...] [A]ller *Wahrheitsgehalt* (im krit.[ischen] Sinn!) im log.[ischen] Erkennen, sittl.[ichen] Wollen, ästhet.[ischen] Fühlen ist Religion oder *Gottesbewußtsein.*“ (134) Barths „Ideen und Einfälle zur Religionsphilosophie“ laufen also darauf hinaus, die Religion als denjenigen aktualen (sittlich-) praktischen Vollzug zu denken, der den theoretischen Geltungsbezug des Bewußtseins faktisch realisiert; ohne welchen faktischen Vollzug das Bewußtsein gerade nur als ein bloß psychologisches Phänomen zu stehen käme.

Religion, so läßt sich Barths Versuch theoriegeschichtlich einordnen, soll als die Weise gedacht werden, wie die Einheit von Erzeugung und Reflexion, die das Bewußtsein als Handlung bei H. Cohen ist, für das konkrete individuelle Bewußtsein faktisch ist. So versucht Barth W. Herrmanns Interesse an der Faktizität individueller Religion in die Koordinaten der Bewußtseinstheorie H. Cohens funktional einzuzeichnen. Allerdings stellt sich die Frage, ob dieses aktuale Für-sich-selbst-Sein des Bewußtseins, als welches Barth den Religionsbegriff bestimmen möchte, als unmittelbares und gleichsam passiv-ruhendes überhaupt gedacht werden kann. Der Vollzugssinn, welcher der Religion von Barth zugedacht wird, scheint Religion immer schon als Theologie zu bestimmen, denn die ‚Realitätsbeziehung‘, welche die Religion ist und leisten soll, ist konstitutiv durch den – bewußten – Bezug auf die ‚Idee‘ vermittelt.

Die Ungeklärtheit des epistemischen Status dieser Konstruktion wurde von Barth selbst empfunden. In einem Brief an Wilhelm Loew vom 21.7.1910 schreibt er über seine „Ideen und Einfälle“: „[I]m Mittelpunkt lauert ein durchaus ungelöstes Problem, ob die Religionsphilosophie eigentlich Sache der Trans-

---

[251] Wie sich freilich diese inhaltliche Bestimmtheit der Religion durch jenen Überlieferungszusammenhang mit ihrer bewußtseinsfunktionalen Durchbestimmung reimen soll, bleibt hier unausgeführt.

zendentalphilosophie oder der Psychologie sein soll, ob keins von beidem, sondern ein drittes selbständiges Gebiet, oder ob teils-teils."[252] Und diesem religionsphilosophischen Grundlagenproblem entspricht im Bereich der Glaubenslehre eine analoge Unklarheit: wie soll die Ablösung des Herrmannschen „Bild[es] des inneren Lebens Jesu"[253] und seine Ausweitung zu einem den Vollzug des Glaubens als Vollzug wahrheitsfähigen Kulturbewußtseins konstituierenden Vorgangs überhaupt, wie soll mit Barths eigenen Worten eine „christocentrische Theologie eventuell ohne Christus"[254] theoretisch zu begründen und durchzuführen sein?

Im Februar 1911 hat Barth einen Vortrag verfaßt, den er am 31. Mai 1911 vor der Genfer Sektion der Schweizerischen reformierten Predigergesellschaft hielt. Das vom Zentral-Vorstand des Vereins bestimmte Thema des Referats lautet: „La Réapparition de la Métaphysique dans la Théologie"[255]. Man dürfte vom Referenten eine Auseinandersetzung mit entsprechenden aktuellen Tendenzen insbesondere unter jüngeren Ritschlianern erwartet haben. Dieser Erwartung entspricht Barths Referat auch durchaus, indem es in exemplarischer Auseinandersetzung namentlich mit G. Wobbermin[256], H. Lüdemann[257] und E. Troeltsch[258] die These zu begründen sucht: „La métaphysique renouvelée aussi bien que l'ancienne nous semble une entreprise infructueuse aussi bien que dangereuse pour la théologie." (359)

Dabei kommt der Kritik an E. Troeltsch besondere Bedeutung zu. Troeltschs Aufnahme metaphysischer Elemente in die religionsphilosophische Grundlegung der Theologie sowohl mit dem Selbstverständnis des Glaubens als auch mit den wissenschaftlich-philosophischen Standards der Moderne für unvereinbar zu erweisen und so Troeltschs Modernisierungsversuch der Theologie in seiner Durchführung als Rückfall hinter die Moderne zu diagnostizieren, ist das eigentliche kritisch-polemische Ziel des Vortrags. In dieser Zielsetzung erweist er sich als das negative Pendant zu dem in dem Aufsatz „Der christliche Glaube und die Geschichte" unternommenen Versuch, Troeltsch auf dessen ureigenem Gebiet ein positives theologisches Konstrukt entgegenzustellen.[259]

---

[252] AaO., 128.

[253] Wilhelm Herrmann: Der geschichtliche Christus – der Grund unseres Glaubens, 171.

[254] Karl Barth: Ideen und Einfälle zur Religionsphilosophie (1910) [Einleitung der Hrsg.], 127.

[255] (1911). In: Karl Barth: Vorträge und kleinere Arbeiten 1909–1914, 329–360. Seitenzahlen im Text beziehen sich im Folgenden hierauf.

[256] Vgl. Georg Wobbermin: Theologie und Metaphysik. Das Verhältnis der Theologie zur modernen Erkenntnistheorie und Psychologie, Berlin 1901.

[257] Vgl. Hermann Lüdemann: Das Erkennen und die Werturteile. Leipzig 1910.

[258] Für Troeltsch bezieht sich Barth offensichtlich u.a. auf die Nachschrift einer Vorlesung Troeltschs „Religionsphilosophie" (Heidelberg, SS 1908), „die er im WS 1908/09 aus dem Kollegheft seines Kommilitonen Hans Spahn abgeschrieben hatte." Anmerkung der Hrsg. zu Karl Barth: La Réapparition de la Métaphysique dans la Théologie". In: Ders.: Vorträge und kleinere Arbeiten 1909–1914, 329–360, hier: 346f.

[259] Barths theoretisch motivierte Aversionen gegen Troeltsch samt ihrem ambivalenten Unterton scheinen durch die persönliche Begegnung mit Troeltsch bei der Aarauer Frühjahrskonferenz 1911 eine sachliche und emotionale Verstärkung erfahren zu haben. In einem Brief an W. Loew vom 9.4.1911 heißt es: „Mein Abscheu vor Troeltsch wurde durch Aarau wesentlich

Im Blick auf Barths eigene Theorieentwicklung liegt die Bedeutung des Vortrags darin, daß die im Sommer zuvor noch als „Ideen und Einfälle zur Religionsphilosophie" und ihrem Anspruch nach transzendentalphilosophischen Grundüberlegungen Barths nun unmittelbar als theologische Selbstentfaltung des religiösen Bewußtseins zu entwickeln versucht werden. Damit sucht Barth der systematischen Tendenz und leitenden Absicht seiner Religionstheorie die ihr methodologisch adäquate Fassung zu geben. Er sucht also nach einer Möglichkeit, die geltungstheoretisch-transzendentalphilosophische (Außen-)Begründung des religiösen Bewußtseins theologisch zu invertieren, sie in diesem Sinne *als* die aktuale Selbstentfaltung des religiösen Bewußtseins durchsichtig zu machen.

Die Schwierigkeit der Position, die Barth hier zu beziehen sucht, ist darin begründet, daß er die scharfe Kritik aller neuen oder alten Metaphysik in der Theologie – „[l]a métaphysique renouvelée aussi bien que l'ancienne nous semble une entreprise infructueuse aussi bien que dangereuse pour la théologie" (ebd.) – von einer konstruktiven Argumentation aus zu führen unternimmt, die selbst zumindest optisch stark metaphysisch illuminiert zu sein scheint: „La vie religieuse est primordialement vie réceptive. Nous touchons par elle à la suprême vérité, parce que par elle nous sommes touchés nous-mêmes par la suprême vérité, parce que nous *recevons* et non: *faisons* quelque chose." (338) In einer hegelianisierenden Diktion kann Barth sagen: „[L]a réalité de Dieu, c'est objectivement une action que nous subissons, c'est subjectivement une élévation de l'âme."[260] Solche Beschreibungen des ‚Wesens der Religion' bewegen sich inhaltlich in großer Nähe zu den von ihm inkriminierten Bestimmungen etwa bei E. Troeltsch.[261]

Die kategoriale Differenz, die Barth gegenüber Troeltschs Lehre vom religiösen Apriori zu befestigen sucht, ist keine inhaltliche, sondern eine modale und in deren Folge eine methodologische: der Modus der Religion als praktischer,[262] weil aktueller und individueller,[263] zwinge dazu, sie aus den apriori-

---

verstärkt. Er sieht aus wie ein Bierbrauer. Wenn er nur nicht so gescheit wäre. Er wälzte sich dort mit wunderbarer Intelligenz in wunderbar plumpen Konsequenzmachereien einher [...] Alte orthodoxe Schwulitäten (Synergismus, d. h. die blöde Auseinanderhaltung von Subjekt und Objekt im Glaubensvorgang, Kirchentum, Intellektualismus) kehren in neuen Prachtgewändern [wieder] und werden von diesen Heidelbergern (ich war in Aarau Zeuge, wie diese jungen Leute den Troeltsch nicht nur zum Mittel, sondern zum Gegenstand des Kultus machten) als Offenbarungen modernster Theologie angestaunt. Me piget pudet paenitet und ich habe beträchtliche Lust, positiv zu werden." Zit. n. KARL BARTH: La Réapparition de la Métaphysique dans la Théologie (1911) [Einleitung der Hrsg.], 332.

[260] AaO., 350. Vgl.: „Dieu se manifeste avec le plein absolutisme de son être dans mon âme et cet absolutisme se traduit immédiatement dans l'absolutisme de ma pensée de Dieu." AaO., 343.

[261] Vgl. die inhaltlichen Züge der Beschreibung des Troeltschschen religiösen Apriori. AaO., 347.

[262] Vgl. die Rede von der „élévation pratique de l'âme, qui est l'essence de la religion". AaO., 352.

[263] „La religion vit de la révélation non immanente et générale mais actuelle, historique et individuelle." AaO., 338.

schen Verankerungen, die Troeltsch fixiere, zu lösen. Das Absolute sei in ihr nicht im Medium der Reflexion, sondern im Medium praktischer Unmittelbarkeit präsent.[264] Dies wiederum sei daran zu erkennen, daß das religiöse Absolute strikt unter der – praktischen – Kategorie der Handlung, als „action" (350) präsent gedacht werden müsse. Als aktuale Handlung aber werde die Selbstpräsentation des religiösen Absoluten dann gedacht, wenn nicht „l'harmonie théorique de l'esprit et de la nature, établie dans la notion métaphysique de Dieu …"[265] gedacht werde, „…, mais au contraire le conflit pratique entre les deux, qui n'existe pas a priori, il est vrai, mais qui existe dans la vie, dans l'histoire. Or, l'essence du Dieu de la religion vivante, ce n'est pas son absoluté, ce n'est pas cette harmonie pensée de la conclusion métaphysique, mais c'est son amour qui nous cherche et qui nous soutient dans notre conflit pratique."[266] Religion ist der kontingent-faktische, näherhin: der kontrafaktische, weil konfliktuöse Zusammenschluß der individuellen Selbst- und Welterfahrung mit dem Gottesgedanken, der als konfliktuös-kontrafaktischer strikt vollzugspraktisch zu denken sei. Vollzugsaktualität der Religion, ihre intern konfliktuöse, tendenziell paradoxale Struktur und die Prädominanz der Handlungskategorie werden hier erstmals bei Barth in einen engen theoretischen Ringschluß gebracht.

Diese – der Absicht nach am Vollzug der Selbstexplikation des empirisch-religiösen Bewußtseins abgelesene[267] – Wesensbestimmung der Religion schließe es aus, daß die Religion sich in einer Theorie des religiösen Apriori wiederzuerkennen vermöge.[268]

Die methodologische Verschärfung und Verschiebung aber, die den Metaphysikaufsatz gegenüber jenen früheren Skizzen kennzeichnet, wie auch das gesteigerte Innovationsbewußtsein, bekundet sich darin, daß Barth nun neben der Kantischen und den übrigen idealistischen Religionsphilosophien Fichtes, Schellings, Hegels etc. auch Schleiermachers religionsphilosophische Grundlegung der Glaubenslehre als ‚aprioristische Konstruktion' beurteilt, die per definitionem zu einer Fremdbestimmung der Religion führen müsse.[269] Alle diese modernen Unternehmungen gelten ihm nun als Versuche, die Religion in ihrer faktischen Eigenvalenz durch geltungstheoretische, apriorische Sicherungsversuche fremdzubestimmen; und diese sind es, die für Barth nun per se unter Metaphysikverdacht

---

[264] Vgl.: „Nous voilà déjà vis-à-vis du fait d'une apparente dualité de la donnée absolue de la religion: 1. l'absolu dans l'état intérieur, 2. l'absolu dans la pensée qui reflète cet état intérieur." AaO., 343.

[265] AaO., 350.

[266] Ebd. Vgl.: „Le Dieu de la conclusion métaphysique, l'absolu, est une idée parfaitement indifférente vis-à-vis de cette situation pratique de l'homme. Elle est trouvée par une argumentation théorique qui ignore et qui doit ignorer cette lutte." AaO., 349f.

[267] Vgl. zu dieser Theoriestrategie und ihrem zeitgenössischen Umfeld insgesamt meine Dissertation: Theologie als Wirklichkeitswissenschaft.

[268] Das Paradigma einer solchen, die Religion verfehlenden Religionsphilosophie sieht Barth wie in seinen früheren Texten in Troeltschs Theorie des religiösen Apriori. Vgl. KARL BARTH: La Réapparition de la Métaphysique dans la Théologie, 355f.

[269] Vgl.: „*Schleiermacher* … affirme l'existence d'un a priori spécial de la religion qu'il appelait sentiment, ‚Gefühl'." AaO., 341.

fallen: „[V]oilà l'ancien problème sous la forme nouvelle. Car il s'agissait là comme auparavant d'un fondement général pour vérifier la donnée chrétienne spéciale." (341)[270]

Jedweder Versuch einer explizit und selbständigen transzendentaltheoretisch-philosophischen Begründung der Wahrheit der Religion, so scheint Barth nun also verstanden werden zu wollen, müsse zum Selbstverständnis des religiösen Vollzugs in eine diesen konterkarierende Konkurrenz treten: „Le monisme artificiel de la métaphysique rendait fâcheux et intolérable le dualisme nécessaire de la religion." (351)

Der Aufsatz „Der christliche Glaube und die Geschichte" kündigt die von Barth intendierte theologische Selbstexplikation des religiösen Bewußtseins schon im Titel an; und Barth signalisiert mit dem Geschichtsbegriff eine neue Bezugsbasis seiner Theorie, die im Metaphysikaufsatz sichtbar in ein prekäres, dem Metaphysikverdacht ihrerseits deutlich ausgesetztes Stadium getreten ist.

1.2.3. Religiös-theologisches Bewußtsein als Geschichtsbewußtsein

Am 5. Oktober 1910 hatte Barth vor der Pfarrerkonferenz in Neuchâtel über das Thema „Der christliche Glaube und die Geschichte"[271] referiert. Von vornherein hatte er dabei aber auf ein anderes größeres Publikum gezielt als auf die dort versammelte Pfarrerschaft – „vorwiegend mild-orthodox mit scharf-orthodoxem Einschlag";[272] der Aufsatz war sogleich zur Veröffentlichung in einer theologischen Zeitschrift bestimmt.[273] Denn inzwischen fühlt Barth sich stark genug, um, wie er an seine Eltern schreibt, „jetzt mit ruhigem Gewissen ins Horn [zu] stoßen"[274].

Stoßrichtung und Konturen dieses theologiegeschichtlichen Innovationsanspruchs werden durch den Sachverhalt deutlich, daß der Aufsatz als permanentes kritisches Zwiegespräch mit Ernst Troeltsch verfaßt ist. Schon im Titel kündigt

---

[270] Angesichts dieses Sachverhalts relativiert sich für Barth der Unterschied zwischen vorkritischer, kritisch-kantischer und nachkantischer Metaphysik. Vgl.: „Avant Kant, c'était la métaphysique naïve, embrassant l'univers avec une confiance inébranlée en la vigueur de la pensée, après Kant, c'était, pour me servir de l'expression de M. *Troeltsch*, ‚la métaphysique de l'esprit'." (AaO., 341). Mit der gesamten klassisch-idealistischen Tradition der Moderne fallen demgemäß die zeitgenössischen Vertreter einer Wiedereinführung der ‚Metaphysik' in die Theologie – unbeschadet ihrer kritizistischen Absichten – unter den Verdacht eines vorkritischen Verständnisses von Metaphysik. Vgl. aaO., 346.

[271] KARL BARTH: Der christliche Glaube und die Geschichte. Diese veröffentlichte Form ist allerdings mit dem im Herbst 1910 gehaltenen Vortrag nicht identisch. Dazu s. im Folgenden.

[272] KARL BARTH: Brief an Wilhelm Loew vom 14.10.1910. Zit. n.: KARL BARTH: Der christliche Glaube und die Geschichte [Einleitung der Hrsg.], 150.

[273] Vgl. KARL BARTH: Der christliche Glaube und die Geschichte [Einleitung der Hrsg.], 150f. Allerdings ist Barth dann wenigstens vom Resultat seiner Erstfassung doch nicht so überzeugt, daß er sich getraute, diese an die für ihn ‚erste' Adresse, die *Zeitschrift für Theologie und Kirche* zu schicken. Vgl. aaO., 151.

[274] AaO., 150f.

sich Barths Referat als Gegenentwurf zu dem eine Woche vorher gehaltenen Nürnberger Vortrag von Ernst Troeltsch an, dessen Gegenstand laut einer Ankündigung in der *Christlichen Welt* vom 22.9.1910 „Glaube und Geschichte" [275] ist. Das erklärte Ziel Barths ist es, wie er auf einer Postkarte vom 28. 9. an seine Eltern mitteilt, es „totaliter aliter" [276] als jener zu machen.

Für die Druckversion gilt dieser kritische Bezug auf Troeltsch in verstärkter Weise. Sie ist aus der Vortragsversion in zwei Phasen starker Überarbeitung hervorgegangen, [277] deren zweite vor allem dadurch veranlaßt gewesen zu sein scheint, daß Barth am 15. März den von Ernst Troeltsch vor der Aarauer Studentenkonferenz gehaltenen Vortrag „Die Bedeutung der Geschichtlichkeit Jesu für den Glauben" gehört hat. [278] Der im Druck vorliegende Text, der im Folgenden interpretiert wird, ist damit das Produkt einer sich über ein halbes Jahr erstreckenden intensiven Auseinandersetzung mit Ernst Troeltsch. [279]

Barths Innovationsbewußtsein gründet in dem Anspruch, einen signifikanten Beitrag zu dem theologischen Fundamentalproblem zu liefern, welches „*das* Problem der protestantischen Theologie der Gegenwart" [280] sei, eben zum Verhältnis von christlichem Glauben und Geschichte. „*Das* Problem der protestantischen Theologie der Gegenwart nenne ich diese Frage auch deshalb, weil es das charakteristische Problem der beiden wichtigsten Bewegungen der Theologie der letzten 40 Jahre gewesen ist und weil wir von der durch sie geschaffenen Situation aus unsern Weg in die Zukunft zu suchen haben. Die eine ist die Theologie *Albrecht Ritschls*, die andre ist die sog. religionsgeschichtliche Schule." (157) Diese aber habe „die Fragestellungen der ersteren in sich aufgenommen und damit in gewissem Sinne überwunden" (ebd.).

---

[275] Anzeige in: ChW 24 (1910), Nr. 38 vom 22.9.1910, Sp. 909.

[276] KARL BARTH: Brief an den Vater vom 25.9.1910, zit. n.: Der christliche Glaube und die Geschichte (1910) [Einleitung der Hrsg.], 150. Es ist ein für Struktur und Entwicklung der Barthschen Theologie signifikanter Sachverhalt, daß ihre später geradezu zum Firmenlabel gewordene Programmformel hier, in der 1910 erstmals breit in Angriff genommenen Grundlagenauseinandersetzung mit Ernst Troeltsch, ihren historischen Ursprungsort hat. Die normativ-kritische Überbietungsansicht reflektiert sich schon in dem in Barths Titel eingesetzten Attribut „christlich".

[277] Die erste Überarbeitung nimmt Barth im November 1910 vor, die zweite im März 1911. Das Manuskript dieser zweiten Überarbeitungsfassung hat Barth am 25. März 1911 beendet. Es bildet die Druckvorlage, die wiederum erst 1912 erscheint.

[278] Vgl. KARL BARTH: Der christliche Glaube und die Geschichte (1910) [Einleitung der Hrsg.], 152. Der Vortrag Troeltschs ist abgedruckt in: ERNST TROELTSCH: Die Absolutheit des Christentums und zwei Schriften zur Theologie, hrsg. u. eingel. v. Trutz Rendtorff, Gütersloh 1969, 132–162.

[279] Um Konfusionen zu vermeiden, übernehme ich die Datumsvorgabe 1910 aus der Werkausgabe, sachlich richtiger wäre 1911. Der schon besprochene Vortrag „La Réapparition de la Métaphysique dans la Théologie" (1911) und die noch zu besprechenden kleineren Arbeiten über Tersteegen und J. Mott sind alle im gleichen Zeitraum – zwischen Oktober 1910 und März 1911 – entstanden.

[280] KARL BARTH: Der christliche Glaube und die Geschichte (1910), 155. Seitenzahlen im Text beziehen sich im Folgenden hierauf.

Das Œuvre E. Troeltschs als des systematisch-theologischen Repräsentanten der Religionsgeschichtlichen Schule repräsentiere somit den bis dato modernsten Reflexionsstand der Theologie. Troeltschs Lösungen aber, so insinuiert der Text, und in der Korrespondenz spricht Barth diese Einschätzung offen aus, werde „die Theologie in den Sumpf führen"[281]. In einer theologiegeschichtlichen Gegenwartssituation, die aus Barths gegenüber seinen Eltern geäußerten Sicht durch „ungemeinste Konfusion" bei den älteren Ritschlianern und „ungenügend[e] und unwesentlich[e]"[282] Lösungsversuche von Troeltsch gekennzeichnet ist, weiß Barth sich zwar nicht im Besitz des „Stein[s] der Weisen …", aber doch im Besitz einer „positive[n] und begründete[n] Ansicht, während die andern immer nur postulieren und schwärmen." (150) Im veröffentlichten Text stellt sich dieses Innovationsbewußtsein freilich etwas verklausulierter dar. Hier heißt es, daß die beiden Modernisierungsbewegungen der Theologie, die Ritschlschule und die Religionsgeschichtler aktuell in der Ablösung begriffen seien: „[E]s sind Anzeichen dafür da, daß die Füße derer schon vor der Tür sind, die … unter Aufnahme und Vertiefung ihrer Fragestellungen ein Neues, Besseres schaffen." (157f.) Im seinerseits signifikanten sprachlichen Mix von theologischem und biblischem Zitat[283] deutet Barth hier eine geschichtstheologische Ausarbeitung seines theologiegeschichtlichen Innovationsanspruches an,[284] deren implizite Pragmatik – als gewissermaßen self-fulfilling prophecy – ein Licht wirft auf die Typik des praktischen Charakters des von Barth intendierten Theologiebegriffs.

Barths geschichtstheologische Hintergrundsdeutung seiner eigenen theologischen Innovationsabsichten läßt sich anhand semantischer und theologischer Beobachtungen an Texten aus dem betreffenden Zeitraum noch genauer fassen. Die „Konfusion", die Barth in Sachen Grundlagenreflexion bei den älteren Ritschlianern und der Tendenz nach auch bei Troeltsch diagnostiziert, hat ein sprachliches Pendant in einem Zitat, das in Barths Œuvre später immer wieder eine prominente Funktion hat und zum ersten Mal in einem kleinen Aufsatz zu finden ist, der kurz vor dem Neuchâteler Vortrag entstanden ist: „Hominum confusione et Dei providentia Helvetia regitur"[285]. Der kleine Aufsatz, eine Bettagsbetrachtung unter dem Titel „Gott im Vaterland", ist die erste Veröffentlichung Barths mit einem geschichtstheologischen Thema; und es ist speziell die reformierte

---

[281] KARL BARTH: Brief an Wilhelm Loew vom 14.10.1910. Zit. n.: KARL BARTH: Der christliche Glaube und die Geschichte (1910) [Einleitung der Hrsg.], 151.

[282] AaO., 150.

[283] Barth bedient sich hier eines Zitats von R. H. Grützmacher und darin zugleich eines Actazitats (vgl. RICHARD HEINRICH GRÜTZMACHER: Modern-positive Vorträge. Leipzig 1906, 7). Dieser Hinweis ist – wie viele andere – der verdienstvollen Kommentierung der Werkausgabe zu verdanken, vgl. KARL BARTH: Der christliche Glaube und die Geschichte (1910) [Einleitung der Hrsg.], 158.

[284] Zu notieren ist, daß in Barths theologiegeschichtlichen Bemerkungen und impliziter Selbsteinordnung die Position W. Herrmanns eigentümlich ungeklärt bleibt. Von der allgemeinen „Konfusion" der älteren Ritschlianer wird er zwar ausdrücklich ausgenommen (vgl. aaO., 150), aber eine explizit positive Rolle fällt ihm auch nicht zu.

[285] KARL BARTH: Gott im Vaterland (1910). In: Ders.: Vorträge und kleinere Arbeiten 1909–1914, 139–144.

Lehre von der *providentia Dei*, mit der Barth seine geschichtstheologisch-politischen Ausführungen grundiert. „[W]o Gottes Aufgabe erfaßt und verstanden ist …," so lautet der
zentrale Gedanke dort, „… da lebt im innern Grunde des Menschen die Gewißheit: *Gott
wirkt*. Gott ist an der Arbeit. Sein Werk vollzieht sich unaufhaltsam, durch uns, mit uns,
ohne uns, manchmal auch trotz uns."[286] Am 28.1.1911 übersetzt Barth für sein Ge-
meindeblättchen einen Abschnitt aus Calvins Institutio von 1559. Er handelt von der
providentia Dei und ist überschrieben „Gott lenkt und der Mensch soll denken"[287]. Ein
Denken gemäß der providentia Dei, das sich selbst theologisch in seiner notorischen
Fallibilität und eben darin „sub specie aeternitatis und von *innen heraus*"[288] zu denken
vermöge, ist ein seiner theologisch-metahistorischen Voraussetzungen eingedenkes Denken, das eben darum eine „positive und begründete Ansicht" zu produzieren beansprucht,
während ein solcher Selbstvergewisserung unfähiges Denken „immer nur postulieren und
schwärmen"[289] könne.

Systematisch stellt Barths Geschichtsaufsatz den Versuch dar, jene Kernthese
der unveröffentlicht gebliebenen Troeltschrezension vom Frühjahr 1909, mit
W. Herrmanns Theorie des religiösen Erlebnisses sei die „Möglichkeit, ein von
religiösen Normen unabhängiges wissenschaftliches Verhältnis zur Geschichte
zu gewinnen"[290], prinzipiell erreicht, nun selbständig aufzubauen. Dies schließt
den explizit geltend gemachten Anspruch ein, die von Barth als zentrale Einsicht der Religionsgeschichtlichen Schule und namentlich Ernst Troeltschs ge-
wertete Bestrebung, nämlich die „volle … Anerkennung des historischen Relativismus"[291], systematisch-theologisch einzuholen. Damit macht Barth seinen
Programmgedanken öffentlich, das christlich-religiöse Bewußtsein theologisch
als die Möglichkeitsbedingung moderner wissenschaftlicher Geschichtsbewußtseins auszuarbeiten. Die Programmformel – „*Gott verschwand aus der Geschichte*"
(159) – soll ihrerseits auf „ein absolutes Verhältnis zur absoluten Geschichte"
(160) als seine hintergründige Möglichkeitsbedingung zurückgeführt werden.

Die Nachweispflicht, der sich Barth mit dieser These aussetzt, müßte der
Sache nach eine doppelte sein: Sowohl am historischen Bewußtsein im allgemeinen als auch am christlich-religiösen Bewußtsein wäre der reklamierte
wechselseitige Bezug aufzuweisen. Faktisch beschränkt sich Barth jedoch auf
den Versuch des theologischen Nachweises, daß von der Struktur des christlich-religiösen Bewußtseins aus ein Begründungspotential für das historische
Bewußtsein geltend gemacht werden könne.[292]

---

[286] AaO., 143.

[287] Jetzt in: KARL BARTH: Vorträge und kleinere Arbeiten 1909–1914, 262–264.

[288] KARL BARTH: Der christliche Glaube und die Geschichte (1910), 205; Anm.

[289] KARL BARTH: Brief an seine Eltern vom 4.10.1910, in: Ders: Vorträge und kleinere Arbeiten 1909–1914, 150.

[290] KARL BARTH: [Rez.:] Zeitschrift für wissenschaftliche Theologie, 370.

[291] KARL BARTH: Der christliche Glaube und die Geschichte (1910), 160.

[292] Im Hinblick auf den umgekehrten Nachweis, „daß ein Geschichts*bild*, d. h. im Unter-
schied zur bloßen Eruierung von Fakten und Faktoren ein von innen nach außen gehendes
Begreifen und *Aneignen* des geschichtlichen Geschehens nur auf Grund eines solchen absoluten
Verhältnisses des Geschichtsbeschauers zur Geschichte zu Stande kommt, also immer irgendwie

Darüber hinaus postuliert Barth aber, daß die Rekonstruktion der faktisch religiösen Basis des modern-historischen Bewußtseins ihrerseits immer schon und immer nur eine religiös-theologische sein könne: „Man mache sich aber klar, daß ... bei allem derartigen Begreifen die wissenschaftliche Methodik bereits der religiösen das Feld räumt."[293] Wohl darum meint Barth die entsprechende theologische Argumentation als „die sachgemäße Darstellung eines *Tatbestandes*, die Beziehung des Glaubens zur Geschichte, wie er im wirklichen christlichen Bewußtsein vorliegt" (ebd.), plausibel machen zu können. Die Aufgabe der Theologie bestehe somit darin, die im christlich-religiösen Bewußtsein faktisch niedergelegte und vollzogene Begründung für das historische Bewußtsein methodisch zu explizieren; sie bestehe, wie Barth sagt, im Aufweis einer „eigentümlich religiöse[n] und von da aus theologische[n] Methodik" (ebd.).

In der Durchführung dieses Programms greift Barth auf die referierten Überlegungen seiner früheren unveröffentlichten Grundlagenreflexionen zurück. Wie im französischen Metaphysikvortrag beschreibt Barth nun auch hier den Aufbau des religiösen Bewußtseins mittels begrifflicher Anleihen an eine hegelianisierende Theorie des Absoluten.[294] So heißt es nun vom Glauben: „Es handelt sich um die Erhebung des Individuums zum Trans-Individuellen, und es handelt sich ebenso sehr um die Einsenkung trans-individuellen Lebens in das Individuum. In jener Erhebung und in dieser Einsenkung erfährt der Gläubige seine *Realitätsbeziehung* oder sein ewiges Lebendig-Werden." (161) Freilich reflektiert Barth nun deutlicher als in den früheren Schriften auf den Geltungsanspruch einer solchen Beschreibung; und er spricht nun offen von einer „*psychologischen* Darstellung des Glaubensvorgangs" (ebd.), bei der die geltungstheoretischen Ansprüche, also die Frage, ob die in Anschlag gebrachten religiösen Erfahrungen „Wahrheit oder Einbildung" (ebd.) sind, zunächst ausdrücklich zurückgestellt werden sollen. Damit wird das im Metaphysikvortrag faktisch betriebene Verfahren explizit gemacht.

Die „‚Hinschau' auf das Absolute" (163) wird nun geradezu zum Synonym des Glaubensbegriffs. Die Pointe dieser hegelianisierend beschriebenen Struktur ist jedoch gerade die unhegelische These von einer nur faktischen Koinzi-

---

auf Grund von ‚Glaube' und ‚Offenbarung'" (aaO., Anm. c.), beschränkt sich Barth auf die Feststellung seiner Notwendigkeit: „Es wäre übrigens zu zeigen ...". Ebd.

[293] Ebd.

[294] Sie könnte vermittelt sein durch A. E. Biedermann, dessen Religionsphilosophie Barth in dem zwei Jahre später verfaßten Aufsatz „Der Glaube an den persönlichen Gott" vergleichsweise positiv aufnimmt (vgl. Der Glaube an den persönlichen Gott [1913]. In: Vorträge und kleinere Arbeiten 1909–1914, 494–554, hier: 517 u. ö.; vgl. ALOIS EMANUEL BIEDERMANN: Christliche Dogmatik. 1. Bd., 2. Aufl. Berlin 1844). Auch die Separierung einer psychologischen Darstellung der Religion, die in manchen Hinsichten ganz ähnlich wie bei Barth durchgeführt ist, findet sich dort (vgl. aaO., 193ff.). Die Parallelen müssen aber nicht literarischer Art sein. Verwandte Bestimmungen finden sich beispielsweise auch beim frühen Troeltsch (vgl. ERNST TROELTSCH: Die Selbständigkeit der Religion. In: ZThK 5 [1895], 361–436; ZThK 6 [1896], 71–110, hier [1895]: 393). Vgl. dazu meine Arbeit: Theologie als Wirklichkeitswissenschaft, 59.

denz der Relate, der gerade keine logisch-begriffliche Vermittlung entsprechen soll. Die Unmittelbarkeit des Glaubens zum Absoluten ist eine Unmittelbarkeit des endlichen Individuums zum schlechthin andern seiner selbst. „Sie ist Selbstgewißheit und Gottesgewißheit in Einem" (182). Aber in dieser Koinzidenz ist eben der Gegensatz der Relate nicht harmonisiert: „Hier steht der erkennende und der wollende Mensch, *indem* er erkennt, im Ding an sich mitten drin und, *indem* er will, unter absoluter Heteronomie."[295]

Die deutlichere methodische Trennung von psychologischer und geltungstheoretischer Analyse des religiösen Bewußtseins geht mit einer schärferen Akzentuierung der Differenz der Religion gegenüber den Geltungsfunktionen des „Kulturbewußtseins" einher. „Heterogen ...", so heißt es nun vom Glauben, stehe er „... an sich dem Gültigkeitsapparat der Logik, Ethik und Ästhetik gegenüber. Denn es kreuzen sich hier (dies wird in der Verhandlung über das Apriori zu wenig beachtet) die auf völlig verschiedenen Flächen liegenden Probleme des Ich, des einzelnen Menschen, des individuellen Lebens und das des gesetzlichen Bewußtseins, der Menschenkultur, der Vernunft." (163) Der Glaube als Funktion des „Problemkreis[es] des Individuums" soll damit eo ipso „nicht der Vernunft angehör[en]" (ebd.).

Die Perspektiventrennung wiederholt sich in der geltungstheoretischen Konstruktion der Religion. Hier stellt Barth mit sprachlicher Anlehnung an Herrmann, sachlicher Anlehnung an Schleiermacher, „die prinzipielle Artverschiedenheit zwischen unmittelbarem Bewußtsein und der Reflexion darüber, zwischen Glaube und Glaubensgedanken" (182) fest. Mit Anklängen an Schleiermachers Reden skizziert Barth eine Theorie des unmittelbaren Absoluten,[296] wobei jedoch für das formal-allgemeine Bewußtsein von der Präsenz dieses Absoluten gerade nur als von einem „‚An sich' des Wirkenden" (183) gesprochen werden könne. Das Absolute ist hier für das Bewußtsein ein ihm objektiv Entgegenstehendes, ein „‚An sich'" (ebd.). Erst im individuell-realisierten Kulturbewußtsein, mithin im religiösen Vollzug, wird das Absolute als „*Wirksamkeit und Tätigkeit erfahren*" (ebd.). Diese Wahrnehmungsart sei darum strikt auf den „*Vorgang des individuellen Lebendigwerdens*" (ebd.) zu beziehen. Die Religion läßt sich mithin nicht als eine Bewußtseinsfunktion unter anderen beschreiben, weil es sich bei ihr gerade um den Vollzugssinn des Bewußtseins selbst und insgesamt handelt. Sie kann nur als „*zustande kommend[e]* ..." beschrieben und „... darf *nicht* als im Begriff des Menschen gegeben, *vorausgesetzt*

---

[295] KARL BARTH: Der christliche Glaube und die Geschichte (1910), 181. Die Formulierung stammt zwar wie die in der vorigen Anmerkung zitierte aus dem geltungstheoretischen Teil, bezieht sich dort aber wiederum auf die auch schon psychologische Deutung der religiösen „Realitätsbeziehung" (ebd.). – Wenn Barth bereits 1911 von einem „heteronomisch erfahrenen Absoluten" spricht, dann greifen Deutungen, die Barths Entwicklung als Entwicklung von der idealistischen Synthese in der liberalen Phase zur dialektisch-theologischen Diastase zeichnen, offensichtlich zu kurz. Die spätere theozentrische Wende der Barthschen Theologie, das zeichnet sich hier schon ab, darf nicht inhaltlich, sie muß methodologisch gedeutet werden.

[296] Vgl.: „Und dieses Unendliche im Endlichen befindet sich in ununterbrochener Tätigkeit und offenbart sich unserm unmittelbaren Selbstbewußtsein in jedem Augenblick." AaO., 182.

werden. Der Begriff des Menschen ist das Kulturbewußtsein in Logik, Ethik und Ästhetik, und dieses kann und darf von solcher Anschauung nichts wissen" (186).

Die Funktion der Religion bestehe also gerade darin, daß sie das Gesetzlich-Allgemeine, das Kulturbewußtsein je zeitlich-individuell erfahrbar mache und darin ‚realsetzt'. So verwandelten sich die „auf völlig verschiedenen Flächen liegenden Probleme des Ichs, des einzelnen Menschen, des individuellen Lebens und ... des gesetzlichen Bewußtseins, der Menschenkultur, der Vernunft ... in die innigste und wirksamste Gemeinschaft im Glaubens*vorgang*, ... im Vorgang des im einzelnen Menschen *wirklichen* Denkens, Wollens und Fühlens" (163). Als solchermaßen individuell-verzeitlichende Funktion leiste die Religion die „*Entstehung* resp. *Fortpflanzung*" (162) des normativen Kulturbewußtseins. Von daher sei der Glaube als solcher „bereits verankert im *Geschichts*vorgang. Der Glaube blickt rückwärts in eine Vergangenheit, und er blickt vorwärts in eine Zukunft. Er hat etwas empfangen, und er will etwas schaffen. Das Unde und das Quo dieser doppelten Bestimmtheit ist aber die menschliche Sozietät, die Menschen." (Ebd.)[297] Darum gelte: „[D]urch das Moment des Glaubens wird das Kulturbewußtsein geschichtlich. Glaube und Geschichtlichkeit der Kultur werden zu Synonymen." (163) Indem die Religion die zeitlich-individuelle Selbsterfassung und darin die Realisierung des normativen Kulturbewußtseins leiste, bilde sie eodem actu die Grundlage und Triebfeder sittlich-praktischer Selbstrealisierung des Individuums.

Die systematische Eigenart dieser Religionstheorie ist ihre methodologische Doppelbestimmtheit: Sie will eine religionsphilosophisch-allgemeine Analyse der subjektivitätstheoretischen Funktion der Religion bieten; diese aber soll gerade wiederum nur als Selbstauslegung des positiven religiösen Bewußtseins, mithin nur als Theologie, durchgeführt werden können. Troeltschs Reflexionen auf die Absolutheit des Christentums und die Relativität geschichtsphilosophischer Maßstabbildung[298] werden von Barth somit in die theologische Selbstauslegung des christlich-religiösen Bewußtseins zu überführen versucht. Konkret dienen dazu die christologischen Reflexionen, welche in diesem der Geschichtsthematik gewidmeten Aufsatz verhältnismäßig breiten Raum einnehmen.[299] Darin zeigt sich materialiter der Abstand dieses Textes zu jener „christocentrische[n] Theologie eventuell ohne Christus"[300], die Barth in seinen ersten religionsphilosophischen Entwürfen vorgeschwebt war.

---

[297] AaO., 162. Vgl.: „Wie sollte es anders sein, da es sich um das Ewige Lebendig-Werden des *Menschen*-lebens handelt? Menschenleben aber kann gar nicht anders gedacht werden denn als empfangendes und schaffendes *Glied* in einer *Reihe* von seinesgleichen. So weiß sich der Glaube nach hinten und nach vorn verkettet in die Sozietät, in die Geschichte." Ebd.

[298] Vgl. Ernst Troeltsch: Die Absolutheit des Christentums (1902). In: Ders: Die Absolutheit des Christentums und zwei Schriften zur Theologie. Einleitung von Trutz Rendtorff, Gütersloh 1969, 11–131, hier: 74.

[299] I. Spieckermanns ansonsten sehr genaue Analyse des Aufsatzes übergeht die breiten christologischen Reflexionen nahezu ganz, vgl. Ingrid Spieckermann: Gotteserkenntnis, 27.

[300] Karl Barth: Ideen und Einfälle zur Religionsphilosophie (1910), 127.

Genau wie in dem von Barth gehörten Aarauer Vortrag Troeltschs über die „Bedeutung der Geschichtlichkeit Jesu für den Glauben"[301] dient auch bei Barth die Christologie zur Begründung des Geschichtsbezugs des Glaubens. Troeltsch hatte in seinem Vortrag diese Bedeutung allerdings in einem soziologisch-funktionalen Verfahren bestimmt, das dementsprechend dem christlich-religiösen Bewußtsein insgesamt auch keine verbindliche Allgemeingeltung zuschreiben kann.[302] Im genauen Gegenzug dazu bestimmt Barth den Geschichtsbezug des christlichen Glaubens als exklusiv vermittelt durch das geschichtliche Individuum Jesus von Nazareth, der in seiner geschichtlichen Partikularität als gegenwärtig wirkend erfahren werde.[303] Christlicher Glaube sei zu beschreiben als Erfaßtsein des Glaubenden vom „*wirkende[n] affizierende[n] Christus*" (193); und dieser sei als „*Quelle und Stoff des christlichen Glaubens*" (ebd.) zu verstehen.

Die Vermittlung der dogmatischen Behauptung der Autorität Christi mit dem „autonomen, d.h. selber erkennenden modernen Kulturbewußtsein" (180) erscheint Barth möglich unter der Bedingung, daß diese Autorität an sich selbst – Barth nennt dies den „*Christus außer uns*" – und der Vollzug ihrer Anerkennung – der „*Christus in uns*" (188) – als gleichursprünglich gedacht werden. Wo dies nicht geschieht, wo eine als abstrakt geltend behauptete Autorität Christi, ein „*Christus an sich*" (ebd.) in Anschlag gebracht wird, zu dem sich der Glaube erst logisch und zeitlich sekundär in einem von der Geltung der Autorität unterschiedenen Anerkennungsakt verhalten soll, erweise sich die Autorität Christi nicht als Grund endlicher Handlungsfreiheit, sondern als dessen Funktion, als Funktion von „Werkgerechtigkeit" (180).

Indem die Theologie, wie Barth hier an der Christologie vorführt, die Inhalte des religiösen Bewußtseins auslegt, legt sie dessen impliziten allgemeinen Geltungsanspruch explizit aus, der freilich ein jeweils zeitlich-individueller und damit faktisch partikularer ist. Dieses in der Theoriestruktur angelegte Verhältnis von religiöser Implizität und theologischer Explizität scheint nun aber zu folgendem Schluß zu nötigen: Allererst im Prozess der theologischen Selbstauslegung erfährt sich das religiöse Bewußtsein *bewußt* als geschichtlich-allgemeines. Der Prozess der theologischen Selbstauslegung der Religion *ist* der Prozess selbstbewußt-geschichtlicher Selbstauslegung der Religion und als solcher zugleich der Grundvollzug ihrer sittlich-praktischen Selbstrealisierung.

In einer analytischen Perspektive besteht der Theoriefortschritt der ersten konstruktiv-systematischen Publikation Barths, die der Aufsatz „Der christliche Glaube und die Geschichte" darstellt, somit darin, daß die implizit-geltungs-

---

[301] ERNST TROELTSCH: Die Bedeutung der Geschichtlichkeit Jesu für den Glauben (1911). In: Ders: Die Absolutheit des Christentums und zwei Schriften zur Theologie. Einleitung von Trutz Rendtorff, Gütersloh 1969, 132–162.

[302] Der Bezug auf Christus ist bei Troeltsch nötig um der für den geschichtlichen Bestand des Christentums wichtigen Gemeinschaftsbildung im Kultus willen. Vgl. aaO., 146, 157 u.ö.; zur Offenheit der geschichtlichen Dauer des Christentums, vgl. aaO., 161.

[303] Vgl. KARL BARTH: Der christliche Glaube und die Geschichte (1910), 164.

theoretische Funktionalität der Theologie als prozessualer Selbstauslegung des religiösen Bewußtseins und darin die faktisch konstitutive Bedeutung theologischer Selbstauslegung für den Vollzug des religiösen Bewußtseins, dessen Eigen-Sinn kein anderer als die Realisierung solchen Geltungsbewußtseins sein soll, bereits hier klar erkennbar wird.

Die Folgen dieser eigentümlich engen und wechselseitig aufeinander bezogenen Konstellierung von Religion als Individualitätsfunktion, theologischer Selbsterfassung der Religion mit implizit geltungstheoretischen Ansprüchen und sittlich-praktischer Selbstauslegung des religiös-theologischen Bewußtseins werden an einigen kleineren Texten greifbar, die Barth im Winter 1910/11 verfaßt hat. Die ersten beiden handeln von dem Mystiker Gerhard Tersteegen, die anderen von dem amerikanischen Studentenmissionar John Mott. Beide Textgruppen können gelesen werden als Fallstudien gelungener religiös-theologisch und zugleich sittlich-praktischer Selbstrealisierungen von Individualität.

1.2.4. Tersteegens ,Innerlichkeit' als Beispiel gelungener Selbstrealisierung religiös-theologischer Individualität

Über Gerhard Tersteegen hat Barth im Winter 1910/11 zwei Texte verfaßt. Der eine ist das Manuskript eines Vortrags, den er innerhalb einer Reihe von Gemeindevorträgen über Gesangbuchliederdichter am 13.11.1910 gehalten hat; der andere Text ist die stark komprimierte Ausarbeitung dieses Manuskripts als Aufsatz für das Gemeindeblatt.[304] In diesen für den Gemeindebetrieb verfaßten Texten hat Barth, anders als in dem Geschichtsaufsatz und in seinen „Ideen und Einfällen zur Religionsphilosophie", natürlich keine explizite Grundlagenreflexion betrieben. Daß die Arbeiten unbeschadet ihres äußerlich ephemeren Erscheinungsbildes gleichwohl für Barths theologisches Selbstverständnis im entsprechenden Zeitraum von nicht geringer Bedeutung sind, mag eine spätere Bemerkung Barths in einem Brief an Martin Rade deutlich machen, der aus der für Barths theologische Selbstreflexion sehr wichtigen Phase 1914/15 stammt. Dort stellt Barth Rade die Frage: „Steht das Christenleben eigentlich im christlichen Glauben oder in einer ‚christlichen' Ethik? Du weißt, warum ich das frage. Da haben sich ja bis jetzt unsere Wege geschieden. Ihr ginget von Luther aus zu Bismarck, wir zu Tersteegen (oder, etwas anders ausgedrückt, von Calvin aus zum radikalen Sozialismus – sachlich berührt es sich!)."[305]

Tersteegen ist für Barth wichtig, weil er ihn als eine theologische *und zugleich* religiöse Existenz deutet, die in individueller Akzentuierung das Programm *realisiert* habe, das Barth in seinem Aufsatz über Glauben und Geschichte theoretisch projektiert. Diesen Realisierungsgedanken spiegelt Barth in Gerhard Tersteegen hinein, indem er feststellt, daß diesen eine „unmittelbar praktische

---

[304] Vgl. KARL BARTH: Gerhard Tersteegen [Vortrag] (1910). In: Ders.: Vorträge und kleinere Arbeiten 1909–1914, 230–256; Gerhard Tersteegen [Aufsatz] (1910). In: Ders.: Vorträge und kleinere Arbeiten 1909–1914, 257–261.

[305] Karl Barth an Martin Rade, Brief vom 19.6.1915, in: Christoph Schwöbel (Hrsg.): Karl Barth – Martin Rade. Ein Briefwechsel, 133.

persönliche Auffassungsweise der religiösen Wahrheit"[306] charakterisiere, wie sie tendenziell auch schon für Paul Gerhardt typisch gewesen sei.[307] Von der theologiegeschichtlichen Schwellensituation im Übergang von Orthodoxie zu Pietismus, welche Tersteegen und Gerhardt repräsentieren, macht Barth hier systematisch- und zugleich praktisch-theologischen Gebrauch.

„Das Neue besteht darin, daß hier von Gott u.[nd] Christus sozusagen gar nicht mehr die Rede ist als von objektiven Größen, die dem Menschen *gegenüber* stehen[,] um dann angeeignet zu werden. Sondern ... von dem innerlich erfahrenen Gott ist hier die Rede, von dem erlebten u.[nd] angeeigneten Christus u.[nd] nur von diesem, während die objektiven religiösen Wahrheiten, die P. Gerhardt verherrlicht, bei T.[ersteegen] nur als dogmatische Garantie im Hintergrund stehen, ohne daß sie bes.[onders] betont würden." (234f.) Vor dem Hintergrund des Geschichtsaufsatzes wird deutlich, daß Barth hier gerade nicht die subjektive, ‚erlebte' Bedeutung Christi gegen eine objektive Geltung ausspielt, sondern auf die allein im Anerkennungsvollzug des Glaubens erfaßbare ‚objektive' Geltung hinaus will.[308] So sehr Tersteegens Subjektivismus die Objektivität des Glaubensgrundes nicht destruiere, sondern tatsächlich in sich berge, so sehr ziele dessen „Innerlichkeit[s-]„Theologie (256) auch auf die Einsicht, daß „der Mensch in seinem Verhältnis zu Gott nicht auf einer Insel steht, sondern daß er auch sein Bestes nur hat, weil und indem er ein Glied der menschlichen geschichtlichen *Gemeinschaft* ist. Er ist ein Glied in der Kette der *Geschichte* und weil er erkennt[,] daß Christus am Anfang u.[nd] Ende der Kette steht[,] wird er selbst etwas. Die Einsamkeit mit Gott ... hat die Gemeinsamkeit mit der Geschichte, d.h. aber mit Christus zur Voraussetzung." (251) Im geschichtlichen Charakter religiöser Individualität, wie sie bei Tersteegen präsent sei, gründet nach Barth ferner das – wenigstens der Möglichkeit nach angelegte, wenn auch faktisch von Weltflüchtigkeitstendenzen überlagerte – sittlich-praktische Potential dieses Programms. In der Anerkennung der „Überlegenheit Gottes" (256), wie sie im „leidenden Gehorsam ..." Christi am Kreuz manifest geworden sei „... haben wir die höchste Anschauung der Liebe [...] Diese Anschauung aber muß *in uns* Wahrheit werden" (252).

Es ist nicht die aus Barths Sicht eher schwach entwickelte Differenziertheit der theoretischen Ausarbeitung dieser theologischen Grundgedanken, die Tersteegen für Barth 1911 (und auch noch 1915) bedeutsam und bedeutend macht,[309] sondern der Sachverhalt, daß Barth dieses Programm bei Tersteegen nicht nur theologisch gedacht, sondern zugleich religiös gelebt und – als Verbindung von beidem: sprachlich kommuniziert und *darin* jedenfalls in Ansätzen sittlich-praktisch wirksam werden sieht. Diese Verbindung von theologischer Reflexion, religiöser Lebenspraxis und sprachlich-sittlicher Kommunikation dürfte es sein, die hinter dem Epitheton des „Propheten" steht, mit dem Barth Tersteegens Bedeutung summarisch auf den Begriff gebracht sieht: „Er ist der Prophet der *Konzentration* [...,] der *Innerlichkeit*[, ...] der *Überlegenheit Gottes* ..." (255f.), und weil

---

[306] Vgl. Karl Barth: Gerhard Tersteegen [Vortrag] (1910), 234. Seitenzahlen im Text beziehen sich im Folgenden hierauf.

[307] Vgl. ebd.

[308] Es soll also nicht einfach die Differenz von fides qua und fides quae eingezogen werden, sondern Barth bestreitet die Zweitaktigkeit von Geltungserkenntnis und Anerkennungsakt. Vgl. im aufgenommenen Zitat die Formulierung „... *um dann* angeeignet zu werden". Karl Barth: Gerhard Tersteegen. [Vortrag] (1910), 234 (Hvhbg. von mir; G.P).

[309] Vgl. die mehrfache variierte Feststellung: „T.[ersteegen] ist ... kein Schriftgelehrter[,] überhaupt kein Gelehrter gewesen." AaO., 247.

und insofern er dies sei, sei „... dieser Prophet der Konzentration, der Innerlichkeit, der Überlegenheit Gottes eine wichtige u.[nd] große Botschaft an uns Menschen der heutigen Zeit." (256)

Phänotypologisch betrachtet sind die beiden Tersteegentexte sicherlich eher unauffällige und durchaus typische Produkte liberal-theologischer Gemeindetheologie nach der Jahrhundertwende. Ihre Bedeutung im Rahmen von Barths theologischer Entwicklung liegt aber darin, daß sie einen Theologiebegriff durchscheinen lassen, der im Modus der Beschreibung gelungener religiös-theologischer Individualisierung über diesen Beschreibungsduktus selbst hinausweist. Durch das Bild des geschichtlichen Individuums hindurch, über welches die theologisch-kommunikative Selbstauslegung des religiös-theologischen Ichs des Autors sich hier noch vermittelt, wird bereits die solche Vermittlungen abschüttelnde, sich unmittelbar auf den biblischen Ursprungstext beziehende Selbstauslegung erkennbar, als welche die spätere Theologie nach der Inversionswende zu lesen sein wird. Ähnliches gilt in potenzierter Form für die beiden Artikel Barths über John Mott. Gerade aufgrund ihres ‚praktisch-theologischen‘ Charakters erfüllen insbesondere die über die Missionsveranstaltungen des amerikanischen Studentenmissionars John Mott verfaßten Artikel vom Februar 1911 eine wichtige Scharnierfunktion für Barths Denken und zwar sowohl in systematischer, als auch in historischer Sicht.

1.2.5. ‚Die Strategeme des Herrn Mott‘ oder: die Entdeckung der pragmatischen Dimension der Theologie

Die beiden Aufsätze über die Studentenmissionsveranstaltungen des amerikanischen „Weltmissionars" John Mott entstehen Anfang Februar 1911. Barth hat John Mott, der in diesen Wochen in mehreren schweizerischen Universitätsstädten missionarische Vorträge hielt, am 6. Februar in Genf gehört. Als Ankündigung der Vorträge Motts in Basel am 16. und 17. Februar schreibt Barth auf Betreiben Thurneysens einen kurzen Artikel für die Basler Nachrichten[310] und gleichzeitig eine etwas längere kritische Stellungnahme für das „Centralblatt des schweizerischen Zofingervereins".[311] Die Missionsveranstaltungen des amerikanischen Predigers, des Mitbegründers und führenden Vertreters des Christlichen Studentenweltbundes, erregen großes öffentliches Interesse, das sich auch in lebhaften publizistischen Debatten niederschlägt.[312]

---

[310] Jg. 67, 2. Beilage zu Nr. 47 vom 16.2.1911, 2. Wiederabdruck in: KARL BARTH: Vorträge von John Mott (1911). In: Ders.: Vorträge und kleinere Arbeiten 1909–1914, 285–287.

[311] Jg. 51 (1910/11), Nr. 6, 487–502. Wiederabdruck in: KARL BARTH: John Mott und die christliche Studentenbewegung (1911). In: Ders.: Vorträge und kleinere Arbeiten 1909–1914, 266–284. Stellenangaben im Text beziehen sich im Folgenden hierauf. Zu den Entstehungsbedingungen der beiden Artikel und die Reaktionen auf sie vgl. die Einleitung der Hrsg., aaO., 266–269. Vgl. dazu auch die kurzen Hinweise bei EBERHARD BUSCH: Karl Barths Lebenslauf, 69f.

[312] Auf Barths Artikel ist zumindest eine Reaktion erfolgt, über die er sich noch vier Monate nach den Ereignissen auf einer (am 11.6.1911 abgestempelten) Postkarte an Wilhelm Loew freuen kann: „Ich mit Behagen unterdessen wurde in 2 Feuilletons des ‚Bund‘ leibhaftig auf-

Für die hier verfolgte Untersuchungsperspektive sind die scheinbar ephemeren Mott-Artikel Barths schon wegen der methodischen Blickrichtung interessant, die ihr Autor wählt. Primärer Gegenstand der Analyse sind nicht der Missionar und seine Veranstaltung, sondern die „persönlichen Eindrücke"[313], die das Ereignis beim Kritiker hinterläßt. Das ist der Sache nach ein rezeptionsanalytisches Verfahren und zwar, wie sich zeigen wird, sogar in einem spezifischen Sinn. Denn mit den ‚Eindrücken', die das Ereignis beim Rezipienten erzeugt, werden zugleich auch die durch sie ausgelösten Veränderungen der Reflexion des Autors über solche Eindrücke thematisiert. Die Rezeptionsanalyse hat, wenn man so will, eine methodologische Spitze.[314]

Die Rezeptionsreflexion wird von Barth in die Metapher von den „Brillen" (274) gekleidet, die er zunächst benutzt habe, dann aber „versuchsweise einmal bei Seite legte" (ebd.). Diese zunächst benutzten „Brillen" sind solche, welche die Rede des Amerikaners einer kritischen moralischen und intellektuellen Einzelprüfung unterziehen. Beide Prüfungen führen zu vernichtenden Ergebnissen. In moralischer Hinsicht erweise sich „Herr Mott ..." als „... ein geschäftiger Amerikaner" (ebd.), der zwar nicht eigennützig handle, sich aber doch von gesinnungsethischen Prinzipien bei der Gestaltung seiner Vorträge verabschiede, indem er diese nach einer durchsichtigen rhetorischen „Strategie" (282) und „Taktik" (271) aufbaue, die unter Preisgabe eigener dogmatischer Überzeugungen[315] sich in der Wahl seiner Mittel aber so weit an die Erwartungshaltung seiner Zuhörer „*akkomodiert*" (ebd.), daß alle Einzelzüge und -inhalte der Veranstaltung einem einzigen praktisch-strategischen Endzweck untergeordnet werden, der darin bestehe, „aus einem gewöhnlichen ein[en] ‚christliche[n]' Student[en]" (ebd.) zu machen. Nicht minder vernichtend fällt die intellektuelle Kritik aus.[316]

Zu einer gleichsam metakritischen Wendung der Kritik kommt es, indem Barth seine eigene Kriteriologie einer gewissermaßen ideologiekritischen Analyse unterzieht. In dieser erweisen jene Brillen sich als die „Brillen ... des Mitteleuropäers" (274), der seinen

---

gefressen wegen meines Aufsatzes über Mott. Ein jüdischer stud. phil. spielte Lessing contra Goeze gegen mich; es war sehr schön." Zit. n. Einleitung der Hrsg. in: Karl Barth: John Mott und die christliche Studentenbewegung (1911), 268.

[313] AaO., 270. Der Artikel ist durchgehend als subjektiver, aber reflektierter Erlebnisbericht in der ersten Person Singular gestaltet; vgl. schon den Beginn des ersten Satz: „Ich gehöre mit zu denen, die ...", (ebd.) und das Ende des Berichts: „Ich bin zu Ende. Andere werden bei Mott mehr, andere weniger gefunden haben. Ich habe gesagt, was ich gesehen habe." AaO., 281.

[314] Diese Einstellungsveränderung ist für Barth das eigentlich Interessante an dem ‚Phänomen' John Mott; darum stehen die intensiven Eindrücke, von denen er in seinen Artikeln berichtet, nicht im Widerspruch zu der Mitteilung an die Eltern: „Nur kann ich nicht sagen, daß es mich irgendwie ergriffen hätte." (Brief an die Eltern vom 6.2.1911, zit. n. Einleitung der Hrsg., in: Karl Barth: John Mott und die christliche Studentenbewegung, 267). Die Begegnung mit dem amerikanischen Missionar ist für Barth auf der Theorieebene interessant – nicht auf der religiösen Erlebnisebene.

[315] Vgl. Karl Barth: John Mott und die christliche Studentenbewegung, 271.

[316] Vgl.: „Er hat uns fast ausnahmslos Gedanken und Argumentationen vorgebracht, die wir längst kannten und die wir z. T. längst als unbrauchbar wieder über Bord geworfen hatten. Er hat kein einziges der gewaltigen Probleme, die er anrührte, als Problem behandelt, sondern sich begnügt, von der Kanzel einer von vornherein feststehenden Wahrheit aus zu predigen, d. h. gute Ratschläge zu erteilen. Ich würde mir nicht erlauben, meinen Konfirmanden so zu kommen." AaO., 272.

„Verdruß über die Religionsgeschäftigkeit" (ebd.) des pragmatischen Amerikaners nicht verhehlen kann, und als die des „‚akademisch Gebildeten'" (ebd.), der an dessen „völlig ungenügende[r] intellektuelle[r] Arbeitsweise" (ebd.) Anstoß nimmt. Diese analytischen „Brillen", welche die Beobachtung von vornherein von der Aktions- und Ereignisebene wegverlegen und auf die moralische und intellektuelle Gesinnung des Beobachteten fokussieren, sollen nun beiseite gelegt werden.

Die neue Brille ist das „Interesse" an John Mott als „Mensch" (ebd.). Und zwar soll die „Persönlichkeit" (275) J. Motts nun gerade nicht in einer psychologisch-motivations-analytischen Tiefenperspektive in den Blick kommen, nicht hinter ihren Handlungs-äußerungen, sondern gerade in ihnen: „Ich ließ diese Persönlichkeit zunächst rein als *Vorgang* auf mich wirken." (Ebd.) In dieser gleichsam phänomenologischen Betrach-tungsweise erscheine die missionarische Strategie J. Motts und ihre praktische Umset-zung als ein mehrgliedriger, aber in sich geschlossener „Vorgang", den Barth folgender-maßen beschreibt: „Mott erkennt in den Universitäten die Brennpunkte des geistigen Lebens der Menschheit, damit ihres Lebens überhaupt. Er legt zweitens jedem Studenten den Marschallstab in den Tornister zum Führeramt an irgend einer wichtigen Stelle dieses Menschheitslebens. Er fordert aber drittens, daß der Führer, der an dieser wichti-gen Stelle steht, vor allem selbst ein rechter, d. h. ein innerlich, moralisch rechter Mensch sei. Und darum postuliert er viertens, daß der Student ein Jünger Jesu sei, denn in der Gemeinschaft mit Jesus wird man ein innerlich, moralisch rechter Mensch." (Ebd.)

Diesem mehrgliedrigen Handlungszusammenhang gegenüber wandelt sich nun das kritische Urteil des Beobachters in ein selbstkritisches: „Menschheit – Universitäten – Student – Mensch – Jesus. Ich sage: das ist für Mott ein *Vorgang*. Für uns ist es zunächst eine Theorie. Wir reflektieren über ihre einzelnen Glieder […] Gut, tun wir's. Aber ist es nicht herzerquickend, einmal einem Menschen zu begegnen, bei dem die Reflexion und Diskussion aufgehört hat, bevor sie anfangen, in dem die ganze Reihe eins ist, eben nicht als Theorie, sondern als Vorgang? Denn das ist's. Das ist die Persönlichkeit Mott: *Es geschieht etwas*. Und zwar geschieht nicht dies und das, sondern gleich das Letzte und Größte: Der Mensch wird nach seinem Zwecke gerichtet, und der Zweck ist die Mensch-heit." (Ebd.)

In dieser phänomenologisch-synthetischen Analyseperspektive erscheint die beob-achtete Person, ihr Programm und dessen handlungspraktische Umsetzung als ein inte-graler „Vorgang", nämlich als „ein als *Tatsache* in unsern Gesichtskreis getretener Vor-gang" (276). Diese synthetische Integrationsperspektive erweist sich nun aber als dem Gegenstand angemessen, weil die beobachtete Person mit ihrem Programm selbst genau auf einen solchen „Lebensvorgang" (ebd.) ziele: „In John Mott haben wir einmal einen gründlich gesunden Menschen vor uns gehabt. John Mott bleibt nicht auf der Teilstrecke wie wir, sondern sein persönliches Leben besteht darin, daß er beständig zwischen dem Anfangs- und dem Endpunkt jener Reihe und umgekehrt unterwegs ist und nirgends stehen bleibt." (Ebd.) „Er weiß, was er will, und er will, was er weiß. Mit einem Wort: Er *ist* das, worüber wir Reden halten und Bücher schreiben: eine *Persönlichkeit*." (275)

Darum hebt Barth auf diese reflektierte Weise seine moralische Gesinnungskritik am Utilitarismus[317] des Amerikaners metakritisch auf: „[I]ch hoffe, Sie haben es mit mir empfunden, daß uns hier, bewaffnet mit einer schlechten unkantischen Ethik, ein wirk-licher lebendiger Idealist und Kantianer entgegengetreten ist. Wir haben es gespürt, daß

---

[317] Vgl.: „Wer von Kant auch nur hat läuten hören, dem mußten gewisse Passagen einfach in den Ohren weh tun." AaO., 277.

wir da einmal Einen vor uns hatten, der mit dem Gedanken einer unbedingten überlegenen Pflicht für sich selber rücksichtslosen Ernst gemacht hat."[318]
Die ethische Rationalität der Handlung setzt sich gegen die ethische Rationalität der
Gesinnung durch. Und zwar besteht die Überlegenheit der Mottschen „Taten ..."" gegenüber den bloßen „... Gedanken" (277) der „theoretisch-korrekten Idealisten" (ebd.),
zu denen sich Barth ausdrücklich selbst auch rechnet, darin, daß diese gewissermaßen an
sich selbst auf eine überindividuelle Realisierungsgestalt hin ausgerichtet seien. Die von
Mott intendierte „individuelle Kultur des guten Willens ..."" ziele eodem actu auf eine
„universelle Organisation des guten Willens" (ebd.). Und dabei verhalte sich letztere zur
ersteren nicht eigentlich wie das Mittel zum Zweck, sondern Motts individuelle Person
und die geschichtliche Realisierung seines Programms, die „Bewegung", die er inszenie-
re, seien in seinem Handlungsprogramm gleichursprünglich integriert. „Beides sind wieder korrespondierende Momente: Mott agitiert, um „die ‚Bewegung' zu ‚machen', und
die Bewegung besteht darin, daß agitiert wird. Das Studentenapostolat ist die Studenten-
organisation. Beides ist einfach die Projektion des Vorgangs Mott nach außen, in einen
Makrokosmos: Jesus für die Menschheit und die Menschheit für Jesus." (Ebd.) Individuelle Sittlichkeit und Partizipation an einer bestimmten partikularen religiös-moralischen
Organisation sind koextensiv. „Das neue Leben wird nach Mott ohne weiteres Teilnahme an der Organisation. Der gute Wille will organisiert sein. Und zwar sofort nachdem
er einmal erweckt ist." (278) „Für Mott ist der Bund die Sache, und die Sache ist der
Bund". (279) Dabei stehen die Partikularität der Organisation und ihre Universalisierungs-
absichten – „sein Bund [muß] ein Weltbund sein" (280) – gerade nicht im Widerspruch
zueinander, sondern die Partikularität ist die praktisch-notwendige Form intentionaler
Universalität.

Barths Mott-Artikel sind nicht frei von einer für ihre Entstehungszeit typischen nietzscheanisch instrumentierten Bewunderung des ‚großen Mannes'
und der mit ihr einhergehenden Kulturkritik[319] an der „heillose[n] Zersplitterung und Sektiererei in unserm geistigen Leben, an der ich auch Anteil habe"
(276). Interessant ist aber, daß diese Kulturkritik durch eine Erstbegegnung mit
einem prononcierten Vertreter der religiös-moralisch-politischen Kultur Nord-
amerikas ausgelöst wird. Diese von Barth bislang lediglich in einer pejorativen
Perspektive[320] und ohne Theorieerwartung wahrgenommene Kultur erweist
sich nun zumindest in der Gestalt des Studentenmissionars als „... uns Übrigen,
und uns Schweizern speziell, in einer Reihe wichtiger Punkte *überlegen*" (281).
Die modernisierungstheoretische und -praktische Überlegenheit des ‚Vorgangs
John Mott' gründet in ihrem praktischen religiös-sittlichen Universalismus:
„Nun haben wir einmal einen *Weltbürger* gesehen, einen, dem nichts Mensch-
liches fremd ist ... im Sinne eines *Weltarbeiters*. Denn Motts Universalismus,

---

[318] AaO., 277f. Vgl.: „[E]s ist uns bei John Mott im Gewande einer nach unserem begründeten Urteil schäbigen Philosophie ohne allen Zweifel das volle Pathos des kategorischen Imperativs, des sittlichen Idealismus entgegengetreten." AaO., 277.

[319] Vgl.: „[Ich] fand ... auch sofort, daß ich es mit einem überlegenen Menschen zu tun
habe:[...] Soviel ging mir zunächst auf: der Mann ist etwas für sich, nicht einer von der Herde, die
an uns vorüberweidet." AaO., 274f.

[320] Vgl.: „Mißtrauisch war ich ... als normaler Mitteleuropäer, dem nun einmal die Ideen-
Assoziation: Amerika-Humbug tief im Blute sitzt." AaO., 270.

auch sein geographischer, ist nur der Ausfluß seiner praktischen Idee: Omnia in Christo instaurare, … Jesus zum König der Menschen machen." (280f.)

In theoretischer Perspektive ist der ‚Vorgang John Mott' für den jungen Barth darum ein Faszinosum, weil er in ihn die Konvergenz der drei Theorielinien projizieren zu können meint, die für ihn 1911 grundlagentheoretische Bedeutung haben oder zu haben beginnen. Neben der bereits ausführlich zu Wort gekommenen praktisch-philosophischen, näherhin kantischen Theorielinie zeichnet Barth J. Mott als Inkarnation einer genuin theologischen Theorielinie, die für ihn zunehmend durch den Namen Calvin belegt ist: „Ich stehe nicht an, zu sagen, daß mir der Grundgedanke der Institutio *Calvins*, die Lebensgemeinschaft des Christen mit seinem Vorbild, d. h. die Einheit der religiösen Gewißheit und der sittlichen Forderung, an John Mott in außerordentlicher Weise anschaulich geworden ist." (278)

Die dritte Theorielinie ist die politische: „In Mott haben wir einmal einen wirklichen praktischen Sozialisten uns ansehen können. Er sagt dem Studenten nicht bloß: du sollst dich als rechter Mensch unter anderem mit sozialen Dingen beschäftigen, sondern gleich direkt: du sollst ein soziales *Wesen* sein, und zwar nicht allgemein, sondern gleich speziell und konkret: als christlicher Student auf deiner Universität." (279) Der sittlich-praktische „Sozialismus" John Motts erweist sich dem sittlich-religiösen Sozialismus, den Barth bisher gekannt hatte, nämlich dem religiösen Sozialismus „*Kutter[s]* und unsere[r] Religiös-Sozialen" (ebd.), als religiös-kulturell realisierte Sittlichkeit überlegen; und er deckt für ihn den inneren Widerspruch des Religiösen Sozialismus auf, der sich „an dem Gedanken der Solidarität …" berauscht, wohingegen „… wir, und zwar *Kutter* und unsere Religiös-Sozialen voran, in praxi die denkbarsten nicht bloß Individualisten, sondern Subjektivisten [sind]" (ebd.).[321]

Theoriegeschichtlich und systematisch sind die John-Mott-Artikel im Rahmen von Barths theologischer Entwicklung wichtig, weil sie die, so weit ich sehe, erste Wendung gegen einen religiös-sittlichen ‚Subjektivismus' repräsentieren. An ihnen läßt sich genau zeigen, welcher Art diese Subjektivismuskritik Barths ist. Daß es dabei nicht um eine Individualismuskritik als solche geht, ist schon an der Tatsache abzulesen, daß Barth sie an der Beschreibung eines Individuums entwickelt. Vielmehr geht es um den am Phänomen des ‚unkantischen Kantianers' John Mott abgelesenen (resp. als solchen gedeuteten) ethischen Mehrwert der Handlung gegenüber der Gesinnung. Damit deutet sich auch eine ethische Umorientierung von einer Gesinnungs- zu einer Güterethik an.[322]

Aber nicht diese Veränderungen innerhalb der theologischen Ethik Barths sind das eigentlich Wichtige. Ferner ist die sich mit den Mott-Artikeln verbindende Subjektivismuskritik auch nicht oder nur nebenbei als Abwertung theoretischer gegenüber praktisch-sittlicher oder politischer Arbeit zu lesen. Zwar stellt Barth in der Kurzfassung seines Zeitungsartikels lapidar fest, der Mottsche Gedankengang sei „nicht eine Theorie …, sondern ein Akt"[323]. Doch damit

---

[321] Zur „Subjektivismus"-Kritik bei H. Kutter, vgl. HERMANN KUTTER: Wir Pfarrer. Leipzig 1907, 27.

[322] Anzinger beobachtet dies für die Veröffentlichungen Barths ab 1912, vgl. HERBERT ANZINGER: Glaube und kommunikative Praxis, 84f.

[323] KARL BARTH: Vorträge von John Mott (1911), 286.

verbindet sich bei Barth gerade nicht eine Abwertung der Theorie gegenüber der ‚Praxis‘, sondern vielmehr die Entdeckung der Bedeutung der pragmatischen Dimension der Rede, zunächst der religiös-sittlichen Rede. Die Vorträge J. Motts seien nämlich „erstens Moralrede und zweitens Agitationsrede"[324]. Sie sind für Barth, präzise gesagt, Moralrede *als* Agitationsrede. Der ‚Vorgang John Mott‘ ist für Barth die Einsicht in den Handlungscharakter religiös-moralischer, sprich: praktisch-theologischer Rede, nämlich die Einsicht in ihren ebensolchen Handlungscharakter im öffentlichen Raum. Darum und insofern ist diese Entdeckung der Pragmatik mit der der Sache nach rezeptionsanalytischen Methode, der sie sich hier verdankt, eng verbunden. Denn der pragmatische Aspekt der Rede läßt sich gerade nur aus der bewußten Einnahme der Zuschauerposition, des Adressaten der Rede, und der Reflexion auf eben diesen Sachverhalt entdecken und theoretisch fruchtbar machen. Barth hat, ohne daß ihm dafür das methodologische Instrumentarium bewußt zur Verfügung stünde, den ‚Vorgang John Mott‘ faktisch als sittlich-religiösen, theoretisch-praktischen Sprechakt analysiert und begriffen, dessen Qualität nur über die von ihm intendierte und erzielte Wirkung, am Ort ihres Adressaten, der intendierten „Bewegung", adäquat zu beschreiben ist.

Am ‚Vorgang John Mott‘ beobachtet K. Barth also, kurz gesagt, daß der reflexiv potenzierte, weil auf sich selbst abgebildete, radikalisierte Handlungsbegriff, der kategorial gesprochen seinem theologischen Religionsbegriff zugrunde liegt und in dessen Ausarbeitung Barth begriffen ist, an sich selbst als – um mit Max Weber zu sprechen – „‚[s]oziales‘ Handeln …" bestimmt werden muß, „welches seinem von dem oder den Handelnden gemeinten Sinn nach auf das Verhalten *anderer* bezogen wird und daran in seinem Ablauf orientiert ist."[325]

Daß der durch den ‚Vorgang John Mott‘ bei Barth offenbar ausgelöste Lerneffekt tatsächlich prinzipieller, methodisch-theoretischer und nicht allein praktisch-ethischer Natur ist, zeigt sich an den Folgerungen, die er aus ihm zieht. „Wir haben einen Wächterruf gehört [...] An uns ist es nun, ihn für uns nutzbar zu machen, uns in Bewegung zu setzen" (282f.). Die ‚Bewegung‘, in die Barth sich selbst und seine Leser setzen will, ist keineswegs eine einfache Übernahme des religiös-ethischen Programms von J. Mott. Das ist nach den rezeptionsanalytischen Reflexionen auch nicht zu erwarten. „[A]uch die Strategie des Herrn Mott, so großartig sie ist, ist nicht im Himmel beschlossen." (282) Der praktische „Autoritätsbegriff" (281f.) nämlich, von dem die theologische Agitation John Motts geleitet ist, sei „der katholische" (282). Die mangelhafte intellektuelle Durchsichtigkeit müsse bei den Rezipienten der Mottschen

---

[324] Ebd.

[325] Max Weber: Wirtschaft und Gesellschaft, 1. Die Strukturanalogie zwischen Barths (vorläufig noch nicht begriffenen und darum auch noch nicht praktizierten, sondern nur beobachteten) theologischen Handlungsbegriff und Webers Begriff sozialen Handelns ist wahrscheinlich nicht zufällig; beide dürften als – in ihren konkreten Ausführungen allerdings sehr verschiedene – Versionen einer praktischen Wendung der Konzipierung des Denkens als Erzeugung im Sinne des Marburger Neukantianismus H. Cohens zu entschlüsseln sein.

Agitation in concreto gewissermaßen einen Autoritätsglauben erzeugen. Motts Agitation sei „Suggestion"[326]. Darum „tun [wir] gut, uns auch durch die Strategeme des Herrn Mott nicht zu einer μετάβασις εἴς ἄλλο γένος verlocken zu lassen" (284). Durchzuführen, und das ist die kategoriale Differenz Barths zu J. Mott, ist das Programm gerade als wissenschaftlich-theologisches, als Reflexionsprogramm. „Verinnerlichung und Vertiefung" (283) sei die Parole, und in ihr erblickt Barth gerade den spezifisch deutschen (und deutsch-schweizerischen)[327] Beitrag zur kulturellen Modernisierung des Christentums. Als den beispielhaften Ort, an dem dieses Programm konkret eingeübt werden könne, empfiehlt Barth den studentischen Lesern des „Centralblatts" konkret die Aarauer Studentenkonferenz,[328] also einen Ort institutionalisierter theologischer Dauerreflexion.[329]

Die produktive Wahrnehmung des ‚Vorgangs John Mott' ist bei Barth, wie bereits angedeutet wurde, durch den Stand seiner eigenen grundlagentheoretischen Überlegungen ermöglicht. Seine Suche nach einer Theorie, welche die Funktion der Religion im Rahmen des kulturellen Bewußtseins insgesamt mit der theologischen Reflexion und der praktisch-sittlichen Selbstrealisierung des Individuums integral verknüpft, erfährt durch die ‚Anschauung' des amerikanischen Missionars einen konstruktiven Impuls. Dieser führt ihm das Funktionieren einer praktischen Theologie vor, welche in individueller religiös-theologischer Selbst- und Handlungsgewißheit gründend diese zugleich intersubjektiv zu erzeugen vermag. An der Beobachtung des ‚unkantischen Kantianers' John Mott könnte Barth aufgegangen sein, daß eine Theorie, die auf diese Weise praktisch sein will, sich diesem Handlungsbegriff auch selbst zu unterstellen hat. Damit ist die Barths Theorieentwicklung kennzeichnende Inversionsbewegung prinzipiell einen entscheidenden Schritt vorangetrieben. Theologie wird von ihm nun als praktische, nämlich als praktisch-agierende, agitierende Theorie im öffentlichen Raum verstanden. Die der liberalen Theologie immer schon am Herzen gelegene Bildungsaufgabe wird bei Barth vergrundsätzlicht: Theologie muß als theoretische Reflexion selbst zugleich religiös-moralische Agitation in der Öffentlichkeit sein. Die Begegnung mit John Mott könnte mithin bewirkt haben, daß die pragmatischen Begriffe „Agitation" (277), „Strategie" (282), „Strategeme" (284) ihren religiös-moralisch degoutanten Klang für Barth verlieren. Der ‚Vorgang John Mott' stellt bei Barth die Weichen in Richtung auf eine *systematische* Politisierung der Theologie;

---

[326] Karl Barth: Brief an die Eltern vom 6.2.1911. Zit. n. Einleitung zu: Karl Barth: John Mott und die christliche Studentenbewegung, 267.

[327] Barth nimmt die Schweizer mit den Deutschen zum „deutschen Kulturgebiet" (aaO., 272) zusammen, ein Begriff, der deutlich bildungselitäre Züge hat und polemisch gemeint ist. Vgl.: „Was für die Welschen recht ist, ist für uns durchaus nicht ohne weiteres billig." Karl Barth: John Mott und die christliche Studentenbewegung, 283, vgl. 272f.

[328] Vgl. aaO., 283.

[329] Vgl. Helmut Schelsky: Ist die Dauerreflexion institutionalisierbar? Zum Thema einer modernen Religionssoziologie, in: ZEE (1) 1957, 153–174.

zumindest läßt Barths Rezeption genau diese Weichenstellung erkennen. Und es ist dieser Aspekt, der John Mott für Barth „sehr modern"[330] erscheinen läßt.

Die Rezeption des ‚Vorgangs John Mott' hat bei Barth, wie bereits angedeutet, mit weiteren Koordinaten der von ihm intendierten theologischen Modernisierung zu tun, nämlich insbesondere auch mit einem sich um 1911 intensivierenden Bewußtsein für die eigene konfessionelle Bestimmtheit. Angeregt scheint diese Selbstwahrnehmung gewissermaßen durch den genius loci: Mit dem Beginn seines Vikariats in Genf beginnt Barth auch Calvinstudien zu treiben.[331] Die Mott-Aufsätze enthalten die ersten greifbaren Belege einer modernisierungstheoretischen Funktionalisierung der innerprotestantischen Konfessionsdifferenz, da, wie Barth mit Bezug auf den Universalismus J. Motts sagt, „etwas vom Geiste *Calvins*, des Himmel und Erde, des Länder und Meere umspannenden, zu mir geredet" (281) habe. Man kann beobachten, wie die konfessionelle Kategorie ‚Calvinismus' für Barth nun mehr und mehr zum Projektionsraum einer theologischen Modernisierung in konkurrierender Selbständigkeit gegenüber der deutschen, ‚lutherischen' Tradition seiner Marburger Lehrer wird.

Zwar bleibt es zunächst noch dabei, daß ‚Marburg' für Barth der Inbegriff von Reflexionskultur überhaupt ist, mithin das „deutsche … Kulturgebiet" (272), dem Barth sich als Deutschschweizer explizit zurechnet, modernisierungstheoretisch und -praktisch für ihn eine Leitbedeutung hat. Die Begegnung mit dem Amerikaner John Mott scheint nun aber die Selbstverständlichkeit dieses modernisierungstheoretischen Führungsanspruchs der ‚deutschen' Reflexionskultur für Barth zu untergraben. In dem von 1911 stammenden Vortrag „Jesus Christus und die soziale Bewegung" werden konfessionelle Typisierungen mit gut erkennbaren theologiepolitischen Zielen vorgenommen; der Assoziationskette ‚deutsch – lutherisch – privatistisch – konservativ' wird die Kette ‚schweizerisch – calvinisch – genossenschaftlich – sozial(-istisch)' übergeordnet.[332] Die liberale Theologie zumindest Harnackscher Provenienz gilt Barth zunehmend als Exponent der ersten Linie.[333]

Mit solchen Zuschreibungen partizipiert Barth de facto, wenn auch kaum ausdrücklich reflektiert, an der zeitgenössischen insbesondere von Ernst Troeltsch und Max Weber angestoßenen und zwischen ihnen geführten Debatte über das Modernisierungspotential des deutschen Luthertums im Verhältnis zum Calvinismus des amerikanischen Freikirchenwesens. Barth hat 1911 Max Webers *Protestantische Ethik* allem Anschein nach noch nicht gekannt, wohl aber sicherlich die einschlägigen Schriften E. Troeltschs.[334]

---

[330] KARL BARTH: Brief an die Eltern vom 6.2.1911. Zit. n. KARL BARTH: John Mott und die christliche Studentenbewegung (1911) (Einleitung der Hrsg.), 267.

[331] Vgl. KARL BARTH: Vorträge und kleinere Arbeiten 1909–1914, 37.

[332] Vgl. KARL BARTH: Jesus Christus und die soziale Bewegung (1911). In: Ders.: Vorträge und kleinere Arbeiten 1909–1914, 380–409, hier: 404f.

[333] Barths Rede von der Religion als einer „Angelegenheit zwischen Gott und der Seele, der Seele und Gott und nur das" (KARL BARTH: Jesus Christus und die soziale Bewegung [1911], 404), ist, worauf die Herausgeber des betreffenden Bandes der Werkausgabe mit Recht hinweisen, ein Zitat aus Harnacks „Das Wesen des Christentum". Vgl. ADOLF VON HARNACK: Das Wesen des Christentums (1900), 53. Tsd., Leipzig 1906, 36.

[334] In diese Fragestellung können die modernisierungs- und protestantismustheoretischen Arbeiten Troeltschs mindestens seit der Jahrhundertwende eingezeichnet werden. „Das Luthertum …", so heißt es in Troeltschs ‚Soziallehren' „… blieb nach seinen Anfangserfolgen stehen […] Die Ausbreitung … über den Westen und von ihm aus über die neue Welt fiel dem Calvinismus zu, der heute als die eigentliche Hauptmacht des Protestantismus betrachtet werden muß." ERNST TROELTSCH: Die Soziallehren der christlichen Kirchen und Gruppen (Ders.: Ge-

Barths Mott-Deutung steht ferner faktisch in einer gewissen Nähe zu Ernst Troeltschs sozialpsychologischer Jesusdeutung, welche dieser in seinem Aarauer Vortrag 1911 unternimmt. Das dort von Troeltsch geltend gemachte „sozialpsychologische Gesetz"[335] der strukturellen Vergemeinschaftungsbedürftigkeit wird von Barth an Mott – und darum zwar gerade nicht christologisch – aber doch strukturell analog expliziert. Der ‚Vorgang John Mott' hat seine Bedeutung genau darin, daß es hier zu einer exemplarischen öffentlich-kulturellen Realisierung religiöser Sittlichkeit kommt, die als solche die Lösung des Öffentlichkeitsproblems des modernen religiösen Individualismus beinhalten soll. John Mott' selbst hat dabei die Funktion eines sozialen Kristallisationskerns, der eine modernitätskonforme, sozial-kulturelle Realisation des Christentums ermöglicht.

Die faktische Nähe Barths zur Problembestimmung bei Ernst Troeltsch macht zugleich plausibel, warum seine Beschreibung von John Mott ihrerseits Züge einer (Herrmannschen) Christologie trägt. Die These von der „Einheit der religiösen Gewißheit und der sittlichen Forderung ...", die bei „... John Mott in außerordentlicher Weise *anschaulich* geworden ist"[336], oder auch die Feststellung, „[w]ir haben es gespürt, daß wir da einmal Einen vor uns hatten, der mit dem Gedanken einer unbedingten überlegenen Pflicht für sich selber rücksichtslosen Ernst gemacht hat" (278), appliziert Grundprädikate Herrmannscher Christologie[337] auf den amerikanischen Missionar: „[W]er konnte sich des Eindrucks erwehren, daß wir es mit einem Menschen zu tun gehabt haben, der zu dem Mann von Nazareth in einem Lebensverhältnis steht, empfangend und wirkend, wie wir es wohl trefflich dogmatisch oder ästhetisch zu *schildern* verstehen, aber doch nur recht selten in diesem Grade *erleben*?" (Ebd.).

Die John Mott-Artikel sind das äußerlich unscheinbare Signal einer theologischen Orientierung und Modernisierungsstrategie, welche die Frage nach der politisch-kulturellen Öffentlichkeitsbedeutung von Christentum und Theologie als theologisches Zentralproblem unter den Bedingungen der reflexiv gewordenen Moderne erkennt. Eine solche Theorie hätte sich auf der Linie der Mott-Artikel auch als eine deskriptive Theorie exemplarischer Realisationen des Christentums in der Moderne entwickeln lassen. Barth hat diesen Weg nicht weiterverfolgt, weil er den seinem Begriff praktischer Theologie inhärenten normativen Interessen nicht entspricht. Indem er diesen Interessen das beträchtliche sozialpsychologische und rezeptionsanalytische Potential, das Barth bei der Interpretation des ‚Vorgangs John-Mott' an den Tag legt,[338] unterord-

---

sammelte Schriften, Bd. 1), 3. Aufl. Tübingen 1923, 605; vgl. Ders.: Die Bedeutung des Protestantismus für die Entstehung der modernen Welt, 66 u. ö.; mit Anschluß an M. Weber.

[335] Ernst Troeltsch: Die Bedeutung der Geschichtlichkeit Jesu für den Glauben, 148.

[336] Karl Barth: John Mott und die christliche Studentenbewegung, 278. (Hervorhbg. von mir; G. P.)

[337] Das ist natürlich nicht in einem konstitutiven, sondern nur in einem analogen Sinn gemeint. Vgl. mit dieser Einschränkung Herrmanns Rede von der Notwendigkeit „geschichtlicher Tatsachen" (gemeint ist der historische Jesus als das Individuum, das die Sittlichkeit im Kantischen Sinne zur Realisation bringt,) für den Glauben: „Das, was wir im religiösen Glauben meinen, können wir uns nur als Tatsache, als Ereignis vorstellen." Wilhelm Herrmann: Warum bedarf unser Glaube geschichtlicher Tatsachen? In: Ders.: Schriften zur Grundlegung der Theologie, Teil I, 81–103, hier: 101, vgl. ders.: Der geschichtliche Christus – Der Grund unseres Glaubens, 170.

[338] Diesen Sachverhalt darf man sich durch den Hinweis auf die pseudochristologischen Züge von Barths Mott-Interpretation nicht verstellen.

net, wird dieses Potential gewissermaßen latent. Es geht ein in die konstruktive strategische Durchführung der Barthschen Theologie. Seine Präsenz in jenen Artikeln trägt bei zur Legitimierung einer Deutung der Barthschen Theologie, die sich für genau dieses konstruktiv-strategische Potential, für ihre Pragmatik interessiert.

‚John Mott' wird von Barth als exemplarische Realisierung des christlichen Selbstbewußtseins gedeutet, die freilich an autoritären und damit heteronomen Zügen leidet. Aussicht darauf, solche Defizite auszugleichen, hat aus Barths Sicht nur eine Theologie, welche sich als reflexiver Durchsichtigkeitsvollzug des autonomen christlichen Selbstbewußtseins in der kulturellen Öffentlichkeit theoretisch und praktisch zugleich zu präsentieren vermag.

In den Jahren bis zum Ersten Weltkrieg zeigt sich die theoretisch-praktische Doppelstruktur der Barthschen Theologie in einer doppelten – nämlich thematischen und praktischen – Zweisträngigkeit. Theologische Grundlagenreflexion und ethisch-politische Reflexion, aber auch religiöse und politisch-praktische Arbeit laufen nebeneinander her; nicht unverbunden zwar, aber auch noch ohne gelungene Integration. Der ‚Vorgang Karl Barth' ist durch den ‚Vorgang John Mott', der die sich in den Safenwiler Jahren ereignende Politisierung der Barthschen Theologie in bemerkenswerter und systematisch instruktiver Weise präludiert, in eine Suchbewegung versetzt.

1.3. Theologie als politische Theologie: religiöser Sozialismus (1911–1913)

1.3.1. Der Politikbegriff als Signal handlungstheoretischer Umkodierung der Theologie (1911/12)

Angeregt durch die sozio-ökonomischen Verhältnisse in der Gemeinde Safenwil beginnt der junge Pfarrer Barth bald nach seinem Amtsantritt zwischen Oktober 1911 und April 1912, Vorträge vor dem Arbeiterverein zu halten.[339] Privatim nennt er die entsprechenden Manuskripte „Sozialistische Reden"[340] – ein Titel, der durch die hier bezogenen religiös-sozialen bzw. sozialdemokratischen Positionen inhaltlich gedeckt ist. Die damit einhergehende Verlagerung des Arbeitsschwerpunktes von theologischen Grundlagenfragen zu solchen politisch-ethischen Themenstellungen sieht Barth selbst als konsequente, den neuen

---

[339] KARL BARTH: Menschenrecht und Bürgerpflicht (15.10.1911). In: Ders.: Vorträge und kleinere Arbeiten 1909–1914, 361–379; DERS.: Jesus Christus und die soziale Bewegung (17.12.1911), aaO., 380–409; DERS.: Religion und Wissenschaft (4.2.1912), aaO., 418–438; DERS.: Verdienen, Arbeiten, Leben (28.4.1912), aaO., 439–468. Die drei ersten Vorträge sind vor dem Safenwiler Arbeiterverein gehalten worden, der letzte in einer Nachbargemeinde vor organisierten Textilarbeitern.

[340] Im Januar 1915 legt Barth eine Mappe mit dieser Aufschrift an, welche die bis zu diesem Zeitpunkt verfaßten entsprechenden Manuskripte enthält. Vgl. Vorwort der Hrsg. in: KARL BARTH: Vorträge und kleinere Arbeiten 1909–1914, IX–XIV, hier: XI.

praktischen Anforderungen angemessene Weiterentwicklung seiner Theologie an.[341] Gleichwohl wird man – zumindest in einer systematischen Rekonstruktionsperspektive – die werkgeschichtliche Bedeutung dieser Vorträge weniger auf der Ebene ihrer materialethischen Urteile und der sich darin spiegelnden neuen Erfahrungen Barths zu suchen haben. Sowohl dem systematischen wie dem performativen Duktus der Vorträge – und damit ihrem theoriegeschichtlichen Ort – kommt man nur auf die Spur, wenn man den sie leitenden Begriff des Politischen nicht sofort mit einer bestimmten inhaltlichen Position – ‚sozialistisch' – besetzt.[342]

Systematisch sinnvoller ist es, die Vorträge zu den ersten Dokumenten[343] des öffentlich agitierenden Theologen K. Barth zu zählen,[344] der damit der – wie gezeigt theoretisch bereits früher und im Grundsätzlichen angelegten – praktischen und näherhin pragmatischen Dimension seines Theologiebegriffs nun erstmals erkennbare äußere Konturen verleiht[345] und auf diese Weise in der Tat eine Wende gegen eine individualistische Engführung des Religionsbegriffs und eodem actu gegen eine szientistische Engführung des Theologiebegriffs einleitet, die nun unter das Verdikt der „Mystik" fällt.[346] Zu den psychologi-

---

[341] Vgl. den darauf reflektierenden Brief an P. Wernle vom 26.4.1912, zit. n. Einleitung der Hrsg. in: KARL BARTH: Jesus Christus und die soziale Bewegung, 384f.

[342] Gegen FRIEDRICH WILHELM MARQUARDT: Theologie und Sozialismus, 39ff. und z. B. ULRICH DANNEMANN: Theologie und Politik im Denken Karl Barths, 26, 30. Diese Differenzierung gilt es auch und gerade dann wahrzunehmen, wenn man einräumt, daß Barth schon weit vor der Safenwiler Zeit Affinitäten zum religiösen Sozialismus gezeigt hat. Vgl. insbesondere: KARL BARTH: Zofingia und sociale Frage (1906). In: Ders.: Vorträge und kleinere Arbeiten 1905–1909, 61–99.

[343] Vorausgegangen ist ihnen im Frühjahr 1911 ein erster „Gang in politische Wälder" (Brief K. Barths an seine Eltern vom 7.5.1911, zit. n. Einleitung der Hrsg., in: KARL BARTH: Pour la Dignité de Genève [1911]. In: Ders.: Vorträge und kleinere Arbeiten 1909–1914, 310–319, hier: 311), nämlich eine noch in Genf betriebene publizistische Aktion *für* die vom Schweizer Bundesrat im April 1911 verfügte Schließung des Genfer Spielkasinos. Vgl. neben dem Pour la Dignité de Genève-Artikel auch: KARL BARTH: Wir wollen nicht, dass dieser über uns herrsche! (1911). In: Ders.: Vorträge und kleinere Arbeiten 1909–1914, 320–328. Erstveröffentlichung in: Kirchenblatt für die reformierte Schweiz, Jg. 67 (1911), 81–83.

[344] Barth führt die Auseinandersetzung mit seinen Gegnern, etwa der Safenwiler Unternehmerfamilie Hüssy auch in offenen Briefen der Lokalzeitung, dem *Zofinger Tagblatt* (vgl. KARL BARTH: Vorträge und kleinere Arbeiten 1909–1914, 741). Außerdem veröffentlicht er einen der vier ersten Vorträge, nämlich „Jesus Christus und die soziale Bewegung", in der der Schweizer Sozialdemokratie nahestehenden Zeitung *Der freie Aargauer*. Vgl. Der Freie Aargauer, Jg. 6, Nr. 153 vom 23.11.1911, 1f.; Nr. 154 vom 26.12.1911, 1f.; Nr. 155 vom 28.12.1911,2; Nr. 156 vom 30.12.1911.

[345] Den über lokale politische Agitation hinausreichenden theologischen Anspruch dieser Texte erkennt man z. B. daran, daß Barth den im *Freien Aargauer* abgedruckten Vortrag an diverse befreundete Theologen in Marburg und anderswo verschickt, darunter an W. Herrmann, M. Rade, W. Loew und K. Bornhausen, vgl. Einleitung der Hrsg. in: KARL BARTH: Jesus Christus und die soziale Bewegung, 381.

[346] Der ganze, sich auf die Teilnahme an einer Demonstration gegen die Gegner der Spielbankschließung beziehende Satz lautet: „Mich hat dieser Gang in politische Wälder sehr erquickt, gerade weil es ein Fall war, wo mit Mystik leider gar nichts anzufangen war. Ich kann nun zufrieden in meine Hütten zurückkehren." (Brief K. Barths an seine Eltern vom 7.5.1911, zit. n. Einleitung der Hrsg., in: KARL BARTH: Pour la Dignité de Genève [1911]. In: Ders.: Vorträge und

schen Reflexen dieser neuen Agitationskonturen zählen in semantischer Martialik instrumentierte Selbsterfahrungen,[347] die ebenso selbstgewiß und geradezu von einem religiösen Providenzbewußtsein getragen[348] wie selbstironisch akzentuiert sind.

Die politische Agitation, die Barth in diesen ersten „Sozialistischen Reden" betreibt, ist eigentlich theologische, näherhin religiös-moralisch-politische Bildungsarbeit. Sie ist zumindest in diesen Vorträgen weder auf die Aufklärung der Arbeiterschaft über sozio-ökonomische Hintergründe ihrer Erfahrungssituation, noch auch unmittelbar auf politische Organisationsarbeit ausgerichtet. Vielmehr sucht Barth seinen Zuhörern, die er als intellektuelle Elite der lokalen Arbeiterschaft wahrnimmt, Grundbegriffe seiner eigenen Theologie zu vermitteln. Diese aber erhebt den Anspruch, ein Tiefenwissen zu präsentieren, das jenseits der partikularen religiösen Organisation der Kirche die allgemeinen Strukturen gesellschaftlichen Handelns, näherhin deren fundamentale Bedingungs- und Gewißheitsstrukturen expliziert: „Man muß froh sein, die Eifrigen, die Echten zu gewinnen, nicht für ‚die Kirche', sondern für die bewußte ‚Fortsetzung' ihrer *eigenen* Bestrebungen."[349]

Leitbegriff dieser grundlagentheoretischen Abzweckung der Vorträge ist der Begriff des Politischen; er wird in den Vorträgen sukzessive, wenn auch nur teilweise explizit, entwickelt.[350] Der erste Vortrag, „Menschenrecht und Bür-

---

kleinere Arbeiten 1909–1914, 310–319, hier: 311) Die in den Mott-Aufsätzen zum Vorschein gekommene konfessionelle Typisierung darf man hier im Hintergrund wohl mithören.

[347] Von einer Genfer Predigt im zeitlichen Umfeld jener Spielbankdemonstrationen berichtet Barth den Eltern, er habe sich „unvermutet in Zorn [ge]redet ..., sodaß ich selbst das Gefühl zuletzt hatte, einer feuernden Batterie zu gleichen". Brief an die Eltern vom 7.5.1911, zit. nach: Einleitung der Hrsg. in: KARL BARTH: Pour la Dignité de Genève, 310.

[348] Auf eine Kritik P. Wernles an Barths heftiger publizistischer Attacke gegen den Safenwiler Unternehmer Hüssy erklärt sich Barth ihm: „Als ich seinen Angriff las, da empfand ich wirklich wissentlich nichts von einem *persönlichen* Beleidigtsein, sondern eine ganz konzentrierte *sachliche* Kampflust: Also so seid ihr? Auf sie mit Grimm! Hie Schwert des Herrn und Gideon! Und dann habe ich losgeschlagen, wie ichs getan habe. Ich weiß noch, wie es beim Schreiben war, als stünde jemand hinter mir und kommandierte: Schnellfeuer! Schnellfeuer! Ich meinte wirklich nichts Anderes zu thun, als einen Feind der guten Sache über den Haufen zu rennen, wie sichs gehörte." K. Barth an P. Wernle vom 31.5.1912; zit. n. Einleitung der Hrsg. in: KARL BARTH: Jesus Christus und die soziale Bewegung, 386.

[349] Brief an Peter Barth vom 26.12.1911; zit. n. Einleitung der Hrsg. in: KARL BARTH: Jesus Christus und die soziale Bewegung, 381. Im Grunde sind Barths „Sozialistische Reden" praktisch-philosophisch-theologische Volkshochschulvorträge, deren intellektuell teilweise sehr hohes Niveau freilich den rezeptionsanalytisch-pädagogischen Fähigkeiten des Redners kein allzu gutes Zeugnis ausstellt. Immerhin kann Barth seinem Bruder Peter berichten, die „Anführer des hiesigen [sc. Arbeiter-]Vereins ..." gehörten inzwischen zu seinen „... regelmäßigen ... Predigthörern" (aaO., 380). Die kasuale politische Bildungsarbeit hat also anscheinend funktioniert – nämlich als Propädeutikum oder wohl eher als Sympathie-Werbeveranstaltung für die (besser verständlichen) religiösen Normalreden; deren milieuspezifische Rezeptionsschwellen hat sie offenbar gesenkt.

[350] Allzu viel Systematik wird man jedoch hinter der Abfolge der Vorträge wie auch in den einzelnen Themenstellungen nicht sehen dürfen, denn zumindest das Thema (wenn auch wohl nicht die Titelformulierung) des zweiten Vortrags wurde „von den Arbeitern gestellt!!". K. Barth

gerpflicht" thematisiert diesen Politikbegriff unmittelbar und legt damit die Grundlage für die folgenden Referate. Der zweite Vortrag, „Jesus Christus und die soziale Bewegung" konzentriert sich auf die Frage nach dem Realisierungsagenten des Politischen und dessen innere Konstitutionsbedingungen, für die gelten soll, daß sie zugleich christlich-religiös und sozialistisch bestimmt sein sollen. Das dritte Referat, „Religion und Wissenschaft" sucht in Auseinandersetzung mit den gerade unter Arbeitern populären Büchern Häckels[351] und A. Dodel-Ports[352] kognitive Barrieren dieses intendierten Zusammenschlusses abzubauen und die Anschlußfähigkeit des Christentums an einen richtig verstandenen modernen Wissenschaftsbegriff zu belegen. Im vierten Vortrag „Verdienen, Arbeiten, Leben" sucht Barth im engen Anschluß an W. Herrmanns Ethik die persönlichkeitsbildende Potenz eines solchermaßen konstituierten Verständnisses von politisch-ökonomischem Handeln darzulegen.[353] Einen theoriegeschichtlichen Fortschritt stellen nur die ersten beiden Referate dar, auf deren Analyse sich die Darstellung darum im Folgenden beschränken kann.

An die Stelle einer empirischen Analyse politisch-ökonomischer Handlungsbedingungen tritt bei Barth eine strikt normativ-geltungstheoretische Konstruktion des Politischen, das er „unter reichlichem Pflügen mit den Kälbern Cohens"[354] als die Domäne des Staates bestimmt.[355] Im ersten Vortrag entwikkelt er den Begriff der „Politik"[356] als komplementäre Beziehung von „Menschenrecht und Bürgerpflicht"[357], näherhin unmittelbar aus der Grundlegung

---

an Wilhelm Loew, 22.10.1911; zit. n. Einleitung der Hrsg. in: KARL BARTH: Menschenrecht und Bürgerpflicht, 362.

[351] ERNST HÄCKEL: Die Welträthsel. Gemeinverständliche Studien über Monistische Philosophie, Bonn 1899, 14. Aufl. 1928.

[352] ARNOLD DODEL-PORT: Moses oder Darwin? Eine Schulfrage, allen Freunden der Wahrheit zum Nachdenken vorgelegt, Zürich 1889; wieder abgedruckt in: Ders., Aus Leben und Wissenschaft. Gesammelte Vorträge und Aufsätze, dritter Theil: Moses oder Darwin? 14. Aufl. Stuttgart – Berlin 1922.

[353] Vgl. KARL BARTH: Verdienen, Arbeiten, Leben, 444. Diese Bestimmungen entsprechen fast wörtlich Aufstellungen in: WILHELM HERRMANN: Ethik, 224ff., bes. 226.

[354] K. Barth an W. Loew, 22.10.1911; zit. n. Einleitung der Hrsg. in: KARL BARTH: Menschenrecht und Bürgerpflicht, 362.

[355] Damit ist H. Anzinger Recht zu geben, wenn er feststellt, es sei „deutlich …, daß die Hinwendung zum Religiösen Sozialismus durch eine vom Marburger Neukantianismus inspirierte … Ausgestaltung des theologischen Ansatzes in Richtung auf einen religiösen Kulturidealismus zumindest vorbereitet wird." HERBERT ANZINGER: Glaube und kommunikative Praxis, 54; vgl. mit derselben Tendenz INGRID SPIECKERMANN: Gotteserkenntnis, 47f. McCormack betrachtet Barths Sozialismusaffinität als Auflösungspotenz für seine liberal-theologischen Grundlagen (vgl. BRUCE L. MCCORMACK: Karl Barth's Critically Realistic Dialectical Theology, 78). Als pauschale Feststellung ist Anzingers These treffender.

[356] KARL BARTH: Menschenrecht und Bürgerpflicht, 363.

[357] Vgl.: „*Menschenrecht* und *Bürgerpflicht* … bilden das unumgängliche Material[,] aus dem der Gedanke des Staates, über den wir reden wollen[,] … *entstanden* ist, aus denen er bei aller politischen Tätigkeit immer wieder *aufzubauen* ist und aus denen er … allein *verstanden* werden kann" (aaO., 363). Die Herausgeber des betreffenden Bandes der Werkausgabe weisen mit Recht darauf hin, daß sich der Begriff der Bürgerpflicht zumindest in dieser grundbegrifflichen Bedeutung, die er hier bei Karl Barth bekommt, bei H. Cohen nicht findet. (Vgl. KARL BARTH:

moralischen Handelns, d.h. des Handlungsbegriffs selbst: „Eine Moral[,] die nicht politische Moral wäre, ist überhaupt keine Moral. Denn das Wesen des Moralischen ist gerade das Politische"[358]. Bei der Bestimmung des Handlungsbegriffs schließt Barth sich an H. Cohens „Ethik des reinen Willens" an. Der Grundgedanke, auf dem die normative Bestimmung des Politischen basiert, ist die moralisch-normative Bestimmung des Handlungsbegriffs. „Mit der Bezeichnung *rechte* oder *gute* Handlung bestimmen wir ... [,] was eine Handlung überhaupt ist. Eine unrechte oder böse Handlung ist überhaupt keine Handlung, wenn man es genau nimmt [...] Handlung können wir nur denken als *rechte Handlung.*" (370) Einem Subjekt läßt sich von daher eine Handlung – und zwar auch empirisch – nur zuschreiben, wenn es diese Handlung als solche intendiert hat. Der Wille ist immer nur per definitionem der reine Wille.

Der Sinn dieser kantisch-neukantianisch moralischen Bestimmung von Handlung liegt zunächst darin, den westlichen Freiheitsgedanken – „Menschenrecht" – über den kantischen Pflichtbegriff an eine Selbstrealisierung als „Bürgerpflicht"[359] im Rahmen einer bestimmten politisch-sozialen Körperschaft zurückzubinden; eben so soll der Staat erzeugt werden, der dadurch wiederum zum „Organismus" (371) wird. Handeln ist mithin grundsätzlich politisches und kommunikatives, näherhin „mit-gliedmäßige[s] Handeln" (ebd.). So führt ein direkter Weg vom Menschenrecht zum Staat: „*Indem ich mein Menschenrecht ausübe in der Bürgerpflicht, betätige ich den Staatsgedanken*" (ebd.). Die Pointe dieser Vermittlung von ‚Menschenrecht' und ‚Bürgerpflicht' besteht darin, die Realisierung normativ-moralischer Handlungsfreiheit *als* den Prozess der geschichtlichen Realisierung konkret-politischer Freiheit zu denken und somit einen abstrakt-moralischen oder nur innerlich-individuellen Freiheitsbegriff ebenso zu vermeiden wie einen positivistischen Machtstaatsgedanken.[360]

Diskursstrategisch sucht Barth mit dieser neohegelianisch anmutenden Konstruktion zwei bzw. drei maßgebliche konkurrierende politische Optionen seiner Gegenwart zu überwinden: die durch den Menschenrechtsgedanken signalisierte Option des westlichen Liberalismus, den revolutionären Sozialismus und einen sozial-disziplinären „Konser-

---

Menschenrecht und Bürgerpflicht, 363; Anm. 6.) Das gilt schon für den Pflichtbegriff selbst, der von Cohen wegen seines Changierens zwischen einem rein moralischen Begriff und einer psychologischen Beschreibung („Pflichtgefühl") fast ganz aus der Ethik ausgeschieden und durch den objektiv-moralischen Begriff des „Gesetzes", bzw. dem ihm zugeordneten subjektiv-moralischen Begriff der „Treue" ersetzt wird. Vgl. HERMANN COHEN: Ethik des reinen Willens (1907), 571.

[358] KARL BARTH: Menschenrecht und Bürgerpflicht, 371. Seitenzahlen im Text beziehen sich im Folgenden hierauf.

[359] Ebd.; vgl.: „Mein Recht besteht in meiner Pflicht und nur in meiner Pflicht, genauer gesagt: in meiner Bürgerpflicht." AaO., 370.

[360] Vgl.: „Die Bürgerpflicht im Sinn einer Verpflichtung auf bestimmte bürgerliche Ordnungen streitet mit dem Menschenrecht." (AaO., 368) – „Es ist Menschenrecht, jede bestimmte Einrichtung des Staates in Frage zu stellen" (ebd.). „[D]ie Bürgerpflicht besteht ... darin, die Form des Staates immer aufs Neue zu revidieren, zu erneuern und zu verbessern" (aaO., 373). „[I]n diesem *Fortschreiten* betätigen wir den *Staatsgedanken*, betätigen wir unsre Bürgerpflicht und eben damit unser *Menschenrecht.*" AaO., 374.

vatismus" (367).[361] An die Stelle der Revolution soll das „Recht des Fortschritts" (372) treten; gemeint ist eine nichtrevolutionäre, demokratische Modernisierung der Gesellschaft. In wesentlichen politischen Zielen und Forderungen stimmt Barth mit der Schweizer Sozialdemokratischen Partei überein. Ausdrücklich befürwortet er eine staatliche Regulierung der entscheidenden Lebensfelder der Gesellschaft, also Wirtschaft, Bildungwesen etc.[362] Differenzen zu den Positionen der Schweizer Sozialdemokratie zeigt er lediglich in Bezug auf die sozialdemokratische Forderung nach einer Trennung von Staat und Kirche und sei es nur im Hinblick auf die kirchliche Schulaufsicht. Barths fundamentalmoralische Konstruktion des Politischen und des Staates läßt eine institutionelle Trennung von Staat und Kirche lediglich aus operativ-praktischen Gründen zu.

Der Begriff des Politischen, wie Barth ihn in seiner ersten sozialistischen Rede einführt, ersetzt den neuzeitlichen Standardbegriff der Gesellschaft. Die Totalität des Politischen wird im Begriff des Staates tendenziell substanziiert; ‚tendenziell' darum, weil die Differenz von Staat und Gesellschaft in die Differenz des positiven und des idealen Staates überführt wird. Mit dieser begrifflichen Kodierung geht die Erwartung der einheitlichen normativen Steuerbarkeit der Gesellschaft einher. Diese Steuerungserwartung ist zwar noch, gemäß der moralischen Konstitution des Politikbegriffs, wiederum rückgebunden an das individuelle Verhalten der Individuen, an die sich der Bildungsvortrag adressiert. Politik ist bei Barth 1911 letztlich doch „Charaktersache" (379).

Gleichwohl gibt der vorstehend skizzierte Begriff der Politik im Gang von Barths Theorieentwicklung das Signal der grundbegrifflichen Umstellung von Bewußtseins- auf Handlungskategorialität. Das gilt auch dann, wenn – was der Fall ist – der Begriff als solcher in dieser Entwicklung nur eine kurze grundbegriffliche Funktionsdauer hat. Der in den fundamentalen Problemwahrnehmungen von Barths Theorieentwicklung angelegte, in den Mott-Aufsätzen erstmals greifbare ontologische Mehrwert der Handlung gegenüber der ‚Gesinnung' beginnt jetzt durchzuschlagen. Mit dem Signal dieser Umstellung zeichnet sich eine neue Problemlage insofern ab, als nun die Funktion des individuellen Bewußtseins und damit auch die Funktion der Religion neu bestimmt und auch sprachlich neu formuliert werden muß. Die ‚Realsetzungsfunktion', welche Barth dem individuellen religiösen Bewußtsein vor dem Hintergrund seines früheren Grundbegriffs des allgemeinen „Kulturbewußtseins" zugesprochen hatte, scheint nun anderweitig besetzt. Religion kann nun offenbar nicht mehr als solche die praktische Realsetzung des Vernünftig-Allgemeinen leisten. Was liegt näher, als die Religion als die individuelle Form der Durchsichtigkeit solcher Realsetzungspraxis zu bestimmen? So verfährt die zweite der „sozialistischen Reden", Barths Vortrag „Jesus Christus und die soziale Bewegung".

---

[361] Dabei sucht Barth den bürgerlichen Liberalismus und den revolutionären Sozialismus als die beiden Varianten einer modernen „Revolution[s-]„Politik darzustellen, die für Barth als „Revolution von oben" und „Revolution von unten" (aaO., 372) sich gegenseitig neutralisieren sieht.

[362] Barth nennt die Forderung nach Einführung des Frauenwahlrechts, die Verbesserung der industriellen Arbeitsbedingungen und des Bildungssystems, vgl. aaO., 375–377.

Hier zeichnet sich zugleich ab, daß und inwiefern in jener handlungstheoretischen Umkodierung der Theologie die Wurzel für Barths theologischen ,Objektivismus' zu suchen ist.

1.3.2. Die Realisierung des Politischen als Aufgabe des religiös-sozialen ,Doppelagenten'

An die Stelle des Politikbegriffs tritt im zweiten Vortrag die Rede von der „soziale[n] Bewegung des 19. und 20. Jahrhunderts"[363]. Damit will Barth den gewissermaßen normativ-moralischen Kern der parteilich organisierten Sozialdemokratie bezeichnen.[364] Es soll dabei nicht an das „Zeitliche und Zufällige an dieser Bewegung ..." gedacht werden, sondern „... an das Ewige ..., Bleibende ..., Allgemeine ... in der modernen Sozialdemokratie" (389). Diesen Geltungswert der Sozialdemokratie im Unterschied zu ihrer empirisch-geschichtlichen Erscheinungsgestalt bezeichnet Barth jetzt als die „*Sache*" im Unterschied zu den sie repräsentierenden „*Persönlichkeiten*" (388).

Mit diesem hier, so weit ich sehe, erstmals auftretenden (wenigstens implizit) pejorativen Gebrauch des Persönlichkeitsbegriffs zeichnet sich eine tendenzielle Abwertung des Individuums als Realisierungsagenten der Freiheit gegenüber kollektiv-geschichtlichen Agenten ab. Allerdings gründet diese Abwertung in einer gegenläufigen Aufwertung des exemplarisch-individuellen, christologischen Ursprungspunktes. Diese formuliert Barth in einer – gemessen an seiner bisherigen theologischen Entwicklung neuen – ontologisierenden Rede vom „ewigen Wort Gottes, das in Jesus Fleisch geworden ist" (389), bzw. von „Jesus Christus" als dem „Ewigen" in der „soziale[n] Bewegung". Die Behauptung solcher Entsprechung ist die sprachliche und sachliche Möglichkeitsbedingung, um „diese Bewegung mit Jesus Christus zusammen zu stellen" (ebd.). „Jesus *ist* die soziale Bewegung und die soziale Bewegung *ist* Jesus in der Gegenwart." (386f.) Der systematische Sinn dieser ontologisierenden Sprachwendung besteht darin, den exemplarischen Ursprungsort zu benennen, an dem religiös-sittliche Gesinnungs-Innerlichkeit äußerlich-geschichtlich realisiert sein soll: „Jesus ... wollte, was ihr wollt, aber er *tat* es auch [...] Das ist ja überhaupt der Unterschied zwischen Jesus und uns Andern, daß bei uns das Meiste Programm ist, während bei Jesus Programm und Ausführung eins waren. Darum sagt euch Jesus ganz einfach, daß ihr euer Programm ausführen, daß ihr *machen* sollt, was ihr *wollt*. Dann seid ihr Christen und rechte Menschen." (408)

Im Christus, im Leben Jesu, ist das religiös-innerliche Bewußtsein eodem actu sittlich-praktisch realisiert gedacht. In diesem sich aus Barths bisheriger Theorieentwicklung gewissermaßen zwanglos ergebenden Kulminationsge-

---

[363] KARL BARTH: Jesus Christus und die soziale Bewegung (1911), 387. Stellenangaben im Text beziehen sich im Folgenden auf diesen Vortrag.

[364] Vgl.: „Wenn ich von der sozialen Bewegung rede, so meine ich damit nicht das, was dieser und jener und meinetwegen *alle* Sozialdemokraten *machen*, sondern was sie *wollen*. AaO., 388.

danken liegt für ihn die präzise Möglichkeitsbedingung zur Adaption an den religiösen Sozialismus bzw. an die Sozialdemokratie; darin unterscheidet sich Barths Grundgedanke deutlich von der allgemeinen These einer ethischen Konvergenz von Christentum und Sozialismus, wie sie sich in seinem Umfeld bei H. Kutter[365] und L. Ragaz[366] findet. Wenn mit Barths Hinwendung zum religiösen Sozialismus ähnlich wie bei diesen beiden der Reich-Gottes-Gedanke nun mehr und mehr in den Vordergrund tritt, so ist auch dies deutlich durch das – das Barthsche Denken von Anfang an leitende zugleich erkenntnistheoretische und ethisch-praktische – ‚Realisierungsinteresse' bestimmt: „[D]as Reich Gottes, das *inwendig* in uns ist ... [,] muß Herrschaft werden über das Äußere, über das tatsächliche Leben, sonst verdient es seinen Namen nicht" (396). Es ist präzise die intendierte Koinzidenz von (theoretischer) Selbstdurchsichtigkeit und sittlich-praktischer Selbstrealisierung, welche als die Struktur des christologischen Ursprungs diesen zum normativen Ursprung macht. In jener Doppelung liegt zugleich die Möglichkeitsbedingung für den religiösen Sozialisten K. Barth, Christentum und Sozialismus komplementär aufeinander zu beziehen.

Auf der Seite des Christentums bedeutet das, daß „von der sog.[enannten] christlichen *Weltanschauung*" (391) zu abstrahieren und als eigentlicher Inhalt der Botschaft Jesu, nicht ein gedanklicher, nämlich „nicht Ideen, sondern eine Art zu leben" (ebd.), also ein seiner selbst bewußtes Ethos zu erkennen sei. Dieses sittliche und zugleich seiner selbst bewußte Ethos bilde die „Brücke zwischen Jesus und dem Sozialismus" (ebd.). ‚Empirische' Sozialdemokratie und ‚empirisches' Christentum werden dabei von Barth komplementär konstruiert: die Sozialdemokratie als die hinsichtlich ihrer tatsächlichen Konstitution unbewußte Realisation des Ethos, ‚Gestalt' ohne – bewußten – ‚Gehalt';[367] das empirische Christentum als das Bewußtsein von der Konstitution des Ethos, das aber dieses Bewußtsein wiederum als bloß theoretisches hat, als ‚Gehalt' ohne – adäquat praktizierte – ‚Gestalt'. Zur Konstitution des Realisationsagenten reflexiv-praktischer Freiheit kommt es unter diesen Bedingungen dann, wenn ‚Gehalt' und ‚Gestalt' zueinanderfinden, wenn „Sie Alle, meine verehrten Zuhörer, diese Brücke *sehen* und versuchen, darauf zu *gehen*, die Einen herüber und die Andern hinüber." (ebd.)

Die appellative Pragmatik dieser Konvergenztheorie entspricht ihrerseits wiederum dem christologischen Ursprung: „Er [sc. Jesus] hat von innen nach außen gearbeitet. Er hat neue Menschen geschaffen, um eine neue Welt zu schaffen." (397) Aufgebaut ist der kollektive ethische Realisationsagent dann, wenn sich in der theoretisch-praktischen

---

[365] Auch H. Kutter identifiziert, wie die Herausgeber des betreffenden Bandes der Werkausgabe zu Recht anmerken, Jesus als das, was der „sozialen Frage ...", ja, „... was *allem* Guten, *allem* Fortschritt, *allem* Ideal ... zugrunde liegt." (Hermann Kutter: Sie müssen! Ein offenes Wort an die christliche Gesellschaft, 9. Tsd., Jena 1910, 192f.) Der Hinweis auf eine Fremdanleihe beim schellingianisierenden religiösen Sozialismus Kutters erklärt jedoch nicht deren interne Möglichkeitsbedingung und Funktion in Barths Denken.

[366] Vgl. zum ethischen, nicht konstitutionstheoretischen Sinn der Verhältnisbestimmung von Religion und Christentum bei Leonhard Ragaz z. B.: Die Bergpredigt (1945) (Stundenbücher, 102), Hamburg 1971, bes. 39ff. („Die Revolution der Moral").

[367] Es sei diese ethische Reflexivität, die der „heutige[n] Sozialdemokratie ..." per se fehle, aus welchem Grund diese „... noch unendlich viel von Jesus zu lernen" habe. Karl Barth: Jesus Christus und die soziale Bewegung, 397.

Reflexion die „Zukunftsmenschen ..." bilden, die per se den „... Zukunftsstaat" (397f.)
zu erzeugen in der Lage sind. Ganz analog zu den Mott-Aufsätzen ist es auch hier in
diesem theorieorientierten Text der Begriff der „Organisation" (402), in welchem die
systematisch-semantische und zugleich pragmatische Spitze der Argumentation liegt.
„[K]ollektiv, solidarisch, gemeinsam, sozial *denken* lernen" (403) ist zugleich Mittel und
Zweck des reflexiven, religiös-sittlichen Handelns. Der im Sozialismus präsente Organi-
sationsgedanke[368] selbst funktioniert, wenn er theologisch reflektiert ist, als Nukleus ge-
sellschaftsverändernder Modernisierung, indem er die gemeinschaftsverhindernde Struktur des kapitalistischen „*Privateigentums*" (399) auflöst, das „,auf dem sozialen Krieg, auf
der Konkurrenz, auf der Überlistung und Ausbeutung des Einen durch den Andern'"[369]
beruhe. Auf der Seite des ‚empirischen' Christentums kennzeichnet der Organisations-
gedanke – wiederum ganz ähnlich wie in den Mott-Artikeln – das modernisierungstheoretische Plus der Schweizer reformierten Tradition gegenüber dem deutschen
Luthertum.[370] So sollen die empirisch-geschichtlichen Sozialformationen, denen die
Zuhörer sich zurechnen (bzw. aus der Sicht des Redners sich zurechnen sollten), appellativ zur theologischen Konvergenzeinsicht gebracht werden: „Der *rechte* Sozialismus ist
das rechte Christentum in unserer Zeit" (408); und diese Einsicht ist ihrerseits nur zu
haben unter der Bedingung ihrer simultanen sittlich-praktischen Realisierung, also der
aktiven politischen „Teilnahme" (ebd.) an der sozialistischen Bewegung.

Barths christlich-sozialistische ‚Doppelagenten'-Konstruktion zeigt auf ihre
Weise und in neuer Beleuchtung die strukturelle Eigentümlichkeit von Barths
theologischer Theorie. In dem Maße wie das christlich-religiöse Bewußtsein
strikt und exklusiv als das Moment der selbstdurchsichtigen Bewußtheit der
individuellen religiös-theologischen und zugleich sittlich-praktischen Selbst-
realisation von freier Subjektivität – „daß ihr *machen* sollt, was ihr *wollt*" (ebd.)
– zu stehen kommen soll, wird die Frage virulent, wie sich eigentlich in Bezug
auf diese ‚christliche' Bewußtheit faktizitärer Vollzug (‚Religion') und bewußter Vollzug (‚Theologie') zueinander verhalten. Der Vollzug des christlich-
religiösen Bewußtseins scheint an sich selbst als theologischer Vollzug bestimmt
zu sein. Nach der anderen Seite hin gesagt: unklar ist der Status derjenigen
(Meta-)Reflexion, welche die dem Christentum zugeschriebene Reflexivität
ihrerseits reflexiv macht: unklar ist der Status der theologischen Theorie K.
Barths.

Zwei religionsphilosophische Auftragsarbeiten, die Barth 1912/13 ins Haus
kommen, nützt er zu einem ersten Lösungsversuch dieser Problematik. Die im
Sommer 1912 für die *Schweizer Theologische Zeitschrift* verfaßte Rezension von
Karl Heims Buch „Das Gewissheitsproblem in der systematischen Theologie
bis zu Schleiermacher"[371] und der am 19. Mai 1913 im Gasthaus Krone in

---

[368] Vgl.: „Er [sc. der Arbeiter] soll kollektiv, solidarisch, gemeinsam, sozial *denken* lernen, wie
er tatsächlich längst sozial gearbeitet hat [...] Er denkt und empfindet und handelt nicht mehr als
Privatmann, wenn er ein rechter Sozialist ist, sondern als Glied der aufwärtsstrebenden kämpfen-
den Gesamtheit. Solidarität – das ist das Gesetz und das Evangelium des Sozialismus." AaO., 403.

[369] AaO., 402; Barth zitiert hier J. Dietzgen.

[370] Vgl. aaO., 405.

[371] Leipzig 1911. Barths Rezension erscheint in der Zeitschrift, Jg. 29, (1912), 262–267.
Wiederabgedruckt in: KARL BARTH: Vorträge und kleinere Arbeiten 1909–1914, 469–479.

Lenzburg[372] gehaltene Vortrag vor dem Aargauer Gesamtpastoralverein der Schweizerischen reformierten Predigergesellschaft mit dem Titel „Der Glaube an den persönlichen Gott"[373] werden allerdings für längere Zeit die letzten religionsphilosophisch-theologischen Grundlagenstudien Barths sein. Dies deutet schon darauf hin, daß Barth die prekäre Funktion, die er einer religionsphilosophischen Theologie in diesen Arbeiten programmatisch zuzuschreiben sucht, als Lösungsweg mittelfristig nicht für gangbar gefunden hat. Gleichwohl sind insbesondere im Aufsatz über den persönlichen Gott Denkfiguren angelegt, die für Barths weitere Entwicklung ausgesprochen folgenreich sind.

1.4. Religionsphilosophische Aporetik als Ausarbeitung der Vollzugs-aktualität des religiösen Bewußtseins (1912/13)

Karl Heims theologiegeschichtliche Studie wird von Barth, von einer einzigen kritischen Anmerkung abgesehen, die sich signifikanterweise auf die Wertung Schleiermachers (und damit implizit auf die moderne Theologie insgesamt) bezieht,[374] durchgehend positiv besprochen. Er sieht hier seine eigene systematische Grundfrage nach dem Verhältnis von den „apriorischen Normen des Bewußtseins ..." zu den theologisch explizierten Inhalten des religiösen Bewußtseins, also den „... Glaubensnotwendigkeiten der biblisch-kirchlichen Tradition", in einem historischen Horizont gedeutet als die Grundfrage der „Geschichte der systematischen Theologie in den letzten 800 Jahren"[375]. Religionsphilosophische Identitätsspekulation und die theologische Explikation eines heteronomisch-autoritativen Gottesbewußtseins stünden innerhalb der christlichen Theologietradition des Abendlandes in unauflöslich konkurrierender Dualität nebeneinander.[376] Und gerade die Spitzengestalten abendländischer Theologie, insbesondere die Reformationstheologie, habe diese Dualität ihrerseits thematisiert: „In der [sc. reformatorischen] fides liegen beide als notwendige Antinomie ineinander: einerseits die Transzendenz des Heilswillens und die subjektive Erfahrung des absoluten Doppelwillens, andrerseits die Transzendenz des absoluten Doppelwillens und die subjektive Erfahrung des unbedingten Heilswillens. *Diese ‚unheimlich-paradoxe Synthese' ... ist das reformatorische Neue gegenüber den beiden Gedankenreihen des Mittelalters*"[377]. Aufgabe der reli-

[372] Brief an Wilhelm Loew vom 17.7.1913; zit. n. Einleitung der Hrsg., in: KARL BARTH: Der Glaube an den persönlichen Gott (1913), 496.
[373] AaO.
[374] K. Heims Schleiermacherkritik folgt Barth nicht. Vielmehr sieht er in Schleiermachers Theologie eine adäquate Erfassung der für die christliche Theologie insgesamt charakteristischen Grundfiguration. Vgl. KARL BARTH: [Rez.:] K. Heim: Das Gewissheitsproblem in der systematischen Theologie bis zu Schleiermacher, 477.
[375] AaO., 471.
[376] AaO., 471f.
[377] AaO., 475.

gionsphilosophischen Theologie wäre demnach die präzise Explikation der notwendigerweise logisch-aporetischen Konstellation des religiösen Bewußtseins. Indem sie diese Aufgabe erfüllt, demonstriert sie den faktizitären, vollzugsaktualen Sinn des religiösen Bewußtseins, das durch keine wissenschaftlichgedankliche Spekulation vertretbar sein soll.

Eben diesen Grundgedanken hat Barth in seinem Aufsatz „Der Glaube an den persönlichen Gott"[378] systematisch auszuarbeiten versucht. Die vom Veranstalter vorgegebene Titelformulierung[379] erlaubt es Barth, in Aufnahme seiner eigenen früheren religionsphilosophischen Überlegungen, die Funktionsbestimmtheit des religiösen Bewußtseins aus dem Bezug auf den Gottesgedanken – früher: zur (‚regulativen‘) Idee – zu entwickeln.

Gegen L. Feuerbachs radikale Religionskritik[380] und die hinter ihm stehende neuzeitlich-spekulative Kritik namentlich J. G. Fichtes an der Anwendung des Persönlichkeitsgedankens auf das Absolute[381] soll Barth zufolge gerade der Nachweis der theoretischen Uneinholbarkeit des Gedankens der Persönlichkeit Gottes erweisen, daß es der konkrete praktische Vollzug von Religion selbst ist, der in sich die Bedingungen seiner Gewißheit enthält.

Mit dem Persönlichkeitsbegriff wird von Barth das „denkende … und wollende … Ich …" (505) bezeichnet, „… das die Einheit [sc. der transzendentalen Apperzeption] in sich vollzieht" (ebd.), d. h. dieses Ich als konkretes, individuelles Subjekt. Die Nötigung, ein solches in Anschlag zu bringen, liege sowohl in der Logik psychologischen Erlebens selbst,[382] als auch in der Logik der Reflexion.[383] „In der reinen Subjektivität des unmittelbar erlebten Ichs faßt sich beides zur Einheit der *Persönlichkeit* zusammen: das Geistsein als die Aktion des Bewußtseins und die Individualität als die besondere Form dieser Aktion." (511) Persönlichkeit in diesem Sinne ist „*das individuell geistige Ich*" (ebd.), von dem gelten muß, daß es „[t]ranszendental unendlich, empirisch endlich" (513) sei. Diese Doppelbestimmung könne „im Begriff des *Werdens*" (ebd.) zusammengefaßt werden. Als solchermaßen beschriebene Schnittstelle sei „[d]er Begriff der Persönlichkeit … für die

---

[378] KARL BARTH: Der Glaube an den persönlichen Gott. Seitenzahlen im Text beziehen sich im Folgenden auf diesen Aufsatz.

[379] Vgl. die Einleitung der Herausgeber, in: KARL BARTH: Der Glaube an den persönlichen Gott (1913), in: Ders.: Vorträge und kleinere Arbeiten 1909–1914, 494–554, hier: 494.

[380] Vgl. LUDWIG FEUERBACH: Das Wesen des Christentums (1849). Stuttgart 1980. Vgl. hier das 2. Kapitel, 52–79, bes. 54–61.

[381] Vgl. J. G. Fichtes frühe Fanalschrift „Über den Grund unsers Glaubens an eine göttliche Weltregierung" (In: Philosophisches Journal 8 [1798], 1–20, bes. 15ff.). Diese Schrift hat zum Atheismusstreit geführt, vgl. dazu JOHANN GOTTLIEB FICHTE: Gerichtliche Verantwortungsschrift gegen die Anklage des Atheismus (1799), in: Hans Lindau (Hrsg.): Die Schriften zu J. G. Fichte's Atheismus-Streit. München 1912, 196–271, 221ff., bes. 226, 227ff. Vgl. hierzu WOLFHART PANNENBERG: Systematische Theologie. Bd. I, Göttingen 1988, 104f. Zum Begriff der Persönlichkeit Gottes bei Fichte und Hegel vgl. FALK WAGNER: Der Gedanke der Persönlichkeit Gottes bei Fichte und Hegel. Gütersloh 1971.

[382] Vgl. die Rede von der „reine[n] Subjektivität, deren wir uns unmittelbar bewußt sind". KARL BARTH: Der Glaube an den persönlichen Gott, 511.

[383] Vgl. die Rede von der „reine[n] Subjektivität, die wir uns als Voraussetzung jeder Bewußtseinsaktion von der transszendentalen wie von der psychologischen Seite her denken müssen." Ebd.

transszendentale wie für die psychologische Betrachtungsweise unentbehrlich und doch zugleich von beiden Seiten unmöglich zu vollziehen." (504)

Im Persönlichkeitsbegriff sieht Barth somit die für die theoretische Rekonstruktion aporetische Struktur des konkreten individuellen Selbstbewußtseins gegeben, die als solche auf den vollzugsaktualen Sinn reflexiver Selbsterfassung hindeutet. Analoge Sach- und Problemstrukturen lassen sich nun nach Barth für den in der religiösen Erfahrung gegebenen Gottesgedanken namhaft machen.[384]

Für den Gottesgedanken, wie er im religiösen Bewußtsein präsent ist, sei kennzeichnend, daß er zugleich als Absolutes und als Persönlichkeit bestimmt werde; Gott sei nämlich für das religiöse Bewußtsein „ein absolut geistiges, aber ein individuelles absolut geistiges Ich"[385]. Die Notwendigkeit, im Sinne des religiösen Bewußtseins Gott als Prädikat Individualität beizulegen, ist aus Barths Sicht damit gegeben, daß Gott nur so als „Subjekt"[386], als Subjekt nämlich von Absolutheit und als absolutes Subjekt, bestimmt werden könne. Beides dürfe nicht gegeneinander ausgespielt werden, vielmehr ergeben „beide: das Absolute und die Persönlichkeit in ihrer Einheit, d.h. in ihrer logischen Gleichgesetztheit, … den Gedanken Gottes der religiösen Erfahrung." (519) Die Eigenart der religiösen Erfahrung bestehe somit darin, daß sie das Logisch-Unvereinbare praktisch vereinbar mache.[387] Die Religion „denkt [Gott] in dem *Nebeneinander* der beiden Sätze: *Das Absolute ist Persönlichkeit* und: *Eine Persönlichkeit ist das Absolute.*" (521)[388]

Die genaue Bestimmtheit des inneren Spannungsverhältnisses des religiösen Gottesbegriffs werde erkennbar, wenn das Moment, das der Begriff des Absoluten belege, näher bestimmt werde. Dieser ziele nämlich, wie Barth unter Aufnahme von H. Cohens Begriff der „Ungrundlegung"[389] und entsprechender Überlegungen seines Bruders Heinrich Barth[390] erklärt, darauf, das von ihm bezeichnete Begründungsverhältnis des Absoluten zum Endlichen als ein dialektisches zu denken. In ihm sei Gott „nicht nur als die Negation, sondern zugleich als die *Position* alles dessen, was gedacht und gewollt werden kann"

---

[384] Vgl.: „Wenn Gott Forderungen an uns stellt, wenn er uns richtet und frei macht, wenn wir zu ihm beten, so stehen wir damit zu ihm in einem Verhältnis von Ich und *Du* […] Was die Religion meint, wenn sie das Wort „Gott" ausspricht, das ist gerade das, was wir vorhin als Persönlichkeit beschrieben haben: ein individuelles geistiges Ich, allerdings ein absolut geistiges, aber ein individuelles absolut geistiges Ich […] In der Religion fühlen wir uns berührt und erfaßt von einer Lebendigkeit, die wir nicht anders denn als persönliche Lebendigkeit empfinden." AaO., 517f.

[385] AaO., 517; vgl.: „Gott ist individuelles geistiges Ich." AaO., 522.

[386] AaO., 517; vgl. die ganze Seite.

[387] Vgl. aaO., 519f.

[388] Daß sie diese Spannung auflöst, ist der Vorwurf, den Barth gegenüber der spekulativen Religionsphilosophie A.E. Biedermanns, aber auch gegenüber R. Rothe, O. Pfleiderer, R.A. Lipsius, H. Siebeck u.a. erhebt. Vgl. aaO., 518f.

[389] AaO., 524; vgl. HERMANN COHEN: Ethik des reinen Willens, 406.

[390] Vgl. HEINRICH BARTH: Descartes' Begründung der Erkenntnis. Inaugural-Dissertation zur Erlangung der Doktorwürde der hohen philosophischen Fakultät der Universität Bern, Bern 1913, 80–89; vgl. KARL BARTH: Der Glaube an den persönlichen Gott, 525; Anm. ai.

(524), gemeint. „Die ‚Ungrundlegung' wird zum Grund der Grundlegung des Gedachten und Gewollten, die reine Abgezogenheit zum reinen Ursprung." (524f.) Vorbereitet durch die Typologie Karl Heims kann Barth nun dieses Moment der — dialektischen — Präsenz des absoluten Grundes im religiösen Bewußtsein als „die in sich ruhende Wahrheit und Gültigkeit des Apriori, die sich hier als die positive Seite dieser Komponente des Gottesgedankens erweist" (525), bezeichnen und in dieser Weise konstruktiv aufnehmen.

Neben dem Einfluß der Heimschen Typologie dürfte es auch Barths eigenen Angaben zufolge die Lektüre von Heinrich Barths Dissertation zu Descartes gewesen sein, die diese Veränderung bedingt, indem sie Karl Barth eine ‚Relektüre' von Cohens „Ethik des reinen Willens" ermöglicht. In den Schlußabschnitten von Heinrich Barths Dissertation, auf die Karl Barth verweist, plädiert jener für eine Descartes-Interpretation, die zwar nicht die dialektischen Züge der Gotteserkenntnis enthält, die Karl Barth der Religion zuschreibt, die aber doch eine theonome Begründung autonomer Erkenntnis vornimmt.[391] In Heinrich Barths Descartesinterpretation wird „die res cogitans" als Funktion des „psychologische[n] Subjekt[s]"[392] gedeutet und aus der Begründungsfunktion reiner autonomer Erkenntnis durch den Gottesgedanken verdrängt.[393] Es ist der Gottesbegriff, der „die strenge Korrelation des Erkennens auf das Sein verbürgt; die strenge Korrelation des Erkennens auf den Gegenstand, und umgekehrt, des Objektes auf das Denkgesetz, wird durch ihn bestätigt."[394] So ergibt sich aus dem Selbstaufbau des religiösen Bewußtseins heraus, wie es scheint, ein Bezogensein des Bewußtseins überhaupt, des Kulturbewußtseins im allgemeinen, des wissenschaftlichen Wahrheitsbewußtseins im besonderen, auf den Gottesbegriff, das K. Barth selbst in seinen frühen religionsphilosophischen Entwürfen

---

[391] Vgl.: „Die Tendenz *Descartes'* auf eine unerschütterliche Begründung der Erkenntnis bedarf eines Ursprungsprinzips, das der Sphäre des Psychologischen, überhaupt aller gegebenen Wirklichkeit, prinzipiell enthoben ist. Jene absolute Selbständigkeit der Erkenntnis in sich selber, die mit ihrer Unerschütterlichkeit gefordert ist, kann aber in der metaphysischen Begriffswelt nur durch die Beziehung auf den Gottesbegriff zum Ausdruck gelangen; denn er allein repräsentiert die letzte Ursprünglichkeit alles Seins. Wenn also das Klare und Deutliche zurückbezogen wird auf den Gottesbegriff, so können wir darin den Ausdruck für die absolute Priorität, für die ursprüngliche fundamentale Stellung sehen, die dem Erkenntnisbegriff zugeschrieben wird. Denn der Gottesbegriff ist in der Begriffswelt *Descartes'* weitaus am besten geeignet, diese Bedeutung des Nichtgegebenen, Nichtwirklichen und zugleich schlechthin Begründenden zu tragen." HEINRICH BARTH: Descartes' Begründung der Erkenntnis, 80.
[392] AaO., 81. Vgl.: „Es ist ... unzweideutig das Moment der Intuition, aus dem das cogito, sum hervorgeht." AaO., 54. Vgl. auch: „Das Erkenntnissubjekt aber, das auf diese Weise gewonnen wird, ist weder die ‚transzendentale Apperception', noch eine logisch gedachte ‚Einheit des Bewußtseins'". AaO., 55, vgl. 56.
[393] Vgl. die These von der „mehr ... formale[n]" (aaO., 81) Bedeutung des ‚cogito' und die These: „Insofern das Problem der Metaphysik die Begründung der Erkenntnis ist, liegt der Schwerpunkt des Systems nicht in der res cogitans, sondern im Gottesbegriff. Seine Beziehung auf das klare und deutliche Erkennen ist imstande, dessen grundlegende Bedeutung ins rechte Licht zu setzen und dessen unbedingte Ursprünglichkeit gegenüber allen Gegebenheiten deutlich zu machen." Ebd.
[394] AaO., 88.

zwar geltend gemacht, aber nicht aus dem Gottesbegriff heraus entwickelt hatte.[395] Für Heinrich Barth wird so Cohens „Ungrundlegung" theologisch interpretierbar.[396] Diese theologische Descartesinterpretation bringt Heinrich Barth selbst mit dem platonischen Anamnesisgedanken in Verbindung; der Gottesgedanke als „idea innata" werde hier selbst „als *von Gott eingeboren* verstanden [...] Sie [sc. die idea innata] ist das Kennzeichen des göttlichen Geistes, der im endlichen Intellekt sich wiederspiegelt [sic]. Auf Gott, als den vollkommenen Urheber, nicht auf den Gehalt des menschlichen Geistes, leitet sie ihr Sein zurück."[397]

Akzeptabel und weiterführend dürfte diese Descartesinterpretation für Karl Barth nicht zuletzt aus dem Grunde gewesen sein, daß Heinrich Barth selbst am Ende seiner Untersuchung auf die Schranke des solchermaßen interpretierten cartesischen Erkenntnisbegriffs hinweist. Dieser bleibe nämlich „befangen im Bereiche der formalen Gesetzmässigkeit."[398] „Der Uebergang von der formalen Wahrheit zur Erfahrung im engeren Sinne steht bei *Descartes* nicht im Vordergrund des Interesses; das Existenzproblem kommt ... nicht genügend zur Geltung."[399] Indem Karl Barth seine Auslegung des Gottesbegriffs als Auslegung der religiösen Erfahrung versteht, will er diese von einer logischen Bestimmung des Gottesbegriffs methodisch unterscheiden. Gott, wie er im religiösen Bewußtsein präsent ist, stehe „dem Geist schlechterdings gegenüber als das unveräußerliche, aber unerreichbare Ideal" (526). Damit sucht K. Barth den Präsenzmodus des Gottesgedankens im religiösen Bewußtsein gegenüber seiner logischen Präsenz noch einmal ‚realistisch' zu steigern; für das religiöse Bewußtsein ist entsprechend von einem „Paradoxon ..." des Zugleichseins von „... Transzendenz und Immanenz Gottes" (527) die Rede; und eben dieses soll terminologisch gekennzeichnet werden, indem in Bezug auf das religiöse Bewußtsein statt vom „Absoluten" vom „*Erhabene[n]*"[400] zu sprechen sei.

---

[395] Vgl.: „[I]n der Beziehung der Wissenschaft auf den Gottesbegriff liegt ihre letzte philosophische Vertiefung und Verankerung, die sie in ihrer Geltung nach jeder Seite hin sichert." AaO., 81f.

[396] Vgl. Heinrich Barths ausdrückliche Bestreitung einer Theorie, die „nach moderner Ausdrucksweise etwa die ‚Organisation unseres Geistes'" (aaO., 83) in Anschlag bringt als Begründungszusammenhang für die Gesetzlichkeit des Erkennens. Gerichtet ist diese Kritik gegen die Descartesinterpretationen von Natorp, Cassirer und Heimsoeth. „Natorp sucht das cogito im Sinne der kantischen *Einheit der Apperception* zu interpretieren; es bedeutet nach ihm den formalen Einheitsbegriff des wissenschaftlichen Bewusstseins, der aller gegenständlichen Erkenntnis logisch vorausgeht." AaO., 52.

[397] AaO., 83.

[398] AaO., 88.

[399] Ebd.

[400] KARL BARTH: Der Glaube an den persönlichen Gott, 526. Vgl.: „Im Begriff des Erhabenen ist das in eins gesetzt, was gemeinhin als Transzendenz und Immanenz Gottes beschrieben wird: Seine Transzendenz ist seine schlechthinige Überlegenheit, seine Immanenz ist seine schlechthinige Herrschaft." (AaO., 527). Barth nimmt diesen Begriff der Kantischen Ästhetik auf, prägt ihn aber inhaltlich betont um. Vgl. aaO., 526.

Von diesem als Erhabenen bestimmten religiösen Absoluten soll nun die religiöse Selbstaussage gelten: „Das Erhabene ist Persönlichkeit, und eine Persönlichkeit ist das Erhabene. Die Einheit dieser beiden Sätze konstituiert den religiösen Gottesgedanken." (Ebd.). „[S]chlechthinige Überlegenheit ..." und „... schlechthinige Herrschaft" (ebd.) Gottes, wie sie der Begriff der Erhabenheit bezeichne, bedeuteten für sich genommen noch nicht die Gleichsetzung ihres Trägers mit einem „*individuell geistigen [werdenden] Ich*" (530). Genau diese Gleichsetzung aber markiere den spezifischen Inhalt des religiösen Bewußtseins, für den jedoch gelte, daß er gedanklich „unauflösliche Schwierigkeiten" (ebd.) erzeuge. Denn jeder Versuch, die prädikativen Bestimmungen der beiden Grundbegriffe aufeinander abzubilden, sei zum Scheitern verurteilt: „Der *Gegensatz* zwischen dem Erhabenen und dem Persönlichen im religiösen Gottesgedanken ist unversöhnlich. Wird das Eine durchgeführt, so wird das Andre aufgelöst" (537).

Damit ist jene theoretische Aporie, d. h. das Scheitern der theoretischen Auflösbarkeit der inneren Bestimmungen des religiösen Gottesbegriffs erreicht, auf die Barths Argumentation in diesem Aufsatz zielt. Denn die theoretische Aporie wird nun gerade nicht als Ausdruck der Inkonsistenz des sie hervorbringenden religiösen Bewußtseins gewertet, sondern als der Grund, um dem praktisch-konkreten Vollzug dieses religiösen Bewußtseins gegenüber den Versuchen seiner theologischen Explikation die Prärogative einzuräumen: „[U]nsre innere Bedingtheit durch die Geschichte ist die *religiöse Erfahrung*. In ihr haben wir Gott, und auf Grund ihrer können wir von Gott reden. Wie wir die geschilderten einzelnen Momente des Gottesgedankens ihr entnommen haben, so muß nun in ihr auch der Grund der eigentümlichen Antinomie dieser Momente zu finden sein." (548)

Der ‚Beweis' für diese These gilt Barth als erbracht, indem gezeigt wird, daß sich in den positiven Inhalten der religiösen Erfahrung, näherhin in den positiven Gehalten des Christentums, die zunächst abstrakt entwickelte gedanklich aporetische Doppelbestimmtheit von „Erhabenheit" und „Persönlichkeit" Gottes nachweisen läßt. An den christlichen Grunddokumenten der Evangelien sucht Barth zu zeigen, daß in ihnen Gott als dialektischer (Un-)Grund des Individuums, nämlich seines Selbstgegebenseins und zugleich seiner Selbstnegation gedacht werde.[401] Die Religion im allgemeinen, das Christentum als normativ-absolute Religion im besonderen, leiste so die Selbstvergewisserung des Grundes individueller Subjektivität. Ausweis dieser Funktionalität ist die analoge Aporetik der rationalen theologischen Rekonstruierbarkeit dieser Leistung.

Barths Vortrag von 1913 „Der Glaube an den persönlichen Gott" stellt eine eigentümliche doppelseitige Steigerung seiner früheren religionsphilosophischen Grundlegung der Theologie dar. Einerseits beinhaltet die Weiterentwicklung der philosophischen Referenztheorie zum Gedanken der Ungrundlegung in einem höheren Maß als in den früheren Entwürfen die Möglichkeit, die Abschlußfunktion des religiösen Bewußtseins für das Bewußtsein im allgemeinen durchsichtig zu machen. Andererseits wird diese Funktionalitätseinsicht verbunden mit dem Gedanken ihrer reflexiven Undurchsichtigkeit und theoretischen Aporetik. Auf diese Weise soll die gesteigerte Funktionalität der Religion

---

[401] Vgl. aaO., 550–553. Barth nimmt in diesem Zusammenhang Harnacks berühmte Formulierung aus den Vorlesungen über das Wesen des Christentums auf: „,Gott und die Seele, die Seele und ihr Gott.'" (AaO., 550, vgl. ADOLF VON HARNACK: Das Wesen des Christentums, 43). Das Zitat heißt dort genau: „Er [sc. Jesus] selbst ist das Reich, und nicht um Engel und Teufel ... handelt es sich, sondern um Gott und die Seele, um die Seele und ihren Gott."

alleine dem religiösen Vollzug selbst und nicht seiner theologischen Reflexion gutgeschrieben werden. Die theologische Explikation der Gehalte des religiösen Bewußtseins erfolgt zu dem Zweck, die Bestimmtheit der Vollzugsaktualität des religiösen Bewußtseins zu sichern, die als solche ganz allein die Selbstvergewisserung des absoluten Grundes individueller Subjektivität leisten können soll.

Allerdings wird man wiederum urteilen müssen, daß die Funktion, die der Theologie hier zugeschrieben wird, nämlich die Bestimmtheit der religiösen Erfahrung zu sichern, ihrerseits in ihrer Bedeutung für den faktizitären Vollzug des religiösen Bewußtseins unreflektiert bleibt. Wie kann der religiöse Vollzug sich jener Bestimmtheit unmittelbar und in seiner faktischen Vollzugslogizität gewiß sein, die ihm offensichtlich allererst die philosophische Theologie – mittels der aus ihr stammenden Reflexionskategorien (Absolutheit, Persönlichkeit) – zu vermitteln vermag?

Diese Fragen zielen auf eine Explikationsform von Theologie, die als eine dem aktualen Vollzugssinn der Religion unmittelbar inhärierende ‚praktische‘ Theologie plausibel gemacht werden kann. Barth hat diese Fragen, die seine am weitesten vorangetriebenen explizit religionsphilosophischen Reflexionen strukturell aufwerfen, zunächst selbst nicht ausdrücklich gestellt und dementsprechend auch nicht zu beantworten versucht. Ende des Jahres 1913, als die Drucklegung des Aufsatzes über den persönlichen Gott, die sich verzögert hatte, endlich gemeldet wird, konstatiert er seinem Freund W. Loew gegenüber: „Die Theologie schiebt sich bedenklich in den Hintergrund; ich fürchte, die Sache über die Persönlichkeit Gottes ..., wird für längere Zeit mein letztes derartiges Wort sein.“[402]

Vom Frühsommer 1913 an bis in das Jahr 1915 hinein hat Barth die explizite Grundlagenreflexion nahezu vollständig eingestellt und sich überwiegend einer praktisch-praktizierten Theologie gewidmet; neben einer nicht unwichtigen Rezension eines laufenden Jahrgangs der „Hilfe“[403] hat er überwiegend Predigten geschrieben. Die Analyse wird zeigen, daß Barth hier ohne den Druck grundlagentheoretischer Begründung gewissermaßen experimentell auf jenen Theologiebegriff hingearbeitet hat, der in der Fluchtlinie seiner liberalen, religionsphilosophischen Theoriebildung liegt.[404] Dabei werden die beiden um 1911/12 eher nebeneinander laufenden Linien ethisch-praktischer („sozialistischer“) und explizit grundlagentheoretisch-dogmatischer Reflexion zusammengeführt.

---

[402] Brief an W. Loew vom 15.12.1913; zit. n. Einleitung der Hrsg. in: Karl Barth: Der Glaube an den persönlichen Gott (1913), 498.

[403] Karl Barth: [Rez.:] „Die Hilfe“ 1913.

[404] Darum dürfen sie in einer an der Entwicklung des Theologiebegriffs orientierten Analyseperspektive nicht ignoriert werden, wie es bei I. Spieckermann geschieht. Freilich verfängt ihre Warnung vor der „gern irrlichternde[n] Deutung gerade auch des Predigtmaterials Barths“ (Ingrid Spieckermann: Gotteserkenntnis, 70. Anm. 10) zweifellos gegenüber einem Teil der Literatur.

1.5. Prophetisch-appellative Geschichtstheologie des ‚Ganz Anderen'

Seit über zwanzig Jahren sind die beiden Predigtjahrgänge von 1913 und 1914 in der Werkausgabe greifbar.[405] Das weitaus größte Forschungsinteresse haben bisher die Sommer- und Herbstmonate des Jahres 1914 auf sich gezogen.[406] Zur Rekonstruktion der Entwicklung von Barths Denken in diesem Zeitraum insgesamt wurden die Predigten noch selten herangezogen. Das ist insofern erstaunlich, als, wie Bruce McCormack jetzt gezeigt hat, schon die Predigten des Jahres 1913 tatsächlich vieles von dem ‚vorwegnehmen', was die Forschung bislang als Folge der Umbrüche veranschlagte, die sich im Barthschen Denken in Folge der Erfahrungen mit dem Krieg und der Kriegstheologie seiner theologische Väter ereignen.[407] Mit McCormack und über seine Beobachtungen hinausgehend ist festzustellen, daß viele Begriffe, die gemeinhin als ‚keywords' der dialektischen Theologie K. Barths nach dem Ersten Weltkrieg gelten, hier schon zu finden sind.

Nicht erst im zweiten ‚Römerbrief' von 1922, sondern schon 1913/14 ist die Rede von „Gotteswort aus Menschenmund"[408], spricht Barth von Gott als dem ‚Ganz Anderen'[409], sind „Revolution"[410], „*neue Welt*"[411] zentrale Epitheta des Evangeliums, befindet sich der Mensch in der „Krisis"[412], ist der Glaube wesentlich „Wagnis"[413], „Sprung"[414] und „Entscheidung"[415], lautet die Begründung der Glaubensgewißheit tautologisch, daß „Gott Gott ist"[416], ist Religionskritik wesentliches Indiz rechten Glaubens,[417] nimmt die Theologie insgesamt den Gestus des Prophetischen an.[418] Obwohl die beiden Predigtjahrgänge zu den frühesten Publikationen der Werkausgabe gehören, hat die Forschung, von Bruce McCormack abgesehen, diesen schon terminologisch auffälligen Sachverhalten bislang wenig Bedeutung beigemessen. Das verbreitete Interesse am Nachweis eines diskontinuierlichen Entwicklungsverlaufs der Barthschen Theologie scheint die Wahrnehmung solcher Indizien eines eher sukzessiven Umbaus beeinträchtigt zu haben.

---

[405] KARL BARTH: Predigten 1913.

[406] Vgl. JOCHEN FÄHLER: Der Ausbruch des 1. Weltkrieges in Karl Barths Predigten 1913–1915 (BSHST 37), Bern – Frankfurt/M. – Las Vegas 1979, 54ff.; AXEL DENECKE: Gottes Wort als Menschenwort, 76ff.; HARTMUT GENEST: Karl Barth und die Predigt. Darstellung und Deutung von Predigtwerk und Predigtlehre Karl Barths, Neukirchen 1995, 26ff.; JÖRG ZENGEL: Erfahrung und Erlebnis, 94ff.

[407] BRUCE L. MCCORMACK: Karl Barth's Critically Realistic Dialectical Theology, 92ff.

[408] KARL BARTH: Predigten 1913. Predigt vom 16.11.1913, 598.

[409] Vgl.: „Gott ist und will etwas ganz Anderes als ihr denkt!". AaO., Predigt vom 25.5.1913, 249.

[410] AaO., Predigt vom 19.1.1913, 38; Predigt vom 10.4.1914, 174.

[411] AaO., Predigt vom 14.9.1913, 462.

[412] AaO., Predigt vom 9.3.1913, 94

[413] AaO., Predigt vom 23.2.1913, 70.

[414] Ebd.

[415] AaO., Predigt vom 23.2.1913, 69.

[416] KARL BARTH: Predigten 1914, Predigt vom 21.6.1914, 327.

[417] Vgl. KARL BARTH: Predigten 1913, Predigt vom 4.5.1913, 210. Eine theologische Internalisierung der Religionskritik findet sich im Umkreis Barths auch schon bei HERMANN KUTTER: Das Unmittelbare. Eine Menschheitsfrage (1902), 3. Aufl. Basel 1921, 281, vgl. indirekt auch aaO., 300, 324, 331.

[418] Vgl. insbesondere die Predigtreihe über den Propheten Amos, beginnend am 27.4.1913. KARL BARTH: Predigten 1913, 182ff., vgl. 209, 249–257, 586.

In den Predigten der Jahre 1913/14 ist erkennbar, wie die durch die Denkfigur der dialektischen „Ungrundlegung" angezeigte, aber schon früher vorbereitete erkenntnistheoretische Entwicklung zu einer realistisch-paradoxalen Theologie – unter der Signalmetapher des „ganz Anderen"[419] – bei Barth eingebunden ist in den Umbau des Theologiebegriffs zu einer praktisch-geschichtstheologischen Theologie, die ihre paradoxalen erkenntnistheoretischen Grundstrukturen handlungspraktisch zu entparadoxalisieren sucht. Der formale Grundzug dieser politischen Theologie ist ihr appellativ vorgetragener Öffentlichkeitsanspruch, der die Sprechsituation der Predigten vergrundsätzlicht: „Wir *müssen* unser Christentum ganz anders zur Geltung bringen lernen, nicht nur im Privatleben, sondern in der Öffentlichkeit."[420] Semantisches Vorzugsinstrument solcher politisch-öffentlicher Entparadoxalisierung der Theologie ist der Begriff der „Revolution". „Ja, Jesus hat Revolution gemacht – das Göttliche in der Menschheit ist immer in Revolution gegen die Menschenordnungen."[421] Als Aufruf zur „Teilnahme"[422], und zwar zugleich zur „inneren Teilnahme"[423] wie zur äußeren politischen an diesem „Kampf", wollen die Predigten verstanden werden.[424] Es ist diese handlungspraktische Entparadoxalisierung der Theologie, in welcher die Kennzeichnungen des Glaubens als „Wagnis", als „Sprung", als „Entscheidung" ihre Grundlage haben. „Gott will, … daß wir innerlich und gänzlich andere Menschen werden"[425].

Signifikant für die Predigten sind die Metaphern des „Wartens" und des „Suchens"[426] als Beschreibung der religiösen und zugleich gesellschaftspolitischen Haltung, zu welcher der Prediger aufruft. Insbesondere ist es die dreiteilige Predigtreihe über den Propheten Amos vom Mai 1913, die darin ihren Skopus hat und die damit insgesamt eine zentrale Stellung in den Predigten der beiden Jahre einnimmt. „In dem Ausspruch: *Suchet mich, so werdet ihr leben!* ist Alles zusammengefaßt […] Die Israeliten meinten, *Gott zu haben*, Amos sagt ihnen im Namen Gottes: Nein, ihr müßt *ihn erst suchen.*"[427]

Diese ‚Such'-Haltung entspricht den Irritationen, die Barths gesellschafts- und kulturdiagnostische Wahrnehmungen der Vorkriegszeit kennzeichnen. Zwar ist seine religiössozialistische Ethik grundsätzlich von einer fortschrittsgläubigen Hoffnung auf eine „Vorwärtsbewegung der Menschheit …" geleitet, an welcher es „… teil[zu]nehmen"[428] gelte.

---

[419] Vgl. z. B. aaO., Predigt vom 9.11.1913, 576f.; DERS.: Predigten 1914, Predigt vom 18.1.1914, 34; aaO., Predigt vom 29.3.1914, 148; aaO., Predigt vom 31.5.1914, 285.

[420] KARL BARTH: Predigten 1913, Predigt vom 19.1.1913, 37.

[421] AaO., 38.

[422] Vgl. aaO., Predigt vom 21.9.1913, 507 u. ö.

[423] AaO., Predigt vom 23.12.1913, 604.

[424] Vgl.: „[W]ir können und dürfen bei diesem Kampf, von dem uns der Ostertag redet, nicht bloß Zuschauer sein. Wir müssen Partei ergreifen für die eine Seite oder für die andre." AaO., Predigt vom 23.3.1913, 143; vgl. auch z. B. Predigt, vom 19.1.1913, 38.

[425] AaO., Predigt vom 9.3.1913, 101.

[426] Vgl. aaO., Predigt vom 25.5.1913, 249.

[427] Ebd.

[428] AaO., Predigt vom 17.8.1913, 415.

Solche optimistischen Töne werden jedoch zugleich gebrochen und überboten durch Einlassungen, die von einer noch nicht „neue[n] Menschheit"[429] sprechen die, der gegenwärtigen als ‚ganz andere' gegenüberstehe. Darum könne die Teilnahme an jener Bewegung für den einzelnen bedeuten, daß er, „auf hunderterlei Weise das Kreuz auf sich nehmen"[430] muß. Der religiös-soziale Fortschrittsoptimismus ist relativiert durch die bedrückenden Erfahrungen mit den desozialisierenden Folgen des Industrialisierungsprozesses, die Barth in Safenwil macht, oder auch durch die Nachrichten über den Balkankrieg 1912/13.[431] Darum ist der Fortschrittsoptimismus in den Predigten zwar insgesamt dominant, aber keineswegs ungebrochen: „Die Zukunft wird nicht besser sein, sondern schlimmer".[432] „Die rechte Hoffnung … besteht überhaupt nicht darin, daß man auf irgend ein großes oder kleines Glück, sondern darin, daß man *auf Gott wartet.*"[433]

Die Metapher des Gott-Suchens bringt die theologische Botschaft des Predigers auf den Begriff; sie stellt die appellativ gewendete, praktisch-theologische Entsprechung zum philosophischen Begriff der „Ungrundlegung" dar: das religiöse Bewußtsein bezieht sich auf seinen Grund, indem es sich ihn als einen abwesenden präsentiert. In der Botschaft des Propheten ist es „Gott …" selbst, welcher „… der Religion entgegentritt"[434]. Religions- und Sozialkritik bedingen sich wechselseitig: „Der Prophet fordert … neue Religion, neues Leben und neue Verhältnisse"[435]. Die „Gotteserkenntnis der Menschheit rückte mit ihm [sc. Amos] einen großen Schritt vorwärts"[436], weil in seiner Theologie theologische Selbstkritik und sozial-sittliche Lebenspraxis gleichursprünglich und koextensiv seien.[437] Das religiöse Bewußtsein wird durch den theologischen Appellationsakt zu sich selbst in ein reflexiv-kritisches, in ein theologisch vermitteltes Verhältnis versetzt, das sich eodem actu sittlich-praktisch explizieren soll.[438]

---

[429] AaO., Predigt vom 23.3.1913, 148.

[430] AaO., Predigt vom 17.8.1913, 415.

[431] Vgl. den Rekurs auf „die Ausbrüche dieses Vulkans von Not und Sünde z.B. in den furchtbaren Kriegsereignissen, deren ferne Zeugen wir gerade in der letzten Zeit gewesen sind". AaO., Predigt vom 17.8.1913, 410.

[432] AaO., Predigt vom 18.5.1913, 242.

[433] AaO., Predigt vom 25.5.1913, 245. Vgl.: „Die Welt muß langsam heranreifen zu dieser Verwandlung. Und Gott selber ist es, der diese Verwandlung vollzieht." AaO., Predigt vom 2.3.1913, 79f.; vgl.: „Macht euch auf und sucht nach dieser Ordnung [sc. Gottes], *suchet*, denn sie ist wirklich noch nicht da." AaO., Predigt vom 25.5.1913, 249.

[434] AaO., Predigt vom 4.5.1913, 210; vgl. ebd.

[435] AaO., Predigt vom 4.5.1913, 209.

[436] KARL BARTH: Predigt vom 20.4.1913, 171.

[437] Vgl.: „So müssen wir es machen, wenn wir in innerer Not sind, … dann müssen wir die Augen weit auftun und möglichst viel von der Natur und von den Menschen zu sehen trachten. Wir müssen ganz gleichgiltig werden gegen uns selbst und unsre Not für einige Zeit und uns ganz versenken in die Wirklichkeit des Lebens außer uns. Anschauen, erkennen, in uns aufnehmen!" AaO., Predigt vom 20.4.1913, 178.

[438] Die Kontinuität, die – bei allen unleugbaren Differenzen – Barths Theologie vor und nach der 1914 kennzeichnet, kann schlaglichtartig an dieser Metapher des Gott-Suchens festgemacht werden. Amos 5, 4 („Suchet Gott, so werdet ihr leben") wird zur Programm- und Titelformel des Predigtbandes, den Barth und Thurneysen 1917 gemeinsam veröffentlichen. S. u. S. 263ff.

Es ist die ‚Kategorie' des Prophetischen selbst, die den Theologiebegriff und -vollzug, so wie er sich in diesen Predigten präsentiert und herausschält, gewissermaßen auf den Begriff bringt.[439] Prophetische Rede ist – analysiert man Barths Zuschreibungen – Rede, die einer dreifachen Bestimmtheit unterliegen soll. Sie ist erstens religiöse Rede, also eine solche, die aus dem „*lebendigen Zusammenhang*, in dem Gott mit ihm [sc. dem Propheten] und er mit Gott"[440] steht, heraus erfolgt; sie ist zweitens theologische Rede, die aus der „Erkenntnis ...“ dieses „*... lebendigen Zusammenhangs*" ergeht, und sie ist drittens eine Rede, die sich als solche, als praktischer, tathafter Ausdruck dieses religiös-theologischen Bewußtseins weiß, und zwar so, daß sich in dieser Rede als handlungspraktischem Ausdruck die Individualität des Propheten insgesamt zum Ausdruck bringe: „Gott war es, der ihm seine Lebensaufgabe stellt, und darum mußte sie ausgeführt werden [...] *Gott* in uns und *wir* in Gott![...] Wo Gott mit einem Menschen und ein Mensch mit Gott redet, da kann es keine Unsicherheit mehr geben."[441] Die ‚prophetische' Rede ist derjenige Handlungsvollzug, in dem sich religiöses, reflexives und sittliches Bewußtsein als kommunikative sprachliche Handlung zusammenschließen; sie ist darum der kardinale Akt der Selbstkonstituierung des individuellen Subjekts, insofern ist sie ferner ein Akt, der als Akt eine spezifische Reflexivität hat; denn der Inhalt ‚prophetischer' Rede ist wiederum kein anderer als diese Vollzugslogik selbst. Allerdings, und das ist nun der systematisch entscheidende Punkt, impliziert gerade die Aktualität des Aktes, in dem das ‚prophetische' Bewußtsein zu sich selbst kommt, daß es seine theonome Selbstgewißheit gerade nicht als ruhende hat; es hat sie nur, indem es die Differenz, welche die Handlung auszeichnet, die Differenz zwischen Handlungsabsicht und deren tatsächlichem Erreichen, eodem actu mittransportiert, indem es einen appellativen Charakter annimmt. Der archimedische Punkt, in dem die Selbstgewißheit des prophetischen Bewußtseins zur Ruhe kommt, ist das allgemeine Bewußtsein, das Bewußtsein aller, für die die Angeredeten repräsentativ, aber eben auch nur repräsentativ sind.

In Barths Verständnis von prophetischer Rede liegt demnach dreierlei ineinander: Religionstheorie, die wiederum eine ethische Theorie des Individuums ist, Theologiebegriff und Homiletik. In umgekehrter Reihenfolge: der religiöstheologische Akt der Predigt, verstanden wiederum als persuasiver Akt, rückt de facto in eine systematische Grundlegungsposition ein. Gegenüber dem Entwicklungsstand der Mott-Aufsätze wie auch der ersten „Sozialistischen Reden" ist diese Theorie nun insofern weiterentwickelt, als sie nun praktisch (wenn auch noch nicht theoretisch) am Ort des Entstehungszusammenhangs von Handeln expliziert wird; nämlich am Ort des religiösen Bewußtseins. Und zwar

---

[439] Die ‚Kategorie' des Prophetischen ist keineswegs beschränkt auf den Amoszyklus; sie ist quer durch die Predigten präsent, vgl. z.B. KARL BARTH: Predigten 1913, Predigt vom 16.11.1913, 586; aaO., Predigt vom 16.11.1913, 590f., 595ff; aaO., Predigt vom 23.11.1913, 601; aaO., Predigt vom 30.11.1913, 614; aaO., Predigt vom 21.12.1913, 659.

[440] AaO., Predigt vom 20.4.1913, 182.

[441] Ebd.

geschieht diese Lozierung gerade darin, daß sie sich religionskritisch expliziert; das ist 1911 noch nicht der Fall gewesen.

Barths Verwendung der ‚Kategorie des Prophetischen' um 1913/14 markiert zugleich aber auch eine charakteristische Begrenzung der erreichten geschichts-theologischen Theoriestufe der Vorkriegsjahre. Zwar kann der Rekurs auf pro-phetische Rede zur autoritativen Aufladung theologischer Aussagen dienen,[442] indem sie „Gotteswort aus Menschenmund"[443] zu sein beansprucht. Aber die prophetische Autorität ist diskursiv, persuasiv rückgebunden; sie muß ihre Wahr-heit an ihrer aktuellen, gegenwartserhellenden Potenz erweisen. Vor allem aber belegt Barth seine eigene Tätigkeit als Safenwiler Pfarrer nicht unmittelbar mit der ‚Kategorie' des Prophetischen; er nimmt hier im Gegenteil eine explizite Selbstunterscheidung vor.[444] Das ‚Prophetische' gilt ihm als allererst in anfäng-licher Realisierung begriffende Qualität, als noch ausstehende religiös-ethische Funktion der „ganze[n] christlichen Gemeinde" an Kultur und Gesellschaft, die diese als „Wächteramt"[445] auszuüben hat. So illustrativ und signalhaft also die Bedeutung der ‚Kategorie des Prophetischen' in den Vorkriegspredigten Barths ist, die theologische Reflexion verharrt noch in einer deskriptiven Rest-distanz zum aktualen Selbstvollzug des prophetischen Wortes. Die „völlige lebendige Einheit von Wort und Leben"[446], die für Jesus als den normativen Ursprungszusammenhang geltend gemacht wird, wird in der Predigt zwar be-schworen; sie tritt aber in dieser Beschreibung zugleich wieder auseinander: „Das ist der große Unterschied zwischen Jesus und den Philosophen ..., zwi-schen Jesus und uns Pfarrern heutzutage"[447]. Es ist – dogmatisch gesprochen – der noch beibehaltene deskriptive Ausgangspunkt beim Bewußtsein Jesu, der das Auftreten der Differenz christologisch markiert; denn mit ihm ist die Diffe-renz von Handlungsgrund, d.h. Handlungsgewißheit und Handlungsintention gegeben: „Ja, daran glaubte er eben, allem Anschein zum Trotz, an das Kom-men des Gottesreichs, an eine freiere, gerechtere, aufrichtigere Menschheit, an eine Menschheit, die dem Vater des Lichtes näher und näher kommt."[448]

Man kann es als begleitendes Indiz dieser sukzessiven handlungspraktisch-persuasiven Zuspitzung des Theologiebegriffs verstehen, wenn Barth in seiner sozialethischen Vor-trags- und Bildungsarbeit nun ebenfalls praktischer und rhetorisch-persuasiver wird. An die Stelle der in den frühen Vorträgen verfolgten grundlagentheoretischen Bildungs-interessen treten nun Arbeiten, die einerseits stärker empirisch orientiert sind, anderer-seits viel deutlicher agitatorischen Charakter haben. So ist Barth im Winter 1913/14 mit

---

[442] Vgl.: „Es ist der große Gegensatz ... zwischen den *Leuten*, die Gott längst kennen und ihm auf ihre Weise zu dienen meinen, und dem *Propheten*, der Gott in Stunden großer innerer Erlebnisse näher getreten ist als sie und der ihnen nun sagen muß: Gott ist und will etwas ganz Anderes als ihr denkt." AaO., Predigt vom 25.5.1913, 249.

[443] AaO., Predigt vom 16.11.1913, 598.

[444] Vgl. die Predigt vom 23.11.1913, die 1. Petr. 2, 9 auslegt, bes. aaO. 601.

[445] AaO., Predigt vom 16.11.1913, 589, vgl. 599.

[446] KARL BARTH: Predigten 1914, Predigt vom 1.3.1914, 112.

[447] Ebd.

[448] KARL BARTH: Predigten 1914, Predigt vom 22.3.1914, 133, vgl., 136.

der Ausarbeitung eines volkswirtschaftlichen Einführungskursus beschäftigt, den er als vierzehntägiges Kolleg für einen Kreis interessierter junger Leute in Safenwil hält.[449] Das in der Werkausgabe über einhundertseitige Manuskript ist ein kompilierendes Exzerpt mehr oder weniger einschlägiger nationalökonomischer Literatur,[450] dessen Titel und Gliederung sich an die Monographie des Berliner Nationalökonomen Heinrich Herkner „Die Arbeiterfrage. Eine Einführung"[451] anlehnt. Die Materialsammlung legt ein besonderes Gewicht auf die Entwicklung der Lebens- und Arbeitsbedingungen der Arbeiterschaft in Deutschland und in der Schweiz. An diesen im allgemeinen, und im besonderen an der Einführung der *„wissenschaftliche[n]* Betriebsführung"[452] des Taylor-Systems, zeichnet Barth die depersonalisierenden Folgen des kapitalistischen Industrialisierungsprozesses nach.

Die „Sozialistischen Reden", die Barth in diesem Zeitraum hält, verlieren nun allmählich den bildungsbürgerlichen Zuschnitt philosophisch-theologischer Volkshochschulvorträge und verfolgen pragmatischere, nämlich klar politisch-agitatorisch bestimmte Zielsetzungen.[453] Der gewandelte theoretische Anspruch der Arbeiten ist schon äußerlich daran erkennbar, daß Barth diese Vorträge nur noch stichwortartig ausarbeitet. Der akademische Stil der früheren Reden weicht einer kerygmatisch-persuasiven Agitationssprache mit apokalyptischen Tendenzen.[454] Der Grundgedanke dieser nunmehr geschichtstheologisch-persuasiven Sozialtheologie bleibt freilich derselbe wie in den ersten „Sozialistischen Reden" von 1911: „Nur als Christen liefern wir die *Bedingungen[,]* die uns die Fähigkeit zum Kämpfen u.[nd] das Recht zum Hoffen auf die soz.[ialistischen] Ziele geben."[455]

Die kulturkritische Potenz dieser prophetischen Geschichtstheologie läßt sich exemplarisch studieren an Barths Rezension des Jahrgangs 1913 des von Friedrich Naumann herausgegebenen Journals „Die Hilfe", die Barth auf Bitten von M. Rade hin wohl im Juni 1914 verfaßt hat.[456]

---

[449] Vgl. KARL BARTH: Brief an M. Rade. In: Christoph Schwöbel (Hrsg.): Karl Barth – Martin Rade. Ein Briefwechsel, 89.

[450] KARL BARTH: Die Arbeiterfrage (1913/14), in: Ders.: Vorträge und kleinere Arbeiten 1909–1914, 573–682.

[451] 5. Aufl. Berlin 1908. Ansonsten verwendet Barth: WERNER SOMBART: Die gewerbliche Arbeiterfrage. 2. Aufl. Berlin – Leipzig 1908 – und das Buch des früheren Züricher Pfarrers und sozialdemokratischen Nationalrats PAUL PFLÜGER: Die Arbeiterfrage. Eine Einführung (Zürich 1910). Vgl. dazu die Einleitung der Hrsg. in: KARL BARTH: Die Arbeiterfrage (1913/14), 573.

[452] AaO., 622.

[453] Vgl. KARL BARTH: Festrede an der Novemberfeier des Grütlivereins Ober-Entfelden (1913). In: Ders: Vorträge und kleinere Arbeiten 1909–1914, 683–689; DERS.: Weihnachtsfeier des Arbeitervereins Rothrist (1913). In: Ders.: Vorträge und kleinere Arbeiten 1909–1914, 723–725; DERS.: Evangelium und Sozialismus (1914), aaO., 729–733. Auch die in diesem Zeitraum gehaltenen Vorträge vor dem Blaukreuz-Verein nehmen nun deutlich den Charakter politisch-sozialistischer Agitationsreden, vgl. KARL BARTH: [Rede beim Blaukreuzfest in Rupperswil] (1913), aaO., 710f.; DERS.: Bessere Zeiten (1914), aaO., 734–738.

[454] Vgl.: „[W]ir fühlen uns als Mitkämpfer in der größten Sache: Gott gegen Teufel" (KARL BARTH: [Rede beim Blaukreuzfest in Rupperswil], 710); – „Unsre Sache ist Gottes Sache, wenn wir sie recht vertreten", aaO., 711.

[455] KARL BARTH: Evangelium und Sozialismus, 732.

[456] KARL BARTH: [Rez:] „Die Hilfe" 1913. In: ChW 28 (1914), Sp. 774–778. Die Besprechung soll in den „Vorträge[n] und kleinere[n] Arbeiten 1914–1921" wieder abgedruckt werden, deren Veröffentlichung aber derzeit noch auf sich warten läßt. Darum wird sie hier nach der

Wie zuvor die öffentlichen Auftritte J. Motts so deutet Barth auch dieses Publikations-organ als Produkt eines einheitlichen, religiös-moralischen Gesamtvollzugs individueller Handlungssubjektivität, die sich öffentlich-strategisch zu explizieren sucht: „Die Hilfe ist *Naumann* […] Man kann an der Hilfe studieren, was die Macht der Persönlichkeit ist."[457] Was die Zwecksetzung der Naumannschen Publikationspolitik angeht, so billigt Barth ihr zwar ein subjektiv humanes Ethos und Humanisierungsinteressen im Bereich prag-matisch-politischer Belange zu.[458] Mit aller Schärfe kritisiert der Rezensent jedoch den aus seiner Sicht evidenten Sachverhalt, daß sich Naumanns liberales Politikverständnis von der gesamtgesellschaftlichen Realisierbarkeit christlich-sozialistischer Zwecksetzun-gen verabschiedet habe: „Naumann hat sich von der Vorstellung einer praktischen ‚christ-lichen' Politik abgewandt." (776) Unbeschadet subjektiv-moralischer Intentionen habe Naumann faktisch „das Evangelium des absoluten und lebendigen Gottes" (ebd.) mit dem „Evangelium der Technik, der Macht und des allgemeinen Stimmrechts" (ebd.) vertauscht. Erkennbar werde der Widerspruch von subjektiver Moralität und tatsächli-cher objektiver Immoralität der Naumannschen Politik, wenn man sie mit der Politik der „internationale[n] Sozialdemokratie" (777) vergleicht. Hier werde das politische Han-deln tatsächlich auf den absoluten moralischen Endzweck ausgerichtet, insofern nämlich die Sozialdemokratie „sich grundsätzlich bei keiner von den politischen und wirtschaft-lichen Relativitäten beruhigen …" lasse und über sie hinwegsehe „… auf das Ziel einer völligen Menschengemeinschaft der Klassen und der Völker … in apriorischem innerm Gegensatz zu allen Vorläufigkeiten, eben weil diese Vorläufigkeiten sind." (Ebd.) Bei der Sozialdemokratie werde „mit dem Absoluten, mit Gott politisch Ernst gemacht" (ebd.). Was Naumann somit von der Sozialdemokratie unterscheide, sei der den jeweiligen Programmen zugrundeliegende „politische Glaube" (ebd.). Und die Immoralität und zugleich Irreligiosität der Naumannschen Politik zeige sich genau daran, daß Naumann den tatsächlich „religiösen …" Charakter des „… Unterschied[s]" (778) zwischen seiner und der sozialdemokratischen Politik nicht erkenne. „Diesen religiösen Unterschied versteht Naumann nicht, er verflacht ihn zu einem bloß politischen."[459]

Originalveröffentlichung zitiert. Zur Entstehung der Rezension vgl. die Korrespondenz von M. Rade und K. Barth vom 4 4., 7.4., 10.4.1914 (in: Christoph Schwöbel [Hrsg.]: Karl Barth – Martin Rade. Ein Briefwechsel, 90–93). Barth könnte den Band in der zweiten Aprilhälfte bekommen haben. Zu schreiben begonnen hat Barth die Besprechung aber offenbar erst im Juni. Vgl. den Brief. E. Thurneysens an Barth vom 18. Juni 1914, in dem dieser ihm die Zusendung diverser Literatur von und über Naumann ankündigt, um die Barth gebeten haben muß (Ba-Th I, 5f.). Daß er das Manuskript jedoch erst Anfang August an Rade abgeschickt haben soll, wie H. Genest wohl aus einer brieflichen Bemerkung Barths gegenüber M. Rade vom 13. 8. folgert (vgl. Christoph Schwöbel [Hrsg.]: Karl Barth – Martin Rade. Ein Briefwechsel, 94; vgl. HARTMUT GENEST: Karl Barth und die Predigt, 45), ist aus der betreffenden Notiz nicht abzuleiten. Viel-mehr ist umgekehrt aus dem Sachverhalt, daß Barth diesem Brief ein „kleines Nachwort …" zu seinem Hilfe-Artikel beilegt, „… das mir nötig schien, weil er sonst unter den jetzigen Umstän-den völlig in die Luft zu gehen scheint" (Christoph Schwöbel [Hrsg.]: Karl Barth – Martin Rade. Ein Briefwechsel, 94), zu schließen, daß das Manuskript zu diesem Zeitpunkt schon bei Rade liegt. Dieses Nachwort hat Rade nicht abgedruckt. Der abgedruckte Artikel zeigt keine Spuren der inzwischen eingetretenen Kriegsereignisse, die sich in Barths Predigten ab dem 26.7.1914, also nach dem Ultimatum Österreich-Ungarns an Serbien, niederschlagen.

[457] KARL BARTH: [Rez.:] „Die Hilfe" 1913, 776.
[458] Vgl.:„Die ‚Hilfe' ist *Parteiblatt* […,] ein im Ganzen vornehmes Parteiblatt". (KARL BARTH: [Rez.:] „Die Hilfe" 1913, 775). „[D]er Geist …" sei der Zeitschrift „… wichtiger als die Macht". AaO., 776, vgl. 777.
[459] AaO., 777, 778.

Das von der subjektiven Motivation abstrahierende Zuschreibungskonstrukt eines „politische[n] Glauben[s]" (777) zeigt mit großer Deutlichkeit, daß Barth inzwischen von der Warte einer absoluten Güterethik aus argumentiert,[460] die in einer Geschichtstheologie wurzelt, deren Grundbegriff nun – in deutlichem Gegensatz zum Persönlichkeitsaufsatz – schlicht und unproblematisch das „Absolute" (ebd.) heißt.

Wie sich diese Kulturkritik in den beiden Vorkriegsjahren ingesamt und besonders in den Monaten unmittelbar vor dem Beginn des Ersten Weltkriegs verschärft, zeigt beispielhaft ein Vergleich von Barths Stellungnahmen zu den schweizerischen Landesausstellungen von 1912[461] und 1914.[462] Der Artikel von 1912 ist eine süffisante Glosse, der nicht die Landesausstellung als solche thematisiert, sondern lediglich die Beteiligung der schweizerisch-reformierten Kirche an der Ausstellung, die dort einen eigenen Stand betrieb, sarkastisch kommentiert.[463] Der argumentative Kern der Glosse ist in der These zu sehen, daß das von der Kirche repräsentierte religiöse Bewußtsein grundsätzlich nicht als Teilgebiet kultureller Hervorbringungen präsentiert werden dürfe[464] und daß die Kirche als geistige Größe in ihren äußeren „symbolischen Äußerungen" sich gerade nicht in ihrer Eigenart darzustellen vermöge.[465] Läßt sich diese Argumentation noch mühelos in den Koordinaten einer Cohenschen Theorie des Kulturbewußtseins abzeichnen, so sind 1914 die theoretischen Hintergrundsbedingungen, aber auch die konkreten Urteile andere. 1914 spielt für Barth die Teilnahme der schweizerischen reformierten Kirchen an der Ausstellung und die Kritik daran nur noch eine untergeordnete Rolle. Nun hebt Barth die Kirchenkritik in eine umfassendere kulturkritische Perspektive auf, die sie fast zur Bedeutungslosigkeit relativiert.[466] War die terminologische Matrix der Glosse von 1912 die Entgegensetzung von „Geist …" und seinen „*… sichtbare[n] Formen*"[467], so tritt nun an

---

[460] Das hat auch H. Anzinger beobachtet, der darin eine stillschweigende Annäherung Barths an Troeltsch sieht, vgl. HERBERT ANZINGER: Glaube und kommunikative Praxis, 86.

[461] Der Artikel, den Barth zur dritten Schweizerischen Landesausstellung 1912 für die *Basler Nachrichten* verfaßt hatte, war damals von der Redaktion abgelehnt worden. Vgl. KARL BARTH: „Gruppe 44 IV Kirchenwesen" (1912). In: Ders.: Vorträge und kleinere Arbeiten 1909–1914, 457–468. Vgl. zur redaktionellen Ablehnung die Einleitung der Hrsg., aaO., 457.

[462] Aus Anlaß der vierten Schweizerischen Landesausstellung 1914 hält Barth am 7. Juni in Safenwil eine Predigt, die er in geänderter Fassung im Augustheft der *Neuen Wege* veröffentlicht. Die Safenwiler Fassung findet sich in der Werkausgabe aaO., 287–301; die Druckfassung Barth ist: KARL BARTH: Landesausstellung. Predigt, gehalten in Safenwil am 7. Juni 1914. Ps. 8, 6–10, in: Neue Wege. Blätter für religiöse Arbeit (hrsg. von Leonhard Ragaz u. a.), Jg. 8 (1914), 304–313. Wiederabgedruckt ist diese Druckfassung der Predigt in der Werkausgabe, aaO., 301–314. Jene Veröffentlichung ist die erste gedruckte Predigt von Barth. Für die in Safenwil gehaltene Fassung der Predigt ist die Behauptung H. Genests nicht zutreffend, daß diese deutliche Spuren der Auseinandersetzung mit Naumanns „Ausstellungsbriefen" (Berlin-Schöneberg 1909) zeige (vgl. HARTMUT GENEST: Karl Barth und die Predigt, 45). Denn diese kennt Barth erst seit der entsprechenden Literatursendung Thurneysens vom 18. Juni.

[463] Der Titel des Manuskripts ist die offizielle Bezeichnung des Kirchenstandes.

[464] Vgl.: KARL BARTH: „Gruppe 44 IV Kirchenwesen", 462.

[465] Vgl. aaO., 464.

[466] Vgl.: „Vom lebendigen Gott ist dort [sc. in der Ausstellungskirche] gerade so wenig oder so viel wahrzunehmen, wie etwa beim großen Dieselmotor des Gebrüder Sulzer in der Maschinenhalle. Man kann sogar den Motor vorziehen." KARL BARTH: Landesausstellung. Predigt, gehalten in Safenwil am 7. Juni 1914 [= Druckfassung], 303.

[467] KARL BARTH: „Gruppe 44 IV Kirchenwesen", 463.

deren Stelle der Gegensatz von „Gott" und „Welt". Die Verschiebung der inhaltlichen Bestimmung des Weltbegriffs geschieht im Lauf der Jahre 1913/14 sukzessive. In den Predigten vom Anfang des Jahres 1913 ist „Welt" noch ein Synonym für „das äußere Leben"[468], zugleich für „Gesellschaft" im Unterschied zur Kirche.[469] So weit ich sehe, erstmals in der Osterpredigt vom 23.3.1913 heißt es dann: „Die Botschaft der Ostern führt uns an die Grenze zweier Welten. Und an dieser Grenze wird gekämpft […] [D]as Greifbar-Sichtbare streitet gegen den Geist, der Schein gegen die Wahrheit, die Welt gegen Gott."[470] In einer Predigt vom 9.11.1913 heißt es, „das Evangelium …" stehe „… im Gegensatz zu unserm gewöhnlichen, menschlichen, weltlichen Wesen, [es] klopf[e] als etwas Fremdes, Überlegenes, Unerhörtes bei uns an"[471].

In der Ausstellungspredigt vom 7. Juni 1914 wird der Weltbegriff synonym mit dem Kulturbegriff verwendet; und deren neuzeitlich-autonomer Charakter wird nun betont als ein religiös indifferenter gewertet.[472] Darin liege aber zugleich die Möglichkeit des dialektischen Umschlags in die Einsicht des theonomen Grundes der (modernen) Welt begründet: „Wenn die Welt uns so deutlich und übermächtig entgegentritt, dann können wir auch wieder verstehen, im Unterschied dazu, wer und was Gott ist."[473] Solche dialektisch-theologische Wahrnehmung vermöge dann ausgesprochen kulturaffirmative Folgen zu zeitigen.[474]

Die hinter der Entwicklung der Barthschen Vorkriegstheologie zu einer metaphysischen Geschichtstheologie des Absoluten stehende Radikalisierung des Handlungsbegriffs treibt diese in ein systematisch prekäres Stadium. Barths Kulturtheologie der Vorkriegswochen schwankt zwischen kulturpessimistischen Tendenzen[475] und -optimistischen Deutungen der Gegenwart als „Gnadenzeit"[476], ohne daß diese ambivalenten Urteile zu einem erkennbaren Ausgleich gebracht würden. Die moralische Menschheit überhaupt und Gott als der ‚ganz Andere' konkurrieren um die Rolle des absoluten Handlungssubjekts der Geschichte.

In der Struktur dieser Entwicklung liegt, daß Religion als Selbstgewißheit des politisch Glaubenden und eodem actu politisch Handeln sich als solche nur hat im Vollzug theologisch-dialektischer Reflexion. Theologie soll aber wiederum vom unmittelbaren Vollzug des religiösen Bewußtseins verschieden sein. Wie die theologische Reflexion an der Stelle des religiösen Individuums und für dieses expliziert werden soll, ist vorderhand nicht zu sehen. Das ist die Struktur der Krise, in die Barths Theologie in den Wochen *vor* dem Ausbruch des Ersten Weltkriegs gerät. Barths Theoriekrise findet nämlich, wie nun zu zeigen ist, bereits vor der politisch-militärischen Krise des Kriegsausbruchs

---

[468] KARL BARTH: Predigten 1913, Predigt vom 19.1.1913, 36.

[469] Vgl. aaO., Predigt vom 23.2.1913, 71.

[470] AaO., Predigt vom 23.3.1913, 143.

[471] AaO., Predigt vom 9.11.1913, 576, vgl. 574.

[472] Vgl. KARL BARTH: Landesausstellung, 304.

[473] AaO., 305.

[474] Vgl. aaO., 307, vgl. 305.

[475] Vgl. dazu eine zustimmend kommentierte Wiedergabe des berühmten Asia-Berichts von F. Naumann; KARL BARTH: Predigt vom 14.6.1914, 329f.

[476] AaO., 334f.

statt, also nicht erst im August oder später, sondern bereits im Juli. Und sie ist mit dem Höhepunkt der politisch-diplomatischen Krise, die unmittelbar zum Kriegsausbruch führt, mit dem Bekanntwerden des Österreichisch-Ungarischen Ultimatums an Serbien, nur insofern verknüpft, als dieses bereits wieder das Ende des akuten Krisenstadiums auslöst.

1.6. Theologie der Krise

1.6.1. Die Krise des religiösen Individuums. Barths Julikrise

Bezug nehmend auf Barths Predigten von Ende Juni bis Ende Juli 1914 hat Axel Denecke von einem krisenhaften „fünfwöchige[n] ‚Jabboks-Kampf'" gesprochen, in dessen Verlauf er die Klimax, den „entscheidende[n] Ort der inneren ‚Kehre' im theologischen Denken Karl Barths" erblickt.[477] Denecke deutet die entsprechenden Predigten als Ausdruck einer tiefgehenden psychisch-existentiellen Krise ihres Autors, die zur „genaue[n] Angabe von Ort und Stunde ..." der „... ‚Geburt' von K. Barths [theozentrischer] Theologie"[478] berechtige. Schon angesichts der Signale einer „Suchbewegung" [479], die Barth auch noch weit nach diesem Zeitpunkt aussendet, wird man von einer eng datierbaren theologischen Konversion nicht sprechen können. Desgleichen verdeckt eine solche ‚existentiale' Deutung von Barths theologischer Entwicklung deren konstruktive Hintergründe und Potentiale. Gleichwohl scheint dieser Hinweis im Hinblick auf Barths persönliche Psychodramatik in jenen Wochen, so weit diese sich noch rekonstruieren läßt, wohl berechtigt zu sein; und wohl tendenziell auch in der Sache. Es ist in der Tat signifikant, daß Barth in der Predigt vom 28.6.1914 zur Textvorlage des Jakobskampfes greift und daran eine ausgesprochen handlungsdramatische Beschreibung des ‚religiösen Erlebnisses' gibt, die er in den Folgewochen an anderen Texten vertiefend weiterführt. Es ist diese – durchaus auch psychologisch interpretierbare – methodische (und methodologisch zu deutende) Maßnahme, die auf der Linie seiner bisherigen theologischen Entwicklung liegend das Signal zu der handlungstheoretischen Umkodierung der theologischen Grundbegrifflichkeit gibt, die als theozentrische Wende in Erscheinung tritt.

In der betreffenden Predigt deutet Barth den Jakobskampf als szenisch-narrative Präsentation des religiösen Bekehrungsdramas, als „äußerlich[e]" Beschreibung eines „innerliche[n] Vorgang[s]", den man grundsätzlich „selber erleben muß,... wenn man [ihn] ... verstehen will."[480] Das ‚religiöse Erlebnis' wird hier als ein dramatisches Kampfgeschehen zwischen Gott und Mensch mit ungewis-

---

[477] Axel Denecke: Gottes Wort als Menschenwort, 72, vgl. 78ff.
[478] AaO., 72.
[479] Hartmut Genest: Karl Barth und die Predigt, 74.
[480] Karl Barth: Predigten 1914, Predigt vom 28.6.1914, 340.

sem Ausgang geschildert.[481] Und zwar soll die religiöse Handlungsdramatik gerade dadurch Platz greifen können, daß alle sittliche Handlungs*intentionalität* des Subjekts ausdrücklich sistiert wird.[482] Dies ist die Voraussetzung dafür, daß der Handlungsbegriff, nämlich der faktizitäre *Vollzug* von Handlung, kategorial aufgewertet und im Zentrum der religiösen Selbstbegründungserfahrung des Subjekts selbst expliziert werden kann. Individuell sittliche Handlungsintentionalität kann sich so als Partizipation am absoluten Handeln Gottes wissen. Die Zentralisierung der Handlungsbegrifflichkeit führt allerdings dazu, daß das ‚religiöse Erlebnis' als zuhöchst kritisches Geschehen beschrieben wird; denn die Umstellung von Bewußtseinsintentionalität auf Handlungskategorialität läßt sich nur unter Aufnahme der Differenz von Gelingen und Mißlingen, von Intention und Erfolgs- bzw. Mißerfolgserfahrung explizieren. „Schrecken und Freude"[483], Vertrautheit und Fremdheit, sollen sich nach Barths Predigtbeschreibung im religiösen Bewußtsein als Gegensatzeinheit zusammenschließen.[484] Die Faktizität dieses Zusammenschlusses kann nicht theologisch-begrifflich deduziert, sondern nur als Möglichkeit religiöser Erfahrung postuliert werden.[485]

In zwei Predigten zu Psalm 130 entfaltet Barth Mitte Juli diese Theologie der Krise.[486] In ihr kommt der theologischen Reflexion eine doppelte Funktion zu. Einerseits beschreibt sie das religiöse Bewußtsein als absolutes Differenzbewußtsein; sie produziert das Bewußtsein solcher Differenz; andererseits kritisiert sie dieses zugleich.[487] Christlich-religiöses Bewußtsein wird so als theologisch reflektiertes Bewußtsein bestimmt, das sich in seiner eigenen aporetischen Konsistenz reflektiert; in der theologischen Reflexion unterscheidet sich das religiöse Bewußtsein von sich selbst als theologisch unreflektiertem Bewußtsein, als „Sünde".[488] Die theologische Reflexion tritt aber zugleich wiederum zu

---

[481] Vgl.: „Wer kämpft denn da in diesem Kampf? Gott auf der einen Seite, der Mensch auf der anderen." KARL BARTH: Predigten 1914, Predigt vom 28.6.1914, 345.

[482] Vgl.: „[N]icht darauf kommt es jetzt an …, daß wir irgend ein Entschlüßlein fassen, daß wir da und dort etwas verbessern in unseren Gedanken oder in unserem Leben. Wir können Gott jetzt nicht erledigen damit, daß wir irgend etwas Gutes denken, sagen oder tun, laß jetzt nur Alles stehen und liegen, du brauchst jetzt zunächst gar nichts zu tun, jetzt entscheidet sich etwas viel Tieferes, Wichtigeres: Gott oder Ich, das ist jetzt die Frage." AaO., 345f.

[483] AaO., Predigt vom 5.7.1914, 349.

[484] Vgl.: „Ein Gott, der nur unser Spiegelbild ist, könnte uns nicht selig machen. Wir müssen auch das annehmen in Gott, was uns fremd ist." AaO., Predigt vom 5.7.1914, 353.

[485] Vgl.: „Wir müssen den Mut fassen zu glauben, in Gott ist Freude und Schrecken eins. Er läßt uns Beides erfahren. Er will …, daß uns mitten im Dunkel die Gewißheit leuchte: das ist derselbe Gott […] In unserem Leben wird uns freilich immer Beides zweierlei sein." AaO., Predigt vom 5.7.1914, 360.

[486] Vgl. aaO., Predigt vom 12.7.1914: Ps. 130, 1–4 („Aus der Tiefe rufe ich, Herr …"), 361–371; aaO., Predigt vom 19.7.1914: Ps 130, 5–8 („Ich harre des Herrn …"), 372–383.

[487] Vgl.: „Ihn nicht haben, ihm ferne sein, sein Feind sein, das ist die Tiefe. Und wir haben ihn nicht, wir sind ihm fern, wir sind seine Feinde. Haben wirs nicht gespürt vorhin, wie wir von dem Größeren, Wichtigeren sprachen, wie etwas in uns sich sträubte […] Siehst du, gerade das ist die Sünde, unsere Sünde, daß es so ist, daß uns Gott und sein Wille so als etwas Fremdes, Unmögliches erscheint." AaO., Predigt vom 12.7.1914, 370.

[488] AaO., Predigt vom 19.7.1914, 380.

sich selbst in ein kritisches Verhältnis, indem sie sich gewissermaßen stillstellt; dafür steht nun die Metapher des „Wartens". „Warten heißt Alles tun, was ein Mensch noch tun kann, um seinem Ziele nahe zu kommen."[489]

1.6.2. Die Krise der europäischen Kultur. Barths Kriegserlebnis

Mit der Predigt vom 26. Juli 1914 zeichnet sich ein deutlicher Stimmungsumschwung des Predigers ab, der sich schon an der Wahl der Predigttexte bemerkbar macht. Hatte Barth in den Wochen davor nahezu ausschließlich über alttestamentliche Texte gepredigt, so predigt er seit diesem letzten Julisonntag und während der ersten Augustwochen nur über neutestamentliche Texte, und zwar bevorzugt über apokalyptische Perikopen. Es ist der in der Luft liegende Kriegsbeginn, der die von Barth eingeleitete theologische Fundamentaldramatisierung des Anscheins ihrer bloß individuell-psychologischen Bedingtheit überhebt. Die ‚confusio hominis' kann nun zwanglos als Ausdruck der allgemeinen „confusio hominum" interpretiert werden.[490] Damit ergibt sich die Möglichkeit, die theologische Konstitution des religiösen Bewußtseins mit einer theologischen Weltdeutung zu harmonisieren. Aus der individuell-psychologisch akzentuierten, negativ-aporetischen Krisentheologie der frühen Sommerwochen wird Ende Juli und im August eine geschichtstheologisch-eschatologische Theologie, welche es erlaubt, die religiös-existentielle Krisis zum geschichtstheologischen Kairos umzudeuten.

Der äußere Auslöser dieses Umschwungs ist offensichtlich das am 23. Juli ergangene Ultimatum Österreich-Ungarns an Serbien. In der Predigt, die Barth einen Tag nach Ablauf des Ultimatums hält, heißt es: „Gott hat uns in das himmlische Wesen versetzt! Es ist ja nicht wahr. Und vielleicht stehen wir heute am Vorabend eines *Krieges*, der ganz Europa in Flammen setzen könnte."[491] Angesichts der drohenden Kriegsgefahr verschwindet die krisenhafte Ambivalenz aus der Gottesbeziehung und macht einer „erlösenden Gewißheit"[492] Platz: „Die Hauptsache ist, daß wir wissen: die Welt der Freiheit und der Liebe und des Friedens ist da, und sie ist die wirkliche Welt. Noch ist sie nur verborgen da, noch müssen wir oft im Dunkeln tasten, aber sie ist da und muß sich nur enthüllen, immer vollständiger enthüllen."[493] Auf diesen Ton sind die Predigten der ersten drei Augustwochen gestimmt. Die dramatische Zuspitzung der äußeren politischen Verhältnisse, die Bedrohungsgefühle, die der Ausbruch des Krieges in den ersten Augustwochen auch bei den Schweizern erzeugt, lassen bei Barth wenigstens zunächst alle Krisenhaftigkeit aus dem theologisch reflektierten Glaubensbegriff selbst wieder verschwinden.[494] Schon am

---

[489] AaO., 382.

[490] Die Leitfunktion dieses Motivs für Barths Kriegstheologie im Sommer 1914 hat auch Jörg Zengel hervorgehoben, vgl. JÖRG ZENGEL: Erfahrung und Erlebnis, 88.

[491] KARL BARTH: Predigt vom 26.7.1914, 388.

[492] KARL BARTH: Predigt vom 26.7.1914, 395.

[493] AaO., 394.

[494] Vgl.: „Aber das sage ich euch: wenn wir uns von Jesus in die Gemeinschaft mit Gott einführen lassen, in der er selber stand, ... dann braucht es das gar nicht mehr: ‚wir sollen, wir

23. August deutet Barth den Krieg als konsequente Folge der Hybris modernen Fort-schrittsglaubens, des Übermaßes von „Unnatur und Sünde … in unserer europäischen Kultur, auch in dem, was man so gewöhnlich und offiziell Christentum nennt"[495], und demzufolge als „*Gottes Gericht* über uns"[496].

Es ist die antagonistische Logizität des absolut gesetzten Handlungsbegriffs, die Logizität von *actio* und *reactio*, die im Krieg als Grundverfaßtheit der Wirk-lichkeit erfahren wird und die auf einen Beobachtungsstandort hindeutet, der dieser Logizität zugleich enthoben und als ihr Ursprung gedacht wird: den „Standpunkt Gottes"[497]. Vom absoluten Standpunkt Gottes aus erschließt sich dialektisch der Sinn des Sinnlosen: „Hominum confusione et Dei providentia mundus regitur"[498]. Die Bestimmung Gottes als absoluten Handlungssubjekts ist das entscheidende Implikat der handlungstheoretischen Durchkategorialisie-rung der Theologie, die Barth seit den Vorkriegs- und Kriegsanfangswochen von 1914 immer deutlicher auf den Weg bringt: „Gott ist der Herr. Das muß nicht das Letzte, sondern das Erste sein, der feste Ausgangspunkt …, von dem aus wir das ganze Leben, die ganze Welt betrachten."[499]

1.6.3. *‚Doppeltes Irrewerden' – die Krise der Deutungs- und Handlungseliten*

„Dei providentia – hominum confusio, darum drehen wir uns jetzt Sonntag für Sonntag und müssen es."[500] Die theologische Deutung der Geschichte, die in diesem Theologumenon angezeigt ist, ist von der Art, daß sie sich aller materialen Geschichtsdeutung enthalten will. Das religiöse Bewußtsein stiftet Handlungs-gewißheit gerade darin, daß es auf alle bestimmten geschichtlichen Deutungen von Handlungssinn verzichten will und Handlungsgewißheit im reinen Ursprung von Handlung überhaupt, in der Aktuosität der Wirklichkeit selbst sucht.

Im Sommer 1914 findet sich die Formel von der ‚Dei providentia' und ‚hominum confusio' erstmals in dem in der Forschung berühmt gewordenen Brief Barths an Martin Rade vom 31. August 1914. Barth sind zu diesem Zeitpunkt die ihm verzögert zugegangenen drei ersten Kriegsnummern der *Christlichen Welt* bekannt geworden, und auf diese bezieht sich der Brief explizit. Daß die *Christliche Welt* nicht zu derselben theologischen Radikalkritik des

---

wollen', wir sind dann furchtlos, weil wir mit ihm, mitten im Krieg, mitten unter Tränen … und Ratlosigkeit … in der Welt des himmlischen Vaters sind, der die Liebe ist." AaO., Predigt vom 2.8.1914, 405.

[495] AaO., Predigt vom 23.8.1914, 439.

[496] AaO., 437; vgl.: „Wir meinten, wir seien auf guten Wegen, wir europäischen Menschen. Es kam uns als ganz selbstverständlich vor, daß wir die Spitze und die edelste Blüte der Mensch-heit seien […] Nun kommt Gott und sagt uns schroff und hart: Nein!" AaO., 438.

[497] AaO., Predigt vom 13.9.1914, 480.

[498] KARL BARTH: Brief an M. Rade vom 31.8.1914. In: Ders. – Martin Rade. Ein Briefwech-sel, 97.

[499] KARL BARTH: Predigt vom 20.9.1914, 498.

[500] KARL BARTH: Brief an Eduard Thurneysen vom 4.9.1914, 10.

Krieges kommt wie er selbst, irritiert Barth in höchstem Maße. Denn die eingeleiteten theologischen Weichenstellungen Barths legen der theologisch-ethischen Wertung des Krieges einen nachgerade ontologischen Stellenwert bei. Daß damit tatsächlich ein bestimmtes ethisches Urteil gefällt und verabsolutiert wird, kommt Barth zu diesem Zeitpunkt offensichtlich nicht zu Bewußtsein.[501]

Eben darum kommt es Ende August zu einem Konflikt mit den Marburger Lehrern, den Barth als fundamental empfindet. Im Schreiben an M. Rade wirft er der *Christlichen Welt* vor, daß diese „in diesem entscheidenden Augenblick aufhört *christlich* zu sein, sondern sich einfach *dieser* Welt gleichstellt"[502]. Die Unterlassung der theologischen Radikalkritik des Krieges kann Barth nur verstehen als Ausdruck eines „ernste[n] religiöse[n] Gegensatz[es]"[503], der zwischen den repräsentativen Theologen der *Christlichen Welt* und einer nicht näher bezeichneten Wir-Gruppe von Schweizer Theologen bestehe.

Da sowohl für Barth, als auch, wie er es wahrnimmt, für M. Rade die Deutung des Krieges einer reflexiven Variabilität entzogen ist,[504] führt der Deutungsgegensatz in Bezug auf den Krieg zum Kommunikationsabbruch[505] bzw. zur Metareflexion der Fundamentalkategorie des „religiösen Erlebnisses" selbst. Darum geht es in Briefen an W. Herrmann vom 4. November und M. Rade vom 23. November 1914. Wenn der Erlebnisbegriff im allgemeinen, der des religiösen Erlebnisses im besonderen als „konstitutives Erkenntnis- und Willensprinzip"[506] individueller Subjektivität überhaupt zu stehen kommen soll, dann muß er nach Barth als die transzendentale Möglichkeitsbedingung aller Erfahrung und Willensbildung und mithin von Einzelurteilen frei gedacht werden.[507] Entsprechend fragt Barth Herrmann an: ist es möglich, daß „uns …" die

---

[501] Anzinger macht ein Barth mit Rade gemeinsames christologisches Defizit der theologischen Kriegsbewältung aus; das bleibt dem Sachverhalt äußerlich, vgl. HERBERT ANZINGER: Glaube und kommunikative Praxis, 110.

[502] KARL BARTH: Brief an M. Rade, 31.8.1914. In: Christoph Schwöbel (Hrsg.): Karl Barth – Martin Rade. Ein Briefwechsel, 96.

[503] AaO., 97.

[504] Vgl.: „Ein ontologischer Schluß steht am Ende aller eurer Gespräche mit uns […] Du sagst uns, daß ihr jetzt etwas *erlebt* und daß ihr in diesem *Erlebnis* den *Willen Gottes* erkennt, und dieser Wille Gottes heißt *Krieg*. Das ist doch wohl Ontologie. Nein, das ist eine *Religion*, ein unmittelbares Gewißwerden. Und eben darum ziehe ich mich davor zurück". Brief an M. Rade vom 23.11.1914, aaO., 121.

[505] Vgl.: „[I]hr euererseits habt euch auf das ‚Erlebnis' zurückgezogen und verbittet euch damit weitere Diskussion. Das wird das Beste sein, auch von unserer Seite aus gesehen. Ihr *und* wir müßten jetzt *Heiliges* preisgeben, wenn wir weiter streiten würden (Barth an M. Rade v. 14.11.1914, aaO., 117f.); vgl.: „Jedenfalls müssen wir nach eurem Verzicht auf die ‚Theorie' und eurem Appell an das ‚Erlebnis' schweigen". AaO., 118.

[506] AaO., 114.

[507] Vgl.: „Nein, die Gottesstimme, die uns zuzurufen scheint: Krieg! ist in Wirklichkeit ein Mißverständnis. Die Worte der Liebe Gottes verkehren sich in unseren Herzen und Ohren in Furcht und Haß, und daraus entsteht die sog.[enannte] ‚Wirklichkeit' mit allem ihrem Elend. Die Weihnacht ist die *eine* wahre Meinung Gottes gegen uns, recht hören lernen ist die Erlösung." Brief an Helene Rade vom 20.12.1914, aaO., 127.

„… deutschen Christen … ein uns ganz neues sog.[enanntes] religiöses Kriegs-
‚erlebnis' vor … halten, d.h. die Tatsache, daß die deutschen Christen ihren
Krieg als heiligen Krieg … zu ‚erleben' meinen?"[508] Die Einzeichnung einer
solchen Deutung in das religiöse Erlebnis selbst würde aus Barths Sicht namentlich den lebenspraktischen und zugleich meta-szientifischen Sinn des Religionsbegriffs zerstören. Ethisch-geschichtliche Urteile würden dann zu Meinungen
von „Theoretiker[n]"[509], denen gegenüber eine unmittelbar-religiös begründete
Stellungnahme ihr Eigenrecht und sogar den Vorzug behielte, weil sie ihrem
Anspruch nach im Unterschied zu jenen „in der Wirklichkeit steht"[510]. Damit
würde die Religion zu einer Sonderklasse von Geschichtsurteilen, und die wissenschaftliche Theologie verlöre gegenüber der Religion ihren „kritische[n]
Sinn"[511]. Da aus Barths Sicht bei seinen Marburger Diskursgegnern die bessere
Einsicht trotz aller argumentativen Bemühungen nicht herstellbar ist, hilft nur
noch „Warten"[512].

Der mit den Marburger Lehrern aufgebrochene Konflikt ist von fundamentaler Bedeutung für Barth und für seine weitere theologische Entwicklung. „In
mir …", so hatte er am 1. Oktober an M. Rade geschrieben, „… ist etwas von
der Hochachtung deutschem Wesen gegenüber für immer zerbrochen, … weil
ich sehe, wie eure Philosophie und euer Christentum nun bis auf wenige
Trümmer untergeht in dieser Kriegspsychose"[513]. In der Predigt vom 18. Oktober stellt Barth gar fest, daß im Grunde allen politisch kulturellen Eliten
moralisches Versagen angesichts des Krieges zu attestieren sei, den „Männer[n]
der *Bildung,* der Wissenschaft …" ebenso wie den „… Männer[n] der *Sozialdemokratie*"[514], aber auch den „Männer[n] der christlichen *Kirchen*"[515] und den
Autoritäten der theologischen Wissenschaft.[516] Diese Urteile decken also durch-

---

[508] Brief an W. Herrmann vom 4.11.1914, aaO., 115.

[509] Barth an M. Rade vom 23.11.1914, aaO., 121.

[510] Ebd.

[511] Brief an W. Herrmann vom 4.11.1914, aaO., 114.

[512] Vgl. den Brief an Helene Rade vom 20.12.1914, aaO., 128.

[513] Brief an M. Rade vom 1.10.1914, aaO., 101. Diese Trennung hat für Barth auch einen
moralischen Aspekt: „*Das* ist schmerzlich für uns; die wir bei euch gelernt haben. Wie getäuscht
kommen wir uns vor. Wie gesagt: wir wollen nicht richten, aber das ist mir klar, daß unsere Wege
weit, sehr weit auseinandergehen". Ebd.

[514] KARL BARTH: Predigten 1914, Predigt vom 18.10.1914, 526.

[515] AaO., Predigt vom 18.10.1914, 527.

[516] Vgl. aaO., Predigt vom 18.10.1914, 528. Die genaue Datierung und die näheren Umstände von Barths Distanzierung von seinen Marburger Lehrern ist in den letzten Jahren intensiv
diskutiert worden. „Mir persönlich …", erinnert sich Barth 1957, „… hat sich ein Tag am
Anfang des Augusts jenes Jahres [sc. 1914] als der *dies ater* eingeprägt, an dem 93 deutsche
Intellektuelle mit einem Bekenntnis zur Kriegspolitik Kaiser Wilhelms II und seiner Ratgeber an
die Öffentlichkeit traten, unter denen ich zu meinem Entsetzen auch die Namen so ziemlich aller
meiner bis dahin gläubig verehrten theologischen Lehrer wahrnehmen mußte." (KARL BARTH:
Evangelische Theologie im 19. Jahrhundert (ThSt, 49), Zürich 1957, 6) W. Härle hat diese
Deutung bestritten und nachgewiesen, daß Barth sich zumindest in mehreren Einzelheiten (Da-
tierung, Unterzeichner, inhaltliche Tendenz) nicht richtig erinnert (vgl. WILFRIED HÄRLE: Der
Aufruf der 93 Intellektuellen und Karl Barths Bruch mit der liberalen Theologie. In: ZThK 72

aus die sich im späteren Rückblick von 1927 zu findenden Formulierungen vom „doppelte[n] Irrewerden"[517], das Barth in jenen ersten Kriegsmonaten gegenüber seinen theologischen Lehrern aus Marburg und der sozialistischen Parteielite empfunden haben will.[518]

Aufgrund der aktuellen Korruption aller intellektuellen und politischen Eliten entsteht aus Barths Sicht ein Vakuum, das zugleich ein theoretisches und ein kulturell-praktisches ist und darum für Barth „das erschütterndste Problem in diesem Kriege"[519] darstellt. Für die nicht näher bestimmte ‚Wir-Gruppe' der Schweizer Marburgschüler, in deren Namen Barth an M. Rade zu schreiben behauptet,[520] entsteht aus Barths Sicht eminenter theoretischer Orientierungsbedarf. Nach dem Versagen der alten Eliten, wird die Aufgabe für Barth unabweisbar, die Positionen der geschichtlichen Deutungs- und Handlungseliten neu zu besetzen. Die Abkoppelung von ‚Marburg' vollzieht sich dabei, wie sich in jenem Schreiben an W. Herrmann vom 4. November andeutet, der Absicht nach nicht als Preisgabe der dadurch bezeichneten modernen Wissenschaftsstandards der Theologie, sondern als deren konsequentere[521] und chancenreichere Durchsetzung.[522] Und diese Abkoppelung vollzieht sich entlang der schon lange vor dem Krieg wahrgenommenen konfessionell-kulturellen Differenz-

---

[1975], 207–224). So wurde der Aufruf erst am 4.10.1914 veröffentlicht; und unter den Unterzeichnern sind nur drei, die unter die von Barth genannte Beschreibung fallen könnten: Herrmann, Harnack und Schlatter. Härles Vermutung, daß der Aufruf im Zusammenhang mit Barths damaliger Auseinandersetzung mit dem politischen Kurs seiner Lehrer gar keine Rolle gespielt habe, ist jedoch inzwischen durch die Veröffentlichung jenes Briefes an W. Herrmann vom 4.11.1914 widerlegt. Darauf hat J. Wallmann mit Recht hingewiesen (JOHANNES WALLMANN: [Rez.:] Karl Barth – Martin Rade. Ein Briefwechsel, hrsg. v. Christoph Schwöbel, Gütersloh 1981, in: ThR 48 [1983] 197–200). So kann mittlerweile als gesichert gelten, daß Barths zunächst harsche Kritik an seinen Marburger Lehrern sich vor allem auf die ersten Kriegsnummern der *Christlichen Welt* gestützt hatte. Vgl. dazu auch HERBERT ANZINGER: Glaube und kommunikative Praxis, 104; HARTMUT RUDDIES: Karl Barth und Wilhelm Herrmann. Aspekte aus den Anfängen der dialektischen Theologie, in: Zeitschrift für dialektische Theologie 1 (1985), 52–89, hier: 86.

[517] KARL BARTH: Autobiographische Skizzen K. Barths aus den Fakultätsalben der Ev-Theol. Fakultät in Münster (1927) und der Ev.-Theol. Fakultät in Bonn (1935 und 1946). In: Karl Barth – Rudolf Bultmann Briefwechsel 1911–1966, 2. rev. u. erw. Aufl. hrsg. v. Bernd Jaspert (Karl Barth Gesamtausgabe, V. Briefe) Zürich 1994, 290–302, hier: 296.

[518] Mitte Oktober bekommt Barth von W. Herrmann „drei Couverts voll deutschen evangelischen Drucksachen ‚mit herzlichem Gruß von der ganzen Fakultät'" zugeschickt. Vgl. Brief an E. Thurneysen vom 5.11.1914. In: Ba-Th I, 19.

[519] Vgl. den ganzen Satz: „Das Verhalten der deutschen Bildung und des deutschen Christentums ist für mich das erschütterndste Problem in diesem Kriege. An nichts ist mir die Katastrophe, die wir durchmachen, so deutlich geworden wie daran." KARL BARTH: Brief an Martin Rade vom 23.11.1914. In: Christoph Schwöbel (Hrsg.): Karl Barth – Martin Rade. Ein Briefwechsel, 120f.

[520] Vgl. unter diesem Gesichtspunkt die oben schon zitierte Stelle im Brief an Rade vom 1.10.1914, aaO., 101.

[521] Vgl. die Bemerkung im Brief an Wilhelm Herrmann vom 4.11.1914: „[W]ir haben das Gefühl, daß wir gerade das Beste, was wir Ihnen verdanken, gegen Ihre jetzige Stimmung und Haltung geltend machen müssen." AaO., 114.

[522] Der das Tischtuch zerreißende Brief Barths an M. Rade vom 1.10.1914 stellt die Ankündigung der theologischen Verselbständigung unter das Lessing-Motto: „Einmal wird es ja an den Tag kommen, welcher Ring der echte ist." AaO., 101.

linien, die Barth jetzt als Alternative des „ethische[n] Monismus Calvins ..."
auf der einen Seite und des „ethische[n] Dualismus Luthers, Naumanns und
Troeltschs"[523] auf der anderen Seite bezeichnet.

Ende 1914 begibt sich Barth in eine Suchbewegung nach einer geschichtstheologischen Deutungselite, deren elitärer Anspruch darin besteht, prinzipiell
unkorrumpierbar zu sein, weil sie sich auf eine absolute theologische Begründung der Ethik berufen will, die keine materialethische Entscheidung mehr
beinhaltet.[524] Allein eine solche Begründung der Ethik kann nach Barths Überzeugung theologische Steuerungskompetenz gegenüber dem Christentum und
vermittels dessen der Kultur beanspruchen. „Wenn irgend einmal ...", schreibt
Barth am 25.9.1914 an seinen Freund Thurneysen, „... so möchte man jetzt
Gott bitten, Propheten aufstehen zu lassen."[525] Aber er fügt hinzu: „*Wir* sind es
jedenfalls nicht mit unsern paar Sprüchen, wenn wir auch ein klein wenig
weiter sehen als die draußen. Auch Kutter und Ragaz nicht."[526] Im Herbst
1914 deutet sich erst eine allgemeine Suchbewegung an. „Inwiefern man wirklich alles vom Standpunkt des lieben Gottes aus betrachten soll und könne ...",
heißt es in einem Brief an Thurneysen, „... ist mir auch noch mehr Problem als
Dir, obwohl ich das Großzügige dieser Auffassung wohl empfinde."[527] Daß
diese intendierte absolute Grundlegung der Theologie in der Tat nicht als
Ausstieg aus der modernen theologischen Tradition seiner Lehrer gemeint ist,
zeigt Barths Bemerkung im selben Brief, er wolle „eine Kant- und Fichte-
Repetition vornehmen"[528].

1.6.4. „Gottes Vorhut" – die Krise und die Konstituierung der theologischen Deutungselite

„Wenn man's doch könnte! dürfte! In irgend ein Horn stoßen, irgendwo mitmachen
mit dem Jubelruf: das ists! Statt dessen rumort die Sehnsucht in einem herum, sich selbst
und den andern das Wesentliche zu zeigen"[529]. Das Jahr 1915, in dem Barth diese Klage
gegenüber E. Thurneysen äußert, ist das Jahr mit dem wohl mit Abstand geringsten
Publikationsausstoß der gesamten Werkgeschichte Barths.[530] Nur zweimal hat Barth 1915

---

[523]   Brief an W. Herrmann vom 4.11.1914. AaO., 115.

[524]   Christof Gestrich ist also Recht zu geben, wenn er feststellt, es seien „tatsächlich *ethische*
Desiderate ..." gewesen, „... die Barth seinerzeit zuerst auf den Weg einer theologischen Neu-
besinnung brachten." (CHRISTOPH GESTRICH: Neuzeitliches Denken und die Spaltung der dialektischen Theologie, 61). Hinzuzufügen ist, daß es dabei allerdings nicht um (material-)ethische
„Desiderate" ging, sondern um die Begründung der Ethik – wie der Theologie insgesamt.

[525]   In: Ba-Th I, 12.

[526]   Ebd.

[527]   AaO., 13.

[528]   Ebd.

[529]   Brief an E. Thurneysen vom 22.4.1915; Ba-Th I, 39.

[530]   Formaliter noch weniger hat Barth zwar 1918 publiziert; aber im Dezember diesen Jahres
ist der erste ‚Römerbrief' in den Druck gegangen, der nur aus verlegerischen Gründen mit
Impressum 1919 erscheint.

in ein Horn gestoßen, und beide Male war das Horn ein sehr kleines Hörnchen.[531] „Warten" ist nicht nur theologisch, sondern auch publizistisch die Devise. Aus den jetzt veröffentlichten Predigten und den noch unveröffentlichten „Sozialistischen Reden"[532], die Barth in diesem Jahr gehalten hat, ist aber gut erkennbar, in welchem Entwicklungsstadium sich Barths Theologie in diesem Zeitraum befindet und worin die abwartende Haltung begründet ist. Der aufschlußreichste Text ist neben der 1915 veröffentlichten Predigt „Gottes Vorhut" das (allerdings nicht vollständig erhaltene)[533] Manuskript des Vortrags „Kriegszeit und Gottesreich", den Barth am 15.11.1915 vor den ‚Unabhängigen Kirchgenossen' in Basel gehalten hat.

Daß es Barth um eine neue Begründungsbasis (geschichts-)theologischer und darin theologisch-ethischer Urteilsbildung geht, zeigt sich daran, daß er seine im Vorjahr geübte Materialkritik an der (sozialistischen) Handlungs- und der theologischen Deutungselite (‚Marburg') schon nach wenigen Monaten wieder relativiert. So hält er in Bezug auf erstere zwar an der These von der Korruption der ‚sozialistischen Bewegung' durch ihren Schulterschluß mit den jeweiligen nationalpolitischen Interessen fest, ein „Verhalten …" dessen „… Wurzeln …" er nun „… tief in der Friedenszeit …" liegen sieht und das „… bis auf die Väter des Sozialismus zurück[gehe]"[534]. Aber schon sein formeller Eintritt in die Sozialdemokratische Partei der Schweiz[535] und seine kontinuierliche Vortragstätigkeit bei den Sozialdemokraten demonstrieren, daß Barth offensichtlich zwischen dieser politischen Richtung selbst und der konkreten Politik ihrer Vertreter unterscheidet.[536] Und in Bezug auf die theologische Deutungselite ist festzuhalten, daß er spätestens im Herbst 1915 die massive Kritik, die er in jenem „berüchtigten Brief an Rade"[537] vom 31. August 1914 an dessen

---

[531] KARL BARTH: Friede. In: Die Glocke. Monatliches Organ des Christlichen Vereins junger Männer, Zürich I 23. J. Nr. 9 v. Juni, Zürich 1915, 55f.; DERS.: Gottes Vorhut: (Predigt [über] Lk 12, 32. Gehalten in Safenwil am 14.2.1915). In: Neue Wege. Blätter für religiöse Arbeit 9 (1915), 89–97; jetzt in: KARL BARTH: Predigten 1915, 52–68. Ausnahmsweise wird die Originalpublikation zitiert.

[532] Zugänglich waren mir dank der freundlichen Hilfe des Karl Barth-Archivs in Gestalt von Herrn Dr. Hans-Anton Drewes alle 1915 verfaßten und gehaltenen Vorträge Barths, nämlich: Christus und die Sozialdemokratie [Lenzburg in Seon, 25.4.1915], Die innere Zukunft der Sozialdemokratie [12.8.1915]; Was heißt: Sozialist sein? [Safenwil, 16.8.1915]; Kriegszeit und Gottesreich [Vortrag vor den ‚Unabhängigen Kirchgenossen' in Basel, 15.11.1915]; Religion und Sozialismus [Baden: 7.12.1915]. Ausformuliert sind nur die beiden Vorträge „Religion und Sozialismus" und „Kriegszeit und Gottesreich". Bei den drei anderen Manuskripten handelt es sich um zwei- bis fünfseitige Vortragsnotizen. Dem Manuskript „Die innere Zukunft der Sozialdemokratie" ist eine Sammlung von Literaturexzerpten zum Thema beigelegt.

[533] Vom Manuskript fehlt der Anfang. Das Vorhandene zählt 17 Schreibmaschinenseiten und ist damit immer noch mit Abstand das längste Manuskript des Jahrgangs.

[534] KARL BARTH: Kriegszeit und Gottesreich, 2.

[535] Vgl. die Meldung im Brief an Thurneysen vom 5.2.1915, Ba-Th I, 30.

[536] Diese relative Stabilität, derer sich die sozialistische Handlungselite mindestens seit 1911 und bis in die zwanziger Jahre hinein bei Barth erfreut, ist ein auch theoretisch bedeutsamer Sachverhalt. Das erkennt auch H. Anzinger (Glaube und kommunikative Praxis, 116); er sieht darin aber lediglich ein noch unbewältigtes Weiterwirken kulturidealistischer Tendenzen, vgl. aaO., 112.

[537] KARL BARTH: Kriegszeit und Gottesreich, 13. Seitenzahlen im Text beziehen sich im Folgenden auf dieses Manuskript.

patriotischem ‚Kriegserlebnis' geübt hatte, wieder relativiert. „Das ist nun einmal das Los der Ethik ...", heißt es nun, „... daß sie sich für allerlei muß brauchen lassen." (1)[538] Die „Erkenntnis, die die Kriegszeit uns nahelegen will" (5), wird nun als die prinzipielle Erkenntnis formuliert, daß ursprünglich theologische Urteilsbildung gar nicht bestimmte Verhältnisse in der Welt, sondern das Verhältnis zur Welt im Ganzen zum Inhalt habe. Kurz und in Barths Worten: „Welt ist Welt" (ebd.). Das theologische Grund-Urteil erschöpft sich darin allerdings nicht; sondern es gründet sich in der Möglichkeit einer Selbst- und Handlungsgewißheit, welche der Fallibilität aller Urteils- und Handlungsvollzüge eingedenk ist: „Aber Gott ist Gott, und bei ihm und von ihm her gibt es ein Neues" (ebd.).

Dementsprechend rückt, wie I. Spieckermann mit Recht festgestellt hat,[539] seit 1915 Begriff und Problem der „Erkenntnis Gottes" (7) ins Zentrum der Barthschen Theologie. Daran entscheidet sich nun in der Tat die adäquate Begründung und der adäquate Vollzug der Theologie. Die theologische „Erkenntnis Gottes" kann dann aber nicht mehr als Auslegung eines von ihr unterschieden gedachten unmittelbar-religiösen ‚Erlebnisses' aufgefaßt werden, dessen Strukturen sie beschreiben könnte. Sie kann sich vielmehr, so ist Barths Auffassung in dieser Zeit, nur so vollziehen, daß sie die geschichtliche Wirklichkeit insgesamt als Handlungswirklichkeit Gottes deutet. „Ich glaube, daß diese Zeit eine Zeit besonderer Bewegung von Gott her ist" (6). Für die Theologie bedeutet das, daß sie nun selbst als dieser Deutungsvollzug zu prozedieren hat; sie prozediert als der Vollzug der Selbstauslegung religiös-theologischer Weltdeutung. Dies ist der Sinn der gegenständlich-metaphorischen Rede von der „neue[n] Welt ...", vom „... Gottesreich", vom „Wiederanbruch der Geltung Gottes" (7). Daß diese ontologisierenden Wendungen nicht ohne erkenntnistheoretische Reflexion auf den sie formulierenden Deutungsagenten zu stehen kommen, signalisiert etwa die christologische These: „[E]r [sc. Jesus] orientierte sich an Gott von Gott aus, und mit der neuen Orientierung brach eine neue Welt, die ursprüngliche Gotteswelt an in seinem Leben und in dem Leben, das von ihm ausging." (Ebd.) Der „Durchbruch einer höhern Welt" (4) findet nicht im Jenseits des (religiös-theologischen) Bewußtseins statt; sondern gibt sich, wenn auch verschlüsselt, als desssen Selbstauslegung zu verstehen: „[W]enn wir einmal soweit sind, daß uns Gott wirklich Gott *ist*, dann *gilt* das ein für allemal, ja dann ... hat das Neue angefangen" (14).

Dementsprechend treffen verbreitete Deutungen der Entwicklung von Barths Theologie um 1915 wie die Anzingers – „der anthropozentrische Ansatz be-

---

[538] Allerdings deckt Barths Begriff der Ethik, wie seine Nebenordnung zu den Begriffen „Staatsbegriff" (aaO., 2), „Sozialismus" (ebd.), „Pazifismus" (aaO., 3) und „Christentum" (ebd.) zeigt, hier offenbar nur den Bereich einer Individualethik ab. Aber für alle solchermaßen im einzelnen aufgefächerten Felder und Agenten der Sozial- oder politischen Ethik gilt im Ergebnis aus Barths Sicht dasselbe. Damit kann diese terminologische Differenz hier auf sich beruhen.

[539] Vgl. INGRID SPIECKERMANN: Gotteserkenntnis, 77. Sie spricht hier vom Zeitraum „1914/16". Vgl. aaO. 69.

ginnt einem theozentrischen zu weichen"[540] – zwar das phänotypische Bild von
Barths Theologie zu diesem Zeitpunkt einigermaßen, aber auch dieses nur un-
genau. Der Bezug der Gotteserkenntnis, um die es Barth geht, auf ein erkennen-
des religiös-theologisches Deutungsbewußtsein bleibt trotz einer häufig un-
geschützt ontologisierenden Redeweise präsent.[541] Dies spiegelt sich auch darin,
daß neben der gegenständlichen Rede von der „neuen Welt", dem „Gottesreich", der „Gerechtigkeit Gottes" (Marburger) Theoriebegriffe wie die
Rede von der „Geltung Gottes" (7) oder eben auch der „Erkenntnis Gottes"
präsent bleiben. Aber eine religiös-‚realistische' Semantik bestimmt ohne Zweifel die Signatur dieser Texte. Das ist von einem „Stillwerden vor Gott als Gott"
(13) die Rede, näherhin von der Notwendigkeit, „Gott gegenüber einfach einmal in tiefster Freude und Scham stille [zu] werden" (10), und davon, „daß unser
Gewissen tief beunruhigt und unser Herz von einer großen Sehnsucht nach ihm
erfüllt wird" (ebd.) etc. Die ontologisierende ‚realistische' Rede vom kommenden Gottesreich dient offensichtlich dazu, auf einer dem Anspruch nach erkenntnistheoretisch gereinigten Basis der ‚Ungrundlegung' Theologie als Selbstauslegung von Religion zu präsentieren. Die gegenständlich-religiöse Sprache
soll sichern, daß der Vollzug theologischer Urteilsbildung als meta-ethischer und
meta-historischer identifizierbar ist. In diesem Sinne werden die Vertreter der
theologischen Deutungselite, die sich im Gefolge der „Jünger Jesu" (7) weiß, als
„Wachende und Betende" (ebd.) apostrophiert. In dieser entscheidend modifizierten Weise nimmt Barth die ‚realistisch'-eschatologische Geschichtstheologie
Chr. Blumhardts[542] oder H. Kutters[543] auf. Die psychologisierend anmutende

---

[540] HERBERT ANZINGER: Glaube und kommunikative Praxis, 123.

[541] Vgl.: „Sie fragen mich, ob ich denn die Fortsetzung und Vollendung der neuen Welt von
Gott her in der nächsten Zeit erwarte? Ich weiß es nicht. Jesus hat es ja auch nicht wissen wollen.
Ich weiß nur das: wenn wir die Hoffnung auf Gottes Reich fortgesetzt aus der Hauptsache zur
Nebensache machen, so kommt es überhaupt nicht, weder früher noch später. Dann bleibt Welt
Welt. Damit Gottes Wille geschehen kann, dazu müssen wir wieder im Ernst darum beten."
KARL BARTH: Kriegszeit und Gottesreich, 14f.

[542] Die Bedeutung der erneuten Begegnung mit Chr. Blumhardt im Frühjahr 1915 (vgl. Ba-
Th 1, 36f. u. ö.) besteht darin, daß Barth an Blumhardt – ähnlich wie weiland bei J. Mott – eine
geschichtstheologisch vollzogene Selbstauslegung des religiösen Bewußtseins kennenlernt, die
aber anders als im Falle J. Motts bei Blumhardt als religionskritisch verfaßte Auslegung des
Gottesgedankens im Raum des geschichtlich-politischen Weltbewußtseins erfolgt. Blumhardts
‚Realismus' ist freilich religiöse Theologie, deren erkenntnistheoretische Möglichkeitsbedingungen offen bleiben. In einer immanent erkennntnistheoretischen Interpretationsperspektive läßt
sich der *funktionale* Gebrauch, den Barth von Blumhardts ‚realistischer' Geschichtstheologie macht,
nicht zureichend erfassen. Barth erscheint dann als ‚Blumhardtianer höherer Ordnung', aber das
Ordnungsmuster kann nicht zureichend geklärt werden. Vgl. z.B. HERBERT ANZINGER: Glaube
und kommunikative Praxis, 117.

[543] Vgl. als Beispiel Kutterscher ‚Real'-Eschatologie in Verbindung mit dem Begriff der Gotteserkenntnis: „Langsam steigt die neue Erkenntnis Gottes, von welcher die alten Propheten geweis-
sagt, am nächtlichen Himmel unserer Gesellschaft empor. Gott naht sich ihr." (HERMANN KUT-
TER: Die Revolution des Christentums. 3. Tsd., Jena 1912, 215) Bei Kutter kann man studieren,
wie eine von aller Doppeldeutigkeit befreite, unmittelbare Variante ‚realistischer' Eschatologie
aussieht. Barth benützt solche Vorgaben gewissermaßen als Material; phänotypologisch ist die
Verwandtschaft von Barths Theologie um 1915 gerade zu Kutters Arbeiten groß; systematisch ist

religiöse Sprache hat der Sache nach einen meta-psychologischen, einen der Absicht nach transzendentaltheoretischen Sinn.[544]

Barths eschatologische Geschichtstheologie von 1915 arbeitet demnach mit religiös-gegenständlichen, psychologischen, der funktionalen Absicht nach aber transzendentaltheoretischen Doppelkodierungen, die auf die aktuale theologische Konstruktion von Religion zielen. Sie bindet damit definitiv die religiöse Selbstidentifizierung an den Akt des theologischen Reflexionsvollzuges, der der Akt der sprachlichen Kommunikation von Theologie ist. Damit zielt sie immer schon auf die Erzeugung einer partikularen Erkenntniselite, deren Partikularität durch die Kontrastierung mit Gegeneliten Gestalt gewinnt. Schon im Kriegszeit-Aufsatz steht für diese Gegenelite pauschal das „‚moderne‘ Christentum" (10).

Anders als über die Differenz von partikularer Erkenntniselite und eschatologisch-universalem Erkenntnisinhalt läßt sich, so scheint es, der prozessuale (Handlungs-)Charakter des theologisch-religiösen Bewußtseins nicht abbilden. Damit geht zugleich einher, daß für diese Theologie der Bezug auf eine Adressatengruppe konstitutiv ist, für die gilt, daß sie aktualiter in den theologischen Reflexionsvollzug aufgenommen werden soll. In gegenständlicher Sprechweise reflexiv wird dieser Sachverhalt schon im Text von 1915 in Form der Aufnahme eines Theologumenon, das, wie nun zu zeigen sein wird, bis in die zwanziger Jahre hinein von signalhafter Bedeutung für Barths Theologie wird: das Theologumenon der Erwählung. „Erwählet Euch heute, wem ihr dienen wollet!" (12). Nicht umsonst wird das Theologumenon hier in ein aktualiter appellierendes Bibelzitat (aus Jos 24, 15) gekleidet. Und seinen Inhalt paraphrasiert Barth mittels eines Gesangbuchverses, in dem die Ihr-Wir-Unterscheidung strukturierend ist: „Ihr, die ihr Christi Namen nennt, Gebt unserm Gott die *Ehre!*[…] Die *falschen* Götzen macht zu Spott, Der *Herr* ist Gott, der *Herr* ist Gott: Gebt unserm *Gott* die Ehre!" (13) In der metaphorisch-religiösen Rede des Gesangbuches wird hier de facto eine theologische Dekonstruktion formuliert: „Ihr, die ihr Christi Namen nennt" – das ist die intentionale religiöse

---

sie eher gering. Barth ist anders als Kutter gerade nicht an der Deskription des Sozialismus als *„praktische[n] Christentum[s]"* (aaO., 183) interessiert; er verfolgt 1915 nicht einen solchen konkreten ethischen Zweck, sondern zielt auf eine Metatheorie des Ethischen, eine Konstitutionstheorie des ethischen Subjekts.

[544] Auch für H. Kutters Theologie ist die ‚realistische‘ Rede vom „lebendigen Gott" kennzeichnend, vgl.: „O wie viele, viele Verkündiger des Evangeliums gibt es doch, die keine Ahnung von dieser alles umfassenden und durchdringenden Realität Gottes haben!" (HERMANN KUTTER: Wir Pfarrer, 20). Von Kutter kann sich Barth die Leistungskraft ‚kerygmatischer‘ persuasiver Rhetorik in theologischen Texten abgeschaut haben, die besonders in Kutters „Wir Pfarrer" durchgängig präsent ist. Aber die Funktion dieser rhetorischen Form ist bei Kutter keine systematisch zentrale. Anders als bei Barth wird die Religionskritik bei Kutter nicht prinzipialisiert. Seine Theologie ist als deskriptive Auslegung eines vorausgesetzten religiösen Bewußtseins zu verstehen. Vgl. in dieser Perspektive die Schlußpassage von „Die Revolution des Christentums": „Gottes Geist muß wieder durch unsere Frömmigkeit rauschen. Wir müssen wieder anfangen, ihn zu lieben von ganzem Herzen […] Gott im Innern Gestalt gewinnen lassend wird sich unser Glaube ganz von selbst [sc. zur Nächstenliebe]" wenden. AaO., 261.

Selbstdeutung der Adressaten −: „gebt unserm Gott die Ehre!" − das ist die prozessual-theologisch rekonstruierte Religion, die die theologische Wir-Gruppe appellativ-pragmatisch aufbaut. Im Ihr-Wir-Gegensatz steckt der Anschlußappell, dessen diastatisches Moment wiederum durch die religiös-metaphorische Diktion des Zitats umgriffen wird.

Nicht von ungefähr ist der einzige 1915 in einem fachwissenschaftlichen Organ veröffentlichte Text Barths eine Predigt, und nicht von ungefähr trägt diese die Überschrift „Gottes Vorhut". Damit ist das zentrale Thema und das hintergründige Strukturkennzeichen von Barths Theologie der nächsten Jahre angezeigt. Es geht ab jetzt um die Konstituierung einer religiös-theologischen Gegenelite, die ihre eigene psychologisch-religiöse Partikularität im Medium permanenter theologischer Dekonstruktion besitzt. Religiöse ‚Erlebnis'-Bewußtheit soll hier ganz in den Vollzug theologischer Handlungsreflexivität aufgehoben werden. Es geht dabei um nichts anderes als um die Konstituierung eines ‚wahrhaft modernen Christentums'.

B. Die Durchführung der Theologie Karl Barths als systematisch-praktischer Theologie

Phase 2. Implizite Inversion: Die Bewegung der Gotteserkenntnis – das theologische Handlungssubjekt als pastoral-kulturelle Avantgarde (1917–1924)

2.1. Erwählungshomiletik: „Suchet Gott, so werdet ihr leben!" – Ein praktisch-theologisches Programm systematischer Theologie

2.1.1. „Wir möchten nicht so allein sein." Predigt als Form der Theologie

„Versteht es sich denn von selbst, daß ‚wir' das Gottesreich vertreten?" Mit dieser von Barth am 6. August 1915 an Thurneysen gerichteten halb rhetorischen, halb als solcher gemeinten Frage sieht I. Spieckermann dasjenige Problembewußtsein erreicht, in welchem Barths Bruch mit der liberalen Theologie gründe.[1] Die „neue Frage der Gotteserkenntnis …" leitet für sie, wie etwa auch für Bruce McCormack[2], „… fundamental die Wendung zu *theologischer Objektivität*"[3] ein, die als solche den „scharfe[n] Schnitt zwischen dem frühen liberalen und dem neuen Denken Barths"[4] bezeichnen soll. Ähnlich heißt es bei H. Anzinger in Bezug auf Barths ersten ‚Römerbrief': „Die Perspektive hat sich … um 180° verändert. Glaube ist nicht mehr als Aufnahme Gottes ins Bewußtsein zu verstehen, sondern als das Hineingenommenwerden des Bewußtseins in den Herrschaftsbereich Gottes, als seine Eingliederung in den Christusorganismus."[5] Daß diese Deutungen ein optisch zutreffendes Bild von Barths theologischer Entwicklung im Verlauf des Ersten Weltkriegs zeichnen, ist genauso wenig zu bestreiten, wie die Tatsache, daß sich eine solche Beschreibung mit Barths Selbstwahrnehmung deckt. Doch diese Deutungen sind analytisch unzureichend. Da sie selbst – wie gerade Anzingers Semantik zeigt – in einer wirkungsgeschichtlichen Abhängigkeit von Barths Theologiebegriff stehen, kommt ih-

---

[1] Vgl. INGRID SPIECKERMANN: Gotteserkenntnis, 69.

[2] BRUCE L. McCORMACK: Karl Barth's Critically Realistic Dialectical Theology, 117, vgl. 123f.

[3] INGRID SPIECKERMANN: Gotteserkenntnis, 73.

[4] AaO., 71.

[5] HERBERT ANZINGER: Glaube und kommunikative Praxis, 183. Dieser Beschreibung schließt sich Bruce McCormack ausdrücklich an, vgl. BRUCE L. McCORMACK: Karl Barth's Critically Realistic Dialectical Theology, 161.

nen die Bestimmtheit der theologischen Konstruktion, die hier vorliegt, nicht ausreichend zu Gesicht. Das ist behauptet worden und muß nun gezeigt werden.

Mit der ‚Wende zur Objektivität‘, die Barth um 1915 einleitet, wird in der Tat, um in Anzingers Semantik zu reden, die „Eingliederung in den Christusorganismus" zum eigentlichen Thema und Problem der Theologie. Aber genau in dem Maße, wie sich die Theologie K. Barths (und mit ihr die Interpretation des genannten Typs) methodologisch als Inversion, als die Abschreitung des Binnenzirkels einer bestimmten religiös-theologischen Semantik präsentiert, muß deren Analyse dazu *methodisch* auf die Distanz gehen.

Die ‚Wendung zu theologischer Objektivität‘ impliziert zu allererst, daß die Position des theologischen Konstrukteurs neu formatiert wird. Das „‚Wir‘" aus der eingangs zitierten Frage nach den Vertretern des Gottesreiches, ist, wie schon die Apostrophierung anzeigt, mehrfach, nämlich mindestens dreifach konnotiert: „‚Wir‘" sind erstens ‚die Glaubenden‘ – das christlich-religiöse Bewußtsein im allgemeinen –, aber zugleich zweitens auch: die Theologen, das normativ-theologische Bewußtsein, und zwar wiederum drittens das bestimmte normativ-theologische Bewußtsein, welches diese Frage stellt: das ‚Wir‘-Bewußtsein von Fragendem (Barth) und Angesprochenem (Thurneysen). Indem die Tätigkeit des theologischen Konstrukteurs mit der Tätigkeit der ‚Sache selbst‘ verschränkt wird, indem sie sich selbst als Funktionsmoment der Selbsttätigkeit der ‚Sache‘ zu verstehen geben will, wird es zur Aufgabe der Analyse, diesen Inversionsvorgang zu beobachten. Die Struktur der „‚Wir‘"-Frage signalisiert, daß es sich hier in der Tat um die Beobachtung eines Vorgangs, nämlich eines Reflexionsvollzugs handelt, von dem zugleich zu gelten scheint, daß er notorisch in einer dialogischen Sprechsituation beheimatet ist: die letzte (vierte) Fraglichkeit der ‚Wir‘-Frage zielt auf die Differenz von Sprecher und Adressat und deren mögliche Aufhebung: auf die Möglichkeit und Notwendigkeit der Kommunikation von religiös-theologischer Gewißheit. Damit ist die theologische Wahrheitsreflexion über ihre semantische Dimension hinaus auf ihre pragmatische Dimension hin erweitert. Diesen Sachverhalt, der ein Vorgang ist, gilt es zu analysieren; mithin – mit der Metapher der Mott-Aufsätze von 1911 zu reden – die Logizität des ‚Vorgangs Karl Barth‘. Gerade ihre Umschlagslogik liegt, wie sich bereits abgezeichnet hat, auf der bestimmten Entwicklungslinie, welche Barths Denken in seiner liberal-theologischen Phase genommen hatte.

Der Versuch einer Sichtbarmachung dieses Vorgangs kann sich an den von Barth selbst gesetzten Signalen von Sichtbarmachung orientieren, nämlich an der Publikationsstrategie. Der Text, der für Barth selbst eine publizistische Initialfunktion erfüllt, in dem gewissermaßen das Gründungssignal der theologischen Deutungselite als theologischer Avantgarde[6] gegeben wird, ist Barths

---

[6] Den Terminus Avantgarde, und zwar näherhin der religiösen Avantgarde, verwendet für den radikalen theologischen Antihistorismus, soweit ich sehe, erstmals F. W. Graf. Vgl.: Die „antihistoristische Revolution" in der protestantischen Theologie der zwanziger Jahre, 387.

eigenen Auskünften[7] zufolge der – in enger zeitlicher und sachlicher Nähe zum ersten ‚Römerbrief' entstandene – gemeinsam mit Eduard Thurneysen 1917 publizierte Predigtband „Suchet Gott, so werdet ihr leben"[8]. Der Band ist die erste Buchveröffentlichung Karl Barths. Von einem intendierten Neuansatz der Theologie kann man in Bezug auf dieses nur scheinbar unscheinbare Bändchen aus dem Grund sprechen, weil mit ihm tatsächlich, wenn auch noch experimentell, ein neuer Theologiebegriff auf den Weg gebracht werden soll, für welche die Textgattung Predigt Signalcharakter hat.[9]

Die Dominanz der Predigtgattung wird durch den am Ende beigegebenen Aufsatz Barths „Die neue Welt in der Bibel"[10], dem ein Vortragsmanuskript zugrundeliegt, nicht relativiert, sondern bestätigt. Denn zum einen geht die Beifügung des Vortrags auf das Betreiben des Verlegers zurück, der (man muß sagen: in Verkennung des Programms) das Buch durch einen theologischen Vortrag wissenschaftlich aufgewertet wissen wollte.[11] Zum andern bestätigt der Vortrag auf seine Weise das – kerygmatische – Programm;

---

[7] Vgl. den Brief an Thurneysen vom 9.9.1917 (Ba-Th I, 230). Barth hat diese Einschätzung des Predigtbandes als Startsignal seiner selbständigen Theologie zumindest bis 1928 beibehalten, vgl. insbesondere das Vorwort der Neuauflage von 1928: „Das Buch ist die erste Station an einem Wege, der uns unterdessen unaufhaltsam ... weiter ... geführt hat [...] Wir verantworten das hier Gesagte auch heute noch, es liegen wohl Brechungen, aber es liegt kein Bruch zwischen damals und heute." (KARL BARTH, EDUARD THURNEYSEN: Suchet Gott, so werdet ihr leben! [Bern 1917], 2. Aufl. München 1928, Vorwort; vgl. auch den Brief Thurneysens an Barth anläßlich dessen Abschieds aus Safenwil vom 6.10.1921; in: Ba-Th I, 524.

[8] KARL BARTH, EDUARD THURNEYSEN: Suchet Gott, so werdet ihr leben! 2. Aufl., München 1928. Ich zitiere im Folgenden diese, was die Predigttexte angeht, unveränderte zweite Auflage, da sie wesentlich besser zugänglich ist als die Erstauflage.

[9] Die These von der gewichtigen Bedeutung des Predigtbandes für die Periodisierung der Barthschen Theologie soll hier neu in der Forschung eingebracht werden. Die allgemeinere These, daß der entscheidende Innovationsschub der Barthschen Theologie beim ersten ‚Römerbrief' bzw. in dessen zeitlichem Umfeld anzusetzen sei, wird außer von I. Spieckermann und B. McCormack auch C. Van der Kooi (Anfängliche Theologie, 74f.) und Herbert Anzinger (vgl. Glaube und kommunikative Praxis, 135ff.) vertreten. Anzingers Periodisierungsthese, daß von „einer Kontinuität der Barthschen Theologie etwa seit 1916 und einer Diskontinuität zu seiner Vorkriegstheologie" (aaO., 5) auszugehen sei, erfährt durch eine Analyse des Predigtbandes eine Bestätigung; denn die hier versammelten Arbeiten stammen, da sich die Veröffentlichung verzögert hatte, überwiegend aus dem Jahr 1916. Anzinger weist an derselben Stelle auch mit Recht darauf hin, daß Barth die Sammlung der in seinen ersten Aufsatzband von 1924 (Das Wort Gottes und die Theologie. Gesammelte Vorträge, München 1924) aufgenommenen Arbeiten mit Texten von 1916 beginnen läßt. Den Neueinsatz Barths erst beim zweiten ‚Römerbrief' sehen die etwas älteren Arbeiten von TJARKO STADTLAND (Eschatologie und Geschichte in der Theologie des jungen Karl Barth [BGLRK 22], Neukirchen 1966, 56), NIKO T. BAKKER (In der Krisis der Offenbarung. Karl Barths Hermeneutik, dargestellt an seiner Römerbrief-Auslegung, Neukirchen-Vluyn 1974, 45) und KLAUS ALOIS BAIER: Unitas ex auditu (Die Einheit der Kirche im Rahmen der Theologie Karl Barths [BSHST 35], Bern – Frankfurt/M. – Las Vegas 1978, 45).

[10] In: KARL BARTH; EDUARD THURNEYSEN: Suchet Gott, so werdet ihr leben! 154–174.

[11] Der Verleger hatte ursprünglich sogar zwei Vorträge, je einen von Barth und einen von Thurneysen, abdrucken wollen (vgl. Ba-Th I, 227). Nachdem Thurneysen jedoch seine Zusage nicht einhalten konnte (vgl. Ba-Th I, 240), fand nur der genannte Vortrag Barths Eingang in den Band. Im Neuabdruck 1928 wird dieser Vortrag, der inzwischen in Barths erste Vortragssammlung aufgenommen worden war, ersetzt durch Barths Blumhardt-Rezension „Auf das Reich Gottes Warten" und Thurneysens Vortrag „Unsere Hoffnung und die Kirche."

denn von den voranstehenden Predigten unterscheidet er sich sichtbar nur in einer Hinsicht: durch seinen etwas größeren Umfang.

Das hier präsentierte Programm zielt auf die Aufhebung der neuzeitlichen Trennung von religiös-praktischer und theologisch-wissenschaftlicher Literatur. Erstmals hier *praktiziert* Barth eine systematisch-praktische Theologie, nämlich eine religiös-praktische Theologie mit konstitutionstheoretischem Anspruch, die sich in seiner bewußtseinstheoretischen Theoriephase mehr und mehr herausgeschält hatte. Zum ersten Mal hier wird die dort projektierte methodische Inversion, also die Aufhebung der Begründungsreflexion in die kommunizierte Selbstexplikation des religiösen Bewußtseins verbunden mit einer ganz bestimmten persuasiven Absichten folgenden Pragmatik,[12] zwar ansatzweise, aber doch für das Erscheinungsbild des Ganzen konstitutiv durchgeführt.[13] Mit dem Programm, das sich kurz als ‚Predigt als Form der Theologie‘ beschreiben läßt,[14] wird die seit 1915 zu beobachtende explizit religiös-gegenständliche, implizit (dem Anspruch nach) transzendentaltheoretisch-praktische Doppelkodierung der Theologie erstmals publizistisch zur Darstellung gebracht.

Daß von Barth empfundene „Predigtnot" im Zusammenhang der Entstehung dieses neuen Theologiebegriffs eine Rolle gespielt hätte, ist aus den begleitenden zeitgenössischen Korrespondenzen kaum zu erschließen; und sollte es der Fall gewesen sein, wäre der Zusammenhang ein rein heuristischer. Mit seinen Predigten war Barth um 1916 und danach, soweit man erkennen kann, in ähnlich wechselnden Maßen zufrieden wie vor diesem Datum. Die einzige Predigtkrise, die in Barths theologischer Entwicklung eine erkennbare Rolle spielt, ist die Krise vom Juli 1914. Die Predigt als Gattung spielt im Zusammenhang der phänotypischen Wende der Barthschen Theologie nicht eine Rolle auf der Seite der Problemwahrnehmung, sondern auf der Seite der Problemlösung.[15]

---

[12] Ein Vorläufer in der systematisch-theologischen Verwertung der persuasiven Pragmatik religiöser Predigtsprache ist im Umfeld von Barth sicherlich H. Kutter. Indirekt macht F. W. Marquardt bei Kutter entsprechende Beobachtungen, ohne freilich deren analytisches Potential in Bezug auf Barth fruchtbar zu machen. Vgl. FRIEDRICH WILHELM MARQUARDT: Theologie und Sozialismus, 79.

[13] ‚Praktisch‘ ist diese Theologie, wie eingangs bereits festgestellt wurde und sich im Folgenden zeigen sollte, gerade *nicht* im Sinne einer modernen disziplinentheoretischen Bestimmung der Praktischen Theologie als einem an den empirischen Verhältnissen von Religion und Kirche orientierten Handlungswissen. Vgl. in diesem Sinne exemplarisch DIETRICH RÖSSLERS Ansatz: Grundriß der Praktischen Theologie, 44f. u.ö.

[14] Vgl. die aus dem zeitlichen Umfeld der Publikation des Bandes stammende Bemerkung Barths in einem Brief an Thurneysen vom 20.12.1915, Ragaz sollte „in den ‚Neuen Wegen‘ einfach viele Predigten bringen …, das wäre besser als die vielen prinzipiellen Breitlegungen [sic], die doch so schnell ephemer sind." Ba-Th I, 115f.

[15] In diesem Ansatz unterscheidet sich die vorliegende Arbeit von den zahlreichen Untersuchungen, die – im Anschluß an die genannten Selbstdeutungen Barths – die Predigtaufgabe als Quelle der Barthschen Theologie in ihrer Abwendung von der liberalen Theologie interpretieren (vgl. in modifizierter Weise auch INGRID SPIECKERMANN: Gotteserkenntnis, 81). Erstmals monographisch entfaltet hat eine entsprechende Interpretation der Barthschen Theologie, soweit ich sehe, FRIEDRICH SCHMID (Verkündigung und Dogmatik in der Theologie Karl Barths. Hermeneutik und Ontologie in einer Theologie des Wortes Gottes [FGLP 10/29], München 1964; vgl. hier „Die Situation der Predigt als Frage an die Theologie" aaO., 14ff.). Einer Verbindung

Gemäß den programmatischen Absichten haben als eigentliche Adressaten des Predigtbandes nicht theologische ‚Laien' zu gelten, die Predigtbände zu ihrer privaten Erbauung lesen, sondern theologische Fachleute, Prediger, aber auch und – wie aus einem Brief Barths an Thurneysen hervorgeht – vor allem wissenschaftliche Theologen. Am 1. April 1917 schreibt Barth an Thurneysen: „Wollen wir nicht wirklich einmal zusammen so ein Heft oder Büchlein von etwa 12 Predigten herausgeben? Könnte das nicht, auch wenn wir erst Vorläufiges zu bieten haben, gerade jetzt gut tun, weil das Vorläufige eben doch in eine bestimmte Richtung weist? Auch für uns selbst könnte es wertvoll sein: 1. Um durch die Zusammenstellung einmal den derzeitigen Stand unsrer Dinge zu objektivieren, 2. aus dem Echo, das sich einstellen würde …, auf den derzeitigen Umfang der Sintflut Schlüsse zu ziehen."[16]

Die für die Abzweckung dieses Versuchsprogramms konstitutive Adressatenorientierung und die rezeptionsanalytische Reflexion dieser Orientierung verweisen auf dessen pragmatische Interessen, die in allerdings noch tastender Weise auf die Etablierung eines neuen Paradigmas wissenschaftlicher Theologie, auf die Gründung einer theologischen Avantgarde ausgerichtet sind: „Wir bieten ein Stück gemeinsamen Arbeitsertrages", formuliert Barth in einem Entwurf des Vorworts, und er fährt fort: „Daß wir von *Blumhardt*, dem Älteren und dem Jüngeren, und von *Hermann Kutter* entscheidende Anregungen erhalten haben, bekennen wir dankbar, und daß wir erst an einem Anfang stehen, dessen sind wir uns stark bewußt. Aber wir möchten nicht so allein sein. Was uns bewegt, ist so groß, daß wir das Recht haben, um Teilnahme dafür zu werben."[17] Dem performativen literarischen Duktus der Gattung Predigt gemäß kann die Debatte, für die hier um Teilnahme geworben wird, nicht eine Debatte *über* den hier präsentierten Theologiebegriff sein. „Teilnahme" ist demnach in einem

---

von Wort-Gottes-Theologie und religionspsychologischer Deutung ist die neuere Untersuchung von Axel Denecke verpflichtet, der drei Bestimmungen des Verhältnisses von Predigt und Theologie bei Barth in Anschlag bringt: Predigt als *„Quelle", „Spiegel"* und *„unmittelbare Folge"* der Theologie (AXEL DENECKE: Gottes Wort als Menschenwort, 24f.). So wird Barths Abwendung von der liberalen Theologie als Folge einer „Suche nach dem lebendigen Gott" (aaO., 70) gedeutet, die „im Jahr 1914" (aaO., 72), näherhin im Juli 1914 ihre Klimax, die „Illuminationsphase" (ebd.) erreicht, indem es bei Barth zu einer „existentielle[n] Begegnung mit dem ‚lebendigen Gott'" (aaO., 71) gekommen sei. Zur Kritik der Predigtnot-These vgl. auch das Nachwort zur 3. Aufl., in FRIEDRICH WILHELM MARQUARDT: Theologie und Sozialismus, 388f.

[16] Ba-Th I, 189. Die nicht geringe Bedeutung des Bandes für die Autoren geht auch aus der weiteren Korrespondenz hervor. Am 21.4.1917 heißt es erneut: „Wir müssen doch unser Büchlein herausgeben" [sc. zur Klarstellung ihrer Position; Ba-Th I, 193]. Erwähnt wird das Projekt wieder am 25.6.1917 (Ba-Th I, 207) und am 25.8.17 nach Ablehnung des Manuskripts durch den Verlag Orell Füßli: „Was nun? Am Ende muß die Welt auf unsre sämtlichen Funde schalten" (Ba-Th I, 223; vgl. auch 276f., 278). Das Buch wird im Herbst 1918 in Deutschland „aus militärischen Gründen" verboten, vgl. die Briefe Barths an Thurneysen vom 10.8.1918 (Ba-Th I, 295) und vom 6.10.21 (Ba-Th I, 524). Es verkauft sich im Sommer 1918 „befriedigend, aber noch nicht eben glänzend". Barth an Thurneysen, 12.6.1918, Ba-Th I, 281.

[17] Ba-Th I, 232 (Brief an Thurneysen vom 13.9.1917). Die programmatische, auf eine theologische Grundlagendebatte zielende Absicht wird z.B. auch aus Thurneysens Notiz vom 21.12.1917 deutlich: „Unsere Kampf- und Arbeitsgemeinschaft wird umso stärker wirken, als wir sie durch sich selber wirken lassen. Unser Buch zeigt sie für alle, die hören wollen, deutlich genug an." Ba-Th I, 253.

emphatischen Sinn zu verstehen; gemeint ist ein Theologieverständnis, das als solches die Reflexionsdistanz des Zuschauers ausschließt.

Daß der hier geltend gemachte Innovationsanspruch in der Tat den Theologiebegriff als solchen betrifft, zeigt neben der Predigtform auch das zweite formale Charakteristikum des Büchleins an: die durch die „Doppelautorschaft"[18] von Barth und Thurneysen bedingte partielle Anonymität seiner Verfasser.[19] Sie wird auch auf Drängen von Rezensenten nicht gelüftet und signalisiert, daß mit dem Predigtband ein auf die Produktionsbedingungen von Theologie durchschlagender Anspruch erhoben wird. Die hier präsentierte Theologie will post-positionelle Theologie in dem Sinne sein, daß sie sich zwar und gerade in der Form religiös-theologischer Stellungnahmen vollzieht, aber gerade nicht auf diesen Produktionsgrund hin reflektiert werden will, sondern in dieser Form selbständig reproduziert werden soll. Die Autoren treten auf als primäre ‚Wir-Gruppe'; ihre Aktion ist harmonisierte Interaktion; das Einvernehmen, das sie mit dem Leser herstellen wollen, haben sie untereinander bereits hergestellt. Ihre Zweisamkeit präsentiert sich als Nukleus der Kommunikationsgemeinschaft, an welcher teilzunehmen die Leser aufgefordert werden.

2.1.2. Ein Paradigmawechsel wird inszeniert

„Was wir wollen mit diesem Buch? – ‚Menschen suchen', könnten wir antworten, ‚Menschen, die mit uns beunruhigt sind durch die große Verborgenheit Gottes in der gegenwärtigen Welt und Kirche und mit uns erfreut über seine noch größere Bereitschaft, ein Durchbrecher aller Bande zu werden. Von dieser Unruhe und von dieser Freude möchten wir reden mit solchen, die vielleicht davon zu hören begehren.'" (5) In großer – und gegenüber dem oben zitierten Entwurf noch deutlich gesteigerter – semantischer und pragmatischer Dichte wird im gedruckten Vorwort ein theologisches Gespräch fiktiv inszeniert, das bei seinen intendierten ‚Teilnehmern' ausdrücklich nicht theologische Reflexionskompetenz, sondern, so wird es wenigstens gesagt, eine bestimmte

---

[18] Thurneysen an Barth, Brief vom 24.12.1917 (Ba-Th I, 255).

[19] Sie besteht darin, daß die einzelnen Beiträge den beiden Verfassern nicht namentlich zugeordnet sind. Aus dem Briefwechsel mit Thurneysen läßt sich allerdings die Verfasserschaft der einzelnen Predigten rekonstruieren (vgl. Ba-Th I, 232). Von Barth stammen die sechs Predigten: „Er kann auch anders!" (18–31); „Die andere Seite" (43–57); „Vergebung der Sünden" (58–70); „Ewiges Leben" (71–82); „Wo ist nun Dein Gott" (95–108); „Hören" (145–159). Der Titel des Bandes stammt von Thurneysen (vgl. Ba-Th I, 231). Angesichts der engen Arbeitsgemeinschaft von Barth und Thurneysen zu diesem Zeitpunkt und der Tatsache, daß beide das Buch gemeinsam redigieren und verantworten, ist es legitim, den Text insgesamt beiden Autoren zuzuschreiben. Die partielle Anonymität der Verfasserschaft ist kein Phänomen nur des Predigtbandes. In gewisser Weise charakterisiert sie die frühe Phase von Barths Theologie ingesamt. Denn insbesondere die beiden ‚Römerbriefe' entstehen in intensiver Zusammenarbeit mit Thurneysen, von dessen Verbesserungsvorschlägen Barth mitunter offenbar ganze Passagen wörtlich übernimmt. Vgl. den Brief an Thurneysen vom 26.11.1920, in dem Barth dies ausdrücklich feststellt und dabei auch auf ihre „so von allem Gewohnten abweichenden literarischen Gepflogenheiten" (Ba-Th I, 345) hinweist.

religiöse Betroffenheitsempfindung voraussetzen soll. Für diese gilt, daß sie sehr komplex ist, nämlich zugleich ambivalent und wiederum eindeutig positiv konnotiert und nichts geringeres als das Verhältnis Gottes zur Welt überhaupt,[20] zugleich aber zur aktuellen kulturellen Gegenwartsverfaßtheit spiegeln soll, welches Verhältnis wiederum als bestimmt durch das dynamische Handeln Gottes selbst beschrieben wird und eben deswegen und darin der aktualen, zeitlichen Veränderung unterliegen soll. Im Rekurs auf dieses Handeln Gottes – „Durchbrecher aller Bande" – liegt die Möglichkeit der dialektischen Struktur der Gesamtaussage. Als religiöse Betroffenheitserfahrung wird hier eine komplexe Struktur präsentiert und gewissermaßen abgerufen, die implizit in hohem Maße theologisch-reflexiv verfaßt ist.

Blickt man theoriegeschichtlich zurück, dann läßt sich in dieser komplexen Aussage unschwer der theologisch-philosophische Grundgedanke dialektischer „Ungrundlegung" identifizieren, wie Barth ihn von seinem Bruder Heinrich seit 1913 übernommen hat; aber dieser Gedanke wird hier nun gerade nicht mehr als philosophisch-theologischer Gedanke präsentiert, sondern als die unmittelbare Selbstexplikation eines an sich selbst schon kommunikativ verfaßten religiösen Bewußtseins, das über sich offensichtlich nur und gerade in dieser kommunizierten theologischen Explikation reflexiv zu verfügen vermag. Indem nämlich ‚Kirche' und ‚Welt' in dieser dynamischen religiös-theologischen Gesamtstruktur einander gleichgestellt werden, wird der Möglichkeit eines religiös-theologischen Reflexionsorts außerhalb dieser Reflexionsstruktur sofort der Boden entzogen. Damit ist zugleich das Signal gesetzt, daß die Gehalte von ‚Gott', ‚Kirche' und ‚Welt' aus der solchermaßen explizierten dynamischen religiösen Grunderfahrung, aus ihrem auf Gott als absolutes Handlungssubjekt zentrierten Inhalt herzuleiten seien. So wird de facto eine fundamentaltheologische Wende eingeleitet, welche den Formalbegriff des religiösen Erlebnisses mit dem ihm eigenen Deskriptionsanspruch durch eine normativ gesetzte reflexiv-theologische Materialbestimmung seines Inhalts ersetzt.[21]

Indem das ‚religiöse Erlebnis' bzw. sein theologisches Äquivalent als krisenhaft-dynamische Überbietungserfahrung mit der Wirklichkeit im Ganzen zu

---

[20] Die formale Nähe zu Rudolf Ottos Ambivalenzbestimmung des Religionsbegriffs ist unverkennbar; die Abhängigkeit ist aber keine literarische. Ottos Buch „Das Heilige" (Über das Irrationale in der Idee des Göttlichen und sein Verhältnis zum Rationalen [1917], 41.–44. Tsd., München 1979] hat Barth erst 1919 zur Kenntnis genommen. Vgl. den Brief vom 21.5.1919, Ba-Th I, 327f.

[21] Es wäre reizvoll, den so auf den Weg gebrachten Text auf Schleiermachers ‚Reden über die Religion' als auf seinen latenten Subtext zu beziehen. Ist es die Strategie dieses Grundtextes der modernen Theologie, den „Gebildeten", also den Agenten moderner Reflexivität, auf dem Feld der Reflexion und mit deren Mitteln nachzuweisen, daß die von ihnen behauptete Entfremdung von Reflexion und Religion auf einem Mißverständnis der Religion und einem Selbstmißverständnis der Reflexion beruht, so wählen Barth und Thurneysen offenbar die entgegengesetzte Strategie: die von Schleiermacher betriebene *methodische* Distanzierung der Theologie von der Religion wird faktisch zurückgenommen und durch die Einsicht in die theologische Selbstdistanziertheit der modernen Religion ersetzt.

verstehen gegeben wird, wird signalisiert, daß die für das moderne Bewußtsein konstitutive Gebrochenheitserfahrung von ‚religiösem Erlebnis' einerseits, moderner Welterfahrung/Reflexion andererseits innerhalb der theologisch strukturierten christlich-religiösen Erfahrung selbst zu lokalisieren ist. Die moderne Entfremdungserfahrung wird religiös-theologisch internalisiert. Indem die theologische Reflexion die Ambivalenzerfahrung der Religion auslegt, legt sie sie als das Selbstbewußtsein der Moderne aus. Damit geht implizit der Allgemeinheitsanspruch theologischer Reflexion einher. Seine Einlösung vollzieht sich dem ambivalent-fragmentären Selbstbewußtsein der Moderne entsprechend nicht als Rekonstruktion der zeitlosen Vernunftwahrheit einer hintergründigen religiösen Bewußtseinseinheit, sondern als fragmentarisierter, metaphorisierter Reflexionsdiskurs, als temporalisierter, geschichtlicher Durchsetzungsprozeß von Wahrheit, der seine Evidenz an seiner kulturellen Erschließungskraft bewährt, die er wiederum dadurch gewinnt, daß er die religiös-theologische Traditionssprache von Bibel und Gesangbuch – die Metapher vom „Durchbrecher aller Bande" ist aus einem Kirchenlied genommen[22] – als Deutungsmatrix gegenwärtiger Wirklichkeitserfahrung zu entfalten sucht. Auf diese Weise soll die „Realsetzung" des (Cohenschen) „Kulturbewußtseins", als welche Barth Religion um 1910/11 verstanden und theologisch projektiert hatte, nunmehr reflexionspraktisch umgesetzt werden. In dieser reflexionspraktischen Umsetzung vollzieht sich die phänotypisch als „theozentrische" Wende beschreibbare Veränderung der Barthschen Theologie.

Das entscheidende Instrument dieser Inversion der theologischen Selbstreflexion ist, daß die – durch die Leitmetapher „Durchbrecher aller Bande" angezeigte – konsequente Unterwerfung des religiösen Gegenstandsfeldes unter Handlungskategorien zugleich auch die theologische Reflexionstypik mitstrukturiert. Die Partizipation an der theologischen Erkenntnis wird damit selbst handlungspraktisch strukturiert. Sie fällt nun unter handlungstheoretisch kodierte Kategorien, insbesondere unter die Dezisionistik der ‚Entscheidung'; so wird die Differenzbehauptung von wissenschaftlich-theoretischer Reflexion und ‚gelebter Religion' unter das Verdikt der „Zuschauerpose"[23] gestellt; sie gilt jetzt als Habitus, der als bildungsbürgerliche Attitüde entlarvt und überwunden werden müsse.

Es ist seinerseits ein Indiz dieser sich abzeichnenden theologisch-methodischen Inversion, daß sie im wesentlichen aus einer einzigen kurzen Textpassage wie des zitierten programmatischen Dreisatzes aus dem Vorwort des Predigtbandes herausgelesen werden kann. Der Programmsatz bildet in nukleusartig komprimierter Form den Gesamtinhalt des Buches ab. Das gilt es im Folgenden kurz zu demonstrieren.

---

[22] Die Metapher vom „Durchbrecher aller Bande" stammt aus dem Gesangbuchlied G. Arnolds: O Durchbrecher aller Bande; (Schw. Gb. 306, EKG 262; vgl. R I, 337, Anm. 71).

[23] Brief an Thurneysen vom 11.1.1918 (Ba-Th I, 256). Barth bezieht sich hier auf eine Rezension von P. Wernle.

2.1.3. *Theologie als totale Dramatisierung des Weltbewußtseins*

Die begrifflich als handlungstheoretische Durchbestimmung der Theologie zu bestimmende Umkodierung der Barthschen Theologie ist ästhetisch als Dramatisierung, nämlich als Versuch einer totalen Dramatisierung des Wirklichkeits- und Wahrheitsbewußtseins insgesamt zu beschreiben. Es handelt sich näherhin um ein Konzept dramatisierter Geschichtstheologie.[24]

Die wichtigsten Wortfelder, über welche diese handlungsdramatische Konzeptionierung der Theologie hergestellt wird, sind die Wortfelder von „Macht" und „Leben"; wobei „Macht"[25] die wesentliche Auslegungsbestimmung von „Leben"[26] ist.

„Macht" ist anonymisierte Handlungssubjektivität; das prinzipialisierte Medium von Handlungssubjektivität, in welchem die Differenz von Subjekten und ihrer handelnden Selbstobjektivierung eingezogen – und eben so anonymisiert ist. Nur an einer Stelle ist die Anonymisierung prinzipiell durchbrochen: beim Gottesbegriff. Der Gottesbegriff ist somit schon semantisch als die Wirklichkeit erschließende Macht plaziert; als die Mächtigkeit der Macht schlechthin.

„Leben" ist zugleich die ontologische und axiologische Grundkategorie.[27] Die Aufhebung der Trennung von ontologischer und axiologischer, praktischer und theoretischer Vernunft resultiert aus dem machtförmig, mithin handlungstheoretisch verfaßten Lebensbegriff. Der Machtbegriff als Steuerungsbegriff plausibilisiert zugleich den ontologischen und axiologischen Vorrang des Objektiven vor dem Subjektiven, desgleichen eines erkenntnistheoretischen Realismus vor einem erkenntnistheoretischen Kritizismus. „Was wir brauchen, sind nicht Ideen und Theorien, so wahr sie sein mögen, sondern siegreiches Leben, überlegene Kräfte, Tatsachen gegen die Tatsachen!" (101)

Eine wenigstens terminologische Nähe dieser Metaphorik zu F. Nietzsches am „Willen zur Macht" orientierter Lebensphilosophie springt ins Auge. Allerdings werden bei Barth und Thurneysen dem Lebensbegriff durch den Bezug auf den Gottesbegriff normative Strukturen eingezogen, die anschlußrational für die philosophisch-theologische Vernunft sind: „Eines, Eines in Allem! Alles, Alles in Einem!" (146)

Dieser Eindeutigkeitsstruktur, welche der diffuse Lebensbegriff durch den Bezug auf den Gottesgedanken gewinnt, kann wiederum ein kulturdiagnostisches und zugleich ethisch-normatives Potential abgewonnen werden. Einheitlich-zentriertes „Leben" kann den krisenhaften Gegenwartserfahrungen antagonistischer gesellschaftlicher Ausdifferenzierung – „Zersplitterung" (ebd.) – der Moderne und entsprechenden modernen Wirklichkeitsdeutungen[28] gegenübergestellt werden. Der deutungspluralistisch zersplitterten Moderne, die mit ihren Großsystemen „Kapitalmacht, Staatsmacht, Heeresmacht" (149) als Todesmächten[29] notorisch zum Krieg führen müsse, kann die eindeutige Lebensmacht Gottes salvatorisch entgegengestellt werden.

---

[24] Das hat Bruce McCormack für den ersten ‚Römerbrief' zu Recht betont. Vgl. BRUCE L. MCCORMACK: Karl Barth's Critically Realistic Dialectical Theology, 154f.

[25] Vgl. KARL BARTH, EDUARD THURNEYSEN: Suchet Gott, so werdet ihr leben! 77, 97, 146, 148f. u.ö.

[26] Die programmatische Stellung des Lebensbegriffs signalisiert schon der Titel des Buches.

[27] Vgl.: „[E]s ist nur *eine* Wahrheit, das Leben hat recht." AaO., 155.

[28] Vgl.: „Man redet von einem ‚politischen Gebiet'". AaO., 145f.

[29] Vgl. aaO., 149.

Anschluß an die Lebensmacht Gottes soll der Glaubende gewinnen durch religiöse Intensivierung: „Wollen wir nicht unser Inwendiges weit und sehnsüchtig öffnen und an Gott glauben?" (144) Gegenüber solchen religiösen Konzentrationsforderungen bleiben die konkreten politisch-ethischen Orientierungsangebote vergleichsweise pauschal und marginal.[30]

Die theologische (und literarische) Qualität des Barth-Thurneysenschen Predigtbandes liegt erkennbar nicht in seiner materialen lebens- und macht-theologischen Kulturdiagnostik und religiösen Konzentrationssemantik als solcher. Sie liegt vielmehr in der performativen Dramatik des Textes, welche diese Theologie aktualistisch adressiert: „Hast du auch schon etwas gemerkt von der Revolution, die auch in dir ist gegen den Gott, der nur ein Gedankengott und Gottesgedanke ist?" (101) Der politisch und damit gegenwartsdiagnostisch konnotierte Revolutionsbegriff[31] wird hier theologisch-dramatisch gewendet und so zur appellativen Applikation und Addressierung der Textbotschaft be-nutzt. Diese appellative Adressierung ist die entscheidende Absicht, die hinter dem Wortfeld des Durch-, An- und Hervorbrechens (des Göttlichen) steht, in welchem die Machtmetaphorik ihrerseits zum dichtesten semantischen und pragmatischen Ausdruck kommt[32]: „Sieh, das gilt es einmal zu hören: Eines, Eines in Allem! Alles, Alles in Einem! Das müßte einmal mit Macht hindurch-brechen durch offene Ohren in dein und mein innerstes Bewußtsein." (146) Es ist dieses Durchbruchsereignis der göttlichen Macht, welches die Predigten sprachlich inszenieren, indem sie es adressiert ankündigen. Durchbruchs-, Le-bens- und Machtmetaphorik explizieren sich in dieser das ‚religiöse Erlebnis‘ beerbenden und strukturierenden theologischen Totaldramatisierung des Welt-bewußtseins wechselseitig.[33]

Die zugleich systematisch-theologische und praktisch-theologische, näherhin homi-letische Konzeption des Predigtbandes kommt nach Form und Inhalt in besonderer Weise in der Adventspredigt zur Darstellung, mit der die Sammlung eröffnet wird: „Seht, so gehören zum Advent vor allem auch die Menschen mit den sehnsüchtigen Herzen und den bittend ausgestreckten Händen, die Rufenden und Suchenden; für sie kommt die Adventszeit. Weil sie da sind, bricht das Kommen Gottes unter den Menschen an [...] Eben um diese verborgenen Sucher und Freunde und Liebhaber Gottes hervorzurufen und aufzuwecken aus der Menge der Menschen, ist der Täufer gesandt worden. Nach ihnen schaut er aus." (11) Zwar ist die Figur Johannes des Täufers bekanntlich ein integraler traditionsgeschichtlicher Bestandteil der Gattung Adventspredigt.[34] Dennoch

---

[30] Vgl.: „Das Geld ist für die Menschen da und nicht die Menschen fürs Geld." AaO., 148.

[31] Die Verbindung der Machtmetaphorik mit dem Revolutionsbegriff ist ein wichtiges In-strument zur Steigerung der zeitdiagnostischen Potenz des Ansatzes und damit von dessen Plau-sibilität. Vgl. aaO., 101, 134.

[32] Vgl. aaO., 91, 96, 137 u.ö.

[33] Vgl.: „Das Leben ist ... der Tagesanbruch von Gott her." (AaO., 151) – „Hören, daß es nur eine Hilfe gibt: den Durchbruch des Lebens hinein in alle Gebiete des Todes." AaO., 155.

[34] Darin gründet die Möglichkeit, diese Figur an den Anfang einer Predigtsammlung zu stellen, wie es im Umfeld von Barths und Thurneysens Predigtband auch z. B. bei L. Ragaz geschieht. Vgl. Leonhard Ragaz: Dein Reich komme. Predigten, in zwei Bänden (1908), Zürich 1922, 7–18.

konzentriert sich in dieser Figurenmetapher, die in der Darstellung M. Grünewalds zur theologischen Leitmetapher Barths werden wird – worauf eingangs hingewiesen wurde –, die aktualistische, kerygmatische Inszenierung der hier homiletisch praktizierten Eschatologie.

Der Dramatisierung der Theologie entspricht die besondere Bedeutung der Eschatologie in Barths und Thurneysens Predigten. Zugleich entspricht dieser Dramatisierungsabsicht aber auch, daß die eschatologische Thematik ihrerseits noch einmal eingeklammert wird vom Theologumenon der Erwählung bzw. Berufung: „Er [sc. Gott] kommt [...] Gott will seine Auserwählten retten in einer Kürze" (17).[35] Im Erwählungstheologumenon kommt die pragmatische Wendung der theologischen Konstitutionsthematik der Religion zur prägnanten Darstellung. Denn in ihm wird die Konstitution des individuellen religiösen Bewußtseins auf eine Handlung Gottes zurückgeführt, die als Selektionshandlung zugleich ein Urteilsmoment in sich schließt.[36] Zudem geht in die Logizität von Erwählung die Differenz von religiöser Aktualerfahrung und theologischer Reflexionsdeutung ein, die ihrerseits – dem Handlungssinn von ‚Erwählung' entsprechend – pragmatisch, nämlich appellativ aufgeschlossen werden kann. So konzentriert sich im Theologumenon der Erwählung die homiletisch-systematische Therapie der krisenhaften Moderne als die dramatisch-theologische Rettung des theologisch-selbstdurchsichtigen religiösen Individuums.

Der (Nach-)Vollzug solcher theologischen Selbstdurchsichtigkeit religiöser Individualität wird dabei auf den theologischen Begründungsakt selbst konzentriert. Die ethische Selbstrealisierung des Individuums tritt demgegenüber zurück. Das bezeichnet die Metaphorik des „Wartens" und „Hörens" auf das „Wort des Lebens" (155). Freilich wird, das entspricht der theologischen Logizität von ‚Erwählung', ein bestimmter Handlungsvollzug aus dieser Abblendung materialer Handlungsvollzüge ausgenommen, nämlich die Tätigkeit der sprachlich-theologischen Kommunikation von Religion selbst, ‚das Predigen'. Prediger und wissenschaftliche Theologen als deren Theoretiker sind, wie bemerkt, die bevorzugten Adressaten des Predigtbandes. Allein im Rahmen ihrer professionellen Reflexionsarbeit hat die theologische Grundfrage des Bandes ihren konkreten Sinn und Sitz im Leben: „Hast du auch schon etwas gemerkt von der Revolution, die auch in dir ist gegen den Gott, der nur ein Gedankengott und Gottesgedanke ist? [...] Und weiter geht diese Revolution auch gegen den Gefühlsgott, den du dir vorgezaubert hast." (101)

So gibt hintergründig die Predigthandlung selbst das Muster der theologischen Reorganisation von Religion und Theologie ab. Religion soll aus der Logik ihrer praktischen, sprachlich-reflexiven Selbststeuerungsfunktion reorganisiert werden. Das ist eine grundsätzlich moderne Option. Die Eigenart und das Manko der Predigthandlung als theologischer Selbststeuerungsfunktion der

---

[35] KARL BARTH, EDUARD THURNEYSEN: Suchet Gott, so werdet ihr leben! 30.
[36] Dies ist selbstverständlich lediglich eine formale Aussage über die Logizität der Semantik von „Erwählung"; sie soll keine dogmatische Vorentscheidung treffen.

Religion sind jedoch, daß für sie, zumindest in der Weise wie sie hier ins Spiel gebracht wird, die heteronome Differenz von Prediger und Predigthörer bestimmend bleibt. So sehr die Pointe der theologischen Rekonstruktion der Religion durch Predigt gerade in ihrer reflexiven Selbstproduktion durch den Adressaten liegen soll, so wenig vermag sich die Durchführung dieser intendierten Selbstanwendung von ihrer imperativischen, heteronomen Realisierungslogik zu lösen. Nur an der Stelle desjenigen praktischen Handlungsvollzugs, der die theologische Konstitutionslogik der Religion selbst reproduziert, nämlich eben an der Stelle des Predigens und für diesen Vollzug, ist das heteronome Moment aufgehoben. Darum sind in besonderer Weise die professionellen Praktikanten der theologischen Religion die gesuchten „Auserwählten" Gottes.

Daß diese Konsequenz nicht für jeden Leser der Programmschrift notwendig zutage tritt, liegt an der religiös-theologischen Doppelkodierung des Textes, die es möglich macht, ihn seinem ‚harten' programmatisch-theologischen Sinn auch in einem sozusagen weichen Sinn zu rezipieren, nämlich als das, als was er sich auf den ersten Blick gibt, als kulturkritische religiöse Bußpredigt, somit einfach als reflexive Intensivierung der (gegebenen) Religion. Gerade das protestantisch-religiöse Bewußtsein erwartet ja von seinen professionellen Vertretern etwa an Weihnachten geradezu, daß es von ihnen gefragt wird, „ob es für *uns* wahrhaftig schon Weihnacht geworden ist" (13).

Die Mißverständlichkeit des Predigtbandes als religiöser Kulturkritik ist durch das literarische Genre der Predigt bedingt.[37] Dies ist Barth und Thurneysen wohl schon vor der Veröffentlichung des Büchleins klar gewesen; trotzdem zeigen sie sich über die aus ihrer Sicht schwache Resonanz insbesondere unter den jüngeren Schweizer Theologen enttäuscht[38] – und bestätigt in der Notwendigkeit eines Genrewechsels.[39] Für die erste systematisch-prinzipielle Ausarbeitung seiner Theologie hat Barth die Form des exegetischen Bibelkommentars gewählt.[40]

---

[37] Anscheinend ist das Büchlein nicht einmal im Kreis von den Autoren nahestehenden Theologen überall rezipiert worden. Der mir vorliegende Band aus der Universitätsbibliothek Mainz ist ein offenbar ungelesenes Exemplar ex libris L. Ragaz.

[38] Vgl. den Brief Barths an Thurneysen vom 11.7.1918 (in: Ba–Th I, 285), in dem Barth die mangelhafte Rezeption der Predigten bei den Teilnehmern der Aarauer Studentenkonferenz – als dem nächstgelegenen Avantgarde-Reservoir – beklagt.

[39] Am 24.12.1917 hatte Barth Thurneysen in einem Atemzug gemeldet: „So ist der Schuß [sc. die Publikation des Predigtbandes] endlich heraus [...] Römer 7 ist fertig." Ba–Th I, 254.

[40] Barths Mäzen, der Schweizer Fabrikant R. Pestalozzi, der auch schon früher den Privatdruck einer Predigt Barths für den Gemeindegebrauch gesponsort hatte (vgl. Ba–Th I, 176), kann im September 1917 den Druck beider Bücher, des Predigtbandes und des Römerbriefkommentars durchsetzen. Vgl. den Brief an Thurneysen, 6.9.1917; Ba–Th I, 227.

2.2. Die Erwählung der Bewegung: Der erste ‚Römerbrief‘

2.2.1. Das hermeneutische Programm des ersten ‚Römerbriefs‘

2.2.1.1. Angewandte ‚Kant- und Fichterepetition‘: methodologische Vorbemerkungen

Der Sachverhalt, daß „die erste Periode …" der phänotypisch erneuerten Theologie K. Barths eine „… dezidiert *schriftexegetische* Periode …" ist, wird nur vordergründig einer Erklärung zugeführt, wenn man darin den Versuch sieht, „… die Antwort und Frage der Erkenntnis Gottes am anfänglichen Ort der Bezeugung ihrer göttlichen Tat überhaupt erst wieder zu hören".[41] Dieser Erklärungsversuch nimmt das zu Erklärende seinerseits in Anspruch.[42] Barth selber hat die Aufnahme der Römerbriefstudien als eine zumindest anfänglich eher methodologisch unreflektiert, spielerisch unternommene Beschäftigung dargestellt;[43] aber diese spielerische Beschäftigung entwickelt sich tatsächlich aus einem über mehrere Wochen betriebenen Vertiefungsstudium der kanonischen Werke I. Kants.[44] In der Tat ist Barths Kommentar als der Versuch einer sich gewissermaßen in den biblischen Text systematisch-praktisch einschreibenden „Kant- und Fichte-Repetition"[45] zu lesen. So entsteht ein religiös-gegenständlich und zugleich (dem impliziten Anspruch nach) transzendentalphilosophisch doppelkodierter Text, der keine geringere Absicht verfolgt als die aktuale theologische Rekonstruktion selbstdurchsichtiger Subjektivität, die eodem actu (theoretische) Erkenntnis- und (praktische) Handlungssubjektivität ist.

Daß seine Wahl auf den paulinischen Römerbrief fiel, hat Barth selbst im Rückblick mit der bei Aufnahme der Studien gehegten Vermutung begründet, „daß es sich in ihm um Zentrales handle"[46]. Sieht man auf das Ergebnis seiner Arbeit, dann läßt sich erkennen, daß es sich bei dem gesuchten „Zentrale[n]" weniger um einzelne theologische Einsichten als vielmehr darum gehandelt haben dürfte, daß sich der von ‚dogmatischen‘ Grundlegungs- zu ‚ethischen‘ Anwendungsfragen fortschreitende, immanenten Entwicklungsgesetzen folgende Text, der auch im ethischen Teil von kontingenten situativen Außenbezügen weitgehend frei zu sein scheint, wie wohl kein anderer Text des Neuen Testaments dazu eignet, als Matrix für die fortlaufende Rekonstruktion theologischer Selbstdurchsichtigkeit christlich-religiösen Bewußtseins gelesen zu

---

[41] Ingrid Spieckermann: Gotteserkenntnis, 77.

[42] Vgl. auch die historisch-hermeneutisch gemeinte, aber tatsächlich rein dogmatische und schon sprachlich zirkuläre Behauptung: „Das *Wort Gottes* ist der zentrale Grund der von Barth vollzogenen Wende zu der von ihrem Gegenstand selbst subjekthaft vorausgesetzten Gotteserkenntnis. Im Wort Gottes öffnet Gott seinen Wahrheitskreis." AaO., 76.

[43] Vgl. den Brief an Thurneysen vom 19.7.1916; Ba-Th I, 146.

[44] Barth hat dieses Studium in der Anfangsphase der Arbeit am Römerbrief parallel weitergeführt. Vgl. den Brief an Thurneysen vom 27.7.1916; Ba-Th I, 148f.

[45] Brief an E. Thurneysen vom 25.9.1914; Ba-Th I, 13.

[46] Karl Barth: Nachwort. In: Schleiermacher-Auswahl. Hrsg. v. Heinz Bolli, 2. Aufl. Gütersloh 1980, 290–312, hier: 295.

werden.[47] Vor allem aber kommt Barths theologischen Interessen entgegen, daß dieses kompendienhafte Ganze, als welches er den Römerbrief rezipiert, in der literarischen Form des Briefes präsentiert wird. Der Römerbrief läßt sich pragmatisch als adressierter (und insofern praktisch-theologischer) Gesamtentwurf systematischer Theologie rezipieren, dessen historisch-konkrete Bezüge minimalisierbar und darin prinzipialisierbar erscheinen.[48] Eben darin hat der gewählte Text qua Briefgattung eine Nähe zum Genre der Predigt.

Mit dieser von der Forschung, so weit ich sehe, bislang kaum beachteten und systematisch nicht verwerteten *pragmatischen* Charakteristik der Vorlage hängt der Sachverhalt zusammen, daß Barth dem paulinischen Argumentations*gang*, dem sukzessiven argumentativen „Zusammenhang"[49] des Textes besondere systematische Bedeutung zuschreibt. Das belegen besonders deutlich die jetzt in der Werkausgabe greifbaren Vorwortentwürfe. „Es ist ...", wie Barth in einem dieser Entwürfe feststellt, „... Alles nur als Bewegung des Textes gemeint" (598). Gegen eine Lektüre, welche die begrifflichen Grundentscheidungen Barths gewissermaßen abstrakt zu rekonstruieren sucht, hat Barth sich in demselben Entwurf zu verwahren versucht: „Wer aber Ohren hat zu hören, der versuche es, sie [sc. seine Auslegung] im Zusammenhang mitzudenken."[50] Die systematisch-erkenntnistheoretische Struktur des Textes und seine Pragmatik explizieren sich in Barths Römerbriefkommentar wechselseitig. Ohne den opulenten, essayistisch-assoziativen Duktus des Textes (und dessen pragmatische Bedeutsamkeit) bestreiten zu wollen, soll doch behauptet werden, daß sich in Barths Römerbriefkommentar eine progressiv-diskursive Logik des Gedanken-

---

[47] Möglicherweise ist diese Wahl auch durch H. Kutters Auslegung des Römerbriefs „als Katechismus" motiviert, die Barth mehrfach zitiert (R I, 14; vgl. HERMANN KUTTER: Der Römerbrief als Katechismus. In: Der Kirchenfreund. Blätter für evangelische Wahrheit und kirchliches Leben, Basel, 28 [1894], 353–359, 369–376, 385–391). Klassisch-protestantischer Vorläufer des Verfahrens sind Philipp Melanchthons „Loci Communes" von 1521 (Lateinisch – Deutsch. Übers. und mit komm. Anmerkungen vers. v. Horst Georg Pöhlmann, hrsg. v. Lutherischen Kirchenamt der VELKD, 2. durchges. und korr. Aufl., Gütersloh 1997, vgl. 12–14).

[48] So läßt sich etwa die monumentale Grußliste von Röm. 16 mit ihrer Fülle individueller Namensnennungen dazu benutzen, um an ihr die Funktion, Bedeutung und Stellung des „*Persönliche[n]* und *Individuelle[n]*" im Rahmen des theologischen Ganzen exemplarisch abzuhandeln. KARL BARTH: Der Römerbrief (erste Fassung) 1919, 575. Seitenzahlen im Text beziehen sich im Folgenden hierauf. In den Anmerkungen wird das Kürzel „R I" verwendet.

[49] Dem Begriff des Zusammenhangs kommt in Barths erstem ‚Römerbrief' eine tragende Bedeutung zu, vgl. bes. R I, 201, 598, aber auch 92, 117, 163, 169, 175, 187, 198, 267, 293, 341, 452, 559, 561, 587, 597.

[50] R I, Vorwort III, 598. Gerade wenn Barths erklärte Auslegungshypothese in der Annahme besteht, „es muß alles einen Sinn haben, was ich da lese", dann muß dieser „Sinn" als der Eigen-Sinn des Barthschen Textes rekonstruiert werden (vgl. Karl Barths Brief an Paul Wernle, R I, 638–646, hier: 643). Einzuräumen ist allerdings, daß Barth zumindest bei der Überarbeitung seines Kommentars festellt, es sei „kein Systembau ..., sondern alles im Fließen" (Barth an Thurneysen vom 23.7.1918, Ba-Th I, 287). Das ‚Fließen' folgt aber, wie sich zeigen wird, rekonstruierbaren Regeln. Entsprechende systematische Standortrekonstruktionen werden meist in den einleitenden Passagen zu den jeweiligen Kapiteln explizit reflektiert, vgl. R I, 40, 66, 117, 142, 151, 172, 247, 356, 440, 462, 491, 530 u.ö.

gangs aufweisen läßt, die darin zugleich bestimmte pragmatische Interessen verfolgt. Das ist die interpretative These, die im Folgenden in die Forschung eingebracht werden soll. In einer solchen am Argumentationsgang orientierten Rekonstruktion wird erkennbar, daß Barths progressionslogisches Denken – unbeschadet seiner essayistischen Opulenz und spielerischen Assoziativität – in der Tat gewisse Ähnlichkeiten mit einem Idealismus Hegelscher Provenienz hat, so daß der alten These H. U. von Balthasars, der Barths frühe liberale und seine späteren dialektischen Phasen durch die unterschwellige Kontinuität einer idealistischen „Denkform"[51] verbunden sieht, neue Plausibilität zukommt.

Die Aufklärung der erkenntnistheoretischen Struktur des ersten ‚Römerbriefs' hat der Forschung, und gerade auch noch der neuesten, gewisse Schwierigkeiten bereitet. Zwar hat die neueste Forschung den Anspruch Barths herausgearbeitet, im Vollzug seiner phäno-typischen Wende der Theologie die erkenntnistheoretischen Standards einer modernen subjektivitätstheoretisch fundierten Grundlegung der Theologie nicht einfach zu konter-karieren,[52] aber Beschreibungen der Theologie des ersten ‚Römerbriefs' als „Prozeßescha-tologie"[53], womit eine „Gottesgeschichte …" gemeint sein soll, die „… verborgen aus der Todesgeschichte dieser Welt hervorbricht"[54], die Reden von einer „eschatologische[n] Denkform des ‚Römerbriefs'"[55], einem ‚organologischen Denken'[56], von der „[w]irkli-che[n] Wirklichkeit"[57], um deren theologische Darstellung es hier gehe, haben – unbe-schadet gewisser Beschreibungsplausibilitäten – den Nachteil, daß sie diesen Nachweis kaum zu führen vermögen. Worin in Barths „shift from an idealistic to a critically realistic starting-point"[58] das ‚kritische' Moment besteht, ist in diesen Deutungen kaum zu erken-nen. Dies gilt mutatis mutandis auch für J. F. Lohmanns Interpretation, wenn er von der schroffen Entgegensetzung einer „neukantianische[n] Immanenz des Denkens" gegenüber einer bei Barth vorgenommenen „‚Grundlegung' … allein von Gott"[59] ausgeht, die frei-lich durch einen gemeinsamen platonisierenden Ursprungsbegriff überwunden werden soll.[60] Auch hier bleibt letztlich offen, wie sich die für Barths Römerbriefkommentar in Anschlag gebrachte „theozentrische und transzendenzorientierte Fortschreibung des Marburger Neukantianismus"[61] mit dessen genuinen Absichten reimen könnte.[62]

---

[51] Hans Urs von Balthasar: Karl Barth, 228f. Vgl. auch Beintkers Beobachtung einer „Dia-lektik als Denkform des Werdens"; Michael Beintker: Die Dialektik in der ‚dialektischen Theo-logie' Karl Barths, 115.

[52] Am Klarsten wird diese Deutung vertreten von Johann Friedrich Lohmann: Karl Barth und der Neukantianismus, 228.

[53] Michael Beintker: Die Dialektik in der ‚dialektischen Theologie' Karl Barths, 110.

[54] AaO., 111. Im Anschluß daran spricht auch McCormack von einer systematisch struktu-rierenden „idea of gradual realization of the Kingdom of God in history". Bruce L. McCor-mack: Karl Barth's Critically Realistic Dialectical Theology, 155.

[55] Herbert Anzinger: Glaube und kommunikative Praxis, 136.

[56] Vgl. Ingrid Spieckermann: Gotteserkenntnis, 95f.

[57] AaO., 82.

[58] Bruce L. McCormack: Karl Barth's Critically Realistic Dialectical Theology, 159.

[59] Johann Friedrich Lohmann: Karl Barth und der Neukantianismus, 228.

[60] Vgl. aaO., 236.

[61] AaO., 228.

[62] Gerade an den Interpretationen des ersten ‚Römerbriefs' scheint Rohls mit seiner These vom ontologisch-platonischen Umschlag des Neukantianismus ins Recht gesetzt zu werden. Vgl. Jan Rohls: Credo ut intelligam, 414, 417.

Eine am Argumentationsgang von Barths Römerbriefkommentar genau ent-
langgehende lectio continua kann zeigen, daß diese Sichtbarmachung und damit die intendierte individuelle Selbstapplikation des Textes unterhalb der Wahr-
nehmungsschwelle einer religiös-gegenständlichen Metaphorik tatsächlich nach
einer sehr distinkten Logik erfolgt. Sie ist allerdings in diesem ersten ‚Römerbrief‘ Barths noch in der Experimentierphase.[63] Gleichwohl sucht auch dieser
Text schon die Funktionsstellen einer verallgemeinerungsfähigen Theorie des
religiösen Bewußtseins als des vernünftigen Bewußtseins überhaupt zu rekonstruieren und zu besetzen, das als solches ein theoretisch-praktisches Bewußtsein
ist, mithin Handlungsgewißheit als die Bedingung der Möglichkeit spontanen
freien Handelns beinhalten soll. Barth entwickelt in seinem Römerbriefkommentar faktisch ein Äquivalent zu einer transzendentalen Theorie des theoretisch-praktischen Bewußtseins, indem er deren Funktionsstellen theologisch zu
besetzen sucht.

Durch dieses sublime Verfahren wird die je individuelle applicatio des Lesers
hintergründig gewissermaßen in Bahnen geleitet; die applicatio wird theolo-
gisch-praktisch gesteuert. Es ist dieser am Predigtakt abgelesene Steuerungsvor-
gang, der ‚Vorgang Karl Barth‘ sozusagen, in dessen Medium sich das intendierte
Geschichtssubjekt konstituieren soll, die theologische Avantgarde. So wird sich
die tatsächliche Methodik des Barthschen ‚Römerbriefs‘ als eine Palimpsesttechnik[64] verstehen lassen. Der Text des paulinischen Römerbriefs wird überschrieben mit der Zeichnung des in der geschichtlichen Gegenwart plazierten
theologischen Handlungssubjekts.[65]

In einer solchen argumentationslogischen Rekonstruktion des ersten ‚Römerbriefs‘ wird sich die späte Erinnerung Barths an die Entstehung dieses
Buches genau bestätigen. „Vater Kant, der …“ ihm „… einst die Initialzündung
vermittelt hatte, …“ habe „… auch in jenen Jahren …“ während des Ersten
Weltkriegs, „… merkwürdigerweise aufs Neue direkt zu [ihm] geredet“[66]. ‚Vater Kant‘ hat Barth, wenn die nun vorzuführende Auslegung stimmt, gesagt,
daß er die theologische Reflexion als denjenigen Handlungsvollzug vollziehen
solle, bei dem Inhalt und Form genau übereinstimmen (sollen); er solle, mit

---

[63]   Die ersten Abschnitte des ersten ‚Römerbriefs‘ sind schwerer auf ihre Argumentationslogik
hin durchsichtig zu machen als die späteren. Unklarheiten sind auch in der Rekonstruktion nicht
ganz zu vermeiden. Das dürfte damit zusammen hängen, daß Barth seine pragmatisch-spekulati-
ve Theologie bei der Abfassung des ‚Römerbriefs‘ selbst erst sukzessive erarbeitet hat. Das Modell
als solches hat ihm zwar vermutlich ziemlich klar vor Augen gestanden, aber hinsichtlich der
Einzeldurchführung hat der erste ‚Römerbrief‘ in der Tat noch den experimentellen Charakter
einer unter dem Safenwiler Apfelbaum vor sich hin gestrickten Privatstudie („ich las und las und
schrieb und schrieb“; Karl Barth: Nachwort, 295).

[64]   Zum Palimpsestbegriff in der rezeptionsanalytischen Literaturwissenschaft vgl. Hans Robert Jauss: Die Theorie der Rezeption – Rückschau auf ihre unerkannte Vorgeschichte, 31, 33.

[65]   In dieser – hermeneutischen und systematischen – Präzisierung ist die Lesart Bruce Mc-
Cormacks zu unterstützen, die den ersten ‚Römerbrief‘ als das am stärksten geschichtstheo-
logische Werk Barths bezeichnet. Vgl. Bruce L. McCormack: Karl Barth's Critically Realistic
Dialectical Theology, 154f.

[66]   Karl Barth: Nachwort, 295.

anderen Worten, den kategorischen Imperativ zur methodologischen Maxime der Theologie machen. Deren Befolgung ist es, die Barth hoffen läßt, seinen frühen Worten nun endlich Taten folgen zu lassen: „*Die Erzeugung selbst ist das Erzeugnis*"![67] So kann das „*Denken des Ursprungs*"[68] zur theologischen Tat, die früher nur behauptete „Realsetzung" des Kulturbewußtseins endlich vollzogen und eine „christliche Entsprechung zu Cohens Philosophie"[69] in Angriff genommen werden. Das alles wäre tatsächlich ihrerseits eine ‚Rede', die man sich im Sinne Barths, nur als zu tuende gesagt sein lassen kann (ein Imperativ!), die man als solche gerade nicht – ohne sie zugleich zu tun – *wissen* darf und kann. Kurzum – ‚Vater Kant' hat zu Barth geredet: invertiere die Methodenreflexion!

Freilich kam Barth ‚Vater Kants' Rede wohl erst zu klarem Bewußtsein, als er während der letzten Überarbeitungsphasen ansah, was er gemacht hatte: „Die Emendierung meines Römerbriefmanuscripts ist als ‚sittliche Arbeit' mit bestimmtem quanti- und qualitativem Ziel ganz schön, ich schreibe von früh bis spät drauflos; aber sehr förderlich für die eigene Fortbewegung ist das nun gerade nicht."[70] Daß die invertierte Methodenreflexion ihrem Autor erst in der Rekonstruktion seines Tuns deutlich vor Augen tritt, liegt durchaus in der Natur der Sache. Die partielle Nachträglichkeit der Methodenreflexion ist gerade Indiz des handlungsregulativen Sinns, den sie bei Barth nun annimmt. Von daher ist der erste ‚Römerbrief' (wie in gewisser Weise alle Theologie K. Barths ab jetzt) „sittliche Arbeit" – und experimentelles Avantgarde-Theater. Das impliziert freilich, daß der erste ‚Römerbrief' bei Fertigstellung des Manuskripts im Grunde schon überholt ist. Der Autor hat das selbst so gesehen und eben darum recht bald die bekanntlich weitreichende Revision der Neuauflage in Angriff genommen.[71]

Auf die Herausarbeitung der systematischen Funktionslogik des Textes konzentriert sich diese Analyse. Sie abstrahiert damit weitgehend von den – für seine faktische Wirkmächtigkeit wesentlichen – rhetorischen und literarischen Techniken. Desgleichen bleiben die historischen, näherhin psychosozialen Rezeptionsbedingungen, die für das hohe Maß an Plausibilität und Evidenzempfindung verantwortlich sind, auf das der erste und mehr noch der zweite ‚Römerbrief' Barths tatsächlich gestoßen ist, außerhalb der Untersuchung. Von einer solchen wirkungsgeschichtlichen Untersuchung ist das rein immanente Rekonstruktionsverfahren, das hier betrieben wird, klar zu unterscheiden. Es kann dafür nur Vorarbeiten leisten.[72]

Ebenfalls außerhalb des Horizonts der Analyse muß die Beantwortung der Frage bleiben, wie sich diese (hoch-)konstruktive Auslegung des paulinischen Textes zu ihrem historischen Gegenstand selbst verhält. Daß sich der Römerbrief des Apostels Paulus

---

[67] HERMANN COHEN: Logik der reinen Erkenntnis, 29.
[68] AaO., 36.
[69] DIETRICH KORSCH: Hermann Cohen und die protestantische Theologie seiner Zeit, 71.
[70] Brief an Thurneysen vom 11.7.1918; Ba-Th I, 285.
[71] Vgl. den Brief an Thurneysen vom 19.8.1918: „Der Römerbrief ist nun also fertig, aber es will keine rechte Freude darüber aufkommen. Das Ganze steht da wie ein Schaf, aber ohne Siegesfahne u. dgl." Ba-Th 1, 288.
[72] Vgl. dazu RALPH P. CRIMMANN: Karl Barths frühe Publikationen und ihre Rezeption.

dem Versuch einer diskursiven Auslegung der Konstitutions- und Realisierungslogik individueller Freiheit offenbar nicht in den Weg stellt, zeigt auf ihre Weise die Rezeptionsgeschichte von Barths Römerbriefauslegung. In ihr war zwar viel von den Eigenmächtigkeiten des Auslegers die Rede, aber, soweit ich sehe, nie davon, daß der paulinische Römerbrief einer auf die zentrale Problematik aller modernen Theologie zielenden Auslegung prinzipiell unzugänglich sei. Die Tatsache jedenfalls, daß der diskursive Charakter der Barthschen Römerbriefauslegung bislang nicht aufgefallen ist, könnte damit zusammenhängen, daß der diskursive Gang des Römerbriefes selbst dieses Verfahren in seinen Grundzügen in gewisser Weise (ver-)deckt.

2.2.1.2. „Ich, Tertius" – Hermeneutik und Metahermeneutik

Diejenige Passage des über sechshundert Seiten starken Kommentars, die ihrem Verfasser offenbar die weitaus größten Mühen bereitete, ist das Vorwort. Nicht weniger als sechs Anläufe braucht Barth, bis er den am Ende nicht einmal eineinhalbseitigen Text in eine ihn befriedigende Fassung gebracht hat. Diese im Gesamtwerk Barths wohl analogielosen Skrupel wirken zumindest auf den ersten Blick umso erstaunlicher als sie einem Textgenre gelten, das gängigen wissenschaftlichen Gepflogenheiten zufolge eine gegenüber dem eigentlichen wissenschaftlichen Text randständige Stellung hat, indem es etwa die lebensweltliche Bedingungssituation der Textentstehung reflektiert und mit dem entsprechenden performativen Kommentar (Dank) versieht. Im Falle von Barths Römerbriefkommentar liegen die Dinge tendenziell genau umgekehrt: Einzig und allein im Vorwort werden methodologische Reflexionen über die Tätigkeit des Verfassers *explizit* gemacht. Schon dieser Sachverhalt zeigt die Methodeninversion an, die hier vorgeführt werden soll.

Die Bezugnahme auf die moderne historische Exegese ist, wie es scheint, eine reine negative. Mit dem zumindest tendenziellen Bekenntnis zur „alten Inspirationslehre" (3) scheint der Autor einen Rückgriff hinter die moderne historische Hermeneutik vornehmen zu wollen. Die „Arbeit des Verstehens" (ebd.), die Barth leisten will, besteht darin, im Prozeß der Auslegung die kontingenten Rezeptions- und Produktionsbedingungen seines Autors Paulus[73] zum Verschwinden bringen zu wollen; in Barths Worten: „durch das Historische *hindurch* zu sehen in den Geist der Bibel, der der ewige Geist ist" (ebd.). Der weitere Gang des Textes wird jedoch zeigen, daß die Camouflage eines vormodernen Supranaturalismus nur benutzt wird, um eine systematisch-geltungstheoretische Rekonstruktion der paulinischen Theologie vorzunehmen, deren Eigenart darin besteht, daß sie immanent theologisch arbeitend auf die explizite Konstruktion eines entsprechenden philosophisch-theologischen Bezugsrahmens verzichtet und statt dessen ein Ad-hoc-Verfahren zu praktizieren scheint: „Unsere Fragen sind, wenn wir uns selber recht verstehen, die Fragen des Paulus, und des Paulus Antworten müssen, wenn ihr Licht uns leuchtet, unsere Antworten sein." (Ebd.)

---

[73] Vgl. die Rede von der Bibel als der „klassischen Urkunde der Frömmigkeit" im Vorwortentwurf I, R I, 582.

Dieses Ineinander von geltungstheoretisch-theologischem Allgemeinheits-anspruch[74] und kulturpraktischer Evidenzerzeugung soll erreicht werden, in dem der Ausleger sich „sachlich beteiligt neben Paulus, statt im gelassenen Abstand des Zuschauers ihm gegenüber" (ebd.) stelle. Die Haltung, die der Ausleger einnimmt, ist die Haltung einer sich der Eigenlogik des Textes unter-werfenden Selbstapplikation, die „wirklich nicht eine eigene Botschaft[,] son-dern eben in der Rolle des ‚Ich, Tertius[,] der den Brief schrieb' 16, 22[,] die des Paulus darzustellen"[75] unternimmt. Dabei wird der geltungstheoretische Allgemeinheitsanspruch des Textes, der diese Selbstapplikation unter Abstrakti-on von den individuellen Applikationsbedingungen von Autor (Paulus) und Ausleger ermöglichen soll, in Form eines Appells an den Leser, diese individu-elle Selbstapplikation vorzunehmen, praktisch erhoben; der Kommentar gibt sich als „eine Vorarbeit …" zu verstehen, „… die um Mitarbeit bittet" (4).[76] In dieser auf die Selbstapplikation des Lesers zielenden Textstrategie gründet zu-gleich die Affinität von Barths Methodik zu einer rezeptionsästhetischen Her-meneutik. Es bestehe, so heißt es in einem der ungedruckten Vorwortentwürfe, „zwischen Buch und Leser das gleiche Verhältnis wie zwischen Kunstwerk und Beschauer: das Buch ist nicht nur das[,] was der Verfasser darin geben, sondern

---

[74] Vgl. die Rede von der „Wahrheit, … daß er [sc. Paulus] als Prophet und Apostel des Gottesreiches zu allen Menschen aller Zeiten redet", R I, 3.

[75] RI, Vorwort III, 597. Dieses Interesse an einer hermeneutischen Unmittelbarkeit muß strikt als methodisches Interesse verstanden werden und darf keineswegs psychologisierend interpretiert werden im Sinne einer romantischen Einfühlungshermeneutik oder gar im Sinne einer ‚existen-tialen' Identifikation des Autors mit den von ihm präsentierten theologischen Inhalten. W. Greive erklärt, wie schon bemerkt, vom zweiten ‚Römerbrief' Barths: „In diesem Werk schreit die Seele Barths, die die Kirche zum Ort ihrer Klage, ihres Seufzens und ihrer Hoffnung macht." (WOLF-GANG GREIVE: Die Kirche als Ort der Wahrheit, 200). Wie Barth selbst sich zu einer Interpretation seiner ‚Römerbriefe' verhalten hat, die diese als Ausdruck einer persönlichen ‚Betroffenheit durch den ganz anderen Gott, der kein Postulat des religiösen Erlebnisses ist" (aaO., 203), deutet, ist im Briefwechsel an Thurneysen nachzulesen. Dort berichtet er seinem Freund vom Besuch eines Kollegen („mild rationalistischer warmherziger Pietist" [am 3.6.1919; Ba-Th I, 329]), in der ihm eigenen fröhlich-ironischen Suffisanz: „Auch vom Römerbrief ist er ‚ergriffen', weil ich Paulus gar so trefflich ‚erlebt' habe. Alles Weitere vorbehalten" (Ba-Th I, 330; zu Greives Inter-pretation insgesamt vgl. meine Rezension in: ThRv 88 [1992], 313–316). Das sachliche, mitun-ter ironische Verhältnis, das Barth zu seinen eigenen rhetorischen Inszenierungen einnehmen kann, läßt sich auch an einzelnen Bezugnahmen auf den Text während seiner Entstehung doku-mentieren. So skizziert Barth Thurneysen etwa das erneuerte 5. Kapitel des zweiten ‚Römer-briefs' mit den Worten: „Hier marschiert nun vor allem *Adam* auf mit allen seinen Vorder- und Hintergründen […] Auch er hat alle Gutmütigkeit fahren lassen und sich in weltferne Un-anschaulichkeit verpflanzen lassen müssen" (Brief v. 16.2.21; Ba-Th I, 467). Dieses ironisch-dramaturgische Selbstverhältnis paßt gut zur dramatischen Ästhetik der Barthschen Texte. Vgl. z. B. die Predigt „Gottes Vorhut" bezogene Beschreibung: „Es kommt allerlei darin vor: Rade und die streitenden Zürcher Propheten ziehen über den Hintergrund, die Helvetische Gesell-schaft tritt auf, und zum Schluß rauscht der liebe Gott als mächtiger ‚Wasserfall'." Brief an Thurneysen vom 14.5.1915; Ba-Th I, 42.

[76] Vgl. die Formulierung: „… weil ich den Paulus viel zu deutlich unmittelbar *zu uns* reden hörte, als daß ich bei der historisch-kritischen Methode länger hätte stehen bleiben können". R I, 596.

ebensosehr das[,] was der Leser daraus nehmen kann und will."[77] Im Rahmen solcher Rezeptionsästhetik ist auch das berühmte Diktum vom Römerbrief und seiner Auslegung, die auf ihre Leser ,warten' könnten,[78] zu verstehen.[79]

In einem der Vorwortentwürfe beschreibt Barth sein hermeneutisches Verfahren als eine Technik des „,Hineinlesens' unsrer eigenen Probleme in die Gedankenwelt der Bibel"[80], wobei es sich, wie Barth sofort hinzufügt, „nicht darum [handeln soll], irgendetwas in die Bibel ,hineinzulesen'; es handelt sich darum, sie zu verstehen."[81] Explicatio und applicatio sollen als ein integraler Auslegungsvorgang zu stehen kommen, [82] als eine – mit H.-G. Gadamer zu sprechen – ad hoc vorgenommene „Horizontverschmelzung"[83], wobei freilich bei Barth, anders als bei Gadamer, die historischen Horizonte, die im Akt der Auslegung verschmolzen werden, nicht mehr als solche zu identifizieren sind; die vermittelten Glieder sind nur noch als vermittelte, als verschmolzene präsent.[84]

Mit der so programmierten Hermeneutik geht nun freilich faktisch einher, daß die funktionale Ausdifferenzierung der modernen Hermeneutik, der die disziplinäre Ausdifferenzierung der modernen wissenschaftlichen Theologie in historische, systematische und praktische Theologie entspricht, revoziert wird; jedenfalls wird ihr eine entdifferenzierte, integrale Konzeption von Theologie gegenübergestellt.[85] Barth versteht seine Hermeneutik nicht als religiös-erbauliche Ergänzung zur bestehenden wissenschaftlich-theologischen Hermeneu-

---

[77] R I, Vorwort Ia, 586.

[78] Vgl. R I, 4. Die Formulierung könnte durch eine Kommentierung Thurneysens angeregt sein (vgl. den Brief vom 6.6.1918, Ba-Th I, 280). Es berührt sich freilich auch auffällig mit einer Formulierung Friedrich Nietzsches in der Vorrede zu „Morgenröte": „Ein solches Buch ... hat keine Eile" (Kritische Studienausgabe, hrsg. v. Giorgio Colli und Mazzino Montinari, Bd. 3), 2. durchges. Aufl., Berlin – New York 1988, 9–331, hier: 17.

[79] In diesen rezeptionsästhetischen Zusammenhang gehören auch Barths Bemerkungen zum ,vorreformatorischen' Ort der eigenen Theologie (vgl. R I, 597). Vgl. dazu die gelegentlichen Selbstbeschreibungen Barths und Thurneysens in ihrem Briefwechsel als ,Vorreformatoren', vgl. Ba-Th I; 83, 239, 241, 243; vgl. eine entsprechende Anmerkung des Hrsg. R I, 438, Anm. 16.

[80] R I, Vorwort III, 595.

[81] AaO., 596.

[82] Solche Integrationsinteressen verfolgt auch Gadamers wirkungsgeschichtliche Hermeneutik. Vgl.: „Wir werden ... einen Schritt über die romantische Hermeneutik hinaus genötigt, indem wir nicht nur Verstehen und Auslegen, sondern dazu auch Anwenden als in einem einheitlichen Vorgang begriffen denken. Wir ... meinen ..., daß Anwendung ein ebenso integrierender Bestandteil des hermeneutischen Vorgangs ist wie Verstehen und Auslegen." Vgl. dazu: Hans-Georg Gadamer: Wahrheit und Methode. Grundzüge einer philosophischen Hermeneutik (Gesammelte Werke, Bd. 1), 6. durchges. Aufl., Tübingen 1990, 313.

[83] AaO., 311.

[84] Barths Hermeneutik unterscheidet sich von Gadamers insbesondere darin, daß bei Barth gerade nicht „zum hermeneutischen Verhalten der Entwurf eines historischen Horizontes, der sich von dem Gegenwartshorizont unterscheidet" (ebd.), gehört.

[85] Vgl. in Bezug auf diesen Vorgang T. Rendtorffs grundsätzliche Bemerkung: „Die Proklamation der Vorherrschaft eines Faches als ,die' Theologie ist ... regelmäßig mit einer fundamentalen Kritik an der spezifisch neuzeitlichen Struktur der Theologie verbunden." Trutz Rendtorff: Ethik, Bd. I, 43.

tik, sondern als ein kritisches Konkurrenzunternehmen dazu.[86] Er formuliert mit ihr einen alternativen Begriff wissenschaftlicher Theologie.

Wenn Barth unter kritisch gemeinter Anspielung auf F. Niebergalls einflußreiche Homiletik „Wie predigen wir dem modernen Menschen"[87] die Aufgabe der Bibelauslegung darin sieht, daß der „große … Inhalt der Bibel … einmal wieder reden soll zu dem äußerlich und innerlich zerrissenen Menschengeschlecht unserer Tage"[88], dann zeichnet sich ab, daß er die historische und die praktische Theologie von der Systematik aus zu integrieren sucht, indem er die letztere (praktische Theologie) gegen die erstere (historische Theologie) unter der eindeutigen Ägide der systematischen Theologie zur Durchsetzung bringen will.

Die Ineinsblendung von explicatio und applicatio, auf die Barth mit seiner Hermeneutik zielt, bedingt es, daß er sie – unbeschadet ihres faktisch wissenschaftlichen Anspruchs – insgesamt eher als künstlerischen Gesamtakt präsentiert, der als solcher in Entsprechung stehen soll zu dem „künstlerischen Gesamtwerk" (438) Gottes.

Demgemäß tritt an die Stelle von methodologischen Hinweisen gewissermaßen eine Tugendlehre. Als deren Gewährsmann – und damit als Gewährsmann der solchermaßen in Szene gesetzten antihistoristischen Hermeneutik insgesamt – nennt und zitiert Barth im Vorwortentwurf Ia Friedrich Nietzsche; und diese Nennung hat besonderes Gewicht, weil sie – neben den eher traditionsgeschichtlichen Hinweisen auf „Calvin … und … J. T. Beck"[89] – die einzige historische, kontextuelle Selbstverortung Barths im Vorwort und allen Vorwortentwürfen des ersten ‚Römerbriefs' (und überhaupt das einzige nichtpaulinische Fremdzitat) darstellt: „‚Nur aus der höchsten Kraft der Gegenwart dürft ihr das Vergangene deuten: nur in der stärksten Anspannung eurer edelsten Eigenschaften werdet ihr erraten[,] was in dem Vergangenen wissens- und bewahrenswürdig und groß ist. Gleiches durch Gleiches! Sonst zieht ihr das Vergangene zu euch nieder'"[90].

An die Stelle rational durchsichtiger Methodenbeherrschung tritt die Beschwörung eines intellektuellen Avantgarde-Heroismus, der freilich, sieht man auf die tatsächliche Konstruktion des Textes seinerseits eine Camouflage der systematischen Methodik darstellt. Sie dient dazu, den Text multiperspektivisch rezipierbar zu machen, nämlich zugleich wissenschaftlich und religiös-lebensweltlich. Dementsprechend richtet sich Barths Kommentar an „Alle, die irgendwie eben von jener Sache, von der der Römerbrief handelt, bewegt sind, an Alle[,] die das Bedürfnis und die Freudigkeit haben können, sich die Wahrheit,

---

[86] Das zeigt sich gerade darin, daß Barth sich der Inakzeptabilität seiner Hermeneutik für die historisch-kritische Forschung bewußt ist: „Ich weiß, daß dieses Buch allein schon durch diesen Umstand [sc. Barths Methode des ‚Hineinlesens'] wissenschaftlich erledigt ist, bevor es erschienen ist." R I, Vorwort III, 595.

[87] AaO.

[88] R I, Vorwort Ia, 585.

[89] AaO., 584.

[90] R I, Vorwort Ia, 588. Vgl. FRIEDRICH NIETZSCHE: Unzeitgemässe Betrachtungen. Zweites Stück: Vom Nutzen und Nachtheil der Historie für das Leben (1874) (KSA, Bd. 1), 2. durchges. Aufl., Berlin – New York 1988, 243–334, hier: 293f. (hier teilweise kursiv und orthographisch abweichend).

die er ausspricht, in ‚Erinnerung' ... rufen zu lassen, weil sie auch in ihnen ist"[91]. Diese den engen wissenschaftlichen Adressatenkreis bewußt entgrenzende For-mulierung[92] erinnert an die entsprechende Programmadresse im Vorwort des Predigtbandes. Genau wie dort geht mit der Öffnung der Adressatengruppe zugleich wieder eine Konzentration auf die wissenschaftlichen Theologen, ins-besondere auf die praktizierenden Theologen, als bevorzugte Zielgruppe ein-her: „Besonders oft habe ich naturgemäß an meine Kollegen im Pfarramt und an die Verständigeren unter den Studenten der Theologie gedacht."[93]

Diese Adressierungen zeigen an, daß der Römerbriefkommentator mit seinem Buch nicht nur fachwissenschaftlich-methodische Innovationsinteressen ver-folgt, sondern eodem actu theologie-, kirchen- und letztlich sogar religions-politische. „Was heute als ‚Evangelium' gepredigt und geglaubt wird, steht in ... Kontrast zu der Gotteserkenntnis des Römerbriefs."[94] Es ist, wie sich zeigen wird, nicht allein die apodiktische Schärfe und Pauschalität dieser normativen Kritik am herrschenden kirchlichen Theologiebetrieb, welche diese Invektive von einer im Protestantismus traditionellen Kritikattitüde unterscheidet. Es ist die sich in dieser Kritik ankündigende Absicht, die „Gotteserkenntnis des Rö-merbriefs" im theologischen Rekonstruktionsakt als zugleich theologische *und* religiöse Basis des Christentums zuallererst wieder zum Vorschein zu bringen.

2.2.1.3. *Ursprungserinnerung als theologisch-hermeneutisches Programm (Röm 1, 1–1, 17)*

Die Einleitungsabschnitte des paulinischen Römerbriefs werden von Barth als eine Eröffnung verstanden, in der die Formulierung des Briefthemas und die Auslegung der Kommunikationssituation des Briefes – respektive seiner Ausle-gung – hermeneutisch zusammengeschlossen werden. Der Brief wird dabei als momentaner monologischer Ausschnitt des intersubjektiv-dialogischen Selbst-verständigungsprozesses der Glaubenden verstanden. Das Tätigkeitsmoment des Apostels soll als das „Persönliche" zu verstehen gegeben werden, als die nicht nur unvermeidliche, sondern erwünschte Konkretisierungsbedingung der „ge-meinsame[n] Sache in *seinem* Munde ..."; der „Geist, der in ihm und in ihnen ist", bringe sich in den individuell bestimmten Gedanken des Apostels „... zur Entfaltung" (18).[95] Diese individuell-freie, zugleich auf intersubjektives Einver-

---

[91] R I, Vorwort Ia, 584.

[92] Vgl.: „Ich hoffe aber, daß auch ein paar Nicht-Theologen sich der Mühe des Mitforschens nicht entziehen werden. Es handelt sich um ihre Sache so gut wie um die unsrige." R I, Vorwort Ia, 586.

[93] R I, Vorwort Ia, 585.

[94] R I, Vorwort III, 595.

[95] Hier wird – ähnlich wie bei Barths und Thurneysens Predigtband – ebenso hintergründig wie unverkennbar auf Schleiermachers ‚Reden über die Religion' angespielt, näherhin auf die dort gegebene Theorie der „religiöse[n] Mittheilung ...", die auch für Schleiermacher „... nicht in Büchern zu suchen" ist. FRIEDRICH SCHLEIERMACHER: Über die Religion, 136.

ständnis zielende Selbstexplikation des Glaubens, die hier – als Formalmoment des Textes – vorausgesetzt wird und vorausgesetzt werden muß, aus dem religiösen Grund des Glaubens – als dem Materialmoment des Textes – selbst herzuleiten, ist das Ziel von Barths Römerbriefkommentar.

Dieses wird in Auslegung des Einleitungsabschnitts ins Auge gefaßt, indem als Thema der apostolischen anamnesis, das „Evangelium Gottes" als „Botschaft von Gott" verstanden wird, die als solche einen zugleich geltungstheoretisch-allgemeinen wie praktisch-handlungsmotivierenden Rezeptionsanspruch stelle, indem sie auf „objektive Erkenntnis, nicht Erlebnisse" und darum „nicht nur auf Notiznahme, sondern auf Teilnahme" (12) ziele. Gliederungstechnisch sucht Barth die dem „Evangelium" als tätigem Glaubensgrund selbst zugeschriebene Erzeugungskraft seiner individuell-sprachlichen Kommunzierbarkeit plausibel zu machen, indem er die Auslegung des programmatischen Abschnitts Röm 1, 16f. in den hermeneutischen Eingangsteil mit hineinzieht.

Hier nimmt Barth eine Umkehrung der modernen erkenntnistheoretischen Perspektive des Subjekts vor,[96] indem er tableauartig einen Umriß seiner realistisch-eschatologischen Auslegung der paulinischen Theologie vorführt. Die Umkehrung der erkenntnistheoretischen Perspektive wird formal durch die stilistische Polarisierung von affirmativ-deskriptiver Diktion und ab hier nun kontinuierlich eingesetzter „Wir"-Rede verstärkt und inhaltlich durch eine Fülle von Oppositionen ausgeführt: „nicht Ideen …, sondern die Kraft aller Kräfte" (19), „[n]icht mehr unter dem Gericht, sondern unter der Gnade" (20), „nicht mechanisch, sondern organisch" (21), „Gegenstand einer *Tat,* nicht einer ruhenden Eigenschaft" (23). Diese Oppositionen spannen das Koordinatensystem auf, in das Barth die „reale Tat der Eröffnung einer messianischen, göttlich-irdischen Geschichte" (20) gewissermaßen vektoriell einzeichnet. Indem er diese mit dem Begriff des „*Ursprung[s]*" (ebd.) verbindet, wachsen ihr zugleich drei Konnotationen zu: unableitbare Spontaneität[97], kontinuierliche Produktivität (durch die organologische Konnotierung des Ursprungsbegriffs und die damit verbundene organologische Metaphorik)[98] und kosmologische Universalität[99].[100]

---

[96] Vgl.: „Er [sc. der Christ] braucht sie [sc. die Sache] nicht zu vertreten und zu tragen, wie die andern, die menschlichen Geistesbewegungen und Religionsunternehmungen, vertreten und getragen sein wollen, sondern sie vertritt und trägt *ihn."* R I, 19.

[97] Vgl.: „Das göttliche Wort ‚Es werde!' … ist wieder erschollen". R I, 20.

[98] Vgl. nur die zahlreichen organologischen Metaphern in R I, 20–24.

[99] Vgl. Wendungen wie „die im Christus begründete Weltenwende" (R I, 21) oder „das neue internationale *Gottesvolk"* (ebd.) etc.

[100] Der Ursprungsbegriff wird im ersten ‚Römerbrief', wie hier zu erkennen ist, nicht strikt logisch und erkenntnistheoretisch, mithin nicht klar im Sinne Cohens aufgefaßt, sondern mit einer gewissen Unschärfe, ‚platonisierend', im Sinne eines göttlichen Ursprungs der Seele (so auch JOHANN FRIEDRICH LOHMANN: Karl Barth und der Neukantianismus, 229ff., bes. 236; Anm. 62). Die gewisse Unschärfe darf angesichts der philosophischen Bildung des Autors nicht als Reflexionsdefizit gewertet werden, sondern sie muß der explikativen Funktion zugeschrieben werden, in welcher der Gedanke hier zu stehen kommt.

Die realistisch-eschatologische Präsentation der Ursprungsbewegung der Gottesgeschichte dient dem erkennbaren Zweck, den Vollzug theologisch-reflektierender Selbstdurchsicht des Glaubens, wie er hier vorgeführt wird, als Nach-Vollzug der Selbstbewegung des – religiösen – Glaubensgrundes zu explizieren. Gotteserkenntnis ist in diesem Sinne Selbsterkenntnis: „Unsre Sache ist unsre im Christus realisierte Erkenntnis Gottes, in der uns Gott nicht gegenständlich, sondern unmittelbar und schöpferisch nahetritt, in der wir nicht nur schauen, sondern geschaut *werden*, nicht nur verstehen, sondern verstanden *sind*, nicht nur begreifen, sondern *ergriffen* sind." (19) Die dynamische narratio, die Barth im Folgenden entfaltet, stellt selbst nichts anderes dar als den Prozeß der kontinuierlichen Dekonstruktion der subjektiven Reflexionstätigkeit als einer Außenbeziehung auf den Glaubensgrund; sie zielt – um Barths Diktion aufzunehmen – darauf, das Begreifen unseres Ergriffenseins selbst als Ergriffensein zu begreifen. Damit ist ein Prozeß permanenter reflexiver Selbstüberholungen inszeniert. Wenn also als das „Ziel ..., das ..." mit dem theologischen Nachvollzug der Selbstbewegung des Ursprungs „... erreicht werden soll[,] die freie Vereinigung des Menschen mit Gott" (21) angegeben wird, dann ist diese ‚religiöse' Vereinigung nur im Durchgang durch die theologische Reflexion und als deren Selbstdurchsichtigkeit zu gewinnen: „Nichts *ist* an sich, alles *ist* nur, sofern wir es sehen, wissen, denken. Nichts *wird* aus sich selber, sondern alles, was wird, wird durch den Geist, durch die Vernunft, durch das Wort, durch das wir es erschauen. Nichts ist *dort,* was nicht zuerst *hier* wäre." (28).

Der Anschein objektivistischer Extrinsizität der Gottesgeschichte ist derjenige Überhang, in dessen Wegarbeitung die Gottesgeschichte begriffen zu denken ist. Die Differenz von ‚schon und noch nicht' ist darum eigentlich die Differenz von universaler und partikularer Gotteserkenntnis. Der schöpferische Ursprung ist darin schöpferisch, daß er als „Vorausnahme" der universalen freien Gotteserkenntnis als „des Zieles, das erreicht werden soll" (21), aus sich ein „schöpferische[s] Organ" entläßt, das diese Erkenntnis partikular als Gemeinschaft der Glaubenden produziert und zugleich darstellt. „So schafft sich Gott selber das Organ seiner Kraft auf Erden. Er ... ist im Glauben der Gläubigen wieder in ein dynamisches, schöpferisches Verhältnis zu seiner Welt eingetreten." (23)

„Eschatologisch" ist diese Theologie, weil und insofern sie alles Gewicht auf das „jetzt" (20f.) des aktualen Vollzugs theologischer Selbstdurchsichtigkeit legt. Das eschatologische „jetzt" ist die ‚Unmittelbarkeit' der religiös-theologischen Selbstdurchsichtigkeit. Als deren empirisches Analogat hatte der junge Schleiermacher das Seelenvermögen des Gefühls im allgemeinen und im besonderen den Akt erotischer Verschmelzung bemüht,[101] in dem die Sinne schwinden, weil sie ganz bei sich sind. Beim jungen Barth scheint ein solches unikes Analogat des religiösen Aktes zu fehlen. An seine Stelle tritt die ganze Textur realistisch-organologischer narratio. In deren Vermittlung ist es der gerade ‚jetzt' notwendig und doch spontan vollzogene Akt des Lesens, der untergrün-

---

[101] Vgl. Friedrich Schleiermacher: Über die Religion, 89.

dig den empirischen Verweisungszusammenhang repräsentiert, den die theologische Religion Karl Barths impliziert. Denn im Akt des Lesens findet diejenige Überführung der fremden, der ‚objektiven' Reflexion in die eigene statt, deren Aktualität Barth beschreibt. Die „Mitarbeit" des Lesers ist das Analogat des Glaubens; in ihr ist das Eschaton präsent.[102]

2.2.2. Die Konstituierung des freien Subjekts (Röm 1, 18–8, 39)

2.2.2.1. Die objektive Wirklichkeit der Freiheit (Röm 1, 18–4, 25)

2.2.2.1.1. Das aktuale Nicht-Wissen des Ursprungs (Röm 1, 18–3, 20)

Das religiöse Bewußtsein soll als aktuales Sich-Wissen des Ursprungs durchsichtig gemacht werden, welches selbst das Wissen des Wissens überhaupt ist. Darum muß zunächst gezeigt (oder wenigstens: behauptet) werden, daß das Ursprungswissen in jedem Wissensakt immer schon – unbewußt – mitenthalten sei: „Der *Begriff von Gott* ist uns so unmittelbar gegeben wie unser eigenes Sein." (28) Gleichwohl muß nun aber ein Bewußtsein als möglich (nein: als faktisch wirklich) gedacht werden können, bei dem das einzelne Wissen nicht eodem actu als Ausschnitt des absoluten Wissens, des Ursprungswissens, gewußt werde: „Die Nacht" (24). In der „Nacht" des endlichen Bewußtseins manifestiert sich der „Zorn" (27) Gottes.

Wenn wir Gott nicht mehr „als Erkenntnis in Kraft treten lassen" (29), dann werde das Denken „leer". „Leer geworden ist unser *Denken* – ‚Begriffe ohne Anschauungen sind leer' ..., nachdem nicht mehr Gottes eigenes Denken unsre Meinungen und Überzeugungen mit ... Realität erfüllen kann. Ein subjektives Vernünfteln ist daraus geworden" (31). Barth zitiert hier wörtlich Kant, seine Kantrezeption erinnert aber an die Kantkritik des jungen Hegel.[103] Das „subjektive Vernünfteln" ist ein Topos der idealistischen Aufklärungskritik, an den Barth hier anspielt. Damit ist hintergründig die Neuzeit als

---

[102] Es ist bei Barths Römerbriefkommentaren nicht nur, wie Klaas Huizing in Bezug auf die Neuauflage für sich genommen mit Recht vermerkt, der „expressionistische ..., stark metaphorisch getönte ... Stil ..., der die Erfahrung des Ausdrucks mimetisch nachstellt und an die Zustimmung des Lesers appelliert." (KLAAS HUIZING: Homo legens. Vom Ursprung der Theologie im Lesen. [TBT 75], Berlin – New York 1996, 69, vgl. 69ff.) Die ‚Appellstruktur', die Barths Römerbriefkommentare kennzeichnet, ist nicht nur ein stilistisches, sondern ein zutiefst in der Argumentationsstruktur selbst verankertes Phänomen. Inwieweit sich die rhetorisch-metaphorische Seite der Barthschen Texte etwa mit den Mitteln der von Klaas Huizing entworfenen phänomenologischen Lese-Theologie erschließen läßt, kann hier nicht verfolgt werden. Huizing untersucht von der Bemerkung zum zweiten ‚Römerbrief' abgesehen nur Barths Schriftverständnis, nicht die ästhetische Struktur seiner Texte selbst.

[103] Vgl. schon die frühe Kritik am Verstandesbegriff der Aufklärung bei Hegel: „Aufklärung des Verstands macht zwar klüger, aber nicht besser." GEORG WILHELM FRIEDRICH HEGEL: Fragmente über Volksreligion und Christentum (1793–1794). In: Ders.: Frühe Schriften (Werke in zwanzig Bänden, 1. Bd., hrsg. v. Eva Moldenhauer und Karl Markus Michel), 11.–13. Tsd., Frankfurt/M. 1974, 9–103, hier: 21.

Referenzhorizont ins Spiel, und zwar, wenn auch ebenfalls nur andeutungsweise[104] in der Perspektive einer Verfallsgeschichte. Aber schon der angespielte Rekurs auf die kritische Aufklärung Kants und Hegels zeigt, daß Barth mit seiner Antithese von göttlicher „Realität" und „subjektivem Vernünfteln" trotz der Verfallsperspektive keine Repristinierungsinteressen vorneuzeitlicher Reflexionskonstellationen verfolgt. Es ist eine theologische Selbstkritik der Neuzeit, die hier betrieben wird.

Die Neuzeit bleibt der hintergründige Bezugshorizont auch in Barths Auslegung von Röm 1, 22ff. Folge der ‚Umnachtung' des Gottesbewußtseins ist „[d]er Sturz" (32) in ein moralisch verkehrtes Weltverhältnis, in dem der „Zorn Gottes" (ebd.) manifest wird: „Nun wird das Abnormale, das Perverse interessant. Nun muß die Psychoanalyse das Wort ergreifen." (38) In Form gegenwartsdiagnostischer Anspielungen deutet Barth die Neuzeit verfallstheoretisch. Die Psychoanalyse erscheint als Folge des entgötterten neuzeitlichen Verstandesdenkens, der kapitalistische „Kampf ums Dasein … [wird] zur Signatur der Gesellschaft" (39). Ist die „Objektivität dahin, so ist auch keine Gemeinschaft mehr möglich". (Ebd.) Freud, Darwin, Marx, Tönnies – für sich und beim Wort genommen bedient sich Barth hier gängiger zeitgenössischer Topoi konservativer Modernitätskritik. Aber diese Hinweise dürfen nicht objektiviert, nicht historisiert werden; sie fungieren als im einzelnen mehr oder weniger variable Konstituenten des zeitgenössischen Bewußtseins, an dem die theologische Reflexion Barths ihre kulturdiagnostische Produktivität unter Beweis stellen will.

Die Weise (bloß) subjektiven Bezogenseins auf den Ursprung, bei der mithin die eigene Beziehungstätigkeit nicht als Moment der Selbsttätigkeit des Ursprungs – theologisch – gewußt wird, nennt Barth „Religion und Moral" (40). Damit setzt Barths Auslegung von Röm 2 ein: „Dem Zorne Gottes … zu entrinnen, scheint sich ein Weg zu eröffnen: der Weg der Gerechtigkeit der Menschen" (ebd.). Die deskriptive Doppelformel „Religion und Moral" ist charakteristisch für den ersten ‚Römerbrief'.[105] Dabei ist es eindeutig der Moralbegriff, gefaßt als die Differenz von „Seinsollende[m]" und „Bestehende[m]" (90), der systematisch die Führung in der Doppelformel hat. „Religion und Moral" – zusammenfassend kann Barth (im Sinne einer sehr individuellen Wortprägung) auch von „Idealismus"[106] sprechen – sind für Barth von einfacher reflexionslogischer Urteilsstruktur. Der Ursprung wird hier als „schon Vorhandenes" (42) gesetzt; aber eben diese Setzung wird als solche in Religion und Moral nicht gewußt. Darum ist der Ursprung dem endlichen Bewußtsein unter der Form von „Religion und Moral" tatsächlich transzendent. Das heißt: es hat die Struktur des „Gesetzes" (53).

Die Schwierigkeit ist nun aber, daß diese als „Religion und Moral" gekennzeichnete Urteilsstruktur selbst eine Fremdzuschreibung darstellt; sie ist ein

---

[104] Vgl. die temporalen Formulierungen, z.B.: „Leer geworden ist unser *Denken*" R I, 31.

[105] Vgl. R I, 40, 61, 83, 103, 146, 234, 258, 267.

[106] Vgl.: „Die ganze Gedankenwelt des Idealismus, gleichviel ob er sich nun von Mose oder von Plato oder von Jesus, von den Vätern des deutschen Bürgertums oder von den Vätern des Sozialismus herleitet, gleichviel ob sie mehr konservativ oder radikal gerichtet ist, kann sich nur entfalten unter der Voraussetzung eines Krieges Gottes gegen die Welt, als Protest eines Seinsollenden gegen ein Bestehendes". R I, 90; zum Begriff „Idealismus" bzw. „Idealisten" vgl. R I, 55, 59, 69f., 78, 84f. u.ö.

theologisches Urteil über religiöse Individuen und deren Bewußtseinsverfaßtheit, deren Eigenheit es ist, daß sie von diesen Individuen gerade nicht geteilt wird. Auf genau diesen Sachverhalt sieht Barth den Apostel im Fortgang von Röm 2 reflektieren. Dementsprechend bringt er, was die Anwendung des „Religion und Moral"-Verdikts auf konkrete empirische Individuen angeht, Kautelen in Anschlag. Es sei in Bezug auf solche grundsätzlich mit der Möglichkeit adäquater (theologischer) Urteilsstruktur zu rechnen.[107] Die Einsicht in die Urteilsstruktur von „Religion und Moral" führe zur grundsätzlichen Einsicht: „im ‚Verborgenen der Menschen' (2, 16) entscheidet sich's jetzt. Moral und Religiosität haben den Sinn eines Vorzugs … verloren." (66) Die theologische Einsicht in die aporetische Struktur faktischer Religiosität schlägt in die radikale Einsicht um, daß theologische Fremddeutungen empirischer Religion grundsätzlich problematisch sind. Aus der Einsicht in die Differenz von religiöser Selbstwahrnehmung und theologischer Legitimität speist sich die Möglichkeit und Notwendigkeit der Anerkennung von faktischer Religiosität unabhängig von der jeweils gegebenen Selbstdeutung[108], die Anerkennung von Religion extra muros ecclesiae und damit die Anerkennung der neuzeitlichen Situation der Religion: „Hört ihr nicht, wie die Stimme des Gewissens jetzt überall redet in der verirrten und in tiefe Not geratenen Menschheit – außerhalb der Kirchenmauern mindestens so stark wie innerhalb?" (56f.) Das Bewußtsein der aporetischen Urteilsstruktur von „Religion und Moral" führt zur Einsicht in die „inskünftige Bedeutungslosigkeit der religiösen und moralischen Stufen und Unterschiede unter den Menschen […] Die Absicht Gottes mit seinen Erwählten hat sich für einmal nicht erfüllt […] Und die Religions- und Kirchengeschichte als solche ist in das Stadium eingetreten, von dem achselzuckend geschrieben ist: ‚Der echte Ring vermutlich ging – verloren.'" (62)

Aber genau dieses Achselzucken kann sich nach Barth die theologische Deutung der religiösen Gegenwartswirklichkeit nicht zu eigen machen. Gerade weil sie die theologische Wahrheit von allen partikularen und gewissermaßen naturwüchsigen religiösen Selbstwahrnehmungen unterscheiden soll, weil sie – in Barths Sprache – die Aufhebung aller „Parteistandpunkt[e]" als „Standpunkt Gottes" (61) vornimmt, komme sie in reflektierter Form nun selbst zur Affirmation einer gewissermaßen theologisch-naturwüchsigen religiösen Existenz, der exklusive Wahrheit zugesprochen werden könne: „[E]s gibt jetzt eine …

---

[107] Vgl.: „[W]enn das Gesetz, das den Ursprung verkündigt, Täter findet, dann ist der Messias da, der den Ursprung wiederbringt." (R I, 53) Mit solchen faktischen „Täter[n] …" des Gesetzes, „… hörende[n] Hörern …, für die also der Messias, der den Ursprung wieder bringt, heimlich schon da ist, weil sie für seine Verkündigung offen sind" (R I, 54), sei zu rechnen.

[108] Das theologische Bewußtsein vermöge die Wahrheit der „Religion" unabhängig von der Form und „Stufe" (45) ihrer jeweiligen reflexiven Bewußtheit zu identifizieren, in „scheinbar … bloßen dumpfen Instinkten … [,] Ahnungen, unbewußte[n] Regungen im Denken, Reden und Tun der Menschen, in denen tatsächlich jenes ergriffene Ergreifen des Göttlichen enthalten ist, auf das es im Urteil Gottes ankommt" (R I, 55). „Wie sollte das von uns nicht gesehen werden, wenn wir im Christus wieder Augen bekommen haben für die alles umfassende, allen Widerstand schließlich brechende Schöpfermacht Gottes?" Ebd.

Aussonderung ... für die Zwecke des Gottesreichs, die keine Stufe der Kenntnis neben andern ist, sondern der absolute Schritt zur Erkenntnis Gottes, das Hineinragen und Wirksamwerden der neuen objektiven Welt, des wieder erschienenen Ursprungs [...] Wer daran Anteil hat, der gehört zum endgültigen Israel Gottes." (65)[109] Das Geltungskriterium solcher partikularer theologisch-religiöser Positivität könne nun kein anderes sein als die kritisch-theologische Einholung positiver Religiosität überhaupt: „Der neue Weg ... muß sich als absolut, nicht bloß als relativ neu erweisen. Und das muß sich vor allem darin zeigen, daß sich der tiefste Gehalt des Alten im Neuen wiederfindet" (67). Die neue Gottesgeschichte muß sich unbeschadet ihrer Partikularität darin als universale erweisen, daß sie „die göttlichen Möglichkeiten aller Perioden zur Erscheinung und zur Realisierung" (67) bringe.

Der diskurspolemische Sinn dieser Affirmation theologisch-religiöser Positivität liegt darin, daß ihr Autor in solcher Positivität zugleich das Surplus seiner Ursprungstheologie gegenüber einer Ursprungsphilosophie sieht, die bei Barth als Inbegriff des moralischen „Idealismus" firmiert. „Keiner Ursprungsphilosophie wird es gelingen, der Gerechtigkeit Gottes zum *Leben* zu verhelfen [...] Es scheitert alles Bemühen ... an der Frage der *Realität*: die Idee bleibt ‚nur' Idee, und das Leben bleibt ‚nur' Leben." (81)[110] Die Ursprungs*theologie* soll sich der Ursprungs*philosophie* darin als überlegen erweisen, daß sie ihren theologisch-philosophischen Reflexionen eodem actu einen religiösen Realisierungsagenten zuzuschreiben vermag. Diesen Aktualisierungsüberschuß der Ursprungstheologie durchsichtig zu machen, ist das Argumentationsziel der Auslegung von Röm 3, 21ff.

2.2.2.1.2. Das aktuale Wissen des Ursprungs (Röm 3, 21–31)

Der Prozeßcharakter der Argumentation von Barths Römerbriefkommentar zeigt sich mit besonderer Deutlichkeit am Übergang der Auslegung von Röm 3, 20 zu Röm 3, 21. Solange der Überbietungsanspruch des Glaubens gegenüber „Religion und Moral" selbst bloßer Anspruch bleibe, so heißt es hier, verfalle er der Struktur, die er kritisiert, der Struktur des „Gesetzes". Der Reflexionsfortschritt, den Barth mit der Auslegung von Röm 3, 21–26 vollzieht, besteht darin, daß er diesen Abschnitt als Reflexion auf den „Standort" (84) auslegt, von dem aus die Reflexion auf die Urteilsstruktur von „Religion und Moral" als „Gesetz", die eo ipso die Kritik des „Gesetzes" ist, vollzogen

---

[109] I. Spieckermann meint den Bezug auf die „Partikularität einer auserwählten Schar, die sich solches zugute halten könnte ...", ausblenden zu können mit dem Argument, es gehe Barth insgesamt um die „im Christus keimhaft erschienene ... und fortschreitend alles in sich hinein verwandelnde ... Universalität der neuen Welt *Gottes*" (INGRID SPIECKERMANN: Gotteserkenntnis, 101). Damit blendet sie die für den Progress von Barths Argumentation entscheidende Frage nach dem Trägersubjekt theologischer Erkenntnis aus.

[110] Die hier erstmals zitierte „Ursprungsphilosophie" stellt demzufolge aus Barths Sicht den Inbegriff des „Idealismus" dar.

wurde. „Unausgesprochen ist alles von 1, 18–3, 20 Ausgeführte von da aus geredet. Nun seien die Voraussetzungen des Bisherigen zum ersten Mal ausgesprochen." (84)

Der „Gesichtspunkt, von dem aus hier … geredet wird" (85), ist das (behauptete) Faktum der Koinzidenz von „Ideal und Leben" (ebd.). „Die Frage der Realität, die der Idealismus aufwirft und ungelöst läßt, hat an *einer* Stelle in der Welt grundlegend für die *ganze* Welt ihre Antwort gefunden." (Ebd.) Die Funktion der Eschatologie[111] ist genau diejenige, die Koinzidenz („Leben", „Wirklichkeit") von subjektiver Reflexionstätigkeit („Ideal" bzw. „Idealismus") und gewußtem Inhalt („Ursprung") als aktuale Koinzidenz („Perfectum", 89) zu beschreiben. Die Eigenart dieses ‚Perfectum' ist, daß es als eines zu beschreiben ist, das als solches – im Glauben – ergriffen wird und zugleich allererst ergriffen werden soll, das somit „Aufgabe" (85) ist.[112] Der Glaubensgrund ist zu beschreiben als ein Vorgang, der progressiv in der Selbstrealisierung an der Stelle des christlich-religiösen Bewußtseins begriffen ist. „Steht der Christus scheinbar als ‚zufällige Geschichtswahrheit' *außer uns*: … so setzt mit dem Glauben in Wirklichkeit die Erneuerung *in uns* ein, in der die „‚ewige Vernunftwahrheit' für *Alle* zur Geltung kommt." (91f.) Indem der Glaube sich in den „in sich geschlossenen Kreis, in dem die Treue Gottes offenbar ist durch Aufrichtung seiner Gerechtigkeit" (91) einstellt, bildet er selbst „die tiefste, erste Tat unsrer Freiheit" (92). Der der Ursprungsphilosophie überlegene „‚Wirklichkeitssinn'" (200) des Glaubens bestehe somit darin, daß er sich selbst – theologisch – als Moment der geschichtlichen Selbstrealisierung des absoluten Ursprungs zu deuten weiß. Der Glaube *ist* das aktuale Wissen von der aktualen Selbstrealisierung des Ursprungs.

Als solche eigentümlich theologische Reflexivität unterscheidet sich der Glaube von der ursprungsphilosophischen Reflexivität, indem er zugleich ihren eigentlichen intentionalen Sinn realisiert. Diesen Nachweis sieht Barth vom Apostel im letzten Abschnitt des dritten Römerbriefkapitels geführt, der vom ‚Rühmen, das ausgeschlossen ist', handelt. „Das ‚Rühmen' ist …" für Barth „… ausgeschlossen, nicht weil die Wahrheit des Idealismus nun bestritten oder geleugnet wäre, sondern gerade darum, weil sie jetzt zu Ehren kommt." (104) Der sich theologisch als „Unmittelbarkeit aller Menschen zu Gott" (ebd.) deutende Glaube erkennt und behauptet sich selbst als den – religiösen – Realisierungszusammenhang der ursprungsphilosophischen Reflexion eines „Mose [!] …, Plato [!], Kant und Fichte" (ebd.). – Und zugleich dokumentiert damit der Ausleger des Römerbriefs an diesem für seine eigene (wie für die paulinische) Argumentation grundlegenden Kapitel, warum er der Meinung ist, die ihn bei der zunächst in Angriff genommenen ‚Kant- und Fichterepetition' leitenden Interessen besser in der Form eines biblischen Kommentars wahrnehmen zu können.

---

[111] Sie wird in der neueren Forschung mit Recht als zentral erachtet. Vgl. HERBERT ANZINGER: Glaube und kommunikative Praxis, 136ff.; BRUCE L. MCCORMACK: Karl Barth's Critically Realistic Dialectical Theology, 129.

[112] Vgl.: „Die Entscheidung in Gott ruft der Entscheidung im Menschen". R I, 100.

*2.2.2.1.3. Aktuales Ursprungswissen als wahrhaft religiöse Selbsterfassung
individuell-geschichtlicher Subjektivität (Röm 4)*

An Röm 3, 21ff. hat Barth die systematische Konstitution des Glaubens als
der wahren – weil theologisch selbstdurchsichtigen – Religion eruiert. Röm 4
nun interpretiert er als den Nachweis, daß der solchermaßen verstandene Glaube tatsächlich als normativer Religionsbegriff und darin zugleich als adäquater
Vollzug der Selbsterfassung freier – und das heißt: sich individuell-geschichtlich
selbstrealisierender – Subjektivität erwiesen werden könne. In die Auslegung des
Abrahamskapitels von Röm 4 fließt somit implizit ein ganzes Bündel methodischer, insbesondere religionstheoretischer und geschichts-hermeneutischer Bezugnahmen und Geltungsansprüche ein, die dem Abschnitt faktisch den Charakter einer impliziten Methodenreflexion der Gesamtauslegung verleihen.

Diese komplexen Bezüge fließen dem Ausleger zu, indem er die Abrahamsfigur als Rückspiegelung des normativ-theologischen Glaubensbegriffs in die
Geschichte deutet, die – entsprechend der Logik solcher Rückspiegelung –
zugleich wiederum nur im Medium religiös-theologischer Selbstdeutung zugänglich sein soll: „[D]er Schlüssel zu dem Geheimnis dessen, was war und sein
wird, wird uns in dem Maß eigen sein, als wir an der Geschichte selbst beteiligt
sind. Wir *können* am Christus beteiligt sein, darum *können* wir auch die Geschichte verstehen." (144) Der in Röm 4 ausgelegte ,Abraham' ist ein Produkt
radikaler hermeneutischer applicatio: „Seine Sache ist die unsrige, unsere entscheidende Lebensfrage die seinige. Wir reden von uns selbst …, wenn wir von
Abraham reden." (Ebd.) Theologische Interpretation von Geschichte wird demzufolge als ein Akt entschlossener Sinnerzeugung verstanden.[113]

Der hermeneutische Diskurs im Hintergrund ist ein Plädoyer gegen eine empirische Religionsphänomenologie im Stile von William James[114] – für einen
heroischen[115] Antihistorismus[116] im Stile Friedrich Nietzsches.[117] Dabei erhebt
der Barthsche Antihistorismus allerdings den Anspruch, die leitende Intention
der klassischen historischen Forschung, den Zusammenhang der historischen

---

[113] Vgl.: „[D]as Nebeneinander, das zentrifugale Wimmeln und Geschleudertwerden der
Erscheinungen ist Unsinn, nicht Sinn. In der Mannigfaltigkeit des Einen dagegen …, wo Ohren
sind zu hören und Lippen, davon zu reden, schließlich an jedem Punkt der Geschichte der *Sinn*
des Daseins […] Auf dieses Eine lausche und von diesem Einen rede eine wohlberatene Geschichtsschreibung." R I, 142f.

[114] Vgl: „Nicht eine ,Mannigfaltigkeit der religiösen Erfahrung', nicht ein Gewimmel ver-
schiedener Unmittelbarkeiten zu Gott wird eine weise Historie vor uns ausbreiten". R I, 142.

[115] Vgl. neben dem nachstehenden Zitat die Überschrift des ersten Abschnitts (Röm 4, 1–8):
„Gott und der Heros". R I, 106.

[116] Vgl.: „[S]ie [sc. die Stimme der Bibel] […] bietet *auch* Material zur Religionsgeschichte.
Aber diese Dinge werden ihr nie zum *Thema*; erst *wir* sind's, wir unwesentlich, ,historisch'
Interessierten und Orientierten, die dieses Thema aus ihr herausholen müssen." R I, 107.

[117] Vgl.: „Was je groß *war* … und was je groß sein wird, das ist es in der Kraft Gottes. In der
Wirklichkeit des Gottesreiches stand auch Abraham. Was ginge er uns sonst an? Was ginge uns
sonst die Vergangenheit überhaupt an?" R I, 142.

Ereignisse aufzudecken, zu wahren.[118] Das Interesse moderner, zeitgenössischer Religions- und Geschichtsforschung, Religion als Fundament eines individuell-moralischen Selbst- und Weltverhältnisses zu erweisen, sei, so sucht Barth in komplexen Gesprächsgängen zu zeigen, die sich nacheinander den Themen „Individualität" (113), „Religion" bzw. „Religiosität und Kirchlichkeit" (118)[119] und „Moral" (125)[120] widmen, adäquat allein theologisch wahrzunehmen.

Seine Absicht ist, sowohl der aktuellen phänomenologisch-empirischen Religionswissenschaft und liberalen Theologie mit ihrer Orientierung an „Persönlichkeitskultur und Seelenchristentum" (117), als auch der klassischen, transzendentalen Religions- und Subjektivitätsphilosophie eines Kant und Fichte[121] gleichermaßen ein hintergründiges „[O]rientiert[-sein]" an der unveränderlichen Tatsächlichkeit des Gegebenen" (125)[122] nachzuweisen. Darin wird die an Röm 2 herausgearbeitete Urteilsstruktur von „Religion und Moral" nun in die zeitgenössischen Theoriedebatten mit kritisch-normativer Absicht einzuspielen versucht. Diese Absicht besteht, positiv gewendet, darin, die an den ersten Kapiteln des Römerbriefs entwickelte theologische Durchsichtigkeit der Religion als die an Dynamik und darin zugleich an Realitätssinn überlegene Theoriegestalt der „Bewegung Gottes …" zu plausibilisieren, die als solche nicht einfach nur eine „… besondere Bewegung unter andern" (134) sein könne. Im Unterschied zu jenem positivistischen Verständnis von religiöser Individualität sei im Falle der paulinischen Abrahamsfigur deren ‚Individualität' nur Funktionsmoment des Allgemeinen; sie habe lediglich den Sinn, daß durch das Individuum Abraham hindurch „der Ruf Gottes an das Ganze ergehen" (122) soll.

---

[118] Vgl. die in diesem Sinn zu lesende Anspielung auf das berühmte Ranke-Diktum: „In der Erkenntnis der Unmittelbarkeit des Christus zu Gott wird deutlich, daß jede Epoche ihre (wenn auch ihre besondere) Unmittelbarkeit zu Gott hat." (R I, 106f.) Vgl. Leopold von Ranke: Über die Epochen der neueren Geschichte Historisch-Kritische Ausgabe. Hrsg. v. Theodor Schieder u. Helmut Berding. München–Wien 1971, 59f..

[119] Vgl. den Abschnitt „Der Glaube und die Religion 4, 9–12". R I, 117.

[120] Vgl. den Abschnitt „Die Gerechtigkeit und die Moral 4, 13–22". R I, 125.

[121] Vgl. R I, 128f.

[122] Vgl. die Behauptung, der „‚historisch' orientierte Idealismus und Individualismus … [habe die] … Tendenz, dem Menschen … eine eigene monadische Gerechtigkeit, das Recht zu einem gewissen Selbstbewußtsein zu sichern" (108); vgl.: „Sie [sc. die Moral] … ist nicht schöpferisch. Sie steht immer einem Gegebenen gegenüber. Die Tatsachen sind immer schon *vor* ihr da." (R I, 200f.) – J. F. Lohmann hat mit Recht darauf hingewiesen, daß die Opposition gegen das „Gegebene", bzw. die Formel von der „‚Aufhebung des Gegebenen' (R I, 261) als genuin neukantianische Denkfigur zu betrachten ist: „Nach Barth verlangt es die Opposition gegen das ‚Gegebene', daß die Erlösung als *Neuschöpfung* gedacht wird, also nicht der Mensch, sondern Gott in ihr handelt […] Barth benutzt somit die Formel von der ‚Aufhebung des Gegebenen' [R I, 261], um gegenüber der diesseitigen Erlösungslehre der Kritischen Idealisten den Transzendenzbezug, das Verwiesensein des Menschen auf Gott … als ein die Ebene des ‚Gegebenen' transzendierendes Nicht-Gegebenes, einzuklagen. Er kann dabei an die Fortschreibung des Marburger Neukantianismus anknüpfen, wie sie bei Heinrich Barth vorliegt." (Johann Friedrich Lohmann: Karl Barth und der Neukantianismus, 217f.) „Die Marburger Philosophie bildet …", wie Lohmann hieraus folgert, „neben dem Gegenstand der Kritik auch deren Instrument"; es handle sich also „… um eine immanente Kritik." AaO., 216.

Seine ‚Gegebenheit' ist also strikt als Funktion seines theologischen Begriffs zu verstehen. Das zeige sich daran, daß auch die materialen Züge des Bildes, welches „die Bibel" von „Abraham" zeichnet, Tendenz zur Selbstauflösung haben.[123] Kurzum: in der biblischen Gestalt des Abraham erkennt die theologische ‚Bewegung' sich selbst.

2.2.2.2. Die subjektive Wirklichkeit der Freiheit (Röm 5–8)[124]

2.2.2.2.1. Applikation (Röm 5)

„Hindurchgebrochen durch die Kruste von Hochmut und Furcht, die uns umgibt, ist die Kraft Gottes […] In unsere Hände gelegt ist der Schlüssel unseres Gefängnisses – wir *müssen* ihn brauchen." (146) – „Wie sollte sich die objektive Veränderung, unter der wir stehen, nicht auch subjektiv *bewähren?*" (168) – „Gottes Gnade stellt den Menschen dahin, wo es der Unmittelbarkeit und damit der Freiheit wieder entgegen geht." (196) Die in Röm 3 und 4 als ‚objektive' Gotteswirklichkeit beschriebene Freiheit für das religiös-theologische Bewußtsein soll nun an Röm 5 – unter der Überschrift: „Der Tag" (146) – an dessen Stelle selbst expliziert werden; als Grundlegung von dessen freiem Selbstvollzug. Was dort im allgemeinen geltend gemacht wurde, soll nun appliziert werden auf den konkreten (Nach-)Vollzug durch die Theorierezipienten selbst. Erkannt werden soll: „[W]ir … *haben* … Anteil an einer Bewegung" (148). Die – zunächst wiederum noch theoretische – Selbstapplikation der theologischen Erkenntnis (von Röm 1–4) ist das Ziel der Auslegung. Sie soll sich nun vollziehen in der Übernahme der Einsicht: „Wir sind *Wissende* (2, 2; 3, 19; 6, 9; 7, 14; 8, 22. 28; 13, 11 usw.), wir haben einen Durchblick durch das Gedränge des Augenblicks. Wir wissen, wie es steht um den wahren, den endgültigen Charakter der gegenwärtigen Leiden." (155)[125]

Die Eigenart dieses Wissens soll nun aber sein, daß es ein Wissen ist, über das nur in einer expliziten Teilnahme an der „Lebensbewegung …", die ihren „… jenseitigen Ursprungs- und Endpunkt in Gott" (157) hat, verfügbar ist. Konturen bekommt dieses partizipative Glaubenswissen durch die Unterscheidung von einem Wissenstyp des Ungläubigen; dieser „stellt sich betrachtend und beobachtend *neben* das Leben" (178) und trägt damit zugleich die Züge moder-

---

[123] Vgl.: „Die jenseitige Wahrheit, in deren Bereich Abraham getreten ist, schimmert immer deutlicher durch durch das Persönliche, Subjektive, Relative […] Er läßt das Kritisieren: das objektive, gegenständliche Denken *über* Gott … – und in dem Maß erscheint die Kraft Gottes und bricht die Ewigkeit an." R I, 139.

[124] Die Zusammengehörigkeit der Kapitel 5–8 ist explizit belegt beispielsweise in Barths eigener Notiz, R I, 361. Sie läßt sich auch daran festmachen, daß Barth das Manuskript der Kapitel geschlossen an seinen Verleger Bäschli geschickt hat. Vgl. Brief Bäschlis an Barth vom 2.8.1918 (unveröffentlicht; Karl Barth-Archiv; Basel; zit. bei HERBERT ANZINGER: Glaube und kommunikative Praxis, 132).

[125] Die im ersten ‚Römerbrief' wohl umfangreichste Liste von Belegstellen zeigt, wie wichtig Barth dieser Gedanke ist.

ner wissenschaftlicher Rationalität: „Er fängt an zu analysieren [...] Selbstschau, ‚Menschenkenntnis', ‚Erfahrung', Psychologie, *historisches'* Denken – das alles ist eben nur *außer* Gott möglich, das alles ist schon an sich die Preisgabe, der Verlust der *Ehrfurcht*, auf der die Gerechtigkeit beruht, die vor Gott gilt." (Ebd.) Religiös-theologisches Partizipationswissen und modernes analytisches Zuschauerwissen stehen sich letztlich wie Leben und Tod gegenüber: „Beobachte und betrachte nur das Leben als kühler, witziger Zuschauer, und du wirst schnell genug der Veränderlichkeit aller Dinge und ihrer deprimierenden Wehmut erliegen, tot sein vor dem Tode" (181). Wahrhafte Teilnahme am „Leben" und Partizipation am religiös-theologischen Wissen sind für den Ausleger identisch.

Der Glaubende weiß sich in der „Lebensbewegung ..." stehend, die ihren „... jenseitigen Ursprungs- und Endpunkt in Gott" (157) hat. Gott ist sein „Lebensgrund" (159); in Christus ist ihm „die neue Lebensmöglichkeit" (165), „ein Lebensprozeß eröffnet" (167), ein „neue[r] Lebenszusammenhang ... in seiner Welt"[126]; und der Glaubende weiß sich als solcher „jetzt schon im Triumph des Lebens über den Tod" (148), als Teilhaber am „Sieg des Lebens" (172)[127].

Der Radikalgegensatz von „Leben" und „Tod" ist für die Differenz von theologischem Glaubenswissen und nichttheologischer Selbstdeutung aus Barths Sicht darum geltend zu machen, weil es dabei nicht um einzelne Wissensinhalte, sondern um die transzendentale Bedingung von theoretischem Wissen-Können und praktischer Willensfreiheit überhaupt geht. Eben darum kann die Entscheidung für oder gegen das Glaubenswissen auch nicht als einzelner Willens-/ Wissensakt in der Zeit gedacht werden. Im Sinne dieser Grundüberlegung und dem entsprechenden begrifflichen Schema wird die Adam-Christus-Typologie von Röm 5, 12ff.[128] gedeutet. ‚Adam' und ‚Christus' seien zu verstehen als „‚Anfangspunkte eines einander entgegengesetzten Gesamtlebens'" (189).

Barth zitiert hier zwar Leonhard Usteri.[129] Der eigentlich prominente Fundort für das Stichwort „Gesamtleben", der bei Barth unerwähnt bleibt, ist aber Schleiermachers Glaubenslehre.[130] Der Gesichtspunkt, den Barth hier aufnimmt, ist der der Totalität bzw. der beiden miteinander konkurrierenden Totalitäten von ‚Sünde' und ‚Gnade'. Der für Schleiermacher ebenso wichtige zweite Gesichtspunkt der konstitutiven Vermittlung der das jeweilige Gesamtleben charakterisierenden Bestimmtheit durch die Selbsttätigkeit seiner individuellen Glieder[131] fällt bei Barth offenbar aus. Für beide Gesamtleben gilt

---

[126] R I, 163, vgl. 117.

[127] Das ist die Überschrift des Schlußabschnitts: Röm 5, 12–21.

[128] Vgl. R I, 172ff., bes. 177–181.

[129] Vgl. LEONHARD USTERI: Entwicklung des Paulinischen Lehrbegriffs. 6. Aufl. Zürich 1851, 246; vgl. den Nachweis des Hrsg. R I, 189.

[130] Vgl. FRIEDRICH SCHLEIERMACHER: Der christliche Glaube, 1. Bd., 444; Bd. II, 15, 18, 20, 34, 37f., 90, 93, 95, 102, 149, 158, 185f., 196, 202, 208, 212, 234, 248, 257–259 u.ö.

[131] Vgl. bei Schleiermacher z. B.: „Unter der Heiligkeit Gottes verstehen wir diejenige göttliche Ursächlichkeit, kraft deren in jedem menschlichen Gesamtleben mit dem Zustande der Erlösungsbedürftigkeit zugleich das Gewissen gesetzt ist." AaO., FRIEDRICH SCHLEIERMACHER: Der christliche Glaube, 1. Bd., 2. Aufl., 444.

gleichermaßen: „Es ist eine objektive Übermacht und Notwendigkeit, unter der wir stehen, eine Königsherrschaft. Ein König wird nicht gewählt von seinen Untertanen [...] Nur *Revolution* und Sturz der *Dynastie*, nur ein kosmischer Durchbruch des kosmischen Zusammenhangs, nur eine Wendung ‚im Verborgenen der Menschen‘ [2, 16] könnte mit der Gesamtlage auch ihre notwendigen ... Konsequenzen beseitigen." (187f.)

Der Vollzug des geforderten theologischen Partizipationswissen kann dementsprechend nur als ein paradoxer Vorgang beschrieben werden, der schon voraussetzen muß, was er zu seinem Gegenstand hat: „Es handelt sich nun einfach darum, ob der Wille frei und aktiv, ob er Wille werden *will*." (196) Paradox ist dieser Vorgang näherhin insofern, als er sich im Licht der Reflexion immer sofort wieder als einer zu erweisen scheint, der unter das Verdikt nicht-theologischer Zuschauerreflexivität zu fallen scheint: „Wir treten aus dem Geschehen selbst heraus." (201) Damit aber stellt sich immer wieder jene Reflexionsdistanz ein, die für Barth unter das Verdikt der Urteilsstruktur von „Moral" (200) fällt. Darum versucht Barth den Willensvollzug des Glaubens-wissens als einen Vorgang zu deuten, der seine eigene Tätigkeit nur als Implikat des Vorgangs, zu dem er sich verhält, verstehen will: „Es handelt sich nicht um eine Frage der Gesinnung, ... des Standpunkts, sondern um die Stellungnahme in einer *Machtfrage*. Mit der Machtfrage findet dann auch die moralische Frage ihre Beantwortung". (203)

2.2.2.2.2. *Versöhnung als subjektiver Realgrund der Freiheit (Röm 6)*

Jene „Stellungnahme in einer Machtfrage" gilt in der systematisch orientierenden Eingangspassage von Röm 6 als vorgenommen: „Eine neue Lage ist geschaffen. Der Sieg des Lebens ist gewährleistet. Die Kraft Gottes ist wirksam geworden[,] ... das unmittelbare Sein Gottes in der Menschheit wird wieder aufgenommen, der Mensch hat im Christus seinen Ursprung und seine Heimat, seine Wahrheit und Einheit wieder gefunden [...] Das sind die Tatsachen" (205). Die innere Reflexionsdifferenz des Glaubens-Wissens gilt nun als aufgehoben, das „unmittelbare Sein Gottes in der Menschheit" als Faktizität.[132] Das Argumentationsziel des Kapitels besteht darin, dieses ‚unmittelbare Sein‘ an der Stelle der Selbsterfassung des individuellen, ‚empirischen‘ Glaubenssubjekts, mithin ‚psychologisch‘ auszulegen. Die Funktionsstelle, die belegt und eingeholt werden soll, ist die des ‚religiösen Erlebnisses‘. Dieses aber soll lediglich als die psychisch-interne Abspiegelung des geschichtlich-realen Selbstsetzungsaktes Gottes verstanden werden, also gerade nicht exklusivistisch gefaßt werden: „Das ist die Situation, vor die wir nun gestellt sind [...] Wer ‚wir‘? Alle! Niemand ist ausgeschlossen. Das Dasein Gottes für ‚uns‘ ist kein seelisches Erlebnis, das die Menschen voneinander trennte in Esoterische und Exoterische, wie Religion und Moral sie trennen voneinander." (205) Ins Auge gefaßt wird mithin in Barths Röm 6 eine „*Psychologie der Gnade*" (217). Diese ‚Psychologie‘ will sich

---

[132] Röm 6 wird ausgelegt unter der Überschrift: „Die Gnade". R I, 205.

am Ort religionspsychologischer Selbsterfassung explizieren, aber eben auf eine prinzipialisierende Weise, deren Eigenart wiederum darin besteht, daß sie die Außenreflexion perhorresziert.

Die „hier entstehenden Erziehungsfragen und ‚Gemeindeprobleme'" (209) werden als „charakteristische *Zuschauerfragen,* die nicht vom Zentrum, sondern von allerlei Punkten der Peripherie aus erdacht sind" (ebd.), verdrängt. „So fragt der, der die Botschaft nicht *hören,* sondern darüber reflektieren, der sich in den Vorgang des göttlichen Wachstums nicht *hineinstellen,* sondern ihn neugierig beschauen … will, der es nicht lassen kann, auch aus ‚Gott' im Christus wieder ein Objekt zu machen, statt im Christus *frei* und Gottes *Mitarbeiter* zu werden." (209)

Die intentionale Pointe jener „Psychologie der Gnade" liegt also darin, daß sie mit der theo-logischen Explikation des religiösen Erlebnisses zugleich dessen religionspsychologische Deutung verdrängt,[133] indem sie sie metatheoretisch auflöst: „Das ist schließlich nichts Anderes als die Sünde selbst, die von Gott Abstand nehmen … will." (235)

Es ist namentlich die Taufthematik von Röm 6, die Barth als das Signal der im eigenen Leben erfahrbaren Befreiung von der Sünde deutet. „Wir entdecken tatsächlich – im Lichte der Gnade – in unserm Leben jenen Erlösungsprozeß, der durch die Taufe freudig eröffnet ist. Jeder wirklich eindringende Blick in unsere persönliche Erfahrung bestätigt uns: … daß dein eigentliches Ich sich von diesem Andern [sc. dem alten Adam] gelöst hat." (221) Diese Befreiungserfahrung sei zu verstehen als ein dynamischer Wachstumsprozeß der „Versetzung und Eingliederung in einen neuen Organismus, dessen Wachstumskraft und Wachstumsgesetze nun unsre eigenen werden" (215). Konturen gewinnt dieser organologisch beschriebene Wachstumsprozeß wiederum durch antimoderne Polemiken. Das „[S]tehen in der *wirklichen* Freiheit …" unterscheide sich von den konkurrierenden „… Gelüste[n] nach der *vermeintlichen* Freiheit" (243). Die christliche Freiheit trete bezüglich des Individuums an die Stelle der libertinistischen Eigeninteressen des Leibes[134] und bezüglich der Gesellschaft an die Stelle derjenigen der Wirtschaft, der „‚liberalen' Kultur und Gesellschaftsordnung" (242), die im Weltkrieg ihr wahres Gesicht zeige.[135] Auf den Begriff gebracht wird die modernitätskritisch instrumentierte Konturierung der Christuserfahrung folgendermaßen: „[D]ie im Christus eröffnete Versöhnung der Welt mit Gott ist nicht ihre mechanische Entzauberung, sondern ihre organische Erneuerung durch die Kraft ihres Ursprungs." (227)[136]

---

[133] Vgl.: „Wer wird nun weichen müssen: die Wahrheit der Gnade …, oder der an dem in sich geschlossenen Kreis der Wahrheit beharrlich vorbeifragende Zuschauer?" R I, 210.

[134] Vgl. R I, 219, 228f.

[135] Vgl. R I, 243.

[136] Die Metapher von der ‚mechanische[n] Entzauberung der Welt' wirkt wie eine direkte Bezugnahme auf Max Webers berühmte Formulierung in der Schlußpassage seiner *Protestantischen Ethik.* Ob Barth Webers Schrift zur Zeit der Abfassung des ersten ‚Römerbriefs' schon gekannt, d. h. gelesen hatte, ist fraglich. Laut Auskunft von Hinrich Stoevesandt findet sich in Barths Bibliothek die Ausgabe der Schrift in „*Gesammelte Aufsätze zur Religionssoziologie*" erst in

In dem von Barth an Röm 6 unternommenen Versuch des Nachweises, daß die „uns im Christus eröffnete ... *Erkenntnis*" (221) mit „unsere[r] tiefste[n] *Erfahrung* ... in eins zusammen[falle]" (ebd.) kulminiert vorläufig seine programmatische Gesamtintention, die hier mit besonderer Deutlichkeit erkennbar wird. Sie besteht darin, die von ihm inszenierte „Bewegung"[137] theologischer Selbstdurchsichtigkeit von Ich und Welt als genuin theologisch verfaßte Lösung der modernen Freiheitsproblematik zu etablieren. Sowohl auf gesellschaftlich-kultureller Ebene, also gegenüber dem politischen Liberalismus, als auch auf theoretischer Ebene, also gegenüber der „modernen Theologie" (206), soll die theologische „Bewegung" als derjenige theoretisch-praktische Agent erkennbar werden, der die Freiheitsthematik der Moderne zugleich radikal kritisiert und realisiert: der sie in sich aufhebt und dabei ihre Antagonismen zum Verschwinden bringt.

2.2.2.2.3. *Versöhnung als subjektives Realprinzip der Freiheit (Röm 7)*

Über die an Röm 6 geltend gemachte ‚reale', ‚empirische' Veränderung des Willens des Handlungssubjekts hinaus soll an Röm 7 gezeigt werden, daß die Versöhnung mit der Begründung des freien Willens des Handelnden, also des Handlungsgrundes, zugleich das Prinzip freien Handelns konstituiert; in Barths an Paulus angelehnten Worten: „[W]ir [sind] im Christus nicht nur von der Sünde, sondern mit der Sünde auch vom Gesetz frei geworden" (267).[138] Barths Röm 7 ist überschrieben: „Die Freiheit" (247).

Das Prinzip freien Handelns wird von Barth gut kantisch mit dem „kategorischen Imperativ der Pflicht" (266) identifiziert. Hier wie generell plaziert Barth seinen theologischen Entwurf nicht im Abseits einer für ihn maßgeblich durch Kant bestimmten neuzeitlichen Freiheitstheorie – diese setzt er vielmehr als geltende Matrix voraus –,[139] sondern er sucht seine theologische Theorie als adäquate Ausarbeitung von deren Begründungs- und Realisierungszusammenhang zu positionieren. Die Freiheit vom Gesetz sei demnach gerade keine

---

der 2. Auflage von 1922/23. Anstreichungen und Randbemerkungen von Barths Hand zeigen, daß er die *Protestantische Ethik,* das berühmte Vorwort der Aufsätze und einen Großteil von *Die protestantischen Sekten* intensiv studiert hat. Zum Mechanikbegriff bei Weber vgl. MAX WEBER: Die Wirtschaftsethik der Weltreligionen, 254; DERS.: Kritische Bemerkungen zu den vorstehenden ‚Kritischen Beiträgen' (1907). In: Ders.: Die protestantische Ethik II. Kritiken und Antikritiken, hrsg. v. Johannes Winckelmann, 4. erneut durchges. u. erw. Aufl., Gütersloh 1982, 27–56, hier: 29.

[137] Vgl. in Röm 6: R I, 207, 220, 235.

[138] Vgl. R I, 260.

[139] Vgl.: „Nicht der irrende ... Mensch ist es, der den kategorischen Imperativ der Pflicht, der in ihm ist, ersonnen hat, sowenig er der Erbauer des gestirnten Himmels über ihm ist. Hinter den Erscheinungen der Religion und Moral verbirgt sich die ewige Objektivität des Wahren und Guten, und die Fülle der Ideen weist zurück auf ihren Ursprung und Inbegriff in Gott. Das Bild des heiligen Gottes, das von der Philosophie und von der Kirche immer wieder aufgerichtet wird, entspricht der Realität. Wer es anders sagt, hat den ewigen und absoluten Sinn des Gesetzes noch nicht erkannt, oder er lehnt sich gegen Gott auf." R I, 266f.

libertinistische Freiheit, vielmehr gelte: „Im Christus kommt *alles* das zu Ehren, was der Mensch unter dem Gesetz fragt, sucht und anstrebt. Keine religiöse Wahrheit soll im Christus aufgehoben, kein sittliches Gebot unerfüllt … bleiben." (256). Dabei besteht das entscheidende Anliegen Barths darin, die dem Glaubenden ermöglichte Erfüllung des kategorischen Imperativs als eine spontane darzustellen, die sich in einem „ungehemmte[n] Tun seines [sc. Gottes] Willens" (262) äußern könne, weil sie in einem Unmittelbarkeitsverhältnis des Glaubenden zu Gott ihren Grund habe.[140] In dieser unmittelbaren Spontaneität des sittlichen Handelns gründe, daß zwischen dem Insichsein des Individuums (wie es Röm 6 beschreibt) und seiner sittlichen Selbstentäußerung (Röm 7) keine (temporale) Differenz namhaft zu machen sei.

Die so behauptete Spontaneität der sittlichen Selbstentäußerung bedinge, daß die glaubenden Individuen einander „nur noch [als] die im ‚Leibe des Christus' neu verfaßte und organisierte Menschheit [kennen], in der Gottes Gerechtigkeit zur Herrschaft kommt." (264) So wird der ‚Organisations'-Gedanke, der Barth seit seinen frühen Calvinstudien und John Mott-Faszinationen bewegt und seine politischen Präferenzen für sozialistische Gesellschaftsideen wesentlich bedingt hatte, im ersten ‚Römerbrief' aufgenommen. Tendenzen zu einer die ethische Reflexion des Individuums als solche perhorreszierenden Kollektivierungstendenz scheinen dabei durch: „‚Was soll ich tun?' Antwort: Vor allem nicht mehr so fragen!" (263)

In der Tat spielt Barth hier dieses Faible für eine „neu verfaßte und organisierte Menschheit" gegen neuzeitlich-liberale Individualitätsinteressen aus, seien diese ästhetisch als zeitgenössische „Romantik" (263), religiös-theologisch als „Pietismus" (276) oder liberal-theologisch – wie Barth unter Anspielung auf Harnack sagt – als der Intimzirkel von „Gott und die Seele – die Seele und ihr Gott!" (276) konturiert.[141] Im Auslegungszusammenhang von Röm 6 und Röm 7 unternimmt Barth somit nichts anderes als den Versuch einer kritisch überbietenden Einholung des liberaltheologischen Kardinalgedankens der religiösen Selbsterfahrung als des Bedingungs- und Ermöglichungsgrundes sittlichen Handelns, wie er klassisch von Barths Lehrer W. Herrmann in seiner Ethik ausgeführt worden ist. Er gipfelt in der Bestreitung des Individuums als Subjekts der Ethik: „Das Individuum ist nicht das Subjekt, das den Imperativen der Sittlichkeit gehorchen kann. Gott kann in einem bloß ‚persönlichen' Leben nicht zu Ehren kommen. Die Wahrheit ist nichts für den Einzelnen." (272)

Als die Existenzstruktur sündiger Selbstverfallenheit unter dem Gesetz interpretiert Barth das moderne Interesse des Individuums an seiner Selbstentfaltung, das er – die Gedankenführung der paulinischen Passage Röm 7, 14ff. auf das ganze Kapitel übertragend – als fiktive Rückblicksrede in der ersten Person (Plural) stilisiert: „Da standen wir

---

[140] Vgl. bes. R I, 269–271.

[141] Das Zitat bei Harnack lautet: „Er [sc. Gott] selbst ist das Reich, und nicht um Engel und Teufel, nicht um Throne und Fürstentümer handelt es sich, sondern um Gott und die Seele, um die Seele und ihren Gott." ADOLF VON HARNACK: Das Wesen des Christentums (1900), 43. Vgl. auch R I, 257f.

mit unserem ‚persönlichen Leben' [Joh. Müller], mit unserer so oder so veranlagten und entfalteten Individualität. Wir kannten gar nichts Wichtiges außer unserem persönlichen Leben". (265) An die Stelle des unmittelbar-realisierten Allgemeinen – Gott „ist selber gegenwärtig" (261) – sei im modernen Individualismus „die Persönlichkeit" gesetzt worden, als „das Gesetz", das soll aber heißen: als ein anderes des Allgemeinen, als dessen „Vertretung" (ebd.).[142] Die „unheilvolle Vereinzelung" (270) des Individuums und der Charakter immer schon unerreichbarer Forderung des Sittengesetzes korrespondierten einander, indem sie sich wechselseitig erzeugen[143]: „Die religiös-sittliche Autonomie ist's, die von mir verlangt wird, und meine reale Heteronomie ist die Tatsache, die mir bei diesem Verlangen klar wird." (272) Aber: „Es ist ja alles nur ein böser Traum […] Ich stehe nicht mehr im Abfall von Gott, sondern in der Rückkehr zu ihm. Das Göttliche ist mir keine fremde Objektivität, sondern als unter der Gnade tue ich notwendig, was Gott will." (293)

Daß – unbeschadet ihrer Radikalität – die gerade in Röm 7 geübte Individualismuskritik nicht auf eine einseitige Ersetzung des Individuums durch ein Kollektiv als Handlungssubjekt hinauslaufen soll, sondern darauf, das Individuum – allerdings gerade durch seine Inkorporation in das religiös-theologische Kollektiv – zu seinem Recht bringen zu wollen, wird sich als der Zielpunkt der Gesamtargumentation der Römerbriefauslegung herausstellen, der mit der Auslegung von Röm 8 (nicht von Ungefähr) zum gewissermaßen eschatologischen Vorschein kommt.

2.2.2.2.4. Versöhnung als reflexive Bestimmung der Freiheit (Röm 8)

Mit der Auslegung von Röm 8 wird der in Röm 5 begonnene Argumentationsgang abgeschlossen, der das Versöhnungsgeschehen als den Konstitutierungsprozeß des sittlich-freien Subjekts beschreibt. Barth führt hier die paulinischen Ausführungen zu den Themen „Geist", „Gewißheit", „Eschatologie", „Kreatur" (Natur), „Leiblichkeit" gewissermaßen zu einem mehrteiligen (gleichwohl vorläufigen) Schlußakkord zusammen, dessen untergründige Argumentationsstruktur wiederum der – in kantischen Bahnen angelegten – Konstitutionslogik freier Subjektivität folgt. Den cantus firmus der Argumentation liefert die Frage der „Gewißheit", bzw. „Heilsgewißheit",[144] die als Aufhebung der Differenz von gegebener (verwirklichter) und bloß gedachter Freiheit angelegt wird.

---

[142] Dieses Argument der Individualismuskritik Barths erinnert an G. W. F. Hegel. Vgl.: „Die bewußte Individualität ... geistlos als *einzelne* seiende Erscheinung zu nehmen, hat das Widersprechende, daß ihr Wesen das Allgemeine des Geistes ist." GEORG WILHELM FRIEDRICH HEGEL: Phänomenologie des Geistes. (Ders.: Theorie-Werkausgabe Bd. 3), Frankfurt/M. 1970, 230.

[143] Vgl.: „Den großen objektiven Forderungen der göttlichen Wahrheit *kann* ich mich ja nicht entziehen; irgendwie ... erreichen sie mich ... [,] treten sie einmal in mein Bewußtsein. Und nun erhebt sich die Frage: an wen können sie sich wenden?[…] Hervor tritt – ein Ich, eine beschränkte Subjektivität, ... sündiger Mensch […] [D]as Ich, das nur ich ist, der Mensch für sich, ohne Gott. An diesen Menschen tritt nun das ewige ‚Du sollst!' heran". R I, 271.

[144] Vgl. R I, 308, 320, 335–337, 342.

Das Argumentationsziel des Kapitels ist signifikanterweise ein doppeltes. Barth verschaltet nämlich unter dem Dach der Gewißheitsthematik das Problem der Reflexionsdifferenz zwischen der vorgetragenen Theorie (und Theorieproduzent) und ihrer Rezeption (und Leser) und das Problem der Sachdifferenz von subjektiv-sittlicher Freiheit und deren naturhaften Realisierungsbedingungen. Beide ,Gewißheiten' werden durch die (Forderung der) Einsicht in den als objektiv ablaufend geschilderten geschichtlichen Selbstrealisierungsprozeß göttlicher Freiheit zu bewirken versucht. Die Kapitelüberschrift „Der Geist" (295) ist mithin zugleich methodologisch und ,idealistisch' zu verstehen.

Erstere Differenz soll geschlossen werden, wenn der Autor feststellt, es gelte hier nun „endgültig zu begreifen, daß der Eintritt in den neuen Stand dieser Freiheit nicht eine Frage der Religiosität, der Gesinnung und der Moral ist, sondern eine Machtfrage, die Frage der Voraussetzungen, Bedingungen und Kräfte, unter denen wir stehen" (304). In dem die Reflexion der Konstitutionsthematik abschließenden Kapitel soll die Machtfrage zwischen Autor und Leser entschieden werden. Dazu greift der Autor einerseits zu Drohungen, welche die Außenreflexion perhorreszieren – „[s]ollte es euch gelegentlich gelüsten, an dieser Gewißheit zu rütteln …" (308)[145] – , andererseits wird als Ziel vergewissernder Reflexion die Einsicht in die Übereinstimmung der individuellen Selbsttätigkeit mit der Selbstbewegung der ,Gottesgeschichte geltend gemacht.[146]

Damit ist die Verbindung zum zweiten Grundgedanken des Abschnitts gelegt: In dem „im Christus eröffneten göttlichen Apriori der Natur und Geschichte liegt das klare und vollständige Wissen um die kommenden Dinge." (347) So wird das Abschlußproblem der Kantischen Moraltheorie, die bei Kant nur postulatorisch zu schließende Differenz von Kausalität aus Freiheit und Naturkausalität[147], theologisch definitiv zu schließen reklamiert. Zusätzlich plausibilisiert wird die theologisch-eschatologische Schließung der Differenz wiederum durch die Aufnahme modernitätskritischer Argumente, mittels derer die

---

[145] Vgl. die ganze Stelle: „Sollte es euch gelegentlich gelüsten, an dieser Gewißheit zu rütteln … sollte euch gelegentlich die dirigierende und treibende Kraft der neuen Welt wieder etwas Fremdes werden – wohl, es mag sein: insofern seid ihr dann eben dem Christus nicht angehörig, seines Sieges nicht teilhaftig […] Insofern ist dann eure Taufe *keine* Taufe, euer Glaube *kein* Glaube, Gott *nicht* Gott für euch." R I, 308.

[146] Vgl.: „Wir brauchen gar nichts Fremdes hinzuzunehmen zu unserm Eigenen. Wir *brauchen* gar keine ,Sache', keine ,Aktion', keine ,Bewegung'![…] Wir dürfen uns selbst sein. Wir vertreten gerade damit Gottes Sache. Sie ist nicht neben uns und über uns, wir sind mitten in ihr. Wir haben nicht für die Bewegung zu sorgen, sie sorgt für uns." R I, 319.

[147] Vgl.: „Der Geist will nicht nur in uns *sein*, sondern gerade weil er unser *Sein* ist, wachsen und siegen." (R I, 333) – „[D]as Geistesleben in uns muß sich entwickeln zu *leiblicher* Herrlichkeit." (R I, 334, vgl. 327f., vgl. den ganzen Abschnitt R I, 321–341 bzw. 321–355). Vgl. in Kants Kritik der praktischen Vernunft: „[W]ir *sollen* das höchste Gut (welches also doch möglich sein muß) zu befördern suchen. Also wird auch das Dasein einer von der Natur unterschiedenen Ursache der gesamten Natur, welche den Grund dieses Zusammenhanges, nämlich der genauen Übereinstimmung der Glückseligkeit mit der Sittlichkeit enthalte, postuliert." Immanuel Kant: Kritik der praktischen Vernunft (1787). Hrsg. v. Karl Vorländer (PhB 38), unveränd. Nachdr. der 9. Aufl., von 1929, Hamburg 1967, 143.

Natur-Freiheitsdifferenz – „der Materialismus der Natur ..." – als „das getreue Ergebnis der verlorenen Lebensunmittelbarkeit des Menschen" (327) identifiziert wird: „Das Fremde im Kosmos ist primär unser eigenes Werk" (Ebd.).[148]

Unbeschadet der reichen spekulativ-eschatologischen Metaphorik verfolgt Barth in seinem Röm 8 die zentrale Einsicht, „*Heilsgewißheit* und *Eschatologie* [gehören] ... zusammen" (337), nun aber gerade nicht aus spekulativen Gründen. Sie hat vielmehr die Funktion der Selbstvergewisserung und darin Selbststärkung des im Aufbau begriffenen theologischen Glaubenssubjekts. Das zeigt Barth in der Auslegung des paulinischen Berufungs- bzw. Prädestinationsbegriffs.[149] Das Wissen um die eschatologische Koinzidenz von Natur- und Freiheitskausalität konditioniert ein starkes Handlungssubjekt: „Aber denen, die Gott lieben, ... wird die Gewalt Gottes in den Dingen jetzt schon zu Gute kommen, weil sie ja eben im Vollzug des neuen Schöpfungsprozesses stehen." (344) Das theologisch konstituierte Handlungssubjekt soll sich als das Handlungssubjekt der Geschichte wissen können; kurzum: „Die Geschichte geschieht nicht mehr am Menschen vorbei." (345)

2.2.3. Die Realisierung des freien Subjekts (Röm 9–16)

Seit ihren Anfängen um 1910 ist der kritische Mehrwert, den Barths theologische Ursprungstheorie gegenüber philosophischen Ursprungstheorien reklamiert, ein Mehrwert an ‚geschichtlichem' Realitäts- näherhin an Realisierungspotential: die Selbstdurchsichtigkeit wahrheitsbewußten Denkens („Kulturbewußtsein") soll eodem actu als die Verfaßtheit des Agenten selbstmächtigen Handelns, des freien Handlungssubjekts selbstdurchsichtig werden. Es ist eben dieser Mehrwert, um dessen Reklamierung es beim Übergang vom ‚dogmatischen' (konstitutionstheoretischen) zum ‚ethischen' (konstitutionspraktischen) Teil der Römerbriefauslegung geht. Darum wird an dieser systematischen Schwelle die zuvor entfaltete Konstitutionstheorie ausdrücklich als Theorie bezeichnet, die nicht lediglich als „Theorie, Dogma oder Programm" (356) gemeint sei, sondern als die Reflexion „der Kraft Gottes, die uns in *Bewegung* setzt" (ebd.).

---

[148] Der Gedanke als solcher erfreut sich bekanntlich in der neuzeitlichen Theologiegeschichte einer starken Tradition, vgl. als grundlegend den zweiten Abschnitt von Schleiermachers Sündenlehre in seiner Glaubenslehre. Der Gedanke ist dort als Zusammenhang von „Sünde" und „Übel" ausgeführt (vgl. FRIEDRICH SCHLEIERMACHER: Der christliche Glaube. 1. Bd., 411ff.). Die Besonderheiten Barths sind demgegenüber erstens die realistische Wendung dieses bei Schleiermacher explizit erkenntniskritisch strukturierten Gedankens, zweitens die sublime Modernitäts- und Zeitgeistkritik, in die er ihn kleidet, und drittens und vor allem die (mit der ‚Realismus'-These und -Strategie einhergehende) Abblendung der Tradition, welche der Gedanke in der neuzeitlichen Theologiegeschichte tatsächlich hat.

[149] Vgl. R I, 341–355, bes. 343–346.

Damit ist die Thematik des agierenden Trägers jener „[w]irkliche[n] Gotteserkenntnis" (ebd.), die in den Grundlegungskapiteln aufgebaut wurde, in den
Blick genommen. Dessen grundlegendes systematisches Strukturproblem ist
seine Partikularität. Ohne Partikularität läßt sich geschichtliche Bestimmtheit,
Konkretion, mithin Realisierungspotenz nicht denken. Zugleich kann Partikularität bei diesem Agenten aber wiederum nur als zum Verschwinden bestimmte gedacht werden. Diese begriffliche Spannung aufzubauen, erfordert
entsprechende Äquivalente in der literarischen Gestaltung des Textes.[150] Er muß
ein gewisses Konkretionspotential bieten, das die aktualen Leserinnen und Leser
zur Identifikation mit dem impliziten Leser einlädt. So entsteht die Textur einer
„Bewegung": in einem permanenten Hin und Her von Konkretion und Abstraktion ergibt sich – „dem Vogel im Fluge vergleichbar" (384) – die Zeichnung eines konkreten – pluriindividuellen – Handlungssubjekts als des Agenten
geschichtlicher Freiheit, dessen Konturen so angelegt werden, daß der Leser sie
selbst ausfüllen können soll. Was der Autor betreibt, ist ein permanentes Wechselspiel von Konturierung und Spurenverwischung, von Identifizierung und Anonymisierung des impliziten Lesers: „Niemand ist gemeint [...] Alle ohne Ausnahme sind gemeint: ich habe mit mir selbst geredet, bevor ich zu euch geredet
habe." (394f.) In der im zweiten Teil der Römerbriefauslegung vorgenommenen Konkretisierung dieses Handlungssubjekts der ‚theologischen Bewegung'
kommt die Palimpsesttechnik, welche die Hermeneutik des ‚Römerbriefs' insgesamt kennzeichnet, zur intensivsten Durchführung.

Gemäß der für Barths Theologie nach ihrer ‚theo-zentrischen' Wende konstitutiven Ausblendung der Methodenreflexion kann der Aufbau des Erkennt-
nis- als Handlungsagenten nur ein indirekter sein. Er vollzieht sich im Medium
einer theologischen Fundamentalkritik der theologischen ‚Wir-Gruppe' (von
Autor und implizitem Leser) an der empirischen Kirche. Der – kennzeichnenderweise gar nicht explizit reflektierte – hermeneutische Kunstgriff, den Barth
hierzu vornimmt, ist die berühmte Gleichsetzung des paulinischen ‚Israel' von
Röm 9 – 11 mit der (empirischen) Kirche. Diese – eben schon hier und nicht
erst in der Neuauflage und gleichsam nur als Folge gesteigerter Kulturkrisen-
empfindung vorgenommene – Gleichsetzung ist zugleich das sichtbarste Indiz
der Karl Barths Theologie kennzeichnenden Theologisierung des Glaubensbegriffs. Die Gleichsetzung von ‚Israel' und (empirischer) ‚Kirche' dient der
Agentendifferenzierung von ‚faktischem' (d.h. theologisch inadäquat reflek-
tiertem) Christentum einerseits und andererseits demjenigen Christentum, das
durch den Text und seine Lektüre hindurch im theologischen Reflexions-
aufbau begriffen sein soll.

Die Außenabgrenzung des konkreten Handlungssubjekts der Freiheit durch
Unterscheidung von der ‚empirischen' Kirche führt Barth in Röm 9–11 durch.
An Röm 12–16 reflektiert er auf Internbestimmungen jenes Agenten, bzw. auf

---

[150] Das deutlichste Signal ist die Apostrophierung des Autor und Leser zusammenschließen-
den „‚Wir'".

einzelne Ausführungsbestimmungen seines Aufbaus. Röm 9–11 bietet also gewissermaßen die ethische Grundlegung, Röm 12ff. eine Durchführung der Ethik[151] innerhalb der Römerbrieftheologie Karl Barths.

2.2.3.1. Das Handlungssubjekt der Freiheit als theologische Avantgarde – ein Palimpsest (Röm 9–11)

Der Aufbau der Gedankenführung von Röm 9–11 folgt einer Konstituierungslogik konkreter, mithin partikularer Handlungssubjektivität. Röm 9 beschreibt deren Genese als „Entscheidungskampf" (358), als Prozeß der (Selbst-) Unterscheidung von „Sein und Schein" (363), d. h. von „'wahrer'", weil sich durchsichtiger konkreter Handlungssubjektivität, und von ‚scheinbarer', d. h. ihre Partikularität opak behauptender Handlungssubjektivität. Röm 10 formuliert die sich solchermaßen durchsichtige Handlungssubjektivität als konstituierte – „Es sind Entscheidungen gefallen, wie Gott sie erwartet" (412) – und schreibt dem Handlungssubjekt einen konkreten geschichtlichen Ort und konkretes kulturkritisches Profil zu. Röm 11 schließlich reflektiert den implizit universalen Umriß der solchermaßen konstituierten Handlungssubjektivität, entkonkretisiert diese mithin wieder. Die im „Entscheidungskampf" gefallenen „Entscheidungen" führen zu „entscheidende[n] Durchbrüche[n] des Lebens" (445), des Allgemeinen.

Der Bezug auf die sich hier in der Dominanz der Entscheidungsmetaphorik bekundende paulinische Erwählungsthematik ist nicht nur eine äußerliche exegetische Referenz. Die Logizität des Erwählungsgedankens bietet Barth vielmehr, wie sich zeigen wird und am Predigtband schon abgezeichnet hat, die Möglichkeit zu einer systematischen Selbstreflexion, ohne dabei die Bedingungen einer inversiven Systematik zu verletzen. Darum ist die Auslegung von Röm 9–11 als Scharnier und Schloß des gesamten Textes zu betrachten – und das Theologumenon der Erwählung als der dazu gehörige Schlüssel.

2.2.3.1.1. Die theologische Avantgarde als wahre Kirche (Röm 9)

Der hermeneutische Kunstgriff (respektive Gewaltstreich), die paulinische Differenz von Israel und Christentum mit der Differenz von ‚empirischer' Kirche und theologischem Christentum zu überschreiben, wird von Barth mit einem bis ins Sprachliche hinein schwerlich zu überbietenden neuzeitlich-neukantianischen Geltungsrigorismus ins Werk gesetzt, der ‚das Gegebene' des geschichtlichen Christentums allererst ‚aposteriorisch' (nach einem Auslegungsgang durch acht Kapitel auf gut 350 Druckseiten) mit einer Geste unschuldig-ironischen Erstaunens entdecken will: „Die Not Israels: die Not der Kirche! Da ist die große geschichtliche Gemeinschaft, die kraft des ihr verliehenen göttlichen Wortes ... alles *auch* weiß, *auch* sagt, ... was ‚wir' ... jetzt notgedrungen

---

[151] Zur Kennzeichnung von Röm 12, 1ff. als Ethik vgl. den einleitenden Vorspann R I, 462f.

als ein Neues verkündigen [...] Sie weiß sogar Alles viel besser, hat in ihren Formen und Formeln Alles viel reichhaltiger und tiefer als wir, hat uns gegenüber den mächtigen Vorsprung einer von Gott gesegneten und geleiteten geschichtlichen Kontinuität." (359) Es ist diese durch den ursprungslogischen Anspruch der Argumentation selbst erzwungene Aposteriorität, welche ‚die Kirche' gegenüber der theologischen Reflexionsgruppe a priori ins Unrecht setzt. Eben darum bedarf diese Unrechtsbehauptung aus der Sicht des Autors im Grunde auch keines Belegs, sondern lediglich der als rhetorische Frage formulierten Affirmation: „Das, was gerade die Kirche *meint*, ist gerade der Kirche etwas *ganz* Fremdes. Oder wo in der Welt wagt es die Kirche, sich den wirklichen (nicht den erbaulichen, nicht den ‚historischen'!) Inhalt von Römer 5–8 auch nur klar zum machen, geschweige denn ihn zu verkündigen, zu hören, zu glauben?" (361)

Freilich scheint der Autor eben dieser Inkriminierung die Spitze wieder abzubrechen, wenn er die ‚Israel'-Thematik selbstkritisch internalisiert: „Aber das ist ebenso sicher, daß die Not Israels uns eine *eigene* Not ist, der wir uns auf keine Weise rechthaberisch entziehen wollen, sondern die wir als unser eigenstes Problem auf uns nehmen." (362) Indem die Kirche außerhalb der ‚Wir-Gruppe' mit der ‚Kirche in uns allen' in Verbindung gebracht wird, wird die theologische Reflexivität des Glaubensbegriffs, welche die Differenz bedingt, nicht aufgehoben, sondern gesteigert. Und darum bleibt die Konturendifferenz zwischen der empirischen Kirche, die unwissentlich „leidet" (370) und den theologischen Reflexionsakteuren, die wissentlich „dies [sic] ihr Leiden [mit]leiden" (ebd.), klar erhalten.

Die für die Partizipation am Subjekt der Freiheit konstitutive Selbstunterscheidung und theologische Selbstidentifikation reflektiert das in Röm 9 ausgelegte Theologumenon der Erwählung (bzw. der Prädestination). Im ersten ‚Römerbrief' werden Selbstunterscheidung und Selbstidentifikation nach einem reflexionstheoretisch noch eher schwach deklinierten Schema von ‚Schein' und ‚Sein' aufeinander bezogen: „O Mensch![...] Wann wirst du begreifen, daß Gottes Wille ... kein von außen stoßender Mechanismus, sondern dein eigenes schöpferisches Leben ist?" (380) Doch auch schon in der Erstauflage wird mit dem Prädestinationsgedanken ein spezifischer reflexiver Vollzugssinn verbunden, auf dem seine systematische Bedeutung für den Theologiebegriff insgesamt beruht: „[S]prich nur aus gegen den Prädestinationsgedanken, was man vernünftigerweise dagegen sagen kann – gerade damit bejahst du ihn zu deinem Schaden" (373). Letztlich, wenn auch noch im ersten ‚Römerbrief' nicht ganz klar reflektiert, ist es dieser Mitvollzug des Prädestinationsgedankens, welcher die „Teilnahme an der von Gott ausgehenden zielbewußten und endlich siegreichen Bewegung der Geschichte" (386) ausmacht und zugleich dem Partizipanten bewußt macht und eben so die innere Struktur der theologischen Avantgarde als „Gottes Vorhut" (386)[152] bestimmt.

---

[152] Vgl. auch den Ausdruck: „alle mit Gott vorwärts Schreitenden" R I, 440.

2.2.3.1.2. Die theologische Avantgarde in der Geschichte der Gegenwart (Röm 10)

In Auslegung von Röm 10 plaziert Barth in sublim-polemischen, gegenwartskulturkritischen Schraffuren das theologische Handlungssubjekt als die wahre, wenn auch verborgene kulturelle Avantgarde, als das eigentlich moderne Christentum.[153]

Dazu beschreibt Barth die kirchlichen und theologischen Reformbemühungen der Vorkriegszeit als eine einzige Verfallsgeschichte,[154] deren kollektives Scheitern in der unmittelbaren Gegenwart evident geworden sei: „*[E]inmal* mußte es ja doch im Zusammenbruch *unserer* Sachen an den Tag kommen, daß *Gottes* Sache ausschließlich seine *eigene* Sache ist. Da stehen wir heute." (402) Aber aus dieser Katastrophenentwicklung der Moderne und des modernen Christentums heraus und gegen sie sei doch die „*Wendung*" (412) bereits im Gange. Indiz dafür sei, die wieder vernehmbare „Rede von der *Parteinahme* für Gott" (ebd.). Durch deren Präsenz kündige sich „das Ende der selbstwichtigen Religion und das Reich Gottes ... an. Wir stehen, seit wir das unzweideutige Lebenswort haben in Jesus, in einer großen Saatzeit [...] Es sind Leute da, die ... nun Gott *suchen* möchten.[155] Eine neue, wenn auch äußerlich zerstreute, kaum ihrer Zusammengehörigkeit sich bewußte Israels-Gemeinschaft ist in Bildung begriffen." (412f.)

Freilich ist – der selbstkritischen Logizität des Erwählungsgedankens entsprechend – die Teilhabe an der Avantgarde nur möglich im Medium theologischer Selbstkritik des Christentums. Kap. 10 steht unter der Überschrift „Eine Schuld" (394). Die Gegenwartserfahrung, daß der Anspruch auch eines modernisierungswilligen Christentums auf kulturellen und politischen Avantgardismus in der säkularen Moderne nicht mehr allgemein geteilt wird, „daß er [sc. Gott] uns verwirft und andere erwählt" (402), kann dann geradezu zum hinter-

---

[153] Vgl. die Anspielung auf die „Christentumsgesellschaft" (R I, 391) im Schlußteil der Auslegung von Röm 9. – Von diesem Interesse her ist die in Röm 9–11 besonders harsche Kritik des aufklärerischen Toleranzgedankens zu verstehen. Vgl. R I, 359, 396.

[154] Vgl.: „Israel hat ,nichts gemerkt'. Unter dem Stichwort ,Gerechtigkeit' [vgl. HERMANN KUTTER: Gerechtigkeit, 1905] eiferte es um seine eigene Gerechtigkeit. ,Mit Hilfe Gottes' [vgl. FR. NAUMANN: ,Die Hilfe'] sein eigenes Werk treibend, geriet es mit Gott selbst in unheilbares Zerwürfnis. Es entstanden tiefgehende ,Bewegungen', vortrefflich arbeitende Organisationen für Gottes Sache, es standen Professoren, Schriftsteller, Evangelisten, Volkstribunen auf, von denen der Zauber religiöser Hypnose ausging. Die Religion war 1909 eine so ,gewaltig spürbare Macht' geworden, daß ein besonderes ,Nachschlagewerk' über ihre Geschichte und Gegenwart [vgl. HERMANN GUNKEL (Hrsg.): Die Religion in Geschichte und Gegenwart. Tübingen 1909] dringendes Bedürfnis wurde. John Mott [!] reiste mit seiner Rede von der ,Entscheidungsstunde' von Land zu Land, und wir glaubten ihm halb und halb. Rastlose Weltkomitees waren an der Arbeit. In Basel jubelten die Sozialisten [vgl. 1. Sozialistische Internationale, 1905], in Edinburgh die Christen über das nahe herbeigekommene Gottesreich [vgl. Faith and Order, Edinburgh 1909] [...] Aber ob ,die Sache' nun auch wirklich *Gottes* Sache sei, ob *Gott* das alles wolle, danach wollte im Ernst niemand fragen; denn das war immer eine gefährliche Frage. Es war immer schon alles fertig ohne Gott [...] Und je größer der Eifer für Gott wurde, desto größer wurde der Widerspruch ..., in den wir uns verwickelten [...] [I]m besten Fall [kam es] zu einer Reform ... der alten Weltverhältnisse, die vom Standpunkt Gottes aus betrachtet mehr schadet als hilft, weil es über die Notwendigkeit des Kommens *seines* Reiches wieder ... hinwegtäuscht. Unsere ,Bewegungen' sind dann direkt die Ursache, daß Gott sich nicht bewegen kann". R I, 400–402.

[155] Das ist zugleich eine Anspielung auf den Titel des Predigtbandes – self-fulfilling prophecy!

gründigen Kennzeichen wahren, frustrationsresistenten theologischen Avant-
gardebewußtseins gewendet werden. In sublimen Mischungen aus Kulturkritik,
Geschichtstheologie und performativen Selbstinszenierungen zeichnet Barth
die theologische Avantgarde als das theologisch-selbstkritische[156] und darum
zukunftsmächtige Christentum, das als der legitime Erbe aller reformatorischen
Potentiale der Kirchengeschichte gelten dürfe,[157] und – das dokumentiert den
religiös-theologischen Doppelcharakter der Avantgarde – zugleich in der neueren und neuesten Theologiegeschichte den entscheidenden Innovationsimpuls
setze.

Die „Epoche" (437) der Theologie der Väter, die „sich nur noch in Wiederholungen
und Variationen dessen ergehen können, was sie schon vor zwanzig Jahren gesagt haben,
… von wo aus aber kein Durchbruch zu einem wirklichen Fortschritt in der Erkenntnis
mehr möglich ist" (436), weil sie belastet seien von einer „falschen Pietät und [einem]
historischem Schwergewicht" (437), diese Epoche sei nun als „böse Zwischenzeit" (438)
zu erkennen und endlich abzulösen. Dennoch dürften die „Vertreter eines wirklich
neuen Wesens an den Besitzern des alten Wortes Gottes nicht gleichgültig vorüberge-
hen" (358); sie sollten m. a. W. die theologische Auseinandersetzung suchen, auch wenn
dies mühevoll sei.[158] „Muß die Kirche ‚uns' jetzt den Dienst tun, uns durch ihre Stumpf-
heit und ihr Widersprechen zu umso unverdrossenerer Arbeit aufzufordern? Bis sie selber
vielleicht eines Tages ‚eifersüchtig' auf ihre eigene, jetzt verlorene Grundlage zurück-
kommt? *Das* ist sicher, daß der Blick auf alle mit Gott vorwärts Schreitenden uns immer
wieder Mut und Hoffnung gibt auch im Blick auf die jetzt hinter Gott Zurückbleibenden […] So blicken wir voll Hoffnung auf den ‚Rest': die *Wenigen*, und nicht ohne
Hoffnung auf die ‚Übrigen'[…] Gott ist frei." (440)

2.2.3.1.3. Das Telos der theologischen Avantgarde (Röm 11)

In der – mit dem Theologumenon der Erwählung belegten – Struktur der
Selbstunterscheidung der theologischen Avantgarde liegt, daß die Selbstparti-
kularisierung der Avantgarde (Röm 10) in reflexivem Umschlag wieder aufgehoben werden muß und kann.[159] Hier, in der Auslegung von Röm 11, wird die
berühmte Schlußformulierung aus dem Vorwort eingeholt, „dieses Buch …"
habe „… Zeit, zu – warten" (4). Die theologische Avantgarde könne, „was sie
weiß, ‚auf eine Tafel schreiben …, daß es bleibe für und für ewiglich' (Jes. 30, 8),
die Zeitgenossen aber können sie getrost ignorieren" (436). ‚Warten' könne die
theologische Avantgarde zum einen darauf, daß das Versagen „des modernen

---

[156] Vgl. unter diesem Gesichtspunkt die kleine bereits zitierte Reminiszenz an John Mott:
„[W]ir glaubten ihm halb und halb." R I, 400.

[157] Vgl. R I, 418–421.

[158] Die Abschnittsüberschrift lautet: „Die tauben Ohren". R I 417.

[159] Vgl.: „Wir dürfen in der Beurteilung einer bestimmten geschichtlichen Erscheinung …
nicht absoluter sein wollen als Gott selber […] Sofort erhebt sich bei solcher Rigorosität, die nicht
aus Gott ist, jener unerlöste Rest in uns selbst und macht uns, nachdem wir, ohne Gott zu fragen,
alle und alles verworfen haben, unsere eigene Erwählung zweifelhaft, und das mit Recht". R I,
431.

Christentums" angesichts der drängenden sozialen und politischen Probleme der Gegenwart sich insgeheim und inskünftig doch als die Voraussetzung wahrhafter Modernisierung des Christentums erweise.[160] ‚Warten' könne die Avantgarde ferner darauf, daß sich der von ihr erhobene absolute Modernitätsanspruch als der wahre erweist gegenüber den konkurrierenden Avantgardeansprüchen in Politik und Kultur, insbesondere des internationalen „Sozialismus" (444).

In Auslegung von Röm 11, 12–24 kann Barth die sozialistische Bewegung mit der theologischen Avantgarde geradezu identisch setzen.[161] Er deutet hier eine theologische Interpretation der internationalen sozialistischen Bewegung als Erbe des Christentums zumindest an. Aber damit soll gerade nicht der Identifizierung der theologischen Avantgarde mit einer bestimmten empirischen Größe das Wort geredet werden. Vielmehr weist das Telos der Avantgarde auch über diese Konkretionsform noch einmal hinaus.[162] Die „sozialistische Kirche in einer sozialistisch gewordenen Welt" (ebd.) ist Metapher für die „Hoffnung"[163] auf das geschichtlich universalisierte Ziel der theologischen Avantgarde.

2.2.3.2. Die äußere Charakteristik der Avantgarde – ein paraethisches Manifest (Röm 12–13)

„Jetzt sind wir in der Lage, auch darüber einiges zu sagen (und zu hören!), was wir denn nun unter der Herrschaft des ‚Geistes des Lebens' (8, 2) *tun sollen*". (462) Unter der Überschrift „Der Wille Gottes" (ebd.) werden in der Auslegung von Röm 12 und 13 ethische Konkretionen angekündigt. Der Übergang von der ‚Dogmatik' zur ‚Ethik' kann freilich gemäß dem insgesamt im ‚Römerbrief' vorgeführten Theologieverständnis nur ein relativer sein. Zum einen ist die im Ganzen des Kommentars vermittelte progressive Selbstdurchsichtigkeit der theologischen Avantgarde der Absicht nach die Selbstdurchsichtigkeit eines aktualen – in der bestimmten geschichtlichen Wirklichkeit der Gegenwart stehenden, respektive stehen sollenden – Handlungssubjekts. Darum tritt der argumentative Gesamtaufbau des Textes, näherhin der argumentative Vollzug[164] an

---

[160] Vgl.: „Der Marasmus des modernen Christentums offenbart sich in seinem Versagen gegenüber der sozialen Frage, in seiner wirren Ratlosigkeit gegenüber dem Krieg, in seiner heute das große Wort führenden Theologie, und schafft so selbst die Bedingungen, daß – vielleicht – die Botschaft vom Gottesreich in gehörigem Abstand von der kirchlichen Botschaft wieder zum Leuchten kommen kann." R I, 442f.

[161] Vgl. die wahrscheinlich auf den Sozialismus gemünzte Passage: „Daß doch vor allem die jetzt im Aufstieg begriffenen *neuen* Erwählten Gottes das wohl ins Auge faßten: Gott hat sein Volk nicht verstoßen! [...] Daß doch die, die jetzt an der Reihe sind, nicht übermütigen, radikalen Stimmungen und Schritten sich hingeben und so ihren eigenen Sturz vorbereiten möchten! Nicht sie haben gesiegt, Gott hat gesiegt." (R I, 440) Vgl. auch die nachfolgenden Abschnitte, R I, 440f.

[162] Vgl.: „Gott schickt sich vielleicht gegenwärtig an, auch den alt und unsicher gewordenen Sozialismus hinter sich zurückzulassen." R I, 444.

[163] R I, 427, Kapitelüberschrift.

[164] Vgl. die These, das ethisch-theologische Denken sei „... die Kraft Gottes zur *Erzeugung* sittlicher Begriffe für den Tagesbedarf, eben darum selber *kein* sittlicher Begriff, sondern das *Begreifen*". R I, 471.

die Stelle einer separaten theologischen Ethik, die eben darum „nicht abstrakt und im Allgemeinen" (524) vermittelt werden kann. Vielmehr durchziehen Reflexionen auf „die gegenwärtige Lage" (436) den gesamten Text.[165] Zum andern kann und darf gemäß dem theologischen Reflexionscharakter des Handlungssubjekts die Beantwortung der Frage, „was wir denn nun … *tun sollen*" (462), nicht zu einer von der sprachlich-theologischen Selbstexplikation losgelösten ethischen ‚Praxis‘[166] führen: „Es gibt unter dem *letzten* Gesichtspunkt, den wir im *Christus* einnehmen müssen, *keine Ethik*. Es gibt nur die *Bewegung Gottes*, der in jedem einzelnen Augenblick unsererseits eine ganz bestimmte Erkenntnis der Lage und unseres daraus folgenden notwendigen Tuns entsprechen muß." (524)[167]

2.2.3.2.1. Ein Ethos der Überlegenheit

Zwar finden sich in der Auslegung von Röm 12f. auch Hinweise auf die Prinzipien ethischer Urteilsbildung sowie die emphatische Forderung, die Ethik als einen Prozeß rationaler Urteilsbildung zu beschreiben.[168] Aber der im wesentlichen einzige Fingerzeig auf die Durchführungslogik ethischer Urteilsbildung besteht in dem Postulat, das „erneuerte Denken …" sei „… zu einem ‚*Gefühl*‘ zu entwickeln, d.h … zu einem feinen … *Organ der Prüfung*, der konkreten Erkenntnis, *was* der Wille Gottes ist‘" (471). Barth führt diese solchermaßen angekündigte Lehre rationaler oder emotionaler Urteilsbildung dann aber nicht aus. Sein Verfahren besteht eher darin, ethische Grundprobleme zu identifizieren und sie zu „im Christus" überwundenen zu erklären.[169] Inhaltlich zeigen die entsprechenden Zielbeschreibungen eine Tendenz zu einem organizistischen Gesellschaftsmodell[170] mit antiindividualistischen Pointen[171], in dem aber dennoch das Eigenrecht des Individuums[172] und plurale Meinungsvielfalt gewahrt sein sollen.

---

[165] Vgl. R I, 45, 108, 142, 146, 185–188, 205f., 312, 341, 357, 384.

[166] Vgl.: „Ermahnen ist … das Aussprechen der Tatsache einer gemeinsamen Bewegung, durch welches sich die Bewegung von einem Augenblick zum andern in Bewegung *erhalten* möchte, wobei also der Sprecher nur zufällig der Sprecher, sondern eigentlich die bewegte Gemeinschaft das redende Subjekt ist (15, 14–16). Ermahnen kann ich also, und ermahnen lassen können sich nur *Brüder*, Mitbewegte". R I, 463.

[167] Vgl.: „*Dieses* Programm kann nicht Gegenstand einer ‚Ethik‘ werden. Der Christusleib muß wachsen in seiner eigenen Kraft." R I, 507.

[168] Vgl. R I, 469f.

[169] Vgl.: „So wird im Christus alles von selbst zustande kommen, was die Weltmoral vergeblich postuliert: die Gemeinschaft und die Freiheit." R I, 484.

[170] Vgl.: „Wir sind keine äußerliche, zufällige Gemeinschaft wie der Staat oder die Kirche, die auf die Autorität und Freiheit *ohne* Gott und *ohne* Liebe aufgebaut sind. Wir sind die innerliche, notwendige Gemeinschaft, die durch höhern Willen besteht und erhalten wird […] Also wird unsere Gemeinschaft nicht das Bild eines *Aggregats*, eines Sandhaufens bieten, sondern … das Bild eines *Organismus*, dessen einzelne Teile in sich vollendet *sind*, was gerade *sie* sein müssen, ja sogar in sich vollendet je das Ganze repräsentieren und charakterisieren" (R I, 476). Hier schlägt die organizistische Metaphorik ethisch durch.

[171] Vgl. R I, 477, 483f.

[172] Vgl. die These, im christlichen Miteinander komme auch „die *Ehrerbietung* …" zu ihrem Recht, „… die eine Individualität der andern schuldig ist. Auch das keine abstrakte Pflicht, denn die Individualität ist an sich nichts Heiliges". R I, 483f.

An die Stelle einer differenzierten Reflexion auf den ethischen Urteilsbildungsprozeß tritt der Aufruf zur Partizipation an der „göttliche[n] Vorwärtsbewegung" (487). Dementsprechend beschreibt Barth den Prozeß ethischer Urteilsbildung weniger als ein bestimmtes Urteilsverfahren, denn als Ausdruck einer bestimmten „Haltung" (466)[173], eines bestimmten Ethos.

Es ist ein Ethos der „Überlegenheit" (491), das Barth hier skizziert: „Die Überlegenen sein! Nur dann seid ihr Gottes Leute! Euer Licht muß stärker leuchten als das Licht der Welt." (Ebd.) Die „Überlegenheit" der theologischen Avantgarde soll eine radikale, prinzipielle Überlegenheit sein, weil „... ihr nicht irgend eine Bewegung vertretet, sondern in christlichem *Hoch*mut die Bewegung Gottes selber." (Ebd.) Das Ethos der Überlegenheit gründet in einem Absolutheitsbewußtsein, das sich konkurrierenden ethischen Eliten als „Träger eines neuen Lebensprinzips" (492) radikal überlegen weiß, ohne diese Überlegenheit durch materiale ethisch-politische Stellungnahmen im politischen Tagesstreit ausweisen zu müssen. „Ihr könnt wohl *ihre* ‚Feinde' sein ..., nicht aber sie *eure* Feinde! Ihr könnt wohl als Partei dastehen in ihren Augen ..., ihr könnt aber die andern nicht als gegen euch gescharte Partei auffassen, ernst nehmen [...] Denn euer neues Lebensprinzip, das euch eure Überlegenheit gibt, beruht ja gerade darauf, daß Gott nun durch die Kraft der Auferstehung *aller* Menschen Gott ist und werden will." (Ebd.)[174] So wächst der theologischen Avantgarde durch ihr quasi metaethisches Überlegenheitsethos im Medium überlegener Negation anderer kultureller Eliten hintergründig ein gewisses Konkretionsprofil zu.[175] In diesem Ethos soll die „Bewegung des Gottesreiches" (490) im intentionalen Selbstbewußtsein der ‚impliziten Leser' zu sich selbst kommen. So gesehen stellt die Auslegung von Röm 12f. den Kulminationspunkt der Gesamtargumentation dar.

Dem entspricht, daß in diesen Abschnitten die für den ersten ‚Römerbrief' insgesamt kennzeichnenden Mittel rhetorischer Inszenierung einen Höhepunkt erleben. Hinter der inszenierten Zwiesprache, die der Autor, in der Rolle des Lehrers hier mit seinen Schülern – „Brüdern" – hält, schimmern palimpsestartig Nietzsches Zarathustrareden durch,[176] und hinter diesen und rhetorisch

---

[173] Vgl. R I, 478.

[174] Vgl. auch: „Geht ihr davon aus, daß es die große, allgemeine Sache Gottes ist, die ihr führen dürft, nicht die kleine, enge Sache einer menschlichen Idee!" R I, 493.

[175] Vgl.: „Der Freisinnige, der dich bekämpft, ist ein *armer* Mann [...] [V]erschaffe du ihm, wenn du kannst, die Realität, die er in seiner Traum- und Phrasenwelt so bitter vermißt [...] Der Kirchenmann, der dich mißversteht und einengt, ist ein *armer* Mann. Hüte dich vor seinem Wohlgefallen![...] [L]aß ihm, wenn du kannst, die Wahrheit so ins Herz hinein leuchten, daß er sie sehen muß". R I, 498.

[176] Vgl. für Nietzsche Passagen wie die Schlußreden im „Zarathustra": Friedrich Nietzsche: Also sprach Zarathustra (KSA 4), 3. Aufl., München 1990, 390ff. Damit soll nicht behauptet werden, daß Barths Auslegung von Röm 12f. Nietzsches *Zarathustra* geradewegs zum Vorbild nehme; die Forschung ist mit der Behauptung solcher unmittelbarer Bezugnahmen auf vermeintliche Textvorlagen für Röm 13 nicht eben glücklich gewesen (vgl. Marquardts vermeintliches Lenin-Palimpsest, in: Friedrich Wilhelm Marquardt: Theologie und Sozialismus, 126ff., vgl. dazu das Nachwort zur 3. Aufl., 378f.). Immerhin ist aber bemerkenswert, daß Barth zumin-

vermittelt durch diese, die Abschiedsreden des Johannesevangeliums.[177] Letztere Assoziation stellt sich hier vor allem deshalb ein, weil mit der Hinwendung
zur ethischen Konkretion der Autor gewissermaßen Abschied zu nehmen beginnt von seinen Lesern. Sie werden sozusagen in die Welt gesandt, indem
ihnen der Autor mitgibt, „daß ihr das euch gegebene göttliche Wort durch euer
Verhalten nicht nur zu bewähren, sondern zu *verkündigen* habt. Die Welt sieht
auf euch." (491)

2.2.3.2.2. Politische Ethik – ein Exkurs

In einem Brief an Paul Wernle[178] läßt Barth durchblicken, kein einzelner
Abschnitt des Römerbriefs habe ihm soviel Mühe gemacht wie die Staatsperi-
kope in Röm 12f.[179] Das dürfte damit zusammenhängen, daß sich die Barthsche
Metaethik mit dem Thema des Staates, also des Politischen, und insbesondere
angesichts des zeitgeschichtlichen Problemdrucks einer Konkretionsforderung
ausgesetzt sieht, die den metaethischen Argumentationsduktus stört, der sie sich
aber doch nur schwer zu entziehen vermag. Darum erklärt Barth genau dies, die
Wahrung des Metaethos, zur politischen Devise: „Wahrt eure Überlegenheit!
[L]aßt den Staat *seinen* Gang gehen und geht ihr als Christen den *eurigen*! Das
Christentum ... konkurriert nicht mit dem Staat, es negiert ihn: seine Voraussetzung und sein Wesen. Es ist *mehr* als Leninismus!" (506)
  Barths Verweigerung einer operationalisierten ethischen Prinzipienlehre führt
im Bereich der politischen Ethik zu einem nicht näher begründeten doppelten
Schwanken zwischen einer moralischen Degoutierung machtstaatlicher Politik[180]
und einer hintergründigen theologischen Sanktionierung der Machtstaatspoli-
tik im Stile des konservativen Kulturluthertums des 19. Jahrhunderts[181] auf der
einen Seite und Sympathien für die „äußerste Linke" (508) auf der anderen
Seite, vor denen er aber zugleich auch wieder warnt.[182] Dominierend ist freilich
ein Plädoyer für eine Befreiung des Politischen von religiösem Pathos, also für
eine Versachlichung der Politik, das freilich seinerseits in ein pompöses rhetorisches Pathos gehüllt wird: „Ihr sollt den Staat religiös aushungern, ihr sollt ihm

---

dest in der Überarbeitungsphase nach Erscheinen des Buches Nietzsches Zarathustra im Rahmen
von Röm 13 – und nur hier! – assoziiert. Vgl. R I, 503, Anm. 50.

[177] Vgl. neben der permanenten Anrede an ‚die Brüder', die Opposition von „Brüdern" und
„Welt" (R I, 491), vgl. besonders: „Ich weiß: ein unmittelbares Gefühl ... treibt euch in gewissen
Augenblicken fast unwiderstehlich [...] Ich liebe euch um dieses Dranges willen" [!]. R I, 495.

[178] Abgedruckt im Anhang des ersten ‚Römerbriefs' in der Werkausgabe; vgl. R I, 638–646.

[179] Bei Barth Röm 12, 21–13, 8a, vgl. R I, 500.

[180] Vgl.: „*Alle* Politik ist als Kampf um die Macht, als die teuflische Kunst der Majorisierung,
*grund*schmutzig [...] Sag Gustav Adolf oder Napoleon, sag Cromwell oder Friedrich der Große,
sag Windthorst oder Bebel, es ist ‚ein garstig Lied, pfui, ein politisch Lied'" (R I, 502); vgl.: „Es
lohnt sich nicht zu unterscheiden." R I, 503.

[181] Vgl. die Rede von den „... eigenherrlich gewordene[n], nur-weltliche[n] Kräfte[n].." , die
„... gottlos ... [seien] und bleiben doch, eben als Absplitterungen von der Kraft Gottes ... der
göttlichen Leitung ... untertan." R I, 503.

[182] Vgl. R I, 513.

das Pathos, den Ernst und die Wichtigkeit des Göttlichen verweigern, ihr sollt euer Herz nicht bei eurer Politik haben, eure Seelen sind und bleiben den Idealen des Staates entfremdet – aber eure moralische Mitwirkung dürft ihr ihm *nicht* versagen." (517) Daß damit im Grunde schon sprachlich eine Grundforderung liberal-demokratischer Politik nachvollzogen ist, wird wiederum nur im Medium palimpsestartiger Camouflage angezeigt.[183]

Wenn man will, dann kann man als ein allerdings sehr verdecktes Erbe liberaler Tradition auch die leitende politisch-ethische Absicht des Autors lesen, „[d]as Maß und die Art eurer Anteilnahme an der Gestaltung des politischen Lebens ... nicht [zu] präjudizier[en]" (508). Wenn er ‚die Brüder' bezüglich allfälliger Konkretisierungsbedürfnisse mit den Worten bescheidet, „[a]ber darüber müßt ihr im Einzelnen die Ethik konsultieren" (ebd.), dann stellt sich freilich die Frage, welche Ethik dies eigentlich sein soll, die der Autor hier geradezu reflexartig empfiehlt. Er selbst jedenfalls scheint eine solche Ethik weder schreiben noch anerkennen zu wollen.

2.2.3.3. Die innere Charakteristik der Avantgarde (Röm 14–15, 13)[184]

An den drei Schlußkapiteln des Römerbriefs führt Barth vor, wie sich das in den bisherigen Kapiteln aufgebaute theologische Kollektivsubjekt der Freiheit intern so differenziert denken läßt, daß es die grundlegenden Differenzen, die in dessen Konstituierungs- und Realisierungsprozeß als negiert behauptet wurden, in sich selbst prozessual freisetzt und darum zu integrieren vermag: die Differenz von Avantgarde und ‚Kirche', die Differenz von Avantgarde-Kollektiv und Individuum und schließlich und abschließend die für den Text als Text entscheidende Differenz von Autor und Rezipient. Ziel der Auslegung der Schlußkapitel ist es mithin, „die Bewegung" (so lautet die Überschrift der Auslegung von Röm 14, 1–15, 13) an der Stelle des faktischen religiösen Bewußtseins als Inhalt von dessen wahrhafter theologischer Selbstdurchsicht zu explizieren.

Es ist die paulinische Unterscheidung der „Starken" und „Schwachen" innerhalb der römischen Gemeinde, die Barth nutzt, um die interne Aufgeschlossenheit der Avantgarde für die Differenz von theologischer und faktischer Religiosität zu explizieren. Barth bestimmt „die Starken" als diejenigen, für die

---

[183] Zwölf Seiten vor diesem Zitat (R I, 505) findet sich aus Ernst Troeltschs Soziallehren die theologiegeschichtliche Bemerkung aufgenommen, das neutestamentliche Christentum habe die „*Seelen seinen* [sc. des Römischen Staates] *Idealen entfremdet*". Vgl. ERNST TROELTSCH: Die Soziallehren der christlichen Kirchen und Gruppen, 72.

[184] Die einzige literarkritische Operation, die Barth im ‚Römerbrief' durchführt, besteht in der Umstellung des Schlußabschnitts Röm 16, 25–27 ans Ende von Röm 14 (vgl. R I, 544, 556f.). Hierbei handelt es sich ganz offensichtlich um eine Notlösung, die im zweiten ‚Römerbrief' dann auch durch das gänzliche Ausscheiden des Abschnitts behoben werden wird (vgl. R II, 506–508 Anm., 521). Denn die Umstellung ist nicht durch die Meinung bedingt, daß der Abschnitt an der neuen Stelle einen systematischen Gewinn im Rahmen des Gesamtgangs der Argumentation brächte, sondern lediglich dadurch, daß er diesen an der alten Stelle zu stark störe.

„das Göttliche sozusagen in der Offensive gegenüber der noch unerlösten Welt" (534) ist; wohingegen für „die Schwachen" „das Göttliche … das Leben nicht von selbst [reformiert], sondern immer durch die Maßnahmen, die die Menschen ergreifen" (535f.). Da die letztere Position verrät, daß in ihr die sittlich-praktische Selbstrealisierung nicht konsequent als Implikat und Folge religiös-theologischer Selbstdurchsicht gedacht ist, ist sie ‚falsch'. „Eure Überzeugung …", so wendet sich der Autor an die ‚Starken' „… ist die richtige" (554). ‚Die Starken' sind also diejenigen Rezipienten, deren theologische Selbstdeutung der Textbotschaft insgesamt entspricht. Dementsprechend ist der eigentliche Adressat der Passage wie des ganzen Textes, der ‚implizite Leser' also, die Gruppe „der Starken". Sie werden als die „Fortschreitenden" (532) adressiert, deren Aufgabe es aber gerade sei, „die Zurückbleibenden …", also „die Schwachen", „… *mit[zu]nehmen*" (ebd.). Innerhalb der „Bewegung" wiederholt sich also die praktisch-appellative Struktur, die für die „Bewegung" insgesamt (in ihrem Weltverhältnis) konstitutiv ist: „Eure Kraft ihnen gegenüber muß sich darin erweisen, daß ihr sie wirklich führt …, vorwärts bringt, wie es eurer Stellung im Organismus des Ganzen entspricht" (533). Solchermaßen von der Avantgarde zur Avantgarde der Avantgarde gesteigert, soll „die Bewegung" den vitalen theologischen Reflexionsprozeß, in dem sie prozediert, und die Deutungsdifferenzen, ohne welche dieser nicht zu denken ist, als ihre Verlaufsform akzeptieren können, „ohne daß sie deshalb ihre Einheit verlieren … müßte." (531) Die theologische Reflexivität der Avantgarde setzt sich gegen die ‚religiöse' Selbstdeutung stets nur prozessual durch: „Die Bewegung, in der ihr alle steht, umfaßt beide Wahrheitsmomente: ihr *seid* im Christus, und ihr *werdet* erst, was ihr seid. (550) Wer ist unter euch, der nicht beides in sich trüge, der nicht stark *und* schwach wäre" (ebd.).

Damit ist der Übergang zur Differenz von normativer theologischer Selbstdeutung der Avantgarde und den faktischen individuellen religiös-theologischen Differenzen ihrer intentionalen Mitglieder eingeleitet. Kommunizierte theologische Reflexions*tätigkeit* darf die individuelle Selbsttätigkeit ihrer Adressaten nicht negieren, sondern sie muß sie voraussetzen.[185] Freilich ist unverkennbar, daß Barth in diesen Abschnitten stark zwischen einer − liberalen − Selbstbegrenzung der normativ-theologischen Reflexion gegenüber den Eigenrechten individueller Selbstauslegung − „Wir können nur die Frage nach Gott aufwerfen, die Freiheit und die Verantwortlichkeit für die Antwort aber dem Einzelnen überlassen" (544) − und einer korporatistischen Konzeption der Avantgarde schwankt, die von der Sehnsucht nach einem „*Ganzen* der kommenden *Gotteswelt* …" getrieben sein soll, „… an dem der Einzelne nur gliedhaft-organisch beteiligt ist, in dem das individuelle Ich nur funktionelle Bedeutung hat, die Liebe Gottes, nach der unser tumultuarischer Individualismus vergeblich haschte, in Kraft tritt." (559)

---

[185] Vgl.: „Wir können nur die Frage nach Gott aufwerfen, die Freiheit und die Verantwortlichkeit für die Antwort aber dem Einzelnen überlassen". R I, 544, vgl. insgesamt R I, 543f..

2.2.3.4. Theologie der Avantgarde als kommunikative Selbstauslegung individuell-religiöser Freiheit

Die letzte Interndifferenz, welche die reflexive Selbstentfaltung der theologischen Avantgarde, die Barth in Auslegung des paulinischen Römerbriefes vorführt, einzuholen hat, ist, wie gesagt, die Differenz von Autoren- und Rezipiententätigkeit, mithin die für den Text als solchen konstitutive Formaldifferenz. In Auslegung der Schlußabschnitte des Römerbriefs (Röm 15, 14–33; 16, 1–24) soll diese nun als notwendige und sachadäquate Erscheinungsform der durch den Text erzeugten und von ihm progressiv intendierten Identität von theologischer Reflexivität und (intentional) faktischer individueller Religiosität durchsichtig werden: „Wie seltsam, nicht wahr, so ein langer Brief, so viele Worte über das, was doch so einfach ist! […] Im Christus *muß* geredet werden, weil gerade im Christus nicht geredet werden *muß.*“ (568) Damit wird am Ende des Textes der Theologiebegriff, den er entfaltet hat, selbst noch einmal als solcher thematisch. Die entsprechenden einleitenden hermeneutischen Reflexionen über das Verhältnis von Autor, Text und Rezipienten sollen hier nun als durch den Gesamtgang der Argumentation gedeckt zur Darstellung gebracht werden.

„Es ist ja alles gemeinschaftlich zwischen Apostel und Gemeinde … Da gibt's kein Belehren, Erziehen, Predigen. Da gibt's nur ein Aussprechen von dem, was im Christus *ist*: im Redenden *und* im Hörenden […] Ich spreche nur aus, was zwischen uns in der Luft liegt.“ (568) Das erinnert nach Stil und Inhalt nicht von ungefähr an die ,Reden über die Religion' des jungen Schleiermacher,[186] womit jene Einholung der einleitenden hermeneutischen Vorgaben signalisiert wird. Die im Text gemäß der Intention des Autors vollzogene theologische Kommunikation wird nun selbst als der Grundvollzug religiöser Kommunikation gedeutet: „[W]ie ich redend in diesem Augenblicke bin, was ich sein muß, der Priester des Christus, euer Vertreter vor Gott und Gottes Vertreter vor euch, so seid ihr hörend im gleichen Augenblick das, was ihr sein müßt: die Gott zum Opfer gebrachte und von Gott mit Wohlgefallen aufgenommene Welt, Keim und Ansatz eines neuen Menschheitsorganismus, die Verheißungsträger des kommenden Äon“ (570). Mit dieser Beschreibung wird der fundamentale Sinn des den Text strukturierenden Theologiebegriffs aufgedeckt: im Akt der kommunikativ-theologischen Reflexion, der ,Verkündigung', die der Text leisten will, soll sich die Konversion von „Welt“ bzw. „Heidenwelt“[187] in Glaubende vollziehen.[188] Diese religiöse Funktion der theologischen Reflexionskommu-

---

[186] Vgl.: „[A]ber so liegt die Sache der Religion …, daß wer von ihr etwas ausspricht, muß es notwendig gehabt haben, denn er hat es nirgends gehört […] Wenn ich so von ihr durchdrungen endlich reden und ein Zeugnis von ihr ablegen muß, an wen soll ich mich damit wenden als an Euch?“ (Friedrich Schleiermacher: Reden über die Religion, 27). Vgl. allgemein die in der dritten Rede entfaltete These, daß „in der wahren religiösen Geselligkeit alle Mitteilung gegenseitig ist“; aaO., 136.

[187] Vgl. Röm 15, 15.

[188] Vgl.: „… sondern den Heiden (auch dem Heiden in den Christen, dem Weltlichen in den Frommen!) den *unbekannten* Gott zu verkündigen, dem sie unwissend Gottesdienst tun …“ (R I,

nikation vollzieht sich, indem sie „die Erkenntnis, deren ihr selbst voll seid, gegenständlich zu machen ..." sucht, „... damit ihr aufs neue Besitz von ihr ergreift" (ebd.). Auf eben diese Weise soll die gebotene theologische Verständigung als Selbstauslegung eines *individuellen* religiösen Bewußtseins – und darum als „eine freie Kunst" (ebd.) im Gespräch mit anderen Individuen – verständlich gemacht werden.[189]

Es ist mithin eigentlich diese Form der theologischen Kommunikation, in welcher das „*Persönliche* und *Individuelle* ...", das im Gesamtgang der Argumentation „... schweigend im Sachlichen und Gemeinsamen mit inbegriffen" (575) gewesen sei, ausdrücklich zu seinem Recht kommen soll. Und umgekehrt gilt darum für die theologische Kommunikation, daß für sie diejenige Kommunikationsform idealtypischen Leitbildcharakter hat, in welcher die individuellen Differenzen am plastischsten manifest sind: das mündliche Gespräch unter leiblich Anwesenden. Als dessen Darstellung gibt sich Barths Römerbrieftheologie an ihrem Ende zu erkennen, wenn Barth die paulinischen Reisewünsche übersetzend selbst als Autor quasi-physischen Abschied nimmt von seinen Lesern: „[W]as kann es für Menschen, die durch eine gemeinsame Sache verbunden sind, Nötigeres und Erfreulicheres geben, als sich ... schließlich auch leiblich wandernd im muntern Rythmus innerer und äußerer Bewegung über Berg und Tal das Geleite zu geben!" (573) In Barths Handexemplar steht am Rand das Wort: „Böhler!"[190]. Das ist der Name eines Höhenrückens zwischen den Gemeinden Safenwil und Leutwil, über den hin und her wandernd die beiden Aargauer Dorfpfarrer in jenen Jahren des Ersten Weltkriegs ihren religiös-theologischen Austausch praktisch betrieben haben.

2.3. Erwählungspragmatik: Theologie als Vollzug von Gotteserkenntnis

2.3.1. Ursprungsphilosophie und Theologiebegriff – oder: ‚An was arbeiten wir eigentlich?'

Für den Theologiebegriff des ersten ‚Römerbriefs' ist die Spannung zwischen einem reflexiv-autopoietischen und einem deskriptiven Verständnis von Theologie kennzeichnend. So sehr – sowohl im Hinblick auf den Gesamtaufbau der Argumentation wie auch im Hinblick auf seine semantische wie rhetorisch-pragmatische Einzeldurchführung – die Absicht des Autors erkennbar ist, Theologie als den Vollzug der Selbsterfassung der ‚Gottesbewegung' zu präsen-

---

572). Im Handexemplar ist die Klammerbemerkung durch ein an den Rand geschriebenes „sic!" unterstrichen; vgl. die entsprechende redaktionelle Anm. R I, 572, Anm. 6.

[189] Vgl.: „Was ich euch gesagt habe von der Kraft der Gerechtigkeit zum Leben, vom Werk der Gnade in der Freiheit und im Geiste, von den Wegen und dem Willen Gottes, seht, ich habe es alles nicht ausgedacht, sondern abgelesen aus dem Buche meines Lebens, in das der Christus sich selber eingetragen." R I, 571, Anm. 7.

[190] Vgl. die Anm. des Hrsg., R I, 573.

tieren, so sehr bleibt der Theologiebegriff doch wiederum deskriptiv bezogen auf einen „*Begriff von Gott* …“, der uns „… so unmittelbar gegeben [ist] wie unser eigenes Sein"[191], bleibt Theologie anamnetischer *Nach*vollzug einer Erkenntnis, die auch vor und außerhalb dieses Vollzugs schon als gegeben gedacht ist, lediglich dazu angetan, „… damit ihr aufs neue Besitz von ihr ergreift" (570). Diese noch unvollständige Inversion abzubauen, ist das Ziel, das Barth in den Monaten und Jahren nach der Drucklegung des Buches immer klarer ins Auge faßt. Das Ergebnis wird der zweite ‚Römerbrief' sein.

Diese Übergangszeit fällt mit dem Ende des Ersten Weltkriegs und der unmittelbaren Nachkriegszeit zusammen. Sie ist die heiße Phase der Kultur- und Gesellschaftskrise, in der für das Bewußtsein der Zeitgenossen in Deutschland aber auch in der Schweiz „Revolution" nicht ein Begriff politischer Programmdebatten oder des Feuilletons, sondern der realen Tagespolitik ist. Barths theologische Entwicklung zwischen den beiden Auflagen seiner ‚Römerbriefe' hält mit dieser politisch-kulturellen Entwicklung genau Schritt. Es ist eine Entwicklung theologisch-systematischer wie kulturdiagnostischer Radikalisierung. In dieser Doppelung liegt freilich zugleich das Moment der Konsolidierung – oder auch des Selbstabschlusses – der Theorie: in dem Maße, in dem die theologische Systematik radikaler wird, d. h. in dem sie ihre reflexiv-autopoietische Ursprungskonzeption konsequenter verfolgt, in eben diesem Maße wird die Kulturdiagnose schärfer, kann sie schärfer werden, weil die Vermittlung der Theologie mit einem statischen religiösen Substratum außerhalb ihrer selbst in der kulturell-politischen Wirklichkeit nun sukzessive zurückgenommen wird.

Die Frage, ob Barths Theorie diese Entwicklung auch ohne jene Außeneinflüsse genommen hätte, ist schwer zu beantworten und im Grunde falsch gestellt. Bringt man nämlich – auf dem Weg analytischer Abstraktion – die radikalen kulturkritischen Diagnosegehalte, welche die Texte jener Jahre kennzeichnen, in Abzug, skelettiert sie gewissermaßen, dann wird man des enormen Plausibilitätsgehalts nicht mehr ansichtig, den diese Texte für viele Zeitgenossen gehabt haben; ihre reflexiv-autopoietische Gedankenstruktur als solche hätte ihn nicht zu erzeugen vermocht. Die äußeren Plausibilitätsbedingungen der Kulturkrise haben es ermöglicht, daß Barth jenen radikal-kritischen, autopoietischen Theologiebegriff entwickeln konnte, der sein deskriptives Potential im Gestus radikaler kultur- und religionskritischer Negation entfaltet.

Damit ist auch schon angedeutet, wie man die für die Richtung von Barths theologischer Entwicklung in dieser Phase bestimmenden theoretischen Außeneinflüsse zu gewichten haben dürfte. Es ist klar, daß in der Kulturkrise die großen Krisenintellektuellen der Zeit, Kierkegaard, Nietzsche, Overbeck auch Dostojewski, verstärkt in Barths Gesichtskreis treten. Die im ersten ‚Römerbrief' noch kräftig hörbaren Stimmen der onto-theologischen Geschichtstheologen Chr. Blumhardt und H. Kutter werden unter diesen Einflüssen allmählich leiser. Blickt man aber auf die Entwicklung der methodisch-systematischen

---

[191] R I, 28.

Struktur von Barths Theologiebegriff als solche, dann wird man das eigentlich theoretisch treibende Potential in der erneuten und deutlich verstärkten Auseinandersetzung Barths mit dem Marburger Neukantianismus insbesondere in der Gestalt seines Bruders Heinrich Barth sehen.[192]

Insbesondere Heinrich Barths im April 1919 in Aarau gehaltene Vortrag „Gotteserkenntnis"[193] ist Barth nach eigener Auskunft zum „Antrieb geworden, das totaliter aliter des Gottesreiches noch viel kräftiger ins Auge zu fassen."[194] Schon vor der Fertigstellung des ersten ‚Römerbriefs‘, im Sommer 1918 kommt es zu einer Intensivierung der intellektuellen Begegnung der beiden Brüder, die für K. Barth die philosophische Orientierungsfunktion, die für ihn der Marburger Neukantianismus insbesondere in der platonisierenden Wendung seines Bruders seit Jahren hat, bestätigt und bekräftigt.[195] Literarisches Dokument dieser erneuten Beschäftigung K. Barths mit dem Neukantianismus ist insbesondere der Tambacher Vortrag „Der Christ in der Gesellschaft"[196]. Auf diesen habe, wie Barth an Thurneysen schreibt, „Heiners Vortrag [sc. ‚Gotteserkenntnis‘] mit Wind und Gegenwind mächtig ... eingewirkt."[197] In Bezug darauf hat F. W. Marquardt von einer „enge[n] Arbeitsgemeinschaft"[198] der beiden Brüder in diesem Zeitraum gesprochen; dieses Urteil ist von der neueren Forschung unterstrichen worden.[199] Nach Lohmanns Auffassung präzisiert Barth unter dem Eindruck von Heinrich Barths Vortrag seinen Ursprungsbegriff im Sinne des „dialektische[n] Gedanke[ns] einer ‚echten‘, radikalen Transzendenz, die in ihrer Radikalität gerade auch eine Immanenz beinhaltet"[200]. Die Schwierigkeit dieser, wie sich zeigen wird, deskriptiv durchaus einleuchtenden Interpretation ist allerdings eine doppelte. Zum einen kann nicht behauptet werden, daß eine Erkenntnis dieser Art für Barth eine tatsächliche Innovation darstellen würde. Sie ist ihm schon von H. Cohen her und spätestens seit der Lektüre von Heinrich Barths Descartes-Dissertation im Grunde, nämlich als das sich dort findende Konzept dialektischer „Ungrundlegung", präsent.[201] Zum andern gilt:

Wenn man für die Jahre 1918 bis 1922 von der Annahme einer „engen Arbeitsgemeinschaft" der beiden Barthbrüder ausgeht, dann stellt sich die Frage, worin in dieser die differentia specifica der Position von K. Barth zu suchen sei und worin er sie selbst gesehen hat. In jenem Brief vom 23. Juli 1918, in dem Barth Thurneysen vom erfreulichen neuen Austausch mit seinem Bruder berichtet, heißt es nach der Feststellung des gemeinsamen „Idealismus": „Wo

---

[192] Mit JOHANN FRIEDRICH LOHMANN: Karl Barth und der Neukantianismus, 243f.

[193] HEINRICH BARTH: Gotteserkenntnis (1919). In: Jürgen Moltmann (Hrsg.): Anfänge der dialektischen Theologie, Teil I, 221–256.

[194] Brief an Thurneysen, 13.4.1919, Ba-Th I, 325.

[195] Vgl. den Brief an Thurneysen vom 23.7.1918, Ba-Th I, 287.

[196] In: Jürgen Moltmann (Hrsg.): Anfänge der dialektischen Theologie, Teil I, 3–37.

[197] Brief an Thurneysen vom 11.9.1919, Ba-Th I, 344.

[198] FRIEDRICH WILHELM MARQUARDT: Theologie und Sozialismus, 211.

[199] WERNER M. RUSCHKE: Entstehung und Ausführung der Diastasentheologie in Karl Barths zweitem „Römerbrief" (Neukirchener Beiträge zur Systematischen Theologie, Bd. 5), Neukirchen-Vluyn 1987, 111, 140; JOHANN FRIEDRICH LOHMANN: Karl Barth und der Neukantianismus, 247, 252ff.

[200] AaO., 265.

[201] Lohmann spricht dementsprechend auch davon, daß Barth den so verfaßten Ursprungsbegriff wieder neu kennengelernt habe, vgl. ebd.

steckt eigentlich der Gegensatz? Ich höre nur immer die Einladung zur richtigen Begriffsbildung, und das ist nun allerdings unsre ‚Arbeit‘ nicht gewesen. Müßte sie es werden? Und wenn nicht, an was ‚arbeiten‘ wir eigentlich?"[202]

Die intensivierte Begegnung mit dem platonisierend gewendeten Neukantianismus von Heinrich Barth wirft, wie man sieht, für Karl Barth mit neuer Dringlichkeit die Frage nach der differentia specifica theologischer im Unterschied zu philosophischer Ursprungsreflexion auf. Damit wird die Entwicklungslinie, die mit dem Predigtband und dem ersten ‚Römerbrief‘ eingeschlagen ist, auf den Prüfstand gehoben und gewissermaßen reflexiv verstärkt. Die „Theologizität" (I. Spieckermann) theologischer Ursprungsreflexion kann – so hat man m. E. Barths Überlegungen zu rekonstruieren – nicht darin bestehen, daß ursprungslogische Reflexion auf theologische Material- und Vorstellungsbestände lediglich äußerlich appliziert wird. Eine Schematik von formaler Möglichkeit (Ursprungsphilosophie) und materialer Wirklichkeit (Ursprungstheologie) kann nur die Richtung der Unterscheidung angeben. Vielmehr muß die materiale Entfaltung theologischen Ursprungsdenkens genau so vollzogen werden, daß sie in ihrem Vollzug als die progressive Realisierung der (Ursprungs-) „Einheit von Erkenntnis und Handeln"[203] gedacht, vermittelt und praktiziert wird.

Es sind im Zeitraum zwischen den beiden ‚Römerbriefen‘ vier einschlägige Publikationen, an denen diese reflexive Intensivierung der theologischen Programmatik in unterschiedlichen Akzentsetzungen zu studieren ist. In chronologischer Reihenfolge: zuerst und vor allem der berühmte, Ende September 1919 vor den im Thüringer Dorf Tambach versammelten Religiösen Sozialisten Deutschlands gehaltene Vortrag „Der Christ in der Gesellschaft"[204]; sodann zwei kleinere und thematisch begrenztere Arbeiten, nämlich der am 3. und 4. September 1919 publizierte Doppelnachruf auf Friedrich Naumann und Christoph Blumhardt[205] und die Rezension der von Carl Albrecht Bernoulli veranstalteten und herausgegebenen Kompilation von Texten F. Overbecks „Christentum und Kultur", überschrieben: „Unerledigte Anfragen an die heutige Theologie"[206] vom Frühjahr 1920, schließlich der am 17. April 1920 bei der Aarauer Studentenkonferenz gehaltene wichtige Vortrag „Biblische Fragen, Einsichten und Ausblicke"[207].

Im Folgenden werden diese Arbeiten auf den Entwicklungsstand hin untersucht, den Barths Theologiebegriff in ihnen erreicht hat. Dabei wird sich erneut und mit einer – bedingt durch die Logik der Entwicklung – gesteigerten Intensität zeigen, daß sich die „Theologizität" der Barthschen Texte – und

---

[202] Ba-Th I, 287.

[203] Heinrich Barth: Gotteserkenntnis, 245.

[204] AaO.

[205] Karl Barth: Vergangenheit und Zukunft. In: Neuer Freier Aargauer. Sozialdemokratisches Tagblatt 14/204 (3.9.1919), 1f.; 14/205 (4.9.1919), 1f.

[206] Karl Barth: Unerledigte Anfragen an die heutige Theologie, 1–15.

[207] In: Jürgen Moltmann (Hrsg.): Anfänge der dialektischen Theologie, Teil I, 49–76.

deren jeweilige Verfaßtheit – nur in einer Synoptik von erkenntnistheoretischer und rhetorisch-pragmatischer Analyse erschließt, weil Barth unter genuin theologischer Reflexivität die „Einheit von Erkenntnis und Handeln"[208] als deren Applikationsvollzug versteht. Daß und inwiefern die Reflexivitätssteigerung, welche Barths Theologieverständnis auf dem Weg zum zweiten ‚Römerbrief' erfährt, durch die erneute Auseinandersetzung mit der Ursprungsphilosophie Heinrich Barths bedingt ist und in ihr Gestalt gewinnt, zeigt mit besonderer Plastizität der Tambacher Vortrag – dann nämlich, wenn man ihn direkt mit Heinrich Barths Aarauer Vortrag „Gotteserkenntnis" als seiner philosophischen Vorlage vergleicht.[209]

2.3.2. *Erwählungspragmatik: Der Tambacher Vortrag im Vergleich mit seiner philosophischen Vorlage*

Richtungsweisend für die vergleichende Interpretation der beiden Vorträge kann der Sachverhalt sein, daß die beiden, wie sich zeigen wird, in ihrer erkenntnistheoretischen Struktur nahe verwandten Texte eine völlig unterschiedliche wirkungsgeschichtliche Bedeutung erfahren haben. In Bezug auf Heinrich Barths Referat ist (abgesehen von den Einflüssen auf den Bruder) diesbezüglich nichts Auffälliges zu vermelden. Karl Barths Tambacher Vortrag aber macht seinen bis dato jenseits der Schweizer Grenzen fast unbekannten Autor über Nacht im theologischen Deutschland populär. Wie ist es zu erklären, daß jener Vortrag Heinrich Barths eine Fußnote der neueren Philosophiegeschichte geblieben ist, während der Tambacher Vortrag Karl Barths wirkungsgeschichtlich als Initialzündung der einflußreichsten theologischen Bewegung des 20. Jahrhunderts gewertet werden kann? Das sollte die heuristische Leitfrage der Interpretation sein; sie muß über eine auf die theologische Semantik Barths beschränkte Forschung hinausführen.

Daß und inwiefern für Karl Barths Theologieverständnis die Verbindung von erkenntnistheoretischer Systematik und rhetorisch-pragmatischer Textgestaltung konstitutiv ist, läßt sich vielleicht an keinem Text aus der Feder K. Barths besser studieren als am Tambacher Vortrag. Der Entwicklungsfortschritt, den dieser Text gegenüber dem ersten ‚Römerbrief' dokumentiert, liegt vor allem in der Intensität der Verknüpfung beider Textstrukturierungen. Darin weist der Vortrag auf den zweiten ‚Römerbrief' voraus; in seinen inhaltlich-systematischen Optionen steht er noch näher bei der Erstauflage.

Die gesteigerte Verknüpfungsintensität der Textebenen ist nicht unwesentlich der kommunikativen Situation mit ihrer persuasiven Herausforderung ge-

---

[208] HEINRICH BARTH: Gotteserkenntnis, 245.

[209] Mit Recht spricht J. F. Lohmann von „wörtliche[n] Bezugnahmen Karl Barths auf den Vortrag seines Bruders". JOHANN FRIEDRICH LOHMANN: Karl Barth und der Neukantianismus, 255.

schuldet, die der Autor sofort gesehen bzw. in sie hineingelegt hat: „Ich sende
Dir hier einen entscheidenden Brief aus Deutschland und meine Antwort darauf ", so schreibt Barth mit geradezu epochalem Pathos am 26. Juni 1919 an
Thurneysen.[210] Barth hat die theologiepolitische Multiplikationschance, welche
sich seinem Programm des Aufbaus einer theologischen Avantgarde durch die
unverhoffte Einladung zur Versammlung der Religiösen Sozialisten Deutschlands bot, erfaßt und sofort wahrgenommen. Sein Vortrag ist (formalistisch
geurteilt) eine strategisch durchgeplante PR-Aktion, die das Forum der Religiös-
Sozialen nutzen will, um mit einem Schlag die wichtigsten Multiplikatoren für
die eigene Theologie zu gewinnen. Das literarisch-ästhetisch Spielerische (und
Redundante), das dem Predigtband und auch dem ersten ‚Römerbrief‘ in ihrer
sprachlichen Gestaltung noch anhaftet, wird durch die Herausforderung des
gewissermaßen theologiepolitischen Ernstfalls nahezu schlagartig aufgelöst.
Stehen jene Texte für Barths Gang in die theologisch-literarische Öffentlichkeit, so steht „Der Christ in der Gesellschaft" für den Gang in die theologie-
und kirchenpolitische Öffentlichkeit.

Karl Barths Tambacher Vortrag ist nach meinem Dafürhalten einer der rhetorisch fulminantesten Texte der neueren Theologiegeschichte. Verglichen damit und auch für sich selbst ist das Referat seines Bruders eine nüchterne
Kathederrede. Wo Heinrich Barth sich authentisch, aber hölzern bemüht, den
Aargauer Theologiestudenten und Pfarrern den kulturdiagnostischen Klärungs-
gewinn transzendentalphilosophischer Begriffsarbeit zu erläutern, spielt Karl
Barth mit den aus ganz Deutschland zusammengekommenen Religiösen Sozia-
listen ein nicht selten ironisches Katz- und Mausspiel von außerordentlicher
rhetorischer Raffinesse. Mit Recht hat Barth Thurneysen gegenüber den Text
vorab als eine „nicht ganz einfache Maschine …" bezeichnet, „nach allen
Seiten schießend, an offenen und heimlichen Scharnieren kein Mangel."[211]
Die technische Metapher trifft die Eigenart des Textes in der Tat exakt. „Der
Christ in der Gesellschaft" ist ein sehr genau durchkomponierter Text, der seine
Botschaft vom ‚totaliter aliter‘ des Gottesreiches mit geradezu mathematischer
Präzision auf die intellektuelle Netzhaut der Zuhörer applizieren will. Und er
leistet dies, indem er – um im Bild zu bleiben – die Sehgewohnheiten der
Zuhörer (Zuschauer) genau berechnend deren Blinzelreflexe partiell auszu-
schalten sucht – mit Erfolg. Nach der Tagung faßt der Organisator, Otto Herpel,
in den im Oktober 1919 erscheinenden „Vertraulichen Mitteilungen für die
Freunde des ‚Neuen Werkes‘" Barths Vortrag zusammen; und im ersten Jahr-

---

[210] Ba-Th I, 334; vgl. die Reaktion Thurneysens vom 28.6.1919, aaO., 335; Barths Brief vom
8.7.1919, aaO., 336f.; zu den komplikationsreichen Umständen der Referentensuche vgl. den
Brief vom 2.9.1919, aaO., 342; zur Entstehungsgeschichte und zu den theologiegeschichtlichen
Rahmenbedingungen des Vortrags insgesamt vgl. Friedrich Wilhelm Marquardt: Der Christ
in der Gesellschaft 1919–1979. Geschichte, Analysen und aktuelle Bedeutung von Karl Barths
Tambacher Vortrag (TEH 206), München 1980, 7ff.

[211] Ba-Th I, 344. Die Forschung hat diesen Hinweis und damit die ‚technische‘ Seite des
Tambacher Vortrags bislang weitgehend ignoriert.

gang des „Neuen Werkes" werden einige Passagen aus Barths ‚Römerbrief' abgedruckt und zustimmend rezensiert.[212] Formaliter ist das explikative und persuasive Ziel der beiden Vortragsredner Heinrich und Karl Barth bis in den Wortlaut identisch. Beide versprechen ihren Zuhörern von den Anstrengungen ursprungstheologischer bzw. -philosophischer Reflexionsarbeit eine fundamentale Orientierungsleistung in der krisenhaften kulturellen Gegenwartssituation, die von beiden Rednern mit dem Anspruch unüberbietbarer „Überlegenheit" ausgestattet wird.[213] Karl Barth knüpft damit unmittelbar an den ethisch-theologischen Schlüsselbegriff seines ‚Römerbriefs' an, als dessen theologiepolitische Applikation der Vortrag darum auch gelesen werden kann.

Bei Heinrich Barth wird die Prämie der „Überlegenheit" an den Mitvollzug einer Sequenz distanzierender Reflexionsakte geknüpft. Der Problemdruck der Kulturkrise enthalte in sich selbst gerade kein handlungsleitendes Potential. „Katastrophe bedeutet an sich noch nicht Entscheidung" (221), sie biete lediglich „Gelegenheit" dazu, sie enthalte näherhin die „*Forderung* einer Entscheidung" (ebd.). Im Bewußtsein solcher Differenz bekunde sich die absolute Autonomie des ethischen Subjekts. „Nicht in den Ereignissen liegen die Entscheidungen; sie fallen in uns, sie fallen in Gott – und das eine möchten wir durch das andere verstanden wissen." (222)

Im Gegenzug gegen die die Gegenwartskultur beherrschende „Sachenwelt" (226) sucht Heinrich Barth die Selbständigkeit des „freien Willens" (ebd.) im Medium einer philosophischen Transzendentalreflexion zu begründen, deren treibendes Prinzip die gedankliche Maxime einer „radikale[n] Überwindung der Natur" (234) ist. Diese sei nur dann gewahrt, wenn sowohl im Hinblick auf das Objekt, das Absolute als tiefsten Grund und höchsten Inhalt allen Denkens, als auch im Hinblick auf das endliche Subjekt des Denkens jedwede Vorstellung substanzhafter Materialität ferngehalten werde. Gegen eine substanzhafte Theologie oder Metaphysik des Absoluten[214], aber auch gegen eine Theorie des Erkenntnissubjekts, „in dessen Struktur gar das Gesetz der Erkenntnis verankert wäre" (237), sucht H. Barth dieses Gesetz rein an sich selbst zu denken: „Diese zentrale Wahrheit bringen wir dahin zum Ausdruck, daß Erkenntnis als *ursprünglich* anerkannt wird; sie findet ihre Begründung in der einzig legitimen, echten und wahren Transzendenz des *Ursprungs* […] Im Ursprung ist der archimedische Punkt gefunden, von dem aus das Schwergewicht der Physis prinzipiell überwunden wird" (238). Mit dem Ausgang des Denkens von diesem rein durch und in seiner eigenen Erkenntnislogizität gedachten und

---

[212] Vgl. Friedrich Wilhelm Marquardt: Der Christ in der Gesellschaft 1919–1979, 25f.; Antje Vollmer: Die Neuwerkbewegung 1919–1935. Ein Beitrag zur Geschichte der Jugendbewegung, des Religiösen Sozialismus und der Arbeiterbildung, Berlin 1973, 10.

[213] Vgl. Karl Barth: Der Christ in der Gesellschaft, 11f. Heinrich Barth: Gotteserkenntnis (1919), 245. Seitenzahlen im Text beziehen sich im Folgenden auf diesen Aufsatz von Heinrich Barth.

[214] Vgl. Heinrich Barth: Gotteserkenntnis, 233.

erfaßten „Ursprung" soll eine „prinzipielle Wendung" (237) des Denkens eingeleitet sein, deren Vollzug den Gewinn wahrhafter Krisenresistenz verspreche. Den „Ursprung" identifiziert H. Barth wie auch schon in seinen frühen Arbeiten, ausdrücklich mit dem Gottesgedanken, der durch diesen Bezug zugleich kategorial strukturiert wird: „Das Göttliche stellt sich dem Leben nicht als Abgelöstes, Begrenztes, in sich selbst Verschlossenes gegenüber." (250)

Ein am „Gesetz der Erkennntnis" als seinem zugleich noetischen und ontologischen Ursprung orientiertes Denken vollziehe sich per definitionem als „Einheit von Erkenntnis und Handeln" (245).[215] Das solchermaßen verfaßt gedachte Göttliche sei selbst praktisch-kreativ: „Es schafft Beziehung, es bewirkt Gestaltung." (250) Die erkenntnistheoretische Spekulation treibt, so ist das zu verstehen, eodem actu über sich selbst hinaus zunächst auf eine ethisch-praktische Reflexion und dann auf das davon geleitete kulturelle Handeln: „Einheit von Erkenntnis und Handeln haben wir im ethischen Ursprunge gedacht. Von dieser Einheit haben wir heute *geredet* ...; aber nicht das war die Meinung, daß mit diesem Reden jene Einheit auch vollzogen wäre [...] Die Idee des Guten wird nur dort erkannt, wo ihrer Erkenntnis Schöpferkräfte entspringen." (245) So sehr jedoch das spekulative Ursprungsdenken als eine „Erkenntnis ..." zu begreifen sei, „... die sich erst in ihrem Schaffen und Überwinden Auge in Auge mit der Notlage des Lebens als solche bewähren kann"(ebd.), so wenig sei die Geltung des Gottesgedankens und die absolute Selbständigkeit des Ichs als abhängig vom Vollzug solcher praktisch-kulturellen Reflexions- und Gestaltungsarbeit zu denken. Die Realisierung der „letzte[n] Wahrheit ..." der „Gotteszugehörigkeit" der Seele sei „... nicht angewiesen ... auf die Bestätigung durch endgültigen Erfolg und vollkommenen Durchbruch des Gottesreiches im Leben der historisch-psychologischen Wirklichkeit." (253) Denn „das Ich liegt zurück hinter all dem, was wir Geschehen nennen. Sein Geschehen geschieht in Gott" (247).

Bei Heinrich Barth wird mithin der praktische Charakter der Reflexion, ihr kulturelles Gestaltungs- und Orientierungspotential, desgleichen die geschichtsphilosophische Realisierungsforderung fundamentaltheoretisch in Anschlag gebracht, aber darin zugleich auch wieder zurückgenommen. Die von ihm bevorzugten geschichtsphilosophischen Realisationszusammenhänge des Absoluten sind keine subjekthaften Agenten, schon gar keine partikularen Kollektivsubjekte, sondern ‚Kulturen', und zwar bevorzugt solche der Vergangenheit, das „klassische Altertum", die „Welt Schillers", der „deutsche Idealismus" (252): „Was die Voraussetzung aller Lebensinhalte ist, tritt nicht selbst als begrenzter Inhalt zu dem übrigen Leben in Konkurrenz. Gemeinschaft und nicht bloß Gemeinde geht aus jener Ursprünglichkeit hervor" (ebd.). So macht der Redner unbeschadet aller kulturpraktischen Emphase letztlich als eigentlichen „Schauplatz der Weltgeschichte" (254) die Seele des Individuums aus; darum verwundert es auch nicht, wenn

---

[215] Man kann diesen Gedanken, wie J. F. Lohmann es tut, als eine Beerbung der platonischen Idee des Guten verstehen (vgl. JOHANN FRIEDRICH LOHMANN: Karl Barth und der Neukantianismus, 184f, 196); aber damit dürfte der eigentümlich moderne Bezug auf das Handlungssubjekt unterbestimmt sein.

er als Marschroute durch die exoterischen Gefilde des Politischen eher eine „‚gemäßigte‘ Richtung" (ebd.) empfiehlt. Die „Überlegenheit", das „souveräne … Lebensbewußt-sein" (253), das der Ursprungsphilosoph seinen studentischen Zuhörern vermitteln will, münzt sich demnach aus in der Fähigkeit des – bürgerlichen – Intellektuellen, gegenüber politischen Heilserwartungen „die Distanzen zu wahren" (ebd.). Die „Kluft …" zwi-schen allen noch so weitreichenden gesellschaftspolitischen und kulturellen Synthese-versuchen und der immer schon vollzogenen, sich immer vollziehenden Synthese des Ursprungs bleibe „… fundamental" (254).

Die neukantianische Kulturphilosophie von Heinrich Barth, wie er sie 1919 in sei-nem Programmvortrag entwirft, ist eine erkenntnistheoretische Spekulation, welche die absolute, transzendentale „Einheit von Erkenntnis und Handeln" (245) zwar emphatisch behauptet, aber ihre kulturpraktischen Gestaltungserwartungen und Realisierungspo-tentiale zugleich mit einer bürgerlichen Skepsis restringiert. Die Überlegenheitsgeste, die der Autor gegenüber dem krisenhaften und revolutionsgeschwängerten Zeitgeist-bewußtsein an den Tag legt, trägt gewisse Züge von Berührungsangst und einer Flucht-bewegung in wissenschaftliche Esoterik.[216]

Buchstäblich ‚ganz anders‘ der Tambacher Vortrag Karl Barths: „Wir müssen standhalten"[217]. Wissenssoziologisch ist der Vortrag Karl Barths ähnlich wie derjenige seines Bruders ein Vortrag in einem außeruniversitären Bildungs-milieu. Beide setzen die entsprechende bürgerliche Schulbildung voraus. Aber während Heinrich Barth ‚klassische‘ Bildungsinhalte und -traditionen wie „die Welt Schillers" im Stile eines Festredners bei der Abitursfeier eines humanisti-schen Gymnasiums nur aus der Vitrine holt, um sie gleich wieder (möglichst unbeschädigt) dorthin zurückzustellen, werden sie bei seinem Bruder rheto-risch-dramatisch funktionalisiert und aktualisiert: „Wir haben es gewollt, daß hart im Raume sich die Sachen stoßen, und nun müssen wir es zunächst so haben." (7)[218]

Die Differenz der beiden Vorträge springt schon ins Auge, wenn man ihre jeweils ersten Sätze nebeneinander hält. Bei Heinrich Barth lautet dieser: „Die Geschichte unserer Menschheit steht in einem Zeitpunkt großer Gelegenhei-ten." (221) Karl Barth beginnt: „Hoffnungsvoll und zugleich seltsam nach-denklich sieht uns die Frage an: Der Christ in der Gesellschaft." (3) Der Beob-achtungsstandpunkt des Philosophen ist der gleichsam extraterrestrische Ort des die Universalgeschichte überblickenden idealen wissenschaftlichen Beob-achters. Demgegenüber scheint das „Wir" des Theologen auf den ersten Blick das konkrete situative „Wir" von Referent und Zuhörern zu sein. An die Stelle der restringierten szientifischen Pragmatik des Philosophen tritt schon im er-

---

[216] Vgl. dazu die im Ergebnis ähnliche, etwas spätere Beurteilung Heinrich Barths durch Martin Rade, Brief an Karl Barth vom 22.10.1924; in: Christoph Schwöbel (Hrsg.): Karl Barth – Martin Rade. Ein Briefwechsel, 205f.

[217] Karl Barth: Der Christ in der Gesellschaft (1919), 3. Seitenzahlen im Text beziehen sich im Folgenden hierauf.

[218] Vgl.: „*Eng* ist die Welt, und das Gehirn ist *weit*. Doch hart im Raume stoßen sich die Sachen". Friedrich Schiller: Wallenstein. Ein dramatisches Gedicht (Schillers Werke in 4 Bden., Bd. 1, Dramen 1) 3. Akt, Wallensteins Tod, Hamburg 1957, 661.

sten Satz des Theologen eine auf aktuale Mobilisierungseffekte ausgerichtete, die Gedankenführung bis in den sprachlichen Duktus bestimmende Pragmatik. Die ‚Mechanik' des Textes ist eine untrennbar semantisch-pragmatische ‚Mechanik'; sie kann und soll im Folgenden an exemplarisch ausgewählten Abschnitten durchsichtig zu machen versucht werden.

Hatte Heinrich Barth geradezu fluchtartig und sprachlich entsprechend holprig gleich bei der ersten Kontaktaufnahme mit dem Publikum sein sicheres Refugium im Appell an dessen intellektuelles Abstraktionsvermögen zu beziehen versucht, dann bringen demgegenüber schon die ersten Worte Karl Barths – ‚die Frage sieht uns an' – die intendierte Verknüpfung von intellektueller Abstraktion und imaginativer Partizipation semantisch und pragmatisch zugleich auf den Begriff: Der Autor scheint die Zuhörer genau dort ‚abholen' zu wollen, wo sie stehen: bei ihrer emotionalen Einstellung zum Thema des Vortrags. Diese Einstellung wird aber nicht als solche, nicht psychologisch thematisiert, sondern sofort als Moment der Selbstbewegung des Gedankens präsentiert: es ist ‚die Frage selbst, die uns hoffnungsvoll und zugleich seltsam nachdenklich ansieht', also in eine klärungsbedürftig ambivalente Stimmung versetze, die den Vortrag sofort auf den Weg bringt.

Freilich läßt sich im weiteren Gang des Vortrags erkennen, daß der Redner bei den Zuhörern tatsächlich keineswegs eine solche problematisch-ambivalente, von Fraglichkeit geprägte Einstellung zu der im Vortragstitel aufgemachten Beziehung von „Christ" und „Gesellschaft" voraussetzt. Vielmehr vermutet Barth eigentlich bei seinen Zuhörern eine ganz unambivalente, im Grunde geklärte Besetzung der thematischen Beziehung: ihre ‚Nachdenklichkeit' gilt, wie er annehmen kann, „der Gesellschaft" und ihrer krisenhaften Gegenwartslage, ihre ‚Hoffnung' „dem Christen", nämlich ‚dem religiösen Sozialisten' und dessen politischem Programm. Die Ambivalenzunterstellung stammt also genauso wie die Umwidmung der Themenstellung zur „Frage" vom Redner selbst. Gleich der erste Satz des Vortrags beinhaltet mithin eine sublime Manipulation: die Zuhörer werden in der Tat und gewissermaßen buchstäblich ‚abgeholt'. Das „Wir" scheint zwar ein beschreibendes, identifikatorisches „Wir" zu sein, tatsächlich aber impliziert es eine manipulative Leistung des Redners. Im Akt der Applikation wird das „Wir" faktisch hergestellt. Den Zuhörern fällt diese sublime Manipulation im Moment des Zuhörens kaum auf, weil der Sinn, den ihr Autor mit ihr verbindet, von diesem erst nachträglich und dann und dadurch mit gleichsam überführender Kraft, jedenfalls mit solcher Absicht, aufgedeckt wird: „Der Christ ist *der Christus.*" (4) Darin gründen Hoffnung und Nachdenklichkeit, darin allein *dürfen* sie gründen.

Mittels des Wortspiels vom „Christ[en] in der Gesellschaft" wird also – unausgesprochen– die Erwartungshaltung der Zuhörer dekuvriert, aber so, daß diese genötigt scheinen, nicht nur die Definition des Autors zu übernehmen, sondern zugleich auch ihr mitgebrachtes Verständnis des Themas in Frage zu stellen: „*Der Christ* – wir sind wohl einig darin [!], daß damit nicht *die Christen* gemeint sein können: weder die Masse der Getauften, noch etwa das erwählte Häuflein der Religiös-Sozialen […] Der Christ ist *der Christus.*" (3f.) Erst im nachhinein wird klar, welch ätzende Kritik der Autor in Wahrheit mit der vermeintlich auf Zustimmung zielenden Reihung verbindet: „Also ein neues Element mitten unter all dem Alten, also eine Wahrheit im Irrtum und in der Lüge, also eine Gerechtigkeit in dem Meer von Ungerechtigkeit …, also Einheit in der ganzen Zerfahrenheit der Gesellschaft auch unserer Zeit." (3) Die Hoffnung auf die partikulare gesellschaftliche Gruppierung der als Religiöse Sozialisten politisch aktiven Christen ist, so gibt der Autor ex post zu verstehen, immer schon eine sich selbst betrügende Hoffnung.[219] Der intendierte Effekt dieser Überführungsstrategie besteht darin, daß die Zuhörer ihre eigene theologische-sozialethische Position gewissermaßen als vergangene identifizieren. Die Indirektheit und Nachträglichkeit der Kritik bleibt unausgesprochen. Der Zuhörer wird vom Redner gewissermaßen immer schon als ,der neue Mensch' in Anspruch genommen. Als der, als welcher ihn der Redner im Prozess seiner Rede und durch diesen identifiziert, darf er an dem „Wir" partizipieren, in dem die Differenz von Christus und Christen/Zuhörern überraschend und zugunsten einer beide verbindenden Aktivitätsgemeinschaft wieder geschlossen wird: „Wir heißen euch hoffen!" (4)

Noch einmal zurück zum ersten Satz: „Hoffnungsvoll und zugleich seltsam nachdenklich sieht uns die Frage an: Der Christ in der Gesellschaft." Das ist unverkennbar eine Reminiszenz an den Programmsatz aus dem Vorwort des Predigtbandes „Suchet Gott, so werdet ihr leben!". Zur Erinnerung: „Was wir wollen mit diesem Buch? – ,Menschen suchen', könnten wir antworten, ,Menschen, die mit uns beunruhigt sind durch die große Verborgenheit Gottes in der gegenwärtigen Welt und Kirche und mit uns erfreut über seine noch größere Bereitschaft, ein Durchbrecher aller Bande zu werden. Von dieser Unruhe und von dieser Freude möchten wir reden mit solchen, die vielleicht davon zu hören begehren.'"[220] Dort wie hier: Frage und Antwort; dort wie hier die Belegung des Religiösen mit einer fundamentalen – an R. Otto erinnernden – Ambivalenzerfahrung; dort wie hier das Signal der Auflösung dieser Ambivalenzerfahrung durch den theologischen Verweis auf die Handlungsmächtigkeit Gottes; dort wie hier erzeugt die präsentierte Ausgangsspannung und die als ihre Auflösung proklamierte Handlungsmächtigkeit Gottes zugleich die Nötigung zum Mitvollzug der theologischen Reflexionen des Autors. Beide Sätze sind in dieser semantisch-pragmatischen Struktur Signale dialektischer Theologie. Zugleich läßt der Vergleich beider Sätze aber auch eine theologische Entwicklung ihres Verfassers erkennen. Sie besteht in der Steigerung, in der Verdichtung der theologisch-literarischen Dramatisierung. Dort noch zwei ,Wir'-Gruppen, als deren kommunikative Brücke der theologische Text präsentiert wird; hier von Anfang an nur noch eine. Wird dort die dialektisch verborgene Präsenz der göttlichen activitas noch direkt benannt – als Gesprächsthema, dann ist hier diese verborgene Präsenz in diesem ersten Satz selbst noch verborgen und kommt erst im weiteren Verlauf des Textes zum Vorschein („Der Christ ist *der Christus*"). Die Ambivalenz ist hier nicht übersichtlich, sondern selbst doppelbödig; um ihrer überhaupt ansichtig zu werden, bedarf es des theologischen Textes. Damit aber gewinnt der theologische Text selbst religiöse Aufdeckungsqualität. Das genau ist die Differenz: dort das Religiöse – in seiner Ambivalenz und der Selbstauflösung seiner Ambivalenz – noch als

---

[219] Ob die feingeschliffenen Pointen ihr Ziel immer erreichten, ist hier nicht zu untersuchen. Angesichts dessen, daß etwa die Ironie in der zitierten Passage selbst der Analyse F. W. Marquardts entgangen ist, darf man es bezweifeln. Vgl.: Friedrich Wilhelm Marquardt: Der Christ in der Gesellschaft 1919–1979, 43, vgl. 44.

[220] Karl Barth, Eduard Thurneysen: Suchet Gott, so werdet ihr leben! 5.

theologisches Gesprächsthema, und damit noch distant; hier das Religiöse in dieser Struktur als das sich im theologischen Text selbst gewissermaßen Aufdekkende.

Im weiteren Gang des Textes wird diese theologisch-dialektische Struktur freilich wieder partiell zurückgenommen. Da ist dann doch wieder – im Stil des ersten ‚Römerbriefs' – eher anamnetisch-undialektisch von „eine[r] Besinnung, eine[r] Erinnerung an den Ursprung des Menschen" (4) die Rede. Doch zugleich und andererseits stehe das Göttliche jenseits „alle[r] Inhalte ... unseres Bewußtseins" (ebd.). „Das Göttliche ist etwas Ganzes, in sich Geschlossenes, etwas der Art nach Neues, Verschiedenes gegenüber der Welt" (6). Hier scheint die theologische Spekulation Karl Barths die philosophische des Bruders („Das Göttliche stellt sich dem Leben nicht als Abgelöstes, Begrenztes, in sich selbst Verschlossenes gegenüber"[221]) wörtlich zu konterkarieren. Aber der theoontologische Realismus K. Barths korreliert – der anamnetische Hinweis zeigt die Richtung an – mit dem Versuch, den „*Standort*" (9) der theologischen Reflexion als Standort innerhalb der „Bewegung ..." plausibel zu machen, „... die sozusagen senkrecht von oben her durch alle diese [sc. die politischen und religiösen Bewegungen der Gegenwart] hindurchgeht, als ihr verborgener transzendenter Sinn und Motor" (ebd.).

Gleichwohl scheint sich, von ihrem Ausgangspunkt her, die „Gotteserkenntnis", welche der Tambacher Vortrag präsentiert, zu derjenigen, die Heinrich Barths Aarauer Vortrag durchdenkt, zu verhalten wie ein erkenntnistheoretischer Realismus zu einem erkenntnistheoretischen Kritizismus. Doch zum einen ist, wie gezeigt, auch Heinrich Barths Kritizismus spekulativ aufgeladen, zum anderen wird der ‚Realismus' bei Karl Barth gerade nicht zur Beschreibung eines der Welt gegenüber distanten und distant bleibenden Göttlichen eingesetzt. „Das Hören der Botschaft [...] Das ist kein Tun des Menschen, sondern das Tun Gottes im Menschen. Eben darum ist Gott*erkenntnis* wesentlich Gottes*geschichte*, kein bloßer Bewußtseinsvorgang. Es geschieht etwas von Gott her, ein Wunder vor unsern Augen" (12f.). Der erkenntnistheoretische ‚Realismus' hat die Funktion, die Selbstwahrnehmung des Subjekts als des Subjekts, das die Gotteserkenntnis aktualiter vollzieht, ihrerseits als psychologische Außenwahrnehmung des ursprungslogischen Selbstvollzugs Gottes und seiner Selbst-Erkenntnis zu präsentieren: „Der Kern durchbricht die harte Schale [...] Ja, wir erkennen das ganz Andere, die Ewigkeit im Leben der Gottheit" (12f.). „[U]nsere Seele [ist] erwacht zum Bewußtsein ihrer Unmittelbarkeit zu Gott" (14). Der „Durchbruch des Göttlichen ins Menschliche hinein" (13) findet statt. Der aktuale psychische, der ‚religiöse' Vollzug der Gotteserkenntnis – das ist die Differenz Karl Barths zu seinem Bruder – soll nicht negiert werden, sondern als geschichtlicher Ereigniszusammenhang theologisch begriffen werden. Die axiomatische Überzeugung des philosophischen Neukantianers Heinrich Barth ist die Überzeugung, daß die „letzte Wahrheit ..." der Gotterkenntnis gerade „nicht angewiesen ist auf die Bestätigung durch ... vollkommenen Durchbruch des Gottesreiches im Leben der historisch-psychologischen Wirklichkeit"[222]. Demgegenüber geht es dem theologischen Text gerade um diese religiös-theologische ‚Wirklichkeit'. Freilich kann der Zusammenfall von ‚psychischem' Erkenntnisvollzug und ‚intelligibler' Selbstbewegung des Ursprungs im Akt der religiös-theologischen Reflexion immer nur behauptet, in Anspruch genommen, aber nicht als sich durch das reflektierende Tun hindurch vollziehender aufgewiesen werden kann. „Dieses Mißliche erlebt der Philosoph, wenn er

---

[221] HEINRICH BARTH: Gotteserkenntnis, 250.
[222] AaO., 253.

den Ursprung verkündigt, in welchem Erkennen und Handeln, Sollen und Sein eins ist. Dieses Mißliche erleben wir, wenn wir von der Wirklichkeit des lebendigen Gottes zeugen." (10) Mit dem religiös-gegenständlichen Verweis auf die sich vollziehende Gottesgeschichte reklamiert Barth, die latente Voraussetzung der philosophisch-spekulativen „Gotteserkenntnis" zu benennen. Wenn dort der Ursprung nur „verkündigt"[223] wird, so werde er hier „bezeugt".

Damit aber schreibt sich die theologische Theorie des Autors Karl Barth selbst im Verhältnis zu konkurrierenden religionsphilosophischen Theorien eine Superioritätsposition zu, die in einer reklamierten Unmittelbarkeit zu jenem psychisch-intelligiblen, religiös-theologischen Ursprung begründet ist. „Die Zeit des *mysterium tremendum*, das nichts ist als das, läuft einmal ab und mit ihr die Zeit *der* Scheu vor dem Göttlichen, die Scheu ist und bleibt [...] Es geschieht etwas von Gott her, ein Wunder vor unsern Augen [...] Ja, wir erkennen das ganz Andere, die Ewigkeit im Leben der Gottheit" (12f.). Es sind wiederum die Leitbegriffe der Religionsphilosophie Rudolf Ottos,[224] deren Zeit hier als abgelaufen reklamiert wird. Rudolf Ottos Buch „Das Heilige" ist zum Zeitpunkt des Tambacher Vortrags aber gerade erst zwei Jahre auf dem Markt, mithin in dessen unmittelbarer Gegenwart situiert. So wird suggeriert: die psychisch-geschichtlich-religiöse Entdeckungszeit der Offenbarung fällt tatsächlich mit dem aktualen Akt ihrer theologisch-theoretischen Formulierung zusammen. Der aktuale Mitvollzug der theologischen Erkenntnis, die der Text bieten will, ist die ‚Bewegung der Gotteserkenntnis', durch welche hindurch sich die Gottesgeschichte selbst vollziehe.[225] Diese Gesamtintention wird durch den kritisch-reflexiven Duktus, in welchem der theologische Erkenntnisvollzug prozediert, nicht negiert, sondern bestätigt: „Was haben wir damit gewonnen, daß wir so unsere Lage, den Moment der Bewegung, in der wir stehen, beschrieben haben?" (17) – „[V]ielleicht haben wir ... aufs neue von einer metaphysischen Dinglichkeit, von einer falschen Transparenz geredet und gehört. In dieser bösen Möglichkeit liegt die Schwäche und die Gefahr des eben Gesagten" (18) Aber die kritisch-theologische Erkenntnisdistanz wird sofort wieder gegen sich selbst gewendet und so in den unmittelbar-religiösen Akt zurückgenommen: „Aber ist es nicht eigentlich gottlos, diese böse Möglichkeit als Möglichkeit allzu ernst zu nehmen? In Gott ist sie offenbar gerade die Unmöglichkeit, und in Gott leben, weben und sind wir." (Ebd.)

Basiert bei Heinrich Barth das Überlegenheitsbewußtsein des Theoretikers, das er seinen Zuhörern vermitteln will, auf dem von ihm geleisteten, distanzierten „siegreiche[n] Durchschauen der tiefsten Lebenszusammenhänge" (245), näherhin auf der Einsicht in ein Absolutes, das so souverän ist, daß es „der Anerkennung nicht bedarf, als ... eine Sache, die nicht einmal zu siegen nötig hat, weil sie schon gesiegt hat" (255), so plaziert die Theorie seines Bruders ihren Autor zusammen mit den Zuhörern im Umschluß einer sich hic et nunc vollziehenden Siegesgeschichte: „Wir *sind* von Gott bewegt. Wir erkennen Gott. Gottesgeschichte geschieht in uns und an uns [...] Gottesgeschichte ist a priori Siegesgeschichte." (18) Karl Barths Theologie zur Zeit des Tambacher

---

[223] Der Ausdruck hat hier einen pejorativen Klang.

[224] Vgl. den Brief an Thurneysen vom 21.5.1919, Ba-Th I, 327f.

[225] Vgl: „Den Sinn unserer Zeit in Gott *begreifen*, also hineintreten in die Beunruhigung durch Gott und in den kritischen Gegensatz zum Leben, heißt zugleich unserer Zeit ihren Sinn in Gott *geben.*" KARL BARTH: Der Christ in der Gesellschaft, 17.

Vortrags ist der performative Akt einer Gemeindegründung unter Theologen. Ihr formales Kennzeichen ist der Zusammenfall von religiös-moralischen Aspekten („eine Umkehr zum Herrn der Welt"), theoretischen („ein kritisches Nein und schöpferisches Ja gegenüber allen Inhalten unseres Bewußtseins") und kosmologisch-ontologischen („eine Wendung vom alten zum neuen Äon", 4).[226] Der spezifischen Logik dieses performativen Aktes entspricht es, daß der theoretische Akt des Begreifens der Theorie eo ipso als praktischer Akt der ‚Teilnahme' gedeutet wird. Das Verständnis der theologischen Theorie fällt faktisch zusammen mit dem religiösen Akt der „Neuorientierung an Gott ..." und darum „... dem Ganzen unseres Lebens gegenüber" (32). Die Theoriepraxis, in welcher sich die Gemeinde gläubiger Theoretiker betätigt, ist theologische Kultur- und Gesellschaftskritik. Sie ist Theorie, theologische Gesellschaftsdiagnose, aber als solche zugleich praktisch: „Wir stehen in der Wende der Zeiten [...] Wir stehen in der Gesellschaft als die Begreifenden, als die Eingreifenden, also als die Angreifenden." (19) Die in der Erzeugung begriffene Theoretikergemeinde ist das intentionale revolutionäre Geschichtssubjekt.

Damit rekapituliert der Tambacher Vortrag die theologische Grundintention des ersten ‚Römerbriefs' gewissermaßen auf kleinstem Raum. Anders als dieser entwickelt er das revolutionäre theologische Subjekt nicht sukzessive in seinen einzelnen konstitutionslogischen Schritten, sondern er leitet es unmittelbar aus der Logizität des Vollzugs von Gotteserkenntnis und dessen theologischer Präsentation ab; der Redesituation entsprechend versucht er, es gewissermaßen ad hoc persuasiv zu erzeugen. Dabei kann man analog dem Aufbau des ‚Römerbriefs' einen konstitutionstheoretischen ersten Teil von einem explikativen, ‚ethischen' zweiten Teil des Textes unterscheiden: „Indem die Seele zur Besinnung kommt, findet sie den Sinn des *Lebens* in seiner ganzen Breite." (14)

Diese überlegene Durchsichtsleistung durch das ‚Leben' im allgemeinen, die krisenhafte kulturell-politische Situation der Gegenwart im besonderen präsentiert Barth wiederum unter Aufnahme eines dogmatischen Gliederungsschemas von „regnum naturae" (19ff.), „regnum gratiae" (28ff.) und „regnum gloriae" (33ff.). Die Verhältnisbestimmung der drei göttlichen Reiche wird als Auslegung des im ersten Teil entwickelten spekulativ-erkenntnistheoretischen Grundgedankens von der „echte[n] Transzendenz des göttlichen Ursprungs aller Dinge" (20) gegeben, die aufgrund ihrer Verfaßtheit in einem dialektischen Dreischritt von These, Antithese und Synthese[227] entfaltet wird. Dessen Besonderheit ist es, daß in ihm „die Synthesis" als das „Ursprüngliche" verstanden wird. „Aus ihr entspringt die Antithesis, vor allem aber offenbar auch die Thesis selbst." (Ebd.)

Diese Übersetzung der ursprungsphilosophischen Reflexionsbestimmung in die dogmatisch-theologische Trias ist der eigentliche systematisch-konzeptio-

---

[226] Vgl. in diesem Zusammenhang auch die Passage: „Die großen Synthesen des Kolosserbriefes, sie *können* uns nicht *ganz* fremd sein. Sie sind uns offenbar. Wir glauben sie. Sie sind vollzogen. Wir selbst vollziehen sie. *Jesus lebt.*" AaO., 19.

[227] Vgl. aaO., 20, 28.

nelle Grundgedanke des Vortrags.[228] Er dient gewissermaßen als Organisationsschema des kulturtheologischen Korpusprofils der Avantgarde. Gegenüber dessen Präsentation werden die zuvor angestellten explizit ursprungstheologischen
Reflexionen als „methodologische Erörterungen" (10) eingeklammert, die angeblich den „schwächsten Teil meiner Ausführungen" (ebd.) enthalten sollen.
Der Gewinn der Verbindung der spekulativ-theologischen Reflexionssprache
mit der dogmatisch-traditionellen Metaphorik liegt darin, daß auf diese Weise
das revolutionäre theologische Subjekt hintergründig – ähnlich wie im ‚Römerbrief' – als legitimer Erbe der Kirche und des geschichtlichen Christentums
insgesamt eingeführt werden kann. Das theozentrische, traditionell dogmatische Organisationsschema der drei Reiche erlaubt es, die theologische Avantgarde als legitime Erbin der christlichen Tradition und zugleich als das wahrhaft
moderne Christentum darzustellen, das sich in seiner Überlegenheit erweise,
indem es sich in allen Sozialformationen der Gegenwart zu explizieren vermöge:

> „Eine demütige, aber zielklare und auch wohl freudige Freiheit, uns auch auf dem
> Boden dieses Äons zu bewegen, wird uns nie ganz verboten und unmöglich sein: die
> Freiheit, im Lande der Philister zu wohnen, die Freiheit, im Haus der Zöllner und
> Sünder mit ruhiger Überlegenheit ein- und auszugehen, so auch im Hause des unge-
> rechten Mammon, so auch im Hause des Staates, welcher ist das Tier aus dem Abgrund,
> heiße er, wie er wolle, so auch im Hause der gottlosen Sozialdemokratie, so auch im
> Hause der falsch berühmten Wissenschaft und der losen Künste, so auch endlich und
> zuletzt sogar im Kirchenhaus."(26) In solchen rhetorisch virtuosen Sätzen, die Meta-
> phern traditioneller Predigtsprache affirmieren, zugleich ihren kirchlich-konservativen
> Gebrauch ironisieren und zu einer Geste trans- oder metamoralischer und trans- oder
> metapolitischer ‚Überlegenheit' zusammenflechten, malt Barth das Habitusprofil der von
> ihm eodem actu inszenierten theologischen Bewegung mit brillianter Plastizität vor
> Augen.
> Der dialektische Dreischritt, in dem die Trias von Barth interpretiert wird, erlaubt
> insbesondere die Integration der Gegenwartsstimmung kulturkritischer Negativität: *„Wir
> stehen tiefer im Nein als im Ja."* (28) „[D]ie Tränen sind *uns* näher als das Lächeln."
> (Ebd.) So soll die Avantgarde auch die aktuellen Strömungen moderner Gesellschaftskri-
> tik usurpieren: „Warum können wir uns … *nicht* verschließen gegenüber dem Protest,
> den *Kierkegaard* gegen Ehe und Familie, den Tolstoj gegen Staat, Bildung und Kunst, den
> Ibsen gegen die bewährte bürgerliche Moral, den *Kutter* gegen die Kirche, den *Nietzsche*
> gegen das Christentum als solches, den der *Sozialismus* mit zusammenfassender Wucht
> gegen den ganzen geistigen und materiellen Bestand der Gesellschaft richtet?" (30)

Die Aufnahme der dogmatischen Trias dient dazu, das kulturelle Profil der
theologischen Avantgarde als ein genuin theologisch erzeugtes Profil plausibel
zu machen. Dies ist ein Verfahren, das für Barths theologische Entwicklung
zukunftsweisend ist; es nimmt die dogmatische Wendung, welche Barth mit
seinem Übergang ins akademische Lehramt vollziehen wird, in gewisser Weise
vorweg.

---

[228] Eine „große Entfaltung der drei Reiche" ist die erste konzeptionelle Idee, die Barth bei
der Abfassung des Vortrags vorgeschwebt hatte, vgl. den Brief an Thurneysen vom 2.9.1919; Ba-
Th I, 343.

Der Intention, das kulturelle Profil der Avantgarde genuin theologisch strukturieren zu wollen, läuft nicht zuwider, daß am Ende des Vortrags die politische Aktivität der Avantgarde noch einmal in eine andere Sozialform eingestellt wird, nämlich in die der „*Sozialdemokratie*" (32), der in „*unserer* Zeit ... das Problem der Opposition gegen das Bestehende gestellt" (ebd.) sei. Damit setzt Barth zwar seine eigene politische Überzeugung theologisch normativ, aber in dieser konkreten politischen Option darf keinesfalls das argumentative Ziel des Vortrags gesehen werden.[229] Konstitutionell bleibt die theologische Avantgarde frei gegenüber, aber eben auch zur „gottlosen Sozialdemokratie" (26).

Der Sinn der theologischen Durchzeichnung des politisch-kulturellen Profils der Avantgarde ist, wie im ersten ‚Römerbrief‘ ein metaethischer, gewissermaßen ekklesiologischer und gerade nicht der einer aktuellen politisch-ethischen Handlungsorientierung. Pragmatisch sollen so die Anschlußmöglichkeiten für die Selbstexplikation der Zuhörer als Mitglieder der Avantgarde bereitgestellt werden. Auf diese Funktion macht der Schluß des Vortrags aufmerksam: „Was sollen wir denn nun tun?" Auf dem Schluß- und Höhepunkt seiner Rede setzt sich der Autor ins Publikum und schaut nun sozusagen mit diesen gemeinsam seiner eigenen Inszenierung wie einem Film zu: „[W]as kann der Christ in der Gesellschaft anderes tun, als dem Tun *Gottes* aufmerksam zu folgen?" (37) Die rhetorische Frage ist der appellative Schlußakkord, nämlich der Anschlußappell, in dem sich der Vortrag aufhebt; mit dem Filmspezialisten Sergej Eisenstein zu reden: so explodiert die „Salve unter den Sitzen der Zuschauer als Schlußakkord".[230]

Wie im ersten ‚Römerbrief‘ so wird auch im Tambacher Vortrag an herausgehobener Stelle das „Prädestinationsbewußtsein" (36) ins Spiel gebracht. Es ist – abgesehen von den ordungsfunktionalen drei regna Dei – das einzige direkt angesprochene dogmatische Theologumenon. Damit gibt Barth wie in jenem Text in dogmatisch-verschlüsselter Form den Hinweis auf die Konstitutionslogik seines Textes: Der Theologiebegriff, der hier entfaltet wird, will den Vollzug theologischer Selbstreflexion des religiösen Bewußtseins darstellen, der seine Wahrheitsgewißheit nur in diesem Vollzug hat und darum einen Agenten konstitutiert, der zugleich partikular und intentional allgemein ist. Der Tambacher Vortrag ist angewandte Erwählungslehre; er ist das Instrument einer theologischen Jüngerberufung. Freilich zeigt gerade die Verschlüsseltheit dieser Zielsetzung, daß sie eigentlich doch als theologie- und nicht als religions-

---

[229] Marquardt überhört den ironischen Unterton in Barths Rede von der religiös-sozialen Sehnsucht nach „eine[r] *andere[n]* Gesellschaft". Vgl. FRIEDRICH WILHELM MARQUARDT: Der Christ in der Gesellschaft 1919–1979, 43, vgl. 42.

[230] SERGEJ EISENSTEIN: Die Montage der Attraktionen. In: Ders.: Schriften, 2 Bde., hrsg. v. H.-J. Schlegel, München 1974, 220f.; zit. n. ERIKA FISCHER-LICHTE: Die Entdeckung des Zuschauers, 129. Zu einer ganz ähnlichen Metapher hat übrigens Stephen H. Webb – offensichtlich ohne Kenntnis Eisensteins – Barths ‚Römerbrief‘ angeregt: „The most apt image of *Romans* ... is ... a bomb – which explodes in the very hands of the person who lights the fuse." STEPHEN H. WEBB: Re-Figuring Theology. The Rhetoric of Karl Barth (SUNY Series in Rhetoric and Theology, hrsg. v. David Tracy u. dems.), New York 1991, 117; vgl. zu diesem Buch meine Besprechung, in: ThRv 91 (1995), 152–156.

politische zu deuten ist. Die kirchenpolitische Öffnung, die der Tambacher Vortrag innerhalb von Karl Barths theologischer Entwicklung bedeutet, ist im Rahmen einer ihrerseits theologiepolitischen Zielsetzung zu sehen. Trotz aller Polemik gegen die empirische Kirche will Barth weder hier noch irgendwann eine Kirche gründen; er setzt ihr Bestehen voraus und stellt es eigentlich auch nicht in Frage. Darin kann man durchaus den blinden Fleck der Avantgarde-theologie Karl Barths erblicken – besser gesagt: ihren ‚sehenden‘.

2.3.3. Erwählungshermeneutik als Geschichtspragmatik: „Vergangenheit und Zukunft"; „Unerledigte Anfragen an die heutige Theologie"

Für die Entwicklung der Barthschen Theologie im bisher betrachteten Zeit-raum sind die wenigen Texte, die Barth über einzelne Individuen geschrieben hat, in höherem Maße signifikant als es der optisch ephemere Charakter dieser Texte zunächst vermuten läßt. Es sind dies die Arbeiten über G. Terssteegen und besonders John Mott von 1911, die Hilfe-Rezension über F. Naumann von 1913 und der Doppelnachruf auf Naumann und Chr. Blumhardt von 1919.[231] Zuzurechnen ist diesem Texttypus auch, wie sich zeigen wird, die Rezension von Bernoullis Overbeck-Kompilation: „Christentum und Kultur",[232] über-schrieben: „Unerledigte Anfragen an die heutige Theologie"[233].

Die erste Arbeit ist in der Forschung nicht sehr intensiv und in der Regel unter dem Gesichtspunkt der Blumhardtrezeption gelesen worden. Die Overbeckrezension und -rezeption hingegen gilt als wichtiger Markstein auf dem Weg zum zweiten ‚Römer-brief‘. Hier findet sich erstmals die Unterscheidung von „Geschichte" und „Urge-schichte", mit deren Hilfe Barth die organizistische Konzeption des ersten ‚Römerbriefs‘ in der Neuauflage ‚dialektisch‘[234] aufbricht.

Kennzeichnend für Barths Umgang mit diesem individualbiographischen Genre ist die Indifferenzierung von religiös-lebensweltlicher und wissenschaft-lich-theologischer (Selbst-)Deutung der beschriebenen Individuen. Die ge-schichtliche ‚Person‘ ist in Barths Optik mit ihrem theologischen Programm – objektiv oder für sie – identisch; dieses stellt gleichsam ihren genetischen Code dar. Gnoseologisch ist diese Wahrnehmung die geschichtshermeneutische Fol-

---

[231] KARL BARTH: „Vergangenheit und Zukunft". Friedrich Naumann und Christoph Blum-hardt, in: Jürgen Moltmann (Hrsg.): Anfänge der dialektischen Theologie, Teil I, 37–49.

[232] CARL ALBRECHT BERNOULLI: Christentum und Kultur. Gedanken und Anmerkungen zur modernen Theologie von Franz Overbeck, weiland Doktor der Theologie und Professor der Kirchengeschichte an der Universität Basel, aus dem Nachlaß hrsg. v. Carl Albrecht Bernoulli, Basel 1919.

[233] KARL BARTH: Unerledigte Anfragen an die heutige Theologie. In: Ders.: Die Theologie und die Kirche. Gesammelte Vorträge, 2. Bd., Zürich 1928, 1–15.

[234] Der Begriff Dialektik findet sich in dieser Arbeit, wenn auch eher beiläufig: „Wir unsrer-seits möchten Overbecks grundlegende kritische Lehre von Urgeschichte und Tod mit der tiefen Erkenntnis der Dialektik von Schöpfung und Erlösung, die darin ausgesprochen ist, … als eine Überwindung aller ‚Ideologie‘ auffassen". KARL BARTH: Unerledigte Anfragen, 8.

ge der Indifferenzierung von theoretischer und praktischer Vernunft und Urteilskraft. Die wissenschaftlich-theoretische, näherhin historisch-theologische Deutung von geschichtlichen Individuen, von Geschichte überhaupt, ist selbst immer schon als ein Akt der praktischen Vernunft zu begreifen, als eine ‚Stellungnahme‘, in der sich das deutende Individuum seinerseits zu den gedeuteten Individuen affirmativ oder kritisch, jedenfalls immer schon und immer nur im Rahmen seines eigenen theologischen ‚Code‘ ins Verhältnis setzt.

Genau diese Hermeneutik wird selbst thematisch in Barths Doppelnachruf auf Fr. Naumann und Chr. Blumhardt. Schon die Konstellation des Doppel-Nekrologs und dann deutlich seine Überschrift „Vergangenheit und Zukunft"[235] signalisieren, daß hier nicht historisch-distanziert geurteilt, sondern zugleich normativ gewertet werden soll. Es gehe darum, so heißt es unumwunden, „zum einen *Nein*, zum andern *Ja*" (38) zu sagen. Der Doppelnachruf verschärft die antihistoristische Geschichtshermeneutik des ersten ‚Römerbriefs‘ zu einem geradezu punktualistisch strikten ethisch-theologischen Urteilsakt, der jeglichen Versuch neutral-deskriptiver Geschichtsschreibung theologisch unter Strafe stellt. „Unparteiisch ist der unbeteiligte Zuschauer, der niemand und nichts ernst nimmt." (Ebd.) Hermeneutik der Geschichte ist die Hermeneutik des erklärten „Parteigänger[s]" (ebd.).

Die Begründung, die Barth für diesen normativ-praktischen Urteilscharakter geschichtlicher Hermeneutik gibt, ist selbst eine geschichtstheologische: „Die Geschichte rühmt nicht und tadelt nicht, wohl aber vollzieht sie durch ihre Entscheidungen fortwährend eine Erwählung und eine Verwerfung. Ohne Erwählung und Verwerfung, ohne Parteinahme ist ein fruchtbares Verhältnis zu bedeutenden Menschen und Ereignissen unmöglich." (Ebd.) Die Aufnahme des theologischen Begriffspaars von Erwählung und Verwerfung macht zugleich deren Struktur durchsichtig und erhellt damit den Grund für ihre signalhafte Funktion im Denken Karl Barths. Es ist die indifferenzierbar theoretisch-praktische Doppelbestimmtheit des Erwählungsbegriffs (und seines logischen Korrelats der Verwerfung), insofern dieser als Bezeichnung genau derjenigen Handlung gelten kann, deren spezifischer Sinn der Vollzug eines Urteils ist. Darum kann der Akt der Erwählung als die ‚transzendentale‘ Möglichkeitsbedingung selbsttätig-individueller Subjektivität und *eodem actu* von deren adäquater Selbsterfassung in Anschlag gebracht werden. Der Erwählungsbegriff selbst signalisiert, so zeigt sich hier, die semantisch-pragmatische Doppelstruktur der Barthschen Theologie.

Der religiös-theologisch entdifferenzierenden hermeneutischen Maxime des Nekrologen gemäß werden die beiden Toten zu Exponenten, zu Entscheidungsagenten im „stürmische[n] Konflikt zwischen Religion und Leben, Gott und Welt" (42) stilisiert. Während „Naumann" die Schwelle zwischen Geschichte und Nicht-, bzw. Hinter- oder Übergeschichte von innen markiere,[236] markiere Blumhardt sie von außen, er steht für

---

[235] Seitenzahlen im Text beziehen sich im Folgenden auf diesen Nachruf.

[236] Vgl.: „Er [sc. Naumann] war damals dem heiligen Feuer sehr nahe, sehr nahe daran, Gott, den die Kirche nicht versteht, zu verstehen." KARL BARTH: „Vergangenheit und Zukunft", 39.

„das Prophetische" (48): „Er mußte ja ein Fremdling sein unter allen, die sich in der heutigen Gesellschaft, Kirche und Welt heimisch fühlen können und wollen." (49) ‚Prophetisch' sei an Blumhardt, daß er (wie schon sein Vater) die Geschichte selbst unter der Ägide genau desjenigen radikalen, weil theoretisch-praktisch indifferenzierten Handlungsbegriffs gedeutet haben soll, der Barths eigener Geschichtshermeneutik zugrunde liegt: „Ihnen [sc. den Blumhardts] erschien das Verhältnis Gottes zur Welt wieder als ein mächtiger geschichtlicher Vorgang, eine Bewegung, ein siegreicher Kampf, der mit der Erneuerung aller Dinge endigen muß." (45)

Den praktisch-normativen Absichten dieser Hermeneutik entspricht, daß der historische Bericht in geschichtstheologisch verschlüsselter Form zur Empfehlung eben der Theologie, der sie entstammt, funktionalisiert wird: „Einige … hörten aber die Botschaft, wurden angesteckt von der Unruhe, bewegt von der Erschütterung, ergriffen von dem Glauben, die in diesem Manne waren." (49)

Die pragmatische Dimension dieses Erwählungs- und Verwerfungsurteils wird im Naumannteil von einer furios polemischen Rhetorik unterstrichen. Das wegen seiner Länge nicht zitierfähige Gewebe lakonisch-ironischer bis zynischer Polemik, das Barth insbesondere im Schlußabschnitt dieses Teils gewoben hat,[237] erinnert an Karl Krauß und gehört zum Schärfsten aus Barths scharfer Feder. Hält man sich vor Augen, daß hier kein Wiener Kritikerpapst, sondern ein Schweizer Dorfpfarrer über einen der prominentesten Toten des Deutschen Reiches spricht, dann illustriert diese Passage auf ihre Weise die für die Theologie ihres Autors kennzeichnende Überlegenheitsgeste.

„Unerledigte Anfragen an die heutige Theologie"[238] – Der Titel der Overbeckrezension deutet schon an, daß Barth hier die von ihm vorgenommene Gleichschaltung von geschichtlichem Handeln und historischem Urteil auf den Theologiebegriff selbst beziehen will, daß er näherhin das kritische Potential dieses Ansatzes im Horizont modern-wissenschaftlicher Theologie herauszustreichen beabsichtigt.

Overbecks Begriff der „Urgeschichte" (5), dem er den Begriff des „Todes" (ebd.) an die Seite stellt, dient Barth dazu, das historisch-distante, ‚historistische' Wissen von der Geschichte durch jenes absolute Entscheidungswissen kontrastierend zu überbieten, das seiner radikalen Geschichtshermeneutik entspricht. Barth verteidigt Overbecks Radikalkritik des geschichtlichen Christentums, indem er selbst das Christentum als diesen Vollzug radikaler Geschichtshermeneutik, in seinen Worten, als die *„absolut* kritische Betrachtung der Dinge" (12) deutet. „Overbeck" bietet Barth so die Möglichkeit, den wissenschaftlich-theologischen Vollzug solcher radikalen Hermeneutik und die religiöse Lebenspraxis selbst synthetisierbar zu machen – „*Wir Menschen kommen überhaupt nur vorwärts, indem wir uns von Zeit zu Zeit in die Luft stellen*'" (7) – und diese theologische Hermeneutik unter Berufung auf den Theologiekritiker Overbeck gegen die moderne historische Theologie zu wenden.

Mit „Overbeck" inszeniert Barth den Theologiebegriff als radikalen dezionistischen, religiös-theologischen Gestus der Gefährlichkeit; theologische Wissenschaft wird im Zeichen „Overbecks" zum „Wagnis ‚Theologie'" (4). „‚Anders

---

[237] AaO., 42f.; beginnend etwa in der Mitte von S. 42.
[238] Seitenangaben im Text beziehen sich im Folgenden auf diesen Aufsatz.

als *mit Verwegenheit* ist Theologie nicht wieder zu gründen'" (23). Pragmatisch soll damit ausdrücklich „Wirkung" (3) erzielt werden, nämlich diejenige der Scheidung zwischen allen „*irgendwie* Berufszufriedenen", die sich der Gefährlichkeitsgeste verweigern und denen, die sie übernehmen: „Einige von uns sind durch die Overbeck'schen Enthüllungen nicht eben überrascht. Wir freuen uns über dieses Buch." (4) Barths Rekurs auf „Overbeck" dient ausdrücklich dem Zweck, Proselyten zu machen: „Wir begrüßen es [sc. das Buch] in der Hoffnung, daß es uns Genossen unsrer Einsamkeit erwecken werde" (ebd.). Die Indienstnahme Overbecks für den Aufbau der theologischen Bewegung geht über Overbeck hinaus: „Wir aber lassen uns das gewaltige Halt!, das uns dieser Tote gebietet, gefallen und lassen es uns doch nicht nehmen, das Unmögliche zu glauben, ohne zu schauen: daß dieses Halt! das letzte Wort ‚an der Schwelle metaphysischer Möglichkeiten' *nicht* sein wird." (25) Damit plaziert Barth seinen eigenen Theologiebegriff – via Indienstnahme des modernen Antimodernen F. Overbeck – als geheimes finis theologiae modernae, als kritisch-dialektische Vollstreckung und Aufhebung modern-theologischer Rationalität.

2.3.4. Erwählungshermeneutik: Der Aarauer Vortrag (1920)

„Biblische Fragen, Einsichten und Ausblicke"[239]: den Vortrag, den Barth am 17. April 1920 auf der Aarauer Studentenkonferenz im Aarauer Großratssaal[240] gehalten hat, hat er selbst im Rückblick von 1927 als „das erste Dokument …" der „… Wendung"[241] vom ersten zum zweiten ‚Römerbrief' bezeichnet. Diese Einschätzung läßt sich als berechtigt erweisen. In der Tat verschärft sich hier gegenüber dem Tambacher Vortrag die diastatische Rede vom „Ganz Anderen" des Reiches Gottes.[242] Gleichwohl wird man von einer „Wendung" im Sinne eines dominant diskontinuierlichen Umschlags im Hinblick auf diesen Vortrag und die Entwicklung insgesamt nicht sprechen können. Vielmehr zeigt gerade dieser Vortrag, daß Barths theologische Entwicklung zwischen den beiden ‚Römerbriefen' als sich verstärkende Konzentration auf die – ihn im Grunde seit 1910 beschäftigende – gedankliche Grundfigur, einen an H. Cohen abgelesenen Ursprungsbegriff und dessen theoretisch-praktische Doppelbestimmtheit zu entfalten, rekonstruiert werden kann, die für Barth (dem damit verbundenen Anspruch nach) eben eine transzendentaltheoretische und zugleich pragmatische Doppelbestimmtheit ist. Der Aarauer Vortrag ist der erste

---

[239] In: Jürgen Moltmann (Hrsg.): Anfänge der dialektischen Theologie, Teil I, 49–76. Seitenzahlen im Text beziehen sich im Folgenden auf diesen Aufsatz.

[240] EBERHARD BUSCH: Karl Barths Lebenslauf, 127.

[241] Autobiographische Skizzen K. Barths aus den Fakultätsalben der Ev-Theol. Fakultät in Münster (1927) und der Ev.-Theol. Fakultät in Bonn (1935 und 1946), 298.

[242] Mit MICHAEL BEINTKER: Die Dialektik in der ‚dialektischen Theologie' Karl Barths, 119. Allerdings findet sich hier noch nicht der Begriff dialektische Theologie. Anders RALPH P. CRIMMANN: Karl Barths frühe Publikationen und ihre Rezeption, 89.

Versuch, diese solchermaßen verfaßte Doppelbestimmtheit in eine konsequente, weil kohärente semantisch-performative Sprachform zu gießen. Freilich wird diese Kohärenz auch hier noch nicht erreicht. Noch schwankt Barths Theologiebegriff hinsichtlich seines Verhältnisses zur ‚Religion' zwischen konsequenter Performation und (Resten von) Deskription.

Der Radikalisierungsschub, den Barths theologische Entwicklung in diesem Vortrag erkennen läßt, ist offensichtlich angestoßen durch die direkte Konfrontation mit Adolf von Harnack,[243] „der auch als Hörer anwesend war und vorher zu dem gleichen Publikum über die Frage gesprochen hatte: ‚Was hat die Historie an fester Erkenntnis zur Deutung des Weltgeschehens zu bieten?'"[244] Im konfrontativ-polemischen Gegenzug gegen Harnack bestimmt Barth „die Erkenntnis …", welche „… die Bibel …" im Unterschied zur Historie „… zur Erkenntnis des Weltgeschehens zu bieten" (49) habe, exklusiv als „Erkenntnis Gottes" (ebd.), die er als „Ursprung und Grenze, die schöpferische Einheit und die letzte Problematik aller Erkenntnis" (ebd.) deutet. Damit verschwinden alle materialhistorischen Deutungsfragen von vornherein im Orkus der Konstitutionsproblematik des Erkenntnissubjekts: „Das erste Gegebene ist nie eine Gegebenheit." (53) Und die Konzentration des Referenten richtet sich nun ganz auf die „*Freiheit* des Individuums", die jenseits aller „*psychologische[n]* Einheit des Individuums" (54) zu denken sei. Die Präsenz des Ursprungs im Erkenntnisbewußtsein wird von Barth in einer dialektischen Figur beschrieben, die dann aber doch noch einmal deskriptiv rückgebunden wird: „Wir würden nicht verneinen, wenn uns nicht die Realität des Ja so stark beunruhigte. Wir können die ursprüngliche Einheit und Gründung der Seele in Gott nicht ganz vergessen." (51f.) Der deskriptive Bezugspunkt ist der Begriff einer „biblische[n] *Frömmigkeit*" (60), die von eben jener Gegensatzspannung gekennzeichnet sein soll. Charakteristischerweise soll diese ‚Frömmigkeit' sich gleichwohl „mit jeder ihres Namens werten Philosophie ausgezeichnet [zu] verständigen vermögen, mit sämtlichen Psychologismen … niemals." (63)[245] Die theologisch-dialektische Ursprungssynthese wird somit ausdrücklich an der Stelle des Begründungsproblems neuzeitlicher Autonomieinteressen geltend gemacht: „[W]enn des Menschen Seele sich tatsächlich ihrer Autonomie, ihrer Freiheit bewußt wird, so bedeutet das nicht eine Abschwächung, sondern eine Verstärkung des Gewichts der Frage nach der Einheit, der Gottesfrage." (52) Freilich wendet der Referent diesen Modernitätsanspruch gegen die moderne historisch-kritische Forschung, ist für ihn doch klar, „daß das vernünftige und fruchtbare Gespräch über die Bibel *jenseits* der Einsicht in ihren menschlichen, historisch-

---

[243] Am 31. Januar hatte Barth alarmiert an Thurneysen gemeldet: „Bombennachricht: an der Aarauer Konferenz redet als 2. Referent *Harnack!* Eheu me miserum!" Ba-Th I, 366. Vgl. auch Ba-Th I, 375f., Brief vom 22.3.1920.

[244] EBERHARD BUSCH: Karl Barths Lebenslauf, 127.

[245] Die intentionale Übereinstimmung mit ‚der' Philosophie, gemeint ist konkret der Neukantianismus seines Bruders Heinrich Barth, betont Barth zweimal im begleitenden Briefwechsel mit Thurneysen (vgl. Briefe vom 20.4.1920 [Ba-Th I, 378] und vom 27.4.20 [Ba-Th I, 385]).

psychologischen Charakter anfängt." (55) Seinem Vortrag hat Barth, wie er an Thurneysen berichtet, eine Osterpredigt zugrunde gelegt.[246] Signifikant ist, daß diese in ihrer Dialektik verschärfte theologische Indienstnahme eines neukantianisch-transzendentalphilosophischen Ursprungsgedankens wiederum mit dem „Erwählungsgedanke[n]" (ebd.) verbunden wird, der nun ausdrücklich ins argumentative Zentrum des Textes gerückt wird: „Es ist die Frage der *Erwählung*, mit der die Bibel antwortet auf unsere Frage, was sie uns zu bieten habe." (53) Die gegenüber dem ersten ‚Römerbrief' gesteigerte reflexive Dialektik des Vortrags kommt darin zum Ausdruck, daß der im Erwählungsgedanken angezeigte *theologische* Vollzug der Religion nun zugleich als Selbstgewinn und Selbstverlust beschrieben wird: „Kein Erwähltsein, aus dem nicht Verworfensein, kein Verworfensein, aus dem nicht Erwähltsein werden könnte." (54) Mit dieser ‚Dialektik' ist der im Erwählungsgedanken chiffrierte Vollzug der theologischen Reflexion selbst als konstitutionstheoretische und -praktische Bedingung des Glaubensvollzugs in Anschlag gebracht. „Anders als aus der Bedrängnis des Erwählungsgedankens läßt sich kein Wort reden und kein Wort hören von dem, was die Bibel uns zu sagen hat von der Herrlichkeit Gottes im Angesicht Jesu Christi." (55) An diesem Sachverhalt läßt sich dann auch die pragmatisch appellative Wendung des Theologiebegriffs, die Barth mit diesem Theologumenon seit dem Predigtband verbunden hat, unmittelbar plausibel machen: „[D]*as Gott fürchtende Individuum* ist das erste Bewegte. Du bist der Mann, *du* bist gemeint, *dich* geht's an, *dir* ist's verheißen und an *dir* soll es sich erfüllen … *du* bist der Schauplatz, wo es sich entscheidet, wenn von der Auferstehung, wenn von Gott die Rede ist. Zuschauer Gottes gibt es nicht" (76). Auf diese dialektisch-konzentrierte, religiös-theologische Selbstapplikation durch den Adressaten der Theorie, auf die Identifizierung von Theorie- und religiösem Praxissubjekt zielt Barths Hermeneutik der „Erwählung"; das gibt der Aarauer Vortrag in richtungsweisender Konzentration zu erkennen: „Mit der Frage der Erwählung haben wir begonnen. Es scheint, daß wir mit ihr auch schließen müssen […] Wir *sind* erkannt, ehe wir erkannt *haben*. Das … ist auf alle Fälle der *letzte* biblische Ausblick." (Ebd.)

---

[246] Vgl. EBERHARD BUSCH: Karl Barths Lebenslauf, 127. Diese Predigt ist veröffentlicht: KARL BARTH: Auferstehung (Predigt über Lk 24, 2–3), in: Das neue Werk, Jg. 2 (1920/21), 1–7 (Vgl. Ba-Th I, 405; 4.7.20).

2.4. Diskursive Erwählungslogik: Der zweite ‚Römerbrief‘

2.4.1. Das hermeneutische Programm des zweiten ‚Römerbriefs‘

2.4.1.1. Methodologische Vorbemerkungen

Hans Urs von Balthasar hat den ersten ‚Römerbrief‘ mit einem „theologischen Rechts-Hegelianismus"[247] in Verbindung gebracht. Vorliegende Untersuchung kann sich diese Kennzeichnung in der Weise zu eigen machen, daß sie sie auf den Sachverhalt bezieht, daß die fortschreitende Selbstreflexion[248] dieses ersten nichtsystemischen Systementwurfs noch mit positivierten, deskriptiv mitgeführten Bezugsgrößen verbunden ist – ‚Religion und Moral‘, ‚Leben‘, ‚Geschichte‘, ‚Kirche‘ etc. –, die in den Gang der Reflexion noch nicht zur Gänze aufgehoben sind. In der Neuauflage von 1922[249] soll nun, wie die Formulierung im Vorwort lautet, „sozusagen kein Stein auf dem andern geblieben" (XII) sein. Die Analyse wird zeigen, daß diese metaphorische Selbstbeschreibung in der Tat treffend ist. Erstens setzt die Metaphorik des Hausabbruchs den architektonisch-konstruktiven Charakter des ‚Alt-‘ wie des ‚Neubaus‘ voraus. Zweitens hat der ‚Neubau‘, wie sich zeigen wird, in der Tat den Charakter einer De- und Rekonstruktion: die Steine sind gewissermaßen geblieben, aber die argumentativen Verbindungen, ‚der Mörtel‘, ‚die Lagerungen‘ und ‚Streben‘ sind alle überarbeitet und neu eingezogen worden. Darum ist dieser Wandel von der in jenem (noch partiell) deskriptiven Sinn ‚organizistischen‘ Struktur des ersten ‚Römerbriefs‘ zu der ‚dialektischen‘ Konzeption der Neuauflage eine Veränderung, deren Eigenart sich wiederum nur einer genauen Dekonstruktion des Textes erschließt. Die *„innere Dialektik der Sache"* (XX) ist jetzt eine in hohem Maße elaborierte und konsequent durchgeführte progressive Reflexionsdialektik, die Barth in ihrer Entwicklung in der Tat „möglichst beharrlich im Auge" (ebd.) zu behalten sucht.

Die Steigerung der reflexionsdialektischen Konsequenz gegenüber der Erstauflage zeigt sich beispielsweise an der darstellungstechnischen Eigentümlichkeit, daß die in der Erstauflage in nahezu allen Kapiteln üblichen Vorspanne, welche die meisten Hinweise auf den systematischen Ort der jeweils folgenden Passagen enthalten, nun in der Regel wegfallen. Die orientierenden Reflexionen sind nun in die ersten Sätzen der jeweiligen Abschnitte inkorporiert, und sie sind charakteristischerweise oft in Frageform abgefaßt.[250] So

---

[247] Hans Urs von Balthasar: Karl Barth, 73.

[248] Als solche, nämlich als fortschreitende, hat von Balthasar die Reflexion des ersten ‚Römerbriefs‘ allerdings so wenig vor Augen wie die des zweiten.

[249] Karl Barth: Der Römerbrief (Zweite Fassung) 1922, 15. Aufl., 40. – 43. Tsd., Zürich 1989. Seitenzahlen im Text beziehen sich im Folgenden auf dieses Werk. In den Anmerkungen wird das Kürzel „R II" verwendet.

[250] Vgl. Eingangsformulierungen wie: „Wessen Lage ist es …?" (R II, 33), „So muß die Frage gestellt werden: …" (R II, 111), „‚Was sollen wir nun weiter sagen?‚" (R II, 182), „Die Frage liegt nahe …" (242), „Wovon haben wir geredet?" (R II, 277), „‚Was wollen wir nun sagen?‘" (R II, 378) etc.

schreitet, technisch betrachtet, die ‚Inversion der Methodenreflexion' zwischen der ersten und der zweiten Auflage des ‚Römerbriefs' voran.

In der Forschung ist jene Rede von der ‚inneren Dialektik der Sache' bisher im
allgemeinen als die Beschreibung absoluter Paradoxien aufgefaßt worden, die mit
expressionistischem Furor eine negative Theologie, eine theologia crucis ent-
werfe, die alle Endlichkeit und alle theologischen Bestände dem apokalyptischen
‚Shredder' einer radikalen Krisentheologie zuführe. Die Dialektik des zweiten
‚Römerbriefs' gilt als Antitheologie in der Tradition der Krisentheologen
Kierkegaard und Overbeck, über die dann nur wiederum eine erneute dialektische Wendung gegen die Dialektik, die ‚Wendung zur Analogie' habe hinausführen können. Aber der expressionistische Furor wütet im zweiten ‚Römer-
brief' zwar assoziationsreich, doch keineswegs blindlings, und wie im ersten
‚Römerbrief' – und noch sehr viel mehr als dort – ist der Gerüstaufbau des
Textes systematisch und dramaturgisch durchkomponiert.

Die Steigerung der reflexionsdialektischen Konsequenz geht mit einer ebenso konsequenten Bedeutungssteigerung der pragmatischen Absichten des Textes und seiner rezeptionsästhetischen Konzeptionalisierung einher.[251] Die Reflexion des Autors auf den ‚impliziten Leser' seines Textes wird nun geradezu
zum treibenden Prinzip seiner prozessualen Reflexionsdialektik. In einem Brief
an Thurneysen vom 12.12.1921 deutet Barth diesen Konnex an, wenn er mitteilt, er warte „nun selber auf das Erscheinen des [zweiten] Römerbriefes als auf
eine dringend nötige Entlastungsoffensive, um hier gewisse Dinge nicht immer
wieder sagen zu müssen, die eben nur im Zusammenhang gesagt werden können."[252] Auf die Herausarbeitung dieses strukturellen Zusammenhangs muß
sich die Darstellung hier (anders als insbesondere beim Tambacher Vortrag)
wieder weitgehend beschränken. Die rezeptionsästhetisch sehr bedeutsamen
literarischen Eigentümlichkeiten des Textes, seine – trotz der Überarbeitung
immer noch außerordentlich – varianten- und assoziationenreiche Opulenz
und Redundanz, also seine stilistischen Eigentümlichkeiten und rhetorischen
Plausibilisierungstechniken, müssen weitgehend ausgeblendet werden bzw.
können nur so weit in den Blick kommen, wie sie integraler Bestandteil des

---

[251] Zwischen die beiden Auflagen der ‚Römerbriefe' fällt, wie eingangs dieser Untersuchung
erwähnt, Barths Rezeption von Ernst Bertrams Nietzschebuch (ERNST BERTRAM: Nietzsche.
Versuch einer Mythologie, Berlin 1918), das als Klassiker rezeptionsästhetischer Methodik gilt
(vgl. Brief an Thurneysen vom 7.8.1920, Ba-Th I, 419). Bertram konzipiert Geschichtsschreibung als „Entwirklichung dieser ehemaligen Wirklichkeit, ihre Überführung in eine ganz andere
Kategorie des Seins; ... eine Wertsetzung, nicht eine Wirklichkeitsherstellung." (AaO., 1) Er
verbindet diese These mit einer romantisch-nietzscheanischen Theorie des ‚großen Menschen'.
Ein ‚großer', „das ist ‚bedeutender' Mensch ist immer unvermeidlich unsere Schöpfung, wie wir
die seine sind. Gehen wir daran, das Bild eines Menschen uns zu verdeutlichen, so geschieht es in
dem Bewußtsein, daß es nur heute, nur uns, nur als Augenblick so ‚erscheint'." (AaO., 5) Durch
die bewußte Projektion dieses Bildes lasse sich die „endgültige Befreiung von jeder historischen
Skepsis, von jedem Relativismus" (ebd.) erreichen. Zu Bertram vgl. HANS ROBERT JAUSS: Die
Theorie der Rezeption – Rückschau auf ihre unerkannte Vorgeschichte, 24f.
[252] Ba-Th II, 23.

systematischen Reflexionsgangs sind.[253] Darum werden für eine literarische, wie für eine wirkungsgeschichtliche Untersuchung dieses epochalen Buches hier nur Vorarbeiten geleistet.

2.4.1.2. Externe Hermeneutik: Hermeneutik als Metahermeneutik

Die gegenüber der Erstauflage gestiegene Komplexität der hermeneutischen Methode des Kommentars und deren Erklärungsbedürftigkeit schlägt sich in dem um ein Mehrfaches angewachsenen Umfang des Vorworts nieder. Systematisch zusammengefaßt besteht die Zuspitzung, die Barth hier ankündigt, darin, daß die programmatische geltungstheoretische Wendung der historischen Hermeneutik – „eigentliche[s] *Verstehen* und *Erklären*" (XVII) – nun ihrerseits strikt als Implikat des ausgelegten Textes begriffen und durchgeführt werden soll, was dadurch ermöglicht sein soll, daß der ausgelegte Text selbst als derjenige Reflexionsvollzug gedeutet wird, der sich selbst als der progressive Handlungsvollzug geltungstheoretischer Reflexionslogik zu verstehen gibt. Hatte der Ausleger im ersten ‚Römerbrief' „durch das Historische *hindurch* ... sehen [wollen] in den Geist der Bibel, der der ewige Geist ist" (Röm I, 3), so lautet das Ziel der Auslegung jetzt: „Bis zu dem Punkt muß ich als Verstehender vorstoßen, wo ich nahezu nur noch vor dem Rätsel der *Sache*, nahezu nicht mehr vor dem Rätsel der *Urkunde* als solcher stehe, wo ich es nahezu vergesse, daß ich nicht der Autor bin, wo ich ihn nahezu so gut verstanden habe, daß ich ihn in meinem Namen reden lassen und selber in seinem Namen reden kann." (XIX) Die Metaphorik des (aktiven) Hindurchsehens weicht der Metaphorik des (passiven) Beurkundens; die theoria weicht der poiesis, näherhin der Bezeugung des autopoietischen Aktes des – seinerseits vom Römerbriefautor nur bezeugten – Selbstsetzungsaktes des absoluten Autors. Die Applikationsleistung

---

[253] Der expressionistische Charakter des Textes ist den Interpreten von Anfang an aufgefallen, und seine Feststellung gehört geradezu zu den Standardetiketten der Auslegung. Allerdings konzentrierte sich die darauf gerichtete Forschung bislang auf das Aufdecken von kulturell-literarischen Hintergrundsbezügen in der reichhaltigen Metaphernwelt des zweiten ‚Römerbriefs' bzw. einzelner theologischer Anschauungen und Inhalte. So hat insbesondere Wolfgang Rothe die Verwandtschaft der dialektischen Theologie mit dem literarischen Expressionismus herausgearbeitet. Die Parallelen, die er aufzeigt, haben für eine analytische Umgangsweise mit Barths Text eher illustrative als heuristische Bedeutung, z. B.: „Dieses Stehen ‚vor Gott' des hörenden, lauschenden Menschen, in den Skulpturen Barlachs damals sichtbare Gestalt geworden, ist das basale Faktum sowohl der dialektischen Theologie und ihres Personalismus wie des theologisch relevanten Expressionismus." (WOLFGANG ROTHE: Der Mensch vor Gott: Expressionismus und Theologie. In: Ders. [Hrsg.]: Expressionismus als Literatur. Gesammelte Studien, Bern – München 1969, 37–66, hier: 49). In seiner späteren Arbeit hat Rothe den Nachweis zu führen versucht, daß „das expressionistische Weltverhältnis eine eminent theologische Substanz einschließt" (WOLFGANG ROTHE: Der Expressionismus. Theologische, soziologische und anthropologische Aspekte einer Literatur, Frankfurt/M. 1977, 32). Für die Aufhellung von Barths Theologiebegriff ertragreicher ist die bislang eindringlichste Untersuchung der sprachlichen Gestalt des zweiten ‚Römerbriefs', eine Chicagoer Dissertation von STEPHEN H. WEBB: Re-Figuring Theology.

– das „,Hineinlesen'"[254] des Textes in die Gegenwart[255] – soll zum unmittelbaren Selbstauslegungsakt des historischen Textes in die Gegenwart hinein werden, der sein Ziel erreicht, wenn „Paulus dort *redet* und der Mensch ... hier *hört*" (XVII). Die Form der Ursprungsreflexion als Rede und geschriebener Rede, als Text, wird damit selbst im strikten Sinne zum Bedeutungsträger. Die praktisch-homiletische Wendung der Theologie, die der Predigtband „Suchet Gott, so werdet ihr leben!" eingeleitet hatte, wird nun zum konsequent durchgeführten systematischen Programm. Diese gesteigerte und prinzipialisierte methodische Rhetorisierung der Theologie geht, wie sich abzeichnet, mit der Steigerung ihrer autoritären Ansprüche und Züge einher: die Redehandlung des Textes ist seine autoritäre Durchsetzungsaktion im Leserbewußtsein und gegen dieses.

Dieser autoritäre Zug soll sich aber nicht einer positivistisch-autoritären Setzung verdanken. Vielmehr möchte Barth die geltungstheoretische Explizierbarkeit des Textes auf eine prinzipielle hermeneutische Unterstellung zurückführen, die insofern nicht nur auf den biblischen Text, sondern grundsätzlich auf jeden Text, „auf Lao-Tse oder Goethe" (XXIII), angewendet werden können müsse. Der Ausleger setze, so erklärt Barth zumindest, lediglich „vorläufig voraus, Paulus habe im Römerbrief wirklich von Jesus Christus geredet und nicht von irgend etwas anderem" (XXI). Dieses Moment hypothetischer Setzung tritt jedoch in der Auslegung selbst nicht in Erscheinung. Auslegung wird als „das Messen aller in ihr [sc. einer historischen Urkunde] enthaltenen Wörter und Wörtergruppen an der Sache ..." bestimmt, „... von der sie, wenn nicht alles täuscht, offenbar reden, [als] das Zurückbeziehen aller in ihr gegebenen Antworten auf die ... eine alle Fragen in sich enthaltende Kardinalfrage, [als] das Deuten alles dessen, was ..." der Text „... sagt, im Lichte dessen, was allein gesagt werden *kann* und darum [!] auch tatsächlich allein gesagt *wird*." (XIX) Der Auslegungsvorgang in seiner sich autoritativ geltend machenden, weil prozessualen Reflexionslogik soll das Moment der hypothetischen Unterstellung hinwegarbeiten, dessen Existenz Barth zumindest am exklavischen Ort des Vorworts nicht leugnet. Die Eigenart der geltungstheoretischen (Re-)Konstruktion, in welche Barth die Aufgabe historischer Hermeneutik überführt, die Eigenart jenes „Messen[s] ... an der Sache", besteht also darin, daß diese „Sache", also das Konstruktionsprinzip, als solches zwar benennbar ist und auch benannt wird, aber in seiner Eigenlogizität gleichwohl nicht gegen den ausgelegten Text geltend gemacht werden können soll. Der Ausleger, so heißt es, müsse in ein „*Treue*verhältnis" (XXVIII) zum Textautor treten, das sich in der Nötigung zur konsequenten, argumentativen Kohärenz der Auslegung äußere.[256]

---

[254] R I, Vorwort III, 595.

[255] Vgl.: „Es hängt mit meinem Auslegungsgrundsatz zusammen, daß ich nicht einsehen kann, wieso die zeitgeschichtlichen Parallelen, die in anderen Kommentaren ungefähr alles sind, zu diesem Zweck an sich lehrreicher sein sollen als die Vorgänge, deren Zeugen wir selber sind." R II, XXII.

[256] Schon R. Bultmann hat in seiner Rezension festgestellt, Barth sei von der „unmögliche[n]

Die Benennung des geltungstheoretischen Konstruktionsprinzips *als* Konstruktionsprinzip ist die systematisch präzise Funktion des Vorworts; auf diese Weise soll dieser Bezug aus dem Auslegungsvollzug selber ausgeklammert werden. „,Gott ist im Himmel und du auf Erden'. Die Beziehung *dieses* Gottes zu *diesem* Menschen, die Beziehung *dieses* Menschen zu *diesem* Gott ist für mich das Thema der Bibel und die Summe der Philosophie in Einem. Die Philosophen nennen diese Krisis des menschlichen Erkennens den Ursprung. Die Bibel sieht an diesem Kreuzweg Jesus Christus." (XX) Die gesteigerte theologische Entpositivierung der Religion, welche der zweite gegenüber dem ersten ,Römerbrief' vollzieht, geht mit einer Steigerung der christologischen Fokussierung der Theologie einher. Die – von der Auslegung vorgenommene, jedenfalls intendierte – methodische Punkt-für-Punkt-Übertragung einer prozessual-dialektischen philosophischen Ursprungsreflexion auf die als sprachlich-autoritative Selbstauslegung konzipierte theologische Selbstentfaltung des theo-christologischen Absolutsubjekts ,Jesus Christus' wird hier im Vorwort offen reflektiert. Aber genau diese Reflexion wird nun zugleich (nämlich als Reflexion) wieder zurückgenommen, indem sich die Auslegung insgesamt als Auslegung des „Namen[s]" „Jesus Christus" (5) einführt. Sie gibt sich gewissermaßen methodologisch unschuldig als reine Deixis, die auf einen Namensträger, mithin auf ein Handlungssubjekt verweist, dessen reflexive Handlungslogik sie auslegt. Freilich bleibt, wie sich zeigen wird, die Differenz zwischen dieser vom Text darzustellen intendierten Logik und der bestimmten Textdarstellung selbst im Text insofern reflektiert, als dieser verschiedentlich als „Gespräch über Gott" (230, 410f., 477, 487) bezeichnet wird, das als solches seinen hamartiologischen Ursprung im Gespräch der Schlange mit Eva habe.[257]

Das Argument, das hinter dieser ,Deixis'-Hermeneutik steht, aber nicht noch einmal ausgesprochen wird, ist dieses: die opake Deixis-Struktur ist im Falle dieser und nur dieser „Sache", von der der Text handeln soll, gerechtfertigt, weil jener „Name" der Name nicht irgendeines, sondern eben des absoluten Subjekts ist, dessen Selbstvollzug als die Möglichkeitsbedingung allen theoretischen und praktischen Handelns überhaupt zu begreifen sei. Eben darum aber könne dieser Selbstvollzug selbst nur *als* derjenige rekonstruiert werden, der im Vollzug freier Selbsttätigkeit immer schon in Anspruch genommen ist. Dies soll sich als Evidenz im Leserbewußtsein am Ende der progressiven Durchreflexion der Selbstauslegung des absoluten aktuosen Subjekts einstellen: „Wer wagt es, die Freiheit nicht nur zu denken, sondern im Hinblick auf die Freiheit zu *leben*? fragt uns der Römerbrief." (530)

Voraussetzung" ausgegangen, daß „überall im Römerbrief die Sache adäquaten Ausdruck gewonnen haben müsse" (RUDOLF BULTMANN: Karl Barths „Römerbrief" in zweiter Auflage. In: Jürgen Moltmann (Hrsg.): Anfänge der dialektischen Theologie, Teil I, 119–141, hier: 141). Der Konter Barths – „Alles ist litera" (R II, XXVIII) – unterstreicht das von ihm geforderte „*Treue*verhältnis" (R II, XXVIII) zum Autor als ein methodisches Treueverhältnis.

[257] Vgl. R II, 230.

2.4.1.3. Interne Hermeneutik: Hermeneutik der Berufung

Unter der aus dem ersten ‚Römerbrief' beibehaltenen Kapitelüberschrift „Eingang" (3) wird Röm 1, 1–17 als interne Hermeutik des Römerbriefs ausgelegt. Sie beschäftigt sich unter den ebenfalls beibehaltenen Abschnittsüberschriften „Der Verfasser an die Leser" (ebd.), „Persönliches" (8) und „Die Sache" (11), mit dem durch den Text aufgemachten Kommunikationszusammenhang von Autor, Adressaten und Textinhalt. Zusammen mit der Auslegung der Schlußkapitel, überschrieben „Der Apostel und die Gemeinde" (511ff.), bilden diese Abschnitte die hermeneutische Klammer des Kommentars. Seinem autopoietischen Programm gemäß zielt der Ausleger im Eingangskapitel darauf, die ersten beiden Bestimmtheiten und damit verbundenen Relationen des Kommunikationszusammenhangs als Implikat der dritten auszulegen, die er programmatisch als das „Wort des Ursprungs aller Dinge" (4) bezeichnet. Dieses erweise sich als solches darin, daß es „nicht eine Wahrheit neben andern …" ist, sondern „… alle Wahrheiten in Frage" (11) stelle. Daraus folge für die nun konsequent unter die Ägide der Autoritätsthematik[258] gestellte Verfasserrelation: „Gerade das gibt ihm [sc. Paulus] Autorität, daß er nur an die Autorität Gottes selbst appellieren kann und will." (4)[259] Und ähnlich gilt für die Adressatenrelation: „Die Auferstehung hat ihre Kraft bewiesen: auch in Rom sind Christen […] [S]ie *sind* berufen." (8) Dabei wird der Gehalt des Berufungsbegriffs nun sofort und konsequent interpretiert als genuin theologische Selbsterfassung, deren Medium die Negation ‚religiöser' Unmittelbarkeit ist: „Der religiöse Übermut muß verschwinden, wenn die Einsicht von Gott aus platzgreifen soll." (14) Aus der Negation religiöser Unmittelbarkeit entspinnt – „enthüllt" – sich, so wird hier angekündigt, der Argumentationsgang des Textes und damit die Selbstdurchsicht der ‚Berufenen'. Näherhin soll das gewissermaßen treibende Motiv der Vollzugslogik solcher progressiver theologischer Selbstdurchsichtigkeit im permanenten Abbau der ‚religiösen' Selbstpositivierung eben dieses Reflexionsprozesses zu suchen sein; bezogen auf den Gehalt des Berufungsgedankens heißt es darum an späterer Stelle einmal definitiv: „Die Berufenen … werden sich auch auf ihre Berufung nicht *berufen*, bedenkend, daß nur die Berufung selbst, nie und nimmer aber eine Berufung auf die Berufung sie legitimieren kann" (397). Dieser in der permanten Selbstdestruktion begriffene theologische Reflexionsprozeß ist – in der analytischen Perspektive, die hier eingenommen wird – eigentlich „die Sache, um die es im Römerbrief geht." (18)

---

[258] Vgl.: ‚Nicht die für eigenes Schaffen begeisterte Genialität' (Zündel), sondern ein an seinen Auftrag gebundener Sendbote …". R II, 3.

[259] Vgl. die These im Schlußkapitel, der Römerbrief „proklamiert nicht die Autorität des Paulus". R II, 556.

2.4.2. Die Konstituierung des freien Subjekts (Röm 1–8)

2.4.2.1. Der Glaube als Erkenntnis der Freiheit (Röm 1, 18–4, 25)

2.4.2.1.1. Das Wissen des Nicht-Wissens des Ursprungs (Röm 1, 18–3, 20)

Im ersten ‚Römerbrief' hatte Barth die faktizitäre, in sich gespaltene ‚religiöse' Bewußtseinslage, mit deren Fokussierung die theologische Reflexion beginnt, als ein Nebeneinander von Unmittelbarkeit („Der Begriff von Gott ist uns so unmittelbar gegeben wie unser eigenes Sein" [Röm I, 28]) und möglicher Differenz[260] dargestellt. In der Neuauflage weicht die religiös-unmittelbare Rede vom „‚Verborgene[n] der Menschen'"[261] der christologischen und damit reflexiven Vermittlung.[262] Und die früher eher vorstellungshaft-traditionell und an der Täterfrage, aber nicht konsequent an der Logizität der ‚Tat' orientierten Darstellungskategorien machen einer logisch-gnoseologischen Konstruktion Platz:[263] „Gott! Wir wissen nicht, was wir damit sagen. Wer glaubt, der weiß, daß wir es nicht wissen." (19) Die Ausgangsbestimmung, mit welcher der Aufbau der theologischen Selbstdurchsichtigkeit seinen Anfang nimmt, ist die paradoxale Struktur des Wissens vom Nichtwissen des Ursprungs. Es wird zum Ausgang dieser Selbstdurchsichtigkeit durch Reflexion: „Wir wissen, daß Gott der ist, den *wir nicht* wissen, und daß eben dieses Nicht-Wissen das Problem und der Ursprung unsres Wissens ist." (22) Damit wird der theologische Reflexionsprozeß auf den Weg gebracht, der eo ipso zugleich transzendental-theoretisch die Bedingung der Möglichkeit des Wissens überhaupt, wie transzendental-praktisch, die Bedingung der Möglichkeit selbstbestimmter Freiheit begründen soll: „*Dieser* Gottesgedanke, die Einsicht in die absolute Heteronomie, unter der wir stehen, ist *autonom*: Wir widerstehen nicht etwas Fremdem, sondern unserm Eigensten" (ebd.). Schon diese ersten Bestimmungen zeigen, daß Barth im zweiten ‚Römerbrief' gewillt ist, den theologischen Reflexionsvollzug nun konsequent als Vollzug von Religionskritik zu konstruieren, nämlich als den Vollzug der Kritik faktischer Selbstpositivierung theologischer Reflexion als Religion.

Aber genau wie in der Erstauflage bleibt dieses gestraffte, nämlich autopoietisch konzentrierte Reflexionsgerüst nicht philosophisch-abstrakt. Vielmehr wird es phänomenal zum theologischen dadurch, daß es zum einen als Auslegung der paulinisch-theologischen Sprachwelt prozediert und zum andern die Funktionsstellen des Reflexionsaufbaus sofort mit gegenwartsdiagno-

---

[260] Vgl.: „Es ist … ein *negatives Verhältnis* zu ihm möglich. Denn in einer *freien* Vereinigung mit ihm … will er uns ergreifen und von uns begriffen sein. Der Mensch *kann* aus der freien Gemeinschaft mit Gott auch als ein Verworfener hervorgehen". Röm I, 25.

[261] R I, 66.

[262] Vgl. R II, 48.

[263] Der früher unter die Überschrift „Der Abfall" (R I, 66) gestellte Negationszusammenhang ist jetzt überschrieben: „Die Ursache" R II, 18.

stischem Material füllt. Der ‚Neubau' des ‚Römerbriefs' ist wie der alte der Aufbau des Reflexionsgebäudes gewissermaßen im Fachwerkverfahren.

Diesen materialen Teil des Verfahrens eröffnet Barth an der Auslegung von Röm 1, 22ff. unter der ‚rationalisierten' Überschrift „Die Wirkung" (24) (früher: „Der Sturz" [R I, 32]). Hier präsentiert er ähnlich wie in der Erstauflage, aber in krisenhaft dramatischer Steigerung eine unverhohlen antiliberale Kritik der ‚säkularen' Gegenwartskultur der Moderne, die dekadenztheoretisch akzentuiert wird: „Die Welt steht nicht bloß neben Gott, sondern sie ist an seine Stelle getreten, sie ist selbst Gott geworden" (30).

In einer Fülle von ex- und impliziten kulturkritischen Anspielungen und Bezügen variiert Barth die Symptome einer „falsche[n] Grundeinstellung dem Leben gegenüber" (26).[264] Die logisch-reflexive Fassung des Glaubensbegriffs im zweiten ‚Römerbrief' hebt also das Interesse des Autors an plastischer Gegenwartsdiagnose keineswegs auf; sie steigert es vielmehr. Die Instrumente, mit denen Barth hier arbeitet, sind ähnlich wie in der Erstauflage die Mittel konservativer, antiliberaler[265], dekadenztheoretisch versetzter[266] Modernitätskritik. So greift er etwa den Gegensatz zwischen organologischen Synthese- und technizistischen Abstraktionskategorien auf: „[U]nfähig, die Fülle der Erscheinungen zu meistern, das Einzelne im Zusammenhang des Ganzen zu begreifen"(25), präsentiere sich das inkriminierte moderne Denken als „leer, formal, bloß kritisch" (ebd.). Die Entfremdungserfahrungen der Moderne werden als Folge schuldhaften Glaubensverlustes gedeutet:[267] Der aus der Einheit mit Gott herausgeworfene Mensch stehe „den sinnlos waltenden Weltkräften gegenüber" (ebd.).[268] Mit der theologischen Kultur- bzw. Neuzeitkritik wird eine sexualpathologische verbunden, die sowohl Erklärung als auch Beschreibung des Kulturverfalls sein soll: „Das ohnehin Bedenkliche rollt dem Absurden entgegen. Libido wird alles, das Leben Erotik ohne Grenze." (30)

Zwar arbeitet Barth hier mit den Mitteln konservativer Modernitätskritik; aber insbesondere die theologische Metaphorisierung und die Anspielungstechnik machen deutlich, daß die Gesamtperspektive nicht die der Inkriminierung der modernen Gegenwartskultur und deren Aporieerfahrungen ist, sondern vielmehr die umgekehrte: die kulturellen Aporieerfahrungen der Gegenwart sollen in eine theologische Kulturkritik ‚überhaupt' aufgehoben werden. Der Effekt dieser Wendung besteht in der Etablierung eines überlegen-kritischen Wissens, das zugleich potentiell oder prinzipiell Handlungswissen ist; es ist nicht vergangenheits- sondern zukunftsorientiert. Es schreibt das Veränderungspotential nicht ‚der Welt', sondern ‚Gott', d. h. aber im Hin-

---

[264] Vgl.: „Darüber sind die naturwissenschaftlich-historische und die philosophisch-theologische Weltanschauung einiger, als es aussieht. Die Welt steht nicht bloß neben Gott, sondern sie ist an seine Stelle getreten, sie ist selbst Gott geworden". R II, 30.

[265] Vgl. die Polemik gegen den „liberale[n] Ausblick auf unendliche Möglichkeiten". R II, 26.

[266] Vgl.: „Herzlos, begreifend ohne Anschauung und darum leer ist das Denken und gedankenlos, anschauend ohne Begriff und darum blind ist das Herz geworden." R II, 25.

[267] Vgl. R II, 29f.

[268] Vgl.: „So tritt die letzte Entleerung und Zersetzung ein, das Chaos zerfällt in seine Bestandteile, und es wird alles möglich." R II, 31.

blick auf den Träger solchen Wissens: sich selbst zu. Die Verbindung von ursprungsreflexiver Wissensstruktur und (bereits dadurch) universalisierter Kulturkritik etabliert schon als solche die Wissensstruktur eines zukunftsorientierten Handlungssubjekts, kurzum: die Wissensstruktur der theologischen Avantgarde.

Der Aufbau der Wissensstruktur der theologischen Avantgarde wird nun aber in der Neuauflage, wie gesagt, im Medium konsequent entpositivierender Selbstreflexion betrieben. Beides zugleich – nämlich den Bezug des Wissens auf das Trägersubjekt und den kritisch-reflexiven Aufbau dieses Wissens – zeigt mit paradigmatischer Deutlichkeit der Übergang zum zweiten Römerbriefkapitel: „*Wessen* Lage ist es, die als ‚Enthüllung des Zornes Gottes‘ (1, 18) begriffen werden muß?" (33). Und die Antwort, welche die ‚Avantgarde‘ sich selbst – kritisch – zu Gesicht bringt, lautet: „‚*Keine Entschuldigung*‘, kein Grund und keine Möglichkeit, sich auszunehmen, weder für die Nicht-Wisser des unbekannten Gottes … – noch für die Wissenden!" (34).

Das sich in der Unterscheidung vom Nicht-Wissen erstmals vor Augen kommende ‚Wissen‘ der theologischen Reflexion ist das sich im Unterschied zur Religion „der Heiden" (40) als solches wissende religiöse „Erlebnis" (40). Dessen Struktur wird von Barth in Röm 2, 14–29 (44ff.) entwickelt. War die erste Strukturbestimmung – das als ‚Religion‘, als Nicht-Wissen gewußte Wissen – als Interpretation der Metapher des Zorns Gottes präsentiert worden, so entwickelt Barth die Struktur des religiösen Erlebnisses als Auslegung des paulinischen Gesetzesbegriffs.

Das religiöse „Erlebnis" ist „der von göttlicher Offenbarung hinterlassene Eindruck in der Zeit, in der Geschichte, im Leben des Menschen" (44). Der innere Selbstwiderspruch des religiösen Erlebnisses bestehe darin, daß der Begriff seine Intention aufhebt: Es ist nur als erlebtes, was es ist, d. h. es ist nur als gewußtes, was es ist, und darum ist es immer schon nicht mehr, was es sein will, nämlich unmittelbar zu seinem Gegenstand. Als Erlebnis ist die Offenbarung immer schon „kanalisiert"[269]. Offenbarung ist dem Menschen nur bewußt präsent als „Eindruck von Offenbarung" (51), d. h. als „Gesetz" (44). Als gewußte ist die Offenbarung aber immer schon negiert, gewußt wird sie nur als „der ausgebrannte Krater göttlicher Rede …, der leere Kanal" (ebd.). Das religiöse Erlebnis als Wissen der Offenbarung ist Nicht-Wissen: „Hast du nicht *mehr* aufzuweisen als einen Eindruck von Offenbarung, dann hast du gar nichts aufzuweisen." (52) Will der Glaube Bewußtsein der Offenbarung sein, dann kann er sich nur vollziehen als permanente Selbstkritik des – *eigenen* (!) – religiösen Erlebnisses: „Wirkliche Gottesmänner wissen […], daß der Glaube nur insofern Glaube ist, als er *keine* geschichtliche und seelische Wirklichkeit beansprucht, sondern unsagbare Gotteswirklichkeit ist." (36)

Auf diese negativ-kritische Weise wird der Religionsbegriff selbst konstruktiv in den Glaubensbegriff aufzuheben versucht. War im ersten ‚Römerbrief‘ der Aufbau des theologischen Glaubensbegriffs – trotz kritischer Kautelen – doch im Grunde noch als Konstituierung eines mehr oder weniger in der Geschichte beobachtbaren „Vorgang[s] des göttlichen Wachstums" (R I, 209), eines ‚wahren‘ religiösen Bewußtseins erschienen, dessen Träger sich als partikulare Gruppe

---

[269] Vgl. R II, 44f.

in der Geschichte von den Trägern des ‚falschen' Bewußtseins durch einfache Negation unterscheiden, so wird diese Differenz nun konsequent reflexiv zu internalisieren versucht: „Die sog.[enannte] ‚Heilsgeschichte' … ist nur die fortlaufende Krisis aller Geschichte, nicht eine Geschichte *in* oder *neben* der Geschichte." (35) Die Einsicht in die für den Religionsbegriff konstitutive Differenz von Erlebnis und Selbstpräsentation des intentionalen Erlebnisinhalts ist also diejenige Einsicht, als welche sich der Glaube aufbaut. Der Glaube ist das theologisch reflektierte und darin zu sich selbst gekommene religiöse Erleben: „[A]ller Offenbarungseindruck [ist] ein Hinweis … auf Offenbarung selbst, … alles Erleben [trägt] Erkenntnis als seine eigene Krisis in sich." (58) Im Medium der Kritik rekonstruiert der Glaube das Recht der Religion, das als solches allerdings nur erkennbar wird im Vollzug eben dieser kritisch-reflexiven Aufhebung.[270]

Die als die Struktur des ‚Gesetzes' identifizierte theologische Kritik des religiösen Erlebnisses wird sprachlich als in der zweiten Person gehaltene Kritik an der Berufung des Glaubens auf sich selbst ausgeführt: „Berufst du dich nur auf deinen Glauben, so kannst du dich auf gar nichts berufen." (52) In keinem Abschnitt des zweiten ‚Römerbriefs' findet sich die 2. Person Singular so häufig wie in dem Abschnitt, der Röm 2, 17–25 auslegt.[271] Damit kommt die pragmatische, intersubjektive Dimension des kritischen Aufbaus des theologischen Handlungs- und Reflexionssubjekts ausdrücklich ins Spiel.

Als die begriffliche *Kurzformel* dieser in der beschriebenen Weise durchgeführten reflexiven Aufhebungsbewegung rangiert der Gedanke vom göttlichen Ursprung als der „*Krisis* aller Gegenständlichkeit" (62). In der Tat ist, wie Lohmann gezeigt hat,[272] für den zweiten ‚Römerbrief' die Rede von Gott als der ‚Aufhebung alles Gegebenen bzw. Anschaulichen' charakteristisch. Aber diese gedankliche Figur ist bei Barth nicht ein abstrakter Gedanke, sondern sie ist als das Prinzip des diskursiv-kritischen Selbstaufbaus des Glaubens als theologischen Reflexionswissens zu verstehen.

2.4.2.1.2. Das Wissen des Wissens des Ursprungs (Röm 3, 21ff.)

Wie in der Erstauflage so interpretiert Barth auch jetzt den paulinischen Übergang vom „Gesetz" zum „Evangelium" (Röm 3, 21) als Reflexionsfortschritt: „Welt ist Welt. Wir wissen nun (1, 18–3, 20), was das bedeutet. Aber woher diese Krisis …? Woher auch nur das Bewußtsein davon …? Woher die Möglichkeit, die Welt Welt zu nennen?" (72)

Wie im Falle des Religions- und Gesetzesbegriffs so zeichnet sich auch im Falle des Begriffs des Evangeliums[273] die den zweiten vom ersten ‚Römerbrief' unterscheidende

---

[270] Vgl. R II, 71.

[271] Vgl. R II, 49–54. Formal ist dieses Verfahren als Aufnahme der grammatischen Konstruktion von Röm 2, 17ff. legitimiert. Aber das erklärt ja seine Funktion im Barthschen Text nicht.

[272] Vgl. Johann Friedrich Lohmann: Karl Barth und der Neukantianismus, 308.

[273] Barth verwendet allerdings in diesem Zusammenhang nicht diesen Begriff, sondern den der Offenbarung. R II, 80 u.ö.

reflexionslogische Präzisierung schon von der gebrauchten Begrifflichkeit her ab. Die eher metaphorische Rede von der Besinnung auf den „Standort" (R I, 84), den „Gesichtspunkt" (R I, 85), die an der entsprechenden Stelle im ersten ‚Römerbrief' zu stehen kam, zieht sich zur logisch gewendeten Reflexion auf den „Punkt, von dem wir herkommen, auf eine Voraussetzung, von der wir ausgegangen sind" (72), zusammen. Dem entspricht, daß auf eine ontologische Referenz, wie sie im ersten ‚Römerbrief' noch in Gestalt des Verhältnisses von „Ideal und Leben" (R I, 85) beigebracht worden ist, nun – fast – ganz verzichtet wird. Den einzigen greifbaren ontologischen Bezug stellt jetzt das Wort „Jesus" her, das als Abschnittsüberschrift an die Stelle des Begriffs „Die Offenbarung" (R I, 83) tritt. Damit ist der Offenbarungsbegriff allerdings nicht nur nicht vom Tisch, sondern er tritt sogar ins Zentrum der Argumentation und fokussiert – in Gestalt der Rede vom „paradoxe[n] Faktum" der „Offenbarung in Jesus" (79) – die Streuweite der ontologischen Konnotationen, welche die in der Erstauflage verwendeten eschatologischen Begriffe und Metaphern kennzeichnen.

Indem das Gesetz zwischen Offenbarung und Offenbarungswissen unterscheidet, nimmt es ein Wissen von der Offenbarung bereits in Anspruch, das durch den Gesetzesbegriff selbst nicht gedeckt ist. Dieses Wissen von Offenbarung ist Offenbarungswissen;[274] es ist als Selbstaufschluß der Offenbarung zu beschreiben: „Gott spricht" (73). Der – seiner Funktion und dem damit verbundenen Anspruch nach – transzendentale Sinn dieser Rede vom ‚Sprechen Gottes' wird geltend gemacht, indem gesagt wird, die göttliche Rede sei als eine Mitteilung zu verstehen, die wohl einen bestimmten, aber keinen materialbestimmten Inhalt hat, die also „nicht anschaulich neben andern Anschaulichkeiten" (ebd.) auftrete, sondern reine ursprüngliche Selbstmitteilung sei: „Gott spricht, daß er *ist*, der er ist" (ebd.). ‚Gott spricht' wird damit deutlich als theologische Entsprechung zum philosophischen Ursprungsbegriff, der Ursprung des Wissens und des selbstbestimmten Tuns zugleich ist: ‚Gott spricht' ist das ursprüngliche Wissen, das sich in seinem dieses Wissen für andere Aus-Sprechen, zugleich auf sich selbst bezieht.

Diesen bestimmten, aber unanschaulichen Sinn der Rede vom Sprechen Gottes kondensiert und positiviert Barth in ‚Christus'. Dazu sind Leben und Person Jesu allerdings zu einer „rein negative[n] Größe" (79) zu erklären, die an sich selbst schon alle Anschaulichkeit aufhöben. Indem „das Kreuz" als Summe und eigentlicher Inhalt des Lebens Jesu gedacht wird, kann behauptet werden: die „Offenbarung in Jesus ist … die denkbar stärkste Verhüllung und Unkenntlichmachung Gottes" (80). Das „Kreuz" unterscheidet sich von den beiden bisherigen Leitmetaphern „Zorn Gottes" und „Gesetz" dadurch, daß in ihm Unmittelbarkeit und reflexive Differenz nicht mehr unter der Ägide der Reflexion, also der Differenz, sondern unter der Ägide der Position, mithin der Unmittelbarkeit, gedacht sind. Darin gründet die ‚Paradoxie' seiner Struktur. Das „Kreuz" wird damit zugleich als Produkt theologischer Reflexion und

---

[274] Vgl.: „*Viele* wandeln im Lichte der Erlösung, der Vergebung, der Auferstehung; daß wir sie wandeln *sehen*, daß wir Augen dafür haben, das verdanken wir dem *Einen*. In *seinem* Lichte sehen wir das Licht." R II, 78.

wiederum unmittelbar-positiv in Anschlag gebracht. Im Kreuz fällt beides ‚paradox' zusammen. Davon, daß solches Zusammenfallen seinerseits sich dem Zusammenfallenlassen der theologischen Reflexion verdankt, wird von Barth freilich abstrahiert, indem er „das Kreuz" ontologisch als Zusammenfassung des Lebens Jesu deutet.

Im „Kreuz" wird der designatorische ‚Name Jesus Christus' innerhalb der Reflexionskonstruktion symbolisch eingeholt. Das Kreuz ist der Verweisungspunkt der Reflexion auf deskriptive Wirklichkeit; es tritt damit an die Stelle des Religionsbegriffs. Das zeigt sich daran, daß sich seine Struktur punktualisierter Ontik auf den theologisch-reflexiven Religionsbegriff, auf den Glaubensbegriff überträgt: „Glaube an Jesus ist das Wagnis aller Wagnisse. Dieses Trotzdem, dieses Unerhörte, dieses Wagnis ist der Weg, den wir zeigen. Wir fordern Glauben, nicht mehr und nicht weniger." (80) Der Glaubende existiert im „Wagnis". Mit dem Begriff des Wagnisses wird ein der punktuellen Positivität des Kreuzes entsprechender Lebensvollzug bezeichnet.[275] Der theologische Reflexionsvollzug wird damit als ein Lebensvollzug beschrieben, der seine Sicherheit nicht in einem deskriptiven Wirklichkeitsverhältnis hat, sondern ausschließlich in seiner eigenen Logizität; zugleich wird der Reflexionsvollzug damit als der praktische Vollzug selbsttätiger Freiheit bestimmt.

Mit dem Wagnisbegriff kommt zugleich wiederum die pragmatische Dimension der Selbstöffnung des Reflexionsvollzugs ins Spiel. Es kommt mit ihm nämlich hintergründig diejenige Differenz ins Spiel, um deren Überwindung es dem Verfasser der ‚Römerbriefe' eigentlich zu tun ist: die Differenz zwischen dem theologischen Aufbau des Glaubensbegriffs, der in den beiden Auflagen des ‚Römerbriefs' sukzessive vorgenommen wird, und demjenigen, den der Autor bei seinen Lesern in Anschlag bringt.[276] Der sukzessive Integrierungsbzw. Identifizierungsvorgang, als welcher der Aufbau des theologischen Glaubensbegriffs zu lesen ist, erreicht mit der Auslegung des Offenbarungsbegriffs einen ersten Höhepunkt. Für den weiteren Fortgang der Argumentation, bzw. für das Gelingen der Kommunikation zwischen Autor und Leser, ist entscheidend, daß der Leser sich die Selbstauslegungsstruktur des Offenbarungsbegriffs zu eigen – d.h. zur eigenen Religion – macht. Diesen Akt kann der Autor bei seinen Lesern aber nicht erzwingen, er kann nur an sie appellieren, daß sie ihn tun, daß sie ihn – ‚wagen'.

2.4.2.1.3. Aktuales Ursprungswissen als genetische Selbsterfassung individuellgeschichtlicher Subjektivität (Röm 4)

Das „Wagnis" der Aneignung der ursprungstheologischen Selbstauslegung wird dem Leser durch den Autor dadurch erleichtert, daß dieser ihm einen exemplarischen Fall gelungener Aneignung anbietet, die „Abrahamsfigur" (100).

---

[275] Andernfalls wären ein rein theoriebezogener Begriff wie „Hypothese" sachgemäßer.

[276] Die etwaigen materialen Einzelbestimmungen dieses vermuteten Glaubensbegriffs interessieren an dieser Stelle nicht; lediglich die Differenz als solche ist von Belang.

Genau wie im ersten ‚Römerbrief' liest Barth auch in der Neuauflage das Abrahamskapitel als Nachweis, daß der offenbarungstheologisch rekonstruierte Glaube das wahre Wesen der Religion, und zwar geschichtlich individuierter Religion darstelle. „Wir schaffen das Gesetz nicht ab, sondern wir lassen das Gesetz, die Bibel, die Religion in ihrer Wirklichkeit, die Geschichte reden, ‚zeugen' ... von ihrem eigenen Sinn und vernehmen, daß der Glaube der Sinn des Gesetzes ist" (ebd.). Der theologisch-reflexive Glaubensbegriff soll zugleich an der Stelle des Religionsbegriffs und an derjenigen des Geschichtsbegriffs expliziert werden; er ist die Bedingung der Möglichkeit selbsttätig-freien Lebensvollzugs überhaupt. Damit ist zugleich angedeutet, daß das Kapitel aus der Sicht des Auslegers eine doppelte Funktion hat: der theologische Reflexionsvollzug soll als Grundvollzug von religiös-geschichtlichem Handeln als solchem und zugleich als Grundvollzug von dessen adäquatem Selbstverstehen expliziert werden; Röm 4 ist damit, ähnlich wie in der Erstauflage, das hermeneutische Methodenkapitel des ‚Römerbriefs'.[277] Und wie in der Erstauflage spiegelt sich in dieser Einordnung der methodologischen Reflexion in den Reflexionsgang selbst die Inversion der Methodenreflexion, welche Barths ‚Wende'-Theologie insgesamt kennzeichnet.[278] Damit gibt das Abrahamkapitel zugleich das Ziel der Römerbriefauslegung insgesamt zu erkennen: die theologische Selbstdurchsichtigkeit als den genetischen Vollzug geschichtlicher Individualität zu denken.

Das prägnante und berühmte Signal der konsequenten Autopoietik, auf die Barth nunmehr methodologisch aus ist, findet sich im unmittelbaren Vorfeld der Auslegung von Röm 4: „Gott ist nur durch Gott zu verstehen" (95). Diese autopoietische Konzentration wirkt sich im Abrahamskapitel darin aus, daß hier – wie durchgängig im neuen ‚Römerbrief' – die Leitdifferenz der Erstauflage vom „Ewige[n]" (116) und dem jeweils geschichtlich Gegenwärtigen, mithin vom Allgemeinen und Einzelnen, ersetzt wird durch die neuen logischen „Paradox"-Figuren (98) von der „Negation", die zugleich „Position" (98) ist, bzw. der Gegensatzeinheit von Anschaulichem und Unanschaulichem[279], von Geschichte und ‚Ur-geschichte'[280]. Damit wird jedwedem – der Deskription zugänglichen – Inklusionsverhältnis von theologischem Reflexionsvollzug und religiösem Lebensvollzug der Boden entzogen. Aus der deskriptiv positivierten Rede über den „göttliche[n] Realismus und Universalismus, den wir vertreten" (R I, 117) wird jetzt die Rede vom Glauben als dem „reine[n]

---

[277] Vgl.: „Das Kapitel [Röm 4] ist einer vor dem Einsteigen in die vergletscherten Couloirs zu traversierenden Hochebene im Gebirge zu vergleichen. Es passiert nichts Entscheidendes, aber man bekommt Muße sich umzusehen, wo man eigentlich hingekommen ist, und kommt in gemächlichem Trapp-Trapp am Seil dem Punkt, wo es losgeht, immer näher." Brief vom 6.1.1921, Ba-Th I, 459.

[278] Der Inversionstechnik entspricht es auch, daß die ausdrückliche Reflexion dieses Sachverhalts wiederum erst im letzten Abschnitt des Kapitels erfolgt: „Vom Nutzen der Historie". R II, 126.

[279] Vgl. die Rede vom „unanschauliche[n] Faktum" (R II, 108), das der Glaube ist.

[280] Vgl. R II, 127.

jenseitigen *Anfang*" (111) der Religion; aus der Reflexion auf „die Unmittelbarkeit aller Menschen zu Gott" „im Christus" (R I, 104) wird die Rede von
„Jesus als de[m] Christus …"‚ dessen „… Licht kein anderes ist als das Licht des
Alten Testamentes, das Licht aller Religionsgeschichte und Wahrheitsgeschich-
te" (101).

Die autopoietische Konzentration der Neuauflage kommt im konsequenten Einzug
aller deskriptiven Außenreferenten zum Ausdruck; das läßt sich schon an den Abschnitts-
überschriften zeigen. Aus der Kapitelüberschrift „Die Stimme der Bibel" (R I, 106) wird
„Die Stimme der Geschichte" (98). So werden die Leser von Anfang an innerhalb der
Reflexionsbewegung ‚der Bibel' plaziert.[281] Aus den deskriptiven Abschnittsüberschrif-
ten der Erstauflage – „Gott und der Heros" (R I, 106), „Der Glaube und die Religion"
(R I, 117), „Die Gerechtigkeit und die Moral" (R I, 125) – werden die theologischen
Binnenreflexionen „Glaube ist Wunder" (98), „Glaube ist Anfang" (111), „Glaube ist
Schöpfung" (118).

Hatte Barth in der Erstauflage „Abraham" als das exemplarische Exemplar geschichtlich religiöser Individualität überhaupt bestimmt und somit gewissermaßen von außen
beschrieben, so zielt er in der Neubearbeitung nun darauf, den Glauben als die Möglichkeitsbedingung des genetisierenden Selbstvollzugs von religiöser Individualität und
damit gewissermaßen ‚von innen' durchsichtig zu machen, bzw. als solche Durchsicht
anzuzeigen. War Individualität in der Erstauflage im Schema von Einzelnem und Allge-
meinem gedacht, so wird der Glaube hier nun als die Genetisierung dieses Verhältnisses
selbst zu positionieren versucht: „Der Ruf Gottes an den Menschen geht den Gegensät-
zen beschnitten-unbeschnitten, religiös-unreligiös, kirchlich-unkirchlich virtuell, sachlich … voran […] Der Glaube ist die Voraussetzung jener Gegensätze, ihr ursprüngliches
Gemeinsames: er ist weder religiös noch unreligiös, weder heilig noch profan und er ist
immer auch beides. Die Berufung Abrahams und sein Glaube ist … zweifellos ein reiner
Anfang, ein zuerst und unbedingt Gesetztes." (113) Der Versuch, den Glauben in dem
Individualität genetisierenden Selbstvollzug des Subjekts zu positionieren, zeigt sich ferner daran, daß Barth hier nun auch ausdrücklich die auf „Gewißheit" (120) zielende
Selbstvergewisserung mitreferiert, welche der Glaube wiederum auf kritisch gebrochene
Weise in der Theologie hat: „… Gebet und Predigt, …, Theologie, …, Römerbrief und
andere Bücher …" (123) – sind in ihrer notorisch reflexiven, distanten Wahrnehmung
solcher Gewißheit „… *allein* im Lichte *göttlichen* Ernstes und *göttlichen* Humors – gerechtfertigt" (ebd.).

„Geschichte ist synthetisches Kunstwerk" (133).[282] Nirgendwo im zweiten
‚Römerbrief' bezieht sich Barth offener und direkter auf Nietzsche als in der
Auslegung von Röm 4, 17ff., die überschrieben ist: „Vom Nutzen der Historie"
(126)[283]. Der Nutzen der Historie besteht allein darin, „das Selbstgespräch des
Gleichzeitigen … in Fluß" (132) zu bringen. Indem der theologische Glaube

---

[281] Vgl.: „‚*Was wollen wir* … '" – Paulus/Barth/der Leser – „‚ … *nun sagen von Abraham?*' Wir
wählen als Paradigma für den Satz, daß der Glaube der Sinn des Gesetzes ist, eine möglichst
entlegene und möglichst klassische Gestalt aus dem Gebiet des Gesetzes. Man wird nicht sagen
können, daß wir uns die Aufgabe mit dieser Wahl leicht machen." R II, 100.

[282] Vgl.: „Sie schöpft ihre Erkenntnis aus ‚Quellen', die erst dadurch zu Quellen werden, daß
sie sie durch ihre Erkenntnis erschließt." R II, 133.

[283] Vgl. auch die langen Nietzschezitate, R II, 133.

Geschichte auf Ur-Geschichte hin durchsichtig macht, d.h die Logik der Vollzüge der Religion auf ihr genetisches Prinzip zurückverfolgt, vermag er sich
diese Vollzüge produktiv anzueignen.[284] Die theologische Reflexion „sieht,
indem sie versteht, und sie versteht, indem sie verkündigt. Sie schaut Geschichte, indem sie Geschichte schreibt, und sie schreibt Geschichte, indem sie Geschichte macht." (133) ‚Geschichte‘ wird solchermaßen zur materialgebenden
Projektionsfläche der aktualen Selbstrealisierung des theologischen Subjekts.
Von der Frage ‚wie es gewesen ist‘ läßt sich dieser Antihistorismus nicht stören.
Der „*historische* Abraham" (135), der „Beduinenhäuptling Abraham" (134), ist
in Barths Auslegung von Röm 4 uninteressant.

Das konkrete Stück „Historie", dessen „Nutzen" im Abrahamkapitel entfaltet wird, ist gar nicht jener „Beduinenhäuptling", auch nicht das theologische
Konstrukt ‚Abraham‘, sondern der paulinische Römerbrief selbst. Die im „Vorwort" vorgestellte Hermeneutik des geltungstheoretisch interessierten Durch-
griffs durch die Materialität des historischen Dokuments wird hier aus dem
rekonstruierten Geltungszusammenhang selbst herzuleiten und in ihm zu verorten versucht. Im „Selbstgespräch des Gleichzeitigen" (132) verschaltet Barth
Paulus auf einer Cohenschen Plattform mit Feuerbach und Nietzsche. Die
paulinische Rechtfertigungslehre wird als theologische Religionskritik gelesen,
deren Sinn die Abschüttelung der Geschichte ist. Im souveränen theologischen
Konstruktionsakt baut sich ein überlegenes Subjekt auf, das die „Krisis" der
Geschichte überwindet, indem es Geschichte nicht schreibt, sondern umschreibt,
indem es darin, daß es Geschichte neu schreibt, „Geschichte macht" (133).

2.4.2.2. Der theologisch erkannte Aufbau der Freiheit (Röm 5–8)

2.4.2.2.1. Das Subjekt der Freiheit (Röm 5)

Der erste Teil des ‚Römerbriefs‘ handelte von den Erkenntnisbedingungen
der Freiheit, von ihrer Form und darin zugleich von der objektiven Realität der
Freiheit. Der zweite Teil thematisiert nun den Aufbau der Freiheit selbst, ihren
Inhalt, und darin zugleich die subjektive Realisierung der Freiheit; er handelt
von der „Konstituierung der menschlichen Persönlichkeit" (138). Das ist in
beiden Auflagen dasselbe. Die Durchführung ist allerdings verschieden. Während der erste ‚Römerbrief‘ die Realität der Freiheit beschrieb als Partizipation
an der göttlichen „Lebensbewegung" (R I, 157), die sich siegreich gegen die
Unfreiheit durchsetzt, gibt die Neuauflage die deskriptive Distanz und mit ihr
die geschichtstheologische Lebensmetaphorik auf. An deren Stelle setzt sie den
theologischen Reflexionsprozeß, als welcher sich die Realisierung der Freiheit
selbst vollzieht. Der erste ‚Römerbrief‘ nahm die Identifizierung des Lesers mit
dem Glaubenden affirmativ und appellativ vor: „Wir *müssen* glauben [...] Wir
sind neu geworden von Gott her." (R I, 147) In der Neuauflage wird genau
dieser theologische Identifizierungsakt selbst reflexiv zu machen versucht: „*Nicht*

---

[284] Vgl. die Rede vom „Sinn ... der Religion", R II, 111, 113.

ich bin dieses Subjekt [sc. des Glaubenden], sofern es als Subjekt, als das, was es ist, absolut jenseits, das radikal Andere ist allem gegenüber, was ich bin. Und – ich bin dieses Subjekt, sofern das, was es tut, sein Prädikat: der Glaube, eben in der Setzung der Identität zwischen ihm und mir besteht." (136) Die affirmative geschichtstheologische Rede von der göttlichen „Lebensbewegung" wird nun dialektisch, d. h. durch Reflexion auf seine theologisch-erkenntnistheoretische Konstitution gebrochen: „*Allein* durch den Glauben bin ich, was ich (nicht!) bin. Sofern das Wagnis des Glaubens auch nur einen Augenblick nicht in Betracht gezogen, auch nur einen Augenblick suspendiert, nicht gewagt ist (und zwar so, als hätte ich es noch nie gewagt!) ist die Setzung dieser Identität eine bedeutungslose Tat religiöser oder spekulativer Hybris." (137) Daß Freiheit einerseits nur als Reflexion der Freiheit erfahrbar wird, andererseits aber in solcher Reflexion bereits vorausgesetzt werden muß, ist ein „paradoxes Faktum" (140). Diese Freiheit stellt sich ein im Akt solcher Reflexion und steht in ihm zugleich auf dem Spiel; sie ist weder auf der Seite des Subjekts der Reflexion,[285] noch auf derjenigen ihrer Adressaten reflexiv erzeugbar.[286] So wird der in der Erstauflage hochgemut formulierte Anspruch der theologischen Avantgarde, eine überlegene Weltdeutung zu besitzen – „Wir sind *Wissende*" (R I, 155) –, durch welche sie sich positiv von der „Welt" unterscheidet, nunmehr dialektisch gebrochen: „‚*Weil wir wissen*' …, weil wir wissen, was in jedem Gegenwärtigen das Ursprünglich-Endliche ist. Wissen wir es? Nein, wir wissen es nicht. Wir wissen, daß wir es nicht wissen. Aber Gott weiß es." (144) So wenig Freiheit an sich ein Wissensinhalt, ein „Lebensinhalt" (149) sein kann, so wenig können einzelne Inhalte freier Selbstauslegung für sich selbst absolut gewiß sein.

Die kritisch-dialektische Brechung der Identität des Glaubenssubjekts darf jedoch nicht als skeptische Relativierung seiner Selbstgewißheit mißverstanden werden; vielmehr ist „der neue Mensch, der Mensch, der sich mit *überlegener* Gewißheit … in *Christus* von Gott geliebt weiß." (152) Dialektisch gebrochen wird nicht diese „Gewißheits*quelle*" (ebd.), sondern die Identifizierung des empirischen (Leser-)Subjekts mit dem Glaubenssubjekt: „Sofern wir leben aus dieser Quelle, … sofern wir es also wagen, zu glauben, *sind* wir, was wir *nicht sind*: neue Menschen, das neue Subjekt" (ebd.). „Wir sind – neue Menschen! immer dialektisch, indirekt, allein durch den Glauben begründet" (143).

Im ersten ‚Römerbrief' hatte Barth die Adam-Christus-Typologie von Röm 5 im Sinne zweier real-differenter „Gesamtleben" (R I, 189) gedeutet. In der Neuauflage werden nun die „in Christus der Welt offenbarte Gerechtigkeit …" und die „… in Adam in die Welt eingezogene Sünde …" als „zeitlose, [als] die transzendentale Disposition der Menschenwelt" (163) bestimmt. ‚Adams Sün-

---

[285] Vgl.: „Der Friede des neuen Menschen illustriert sich selbst durch die problematisch-verheißungsvolle Existenz des Apostels […] Anders denn als Gnade, anders denn als paradoxes Faktum kann er diese Stellung [sc. als Apostel] nicht auffassen". R II, 140.

[286] Vgl.: „Aber – *nur* Hoffnung hat er [sc. Paulus], *nur* Hoffnung verkündigt er. Geburtshelfer zu sein gebietet ihm der Gott, Erzeuger zu sein verbietet er ihm …!" R II, 141.

de' und ,Gerechtigkeit Christi' sind die durch theologische Reflexion auf die dialektische Verfaßtheit des Glaubens-Ichs gewonnene Hintergrundsbestimmtheit seiner selbst. Diese ist „transzendental", weil sich der Glaubende in dieser Doppelbestimmung immer schon vorfindet. Aus dieser Vorfindlichkeit kann er sich nicht herausreflektieren. Sünde bzw. Gnade sind für das Subjekt Vorfindlichkeiten, „*Macht*, Übermacht" (167), er untersteht der „Königsherrschaft der Sünde" (ebd.). „Nur Revolution und Sturz der Dynastie, nur Umkehrung der transzendentalen Voraussetzung kann eine Veränderung der allgemeinen und notwendigen Abhängkeit bringen." (Ebd.) Indem der Mensch dies erkennt, erkennt er die Faktizität dieser ,transzendentalen' Doppelbestimmtheit; er kann diese reflexiv nicht hintergehen, wohl aber benennen.

Daß die ,transzendentale' Doppelbestimmung von ,Sünde' und ,Gnade' aber wiederum keine andere Differenz ist als die Grunddifferenz von reflexiver Selbstdurchsichtigkeit und Selbstundurchsichtigkeit, zeigt Barth, indem er das Theologumenon der „göttlichen Prädestination des Menschen zur Verwerfung, die seiner ewigen Erwählung in Christus folgt wie der Schatten dem Licht" (163), heranzieht. Indem die theologische Reflexion den „gemeinsamen Ursprung der Kontraste in der göttlichen Prädestination zur Erwählung oder Verwerfung" (168) erkennt, erkennt sie, daß der „Kontrast" (ebd.) „nur [besteht], indem er sich selbst aufhebt" (169). Abgelesen ist diese Aufhebung an „des einen Jesus Leben und Sterben" (175). Indem die theologische Reflexion die Logik der dialektischen Selbstaufhebung des Individuums ,Jesus' mitvollzieht, geschieht die Befreiung des Glaubenden zu dem mit sich identischen Individuum: „[A]ls einzelner ist er durch die … Begnadigung in Christus unter das Gesetz der *Freiheit* gestellt" (172). Die Leistung des Prädestinationsgedankens besteht dabei darin, daß er im Gedachtwerden die Handlungslogik der Reflexion umkehrt: „Aus dem Geheimnis der göttlichen Prädestination geht … das Erkennen *und* das Erkannte hervor und wird zur neuen, zur siegreich überlegenen Bestimmtheit aller menschlichen Geschichte." (174) Das Denken des Prädestinationsgedankens soll implizieren, daß sich das Subjekt im Akt seiner Reflexion seiner Konstituiertheit gewiß wird und zwar so, daß es seine Konstituiertheit von diesem Reflexionsakt zugleich kritisch unterscheidet. Indem Barth in der Neuauflage auf eine onto- bzw. anthropologische Rückbindung dieses Gedankens an eine „Wendung ,im Verborgenen der Menschen'" (R I, 187f.) verzichtet, wird die theologische Reflexion rein auf sich selbst gestellt. Der Prädestinationsgedanke steht hier also wiederum für die reflexive Theologizität der Subjektkonstitution und ihrer Selbstaufhebung: „[A]n Büchern wie diesem Buch, nicht an der Unterhaltungsliteratur der Weltkinder kommt der Schaden Josephs zum Ausbruch. So wird das Volk Israel … an seiner besondern Erwähltheit und Berufenheit zuschanden" (165). Im Prädestinationsgedanken wird hier also die theologisch-reflexive Konstitution des Subjekts chiffreartig – und sieht man auf Barths bisherige theologische Entwicklung: so bündig wie bislang noch nie – zusammengefaßt. Der systematische Ort dieser prädestinationstheologischen Rekapitulation im zweiten ,Römerbrief' ist zum einen hier, in

Röm 5, wo es um die Konstitutionslogik des Subjekts der Freiheit als solche
geht, und zum anderen in Röm 9–11, wo es um die Weise des Für-sich-Seins
dieser Freiheit, um die Konstitution des Kollektivagenten geht.

2.4.2.2.2. Der theologische Realgrund der Freiheit (Röm 6)

Der Fortschritt von Röm 5 zu Röm 6 ist ein Fortschritt hinsichtlich der
Reflexion des Aufbaus des Subjekts freien Handelns. An Röm 5 ist der Sub-
jektbegriff von Barth eingeführt, mithin die formale Grundlage für den Kon-
stituierungsprozeß des theologischen Freiheitsbegriffs gelegt worden; an Röm
6–8 rekonstruiert Barth nun in drei der Kapitelaufteilung entsprechenden Schritten die interne Konstitution dieses Subjekts. Dabei ist entscheidend, daß der
Reflexionsgang dem Leser nicht einfach vorgeführt wird, er wird vielmehr als
ein Prozeß entwickelt, der seine Dynamik in der (versuchten) Einziehung der
kognitiven Distanzen des Lesers gegenüber dem entfalteten Reflexionszusammenhang hat. Die Partizipation am Heilsgeschehen, um die es in dem paulinischen Textabschnitt geht, wird in der Auslegung mit dem Prozeß der Partizipation an der theologischen Reflexionsbewegung verflochten, die der Ausleger
intendiert. Das Verständnis des (paulinischen) Heilszusammenhangs und das
Verständnis des auslegenden Reflexionszusammenhangs *und* die Zustimmung
zu ihm werden gleichgeschaltet. Damit wird das Ganze der ,Römerbrief'-
Hermeneutik am Übergang der Auslegung von Röm 5 zu Röm 6 in besonderer Weise virulent.

Diese hermeneutische Gesamt- und Teilstrategie ist in beiden Auflagen des
,Römerbriefs' grundsätzlich dieselbe. Auch die jeweils den Kapiteln dieses
Textabschnitts zugewiesenen Themen sind im wesentlichen dieselben. So wird
Röm 6 in beiden Auflagen als derjenige Reflexionsschritt präsentiert, der das
Verhältnis des in Röm 5 aufgebauten ,neuen Subjekts' zu dem empirischen
Glaubens-, d.h. Lesersubjekt reflektiert. Zwar war das empirische Glaubens-
subjekt auch schon innerhalb der an Röm 5 festgemachten Logik des Glau-
benssubjekts überhaupt enthalten und mitreflektiert worden, aber in Röm 6
wird nun dieses Implikationsverhältnis ausdrücklich reflektiert.

„Mit allem Nachdruck haben wir ... behauptet ...", so setzt Barth in der
Neubearbeitung von Röm 6 ein, „... daß diese Beziehung [sc. von Christus
und Adam, wie Röm 5 sie entfaltet hatte,] eine *echt* dialektische ist, d.h. daß sie
in der Aufhebung des ersten Gliedes durch das zweite besteht [...] Aber vielleicht haben wir das doch erst *behauptet*? Alles hängt davon ab, daß wir diesen
Sieg, diesen Umschlag ohne Rückschlagmöglichkeit, ... als Notwendigkeit
erweisen können." (182) Es könne nämlich sein, so argumentiert Barth weiter,
daß der in Röm 5 entfaltete Satz vom Übergewicht der Gnade über die Sünde
„als Beschreibung eines Vorgangs auf der Ebene der historisch-psychologischen
Wirklichkeit" (ebd.) gelesen werde, statt als „Hinweis auf den ewigen Augenblick der Erkenntnis Gottes" (ebd.). Wo aber, so geht dieses zugleich erkenntnistheoretische *und* rezeptionsanalytische Argument weiter, dieses „unanschau-

liche Geschehen in Gott … verwechselt …" werde „… mit der anschaulichen
Reihe seelisch-geschichtlicher Zustände, in denen es im Leben des Menschen
zur Erscheinung kommt" (183), da werde die „Folge … offenbar die sein, daß
der Mensch sich nicht mehr auf den unbekannten *Gott selbst* als auf seinen
ewigen Ursprung verwiesen, wohl aber *sich selbst* …, die Kontinuität seiner
eigenen niedern und höhern Zustände, transzendent bestätigt und begründet
sieht." (Ebd.) Damit wird das dialektische (‚Sach‘-)Verhältnis von „Sünde" und
„Gnade" hier nun auf das Reflexionsverhältnis des Lesers *zu* jenem (Sach-)
Verhältnis bezogen. „*Sünde* ist als anschauliches Ereignis gerade jene Verwechslung von Mensch und Gott, jene Vergöttlichung des Menschen …, durch die
der Mensch sich selbst rechtfertigen … möchte." (184) „Unmöglich ist es, dem
Menschen … die Souveränität Gottes und Gott … die Ohnmacht des Menschen zuzuschreiben […] Diese Unmöglichkeit ist die Kraft der Auferstehung.
Von ihr ist nun zu reden." (Ebd.)

Die Fehl*rezeption* des dialektischen Dramas von Sünde und Gnade in Gestalt
der ‚historisch-psychologischen‘ Versinnlichungsinteressen werde, so setzt Barths
Argument inhaltlich ein, von der göttlichen Selbstbewegung nun gerade dadurch in sich aufgehoben, daß jenes Drama als Auslegung eines seinerseits
sinnlichen Aktzusammenhangs verstanden werden müsse: der Taufe. Denn die
Taufe sei als das „den anschaulich-zeitlichen Anfang unserer Erkenntnis Gottes
bildende ‚Zeichen‘" (186) zu verstehen. Damit ist der in der Erstauflage noch
im Modus ontologischer und insofern distanziert-beschreibender Rede von
der „Versetzung und Eingliederung in einen neuen Organismus, dessen Wachstumskraft und Wachstumsgesetze nun unsre eigenen werden" (R I, 215), unternommene Versuch der Integration des empirischen Leser-Ichs und seiner Interessen in die reflexive Selbstauslegung der Rede von Sünde und Gnade eingeholt.
An die Stelle der Außenreferenz auf eine „*Psychologie der Gnade*" (R I, 217) tritt
nun die „Erkenntnis der positivsten und exklusivsten Existentialität der göttlichen Gnade: gerade darum geht es im Taufakt" (189).[287] Der Begriff der
„Existentialität" ersetzt im zweiten ‚Römerbrief‘ die Organismusmetaphorik
der Erstauflage. Eingeführt wird der Begriff genau hier, in der Auslegung der
Tauftheologie von Röm 6. Sein Sinn ist der der Verschränkung von theologischer Reflexivität und historischer Faktizität im Hinblick auf die Identitäts-
thematik des Glaubens- bzw. Lesersubjekts. Aus der in der Erstauflage aufgestellten Behauptung von einer letztlich unmittelbaren Koinzidenz „unsere[r]
tiefste[n] *Erfahrung* mit der uns im Christus eröffneten *Erkenntnis*" (R I, 221), als
welche das Taufgeschehen, das Sterben und Auferstehen mit Christus zu verstehen sei, wird in der Neubearbeitung eine reflexionstheologische Aufhebung

---

[287] Daß der Bezug der Konjunktion „darum" nicht eindeutig ist – sie bezieht sich sowohl auf
die „Existentialität der göttlichen Gnade", als auch zugleich auf deren „Erkenntnis" – ist gewollt.
Vgl. ähnlich schon: „Unmöglich ist es, dem Menschen … die Souveränität Gottes und Gott …
die Ohnmacht des Menschen zuzuschreiben. Diese Unmöglichkeit ist die Kraft der Auferstehung. Von ihr [von der „Unmöglichkeit" der Zuschreibung oder von der „Kraft der Auferstehung"?] ist nun zu reden." R II, 184.

der Identitätskonstitution: „Das Subjekt Ich ist … bei allen möglichen Prädika-
ten … immer *dieser* Mensch. Aber dieses Bekenntnis zu meiner totalen Identität
mit *diesem* Menschen weist zurück auf einen Standort *außerhalb* dieser totalen
Identität, von dem aus ich mich selbst erkenne, ja vielmehr erkannt bin; von dem
aus ich mich selbst qualifiziere, ja vielmehr qualifiziert bin als *dieser* Mensch."
(193) Der in der Taufe symbolisierte Kreuzestod Christi und die identitäts-
konstituierende Selbstreflexion des Subjekts werden in einem diffizilen Prozeß
miteinander vermittelt und zwar so, daß die ontologische Rede vom Kreuzestod Christi als sich in der reflexiven Identitätskonstituierung des Glaubenden
selbst auslegend zu bestimmen versucht wird.[288] „[S]ofern Christus tatsächlich
in seinem Tode als der in Gott lebende Mensch *an meiner Stelle steht,* sofern ich
tatsächlich ‚glaubend' … an seinem Tode teilnehme, um mit ihm zu leben, ist
ein grundsätzlich Anderer ‚ein für allemal' in meinen Gesichtskreis getreten.
Dieser *Andere* als das Gegenüber, mit dem ich unanschaulich eins bin, so gewiß
ich anschaulich eins bin mit dem sterbenden Christus, dieser Auferstandene,
dieser dem Leben in der Sünde Gestorbene, dieser in Gott Lebende ist *der*
Mensch, *das* Individuum, *die* Seele und *der* Leib – er steht an meiner Stelle, *er* ist
ich." (203) Die Identität des empirischen Rezipientensubjekts mit dem theologischen Subjekt ist also nur im Prozeß des Nachvollzugs dieser identitätstheo-
logischen Reflexion zu behaupten und in diesem wiederum nur so, daß sie
„vorausgesetzt [wird] als Sinn und Bedingung des ganzen Vorgangs (der kein
‚Vorgang' ist)" (195).[289] Der Prozeß theologischer Reflexion der Konstitution
des Lesers als des Glaubenssubjekts, den der ‚Römerbrief' insgesamt vorführt,
ist ein Prozeß der Rekonstruktion dieser Identität; diese kann nur erzeugt
werden, indem sie in Anspruch genommen wird.

In Anspruch genommen wird die Identität des neuen Subjekts, indem sie
sich als Vollzug von Freiheit auslegt. In der Erstauflage hatte Barth sich noch
darauf beschränkt, diesen Sachverhalt affirmativ zu beschreiben, mithin den
„Zwiespalt zwischen Sollen und Sein …" einfach für „… aufgehoben" (R I,
234) zu erklären. Was sich dort der affirmativen Rede – „ein guter Wille [ist]
wieder möglich geworden" (R I, 234) – nicht fügen wollte, wurde als „Frage
eines Unbeteiligten, eines Zuschauers" (R I, 234) abgewiesen. Die affirmative
ontologisierende Rede vom „[S]tehen in der *wirklichen* Freiheit" (R I, 243)
sollte genügend Evidenz produzieren, um „das Gelüste nach der *vermeintlichen*
Freiheit nicht mehr in uns aufkommen" (R I, 243) zu lassen.

Die für den theoretischen Status und Anspruch der Neubearbeitung charakteristische inversive Verknüpfung von Reflexions- und Handlungslogik liest

---

[288] Vgl. R II, 194f.

[289] Auf diesen Prozeß reflexiver theologischer Selbstaufhebungen wendet Barth jetzt die schon
in der Erstauflage wie auch im Tambacher Vortrag gebrauchte Metapher von der Zeichnung des
Vogels im Flug an. Vgl.: „Nur in einer Reihe von sich widersprechenden Momentbildern (Vogel
im Flug!) läßt sich diese Wendung *beschreiben.* (Sie ist also weder in einem von diesen Momenten
für sich, noch in der Reihe dieser Momente gegeben, sie ist die als solche nie und nirgends
gegebene Bewegung selbst!)". R II, 194.

sich hier dagegen wie folgt: „Die Gnade ist die Kraft des Gehorsams. Sie ist *die* Theorie, die als solche auch Praxis, *das* Begreifen, das als solches auch Ergreifen ist. Sie ist *der* Indikativ, der die Bedeutung des schlechthinnigen, des kategorischen Imperativs hat." (205) Zwar hatte Barth an entsprechender Stelle in der Erstauflage ebenfalls behauptet: „Hier sind die sittlichen Imperative lauter Analysen: Entfaltungen eines Tatbestandes, aber nicht logische, sondern dynamische, in der Wirklichkeit sich vollziehende Analysen." (R I, 233) Aber erst in der Neuauflage wird die Distanz der Theorie zu einem von ihr unterschiedenen Agenten als Subjekt in der „Wirklichkeit" eingezogen. Das geschieht, wie hier zu sehen ist, indem die theoretisch-theologische Rekonstruktion der Freiheit nun unmittelbar als praktische, näherhin als sittlich-allgemeine ausgelegt wird. Das Stichwort des kategorischen Imperativs ist also weit mehr als eine theologische Begriffsmetapher; es signalisiert den theoretischen Bezugsrahmen, innerhalb dessen Barth seine theologische Freiheitstheorie, als welche der ‚Römerbrief' zu lesen ist, auszulegen gewillt ist. Diesen Bezugsrahmen liefert eine bestimmte Deutung von I. Kants praktischer Philosophie. Das aufgebaute theologische Erkenntnissubjekt ist eo ipso ein Handlungssubjekt, und es ist immer schon als solches gedacht. Dies explizit zu machen ist die präzise Funktion der Auslegung von Röm 6. Barths Rezeption des neukantianischen Ursprungstheorems ist also als durch diesen praktisch-philosophischen Theorierahmen vermittelt und auf diesen bezogen zu erfassen. „Als dieser Begnadigte kann ich die Forderung hören und verstehen: nämlich als die Erinnerung an meinen eigenen Ursprung, … gleichbedeutend mit der Einsicht: Ich (nicht ich!; K.B.) *bin.*" (205) Der Erkenntnisvollzug des Ursprungs wird eo ipso als praktisch-ethische Realisierung der Freiheit ausgelegt: die Gnade ist „als das Wissen dessen, was Gott will, identisch mit dem Wollen des Gotteswillens. Denn Gnade ist die Kraft der Auferstehung." (Ebd.)

Freilich verzichtet Barth auch in der Neuauflage und trotz deren gesteigerten Reflexionsgrades auf eine genaue, philosophisch ausgewiesene und entsprechend diffizile Einpassung seiner theologischen Freiheitstheorie in den in Anspruch genommenen kantischen Theorierahmen.[290] Gleichwohl ist diese Inanspruchnahme als solche gut zu erkennen, und sie ist konstitutiv für das ‚Theoriedesign' der Römerbrieftheologie. Denn sie birgt in ihrer erkenntnistheoretisch-pragmatischen Doppelfunktion zugleich den (Hinter-)Grund für die rezeptionsästhetische Strukturiertheit von Barths Theologiebegriff: „Ich, als dieser Begnadigte, bin als solcher durch diese Forderung geschaffen … das Subjekt, der Träger, die Waffe des Angriffs auf die Welt des Menschen … auf – mich selbst" (ebd.). Die hermeneutische Intention der Abschaffung des Lesers als Zuschauers des Autors läuft der praktisch-philosophisch-theologischen Intention der theologisch-reflexiven und darin zugleich praktischen Realisierung der Freiheit parallel: „*[I]ch* bin der Revolutionär gegenüber dieser Herrschaft

---

[290] In gewisser Weise holt Barth dies im Ethikvortrag von 1922 nach. Vgl. KARL BARTH: Das Problem der Ethik in der Gegenwart. In: Ders.: Vorträge und kleinere Arbeiten 1922–1925, 98–143, s. dazu u. S. 380ff.

[sc. der Sünde]. Ich kann also nicht gleichzeitig Zuschauer, nicht Neutraler sein zwischen Gnade und Sünde" (207). Der Autor macht den Leser zugleich zum Opfer und Mittäter des revolutionären Gewaltstreichs, den er gegen ihn und mit ihm führt.[291]

Aber nun findet diese Revolution ja im Saale statt; inszeniert wird eine theologische Revolution und insofern eine ,Revolution der Denkungsart'. Das Material der „Revolution" ist theologische Religionskritik. Die inszenierte theologische Freiheitsbewegung ist also in der Tat eine Theologenbewegung – im zweiten ,Römerbrief' noch sehr viel mehr als im ersten. Darum legt ihr Autor auch für ihre Mitglieder entsprechend hohe intellektuelle Partizipationsschranken: „[W]er nicht im Stande ist, die Kategorie des Unmöglichen, das bei Gott möglich ist, ruhig und bestimmt ins Auge zu fassen, den Gedanken der Ewigkeit zu denken, der wird immer wieder Gnade mit dieser letzten, der relativ negativen Menschenmöglichkeit verwechseln, um dann … ein Meer von Verwirrung anzurichten." (213)

Dem reflexionstheoretischen und darin dem Anspruch nach zugleich vollzugspraktischen Sinn des „Offensivstoß[es]" (217) der Revolution entspricht es, daß dieser zugleich in der ihm eigenen Pragmatik inszeniert werden muß: Es „muß nun der entscheidende Offensivstoß gewagt werden, der Vorstoß, … durch den die sachliche Mitteilung zur Predigt, zum Kerygma, zur Verkündigung wird, d. h. zu dem Unternehmen, *bestimmte Menschen*, in diesem Fall die römischen ,Christen', *anzureden* als solche, die unter der Gnade stehen, bei denen also die Kraft des Gehorsams als gegeben vorausgesetzt und an die darum … die Aufforderung gerichtet werden kann, die Überwindung der Sünde durch die Gnade in Erkenntnis zu betätigen und in der Tat zu erkennen." (217) Die „letzte Mauer von Zuschauerhaftigkeit, die das Verständnis für die Revolutionierung des Menschen von Gott her hindern könnte" (220), kann nur eingerissen werden, indem die Darstellung selbst die Form reflexiver Distanz preisgibt. Das muß geschehen, „weil der Nachweis, daß ,ihr' die Sünde nicht wissen und nicht wollen könnt, seinen springenden Punkt in der Einsicht hat, daß Gott *euch*, euch *selbst*, gerade euch vergeben hat." (220) Barth hält sich hier genau auf der Grenze zwischen theologischer Reflexions- und Predigtsprache. Diese schießt gewissermaßen in jene ein. In solcher Überkreuzung werden zugleich „*Indikativ*" und „*Imperativ*" (222) überkreuzt. Im Medium des ,Indikativs' kerygmatischer Anrede kann der Imperativ formuliert werden „Wollet jetzt, was Gott will" (ebd.),[292] werden „die absolute Forderung und die absolute Gehor-

---

[291] Vgl.: „Unser von der Gnade angegriffenes Selbst kann sich nicht nur diesem Angriff *nicht* entziehen, es kann auch nicht als Zuschauer neben diesem Angriff verharren …, es muß – selber zum Angreifer werden, indem es als Angegriffener stirbt, … um, aus dem Tode des göttlichen Widerspruches zum Leben gekommen, seine Einheit mit dem göttlichen Widersprecher zu entdecken." R II, 215.

[292] Das ganze Zitat lautet: „Und so *kann* denn Gnade als Existentialverhältnis des Menschen zu Gott gar nicht anders, als aus dem die göttliche Wahrheit über diesen Menschen aussagenden *Indikativ* ausbrechen in den die göttliche Wirklichkeit von diesem Menschen fordernden *Imperativ*: Wollet jetzt, was Gott will …!" R II, 222.

samskraft miteinander" (225) aussagbar. Sofern der Leser dem „Offensivstoß" des Autors nachgibt, vermag er, die Auslegung des Autors als seine Selbstauslegung zu vollziehen. Das bedeutet, daß der Leser seinerseits die Offensivbewegung des Autors mitvollziehen muß. „Der Begnadigte ist als solcher unbedingt Partei. Er ist in den Kampf auf Leben und Tod verwickelt, in dem es keinen Frieden, kein Interim, keine Verständigung gibt." (Ebd.) Die Gegner in diesem Kampf sind theologische Gegner; nämlich alle diejenigen, die die theologische Reflexion der Gnade im Gegenüber zur religiösen Praxis bestimmen: „Dieser Versuch, bewußter als je zuvor unternommen von der protestantischen Theologie seit Schleiermacher, ist der Verrat an Christus." (Ebd.) Die spezifische pragmatische Struktur von Barths ‚dialektischem' Theologiebegriff scheint darauf abzuzielen, konkurrierende theologische Programme nicht nur als theoretisch verfehlt, sondern damit zugleich als praktisch-religiös deviant zu stigmatisieren.

2.4.2.2.3. Das theologische Realprinzip der Freiheit (Röm 7)

In der Erstauflage hatte Barth an Röm 6 die ‚empirisch-psychologische' Selbsterfassung des Glaubenden und an Röm 7 dieses so geerdete Subjekt als das zur sittlichen Freiheit befähigte Subjekt darzustellen versucht. In der Neuauflage wird Röm 7 nun deutlich anders funktionalisiert. Die Freiheits- und Gesetzesthematik wird, wie schon die neuen Kapitel- und Abschnittsüberschriften zeigen, konsequent zugunsten der Religionsthematik ausgetauscht. Gezeigt werden soll jetzt, daß man – wie Barth an Thurneysen mit gewolltem Understatement schreibt – „von Paulus aus auch über Religion reden kann"[293]. Damit wird die Reflexion auf die ethische Potenz des Glaubenssubjekts aus dem ‚dogmatischen' Teil des ‚Römerbriefs' nun ganz herausgenommen und so in der Tat eine systematische Inkonzinnität der Erstauflage korrigiert, zu der sich Barth wohl unter dem Assoziationsdruck der paulinischen Gesetzesthematik hatte hinreißen lassen. Die mit dem Religionsbegriff verbundene empirisch-psychologische Erdung des Glaubensbegriffs, d.h. die Explikation der theologischen Selbstdurchsichtigkeit als normative Selbsterfassung des religiösen Subjekts, wird nun auf zwei Kapitel verteilt und gewinnt allein schon dadurch mehr Gewicht. Die Kollektivierungstendenz der Erstauflage, welche über die Sittlichkeitsthematik von Röm 7 die Individualität gleich wieder in „die im ‚Leibe des Christus' neu verfaßte und organisierte Menschheit" (R I, 264) aufgehoben hatte, wird zumindest gebremst.

Die gesteigerte Reflexivität der Neubearbeitung wird hier – und zwar ausdrücklich – kritisch gegen die eher umstandslos-affirmative Rede „auf manchen Seiten der 1. Auflage dieses Buches ..." von einem „organisch wachsenden göttlichen Sein ... und Haben ... im Menschen" (243) gewendet. Damit wird an dieser Stelle der gesteigerte Reflexionsanspruch der Neuauflage gegen-

---

[293] Ba-Th I, 492.

über der Erstausgabe selbst systematisch plaziert. Indem Barth jene organizistische Tendenz und damit die Erstauflage insgesamt mit „Johannes Müller, oder mit Ragaz ... im Anschluß an Beck und altwürttembergischen Naturalismus" (ebd.) geistesgeschichtlich kontextualisiert, gewinnt die Reflexivitätssteigerung, welche die Neubearbeitung als Ganze darstellen will und auch darstellt, den Zug gegen das eigene frühere Werk gerichteter Religionskritik: „‚*Unmöglich!*‘ Der Radikalismus aller dieser Versuche ist nur scheinbar." (Ebd.) In der Tat hatte ja die Erstauflage „die Standpunkte von Religion, Kirche, Schule, Judentum, Christentum, Moral und allen Idealismen" noch einfach zu „*Surrogaten[n]*" erklärt, die „[i]m Christus ... überwunden und abgetan" (R I, 247) seien. Indem Barth nun die ‚der‘ Religion unterstellte Partikularitätsstruktur – ein „Lebensinhalt ... neben andern" (230) – de facto auf die eigene frühere Arbeit bezieht, wird Platz geschaffen für eine mit und durch die Reflexion der Neuauflage zu erreichen intendierte theologische (und damit wahrhaft allgemeine) Religiosität, welche sich zur empirisch-psychologischen religiösen ‚Wirklichkeit‘ nicht mehr einfach nur kritisch oder affirmativ, sondern in der Weise dialektischer Aufhebung verhalten soll: „Wir sind ... ‚fromm‘ – als wären wir's nicht." (241) – „*Möchten* wir nur religiöse Menschen sein" (258).

Die neue systematische Funktionsbestimmung von Röm 7 als Religionskapitel bringt allerdings die – von Barth auch ausdrücklich festgehaltene –[294] aufbautechnische Schwierigkeit mit sich, daß nun zumindest optisch eine gewisse Konkurrenz zum Abrahamskapitel von Röm 4 gegeben scheint. Die dort im allgemeinen behauptete Explizierbarkeit des theologischen Glaubens als wahrer Religion soll hier nun im theologisch-selbstdurchsichtigen Aufbau des Glaubenssubjekts selbst eingeholt werden. Barth will nun zeigen, daß die theologische Religiosität des Glaubenssubjekts sich als adäquate Selbstdurchsicht religiöser Subjektivität explizieren läßt. Darum führt er hier eine – ebenso (vergleichsweise) intensive wie zugleich wiederum aus dramaturgischen Gründen verdeckte[295] – Auseinandersetzung mit klassisch-modernen und zeitgenössischen Religionstheorien.

„Noch verwirrt und verwickelt in das Geflechte religiösen Geschehens, in dem alles (alles!) menschlich ist, stehen wir schon in der *Urgeschichte* und *Endgeschichte*, wo alle Zweiheit, alle Polarität ... abgetan ist, weil Gott alles in allem

---

[294] Vgl.: „Daß diese Begnadigung sich vollzieht in der unanschaulichen ... *Freiheit Gottes*, ... das haben wir ‚historisch‘ am Beispiel Abrahams erläutert [...] Wir haben es nun grundsätzlich festzustellen in der bisherigen ... ausgiebig vorbereiteten Auseinandersetzung mit der tatsächlich *letzten*, der *religiösen Menschmöglichkeit*." R II, 231.

[295] Diese erschließt sich nur dem Kundigen – bzw. dem Leser des Briefwechsels mit Freund Thurneysen, dem Barth vergnügt mitteilt, „die Mündung des Geschützes weist nun, steiler gerichtet, auf einen ganz andern [als die Pietisten; nämlich auf Schleiermacher; G. P.] hin, der mir, sicher nicht ohne höhere Zulassung, eben jetzt in die Hände geraten ist. Sogar was er nächtlicherweise an seine Henriette geschrieben, als er über Religion fertig geredet, wird ans Licht gezogen. Aber auch den bekehrten Natorp und andere Jahrhundertgenossen ...", unter ihnen deutlich zu erkennen Rudolf Otto, undeutlicher am Rande wohl auch Sigmund Freud, „... sieht man im Hintergrund über die Bühne schreiten." Brief v. 23.5.1921, Ba-Th I, 492.

ist." (239) In einer zugleich an Hegel und Kierkegaard erinnernden Argumentation sucht Barth das theologische Wir-Bewußtsein als „wahre … Unmittelbarkeit" (250), nämlich als wahre Vermittlung von „Ursprung und Andersheit" (ebd.) – mithin als normativen Religionsbegriff – und zugleich als Aufhebung von faktischer Religion zu positionieren. In der wahren (analytisch muß man freilich sagen: theologisch gewußten und damit vermittelten) Unmittelbarkeit liegen „Ursprung und Andersheit" als ein „in Gott verborgene[r] Gegensatz" (ebd.) ineinander. Demgegenüber lasse der Versuch unvermittelter (analytisch: weil theologisch nicht gewußter) Unmittelbarkeit, den ‚die' faktische Religion aus Barths Sicht vollzieht, in Wahrheit Ursprung und Andersheit abstrakt auseinandertreten.[296] Damit verliere der Ursprung seine Ursprungsfunktion[297] und die Religion werde zu einem partikularen „Lebensinhalt …, einer neben andern"; eben dies sei „die Zerstörung der wahren Unmittelbarkeit" (ebd.). Indem die Religion aber, wenn auch mit pervertierten Mitteln, auf den ‚Ursprung', auf das „*Heilige*" (258) verweise, „vertritt …" sie gleichwohl innerhalb des Endlichen „… das Göttliche, sie ist seine Delegation, sein Abdruck, sein Negativ – außerhalb des Göttlichen selbst." (Ebd.) „Der Gedanke an ein Numen irgendwelcher Art wirkt aufscheuchend, … störend auf alle andern Gedanken […] Etwas von dieser Krisis ist der Sinn aller Religion." (225) Der „Sinn der Religion" bestehe also darin, daß sie die Selbstwidersprüchlichkeit der menschlichen Existenz aufdeckt: „Der Sinn der Religion ist der Tod." (256)

Bei dieser kritisch-aporetischen Religionstheorie, die Barth hier skizziert, ist argumentationsstrategisch die Verknüpfung von Phänomen- und Theorieebene signifikant. Mit der Religionskritik einher geht eine Kritik an den Unmittelbarkeitstheoretikern F. Schleiermacher und P. Natorp sowie eine Aufnahme und kritische Überbietung Rudolf Ottos.[298] Die eigentliche Pointe besteht jedoch nicht in dieser zweistufigen kritischen These, sondern in der positiven – ebenfalls zweistufigen – Behauptung, daß diese aporetische Struktur ‚der' Religion dieser selbst gar nicht unbedingt von außen theologisch andemonstriert werden müsse, bzw. auf Theorieebene: daß das solchermaßen explizierte theologische Wissen von der Religion sich auch in „*Religionspsychologie*" (261) überführen lasse. Die „aktive, kombattante, … nicht-fromme Religion, die Religion

---

[296] Vgl.: „Ursprünglich lebt ja der Mensch im Paradiese, wo … kein Absolutes *und* Relatives, kein Jenseits *und* Diesseits ist […] Denn der in Gott verborgene Gegensatz von Ursprung und Andersheit sollte *nicht* menschlicher Lebensinhalt werden. Der Mensch sollte *nicht* für sich sein, was er an sich, in Gott ist: das Geschöpf als ein Zweites neben dem Schöpfer. Er sollte *nicht* wissen, was Gott von ihm weiß und gnädig vor ihm verborgen hält: daß er – *nur* der Mensch ist." R II, 249f.

[297] Vgl.: „*Eva* (wahrhaftig zu ihrer *Ehre*: die erste religiöse Persönlichkeit!) tritt als Erste Gott *gegenüber*, ihn anbetend, aber eben indem *sie* Ihn anbetet, sich in … vermessener Weise von ihm abgrenzend." R II, 250.

[298] Gegen Schleiermacher wendet sich die These von der immer schon wissensvermittelten ‚Unmittelbarkeit' der Religion, gegen Schleiermacher und Natorp die darauf aufgebaute Bestreitung ihrer kultursynthetisierenden Funktion, mit R. Otto betont Barth demgegenüber den gegenständlichen, ‚fremden' Charakter des „Heiligen", des „Numen".

des 39. Psalms, Hiobs, Luthers und Kierkegaards, die Religion des Paulus ..." wisse sich „... selbst durchaus nicht als Krönung und Erfüllung wahrer Menschlichkeit, sondern als den bedenklichen, ... gefährlichen ... Punkt im Kreise der Humanität, ... als den Ort, wo nicht die Gesundheit, sondern die Krankheit des Menschen erkennbar wird, wo nicht die Harmonie, sondern die Disharmonie aller Dinge zum Klingen kommt" (262).[299]

Den theoriestrategischen Sinn dieser Einholung der „Religionspsychologie" formuliert Barth offen. Sie sucht der Möglichkeit zuvorzukommen, „daß etwa unsrer (in den Augen von Theoretikern) bloß theoretisch gewonnenen Auffassung der Religion als der letzten menschlichen *Frage* die sog. religiöse Wirklichkeit als *Antwort*, als nicht mehr fragliche Gegebenheit jenseits von Schuld und Schicksal gegenübergestellt werden könnte." (261) Das durch den ‚Römerbrief' hindurch im Aufbau begriffene theologische Wissen schreibt sich in Auslegung von Röm 7 gewissermaßen in eine empirisch-geschichtliche Traditionslinie ein, in die Linie jener „aktive[n], kombattante[n], ... nicht-fromme[n] Religion" (262). Indem der hier auszulegen beanspruchte paulinische Text, respektive dessen Autor, selbst als *ein* Glied dieser Kette unter anderen auftritt, wird die dem radikalen hermeneutischen Antihistorismus geschuldete Punktualisierung des geschichtlichen Bezugspunktes der Gesamttheorie hier in Röm 7 praktisch zu erweitern bzw. aufzuheben versucht: Das theologische Glaubenswissen – und damit die theologische Avantgarde – schreibt sich hier selbst eine (Religions-)Geschichte zu.

2.4.2.2.4. Die theologische Reflexivität der Freiheit als theologische Religion (Röm 8)

„Wer ist denn der Mensch, der zu vernehmen vermag, was wir eben vernahmen von der Grenze, vom Sinn, von der Wirklichkeit der Religion?" – „Der Mann, der sich selbst ... nicht nur zu kritisieren ..., sondern in seiner Totalität in Frage zu stellen imstande ist, ... dieser Mann bin jedenfalls – nicht ich!" (277) Die Selbstvergeschichtlichung des theologischen Wissens von Röm 7 ist – wie zu erwarten war – von kurzer Dauer: Röm 8 thematisiert schon wieder ihre reflexive Auflösung. Der seit Kapitel 5 vorgeführte „Vollzug der Identität zwischen Christus und mir" (323) kommt in diesem Kapitel zu seinem Ende, indem er unter der dieses signalisierenden Überschrift „Der Geist" (277) gewissermaßen an sich selbst reflektiert werden soll. Damit soll die theologisch-

---

[299] Mit diesem Rekurs auf einen besonders ausgezeichneten Typus von Religion geht Barth hier sehr ähnlich vor wie Heinrich Scholz in seiner 1921 in Berlin in erster Auflage erschienenen *Religionsphilosophie* (vgl. prägnant den in der zweiten Auflage von 1922 entwickelten Begriff der ponderablen Religion, aaO., 15 u.ö.). Es gibt aber keine Hinweise, daß Barth Scholz' Religionsphilosophie bei der Erarbeitung des zweiten ‚Römerbriefs' gekannt oder gar benutzt hätte. Zur Methode der Religionsphilosophie von H. Scholz vgl. GEORG PFLEIDERER: Theologie als Wirklichkeitswissenschaft, 164ff.; sowie DERS.: Theologische Fragmente eines Nicht-Theologen. Heinrich Scholz' Beitrag zu einer kulturprotestantischen Theorie des Christentums, Waltrop 1995, 27ff.

wissenhafte Vermittlung der in Röm 6 und 7 explizierten theologisch-religiösen Unmittelbarkeit mit dieser vermittelt und so in theologische Glaubensgewißheit aufgehoben werden. (302). So soll mit Röm 8 die Rekonstruktion
theologischer „Freiheit in Gott" (304) ihren vorläufigen Abschluß erreichen.
Die deskriptive Rede von einer Selbstrealisierung des „auferstandenen Christus", die in „uns als den Gliedern erst ..." – aber darum auch schon – „... im
Werden" (R I, 310) ist, gibt Barth in der Neuauflage auf. An ihre Stelle tritt die
These von der Präsenz des Christusgeistes ‚in uns' als „actus purus, [als] reine
Aktualität, reines Geschehen" (280). Die Selbstgewißheit des Subjekts läßt sich
an keiner Theoriestelle stillstellen, sie läßt sich von „keine[m] höchsten Standort ..." aus mehr definitiv einholen, sondern kann nur als „... die Orientierung, die dem Menschen durch Gott selbst ... gegeben ist" (300f.), beschrieben
werden, nämlich als aktualiter zu vollziehende. „Denn ‚die Unerforschlichkeit
der Idee der Freiheit schneidet aller positiven Darstellung gänzlich den Weg ab'
(Kant)" (302). Die „‚reine seelenerhebende bloß negative Darstellung der Sittlichkeit' (Kant) ist die grundsätzliche Einstellung (die keine ‚Einstellung' ist!)"
(303). Hier in Röm 8, wo die letzte, aporetisch strukturierte Selbstgewißheit
des Subjekts als Selbst-Ungewißheit, weil und insofern diese die Einsicht in
„die grundsätzliche Bedenklichkeit *alles* Tuns und Nicht-Tuns, das Bedenkliche auch unserer Bedenklichkeit" (302) ist, thematisch wird, nimmt Barth
wieder, wie schon in der Erstauflage, aber diesmal mit wörtlicher, wenn auch
nicht belegter Zitation Bezug auf I. Kant.

Die beiden Zitate stammen aus der *Kritik der Urteilskraft*, genauer aus der „Allgemeine[n] Anmerkung zur Exposition der ästhetischen reflektierenden Urteile", die den
Schlußabschnitt der „Analytik des Erhabenen" darstellt.[300] Kant parallelisiert hier ausdrücklich das „Gefühl des Erhabenen", und die „Vorstellung des moralischen Gesetzes
...", mithin die „... Anlage zur Moralität in uns"[301] in Bezug darauf, daß von beiden
gleichermaßen festzustellen sei, es sei „eine ganz irrige Besorgnis, daß, wenn man sie alles
dessen beraubt, was sie [sc. die Anlage zur Moralität] den Sinnen empfehlen kann, sie
alsdann keine andere als kalte leblose Billigung und keine bewegende Kraft oder Rüh-
rung bei sich führen würde."[302] Ästhetische Urteils- und moralische Handlungsfreiheit
sind unbeschadet ihrer reinen Negativität gegen Sinnlichkeit und Natur gleichwohl der
eigentliche und wahre Produktivitätsgrund sinnlicher „Einbildungskraft"[303]. Kant bemüht in diesem Zusammenhang ausdrücklich das Bilderverbot des Alten Testaments.

Die reine Negativität des „Geist[es]" gegen das „Fleisch" (303), so formuliert
Barth dies unter Aufnahme der paulinischen Begrifflichkeit, und darauf will er
mit seiner Kantexegese hinaus, erzeuge aus sich selbst den Reichtum sinnlich-
natürlicher Einbildungkraft. Ähnlich wie in der Erstauflage wird auch hier, wie

[300] IMMANUEL KANT: Kritik der Urteilskraft. Hrsg. v. Karl Vorländer (PhB 39a), unveränderter
Nachdr. der 6. Aufl. v. 1924, Hamburg 1974, 123 (Originalpag. 125). Die Worte „die Unerforschlichkeit der Idee der Freiheit" sind bei Kant gesperrt gedruckt.
[301] AaO., 122 (Originalpag. 125).
[302] Ebd.
[303] AaO., 122 (Originalpag. 124).

allerdings erst aus dem Textzusammenhang der Kantzitate genau zu erkennen
ist, die theologische Gewißheitsproblematik mit dem kantisch gedachten Ko-
härenzproblem von Vernunftkausalität und Sinnenerfahrung verbunden. Der
Akzent, den die Neubearbeitung gegenüber der Erstauflage setzt, ist dabei der,
diese Kohärenz gerade als Erzeugung aus der niemals anders denn nur negativ
zu denkenden „*Idee der Freiheit*"[304] herzuleiten. Darin spiegelt sich der Grundgedanke des Marburger Neukantianismus H. Cohens, dessen idealistisches Potential von Barth genau hier, im Reflexionszusammenhang der eschatologischen
Gewißheitsproblematik des Glaubens ausgebaut wird.

Röm 8 legt Barth damit als die spekulative Abschlußreflexion theologischer
Selbstdurchsichtigkeit aus. „Die Gegensätze von subjektiv und objektiv, autonom und heteronom, diesseitig und jenseitig, rational und irrational haben hier,
wo wir an ihrem *Ursprung* und *Ziel* stehen, nichts zu suchen." (304) Hier
allererst, in diesem spekulativ-eschatologischen Abschlußzusammenhang sieht
Barth den in seiner positiven Unmittelbarkeit freilich aufzuhebenden, systematischen Sinn von Schleiermachers „Abhängigkeits*gefühl*" (304) als einholbar an,
dessen induktiver Herleitung des Gottes*gedankens*[305] er hier unbeschadet aller
Polemik tatsächlich folgt: „Ich meine also, daß ich für den Ursprung *der Macht*,
in deren Händen ich mich, umgekehrt vom Tode zum Leben, existentiell sehe,
keinen andern Namen weiß als Gott. *Das* also ist Er, der Unbekannte … der
Fremde: er ist der Herr *über* Leben und Tod […] Und ich, der diesem Herrn
gegenüber einfach *muß*, nichts anderes will, … bin – nicht sein Knecht,… –
nein, sein Sohn." (305) Dieses Denken des Gottesgedankens ist zugleich als
theologischer Reflexionsvollzug (nämlich als dessen Inbegriff) und als praktisch-ethischer Vollzug zu beschreiben, als „Liebe zu Gott" (329). „Denn das
gegenüberstehende Du, das den Menschen zwingt, sich also sich selbst zu
unterscheiden, ist Gott; und gezwungen, sich selber also gegenüberzutreten,
hat der Mensch seine Liebe zu Gott bereits betätigt." (330)

Wie in der Erstauflage wird auch in der Neubearbeitung die spekulative
Gewißheitsreflexion als solche noch einmal interpretiert durch das vom paulinischen Text aufgenommene Theologumenon der Erwählung bzw. „Berufung".[306] Die in Barths theologischer Entwicklung nun schon öfter beobachtete
Maßnahme, dieses Theologumenon als Chiffre für den theologischen Reflexi-
ons- und damit notorisch aktualen Vergewisserungsvorgang selbst einzusetzen,
wird hier gewissermaßen an ihrem systematischen Ort innerhalb der Römerbriefauslegung expliziert. Die nur als reflexiver „actus purus", nur im „Vollzug
der Identität zwischen Christus und mir" (323) einzuholende Gewißheit ist
eben in dieser Vollzugsaktualität und aufgrund derselben ihrerseits als „Er-
wählt- und eben darum in keinem Sinn Verworfensein" (290) zu interpretieren
und nicht in der Form einer statischen Rede von einer diesem theologischen
Reflexionsvollzug äußerlich – religiös – vorgegebenen „,christliche[n] Gewiß-

---

[304] AaO., 123 (Originalpag. 125).
[305] Vgl. Friedrich Schleiermacher: Der christliche Glaube, Bd. 1, 2. Aufl., 29f.
[306] Vgl. R II, 333f.

heit'" (333). Innerhalb der theologischen Reflexion soll der Berufungsbegriff die Lücke schließen zwischen der Vollzugsaktualität der Reflexion und der religiösen Unmittelbarkeit: „,Gott für uns', das bedeutet, … daß die Zweiheit, in der wir jetzt und hier zu aller Zeit alles sehen … überwunden ist. Diese Zweiheit ist ja die Zweiheit des seine Andersheit und Eigenheit Gott gegenüber wissenden … religiösen *Menschen*." (338) „*Der* Mensch aber, mit dem Gott ist …, weiß von *keiner* Zweiheit, denkt *nicht* in Antonomien" (339). Gleichwohl bricht gerade durch den reflexiven Vollzug des Berufungsgedankens diese ‚Zweiheit', und damit die theologische Reflexion wieder auf: „Kann die hier gestürmte Position ‚Gott für uns' behauptet werden? Nein, sie muß alsbald wieder preisgegeben werden; denn wir wissen, daß sie Gottes eigene Position ist, in der *wir* … nichts zu suchen haben." (340)

2.4.3. Die Realisierung des freien Subjekts (Röm 9–16)

Wie im ersten ‚Römerbrief' so stellt auch im zweiten der Übergang von Röm 8 zu Röm 9 einen Einschnitt dar; er teilt die gesamte Auslegung in zwei Teile. Ging es im ersten Teil darum, „das Evangelium" als den „Ursprung, auf den alles bezogen ist" (345), mithin die theologisch-theoretische Konstitution selbstdurchsichtiger Freiheit als solcher, den Begriff freier Subjektivität überhaupt, zu rekonstruieren, so reflektiert der zweite Teil des ‚Römerbriefs' in beiden Auflagen das Problem der praktischen Realisierung der Freiheit. Thematisch wird damit das Subjekt der Freiheit, der Agent der theologischen Reflexion als Handlungssubjekt. Damit aber ist eodem actu die Partikularitätsthematik dieses Handlungssubjekts auf dem Plan. Sie wird in beiden Auflagen durch den Bezug des Reflexionshandlungsagenten zum positivierten Handlungsagenten – vulgo „Kirche" – verhandelt. Dabei geht es zunächst, nämlich bei der Auslegung von Röm 9–11, wiederum um die Konstitution des theologischen Reflexionsagenten im allgemeinen. An Röm 12ff. wird dann die Ethik, werden also die Handlungsvollzüge dieses Subjekts thematisch. Die Kapitel 9–11 nehmen damit auch in der Neuauflage eine Scharnierstellung im Gesamtaufbau ein. Sie stehen gewissermaßen zwischen ‚Dogmatik' als der Konstitutionstheorie des freien Subjekts überhaupt und der ‚Ethik' als der Theorie seiner praktischen Selbstauslegung. Dem Ausleger kommt entgegen, daß sich Paulus in diesen Kapiteln bekanntlich intensiv mit der Erwählungsthematik beschäftigt, über die im Denken des Auslegers – wie sein Röm 8 in schöner Deutlichkeit zeigte –, die Reflexion der Reflexions*tätigkeit* und ihres Verhältnisses zu ihrer ‚religiösen' und damit konstitutionellen Selbstgegebenheit verschlüsselt ist.

2.4.3.1. Das Handlungssubjekt der Freiheit als theologische Reflexions-Avantgarde (Röm 9–11)

Unbeschadet der auch dort schon wirksamen reflexionstheologischen Brechung hatte Barth im ersten ‚Römerbrief‘ doch auf eine recht plastische geschichtlich-kulturelle Konturierung der theologischen Avantgarde, als „Gottes Vorhut" (R I, 386) gesetzt, die in der geschichtstheologisch fixierbaren „Gottesstunde" (R I, 416) der Gegenwart ihre aktuelle Popularisierungschance sehen sollte. Diese so geschichtlich konturierte Avantgarde und die empirisch-geschichtliche Kirche verhielten sich unbeschadet gewisser Differenzierungen dort schließlich zueinander wie „Sein und Schein" (R I, 363).

2.4.3.1.1. Das ‚empirische‘ Substrat der theologischen Avantgarde (Röm 9)

In der Neubearbeitung bleibt die Relation von theologischer Avantgarde und empirischer Kirche bzw. abzulösen intendierter Theologie zwar weiterhin durch die Logik von „Sein" und „Schein" bestimmt, aber die Verhältnisse sind nun insofern grundlegend andere, als Barth „das Sein", sprich den ontologischen Status der theologischen Avantgarde, nun dezidiert von jeglicher geschichtstheologischen Positivierung freizumachen sucht und sich bemüht, diesen als einen reinen Reflexionsstatus zu denken. Dementsprechend sucht Barth nun die „Solidarität" (343), welche die Avantgarde der Kirche gegenüber an den Tag legen soll, als eine für die Avantgarde selbst wesenskonstitutive durchsichtig zu machen: „Es gibt im Munde von Menschen keine reine, keine unkirchliche Verkündigung des Evangeliums. Der Verkündiger des Evangeliums ist als solcher immer auch Kirchenmann [...] Anders als im Gleichnis menschlichen Denkens, Tuns, Habens … kann keiner von Gott reden. *Wir* können es auch nicht anders [...] Auch wir wollen ja den ‚unbegreiflichen Weg‘ begreiflich machen, begreiflich als den unbegreiflichen freilich, aber wann hätte es je ein Kirchenmann anders gemeint?" (346f.)

Das bedeutet jedoch keineswegs, daß die prinzipielle Differenz der theologischen Avantgarde zur vorfindlichen Kirche eingezogen würde. Auch in der Neuauflage bleibt der „Verkündiger des Evangeliums …" vom „… Kirchenmenschen …" als seinem „… ‚Bruder‘" (352) strukturell unterschieden. Neu ist nun aber, daß diese Differenz nun rein durch ihre Form, d.h. durch den praktisch ausgeübten theologischen Reflexionsvollzug – die Verkündigung – als solchen und nicht mehr durch inhaltliche Differenzen gedeckt sein soll; der Verkündiger habe dem Kirchenmann, so heißt es jetzt, „nichts ‚Neues‘ entgegenzustellen" (ebd.).[307] Es ist also eine „unanschauliche Aufhebung aller an-

---

[307] Vgl.: „Die Sohnschaft, die Herrlichkeit, die Bündnisse, die Gesetzgebung [...] Wie sollte die Kirche das alles nicht auch haben?[...] Wir wissen: wohl gebaut und gefestigt ist das ganze Ufer des Kanals, und gegen das Bedenken, er möchte trotzdem leer sein, sind seine Anwohner dadurch geschützt, daß auch wir nichts anderes tun können als mit ihnen kanalisieren; denn das lebendige Wasser der Offenbarung steht uns so wenig zur Verfügung wie ihnen. Wir wissen: was

schaulichen Scheidungen" (376), die sich hier vollziehe, und in deren Reflexionsvollzug selbst die theologische Avantgarde ihre partikulare Bestimmtheit
gegenüber der ‚Kirche' habe; genau diesen Partikularisierungseffekt chiffriert
hier das Theologumenon der Erwählung: „Wunderbar gerettet jenseits unsres
ganzen anschaulichen Seins *sind* wir als die von ihm Berufenen. Wir *sind*, das
absolute Wunder ereignet sich: die Kirche Jakobs, die Gemeinde der Erwählten. Wer ‚wir'? Nicht diese und jene, keine quantitativ feststellbare Ansamm-
lung [...] Daß *Gott* es ist, der hier liebt, erwählt und sich erbarmt, das bedingt
die unanschauliche Aufhebung aller anschaulichen Scheidungen, die unter
Menschen stattfinden können und müssen." (376)

Mit dieser konsequent reflexionspraktischen Partikularisierung der theologischen Avantgarde wird diese zugleich der kollektivistischen Tendenzen, welche
die Erstausgabe kennzeichnen, weitestgehend entkleidet. Der eigentliche Träger des im Erwählungsgedanken chiffrierten Reflexionsvollzugs ist nun das
theologisch reflektierende „*Individuum ...*" (363), das freilich dieses Denken
wiederum nur als praktische und das heißt sprachliche Denk*handlung* vollziehen
kann, als theologische (und näherhin literarische) Kommunikation. So vermittelt ist die Avantgarde als intentionale ‚Wir-Gruppe' (von Autor und Lesern) in
der Neuauflage keineswegs verschwunden, sondern nur konsequenter durchreflektiert.

2.4.3.1.2. Geschichtstheologische Selbstreflexion der theologischen Avantgarde (Röm 10)

In der Erstauflage war es vor allem die Auslegung von Röm 10, in welcher
Barth die theologische Avantgarde geschichtstheologisch und näherhin kultur-
kritisch profiliert hatte, nämlich als den Agenten eines religiös-theologischen
Reformprozesses, den er den Lesern als sich aktuell vollziehenden plastisch vor
Augen geführt hatte. Die Neuauflage hält zwar an jenem Profilierungsinteresse
fest, aber sie wendet nun die inhaltlichen Bestimmungen der Erstauflage kritisch gegen diese selbst: „Was soll die ganze Folge religiöser Explosionen, eine
lauter als die andere, die wir seit 1918 schaudernd erleben? Was soll dieses Buch,
sofern es in diesem Chaos offenbar nolens volens mitkonkurriert?" (389) So
wird die gesteigerte Krisenerfahrung der Nachkriegsjahre in den Dienst einer
ihrem Anspruch nach meta-kritischen geschichtlichen Selbstplatzierung genommen, die sich gerade als Selbsthistorisierung vollziehen soll. Zu erkennen soll
damit die geschichtliche Partikularität der Avantgarde nur für diese selbst sein;
nach außen ist sie durch „Verborgenheit"[308] gekennzeichnet; denn sie darf ihre
kritische Reflexion nicht positivieren, auch und gerade nicht „dadurch, daß

---

wir auch tun mögen, wir werden nichts anderes tun als ... das, was die Kirche immer getan hat
[...] Von diesem Wissen aus ist Römer 3–8 gedacht und geschrieben. Anders als mit diesem
Wissen kann die Axt den Bäumen nicht an die Wurzel gelegt werden." R II, 353.

[308] R II, 403, vgl. die ganze Passage und insbesondere die Wendung von der „Möglichkeit,
nein ... Wirklichkeit der verborgenen Kirche Jakobs". Ebd.

man diese radikale Negation alles Menschlichen … zu einem neuen … theologischen Gesichtspunkt macht […] Auch das kommt *nicht* in Betracht!" (396) Das Partikularitätsbewußtsein der Avantgarde ist somit nichts anderes als das Begleitprodukt des „unablässig geübte[n] kritische[n] Unterscheiden[s] zwischen der Gerechtigkeit Gottes und allen (allen!) Menschengerechtigkeiten" (390), will – analytisch gewendet – heißen: zwischen der theologischen Reflexionstätigkeit und ihren Positivierungen von faktischer ‚Religion' und faktischer ‚Kirche'; darin allein wird sich die Avantgarde selbst ansichtig als „*ernste* Frömmigkeit, ernste Kirche" (393).

2.4.3.1.3. *Theologische Aufhebung der Partikularität der theologischen Avantgarde (Röm 11)*

Bei der Partikularität der Avantgarde kann es nicht bleiben; wenn diese durch den Bezug auf das Allgemeine – das wahre Ursprungswissen – bedingt sein soll, muß die Aufhebung dieser Partikularität aufgewiesen werden können. Das ist im zweiten ‚Römerbrief' nicht anders als im ersten das Thema der Auslegung von Röm 11. Hatte Barth dort noch mit einer empirisch-eschatologischen Aufhebungsoption durch den Verweis auf die Aktivitäten des internationalen Sozialismus zumindest gespielt, so fehlen diese hier ganz:[309] „[A]nders denn als Theologe [sc. wird man] die Theologie nicht los." (411)[310] Im theologischen Reflexionsprozeß und allein in ihm wird die Differenz zwischen Avantgarde und Kirche, Kirche und ‚Welt' prospektive überwindbar.[311] Kirche und ‚Welt' sind gleichermaßen Adressaten der Verkündigung, will heißen der aktuell ausgeführten – und darum von Barth ebenso aktuell vorgeführten[312] – theologischen Reflexion.

Damit ist der Zielpunkt des konstitutionellen Teils der Realisierungsthematik erreicht; er fällt mit dem theologischen Schlußakkord der Israelperikope des paulinischen Römerbriefs zusammen. Diesen – „*[d]enn verschlossen hat Gott alle*

---

[309] Vgl. die Bemerkung, „daß diese ‚Auserwählten' nicht diese und jene sind […] Sie tragen diesen und jenen Namen, nur sicher nie den, auf den sie angeredet werden. Sie sind bekannt als die Unbekannten. Sie tauchen auf, um wieder zu verschwinden. Ihre Auserwähltheit und ihr ‚Erlangen' gewinnt keine historische Breite, weder in erbaulichen Lebensgeschichten, noch in gesegneten Einflüssen auf die Kirchengeschichte." R II, 418.

[310] Vgl. den Zusammenhang des Zitats: „[N]un meinen wir zu wissen um die Tragik und um den – Humor dieses ganzen Seins, Treibens [sc. der Kirche] […] Wir haben vernommen, was Kierkegaard dagegen einzuwenden hat und haben ihm recht gegeben […] Anders denn als Jude wird man das Judentum, .. anders denn als Theologe die Theologie nicht los." R II, 441.

[311] Vgl.: „Die ‚Übrigen' sind so wenig eine Qualität, wie die ‚Auserwählten'. *Alle* sind die ‚Übrigen', sofern Gott nicht durch Gott erkannt wird. Denn Gott will durch Gott erkannt sein: *darum* das Erscheinen der Auserwählten, *darum* auch der Ausschluß der ‚Übrigen', zu denen alsbald auch die Auserwählten gehören, sofern ihr Dasein nicht mehr *das* bedeutet." R II, 419.

[312] Vgl.: „*Wenn* du es denn, lieber Heide, Zuschauer, Ästhet, Freideutscher, Sozialist, Naturfreund oder was immer du dich zu sein rühmst, nicht lassen kannst, dich im Bewußtsein deines … ‚autonomen' Gottesverhältnisses … über die Kirche zu erheben, … so ändert das nicht[s] … daran, daß du … von der Möglichkeit lebst, die die Kirche unmöglich macht". R II, 430.

unter den Ungehorsam, damit er sich aller erbarme"[313] – deutet Barth, was nach der bisherigen Analyse nicht mehr überraschen kann, sondern diese (um im Bild zu bleiben) abschließend bestätigt, als „Schlüssel des ganzen Römerbriefs (und nicht nur des Römerbriefs!)" (443). In dieser Formulierung werde „das Maß …" gegeben, „… an dem alles gemessen … sein will. Sie [!] ist in ihrer Art für jeden Hörer oder Leser [!] selber das Kriterium der *doppelten Prädestination* …, deren letzten Sinn sie offenbar deuten will […] Hier ist der verborgene, der unbekannte, der unbegreifliche Gott" (444).

2.4.3.2. Der theologische Reflexionsvollzug der Avantgarde als ethisch-allgemeine Selbstauslegung individueller Handlungssubjektivität (Röm 12–16)

Hatte Barth in der Erstauflage die ethischen Abschnitte des Römerbriefs als metaethische Signatur der Avantgarde interpretiert, so sieht er in ihnen in der Neubearbeitung nun nichts anderes als die „Sicherstellung der oft betonten *Existentialität* der im Laufe dieses Gesprächs [sc. des Römerbriefs] verwerteten [sic!] Begriffe" (447).[314] Damit wird sowohl die Reflexivitätssteigerung der Neuauflage wie auch die damit verbundene Konzentration auf die Rekonstruktion der autopoietischen Textkonstruktion durch die Selbsttätigkeit des – notorisch individuellen – Lesers notiert. „Keine ,Praxis' *neben* der Theorie soll hier empfohlen, sondern festgestellt soll hier werden, daß eben die ,Theorie', von der wir herkommen, die ,*Theorie der Praxis*' ist." (450) Die Ethikkapitel des Barthschen ,Römerbriefs' haben also keine andere Funktion als diejenige, die Konvergenz von Reflexionslogik und sittlich-allgemeinem Handeln zu dokumentieren. Indem der Handlungscharakter der theologischen Reflexion als bestimmtes Handeln reflektiert wird, wird der intentionale Gegenstand der Reflexionshandlung von dieser unterschieden: „Das Problem der Ethik erinnert uns eben daran, daß es nicht der Denkakt als solcher, sondern sein unanschaulicher Ursprung, seine reine Voraussetzung ist, die in ihrer Weltfremdheit dadurch gerechtfertigt ist, daß gerade sie der Fülle des Konkreten gerecht wird." (449) Ethik und Dogmatik konvergieren.

Die „primäre ethische Handlung" (460) ist demnach die Reflexion auf den Handlungscharakter der theologischen Reflexion selbst; Ethik ist Metaethik. Indem der Handlungscharakter der theologischen Reflexion zu Bewußtsein gebracht wird, wird diese als praktischer Selbstvollzug individueller Subjektivität bestimmt. Die ,ethische' Metareflexion deckt den religiös-praktischen Sinn der theologischen Reflexion auf.[315] Indem der religiös-praktische Sinn des

---

[313] Röm 11, 32; R II, 443.

[314] Vgl. die ganze Passage: „Das Problem der Ethik bedeutet die ausdrückliche Erinnerung …, daß der Gegenstand solchen Gesprächs [sc. über Gott] keine Objektivität, keine Über- oder Hinterwelt, keine Metaphysik … [ist], sondern das bekannte Leben des Menschen in Natur und Kultur, und zwar dieses Leben, sofern es gerade der solches Gespräch Führende selber von Minute zu Minute … zu leben hat und tatsächlich irgendwie lebt." R II, 447.

[315] Vgl.: „Es gibt nämlich ein Denken des Gedankens Gnade, Auferstehung, Vergebung, *Ewigkeit*. Es fällt zusammen mit jener Bejahung der tiefsten Problematik unsres zeitlichen Da-

theologischen Reflexionsvollzugs aber wiederum nur im Medium der theologischen Reflexion präsent ist, findet der Reflexionsvollzug als religiös-praktischer selbst nur statt, „sofern e[r] als Denk*akt* sich selbst *aufhebt*" (461), das bedeutet aber, daß er als „zeitausfüllend … *nie* stattfindet" (ebd.). Damit ist der genaue Sinn des kritisch-dialektischen Theologiebegriffs von Barths zweitem ‚Römerbrief' angegeben. Er zielt auf einen Begriff von religiösem Bewußtsein, für welches Selbstgewißheit nur im Medium theologischer Metareflexion möglich, und das heißt per se, als sich selbst gleichzeitige unmöglich ist. Es hat von sich selbst kein unmittelbares, wohl aber ein auf die beschriebene Weise theologisch vermitteltes Bewußtsein, das „‚stattfindet', weil es die Krisis im Denken aller andern Gedanken ist." (Ebd.)

2.4.3.2.1. Reflexionspragmatische Konstituierung des Individuums (Röm 12–13)

Die Differenz zwischen den beiden ‚Römerbrief'-Auflagen kommt mit besonderer Deutlichkeit an der Auslegung der ethischen Kapitel Röm 12 und 13 zur Darstellung. Hatte Barth in seiner ersten Auslegung diese Kapitel dazu benutzt, der theologischen „*Bewegung Gottes*" (R I, 524) noch ein gewisses habituelles Profil, nämlich jenes (Meta-)Ethos der ‚Überlegenheit' zuzuschreiben, so nimmt er in der Neubearbeitung diese habituell-praktische Dimension nahezu ganz zurück. Sein Ziel ist jetzt die Begründung eines „absolute[n] Ethos" (491), das materiale habituelle Bestimmtheit und kulturelle Identifizierbarkeit allenfalls noch durch sein Negationspotential gegenüber jedweder ethisch-habituellen Bestimmtheit haben soll; solchermaßen soll es „Reinigung des Handelns von allen biologischen, pathetischen, erotischen Elementen, der schlechthinnige Protest gegen jede von *Menschen* eingenommene Höhenstellung – und eben darum und darin absolutes Ethos" (ebd.) sein. Die weitgehend konsequente Tilgung der Züge religiös-politisch-kultureller Handlungspotenz dienen dazu, alle Handlungspotenz überhaupt in die Reflexionspotenz der Konstitutionsproblematik von Subjektivität überhaupt zu überführen. So heißt es nun: „[A]m Problem des *Andern* entsteht das Problem der Ethik." (465f.) Aber die „Andersheit des *Andern*" (520) soll dabei nur gerade dann wahrgenommen, wenn vom „empirischen ‚anderen' Einzelnen als solche[m]" (466) abstrahiert werde. Die Andersheit des anderen müsse prinzipiell und also „in ihrer undurchsichtigen, unerforschlichen Andersheit" (ebd.) genommen werden. „Gemeint ist das reine, transzendentale Ich, das unanschaulich das Subjekt jedes anschaulich konkreten Du ist. Schon der Begriff der Zeit, an dem für unser Bewußtsein dieses Du, das empirisch-wirkliche Individuum, der konkrete Einzelne als der Ein-Malige entsteht, zeigt deutlich, daß dieser als solcher nur ein Gleichnis, der ‚Anlaß' für den *Ewig*-Einzelnen, *Existentiell*-Wirklichen sein kann." (Ebd.) Die „transzendente, unanschauliche Einheit des Individuums

---

seins. Wenn wir in der *Frage* nach seinem Sinn den letzten … Sinn unsres zeitlichen Daseins erkennen, dann denken wir in tiefster Erschütterung den Gedanken Ewigkeit." R II, 460.

…" müsse also „… gegenüber jedem Einzelnen und allen Einzelnen" (467) stehend begriffen werden, in Christus. In Christus wird somit die transzendentale Gleichursprünglichkeit von Subjektivität und Intersubjektivität verortet: „Das Individuum, der Eine, Christus konstituiert die Gemeinde als Gemeinschaft." (468)

Gut erkennbar ist hier, wie die reflexionstheoretische, näherhin dem Anspruch nach transzendentaltheoretische Komplexitätssteigerung des zweiten ‚Römerbriefs' und der Bedeutungsgewinn, den die christologischen Reflexionen in diesem Buch erfahren, zusammenhängen: ‚Christus' ist die ‚unanschauliche Anschaulichkeit', die positivierte Transzendentalstruktur absoluter Subjektivität in Bezug auf welche alle Anschaulichkeit zugleich suspendiert und begründet sein soll. Aus diesem Bezug allein soll nun das ethische Profil der Avantgarde erwachsen. Es erwächst näherhin aus dem Charakter der gewaltsam-autoritativen Durchsetzung dieser unanschaulichen Anschaulichkeit christologischer Transzendentalindividualität. „Der Eine, in dem wir eins sind, ist die Intoleranz selber. Er will herrschen. Er will siegen." (430) Der Inbegriff des empirischen „Anderen" ist der „Feind" (496). Nur gegen den anderen in seinem konkreten Sosein sei die Einheit mit ihm erkennbar und durchsetzbar.[316] Struktur bekommt das Ethos der Avantgarde also durch eine rigide Durchsetzung des ‚Allgemeinen' gegenüber dem empirisch Individuellen, in welcher sich freilich dessen eigentliche Rechtfertigung vollziehen soll: „Christliches Ethos … ist … (als Brechung *jeder* Individualität) die Begründung des Individuums." (491) „Kierkegaard …", so heißt es hier ausdrücklich, sei „… gelegentlich durch Kant zurecht zu stellen" (453).

Die durch ein solches Ethos vermittelte soziale Ausdehnung und kulturelle Identifizierbarkeit der Avantgarde als kollektiven Trägersubjekts scheint – zumindest prima vista – in der Tat gegen Null zu tendieren. „Gemeinschaft ist *weder* Aggregat *noch* Organismus. Sie ist keinerlei Gegebenheit, sondern ursprüngliche Synthesis, Beziehung und Begriff aller Gegebenheiten und Andersheiten in ihrer letzten *unanschaulichen Einheit*" (447). Insofern das kommunikative Handeln dieser Gemeinschaft nach innen und nach außen kein anderes ist als der permanente Vollzug theologischer Ursprungsreflexion, scheint sie den Inbegriff einer ‚unsichtbaren Kirche' zu bilden. Aber dieser Schein trügt. Vielmehr ist der für den Gesamtaufbau des ‚Römerbriefs' konstitutive Gedanke ja kein anderer als der, daß solche theologische Reflexion in der Tat selbst Handlungscharakter habe und *in* seinem Handlungssinn begriffen werden müsse. Näherhin ist die theologische Ursprungsreflexion, wie der gesamte Gang des ‚Römerbriefs' zeigt, nur zu vollziehen als sprachlich-kommunizierte Reflexion, als ‚Verkündigung', die sich in der Abarbeitung von Verständnisschranken beim intentionalen Rezipienten begriffen weiß. Über die damit verbundene Negation wächst ihr indirekt ein ethisch-kulturelles Profil zu: „[D]er Charakter

---

[316] Vgl. die Rede von dem „ganze[n] Problem des verborgenen Einen im Andern, das uns zuletzt in der zugespitztesten Form im Begriff des ‚Feindes' begegnet ist". R II, 501.

des Protestes kann einer ethischen Handlung nie ganz abgehen. Der Eine in Allen protestiert gegen das Handeln der Vielen." (493)

Von daher baut dieses in die kommunizierte theologische Ursprungsreflexion zurückgenommene ‚Ethos' tatsächlich ein überaus starkes und soziologisch durchaus genau identifizierbares kollektives Handlungssubjekt auf: „In dieser ‚Gemeinde' scheinen ja überhaupt nur solche Zeugen, nur Handelnde, Aktive, Kombattanten, scharf Schießende in Betracht zu kommen. Lauter – Pfarrer scheinen hier vorgesehen, aber … : *was* für Pfarrer! Da ist von menschlichen Bedürfnissen überhaupt nicht die Rede, sondern nur von dem einen Bedürfnis Gottes, dem alle sich zu fügen haben. Da fährt wie eine Kugel aus dem Rohr ein Jeder seine Bahn, darf es, muß es, kann es, weil er ein Ziel, *das* Ziel hat." (470) Das in der Auslegung des paulinischen Römerbriefs selbst zugleich reflexiv durchsichtig gemachte und praktisch vorgeführte sprachliche Handeln ist die Matrix des kulturell identifizierbaren Profils der theologischen Avantgarde des zweiten ‚Römerbriefs', die eine Avantgarde von Pfarrern sein soll. Im Blendschatten der Reflexionsscheinwerfer dieses theologischen Spähtrupps bleibt freilich der Sachverhalt, daß diese soziokulturelle Identifizierung der Avantgarde als theologische Reflexionselite in der Pfarrerschaft selbst schon vom Wort her ein empirisch-sozial geprägtes Berufsbild in Anspruch nimmt, das seinen Ort in eben jener ‚empirischen' Kirche hat, welche der ‚Römerbrief' erst im 9. Kapitel und auch da nur als seiner Autopoietik äußerliche, exoterisch-banale ‚Israel'-Wirklichkeit ‚entdeckt' hatte.

Verborgen bleibt dieser hier ins Leben gerufenen Pastorenelite, die alle Gegebenheit in transzendental-christologische Unanschaulichkeiten aufheben soll, auch die Funktion der Anschaulichkeit, mit der das Unanschauliche ihrer Aufgabe hier literarisch in Szene gesetzt wird: „Nehmt ihnen das Pathos, so hungert ihr sie am gewissesten aus!" (509) Das Pathos der radikalen Pathoskritik ist ein Ethos der Ethosverweigerung: „kein Rezept"! (467) Faktisch wird die reflexive Negativität des Ethosprofils der Avantgarde mit psychisch-habituellen und kulturkritischen Bezügen durchaus opulent angereichert.[317] Und der implizite Leser wird faktisch durchaus nicht als Reflexionsmaschine, sondern als ein mit allerlei psychischen Qualitäten ausgestattetes Individuum gezeichnet; etwa soll er aus der Einsicht in die „Überlegenheit Gottes" (514) eine überlegene „Sachlichkeit" (471) beziehen, näherhin die „Geduld, die Scharfsicht …" und den „… Humor …", die „… *relativen* Möglichkeiten des Guten mitten im Bösen als solche zu erkennen, sie als die Schattenbilder der Umrisse eines Gegenüberstehenden gelten zu lassen und ernst zu nehmen." (514) Letztere Eigenschaft – Humor – ist die durch den ganzen Text des Barthschen ‚Römerbriefs' untergründig hindurchtransportierte Positivität,[318] in der das ‚bitter-ernst' transzendentale Reflexionsethos der Avantgarde eine spielerische Aufhebung erfährt.

---

[317] Vgl. z. B. zum Krieg R II, 454, zur Kritik der bürgerlichen Gesellschaft als Sozialdemokratie R II, 446 und zur Affirmierung ihrer Grundlagen als „Kirchenmann" R II, 489.

[318] Vgl. R II, 123, 166, 247, 411, 534, 537, u.ö. vgl. dazu auch: STEPHEN H. WEBB: Re-Figuring Theology, 117ff.

Darin schimmert die Lust des Autors an der opulent-poetischen Inszenierung seiner autopoietischen Textmaschine durch.

„Stattfinden kann die Entdeckung des Einen im Andern immer nur an ganz bestimmten Andern, an der konkreten *Vielheit* der Einzelnen, die *dem* Einzelnen als das große Rätsel zur ethischen Lösung aufgegeben sind" (501). Die Integration der Obrigkeitsperikope von Röm 13 gelingt Barth jetzt deutlich besser als beim ersten Mal; das Politische wird jetzt gewissermaßen als der Entdeckungszusammenhang der ‚transzendentalpragmatischen' Individualitätsreflexion plaziert, welche die Aufgabe der theologischen ‚Ethik' sein soll. „Das ganze Problem des verborgenen Einen im Andern …", so heißt es jetzt, „… konzentriert sich in der Tatsache des Bestehens jener menschlichen Ordnungen." (Ebd.) Die „großen Positionen von Staat, Recht, Kirche, Gesellschaft" (ebd.) werden als Konkretionen der faktischen Wirklichkeit aufgefaßt, auf welche „die … kritische Revision, der wir unser Tun in Beziehung auf seinen Ursprung in Gott durch das Denken des Gedankens der Ewigkeit unterwerfen" (ebd.), stoße. Die Entdeckung der „merkwürdige[n] Tatsache von *schon* geschehenen Qualifizierungen der Zeit" (ebd.) ist Implikat der protesthaften Negativitätshaltung, welche das theologische Denkhandeln gegenüber der vorfindlichen gesellschaftlichen Wirklichkeit einnehmen soll. Das absolute Ethos, das der Reflexionspfarrer auch in rebus politicis im Auge haben soll, hält Äquidistanz zu den beiden „Prinzip[ien]" (501) von „*Legitimität*" (502) und „*Revolution*" (ebd.) und konkretisiert sich in der theologischen Hintersinnigkeit eines „ruhigen Bürger[s] …, der soviel gegen sie [sc. die Obrigkeit] einzuwenden hat, daß er – nichts mehr gegen sie einwendet" (513). Das politisch konstruktivste Potential enthält zweifellos die Formel von der „*Absetzung* Gottes von der menschlichen Tagesordnung" (515), in welcher Variation Barth den in der Erstauflage von E. Troeltsch entliehenen Gedanken der antiidiologischen Versachlichung der Politik präsentiert.[319] In solchen materialethischen Spitzensätzen des zweiten ‚Römerbriefs' läßt der theologische Revolutionär K. Barth wie im Erstentwurf ein durchaus liberales, demokratisches Politikverständnis durchblicken, das sich hinsichtlich seiner Herkunft allerdings sorgfältig bedeckt hält.

In den ethischen Kapiteln des ‚Römerbriefs' wird in der Tat keine an die ‚Theorie' angehängte ‚Praxis' beschrieben, sondern der zuvor geleistete konstruktive Aufbau des theologischen Subjekts wird schrittweise in die praktische Selbstauslegung des Adressaten zu überführen versucht. Als intentionales Handlungssubjekt der Römerbrieftheologie soll sich der Leser selbst erkennen. „Immer aber ist Liebe die Entdeckung des Einen im Andern" (522). Dabei kann die relative „Unbestimmtheit"[320] der ‚Römerbrief'-Ethik rezeptionsästhetisch als

---

[319] Vgl. auch: „Politik z.B. wird möglich von dem Augenblick an, wo der wesentliche Spielcharakter dieser Sache am Tage ist, wo es klar ist, daß vom objektiven Recht dabei nicht die Rede sein kann, … wo der absolute Ton aus den Thesen wie aus den Gegenthesen verschwindet, um einem vielleicht relativ gemäßigten, vielleicht relativ radikalen Absehen auf menschliche Möglichkeiten Platz zu machen." R II, 514f., vgl. auch R II, 509.

[320] Vgl. zu dieser Leerstellenstrategie WOLFGANG ISER: Die Appellstruktur der Texte, 15 u.ö.

Implikat der „Appellstruktur" des Textes gelesen werden, die in Barths theologischer Reflexionspragmatik prinzipialisiert ist. Wie in der Erstauflage, aber nun auf eine wesentlich reflektiertere Weise, kommt diese darum in den Schlußkapiteln darin zum Ziel, daß sie die Leserperspektive als solche einzuholen sucht. In einer letzten reflexiven Wendung wird der dogmatisch-ethische Inhalt des Römerbriefs insgesamt eingeklammert und als Moment der praktischen Selbstauslegung des Lesers bestimmt. Aber die Pointe dieser Einklammerung ist nichts weniger als die Relativierung jenes Inhalts; im Gegenteil soll gezeigt werden, inwiefern sich dieser Inhalt an der Stelle der praktischen Selbstauslegung des Lesers selbst explizieren läßt.

2.4.3.2.2. *Theologische Rekonstruktion der religiösen Praxis: „Die Leser selbst sind die Antwort" (Röm 14–16)*

Hatte Barth in der Erstauflage die paulinische Unterscheidung von „Starken" und „Schwachen" in der römischen Gemeinde zur ‚gruppentheoretischen' Binnendifferenzierung seiner theologischen Avantgarde benutzt, dann wendet er in der Neubearbeitung diese Differenz im Sinne von deren individualitätsgenetischer Gesamttendenz: „Die Krisis des freien Lebensversuchs" (530). Wenn Barth hier nun den paulinischen Römerbrief als einen „*Rede*versuch ..." beschreibt, der „... uns offenbar auffordert, einen ganz bestimmten *Lebens*versuch zu unternehmen ...", der als der „... ‚*freie* Lebensversuch' bezeichnet werden" (ebd.) könne, dann macht er jetzt die pragmatische Dimension seiner Reflexionsdialektik appellativ präsent: „Wer wagt es, die Freiheit nicht nur zu denken, sondern im Hinblick auf die Freiheit zu *leben*?, fragt uns der Römerbrief." (Ebd.) „*Du* bist gemeint! Du *sollst*! Und gewiß ist Freiheit der Sinn des hier geforderten Lebensversuchs" (532).

Die Freiheit, die der ‚Römerbrief' freisetzt, ist die „Freiheit *Gottes*" (ebd.). Sie wird zur Freiheit des handelnden Subjekts nur insofern, als dieses sich konsequent als theologischer Reflektant, als Rezipient, begreift, der seine Selbstauslegung als permanente Rezeptionstätigkeit vollzieht, die dementsprechend nicht hinter sich gelassen, nicht resultathaft angeeignet werden kann. Die Reflexion auf die Leserpraxis zielt gerade darauf, den Aneignungsakt als einen dem Inhalt externen Akt selbständigen Zugriffs rückgängig zu machen: „[E]in unabsehbares Heruntersteigen auch von jeder allfälligen Römerbriefhöhe ist zur Ausführung *dieses* Programms vonnöten." (534) Der „Standpunkt des Römerbriefs, als ‚Standpunkt' eingenommen, ist der Standpunkt Gottes!" (543) „Damit sollte das Einnehmenwollen *dieses* Standpunktes *erledigt* sein!" (Ebd.)

Damit wird an der Stelle des intentionalen Rezipienten jene Differenzierung und Entpartikularisierung vollzogen, die im Übergang von Röm 10 zu Röm 11 bereits im allgemeinen geltend gemacht worden ist. „Denn wenn der Römerbrief zum Schluß sich selbst aufhebt, indem er ausgerechnet gerade den Verständigen, den Empfänglichen, den prädisponierten Paulinern unter seinen Lesern ein ausdrückliches Halt! entgegenstellt, so bewährt er gerade *damit* und *nur* damit sich selbst." (532) Die religiöse Positionalisierung, welche die theologische Reflexionsaneignung des ‚Römerbriefs' mit sich bringt und auf welche sie zielt, darf ihrerseits nicht als eine religiöse Positionalität unter anderen verstanden, sondern sie muß als solche noch einmal theologisch-reflexiv aufgehoben werden. Das Theologumenon, das zu diesem Zweck aufgeboten wird, ist inzwischen zur Genüge geläufig: „Es gibt nur *einen* Vorsprung: die göttliche Erwählung, aber ihrer kann heute noch ein naiver Vegetarianer in seiner ganzen Ungebrochenheit teilhaftig werden *vor* einem, der den Römerbrief vorwärts und rückwärts auswendig weiß. Irgend eine Möncherei kann Gott heute noch wohlgefälliger sein als dein zuversichtlicher Protestantismus, du Narr!" (538) So siegt das „absolute Ethos" der ‚Römerbrief'-Theologie schließlich darin, daß deren Rezipienten sich aus jeder religiosen Positionalität heraus- und darum auch in jede hineinreflektieren können sollen: „Wir sind in der Lage, uns freundlich neben den Katholiken, den ‚Positiven', den Kulturprotestanten, den Völkerbundstheologen (ja und neben wen nicht?) zu stellen und ihm das Beruhigende … zu sagen: Du hast Recht! – unter der beunruhigenden Bedingung nämlich, daß auch du Unrecht hast!" (558)

Freilich ist die theologische Aufhebung der ‚Römerbrief'-Religion auch noch nicht das Ende vom Lied. Am Ende steht vielmehr wiederum deren Umkehrung: „[M]an kann nur an *Gott* glauben! Eben das ist die These des Römerbriefs, die These des ‚Paulinismus', mit der er sich selbst aufhebt" (556). Die Reflexion der Reflexion als religiöse Position wird ihrerseits wieder negiert und macht der durch diese Kaskade von reflexiven Selbstnegationen erreichten religiösen Unmittelbarkeit Platz. Diese aber darf ihre Herkunft aus dem Gang durch die Reflexionskaskaden nicht vergessen; sie ist Ausdruck einer Solidarität des Reflexionssubjekts, in welcher sich dieses zu jener verhält wie der Pfarrer zum ‚Laien': „*Gerade* der Gedanke an die Prädestination, von der der Schwache keine Ahnung hat, wird also den Starken veranlassen, sich mit jenem durchaus in eine Reihe zu stellen." (439)

So wird also die Forderung nach „Teilnahme" (556) an der hier inszenierten theologischen Reflexionsbewegung am Ende keineswegs eingezogen; im Gegenteil. Diese Reflexion wird vielmehr abschließend als konsequente Selbstentfaltung derjenigen transzendentalen Ursprungsreflexion in Erinnerung gerufen, die per se allgemein ist. Der Römerbrief „rechnet auf *die* Teilnahme, … die niemand im Ernst verweigern kann, der allen Ideologien abhold [ist] […] Er sagt, was jeder sich selbst sagen kann." (556f.)[321] Der Verweis auf das Vernünftig-Allgemeine, mit welcher der erste ‚Römerbrief' eingesetzt hatte – „[d]er *Begriff von Gott* ist uns so unmittelbar gegeben wie unser eigenes Sein" (R I, 28) –, steht in der dialektischen Aufhebungstheologie, die der zweite darstellt, am Ende des Gedankengangs. Die faktische Partikularität und distinkte Zeitlichkeit dieses Reflexionsganges ist letztlich dem Erfordernis geschuldet, die kontingenten

---

[321] Vgl.: „Der Römerbrief appelliert … an den sensus communis, an das ‚allgemeine Wahrheitsgefühl' (Oetinger)". R II, 556.

Verständnisbarrieren, welche ‚die Sache selbst' bei ihren Rezipienten faktisch vorfindet, sukzessive abzubauen.

Die theologische ‚Römerbrief'-Avantgarde soll nach dem Willen ihres Gründers eine Position beziehen, deren Anspruch auf Überpositionalität darin begründet ist, daß sie das von allen modernen Theologien thematisierte Verhältnis von Religion und Theologie als theologisches Verhältnis zu reflektieren vermag. Die sich im Theologumenon der Erwählung chiffreartig zusammenfassende Römerbrieftheologie K. Barths bestimmt das religiöse Bewußtsein als Reflexionsprodukt der Theologie, indem es den Vollzug der Theologie als kommunikativ-sprachlichen Vollzug reflexiver Selbstunterscheidung des religiösen Bewußtseins von sich selbst bestimmt. Treibende Kraft dieser Reflexionsbewegung ist die Reflexion auf das Leser-Bewußtsein als das religiöse Andere der theologischen Reflexion, das der Autor fortlaufend einzuholen sucht. Als wahrhaft ‚anderer' des Autors freilich, also als der in seiner kontingenten, vom Text nicht reflexiv-aufhebbaren, sondern von ihm vorauszusetzenden individuellen Identität kommt der Leser erst und genau ganz am Ende dieser ihrem Anspruch nach ursprungsgenetischen, transzendentaltheoretischen Rekonstruktion individueller Selbsttätigkeit zu stehen. „[D]aß der Römerbrief sich durchaus an bestimmte Menschen mit irdischem Gesicht und Namen wendet" (565), kann nur in der literarischen Form des Grußes, im Medium der Adressierung formuliert werden. „Hier ist das im Römerbrief so oft vermißte einfache ‚Leben'. Die Leser selbst sind die Antwort auf *diese* Frage, jeder in seiner Weise, bis auf diesen Tag." (Ebd.) Daß der ‚Römerbrief' als Appell zur religiös-theologischen Selbstauslegung ‚funktioniert', ist ihm selbst unverfügbar: „Es scheint …, daß es einmal Publikum gegeben hat, dem man den Römerbrief zumuten konnte […] Es scheint, daß diesem Publikum die Theologie (*diese* Theologie!) ohne weiteres *das* aktuelle Thema war […] Wir wundern uns über dieses Publikum mehr als über die andern historischen Probleme, die uns durch den Römerbrief etwa gestellt werden." (Ebd.)

2.5. Berufung und Beruf: Das Institutionalisierungsproblem der Avantgarde – oder: Die Aufgabe der Theologie als Reflexionsaufgabe des Theologen

2.5.1. Zimt gegen die Hyänen – Theologie als Wissenschaft

Mit der Verwunderung über die historische Existenz eines Römerbrief-Publikums endet der theologische ‚Römerbrief', endet die transzendentale Konstitutionspragmatik und -rhetorik des Theologen K. Barth. Diese Verwunderung ist ein rhetorisches Stilmittel, das der systematisch-pragmatischen Gesamtkonstruktion der theologischen Texttheorie geschuldet ist. Sie ist aber zugleich mehr als dies. Sie verweist auch auf ein echtes Problem des Autors und seiner Theorie. Denn die auf Erzeugung der theologischen Reflexionsavantgarde ausgerichtete Textpragmatik muß aus strukturellen Gründen eine entscheidende Frage offen lassen: die ihrer Erlernbarkeit. Die mit der pragmatischen Strategie verbundene Invertiertheit ihrer methodischen Struktur führt dazu, daß die ‚Römerbrief'-Theologie zwar Anschlußerfolge zeitigen kann, sie kann aus Zuschauern Zustimmende machen, insofern kann sie ihr Publikum finden. Da diesen Zustimmenden jedoch die Durchsichtigkeit durch die Theoriestruktur fehlt, ist ihre Zustimmung in Wahrheit keine wissenschaftlich-reflektierte, sondern eigentlich eine religiös-positive, die sich in einer bestimmten theologischen Semantik artikuliert. Der ‚Römerbrief' erzeugt Jünger, keine Schüler. Daß die ‚Römerbriefe' de facto an den Wissenschaftsbetrieb angeschlossen sind, ist zu zeigen versucht worden; aber phänotypisch läßt diese Theologie diesen Anschluß nicht klar erkennen.[322] Zwar lassen sich natürlich die theozentrischen Leitformeln, der expressionistische Stil, die Aufhebung des kulturellen Krisenbewußtseins in ein absolutes theologisches Krisenbewußtsein etc. reproduzieren, insbesondere auf der Ebene angewandter Theologie, also in Form von Predigten. Für die eigentümliche ‚transzendentalpragmatische' Konstitutionsleistung bzw. Konstituierungsabsicht des Textes gilt das aber nicht. Der zweite ‚Römerbrief' als dialektische Konstituierungsstrategie des theologischen Subjekts als solche und damit die dialektisch-theologische Phase Barthscher Theologie insgesamt, für die er steht, ist, bündig gesagt, an der Stelle des Rezipientenbewußtseins reproduktionsresistent. Es ist die reflexionspragmatische Struktur dieser Phase des Barthschen Theologiebegriffs selbst, die seine Reproduzierbarkeit verhindert. Es ist die invertierte Struktur dieser Theologie, die durch das Leitparadigma des Erwählungstheologumenons signalisiert und chiffriert wird, die eine Reproduktion der Theorie auf der Theorieebene unmöglich macht. Die Sender-Empfänger-Relation ist hier vektoriell einlinig strukturiert; der Theologiebegriff ist binär kodiert: Sender ⇒ Empfänger. Tertium non datur. Das Tertium, das faktisch da ist bzw. da wäre, nämlich der biblische Text, ist ja gerade durch die Strategie der theologischen Totalfunktionalisierung – die ‚Verwertung der Begriffe'- als Tertium zum Verschwinden gebracht.

Um diese Konstellationsproblematik kreisen Barths Überlegungen in der Phase nach der Beendigung des zweiten ‚Römerbriefs'. Sie kreisen damit um die Signatur des Theologiebegriffs selbst, um die Wissenschaftlichkeit solcher Theologie und um ihre religiös-kirchliche Praxisfunktion; sie sind dementsprechend von einer erkenntnistheoretischen und methodologischen Doppelnatur und zielen auf eine Überarbeitung zugleich der Semantik und Pragmatik der ‚Römerbrief'-Theologie.

---

[322] Vgl. die Reaktion auf entsprechende Wirkungen im Vorwort der *Christlichen Dogmatik*: „Ich war und bin ein gewöhnlicher Theologe, dem nicht das Wort Gottes, sondern bestenfalls eine ‚Lehre vom Wort Gottes' zur Verfügung steht, fühle mich weder berechtigt noch verpflichtet dazu, in der Prophetengebärde, in der Haltung des Durchbruchs zu verharren, in der mich offenbar einige einen Moment lang erblickt haben". KARL BARTH: Die christliche Dogmatik im Entwurf, 8.

„Die ‚Bewegung' hörte auf. Die Arbeit begann."[323] So hat Barth jene Zusammenhänge aus seiner Sicht und im Rückblick von 1950 formuliert. So
schlagartig, wie es hier klingt, hörte die ‚Bewegung' mit dem Übergang ins
akademische Lehramt freilich nicht auf. Als Probevorlesung hält der angehende
Professor in Göttingen – eine Predigt, wonach er „überhaupt auch im Hinblick
auf eine Dozentur am liebsten beurteilt sei"[324]. Gleichwohl ist mit dem Eintritt
ins akademische Lehramt unverkennbar und in gewisser Weise durchaus schlagartig ein Szientifizierungsprozeß der Barthschen Theologie eingeleitet. Dieser
schlägt sich zunächst in einer Übergangsphase nieder, in der Barth seinen
Theologiebegriff selbst, die Frage nach der Allgemeinheit des Themas der/
seiner Theologie und damit ihre Wissenschaftlichkeit reflektiert.

Für die grundlagentheoretische Entwicklung, die Barths Theologie in dieser
Phase durchläuft, sind besonders drei Vorträge illustrativ, die er im Sommer und
Herbst 1922 gehalten hat. Diese Arbeiten sind der am 25. Juli 1922 bei einem
sächsischen Pfarrertag in Schulpforta gehaltene Vortrag „Not und Verheißung
der christlichen Verkündigung"[325], dann der im September 1922 in Wiesbaden
und Lüneburg gehaltene Vortrag „Das Problem der Ethik in der Gegenwart"[326]
und schließlich das Anfang Oktober auf der Elgersburg in Thüringen vorgetragene Referat „Das Wort Gottes als Aufgabe der Theologie"[327]. In allen drei
Arbeiten zeigt sich ein Doppeltes: erstens (und grundsätzlich) ist die Dynamik
der theologischen Entwicklung Barths in diesem Zeitraum angestoßen durch
Reflexionen auf den wissenschaftlichen Ort der eigenen Theologie; zweitens
zeichnet sich hier bereits jene – im zweiten ‚Römerbrief' schon vorbereitete –
neue dogmatische Leitsemantik des „Wortes Gottes" ab. Diese läßt sich als
Produkt des Versuchs verstehen, eine wissenschaftlich-theologische Position zu
beziehen, welche die eigentümlich invertierte Systematik und die ‚transzendentalpragmatische' Theorieestruktur der früheren Jahre nicht preisgibt, sondern
transformiert. Damit geht einher, daß Barth in dieser Szientifizierungsphase

---

[323] KARL BARTH: Rückblick. In: Hans Dürr u. a. (Hrsg.): Das Wort sie sollen lassen stahn.
Festschrift für Albert Schädelin, Bern 1950, 1–8, hier: 5. Barth bezieht sich hier etwas vage auf
die Zeit nach dem Ersten Weltkrieg und inhaltlich auf die Wiederaufnahme reformatorischer
und im engeren Sinne dogmatischer Theologie. In diesem Zusammenhang heißt es ferner: „In
dieser Zeit war es wohl, daß wir in den Geruch der ‚Orthodoxie' geraten sind. Du [sc. Albert
Schädelin] und ich lachen darüber. Daß es auf das Leben und nicht auf die Lehre, auf das Reich
Gottes und nicht auf die Kirche ankommen, das haben wir zu Herzen genommen und nicht
vergessen. Aber … wir haben damals hinzugelernt, daß man auch nach lebendiger Lehre und
gerade in der Kirche nach dem Reich Gottes fragen darf und soll,… daß es interessanter und
fruchtbarer ist, das Absolute nun eben im Relativen, das Wort Gottes im Fleisch zu entdecken
und geltend zu machen" (ebd.).

[324] Brief an Thurneysen vom 16.2.1921; Ba-Th I, 468.

[325] Erstmals abgedruckt in: ZZ 1 (1923), 3–25; jetzt in: Karl Barth: Vorträge und kleinere
Arbeiten 1922–1925, 65–97 (zitierte Ausgabe).

[326] Der Vortrag ist mehrfach wiederholt worden, in Bochum am 24. 9, in Lüneburg 28. 9.,
außerdem noch in Bensheim und in Ostfriesland. Gut zugänglich ist der Vortrag jetzt in: Karl
Barth: Vorträge und kleinere Arbeiten 1922–1925, 98–143 (zitierte Ausgabe).

[327] Abgedruckt erstmals in ChW 36 (1922), Sp. 858–873; jetzt in: Karl Barth: Vorträge und
kleinere Arbeiten 1922–1925, 144–175 (zitierte Ausgabe).

seiner Theologie deren eigentümlich intensive Persuasivität und ihre gegen-
wartskulturorientierten Anstrengungen keineswegs aufgeben will. „Ich bin ein
armer Tropf mit meiner ,Aktualität', und in meinem Kopf gehts zu wie in
einem Hyänenkäfig vor der Fütterung" – so Barth an Georg Merz in der
Vorbereitungsphase der beiden Herbstvorträge. [328]
Der Szientifizierungsdruck, dem sich Barth mit der akademischen Etablierung ausgesetzt sieht, hat ihn nicht unvorbereitet getroffen. Schon in einem
Brief an E. Thurneysen vom 16.7.1919, der also aus der Endphase der Arbeit
am ersten ,Römerbrief' stammt, heißt es: „Heute las ich Schleiermachers Schrift
über die Universitäten, was mich neuerdings zum Sinnen über unsre Stellung
zur Theologie veranlaßt. Hat unsre Sache Platz auf der Universität (ich meine
,theoretisch'!!), wenn ja, welchen?, wenn nein, wie rechtfertigen wir den maß-
losen Anspruch, der darin liegt?"[329] Barth hat sich diesem Reflexionsdruck
zunächst noch widersetzt. In jenem bereits zitierten Brief an Thurneysen vom
6.12.1920, der auf ein methodologische Überlegungen enthaltendes Aufsatz-
manuskript des Freundes Bezug nimmt, heißt es noch: „Ein wenig gefährlich
ist der Versuch *als solcher*, sich selbst in seinem Tun zum Betrachtungsthema zu
machen und – nolens volens – eine kleine Methodik zu geben."[330] Nach der
akademischen Etablierung ist das Thema dann aber unvermeidlich. Gelegenheit
zu einem ersten öffentlichen Lösungsversuch der für Barth heiklen Aufgabe
bietet sich anläßlich der an ihn für den 25. Juli 1922 ergangenen „Aufforderung
des Herrn Generalsuperintendent[en] D. Jacobi …", den sächsischen Pfarrern
„… eine ,Einführung in das Verständnis meiner Theologie' zu bieten. Schon
der Titel „Not und Verheißung der christlichen Verkündigung"[331] deutet freilich darauf hin, daß Barth zu diesem Zeitpunkt noch nicht gewillt ist, seine
eigene Theologie als systematisch-methodisches Verfahren öffentlich zu thematisieren; er versucht hier gewissermaßen, aus der ,Not' der Selbstthematisierung durch den Hinweis auf die in ,der Sache' liegende ,Verheißung' zu ent-
kommen.
Auf diese Vermeidungsstrategie ist der Vortrag insgesamt gestimmt. Barth
möchte hier die Entstehung und Struktur seiner eigenständigen Theologie als
Folge einer Reflexion auf „das spezifische *Pfarrer*problem der *Predigt* …" verstanden wissen, die darin bestehe, sich „… zurecht zu finden zwischen der
Problematik des Menschenlebens auf der einen und dem Inhalt der Bibel auf
der andern Seite." (101) Diese Selbstbeschreibung, die, wie schon erwähnt,
wirkungsgeschichtlich außerordentlich folgenreich war, ist auf der Basis der
hier vorliegenden Untersuchung als ebenso richtig wie falsch zu beurteilen.
Falsch ist insbesondere die Behauptung, jene Neuorientierung sei „[u]nab-
hängig von …" Barths eigenen „… theologischen Denkgewohnheiten" (ebd.)
erfolgt. Aufgrund dieses praktischen und dem Anspruch nach nicht-konstruk-

---

[328] Ba-Th II, 97.
[329] Ba-Th I, 341.
[330] Ba-Th I, 451.
[331] Seitenangaben im Text beziehen sich im Folgenden auf diesen Vortrag.

tiven Ansatzes nehme, so reklamiert Barth, seine eigene Theologie gegenüber allen wissenschaftlich reflektierten, konstruktiven Positionen systematischer Theologie gleichsam eine Außenposition ein. Sie verstehe sich diesen gegenüber als „*Korrektiv*" (100), als „das ‚bißchen Zimt' zur Speise" (ebd.)[332], als „Randbemerkung und Glosse, die sich mit jenen [Theologien] verträgt und auch nicht verträgt" (ebd.). Mit seiner eigenen Theologie verfolge er gerade keine positionsbildenden Absichten innerhalb der wissenschaftlichen Theologie: „Sofern Thurneysen, Gogarten und ich wirklich im bekannten Sinn des Worts ‚Schule machen' sollten, sind wir erledigt." (Ebd.)

In der Forschung sollte nicht übersehen werden, daß Barth diesen Vortrag und die hier vertretene Position schon drei Monate später selbst für „leise überholt"[333] erachtet hat; mit Recht: so sehr Barth zeitlebens an dem Versuch festhält, die Wissenschaftlichkeit der Theologie im allgemeinen, seiner eigenen im besonderen, aus deren eigenen Grundlagenreflexionen herzuleiten, so wenig kann die Vermeidung der wissenschaftlichen Selbstpositionierung für ihn von Dauer sein.

2.5.2. Das Problem der Ethik und der Allgemeinheitsanspruch der Theologie

Daß es sich hier tatsächlich nur um eine vorübergehende Diskursstrategie handelt, zeigt der Vortrag, den Barth im September 1922 bei einer Pfarrerkonferenz in Wiesbaden über „Das Problem der Ethik in der Gegenwart"[334] gehalten hat. Eine genaue Analyse dieses wichtigen und aufschlußreichen Referats zeigt, daß Barth hier nur vordergründig mit ethisch-praktischen, also mit kultur- und materialethischen Fragestellungen befaßt ist; tatsächlich benützt er das ihm vom Veranstalter gestellte Thema,[335] um den wissenschaftstheoretischen Ort der Theologie und damit ihren Allgemeinheitsanspruch zu klären. Daß diese Funktionalisierung ethischer Grundlagenreflexionen für die Klärung des wissenschaftstheoretischen Orts der Theologie möglich ist, ist allein schon ein schlagendes Indiz dafür, daß Barths Hinwendung zur dogmatischen Explikation der Theologie auf der beibehaltenen Basis der Prävalenz der praktischen Vernunft[336]

[332] Sowohl der Ausdruck Korrektiv als auch die Gewürzmetapher stammen von Kierkegaard, vgl. den Brief an Thurneysen vom 19.7.1920; Ba-Th I, 414.

[333] Brief an die Freunde vom 7.10.22, Ba-Th II, 104. Vgl. auch die Bemerkung, der Ethikvortrag habe „natürlich mehr Kaliber" als der Verkündigungsvortrag. Brief an die Freunde vom 26.10.22; Ba-Th II, 116.

[334] Auf diesen Vortrag beziehen sich im Folgenden die Seitenzahlen im Text. Vgl. zum Text: HELGA KIRSCH: Zum Problem der Ethik in der kritischen Theologie Karl Barths. Diss. Typoskript, Bonn 1972, 254–260; SABINE PLONZ: Die herrenlosen Gewalten. Eine Relektüre Karl Barths in befreiungstheologischer Perspektive, Mainz 1995, 174–178.

[335] Veranstalter der Pfarrerkonferenz in Wiesbaden war die Arbeitsgemeinschaft Nassauischer Pfarrer. Vgl. den Brief an die Freunde vom 28.6.1922, Ba-Th II, 87.

[336] Das übersehen alle abstrakt erkenntnistheoretischen Interpretationen von Barths dogmatischer Theologie. Barth folgt in dieser Vorordnung in gewisser Weise Kant selbst, wenn dieser den

erfolgt. Darin zeigt sich Barth auch und gerade in der erneuten phänotypischen Wendung, die sein Denken in dieser Phase zu nehmen im Begriff ist, als „a Herrmannian of a higher order".[337]

Die Bedeutung des Ethik-Vortrags liegt darin, daß Barth hier philosophische Grundgedanken seines Denkens in einer für ihn ungewöhnlichen Deutlichkeit zur Sprache bringt, die als axiomatische Grundannahmen in der Tat die Entwicklungsdynamik seines Denkens bestimmt haben und nun erneut bestimmen. Die entscheidende Weichenstellung liegt schon in der Deutung des Titelproblems, das er als „die kritische Frage, unter die der Mensch sein Tun, d. h. aber sein ganzes zeitliches Dasein gestellt sieht" (102), faßt. Diese Vergrundsätzlichung des Tätigkeitsbegriffs, mithin des Handlungsbegriffs, ist wörtlich zu nehmen: „Leben, das etwas anderes wäre als unser Tun, wäre uns schlechthin unanschaulich; es wäre nicht *unser* Leben." (106) ‚Leben' besteht für Barth nicht aus passivem Gefühl, aktivem Tun und passiv-aktivem Wissen; es ist letztlich nicht aufzufassen als ein „Wechsel von Insichbleiben und Aussichheraustreten des Subjekts"[338]. Zwar soll damit selbstverständlich keine geschlossene, interaktionslose Monade konzipiert sein; vordergründig, im Erfahrungsbereich spielt sich das Leben schon als Folge solcher intersubjektiven Wechselverhältnisse ab. Aber dieser Sachverhalt ist konstitutionslogisch aus Barths Sicht nicht relevant; alle Interaktion trifft stets auf ein Subjekt, welches sich in der Interaktion niemals anders denn als Subjekt, d. h. für Barth aber als Handlungssubjekt, verhalten und wissen muß. Damit ist einer Zuordnung von Handeln, Reflexion und Religion auf derselben Lebens- bzw. Theorieebene von vornherein der Boden entzogen. Sowohl eine Gefühlstheorie im Sinne Schleiermachers als auch eine Theorie des religiösen Erlebnisses im Sinne Herrmanns scheiden a priori aus. Es ist dieser radikalisierte, ideengeschichtlich auf H. Cohen zurückgehende Handlungsbegriff, der Barths Theorieentwicklung von Anfang an und in allen ihren Phasen, auch gerade die ihr ‚Theoriedesign' kennzeichnende eigentümliche Pragmatik, bestimmt hat. Im Ethikvortrag macht Barth damit gerade auch die tragenden Voraussetzungen seiner ‚Römerbrief'-Theologie durchsichtig. Darin zeichnet sich ab, daß die neue Theoriephase, in die Barth hier einzutreten beginnt, ihrerseits aus der Reflexion auf die systematisch-methodischen Voraussetzungen der vorherigen hervorgeht.

Die Denkdynamik, welche die Logizität dieses solchermaßen radikalisierten Handlungsbegriffs freisetzt, liegt im Ethikvortrag formaliter auf zwei Ebenen:

„Begriff der Freiheit ..." als den „... *Schlußstein* von dem ganzen Gebäude eines Systems der reinen, selbst der spekulativen Vernunft" bezeichnet. IMMANUEL KANT: Kritik der praktischen Vernunft, 3f.

[337] HENDRIKUS BERKHOF: Two Hundred Years of Theology. Grand Rapids 1989, 201; zustimmend zitiert bei BRUCE L. McCORMACK: Karl Barth's Critically Realistic Dialectical Theology, 67; vgl. dazu auch INGRID SPIECKERMANN: Gotteserkenntnis, 28ff., ECKHARD LESSING: Das Problem der Gesellschaft in der Theologie Karl Barths und Friedrich Gogartens (SEE 10), Gütersloh 1972, 26; HERBERT ANZINGER: Glaube und kommunikative Praxis, 68; SABINE PLONZ: Die herrenlosen Gewalten, 175.

[338] FRIEDRICH SCHLEIERMACHER: Der christliche Glaube. 1. Bd., 2. Aufl., 18.

auf der Ebene der Selbsterfassung des so bestimmten Subjekts (praktische Ebene oder Deskriptionsebene) und zugleich auf der Ebene der reflexiven theoretischen Erfassung solcher Selbsterfassung (Theorieebene, Theologiebegriff). Es ist die Pointe der Argumentation, daß diese Ebenendifferenz einzuziehen sei.

Barths auf der ersten Ebene einsetzende These ist, daß die Selbsterfassung des Subjekts als Handlungssubjekts ‚immer schon‘, also ‚faktisch grundsätzlich‘ von einer aporetischen Struktur sei. Aufgrund der Zeitlichkeit seines Bewußtseins hafte der Akt solcher Selbsterfassung immer an konkreten Handlungsoptionen, also an einer Frage von der Struktur: „Was sollen wir tun?" (106) Aufgrund seiner zeitlichen Verfaßtheit entbirgt die durchgängige Handlungsstruktur des Subjekts zugleich seine reflexive Selbstdistanzierung. Im Medium solcher reflexiven Selbstdistanzierung ist aber die Handlungsstruktur zugleich immer schon verloren. „Es schlummert … in jedem zufälligen zeitlichen: Was sollen wir tun? *das* Was?, auf das kein zufälliges zeitliches *Das*! beruhigende Antwort geben kann, weil es das notwendige, das ewige Was? ist." (Ebd.)

Barth will diese aporetische Struktur der Selbsterfassung von Handlungssubjektivität ausdrücklich als Kant-Interpretation verstanden wissen. „Freiheit …" sei „… nach Kant eine *Voraussetzung*, die damit vollzogen wird, daß der Mensch sich eines von seinem immer nur als begehrend vorstellbaren Willen *verschiedenen* Sollens bewußt wird." (117) Das intelligible Ich als Subjekt der Freiheit sei im tatsächlichen, empirischen Lebensvollzug nur präsent im Medium des „Sollens". „Bringt denn etwa …", so fragt Barth rhetorisch, „… dieses Subjekt die Kausalität der Freiheitswelt, aus der es stammt, mit hinüber in die Welt der Natur, in der sich das Tun des uns bekannten Menschen abspielt? Kommt es denn etwa zu einer erfahrbaren, einzusehenden, zu begreifenden Identifikation *dieses* Subjekts mit dem uns bekannten Menschen?" (117) Alle Selbstreflexion des faktischen Subjekts vermöge immer nur sein „durch ein Begehren dieses oder jenes Objektes bestimmte[s] …" und darum gerade nicht „rein auf Achtung vor dem Gesetz …" beruhendes und dementsprechend „unmittelbar auf den Endzweck … gerichtete[s] Wollen und Tun" (117) zu entdecken, somit seine Unfreiheit und gerade nicht die Freiheit des Willens. Gleiches gelte im Hinblick auf die möglichen Zwecke der ethischen Handlung. Die dem kategorischen Imperativ korrespondierende „Idee eine[r] Totalität guten Handelns" (121) verlange, daß ein „Wirklichwerden des Guten in der Geschichte" (124) gefordert werden muß. Dieser Forderung gegenüber versage aber der empirische, zeitliche Mensch immer schon per definitionem: „Was der *Mensch* wollen kann, das sind Dinge, das ist nicht Geist […] Zur Realisierung des sittlichen Objekts, des Ziels der Geschichte[,] ist der Bestand der menschlichen Möglichkeiten … einfach nicht geeignet. Dieser Bestand … [verhält] … sich zum Endzweck immer wie $1 : \infty$." (128f.)

Es ist die notorisch zeitliche Handlung als bestimmte Intentionalität selbst, in welcher die aporetische Struktur menschlicher Selbsterfassung als eines Handlungssubjekts enthalten ist. Damit hat Barth gegenüber der Ethik seines Lehrers W. Herrmann eine entscheidende Radikalisierung vorgenommen. Bei Herrmann liegt in der „sittliche[n] Gesinnung" als solcher eine „den Tod überwindende Kraft"[339]. Der Akt sittlicher Selbsterfassung in seiner Formalität ist damit

---

[339] WILHELM HERRMANN: Ethik (GT 5/2). Tübingen – Leipzig 1901, 42.

– so muß zumindest Barths implizite Kritik an Herrmann verstanden werden – von der Totalität sittlicher Selbstverfehlung, der Totalität des Sündenbewußtseins, das er zum Inhalt hat, ausgenommen. Barths Radikalisierung besteht also darin, daß er auch den Akt reflexiver Selbsterfassung des Subjekts konsequent als praktischen Akt in der Zeit, als intentionale Handlung denken will, die mithin den allgemeinen Bedingungen sittlichen Handelns und damit der Erfahrung des Scheiterns sittlichen Handelns unterworfen ist. Diese These von der Ethizität der ethischen Reflexion bringt Barth zum Ausdruck, indem er feststellt, mit der Formulierung der ethischen Frage habe der Mensch eodem actu dem „Absoluten sich gestellt, zur Verfügung, zu Dienst gestellt, er ist in Relation zu ihm getreten" (127).

Die Aktklasse sittlicher Selbstreflexion ist von den anderen Aktklassen der Reflexion einerseits, des sittlichen Handelns andererseits, also dadurch unterschieden, daß sie unhintergehbar doppelt strukturiert ist: sittlich-praktisch und zugleich reflexiv-theoretisch. Es ist *diese* Doppelstruktur, die durch deren Deutung als religiösen Aktes zum Ausdruck gebracht wird. Die Fortsetzung des obigen Zitats lautet: „Er [sc. der Mensch] betätigt in dieser Frage [sc. „Was sollen wir tun?] sein Verhältnis zu *Gott*" (ebd.). Die Deutung – im Sinne Barths spricht man, um den praktisch-theoretischen Doppelcharakter des Aktes klar zu machen, besser von: die Wahrnehmung – des ethischen Reflexionsaktes als ‚religiösen' Aktes ist adäquat, weil sich in der Logik dieser Wahrnehmung die Logizität von Handlung und Reflexion erneut verschränken, aber nun mit umgekehrtem Vorzeichen: der Mensch „betätigt, indem er diese einfache Frage sich stellt, in eigentümlichster Weise seine Gemeinschaft mit dem *ewigen* Betrachter seines Lebens" (ebd.). In Gott ist das Handlungs- und Reflexionssubjekt identisch. Die religiöse Wahrnehmung des sittlichen Reflexionsaktes identifiziert damit zugleich die innere Aporetik dieses Aktes, die darin liegt, daß die sich auf ihre eigene Konstitution richtende ethische Reflexivität als Akt in der Zeit zugleich keinen zeitausfüllenden, bestimmten Inhalt hat. Sie ist ‚bloße' Reflexion, ‚bloßes' – und insofern unsittliches – Betrachten. Darum führt die religiöse Wahrnehmung „unvermeidlich zum Ende alles *eigenen* Betrachtens" (ebd.).

Schon die gewählte Semantik zeigt an, daß Barth sich mit seinem Ethikvortrag von 1922 im innersten Explikationskreis seiner Theologie befindet. „Sagen wir ‚das Problem der Ethik in der *Gegenwart*', so möchten wir damit alle zeitliche Ferne, allen Zuschauerabstand, der uns von der Bedrängnis des Problems etwa lösen könnte, tunlichst aufheben." (106f.) Es ist die durch die Metaphorik des Zuschauers signalisierte Logizitätsproblematik der wechselseitigen Ursprungsinhärenz von Reflexion und Handlung, die Barth hier in der (aus seiner Sicht) einzig sachadäquaten Doppelexplikation von theologischer Reflexion und pragmatisch-religiösem Vollzugsappell formuliert. Der Verweis auf „die Gegenwart" verliert in diesem Zusammenhang ausdrücklich – jedenfalls zunächst und prinzipiell – jedweden historisch-deskriptiven Sinn. „Gegenwart" wird selbst zum Indikator der pragmatisch-performativen Dimension der ‚Sache': „[W]ie könnten wir das ethische Problem lösen von *unsrer* Situation, sofern wir begreifen, daß es nur als *uns* gestelltes Problem das ethische Problem ist." (114)

Theologie ist von daher nichts anderes als die appellative Reflexion der so gestellten Frage. Darin ist zugleich ihr wissenschaftlicher *und* ihr praktisch-religiöser Sinn und Sitz im Leben angegeben. Sie besteht also konkret in der reflexiv-appellativen Durchsichtigmachung der religiösen Wahrnehmung der Konstitutionslogik der Freiheit. In ihrem appellativen Reflexionsvollzug wird die religiöse Gewißheit als der Ursprung sittlich-praktischer Selbstreflexion erfaßbar: „In der Erkenntnis der Gnade Gottes wird es erst ganz ernst mit dieser Frage [sc. Was sollen wir tun?]." (134) Die Funktionalität der theologischen Reflexion für die religiöse Selbstwahrnehmung ist also selbst ‚dialektisch' strukturiert. Sie arbeitet die Aporetik der religiösen Selbstwahrnehmung heraus, die darin besteht, daß diese, indem sie „unvermeidlich zum Ende alles *eigenen* Betrachtens" (105) führt, auch zu ihrem eigenen Ende führt, – und appelliert zugleich wiederum an sie.

„Schwer aber, unüberwindlich schwer gibt mir *der* Einwand zu schaffen, … hier möchte es sich im Grunde doch nur um ein großes intellektuelles Spiel handeln, das von Hegel und seinesgleichen längst schon viel schöner gespielt worden sei" (137). Zumindest indirekt kommt hier die Abschlußfunktionalität, welche die theologische Reflexion in Barths Freiheitstheorie de facto hat, zur Sprache. Barth hebt den selbst formulierten „Einwand" auf, indem er die Appellfunktion der Theologie aus ihrem Reflexionsinhalt selbst zu begründen sucht. „Das alles steht … als *Wirklichkeit* logisch auf derselben Stufe wie Kants Postulate […] Setzen wir es als wirklich, so appellieren wir an eine Instanz, an die wir eben nur appellieren, deren Entscheidung wir aber nicht erzwingen können." (139f.) Damit ist die Eigenständigkeit religiöser Selbstdeutung aus der theologischen Reflexion wieder – zumindest momentan – und als deren Intention entlassen. Es ist – einmal mehr – „der Begriff der ewigen doppelten *Prädestination*" (140), der diese ‚dialektische', weil ausschließlich im Durchgang durch die theologische Reflexion gewährte Selbstbegrenzung der theologischen Reflexion gegenüber der ‚Praxis' des religiösen Vollzugs und ihre Selbstöffnung zu ihr auf den Begriff bringen soll, indem er genau diese Selbstbegrenzung transportiert: „Das Wissen, daß wir nicht verworfen, sondern *erwählt* sind, m. a. W. das Wissen um die *Realität*, die unsren letzten Worten entspricht, … es ist auch auf diesem Weg *nicht* zu gewinnen." (141)

Indem so die ‚dialektisch-kritische' Funktionalität der theologischen Reflexion einmal gewissermaßen an sich selbst durchdacht ist, wird für Barth der Weg frei, diese Reflexions-Reflexion insgesamt noch einmal einzugrenzen. Neben ihr und ihr gleichberechtigt, so heißt es ziemlich überraschend am Ende des aporienreichen Vortrags, gebe es nämlich die „Kurve eines ganz andern Kreises", dessen Zentralbegriffe „Glaube" und „Offenbarung" seien. (Ebd.) Die sich selbst präsentierende „Gewißheit, die mit der sog. ‚religiösen Gewißheit' *gar* nichts zu tun hat, denn sie ist nicht unsre, sondern *Gottes* Gewißheit" (142), läßt sich für Barth 1922 nur noch affirmativ und zugleich wiederum appellativ präsentieren, als unmittelbar religiöse Verkündigung: „*Ich* bin der Weg!... ‚Wer da lebet und glaubet an mich, der wird nimmermehr sterben.' Und dazu die Frage: ‚Glaubest du das?'" (143).

2.5.3. Auf dem Weg zur dogmatischen Semantisierung der Theologie

„*Wir sollen als Theologen von Gott reden. Wir sind aber Menschen und können als solche nicht von Gott reden. Wir sollen Beides,* unser Sollen und unser Nicht-Können, *wissen und eben damit Gott die Ehre geben.*"[340] Macht man den im September 1922 gehaltenen Ethikvortrag in der Weise, wie das hier versucht worden ist, auf seinen zugleich erkenntnistheoretischen und methodologischen Sinn hin durchsichtig, dann erschließt sich der wenige Wochen später gehaltene Vortrag „Das Wort Gottes als Aufgabe der Theologie", aus dem jene berühmten Sätze stammen, leicht als konstruktive Weiterarbeit an den dort angestellten Überlegungen. Dort wie hier geht es eigentlich um den reflexionspraktischen Sinn der Theologie, in dem für Barth zugleich die religiös–praktische und wissenschaftliche Doppelnatur der Theologie begründet ist.

Die Redesituationen der beiden Vorträge sind recht verschieden. Hatte Barth beim Ethikvortrag in Wiesbaden eine Pfarrerkonferenz vor sich, so trägt er sein Wort-Gottes-Referat den auf der Thüringer Elgersburg versammelten Teilnehmern der Tagung des „Bundes für Gegenwartschristentum" vor, zu dem sich die „Freunde der Christlichen Welt" mit anderen liberalen Gruppierungen zusammengeschlossen hatten. Gerechnet hatte Barth mit der Anwesenheit der „ganz großen Löwen"[341] der modernen wissenschaftlichen Theologie, Harnack und Troeltsch, die dann aber doch nicht gekommen sind. Angesichts dieser Adressatenorientierung könnte es erstaunen, daß das explizite philosophisch-analytische Potential in diesem Vortrag wesentlich geringer ist als in dem vor der Pfarrkonferenz vorgetragenen Referat. Zu erklären dürfte das so sein, daß Barth gegenüber den an die Predigtsprache gewöhnten Pfarrern schon in der sprachlichen Gestaltung seines Vortrags den kritischen Reflexions- und Konstruktionsaufwand der Theologie deutlich zu machen, wohingegen er vor den Augen der ‚Wissenschaftler' eine eher opake, traditionelle Predigtsprache aufnehmende, ‚positive' Neukonstruktion reflexions-pragmatischer Theologie zu inszenieren suchte. Ähnlich hatte Barth im Grunde ja schon einmal auf die Zuhörerschaft Harnacks reagiert, nämlich beim Aarauer Vortrag von 1920. Dort hatte er unter diesem Eindruck seine systematisch-methodologischen Überbietungsansprüche in die formelle Aufnahme einer Osterpredigt gekleidet. Hier nun, im Wort-Gottes-Referat, schlägt die dogmatische Präsentationsform von Barths Theologie auch auf deren Semantik voll durch. Sie begegnet hier in dieser Massivität erstmals. Daraus dürfte zu lernen sein, daß der Vormarsch dieser Semantik bei Barth *auch* als polemisch-kritische Abwehrreaktion auf den von der akademischen Theologie ausgeübten Zwang zur öffentlichen Selbstreflexion zu interpretieren ist. Die Harnack-Barth-Kontroverse von 1923 ist, was Barth angeht, vor allem in diesem Zusammenhang zu sehen: Barth verfolgt mit ihr vorrangig präsentative und polemische, aber nicht eigent-

---

[340] KARL BARTH: Das Wort Gottes als Aufgabe der Theologie, 151. Seitenzahlen im Text beziehen sich im Folgenden hierauf.
[341] Brief an die Freunde vom 7.10.1922, Ba-Th II, 105.

lich auf Verständigung ausgerichtete Interessen. Darum heißt es in dieser Polemik gegen die „*Zuschauer*theologie"[342] vergleichsweise undifferenziert: „Die Aufgabe der Theologie ist eins mit der Aufgabe der Predigt"[343]; und: „[d]as Evangelium selbst bekundet, daß diese Feststellung [sc. des Inhalts des Evangeliums] exklusiv durch eine Handlung (durch ein Tun und Reden) dieses ‚Inhalts' (Gottes oder Christi oder des Geistes) selbst geschieht."[344] – Eine öffentliche methodologische Durchsichtigmachung seiner Theologie hätte aus Barths Sicht (und vielleicht tatsächlich) in dieser Anfangsphase ihrer öffentlichen Wirkung wohl nur eine Neutralisierung ihrer theologiepolitischen Durchschlagskraft nach sich ziehen können.

Nicht erst in der ‚dialektischen' Struktur des Aufbaus des zitierten Dreisatzes, sondern schon in der von ihm vorgenommenen Bestimmung der theologischen Aufgabe *als* ‚Rede von Gott' liegt das intendierte Innovationsmoment des Vortrags, und zwar sowohl gegenüber dem Theologieverständnis der Adressaten als auch gegenüber der von Barth selbst seit 1917 praktizierten Theologie. Denn mit dieser Bestimmung sucht Barth das von ihm seit dem Predigtband praktizierte Verständnis von Theologie in diese Praxis aufzunehmen, die dadurch reflexiv höherstufig werden muß. Die dogmatische Wendung von Barths Theologie, die sich hier ankündigt, wäre demnach als Ausdruck der Selbsterfassung ihres Vollzugssinns zu verstehen.

Nicht also im Terminus „Wort Gottes", der als solcher mit den Termini „Predigt", „Verkündigung" etc. koextensiv bzw. verbunden ist und sich, wie gezeigt, auch etwa schon in den Predigten des Jahres 1913 oder im Predigtband von 1917[345] findet, liegt der methodische Innovationsschritt, den der Vortrag anzeigt, sondern in der reflexiven und prinzipialisierenden Anwendung dieses Begriffs auf die „Aufgabe der Theologie". Der engere Kontext dieser Begriffswahl als Leitbegrifflichkeit ist in Barths intensiven Calvin-Studien zu suchen, die er seit etwa 1920 unternimmt[346] und deren Niederschlag insbesondere die Calvin-Vorlesung vom Sommersemester 1922 ist.[347] Barth verwendet den Ausdruck dort programmatisch zur Kennzeichnung des genuinen Selbstverständnisses und epochalen Innovationsbewußtseins der reformatorischen Theologie. Der Begriff hat dort einen dezidiert geschichtstheologischen Sinn.[348]

---

[342] KARL BARTH: Fünfzehn Antworten an Herrn Professor von Harnack. In: Ein Briefwechsel zwischen Karl Barth und Adolf von Harnack, 325–329, in: Jürgen Moltmann (Hrsg.): Anfänge der dialektischen Theologie, Teil I, 323–347, hier: 326.

[343] AaO., 328.

[344] KARL BARTH: Antwort auf Herrn Professor von Harnacks offenen Brief. In: Ein Briefwechsel zwischen Karl Barth und Adolf von Harnack, in: Jürgen Moltmann (Hrsg.): Anfänge der dialektischen Theologie, Teil I, 333–345, hier: 337.

[345] Vgl. KARL BARTH, EDUARD THURNEYSEN: Suchet Gott, so werdet ihr leben! 28; vgl.: KARL BARTH: Der Christ in der Gesellschaft, 10. Im zweiten ‚Römerbrief' begegnet der Begriff Wort Gottes mehrfach, in einer gewissen Häufung charakteristischerweise im ‚ekklesiologischen' Teil, Röm 9ff.; vgl. R II, 325, 355, 362, 385, 392.

[346] Vgl. EBERHARD BUSCH: Karl Barths Lebenslauf, 126.

[347] Vgl. KARL BARTH: Die Theologie Calvins (1922). Vorlesung Göttingen Sommersemester 1922, in Verbindung mit Achim Reinstädtler hrsg. v. Hans Scholl (Karl Barth Gesamtausgabe, im Auftrag der Karl Barth-Stiftung hrsg. v. Hinrich Stoevesandt, II. Akademische Werke), Zürich 1993.

[348] KARL BARTH: Die Theologie Calvins, 23, 28–30.

Die Bestimmung des Theologiebegriffs in der Form jenes thetischen Drei-satzes („Wir sollen als Theologen von Gott reden" etc.) insinuiert eine vollstän-dige Bestimmung des Theologiebegriffs, die sich demnach aus diesem Dreisatz analytisch entwickeln lassen müßte. Es gehört zur – nunmehr dogmatischen – Inversion der theologischen Methodik, daß Barth selbst dieses analytische Ver-fahren als solches nicht durch- und vorführt, sondern seinen Sätzen einen eher deskriptiven Sinn beilegt; den eigentlich analytischen Anspruch muß man darum aus den mit den Sätzen getroffenen Zuordnungsverhältnissen selbst zu rekonstru-ieren versuchen. Diese Analyse kann hier insbesondere wegen der erkennbaren Bezugnahmen insbesondere auf den Ethikvortrag und auf die Calvinvorlesung abgekürzt werden.

„*Wir sollen als Theologen von Gott reden. Wir sind aber Menschen und können als solche nicht von Gott reden.*" (151) Es ist gut zu erkennen, daß Barth hier die aporetische Grundkonstellation ethischen Handelns überhaupt, wie er sie in seinem Ethikvortrag entwickelt hatte, auf das bestimmte Handeln des Theolo-gen überträgt. Daraus folgt, daß das theologische Handeln genau dasjenige Handeln ist, welches den (aporetischen) Sinn alles Handelns zu seinem Inhalt hat, mithin zur Sprache bringt. Die theologische Reflexivität ist im präzisen Sinne: Handlungsreflexivität. Eben darum folgt: „*Wir sollen Beides*, unser Sollen und unser Nicht-*Können, wissen und eben damit Gott die Ehre geben.*"[349] In der theologischen Handlungsreflexivität sollen der Handelnde und zugleich der Adressat solcher Handlung der Konstitution des Handelns überhaupt im Medi-um von Handlung ansichtig werden. „Wir ahnen etwas davon, daß Worte nicht nur Worte sind. Wir sind Zeugen eines Erkenntnisvorgangs, der von einer Tat nicht mehr zu unterscheiden ist [...] Können wir uns *diesem* Wort, *dieser* Tat etwa *entziehen* ...?"[350] So hatte Barth den epochalen Neueinsatz der reformato-rischen Theologie M. Luthers in der Calvin-Vorlesung beschrieben. Und er hatte diesem Satz vorangestellt: „Wird hier erbaulich meditiert, gepredigt oder wissenschaftlich gedacht? Wer will hier so pedantisch sein, zu unterscheiden? Was sagen hier diese Kategorien? In diesen Gedanken *passiert* etwas, eine Ent-scheidung, ein Durchbruch, ein Ereignis."[351] Weil das theologische Sprech-handeln die kommunikative *Präsentation* von (aporetischer) Handlungsreflexivität überhaupt ist, muß es, so das Argument, die Grenzen distinkter Sprachspiele – wissenschaftliche Reflexion, religiöse Äußerung, ethisch-politische Persuasivi-tät – unterlaufen.

Barth bringt hier also ganz offensichtlich die im Ethikvortrag analytisch rekapitulierten erkenntnistheoretischen Grundlagen und methodologischen Verfahrensprinzipien seines eigenen Theologiebegriffs in einer Weise zur Dar-stellung, die ihrerseits dem pragmatisch-performativen Sinn dieses Begriffs entspricht. In eben dieser *Präsentation* besteht der „Unterschied zu dem[,] was ja auch die Philosophie tut" (156). Damit ist auch klar, daß die Wendung der

---

[349] KARL BARTH: Das Wort Gottes als Aufgabe der Theologie, 151.
[350] KARL BARTH: Die Theologie Calvins, 17f.
[351] Ebd.

Barthschen Theologie zur Wort-Gottes-Theologie, somit zur Sprache, die hier eingeleitet wird, von der handlungstheoretischen – und darin pragmatischen – Umkodierung der Theologie dependiert, als welche Barths theologisches Programm und dessen sukzessive Entwicklung in seinem Grundsinn zu beschreiben ist.

Im zweiten Teil seines Vortrags präsentiert Barth den handlungsreflexiven Vollzugssinn der Theologie, indem er mögliche Vollzugsformen von Theologie reflektiert. Diese sind wie der einleitende Drei-Satz triadisch typisiert der „dogmatische" (161), „kritische" (163) und „dialektische" (166) „Weg". Entsprechend dem reflexionspraktischen Vollzugssinn der Theologie kann sich freilich solche Selbstreflexion der Theologie ihrerseits nicht im gleichsam analytischen ‚Off' bewegen. Es gibt, die ‚Römerbriefe' haben es bereits deutlich gemacht, im eigentlichen Sinne keine dem Vollzugsgang der theologischen Reflexion entzogene ‚Methodologie'; denn diese wäre gerade ‚Philosophie'. Der Logik der invertierten Methodologie entsprechend formuliert Barth diesen Gedanken als Abschlußgedanken seines Vortrags in Umkehrung: „[O]b die Theologie über die *Prolegomena* zur Christologie je hinauskommen kann und soll? Es könnte ja auch sein, daß mit den Prolegomena Alles gesagt ist." (175)

Erstens vollziehe sich theologische Selbstkritik als Kritik „dogmatischer" Theologie, sie vollziehe sich darin positiv formuliert als ‚mystische Theologie'[352], indem sie zeige, daß unmittelbar-gegenständliche Rede von Gott unmögliche Theologie ist. Sie vollziehe sich zweitens als Kritik mystischer Theologie, d. h. als „dialektische Theologie", indem sie zeige, daß „dogmatische" und „mystische" Theologie sich gegeneinander aufheben. Und sie vollziehe sich drittens als gewußte „dialektische Theologie", die wisse, daß das Wissen um die Selbstaufhebung der „dialektischen Theologie" sich seinerseits selbst aufhebt. In dieser Selbstaufhebung wird sie ihrer aporetischen Konstitution ansichtig – und iteriert.

In dieser ‚dialektisch' aufgebauten Selbstreflexion kann man auch eine verschlüsselte Rekapitulation von Barths eigenem theologischem Denkweg sehen, die sich ja in gewisser – allerdings oberflächlich erfaßter – Weise auch als Weg von der Unmittelbarkeit des religiösen Erlebnisses über die dialektische Reflexion zur reflektiert-positiven dogmatischen Konstruktion beschreiben läßt.

Der Endpunkt der theologischen Selbstreflexion ist im Wort-Gottes-Aufsatz die Aufhebung jener Iteration, die aber auffälligerweise nur noch faktisch und nicht mehr in einer in den Reflexionsgang integrierten Weise vorgenommen wird: „Es könnte ja sein, daß … die Wirklichkeit Gottes … eingegangen ist in unsre Bedrängnis, daß das Wort, das Wort Gottes, das wir nie sprechen werden, angenommen hat unsre Schwachheit …, so daß *unser* Wort … fähig geworden wäre […;] dann hätten wir allen Anlaß … von der verborgenen Herrlichkeit unsres Berufes zu reden." (174f.) Die reflexive Konstitution der Theologie wird hier durch eine Außenreflexion aufgehoben, die den Reflexionsvollzug *als solchen* stillstellt. Die Außenreflexion ist ihrerseits eine – im Sinne obiger Bestimmungen „dogmatische" bzw. religiöse; sie rekurriert unmittelbar auf „das Wort

Gottes". Die handlungslogische Reflexion der Theologie schlägt hier ansatzweise um in eine – ihrem impliziten Anspruch nach – metakritische Repositivierung der Theologie. Die Bedingung der Möglichkeit einer solchen repositivierenden Außenreflexion der Theologie bleibt im Wort-Gottes-Vortrag offen. Der als Reflexion der Ursprungskonstitution von Handlungsreflexivität überhaupt eingeführte Theologiebegriff kommt am Ende unmittelbar neben der einfachen religiösen Setzung des „Wortes Gottes" zu stehen. Die Selbstöffnung der theologischen Reflexion zur religiösen Unmittelbarkeit ist in den beiden kapitalen Vorträgen von 1922 zwar da, aber sie ist (noch?) nicht stimmig eingeholt.

2.5.4. ‚Petersons Romfahrt' und die trinitarische Neukodierung der Barthschen Theologie

Das vorläufige Endergebnis der Übergangsphase, die etwa von 1922 bis 1924/ 25 reicht, ist die erste Dogmatikvorlesung, die Barth in Göttingen hält. In Bezug auf sie kann man erkenntnistheoretisch durchaus von einer ‚Wendung von der Dialektik zur Analogie' sprechen. Nicht von Ungefähr ist das neue Leittheologumenon ein triadisch strukturiertes, *das* triadisch strukturierte schlechthin: eben die Trinitätslehre. „Überhaupt die Trinitätslehre! Wenn ich da den rechten Schlüssel in die Hand bekäme, wäre einfach alles gut." [353] Die Bemerkung in einem Brief Barths an Thurneysen vom 20. April 1924 ist mit Recht berühmt. Die triadische Struktur der Trinitätslehre beginnt nun in der Tat die binäre Struktur der Erwählungslehre als Chiffre des Theologiebegriffs abzulösen. Damit tritt Barths theologische Entwicklung, bezogen auf den hier untersuchten Abschnitt, in ihre dritte Phase ein: auf die ‚monistische' Konzeptionierung liberaler Bewußtseinstheologie und die ‚binäre' Konzeption der avantgardistischen Phase folgt nun die ‚triadische' Konzeption kirchlicher Elitetheologie. Wie das möglich ist, muß durch eine Analyse am Text der Göttinger Vorlesung selbst gezeigt werden.

Vorab und vorgreifend gilt es zu notieren, daß sich mit der Göttinger Vorlesung Barths Theologie von der kritischen, nämlich progressionsdialektischen ‚Römerbrief'-Theologie zur dogmatischen Theologie wandelt. Sie wandelt sich von einer methodologisch nicht reproduzierbaren, (insofern) ‚religiösen' Avantgardetheologie zu einer institutionell – nämlich innerhalb des Wissenschaftsbetriebs – verortbaren Schultheologie. Aus der nur unterschwellig sozial – in der Pfarrerschaft – verorteten, dem literarischen Gestus nach aber eher kulturell freischwebenden Theologen-Avantgarde wird nun – bzw. soll werden – dezidiert eine moderne kirchlich-pastorale Elite, die ihre Ausbildung und Selbstreflexion im Rahmen wissenschaftlicher Universitätstheologie erfährt und betreibt. Anfang Juli 1921, während der Überarbeitung seiner Kommentierung

---

[352] Vgl. KARL BARTH: Das Wort Gottes als Aufgabe der Theologie, 163f.
[353] Ba-Th II, 245.

von Röm 9–11 (!), schreibt Barth an Lukas Christ, „'man' müsse sich jetzt allmählich für die Mitwirkung bei der Kirchenleitung innerlich rüsten"[354]. Die dogmatische Theologie K. Barths will an der Universität lehrbare Wissenschaft für die Kirchenleitung sein.

In dieser programmatischen Neupositionierung liegt gleichsam per se die Nötigung zur Auseinandersetzung mit Schleiermacher, der Barth auch nicht ausweicht. Im Wintersemester 1923/24 hält er eine ganze Semestervorlesung über Schleiermacher, und verschiebt zu diesem Zweck die ursprünglich schon für diesen Zeitpunkt geplante Dogmatikvorlesung.[355] Die Art und Weise von Barths Konterkarierungsversuch der Schleiermacherschen Theologie zeigt sich schlagend daran, daß Barths Rekonstruktion der Theologie Schleiermachers den Versuch unternimmt, diese Theologie als Funktion ihrer Homiletik, ihres Predigtverständnisses zu interpretieren.[356]

Der Vorgang als Ganzer folgt einer inneren, auf die rekonstruierte und hier noch einmal resümmierte Weise in der Struktur und Entwicklungsdynamik von Barths Theologiebegriff in seiner ‚Römerbrief'-Phase begründeten Logik. Er folgt aber auch einer äußeren, näherhin institutionellen Logik, die mit Barths Übergang aus der literarisch-theologischen Schriftstellerexistenz (mit dem Pfarrberuf im Hintergrund) in die Existenz des theologischen Hochschullehrers zusammenhängt. Der auf die Struktur des Theologiebegriffs bezogene Reflexionsdruck ist dem institutionellen Zwang geschuldet, eine wissenschaftlich lehrbare Theologie zu betreiben. Michael Beintkers Beobachtung, daß die „Entdeckung der Differenz zwischen Theologie als Verkündigung und Theologie als Lehre" mit Barths „Berufung in das akademische Lehramt" zu tun habe, ist in der Tat richtungweisend.[357] Die ‚Wendung zur Analogie' ist demnach keineswegs die Folge einer abstrakt in sich selbst kreisenden erkenntnistheoretischen Reflexion, von einer ‚erneuten Besinnung auf die biblische Botschaft' ganz zu schweigen.

Die Logik von Barths theologischer Entwicklung in diesem Zeitraum folgt zugleich auch einer gewissermaßen kulturgeschichtlichen und politischen Gesamttendenz der Weimarer Zeit. Allenthalben tritt bekanntlich an die Stelle des expressionistisch instrumentierten, auf ‚Revolution' getrimmten radikalen Krisenbewußtseins der Kriegs- und ersten Nachkriegszeit in den mittleren zwanziger Jahren eine neue Stimmung, die etwa in Malerei und Literatur als ‚Neue Sachlichkeit' Einzug hält. Barths ‚Wendung zur Analogie', seine nun dominante Metaphorik der „Sache" und der „Sache selbst"[358] folgt dieser Ent-

---

[354] Brief an Eduard Thurneysen vom 4.7.1921, Ba-Th I, 500f.

[355] KARL BARTH: Die Theologie Schleiermachers. Vorlesung Göttingen Wintersemester 1923/24, hrsg. v. Dietrich Ritschl (Karl Barth Gesamtausgabe, II. Akademische Werke 1923/24), Zürich 1978. Der Hinweis auf die Verschiebung findet sich im Rundbrief vom 28.2.1923; Ba-Th II; 153; vgl. dazu auch die Einleitung D. Ritschls in die Schleiermachervorlesung, aaO., X.

[356] Vgl. KARL BARTH: Die Theologie Schleiermachers, 13ff.; vgl. auch ders: Nachwort, 297.

[357] MICHAEL BEINTKER: Die Dialektik in der „dialektischen Theologie" Karl Barths, 141f., vgl. auch EBERHARD JÜNGEL: Von der Dialektik zur Analogie, 128f.

[358] Vgl. KARL BARTH: „Unterricht in der christlichen Religion". 1. Bd., 132 u.ö.

wicklungsdynamik. Barth folgt solchen Tendenzen auch mit der, wie sich zeigen wird, für die Theologie seiner Vorlesung markanten Autoritätsthematik. Die Semantik dogmatisch-institutioneller Autoritätstheologie löst nun die progressionsdialektische Revolutionssemantik der ,Römerbrief'-Phase ab.

Mit Barths Hinwendung zur dogmatischen Wort-Gottes-Theologie verbindet sich in der neueren Forschung die Frage nach dem Einfluß Erik Petersons auf diese phänotypische Veränderung von Barths Denken. Zu diesem Spezialproblem muß hier noch kurz Stellung genommen werden. Dies kann – schon weil diese Untersuchung keine selbständigen genealogischen Interessen verfolgt – aber auch aus in der Sache liegenden Gründen – anhangsweise geschehen.

E. Jüngel zufolge hat insbesondere E. Petersons Aufsatz „Was ist Theologie?" von 1925[359] zu einer dogmatischen Neuinterpretation des Offenbarungsbegriffs bei Barth geführt, der die Dialektik des menschlichen Denkens von der undialektischen Selbstpräsentation Gottes in seiner Offenbarung unterscheide und damit die „Lehre von der analogia fidei"[360] einleite. Dagegen weist Bruce McCormack darauf hin, daß sich die entsprechende dogmatisch-erkenntnistheoretische Umstellung auch schon in der Göttinger Dogmatikvorlesung finde.[361] In ihrer von McCormack offenbar nicht rezipierten materialreichen Dissertation[362] hat jedoch Barbara Nichtweiß geltend gemacht, daß die Rekonstruktion des Einflusses von E. Peterson auf Barth sich nicht auf die Rezeption jenes Aufsatzes von 1925 beschränken dürfe. Seit Beginn seiner Göttinger Lehrtätigkeit stand Barth, wie sich schon aus dem Briefwechsel mit Thurneysen nachverfolgen läßt,[363] in engem Austausch mit Peterson. Barth hat die von Peterson im Wintersemester 1923/24 gehaltene Vorlesung über Thomas von Aquin gehört.[364] Schon in den Manuskripten dieser Vorlesung ist laut Nichtweiß die Bemerkung nachweislich, „daß die einzige Möglichkeit, das Gottsein Gottes in der Dogmatik wirklich zur Geltung zu bringen, darin bestehe, sie mit der *Trinitätslehre* beginnen zu lassen"[365]; ferner finde sich hier schon die These, „Inhalt der Offenbarung sei wesentlich das Geheimnis der Trinität"[366]. Damit wären in der Tat wichtige dogmatisch-erkenntnistheoretische Weichenstellungen der Dogmatikvorlesung Barths schon in Petersons Thomas-Vorlesung immerhin präludiert. Um mehr als um Präludierungen dürfte es sich aber kaum handeln, denn bei Thomas selbst findet sich die für Barth typische Verknüpfung

---

[359] In: Theologie als Wissenschaft. Aufsätze und Thesen, hrsg. und eingeleitet von Gerhard Sauter (TB 43), München 1971, 132–151.

[360] Vgl. EBERHARD JÜNGEL: Von der Dialektik zur Analogie, 136, 178; vgl. INGRID SPIECKERMANN: Gotteserkennntnis, 141f.

[361] Vgl. BRUCE L. McCORMACK: Karl Barth's Critically Realistic Dialectical Theology, 370.

[362] Vgl. BARBARA NICHTWEISS: Erik Peterson. Neue Sicht auf Leben und Werk, Freiburg – Basel – Wien 1992, 499ff.

[363] Vgl. Ba-Th I, 500f., 503; Ba-Th II, 6, 15, 31, 145f., 153, 155 u.ö.

[364] Vgl. BARBARA NICHTWEISS: Erik Peterson, 686; vgl. Ba-Th II, 211. Brief v. 20.12.1923.

[365] AaO., 701.

[366] Ebd.

von trinitarisch gesteuerter Gotteslehre und Offenbarungsbegriff bekanntlich nicht. Und über jene Bemerkung hinaus findet sich auch in Petersons Vorlesung diesbezüglich nichts Einschlägiges. Hätte Barth in der Thomas-Vorlesung Petersons mehr als Andeutungen zu diesem Zusammenhang gefunden, wäre auch nicht nachvollziehbar, warum Barth noch im April nach der Peterson-Vorlesung darüber räsoniert, wie er in der Trinitätslehre „den rechten Schlüssel in die Hand"[367] bekommen könne. Daß ihm Petersons Andeutungen bei der Lozierung dieses Schlüssels geholfen haben könnten, ist allerdings gleichwohl plausibel.

Stutzig macht an Nichtweiß' Darstellung jedoch, daß sie die nachweisliche Thomasrezeption Barths in seiner Göttinger Vorlesung[368] darin kulminieren sieht, daß Barth im Gefolge des Thomas „die ,Ansprache' Gottes, das ,Deus dixit', ... als Offenbarung bestimmter Inhalte gefaßt"[369] habe. Das wäre ein supranaturalistisches Offenbarungsverständnis, das Barth 1924/25 so fern liegt, wie zu irgendeinem früheren oder späteren Zeitpunkt seiner theologischen vita. Bringt man diese inhaltliche Füllung in Abzug, bleibt das „Grunddatum, nach dem Erkenntnis Gottes letztlich immer nur die Erkenntnis Gottes von sich selbst sein kann ...", welche sich „... nun aber [öffnet] über den Begriff der participatio für den Menschen"[370].

Der Gedanke von der Selbstsetzung Gottes im Offenbarungsakt führt in der Tat ins erkenntnistheoretische Zentrum der neuen dogmatischen Theologie Barths; ist aber in der früheren Theologie bestens vorbereitet. Der participatio-Gedanke als solcher ist Barth mindestens seit 1913 aus der platonisierenden Wendung der neukantianischen Ursprungstheologie bei seinem Bruder Heinrich vertraut. Man wird demnach mit J. F. Lohmann[371] dabei bleiben können, daß sich die Entwicklung der Barthschen Theologie zur dogmatischen Theologie auch in ihren grundlegenden erkenntnistheoretischen Weichenstellungen gut im Rahmen seiner nicht preisgegebenen neukantianischen Denkvoraussetzungen erklären läßt. Das hat übrigens, was sich bei B. Nichtweiß nachlesen läßt, kaum einer deutlicher gesehen als gerade Erik Peterson; er stellt 1925 fest, „der Neukantianismus steht nicht nur hinter Ritschl und seinen Schülern, sondern auch hinter Barth und Gogarten"[372].

Die eigentliche sokratische Hebammenleistung, die Peterson für Barth bei dessen phänotypischer Wendung zur dogmatischen Theologie erbracht hat, dürfte sich weniger in einzelnen erkenntnistheoretischen Einsichten als im Titel jenes wichtigen Aufsatzes von Peterson spiegeln: „Was ist Theologie?" Die Fokussierung auf das methodische Problem der Theologie und die Verbindung

---

[367] Brief v. 20.4.1924, Ba-Th II, 245.

[368] Vgl. das Register der beiden Bände, das insgesamt über sechzig Verweise aufführt.

[369] BARBARA NICHTWEISS: Erik Peterson, 687.

[370] Ebd.

[371] Lohmanns Nachweise beziehen sich allerdings nur auf die *Kirchliche Dogmatik* und bedürfen dafür sicherlich sehr viel genauerer Rekonstruktion, Vgl. JOHANN FRIEDRICH LOHMANN: Karl Barth und der Neukantianismus, 378ff.

[372] ERIK PETERSON: Der Lobgesang der Engel und der mystische Lobpreis. In: ZZ 3 (1925), 141–153, hier: 147; zit. bei BARBARA NICHTWEISS: Erik Peterson, 670.

seiner Lösung mit dem Autoritätsgedanken, das ist, wie sich teils schon gezeigt hat, teils nun zu zeigen ist, die eigentliche wegweisende Grundentscheidung auf Barths Weg zur Ausbildung einer dogmatischen Theologie. Damit hat Petersons Einfluß auf Barth mit der Bedeutung des „Institutionellen"[373] für und in Barths Theologie zu tun, was in gewisser Weise, ebenfalls wiederum kaum einer deutlicher gesehen hat als – und vielleicht nicht umsonst von seinem römischen Beobachtungsposten aus – Erik Peterson.

---

[373] In einem von B. Nichtweiß zitierten fragmentarischen Text, der nach ihrer Vermutung aus den fünfziger Jahren stammt, stellt Peterson die theologie- näherhin wirkungsgeschichtlichen Thesen auf: „Barths Ruhm gründet im Sozialen, in dem Zusammenbruch des Wilhelminischen Reiches und der bürgerlich-liberalen Gesellschaft. So wie Harnacks Ruhm auf der Gründung des Bismarckschen Reiches beruhte, wie Overbeck schon scharfsinnig erkannt hatte. Der Zerfall des Institutionellen ist die Voraussetzung für die Theologie von Barth." (AaO., 720, Anm. 525) Über diese ihrerseits von Petersons katholisierender Modernitätskritik bestimmte Deutung wird man inhaltlich geteilter Meinung sein können. Methodisch aber hat das Statement ein hohes Recht. Peterson wertet hier in einer von einer gewissen – im weiteren Verhältnis der beiden Theologen begründeten – Bitterkeit nicht freien Sichtweise Barth und seine Theologie als kirchengeschichtliches Phänomen, demgegenüber er sich selbst eine andere Bedeutung zumißt: „Der Ruhm des Fachgelehrten ist eine andere Sache. Er ist ein nicht unberechtigtes Entgeld für eine entsagungsvolle Arbeit, die sich in der Anonymität vollzieht." (Ebd.) Diese Deutung Barths als kirchengeschichtliches Phänomen hat ihren Vorläufer in A. Jülichers Reaktion auf den ersten ,Römerbrief': „Der Barthsche Paulinismus ist ein Merkzeichen auf dem Weg der Kirchengeschichte, der Wert dieser Erörterung durchaus *kirchen*geschichtlich". ADOLF JÜLICHER: Ein moderner Paulus-Ausleger, 97.

Phase 3. Explizite Inversion: Absolute Autorität – das theologische Handlungssubjekt als kirchlich-dogmatische Elite (Die Göttinger Dogmatikvorlesung; 1924/25)

3.0. Theologische Wissenschaft als Beruf

Erkenntnistheoretisch erscheint die von Barth in der Göttinger Vorlesung eingeleitete Veränderung als ‚Wendung von der Dialektik zur Analogie' oder als Wendung von der Beschreibung der gesollten zur Beschreibung der gelingenden[1] Rede von Gott. Phänotypologisch erscheint sie als Wendung von der philosophisch-theologisch-literarischen zur dogmatisch-szientifischen Theologie. Institutionstheoretisch ereignet sich der Wechsel von der theologisch-kulturellen (latent pastoralen) Avantgarde zur (intendierten) kirchlichen Elite. Methodologisch-systematisch aber ist die Veränderung als Wendung von der impliziten systematischen Methodisierung der Avantgardephase zu einer – wenigstens dem Anspruch nach – expliziten systematischen Methodisierung zu beschreiben. An die Stelle der invertierten und indirekten – in der chiffrierten Form der Erwählungslehre – präsentierten Systematik tritt die direkte und explizite systematische Steuerung des theologischen Reflexionsprozesses durch Offenbarungsbegriff und Trinitätslehre. Was als erkenntnistheoretische Umpolung von ‚Minus' zu ‚Plus' erscheint, ist eigentlich als Wechsel von der impliziten zu einer expliziten systematischen Methodisierung der Theologie zu verstehen. Die hintergründige Systematik der ‚Römerbriefe' war, wie gezeigt worden ist, im Grunde schon genauso ‚positiv', nämlich als der praktische Reflexionsprozeß eines ursprungstheoretisch gedachten Freiheitsbegriffs verfaßt. Die Aporetik des Theologiebegriffs dieser Jahre wie auch der Übergangsphase war immer eine *gewußte* Aporetik, durch welches Wissen hindurch sich die theologische Subjektivität konstituiert. Die Positivität, die nun als ausdrückliche neu ins Spiel kommt, ist der explizite Bezug auf „das Vorhandensein einer christlichen *Kirche*, die nicht wir zu bauen und zu tragen haben, sondern die uns baut und trägt …", sowie auf die „… lebendige Aufgabe eines kirchlichen *Lehrers*, die Bekanntschaft mit einer allgemein oder doch weithin als

---

[1] Das stellt etwa auch M. Beintker fest: „Nicht die Unmöglichkeit des göttlichen Selbstwortes auf des Menschen Lippen, sondern die wunderbare Möglichkeit, daß das ‚Deus dixit' von uns bezeugt werden *kann*, beherrscht greifbar ab 1924/25 das Barthsche Denken." MICHAEL BEINTKER: Die Dialektik in der ‚dialektischen Theologie' Karl Barths, 148.

solche anerkannten christlichen *Verkündigung*, das selbstverständliche Rechnen mit dem Begriff einer qualifizierten und differenzierten *Autorität*"[2]; kurzum: es kommt nun der positive Bezug auf die unter die Ägide des Autoritätsbegriffs gestellte kirchliche und wissenschaftliche Institutionalität der Theologie hinzu. Die Umformung der Theologie zur Dogmatik dient ihrer Präsentation als Berufswissen.

Nach wie vor methodologisch nicht expliziert bleibt freilich die pragmatische Dimension des Reflexionsprozesses. Die subjektkonstitutiven Leistungsansprüche der Theorie bleiben in beiden Phasen unausgesprochen; das Zuschauerverbot gilt nach wie vor. Darum ist die dogmatische Phase präzise und in diesem Sinn als die Phase der expliziten Inversion zu bezeichnen. Damit ist also nicht gemeint, daß die Inversion nun als solche und als ganze aufgedeckt werde, sondern die Theorie gibt sich nun ein systematisches Gerüst, als dessen Explikation sie prozediert.

Der Schritt in die explizite institutionalisierte „*wissenschaftliche Besinnung*"[3] ist im Hinblick auf Barths theologische Interessen allerdings strukturell durchaus prekär. Die semantische Neukonzipierung muß sich nämlich so vollziehen, daß die spezifische handlungstheoretische und zugleich handlungspraktische Struktur des Barthschen Theologiebegriffs und damit auch die ihm eigene rezeptionsästhetische Verfaßtheit und Sensibilität nicht verloren geht. In dieser Bedenklichkeit dürfte die dreijährige Zeitverschiebung begründet sein, die zwischen Barths Eintritt ins akademische Lehramt und seiner ersten ,akademisch' präsentierten Theologie liegt. Illustrativ greifbar ist die prekäre Struktur des Verwissenschaftlichungsversuchs in dem – sit venia verbo – Eiertanz, den Barth in der Einleitung seiner Vorlesung um die formelle Bezeichnung dieser Theologie als „System" aufführt, die dezidiert abgelehnt wird,[4] dann aber doch wieder moderiert zugelassen wird – eine „Art von System" (II, 7). Der Barthschen Theologie droht durch ihre Selbstverwissenschaftlichung nichts Geringeres als der Verlust ihrer das wissenschaftliche Reflexionssystem transzendierenden religiös-politischen, lebenspraktischen Realitäts- und Realisierungsansprüche. Das explizite Institutionalisierungsinteresse läuft Gefahr kontraproduktiv umzuschlagen. Wie eine Verwissenschaftlichung der Theologie möglich sein soll, ohne daß der in der Wissenschaft notorisch beheimatete ,Zuschauer' wieder aufersteht, auf dessen Abschaffung die Barthsche Theologie insgesamt zielt, ist das eigentliche Denk- und Gestaltungsproblem des Dogmatikers.

---

[2] KARL BARTH: „Unterricht in der christlichen Religion". 1. Bd.: Prolegomena 1924, hrsg. v. Hannelotte Reiffen (Karl Barth Gesamtausgabe, im Auftrag der Karl Barth-Stiftung hrsg. v. Hinrich Stoevesandt, II. Akademische Werke. 1924), Zürich 1985, 4; vgl. KARL BARTH: „Unterricht in der christlichen Religion". 2. Bd.: Die Lehre von Gott, die Lehre vom Menschen 1924/ 1925 (Karl Barth Gesamtausgabe, im Auftrag der Karl Barth-Stiftung hrsg. v. Hinrich Stoevesandt, II. Akademische Werke 1924/25), Zürich 1990. Seitenzahlen im Text beziehen sich im Folgenden auf diese beiden Bände, wobei „I" für den ersten Band, „II" für den zweiten Band steht.

[3] „Unterricht" I, 3.

[4] „Unterricht" I, 368; II, 7f.

Barths dogmatische Theologie befindet sich in einer Spannungssituation, die ihr Autor von zwei Seiten in den Griff zu bekommen versucht. Zum einen wird der dem Leser präsentierte dogmatische Denkvollzug der Theologie nicht als partikularer Reflexionsvollzug präsentiert, zu dem er lebenspraktisch auf Distanz gehen könnte, sondern gewissermaßen als lebenspraktisches Integral bzw. als das Reflexivwerden lebenspraktischer Integralität. Ganz wie in den früheren Jahren wird darum der dogmatische Reflexionsvollzug als ein „lebensgefährliches Unternehmen" (I, 3)[5] und radikales „Wagnis"[6] dramatisiert und der „Dogmatiker ... [zum] Reiter auf dem Bodensee" (I, 7) stilisiert. Der geltungstheoretische Anspruch theologischer Ursprungsreflexion wird – genau wie in den ‚Römerbriefen' – unmittelbar mit der performativen Mobilisierung des Rezipienten, der die rezeptionsästhetische Dramatisierung der Theologie dient, verschaltet: „Aber nun gibt es einen Punkt – und kein Theologe wird ganz daran vorbeikommen –, da wird die Theologie gefährlich und verdächtig. Das ist der Punkt, wo die doppelte Frage gegen ihn aufsteht: Was willst *du* sagen? Wohlverstanden: nicht als Kenner der Bibel, des Thomas, der Reformatoren, des alten Blumhardt, sondern verantwortlich, ernst zu nehmen, zu behaften bei deinen Worten: *du*? Und: *Was* willst du sagen?" (I, 6). – „Man kann nicht als Zuschauer Dogmatik treiben" (I, 378). So sucht Barth gewissermaßen den revolutionären Outcast-Gestus der Avantgarde auf dem Marsch durch die Institution zu bewahren.

Gleiches gilt in Bezug auf die geschichtstheologische Selbstpositionierung des auf den Weg zu bringenden dogmatischen (Nicht-)Systems. Nicht als ein Beitrag zur wissenschaftlichen Theologie unter (vielen) anderen, sondern als Behebung eines umfassenden „Notstand[es]" (I, 206) und allgemeinen „Belagerungszustand[es]" (I, 133), der sich über die theologische Wissenschaft hinaus auch auf die empirische Kirche, deren Leitung[7] und der in ihr organisierten Frömmigkeit erstrecke, tritt die Vorlesung des Göttinger Jungdogmatikers auf den Plan.[8] Der ursprungstheologische Reflexionsanspruch wird unmittelbar mit einem geschichtstheologischen Anspruch innovativer Ursprungsrekapitu-

---

[5] Vgl. „Unterricht" I, 3–7.

[6] Vgl.: „Unterricht" I, 55, 58f., 62, 100, 246, 321, 324.

[7] Vgl.: „Und damit stoßen wir nun auf die eigentliche Schwierigkeit, die hier vorliegt ...: sie besteht darin, daß die heutige protestantische Kirche uns Theologen sozusagen im Stich läßt bei der Bestimmung, *was* denn nun eigentlich das Dogma ist, dem als solchem Autorität zukäme, daß es vielmehr bald so weit sein wird, daß die Kirche sich durch die Theologie an die Notwendigkeit von Dogma und dogmatischer Autorität wird erinnern lassen müssen." „Unterricht" I, 295.

[8] Vgl.: „Die Kirche müßte wieder glauben. Dann würde sie wieder Autorität, aktuelle Autorität haben." („Unterricht" I, 298); Vgl.: „Unser Tun [sc. als Pfarrer] wird erst dann wieder notwendig und sinnvoll vor Gott *und* vor der Welt, wenn es seine eigene genuine *Beziehung* wieder gefunden hat. Es hat erst dann wieder seinen Ort in der Gesellschaft, einen sehr merkwürdigen Ort allerdings, wenn es unter einer *Norm* steht." („Unterricht" I, 331) Vgl. auch die Kennzeichnung des modernen Protestantismus und des Katholizismus als „Häresien". „Unterricht" I, 257.

lation verknüpft, was sich in der den ganzen Vorlesungstext durchziehenden Präsenz des Adverbs „wieder"[9] bekundet.

„Wieder" aufgenommen werden soll die reformatorische Tradition der Theologie in einer orthodoxen Interpretation. An die Stelle des paulinischen Römerbrieftextes treten jetzt – freilich nicht als Text, sondern als Subtext – die bewährten Orthodoxie-Kompendien von Heinrich Heppe und Heinrich Schmid.[10] Der Rückgriff auf die orthodox-protestantische Tradition in dieser kompendiarischen Form ist ein Indiz des antihistoristischen Formierungswillens des Dogmatikers, der sich hier eine dogmatische Semantik ausleiht, die durch ihre gleichsam rituelle Geprägtheit seinem Institutionalisierungsinteresse entgegenkommt und die aufgrund ihrer Formalität seinen eigenen konstruktiven Interessen kaum Widerstand bietet. Entscheidend ist, daß sich über diesen formellen, nämlich rein instrumentellen und darin gerade nicht ‚konservativen' Anschluß an die Orthodoxie das anti-neuprotestantische – und darin gegen die moderne Wissenschaftlichkeit der Theologie und deren lebenspraktische Partikularität gerichtete – Überbietungssignal setzen läßt, das Barths Theologie aufgrund der ihr immanenten theologiepolitischen Interessen setzen muß. Der ‚revolutionären' Absicht dieser Selbstpositionierung entspricht, daß Barth in seiner Dogmatikvorlesung an der Rekonstruktion einer geschichtlichen Traditionslinie seiner eigenen Position nicht interessiert ist.[11]

---

[9] Herausgerissen sei zitiert: „Wir sind ein Geschlecht … z. T. erst dem Namen nach wieder kennen lernen muß" („Unterricht" I, 4); „Prolegomena … nicht mehr recht oder noch nicht wieder sicher ist" (I, 24); „… bitte gewöhnen Sie sich wieder daran …" (I, 84); „Alle Antworten … wieder in die *Frage* seines Daseins hineinzustellen […] Er soll wieder bedenken." (I, 104); „Die Dogmatik … wird es … wieder wagen müssen …, indem sie Gott die Bedeutung wieder gibt" (I, 110); „Ich weiß nicht … dieses *ihr* Thema wieder finden … wird, möglich und erlaubt sein wird, … auch wieder Apologetik zu treiben […] Heute … unser Thema erst wieder einmal fest in die Hand bekommen" (I, 134); „Alles kommt darauf an, daß wir wieder eine Theologie bekommen …" (I, 134); „Es ist ein Notstand … Sätze der Alten wieder auf die Spur zu kommen. Die wissenschaftliche Tradition … abgebrochen. Sie wieder aufzunehmen […] Das ist's, was wir so oder so auch wieder lernen müssen" (I, 206); „Nachher … werden wir dann vielleicht wieder …" (I, 257), „Sie haben es nicht getan …, wieder klar zu machen" (I, 331).

[10] Vgl. HEINRICH HEPPE: Die Dogmatik der evangelisch-reformierten Kirche. Dargestellt und aus den Quellen belegt, Elberfeld 1861; HEINRICH SCHMID: Die Dogmatik der evangelisch-lutherischen Kirche, dagestellt und aus den Quellen belegt, 2. Aufl. Erlangen 1847. Vgl. dazu auch: KARL BARTH: Zum Geleit. In: HEINRICH HEPPE: Die Dogmatik der evangelisch-reformierten Kirche. Dargestellt und aus den Quellen belegt, neu durchges. u. hrsg. v. Ernst Bizer, Neukirchen 1958, VII–X.

[11] Barth verzichtet in der Dogmatikvorlesung auch auf die Hervorhebung einer (in seinem Sinne) antimodernen „Oppositionstheologie" (KARL BARTH: Die Theologie Schleiermachers, 4). In der Schleiermacher-Vorlesung von 1923 zählt er „G. Menken, … J.T. Beck, *Kierkegaard*, *Blumhardt* d. Ä., *Vilmar, Kohlbrügge*, … *Lagarde* … und *Overbeck*, … *Blumhardt* d.J. und … *Hermann Kutter*" dazu. In der Dogmatikvorlesung sind positive Verweise auf Geistesverwandte unter den modernen und zeitgenössischen Theologen demgegenüber so selten und deren Einfluß so marginal, daß solche Verweise den faktischen Exklusivitätsanspruch der eigenen Position unterstreichen. So weit ich sehe, ist unter zeitgenössischen Dogmatikern nur der neo-orthodoxe Reformierte Herman Bavinck, von dem ansonsten allgemeinen Verwerfungsurteil ausgenom-

Die konservativ kostümierte ursprungs-revolutionäre Präsentation der Theologie ist für Barth der eine Weg, um unter den neuen dogmatischen Vorgaben die pragmatischen Grundanliegen seiner Theologie zu wahren. Abgesehen von den neuen Subtexten liegt hier das die Dogmatik- mit der ‚Römerbrief'-Phase verbindende Moment. Der andere Weg, in dem das eigentliche Innovationspotential der Dogmatik-Phase steckt, ist die Kennzeichnung der durch die explizite systematische Methode transportierten „Wissenschaftlichkeit ... als *Sachlichkeit* ...", als „... genaueste Anpassung des Erkennens und der Erkenntnisse an die Eigenart ihres Gegenstandes" (I, 10). Der Konstrukteur und seine Aktivität sollen im Konstrukt – besser: im Apparat – verschwinden. Mit ihm in der modernen Dogmatik-Maschine verschwinden soll der Rezipient dieser Theologie. Die Dogmatikvorlesung zielt auf die Bildung einer dogmatischen Funktionärselite, die ein rationales Sachlichkeitsethos auszeichnet. Das oben zitierte Zuschauerverbot geht weiter: „Ich meine das nicht als ethische Paränese. Ich stelle nur fest: das ist eine Bestimmung des dogmatischen Denkens, die sich aus seinem Gegenstand ergibt. Man kommt nicht aus eigener Lust zum dogmatischen Denken, und man kann es nicht nach eigenem Belieben ausüben. Man steht hier im Dienst einer *Sache*, wer man auch sei." (I, 378)

Der geistes- und kulturgeschichtliche Zusammenhang, in dem die hier projektierte Gründung einer theologisch-dogmatischen Funktionärselite ihren Ort hat, wäre benennbar etwa durch den Verweis auf Max Webers Bürokratietheorie[12], Ernst Jüngers Buch „Der Arbeiter"[13], Fritz Langs Film „Metropolis" oder Charly Chaplins „Modern Times". Alle diese in den zwanziger und frühen dreißiger Jahren entstandenen Arbeiten begegnen den Ängsten vor der Selbstläufigkeit der modernen Industriemaschine durch eine Heroisierung, Ridikülisierung oder Perhorreszierung der Rationalität ihres Steuerungssystems. Darum geht es in allen diesen Werken um die Zuordnung von anonymer, ‚maschinisierter' Rationalität und ‚charismatischer' Herrschaft,[14] von Autorität. Genau darum geht es auch in Barths Dogmatik.

Barth unterwirft die gewissermaßen automatenrationale Logizität der theologischen ‚Sache selbst' und ihrer Selbstauslegung dem steuernden „Begriff der *Autorität selbst*" (I, 306)[15]. Damit ist der Vorrang der Handlungsrationalität und der ihr eigenen Reflexivität vor der ‚theoretischen' Wirklichkeitsauslegung und -erfahrung gewahrt, aber so, daß im Moment heteronomer Autorität der widerständige Charakter theoretischer Weltauslegung nachklingt. Der theoretische Reflexionsvollzug wird damit als handlungspraktischer (Nach-)Vollzug der

---

men (vgl.: „Unterricht" I, 118), allerdings auch nur im Hinblick auf einzelne theologische Grundentscheidungen, nicht im Hinblick auf seinen Ansatz insgesamt.

[12] Vgl. Max Weber: Wirtschaft und Gesellschaft, 122ff.

[13] Ernst Jünger: Der Arbeiter. Herrschaft und Gestalt (1932) (Cotta's Bibliothek der Moderne 1), Stuttgart 1982.

[14] Auf den Begriff gebracht findet sich diese Konstellation bei Max Weber, vgl. Max Weber: Wirtschaft und Gesellschaft, 122ff., 140ff.

[15] Vgl.: „Unterricht" I, 4, 17, 19, 64, 66, 68, 253, 258, 260, 261f., 271, 276–304, 306f., 310–314, 317–319, 324, 333, 348, 352, 357f.

Logizität absoluter Subjektivität gedacht, die damit zur gültig-allgemeinen Matrix von Wirklichkeitswahrnehmung und zugleich zum praktischen Aufbauprogramm solcher Subjektivität avançiert. Darum und in dieser Weise dependiert der von Barth an die Spitze seiner Dogmatik gestellte Begriff der „unaufhebbaren Subjektivität Gottes" (I, 120)[16] systematisch und methodisch seinerseits vom Begriff der absoluten Autorität.

Das begriffliche Instrument nun, mittels dessen der Leitbegriff der „unaufhebbaren Subjektivität Gottes" progressiv-reflexiv aufschließbar wird, ist der Offenbarungsbegriff. Der systematische Charakter, den Barths Theologie mit der Göttinger Dogmatikvorlesung annimmt, resultiert daraus, daß sie sich nunmehr als systematische Entfaltung der Struktur des Offenbarungsbegriffs als ihres Grundbegriffs präsentiert, der seinerseits trinitätstheologisch expliziert wird.[17] Technisch gesehen ist es die systematische Orientierung an der Logizität des trinitarischen Offenbarungsbegriffs, welche die methodische Prinzipialisierung der Römerbrieftheologie bedingt und ermöglicht, die als ‚Wendung zur Analogie' erscheint. Diese ‚Wendung' besteht in methodologischer Perspektive also genau darin, daß mit dem Offenbarungsbegriff die theologische Reflexion sich eine Selbstvorgabe macht, als deren Nachvollzug sie sich nun präsentiert. Indem der Offenbarungsbegriff funktional an die Stelle der Außenvorgabe des paulinischen Textes tritt, kann die Inversion der theologischen Reflexion – zumindest hinsichtlich ihrer erkenntnistheoretischen Technik – aufgehoben und expliziert werden.

Als systematische Entfaltung des trinitarischen Offenbarungsbegriffs rückt die Dogmatik Barths phänotypologisch in eine gewisse Nähe zu spekulativen Dogmatiken des 19. Jahrhunderts, die im Gefolge Hegels entstanden sind,[18]

---

[16] Vgl. I, 126.

[17] Diese systematische Steuerungsfunktion des Offenbarungs*begriffs* braucht nicht zwischen den Zeilen des Vorlesungstextes herausgelesen werden, sondern Barth weist an verschiedenen Stellen ganz offen auf sie hin. „[Z]ur Konstituierung des Offenbarungsbegriffs, des Begriffs vom ‚Worte Gottes' ..." würden in den Prolegomena „Anleihe[n] ..." gemacht „... aus dem Stoff der *eigentlichen* Dogmatik" (I, 160). Diese Anleihen seien insbesondere die Trinitäts- und die Inkarnationslehre. „Anleihen" aus der Materialdogmatik sind diese dogmatischen Lehren aber nicht insofern, als durch sie bestimmte materiale Einzelbestimmungen in die in den Prolegomena ausgearbeitete Systematik der Dogmatik eingingen, vielmehr werden die materialen Lehren als systematische Funktionsstellen, als bestimmte Momente des Offenbarungsbegriffs, gedeutet: „Ich halte die Trinitätslehre für das eigentliche Zentrum des Offenbarungsbegriffs" (I, 161) – „[D]as Dogma von der Menschwerdung ist immer zu *unterscheiden* vom trinitarischen Dogma; es vertritt ein *anderes* Moment im Offenbarungsbegriff als dieses" (I, 143).

[18] Die These von einer strukturellen Verwandtschaft von Barths trinitarischer Explikation des Offenbarungsbegriffs mit derjenigen bei G. W. F. Hegel und I. A. Dorner vertreten etwa WOLFHART PANNENBERG (Die Subjektivität Gottes und die Trinitätslehre. Ein Beitrag zur Beziehung zwischen Karl Barth und der Philosophie Hegels, in: Ders.: Grundfragen systematischer Theologie. Gesammelte Aufsätze, Bd. 2, Göttingen 1980, 96–111, hier: 98ff.) und CHRISTINE AXT-PISCALAR: Der Grund des Glaubens. Eine theologiegeschichtliche Untersuchung zum Verhältnis von Glaube und Trinität in der Theologie Isaak August Dorners (BHTh 79), Tübingen 1990, 100f. (zur Differenz, aaO., 200). Diese Deutung kann sich berufen auf die sehr positive Würdi-

konkret etwa zur spekulativen Theologie Ph. Marheineckes[19] und I. A.
Dorners. Dabei ist aber das methodologische Dependenzgefälle zu beachten, in
welchem der Offenbarungsbegriff bei Barth seinerseits steht. Der szientifische
Typus der Barthschen Theologie ist auch in ihrer dogmatischen Phase von
einem spekulativen Unternehmen im Sinne des 19. Jahrhunderts insofern kategorial unterschieden, als die ‚Spekulation‘ bei Barth eingebunden bleibt in den
ethisch-pragmatischen, ihrem Anspruch nach ‚transzendentalpragmatischen‘
Funktionssinn der Theologie, der systematisch durch die Dependenz des Of-
fenbarungs- vom Autoritätsbegriff repräsentiert wird und die praktische
Kategorialität der Freiheit der theoretischen bestimmend vorordnet. Die
sprachlich kommunizierte theologische Reflexion ist bei Barth auch in seiner
Dogmatikphase als Selbstauslegungsprozeß des Christentums in der geschichtlichen Welt konzipiert, näherhin als derjenige reflexive Handlungsprozeß, der
die ‚transzendentalen‘ Bedingungen von Handlungsreflexivität überhaupt thematisiert. Darum ist Barths Theologie, wenn diese durch die Analyse der Argumentation zu bestätigenden Deutungen stimmen, zumindest in ihrer Göttinger
Phase auch nicht abschließend als neoschellingianische „Theorie des prinzipiellen (singulären) Faktums"[20] zu beschreiben. Eine solche Beschreibung mag
zwar die operative Mechanik der Barthschen Theologie sehr genau erfassen, sie
läßt aber den methodischen Funktionsrahmen, innerhalb dessen diese zu stehen
kommt, unberücksichtigt.

Daß durch ihre dogmatische Weiterentwicklung der die Pragmatik der Barthschen Theologie kennzeichnende appellative Duktus keineswegs auf der Strecke
bleibt, zeigt sich daran, daß die vom Autoritätsbegriff gesteuerte neue Leitsemantik der Trinitätslehre die frühere Leitsemantik der Erwählungslehre nicht
einseitig ersetzt, sondern funktional übermalt. Die rezeptionsästhetischen In-
klusionsabsichten, die vordem das Theologumenon der Erwählung (bzw. Berufung) transportiert hatte, bleiben hintergründig präsent: „[E]s gibt mitten
unter uns Menschen oder vielmehr einen Auftrag, kraft dessen bestimmte Menschen selber zu reden – wohl zu bedenken: von *Gott* zu reden haben." (I, 6f.)
Die offenbarungstheologische Semantik des Autoritätsbegriffs übersetzt Wahr-
heitsfragen in die Frage nach der „Legitimität" (I, 60) eines Sprechersubjekts.

---

gung, die I. A. Dorner in Barths Theologiegeschichte zuteil wird, vgl. KARL BARTH: Die protestantische Theologie im 19. Jahrhundert, 524.

[19] Zu Ph. K. Marheineke, vgl.: EVA-MARIA RUPPRECHT: Kritikvergessene Spekulation. Das
Religions- und Theologieverständnis Ph. K. Marheinekes (Beiträge zur rationalen Theologie,
hrsg. v. Falk Wagner, Bd. III), Frankfurt/M. – Berlin u. a. 1993; zu Carl Daub vgl. EWALD
STÜBINGER: Die Theologie Carl Daubs als Kritik der positionellen Theologie (Beiträge zur
rationalen Theologie, hrsg v. Falk Wagner Bd. 1), Frankfurt/M. u. a. 1993.

[20] DIETRICH KORSCH: Christologie und Autonomie, 170. G. Wenz sieht darin eine sinnvolle
Beschreibung des Unternehmens der *Kirchlichen Dogmatik*, zeigt dann aber, daß in der Durchführung „das christologische Subjekt …" sich als so „verfaßt …" erweist, „… daß seine geschichtliche Faktizität eben doch eingezogen" werde." GUNTHER WENZ: Geschichte der Versöhnungslehre in der evangelischen Theologie der Neuzeit. Bd. 2, 229, vgl. 224, 227f.

Die systematische Legitimierung des Handlungsimperativs „*Redet* von Gott!" (I, 64) ist das Ziel der dogmatischen Theologie K. Barths.

Imperativisch konstituiert wird die kirchlich-theologische Elite als diejenige, welche die „elende Historisierung der Offenbarung" (I, 70), die die moderne Theologie betrieben habe, überwinden soll. Die Historisierung, welche die moderne Theologie betrieben habe, ist genau derjenige ‚Zuschauergestus', den die antihistoristische Dogmatik Barths auszuschalten sucht. Dabei sucht Barth den Begriff wissenschaftlicher Theologie exklusiv durch das eigene dogmatische Projekt zu besetzten.[21] Drängt die Dogmatik die Historik ganz aus dem Theologiebegriff hinaus, so läßt sie die praktische Theologie zwar nominell gelten,[22] besetzt aber aufgrund der ihr eigentümlichen Pragmatik deren Gegenstandsbereich unübersehbar mit, überlagert sie also der Sache nach. Der Theologiebegriff insgesamt und der Begriff der dogmatischen Theologie werden faktisch koextensiv.

Die explizite Systematisierung der Methode in Barths Dogmatik und deren latente Pragmatik kann – genau wie im Falle der ‚Römerbrief'-Theologie – wiederum nur durch eine sukzessive Analyse des Vorlesungstextes durchsichtig gemacht werden. Die für einen dritten Band geplante Eschatologie ist bislang noch nicht veröffentlicht. Das ist bedauerlich, weil zu vermuten ist, daß hier der pragmatische Funktionsinn der Dogmatik gewissermaßen an sich selbst thematisch wird; denn genau darauf deutet Barths Bemerkung hin, die Eschatologie sei „außerhalb der Reihe [sc. der materialdogmatischen Inhalte] als ein großes Ausrufezeichen zum Ganzen" (II, 9) aufzufassen. Darum beschränkt sich die nachstehende Analyse der Vorlesung auf die im ersten Band enthaltenen Prolegomena zur Dogmatik.

3.1. Dogmatik als Theorie autoritativen Sprechhandelns

3.1.1. ,Es predigt': Dogmatik als funktional-normative Wissenschaft von der Predigt (§ 1–2)

„Die Sätze und Satzzusammenhänge, über die der Dogmatiker sich zu besinnen, die er auf Grundsätze zurückzuführen hat, sind gegeben, sie werden … fortwährend ausgesprochen. Es predigt, von den Kanzeln und auf den Straßen" (I, 34). Die ‚Wendung zur Analogie', welche die Dogmatikvorlesung vollzieht,

---

[21] Historische Forschung wird zwar nicht per se delegitimiert, aber sie wird aus dem eigentlichen Vollzug theologischer Reflexion hinausverwiesen, vgl.: „Unterricht" I, 313.

[22] Vgl. die These: „Dogmatik ist Wissenschaft von der *Predigt*, nicht von ihrer praktischen Ausführung wie die Homiletik, sondern von ihren *Prinzipien*, von ihrer in der Sache begründeten *Norm*." („Unterricht" II, 1). Wie wenig Barth diese enzyklopädisch grundlegende Unterscheidung wirklich durchhält, ist schon daran erkennbar, daß er sie erst in der Zusammenfassung der Prolegomena, in der ersten Stunde des zweiten Teils seiner Vorlesung, formuliert. Für den ersten Teil vgl. nur „Unterricht" I, 334f.

ist eine Wendung zur ‚Positivität' der praktizierten theologischen Rede. Das „Phänomen: es wird christlich *geredet*, vom Christentum, im Namen des Christentums, zur Ausbreitung und Durchsetzung des Christentums …, ist sozusagen der *Rohstoff* des Dogmas und der Dogmatik, von dem wir methodisch auszugehen haben." (I, 29) Von daher kann Karl Barths dogmatische Theologie durchaus als theologische Variante des „linguistic turn", der „Wende zur Sprache"[23], verstanden werden,[24] welche sich in der Philosophie der zwanziger Jahre allenthalben vollzieht. Freilich signalisiert schon die aus Barths eigener theologischer Entwicklung wohlbekannte Bestimmung christlicher Rede als Predigt[25] und die eigentümlich anonyme Wendung „es predigt", daß der ‚linguistic turn', den der theologische Autor im Sinn hat, von einer spezifischen Struktur ist und gerade nicht eine Wendung zur Empirie einleiten soll.

Gleichwohl teilt Barths ‚sprachtheologische' Grundlegung der Dogmatik mit den Varianten des „linguistic turn" dessen Versuch, den ‚Subjektivismus' einer Bewußtseinstheorie durch den Rekurs auf ‚objektiv' gegebene Sachverhalte zu überbieten. Während neuprotestantische Theologie, so heißt es bei Barth, mit Substraten wie dem „fromme[n] Bewußtsein" (I, 35), „gegenwärtige[r] Erleuchtung und Erfahrung" (ebd.) etc. arbeite, in welche sie sodann methodisch unkontrollierte Einzeichnungen vornehme, will der Neodogmatiker mit einem methodisch klaren Substrat arbeiten, eben mit „Sätze[n] und Satzzusammenhänge[n] …", die ‚objektiv' „… gegeben …" seien, weil sie „fortwährend *ausgesprochen*" (I, 34) würden. Es ist also ein methodologisches Argument, das den Überlegenheitsanspruch Barths gegenüber der theologischen Tradition von Schleiermacher bis Troeltsch[26] begründen soll. „Es predigt, von den Kanzeln und auf den Straßen […] Diese unbedingte *Präsenz* des Stoffes halte ich für einen Vorzug meiner Bestimmung vor den vorhin erwähnten." (Ebd.) Die methodische Objektivierung der Theologie soll zugleich ihrer praktisch-funktionalen Abzweckung dienen, nämlich zu dem Zweck, „daß man dabei sofort sehen kann, wozu Dogma und Dogmatik gut sind" (I, 35).

Wenn Barth die Theologie in diesem Sinne strikt funktional auf die Lösung einer „wirklich nicht akademische[n], sondern sehr praktische[n] Frage" (I, 36) beziehen will, so steht im Hintergrund dieser Bestimmung natürlich die berühmte Formulierung aus der ‚Kurzen Darstellung' Schleiermachers, nach der die Bedingung der Einheit der theologischen Disziplinen darin liege, daß diese „zur Lösung einer praktischen Aufgabe erforderlich"[27] sein müssen, die selbst als eine einheitliche zu denken sei. Aber anders als Schleiermacher bestimmt

---

[23] Moritz Schlick, zit. n. HELMUT PEUKERT: Wissenschaftstheorie, Handlungstheorie, Fundamentale Theologie, 169.

[24] Vgl. der Sache nach ERNSTPETER MAURER: Sprachphilosophische Aspekte in Karl Barths ‚Prolegomena zur Kirchlichen Dogmatik' (EHS. T 357), Frankfurt/M. 1989.

[25] Vgl. insbesondere § 2: „Die Predigt als Ausgangspunkt und Ziel der Dogmatik" („Unterricht" I, 28ff.) und das dritte Kapitel § 11–13: „Das Wort Gottes als christliche Predigt". „Unterricht I", 321ff.

[26] Vgl. „Unterricht" I, 35.

[27] FRIEDRICH SCHLEIERMACHER: Kurze Darstellung des theologischen Studiums, 1.

Barth diese praktische Aufgabe nicht als den „Inbegriff derjenigen wissen-schaftlichen Kenntnisse und Kunstregeln, ohne deren Besitz und Gebrauch eine zusammenstimmende Leitung der christlichen Kirche, d. h. ein christliches Kirchenregiment, nicht möglich ist."[28] Die Komplexität der „verschiedenartigen Kenntnisse"[29], aus der bei Schleiermacher die komplexe Wirklichkeit kirchen-leitenden Handelns besteht, wird bei Barth strikt reduziert. Nicht die empiri-sche Vielgestaltigkeit kirchenleitenden Handelns ist hier im Blick, sondern – dem Anspruch nach – gewissermaßen dessen Inbegriff, der darum auch – pars pro toto – durch den Begriff der Predigt als der Bezeichnung eines empirisch gesehen partikularen Handlungsfeldes zusammengefaßt werden kann.

Allerdings soll die praktische Predigtaufgabe selbst von der Aufgabe der Dog-matik klar unterschieden sein. Die Dogmatik habe es mit der „Erkenntnis von Grundsätzen" (I, 36) für die Predigt, nicht mit Sätzen der Predigt selbst zu tun. Wäre es anders, könnte der Vollzug des Predigens nicht als spontaner Hand-lungsvollzug identifiziert werden. „Den Inhalt ihrer Predigten sollten Sie aus dem Brunnen schöpfen, der sich genau in der Mitte zwischen der Bibel, Ihrer eigenen konkreten Lage und der Ihrer Zuhörer befindet – darüber wäre in der Homiletik, überhaupt in der praktischen Theologie zu reden –, auf keinen Fall aber aus meiner oder irgend einer Dogmatik" (I, 334f.). Und mit der Selbstbe-schränkung der Dogmatik auf die Normierung von Handlungsprinzipien geht ihre Selbstbeschränkung gegenüber den inneren, möglicherweise nichtsprach-lichen Bewußtseinsvollzügen einher, die in den sprachlichen Handlungsvoll-zügen der Predigt expliziert werden sollen. „Nicht auf den Glauben bezieht sich das Dogma, sondern auf das *Reden* des Glaubens." (I, 37) Die methodische Selbstbeschränkung der Dogmatik auf (Predigt-)Sätze dient nicht einem ab-strakten Methodenrationalismus, sondern aus solcher Methodenrationalität soll die Freisetzung der inneren (sprachlichen oder nichtsprachlichen) religiösen Vollzüge folgen: „Es kann sich im Dogma und in der Dogmatik *nicht* darum handeln, irgend jemandem (auch nicht dem Theologen!) vorzuschreiben, was er zu glauben habe." (Ebd.)

In dieser hier klar formulierten Absicht einer Differenzierung der theologi-schen Reflexionsaufgabe von den praktisch-theologischen Vollzügen und der Bewußtseinswirklichkeit der Religion liegt gegenüber der früheren avantgardi-stischen Phase ein deutlicher Fortschritt. Würde diese Absicht realisiert, dann wäre hierin der eigentliche Gewinn der mit der Dogmatikvorlesung eingeleite-ten Szientifizierung der Theologie zu sehen, mit dem die programmatischen Differenzverwischungen gerade auch noch der Übergangsjahre – „die Aufgabe der Theologie ist eins mit der Aufgabe der Predigt"[30] – überwunden wären. Nach dem Gesamtgang der Analyse von Barths theologischer Entwicklung ist freilich auch klar, daß eine solche Differenzierung den neuralgischen Punkt von

---

[28] AaO., 2.
[29] AaO., 3.
[30] Karl Barth: Fünfzehn Antworten an Herrn Professor von Harnack, in: Jürgen Moltmann (Hrsg.): Anfänge der dialektischen Theologie, Teil I, 328.

Barths Theologiebegriff, die markante Signatur seiner Theologie selbst in Frage stellen würde. Die Analyse der Vorlesung wird zeigen, daß die hier in Anschlag gebrachte Differenzierung entgegen ihrem Wortklang auch keineswegs als Selbstbeschränkung der normativen Funktion der Theologie gegenüber der religiösen Wirklichkeit gemeint ist. Sie setzt diese, wie sich zeigen wird, vielmehr immer schon voraus. Gemeint ist: weil und insofern das Christentum den sprachlich-reflexiven Realisierungszusammenhang ursprungstheoretisch gedachter Freiheit darstellt, ist solche Realisierung, nämlich wenn und insofern sie stattfindet, als Prozeß autonomer Selbstentfaltung zu denken, in den eine dogmatische Theorie nicht materialiter hineinredet. Die dogmatische Theorie ist vielmehr genau als die Theorie dieses Prozesses zu denken. Dieser aber kann immer nur als ein sich wissender, als handlungsreflexiver Prozeß vonstatten gehen; er muß, indem er sich vollzieht als solcher gewußt werden – und er kann nur gewußt werden, indem er handlungspraktisch – als Verkündigung – vollzogen wird.

Darum ist diese dogmatische Theorie ihrerseits nun aber strikt normativ, und das heißt näherhin konstitutionsgenetisch zu konzipieren. Wenn Barth die Predigt als Inbegriff kirchlichen und kirchenleitenden Handelns als „ein[en] von *Menschen* zu vollziehende[n] *Akt* ...“ begreifen will, der als solcher „... einer Norm bedürftig ist“ (I, 23), dann zeichnet sich ab, daß das in der Wendung zur Predigtsprache liegende Deskriptionsmoment der Theologie nur aufgebaut wird, um es sofort wieder normativ einzuziehen. Dogmatische Sätze sind bei Barth gerade nicht deskriptive Sätze, also etwa „Auffassungen der christlich frommen Gemütszustände in der Rede dargestellt“[31]. Genau dieser Unterwerfung jedweden empirisch-deskriptiven Verweisungsbezugs der Dogmatik unter die normative, konstitutionsgenetische Konstruktion dient natürlich auch schon die Kennzeichnung des für die Dogmatik relevanten ‚Phänomenfeldes‘ durch den Begriff der Predigt. Wenn Barth ausdrücklich feststellt, es sei „unbenommen ..., den Begriff ‚Christliche Predigt‘ nicht auf das Predigen von der Kanzel herunter und überhaupt auf das, was die Pfarrer tun, zu beschränken, sondern auch das, was ein Jeder im stillen Kämmerlein sich selber ‚predigt‘, darin einzubegreifen“ (I, 20), dann wird deutlich, daß der Predigtbegriff keine andere Funktion hat als diejenige, den Außenbezug der theologischen Reflexion auf religiöse Wirklichkeit in dieselbe einzuholen. „Predigt“ ist bei Barth immer schon ein Reden, das bezogen ist auf das „Wort ... Gottes aus Offenbarung und Schrift“ (ebd.). Der Predigtbegriff expliziert somit die handlungstheoretische und handlungsreflexive Umkodierung der Theologie, als welche sich Barths Theologie seit 1917 definitiv präsentiert. Dogmatik entfaltet die durch die Kennzeichnung der religiös-theologischen Kommunikation als Predigt in dieselbe eingelagerte Reflexivität. Der Prediger ist Theologe, d.h. er muß es immer schon sein; Dogmatik ist Ethik, ist normative Handlungswissenschaft.

---

[31] Friedrich Schleiermacher: Der christliche Glaube, 1. Bd., 2. Aufl., 105.

„Predigt" ist somit konzipiert als ein normativer Sprechakt. Darin liegt eine gewisse Nähe von Barths dogmatischem Ansatz zur philosophischen Sprechakttheorie, wie sie von John L. Austin seit den späten dreißiger Jahren entwickelt und insbesondere von seinem Schüler John R. Searle weitergeführt worden ist.[32] Aber im Unterschied zu diesen später entstandenen philosophischen Theorien entwickelt Barth eben kein Modell zur analytischen Bestimmung des oder eines Handlungsmoments von empirisch gegebener Sprache, sondern der Verweis auf Sprache dient ihm nur dazu, diejenige Klasse von Handlungen ins Auge zu fassen, deren Intentionalität darin bestehen soll, den genetischen Grund von Aktuosität überhaupt reflexiv durchsichtig zu machen und als solchen eodem actu zu kommunizieren.

Diese der Intention nach praktisch-transzendentale Funktion des Predigtbegriffs soll durch die normative Zuordnung von Predigt und „Wort Gottes" erreicht werden, womit zugleich der im Wort-Gottes-Aufsatz unternommene Versuch systematisch prinzipialisiert wird. „Das Wort Gottes ist ein *Reden* Gottes, *es geht weiter*, und zwar als christliche Predigt." (Ebd.) Die ursprungsgenetische und darin poietische Funktion des Wort-Gottes-Begriffs wird dadurch festgelegt, daß Gott als absolutes „Subjekt …" zu bestimmen sei, als „… Sprechende[r], der durch sein Wort den Glauben schafft"[33]. Über den Wort-Gottes-Aufsatz hinaus geht nun allerdings die triadische Ausführung des so in Anschlag gebrachten ursprungsgenetischen Handlungszusammenhangs. Barth präsentiert in seiner Vorlesung nämlich – allerdings ohne bereits diese Bezeichnung einzuführen – eine Lehre von der dreifachen Gestalt des Wortes Gottes[34]: „Das Wort Gottes … ist … eines in *dreien*, drei in *einem*: Offenbarung, Schrift, Predigt; Wort Gottes die Offenbarung, Wort Gottes die Schrift, Wort Gottes die Predigt, nicht zu vermischen und zu trennen." (I, 19) Technisch betrachtet ist, wie sich hier abzeichnet, die ‚Wendung von der Dialektik zur Analogie' ermöglicht durch die Aufnahme des Verweises auf „die Schrift" in den vormals geschlossenen Ursprungsvektor autogenetischer Handlungsreflexivität. Der diese Geschlossenheit aufschließende Verweis auf den Schriftbegriff ist es, der den dogmatisch-theologischen Reflexionsdiskurs von dem praktisch-theologischen Predigtdiskurs methodisch unterscheidbar machen soll, ohne den Zusammenhang preiszugeben. Indem die ursprungsgenetische Rekonstruktion von Handlungsreflexivität aus der engen Zweierbeziehung von Handlungsagent und Handlungsrezipient gelöst wird und sie um die Reflexion auf das Medium und damit den Inhalt solcher Logizität erweitert wird, soll ein Diskurs über diese Logizität

---

[32] Vgl. JOHN L. AUSTIN: Zur Theorie der Sprechakte; JOHN R. SEARLE: Speech acts.

[33] „Unterricht" I, 13.

[34] Vgl. die Lehre von den „drei Gestalten des Wortes Gottes" in der „Christlichen Dogmatik". Vgl. KARL BARTH: Die christliche Dogmatik im Entwurf, 1. Bd., Die Lehre vom Worte Gottes. Prolegomena zur christlichen Dogmatik 1927, hrsg. v. Gerhard Sauter (Karl Barth Gesamtausgabe, im Auftrag der Karl Barth-Stiftung hrsg. v. Hinrich Stoevesandt, II. Akademische Werke), Zürich 1982, 58ff.; vgl. die Lehre vom „Wort Gottes in seiner dreifachen Gestalt, in: KARL BARTH: Die Kirchliche Dogmatik. 1. Bd., Die Lehre vom Wort Gottes, Prolegomena zur Kirchlichen Dogmatik, erster Halbbd. (1932), 10. Aufl., Zürich 1981, 89ff.

stattfinden können, der mit deren handlungspraktischer Präsentation nicht mehr unmittelbar zusammenfällt. Um den Zusammenhang zu wahren, muß der Theoriediskurs seinerseits allerdings streng dieser dreigliedrigen Logik unterworfen werden. In die „*planmäßig*" (I, 29) erfolgende, architektonische Durchstrukturierung der Dogmatik nach dem Muster einer insgesamt drei- bzw. vierfach geschachtelten triadischen Konstruktion wird jetzt die progressionslogische und darin pragmatische Anspruchsdimension der Theologie zu überführen versucht. Diese geschachtelte Dreigliederung ist die folgende:

A Gesamtaufbau: I. Prolegomena, II. Materialdogmatik, III. Eschatologie.[35]
B Materialdogmatik: 1. „Die Lehre von Gott" (II, 11ff.), 2. „Die Lehre vom Menschen" (II, 309ff.), 3. „[Die] Lehre von der Versöhnung" (II, 8).
C Teilaufbau Prolegomena, Grobgliederung: „1. Kapitel. Das Wort Gottes als Offenbarung" (I, 53ff.) – „2. Kapitel. Das Wort Gottes als heilige Schrift" (I, 245ff.) – „3. Kapitel. Das Wort Gottes als christliche Predigt" (I, 321ff.).
D Teilaufbau Prolegomena, Feingliederung: 1. Kapitel 1, §§ 5–7; 2. Kapitel 2, §§ 8–10; 3. Kapitel 3, §§ 11–13.

Formal überständig sind zum einen die Einleitungsparagraphen 1 und 2, in denen in der bereits referierten Weise die Grundkorrelation von Wort Gottes und Predigt hergestellt wird. Überständig sind aber auch die beiden ersten Paragraphen im ersten Kapitel „Deus dixit" (§ 3; I, 53ff.) und „Der Mensch und seine Frage" (§ 4; I, 82ff.).[36] In dieser Vorschaltung spiegelt sich die für Barths ersten dogmatischen Entwurf charakteristische Funktionalisierung des triadischen Reflexionsschemas für den Aufbau der binären Logizität autoritärer Handlung.

---

[35] Die Eschatologie ist überschrieben: „4. Lehre vom Heil" („Unterricht" II, 8). Sie als gegenüber der Materialdogmatik, deren Teil sie natürlich auch ist, zugleich wieder selbständige Größe aufzufassen, ist durch die bereits teilweise zitierte Bemerkung Barths gedeckt: „Die sogenannte Eschatologie … ist … ihrem Inhalt und ihrer Bedeutung nach eine so eigenartige Größe, daß ich sie, ähnlich wie die Prolegomena am Anfang, außerhalb der Reihe als großes Ausrufezeichen zum Ganzen auffassen möchte." „Unterricht" II, 8f.

[36] Im einzelnen war die trinitarisch-triadische Durchgliederung der Dogmatik im Verlauf der Ausarbeitung der Vorlesung zunächst offenbar durchaus noch im Fluß. So heißt es etwa in dem aus den ersten Vorlesungswochen des Semesters stammenden Rundbrief: „Die nächsten Punkte sind nun: Trinität, Menschwerdung, Eschatologie, Gesetz und Evangelium, Glaube und Gehorsam, Kirche." (Rundbrief Barths vom 18.5.1924, in: Ba-Th II, 250–256, hier: 251) Das bezieht sich auf die Inhalte des Einleitungskapitels der Prolegomena. In der ausgearbeiteten Vorlesung ist von den vier zuletzt genannten Themen nur noch eines, eben „Glaube und Gehorsam" übrig geblieben. Der frühere Plan hätte gewissermaßen auf eine vorweggenommene Totalrekapitulation der Gesamtdogmatik in ihrem ersten Kapitel gezielt, die in zwei triadischen Durchgängen angeordnet gewesen wäre. Von diesen wäre der eine offensichtlich der Konstituierungs-, der andere der Realisierungsthematik des Glaubens gewidmet gewesen, was dem Aufbauprinzip der ‚Römerbriefe' entsprochen hätte. Barth hat hier aus Zeitgründen (vgl.: „Unterricht" I, 246) und wohl auch um inhaltliche Doppelungen zu vermeiden, vereinfacht.

3.1.2. Explikation von reflexiver Handlungslogizität als Grund und Ziel dogmatischer Theologie (§§ 3 und 4)

„Das ‚Deus dixit' ist Offenbarung, nicht Offenbar*theit*." (I, 70) So werden schon in der Präsentation des Grund-Sätzchens der Dogmatik die Weichen gestellt. Wenn Offenbarung „nur im Ereignis der Anrede Offenbarung" (I, 69) ist, dann wird das ‚Deus dixit' sofort gewissermaßen als ‚Deus dicit' gelesen.[37] Die binäre Logizität der autoritären Handlung klammert die triadische Logizität der Reflexion, die notorisch Reflexion über einen Inhalt ist, von vornherein ein. In genau dieser Einklammerung und ‚Aufhebung' ist das Ziel von Barths Dogmatik zu sehen; in seiner Verfolgung liegt die Kontinuität seines Denkens: die triadische Semantik der Textlektüre (Autor-Text-Leser) wird in die ihrerseits binär – nämlich nach dem Handlungschema von Handlungssubjekt und Handlung – strukturierte Logik mündlicher Rede überführt.

Das zeigt sich erstens und grundsätzlich am Umgang mit dem formalen Inbegriff wissenschaftlich-theologischer Reflexionswiderständigkeit und -bedürftigkeit, der Schrift. Zwar bezeichne der Kanonbegriff ein „*historisches Datum*" (I, 63). Aber die damit eigentlich verbundene Reflexionsbedürftigkeit wird sofort in die imperative Logik autoritären Handelns aufgehoben. „Die Feststellung: diese und diese Literatur ist Kanon, bedeutete, daß die Kirche in *dieser* Literatur ihren Marschbefehl, ihre Arbeitsanweisung erkannte." (Ebd.) Die „*historische* Heteronomie ..." wird als „Abschattung ... einer *absoluten* Heteronomie" (I, 66) gedeutet; Reflexion verschwindet im Handlungsimperativ. Analoges gilt zweitens und drittens für die Positionsstellen des Sprechers und des Adressaten. Das Sprechersubjekt ist „... Dei loquentis *persona*, der Autor, der nicht nur authentische Kunde von sich gibt, sondern selber von sich selber sprechend zur *Stelle* ist, *das* macht die Schrift zum Wort Gottes, *das* ist ... die *Autorität* des Kanons" (I, 68). Die als unmittelbar behauptete Selbstaussprache des Autors soll die Mittelbarkeit des Textmediums aufheben. Und ebenso muß der Adressat seine reflexive Vermittlungstätigkeit dem unmittelbaren Angesprochensein unterordnen. „Offenbarung vom Standpunkt des unbeteiligten Zuschauers aus ... wäre gleichbedeutend mit Nicht-Offenbarung [...] Offenbarung wahrnehmen heißt von Gott *angeredet* sein." (I, 69)[38]

Das Ziel der dogmatischen Rekonstruktion der Logizität absoluter autoritärer Handlung ist, diese Logizität als Ursprungskonstituens von individuell-freier Selbstauslegung zu explizieren, also an der Stelle, die unter neuzeitlichen Theoriebedingungen als ‚Religion' bestimmt ist. Dieser Bezug wird jeweils in den

---

[37] Gegen Bruce McCormack, der das „deus dixit" durch Barths Auslegung gedeckt findet, vgl.: „Not a Subject who stands outside of history is the Subject of the ‚Deus dixit', but a Subject in history. With this subtle but momentuous shift of accent, ‚Deus dixit' comes to mean primarily ‚God has spoken' in AD 1–30 – and on this basis alone ‚God continues to speak'." Bruce L. McCormack: Karl Barth's Critically Realistic Dialectical Theology, 340.

[38] Vgl.: „Offenbarung heißt Anrede [...] Außerhalb der Korrelation von Anrede und Angeredetsein ist Offenbarung nicht Offenbarung." „Unterricht" I, 80.

Schlußabschnitten der drei Prolegomenakapitel deutlich gemacht. Von diesen erhebt wiederum der erste, nämlich der als „Der Glaube und der Gehorsam" (I, 207) überschriebene § 7 den am weitesten reichenden Anspruch, da in ihm die offenbarungstheologische Einholung des Inhalts des Religionsbegriffs als des Vollzugs der Selbsterfassung von Handlungssubjektivität thematisch wird.[39] Der dort unternommenen inhaltlichen Rekonstruktion geht in § 4 die formale Rekonstruktion des Religionsbegriffs voraus.[40] Barth fragt hier: „Was muß der Mensch sein, weil Offenbarung ist?" (I, 87) Das theologische Konstituierungsgeschehen soll ‚hinter' die gegebenen unmittelbaren Selbstauslegungen von „*Moral* …", „… *Frömmigkeit* …", „… *Kultur*" (I, 84) und diese bedingend auf den „*wirkliche[n]* Mensch[en], *de[n] Mensch[en]*" in den Menschen, das *Arcanum*"[41] zielen. Indem der Mensch seine wahrhaft religiöse Selbstauslegung nur und allein als Funktionsmoment des theologischen Handlungsgeschehens erfassen können soll, soll ihm seine unmittelbare religiöse Selbstauslegung zur „Fremde" werden. Der Mensch „ist, indem er bei sich selbst, nicht bei Gott ist, in der *Fremde*" (I, 87). ‚Religiöse' Unmittelbarkeit und Selbstdurchsichtigkeit sollen nur im sprachlich kommunizierten Reflexionsvollzug der Offenbarung, der ‚Predigt', möglich sein. Das setzt freilich, wie Barth nun sieht, voraus: „Die Menschen sind daraufhin anzureden, daß *Gott* sie anredet und darum immer schon angeredet *hat*." (I, 103) Genau in dieser reflexiven Selbstverdoppelung des aktualen theologischen Sprachgeschehens spiegelt sich, wie hier erneut zu sehen ist, das innovative Moment der Dogmatikvorlesung gegenüber der Römerbrieftheologie oder die ‚Wendung von der Dialektik zur Analogie'. Als ‚Religion', nämlich als unmittelbare Selbstauslegung seitens des Adressaten, ist, so hat Barth jetzt – zumindest, wie es scheint, grundsätzlich – erkannt, der theologische Reflexionsprozeß nur zu explizieren, wenn er sich in seiner eigenen Vollzugsaktualität noch einmal selbst reflektiert und begrenzt. Genau diese Selbstreflexion ihrerseits noch einmal in den theologischen Reflexionsgang aufzuheben und als dessen Funktionsprodukt durchsichtig zu machen, ist, wie im Folgenden zu zeigen ist, das Ziel von Barths trinitarischer Dogmatik.

---

[39] Auf die systematische Schlüsselstellung dieses Paragraphen weist Barth selbst hin, vgl.: „Unterricht" I, 371.

[40] Das ist (zufällig) bis in die Zählung hinein dasselbe wie im zweiten ‚Römerbrief' mit Röm 4 und 7.

[41] „Unterricht" I, 90, vgl. 84.

3.2. Die Autorität der Offenbarung als Begründung autoritativen Sprechhandelns

3.2.1. Die Trinitätslehre als Inhaltsbestimmung des Offenbarungsbegriffs (§ 5)

Als analytisches Implikat des Grund-Satzes „Deus dixit" möchte Barth verstanden wissen,[42] daß der Offenbarungsbegriff streng im Sinne von „Selbstoffenbarung" (I, 106) Gottes auszulegen sei.[43] Dabei deutet er den Begriff der „Selbstoffenbarung" – und damit den Gottesbegriff selbst – handlungstheoretisch. „Selbstoffenbarung" Gottes bedeutet in Barths Dogmatik, daß Gott „sich selbst zu erkennen gibt als der selbst und allein Handelnde" (ebd.). Lassen sich im Handeln Ursprung, Mittel bzw. inhaltliche Bestimmtheit und Ziel unterscheiden und dieses sich insofern triadisch aufschlüsseln, dann gilt dies auch für den Begriff göttlicher Selbstoffenbarung, der als absolutes Handeln die Struktur von Handlung überhaupt thematisiert.[44] „Inhalt der Offenbarung ..." ist „... *Gott allein, Gott ganz, Gott selber.*" (I, 105) Wie der Begriff der göttlichen Selbstoffenbarung und der Gottesbegriff strukturäquivalent sind, so sind die Struktur von Handlung überhaupt und diejenige von absoluter Subjektivität Äquivalente.[45]

Der so bestimmte „Inhalt" des Offenbarungsbegriffs wäre nun gleichwohl ein Inhalt des Offenbarungsbegriffs im allgemeinen. Er wäre also genau genommen – unbeschadet des Insistierens auf den Inhaltsbegriff – als die formale Struktur des Offenbarungsbegriffs zu identifizieren.[46] Für sich genommen würde der Offenbarungsbegriff den „Allgemeinbegriff" (I, 119) von Gott entfalten. Barths Überlegung ist so zu verstehen: so sehr der Offenbarungsbegriff Gott als absolutes Handlungssubjekt und die Logizität des absoluten Ursprungs von Handlung und deren Selbstentfaltung zum Inhalt hat, so wenig könnte der Offenbarungsbegriff für sich genommen garantieren, daß diese Handlungs-

---

[42] Vgl.: „Denn Rückverweis auf Gottes Selbsterkennen in seinem Wort ist offenbar auch jenes erste Sätzchen! Gottes *Handeln* im Verhältnis zur Welt und zum Menschen, in was sollte es bestehen als eben darin, daß er *in* diesem Verhältnis sich selbst zu erkennen gibt als der selbst und allein Handelnde?" „Unterricht" I, 106.

[43] Der neuzeitliche Hintergrund dieser Maßnahme ist oft hervorgehoben worden, vgl. dazu z. B. die allerdings nicht eindeutige Stellungnahme z. B. bei Peter Eicher: Offenbarung. Prinzip neuzeitlicher Theologie, München 1977, 242ff.

[44] Vgl. „Unterricht" I, 106–115.

[45] Vgl. aaO., 106–110.

[46] Diese latente Allgemeinheit des Offenbarungsbegriffs, gegen die das insistierende Reden vom Inhalt der Offenbarung letztlich nicht ankommt, wird schon terminologisch daran erkennbar, daß Barth den Begriff „Inhalt der Offenbarung" doppelt besetzt. Er steht einmal für den Gesamtvollzug der Offenbarung (vgl. aaO., 107, 108, 110, 115) – mithin an der Stelle eines formalen Begriffs der Offenbarung –, zum anderen steht er für das bestimmte zweite Moment der Offenbarung. Vgl.: „Wie kein Ding, keine kontingente Größe, kein geschichtliches Faktum selbst ... der dicens ist, so auch keines das dictum, der Offenbarungs*inhalt*". „Wie das Subjekt, so ist auch der *Inhalt* der Offenbarung auch in der Menschheit Christi Gott *allein.*" AaO., 108.

logizität ihrerseits nicht als ein bloß Gedachtes gedacht wird.[47] Um die Logizität von Handlung ‚an sich selbst zu denken‘, muß sie einem Handlungssubjekt zugeschrieben werden; sie muß selbst noch einmal handlungslogisch gedacht werden, also als Funktion der kontingenten Hervorbringung eines Handlungssubjekts. Mit der Trinitätslehre soll darum die „Konstituierung [!] des Offenbarungsbegriffs" (I, 160) auf ein kontingentes Ereignis, ein kontingentes Faktum (I, 153) bezogen werden: „Die Trinitätslehre ist ... die Aufforderung, stillzustehen vor der unbegreiflichen Wirklichkeit Gottes. Es versteht sich nun einmal nicht von selbst, daß Christus den *Vater* offenbart, es versteht sich *nicht* von selbst, daß der Vater einen *Offenbarer* hat." (I, 150) Die Trinität muß dabei immer auch und zugleich schon als „*Wesens*trinität, nicht nur [als] ökonomische"[48] gedacht werden.

Der Verwendung der Trinitätslehre zur Kennzeichnung der inhaltlichen, näherhin der handlungstheoretischen Bestimmtheit des Offenbarungsbegriffs scheint Barth selbst die Bedeutung eines paradigmatischen theologiegeschichtlichen Innovationsschubs beigemessen zu haben.[49] In der Tat kann man sagen, daß zumindest gegenüber der Interpretation, die die Trinitätslehre in Hegels Religionsphilosophie und in der ihm folgenden theologischen Rezeption erfahren hat, Barths Funktionalisierung der Trinitätslehre geradezu eine Umkehrung des Funktionsmechanismus beinhaltet. Sucht Hegel das der traditionellen Trinitätslehre latent inhärente Allgemeinheitspotential aufzudecken, indem er sie als Muster der „absoluten Religion" auslegt,[50] so dient die Trinitätslehre bei

---

[47] Das Bewußtsein für diesen Sachverhalt dokumentiert Barths Reflexion auf die religionswissenschaftlichen These N. Söderbloms. Nach Söderblom sei es „als ein allgemeines Gesetz anzusehen ..., daß wenigstens in den sogenannten Stifterreligionen der Offenbarer, das Offenbarte und das durch die Offenbarung Bewirkte als zu einer Dreieinheit verbunden vorgestellt werden, so daß also nicht einmal der *Offenbarungsbegriff* ... in unbestrittener Ehre gelten dürfe." AaO., 131.

[48] Ba-Th II, 245.

[49] Vgl. neben der schon zitierten Briefstelle (in: Ba-Th II, 245) den berühmten Bericht Barths über seinen Trinitätstraum, Ba-Th II, 254; vgl. dazu GUNTHER WENZ: Zwischen den Zeiten. Zu den Traumerlebnissen Barths von der Trinität vgl. die Deutung von WOLFGANG SCHILDMANN: Was sind das für Zeichen? Karl Barths Träume im Kontext von Leben und Lehre, München 1991, 125–135. Schildmann legt Barths ‚Entdeckung‘ der Trinitätslehre im Sinne C. G. Jungs als Symbolisierung von „Barths theologische[m] und persönliche[m] Reifungsprozeß" (aaO., 135) aus, den er sich in einem Dreischritt von Autoritätsgläubigkeit (liberale Phase) als der Entwicklungsstufe des Vaters (aaO., 131), Abwendung von den liberalen Vätern als der „Entwicklungsstufe des *Sohnes*" (aaO., 131) – und „der dritten Phase (Hl. Geist)" in welcher „nach Jung ‚in einem gewissen Sinn der väterliche Anfangszustand wieder hergestellt‘ [wird], aber unter Wahrung der Errungenschaften der zweiten Phase" (aaO., 132). Diese Interpretation ist methodisch sicherlich weich; und sie kann, weil sie die Trinitätslehre so weit entleert, daß diese nur noch als bloße äußerlich Illustration der Entwicklungslogik dialektischer Negation erscheint, deren bestimmten Gehalt und damit ihre bestimmte systematische Funktion nicht erklären. Erwähnenswert ist dieser Ansatz gleichwohl, weil er erstens überhaupt eine funktionale Deutung der Instrumentalisierung der Trinitätslehre bei Barth versucht und zweitens diese Deutung werkgeschichtlich zu plazieren unternimmt. Beides ist bislang für den Einsatz der trinitarischen Theologie bei Barth, den die Göttinger Dogmatikvorlesung darstellt, noch nicht geleistet worden.

[50] Vgl. die Stellung und Funktion der (philosophisch interpretierten) Trinitätslehre in Hegels Konzeption der „vollendete[n] Religion". GEORG WILHELM FRIEDRICH HEGEL: Vorlesungen über

Barth gerade umkehrt dazu, die dem Offenbarungsbegriff inhärente Allgemeinheit christlich zu positivieren.

Die Auslegung des Offenbarungsbegriffs durch die Trinitätslehre hat somit einen deiktischen Sinn; sie soll in erkenntnistheoretisch realistischer Manier auf den „Name[n]" Jesus Christus verweisen[51] als auf den „Inhalt" der Offenbarung, der zugleich ihr „Subjekt" ist.[52] Auf diese Weise soll der erkenntnistheoretische Grundsatz realisiert werden: „Gott kann nur durch Gott erkannt werden." (I, 259) Entscheidend ist aber festzuhalten, daß der Funktionssinn dieser erkenntnistheoretisch realistischen ‚Wendung zur Analogie' derjenige ist, die theologische Reflexion selbst und als solche der Logizität von Handlungskategorialität zu unterwerfen. Mit dem Interesse an der Präponderanz der Handlungskategorialität hängt auch die These zusammen: „Auch in seiner Offenbarung, *gerade* in seiner Offenbarung ist Gott der verborgene Gott." (I, 165) Der aktuale Handlungssinn sich selbst aufschließender Offenbarungserkenntnis kann aus Barths Sicht nur gewahrt werden, wenn dieser Sinn nie als definitiv erschlossener, sondern nur als sich je und je erschließender bestimmt wird. Die Präponderanz der Handlungs- gegenüber der Reflexionskategorialität zeigt sich dogmatisch innerhalb der Trinitätslehre auch darin, daß es Barth nicht gelingt, den Hervorgang des Geistes aus dem „Vater", die „‚spiratio'", analytisch „von der ‚generatio' des Sohnes [zu] *unterscheiden*" (I, 157).[53]

Die in der ‚deiktischen' Struktur der Trinitätslehre liegende Selbstzurücknahme der Reflexion gegenüber der als praktisch-konkretem Handlungsvollzug in Anschlag gebrachten Selbsttätigkeit des absoluten Handlungssubjekts zielt darauf, an der Stelle des Rezipienten der Theorie eine analoge Unterscheidung hervorzurufen. Zum einen soll Partizipation an der theologischen Reflexion als derjenige ‚transzendentale' Akt verstanden werden, der seinerseits die Voraussetzungen allen Reflektieren- und zugleich Handeln-Könnens in sich birgt. Zum andern soll gerade diese Einsicht nur möglich sein, indem der Vollzug dieses Wissensaktes auch vom Rezipienten als kontingent-faktischer Handlungsakt gedeutet und vollzogen wird, der als solcher durch seinen Entscheidungscharakter erkennbar ist. Die Erkenntnis des Sinnes der Trinitätslehre geht nach Barths Absicht und Überzeugung damit einher, daß der Leser sich „zu dem sie [sc. die Kirche] Begründenden *hinein*stellen [müsse] statt als Zuschauer, Schlachtenbummler und Kampfrichter *daneben*." (I, 126) Die Lehre von der „Subjektivität Gottes in seiner Offenbarung" (ebd.) als „*das* Dogma aller Dog-

---

die Philosophie der Religion. Teil 3 (neu hrsg. v. Walter Jaeschke; PhB 461), Hamburg 1995, 1ff., 99ff., 177ff.

[51] Vgl.: „Von dem unter *diesem* Namen [sc. Jesus Christus] Vernommenen ging die Besinnung aus, die auf die dreigliedrige Formel führte". „Unterricht" I, 121.

[52] Vgl. zusammenfassend: „Wir haben in § 3 vom *Wesen* der Offenbarung geredet, in § 4 von ihrem *Adressaten*, in § 5 von ihrem *Inhalt*, d. h. von ihrem Subjekt". AaO., 163.

[53] Das Zitat trifft zwar eine dogmengeschichtliche Feststellung, deren Inhalt sich Barth aber zu eigen macht: „Es wird ja wohl in Ordnung sein, … daß die scharfsinnige Rechnung an einigen Punkten wirklich *nicht* ganz aufgeht!" AaO., 157f.

men" (ebd.) wird zu dem Zweck aufgestellt, daß „man ... nicht mehr mit verhaltenen Augen *draußen* steht, sondern drinnen *in* der Sache" (ebd.).

Die Trinitätslehre hat in Barths erster Dogmatikvorlesung also in der Tat genau jenen pragmatischen, ,reflexions-pragmatischen' Sinn, den in der ,Römerbrief'-Phase das Theologumenon der Erwählung transportierte. Sie ist das technische Instrument, das als die Bedingung der Möglichkeit gelingender ursprungstheoretischer Reflexion den lebensweltlich-konkreten Vollzug religiöser Selbstidenfikation mit dem Theoriegehalt deutlich machen soll. „*Von* Offenbarung reden heißt streng und exklusiv: *auf Grund von* Offenbarung reden." (I, 133) Der gedankliche Vollzug der Trinitätslehre soll nur als Vollzug der Erkenntnis möglich sein, „daß mir, dem Menschen, wie ich bin, der Herr, der *über* und *in* der Welt ist, als *mein* Herr sich zu erkennen gibt [...] Er *ist* und *wird* unser eigener Herr" (I, 153). Das Denken der Trinitätslehre soll den Leser imperativisch zur Selbstidentifikation mit dem vom Autor konstruierten Glaubenssubjekt zwingen; sie soll ihn dazu nötigen, „wenigstens jetzt endgültig auf[zu]wachen: ,*tua* res agitur', der Widerspruch ist dein *eigener* Widerspruch" (I, 154).

3.2.2. Die Inkarnationslehre als Modalbestimmung des Offenbarungsbegriffs (§ 6)

Die trinitarische Durchbestimmung des Offenbarungsbegriffs wird in ihrer deiktisch-pragmatischen Perspektive durchgeführt, indem die inkarnatorische Faktizität der Offenbarung von ihrer trinitarischen Möglichkeit ihrerseits unterschieden wird. Diese Übergangsbestimmung wäre als erfüllt gedacht, „[w]enn Gott so sehr Gott wäre, daß er ohne aufzuhören, Gott zu sein, auch *nicht* Gott sein könnte und wollte" (I, 166), wenn Gott sich also in einem anderen seiner selbst, nämlich in einem menschlichen Individuum, als einem ,starken Anderen'[54] seiner selbst, objektivierte. Indem die Faktizität der Inkarnation gedacht wird, wird in die Trinitätslehre selbst die Unterscheidung von immanenter Trinität, nämlich einem „dreifach ewige[n] In-sich-selbst-*Bleiben* Gottes" (I, 164) und ökonomischer Trinität eingezeichnet; sie bleibt hier allerdings unausgeführt.[55]

Da der Inkarnationsgedanke also strikt von der handlungstheoretischen Trinitätslogik dependiert, genügt es Barth, die Inkarnation als kontingentes[56] „Faktum" (I, 173) in Anschlag bringen zu können. Darum zeigt sich Barth nicht an einzelnen Bestimmungen der Inkarnation interessiert, sondern allein an diesem

---

[54] Vgl.: „Warum gerade *Mensch*? [...] *Darum* der Mensch, weil alle Andersheit, alle Objektivität, alle Nicht-Offenbarung sich zusammendrängt ... im Problem des *Menschen*". AaO., 168.

[55] So ist M. Murrmann-Kahls These von der Identifizierung von immanenter und ökonomischer Trinität in der Göttinger Vorlesung zu modifizieren. Vgl. MICHAEL MURRMANN-KAHL: ,Mysterium Trinitatis', 33.

[56] Vgl. „Unterricht" I, 189, 243.

Gedanken als solchem.[57] Da der Inkarnationsbegriff ausschließlich auf den Sachverhalt kontingenter Faktizität schlechthin abhebt und er somit die Struktur von Bestimmtheit überhaupt annimmt, erscheint durch ihn die Logizität des Gedankens der absoluten Selbstsetzung Gottes nicht gestört.[58] Der methodologisch postulierte Umschlag der Reflexion erfordert keinen methodischen Umschlag. So kann der aposteriorische[59], rekonstruierende[60] Charakter der theologischen Reflexion behauptet werden, ohne ihn faktisch vollziehen zu müssen: das konstruierte Aposteriori muß, wie es scheint, nicht im Medium historisch-empirischer Rekonstruktion ausgelegt werden. Die Abstraktionstätigkeit, die tatsächlich aufgewendet werden muß, um aus dem historischen Individuum Jesus von Nazareth ein von aller historisch-inhaltlichen Bestimmtheit gereinigtes schieres ‚Faktum der Offenbarung‘ zu machen, kann abgeblendet bleiben.

3.2.3. Die Einholung der Religion als Finalbestimmung des Offenbarungsbegriffs (§ 7)

Das Ziel einer Einholung der Religion, d. h. einer theologischen Konstruktion der Religion,[61] soll die theologische Systematik ins Auge fassen, indem sie den religiösen Vollzug selbst als Funktionsmoment der Offenbarung zu explizieren sucht, als „Rezeptivität des *Menschen*" (I, 207) für die Offenbarung. Barth nennt das „die subjektive Möglichkeit der Offenbarung"[62]. Er entfaltet sie, wie schon gesagt, im siebten Paragraphen (I, 207ff.), mit dem das erste, das offenbarungstheologische Grundlegungskapitel der Dogmatikvorlesung zu seinem Ende und Ziel kommt.

Durchzuführen sucht Barth die offenbarungstheologische Rekonstruktion der Religion, indem er die Beschreibung des Lebens- und Glaubensvollzugs durchgängig von Bewußtseins- auf Handlungskategorien umstellt. Die sprachlichen und gedanklichen Muster sind aus Barths früheren Arbeiten seit dem Predigtband und insbesondere aus dem Ethik-Aufsatz von 1922 bekannt – der Mensch verhalte sich in allen seinen Lebensvollzügen als „*Handelnder*" (I, 221);

---

[57] Die einzelnen dogmatischen Reflexionen, die Barth hier anbringt, lassen sich alle auf die Sicherung dieses Gedankens zurückführen, so insbesondere der Gedanke, daß die „Menschwerdung des Sohnes ... *kein* Verhältnis von Ewigkeit her wie das Verhältnis des Sohnes zum Vater ... [sei], sondern „... ein *Novum*, eine *Handlung* wie die Schöpfung." AaO., 191.

[58] Darum wird die Präsenz des Logos im Gottmenschen als anhypostatische Subsistenz (vgl. aaO., 193) gedacht und das reformierte „finitum non capax infiniti" (vgl. aaO., 195) stark gemacht.

[59] Vgl.: „Was ich konstruiert habe, d. h. eben jenen leeren Raum, ... war selbstverständlich eine Konstruktion *a posteriori*." AaO., 173.

[60] Vgl. die Auseinandersetzung mit dem Selbsteinwand, die Konstruktion des Offenbarungsbegriffs könnte ein „Versuch [sein], die objektive Möglichkeit der Offenbarung und d. h. nicht mehr und nicht weniger als die Menschwerdung Gottes a priori zu konstruieren". AaO., 172.

[61] Vgl. aaO., 213.

[62] AaO., 209, 246.

Leben sei „Tätigkeit, *Aktion*" (I, 223). Kulminatorisch zugespitzt wird der Handlungscharakter der Wirklichkeit in dem omnipräsenten Begriff der „Entscheidung" (I, 235); er wird im Glaubensvollzug seinerseits potenziert und dramatisiert: Der Mensch ist „hineingeworfen in eine *Entscheidung*, in ein Entweder-Oder auf Leben und Tod." (I, 235) Darum läßt sich auch die Selbstwahrnehmung des Glaubens im Medium dramatisch-narrativer Interaktion beschreiben: „Ein Gespräch müßte also dieses Verhältnis sein, ein Drama, ein Kampf, in dem es Gefahren und Peripetien, Überraschungen und Entdeckungen,… Siege und Niederlagen … gibt. Ein Jakobskampf" (I, 222). Inhalt des Entscheidungskampfes, welcher der Glaube sein soll, ist aber wiederum nichts anderes als der Grundvollzug theologischer Reflexion: „Der Mensch müßte Gott von sich selbst, seinen Zuständen … jeden Augenblick *unterscheiden* können" (I, 220). Zu sich selbst kommende Gewißheit kann die solchermaßen aktualisierte Dauerentscheidung und Dauerunterscheidung in keinem einzelnen ‚zuständlichen' Moment, sondern wiederum nur im theologischen Reflexionsprozeß als Ganzem haben; konkret erbringen könne sie „[n]ur der Verlauf der ganzen Vorlesung" (I, 210)[63].

3.3. Theologische Kirchlichkeit als Bedingungszusammenhang autoritativen Sprechhandelns

Die Analyse des ersten Kapitels der Prolegomena hat gezeigt: dieses zielt darauf, den Religionsbegriff auf die ursprungsgenetische Logik absolut-autoritativer Sprechhandlung *prinzipiell* umzustellen. Die Überwindung des Moments heteronomer Positivität, die dafür zu leisten ist, wird durch die Steigerung von Positivität zu einer absoluten Faktizität versucht, deren Bestimmtheit sich wiederum ausschließlich den Koordinaten der Selbstentfaltung des Absoluten verdanken soll. Im zweiten Kapitel sucht Barth diese Methode in einem analogen Dreischritt am Medium der von ihm intendierten Sprechhandlung durchzuführen, an der Vermitteltheit der Predigt durch den Bezug auf die Schrift. Indem dieses Kapitel somit die Vermitteltheit absolut-autoritativen Sprechhandelns als solche thematisiert, tritt hier der „Begriff der *Autorität selbst*" (I, 306) ins Zentrum der dogmatischen Konstruktion, der sich in dieser systematischen Mittelstellung zugleich schon gewissermaßen technisch als Zentralbegriff der Dogmatik erweist.[64] Im Autoritätsbegriff selbst sollen „absolute und inhaltliche Autorität" (I, 277) und „*historisch[e], relativ[e] und formal[e]*" (ebd.) Autorität zum Ausgleich gebracht werden. Gerade so soll der Begriff absoluter Autorität als Begründung selbsttätig-autoritativer Sprechhandlung, als Ursprung

---

[63] Auch die Begründung für die bestimmte Füllung des theologischen ‚Religions'-Begriffs als Glaube und Gehorsam, in welcher Barth spezifisch reformiertes Erbe sieht, möchte Barth darum „dem Ganzen meiner Vorlesung überlassen". AaO., 213.

[64] Vgl. aaO., 253, 258, 2621f., 271, 276–304, 306, 308, 310f., 313f., 317–319.

spontanen Handelns überhaupt, als Ursprung und Grundvollzug von Freiheit zu stehen kommen.[65] Dies zu zeigen, ist dann allerdings erst die Aufgabe des dritten und abschließenden Kapitels der Prolegomena.

Mit dem Autoritätsbegriff ist in Barths Dogmatikvorlesung immer schon der Kirchenbegriff – ein normativ-dogmatischer Kirchenbegriff natürlich – im Spiel. Die Kirche ist der Träger der Autorität, um deren Aufbau und Selbstdurchsicht es dem Dogmatiker geht.

3.3.1. Die Begründung theologischer Kirchlichkeit: die Selbstauslegung der Schrift (§ 8)

„Die Schrift" wird von Barth als der „Ort …" bestimmt, „… wo sie [sc. die Kirche], so gewiß sie selbst Autorität für sich in Anspruch nimmt, gerade um ihrer eigenen Autorität willen, *als* Gemeinschaft der Heiligen sich unter die *andere* Autorität *Gottes* stellt" (I, 253). Analog zu seiner Rekonstruktion des Inkarnationsgedanken steigert Barth auch im Falle des Mediums Schrift deren Positivität als *„Kanon"* (I, 258), mithin als „historische[s] Datum …" und *„Literatursammlung"* (I, 258) zur absoluten Positivität eines *„göttlich Gegebene[n]"* (I, 262), deren Bestimmtheit sich wiederum nur der Logizität absoluten göttlichen Handelns verdanken soll: *„Für das Wort Gottes in der Schrift kann nur das Wort Gottes selber zeugen."* (I, 270)

Die Autorität der Bibel hängt daran, daß sich in ihr Gott als ihr „Autor" (I, 271) bezeugt. Als ein nicht weiter fixierbarer „Herrschaftsakt" (I, 276) ist nach der Seite der Autorschaft der Akt göttlicher Selbstbezeugung theoretisch nur in der Weise zu rekonstruieren, daß auf die „Lehre von der ewigen doppelten Prädestination, von der in *Gott* verborgenen Entscheidung über uns" (I, 276) rekurriert wird. Den Prädestinationsgedanken bringt Barth somit in seiner Dogmatikvorlesung als Aufhebung des Heteronomiemoments absolut-autoritären Handelns zur Geltung.

3.3.2. Der Modus theologischer Kirchlichkeit: die kirchliche Autorität der Schriftauslegung (§ 9)

„Das Wort Gottes in der Schrift kommt zu mir in Form der Autorität der Gemeinschaft, nicht als mein eigener, sondern als ἕτερος νόμος." (I, 281) „Kirche" soll den Vermittlungs- und Bedingungszusammenhang[66] des autoritativen Sprechhandelns und damit gewissermaßen die Steigerungsform des ihm inhärenten Heteronomiemoments bezeichnen. Darum zieht Barth in den Be-

---

[65] Vgl. aaO., 306.
[66] Vgl.: „Daß das Wort Gottes in der Schrift zu uns redet, das ist geschichtlich … bedingt durch die Autorität der Kirche." AaO., 276.

griff der Kirche ausdrücklich auch auf der einen Seite deren Bedingtheit „durch geschichtliche, menschliche Faktoren" (I, 283) hinein, also ihre jeweilige geschichtliche Positivität als die Kirche, „die uns getauft hat" (I, 284). Auf der anderen Seite soll das solchermaßen bedingte kirchliche Sprechhandeln als einen „*autoritativen Faktor …*" auch „*… die äußere und innere Lage des jeweiligen geschichtlichen Augenblicks*" (I, 296) miteinbeziehen. In dem „Führer- und Wächteramt …" der Kirche gegenüber der Gesellschaft, das darin bestehe, das „… rechte Wort zur rechten Zeit [zu] sprechen" (I, 302), soll die geschichtsbestimmende und -durchdringende Kraft des absoluten Sprechhandelns aus der Sicht des Dogmatikers zu sich selbst kommen.

Systematisch-technisch betrachtet, findet sich die Geschichtsthematik und mit ihr die Reflexion auf die Bestimmungsgründe des gegenwartsbestimmenden Geltungseinflusses der Dogmatik also genau in der Mitte des trinitarischen Selbstaufbaus absoluten Sprechhandelns. Sie erscheint so gewissermaßen im eminenten Sinne als integriert in den Selbstlauf ursprungstheoretischer theologischer Selbstdurchsicht.

Als integriert in diesen Selbstlauf erscheint damit zugleich auch die Differenz zwischen der dogmatisch aufgebauten Kirche und der empirisch-geschichtlichen. „Und damit stoßen wir nun auf die eigentliche Schwierigkeit, die hier vorliegt …: sie besteht darin, daß die heutige protestantische Kirche uns Theologen sozusagen im Stich läßt bei der Bestimmung, *was* denn nun eigentlich das Dogma ist, dem als solchem Autorität zukäme, daß es vielmehr bald so weit sein wird, daß die Kirche sich durch die Theologie an die Notwendigkeit von Dogma und dogmatischer Autorität wird erinnern lassen müssen." (I, 294f.) Mit dieser vermeintlich unschuldigen Beobachtung ist nun freilich in die dogmatische Konstruktion mit einem Mal ein empirisch-historisches Urteil eingeflossen. Durch dieses erfährt die gewissermaßen spekulative Autoritätskonstruktion plötzlich eine Konkretion. Diese zeitigt ihrerseits den Effekt, daß der bisher als solcher in der Ursprungskonstruktion verborgene Reflexionsagent nun seinerseits auf den Plan tritt – wenn auch wiederum im Medium der Selbstzurücknahme: „Eine von mir, von diesem Pültlein herunter proklamierte Autorität wäre eben per se eine lächerliche, sie wäre *keine* Autorität." (I, 296) In der Tat, so wird man analytisch sagen müssen, proklamiert der Dogmatiker solche Autorität nicht; sie erscheint vielmehr als implizites, gewissermaßen systemisches Produkt des von ihm normativ durchkonstruierten autoritativen Sprechhandelns. Sie stellt sich gleichsam ein: „Was ich tun kann, kann nur darin bestehen, daß ich Ihnen durch die ganze Haltung meiner Vorlesung zeige, daß ich mir persönlich, ohne von einer Kirche gedeckt zu sein, die Freiheit nehme, mit Autoritäten, mit Vätern und Dogmen zu rechnen und Sie damit stillschweigend aufzufordern, es ebenso zu halten." (Ebd.) Die dogmatische Ursprungskonstruktion zeitigt das Abfallprodukt eines nachgerade heroischen theologisch-kirchenpolitischen Elitebewußtseins, das der wissenschaftlichen theologischen Denkarbeit eine massive hintergründige Zweitkonnotierung verleiht.

3.3.3. Die Finalbestimmung theologischer Kirchlichkeit:
die Freiheit der Schriftauslegung (§ 10)

Es ist diese Zweitkonnotierung, die im letzten Abschnitt des zweiten Kapitels eine systematische Begründung im Aufbau der Logizität autoritativen Sprechhandelns selbst erfährt. Denn dieser soll hier nun emphatisch als ein „*Selber-Denken* der Schriftgedanken" (I, 318), als Funktionsmoment freier Selbsttätigkeit von Individuen, erkannt werden können. Der „göttliche Herrschaftsakt" (I, 305), der „Begriff der *Autorität selbst*" (I, 306), komme, so stellt Barth fest, allererst zu seinem begriffsimmanenten Ziel, sofern er „in der Sphäre der Freiheit" (I, 306) befolgt werde. In der „unbedingten, in sich selbst begründeten Freiheit [ist] das Hören des Wortes Gottes schlechthin Ereignis" (I, 314). Dementsprechend vollzieht sich Schriftauslegung „in der Sphäre des *Existentiellen*" (I, 319); und ihre „Wahrheit" (I, 310) bestehe darin, daß das Subjekt den Schriftinhalt als Grund seiner freien individuellen Selbstauslegung spontan anerkennt, „in der das Ganze zu meiner eigenen Geschichte wird." (I, 311)[67] Exponent solcher Aneignung sei die Auslegung der Schrift als eines autoritativen „Wort[es] *zur Lage*" (I, 319). Darin konkretisiere sich die „letzte … höchste Freiheit des Einzelnen" (ebd.).

Freilich schränkt Barth diese Freiheitsemphase in zweierlei Hinsicht charakteristisch ein. Zum einen dürfe angesichts der Fallibilität geschichtlicher Existenz von einer „*Objektivität* …" der von der Auslegung erhobenen Wahrheitsansprüche „… nur unter Vorbehalt" (I, 313) die Rede sein, „… und von einer *Autorität* überhaupt nicht" (ebd.). Und zum andern soll die Betonung individueller Selbsttätigkeit der Schriftauslegung die in Anschlag gebrachte kirchliche Autorität gerade nicht gefährden, sondern explizieren. Gegenüber den theologischen Freiheitsakten der Einzelnen solle die „höchste, letzte Autorität der Kirche, ihr Wächter- und Führeramt in der Gegenwart" (I, 319) zur Geltung gebracht werden.[68] In solcher heteronomischen Kontrolle scheint aus Barths Sicht die „Freiheit Gottes …" selbst wirksam zu werden, ohne welche „alle *unsere* Freiheiten beziehungsloser, sinnloser Liberalismus, Subjektivismus, Spiritualismus" (I, 320) blieben.

Gerade die letzte Kautele hat Barth durch seine Kritik an ‚der‘ zeitgenössischen Kirche und ihrem angeblichen Autoritätsmangel aber bereits in Frage gestellt. Die Autorität theologischen Lehramts, das Barth empirischen Kirchenleitungen zubilligt, kann immer nur diejenige sein, die sich selbst gemäß der hier entworfenen Autoritätstheologie auszulegen gewillt ist. Zum andern

---

[67] Vgl.: „Alles Wahrheit. Keine Möglichkeit, die Schrift bloß historisch zu betrachten. Keine Möglichkeit, mit gekreuzten Armen Zuschauer-, Beobachterstellung einzunehmen. Nur die Möglichkeit des Ernstes, der Entscheidung, des Sichgefangengebens, der Treue, die Möglichkeit eines Aktes höchster Spontaneität." AaO., 310.

[68] Vgl. die Behauptung, man müsse gerade angesichts der theologischen Konstruktionsfreiheit einsehen, „daß es eine Autorität geben muß in der Kirche". AaO., 317.

ändert die Reduktion des eigenen Autoritätsanspruchs nichts an der ausdrück-
lichen Feststellung, „das, was man tut, [falle] unter den Begriff der Prophetie"
(I, 319).

Barth holt hier ganz ausdrücklich die systematisch-pragmatischen Absichten
seiner ‚Römerbrief'-Theologie dogmatisch ein: „Ich beobachte nicht nur, ich
denke nicht nur, nein, *jetzt, mir* erscheint das Erzeugnis von der Offenbarung in
diesem ganz speziellen Licht. Aufgehoben die historische Ferne, aufgehoben die
gedankliche Abstraktion, wird es mir ein Wort, *das* Wort *zur Lage,* der Brief an
die Römer, den ich gewiß auch einfach beobachte und bedenke – eben *indem*
ich das tue –, zu einem Brief an mich selber und den ich nun auch selber
schreiben muß an die Göttinger und wer zufällig zuhören will" (I, 319). Zwar
werden in der dogmatischen Reflexion nun sehr viel deutlichere Kautelen
angebracht als in der früheren Phase – „Ich werde mich tatsächlich wohl hüten,
mich mit dem Apostel Paulus zu verwechseln und mein Zeugnis mit dem
seinen auf eine Stufe zu stellen" (ebd.) –, aber das ändert nichts an dem norma-
tiv-pragmatischen Duktus und Anspruch der Theologie: „Dann tritt eben der
Autor über meine Schwelle oder ich über die Schwelle des Autors, dann heißt
es νύνι δέ" (ebd.).

3.4. *Predigt für Prediger. Der dogmatische Predigtbegriff*
als Realisierungszusammenhang autoritativen Sprechhandelns

Im dritten und letzten Kapitel der Prolegomena soll es darum gehen das
„*Wort Gottes …*" in seiner „*dritten Gestalt, als Mitteilung der Offenbarung in der
Gegenwart …*", und das soll heißen: „*… als christliche Predigt*" (I, 321) auszulegen. Mit der Einholung des Predigtbegriffs als des Inbegriffs praktisch-theologischen Tuns soll zugleich die in den Prolegomena gebotene Selbstreflexion des
dogmatischen Tuns zu einem Ende kommen. Im Predigtbegriff sollen der methodologische Reflexionsvollzug und der praktische Kommunikationsvollzug
der Theologie konvergieren. Diese Konvergenz soll als ein wiederum ‚dialektisch' vermittelter Zusammenhang aufgebaut und durchsichtig gemacht werden.

Im ersten Paragraphen des Schlußkapitels (§ 11) sucht Barth diese Zuordnung grundsätzlich vorzunehmen, indem er den dogmatischen Predigtbegriff
als „*reine Lehre*" (I, 321) bestimmt. Im zweiten Abschnitt (§ 12) wird – wie
üblich – das Differenzmoment des in Rede stehenden Sachverhalts, hier also
von dogmatischem Tun und Predigt beschrieben, mithin dessen Modus („Die
dogmatische Norm" [I, 338]). Im Schlußabschnitt soll das dogmatische Denken als „*… Denken eines einzelnen, bestimmten Menschen*" (I, 360) eingeholt
werden, d.h. als reflexiv-theologische Selbstauslegung individueller Subjektivität; genau darin also sollen theoretisch-wissenschaftliche und praktisch-theologische Aufgabe konvergieren.

3.4.1. Die theonome Autorität des dogmatischen Predigtbegriffs als Grundbestimmung autoritativen Sprechhandelns (§ 11)

„Christliche Predigt" wird von Barth ausweislich der oben zitierten Formulierung aus dem Leitsatz des Paragraphen stricte dictu „als Mitteilung der Offenbarung in der Gegenwart" (I, 321)[69] bestimmt, also als der – als gelungen gedachte – Akt der Selbstbezeugung Gottes im menschlichen Wort. Das „Menschenwort, das dem Gotteswort Raum schafft" (I, 334), soll „reine Lehre" (I, 333) heißen. Damit wird das Moment praktisch-menschlicher, individueller Tätigkeit im normativen Akt autoritativen Sprechhandelns mit einem dezidiert theoretischen Begriff bestimmt. In der Tat beschreibt der Begriff „reine Lehre" genau die Konvergenz von praktischem Tun des Predigers und (darauf bezogenem) reflexiv-normativem Tun des Dogmatikers. Beide Tätigkeiten konvergieren darin, daß sie ein „Reden von Gott ..." sein sollen, dessen „... Sinn ..." darin besteht, „... daß Gott selber redet" (I, 331).[70] Diese Konvergenz, die aber dennoch keine Koinzidenz sein soll, wird von Barth so bestimmt: „Dogmatisches Denken und Reden ist nicht selber ein Predigen, aber ein Paradigma, wie man beim Predigen denken und reden soll." (I, 346). Bündig paraphrasiert könnte diese Spitzenformulierung der dogmatischen Theologie K. Barths so lauten: Dogmatik ist Predigt für Prediger; sie ist ohne ihren religiös-persuasiven Sinn nicht zu denken.

Die eklatante und – für Barths selbständige Theologie nach dem bisherigen Gang der Analyse – charakteristische Schwierigkeit dieser Bestimmung ist, daß damit wissenschaftliche und praktische Aufgabe der Theologie de facto eben doch koinzidieren. Dafür spricht schon der Umstand, daß die nahezu (und der systematischen Absicht nach) ohne methodologische Prolegomena auskommende ‚Römerbrief'-Phase bereits in der ersten Dogmatikvorlesung in eine Dogmatik umschlägt, für die das Wort aus dem Wort-Gottes-Vortrag von 1922, wie sich hier nun zeigt, bleibende Gültigkeit hat: „Es könnte ja auch sein, daß mit den Prolegomena Alles gesagt ist."[71]

Insofern wirken die von Barth angebrachten Verbotsschilder – „[e]s darf ... nicht gesagt werden: die Dogmatik schafft die reine Lehre" (I, 334) – nicht überzeugend. Auch die ostentative Herabstufung der tatsächlich geleisteten dogmatischen Konstruktionsarbeit zur eklektischen Präsentation einer „Anzahl geeigneter Stichwörter, die unter den Worten des christlichen Predigers immer wieder vorkommen ...: z.B. Gott, seine Liebe, Weisheit, Macht und andere solche Eigenschaftsbezeichnungen, Schöpfung, Vorsehung, Sünde, Schuld,

---

[69] Vgl. aaO., 327.

[70] Vgl. den ganzen Satz im Zusammenhang: „Ist es so, daß das Reden von Gott, die Theologie, die Predigt den Sinn hat, daß Gott selber redet, dann steht die Aufgabe, die jenes Tun zu bestimmen hat, ... in prinzipieller Klarheit vor uns: es muß eben Alles getan werden, was durch menschliches Reden getan werden kann, um jenem eigenen Reden Gottes freien Raum zu schaffen. Ich nenne diese Aufgabe die Aufgabe reiner Lehre". AaO., 331.

[71] KARL BARTH: Das Wort Gottes als Aufgabe der Theologie, 175.

Christus, Versöhnung, Glaube usw." (I, 336f.), kann den normativ-praktischen, und in dieser Hinsicht in der Tat: paradigmatischen Doppelcharakter von Barths dogmatischer Theologie nicht übersehen machen. Barths zentrale Selbstbeschreibungsbegriffe wie „reine Lehre" oder vor allem „Erkenntnis Gottes" sind dadurch ausgezeichnet, daß sie das systematische und konstruktive Potential seiner Theologie und darin insbesondere dessen pragmatische Dimension systematisch verdecken. Diese scheint in den beiden Schlußabschnitten darin auf, daß Barth hier von der Dogmatik spricht, indem er die Dogmatik*er* in den Blick nimmt. Darin kulminieren die elitetheoretischen Grund- und Hintergrundtendenzen der Barthschen Theologie in ihrer dogmatischen Phase.

3.4.2. Die Heteronomie des dogmatischen Predigtbegriffs als Modalbestimmung autoritativen Sprechhandelns (§ 12)

Die in der Konvergenzbestimmung liegende latente Konkurrenz von dogmatischer Arbeit und praktischer Predigttätigkeit wird an der Stelle thematisch, wo es der triadischen Konstruktionslogik zufolge um die Bestimmung ihres Differenzmoments geht. Hier fällt die gemeinsame Klammer der „reinen Lehre" faktisch wieder auseinander; vorfindliches „Menschenwort" (I, 343) und zur Geltung zu bringendes „Gotteswort" (ebd.) werden funktional auf die beiden Seiten von Predigt und Dogmatik verteilt. „Predigt" ist hier nun nichts anderes als „*die frommen Worte des christlichen Predigers*" (I, 339), religiöse Rede, wohingegen die „dogmatische Arbeit ..." – so sehr sie selbst diese Differenz auch in sich trägt – gegenüber der Predigt „... einfach in dem Geltendmachen des Gotteswortes gegenüber dem Menschenwort" (I, 343) bestehen soll.

Mit einem Form-Inhalt-Schema, bei dem die religiöse Rede zur Materie herabgesetzt wird, der durch die „*Form*bestimmtheit der Dogmatik" (I, 348) allererst legitimer Bestand verliehen wird, begründet Barth die nicht nur kritische, sondern de facto nachgerade konstitutive Bedeutung der Dogmatik für die praktisch-theologische Arbeit. Entsprechend wird für die Dogmatik gegenüber der religiösen Rede eine Überlegenheitsposition in Anschlag gebracht: „Der Dogmatiker ist in seinem Verhältnis zum kirchlichen Prediger der Starke, der Überlegene, der Freie, der Kritiker, der die Normen Handhabende." (I, 358).

Auf dieser Basis zeichnet Barth das Ethos einer intellektuellen Vordenkergruppe, das Ethos der dogmatischen Elite, deren Aufgabe das Geltendmachen der „dogmatische[n] Norm" (I, 338) sei. Daß es Barth hier tatsächlich um den Aufbau eines (kollektiven) Handlungssubjekts, und dementsprechend um ein Handlungsethos zu tun ist, zeigt sich mit wünschenswerter Deutlichkeit daran, daß er dessen Einzelbestimmungen – wie in den Römerbriefkommentaren – im Gewand einer Tugendlehre präsentiert. Die dogmatische Elite muß „*biblische Haltung*" (I, 349) und „*Respekt vor der konfessionell-theologischen Schule verraten*" (I, 353) und „als drittes Formprinzip den *Willen zur Kirche*" (I, 357) an den

Tag legen. So wird der Tätigkeit der dogmatischen Elite eine formierende Kraft kirchlichen Handelns zugeschrieben, die dieses insgesamt einer aktualen „*Form*-bestimmtheit" (I, 353) der Dogmatik unterwerfen soll. Dabei treten die Traditionsgrößen, vor denen der Dogmatiker seinen „Respekt" bezeugt, für Außenstehende nicht als appellable Instanzen in Erscheinung: „[A]uch wenn ich Calvin reden lasse, lasse ich ihn natürlich in *meinem* Gedankenzusammenhang reden" (I, 356). So wird das Denken der dogmatischen Elite zu einem Inbegriff kirchenleitenden Handels stilisiert, das seinerseits der Inbegriff selbstgewissen Handelns überhaupt sei. Die „Haltung …" des Dogmatikers ist „… die Haltung – nicht von Beobachtern, nicht von Referenten, nicht von Denkern, sondern von Menschen, die von einer absolut gegebenen Voraussetzung, dem „Deus dixit" herkommen" (I, 349). Die normative Kraft des Dogmatikers ist der Nukleus kirchlichen Handelns. „Er muß den Willen zur Kirche haben. Dogmatisches Denken und Reden muß voll heimlicher Aktualität sein, voll Beziehung auf das, was jetzt, jetzt auf allen Kanzeln gesagt werden sollte."[72]

3.4.3. Die Autonomie des dogmatischen Predigtbegriffs als Finalbestimmung autoritativen Sprechhandelns (§ 13)

„Du bist der Mann" (I, 378). Der Schlußabschnitt der Prolegomena zielt pragmatisch auf die Selbstapplikation der dogmatischen Theorie beim Rezipienten. Diese Applikation ist damit auf der einen Seite streng gesteuert; sie ist, wie schon in der ,Römerbrief'-Phase integrales Produkt der theologischen Konstruktion. Darum führt § 13 die eingebrachten inhaltlichen Bestimmungen des Predigtbegriffs als methodische Bestimmungen des dogmatischen Denkens aus. Das Systematische des Vorgehens wird daran deutlich, daß Barth diese Bestimmungen als „Kategorientafel von 4 x 3 Gliedern" (I, 371) ausführt.[73] Die funktionsrationale Sachlogik des Ethos der dogmatischen Elite wird hier gleichsam ins Kategoriale zu steigern versucht. In diesem Schlußabschnitt steht der Merksatz von Barths dogmatischer Funktionärselite: „Man kommt nicht aus eigener Lust zum dogmatischen Denken, und man kann es nicht nach eigenem Belieben ausüben. Man steht hier im Dienst einer *Sache*, wer man auch sei." (I, 378). In dieser funktionsrational gewendeten, appellativen Selbstdurchsichtigkeit klingt in der trinitarisch durchorganisierten Schuldogmatik Barths der Erwählungsgedanke durch.

Unvermittelt neben dieser ins Kategoriale gesteigerten Funktionalität stehen aber die Hinweise auf die individuell-autonome und darum strukturell nicht normierbare Selbsttätigkeit der intendierten praktischen Selbstapplikation der Dogmatik. „Den Inhalt ihrer Predigten sollten Sie aus dem Brunnen schöpfen,

---

[72] „Unterricht" I, 357.
[73] Die „Kategorientafel" wird vom Herausgeber des Bandes auf S. 371 in Anm. 12 rekonstruiert.

der sich genau in der Mitte zwischen der Bibel, Ihrer eigenen konkreten Lage und der Ihrer Zuhörer befindet – darüber wäre in der Homiletik, überhaupt in der praktischen Theologie zu reden –, auf keinen Fall aber aus meiner oder irgend einer Dogmatik" (I, 334f.). Wie die ‚Römerbrief'-Theologie enden nun auch die Prolegomena zur Dogmatik mit Verweisen auf eine praktisch-individuelle Selbstapplikation der Theologie, die durch den rigiden systematischen Normierungsversuch, den die Dogmatik unternimmt, nicht gedeckt ist; durchaus freilich durch die ihr eingelagerte Pragmatik, wonach das „[d]ogmatische … Denken und Reden …" ein „… Paradigma …" sei, wie man beim Predigen denken und reden soll" (I, 346).

„Was sagst Du als Dogmenhistoriker …", so will Martin Rade am 12. September 1928 brieflich von seinem Freund Adolf von Harnack wissen, „… zu dieser Trinitätslehre Barths?[…] Wenn Du meine ‚Andachten' in der C[hrist-lichen] W[elt] liesest, so wirst Du merken, daß sich meine *Frömmigkeit* immer energischer gegen diese Theologie wehrt."[74] Und einige Monate später heißt es: „Die um Barth u[nd] Gogarten sind schon fast zur Sekte geworden; ich halte das für eine unheilvolle Entwicklung."[75]

---

[74] JOHANNA JANTSCH (Hrsg.): Der Briefwechsel zwischen Adolf von Harnack und Martin Rade. Theologie auf dem öffentlichen Markt, Berlin – New York 1996, 835f. (Nr. 667). Rade bezieht sich hier wie im folgenden Zitat natürlich auf Barths *Christliche Dogmatik* von 1927.
[75] Brief Rades an Harnack, 29.1.1929. In: JOHANNA JANTSCH (Hrsg.): Der Briefwechsel zwischen Adolf von Harnack und Martin Rade, 839 (Nr. 670).

Phase 4. Praktische Theologie
als dogmatische Legitimationstheorie.
Zur Funktion der *Kirchlichen Dogmatik* – ein Ausblick

4.1. Zwischenbetrachtung

„Lebewohl, Hans Castorp, des Lebens treuherziges Sorgenkind! Deine Geschichte ist aus. Zu Ende haben wir sie erzählt; sie war weder kurzweilig noch langweilig, es war eine hermetische Geschichte."[1] Als Thomas Mann im September 1924 seinen Helden ins wirkliche Leben mit seinen trüben Aussichten entläßt, hat Karl Barth gerade den ersten Teil seiner ersten Dogmatikvorlesung beendet. Barths literarische Geschichte ist 1924 bekanntlich nicht aus, sondern in gewisser Weise beginnt sie jetzt erst. Barth hat seine Leser erst verlassen, als ihn selbst im Alter die Kräfte verließen. Daß Barths theologische Geschichte bis zuletzt eine kreative Geschichte geblieben ist, die trotz ihrer horengesangähnlichen Redundanzen (oder gerade in diesen) mit ihren Lesern stets ‚applikativ' auf Augenhöhe zu sein versucht, mag illustrieren, daß Barth seine allerletzte Predigt, die er im Dezember 1965 hätte halten sollen, absagt, weil er an der Vorbereitung scheitert.[2]

Geschichte und Gestalt von Karl Barths Theologie sind weder kurzweilig noch langweilig, nämlich ebenso varianten-, gehalt- und erfindungsreich wie zugleich auch konstruktiv-hermetisch. In der Verbindung von beidem liegt ihr Geheimnis. Dieses konnte auf der zurückgelegten Strecke nur ansatzweise und vor allem nach seiner letzteren Seite hin gelüftet werden. Zu zeigen versucht wurde, daß und inwiefern die applicatio der constructio nicht äußerlich, sondern immanent ist. Die Gotteserkenntnis, die der Glaube sein soll, und die Erkenntnis der Gotteserkenntnis, welche die Theologie Karl Barths sein will, liegen in dieser Theologie auf diffizil zu entwirrende Weise ineinander. Man kann ‚Barth' entweder nacherzählen oder rekonstruieren; man kann sich dem Zuschauerverbot fügen oder sich ihm entziehen. Letzteres ist hier versucht worden, was wie bei allen ähnlichen Unternehmungen die literarische Inkompatibilität von opulent narrativer Vorlage und abstrakter Rekonstruktion zur Folge hat und darum schon sprachlich wie Spielverderberei wirken mag.

---

[1] THOMAS MANN: Der Zauberberg. Roman (1924), Berlin 1991, 980.
[2] Vgl. HINRICH STOEVESANDT: Wandlungen in Karl Barths theologischem Verständnis der Predigt. In: EvTh 47 (1987), 536–550, hier: 542.

Für das große Spiel, zu dem Barth 1927 mit der *Christlichen Dogmatik im Entwurf*[3] ansetzt und mit dem er fünf Jahre später in Gestalt der vielbändigen *Kirchlichen Dogmatik*[4] noch einmal von vorn beginnt, kann diese Rekonstruktion im Folgenden nicht mehr geleistet werden. In gewisser Weise setzt sich also die opulente ‚applicatio'-Zumutung gegen die Gegenwehr der ‚reconstructio' doch durch. Aber der Rezipient streckt die Waffen unter Protest: man kann Rezipienten auch dadurch vom Zuschauen abhalten und in die kontinuierliche Leserposition zwingen, daß man sie kontinuierlich mit Lesestoff eindeckt. Auch dieser Version des Zuschauerverbots entziehen sich also die noch anzustellenden Beobachtungen zur *Kirchlichen Dogmatik*. Deren Kürze hat von daher auch Methode.[5]

4.2. Gotteserkenntnis und Erkenntnis der Gotteserkenntnis

Eine wichtige Differenz zwischen Band I/1 der *Kirchlichen Dogmatik* und der *Christlichen Dogmatik im Entwurf* besteht darin, daß Barth nunmehr die Explikation des Bezugs der dogmatischen Theologie auf den ihr vorausgesetzten Sprachvollzug der „Predigt" methodisch neu konzipiert. Ähnlich wie in der Göttinger Dogmatikvorlesung hatte Barth auch in seiner ersten publizierten Dogmatik die Dogmatik als Theorie „christliche[r] Rede"[6] bestimmt, von der er die „kirchliche Verkündigung als Idee der christlichen Rede"[7] unterschieden hatte. Der mit dieser Differenz verbundene Einsatz der Dogmatik mit einem phänomenologischen Eingangsdiskurs spiegelte sich dort insbesondere in den ‚anthropologischen' Paragraphen 5 bis 7 über „Das Wort Gottes und der Mensch als Prediger"[8], „Das Wort Gottes und der Mensch als Hörer" und „Das Erkanntwerden des Menschen im Worte Gottes"[9]. Diesen Eingangsdiskurs und den mit ihm zusammenhängenden Übergang von der „*phänomenologischen* zur *existentiellen* Betrachtungsweise"[10] will Barth in der *Kirchlichen Dogmatik* einziehen. Auch die weitere Entwicklung der Barthschen Theologie nach der Göttinger Dogmatikvorlesung kann also offenbar im Rahmen eines fortschreitenden Versuchs, die Inversion der Methodologie im Gang der Dogmatik selbst zu explizieren, gedeutet werden.

---

[3] KARL BARTH: Die christliche Dogmatik im Entwurf.

[4] KARL BARTH: Die Kirchliche Dogmatik. 1. Bd.: Die Lehre vom Wort Gottes, 1. Halbbd. (1932).

[5] So mag auch gerechtfertigt sein, daß die *Christliche Dogmatik im Entwurf* von einigen wenigen Bemerkungen im Folgenden abgesehen übersprungen wird.

[6] KARL BARTH: Die christliche Dogmatik im Entwurf, 13.

[7] AaO., 33.

[8] AaO., 69ff.

[9] AaO., 109ff.

[10] KARL BARTH: Die Kirchliche Dogmatik. 1. Bd.: Die Lehre vom Wort Gottes, 1. Halbbd. (1932), 128f.; vgl. DERS: Die christliche Dogmatik im Entwurf, 69f. Seitenzahlen im Text beziehen sich im Folgenden auf die *Kirchliche Dogmatik*.

An die Stelle der „*frommen Worte* ... *des christlichen Predigers*" [11], mithin an die Stelle des Vollzugs sprachlicher Mitteilung von Religion, tritt in KD I/1 die „*in der Kirche stattfindende Rede von Gott*" (I/1, 47). Es ist der dogmatische Kirchenbegriff, der hier nun funktional den früheren Begriff der „christlichen Rede", bzw. den der „frommen Worte" definitiv ersetzt. Damit soll die in den beiden früheren Dogmatikentwürfen verbliebene Restdifferenz zwischen dem (auch dort schon) mit dem Kirchenbegriff verbundenen konsequent konstruktiven Zugriff der Dogmatik und deskriptiven Außenbezügen eingezogen werden. Auf diese Weise wird die dogmatische Normierung kirchlichen Handelns entschlossen weitergeführt und die Professionalisierungsabsicht, welche schon den Einsatz der Theologie als dogmatischer Theologie bestimmt hatte, weiter verstärkt. Aus einer Autoritätstheorie, die als solche noch einen gewissermaßen offenen Horizont hatte, insofern die absolute Autorität, um deren theoretischpraktische Konstituierung es jenen Entwürfen zu tun war, sich noch vergleichsweise unmittelbar auf ihren intentionalen Hintergrund als Theorie des Selbstvollzugs individueller Freiheit hin durchsichtig machen ließ, wird nun eine Theorie, die hier funktional als Legitimationstheorie beschrieben und ansatzweise rekonstruiert werden soll.[12] Die Funktionalisierung der dogmatischen Gehalte für den Selbstaufbau des Reflexions- als Handlungsagenten wird hier weiter vorangetrieben. Die Autoritätstheorie, als welche sich die Göttinger Dogmatik präsentierte, wird nun zur Autoritätskompetenztheorie präzisiert.

Diese funktionale Präzisierung erschließt sich einer funktionalen Analyse der *Kirchlichen Dogmatik*. Die Funktionsbestimmung, die diese sich selbst gibt, lautet anders: „Sie prüft die ‚Orthodoxie' des jeweiligen Kerygma." (I/1, 84) Mit dem „jeweiligen Kerygma" ist die „fragwürdige Tatsache ..." gemeint, „... daß in der Verkündigung durch Menschen von Gott, Offenbarung, Glaube menschlich geredet wird" (ebd.). Nun zeigt allerdings ein einziger Blick auf jede beliebige Seite der *Kirchlichen Dogmatik*, daß jenes aktuelle Kerygma als das vermeintlich „Gegebene, von dem die Dogmatik ausgeht" (ebd.), faktisch als solches nirgendwo in systematisch virulenter Funktion in Erscheinung tritt. Entgegen der Behauptung, Dogmatik sei als die Prüfung „kirchliche[r] Sonntagspredigt" (I/1, 83) zu verstehen, findet eine solche Prüfung in der *Kirchlichen Dogmatik* de facto nicht statt. Und bei näherem Hinsehen zeigt sich, daß Barth dies auch nicht einmal behauptet; denn er erklärt, die als Dogmatik vollzogene „Selbstprüfung der Kirche hinsichtlich dieser ihrer zentralen Funktion ..." beziehe

---

[11] „Unterricht" I, 338.
[12] Terminologisch gehört der Legitimationsbegriff allerdings in die Göttinger Dogmatik. „[W]oher ... die *Legitimation* nehmen ...?" („Unterricht" I, 60, vgl. 62, 65, 67, 79f, 80), gilt hier als eine der Grundfragen, welche die Dogmatik zu beantworten habe. Die Legitimationsproblematik der Dogmatik wird insbesondere reflektiert im Zusammenhang des Offenbarungsbegriffs (aaO., 132) und im Zusammenhang des Predigtbegriffs als „reine Lehre" (aaO., 321). – In der *Kirchlichen Dogmatik* ist der Legitimationsbegriff, so weit ich sehe, entweder ganz ausgemerzt oder jedenfalls im Vergleich zur Göttinger Vorlesung weit zurückgedrängt. Das dürfte daran liegen, daß er das apologetische Interesse der Dogmatik transportiert, welches Barth hier nicht mehr als solches explizieren will.

sich in der Tat nicht auf die kirchliche Verkündigung, sondern auf „... diejenige Form der Verkündigung von gestern, in der diese bereits geprüft, kritisiert und korrigiert vorliegt, d. h. aber auf die Ergebnisse der Geschichte der Dogmatik selber" (I/1, 80). Die Aufgabe der dogmatischen Theologie auf dem Stand der *Kirchlichen Dogmatik* wäre demnach im Sinne ihres Selbstverständnisses die Aufgabe der Prüfung der Prüfung kirchlicher Rede von Gott. Das ihr eigentlich Gegebene sind in ihrem eigenen Sprachsinn gegebene Prüfungen, die sie auf ihre Prüfungskompetenz hin prüft. Das würde beim Wort genommen bedeuten: die *Kirchliche Dogmatik* will eigentlich als Meta-Dogmatik verstanden werden, als Erkenntnis (Prüfung der Prüfung) der Erkenntnis (Prüfung) der Gotteserkenntnis, die der sprachlich kommunizierte, verkündigte Glaube sein soll. Das wiederum müßte bedeuten, daß die dogmatische Theologie eine normative praktische Theologie aus sich entlassen müßte, die den konkreten Vollzug der Prüfung kirchlicher Verkündigung darstellen und regeln müßte. Von einer solchen konstitutiven Bezogenheit der dogmatischen auf eine von ihr zu unterscheidende und von ihr reglementierte praktisch-normative Theologie ist aber in der *Kirchlichen Dogmatik* auch nichts zu erkennen.[13] Die Prüfungskompetenz, welche die *Kirchliche Dogmatik* vermitteln will, ist offenbar nicht eine solche, die sich in ein Arsenal differenzierbarer Handlungskompetenzen überführen ließe. Vielmehr wird die Anwendung, die applicatio der Wissenskompetenz des dogmatischen Wissens wie in den früheren Entwürfen als unmittelbarer, kreativer Akt, als der *Selbstvollzug* der sprachlichen Mitteilung von Religion, der genau wie diese selbst in seinem Kern nicht methodisierbar sei, verstanden: „Was zu verkündigen ist, das darf und kann man von der Dogmatik nicht zu hören erwarten. Was zu verkündigen ist, das muß je und je gefunden werden in der Mitte zwischen dem bestimmten Bibeltext im Zusammenhang der ganzen Bibel und der Gemeinde in der bestimmten Situation dieser und dieser Gegenwart" (I/1, 81).

Die Kompetenz, welche die *Kirchliche Dogmatik* vermitteln will, ist gewissermaßen eine Kompetenz-Kompetenz. Ihr intentionales Thema ist nicht das Handlungswissen einer bestimmten Profession, sondern offenbar diejenige Kompetenz, die zum Erwerb von Handlungswissen jedweder Art immer schon vorausgesetzt und immer schon in Anspruch genommen werden muß. Das metaprofessionelle Geschäft der *Kirchlichen Dogmatik* ist eodem actu gewissermaßen ein hyperprofessionelles Geschäft. Die *Kirchliche Dogmatik* professionalisiert das per definitionem Nicht-Professionalisierbare, und das heißt unter modernen Bedingungen; sie professionalisiert das Private, die Individualität, die Religion. Die *Kirchliche Dogmatik* ist professionalisierte und das heißt öffentliche Religion; sie ist der professionalisierte ‚Vorgang Karl Barth'.

‚Professionell' ist die *Kirchliche Dogmatik* nicht, weil und insofern sie ein bestimmtes partikulares Handlungswissen vermitteln würde. Das tut sie nicht,

---

[13] Der Inhalt der in den dreißiger Jahren gehaltenen Homiletikvorlesung, die erst 1966 im Druck erschienen ist, wäre der Sache nach gut in die *Kirchliche Dogmatik* zu integrieren, vgl. KARL BARTH: Homiletik. Wesen und Vorbereitung der Predigt (hrsg. v. G. Seyfferth), Zürich 1966.

jedenfalls nicht dem praktizierenden, dem praktischen Theologen, oder höchstens indirekt. Professionell ist sie aber, weil und insofern sie auf methodisch reflektierte und durchsichtige Weise den Aufbau von Handlungsgewißheit überhaupt – das Handeln Gottes – als Thema eines bestimmten Handlungsvollzugs – des pastoralen Handelns – konstruiert. Und zwar konstruiert sie jenes als dieses, indem sie die Kompetenz pastoralen Handelns als die Kompetenz ebensolcher Selbstthematisierung konstruiert. Die *Kirchliche Dogmatik* vollzieht praktisch und darin exemplarisch den Aufbau des starken Handlungssubjekts der Moderne als selbstdurchsichtiges Handlungssubjekt, als praktischen Reflexionsagenten. Die Eigenart und Schwierigkeit dieses Aufbaus ist es, daß in ihr praktisch-religiöser Vollzug, Reflexion (Methodik) und Reflexion der Reflexion (Methodologie) immer nur momentan differenziert, intentional aber entdifferenziert werden und zusammenfallen: „Wirkliche Theologie ist eine dem Menschen wirklich widerfahrende Bestimmung und Inanspruchnahme durch den handelnden Gott." (I/1, 18) Darum behält auch unter den Bedingungen einer in der *Kirchlichen Dogmatik* weiter vorangetriebenen Prinzipialisierung und Durchkonstruktion der Theologie mithilfe der Trinitätslehre das Theologumenon der Prädestination – und zwar zunächst als Theologumenon und gerade nicht als ausgeführte Lehre – eine hintergründige Steuerungsfunktion: „Sache göttlicher Gnadenwahl ist offenbar das Gegebensein jener besonderen entscheidenden Bedingung der Dogmatik, ist je und je die Entscheidung über das, was in der Dogmatik Wahrheit ist oder nicht ist."[14]

Die Kompetenz, die „Berufung" (I/1, 59), um deren Durchsichtigmachung es in der *Kirchlichen Dogmatik* geht, ist zugleich erstens die Berufung des „berufenen und erwählten Christen" (I/1, 97), mithin religiöse Berufung, von deren Kenntnis es aber gleichwohl auch „für die Nicht-Theologen keinen prinzipiellen Dispens geben kann" (I/1, 79); sie ist zweitens die Berufung des professionell-kompetenten öffentlichen Vermittlers von Religion, also die „*Berufung* dessen, der hier fungieren soll" (I/1, 59); und sie ist drittens die Berufung der sehr speziellen Kompetenz-Kompetenten der bestimmten Dogmatik, die hier aufgebaut wird, die „Wir-Gruppe" der Barthschen Theologie, die sich als Wir-Gruppe konstituiert durch jenes kompetenz-kompetente Wissen vom Aufbau der Religion selbst. Das ist ein Wissen, das sich aufgrund seiner faktischen Partikularität praktisch in polemischen Durchsetzungsaktionen gegen ‚inkompetente‘ Gegner artikuliert: „Aber sagt ihnen, daß diese Erkenntnisordnung auch und gerade für den *frommen* Menschen gilt, daß auch und gerade er keine Möglichkeit *hat* – auch nicht als empfangene – sondern die Möglichkeit zur Erfahrung vom Worte Gottes nur *empfangen*, nur als *geliehene* in der Wirklichkeit des Empfangens *gebrauchen* kann, sagt ihnen, daß diese Möglichkeit Gottes Möglichkeit ist und *bleibt* und aus seiner Hand in keines anderen Hand übergeht – sagt ihnen dies, so ist der zornige unversöhnliche Streit sofort da. Wir haben, wenn wir dies sagen, wenn wir jener These, die in der Tat nur durch Messers Breite,

---

[14] KD I/1, 21, vgl. 49, 53, 56f, 59f, 153, 197 u.ö.

aber abgrundtief von ihr geschiedene Gegenthese gegenüberstellen, die erdrük-
kende Mehrheit unter den Führern und Geführten in der heutigen evangelischen
Kirche leidenschaftlich gegen uns." (I/1, 223) Die Elite, die Barths Theologie
begründen will, ist auch in der *Kirchlichen Dogmatik* eine Gegenelite, eine Gegen-
Moderne. Die Erwählung, die sie durchreflektiert, setzt sich praktisch um als der
Appell: „Möchte doch jedermann wählen, niemand mehr nach neuen langwei-
ligen Vermittlungsversuchen sich umsehen" (I/1, 224). Das starke Handlungssubjekt der Moderne konstituiert sich, indem es seine Rezipienten zur Wahl
zwingt. Indem sie kompetenz-kompetent über den „in dieser Sache allein zuständigen Zeugen" (I/1, 208) entscheidet, erklärt sich die *Kirchliche Dogmatik*
selbst für allein handlungskompetent (weil allein handelnd) und alle anderen zu
den „diesem Ereignis interessiert aber von außen Zuschauenden" (ebd.).

In Form einer Stichprobe an einem absichtsvoll gewählten materialdogmatischen Teil der *Kirchlichen Dogmatik* soll nun die Eigenart der Kompetenz, die
sie vermitteln will, skizziert werden: nämlich an derjenigen Lehre, welche neben der Trinitätslehre die materiale Dogmatik insgesamt steuert, und der darum
eine interne Schlüsselfunktion zukommt,[15] eben der Erwählungslehre.[16] Daß
sich der Kreis, den diese Untersuchung abschreiten wollte, nun allmählich zu
schließen beginnt, soll daran erkennbar sein, daß die Skizze der Erwählungslehre der *Kirchlichen Dogmatik* ihren Ausgang, ohne dem Text Gewalt anzutun,
bei Barths Blick auf denjenigen Autor nehmen kann, mit dem die vorliegende
Untersuchung ihrerseits begonnen hat: mit Max Weber. Damit wird sie selbst
nun gewissermaßen invers.

4.3. Professionalisierung des Christentums: Zur Thematik und Funktion der Erwählungslehre in der Kirchlichen Dogmatik

Es ist wahrscheinlich, daß die Anstreichungen und Randbemerkungen, die
sich in Barths Exemplar von Max Webers *Protestantischer Ethik* finden, auf die
Zeit seiner Vorbereitung der Erwählungslehre zurückgehen (1939/40).[17] Im

---

[15] Vgl. dazu: OTTO WEBER, WALTER KRECK, ERICH WOLF: Die Predigt von der Gnadenwahl.
Karl Barth zum 10. Mai 1951 (TEH 28), München 1951; WALTER SPARN: „Extra Internum". Die
christologische Revision der Prädestinationslehre in Karl Barths Erwählungslehre, in: Die Realisierung der Freiheit, hrsg. v. Trutz Rendtorff, 44–75; DOUGLAS R. SHARP: The Hermeneutics of
Election. The Significance of the Doctrine in Barth's Church Dogmatics, Lanham, New York,
London 1984; HANS THEODOR GOEBEL: Vom freien Wählen Gottes und des Menschen. Inter-
pretationsübungen zur „Analogie" nach Karl Barths Lehre von der Erwählung und Bedenken
ihrer Folgen für die Kirchliche Dogmatik (Forschungen zur Praktischen Theologie, hrsg. v. Ulrich
Nembach, Bd. 9), Frankfurt/M. – Bern – New York – Paris 1990; DERS.: Trinitätslehre und
Erwählungslehre bei Karl Barth. Eine Problemanzeige, in: Wahrheit und Versöhnung. Theologi-
sche und philosophische Beiträge zur Gotteslehre, hrsg. v. Dietrich Korsch und Hartmut Ruddies,
Gütersloh 1989, 147–166; THIES GUNDLACH: Selbstbegrenzung Gottes und die Autonomie des
Menschen.

[16] Vgl. KD II/2, 1–563.

[17] In dem Aufsatz *Gottes Gnadenwahl* von 1936 ist noch keine Bezugnahme auf M. Weber

Einleitungsparagraphen der Erwählungslehre[18] finden sich die beiden einzigen relevanten unter den nicht sehr zahlreichen Bezugnahmen der *Kirchlichen Dogmatik* auf den Soziologen der Moderne.[19] Hier nimmt Barth genau die rezeptionsanalytische Perspektive auf, unter der Weber die Erwählungslehre betrachtet.

Weber ist für Barth zum einen der Gewährsmann für die Wirkung der „pathetische[n] Unmenschlichkeit"[20] dieser Lehre aufgrund ihrer „dialektisch doppelsinnige[n] Bedrohlichkeit" (II/2, 12), als dem Eindruck, der die Rezeption der Erwählungslehre (Calvins) weithin bestimme, und der zu dem verbreiteten „Ressentiment" (ebd.) gegen sie und gegen das sie leitende „decretum absolutum" (II/2, 172) Gottes führe. Weber, wenn auch er nicht allein,[21] ist für Barth dann aber auch der Kronzeuge für die nachgerade gegenläufige Bedeutung und Wirkung der Prädestinationslehre. Im „ganzen reformierten Bereich" habe sich aus Calvins Lehre heraus „das eigentümliche, höchst praktische und allmählich nur zu praktische Lebensgefühl des vor Gott geringen und auf der Erde nur um so sicherer sich bewegenden Weltbürgers" (KD II/2, 39) entwickelt. Und Barth teilt auch Webers Deutung, daß die reformierte Prädestinationslehre hierin schließlich ihren „eigentliche[n] Skopus und Effekt" (ebd.) gehabt habe. So sehr Barth die Erwählungslehre von beiden rezeptionsgeschichtlichen „Effekten" freiarbeiten will, so sehr platziert er ihren Ansatz doch im Gegenüber zu dem ersten, dem menschenfeindlichen Aspekt der Lehre, den es zu „zerstör[en]" (KD II/2, 12) gelte, „wenn das Licht dieser Lehre leuchten soll." (Ebd.)

Problematischer noch als diese inhaltlichen Wertungen der Prädestinationslehre ist für Barth jedoch die „Vorstellung, daß es sich hier um ein bloßes und neutrales Theorem handle."[22] In der Bestreitung der Auffassung von der theologischen und darin zugleich praktischen Irrelevanz der Prädestinationslehre hat Barths eigene Konstruktion der Erwählungslehre, wie sich hier abzeichnet und zu zeigen sein wird, ihr formales Ziel. Es fällt auf, daß jene überwiegend mit Webers *Protestantischer Ethik* belegten ‚Fehlrezeptionen' der Erwählungslehre mit der Selbstgewißheit des Handlungssubjekts und darin mit der Bedingung der Möglichkeit von selbstgewisser Handlungsfreiheit zu tun haben. Der

---

festzustellen (vgl. KARL BARTH: Gottes Gnadenwahl [TEH 47], München 1936, 1–32; vgl. DERS.: Fragebeantwortung, aaO., 33–56). – Das hat jedoch angesichts der Kürze des Aufsatzes nicht viel zu bedeuten. Allerdings wäre genau zu untersuchen, ob nicht ein signifikanter Schwenk in der Calvindeutung Barths zwischen 1936 und 1940 mit dem Einfluß Webers zu tun haben könnte.

[18] KARL BARTH: Die Kirchliche Dogmatik. 2. Bd., Die Lehre von Gott, 2. Halbbd., 6. Aufl., Zürich 1981, 1–563.

[19] Verläßt man sich auf den allerdings nicht immer ganz verläßlichen Registerband der *Kirchlichen Dogmatik*, dann finden sich Bezugnahmen auf M. Weber nur an folgenden Stellen: KD I/2, 935; II/2, 12, 39; III/4, 689.

[20] KD II/2, 12; vgl. MAX WEBER: Die protestantische Ethik und der „Geist" des Kapitalismus, 62.

[21] Vgl. die Rede von „M. Weber u. A.". KD II/2, 39.

[22] Ebd. Barth sagt nicht, wen er als Vertreter dieser Auffassung im Auge hat. Gemeint könnte vielleicht Troeltschs Glaubenslehre sein, in der die Prädestinationslehre ganz am Ende steht. Vgl. ERNST TROELTSCH: Glaubenslehre. Nach Heidelberger Vorlesungen aus den Jahren 1911 und 1912, mit einem Vorwort v. Marta Troeltsch, München-Leipzig 1925, 382ff.

Nachweis der handlungspraktischen und darin ethischen Relevanz der Erwählungs*lehre* scheint von hier aus geurteilt geradezu der Skopus der Barthschen
Konstruktion zu sein: „Wir brauchen Vieles nicht zu wissen, aber was Gottes
Erwählen und was unser Erwähltsein ist, … das *müssen* wir wissen." (KD II/2,
174) An der Erwählungslehre entscheidet sich für Barth offenbar die Frage nach
der Wissenshaltigkeit der religiös-sittlichen Lebenspraxis des Christentums, also
die Frage der ‚Theologizität' des Glaubens und damit das Verhältnis des in der
Kirchlichen Dogmatik insgesamt vorgeführten professionellen dogmatischen Diskurses zur religiösen Lebenswirklichkeit.

„[D]en Wert und die Brauchbarkeit" (II/2, 39) der Erwählungslehre könne
nun aber nur ein dogmatisches Verfahren erweisen, das seinen Ansatz gerade
nicht bei der möglichen Funktion der Lehre, sondern bei ihrem Inhalt, bei
ihrem Thema nehme. Thema der Erwählungslehre ist die „Entfaltung der christlichen Erkenntnis von dem grundsätzlichen Verhalten Gottes zum Menschen,
sofern dieses in Gottes Freiheit beruht" (I/2, 986). Die Erwählungslehre habe
den Gedanken zu sichern und zu entfalten, daß alles Verhalten Gottes zu einem
von ihm Verschiedenen seinen produktiven Grund in der „Selbstbestimmung"
(II/2, 107) Gottes hat.[23] Die Erwählungslehre thematisiert nach Barth, kurz
gesagt, das Handlungsmoment in allen einzelnen Handlungen Gottes. Sie nimmt
darin gegenüber den materialen dogmatischen Lehren von einzelnen Bestimmtheiten dieses Handelns einen gleichsam metatheoretischen Status ein.[24] Die
Erwählungslehre müsse darum „am Anfang und hinter allem christlichen Denken stehen, aber sie ist nicht ein erstes Glied der Beschreibung, wie der Mensch
zur Gemeinschaft mit Gott kommt. Die Prädestinationslehre ist nicht ein konstitutives, sondern ein regulatives Prinzip."[25] Damit steht die Erwählungslehre
hinsichtlich ihrer Funktion im Ganzen der Dogmatik in engem Zusammenhang mit der die einzelnen Inhalte der Dogmatik steuernden Lehre von der
Offenbarung, die Barth, wie in der ersten Dogmatikvorlesung, auch in der *Kirchlichen Dogmatik* als Trinitätslehre entfaltet hat.[26] Wenn die trinitarische Offenbarungslehre erklärt, inwiefern das Handeln Gottes ein Sich-selbst-zu-Erkennen-Geben Gottes ist,[27] dann zeigt die Erwählungslehre, daß und inwiefern das

---

[23] Vgl. den Leitsatz des ersten Paragraphen der Erwählungslehre: „Sie [sc. die Erwählungslehre] gehört darum zur Lehre von Gott, weil Gott, indem er den Menschen wählt … in
ursprünglicher Weise sich selbst bestimmt." (KD II/2, 1). Vgl. auch die von Barth als zentrale
Einsicht aufgestellte These, „daß Gott in seinem ganzen Werk als der die Welt mit sich selber
versöhnende, der in Jesus Christus handelnde …, der von Ewigkeit zu diesem Sein in Jesus
Christus entschlossene und durch sich selbst bestimmte Gott ist." KD II/2, 96.

[24] Die Sekundärliteratur hat zwar den „kategoriale[n] Sinn der Prädestinationslehre" in der
KD häufig bezeichnet (GERHARD GLOEGE: Zur Prädestinationslehre Karl Barths. Fragmentarische
Erwägungen über den Ansatz ihrer Neufassung, in: KuD 2 [1956], 193–255, hier: 198), aber
selten systematisch klar herausgearbeitet.

[25] KARL BARTH: Fragebeantwortung [zum Aufsatz „Gottes Gnadenwahl"], 35.

[26] Vgl. dazu auch die interessanten Beobachtungen von HANS THEODOR GOEBEL: Trinitätslehre und Erwählungslehre bei Karl Barth.

[27] Vgl.: „Indem Gott sich uns offenbart, handelt er an uns." KD I/2, 973.

Sich-selbst-zu-*Erkennen*-Geben Gottes das *Handeln* Gottes, und zwar das Handeln Gottes am Menschen ist.[28] Offenbarungslehre und Erwählungslehre zusammen reflektieren und strukturieren die differenzierte Einheit von Reflexions- und Handlungsvollzug des theologischen Wissens. Die Erwählungslehre beschreibt nun aber den Handlungscharakter der Selbstoffenbarung Gottes selbst als ein bestimmtes Handeln, als ein „inhaltlich bestimmte[s]"[29] Handeln. Eben darum trägt sie nicht den formalen Titel ‚Lehre vom Handeln Gottes', sondern die inhaltlich bestimmte Bezeichnung „Erwählungslehre": „Was gerade im Zentrum der göttlichen Selbstoffenbarung geschieht, das ist nun einmal Erwählung." (II/2, 63) Das ist die entscheidende Festlegung Barths: das *decretum absolutum*, das Handeln Gottes selbst ist als solches immer schon inhaltlich bestimmtes Handeln, *decretum concretum*. „[D]ie göttliche Prädestination ist die *Erwählung Jesu Christi*." (II/2, 110) Der Fehler der theologischen Lehrbildung nahezu der gesamten Tradition beruht nach Barth darauf, daß sie den Charakter göttlichen Handelns mit einem abstrakten Gottesbegriff verbunden habe, anstatt ihn inhaltlich zu qualifizieren. Der „Erkenntnisgrund" der Erwählungslehre und ihr „Realgrund" (II/2, 98) müßten in Jesus Christus identisch gesetzt werden.[30] Wo diese Identifizierung nicht vollzogen werde, sei Erwählungsgewißheit im Ansatz unmöglich. An ihre Stellen würden dann nahezu zwangsläufig, wie Barth in deutlicher Anlehnung an M. Weber sagt, „Komplemente" (II/2, 121) treten wie „Mystik" oder „‚innerweltliche' … Askese und Betriebsamkeit"[31]. Barths Erwählungslehre gibt sich somit einen deskriptiven Charakter; sie will ihre Bestimmungen gewissermaßen an der Eigenlogizität der Person Jesu Christi ablesen.

Was sind diese Bestimmungen? Das „*decretum concretum* der Erwählung Jesu Christi" (II/2, 173) ist „*Wahl*, seine freie, subjektive Selbstbestimmung *ist*: unabhängig von aller äußeren Nötigung, Bedingung und Bestimmung der ursprünglichste Akt seiner Herrschaft über Alles" (II/2, 107).[32] Darin liege erstens: Jesus Christus ist als der „erwählte Mensch" (II/2, 124) reines, ursprüngliches Objekt, unverfälschter Zweck des göttlichen Handelns. Dieses ist als solches Ausdruck von Gottes absoluter Selbstbestimmung[33], seiner „Souveränität" (II/2, 169). In der Logik dieser Handlung liege zweitens: Christus ist „*der* Gegenstand dieses Wohlgefallens, indem er zuerst selber dieses Wohlgefallen, der

---

[28] Vgl.: „Die Lehre von der Prädestination ist … die … unter dem Gesichtspunkt der Lehre von *Gott* im Besonderen vorgenommene Antizipation des … Themas der christlichen Predigt und Dogmatik: Gottes *Handeln* am *Menschen*." „Unterricht" II, 213.

[29] Vgl.: Jesus Christus ist „die inhaltlich bestimmte göttliche Entscheidung hinsichtlich aller Kreatur". KD II/2, 112.

[30] Vgl. das Postulat der Fixierung ihres Ableitungsgrundes „*in der Erwählung selbst* und nicht in einem hinter ihr liegenden höheren Prinzip". KD II/2, 54.

[31] KD II/2, 121, für das „Komplement" der innerweltlichen Askese verweist Barth ausdrücklich auf B. Franklin – ein klarer Hinweis auf den Einfluß Webers. Vgl.: „Gegenüber dem absoluten Dekret gibt es letztlich … nur die Flucht in die Mystik oder in die Moral, d.h. aber in eine selbsterwählte Heiligkeit, in den Götzendienst und in die Werkgerechtigkeit." KD II/2, 174.

[32] Vgl.: „Wir müssen ja immer wieder davon ausgehen, daß Gott in allem seinem Wählen und Wollen ursprünglich und letztlich sich selber will." KD II/2, 184.

[33] Vgl. KD II/2, 96, 169.

Wille Gottes in Aktion *ist*. Er ist nicht nur Maßnahme und Instrument der göttlichen Freiheit, sondern er ist zuerst und eigentlich die göttliche Freiheit selber, sofern diese nach ‚außen' in Kraft tritt [...] Und so ist er nicht nur Gewählter, sondern selbst *Wählender,* so muß seine Erwählung zuerst *aktiv* verstanden werden." (II/2, 112) Christus ist „*der erwählende Gott und der erwählte Mensch in Einem*"[34]. Die Mitautorschaft Jesu Christi am Erwählungshandeln Gottes werde jedoch nur dann richtig verstanden, wenn sie konsequent als Implikat des Gewähltwerdens Christi selbst gedacht werde: „Es ist der Gehorsam, den er als Gottes Sohn leistet, als wirklicher Gehorsam seine eigene, göttlich freie Entscheidung, sein eigenes freies Wählen." (Ebd.) Die Mitautorschaft Christi ist Implikat der Vollzugslogik der Erwählungshandlung selbst. Als Handlung aus reiner Selbstbestimmung setze diese Handlung aber aus sich heraus ein ihr „Anderes" (II/2, 130) frei, das ein echtes, selbständiges Anderes ist. Selbständiges Anderssein ist selbstbestimmtes Anderssein. So bestimmt sich das erwählende Handeln Gottes an sich selbst gewissermaßen zum kommunikativen Handeln fort. Erwählung ist Erwählung als Einheit von Erwählen und Erwähltwerden, d.h. als Einheit von Erwählen und Mitvollzug dieses Erwählens durch den Erwählten.

Eine Rekonstruktion des Ansatzes von Barths Erwählungslehre macht rasch deutlich, daß deren dem Anspruch nach ‚induktiv' gewonnenene ‚inhaltliche' Bestimmungen tatsächlich die Logizitätsbestimmungen eines Begriffs absoluter Handlungssubjektivität sind. So gesehen ist die inhaltliche Bestimmtheit der Erwählung Jesu Christi wiederum eine rein formale Bestimmtheit.[35] Sie ist formaliter genauso abstrakt wie die von Barth kritisierten Deduktionen. In Bezug auf den Versuch, diese Handlungssubjektivität ‚an sich selbst' als sich konstitutiv für Anderes aufschließende Subjektivität zu denken, trifft dieser Abstraktionsvorwurf Barth jedoch nicht. Darin genau liegt vielmehr innerdogmatisch gesprochen sein Innovationsversuch. Allerdings ist zu fragen, ob Barth diesen tatsächlich stringent durchführt – oder doch nur ankündigt.

Wenn das Moment des erwählenden Handelns Jesu Christi als Implikat der Logik der Erwählungshandlung selber gedacht werden muß, dann darf es nicht auf die perichoretische Subjekt-Objekt-Einheit der immanenten Trinität zurückgenommen werden. Aber diesbezüglich ist Barth nicht ganz eindeutig. Denn der von Christus geleistete freie Gehorsam sei „sein eigenes freies Wählen wie das des Vaters und des Heiligen Geistes. Eben seinem Gewähltwerden entspricht aufs Genaueste sein eigenes Wählen. In diesem Frieden des dreieinigen Gottes ist er nicht weniger ursprüngliches Subjekt jener Wahl als er ihr ursprüngliches Objekt ist." (II/2, 112) Hier droht doch zumindest die Gefahr, daß die Selbsttätigkeit Jesu Christi als Moment der – intersubjektiv zu denkenden – Erwählungshandlung faktisch wieder reduziert wird, indem die Aktionssubjektivität in die in

---

[34] Leitsatz des einleitenden Paragraphen 32 der Erwählungslehre (KD II/2, 1).

[35] Darin ist T. Gundlachs an sich berechtigtes Insistieren auf der inhaltlichen Bestimmtheit des Handelns Gottes in der Erwählungslehre zu modifizieren. Vgl. Thies Gundlach: Selbstbegrenzung Gottes und die Autonomie des Menschen, 120, u.ö. Daß die Erwählungslehre „die inhaltliche Selbstbindung Gottes in Jesus Christus über die Aussage der Freiheit Gottes [stelle], und ... daher als kritische Korrektur des im KD I,2 und II, 1 entfalteten trinitarischen Verständnisses Gottes und seiner Eigenschaften verstanden werden" könne (aaO., 167), dürfte zwar die Intention Barths treffen; diese ist aber durch die Durchführung der Lehre nur bedingt gedeckt.

sich differenzierte immanente Trinität zurückgenommen wird. Wenn dem so wäre, dann würde im *decretum concretum* das *decretum absolutum* ein verborgenes Nachleben fristen.[36]

An der intersubjektiven Aufgeschlossenheit der Erwählungshandlung hängt nun aber deren inklusive oder, wie Barth sagen kann, deren „komprehensive" (II/2, 125) Bedeutung.[37] Nur wenn die freie Selbstbestimmung Gottes die freie Selbstbestimmung Jesu Christi hervorruft, dann können auch die Geschöpfe, d. h. die Menschen insgesamt, in ihm erwählt, und das heißt eben: in den Stand der Möglichkeit freier Selbstbestimmung gebracht sein.[38] Die Möglichkeit solcher Partizipation der erwählten Menschen an der Erwählung Jesu Christi beruht konkret darauf, daß die Ermöglichung ihrer Handlungsfreiheit gegen deren faktische Negation, die Sünde, durchgesetzt wird. Dies soll im Vorgang der Erwählung Jesu Christi selbst insofern geschehen, als in ihm die Folge jener sündhaften Negation von Handlungsfreiheit als aufgehobenes Moment auftritt: die „Verwerfung" (II/2, 131ff.).

„Verwerfung" tritt als Moment innerhalb der Erwählung Jesu Christi insofern auf, als die göttliche Tätigkeit der Erwählung wie auch die Tätigkeit der Miterwählung Jesu Christi als Vorgang der „*Selbsthingabe*" (II/2, 193) beschrieben werden kann: „Es kam also zu einer Gestalt und Konkretion des göttlichen Willens, in und mit welcher Gott nicht mehr mit sich selbst allein war, in und mit welcher ein Anderer, dieser Mensch, in seinen Willen mit aufgenommen, zum neuen, von Gott selbst verschiedenen Gegenstand seines Beschlusses gemacht wurde."[39] Aufgrund dieser im Vorgang der Prädestination enthaltenen Selbsthingabe Gottes sei diese eine „in sich selbst *doppelte* Prädestination" (II/2, 176). Denn die Selbsthingabe Gottes bedeute, „daß Gott sich selbst, seine Gottheit, seine Macht und seinen Besitz als Gott in Frage stellt" (II/2, 177) und also „*Verwerfung*, ... Verdammnis und ... Tod" (ebd.) auf sich nimmt.

---

[36] Darin sind die positiven Deutungen der Erwählungslehre bei H. T. Goebel (Trinitätslehre und Erwählungslehre bei Karl Barth) und T. Gundlach (Selbstbegrenzung Gottes und die Autonomie des Menschen, vgl. bes., 164f. Anm. 35) zu korrigieren. Beide betonen zwar mit Recht, daß Barth in der Prädestinationslehre eine „*korrigierende Präzisierung der trinitätstheologischen Offenbarungslehre*" (Gundlach, aaO., 164) zu geben versucht, übersehen jedoch, daß Barth diese Korrektur ihrerseits wieder in die Trinitätslehre der ursprünglichen Fassung zu reintegrieren versucht.

[37] Vgl.: „[W]ie sollte es möglich sein, daß diese Anderen [sc. die erwählten Menschen] ‚in ihm' erwählt sind[,] und wie sollte es dann möglich sein, daß diese Anderen ... in seiner Erwählung ihrer eigenen sich getrösten dürfen, wenn er *nur* Gegenstand der Erwählung und nicht selber ihr Subjekt, wenn er *nur* ein erwähltes Geschöpf und nicht zuerst und vor allem auch der erwählende Schöpfer selbst wäre?" KD II/2, 124.

[38] Der Partizipationsgedanke, über den der komprehensive Sinn der Erwählung formal ins Spiel kommt, wird von Barth einfach durch den Hinweis auf die Gattungsgemeinschaft, auf das gemeinsame Menschsein, von Christus und den anderen Menschen, begründet (vgl.: „... daß er als erwählter *Mensch* der in seiner *eigenen* Menschheit sie Alle erwählende *Gott selber* ist. Indem er [als Gott] sich selber [als Mensch] will, will er auch sie." [KD II/2, 125]) Der Rekurs auf das Menschsein als solches wird aber nur dann nicht auf einen kruden Biologismus hinauslaufen, wenn Barths handlungstheoretische Bestimmung des Menschseins mitgedacht wird; vgl.: „[D]er Mensch existiert als Person, indem er *handelt*." KD II/2, 572.

[39] KD II/2, 176, vgl. 184f.

Mit der Erwählung als der Selbstentäußerung Gottes ist die Selbstverwerfung Gottes verbunden – und des Menschen „Nicht-Verwerfung" (II/2, 182), die „Rechtfertigung des Sünders" (ebd.). Da die Erwählung dem Menschen „an sich und als solche[m]" (II/2, 131) gelte, handle es sich bei ihr um das den Menschen „an sich und als solchen" konstituierende Geschehen. Allerdings ist auch hier wiederum eine gewisse Unklarheit bei Barth festzustellen. So sehr die Verwerfung als die Selbstverwerfung Gottes gedacht werden soll,[40] so sehr ist der Verworfene doch zugleich als der Mensch Jesus Christus von dem verwerfenden Gott zu unterscheiden.[41] Die Handlungssubjektivität Gottes als solche bleibt von solcher Negativität offenbar unberührt. Auch in der konkreten Vollzugslogik des Erwählungshandelns scheint Barth zugunsten der unmittelbar positiven Selbst-(durch-)setzung Gottes deren intersubjektive Bestimmtheit zu relativieren, in deren Logik der Selbstgewinn des Handlungssubjekts nur aus dessen konsequenter Selbstentfremdung zu *resultieren* vermöchte.

Positiv gewendet und mit Barths eigener Intention kann man freilich sagen: gerade die christologische Konzentration der Erwählungslehre soll es ihr ermöglichen zu erklären, was die „Freiheit Gottes für sein Geschöpf [bedeutet]" (II/2, 30). Nur und gerade in ihrer christologisch-dogmatischen Konzentration soll sie die Lehre von der göttlichen Bestimmtheit der menschlichen Selbstbestimmung, von der „*Autonomie des Geschöpfs*" (II/2, 194) sein. Die Autonomie des Menschen stehe als erwählte Autonomie nicht in „Konkurrenz" (II/2, 195) zur „Freiheit und Souveränität Gottes" (II/2, 194), sondern sie sei konsequent als deren Handlungsprodukt zu denken. „Das ist also gewiß Theonomie, Gottesherrschaft auf der ganzen Linie." (II/2, 195) Umgekehrt soll gerade die in der Erwählungslehre gedachte theonome Begründung freier menschlicher Handlungssubjektivität die adäquate Bedingung von deren Selbsterfassung und Selbstrealisierung sein: „Das ist der Sinn und die Kraft der ewigen Gnadenwahl Gottes, daß der von ihm Erwählte ihn selbst wiederum erwählen darf und wird." (Ebd.)

Darum und insofern kommt in der Erwählungslehre der „ethische Sinn"[42] der *Kirchlichen Dogmatik* unmittelbar zur Darstellung. Eben dies wird an der zitierten programmatischen Formulierung deutlich, die Erwählungslehre müsse „am Anfang und hinter allem christlichen Denken stehen ..." und sie sei „... nicht ein konstitutives, sondern ein regulatives Prinzip"[43] der Dogmatik. Das

---

[40] Vgl.: „[I]n der Erwählung Jesu Christi ... hat Gott *dem Menschen ... die Erwählung*, die Seligkeit und das Leben, *sich selber aber das Zweite, die Verwerfung*, die Verdammnis und den Tod *zugedacht.*" (KD II/2, 177) Vgl.: „[E]r *wählte unsere Verwerfung*". KD II/ 2, 179.

[41] Vgl.: „Die Verwerfung aber, der sie alle verfallen, ... gibt Gott, weil und indem er sie liebt, von Ewigkeit her eben dem zu tragen, in welchem er sie liebt und erwählt, den er an ihrer Spitze und an ihrer Stelle erwählt." (KD II/2, 132) Vgl. auch: Die Gemeinde „weiß, daß Gott die verdiente Verwerfung des Menschen darum von diesem weggenommen und auf seinen eigenen Sohn gelegt hat." KD II/2, 351.

[42] Trutz Rendtorff: Der ethische Sinn der Dogmatik.

[43] Karl Barth: Fragebeantwortung [zum Aufsatz] Gottes Gnadenwahl, 35.

aber bedeutet: wenn die Kenntnis einzelner Inhalte der Dogmatik vielleicht dem professionellen Fachwissen der Theologen überlassen bleiben kann, so gilt dies gerade nicht für die Erwählungslehre: „Wir brauchen Vieles nicht zu wissen, aber was Gottes Erwählung und was unser Erwähltsein ist, … das *müssen* wir wissen" (II/2, 174). Positiv formuliert: die Erwählungslehre soll als gleichsam katechetisches Erschließungsinstrument für die einzelnen Inhalte der Materialdogmatik fungieren – und damit für das Ganze theologischer Selbstdurchsicht und religiöser Selbstgewißheit, das das dogmatische Wissen im Zusammenhang vermitteln will –, das deren Aneignung im Prinzip jedem, auch dem nicht professionell-theologisch gebildeten Christen erschließt. Die für die Erwählungslehre zentrale Differenz zwischen dem „*Sein* des Erwählten und seinem *Leben* als solcher" (II/2, 353)[44] kann auf diese meta- oder fundamentaldogmatische Funktionsbestimmung der Erwählungslehre abgebildet werden. Die Explikation der Erwählungs*lehre* ist selbst die Weise, wie die Differenz zwischen der sich selbst undurchsichtigen Handlungspotenz des Menschen (in seinem religiösen ‚Dahinleben') und der sich selbst theologisch durchsichtig erschlossenen Handlungspotenz des Menschen zu schließen ist und geschlossen werden kann. Umgekehrt gesagt löst die Erwählungslehre für den theologisch Reflektierten das Problem, wie und inwiefern praktische Handlungsfreiheit möglich sein soll, ohne um deren tatsächlichen wahren – nämlich theonomen – Produktionsgrund zu wissen. Barths Erwählungslehre hat mithin erkenntnistheoretisch eine latent transzendentale Funktion, die zugleich eine praktische Funktion ist: sie erzwingt und ermöglicht die sprachliche Kommunikation theologischer Reflexion als Kunde vom unbekannt-bekannten Gott.

Auf genau diese latent moderne Problemstellung der Selbstreflexion und praktischen Selbstvermittlung transzendentalen Wissens bezieht Barth nun die mit M. Weber an der Rezeptionsgeschichte der calvinischen Erwählungslehre festgemachte Frage der Heils- und Erwählungsgewißheit. Die Frage nach der Erwählungsgewißheit ist für ihn nämlich das Problem, inwiefern der Glaubende „mit seiner christlichen Existenz sich selber Zeuge sein könne" (II/2, 372). Und die „Notwendigkeit einer Totalrevision des Dogmas ergibt sich offenbar auch aus der Geschichte dieses Teilproblems" (II/2, 373), des syllogismus practicus, das systematisch geurteilt dann allerdings gerade kein Teil-, sondern das Zentralproblem der Erwählungslehre und damit der Dogmatik insgesamt ist. Die differenzierte Korrektur der nachcalvinistischen Lehre vom syllogismus practicus als jenem „Theologumenon …, dessen krasser Humanismus ungefähr Alles, was die Reformatoren über das Verhältnis von Christus, Gnade, Glaube und Werken erkannt zu haben meinten, in Frage zu stellen drohte" (ebd.), ist theologiegeschichtlich konkretisiert das zentrale Ziel von Barths Erwählungslehre und der *Kirchlichen Dogmatik* insgesamt.

---

[44] Vgl. die Fortsetzung des Zitats: „… Nicht Jeder, der erwählt *ist, lebt* als Erwähler. Er tut es vielleicht noch nicht. Er tut es vielleicht nicht mehr […] Sofern er es nicht … tut, lebt er seiner Erwählung zum Trotz als Verworfener. Das sind die Möglichkeiten des gottlosen Menschen als solchen." KD II/2, 353.

Zugespitzt ließe sich von daher durchaus behaupten, daß Barths *Kirchliche Dogmatik* kein anderes Ziel verfolgt als dasjenige, die bei Max Weber als aporetisch beurteilte christliche Antriebsstruktur von Handlungsgewißheit und darin des ‚starken Agenten der Moderne' gewissermaßen an ihrem motorischen Kernaggregat zu reparieren. Wie eingangs festgestellt, macht Barth sich Webers historische Analyse des treibenden Motivs der nachcalvinischen Rezeption von Calvins Prädestinationslehre zu eigen und wendet sie nun normativ. Es sei die „für uns entscheidende Frage …: ob wir selber denn zu denen gehören, denen das zu Gute kommt, was Gott seinen Erwählten … zu Gute kommen zu lassen beschlossen hat"[45]. Daß Calvin diese Frage „nicht nur nicht beantwortet, sondern offenbar als Frage überhaupt nicht empfunden und gesehen hat, das ist *der entscheidende Einwand, der gegen seine Praedestinationslehre zu erheben ist*." (II/2, 119). Allerdings vollzieht Barth Webers differenzierte Analyse des Verhältnisses von Agentenkonstitution und moderner Rationalität nicht nach, insofern ist bei ihm die Aporie der Moderne anders strukturiert als bei jenem. Barth zeichnet die Aporie unmittelbar in die Konstitutionslogik des Agenten ein und positioniert sein eigenes Modell darum als gegen-modernen Entwurf, der sich von jenem durch eine nichtaporetische Verbindung von Begründungsstruktur und Handlungsvollzug unterscheiden soll. Aber darum teilt der Gegenentwurf doch die Koordinaten des Entwurfs, dem er sich scheinbar diametral entgegenstellt.

Barths Gegenmodell, die theologische Konstituierung realisierter Freiheit, wie er es in der Erwählungslehre der *Kirchlichen Dogmatik* aufbaut, sieht folgendermaßen aus: „Der ewige Wille Gottes ist, weil er mit der Erwählung Jesu Christi identisch ist, eine göttliche *Handlung* in Gestalt einer zwischen Gott und dem Menschen stattfindenden *Geschichte, Begegnung* und *Entscheidung*."[46] Im Handlungscharakter der Erwählung selbst also soll der Widerspruch zwischen der exklusiven Selbsttätigkeit Gottes und der Selbsttätigkeit des Menschen, zwischen dem ontologischen Wesen der Erwählung und dem Erwähltsein des Menschen und ihrem bewußten und handlungspraktischen Lebensvollzug, aufgehoben sein.[47] Weil der „intime Zusammenhang von Theonomie und Autonomie, von göttlicher Souveränität und menschlichem Glauben schlechterdings *kein* systematischer Zusammenhang ist, weil dieser Zusammenhang [vielmehr] … konkrete Geschichte ist" (II/2, 202), darum könne er in dieser Geschichte als aufgehoben gelten. Der Handlungscharakter des Erwählungsgeschehens soll also gerade dadurch zur Kenntnis und zur Realisierung gebracht werden, daß

---

[45] KD II/2, 118, vgl. 120.

[46] AaO., 192; vgl. 202.

[47] Vgl.: „Das läßt sich ja wirklich nur als Akt verstehen und beschreiben, weil es in sich selber ganz und gar Akt ist: die Theonomie Gottes, die als solche die Autonomie des Menschen will und beschließt, dieses Wählen Gottes, dieses menschliche Gewähltwerden, das als solches als menschliches Wählen Ereignis wird, in welchem nun doch auch der Mensch sich selbst wählen, bestätigen und betätigen darf und soll. Man kann kein Glied dieser Reihe herausnehmen und für sich betrachten." KD II/2, 198.

die Erwählungslehre nicht als metadogmatische, mithin als wissenschaftstheoretische Lehre, sondern als gleichsam hypodogmatische Inhaltlichkeit, als ‚Geschichte' beschrieben wird, nämlich als diejenige ‚Geschichte', zu der sich die Dogmatik ihrerseits explikativ verhalte.

Diese ‚Geschichte' kann nun aber unter den Voraussetzungen von Barths Theologie nicht in Gestalt eines Externverweises etwa auf die persuasiv-sanativen Kräfte biblischer Texte, von evangelischen Gottesdiensten oder Gemeindekreisen eingeführt werden. Vielmehr verschränkt sich bei Barth der Verweis auf die Autopoietik der christlich-religiösen Gehalte sofort mit dem Versuch, diese Autopoietik als die Autopoietik des theologischen Denkens selbst, als die implizite Pragmatik dieses Denkens zu identifizieren. Das ist in der *Kirchlichen Dogmatik* dasselbe wie in allen früheren Phasen von Barths selbständigem theologischen Denken. Aufgrund ihres Verweischarakters auf ‚Geschichte', so heißt es darum, könne man „diesem Kreislauf und also der ewigen Praedestination gegenüber nicht Zuschauer sein." (II/2, 204)[48] Der Prozeßcharakter der Prädestination bestehe also darin, daß sie in ihrem Vollzug ihre Partizipanten gleichsam in sich hineinziehe. Sie erzeuge selbst fortlaufend das Bewußtsein, das die Partizipation an ihr – subjektiv – ermögliche.[49]

Als die Beschreibung der Momente dieses Prozesses ist die materiale Entfaltung der Erwählungslehre in den Paragraphen über „die Erwählung der Gemeinde"[50] und „die Erwählung des Einzelnen"[51] zu verstehen. In der Lehre von der Erwählung der Gemeinde wird die Kirche als derjenige Handlungszusammenhang aufgebaut, der der Ort und Bedingungszusammenhang konkreter individueller Erwählungsgewißheit sein soll. Konstituiert wird dieser Ort durch das göttliche Handeln der „Berufung" (KD II/2, 220). Das berufende Handeln Gottes selbst soll die Bedingung der Möglichkeit von Erwählungsgewißheit enthalten.[52]

---

[48] Dieses Nicht-Zuschauer-Argument ist auch schon der entscheidende Gedanke der Prädestinationslehre der „Unterricht"-Vorlesung, vgl.: „Die Lehre von der Prädestination ist … die … unter dem Gesichtspunkt der Lehre von *Gott* im Besonderen vorgenommene Antizipation des erst später zu entfaltenden Themas der christlichen Predigt und Dogmatik: Gottes *Handeln* am *Menschen*. Anders ausgedrückt: die Prädestinationslehre als Bestandteil der Gotteslehre ist die sehr akute Erinnerung daran, daß es in der christlichen Predigt und Dogmatik bei dem Versuch der Umschreibung des mit der Vokabel Gott bezeichneten Objektes auf keinen Fall … um Theorie, um das Betrachten eines Schauspiels vom sicheren Parkett aus geht. Sie stellt uns selbst … wieder auf die Bühne als Höchst-Beteiligte: Gott ist der *lebendige* Gott, Gott *handelt*, und zwar am Menschen." „Unterricht" II, 213.

[49] Kjetil Hafstad erklärt: Das „Verständnis der Prädestination als eines aktuellen Geschehens schließt einen Konflikt zwischen Gottes Erwählung und der Wahlfreiheit des Menschen aus […] Indem Gott den Menschen erwählt, kann der Mensch wählen, sich erwählen zu lassen, und so seine Freiheit entfalten." (Kjetil Hafstad: Wort und Geschichte. Das Geschichtsverständnis Karl Barths [BEvTh 98], München 1985, 100). Aber dieses Urteil setzt sich der kritischen Nachprüfung an der Durchführung der Argumentation bei Barth nicht aus.

[50] KD II/2, 215ff.

[51] KD II/2, 336ff.

[52] Die Differenz von Erwählung und Berufung zeigt sich in Barths Systematik ex negativo am Status des Volkes Israel. „Israel" ist derjenige Handlungsraum, in dem diese Darstellung der Konstitutionslogik von Handlungen überhaupt nicht stattfinde, weil hier die Aufbaulogik von Hand-

Den „Übergang" (II/2, 354) vom „Erwählt*sein*" zum Leben als Erwählter beschreibt die Lehre von der „Erwählung des Einzelnen". „Zwischen dem *Sein* des Erwählten und seinem *Leben* als solcher liegt das Ereignis und die Entscheidung des *Empfanges der Verheißung*." (II/2, 353) Die Berufung selbst soll also zwei Elemente enthalten: „Das ist aber ihre [sc. der Erwählten] Berufung – das Werk des Heiligen Geistes! – daß ihnen die Erwählung Jesu Christi … als ihre eigene Erwählung verkündigt werden darf und daß sie ihrer eigenen in Jesus Christus geschehenen Erwählung im Glauben an ihn gewiß werden dürfen." (II/2, 380) Berufung vollzieht sich nach Barth dementsprechend konkret als „*Anrede*" (II/2, 355) und als „Stellungnahme" (II/2, 356) zu dieser Anrede. Und zwar bestehe die Anrede und die von ihr geforderte Stellungnahme in nichts anderem als in der Identifizierung des angeredeten Individuums mit dem Handlungssubjekt der Freiheit überhaupt: „*Du* bist der Mann! *Du* bist der Gegenstand der Praedestination in dieser ihrer letzten Beziehung!" (II/2, 355) Der gelungene Sprachvollzug der Identifizierungsforderung, die als solche verstanden und der in die-

---

lungen ignoriert werde. Israel verwerfe Jesus Christus. Hinter der Frage nach der „Erwählung Israels" steht, systematisch betrachtet, die Frage, ob und inwiefern freies Handeln auch ohne Wissen um dessen Konstitutionslogik möglich ist. Dogmatisch gewendet: Wie hängen „Erwählung" und „Berufung" zusammen? Die darauf schließlich gegebene Antwort lautet, daß ein Handeln ohne Berufung, d. h. ohne die Möglichkeit eines Wissens um die Konstitutionslogik von Handeln nur ein Handeln sein kann, dessen freie Ursprünglichkeit seinen Urhebern selbst verborgen ist. Das Resultat ist ein Handeln ohne Handlungsgewißheit. Ein solches Handeln ist nicht selbst notwendig Ausdruck von Verwerfung; aber es ist notwendig Darstellung von Verwerfung. Der Entsprechungscharakter des Handelns ist hier unterbrochen; Handeln wird nicht als Intersubjektivitätsvollzug vollzogen. Dadurch verfallen die Handlungssubjekte selbst der „Verwerfung". Sie verlieren den Status handlungsbewußter Subjekte und werden zu reinen Handlungsobjekten. Ihr Handeln wendet sich ihnen in reines Erleiden. Darin erweisen sie sich aber gerade nicht als Verworfene, sondern sie spiegeln die Verwerfung, die Christus selbst auf sich genommen hat (vgl. KD II/2, 287f.). Gleichwohl sei die Selbstdurchsetzung Gottes, mithin seine Erwählung, auch Israel gegenüber zu glauben. – Man kann diese Bestimmungen Barths nicht rekonstruieren, ohne zugleich auf ihren problematischen Charakter hinzuweisen. So sehr die Israelthematik in KD II/2 dominant anti-antisemitische Intentionen verfolgt, so sehr sind hier gleichwohl die Tendenzen unübersehbar, das geschichtliche und zeitgeschichtliche Schicksal des jüdischen Volkes geschichtstheologisch zu überhöhen. Vgl. eine Behauptung wie diese: „[I]n der gespensterhaften Gestalt der Synagoge" werde der „Aufweis der Tiefe der menschlichen Schuld und Not und damit: der unbegreiflichen Größe der Liebe Gottes [sc. deutlich] […] Die Juden des Ghetto liefern ihn wider Willen, freudlos und glanzlos, aber sie liefern ihn. Indem sie der Welt außer dem auf ihnen liegenden *Schatten des Kreuzes* Jesu Christi nichts zu liefern gehabt haben, müssen faktisch doch auch sie Jesus Christus selber bezeugen." (KD II/2, 230) – Die Ausblendung aller realgeschichtlichen Bedingungszusammenhänge erzeugt ungewollt einen Zynismus, der die besten Absichten Barths bedroht, wenn nicht ruiniert. Auf die Konstruktion der Erwählungslehre zurückgewendet: Hier, in der Darstellung der Israelthematik, wird der nicht vollständig überwundene dunkle Schatten des *decretum absolutum* sichtbar. Weil die handlungstheoretische Konstruktionsebene nicht vollständig zum Konstruktionsprinzip erhoben wird, können sich geschichtstheologische Interpretationsmuster einschleichen, die subjektiven Handlungssinn und objektive Handlungsdeutung verwechseln. – Die systematische Funktion der Israeltheologie innerhalb der Erwählungslehre und für diese bleibt abgeblendet bei FRIEDRICH WILHELM MARQUARDT: Die Entdeckung des Judentums für die christliche Theologie. Israel im Denken Karl Barths (Abhandlungen zum christlich-jüdischen Dialog, hrsg. v. H. Gollwitzer Bd. 1), München 1967, vgl. bes. 101.

sem Verstehen entsprochen wird,[53] ist als solcher der Konstituierungsakt des Glaubens, dogmatisch konkret: von Erwählungsgewißheit.[54] Die bestimmte (partielle) Affirmation des syllogismus practicus gründe darin, daß die Glaubensgewißheit sich nur im Vollzug solcher Vergewisserung und als dieser Vollzug einstelle. „Sind doch die Einzelnen … darauf angewiesen, ihre Erwählung immer wieder im Glauben zu ergreifen, … so ist es ihnen doch nicht nur erlaubt, sondern geboten, sich ihrer Erwählung … zu vergewissern."[55]

Die Lösung der Applikationsproblematik soll also durch den praktischen Vollzug der Applikation gelöst werden: „Du bist hier nicht im Zuschauerraum, sondern mitten auf der Bühne. Du bist gemeint." (II/2, 356) Die Dogmatik allerdings – „die an sich weder Predigt noch seelsorgerliche Ermahnung ist – kann auf diese letzte Verschärfung der Lehre von Gottes Gnadenwahl nur *hinweisen*." (II/2, 357)

Damit reproduziert die Dogmatik an derjenigen innerdogmatischen Stelle, die funktional als die Reflexion ihres eigenen Vollzugssinns zu rekonstruieren ist, die Differenz von Reflexions- und Handlungsvollzug, allerdings so, daß sie sich in jenen als einen von ihr unterschiedenen aufheben soll. Denn dieser „Hinweis ist unentbehrlich" (ebd.) – unentbehrlich für die dogmatische Reflexion. Unentbehrlich ist dieser Hinweis dann aber auch für seinen Vollzug selbst. Denn der Vollzug ist nichts als der Vollzug; sein Inhalt ist vollkommen bestimmt durch die Reflexion der Dogmatik. Der Handlungsvollzug, auf den als auf einen von sich vermeintlich verschiedenen der Reflexionsvollzug der Dogmatik verweist, ist der Handlungsvollzug, der sie selbst ist. Der praktisch-religiöse Vollzug der „Verkündigung" ist nichts anderes als dogmatische Reflexion in Kurzform. Indem sich die Dogmatik in diesen als einen vermeintlich anderen aufhebt, verhält sie sich lediglich zu ihrem eigenen Handlungscharakter.

Das Spezifikum der Theologie K. Barths, das kann man gerade an der Erwählungslehre der *Kirchlichen Dogmatik* noch einmal und in präziser Zuspitzung erkennen, ist genau darin zu sehen, daß sie sich zu ihrem *eigenen* Reflexionsvollzug als zu einem von ihr vermeintlich verschiedenen Handlungsvollzug verhält. ‚Ethisch', nämlich handlungsorientierend und handlungsorientiert ist die Dogmatik Karl Barths, weil und insofern sie ihren eigenen Reflexionsvollzug und dessen bestimmte Inhalte als den praktischen, applikativen Akt sprachlich-religiöser Mitteilung selbst deutet; genau das ist „Verkündigung", „Predigt". Spezifikum der Theologie K. Barths ist der „Überschuß an Praxisforderung,"[56] den sie produziert. Aber die Praxis ist die Praxis ihrer eigenen Reflexionstätigkeit. Barths systematisch-praktische Theologie kann nur ‚funk-

---

[53] Die „Entscheidung darüber [sc., daß der Erwählte … nun seiner Erwählung entsprechend das Leben eines Erwählten leben wird,] fällt in dem Ereignis der Stellungnahme, in der je dieses Subjekt sich mit der ihm widerfahrenden Anrede auseinandersetzt". KD II/2, 356.

[54] Vgl.: „Nun ist aber diese die erwählte Person konstituierende Verheißung keine Theorie über ein *Objekt*, sondern Anrede *an je ein Subjekt*." KD II/2, 356.

[55] KD II/2, 373f.

[56] Trutz rendtorff: Radikale Autonomie Gottes, 181.

tionieren' an der Stelle des theoretischen und praktischen Produzenten solcher Reflexionstätigkeit, an der Stelle dessen, der sein Tun insgesamt als sprachlich-religiöse Mitteilung definiert, an der Stelle des professionellen religiösen Kommunikationsagenten, des Pfarrers. Das gilt für die *Kirchliche Dogmatik* genauso wie für alle frühere Stadien der Barthschen Theologie.

Diese Beschränkung ist der Preis dafür, daß sich Barths Theologie ihre eigene Reflexion*tätigkeit* als solche, als Tätigkeit verbirgt, indem sie das Tätigkeits-moment externalisiert. Theologie wird von Barth gleichzeitig funktional auf „Gotteserkenntnis" bezogen und darin von dem Vollzug von „Gotteserkenntnis" unterschieden *und als* Vollzug von Gotteserkenntnis selber bestimmt. Aus dieser funktionalen Doppelbestimmung der Theologie resultiert zugleich die Theologisierung und die Pragmatisierung des religiösen Lebens. Religiöse Gewißheit wird in die sprachlich kommunizierte theologische Dauerreflexion geschickt.

Die Existenz der Christen soll sich vollziehen „durch ihr ... *tätiges Wissen* darum, daß alle Menschen und so sie zu ihm [sc. zu Christus] gehören." (IV/3, 605) Zwar unterschlägt Barth nicht, daß sich die Wirklichkeit des Glaubens auch in der Entsprechung zu seinem Gegebensein vollzieht, also konkret durch „Dank ..." als die „*Repräsentierung* und *Abbildung* der Herrlichkeit Gottes" (II/2, 457). Aber dominant ist doch die Betonung der „tätige[n] Erkenntnis"[57], in der sich die Berufung als Realisierung der Erwählung auszuarbeiten habe. Diese Tätigkeit besteht in der Übernahme eines „Auftrag[s]" (II/2, 458), eines „Dienst[es]" (II/2, 468), nämlich in der Übernahme des Dienstes der Verkündigung. „Der erwählte Mensch existiert als solcher insofern, als er für Andere da ist" (ebd.).[58] Die Erwählungsgewißheit hat ihren konkreten Ort im Vollzug der Verkündigung. „Daß sie [sc. die Glaubenden] Erwählte sind, beweisen sie sich selbst und Anderen damit, daß sie den ihrer Erwählung entsprechenden Weg antreten und gehen. Es ist die Folgerichtigkeit, in der sie dabei geführt werden und selbst handeln, die Erfüllung der ihnen zugedachten Rollen und Aufgaben, die ihre Erwählung offenbar macht." (II/2, 375) So überführt Barth die religiös-theologische Vergewisserung, die Berufung des Christen, in ein Berufschristentum. Die moderne Professionalisierung der Lebensführung, deren Wurzeln, wenn M. Weber recht hat, im neuzeitlichen Christentum liegen, hat in Barths Theologie das Christentum selbst erreicht. Karl Barth hat das Christentum ‚professionalisiert'.

---

[57] KD IV/3, 556, vgl.: „Beförderung zur *Erkenntnis*". KD IV/3, 585.

[58] Vgl.: „[D]ie Gemeinde [existiert] nicht als Selbstzweck, sondern dazu, ... daß sie das Organ ist, durch das die mannigfaltige Weisheit Gottes den himmlischen Mächten und Gewalten *bekannt* gemacht werden soll." (KD II/2, 475) In der Lehre von „[d]es Menschen Berufung" (KD IV/3, 553ff.), die Barth im Rahmen des dritten Teils der Versöhnungslehre gibt, wird die so gegründete „Tatgemeinschaft" (KD IV/3, 685) der bewußten Christen mit Christus sogar zur Realisierung der „*unio cum Christo*" (KD IV/3, 621) gedeutet. Durch sie hindurch vollziehe sich zugleich der „Übergang aus der Gewaltherrschaft der *Sachen* in das freie Land des *Menschen* und des *Menschlichen*". KD IV/3, 763.

Resümee:
Theologie als systematisch-praktische Theologie?

1. Die Abschaffung des Zuschauers als seine Entdeckung.
Paradigmenwechsel auf dem Theater der Theologie des 20. Jahrhunderts[1]

Als Karl Barth 1907/08 in Berlin studierte, hat er sich kaum Zeit genommen für die Kultur der pulsierenden Reichshauptstadt.[2] Zu sehr war er mit dem Studium, besonders mit der Abfassung einer monströsen Arbeit für das Seminar bei Adolf von Harnack beschäftigt. Später hat er das Versäumnis bedauert – wohl zu Recht. Denn in jenen Jahren hat dort beispielsweise Max Reinhart sein Stück „Sumurun" inszeniert, bei dem er ganz neuartige Inszenierungstechniken verwendete. Kern der Inszenierung war der aus dem japanischen Kabuki-Theater übernommene hanamichi, ein ins Zuschauerparkett verlegter Laufsteg. Damit suchte das Avantgardetheater Max Reinhardts die Diastase von Bühne und Zuschauerraum aufzulösen. „Wer auf dem hanamichi auftaucht, steigt aus der Phantasie des Zuschauers auf und gelangt über diesen Steg in die Welt der Bühne – in der seine Wünsche und Ängste ausagiert werden."[3] Die Rezeptionsästhetik und damit die Pragmatik übernimmt beim Avantgardetheater nach der Jahrhundertwende die Regie; die moralische Anstalt wird sublim. Die starre Beobachterrolle, die „Selbstdisziplinierung"[4], zu der im Verlauf des 19. Jahrhunderts das Theater- und Konzertpublikum sich erzogen hatte oder gebracht worden war, wird aufgebrochen. Inszeniert wird bei Reinhardt auf diese Weise erstmals, was Georg Fuchs 1905 als Prinzip einer „Schaubühne der Zukunft" proklamiert hatte: „Spieler und Zuschauer, Bühne und Zuschauerraum sind ihrem Ursprung nach nicht entgegengesetzt, sondern eine *Einheit*."[5]

---

[1] Die Überschrift ist angelehnt an den Titel der interessanten Studie von Erika Fischer-Lichte: Die Entdeckung des Zuschauers.

[2] Vgl.: „Denn ich sagte mir, das ist der große Augenblick: du bist mit *dem* Theologen der Zeit zusammen; was kümmern dich Museen, Theater, Konzertsäle? ... So habe ich wenig von Berlin erlebt." Interview mit H. Fischer-Barnicol, 1964, zit. n. EBERHARD BUSCH: Karl Barths Lebenslauf, 51.

[3] ERIKA FISCHER-LICHTE: Die Entdeckung des Zuschauers, 52.

[4] RICHARD SENNETT: Verfall und Ende des öffentlichen Lebens. Die Tyrannei der Intimität, aus dem Amerikanischen v. Reinhard Kaiser, Frankfurt 1996, 266.

[5] GEORG FUCHS: Die Schaubühne der Zukunft. Berlin – Leipzig 1905; zit n. ERIKA FISCHER-LICHTE: Die Entdeckung des Zuschauers, 41f.

Für die Puppen, die Karl Barth in seiner Theologie seit 1917 tanzen läßt, wird man die psychologische Dimension der Involvierung wohl eher zurückhaltend beurteilen; von ausagierten Ängsten und Wünschen ist in Barths Theologie nur in der intellektualisierten Form jener ‚Unruhe und Freude' die Rede, welche die andringende Gottesherrschaft auslösen soll. Daß Barths Theologie sich gleichwohl als Inszenierungstechnik interpretieren läßt, bei der die Erkenntnistheorie eine spezifisch pragmatische Wendung nimmt, ist in der zurückliegenden Untersuchung deutlich zu machen versucht worden. Wie im modernen Avantgardetheater, so rückt auch Barth dem Leser zumindest literarisch auf den Leib; der Leser soll aus der Rolle des theoretisch kontrollierenden Zuschauers herausgebracht und zum religiös-theologischen Mitspieler des Autors gemacht werden. Aber anders als im Avantgarde-Theater behält Barth als Autor die Zügel der Regieführung fest in der Hand. War bei M. Reinhardt die Handlung polyzentrisch geworden, so daß die Zuschauer immer nur einen Teil des Bühnengeschehens zu erfassen vermochten und jeder Zuschauer sich aufgefordert sah, sein Stück in gewisser Weise selbst zu inszenieren, so bleiben bei Barth die Figuren übersichtlich und distant. Darin gleichen Barths Inszenierungen eher denen Richard Wagners, in denen durch Versenken des Orchestergrabens die Bühne nah und fern zugleich wird, so daß die „Illusion ..." entsteht, „... als seien die auf der Bühne erscheinenden Gestalten von einer übermenschlichen Größe."[6] In der Tat verschwindet auch bei Barth die Musik, nämlich die theologische Konstruktion, gewissermaßen im mystischen Abgrund des Orchestergrabens. „So konnte man die Musik hören, jedoch nicht sehen, wie sie erzeugt wurde."[7]

Barths Theologie gehört in den kulturellen Zusammenhang solcher spezifisch modernen Inszenierungstechniken, wie sie sich auf unterschiedlichste Weise in den Opern-, Theater- und Filminszenierungen, aber auch in der Literatur des 20. Jahrhunderts finden.[8] Das Verschwinden des Autors − „Ich − Tertius" − findet nicht nur bei Barth, sondern auch etwa in James Joyces Roman „Finnigans Wake" statt.[9] „Denn dieser hat sich, wie Joyce selbst einmal sagte, einem

---

[6] RICHARD SENNETT: Verfall und Ende des öffentlichen Lebens, 268.

[7] AaO., 267.

[8] Solche Zusammenhänge zu erschließen hilft jetzt das ebenso systematisch präzise wie umfassend belesene Werk von JAN ROHLS: Protestantische Theologie der Neuzeit. Bd. II: Das 20. Jahrhundert, Tübingen 1977. Zu dem auf der Textbühne oben im nächsten Satz auftretenden James Joyce und seinem Roman *Ulysses* (1922), vgl. aaO., 205. Rohls weist in diesem Zusammenhang auch auf Virginia Woolfs Romane *Orlando* (1928) und *The Waves* (1931) hin. Materialien für aufschlußreiche Vergleiche böten, wie man hinzufügen kann, auch V. Woolfs Roman *Mrs. Dalloway* (1923) mit seiner ‚Stream-of-consciousness'-Technik, die dieses Buch berühmt gemacht hat. Dahinter steht philosophisch zwar eher Bergson; aber zumindest der Fluxus der Römerbrieftheologie ließe sich vielleicht strukturanalog dazu interpretieren. Der „stream of consciousness" wäre dann das, was der Rezipient vom Text mitbekommen soll; die Reflexionssignale, von denen ausgehend hier die Argumentationsstruktur der Texte zu rekonstruieren versucht wurde, entsprächen den Stundenschlägen des Big Ben, die den „stream of consciousness" in *Mrs. Dalloway* hintergründig rhythmisieren.

[9] Solchen Zusammenhängen nachgegangen ist LYNN POLAND (The New Criticism, Neo-

deus absconditus gleich hinter sein Werk zurückgezogen, um sich dort die Fingernägel zu schneiden."[10] Solchen belanglosen Beschäftigungen gibt sich der verschwundene Autor Barth aber nicht hin. Er wird nicht zum *deus otiosus*, der seinen Lesern die Selbstgestaltung des ‚offenen Kunstwerks' überläßt; sondern sein Verschwinden hat, darin eher dem politischen Theater Sergej Eisensteins und Erwin Piscators verwandt, den kalkulierten Sinn eines „Aufruf[s], mit de[m] wir in das aktuelle Geschehen eingreifen und ‚Politik treiben' wollten"[11]. Aber die ‚Politik', d.h. – auf Barths Theologie bezogen – die ‚Religion', soll zugleich wiederum ausschließlich innerhalb des theologischen Theaters stattfinden.

2. Die Inszenierung des theologischen Reflexionsagenten der Moderne bei Karl Barth – ein Stück in drei Akten

Für den ‚Kritiker', der sich durch die ihm von der Bühne der Barthschen Theologie in lauter werdenden Sprechchören zugehenden Mobilmachungsappelle aus seinem Zuschauersessel nicht vertreiben lassen wollte, stellt sich im Rückblick die frühe Entwicklung dieser Theologie als ein Stück in drei Akten dar. Dieses soll im Folgenden noch einmal kurz auf seine zentralen dramaturgischen Entscheidungen hin rekapituliert werden.[12] Die Rekapitulation soll erneut bestätigen, daß der für die Dramatik des Stücks verantwortliche rote Faden in der Tat der Theologiebegriff und die ihm inhärente Reflexionspragmatik ist.

Im ersten Akt (1909–1914/15) wird an der Inszenierung gearbeitet; die Bühne wird aufgebaut; die Zuschauer sind vom Regisseur noch weitgehend unbeachtet. Eben darum verdient schon diese Phase deren volle Aufmerksamkeit. Denn bereits hier fallen die wichtigsten Würfel: nicht Barths Negation der liberalen Theologie seiner Väter ist der systematisch entscheidende Vorgang, sondern die Art und Weise ihrer Rezeption.

---

orthodoxy, and the New Testament. In: Journal of Religion 65 [1985], 459–477). Sie sieht Parallelen zu der Verselbständigung des Gedichttextes gegenüber dem Autor im „New literary Criticism" (vgl. aaO., 464), seiner ‚Nonreferentialität' (vgl. aaO., 472). Mit Hans Freis Barthinterpretation stellt sie fest: „The text requires not interpretation but participation; it provides the entire context necessary for its apprehension." (AaO., 469). Poland weist auch darauf hin, daß Barths Theologie mit dem „New Literary Criticism" der antihistoristische Hintergrund (aaO., 470) gemeinsam ist.

[10] Wolfgang Iser: Die Appellstruktur der Texte, 29.

[11] Erwin Piscator: Zeittheater. „Das politische Theater" und weitere Schriften von 1915 bis 1966, Reinbek 1986, 39. Zit. n. Erika Fischer-Lichte: Die Entdeckung des Zuschauers, 151.

[12] Da es sich um eine rekapitulierende Skizze handelt, wird auf eine erneute Belegung von Zitaten verzichtet.

2.1. Theologie als kommunikative Explikation des Allgemeinheitsanspruchs der Religion (1909–1914/15)

Das theologische Denken des jungen Karl Barth setzt ein mit zwei fundamentalen Problemwahrnehmungen oder Denkaufgaben. Beide gründen darin, daß Barth von seinem theologischen Lehrer Wilhelm Herrmann als kategoriale theologische Grundbestimmung den Begriff des religiösen Erlebnisses übernimmt. Er übernimmt von ihm damit auch den Anspruch und die theologische Denkaufgabe, das religiöse Erlebnis als Grundmoment der Selbstentfaltung individueller Subjektivität zu erfassen. Das religiöse Erlebnis darf nicht nur als psychologisch-deskriptive, sondern es muß zugleich als normativ-geltungstheoretische Größe verstanden werden. Anders als W. Herrmann möchte der junge Barth den geltungstheoretischen Horizont der Religion aber nicht auf die sittliche Selbstrealisierung des individuellen Subjekts beschränkt wissen, sondern auf dessen ganzen praktischen und theoretischen Selbstvollzug ausdehnen. Dieses Anliegen bedingt es, daß der Vollzug von Religion – anders als es aus Barths Sicht bei Herrmann der Fall ist – nicht als psychologisch-einzelnes Moment und damit nicht als einzelner zeitlicher Moment gedacht werden kann und soll, sondern als die Weise, wie das vernünftige Bewußtsein überhaupt sich als konkretes individuelles Bewußtsein *realisiert*. Dieses ‚Als‘-Verhältnis ist aber an der Stelle des individuellen Bewußtseins gerade nur als ‚Für‘-Verhältnis zu denken: die Religion muß als die Weise gedacht werden, wie das allgemeine, vernünftige Bewußtsein überhaupt für das individuelle Bewußtsein ist, wie jenes als dieses für dieses ist.

Das ist die erste fundamentale Problemwahrnehmung und Denkaufgabe. Sie ist erkenntnistheoretischer und zugleich subjektivitätstheoretischer Natur. Die zweite Problemwahrnehmung ist das Problem der intersubjektiven Kommunizierbarkeit der im Sinne der Kategorie des religiösen Erlebnisses konzipierten individualisierten Religion. Dieses Problem wiederum stellt sich für Barth von Anfang an sowohl als religionstheoretisches (und -praktisches), als auch als wissenschaftstheoretisches. Die Kommunikationsproblematik der individualisierten Religion ist für Barth identisch mit dem Problem des praktischen Charakters der Theologie als Wissenschaft. Entwicklungsgeschichtlich bildet diese letztere Problemwahrnehmung sogar den eigentlichen Einsatzpunkt des Barthschen Denkens.

Charakteristisch für die Problemorientierung, mit welcher das theologische Denken Karl Barths einsetzt, ist deren Mehrdimensionalität: sie ist zugleich erkenntnistheoretisch, subjektivitätstheoretisch, kommunikationstheoretisch und wissenschaftstheoretisch strukturiert. Der gemeinsame Kern dieser mehrdimensionalen Problemwahrnehmung ist die Frage nach der Möglichkeit einer vernünftigen Kommunizierbarkeit von individualisierter – moderner – Religion. Genau in dieser Identifikation liegt der Lösungsansatz des Problemknotens, den Barth über viele kleine denkerische Kataraktstufen zu entwickeln unternimmt. Er besteht also darin, die Allgemeinheitsproblematik der individualisierten Religion und ihre Kommunikationsproblematik als die beiden Seiten desselben Problems zu identifizieren und ihm darum auch mit einer einzigen Lösungsstrategie zu begegnen. Individualisierte – moderne – Religion muß an sich selbst so verfaßt gedacht werden, daß sie sich als vernünftige und darin zugleich als kommunikable erweist. Die vernünftige Kommunikation von Religion ist aber – Theologie. Theologie, der theologische Reflexionsvollzug, muß mithin als der Prozess der vernünftigen Selbsterfassung *und zugleich* der vernünftig-kommunikativen Selbstauslegung individualisierter religiöser Subjektivität entworfen werden und prozedieren können. Theologie darf mithin nicht als Außenreflexion auf ein ihr äußerlich vorausgesetztes religiöses Erlebnis konzipiert werden, sondern sie ist als *dessen – theoretische und darin zugleich praktische, „geschichtliche'* – *Selbstentfaltung* zu präsentieren.

Konkret prozediert Theologie – und darin das religiöse Erlebnis – als Auslegung des Gottesgedankens. Im Gottesgedanken hat das individuelle Bewußtsein genau jene Widerständigkeit, die der Differenz zwischen der Faktizität seines eigenen Prozessualsinns und dem darin in Anspruch genommenen Allgemeinen des vernünftigen Bewußtseins überhaupt entspricht. Indem sich die Theologie – wie Barth in seinem Aufsatz „Der Glaube an den persönlichen Gott" von 1913 ausführt – an der Aporie dieser Differenz abarbeitet, arbeitet sie zugleich den prozessualen Sinn vernünftig-individueller Subjektivität aus.

Diese „eigentümlich religiöse und von da aus theologische Methodik" ist selbst noch einmal einer geschichtstheologisch-dogmatischen – ,prophetischen' – Selbstchiffrierung zugänglich. Das sich theologisch selbst erfassende individuell-religiöse Bewußtsein spiegelt sich in seinem kontrafaktischen, weil rein prozessualen Sinn im Theologumenon der kontrafaktischen providentia Dei: „Hominum confusione – Dei providentia …". Dieses Theologumenon chiffriert damit zugleich diese liberaltheologische Phase des Barthschen Denkens.

Erkenntnistheoretisch ermöglicht wird Barth diese Konzeption durch die Einzeichnung der Herrmannschen Erlebnistheorie in H. Cohens Theorie des Kulturbewußtseins und insbesondere durch die Inanspruchnahme von Cohens transzendentalphilosophischem Handlungsbegriff, der die Gleichschaltung von theoretischem und praktischem Bewußtsein möglich macht. Die Verknüpfung dieser durch die Marburger Väter vorgegebenen erkenntnistheoretischen Doppelkonstellation mit dem Methodenproblem der Theologie und deren reflexionspraktischer und -pragmatischer Prozessualität ist als Karl Barths ureigene Leistung anzusehen.

Geschichtliche Handlungen werden als solche erkennbar, indem sie nach außen treten. Sie sind beobachtbar. Darum ist es sachgemäß, wenn die für die Barthsche Theorieentwicklung charakteristische Umstellung von Bewußtseins- auf Handlungskategorien katalysiert wird durch – gedeutete – Beobachtungen. Paradigmatisch ist die deutende Beobachtung, die der junge Barth der Zufallsbekanntschaft mit der religiös-kommunikativen Selbstexplikation des Studentenmissionars John Mott zuteil werden läßt. Sie bestärkt ihn in der bündig formulierbaren Einsicht, daß sprachlich-kommunikatives Handeln mehr ist als

Bewußt-Sein. Die sprachlichen ‚Strategeme des Herrn Mott' stellen ein Wetter-
leuchten für Barths eigene weitere Theorieentwicklung dar. Vorderhand liegt
freilich in der Logik dieser Einsicht zugleich die Einsicht in ihre Aporie: die von
Barth entwickelte theologische Methodologie – also die Metareflexion der
Theoriebildung – befindet sich in einem latenten performativen Widerspruch zu
der von ihr konzipierten und geforderten theologischen Methodik. Die Forderung nach einer Theologie, die als kommunikative Selbstexplikation individueller religiöser Subjektivität prozediert, kann nicht bloße Forderung bleiben; sie
muß die Zuschauerhaltung, in der sie sich selbst gegenüber befindet, aufgeben.

Die erste Version des Versuchs einer Aufhebung der Differenz von Methodologie und Methodik ist die politische Phase von Barths Denken, die religiössozialistische Bildungsarbeit, die er als der ‚rote Pfarrer von Safenwil' betreibt.
Der Vorzug des politischen Mediums gegenüber dem ‚bloß religiösen' Sprach-
spiel ist seine gesellschaftspraktische Allgemeinheit. Darin liegt der Gewinn
dieser Phase. Ihre Schranke liegt freilich erkennbar darin, daß die methodologische Reflexion in dieser praktisch-politischen Einkleidung schwerlich mittthe-
matisiert werden kann. Zwar versucht Barth genau dies in seinen ‚Sozialistischen
Reden', indem er im Safenwiler Gaststubenzimmer den dort versammelten
Arbeitern Nachhilfeunterricht in Cohenscher Politik-Philosophie erteilt. Aber
bald schon erkennt Barth, daß in der Diskrepanz zwischen praktisch-politi-
schem Problemdruck und transzentalphilosophischer Pädagogik jener performative Widerspruch von Methodologie und Methodik nur verlagert wird.

Ähnliches gilt für die religiös-theologische Bildungsarbeit des Pfarrers, des
Predigers Karl Barth. Nicht umsonst ist sie allerdings der Ort, an dem die
theologische Entwicklung Barths ihre kritische Temperatur erreicht. Dies geschieht in den Wochen vor dem Kriegsausbruch, im Sommer 1914. Es kommt
zum „Jakobskampf" des Predigers – mit seinem eigenen Theologiebegriff. Im
Juli 1914 zeichnet sich dramatisch ab, daß der Versuch einer unmittelbaren
religiös-moralischen Steuerung des Empirisch-Allgemeinen, der politischen
Menschheitsgeschichte, zum Scheitern verurteilt ist. Mit dem Manifestwerden
dieses Scheiterns in Gestalt des Ultimatums von Österreich-Ungarn an Serbien
Ende Juli 1914 kommt für Barth wieder Land in Sicht. Die religiöse Deutung
des geschichtlich-gesellschaftlichen Geschehens kann nun als das Materiale des
theoretischen Reflexions- und zugleich des praktischen Handlungsvollzugs der
Theologie erkannt werden.

Diese Aufgabe stellt sich dem Safenwiler Theologen als aktuell doppelt ungelöste Aufgabe. Im Herbst 1914 macht er die Erfahrung des moralisch-kyberne-
tischen Scheiterns beider für ihn maßgeblicher Eliten, nämlich des Scheiterns
sowohl der Handlungselite (der internationalen Sozialdemokratie) als auch der
Deutungselite, seiner Marburger theologischen Lehrer. Die Paßform, welche
diese ‚Erfahrung' für Barths aktuelle Problemwahrnehmung und Theorieentwicklung hat, sticht ins Auge. Die praktische und theoretische Leerstelle, welche
sich in der doppelten Scheitererfahrung öffnet, kommt Barth, theoriegeschichtlich geurteilt, wie gerufen.

Die reflexionspragmatische Inversion der theologischen Methodologie in die theologische Methodik, die Barth nach einigen erneuten Such- und Probebohrungen nun als Gründungsversuch von „Gottes Vorhut" in Szene zu setzen beginnt, ist äußerlich angeregt durch den Einfluß der spekulativen religiösen Geschichtstheologie Chr. Blumhardts. Von ihr nimmt Barths neue Theologie allerlei semantische Anleihen; hinsichtlich ihrer erkenntnistheoretischen Struktur und methodischen Funktionsweise dürfte sie aber kaum etwas mit jener zu tun haben. Viel wichtiger zumindest für die im engeren Sinne erkenntnistheoretische Struktur von Barths neuer Theologie ist der erneute Denkanstoß aus der Richtung neukantianisch-dialektischer Ursprungsphilosophie, den Barth 1913 durch die Lektüre der Descartes-Dissertation seines Bruders Heinrich erfahren hatte.

2.2. *Theologie als Konstituierung der theologischen Avantgarde (1917–1924)*

Es entspricht der Logik der Aufhebung der Methodenreflexion in die Verfahrensmethodik der Theologie, daß diese von einem Bewußtsein ihres Autors begleitet ist, das zugleich verfahrensrational – ‚strategisch' – reflektiert und gewissermaßen spielerisch selbstvergessen ist. Dieses Zugleich gilt für die beiden größeren Dokumente der ‚theozentrischen' Wende, für den Predigtband „Suchet Gott, so werdet ihr leben!" wie auch für den ersten ‚Römerbrief'. Darum ist es durchaus nachvollziehbar, wenn Barth später vom ersten ‚Römerbrief' als einer Art absichtslosen Privatstudie[13] spricht. Die intendierte „Abschaffung des Zuschauers", die diesem Konzept inhärent ist, schließt die Abschaffung des Autors als seines eigenen Zuschauers ein. Theologie prozediert von nun an als der sprachlich kommunizierte und darum notorisch auf „Mitarbeit" zielende Explikationsvollzug des Gottesgedankens als Inhalts des religiösen ‚Erlebnisses'. Das ‚Andere' dieser formalen Selbstprozession, ihr Materiales, ist zum einen ‚Religion'; diese arbeitet sie prozessual weg. Zum anderen ist es ‚Kultur', ‚Politik', ‚Gegenwart'. In diese arbeitet sie den theologischen Reflexionsvollzug ein; besser: sie baut dieses Materiale ein, wie Backsteine oder Lehm in die Fachwerkarchitektur ihres eigenlogischen Prozesses. Auf dieses Materiale bezogen arbeitet der Text progressiv ‚partikulare' Religion in säkularitätsoffene Gegenwartsdiagnostik um. Im ersten ‚Römerbrief' gelingt dieser Transformationsprozeß noch nicht stringent. Hier bleibt jeweils noch ein religiös-positiver, ein ‚heilsgeschichtlicher' Rest stehen. Die Transformation erzeugt noch eine Heilsgeschichte neben der (säkularen) Geschichte. Dennoch weist auch schon der erste ‚Römerbrief' formaliter ein hochsystematisches Konstruktionsverfahren auf, das materialiter mit einem spielerisch-assoziativen Einbauverfahren verbunden ist. So entsteht ein doppelkodierter Text, der ei-

---

[13] Vgl. KARL BARTH: Nachwort, 192f.

nerseits theologisch-reflexionslogisch systematisch, zugleich religiös-kulturdi-
agnostisch variabel verfaßt ist. In Bezug auf letzteres enthält er interpretations-
fähige Leerstellen, die den Kommentartext für vergleichsweise vielfältige religiös-theologische Selbst- und Gegenwartsauslegungen anschlußfähig machen.
Dieses Zusammenspiel von theologischer Systematik und variabler Kulturdiagnostik erzeugt jene kulturelle Deutungspotenz, jene „Überlegenheit", in welcher die durch den Text aufzubauen intendierte theologische Avantgarde ihre
Handlungspotenz, ihr kultur-theologisches Profil hat.

Da Barth auch in seiner methodologisch invertierten Phase seinen ursprünglichen liberaltheologischen Interessen an der Erzeugung selbstdurchsichtiger
individueller Handlungsgewißheit treu bleibt, sind auch seine materialethischen Optionen insbesondere im Bereich der politischen Ethik der Sache nach
‚liberal'. Dies zeigt sich freilich erst im ethischen Schlußteil des Textes und muß
hinsichtlich seiner Begründungsstruktur den Lesern weitgehend undurchsich-
tig bleiben. Außerdem ist der Versuch der geschichtstheologischen Etablierung
der theologischen Avantgarde mit einigem antimodernen und antiliberalen Ge-
töse verbunden, das über diese latente Liberalität der ‚Römerbrief'-Ethik hin-
weghören lassen kann.

Wie sublim Barth das Zusammenspiel neukantianischer Transzendentalsyste-
matik und spielerisch-rhetorischer Kulturdiagnostik beherrscht und sprachlich
zu inszenieren vermag, kann man paradigmatisch am Tambacher Vortrag studieren. Ein Vergleich dieser in der Tat „nicht ganz einfache[n] Maschine" –
„nach allen Seiten schießend, an offenen und heimlichen Scharnieren kein
Mangel" – mit dem spröden Kathedervortrag des Bruders Heinrich über „Gotteserkenntnis" zeigt in kaum überbietbarer Plastizität zum einen, was die reflexionspragmatische Wendung neukantianischer Ursprungsphilosophie bei Karl
Barth bedeutet und zum andern wie diese Wendung rhetorisch-rezeptions-
ästhetisch unterfüttert werden kann.

Der zweite ‚Römerbrief' stellt dann das reife Produkt der avantgardistischen
Phase der Barthschen Theologie dar. Die methodischen Halbheiten der Erstauflage werden beseitigt, die Methodeninversion mit ihrer progressiven Aufhebung der Leser-‚Religion' wird in voller Konsequenz durchgeführt. Wie bei
der Erstauflage ist die Handlungspotenz des so aufgebauten Reflexionsagenten
seine kulturdiagnostische Deutungs- und Selbstauslegungspotenz. Im permanenten Bezug auf die Kulturkrise der Nachkriegszeit bietet der zweite ‚Römerbrief'
K. Barths ein vielfältig anschluß- und ausdeutungsfähiges, religiös-theologisches
Selbstauslegungsangebot, dessen hohes Maß an theologisch-kulturdiagnosti-
scher Plausibilität von keinem anderen zeitgenössischen theologischen Text
erreicht worden sein dürfte und das m. E. auch von Barth selbst zeitlebens nicht
wieder erreicht worden ist.

Die theologische Leitsemantik, die Hintergrundchiffre, welche die zentrale
Intention und die Verfahrenslogik der Barthschen Theologie in dieser ihrer
werk- und wirkungsgeschichtlich entscheidenden avantgardistischen Phase –
nachweislich in allen hier untersuchten Texten – auf den Begriff bringt, ist das

Theologumenon der Erwählung. Darin ist diejenige theologische Selbstdurchsichtigkeit von Handlungsgewißheit verschlüsselt, welche die Barthsche Theologie in ihrem prozessualen Reflexionsgang aufzubauen bemüht ist.

2.3. Theologie als Konstituierung der kirchlich-dogmatischen Elite (seit 1924/25)

Daß Barths Theologie nach dem zweiten ‚Römerbrief' den Zenit ihrer theologisch-kulturdiagnostischen Explikationskraft deutlich überschritten hat, hängt nicht nur mit den äußeren Umständen, mit der relativen politischen und kulturellen Konsolidierung der Weimarer Republik zusammen, die eine ‚eschatologisch' über den praktischen Organisationsproblemen der Gesellschaft schwebende theologische Kulturdiagnose unplausibler werden läßt. Es hängt auch damit zusammen, daß die invertierte Methodologie von Barths avantgardistischer Theologie der Kriegs- und Nachkriegsjahre auf die Dauer so nicht zu halten gewesen ist. Sie stellt notwendigerweise ein Übergangsphänomen dar. Vor die phänomenologische Alternative ‚Prophet oder wissenschaftlicher Theologe' gestellt entscheidet sich Barth für Letzteres. Die Notwendigkeit einer Explikation der (nach wie vor) invertierten Methodologie wird erkennbar, sobald Barth gezwungen ist, sich zu dieser Methodik öffentlich zu verhalten – und sie zu lehren. Als „Korrektiv", „Zimt", „Randbemerkung" zu aller wissenschaftlichen Theologie ist die avantgardistische Theologie nicht lehrbar. Darum baut Barth seine implizit-invertierte Methodologie zu einer dogmatischen Schultheologie um. An die Stelle der reflexionspragmatischen Logizität transzendentaltheologischen Ursprungswissens tritt nun in der Göttinger Dogmatikvorlesung von 1924/25 die Systematik der Logizität des trinitarisch strukturierten Offenbarungsgedankens. Sie strukturiert ihrerseits das autoritative Sprechhandeln, als welches die theologische Kommunikation nun begriffen und vorgeführt wird.

Die Logizität des Offenbarungsbegriffs ist ihrerseits strukturell genau nach jener früheren Logizität gebildet. Diese Logizität nunmehr als die Struktur des Offenbarungsgedankens entfaltend verlegt Barth die Deutungspotenz des Reflexionsagenten gewissermaßen nach innen, nämlich auf die dogmatische Selbstauslegungstradition des Christentums. Der solchermaßen mit sich selber beschäftigte Reflexions- und Handlungsagent tritt nach außen auf als der Agent absoluter Autorität. Die theologische Avantgarde wird zur organisierten kirchlichen Elite. Barths Theologie zielt nun auf Institutionalisierung. Sie erzeugt eine charakteristische – und professionalisierte – Verbindung von Charisma, Institution und Autorität und ist auf diese Weise mit den kulturellen und politischen Leitthemen ihrer Zeit wieder auf Augenhöhe.

Ähnlich wie der erste ‚Römerbrief' im Verhältnis zur Neuauflage von 1922 enthält auch die Göttinger Vorlesung von 1924/25 und die *Christliche Dogmatik im Entwurf* von 1927, die aus ihr hervorgeht, noch theoretische Überstände, die in der Neuauflage, nämlich der *Kirchlichen Dogmatik,* ausgeschieden werden. Die dogmatische Inversion des theologischen Wissens als professionellen Kompetenzwissens einer kirchlichen Elite ist hier noch mit dem Außenbezug auf ein Predigthandeln behaftet, das seinerseits den Restbezug auf reflexionsexterne ‚Religion' repräsentiert. Dieser Außenbezug wird in der *Kirchlichen Dogmatik* konsequent zu eliminieren versucht. Daß und inwiefern die *Kirchliche Dogmatik* trotz und gerade in dieser Elimierung die Professionalisierung jenes reflexionspragmatischen Ursprungswissens der liberalen Anfangszeit und der Avantgardezeit zu bewahren und zu bewähren sucht, kann an dem Lehrstück gezeigt und untersucht werden, das für die Avantgardezeit von signalhafter Bedeutung ist, an der Erwählungslehre. Die *Kirchliche Dogmatik* erweist sich hier als prinzipialisierte Handlungstheorie der professionellen Vertreter von Religion als Handlungsgewißheit überhaupt. Die Theorie ist als Theorie zugleich die exemplarische Präsentation des von ihr gewußten Handelns, sie ist selbst „Verkündigung", religiöse Applikation. So ist theologische Reflexion diejenige Handlung, die selbst ihr eigener intentionaler Inhalt, diejenige „*Erzeugung*, die selbst „*das Erzeugnis*"[14] ist; sie ist die „christliche Entsprechung zu Cohens Philosophie"[15]. Ihre handlungspraktische Kompetenz besteht ausschließlich im Wissen um den ursprungstheoretischen, ‚transzendentalen' Sinn und Ursprung von Handlungsgewißheit überhaupt, das sich von allem praktischen Handlungswissen säuberlich fernhalten und unterscheiden will. Die professionelle Schriftgelehrsamkeit der *Kirchlichen Dogmatik* stellt den dogmatischen Zaun um ihr neukantianisches Ursprungsgesetz.

3. *Inszenierung, Mobilisierung, Szientifizierung: Barths Theologie und die invertierten praktischen Letztbegründungstheorien der zwanziger Jahre*

3.1. *Methodische Amalgamierungen: Karl Barth im Kontext*

K. Barths Theologie ist unbeschadet des hohen Maßes ihrer Originalität kein Einzelfall. Zwar kennzeichnet es Barths Explikation seiner Theologie als wissenschaftlicher Theologie, daß diese darauf abzielt, einen überpositionellen Standort zu beziehen. Der intendierten Einziehung der Differenz von Gotteserkenntnis und Wissen der Gotteserkenntnis inhäriert ein Exklusivanspruch mit innerer Notwendigkeit. Das in der Einstellung der Zeitschrift *Zwischen den Zeiten* manifest werdende Auseinanderbrechen der dialektischen Theologie Anfang der dreißiger Jahre ist, was Barth angeht, eine innere Konsequenz seiner theologischen Position. So sehr diese Theologie mit der werbenden Proklamation einsetzt „Wir möchten nicht so allein sein", so sehr ist für sie kennzeichnend, daß sie selbst die Bedingungen der intendierten theologischen Avantgar-

---

[14] HERMANN COHEN: Logik der reinen Erkenntnis, 29.
[15] DIETRICH KORSCH: Hermann Cohen und die protestantische Theologie seiner Zeit, 71.

de und Elite autokratisch zu diktieren sucht. Wo die Methodologie invertiert wird, kann der Methodendiskurs nur noch polemisch geführt werden. Barths Theologie hat, sieht man auf die Zahl der Proselyten, die sie zu machen verstanden hat, diesen Diskurs sehr erfolgreich geführt. Sie ist tatsächlich „nicht so allein" geblieben. Aus der Sicht des Zuschauers gilt das aber auch für ihren Theorietyp. Barths Theologie hat mit anderen zeitgenössischen Entwürfen mehr prinzipielle, systematische Parallelen, als sie von sich aus zu erkennen gibt. Die im ersten Teil dieser Untersuchung vorgestellten, im einzelnen natürlich sehr heterogenen Theorieentwürfe von G. Lukács, C. Schmitt, E. Hirsch und F. Gogarten sollten diese Einsicht plausibel machen. Hier gilt es nun das dort Vorgetragene kurz zusammenzufassen und mit Blick auf Barth und die paradigmatische Bedeutung, die der Barthschen Theologie im Rahmen dieses Theorietyps hier zugeschrieben wird, zu bilanzieren.

Die theoretische Konstellation, die dort an jenen Entwürfen aufzuzeigen und an Barths theologischer Entwicklung detailliert zu rekonstruieren versucht wurde, kann als invertierte praktische Transzendentaltheorie bezeichnet werden. Damit ist gemeint, daß es allen diesen Entwürfen um den zugleich theoretischen und praktischen Aufbau sich selbst durchsichtiger Freiheit zu tun ist. Zumindest bei Barth ist dieser Letztbegründungsanspruch über das Gebiet der praktischen Vernunft hinaus auf das der Vernunft – des „Kulturbewußtseins" – überhaupt erweitert. Darum kann man wenigstens in seinem Fall durchaus von einer der Absicht nach transzendentalen Letztbegründungstheorie sprechen.

Alle diese Entwürfe verstehen den Aufbau solchen Letztbegründungswissens als die Erzeugung oder Identifizierung eines subjekthaft strukturierten Kollektivagenten, der zugleich Handlungssubjekt und Träger des handlungstheoretischen Grundlagenwissens ist. Da der Aufbau dieses Megasubjekts allererst die Bedingungen enthält und schaffen soll, unter denen der Vollzug von selbstdurchsichtiger Freiheit möglich sein soll, sind alle fünf Entwürfe zugleich liberale und antiliberale Entwürfe. Der Ordnungsrahmen, den sie als jene Möglichkeitsbedingung selbstdurchsichtiger Freiheit abstecken, ist einer, der im Gegenzug gegen die faktischen Bestrebungen der empirischen Individuen oder der gesellschaftlich-kulturellen (‚kapitalistischen') Bedingungen, denen sie faktisch unterliegen, zur Geltung gebracht werden soll. Allen Entwürfen eignet darum ein normativer, näherhin ein koerzitiver, ein gegenmoderner Zug. Dennoch soll jener Ordnungsrahmen wiederum als Funktion wissender Selbstauslegung der Individuen gedacht werden können. In diesem Postulat und in dem den Argumentationsaufbau aller Entwürfe bestimmenden Versuch, dieses begründet zu rechtfertigen, liegt das transzendentaltheoretische Erbe der Entwürfe.

Das für alle fünf Entwürfe konstitutive Interesse, den Träger solchen Letztbegründungswissens in der sozialen Wirklichkeit selbst theoretisch-praktisch zu konstituieren bzw. zu identifizieren, bedingt die Inversion der fundamentaltheoretischen Begründungsstruktur, die für alle fünf Entwürfe konstitutiv ist. Sie ist eine erkenntnistheoretische, zugleich aber auch methodische und strategische Inversion. Theoretische Szientifizierung, praktisch-ethische Mobilisierung, aber unverkennbar auch ästhetische Inszenierung bilden hier Amalgame.[16] In unterschiedlichen Mischungsverhältnissen bedingt diese amalgamische Methodeninversion die Überkodierung der Texte, deren Ziel kein anderes ist als dasjenige, die Leser umfänglich in Beschlag zu nehmen und sie als distante Zuschauer abzuschaffen. Damit hängt die mangelnde praktisch-technische Ausrichtung und Verwertbarkeit dieser Theorien zusammen. Nicht nur für Barths Theologie, sondern mutatis mutandis für alle genannten Entwürfe gilt, daß in ihnen die Rezipienten nicht mit ihren tatsächlichen Handlungsfeldern und deren spezifischen Berufsproblemen vor die Augen der Autoren kommen, sondern nur als intentionale Partizipanten an einem Handlungswissen überhaupt. Über die konkreten Organisationsprobleme der Institutionen, die sie durch die von ihnen konstruierten Agenten überlagern, schweigen sich alle Entwürfe weitgehend aus. Das gilt selbst, wenn auch sicherlich vergleichsweise am wenigsten, für eine scheinbar so an den Technika der Verfassung interessierte Rechtslehre wie diejenige C. Schmitts. Auch C. Schmitts Rechtslehre ist, wie zu zeigen versucht wurde, letztlich keine rechtliche Verfahrenslehre, sondern eine Prinzipienlehre der Verfassung, eine Verfassungsdogmatik.

Alle fünf Entwürfe reagieren auf die Erfahrung der Steuerungsprobleme der modernen Gesellschaft, auf die Erfahrung der dehumanisierenden Folgen des Projekts der Moderne durch radikale praktisch-theoretische Letztbegründungsstrategien geschichtlicher – und darum immer durch sich selbst bedrohter – Freiheit. Alle fünf Entwürfe machen sich das zentrale Problem solcher Freiheit zu eigen, das in der Gleichursprünglichkeit von theoretischer Selbstdurchsichtigkeit und praktischer Selbstrealisierung liegt. Immer geht es um das Verhältnis von Wissen und Macht. Das ist die moderne, die nietzscheanische Konstante in diesen Theorien; darin liegt ihre bleibende Aktualität – auch und gerade in einem Zeitalter, das von der politischen auf die ökonomische Fundamentalkodierung umgeschaltet hat.

Auf diese Grundkonstellierung von Wissen und Macht hin sind die Entwürfe nun noch einmal kurz durchsichtig zu machen. Da die beiden politologischen Entwürfe sich den Aufbau des geschichtlichen Handlungssubjekts unmittelbar zum Thema machen und dieses in seiner Spitze in den Reflexionsagenten umschlagen lassen, ist bei ihnen die Verbindung von Reflexions- und Handlungssubjektivität vergleichsweise einfacher zu greifen, als im Falle der theologischen Entwürfe, wo das Zuordnungsverhältnis das Umgekehrte ist. Im Falle von G. Lukács und C. Schmitt genügt für den hier verfolgten Zweck darum ein sehr knappes und zuspitzendes Schlußresümee.

---

[16] Sie ist erkennbar an der Polemisierung der Leitbegriffe.

3.2. Macht ist Wissen: Georg Lukács und Carl Schmitt

Die beiden politologischen Entwürfe von Georg Lukács und Carl Schmitt kommen – unbeschadet aller sonstigen Differenzen – darin überein, daß sie das kardinale Zentrum des von ihnen aufgebauten starken modern-gegenmodernen Handlungssubjekts letztlich als gnoseologisches Zentrum bestimmen. Das ist bei Lukács noch deutlicher als bei Schmitt. Die Theorie konstruiert zwischen Handlungsagenten (Proletariat) und Deutungsagenten (Kommunistische Partei) einen Spiegelungsvorgang, der latent theologische, näherhin christologische Funktionsanleihen macht. Systematisch rückgebunden ist dieser Spiegelungsakt allerdings an den vom Autor nur als Appell bzw. durch eigenen Vollzug realisierbaren ethischen Akt der ‚Ganzhingabe‘ des Individuums, der Theorierezipienten an den Deutungs- und Handlungsagenten. Das Wissen des Autors ist Macht, wenn es ihm gelingt, durch den Akt (subtextuell christologischer!) theoretisch-praktischer ‚Ganzhingabe‘ eine Wissenselite zu konstituieren, deren Berufswissen das Wissen von Handlungsmächtigkeit überhaupt ist.

Auch in Carl Schmitts politischer Theologie ist Macht letztlich und eigentlich Wissen. Das Volk konstituiert sich im Akt der Verfassungsgebung als Souverän, in welchem Akt es sich „seiner Eigenschaft als handlungsfähiges Subjekt *bewußt*" werden soll. Dieses Handlungsbewußtsein des Machtsubjekts ist freilich anders als bei Lukács von allen inhaltlichen, theoretischen Aspekten weitgehend gereinigt. Es ist durch kein Warenbewußtsein vermittelt, sondern es ist reines Handlungsbewußtsein. Darum kann es auch exklusiv repräsentierbar gedacht werden – durch den Reichspräsidenten. Und an dessen Funktionsstelle kann das Wissensmoment wiederum als reines Handlungswissen, als „Entscheidung" gedacht werden. Freilich bleibt die so intendierte Aufhebung des Wissensmoments in das Handlungsmoment ihrerseits abstrakt; sie ist abstrakt vermittelt durch den Repräsentationsgedanken. Genau dies ist das theologische, näherhin katholisch-theologische Erbe in Schmitts Theorie. Die Repräsentation des Handlungsbewußtseins des Machtsubjekts in der Entscheidungsgewalt des Staatsrepräsentanten ist ein einseitiger Spiegelungsvorgang, der vom absoluten Souverän, vom Volk, zwar gewußt werden kann, der aber in der Strukturlogik des Handlungswissens des Repräsentanten als Entscheidung keine Entsprechung mehr findet. Der Reichspräsident ist der funktionale Statthalter Christi auf Erden.

Die eigentümliche Konditionalisierung der Realisierung individueller Freiheit verdrängt sowohl bei Lukács wie auch bei Schmitt deren verfahrenstechnische, rechtliche Sicherung. Eben diese gilt als ‚mechanistisch‘, ‚bürgerlich‘, ‚westlich‘, als ‚liberal‘. Die neukantianischen Rechtstheorien, welche diesen Begründungsweg einschlagen, werden so sehr perhorresziert, daß das Bewußtsein der gemeinsamen philosophischen Wurzeln für die Autoren selbst verdunkelt wird. An die Stelle von deren normativen Verfahrensregulierungen tritt die invertierte Reflexionspragmatik, die auf die Erzeugung von Gegeneliten bzw. die Zuschreibung von machtvoller Handlungsreflexivität zielt. Wechselseitig zeiht man sich der Wirklichkeitsfremdheit. Der faktischen politischen Wirklichkeit von Weimar am nächsten kam sicherlich C. Schmitts Theorie. Sie hat die Schwachstellen der Verfassung ebenso schonungslos aufgedeckt wie ausgebeutet; und sie hat zur Erzeugung jener Gegenelite beigetragen, die diese Ausbeutung zur Ausschaltung steigerte.

3.3. Wissen ist Macht: Emanuel Hirsch und Friedrich Gogarten

Verglichen mit den vier anderen hier untersuchten Theorien ist bei E. Hirsch die praktisch-transzendentaltheoretische Grundlegung der Theorie nahezu unverdeckt; von einer methodologischen oder erkenntnistheoretischen Inversion kann in Bezug auf ihn, zumindest in Bezug auf den Entwicklungsstand seiner Theologie zu Anfang der zwanziger Jahre, nur mit Abstrichen gesprochen werden. In Gestalt jener in *Deutschlands Schicksal* konstruierten sittlichen „Gemeinschaft der Gewissen" scheint eine von empirischer Trägerschaft ablösbare überindividuelle Konkretionsform praktisch-transzendentaler Subjektivität ins Auge gefaßt, die mit dem (intentional) empirischen, kollektiven Rechtssubjekt Staat nur lose vermittelt ist. Aber schon in jener Nachkriegskrisenschrift wird der so gedachte Staat dann doch zum faktisch notwendigen Träger jener Gewissensgemeinschaft. Diese hat gegenüber jenem tatsächlich keine funktionale Eigenständigkeit; vom Ergebnis her betrachtet wird sie nur eingeführt, um dem Staat trotz seines durchgängig koerzitiven Charakters freiheitsbegründende Leistungen zuschreiben zu können. Auf den Staat als kollektive, überindividuelle „Persönlichkeit" gehen die sittlichen Bestimmungen verantwortlichen Handelns über. Deren Spielregeln sollen allerdings bei Staaten charakteristisch andere sein als bei Individuen; im Falle des Staates soll Machtausübung nach außen wie nach innen eo ipso sittlich sein. Den Staat aber, für den dies gelten kann, gibt es zur Zeit der Abfassung von *Deutschlands Schicksal* gerade nicht. Was es gibt, ist nur die von der Schrift reflexionspragmatisch zu erzeugen versuchte revolutionäre Reflexionselite derer, die um diesen Staat und sein Ausstehen wissen. Diese (vom Autor intendierte) Wissenselite ist vorderhand die einzige Präsenzweise des Machtstaates; in ihrem Wissen koinzidiert dieser mit der sittlichen „Gemeinschaft der Gewissen".

Aber diese revolutionäre Gegenelite ist in jeder Hinsicht eine ungesättigte Größe. Sie verlangt selbst nach einer Substanzialisierung. Anfang der dreißiger Jahre treibt Hirsch diese zweiseitig voran; seine Lehre vom „verborgenen Souverän" bringt im Volksbegriff eine verborgene naturalisierte Sittlichkeit in Anschlag, als deren offenbaren Realisierungsagenten Hirsch die nationalsozialistische SA meint identifizieren zu dürfen. Sowohl der schlummernd verborgene Agent, das Volk, als auch jener hellwache Agent dieses Agenten wissen allerdings von ihrer Sittlichkeit (in der Tat!) nichts. Durch eine vom Literarischen ins Politisch-Institutionelle übersetzte „Führungs"-Lehre soll ihnen dieses Sittlichkeitswissen zuteil werden. An dieser Lehre weiß sich der Autor nun als führender Ideologe der *Deutschen Christen* beteiligt; und mit diesen erlebt er im Frühjahr 1933 die Epiphanie seines verborgenen Souveräns in der „gegenwärtigen deutschen Stunde". So schreibt sich das gelehrte Wissen bei Hirsch die „Machtergreifung" zu. Daß es sich dabei um eine äußerliche Zuschreibung handelt, entgeht ihrem Autor. Tatsächlich beruht die – im Vergleich mit den anderen Autoren neben Lukács – dezidierteste parteipolitische Option auf einer – romantischen – Verwechslung von ‚idealistischer' Geschichtsphilosophie und zynischer Machtpolitik.

Bei F. Gogarten liegt die romantische Identifizierung des ‚Kairos', von geschichtlichem Geschehen und wissender Deutung, am Anfang seines intellektuellen Weges durch die Weimarer Republik. Im Geflecht der Methodenamalgame dominiert bei dem ehemaligen Studenten der Germanistik und Kunstgeschichte zunächst durchaus das Pathos ästhetischer Inszenierung: „Heute sehen wir eure Welt zugrunde gehen". Trotzdem und gerade so will diese Ästhetik kein wissenschaftliches und ästhetisches Zuschauen mehr zulassen, das in Wahrheit „für diese …" hier inszenierte „… Szene stockblind" sei, sondern nur noch „die religiöse Entscheidung". Als Regisseur solcher ästhetischen Inszenierung einer theologischen Antiästhetik ist Gogarten wie Barth und, was das Ästhetische angeht, noch deutlicher als dieser, „ein Apfel vom Baume Kierkegaards" (Troeltsch). Die Inszenierung des Entscheidungspathos' parallelisiert die absolute Aktivität Gottes mit der permanenten Aktivität theologischer Dialektik, in die sich die Religion de facto aufheben soll. In solcher Inszenierung des geschichtlichen Handlungs- als theologischen Reflexionsagenten kommt Gogarten mit Barth um 1920 im Ergebnis vollkommen überein. Von Hirsch unterscheidet die beiden dialektischen Theologen, daß diese Inversion immer schon von der Theologie vollzogen und gerade nicht außerhalb dieses Vollzugs, in der politischen Geschichte zu identifizieren versucht wird.

Wie vormals für den jungen Barth ist für den Gogarten der frühen zwanziger Jahre der (dies durchschauende) „kontemplative" E. Troeltsch der bevorzugte Antipode. Wie Barth sucht Gogarten Troeltschs Geschichtsphilosophie an der Stelle ihres sie konstruierenden Subjekts aus den Angeln zu heben, indem er genau hier die theologische Reflexionsaktivität religiöser Handlungsgewißheit zur Durchsetzung zu bringen sucht. Die praktisch-transzendentaltheoretischen Hintergründe dieses Theologiebegriffs erschließen sich, wenn man sein Verfahren auf die frühen Fichtearbeiten Gogartens abbildet. Die intellektuelle Verwandtschaft Gogartens mit Barth zeigt sich auch daran, daß Gogarten parallel mit Barth seinen Theologiebegriff im Rekurs auf die reformatorische Lehre vom Wort Gottes als religiös-theologischen Sprechakt deutet. Und der Logik der Reflexionspragmatik als eines monologischen Erzeugungsaktes inhäriert wie bei Barth die Favorisierung der Autoritätskategorie.

Allerdings hängt die reflexionspragmatische Konzipierung des Theologiebegriffs bei Gogarten aufgrund ihrer ästhetisch-romantischen Akzentuierung verglichen mit Barths ‚Römerbriefen' gewissermaßen in der Luft. Sie erfolgt hier nicht auf der Basis eines hintergründig analytisch entfaltbaren Konstitutionsbegriffs sittlich-allgemeiner Subjektivität. Der Reflexionspragmatik fehlt hier die Innenstabilisierung. Daraus erklärt sich, daß Gogarten schon bald eine Außenstabilisierung anstrebt, die er in Gestalt seiner personalistischen Anthropologie auszuarbeiten beginnt. Damit geht einher, daß Gogarten die bei Barth in die Reflexionspragmatik aufgehobene Gleichsetzung von Gotteserkenntnis und Erkenntnis der Gotteserkenntnis im Vollzug der Gotteserkenntnis (des Glaubens) gleichsam stillzustellen versucht, indem er diesen als deutungsfreien Akt des Weltverhältnisses postuliert. So soll der Reflexionsagent gewissermaßen mit Gewalt zum Handlungsagenten erklärt werden. Glaube und geschichtliches Handeln wären dann dasselbe. Das ‚funktioniert‘ freilich nur auf dem Umweg über die Christologie; womit allerdings wieder ein theologisches Wissen, und damit eine Differenz von Reflexion und Aktion ins Spiel gebracht ist, die abzuarbeiten die Aufgabe der praktisch vollzogenen Theologie, der „Verkündigung" ist. In dieser Vermitteltheit ist die Gemeinde, die Kirche, im Ergebnis wie bei Barth, der Reflexions- und Handlungsagent der Geschichte. Allerdings sind Reflexions- und Handlungsmoment im Gogartenschen Agenten tatsächlich auf äußerlichere Weise verbunden, als es bei Barth der Fall ist. Die innere (wie äußere) Differenz manifestiert sich in der *Politischen Ethik von* 1932. Im Medium einer auf Allgemeinheit zielenden theologisch-philosophischen Intersubjektivitätstheorie differenziert Gogarten hier wieder den Handlungs- und den Reflexionsagenten als Staat und Kirche. Die Pointe dieser Differenzierung ist allerdings das wechselseitige Aufeinanderbezogensein von Handlungs- und Reflexionsagent: der Staat weiß um sich, nämlich um seine auf die Erhaltung intersubjektiver Freiheit gerichtete sittliche Bestimmung nur, indem er sich diese von der Kirche gesagt sein läßt. Die Kirche ist das Sich-Wissen des Staates um seinen Grund. Darin schließt sich der Handlungs- mit dem Reflexionsagenten zusammen. Die Kirche ist so staatstragend – aber der Staat ist auch kirchetragend. Die Differenzierung von Staat und Kirche bringt eine Aufstockung der Differenz von deutungsloser Interaktivität, die jetzt durch das als „Hörigkeit" bestimmte Zusammensein im Staat bestimmt ist, und dem Wissen um die sittliche Notwendigkeit dieses Zusammenseins, das jetzt der Glaube der Kirche ist, mit sich. Aber der Glaube der Kirche ist dieses Wissen, indem er zugleich der gewußte Vollzug solcher Hörigkeit ist.

Gogartens Sympathie für einen autoritären Staat hat also einen anderen theorieinternen Stellenwert, als es bei E. Hirsch der Fall ist. Anders als dieser sucht Gogarten die in Anschlag gebrachte Sittlichkeit des autoritären Staates nicht innerhalb des Staates selbst, in Gestalt eines revolutionären Agenten zu verorten. Sein revolutionärer Agent im eigentlichen Sinne, dem sittlich-religiöses Handeln als als solches gewußtes Handeln zugeschrieben wird, ist auch 1933 und danach „der Glaube", „die Kirche".

3.4. Macht-Wissen oder: Politik und Moral

Mit den anderen hier untersuchten Autoren hat auch Gogarten gemein, daß er die Realisierung individueller Freiheit nicht durch praktisch-rechtliche Regulierung, sondern letztlich *moralisch* zu sichern sucht. Nicht: wie Freiheitsvollzüge geregelt, sondern wie sie als *gewußt vollzogene* gedacht werden können, ist die bei Gogarten wie bei den drei anderen Autoren zwar abgesunkene, aber dennoch und genau in dieser Abgesunkenheit leitende Grundfrage der Theorie. Wie die anderen Theoretiker überträgt auch Gogarten – unbeschadet seiner intersubjektivitätstheoretischen Ansprüche – ein am Individuum abgelesenes Modell ethischer Realisierung von Freiheit auf die politische Gesellschaft, die er darum als Kollektivsubjekt konzipiert.

Theoretisch ist diesen Konzepten nicht durch unmittelbare moralische Diskreditierungsversuche beizukommen; damit läuft man ihnen eher ins Messer. Vielmehr gilt es den Kategorienfehler aufzudecken, der ihnen zugrunde liegt. Dieser besteht genau in der Verwechslung von Moral und Politik, von Moral und Recht. Sie kommt zustande, indem die – systematisch durchaus sinnvoll – als gewußte Freiheit konzipierte Freiheit der gesellschaftlichen Interaktion nicht nur als Idealbegriff aufgefaßt wird, auf deren Ermöglichung und Maximierung hin die Gesellschaft politisch-rechtlich organisiert werden muß, sondern zugleich als Normalbegriff, als welche gesellschaftliche Interaktion allein verstanden werden dürfe. Die Favorisierung autoritärer Politik und eines autoritären Staates bei G. Lukács, C. Schmitt, E. Hirsch und F. Gogarten ist – systematisch betrachtet – die Folge eines falsch verstandenen erkenntnistheoretischen Idealismus. Das Sich-Wissen der Freiheit, die Selbstgewißheit des Individuums als Handlungssubjekts, wird hier in das Macht-Wissen eines Kollektiv-Subjekts überführt, das die bewußte Freiheit erzeugen soll, die außerhalb seiner nicht existieren soll. So soll das Projekt der Moderne, die Realisierung der Freiheit, im Angesicht seiner Selbstbedrohung durch mechanisch-bürokratisch-kapitalistische Entmenschlichung gerettet werden.

3.5. Macht-Wissen machen: Karl Barth

Da das Politische für jene Theoretiker letztlich nicht das Feld der rechtlichen Regelung und institutionellen Organisation von gesellschaftlicher Interaktion darstellt, sondern eigentlich den prinzipientheoretisch zu reflektierenden Entfaltungsraum sich wissender Freiheit, kann eine an den systematischen Grundlagen der Theologie Karl Barths orientierte Untersuchung wie die vorliegende einen Vergleich zwischen jenen und dieser anstellen, auch ohne sich um Barths materiale politische Ethik, sein Verhältnis zur Demokratie von Weimar und zur nationalsozialistischen Diktatur detailliert kümmern zu müssen.

Der auffällige Unterschied zwischen jenen Entwürfen und demjenigen von K. Barth besteht darin, daß bei Barth der Begriff des Politischen bzw. des

Staates kein *konstitutiver* theologischer Begriff ist. Barths Theologie ist darum eigentlich keine politische Theologie. So sehr Barths Theologie mit jenen Entwürfen darin übereinkommt, daß auch sie ein starkes geschichtliches Handlungssubjekt aufzubauen sucht, so sehr ist dieses anders als bei jenen nicht primär im politischen Raum lokalisierbar. Die Differenz von Reflexions- und Handlungsagent wird bei Barth nicht, wie bei dem ihm am nächsten kommenden Theoretiker, bei F. Gogarten, auf die Differenz von Kirche und Staat abgezeichnet. Zum Staat verhält sich Barths Theologie insgesamt distant als Deutungsinstanz: „Es wird regiert!"[17] Anders als Hirsch und Gogarten sucht Barth diesen Sachverhalt nicht durch die Konstruktion eines (Ideal- als) Normalbegriffs des Staates wegzuarbeiten. Der intentionale empirische Träger seiner Theologie ist nicht die Staatsführung, sondern die Kirchenleitung, sind die professionellen Reflexionsagenten der Religion. Wie bei den vier politischen Theologen, so geht es auch Barth um die theoretisch-praktische Erzeugung sich-wissender Freiheit. Aber wenn Barth als intentionale Agenten seiner Theologie die professionellen Multiplikatoren von Religion bestimmt, dann bestimmt er zugleich als deren Handlungsziel die Selbstexplikation der Religion als Theologie. Damit ist „die Kirche als dogmatische Form der Freiheit"[18] und näherhin als diejenige institutionalisierte Form moderner, von sich wissender Freiheit des Individuums ins Auge gefaßt, die durch ihre Institutionalisierung das Sich-Wissen-Können der Freiheit nicht immer schon wiederum konterkariert.

Daß Barths Theologie ihren intentionalen Agenten im Unterschied zu den vier anderen Autoren nicht im Staat als einem gewissermaßen physischen Machtsubjekt positiviert, daß bei ihm mithin Macht und (politische) Gewaltausübung strikt unterschieden bleiben, ist aber alles andere als zufällig oder nur etwa durch die Nachwirkung einer liberalen Schweizer Demokratiegesinnung bedingt. Dies liegt vielmehr im genetischen Zentrum von Barths Theologie begründet. Nur bei Barth wird der radikalisierte Handlungsbegriff, der ihm mit allen untersuchten Autoren gemeinsam ist, konsequent in eine Verfahrenslogik des theologisch-philosophischen Denkens selbst überführt, in diejenige Reflexionspragmatik, welche die vorliegende Untersuchung zu erhellen suchte. Indem Barth in der Phase des ersten ‚Römerbriefs' und des Tambacher Vortrags den Verweisungsbezug der theologischen Reflexion auf einen externen Agenten (dort die „Sozialdemokratie") allmählich überwindet – im zweiten ‚Römerbrief' ist es dann geschehen – invertiert er, und letztlich er allein, den radikalisierten Handlungsbegriff tatsächlich in sich selbst. Er deckt damit dessen Funktionsprinzip auf. Seine Theorie zielt konsequent auf die Ausarbeitung der

---

[17] Mathias Eichhorns Vergleich von K. Barths und C. Schmitts Staatsverständnis rückt also mit seinem Titel den zentralen Sachverhalt richtig ins Blickfeld. Vgl. MATHIAS EICHHORN: Es wird regiert!

[18] TRUTZ RENDTORFF: Die Kirche als dogmatische Form der Freiheit – Ein Kapitel aus der Geschichte des christlichen Freiheitsbewußtseins. In: Ders.: Theologie in der Moderne. Über Religion im Prozeß der Aufklärung (Troeltsch-Studien, Bd. 5), Gütersloh 1991, 183–200.

Fundamentalmechanik der Macht, die unter neuzeitlichen Bedingungen die Mechanik des Macht-Wissens ist. Barths Theologie macht das Macht-Wissen. Eben damit aber macht sie es aber prinzipiell, politisch nämlich, unschädlich. Indem Barth seine Reflexionspragmatik zwar auch durch einen elitären Kollektivagenten vermittelt, der auf seine Selbstvervielfältigung zielt, nämlich die professionellen Agenten der Religion, zielt er zwar wie die anderen vier Autoren ebenfalls auf eine Kollektivierung. Aber die Kollektivierung ist ihrerseits wieder unmittelbar bezogen auf den theologischen Vollzug des Sichwissens individueller Freiheit. Der koerzitive Monopolisierungs- und Gleichschaltungsdruck, den Barths Theologie wie die anderen Theorien ausübt, ist ein Druck der ausschließlich auf den reflexionspragmatischen Vollzug selbst beschränkt bleibt und sich darum nicht im physischen Zwang ausarbeitet, sondern im theologischen Appell. Politisiert, militarisiert wird bei Barth allein der theologische, der wissenschaftliche Diskurs; in ihm gibt es keine Forscherkollegen, kein wechselseitiges Zuschauen mehr, sondern nur noch Freunde oder Feinde. Aber der Diskurs als solcher wird nicht außer Kurs gesetzt. Die Agitation, welche die Barthsche Theologie betreibt und die für sie konstitutiv ist, will den Zuschauer reflexionspragmatisch und darum gerade nicht physisch ausschalten. Die intentionale Abschaffung des Zuschauers läuft seiner permanenten Wiederentdeckung parallel. Der Zuschauer ist die Religion außerhalb der Theologie, die es nicht geben soll, ohne welche es aber auch die Theologie nicht geben würde. Der eigentliche Zuschauer also, den Barths Theologie permanent entdeckt, und den sie abzuschaffen sucht, ist sie selbst – als Religion, als jeweils positivierte Gewißheit, die sie sein will. Dieselbe ‚Sache' muß ständig wieder neu und noch einmal anders gesagt werden, weil sie Gewißheit über sich nur in dieser permanenten Selbstreflexion hat. Das Wesen und Prinzip neuzeitlicher Wissenschaft als interaktiver, sich ständig selbst reflektierender und kritisierender Prozeß wird von der Barthschen Theologie zwar zu monopolisieren versucht, aber in dieser Weise auch ständig wieder reproduziert.

3.6. Eine Vermutung

Geistes- und ideengeschichtlich geurteilt stellt Karl Barths Theologie die äußerst konsequente, theologische Form einer praktisch-pragmatisch gewendeten Transzendentalphilosophie neukantianischer Prägung dar. Barths Theologie gehört damit hinein in die Geschichte der Selbstüberschreitung des Neukantianismus und der Neo-Transzendentalphilosophien der Jahrhundertwende in Richtung auf eine angewandte systematische Kulturphilosophie. Dieser Vorgang ist für die Signatur der Theologie und der Kulturwissenschaften insgesamt in der ersten Hälfte des 20. Jahrhunderts von herausragender Bedeutung. Die Geschichte dieser Entwicklung insgesamt ist noch nicht geschrieben. Ich vermute, daß in ihr typologisch mindestens sechs Linien zu unterscheiden wären: die politologische Linie, der Autoren wie G. Lukács und C. Schmitt zuzurechnen wären, die rechtswissenschaftliche Linie, die etwa durch Hans Kelsen repräsentiert wird, die soziologische Linie Max Webers, die kultursymbolische Linie Ernst Cassirers, die anthropologische Linie Arnold Gehlens und die theologische Linie Karl Barths. Die vorliegende Untersuchung hat sich mit genealogischen Verhältnissen nur hilfsweise und überdies nur mit einem kleinen Ausschnitt dieses vermuteten Gesamtbildes beschäftigt. Und seine Vermutung stand nicht am Anfang ihrer Arbeit, sondern sie ergibt sich aus seinem Resultat. Es als Ganzes zu zeichnen dürfte – wenn überhaupt, dann – nur in interdisziplinärer Arbeit möglich sein, zu der wiederum gerade die Theologie in besonderem Maße genötigt, aber auch befähigt ist. In diese Geschichte wesentlich, aber von außen, hinein gehört als ein Irrlicht, Querschläger und ihre kulturästhetische Produktivität freisetzender Katalysator die Philosophie F. Nietzsches. Sollte sich die Vermutung, daß es solche Zusammenhänge tatsächlich gibt, bestätigen, dann dürften die wechselseitigen Ignoranzen und Freund-Feind-Wahrnehmungen, die für jene Zeit charakteristisch sind wie für kaum eine andere, in einem anderen Licht erscheinen und die moralischen Verdikte, die von der Forschung bis heute nicht selten reproduziert werden, sachlicher Arbeit weichen. Jedenfalls dürfte erst auf der Basis eines solchen Gesamtbildes wirklich entschieden werden können, ob, inwiefern und zu welchen Anteilen die damals unternommenen ‚Auszüge aus der entzauberten Welt‘ ihrer heutigen Bewohnbarkeit dienen können.

4. Zur synthetisch-kulturpraktischen Aufgabe der systematischen Theologie. Eine Problemanzeige

In seinem wegweisenden Aufsatz von 1967 „Das Problem der Homiletik"[19] hat Dietrich Rössler durch Analysen von Predigten der Schulhäupter der Wort-Gottes-Theologie gezeigt, daß diesen Predigten *faktisch* eine Homiletik zugrunde liegt, von denen die Kerygma-Theologie selbst nichts wissen will, nämlich eine „praktische Homiletik …, die ihre eigenen Wege sucht, so weit das im Verborgenen möglich ist."[20] Damit hat Rössler nachgewiesen, daß insbesondere auch Barths Predigten in der Tat aus einem anderen Brunnen geschöpft sind,[21] als aus demjenigen, den seine Theologie explizit gemauert hat. Die zurückliegende Untersuchung hat diese Beobachtung auf die Theologie K. Barths selbst zurückzuwenden versucht. Auch diese ist in gewisser Weise aus einem anderen Brunnen geschöpft, als sie zugibt. Zumindest wird man der Bauweise dieses Brunnens nicht zur Gänze ansichtig, wenn man den Bauplänen folgt, die der Architekt selbst herausgegeben hat. Es gibt nicht nur für Barths Predigtpraxis, sondern auch für seine systematische Theologie einen verborgenen zweiten Bauplan, den es hier zu erschließen galt.

---

[19] In: ThPr 1 (1966), 14–28.
[20] AaO., 27.
[21] Vgl. „Unterricht" I, 334f.

Wenn die Rekonstruktion, die vorstehend versucht wurde, etwas Richtiges gesehen hat, dann dürfte der mögliche Beitrag, den K. Barths Theologie zu der aktuellen theologischen Debatte und zu den gegenwärtigen Selbstverständigungsproblemen des Protestantismus insgesamt leisten kann, im Rahmen der Frage nach der Funktion der wissenschaftlichen Theologie für die kulturelle Selbstexplikation des protestantisch-religiösen Bewußtseins zu suchen sein. K. Barths Theologie gibt auf diese Frage die prägnante Antwort, daß die dogmatische Theologie hierfür schlechterdings konstitutiv sei. Religiös-kulturelle Praxis soll sich als theologisches Bewußtsein durchsichtig werden. Systematisch muß dieses Programm daran scheitern, daß es sich als solches selbst nur bedingt durchsichtig ist: es setzt *faktisch* das religiöse Bewußtsein voraus, das es nur als theologisches Bewußtsein, nämlich als von ihm selbst erzeugtes theologisches Bewußtsein anzuerkennen bereit ist. An die Stelle der Anerkennung dieser Differenz tritt der Versuch, Theologie insgesamt als deren theoretisch-praktische Aus- und Abarbeitung zu konzipieren.

Dennoch hat das so zu entschlüsseln versuchte Programm der Barthschen Theologie unübersehbare Wahrheits- und Plausibilitätsmomente. So sehr unter neuzeitlichen Bedingungen das religiöse Bewußtsein als das andere der theologischen Reflexion erkannt und zugelassen werden muß, so sehr muß auch eingeräumt werden, daß sich das religiöse Bewußtsein seiner selbst nur im Medium von theologischer Reflexion zu vergewissern vermag. In diesem Sinne hat sich das religiöse Bewußtsein in der Tat nur als theologisches. Und solche theologische Vergewisserung kann und darf sich nicht gleichsam abstrakt vollziehen; sie muß sich vollziehen als das Entwerfen konkreter theologischer Inkulturationsvorschläge und Inkulturationsangebote, als das Entwerfen von Matrizen gewissermaßen, welche Orientierungs-, nämlich Vorschlagscharakter für das praktisch gelebte protestantische Christenleben haben. Systematische Theologie hat nie nur analytisch-abstrakte, ,szientistische', sie hat auch gewissermaßen kultursynthetische Aufgaben; und zwar sowohl im Bereich der Ethik, wie auch im Bereich der Dogmatik. Sie muß auch Anschlußangebote für konkret gelebte, also mit der Gegenwartskultur vermittelte, ,protestantische Identität' vorlegen und kann diese Aufgabe nicht einfach an die Praktische Theologie oder an eine wissenschaftliche Publizistik delegieren. Systematische Theologie hat in diesem Sinne auch eine weltanschauliche Aufgabe; sie ist immer auch Predigt, ,Lese-'Predigt, sie hat eine kulturästhetische, eine weisheitliche Dimension.

Diese Aufgabe scheint derzeit vielleicht dringlicher denn je. Blickt man auf die bevorzugten Rezipienten von dogmatischer Theologie, die in der Ausbildung befindlichen professionellen Multiplikatoren von Religion, die Theologiestudierenden, dann kann man sich des Eindrucks nicht erwehren, daß der wissenschaftlich-systematischen Theologie in der Gegenwart immer weniger Kompetenz hinsichtlich der religiös-kulturellen Orientierungsleistungen zugesprochen wird, die praktizierende Theologen und intellektuell interessierte Christen überhaupt suchen. Theologische Literatur wird nach meinem Eindruck weithin als Fachbuchliteratur rezipiert, deren praktischer Sinn das Bestehen des

Examens ist. Jenseits des ersten Examens, bei den praktizierenden Theologen dürfte die Rezeption wissenschaftlicher Theologie gegenüber den Verhältnissen vor einer Generation drastisch zurückgegangen sein. Die wissenschaftliche Theologie insgesamt scheint bei ihren Rezipienten die Qualität eines ihr berufliches Handeln orientierenden Wissens mehr und mehr verloren zu haben. Ohne daß dies innerhalb der wissenschaftlichen Theologie ausreichend zur Kenntnis genommen würde, findet bei ihren bevorzugten Adressaten eine Verschiebung statt, bei der Theologie als kulturelle Orientierungswissenschaft durch andere Wissenschaften und Orientierungen nicht nur ergänzt, sondern mehr und mehr ersetzt wird.

Längst ist der wissenschaftlich betriebenen systematischen Theologie eine Fülle von Bindestrich- und Paratheologien an die Seite getreten, die faktisch gerade unter den jungen Nachwuchstheologinnen und -theologen jene kulturellen Orientierungsleistungen erbringen, die eigentlich die Aufgabe an der Universität betriebener systematischer Theologie sein sollten. Der Verwissenschaftlichungsprozeß, den die systematische Theologie seit dem Abklingen des Einflusses der dialektischen Theologie erlebt hat, hat eine Lücke geöffnet, der nach meinen Beobachtungen faktisch sehr oft nicht zu einem Mehr, sondern zu einem Weniger wissenschaftlich-theologischer Reflexion im Bereich theologisch-weltanschaulicher Orientierung gerade auch bei den (potentiellen) Multiplikatoren der Theologie führt.

Diese Prozesse sind sicherlich vielschichtig und im einzelnen hier nicht zu thematisieren. Sie sind in erster Linie Ausdruck auch einer gestiegenen Milieudifferenzierung unter Protestanten und protestantischen Theologen, sie sind Ausdruck des Aufbrechens eines mehr oder weniger homogenen bildungsprotestantischen Milieus. Und diese Entwicklung ist bekanntlich keineswegs auf das protestantisch-religiöse Milieu beschränkt. Sie ist ihrerseits der theologische Ausdruck jenes modern-postmodernen Individualisierungsprozesses der Religion, den gerade protestantische Theologie nicht zu bedauern, sondern zu fördern hat.

Und die Pluralisierung der religiös-kulturellen Szenen hat ja, wie angedeutet, längst auch die wissenschaftlich betriebene systematische Theologie selbst erreicht. So wenig es noch eine normativ-einheitliche Wissenschaftsprache der Theologie gibt, so vielfältig sind die Diskurszusammenhänge, in die sich die systematische Theologie heute faktisch ausdifferenziert hat. Systematische Theologie wird als ökumenische Theologie mit kirchenpraktischen Ordnungsinteressen betrieben, als dogmengeschichtlicher Diskurs mit dem Interesse binnenkirchlicher Selbstverständigung, als philosophisch-theologischer Diskurs, als auf bestimmte religiöse Milieus gerichteter weltanschaulicher Orientierungsdiskurs mit der ganzen Fülle politischer und kulturell-ästhetischer Varianzen; als ethischer Diskurs in wiederum vielfältigen wissenschaftlichen und praktischen Lebensbereichen. Diese Fülle und diese Sachverhalte gilt es zunächst wahrzunehmen. In ihnen liegen Chancen, aber auch Probleme.

Von Karl Barth kann eine ihrer kultursynthetischen Aufgaben bewußte systematische Theologie der Gegenwart m. E. vor allem lernen, daß es dabei auf die kreative Erzeugung einer in sich kohärenten Sprachwelt ankommt, die philosophisch-theologische Grundlagenreflexion, Schriftexegese, dogmengeschichtliche Tradition und vor allem kulturelle Gegenwartsorientierung in einen plausiblen integralen Sprachzusammenhang bringt. Systematische Theologie hat in diesem Sinne semantische und pragmatische Kohärenz- und Integrationsaufgaben. Freilich wird sie diese Synthesefunktion, anders als bei Karl Barth nicht um den Preis unzureichender Selbstdifferenzierung und methodischer Selbstdurchsichtigkeit erzielen dürfen. Und sie wird genau darum nicht darauf abzielen dürfen, jene Kultursynthese als den Aufbau des einen homogenen Megasubjekts der Moderne zu betreiben, in dem die Realisierung der Freiheit allgemeinverbindlich Wirklichkeit geworden sein soll. Nicht als monomanischer Realisierungsagent der Freiheit ist „die Kirche" von der systematischen Theologie zu platzieren, sondern als Entdeckungs- und Differenzierungsagent, der Freiheitspotentiale in der kulturellen Welt der Gegenwart mäeutisch aufspürt und Freiheitsverluste bei den jeweils dafür zuständigen politischen, rechtlichen und kulturellen Instanzen einklagt.

Unbeschadet dessen bietet gerade Karl Barths Theologie in allen ihren Phasen ein reiches Anschauungsmaterial, wie solche ihrer Zeit gemäßen theologischen Inkulturationsangebote theologisch reflektierten protestantischen Christentums aussehen könnten. Für die Gegenwart anschluß- und ausbaufähig ist aus meiner Sicht weniger das vermeintlich unsinkbare Riesenschiff der *Kirchlichen Dogmatik*. Die *Titanic*- (oder freundlicher: die *Britannia*-)Phase der modernen Theologie dürfte vermutlich vor allem darum fürs Erste vorbei sein, weil sie – um im Bild zu bleiben – einer Klassengesellschaft angehört hat und die zahlungskräftige theologische Aristokratenkaste, die ihre Passagierdecks bevölkern muß, heute keine Zeit mehr hat für Luxusfahrten, die vorrangig ihrer Selbstdarstellung dienen. Für die Gegenwart anschlußfähiger dürfte das avantgardistische Stadium der Barthschen Theologie sein, die Zeit der Römerbriefkommentare und des Tambacher Vortrags, also die Phase, in der Barth sozusagen eine ganze Flotte wendiger Barkassen, Segelschiffe und Ruderboote zu Wasser gelassen hat, die freilich unter der Wasserlinie auch schon von modernen Dieselaggregaten angetrieben waren.

Die auf die Bildung korporativ-diskursiver Identität zielenden ‚Kultursynthesen', die gerade die beiden Römerbriefkommentare Barths zu leisten versuchten, konnten in der vorliegenden Untersuchung lediglich auf ihr erkenntnistheoretisches und methodologisches Skelett hin durchsichtig zu machen versucht werden. Damit ist ihre eigentliche rezeptionsästhische Funktionsweise bei weitem noch nicht aufgehellt. Gerade die ‚Römerbriefe' sind ein Stück protestantischer Kulturtheologie, das als solches immer auch eine ästhetisch-literarische Leistung darstellt, die in der Tat auch aus einem anderen Brunnen geschöpft ist, als aus dem Brunnen diskursiver wissenschaftlicher Rationalität. Die Römerbriefkommentare sind auch christliche Kulturliteratur, Theologenliteratur sicherlich, überwiegend Literatur für Theologen; aber immerhin. Wenn es dieser Bezug mit dem theologischen Thema selbst zu tun hat, dann ist seine

Wahrnehmung für keine theologische Disziplin, und zuletzt für die systematische Theologie, die es mit der Thematisierung des Thematischen der Theologie unmittelbar zu tun hat, delegierbar. Sie dürfte heute aber nur im interdisziplinären Dialog der theologischen Disziplinen miteinander wahrnehmbar sein, der als Projekt beispielsweise die Auslegung des paulinischen Römerbriefs als gegenwartsorientierter Matrix christlicher Selbstverständigung haben könnte.

Dabei wird insbesondere von K. Barths Römerbriefauslegung vielleicht gerade das zu lernen sein, was sie partout nicht lehren und sein wollte: daß Bibelauslegung nicht Primär-, sondern immer Sekundärlektüre ist, nicht Lektüre, sondern Relektüre, die tatsächlich nicht ursprünglich den Text, sondern die Auslegung des Textes, insbesondere auch die eigene frühere Auslegung auslegt. Um das aber produktiv sein zu können, bedarf es offenbar der Ursprungsfiktion, ‚ich begann zu lesen, als hätte ich noch nie gelesen‘. Diese Ursprungsfiktion bedingt offenbar die kultursynthetische Aktualität, auf die es ankommen muß, und die sich von außen als Gründung von Avantgarden beschreiben läßt.

Gegen die postmoderne Meinung H. Böhringers, daß Gründungversuche von Avantgarden selber ein abzuschneidender Zopf der (vermeintlich) hinter uns liegenden Moderne seien,[22] wird zu bedenken sein, daß anders als in ‚Netzwerken‘, in ihrer Partikularität bewußten Reflexionsmilieus, die nicht Händchen halten und Stallwärme erzeugen, sondern die christlichen Wurzeln humaner Risiko- und Verantwortungsbereitschaft reflektieren und kulturpraktisch wachhalten wollen, sich das genuin kulturprotestantische Interesse an der Humanisierung des stahlharten Gehäuses, das die moderne Welt ist, kaum realisieren lassen dürfte. Darum kann sich die wissenschaftliche Theologie gerade nicht nur in ein postmodern beruhigtes, ethisch indifferentes Nirvana reiner „Wahrnehmung …“ und „… Beobachtung“[23] zurückziehen.

Für die Avantgardegründungen des autoritären Zeitalters allerdings, auch und vor allem für diejenige der Barthschen Theologie, trifft die Beschreibung von Hannes Böhringer ziemlich genau zu: „Die Avantgarde sichert durch Aufklärung. Doch um aufklären zu können, muß sie sich selbst sichern, verschleiern. Die Avantgarde steht im Clair-obscur und versucht, das Helldunkel umzukehren.“[24] Systematische Theologie heute kann sich nur als solche Avantgarde verstehen wollen, die nicht im Clair-obscur methodischer Halbverschattung steht, sondern im klaren Licht methodologischer Selbstaufklärung. In genau diesem reflektierten Sinne sollte sich systematische Theologie immer auch als kulturpraktische Selbstauslegung des Christentums, im Sinne von Barths John-Mott-Artikel von 1911, als „Vorgang“, begreifen. Das wäre die praktische Folgerung, die sie aus ihrer Selbsthistorisierung ziehen kann und ja auch sehr oft

---

[22] HANNES BÖHRINGER: Attention im Clair-obscur. Die Avantgarde, in: Aisthesis. Wahrnehmung heute – oder Perspektiven einer anderen Ästhetik. Essays, hrsg. v. Karlheinz Barck u. a., Leipzig 1990, 14–32, hier: 29.

[23] Ebd.

[24] AaO., 14.

zieht. In diesem Sinne sollte auch wissenschaftliche Theologie m. E. darauf zielen wollen, so beschreibbar zu sein und solche Folgen zu zeitigen, wie der Vater der „modernen Predigt", Friedrich Niebergall, Barths avantgardistische Theologie – und mit dem Pathos jener Jahre – beschrieben hat: „[H]ier kam etwas aus der Tiefe der Dinge hervor, hier geschah der Durchbruch einer neuen Einsicht in das Christentum; also wenn man will: hier geschah eine Art von Offenbarung, es begann eine neue Periode des evangelischen Verständnisses unserer christlichen Religion"[25].

Daß moderne systematische Theologie auf solche religiös-kulturelle Anschluß- und Deutungsfähigkeit ebensosehr zielen sollte, wie sie sich zugleich wiederum reflektiert und kritisch zu ihr zu verhalten hat, sollte in der vorliegenden Untersuchung am Beispiel Karl Barths und seiner Zeit – und (darum auch) gegen diese – herausgearbeitet werden.

Das theoretische Koordinatensystem, innerhalb dessen die Theologie ihrer eigenen wissenschaftlichen Reflektivität *als* einer kulturpraktischen Potenz in ihrer jeweiligen zeitgeschichtlichen Bedingtheit ansichtig werden und diese kritisch wahrzunehmen vermag, spannt die neuzeitliche Differenzierung von Religion und Theologie auf. Daß diese Differenz gerade nicht eingezogen und theologisch weggearbeitet werden darf, ist das entscheidende Memento, das gegen Karl Barth und seine Zeit geltend zu machen ist. Die differenzierende Selbstanwendung der Differenz von Theologie und Religion bietet der systematischen Theologie prinzipiell die Möglichkeit, der unhintergehbar individuellen Bestimmtheit theologischer Selbst- und Weltauslegung ansichtig zu werden, sie gelten zu lassen und die Ausarbeitung ihrer Möglichkeits- und Vollzugsbedingungen als ihren kulturpraktischen Beitrag zur Humanisierung der Moderne reflektiert wahrzunehmen.

Krisenfeste, weil krisenbewußte und darin selbstbewußte protestantische ‚corporate identity' dürfte genau darin bestehen, daß sie sich als der einheitliche Vollzug solcher Religions-Theologie als Theologie-Religion begreift, der in dieser Doppelheit systematisch und institutionell differenzierungsfähig, aber nicht als ‚Theorie' und ‚Praxis' auseinanderzunehmen ist. Nicht erst insofern er ein ‚Tun' ist, sondern auch schon, sofern er reflexive Selbstverständigung ist, ist dieser Doppelvollzug als individueller Vollzug zugleich als sprachlicher Mitteilungsvorgang im kommunikativen Austausch mit anderen solchen Vollzügen verfaßt. Seiner individuellen Spontaneität vermag er nur ansichtig zu werden, indem er seine Selbstauslegung nicht im abstrakten Jenseits anderer religiöstheologischer Selbstauslegungsvollzüge betreibt und begreift, sondern als deren sie sich (partiell) aneignende oder ablehnende Deutung. Einen exemplarischen, ja paradigmatischen und in ihrer Weise genau reflektierten Vollzug dieser differenzierten Einsicht hat die neuere protestantische Theologie Karl Barth zu danken.

---

[25] FRIEDRICH NIEBERGALL: Moderne und modernste Theologie; zit. n. WOLFGANG STECK: Das homiletische Verfahren, 72, Anm. 14.

Literaturverzeichnis

Bibliographisch belegt wird jeder einzelne zitierte Titel. Im Falle von Mehrfachzitationen aus Sammelbänden wird an der betreffenden Stelle nur ein Kurztitel des Fundorts aufgeführt.
Die Abkürzungen richten sich nach: SIEGFRIED M. SCHWERTNER: IATG[2]. Internationales Abkürzungsverzeichnis für Theologie und Grenzgebiete, Zeitschriften, Serien, Lexika, Quellenwerke mit bibliogr. Angaben, 2. überarb. und erw. Aufl., Berlin–New York 1992.
Zusätzlich wurden folgende Abkürzungen verwendet:

Ba–Th I:	EDUARD THURNEYSEN (Hrsg.): Karl Barth – Eduard Thurneysen. Briefwechsel Bd. 1, 1913–1921, bearb. und hrsg. v. E. T. (Karl Barth Gesamtausgabe V. Briefe), Zürich 1973.
Ba–Th II:	EDUARD THURNEYSEN (Hrsg.): Karl Barth – Eduard Thurneysen. Briefwechsel Bd. 2, 1921–1930, bearb. und hrsg. v. E. T. (Karl Barth Gesamtausgabe V. Briefe), Zürich 1974.
R I:	KARL BARTH: Der Römerbrief (Erste Fassung) 1919. Hrsg. v. Hermann Schmidt (Karl Barth Gesamtausgabe. Im Auftrag der Karl Barth-Stiftung hrsg. v. Hinrich Stoevesandt. II. Akademische Werke 1919), Zürich 1985.
R II:	KARL BARTH: Der Römerbrief (Zweite Fassung) 1922, 15. Aufl., 40.–43. Tsd., Zürich 1989.
„UNTERRICHT" I:	KARL BARTH: „Unterricht in der christlichen Religion". 1. Bd.: Prolegomena 1924, hrsg. v. Hannelotte Reiffen (Karl Barth Gesamtausgabe. Im Auftrag der Karl Barth-Stiftung hrsg. v. Hinrich Stoevesandt, II. Akadem. Werke 1924), Zürich 1985.
„UNTERRICHT" II:	KARL BARTH: „Unterricht in der christlichen Religion". 2. Bd.: Die Lehre von Gott, die Lehre vom Menschen 1924/1925 (Karl Barth Gesamtausgabe. Im Auftrag der Karl Barth-Stiftung hrsg. v. Hinrich Stoevesandt, II. Akadem. Werke 1924/25), Zürich 1990.

1. Ungedruckte Quellen aus dem Karl Barth-Archiv, Basel

BARTH, KARL: Christus und die Sozialdemokratie [Lenzburg in Seon, 25.4.1915].
–: Die innere Zukunft der Sozialdemokratie [12.8.1915].
–: Kriegszeit und Gottesreich [Vortrag vor den ‚Unabhängigen Kirchgenossen' in Basel, 15.11. 1915].
–: Religion und Sozialismus [7.12.1915, Baden].
–: Was heißt: Sozialist sein? [Safenwil, 16.8.1915].

2. Publizierte Literatur

ACHELIS, ERNST CHRISTIAN: Lehrbuch der Praktischen Theologie, 3 Bde. (1890), 3. Aufl. Leipzig 1911.
–: Noch einmal: Moderne Theologie und Reichsgottesarbeit, in: ZThK 19 (1909), 406–410; jetzt in: Barth, Karl: Vorträge und kleinere Arbeiten 1905–1909, 347–351.

ADAM, ARMIN: Rekonstruktion des Politischen. Carl Schmitt und die Krise der Staatlichkeit, 1912–1933, Weinheim 1992.

AHLERS, BOTHO: Die Unterscheidung von Theologie und Religion. Ein Beitrag zur Vorgeschichte der Praktischen Theologie im 18. Jahrhundert, Gütersloh 1980.

ALTHAUS, PAUL: Religiöser Sozialismus. Grundfragen der christlichen Sozialethik (Studien des apologetischen Seminars in Wernigerode, hrsg. im Auftrage des Vorstandes v. Carl Stange, 5. Heft), Gütersloh 1921.

–: Theologie und Geschichte, in: ZSTh 1 (1923), 741–786.

AMBERG, ERNST-HEINZ: Das Prophetische bei Karl Barth. In: Wissenschaftliche Zeitschrift der Karl-Marx-Universität Leipzig (Gesellschafts- und sprachwissenschaftliche Reihe, 30. Jg.), Leipzig 1981. 526–534.

ANDREWS, ISOLDE: Deconstructing Barth. A Study of the Complementary Methods in Karl Barth and Jacques Derrida (Studien zur interkulturellen Geschichte des Christentums 99), Frankfurt/M. u. a. 1996.

ANZINGER, HERBERT: Glaube und kommunikative Praxis. Eine Studie zur ,vordialektischen' Theologie Karl Barths (BEvTh 110), München 1991.

APEL, KARL-OTTO: Pragmatische Sprachphilosophie in transzendentalsemiotischer Begründung. In: Pragmatik. Handbuch pragmatischen Denkens, hrsg. v. Herbert Stachowiak, 4. Bd., Sprachphilosophie, Sprachpragmatik und formative Pragmatik, hrsg. v. dems., Hamburg 1993, 38–61.

–: Transformation der Philosophie, Bd. 2: Das Apriori der Kommunikationsgemeinschaft, Frankfurt 1973.

APITZSCH, URSULA: Gesellschaftstheorie und Ästhetik bei Georg Lukács bis 1933 (problemata 50), Stuttgart-Bad Cannstatt 1977.

ASSEL, HEINRICH: „Barth ist entlassen". Neue Fragen im Fall Barth, in: Zeitworte. Der Auftrag der Kirche im Gespräch mit der Schrift, Festschrift für Friedrich Mildenberger z. 65. Geburtstag, hrsg. v. dems. u. a., Nürnberg 1994, 77–99.

–: Der andere Aufbruch. Die Lutherrenaissance – Ursprünge, Aporien und Wege: Karl Holl, Emanuel Hirsch, Rudolf Hermann (1910–1935), Göttingen 1994.

AUSTIN, JOHN L.: Zur Theorie der Sprechakte (How to do things with Words [1962]). Deutsche Bearbeitung v. Eike v. Savigny, 2. Aufl. Stuttgart 1981.

AXT-PISCALAR, CHRISTINE: Der Grund des Glaubens. Eine theologiegeschichtliche Untersuchung zum Verhältnis von Glaube und Trinität in der Theologie Isaak August Dorners (BHTh 79), Tübingen 1990.

–: Ohnmächtige Freiheit. Studien zum Verhältnis von Subjektivität und Sünde bei August Tholuck, Julius Müller, Sören Kierkegaard und Friedrich Schleiermacher (BHTh 94), Tübingen 1996.

BAIER, KLAUS ALOIS: Unitas ex auditu. Die Einheit der Kirche im Rahmen der Theologie Karl Barths [BSHST 35], Bern–Frankfurt/M.–Las Vegas 1978.

BAKKER, NICO T.: In der Krisis der Offenbarung. Karl Barths Hermeneutik, dargestellt an seiner Römerbrief-Auslegung, Neukirchen-Vluyn 1974.

BALTHASAR, HANS URS VON: Karl Barth. Darstellung und Deutung seiner Theologie, 2. Aufl. Köln 1967.

BARTH, HEINRICH: Adnotationes criticae. In: Karl Barth: Vorträge und kleinere Arbeiten 1905–1909, Zürich 1992, 410–413.

–: Descartes' Begründung der Erkenntnis. Inaugural-Dissertation zur Erlangung der Doktorwürde der hohen philosophischen Fakultät der Universität Bern, Bern 1913.

–: Gotteserkenntnis (1919). In: Moltmann, Jürgen (Hrsg.): Anfänge der dialektischen Theologie, Teil I, 221–256.

BARTH, KARL; THURNEYSEN, EDUARD: Suchet Gott, so werdet ihr leben! [Bern 1917] 2. Aufl. München 1928.

BARTH, KARL: [Rede beim Blaukreuzfest in Rupperswil] (1913). In: Ders.: Vorträge und kleinere Arbeiten 1909–1914, 710f.

–: [Rez.:] „Die Hilfe" 1913. In: ChW 28 (1914), Sp. 774–778.

–: [Rez.:] Fr. A. Voigt: Was sollen wir tun? (1909). In: Ders.: Vorträge und kleinere Arbeiten 1905–1909, 324–328.

–: [Rez.:] G. Mix. Zur Reform des theologischen Studiums. Ein Alarmruf, in: Ders.: Vorträge und kleinere Arbeiten 1905–1909, 313–320.

–: [Rez.:] Karl Heim: Das Gewissheitsproblem in der systematischen Theologie bis zu Schleiermacher. In: Ders.: Vorträge und kleinere Arbeiten 1909–1914, 469–479.

–: [Rez.:] Zeitschrift für wissenschaftliche Theologie, 51. Jg, 1. u. 2. Heft (1909), in: Ders.: Vorträge und kleinere Arbeiten 1905–1909, 367–372.

–: „Die Vorstellung vom Descensus Christi ad inferos in der kirchlichen Literatur bis Origines". In: Ders.: Vorträge und kleinere Arbeiten 1905–1909, 244–312.

–: „Gruppe 44 IV Kirchenwesen" (1912). In: Ders.: Vorträge und kleinere Arbeiten 1909–1914, 457–468.

–: „Unterricht in der christlichen Religion". 1. Bd.: Prolegomena 1924, hrsg. v. Hannelotte Reiffen (Karl Barth Gesamtausgabe. Im Auftrag der Karl Barth-Stiftung hrsg. v. Hinrich Stoevesandt, II. Akadem. Werke 1924), Zürich 1985.

–: „Unterricht in der christlichen Religion". 2. Bd.: Die Lehre von Gott, die Lehre vom Menschen 1924/1925 (Karl Barth Gesamtausgabe. Im Auftrag der Karl Barth-Stiftung hrsg. v. Hinrich Stoevesandt, II. Akadem. Werke 1924/25), Zürich 1990.

–: „Vergangenheit und Zukunft". Friedrich Naumann und Christoph Blumhardt. In: Moltmann, Jürgen (Hrsg.): Anfänge der dialektischen Theologie, Teil I, 37–49.

–: Antwort an E.Chr. Achelis und D. Drews. In: Ders.: Vorträge und kleinere Arbeiten 1905–1909, 354–365.

–: Antwort auf Herrn Professor von Harnacks offenen Brief. In: Ein Briefwechsel zwischen Karl Barth und Adolf von Harnack, in: Jürgen Moltmann (Hrsg.): Anfänge der dialektischen Theologie, Teil I, 333–345.

–: Auferstehung (Predigt über Lk 24, 2–3). In: Das neue Werk. Jg. 2 (1920/21), 1–7.

–: Autobiographische Skizzen K. Barths aus den Fakultätsalben der Ev.-Theol. Fakultät in Münster (1927) und der Ev.-Theol. Fakultät in Bonn (1935 und 1946). In: Karl Barth-Rudolf Bultmann Briefwechsel 1911–1966, 2. rev. und erw. Aufl. hrsg. v . Bernd Jaspert (Karl Barth-Gesamtausgabe V. Briefe), Zürich 1994, 290–302.

–: Bessere Zeiten. In: Ders.: Vorträge und kleinere Arbeiten 1909–1914, 734–738.

–: Biblische Fragen, Einsichten und Ausblicke. In: Moltmann, Jürgen (Hrsg.): Anfänge der dialektischen Theologie. Teil I, 49–76.

–: Das Problem der Ethik in der Gegenwart. In: Ders.: Vorträge und kleinere Arbeiten 1922–1925, 98–143.

–: Das Wort Gottes als Aufgabe der Theologie. In: Ders.: Vorträge und kleinere Arbeiten 1922–1925, 144–175.

–: Der Christ in der Gesellschaft. In: Moltmann, Jürgen (Hrsg.): Anfänge der dialektischen Theologie, Teil I, 3–37.

–: Der christliche Glaube und die Geschichte. In: Ders.: Vorträge und kleinere Arbeiten 1909–1914, 149–212.

–: Der Glaube an den persönlichen Gott. In: Ders.: Vorträge und kleinere Arbeiten 1909–1914, 494–554.

–: Der Kosmologische Beweis für das Dasein Gottes. In: Ders.: Vorträge und kleinere Arbeiten 1905–1909, 373–409.

–: Der Römerbrief (Erste Fassung) 1919. Hrsg. v. Hermann Schmidt (Karl Barth Gesamtausgabe. Im Auftrag der Karl Barth-Stiftung hrsg. v. Hinrich Stoevesandt. II. Akademische Werke 1919), Zürich 1985.

–: Der Römerbrief (Zweite Fassung) 1922, 15. Aufl., 40.–43. Tsd., Zürich 1989.

–: Die Arbeiterfrage. In: Ders.: Vorträge und kleinere Arbeiten 1909–1914, 573–682.

–: Die christliche Dogmatik im Entwurf. 1. Bd.: Die Lehre vom Worte Gottes, Prolegomena zur christlichen Dogmatik 1927, hrsg. v. Gerhard Sauter (Karl Barth Gesamtausgabe. Im Auftrag der Karl Barth-Stiftung hrsg. v. Hinrich Stoevesandt, II. Akademische Werke), Zürich 1982.

–: Die dogmatische Prinzipienlehre bei Wilhelm Herrmann. In: Ders.: Vorträge und kleinere Arbeiten 1922–1925, Zürich 1990, 545–603.

–: Die Kirchliche Dogmatik. 1. Bd.: Die Lehre vom Wort Gottes, Prolegomena zur Kirchlichen Dogmatik, 1. Halbbd. [1932], 10. Aufl., Zürich 1981.

–: Die Kirchliche Dogmatik. 2. Bd.: Die Lehre von Gott, 2. Halbbd. 6. Aufl. Zürich 1981.

–: Die Kirchliche Dogmatik. 4. Bd.: Die Lehre von der Versöhnung, 3. Teil, 1. Hälfte [1959], 3. Aufl. Zürich 1979.

–: Die neue Welt in der Bibel. In: Ders.: Das Wort Gottes und die Theologie. 1.–3. Tsd., München 1924, 18–32.

–: Die protestantische Theologie im 19. Jahrhundert. Ihre Vorgeschichte und ihre Geschichte [1947], 5. Aufl. Zürich 1981.

–: Die Theologie Calvins. Vorlesung Göttingen Sommersemester 1922, in Verbindung mit Achim Reinstädler hrsg. v. Hans Scholl (Karl Barth Gesamtausgabe. Im Auftrag der Karl Barth-Stiftung hrsg. v. Hinrich Stoevesandt, II. Akademische Werke), Zürich 1993.

–: Die Theologie Schleiermachers. Vorlesung Göttingen Wintersemester 1923/24, hrsg. v. Dietrich Ritschl (Karl Barth Gesamtausgabe, II. Akademische Werke 1923/24), Zürich 1978.

–: Evangelische Theologie im 19. Jahrhundert (ThSt 49), Zürich 1957.

–: Evangelium und Sozialismus. In: Ders.: Vorträge und kleinere Arbeiten 1909–1914, 729–733.

–: Festrede an der Novemberfeier des Grütlivereins Ober-Entfelden. In: Ders: Vorträge und kleinere Arbeiten 1909–1914, 683–689.

–: Friede. In: Die Glocke. Monatliches Organ des Christliche Vereins junger Männer, Zürich I 23. J. Nr. 9 vom Juni, Zürich 1915, 55f.

–: Fünfzehn Antworten an Herrn Professor von Harnack. In: Ein Briefwechsel zwischen Karl Barth und Adolf von Harnack, 325–329, in: Moltmann, Jürgen (Hrsg.): Anfänge der dialektischen Theologie, Teil I, 323–347.

–: Gerhard Tersteegen [Aufsatz]. In: Ders.: Vorträge und kleinere Arbeiten 1909–1914, 257–261.

–: Gerhard Tersteegen [Vortrag]. In: Ders.: Vorträge und kleinere Arbeiten 1909–1914, 230–256.

–: Gott im Vaterland. In: Ders.: Vorträge und kleinere Arbeiten 1909–1914, 139–144.

–: Gottes Gnadenwahl (Theologische Existenz heute, Heft 47) München 1936, 1–32.

–: Gottes Vorhut (Predigt [über] Lk 12, 32. Gehalten in Safenwil am 14.2.1915). In: Ders.: Predigten 1915, 52–68.

–: Grundfragen der christlichen Sozialethik. Auseinandersetzung mit Paul Althaus, in: Ders.: Vorträge und kleinere Arbeiten 1922–1925, 39–57.

–: Ideen und Einfälle zur Religionsphilosophie. In: Ders.: Vorträge und kleinere Arbeiten 1909–1914, 126–138.

–: Jesus Christus und die soziale Bewegung. In: Ders.: Vorträge und kleinere Arbeiten 1909–1914, 380–409.

–: John Mott und die christliche Studentenbewegung. In: Ders.: Vorträge und kleinere Arbeiten 1909–1914, 266–284.

–: La réapparition de la métaphysique da la théologie (1911). In: Ders.: Vorträge und kleinere Arbeiten 1909–1914, 329–360.

–: Landesausstellung. Predigt, gehalten in Safenwil am 7. Juni 1914, Ps. 8, 6–10. In: Ders.: Vorträge und kleinere Arbeiten 1909–1914, 301–314.

–: Letzte Zeugnisse. Zürich 1969.

–: Menschenrecht und Bürgerpflicht. In: Ders.: Vorträge und kleinere Arbeiten 1909–1914, 361–379.

–: Moderne Theologie und Reichsgottesarbeit. In: Ders.: Vorträge und kleinere Arbeiten 1905–1909, 334–347.

–: Nachwort. In: Schleiermacher-Auswahl. Hrsg. v. Heinz Bolli, 2. Aufl. Gütersloh 1980, 290–312.

–: Not und Verheißung der christlichen Verkündigung. In: Ders.: Vorträge und kleinere Arbeiten 1922–1925, 65–97.

–: Pour la Dignité de Genève (1911). In: Ders.: Vorträge und kleinere Arbeiten 1909–1914, 310–319.

–: Predigten 1913. Hrsg. v. Nelly Barth und Gerhard Sauter (Karl Barth Gesamtausgabe. I. Predigten), Zürich 1976.

–: Predigten 1914. Hrsg. v. Ursula und Jochen Fähler (Karl Barth Gesamtausgabe I. Predigten), Zürich 1974.

–: Predigten 1915. Hrsg. v. Hermann Schmidt (Karl Barth Gesamtausgabe, im Auftrag der Karl Barth-Stiftung hrsg. v. Hinrich Stoevesandt, I. Predigten), Zürich 1996.

–: Religion und Wissenschaft. In: Ders.: Vorträge und kleinere Arbeiten 1909–1914, 418–438.

–: Rückblick. In: Dürr, Hans u. a. (Hrsg.): Das Wort sie sollen lassen stahn. Festschrift für Albert Schädelin, Bern 1950, 1–8.

–: Unerledigte Anfragen an die heutige Theologie. In: Ders.: Die Theologie und die Kirche. Gesammelte Vorträge, 2. Bd., Zürich 1928, 1–25.

–: Verdienen, Arbeiten, Leben. In: Ders.: Vorträge und kleinere Arbeiten 1909–1914, 439–468.

–: Vorträge und kleinere Arbeiten 1905–1909. In Verbindung mit Herbert Helms hrsg. v. Hans-Anton Drewes und Hinrich Stoevesandt (Karl Barth Gesamtausgabe. Im Auftrag der Karl Barth-Stiftung hrsg. v. Hinrich Stoevesandt, III. Vorträge und kleinere Arbeiten), Zürich 1992.

–: Vorträge und kleinere Arbeiten 1909–1914. In Verbindung mit Herbert Helms und Friedrich-Wilhelm Marquardt hrsg. v. Hans-Anton Drewes und Hinrich Stoevesandt (Karl Barth Gesamtausgabe, III. Vorträge und kleinere Arbeiten), Zürich 1993.

–: Vorträge und kleinere Arbeiten 1922–1925. Hrsg. v. Holger Finze (Karl Barth Gesamtausgabe, im Auftrag der Karl Barth-Stiftung hrsg. v. Hinrich Stoevesandt, III. Vorträge und kleinere Arbeiten), Zürich 1990.

–: Vorträge von John Mott. In: Ders.: Vorträge und kleinere Arbeiten 1909–1914, 285–287.

–: Weihnachtsfeier des Arbeitervereins Rothrist. In: Ders.: Vorträge und kleinere Arbeiten 1909–1914, 723–728.

–: Wir wollen nicht, dass dieser über uns herrsche! In: Ders.: Vorträge und kleinere Arbeiten 1909–1914, 320–328.

–: Zofingia und sociale Frage. In: Ders.: Vorträge und kleinere Arbeiten 1905–1909, 61–99.

–: Zum Geleit. In: Heppe, Heinrich: Die Dogmatik der evangelisch-reformierten Kirche. Dargestellt und aus den Quellen belegt, neu durchges. u. hrsg. v. Ernst Bizer, Neukirchen 1958, VII–X.

BARTH, ULRICH: Gott – Die Wahrheit? Problemgeschichtliche und systematische Anmerkungen zum Verhältnis Hirsch/Schleiermacher, in: Ringleben, Joachim (Hrsg.): Christentumsgeschichte und Wahrheitsbewußtsein. Studien zur Theologie Emanuel Hirschs (TBT 50), Berlin – New York 1991, 98–157.

BECK, ULRICH: Das Zeitalter der Nebenfolgen und die Politisierung der Moderne. In: Ders.: Antony Giddens, Scott Lash: Reflexive Modernisierung. Eine Kontroverse, Frankfurt/M. 1996, 19–112.

–: Die Erfindung des Politischen. Zu einer Theorie reflexiver Modernisierung, Frankfurt/M. 1993.

BEINTKER, MICHAEL: Die Dialektik in der ‚dialektischen Theologie‘ Karl Barths. Studien zur Entwicklung der Barthschen Theologie und zur Vorgeschichte der ‚Kirchlichen Dogmatik‘ (BEvTh 101), München 1987.

BENJAMIN, WALTER: Das Passagen-Werk. Hrsg. v. Rolf Tiedemann, 1. Bd., Frankfurt 1983.

BERGER, PETER LUDWIG: Der Zwang zur Häresie. Religion in der pluralistischen Gesellschaft, Frankfurt/M. 1980.

–: Zur Dialektik von Religion und Gesellschaft. Elemente einer soziologischen Theorie, aus dem Amerikanischen v. Monika Plessner, Frankfurt 1988.

BERKHOF, HENDRIKUS: Two Hundred Years of Theology. Grand Rapids 1989.

BERKOUWER, GERRIT CORNELIS: Der Triumph der Gnade in der Theologie Karl Barths. Neukirchen 1957.

BERMBACH, UDO; TRAUTMANN, GÜNTER (Hrsg.): Georg Lukács. Kultur – Politik – Ontologie, Opladen 1987.

BERNOULLI, CARL ALBRECHT: Christentum und Kultur. Gedanken und Anmerkungen zur modernen Theologie von Franz Overbeck, weiland Doktor der Theologie und Professor der Kirchengeschichte an der Universität Basel, aus dem Nachlaß hrsg. v. Carl Albrecht Bernoulli, Basel 1919.

BERTRAM, ERNST: Nietzsche. Versuch einer Mythologie, Berlin 1918.

BIALAS, WOLFGANG; GÉRARD RAULET (Hrsg.): Die Historismusdebatte in der Weimarer Republik (Schriften zur politischen Kultur der Weimarer Republik, hrsg. v. dens., Bd. 2), Frankfurt/M. u. a. 1996.

BIEDERMANN, ALOIS EMANUEL: Christliche Dogmatik. 1. Bd., 2. Aufl. Berlin 1844.

BIRKNER, HANS-JOACHIM: [Art.:] Hirsch, Emanuel. In: TRE 15, 390–394.

BLOCH, ERNST: Geist der Utopie. 1. Fassung (1918) (Ernst Bloch Werkausgabe, Bd. 16), Frankfurt 1985.

BÖCKENFÖRDE, ERNST-WOLFGANG: Die Entstehung des Staates als Vorgang der Säkularisation. In: Ders.: Staat, Gesellschaft, Freiheit. Studien zur Staatstheorie und zum Verfassungsrecht, Frankfurt/M. 1976, 42–64.

BÖHRINGER, HANNES: Attention im Clair-obscur. Die Avantgarde, in: Aisthesis. Wahrnehmung heute – oder Perspektiven einer anderen Ästhetik, Essays, hrsg. v. Karlheinz Barck u. a., Leipzig 1990, 14–32.

BOLZ, NORBERT: Auszug aus der entzauberten Welt. Philosophischer Extremismus zwischen den Kriegen, München 1989.

BREUER, STEFAN: Anatomie der konservativen Revolution. 2. durchges. und korr. Aufl., Darmstadt 1995.

BRUNNER, EMIL: Die Mystik und das Wort. Der Gegensatz zwischen moderner Religionsauffassung und christlichem Glauben dargestellt an der Theologie Schleiermachers, Tübingen 1924.

BUBER, MARTIN: Ich und Du, 11. durchges. Aufl., Darmstadt 1983.

BULTMANN, RUDOLF: Karl Barths „Römerbrief" in 2. Aufl. In: Moltmann, Jürgen (Hrsg.): Anfänge der dialektischen Theologie, Teil I, 119–141.

BURGSMÜLLER, ALFRED; WETH, RUDOLF (Hrsg.): Die Barmer Theologische Erklärung. Einführung und Dokumentation, Geleitwort v. Eduard Lohse, Neukirchen 1983.

BUSCH, EBERHARD: Karl Barth und die Pietisten. Die Pietismuskritik des jungen Karl Barth und ihre Erwiderung (BEvTh 82), München 1978.

–: Karl Barths Lebenslauf, 3. Aufl. München 1978.

CHANING-PEARCE, M.: Karl Barth as a Post-war Prophet. In: HibJ 35 (1936/37), 365–379.

Christentum und politische Kultur. Über das Verhältnis des Rechtsstaates zum Christentum. Eine Erklärung des Rates der Evangelischen Kirche in Deutschland (EKD Texte 63), (hrsg. v. Kirchenamt der Evangelischen Kirche in Deutschland), Hannover 1997.

CLAUSSEN, JOHANN HINRICH: Die Jesus-Deutung von Ernst Toeltsch im Kontext der liberalen Theologie (BHTh 99). Tübingen 1997.

COHEN, HERMANN: Logik der reinen Erkenntnis. Einleitung v. Helmut Holzhey (Hermann Cohen Werke, hrsg. v. Hermann-Cohen-Archiv am Philosophischen Seminar der Universität Zürich unter der Leitung v. Helmut Holzhey, Bd. 6, System der Philosophie. 1. Teil.), 4. Aufl. Hildesheim, New York 1977.

–: System der Philosophie II: Ethik des reinen Willens (Ders.: Werke 7 hrsg, v. Helmut Holzhey), 5. Aufl. Hildesheim–New York 1981.

CRIMMANN, RALPH P.: Karl Barths frühe Publikationen und ihre Rezeption. Mit einem pädagogisch-theologischen Anhang (BSHST 45), Bern–Frankfurt/M.–Las Vegas 1980.

DALFERTH, INGOLF ULRICH: Theologischer Realismus und realistische Theologie bei Karl Barth. In: EvTh 46 (1986), 402–422.

DANNEMANN, ULRICH: Theologie und Politik im Denken Karl Barths (GT. S 22). München–Mainz 1977.

DENECKE, AXEL: Gottes Wort als Menschenwort. Karl Barths Predigtpraxis – Quelle seiner Theologie, Hannover 1989.

DIERKEN, JÖRG: Glaube und Lehre im modernen Protestantismus. Studien zum Verhältnis von religiösem Vollzug und theologischer Bestimmtheit bei Barth und Bultmann sowie Hegel und Schleiermacher (BHTh 92), Tübingen 1996.

DODEL-PORT, ARNOLD: Moses oder Darwin? Eine Schulfrage, allen Freunden der Wahrheit zum Nachdenken vorgelegt (1889), in: Ders., Aus Leben und Wissenschaft. Ges. Vorträge und Aufsätze, 3. Theil: Moses oder Darwin? 14. Aufl. Stuttgart–Berlin 1922.

DOERRY, MARTIN: Übergangsmenschen. Die Mentalität der Wilhelminer und die Krise des Kaiserreichs, ein Haupt- und ein Ergänzungsbd., Weinheim–München 1986.

DREHSEN, VOLKER: Neuzeitliche Konstitutionsbedingungen der Praktischen Theologie. Aspekte der theologischen Wende zur sozialkulturellen Lebenswelt christlicher Religion, Gütersloh 1988.

–: Wie religionsfähig ist die Volkskirche? Sozialisationstheoretische Erkundungen neuzeitlicher Christentumspraxis, Gütersloh 1994.

DREWES, HANS-ANTON: Das Unmittelbare bei Hermann Kutter. Eine Untersuchung im Hinblick auf die Theologie des jungen Karl Barth [Diss. masch.], Tübingen 1987.

DREWS, PAUL: Das Problem der praktischen Theologie. Zugleich ein Beitrag zur Reform des theologischen Studiums, Tübingen 1910.

EBNER, FERDINAND: Das Wort und die geistigen Realitäten. Pneumatologische Fragmente, Innsbruck 1921.

ECO, UMBERTO: Der Name der Rose. München–Wien 1982.

EICHER, PETER: Offenbarung. Prinzip neuzeitlicher Theologie, München 1977.

EICHHORN, MATHIAS: Es wird regiert! Der Staat im Denken Karl Barths und Carl Schmitts in den Jahren 1919 bis 1938 (Beiträge zur Politischen Wissenschaft, Bd. 78), Berlin 1993.

ESSBACH, WOLFGANG: Radikalismus und Modernität bei Jünger und Bloch, Lukács und Schmitt. In: Intellektuellendiskurse in der Weimarer Republik. Zur politischen Kultur einer Gemengelage, hrsg. v. Manfred Gangl, Gérard Raulet, Frankfurt–New York–Paris, 1994, 145–160.

EVANGELISCHER OBERKIRCHENRAT [in Karlsruhe; Hrsg.]: Profil der Vielfalt. Zu Theorie und Praxis der Volkskirche, Karlsruhe 1992.

FÄHLER, JOCHEN: Der Ausbruch des 1. Weltkrieges in Karl Barths Predigten 1913–1915 (BSHST 37), Bern–Frankfurt/M.–Las Vegas 1979.

FAHRENBACH, HELMUT: Die Weimarer Zeit im Spiegel ihrer Philosophie. Philosophie, Zeitanalyse und Politik insbesondere bei Spengler, Heidegger, Bloch, in: Religions- und Geistesgeschichte der Weimarer Republik. Hrsg. v. Hubert Cancik, Düsseldorf 1982, 230–260.

FAYE, JEAN PIERRE: Theorie der Erzählung. Einführung in die ‚totalitären Sprachen‘, Kritik der narrativen Vernunft/Ökonomie, Frankfurt 1977.

FEUERBACH, LUDWIG: Das Wesen des Christentums. Stuttgart 1980.

FICHTE, JOHANN GOTTLIEB: Gerichtliche Verantwortungsschrift gegen die Anklage des Atheismus. In: Lindau, Hans (Hrsg.): Die Schriften zu J. G. Fichte's Atheismus-Streit, München 1912.

–: Grundlage der gesamten Wissenschaftslehre. Als Handschrift für seine Zuhörer (1794) (Fichtes Werke hrsg. v. Immanuel Hermann Fichte, Bd. I, Zur theoretischen Philosophie I), Berlin 1971, 83–328.

–: Über den Grund unsers Glaubens an eine göttliche Weltregierung. In: Philos. Journal 8 (1798), 1–20.

FINKE, ANNE-KATHRIN: Karl Barth in Großbritannien. Rezeption und Wirkungsgeschichte, Neukirchen 1995.

FISCHER, HERMANN: Christlicher Glaube und Geschichte. Voraussetzungen und Folgen der Theologie Friedrich Gogartens, Gütersloh 1967.

–: Systematische Theologie. Konzeptionen und Probleme im 20. Jahrhundert (Grundkurs Theologie, hrsg. v. Georg Strecker, Bd. 6), Stuttgart–Berlin–Köln 1992.

FISCHER-LICHTE, ERIKA: Die Entdeckung des Zuschauers. Paradigmenwechsel auf dem Theater des 20. Jahrhunderts, Tübingen–Basel 1997.

FISH, STANLEY EUGENE: Surprised by Sin: The Reader in Paradise Lost. Berkeley–Los Angeles–London 1971.

FLEGO, GVOZDEN; SCHMIED-KOWARZIK, WOLFDIETRICH (Hrsg.): Georg Lukács – Ersehnte Totalität. Bd. I des Bloch-Lukács Symposions 1985 in Dubrovnik (Studien zur Philosophie der

Praxis, hrsg. v. der Interdisziplinären Arbeitsgruppe Philosophische Grundlagenprobleme der Gesamthochschule Kassel), Bochum 1985.

FORD, DAVID: Barth and God's Story (Studien zur interkulturellen Geschichte des Christentums, Bd. 27), 2. Aufl. Frankfurt/M. – Berlin – New York 1985.

FRANK, MANFRED: Das individuelle Allgemeine. Textstrukturierung und -interpretation nach Schleiermacher, Frankfurt/M. 1977.

FREI, HANS: An Afterword. Eberhard Busch's Biography of Karl Barth, in: Karl Barth in Re-View. Ed. by H. M. Rumscheidt, Pittsburgh 1981, 95–116.

GADAMER, HANS-GEORG: Wahrheit und Methode. Grundzüge einer philosophischen Hermeneutik (Gesammelte Werke, Bd. 1), 6. durchges. Aufl. Tübingen 1990.

GAY, PETER: Hunger nach Ganzheit. In: Die Weimarer Republik. Belagerte Civitas, hrsg. v. Michael Stürmer, 2., erw. Aufl. Königstein/Ts. 1985, 224–236.

GEHRING, HANS-ULRICH: Schriftprinzip und Rezeptionsästhetik. Rezeption in Martin Luthers Predigt und bei Hans Robert Jauss, Neukirchen-Vluyn 1999.

GENEST, HARTMUT: Karl Barth und die Predigt. Darstellung und Deutung von Predigtwerk und Predigtlehre Karl Barths, Neukirchen 1995.

GESTRICH, CHRISTOF: Neuzeitliches Denken und die Spaltung der dialektischen Theologie. Zur Frage der natürlichen Theologie (BHTh 52), Tübingen 1977.

GLOEGE, GERHARD: Heilsgeschehen und Welt. Theologische Traktate, 1. Bd., Göttingen 1965.

–: Zur Prädestinationslehre Karl Barths. Fragmentarische Erwägungen über den Ansatz ihrer Neufassung, in: KuD 2 [1956], 193–255.

GOEBEL, HANS THEODOR: Trinitätslehre und Erwählungslehre bei Karl Barth. Eine Problemanzeige, in: Wahrheit und Versöhnung. Theologische und philosophische Beiträge zur Gotteslehre, hrsg. v. Dietrich Korsch und Hartmut Ruddies, Gütersloh 1989, 147–166.

–: Vom freien Wählen Gottes und des Menschen. Interpretationsübungen zur „Analogie" nach Karl Barths Lehre von der Erwählung und Bedenken ihrer Folgen für die Kirchliche Dogmatik (FPT 9), Frankfurt/M. – Bern – New York, Paris 1990.

GOGARTEN, FRIEDRICH: Die Krisis unserer Kultur. In: Moltmann, Jürgen (Hrsg.): Anfänge der dialektischen Theologie, Teil II, 11–28.

–: Die religiöse Entscheidung. 1. u. 2. Tsd., Jena 1921.

–: Die Schuld der Kirche gegen die Welt (1928), 2. Aufl. Jena 1930.

–: Fichte als religiöser Denker. Jena 1914.

–: Gemeinschaft oder Gemeinde? In: Moltmann, Jürgen (Hrsg.): Anfänge der dialektischen Theologie, Teil II, 153–171.

–: Glaube und Wirklichkeit. Jena 1928.

–: Historismus. In: Moltmann, Jürgen (Hrsg.): Anfänge der dialektischen Theologie, Teil II, 171–190.

–: Ich glaube an den dreieinigen Gott. Eine Untersuchung über Glauben und Geschichte, Jena 1926.

–: Politische Ethik. Versuch einer Grundlegung, Jena 1932.

–: Protestantismus und Wirklichkeit. Nachwort zu Martin Luthers „Vom unfreien Willen", in: Moltmann, Jürgen (Hrsg.): Anfänge der dialektischen Theologie, Teil II, 191–218.

–: Religion weither. Jena 1917.

–: Verhängnis und Hoffnung der Neuzeit. Die Säkularisierung als theologisches Problem (1953), Gütersloh 1987.

–: Wider die Ächtung der Autorität. Jena 1930.

–: Wider die romantische Theologie. Ein Kapitel vom Glauben. In: Moltmann, Jürgen (Hrsg.): Anfänge der dialektischen Theologie, Teil II, 140–153.

–: Zwischen den Zeiten. In: Moltmann, Jürgen (Hrsg.): Anfänge der dialektischen Theologie, Teil II, 95–101.

–: Gericht oder Skepsis. Eine Streitschrift wider Karl Barth, Jena 1937.

GOLDMAN, HARVEY: The Problem of the Person in Weberian Social Theory. In: Murray Milgate and Cheryl B. Welch (Hrsg.): Critical Issues in Social Thought. New York 1989, 59–73.

GOLLWITZER, HELMUT: Reich Gottes und Sozialismus bei Karl Barth (TEH 169), 2. Aufl. München 1978.

GRÄB, WILHELM: Auf den Spuren der Religion. Notizen zur Lage und Zukunft der Kirche, in: ZEE 39 (1995), 43–56.

GRAF, FRIEDRICH WILHELM: Der Weimarer Barth – ein linker Liberaler? In: EvTh 47 (1987), 555–566.

–: Die Freiheit der Entsprechung zu Gott. Bemerkungen zum theozentrischen Ansatz der Anthropologie Karl Barths, in: Die Realisierung der Freiheit, hrsg. v. Trutz Rendtorff, 76–118.

–: Friedrich Gogartens Deutung der Moderne. Ein theologiegeschichtlicher Rückblick, in: ZKG 1989, 169–230.

–: Kulturprotestantismus. Zur Begriffsgeschichte einer theologiepolitischen Chiffre, in: Kulturprotestantismus. Beiträge zu einer Gestalt des modernen Christentums, hrsg. v. Hans Martin Müller, Göttingen 1992, 21–77.

–: Religion und Individualität. Bemerkungen zu einem Grundproblem der Religionstheorie Ernst Troeltschs, in: Troeltsch-Studien Bd. 3: Protestantismus und Neuzeit, hrsg. v. Horst Renz und dems., Gütersloh 1984, 207–230.

–: Rettung der Persönlichkeit. Protestantische Theologie als Kulturwissenschaft des Christentums, in: Kultur und Kulturwissenschaft um 1900. Krise der Moderne und Glauben an die Wissenschaft, hrsg. v. Rüdiger v. Bruch, dems. und Gangolf Hübinger, Wiesbaden–Stuttgart 1989, 103–131.

–: The German Theological Sources and Protestant Church Politics. In: Weber's Protestant Ethic. Origins, Evidence, Contexts, hrsg. v. Hartmut Lehmann u. Günther Roth, 27–49.

–: Theonomie. Fallstudien zum Integrationsanspruch neuzeitlicher Theologie, Gütersloh 1987.

–: Ursprüngliches Gefühl unmittelbarer Koinzidenz des Differenten. In: ZThK 75 (1978), 147–186.

–; TANNER, KLAUS (Hrsg.): Protestantische Identität heute. Trutz Rendtorff zum 24.1.1991, Gütersloh 1992.

–: Die „antihistoristische Revolution" in der protestantischen Theologie der zwanziger Jahre. In: Vernunft des Glaubens. Wissenschaftliche Theologie und kirchliche Lehre. Festschrift zum 60. Geburtstag von Wolfhart Pannenberg, mit einem bibliographischen Anhang, hrsg. v. Jan Rohls und Gunther Wenz, Göttingen 1988, 377–405.

GREIFFENHAGEN, MARTIN: Das Dilemma des Konservativismus. In: Konservativismus. Hrsg. v. Hans-Gerd Schumann, 2. erw. Aufl. Königstein/Ts. 1984.

GREIVE, WOLFGANG: Die Kirche als Ort der Wahrheit. Das Verständnis der Kirche in der Theologie Karl Barths (FSÖTh 61), Göttingen 1991.

–; NIEMANN, RAUL (Hrsg.): Neu glauben? Religionsvielfalt und neue religiöse Strömungen als Herausforderung an das Christentum, Gütersloh 1990.

GREYERZ, KASPAR VON: Biographical Evidence on Predestination, Covenant, and Special Providence. In: Weber's Protestant Ethic. Origins, Evidence, Contexts, hrsg. v. Hartmut Lehmann und Günther Roth, 273–284.

–: Vorsehungsglaube und Kosmologie. Studien zu englischen Selbstzeugnissen des 17. Jahrhunderts (Veröffentlichungen des Deutschen Historischen Instituts London, Vl. 25), Göttingen–Zürich 1990.

GRIMM, GUNTER: Rezeptionsgeschichte. Grundlegung einer Theorie, mit Analysen und Bibliographie, München 1977.

GRISEBACH, EBERHARD: Gegenwart. Eine kritische Ethik, Halle 1928.

GROLL, WILFRIED: Ernst Troeltsch und Karl Barth. Kontinuität im Widerspruch (BEvTh 72), München 1976.

GRÜTZMACHER, RICHARD HEINRICH: Modern-positive Vorträge. Leipzig 1906.

GUNDLACH, THIES: Selbstbegrenzung Gottes und die Autonomie des Menschen. Karl Barths Kirchliche Dogmatik als Modernisierungsschritt evangelischer Theologie (EHS. T 471), Frankfurt/M. u. a. 1992.

HÄCKEL, ERNST: Die Welträthsel. Gemeinverständliche Studien über Monistische Philosophie, Bonn 1899, 14. Aufl. 1928.

HAFSTAD, KJETIL: Wort und Geschichte. Das Geschichtsverständnis Karl Barths (BEvTh 98), München 1985.

HÄRLE, WILFRIED: [Art:] Dialektische Theologie. In: TRE 8, 683–696.

–: Der Aufruf der 93 Intellektuellen und Karl Barths Bruch mit der liberalen Theologie. In: ZThK 72 [1975], 207–224.

HARNACK, ADOLF VON: Das Wesen des Christentums (1900), 53. Tsd., Leipzig 1906.

–: Offener Brief an Herrn Professor K. Barth, in: Moltmann, Jürgen (Hrsg.): Anfänge der dialektischen Theologie, Teil I, 329–333.

HEGEL, GEORG WILHELM FRIEDRICH: Fragmente über Volksreligion und Christentum (1793–1794). In: Ders.: Frühe Schriften (Werke in zwanzig Bänden, 1. Bd., hrsg. v. Eva Moldenhauer und Karl Markus Michel), 11.–13. Tsd., Frankfurt/M. 1974, 9–103.

–: Grundlinien der Philosophie des Rechts oder Naturrecht und Staatswissenschaft im Grundrisse. Mit Hegels eigenhändigen Notizen und den mündlichen Zusätzen (Georg Wilhelm Friedrich Hegel Werke 7; Redaktion Eva Moldenhauer und Karl Markus Michel), Frankfurt 1970.

–: Phänomenologie des Geistes (Ders.: Theorie-Werkausgabe Bd. 3. Redaktion Eva Moldenhauer und Karl Markus Michel), Frankfurt/M. 1970.

–: Vorlesungen über die Philosophie der Religion, Teil 3 (neu hrsg. v. Walter Jaeschke; PhB 461), Hamburg 1995.

HEIDEGGER, MARTIN: Sein und Zeit. 15., an Hand der Gesamtausg. durchges. Aufl. mit den Randbemerkungen aus dem Handexemplar des Autors im Anhang, Tübingen 1979.

HENNIS, WILHELM: Max Webers Fragestellung. Studien zur Biographie des Werks, Tübingen 1987.

HENRICH, DIETER: Der ontologische Gottesbeweis. Sein Problem und seine Geschichte in der Neuzeit, 2. unveränderte Aufl. Tübingen 1967.

HEPPE, HEINRICH: Die Dogmatik der evangelisch-reformierten Kirche. Dargestellt und aus den Quellen belegt, Elbersfeld 1861.

HERMS, EILERT: Die Umformungskrise der Neuzeit in der Sicht Emanuel Hirschs. Zugleich ein Studie zum Problem der theologischen Sozialethik in einer posttraditionalen Welt, in: Müller, Hans Martin (Hrsg.): Christliche Wahrheit und neuzeitliches Denken. Zu Emanuel Hirschs Leben und Werk, Tübingen – Goslar 1984, 87–14.

–: Emanuel Hirsch – zu Unrecht vergessen?. In: Luther 59 (1988) und 60 (1989), 111–121, 28–48.

HERRMANN, WILHELM: Der geschichtliche Christus – Der Grund unseres Glaubens. In: Ders.: Schriften zur Grundlegung der Theologie, Teil I. Mit Einleitung und Anmerkungen hrsg. v. Peter Fischer-Appelt (TB 36/I), München 1966, 149–185.

–: Die Auffassung der Religion in Cohens und Natorps Ethik. In: Ders.: Schriften zur Grundlegung der Theologie, Teil II. Mit Anmerkungen und Registern hrsg. v. Peter Fischer-Appelt (TB 36/II), München 1967, 206–232.

–: Ethik (GThW 5,2). Tübingen, Leipzig 1901.

–: Ethik (GThW 5, 2), 5. Aufl. Tübingen 1913.

–: Hermann Cohens Ethik (1907). In: Ders.: Schriften zur Grundlegung der Theologie, Teil II, mit Anmerkungen und Registern hrsg. v. Peter Fischer-Appelt (TB 36/II), München 1967, 88–113.

–: Warum bedarf unser Glaube geschichtlicher Tatsachen? In: Ders.: Schriften zur Grundlegung der Theologie, Teil I, mit Einleitung und Anmerkungen hrsg. v. Peter Fischer-Appelt, (TB 36/I), München 1966, 81–103.

HIRSCH, EMANUEL: [Rez.:] Schmitt, Carl: Die geistesgeschichtliche Lage des heutigen Paralementarismus. München ... 1923; ders.: Römischer Katholizismus und politische Form. Hellerau ... 1923, in: ThLZ Nr. 9 (1924), 185–187.

–: [Rez.]: Schmitt, Prof. Carl: Politische Theologie. Vier Kapitel zur Lehre von der Souveränität ..., München 1922, in: ThLZ Nr. 24 (1923), 524–525.

–: Christentum und Geschichte in Fichtes Philosophie. Tübingen 1920.

–: Das kirchliche Wollen der Deutschen Christen. 3. Aufl. 9.–14. Tsd., Berlin-Steglitz 1933.

–: Deutsches Volkstum und evangelischer Glaube. Hamburg 1934.

–: Deutschlands Schicksal. Staat, Volk und Menschheit im Lichte einer ethischen Geschichtsansicht, 3. Aufl., fast unveränderter Abdr. d. 2., durchges. und um ein Nachwort vermehrten Aufl., Göttingen 1925.

–: Die gegenwärtige geistige Lage im Spiegel philosophischer und theologischer Besinnung. Akademische Vorlesungen zum Verständnis des deutschen Jahrs 1933, Göttingen 1934.

–: Die idealistische Philosophie und das Christentum. Grundlegung einer christlichen Geschichtsphilosophie. In: Ders.: Gesammelte Aufsätze (SASW 14), Gütersloh 1926, 1–35.

–: Die Reich-Gottes-Begriffe des neueren europäischen Denkens. Ein Versuch zur Geschichte der Staats- und Gesellschaftsphilosophie, Göttingen 1921.

–: Schöpfung und Sünde in der natürlich-geschichtlichen Wirklichkeit des einzelnen Menschen. Versuch einer Grundlegung christlicher Lebensweisung, Tübingen 1931.

–: Staat und Kirche im 19. und 20. Jahrhundert. Göttingen 1929.

–: Vom verborgenen Suverän. In: Glaube und Volk 2 (1933), 4–13.

HOFMANN, HASSO: Legitimität gegen Legalität. Der Weg der politischen Philosophie Carl Schmitts, 3. Aufl. Berlin 1995.

HOFMANNSTHAL, HUGO VON: Das Schrifttum als geistiger Raum der Nation. In: Ders.: Reden und Aufsätze III, 1925–1929, Frankfurt/M. 1980, 24–41.

HONECKER, MARTIN: Profile – Krisen – Perspektiven. Zur Lage des Protestantismus (BenshH 80), Göttingen 1997.

HONIGSHEIM, PAUL: Erinnerungen an Max Weber. In: KZSS 1963, Sonderheft 7: Max Weber zum Gedächtnis, 161–272.

HUBER, WOLFGANG: Kirche in der Zeitenwende. Gesellschaftlicher Wandel und Erneuerung der Kirche, Gütersloh 1998.

HÜBNER, EBERHARD: Evangelische Theologie in unserer Zeit. Thematik und Entfaltung in Darstellung und Dokumentation, ein Leitfaden, Bremen 1966.

HUIZING, KLAAS: Homo legens. Vom Ursprung der Theologie im Lesen (TBT, Bd. 75), Berlin, New York 1996.

ISER, WOLFGANG: Der Akt des Lesens. Theorie ästhetischer Wirkung (UTB 636), 4. Aufl. München 1994.

–: Die Appellstruktur der Texte. Unbestimmtheit als Wirkungsbedingung literarischer Prosa (Konstanzer Universitätsreden, hrsg. v. Gerhard Hess, 28), Konstanz 1970.

IVERSEN, GERTRUD YDE: Wolfgang Iser og Romerbrevet. En receptionsaestetisk eksegese af Romerbrevets indledning, in: Dansk Teologisk Tidsskrift 62 (1999), 63–80.

JANNSSEN, NITTERT: Popularisierung der theologischen Forschung. Breitenwirkung durch Vorträge und „gemeinverständliche" Veröffentlichungen, in: Die Religionsgeschichtliche Schule in Göttingen. Eine Dokumentation v. Gerd Lüdemann, Martin Schröder, mit 80 Abbildungen, Göttingen 1987, 109–136.

JANTSCH, JOHANNA (Hrsg.): Der Briefwechsel zwischen Adolf von Harnack und Martin Rade. Theologie auf dem öffentlichen Markt, Berlin, New York 1996.

JAUSS, HANS ROBERT: Die Theorie der Rezeption – Rückschau auf ihre unerkannte Vorgeschichte (Konstanzer Universitätsreden. Begründet v. Gerhard Hess, fortgeführt v. Horst Sund, 166), Konstanz 1987.

–: Literaturgeschichte als Provokation der Literaturwissenschaft (1967). In: Ders.: Literaturgeschichte als Provokation. Frankfurt 1970, 144–207.

JÜLICHER, ADOLF: Ein moderner Paulus-Ausleger. In: Moltmann, Jürgen (Hrsg.): Anfänge der dialektischen Theologie, Teil I, 87–98.

JÜNGEL, EBERHARD: Barth-Studien (Ökumenische Theologie, hrsg. v. dems. u. a., Bd. 9), Zürich–Köln 1982.

–: Einführung in Leben und Werk Karl Barths. In: Ders.: Barth-Studien (Ökumenische Theologie. Hrsg. v. dems. u.a., Bd. 9), Zürich–Köln 1982, 22–126.

–: Karl Barth. In: Ders.: Barth-Studien, 15–21.

–: Von der Dialektik zur Analogie. Die Schule Kierkegaards und der Einspruch Petersons, in: Ders.: Barth-Studien, 127–179.

JÜNGER, ERNST: Die totale Mobilmachung. In: Krieg und Krieger. Sammelwerk, hrsg. v. dems., Berlin 1930, 9–30.

KÄHLER, MARTIN: Der sogenannte historische Jesus und der geschichtliche, biblische Christus. Neu hrsg. v. Ernst Wolf (TB 2), München 1969.

KANT, IMMANUEL: Kritik der praktischen Vernunft. Hrsg. v. Karl Vorländer (PhB 38), unveränderter Nachdr. der 9. Aufl. v. 1929, Hamburg 1967.

–: Kritik der reinen Vernunft. Nach der ersten und zweiten Original-Ausg. neu hrsg. v. Raymund Schmidt (PhB 37a), Hamburg 1971.

–: Kritik der Urteilskraft. Hrsg. v. Karl Vorländer (PhB 39a), unveränderter Nachdr. der 6. Aufl. v. 1924, Hamburg 1974.

KÄSLER, DIRK: Max Weber und Georg Lukács. Episoden zum Verhältnis von ‚bürgerlicher‘ und ‚marxistischer‘ Soziologie, in: Udo Bermbach und Günter Trautmann (Hrsg.): Georg Lukács. Kultur – Politik – Ontologie. Opladen 1987, 86–96.

KEUPP, HEINER: Riskante Chancen, Das Subjekt zwischen Psychokultur und Selbstorganisation. Sozialpsychologische Studien, Heidelberg 1988.

KIERKEGAARD, SÖREN: Entweder – Oder. 2 Teile, unter Mitwirkung von Niels Thulstrup und der Kopenhagener Kierkegaard-Gesellschaft, hrsg. v. Hermann Diem und Walter Rest, München 1975.

KIRCHENAMT im Auftrage des Rates der Evangelischen Kirche in Deutschland (Hrsg.): Evangelische Kirche und freiheitliche Demokratie. Der Staat des Grundgesetzes als Angebot und Aufgabe. Eine Denkschrift der Evangelischen Kirche in Deutschland, Gütersloh 1985.

KIRSCH, HELGA: Zum Problem der Ethik in der kritischen Theologie Karl Barths [Diss. masch.], Bonn 1972.

KOENEN, ANDREAS: Der Fall Carl Schmitt. Sein Aufstieg zum „Kronjuristen des Dritten Reiches“, Darmstadt 1995.

KOEPP, WILHELM: Die gegenwärtige Geisteslage und die „dialektische“ Theologie. Eine Einführung, Tübingen 1931.

KÖHL, HARALD: Kants Gesinnungsethik (QSP 25), Berlin – New York 1990.

KOPERMANN, WOLFRAM: Abschied von einer Illusion. Volkskirche ohne Zukunft, Wiesbaden 1990.

KORSCH, DIETRICH: Christologie und Autonomie. Zur dogmatischen Kritik einer neuzeittheoretischen Deutung der Theologie Karl Barths, in: Ders.: Dialektische Theologie nach Karl Barth. Tübingen 1996, 146–177.

–: Dialektische Theologie nach Karl Barth. Tübingen 1996.

–: Die Moderne als Krise. Zum theologischen Begriff einer geschichtsphilosophischen Kategorie, in: Ders.: Dialektische Theologie nach Karl Barth, 23–40.

–: Fraglichkeit des Lebens und Evidenz des Glaubens. Karl Barth und Wilhelm Herrmann im Gespräch über Offenbarung und menschliche Subjektivität, in: Ders.: Dialektische Theologie nach Karl Barth, 130–145.

–: Hermann Cohen und die protestantische Theologie seiner Zeit. In: Ders.: Dialektische Theologie nach Karl Barth, 41–71.

–: Religion mit Stil. Protestantismus in der Kulturwende, Tübingen 1997.

KÖRTNER, ULRICH H. J.: Der handelnde Gott. Zum Verständnis der absoluten Metapher vom Handeln Gottes bei Karl Barth. In: NZSTh 31 (1989), 18–40.

KOSELLECK, REINHART: [Art.:] Krise. In: HWP 4, 1235–1240.

–: [Art.:] Krise, in: GG 3, 617–650.

–: Kritik und Krise. Eine Studie zur Pathogenese der modernen Welt (1959), Frankfurt 1973.

KRAFT-FUCHS, MARGIT: Prinzipielle Bemerkungen zu Carl Schmitts Verfassungslehre, in: ZöR Bd. 9 (1930), 511–541.

KRAUSS, ALFRED: Lehrbuch der Praktischen Theologie. 1. Bd., Freiburg 1890, 2. Bd. Freiburg 1993.

KROCKOW, CHRISTIAN GRAF VON: Die Entscheidung. Eine Untersuchung über Ernst Jünger, Carl Schmitt, Martin Heidegger, Stuttgart 1958.

KROEGER, MATTHIAS: Friedrich Gogarten. Leben und Werk in zeitgeschichtlicher Perspektive – mit zahlreichen Dokumenten und Materialien, Bd. 1, Stuttgart – Berlin – Köln 1997.

KRÜGER, GUSTAV: Die Theologie der Krisis. In: Schriften der Bremer Wissenschaftlichen Gesellschaft. Reihe D: Abhandlungen und Vorträge I/1926, 83–111.

KUTTER, HERMANN: Das Unmittelbare. Eine Menschheitsfrage, 3. Aufl. Basel 1921.

–: Der Römerbrief als Katechismus. In: Der Kirchenfreund. Blätter für evangelische Wahrheit und kirchliches Leben, Basel 28 (1894), 353–359, 369–376, 385–391.

–: Die Revolution des Christentums. 3. Tsd., Jena 1912.

–: Sie müssen! Ein offenes Wort an die christliche Gesellschaft, 9. Tsd. Jena 1910.

–: Wir Pfarrer. Leipzig 1907.

LÄMMLIN, GEORG: Individualität und Verständigung. Das Kirchenverständnis nach Schleiermachers „Glaubenslehre" (Theologische Studien), Aachen 1998.

LANGE, PETER: Konkrete Theologie? Karl Barth und Friedrich Gogarten „Zwischen den Zeiten" (1922–1933), eine theologiegeschichtlich-systematische Untersuchung im Blick auf die Praxis theologischen Verhaltens (BSHST 19), Zürich 1972.

LEHMANN, HARTMUT; ROTH, GÜNTHER (Hrsg.): Weber's Protestant Ethic. Origins, Evidence, Contexts (Publications of the German Historical Institute, Washington, D. C.), Cambridge 1993.

LENDVAI, FERENC L.: Zur Problematik von Geschichte und Klassenbewußtsein. In: Udo Bermbach und Günter Trautmann (Hrsg.): Georg Lukács. Kultur – Politik – Ontologie, Opladen 1987, 145–155.

LESSING, ECKHARD: Das Problem der Gesellschaft in der Theologie Karl Barths und Friedrich Gogartens (SEE 10), Gütersloh 1972.

LIEBERSOHN, HARRY: Fate and Utopia in German Sociology, 1870–1923, Cambridge Mass. 1988.

LOBE, MATTHIAS: Die Prinzipien der Ethik Emanuel Hirschs (TBT 68), Hamburg 1996.

LOHMANN, JOHANN FRIEDRICH: Karl Barth und der Neukantianismus. Die Rezeption des Neukantianismus im „Römerbrief" und ihre Bedeutung für die weitere Ausarbeitung der Theologie Karl Barth (TBT 72), Berlin–New York 1995.

LÜDEMANN, HERMANN: Das Erkennen und die Werturteile. Leipzig 1910.

LUKÁCS, GEORG: Die Zerstörung der Vernunft. In: Ders.: Werke Bd. 9, [o. O.] 1962.

–: Gelebtes Denken (Georg Lukács im Gespräch über sein Leben). In: Ders.: Gelebtes Denken. Eine Autobiographie im Dialog, Red.: István Eörsi, aus dem Ungarischen v. Hans-Henning Paetzke, Frankfurt 1981, 35–238.

–: Geschichte und Klassenbewußtsein. Studien über marxistische Dialektik, 10. Aufl. Darmstadt 1988.

MACKINNON, MALCOLM H.: Part II: Weber's Exploration of Calvinism. In: Weber's Protestant Ethic. Origins, Evidence, Contexts. Edited by Hartmut Lehmann and Günther Roth, 178–210.

–: Part I: Calvinism and the Infallible Assurance of Grace. In: BJS 39 (1988), 143–177.

–: The Longevity of the Thesis: A Critique of the Critics. In: Weber's Protestant Ethic. Origins, Evidence, Contexts, hrsg. v. Hartmut Lehmann u. Günther Roth, 211–243.

MANDELKOW, KARL ROBERT: Rezeptionsgeschichte als Erfahrungsgeschichte. Vorüberlegungen zu dem Versuch einer Wirkungsgeschichte Goethes in Deutschland, in: Studien zur Goethezeit. Erich Trunz zum 75. Geburtstag, hrsg. v. Hans-Joachim Mähl und Eberhard Mannack, Heidelberg 1981, 153–176.

MANN, THOMAS: Der Zauberberg. Roman (1924), Berlin 1991.

MANNHEIM, KARL: Konservativismus. Ein Beitrag zur Soziologie des Wissens, hrsg. v. David Kettler u. a., Frankfurt/M. 1984.

MARQUARD, REINER: Karl Barth und der Isenheimer Altar. Stuttgart 1995.

MARQUARDT, FRIEDRICH-WILHELM: Der Christ in der Gesellschaft 1919–1979. Geschichte, Analysen und aktuelle Bedeutung von Karl Barths Tambacher Vortrag (TEH 206), München 1980.

–: Die Entdeckung des Judentums für die christliche Theologie. Israel im Denken Karl Barths (Abhandlungen zum christlich-jüdischen Dialog, hrsg. v. Helmut Gollwitzer Bd. 1), München 1967.

–: Theologie und Sozialismus. Das Beispiel Karl Barths, 3. erw. Aufl. München 1985.

MARSCH, WOLF-DIETER: „Gerechtigkeit im Tal des Todes". Christlicher Glaube und politische Vernunft im Denken Karl Barths, in: Theologie zwischen Gestern und Morgen. Interpretationen und Anfragen zum Werk Karl Barths, hrsg. v. Wilhelm Dantine und Kurt Lüthi, München 1968, 167–191.

MARX, KARL; ENGELS, FRIEDRICH: Die heilige Familie oder Kritik der kritischen Kritik. Gegen Bruno Bauer und Konsorten, 1845 (Karl Marx – Friedrich Engels Werke, hrsg. vom Institut für Marxismus-Leninismus beim ZK der SED, Bd. 2) Berlin 1974, 5–223.

MAURER, ERNSTPETER: Sprachphilosophische Aspekte in Karl Barths ‚Prolegomena zur Kirchlichen Dogmatik' (EHS. T 357), Frankfurt/M. 1989.

McCORMACK, BRUCE L.: Karl Barth's Critically Realistic Dialectical Theology. Its Genesis and Development 1909–1936, Oxford 1995.

MECKENSTOCK, GÜNTER: Karl Barths Prolegomena zur Dogmatik. Entwicklungslinien vom „Unterricht in der christlichen Religion" bis zur „Kirchlichen Dogmatik", in: NZSTh 28 (1986), 296–310.

MELANCHTHON, PHILIPP: Loci Communes 1521. Lateinisch – Deutsch, übersetzt und mit kommentierenden Anmerkungen versehen v. Horst Georg Pöhlmann, hrsg. vom Lutherischen Kirchenamt der VELKD, 2. durchges. und korr. Aufl. Gütersloh 1997.

MOHLER, ARMIN: Die Konservative Revolution in Deutschland 1918–1932. Ein Handbuch, 3., um einen Ergänzungsbd. erw. Aufl. Darmstadt 1989.

MOLENDIJK, ARIE L.: Zwischen Theologie und Soziologie. Ernst Troeltschs Typen der christlichen Gemeinschaftsbildung: Kirche, Sekte, Mystik (Troeltsch-Studien, hrsg. v. Horst Renz und Friedrich Wilhelm Graf, Bd. 9), Gütersloh 1996.

MOLTMANN, JÜRGEN (Hrsg.): Anfänge der dialektischen Theologie, Teil I: Karl Barth, Heinrich Barth, Emil Brunner (ThB 17/1), 4. Aufl. München. 1977.

–: (Hrsg.): Anfänge der dialektischen Theologie. Teil II: Rudolf Bultmann, Friedrich Gogarten, Eduard Thurneysen (ThB 17/II), 3. Aufl. München 1977.

MURRMANN-KAHL, MICHAEL: „Mysterium trinitatis"? Fallstudien zur Trinitätslehre in der evangelischen Dogmatik des 20. Jahrhunderts (TBT 79), Berlin–New York 1997.

–: Die entzauberte Heilsgeschichte. Der Historismus erobert die Theologie 1880–1920, Gütersloh 1992.

–: Ein Prophet des wahren „Sozialismus?" Zur Rezeption Karl Barths in der ehemaligen DDR, in: ZNThG/JHMTh 1 (1994), 139–166.

MUSIL, ROBERT: Der Mann ohne Eigenschaften. Roman, hrsg. v. Adolf Frisé, neu durchges. und verb. Ausg. 1987, Hamburg 1989.

NATORP, PAUL: Religion innerhalb der Grenzen der Humanität. Ein Kapitel zur Grundlegung der Sozialpädagogik, 2., durchges. und um ein Nachwort verm. Aufl., Tübingen 1908.

NICHTWEISS, BARBARA: Erik Peterson. Neue Sicht auf Leben und Werk, Freiburg–Basel–Wien 1992.

NIEBERGALL, FRIEDRICH: Wie predigen wir dem modernen Menschen? 1. Teil: Eine Untersuchung über Motive und Quietive, 3. Aufl. Tübingen 1909; 2. Teil: Eine Untersuchung über den Weg zum Willen, 1. u. 2. Aufl. Tübingen 1906; 3. Teil: Predigten, Andachten, Reden, Vorträge, Tübingen 1921.

NIETZSCHE, FRIEDRICH: Also sprach Zarathustra (Kritische Studienausg., hrsg. v. Giorgio Colli und Mazzino Montinari, Bd. 4), 3. Aufl. München 1990.

–: Morgenröte. In: Ders.: Kritische Studienausg. (hrsg. v. Giorgio Colli und Mazzino Montinari, Bd. 3), 2. durchges. Aufl., Berlin–New York 1988, 9–331.

–: Unzeitgemässe Betrachtungen. Zweites Stück: Vom Nutzen und Nachtheil der Historie für das Leben. In: Ders.: Kritische Studienausg. (hrsg. v. Giorgio Colli und Mazzino Montinari, Bd. 1), 2. durchges. Aufl., Berlin–New York 1988, 243–334.

NOVAK, MICHAEL: Die katholische Ethik und der Geist des Kapitalismus. Trier 1996.

NOWAK, KURT: Entartete Gegenwart. Antimodernismus als Interpretament für die Begegnung von Protestantismus und Nationalsozialismus in der Weimarer Zeit, in: ThZ 35 (1979), 102–119.

OAKES, GUY: The Thing That Would Not Die. Notes on Refutation. In: Weber's Protestant Ethic. Origins, Evidence, Contexts. Hrsg. v. Hartmut Lehmann und Günther Roth, 285–294.

OBST, GABRIELE: Veni Creator Spiritus! Die Bitte um den Heiligen Geist als Einführung in die Theologie Karl Barths, Gütersloh 1998.

OEXLE, OTTO GERHARD: „Historismus". Überlegungen zur Geschichte des Phänomens und des Begriffs, in: Braunschweigische Wissenschaftliche Gesellschaft. Jahrbuch 1986, Göttingen 1986, 119–155.

OTTO, RUDOLF: Das Heilige. Über das Irrationale in der Idee des Göttlichen und sein Verhältnis zum Rationalen, 41.–44. Tsd. München 1979.

PANNENBERG, WOLFHART: Die Subjektivität Gottes und die Trinitätslehre. Ein Beitrag zur Beziehung zwischen Karl Barth und der Philosophie Hegels, in: Ders.: Grundfragen systematischer Theologie, gesammelte Aufsätze, Bd. 2, Göttingen 1980, 96–111.

–: Systematische Theologie. Bd. I. Göttingen 1988.

–: Wissenschaftstheorie und Theologie. Frankfurt/M. 1977.

PAUCK, WILHELM: Karl Barth: Prophet of a New Christianity, New York 1931.

PERRIG, SEVERIN: Hugo von Hofmannsthal und die Zwanziger Jahre. Eine Studie zur späten Orientierungskrise (Analysen und Dokumente Bd. 33), Frankfurt/M. u. a. 1994.

PETER, NIKLAUS: Karl Barth als Leser und Interpret Nietzsches. In: ZnThG//JHMTh 1 (1994), 251–264.

PETERSON, ERIK: Der Lobgesang der Engel und der mystische Lobpreis, In: ZZ 3 (1925), 141–153.

–: Was ist Theologie? In: Theologie als Wissenschaft. Aufsätze und Thesen, hrsg. und eingeleitet v. Gerhard Sauter (TB 43), München 1971, 132–151.

PEUKERT, DETLEV J.: Die Weimarer Republik. Krisenjahre der klassischen Moderne (es N. F. Bd. 282), Frankfurt 1987.

PEUKERT, HELMUT: Wissenschaftstheorie, Handlungstheorie, Fundamentale Theologie. Analysen zu Ansatz und Status theologischer Theoriebildung, Frankfurt/M. 1978.

PFLEIDERER, GEORG: [Rez.:] Finke, Anne-Kathrin: Karl Barth in Großbritannien. Rezeption und Wirkungsgeschichte, Neukirchen 1995, in: ThRv 93 (1997), 65–68.

–: [Rez.:] Greive, Wolfgang: Die Kirche als Ort der Wahrheit. Das Verständnis der Kirche in der Theologie Karl Barths (FSÖTh 61), Göttingen 1991, in: ThRv 88 (1992), 313–316.

–: [Rez.:] Köhl, Harald: Kants Gesinnungsethik (Quellen und Studien zur Philosophie. Hrsg. v. Günther Patzig u. a., Bd. 25), Berlin–New York 1990; in: ZEE 36 (1992), 223f.

–: [Rez.:] Korsch, Dietrich: Dialektische Theologie nach Karl Barth, Tübingen 1996; in: ZNThG/JHMTh 5 (1998), 160–164.

–: [Rez.:] Murrmann-Kahl, Michael: Die entzauberte Heilsgeschichte. Der Historismus erobert die Theologie 1880–1920, Gütersloh 1992, in: ZNThG/JHMTh 1 (1994), 318–323.

–: [Rez.:] Webb, Stephen H.: Re-Figuring Theology. The Rhetoric of Karl Barth, New York 1991, in: ThRv 91 (1995), 152–156.

–: „Wer Christo wil anhangen, dem ist die gantze welt feind". Feindschaft im Denken Martin Luthers. In: Adam, Armin; Stingelin, Martin (Hrsg.): Übertragung und Gesetz. Gründungsmythen, Kriegstheater und Unterwerfungstechniken von Institutionen, Berlin 1995, 113–132.

–: Protestantisches Christentum in der postmodernen Moderne. Versuch einer Identitätsbeschreibung, in: ThPr 31 (1996), 3–19.

–: Theologie als Wirklichkeitswissenschaft. Studien zum Religionsbegriff bei Georg Wobbermin, Rudolf Otto, Heinrich Scholz und Max Scheler (BHTh 82), Tübingen 1992.

–: Theologische Fragmente eines Nicht-Theologen. Heinrich Scholz' Beitrag zu einer kulturprotestantischen Theorie des Christentums, Waltrop 1995.

PFLÜGER, PAUL: Die Arbeiterfrage. Eine Einführung, Zürich 1910.

PIETZ, HANS-WILHELM: Das Drama des Bundes. Die dramatische Denkform in Karl Barths Kirchlicher Dogmatik (Neukirchener Beiträge zur Systematischen Theologie, hrsg. v. Wolfgang Huber u. a., Bd. 12), Neukirchen 1998.

PLONZ, SABINE: Die herrenlosen Gewalten. Eine Relektüre Karl Barths in befreiungstheologischer Perspektive, Mainz 1995, 174–178.

POGGI, GIANFRANCO: Historical Viability, Sociological Significance, and Personal Judgment. In: Weber's Protestant Ethic. Origins, Evidence, Contexts, hrsg. v. Hartmut Lehmann u. Günther Roth, 295–304.

POLAND, LYNN: The New Criticism, Neoorthodoxy, and the New Testament. In: JR 65 (1985), 459–477.

RADE, MARTIN: Redaktionelle Schlußbemerkung. In: Barth, Karl: Vorträge und kleinere Arbeiten 1905–1909, 365f.

–: Vergeblich? In: ChW 23 (1909), Sp. 3–7.

RAGAZ, LEONHARD: Dein Reich komme. Predigten, in 2 Bdn., Zürich 1922, 7–18.

–: Die Bergpredigt (Stundenbücher 102), Hamburg 1971.

RANKE, LEOPOLD VON: Über die Epochen der neueren Geschichte. Historisch-kritische Ausgabe. Hrsg. v. Theodor Schieder u. Helmut Berding. München–Wien 1971.

REIMER, JAMES A.: Emanuel Hirsch und Paul Tillich. Theologie und Politik in einer Zeit der Krise, Berlin–New York 1995.

RENDTORFF, TRUTZ (Hrsg.): Die Realisierung der Freiheit. Beiträge zur Kritik der Theologie Karl Barths, Beiträge v. Falk Wagner, Walter Sparn, Friedrich Wilhelm Graf und dems., Gütersloh 1975.

–: Der ethische Sinn der Dogmatik. Zur Reformulierung des Verhältnisses von Dogmatik und Ethik, in: Ders.: Theologie in der Moderne. Über Religion im Prozeß der Aufklärung (Troeltsch-Studien Bd. 5), Gütersloh 1991, 167–182.

–: Die Kirche als dogmatische Form der Freiheit – ein Kapitel aus der Geschichte des christlichen Freiheitsbewußtseins. In: Ders.: Theologie in der Moderne. Über Religion im Prozeß der Aufklärung (Troeltsch-Studien, Bd. 5), Gütersloh 1991, 183–200.

–: Die permanente Revolution. Protestantismus als neuzeitliches Bildungsprogramm, in: EvKo 31 (1998), 31–34.

–: Ethik. Grundelemente, Methodologie und Konkretionen einer ethischen Theologie, Bd. I (ThW 13, 1), 2. überarb. und erw. Aufl. Stuttgart–Berlin–Köln 1990.

–: Karl Barth und die Neuzeit. Fragen zur Barth-Forschung, in: EvTh 46 (1986), 298–314.

–: Kirche und Theologie. Die systematische Funktion des Kirchenbegriffs in der neueren Theologie, 2. Aufl. Gütersloh 1970.

–: Radikale Autonomie Gottes. Zum Verständnis der Theologie Karl Barths und ihrer Folgen, in: Ders.: Theorie des Christentums, Gütersloh 1972, 161–181.

–: Theologie in der Moderne. Über Religion im Prozeß der Aufklärung (Troeltsch-Studien, Bd. 5), Gütersloh 1991, 273–290.

RINGER, FRITZ K.: Die Gelehrten. Der Niedergang der deutschen Mandarine 1890–1933, Stuttgart 1983.

ROHLS, JAN: Credo ut intelligam. Karl Barths theologisches Programm und sein Kontext, in: Vernunft des Glaubens. Wissenschaftliche Theologie und kirchliche Lehre, FS zum 60. Geburtstag von Wolfhart Pannenberg, mit einem bibliogr. Anhang, hrsg. v. Jan Rohls und Gunther Wenz, Göttingen 1988.

–: Protestantische Theologie der Neuzeit. Bd. II, das 20. Jahrhundert, Tübingen 1997.

RÖSSLER, DIETRICH: Das Problem der Homiletik. In: ThPr 1 (1966), 14–28.

–: Grundriß der Praktischen Theologie. Berlin–New York 1986.

ROTHE, WOLFGANG: Der Expressionismus. Theologische, soziologische und anthropologische Aspekte einer Literatur, Frankfurt/M. 1977.

–: Der Mensch vor Gott: Expressionismus und Theologie. In: Ders. (Hrsg.): Expressionismus als Literatur. Gesammelte Studien, Bern–München 1969, 37–66.

RUDDIES, HARTMUT: Flottierende Versatzstücke und ideologische Austauscheffekte. Theologische Antworten auf die Ambivalenz der Moderne, in: Intellektuellendiskurse in der Weimarer Republik. Zur politischen Kultur einer Gemengelage, hrsg. v. Manfred Gangl, Gérard Raulet, Frankfurt–New York–Paris 1994, 19–35.

–: Karl Barth und Ernst Troeltsch. Aspekte eines unterbliebenen Dialogs, in: Troeltsch-Studien, Bd. 4: Umstrittene Moderne, die Zukunft der Neuzeit im Urteil der Epoche Ernst Troeltschs, hrsg. v. Horst Renz und Friedrich Wilhelm Graf, Gütersloh 1987, 230–258.

–: Karl Barth und Ernst Troeltsch. Ein Literaturbericht, in: VF 34 (1989), 2–20.

–: Karl Barth und Martin Rade. Ein theologisch-politischer Briefwechsel, in: EvTh 44 (1984), 298–306.

–: Karl Barth und Wilhelm Herrmann. Aspekte aus den Anfängen der dialektischen Theologie, in: Zeitschrift für dialektische Theologie 1 (1985), 52–89.

RUPPRECHT, EVA-MARIA: Kritikvergessene Spekulation. Das Religions- und Theologieverständnis Ph. K. Marheinekes (Beiträge zur rationalen Theologie, hrsg. v. Falk Wagner, Bd. III), Frankfurt/M.–Berlin u. a. 1993.

RUSCHKE, WERNER M.: Entstehung und Ausführung der Diastastentheologie in Karl Barths zweitem „Römerbrief" (Neukirchener Beiträge zur Systematischen Theologie, Bd. 5), Neukirchen-Vluyn 1987.

SCHELIHA, ARNULF VON; SCHRÖDER, MARKUS (Hrsg.): Das Protestantische Prinzip. Historische und systematische Studien zum Protestantismusbegriff, Stuttgart–Berlin–Köln 1998.

SCHELIHA, ARNULF VON: Emanuel Hirsch als Dogmatiker. Zum Programm der „Christlichen Rechenschaft" im „Leitfaden zur christlichen Lehre" (TBT 53), Berlin–New York 1991.

SCHELSKY, HELMUT: Ist die Dauerreflexion institutionalisierbar? Zum Thema einer modernen Religionssoziologie, in: ZEE (1) 1957, 153–174.

SCHILDMANN, WOLFGANG: Was sind das für Zeichen? Karl Barths Träume im Kontext von Leben und Lehre, München 1991, 125–135.

SCHILLER, FRIEDRICH: Wallenstein. Ein dramatisches Gedicht (Schillers Werke in 4 Bänden, Bd. 1, Dramen 1), Hamburg 1957.

SCHJOERRING, JENS HOLGER: Theologische Gewissensethik und politische Wirklichkeit. Das Beispiel Eduard Geismars und Emanuel Hirschs (Arbeiten zur kirchlichen Zeitgeschichte, Reihe B: Darstellungen, Bd. 7, hrsg. v. Georg Kretschmar und Klaus Scholder), Göttingen 1979.

SCHLEIERMACHER, FRIEDRICH: Der christliche Glaube. Nach den Grundsätzen der evangelischen Kirche im Zusammenhange dargestellt, 2 Bde., 2. Aufl. [1830], 7. Aufl. hrsg. v. Martin Redeker, Berlin 1960.

–: Kurze Darstellung des theologischen Studiums zum Behuf einleitender Vorlesungen. Kritische Ausgabe, hrsg. v. Heinrich Scholz (1910), 4. Aufl. Hildesheim 1977.

–: Über die Religion. Reden an die Gebildeten unter ihren Verächtern [1799], hrsg. v. Günter Meckenstock, Berlin–New York 1999.

SCHMID, FRIEDRICH: Verkündigung und Dogmatik in der Theologie Karl Barths. Hermeneutik und Ontologie in einer Theologie des Wortes Gottes (FGLP 10/29), München 1964.

SCHMID, GEORG: Im Dschungel der neuen Religiosität. Esoterik, östliche Mystik, Sekten, Islam, Fundamentalismus, Volkskirchen, Stuttgart 1992.

SCHMID, HEINRICH: Die Dogmatik der evangelisch-lutherischen Kirche, dargestellt und aus den Quellen belegt, 2. Aufl. Erlangen 1847.

SCHMITT, CARL: Der Begriff der modernen Demokratie in seinem Verhältnis zum Staatsbegriff. In: Ders.: Positionen und Begriffe im Kampf mit Weimar–Genf–Versailles 1923–1939. Berlin 1988, 19–25.

–: Der Begriff des Politischen. Text von 1932 mit einem Vorwort und drei Corollarien, Berlin 1987.

–: Der Führer schützt das Recht. In: Ders.: Positionen und Begriffe im Kampf mit Weimar–Genf–Versailles 1923–1939, 199–203.

–: Der Gegensatz von Parlamentarismus und moderner Massendemokratie. In: Ders.: Positionen und Begriffe im Kampf mit Weimar–Genf–Versailles 1923–1939, 52–66.

–: Der Hüter der Verfassung. 2. Aufl. Berlin 1931.

–: Der Wert des Staates und die Bedeutung des Einzelnen. Tübingen 1914.

–: Die geistesgeschichtliche Lage des heutigen Parlamentarismus. 5. Aufl. Berlin 1979.

–: Die Sichtbarkeit der Kirche. Eine scholastische Erwägung, in: Summa. Eine Vierteljahresschrift 1917, 71–80.

–: Politische Romantik, 2. Aufl. München und Leipzig 1925.

–: Politische Theologie. Vier Kapitel zur Lehre von der Souveränität, 6. Aufl. Berlin 1993.

–: Positionen und Begriffe im Kampf mit Weimar–Genf–Versailles 1923–1939, Hamburg 1940, Nachdr. 1988.

–: Römischer Katholizismus und politische Form. München 1925.

–: Verfassungslehre. München–Leipzig 1928.

SCHMITT-DOROTIC, CARL: Die Diktatur. Von den Anfängen des modernen Souveränitätsgedankens bis zum proletarischen Klassenkampf, München–Leipzig 1921.

SCHNECKENBURGER, MATTHIAS: Vergleichende Darstellung des lutherischen und reformierten Lehrbegriffs. Aus dem handschriftlichen Nachlass zusammengestellt und hrsg. v. Eduard Güder, in zwei Theilen, Stuttgart 1855.

SCHNEIDER-FLUME, GUNDA: Die politische Theologie Emanuel Hirschs 1918–1933 (EHST 5), Bern–Frankfurt 1971.

SCHULZE, GERHARD: Die Erlebnisgesellschaft. Kultursoziologie der Gegenwart, Frankfurt/M.–New York 1993.

SCHÜTTE, WALTER (Hrsg.): Emanuel Hirsch – Paul Tillich. Briefwechsel 1917–1918. Nachwort v. Hans-Walter Schütte, Berlin und Schleswig-Holstein 1973.

SCHWÖBEL, CHRISTOPH (Hrsg.): Karl Barth – Martin Rade. Ein Briefwechsel, mit einer Einleitung hrsg. v. C.S., Gütersloh 1981.

–: Einleitung. In: Karl Barth – Martin Rade. Ein Briefwechsel, mit einer Einleitung hrsg. v. C.S., Gütersloh 1981, 9–56.

SEARLE, JOHN R.: Speech acts. An Essay in the Philosophy of Language (1969), Cambridge 1995.

SENNETT, RICHARD: Verfall und Ende des öffentlichen Lebens. Die Tyrannei der Intimität, aus dem Amerikanischen v. Reinhard Kaiser, Frankfurt 1996.

SHARP, DOUGLAS R.: The Hermeneutics of Election. The Significance of the Doctrine in Barth's Church Dogmatics, Lanham–New York–London 1984.

SIEFERLE, ROLF PETER: Die konservative Revolution. Fünf biographische Skizzen (Paul Lensch, Werner Sombart, Oswald Spengler, Ernst Jünger, Hans Freyer), Frankfurt 1995.

SÖLLE, DOROTHEE: Friedrich Gogarten. In: Tendenzen der Theologie im 20. Jahrhundert. Eine Geschichte in Porträts, hrsg. v. H.J. Schultz, Stuttgart–Berlin 1966.

SOMBART, WERNER: Die gewerbliche Arbeiterfrage. 2. Aufl. Berlin–Leipzig 1908.

SONTHEIMER, KURT: Antidemokratisches Denken in der Weimarer Republik, 2. Aufl. [der Taschenbuchausg.], München 1983.

SPARN, WALTER: „Extra Internum". Die christologische Revision der Prädestinationslehre in Karl Barths Erwählungslehre, in: Die Realisierung der Freiheit, hrsg. v. Trutz Rendtorff, 44–75.

SPENGLER, OSWALD: Der Untergang des Abendlandes. Umrisse einer Morphologie der Weltgeschichte, 8. Aufl. München 1986.

SPIECKERMANN, INGRID: Gotteserkenntnis. Ein Beitrag zur Grundfrage der neuen Theologie Karl Barths (BevTh 97), München 1985.

STADTLAND, TJARKO: Eschatologie und Geschichte in der Theologie des jungen Karl Barth [BGLRK 22], Neukirchen 1966.

STECK, WOLFGANG: Das homiletische Verfahren. Zur modernen Predigttheorie (APTh 13), Göttingen 1974.

STOEVESANDT, HINRICH: Wandlungen in Karl Barths theologischem Verständnis der Predigt. In: EvTh 47 (1987), 536–550.

STROHM, THEODOR: Theologie im Schatten politischer Romantik. Eine wissenschafts-soziologische Anfrage an die Theologie Friedrich Gogartens (GT. S 2), München 1970.

STÜBINGER, EWALD: Die Theologie Carl Daubs als Kritik der positionellen Theologie (Beiträge zur rationalen Theologie, hrsg v. Falk Wagner Bd. 1), Frankfurt/M. u. a. 1993.

SUDA, MAX J. (Hrsg.): Prophetische Zeitgenossenschaft: Karl Barth und die Geschichte, ein Tagungsbericht, Evangelische Akademie, Wien (Veröffentlichungen der Evangelischen Akademie, Wien 7), Wien 1988.

SULEIMAN SUSAN R.; CROSMAN, INGE (Hrsg.): The Reader in the Text. Essays on Audience and Interpretation, Princeton 1980.

TANNER, KLAUS: Die fromme Verstaatlichung des Gewissens. Zur Auseinandersetzung um die Legitimität der Weimarer Reichsverfassung in Staatsrechtswissenschaft und Theologie der zwanziger Jahre (Arbeiten zur kirchlichen Zeitgeschichte, hrsg. v. Georg Kretschmar und Klaus Scholder; Reihe B: Darstellungen, Bd. 15), Göttingen 1989.

–: Von der liberalprotestantischen Persönlichkeit zur postmodernen Patchwork-Identität? In: Ders., Graf, Friedrich Wilhelm (Hrsg.): Protestantische Identität heute, Gütersloh 1992, 96–104.

THEUNISSEN, MICHAEL: Der Andere. Studien zur Sozialontologie der Gegenwart, Berlin 1965.

THURNEYSEN, EDUARD (Hrsg.): Karl Barth – Eduard Thurneysen, Briefwechsel Bd. 1, 1913–1921, bearbeitet und hrsg. v. E.T. (Karl Barth Gesamtausgabe V. Briefe.), Zürich 1973.

– (Hrsg.): Karl Barth – Eduard Thurneysen. Briefwechsel Bd. 2, 1921–1930, bearbeitet und hrsg. v. E.T. (Karl Barth Gesamtausgabe V. Briefe), Zürich 1974.

TIMM, HERMANN: Sprachenfrühling. Perspektiven evangelisch-protestantischer Religionskultur, Stuttgart 1996.

TÖNNIES, FERDINAND: Gemeinschaft und Gesellschaft. Grundbegriffe der reinen Soziologie [1887, 8. Aufl 1935], Darmstadt 1988.

TRILLHAAS, WOLFGANG: Aufgehobene Vergangenheit. Aus meinem Leben, Göttingen 1976.

TROELTSCH, ERNST: Das Wesen des modernen Geistes. In: Aufsätze zur Geistesgeschichte und Religionssoziologie (Gesammelte Schriften, 4. Bd., hrsg. v. Hans Baron), Tübingen 1925, 297–338.

–: Der Historismus und seine Überwindung. Fünf Vorträge, eingeleitet v. Friedrich von Hügel, 2. Neudr. der Ausg., Berlin 1924, Aalen 1979.

–: Die Absolutheit des Christentums. In: Ders: Die Absolutheit des Christentums und zwei Schriften zur Theologie. Einleitung v. Trutz Rendtorff, Gütersloh 1969, 11–131.

–: Die Bedeutung der Geschichtlichkeit Jesu für den Glauben. In: Ders: Die Absolutheit des Christentums und zwei Schriften zur Theologie. Einleitung v. Trutz Rendtorff, Gütersloh 1969, 132–162.

–: Die Bedeutung des Protestantismus für die Entstehung der modernen Welt (HB 24), Neudr. der Ausgabe 1911, Aalen 1963.

–: Die Dogmatik der ,religionsgeschichtlichen Schule'. In: Ders: Zur religiösen Lage, Religionsphilosophie und Ethik (Gesammelte Schriften, Bd. 2), Tübingen 1913, 500–524.

–: Die Selbständigkeit der Religion. In: ZThK 5 (1895), 361–436; ZThK 6 (1896), 71–110.

–: Die Soziallehren der christlichen Kirchen und Gruppen (Gesammelte Schriften Bd. 1), 3. Aufl. Tübingen 1923.

–: Ein Apfel vom Baume Kierkegaards. In: Moltmann, Jürgen (Hrsg.): Anfänge der dialektischen Theologie, Teil II, 134–140.

–: Glaubenslehre. Nach Heidelberger Vorlesungen aus den Jahren 1911 und 1912, mit einem Vorwort v. Marta Troeltsch, München–Leipzig 1925.

–: Moderne Geschichtsphilosophie. In: Ders.: Zur religiösen Lage, Religionsphilosophie und Ethik (Gesammelte Schriften, 2. Bd.), Tübingen 1913, 673–728.

–: Rückblick auf ein halbes Jahrhundert der theologischen Wissenschaft. In: Ders.: Zur religiösen Lage, Religionsphilosophie und Ethik (Gesammelte Schriften, Bd. 2) Tübingen 1913, 193–226.

VAN DER KOOI, CORNELIS: Anfängliche Theologie. Der Denkweg des jungen Karl Barth (1909–1927) (BEvTh 103), München 1987.

VOLLMER, ANTJE: Die Neuwerkbewegung 1919–1935. Ein Beitrag zur Geschichte der Jugendbewegung, des Religiösen Sozialismus und der Arbeiterbildung, Berlin 1973.

WAGNER, FALK: Christologie als exemplarische Theorie des Selbstbewußtseins. In: Die Realisierung der Freiheit. Hrsg. v. Trutz Rendtorff, 135–167.

–: Der Gedanke der Persönlichkeit Gottes bei Fichte und Hegel. Gütersloh 1971.

–: Gehlens radikalisierter Handlungsbegriff. Ein theologischer Beitrag zur interdisziplinären Forschung, in: ZEE 17 (1973), 213–229.

–: Religion und Gottesgedanke. Philosophisch-theologische Beiträge zur Kritik und Begründung der Religion (Beiträge zur rationalen Theologie, hrsg. v. dems., Bd. VII), Frankfurt/M.–Berlin u.a. 1996.

–: Theologische Gleichschaltung. Zur Christologie bei Karl Barth, in: Die Realisierung der Freiheit. Hrsg. v. Trutz Rendtorff, München 1975, 10–43.

–: Was ist Religion? Gütersloh 1986.

–: Was ist Theologie? Studien zu ihrem Begriff und Thema in der Neuzeit, Gütersloh 1989.

–: Zur gegenwärtigen Lage des Protestantismus. Gütersloh 1995.

WALLMANN, JOHANNES: [Rez.:] Karl Barth – Martin Rade. Ein Briefwechsel, hrsg. v. Christoph Schwöbel, Gütersloh 1981, in: ThR 48 [1983] 197–200.

WARD, GRAHAM: Barth, Derrida and the Language of Theology. Cambridge 1995.

WATRIN, CHRISTIAN: Im Zentrum steht der schöpferische Mensch. Max Webers protestantische Ethik von einem Amerikaner aus katholischer Sicht erweitert, in: SZ Nr. 26 (2.2.1998).

WEBB, STEPHEN H.: Re-Figuring Theology. The Rhetoric of Karl Barth (SUNY Series in Rhetoric and Theology, hrsg. v. David Tracy u. dems.), New York 1991.

WEBER, MARIANNE: Max Weber. Ein Lebensbild, mit einem Essay v. Günther Roth, München, Zürich 1989.

WEBER, MAX: Antikritisches Schlußwort zum „Geist des Kapitalismus“. In: Ders.: Die protestantische Ethik II, 283–345.

–: Antikritisches zum „Geist“ des Kapitalismus. In: Ders.: Die protestantische Ethik II, 149–187.

–: Der Nationalstaat und die Volkswirtschaftspolitik. Akademische Antrittsrede (1895), in: Ders.: Gesammelte politische Schriften. Hrsg. v. Johannes Winckelmann, 5. Aufl. Tübingen 1988, 1–25.

–: Die ‚Objektivität‘ sozialwissenschaftlicher und sozialpolitischer Erkenntnis (1904). In: Ders.: Gesammelte Aufsätze zur Wissenschaftslehre, hrsg. v. J. Winckelmann, 7. Aufl. Tübingen 1988, 146–214.

–: Die protestantische Ethik II. Kritiken und Antikritiken, hrsg. von Johannes Winckelmann, 4. erneut durchges. u. erw. Aufl., Gütersloh 1982.

–: Die protestantische Ethik und der „Geist“ des Kapitalismus. Textausgabe auf der Grundlage der ersten Fassung v. 1904/05 mit einem Verzeichnis der wichtigsten Zusätze und Veränderungen aus der 2. Fassung von 1920 hrsg. und eingeleitet v. Klaus Lichtblau und Johannes Weiß, Bodenheim 1993.

–: Die Wirtschaftsethik der Weltreligionen. Vergleichende religionssoziologische Versuche. In: Ders: Gesammelte Aufsätze zur Religionssoziologie I (1920), UTB Studienausgabe, Tübingen 1988, 237–573.

–: Kritische Bemerkungen zu den vorstehenden ‚Kritischen Beiträgen‘ (1907). In: Ders.: Die protestantische Ethik II, 27–56.

–: Wirtschaft und Gesellschaft. Grundriss der verstehenden Soziologie (1922), 5. rev. Aufl. besorgt v. Johannes Winckelmann, Studienausg., 14.–18. Tsd., Tübingen 1980.

WEBER, OTTO; KRECK, WALTER; WOLF, ERICH: Die Predigt von der Gnadenwahl. Karl Barth zum 10. Mai 1951 (TEH 28), München 1951.

WEINRICH, MICHAEL: Der Wirklichkeit begegnen. Studien zu Buber, Grisebach, Gogarten, Bonnhoeffer und Hirsch, Neukirchen 1980.

WENZ, GUNTER: Eschatologie als Zeitdiagnostik. Paul Tillichs Studie zur religiösen Lage der Gegenwart von 1926 im Kontext ausgewählter Krisenliteratur der Weimarer Ära, in: New Creation or Eternal Now / Neue Schöpfung oder ewiges Jetzt. Hat Paul Tillich eine Eschatologie? Beiträge des III. Paul-Tillich-Symposions in Frankfurt/M. 1990, hrsg. v. Gert Hummel (TBT 54), Berlin–New York 1991, 57–126.

–: Zwischen den Zeiten. Einige Bemerkungen zum geschichtlichen Verständnis der theologischen Anfänge Karl Barths, in: NZSTh 28 (1986), 284–295.

–: Geschichte der Versöhnungslehre in der evangelischen Theologie der Neuzeit, Bd. 2, München 1986.

WHITE, GRAHAM: Karl Barth’s Theological Realism. In: NZSTh 26 (1984), 54–70.

WINZELER, PETER: Widerstehende Theologie. Karl Barth 1920 bis 1935, Stuttgart 1982.

WITTKAU, ANNETTE: Historismus. Zur Geschichte des Begriffs und des Problems, Göttingen 1992.

WOBBERMIN, GEORG: Theologie und Metaphysik. Das Verhältnis der Theologie zur modernen Erkenntnistheorie und Psychologie, Berlin 1901.

WOOD, W. L.: Karl Barth, Prophet and Theologian. In: AThR 14 (1932), 13–33.

ZENGEL, JÖRG: Erfahrung und Erlebnis. Studien zur Genese der Theologie Karl Barths (EHS. T 163), Frankfurt/M.–Bern 1981.

ZIEGERT, RICHARD (Hrsg.): Protestantismus als Kultur. Bielefeld 1991.

Namenregister

Die *kursiv* geschriebenen Seitenzahlen beziehen sich auf Nennungen im Anmerkungsteil.

Achelis, E. C. *177*, 183, 186
Adam, A. *33, 76, 81, 130*
Ahlers, B. *19*
Althaus, P. *13, 29, 98f*
Amberg, E.-H. *167*
Andrews, I. *144*
Anselm v. C. *163*
Anzinger, H. *18, 140, 155*, 158, *166*, 172–174, 193, 227, *247, 253, 255, 257*, 258, 263f., *265, 277, 291, 294, 381*
Apel, K.-O. *42*
Apitsch, U. *62*
Arnold, G. *270*
Assel, H. *33, 91*, 95, *105f., 109, 119*
Austin, J. L. *42, 119*, 405
Axt-Piscalar, C. *132, 399*

Bahr, H. *4*
Baier, K. A. *265*
Bakker, N. T. *265*
Balthasar, H. U. v. 24, 142, *158*, 162–165, 277, 337
Barth, H. *159*, 160, 191, 235–237, 269, *293*, 317–326, 335, 392, 447
Barth, U. *91*, 95
Bassermann, H. *182*
Baumgarten, O. *182*
Bavinck, H. *397*
Beck, J. T. 283, *397*
Beck, U. 21
Beintker, M. *155, 157*, 163, *167, 277, 334*, 390, *394*
Benjamin, W. 22, 43
Benn, G. 22
Berger, P. L. *7, 10*
Berkhof, H. *381*
Berkouwer, G. C. *146*
Bermbach, U. *60*
Bernoulli, C. A. 318, 331
Bertram, E. 13, 338
Bialas, W. *20*
Biedermann, A. E. *209, 235*
Birkner, H.-J. *92*

Bismark, O. v. 213
Bloch, E. 22, 29, *36, 45*
Blumhardt, C. 157f., 252, 267, 316, 318, 331f., 396, *397*, 447
Böckenförde, E.-W. *2*
Böhringer, H. 464
Bolz, N. 22, *30, 37, 47*
Bousset, W. *189*
Breuer, S. 29, *33f., 37*
Brunner, E. *116*
Buber, M. 42, *119*
Bultmann, R. 29, *41*, 151f., *340f*
Burgsmüller, A. *136*
Busch, E. *18, 167, 178, 181, 215, 334–336, 441*

Calvin, J. 55f., 58, 208, 213, 219, 222, 256, 283, 299, 386f., *421*, 429, 436
Cassirer, E. *237*, 460
Chaning-Pearce, M. *167*
Chaplin, C. 398
Christ, L. 390
Claussen, J. H. *30*
Cohen, H. 38, *39, 47, 159*, 160f., 165, 169, 171–173, *176f.*, 190–192, 195f., *199–201, 220*, 227f., 235–237, 279, *285*, 334, 351, 364, 381, *445f*
Crimmann, R. P. *9, 167, 279, 334*
Crossmann, I. *12*

Dalferth, I. U. 144
Dannemann, U. 143, 166
Darwin, C. 288
Denecke, A. *18, 240, 249, 267*
Descartes, R. 56, 236f., 447
Dierken, J. *8*, 146, 151–154, 162
Dilthey, W. *187*
Dodel-Port, A. 227
Doerry, M. *30*
Dorner, I. A. *399, 400*
Dostojewski, F. 316
Drehsen, V. *2, 11*
Drewes, H.-A. *157, 257*

Sachregister

Die *kursiv* geschriebenen Seitenzahlen beziehen sich auf Nennungen im Anmerkungsteil.

Beiträge zur historischen Theologie

Alphabetische Übersicht

Albrecht, Christian: Historische Kulturwissenschaft neuzeitlicher Christentumspraxis. 2000. *Band 114.*

Alkier, Stefan: Urchristentum. 1993. *Band 83.*

Appold, Kenneth G.: Abraham Calov's Doctrine of Vocatio in Its Systematic Context. 1998. *Band 103.*

Axt-Piscalar, Christine: Der Grund des Glaubens. 1990. *Band 79.*

– Ohnmächtige Freiheit. 1996. Band 94.

Bauer, Walter: Rechtgläubigkeit und Ketzerei im ältesten Christentum. ²1964. *Band 10.*

Bayer, Oswald / Knudsen, Christian: Kreuz und Kritik. 1983. *Band 66.*

Betz, Hans Dieter: Nachfolge und Nachahmung Jesu Christi im Neuen Testament. 1967. *Band 37.*

– Der Apostel Paulus und die sokratische Tradition. 1972. *Band 45.*

Beutel, Albrecht: Lichtenberg und die Religion. 1996. *Band 93.*

Beyschlag, Karlmann: Clemens Romanus und der Frühkatholizismus. 1966. *Band 35.*

Bonhoeffer, Thomas: Die Gotteslehre des Thomas von Aquin als Sprachproblem. 1961. *Band 32.*

Bornkamm, Karin: Christus – König und Priester. 1998. *Band 106.*

Brandy, Hans Christian: Die späte Christologie des Johannes Brenz. 1991. *Band 80.*

Brecht, Martin: Die frühe Theologie des Johannes Brenz. 1966. *Band 36.*

Brennecke, Hanns Christof: Studien zur Geschichte der Homöer. 1988. *Band 73.*

Bultmann, Christoph: Die biblische Urgeschichte in der Aufklärung. 1999. *Band 110.*

Burger, Christoph: Aedificatio, Fructus, Utilitas. 1986. *Band 70.*

Burrows, Mark Stephen: Jean Gerson and ‚De Consolatione Theologiae' (1418). 1991. *Band 78.*

Butterweck, Christel: ‚Martyriumssucht' in der Alten Kirche?. 1995. *Band 87.*

Campenhausen, Hans von: Kirchliches Amt und geistliche Vollmacht in den ersten drei Jahrhunderten. ²1963. *Band 14.*

– Die Entstehung der christlichen Bibel. 1968. *Band 39.*

Claussen, Johann Hinrich: Die Jesus-Deutung von Ernst Troeltsch im Kontext der liberalen Theologie. 1997. *Band 99.*

Conzelmann, Hans: Die Mitte der Zeit. ⁷1993. *Band 17.*

– Heiden – Juden – Christen. 1981. *Band 62.*

Dierken, Jörg: Glaube und Lehre im modernen Protestantismus. 1996. *Band 92.*

Drecoll, Volker Henning: Die Entstehung der Gnadenlehre Augustins. 1999. *Band 109.*

Elliger, Karl: Studien zum Habakuk-Kommentar vom Toten Meer. 1953. *Band 15.*

Evang, Martin: Rudolf Bultmann in seiner Frühzeit. 1988. *Band 74.*

Friedrich, Martin: Zwischen Abwehr und Bekehrung. 1988. *Band 72.*

Gestrich, Christof: Neuzeitliches Denken und die Spaltung der dialektischen Theologie. 1977. *Band 52.*

Gräßer, Erich: Albert Schweitzer als Theologe. 1979. *Band 60.*

Grosse, Sven: Heilsungewißheit und Scrupulositas im späten Mittelalter. 1994. *Band 85.*

Gülzow, Henneke: Cyprian und Novatian. 1975. *Band 48.*

Hamm, Berndt: Promissio, Pactum, Ordinatio. 1977. *Band 54.*

– Frömmigkeitstheologie am Anfang des 16. Jahrhunderts. 1982. *Band 65.*

Hammann, Konrad: Universitätsgottesdienst und Aufklärunspredigt. 2000. *Band 116.*

Hoffmann, Manfred: Erkenntnis und Verwirklichung der wahren Theologie nach Erasmus von Rotterdam. 1972. *Band 44.*

Holfelder, Hans H.: Solus Christus. 1981. *Band 63.*

Hübner, Jürgen: Die Theologie Johannes Keplers zwischen Orthodoxie und Naturwissenschaft. 1975. *Band 50.*

Hyperius, Andreas G.: Briefe 1530–1563. Hrsg., übers. und komment. von G. Krause. 1981. *Band 64.*

Jacobi, Thorsten: „Christen heißen Freie": Luthers Freiheitsaussagen in den Jahren 1515–1519. 1997. *Band 101.*

Jetter, Werner: Die Taufe beim jungen Luther. 1954. *Band 18.*

Jorgensen, Theodor H.: Das religionsphilosophische Offenbarungsverständnis des späteren Schleiermacher. 1977. *Band 53.*

Jung, Martin H.: Frömmigkeit und Theologie bei Philipp Melanchthon. 1998. *Band 102.*

Kasch, Wilhelm F.: Die Sozialphilosophie von Ernst Troeltsch. 1963. *Band 34.*

Kaufmann, Thomas: Die Abendmahlstheologie der Straßburger Reformatoren bis 1528. 1992. *Band 81.*

– Dreißigjähriger Krieg und Westfälischer Friede. 1998. *Band 104.*

Kleffmann, Tom: Die Erbsündenlehre in sprachtheologischem Horizont. 1994. *Band 86.*

Koch, Dietrich-Alex: Die Schrift als Zeuge des Evangeliums. 1986. *Band 69.*

Koch, Gerhard: Die Auferstehung Jesu Christi. [2]1965. *Band 27.*

Köpf, Ulrich: Die Anfänge der theologischen Wissenschaftstheorie im 13. Jahrhundert. 1974. *Band 49.*

– Religiöse Erfahrung in der Theologie Bernhards von Clairvaux. 1980. *Band 61.*

Korsch, Dietrich: Glaubensgewißheit und Selbstbewußtsein. 1989. *Band 76.*

Kraft, Heinrich: Kaiser Konstantins religiöse Entwicklung. 1955. *Band 20.*

Krause, Gerhard: Andreas Gerhard Hyperius. 1977. *Band 56.*

– Studien zu Luthers Auslegung der Kleinen Propheten. 1962. *Band 33.*

– siehe *Hyperius, Andreas G.*

Krüger, Friedhelm: Humanistische Evangelienauslegung. 1986. *Band 68.*

Kuhn, Thomas K.: Der junge Alois Emanuel Biedermann. 1997. *Band 98.*

Lindemann, Andreas: Paulus im ältesten Christentum. 1979. *Band 58.*

Mädler, Inken: Kirche und bildende Kunst der Moderne. 1997. *Band 100.*

Markschies, Christoph: Ambrosius von Mailand und die Trinitätstheologie. 1995. *Band 90.*

Mauser, Ulrich: Gottesbild und Menschwerdung. 1971. *Band 43.*

Mostert, Walter: Menschwerdung. 1978. *Band 57.*

Ohst, Martin: Schleiermacher und die Bekenntnisschriften. 1989. *Band 77.*

– Pflichtbeichte. 1995. *Band 89.*

Osborn, Eric F.: Justin Martyr. 1973. *Band 47.*

Pfleiderer, Georg: Theologie als Wirklichkeitswissenschaft. 1992. *Band 82.*

– Karl Barths praktische Theologie. 2000. *Band 115.*

Raeder, Siegfried: Das Hebräische bei Luther, untersucht bis zum Ende der ersten Psalmenvorlesung. 1961. *Band 31.*

– Die Benutzung des masoretischen Textes bei Luther in der Zeit zwischen der ersten und zweiten Psalmenvorlesung (1515–1518). 1967. *Band 38.*

– Grammatica Theologica. 1977. *Band 51.*

Sallmann, Martin: Zwischen Gott und Mensch. 1999. *Band 108.*

Schäfer, Rolf: Christologie und Sittlichkeit in Melanchthons frühen Loci. 1961. *Band 29.*

– Ritschl. 1968. *Band 41.*

Schröder, Markus: Die kritische Identität des neuzeitlichen Christentums. 1996. *Band 96.*

Schröder, Richard: Johann Gerhards lutherische Christologie und die aristotelische Metaphysik. 1983. *Band 67.*

Schwarz, Reinhard: Die apokalyptische Theologie Thomas Müntzers und der Taboriten. 1977. *Band 55.*

Sockness, Brent W.: Against False Apologetics: Wilhelm Herrmann and Ernst Troeltsch in Conflict. 1998. *Band 105.*

Sträter, Udo: Sonthom, Bayly, Dyke und Hall. 1987. *Band 71.*

– Meditation und Kirchenreform in der lutherischen Kirche des 17. Jahrhunderts. 1995. *Band 91.*

Strom, Jonathan: Orthodoxy and Reform. 1999. *Band 111.*

Tietz-Steiding, Christiane: Bonhoeffers Kritik der verkrümmten Vernunft. 1999. *Band 112.*

Thumser, Wolfgang: Kirche im Sozialismus. 1996. *Band 95.*

Wallmann, Johannes: Der Theologiebegriff bei Johann Gerhard und Georg Calixt. 1961. *Band 30.*
– Philipp Jakob Spener und die Anfänge des Pietismus. [2]1986. *Band 42.*
Waubke, Hans-Günther: Die Pharisäer in der protestantischen Bibelwissenschaft des 19. Jahrhunderts. 1998. *Band 107.*
Weinhardt, Joachim: Wilhelm Hermanns Stellung in der Ritschlschen Schule. 1996. *Band 97.*
Werbeck, Wilfrid: Jakobus Perez von Valencia. 1959. *Band 28.*
Wittekind, Folkart: Geschichtliche Offenbarung und die Wahrheit des Glaubens. 2000. *Band 113.*
Ziebritzki, Henning: Heiliger Geist und Weltseele. 1994. *Band 84.*
Zschoch, Hellmut: Klosterreform und monastische Spiritualität im 15. Jahrhundert. 1988. *Band 75.*
– Reformatorische Existenz und konfessionelle Identität. 1995. *Band 88.*
ZurMühlen, Karl H.: Nos extra nos. 1972. *Band 46.*
– Reformatorische Vernunftkritik und neuzeitliches Denken. 1980. *Band 59.*

Einen *Gesamtkatalog* sendet Ihnen gern der Verlag
Mohr Siebeck · Postfach 2030 · D-72010 Tübingen.
Neueste Informationen im Internet: http://www.mohr.de